美国渔业学会教育部和渔业管理部共同资助

北美内陆渔业管理

（第三版）

(美)韦恩·休伯特　(美)迈克尔·奎斯特　编著

樊恩源　陈宇顺　主译

中国农业出版社

北　京

图书在版编目（CIP）数据

北美内陆渔业管理：第三版 /（美）韦恩·休伯特，
（美）迈克尔·奎斯特编著；樊恩源，陈宇顺主译. —
北京：中国农业出版社，2021.4
　　ISBN 978 - 7 - 109 - 26967 - 5

　Ⅰ.①北…　　Ⅱ.①韦…②迈…③樊…④陈…　Ⅲ.
①内陆渔业－渔业管理－研究－北美洲　Ⅳ.①F371.064

中国版本图书馆 CIP 数据核字（2020）第 107711 号

审图号：GS（2021）2991 号

中国农业出版社出版

地址：北京市朝阳区麦子店街 18 号楼
邮编：100125
责任编辑：闫保荣　　文字编辑：耿韶磊
版式设计：杜　然　　责任校对：周丽芳
印刷：中农印务有限公司
版次：2021 年 4 月第 1 版
印次：2021 年 4 月北京第 1 次印刷
发行：新华书店北京发行所
开本：787mm×1092mm　1/16
印张：40
字数：960 千字　　印数：1~800 册
定价：180.00 元

A suggested citation format for this book follows.

Entire Book

Hubert, W. A. and M. C. Quist, editors. 2010. Inland fisheries management in North America, 3rd edition. American Fisheries Society, Bethesda, Maryland.

Chapter within the Book

Kolar, C. S., W. R. Courtenay, Jr., and L. G. Nico. 2010. Managing undesired and invading fishes. Pages 213 – 259 *in* W. A. Hubert and M. C. Quist, editors. Inland fisheries management in North America, 3rd edition. American Fisheries Society, Bethesda, Maryland.

Printed in the United States of America on acid free paper

Library of Congress Control Number 2010934465
ISBN 978 – 1 – 934874 – 16 – 5

American Fisheries Society Web site address: *www. fisheries. org*

American Fisheries Society
5410 Grosvenor Lane, Suite 100
Bethesda, Maryland 20814
USA

编 译 委 员 会

翻译和审校分工：

章　　节	翻译	审校
第1章　北美内陆渔业管理历史	樊恩源、韩永	黄斌、宋佳坤
第2章　鱼类种群动态：死亡、生长和补充	邢迎春	高欣
第3章　尺度和渔业管理	王晓梅	郭传波
第4章　法律程序与渔业管理	静莹	王力飞
第5章　渔业管理过程	何赛、樊恩源	樊恩源
第6章　渔业科学家的沟通技巧	陈大庆、董微微	李应仁
第7章　调控捕捞	李新辉、刘亚秋	王力飞
第8章　有害和入侵鱼类的管理	胡隐昌、韦慧、顾党恩、徐猛、罗渡	朱斌
第9章　使用人工孵化鱼对渔业资源进行保护、修复和增殖	陈大庆、郭杰	叶少文
第10章　变化系统中的栖息地改善	庄平、高宇	李应仁、渠晓东
第11章　鱼类种群评估方法	危起伟、蔺丹青	黄斌、宋佳坤
第12章　生态完整性评估与管理	沈建忠、魏杰	陈凯
第13章　湖泊食物网的生态与管理	徐东坡、任泷、蒋书伦	叶少文
第14章　社会和经济学信息在渔业评估中的应用	袁新华	王力飞
第15章　自然湖泊	危起伟、蔺丹清	郭传波
第16章　养殖池塘与小型蓄水池	李谷、代梨梨	李为
第17章　大型水库	陶江平、静莹	李德亮、徐念
第18章　冷水型溪流	张敏	王滨滨
第19章　冷水型河流	唐富江	朱斌
第20章　温水型溪流	渠晓东、张敏	陈凯
第21章　温水型河流	赵亚辉、胡蕊娟	李德亮

编译人员单位（以姓氏拼音排序）：

陈大庆	中国水产科学研究院长江水产研究所
陈　凯	南京农业大学
陈永柏	中国长江三峡集团有限公司
代梨梨	中国水产科学研究院长江水产研究所
董微微	中国水产科学研究院长江水产研究所
樊恩源	中国水产科学研究院
高　欣	中国科学院水生生物研究所
高　宇	中国水产科学研究院东海水产研究所
顾党恩	中国水产科学研究院珠江水产研究所
郭传波	Fisheries and Oceans Canada, Canada
郭　杰	中国水产科学研究院长江水产研究所
韩　永	上海衡威生物科技有限公司
何　赛	中国水产科学研究院
胡蕊娟	中国科学院动物研究所
胡隐昌	中国水产科学研究院珠江水产研究所
黄　斌	Chesapeake Biological Laboratory, USA
蒋书伦	中国水产科学研究院淡水渔业研究中心
静　莹	中国水产科学研究院
李　翀	中国长江三峡集团有限公司
李德亮	湖南农业大学
李　谷	中国水产科学研究院长江水产研究所
李　为	中国科学院水生生物研究所
李新辉	中国水产科学研究院珠江水产研究所
李应仁	中国水产科学研究院
林祥明	中国水产科学研究院
蔺丹清	中国水产科学研究院淡水渔业研究中心
刘宝祥	中国水产科学研究院
刘亚秋	中国水产科学研究院珠江水产研究所
罗　渡	中国水产科学研究院珠江水产研究所
渠晓东	中国水利水电科学研究院

任 泷	中国水产科学研究院淡水渔业研究中心
沈建忠	华中农业大学
宋佳坤	University of Maryland，College Park，Maryland USA
唐富江	中国水产科学研究院黑龙江水产研究所
陶江平	水利部中国科学院水工程生态研究所
王滨滨	Cornell University，USA
王力飞	University of Toronto，Canada
王晓梅	中国水产科学研究院
危起伟	中国水产科学研究院长江水产研究所
韦 慧	中国水产科学研究院珠江水产研究所
魏 杰	塔里木大学
邢迎春	中国水产科学研究院
徐东坡	中国水产科学研究院淡水渔业研究中心
徐 猛	中国水产科学研究院珠江水产研究所
徐 念	水利部中国科学院水工程生态研究所
叶少文	中国科学院水生生物研究所
袁新华	中国水产科学研究院淡水渔业研究中心
张 敏	中国水利水电科学研究院
赵亚辉	中国科学院动物研究所
赵志鹏	中国水产科学研究院
朱 斌	University of Hartford，USA
庄 平	中国水产科学研究院东海水产研究所

对本书做出贡献的专家

Micheal S. Allen (Chapter 2): Department of Fisheries and Aquatic Science, University of Florida, 7922 NW 71st Street, Gainesville, Florida 32653, USA

Jeffery A. Ballweber (Chapter 4): Agriculture and Resource Economics, Colorado State University, B308 Clark Building, Fort Collins, Colorado 80523, USA

Phillip W. Bettoli (Chapter 17): U. S. Geological Survey, Tennessee Cooperative Fish and Wildlife Research Unit, Box 5114, Tennessee Tech University, Cookeville, Tennessee 38505, USA

Scott A. Bonar (Chapter 6): U. S. Geological Survey, Arizona Cooperative Fish and Wildlife Research Unit, University of Arizona, 104 Bio Sci E, Tucson, Arizona 8572, USA

John H. Chick (Chapter 10): Illinois Natural History Survey, 8450 Montclair Avenue, Brighton, Illinois 62012, USA

Steven R. Chipps (Chapter 13): U. S. Geological Survey, South Dakota Cooperative Fish and Wildlife Research Unit, Department of Wildlife and Fisheries Sciences, South Dakota State University, Box 2140B NPB, Brookings, South Dakota 57007, USA

Walter R. Courtenay (Chapter 8): 5005 NW 59th Terrace, Gainesville, Florida 32653, USA

Daniel C. Dauwalter (Chapter 20): Trout Unlimited, Inc., 910 Main St., Suite 342, Boise, Idaho 83702, USA

Jason Dunham (Chapter 3): U. S. Geological Survey, Forest and Rangeland Ecosystem Science Center, 3200 SE Jefferson Way, Corvallis, Oregon 97331, USA

William L. Fisher (Chapter 20): U. S. Geological Survey, New York Cooperative Fish and Wildlife Research Unit, 206F Fernow Hall, Cornell University, Ithaca, New York 14853, USA

Thomas Flagg (Chapter 9): National Oceanic and Atmospheric Administration, Fisheries Service, Northwest Fisheries Science Center, Manchester Research Station, P. O. Box 130, Manchester, Washington 98353, USA

Michael E. Fraidenburg (Chapter 6): Dynamic Solutions Group, LLC, 5432 Keating Road Northwest, Olympia, Washington 98502, USA

Mary C. Freeman (Chapter 12): U. S. Geological Survey, Patuxent Wildlife Research Center, Institute of Ecology, University of Ecology, University of Georgia, Athens, Georgia, 30602, USA

David L. Galat (Chapter 21): U. S. Geological Survey, Missouri Cooperative Fish and Wildlife Research Unit, Department of Fisheries and Wildlife Sciences, University of Missouri, 302 Anheuser - Busch Natural Resources Building, Columbia, Missouri 65211, USA

Brian D. S. Graeb (Chapter 13): Department of Wildlife and Fisheries Science, South Dakota State University, P. O. Box 2140B, Brookings, South Dakota 57007, USA

Robert E. Gresswell (Chapter 18): U. S. Geological Survey, Northern Rocky Mountain Science Center, 2327 University Way, Suite 2, Bozeman, Montana 59715, USA

Michael J. Hansen (Chapter 15): University of Wisconsin—Stevens Point, 800 Reserve Street, Stevens Point, Wisconsin 54481, USA

Joseph E. Hightower (Chapter 2): U. S. Geological Survey, North Carolina Cooperative Fish and Wildlife

Research Unit, North Carolina State University, Box 7617, Raleigh, North Carolina 27695, USA

Wayne A. Hubert (Coeditor): Hubert Fisheries Consulting, LLC, 1063 Colina Drive, Laramie, Wyoming 82072, USA

Kevin M. Hunt (Chapter 14): Department of Wildlife and Fisheries, Mississippi State University, Box 9690, Mississippi State, Mississippi 39762, USA

Daniel A. Isermann (Chapter 7): University of Wisconsin—Stevens Point, 800 Reserve Street, Stevens Point, Wisconsin 54481, USA

Randy Jackson (Chapter 1): Cornell Biological Field Station, 900 Shackelton Point Road, Bridgeport, New York 13030, USA

Christopher Kohler (Chapter 9): Fisheries and Illinois Aquaculture Center, Southern Illinois University, Carbondale, Illinois 62901, USA

Cindy S. Kolar (Chapter 8): U. S. Geological Survey, 12201 Sunrise Valley Drive, Reston, Virginia 20192, USA

Charles C. Krueger (Chapter 15): Great Lakes Fishery Commission, 2100 Commonwealth Blvd. , Suite 100, Ann Arbor, Michigan 48105, USA

Thomas J. Kwak (Chapter 12): U. S. Geological Survey, North Carolina Cooperative Fishand Wildlife Research Unit, North Carolina State University, Box 7617, Raleigh, North Carolina 27695, USA

Nigel P. Lester (Chapter 15): Ontario Ministry of Natural Resources, DNA Building, 2140 East Bank Drive, Peterborough, Ontario K9J 7B8, Canada

Steve E. Lochmann (Chapter 11): University of Arkansas at Pine Bluff, 1200 N. University Drive, Mail Slot 4912, Pine Bluff, Arkansas 71601, USA

Robert D. Lusk (Chapter 16): *Pond Boss* Magazine, P. O. Box 12, Sadler, Texas 76264, USA

Steve L. McMullin (Chapter 5): Department of Fisheries and Wildlife Sciences, Virginia Polytechnic Institute and State University, 100 Cheatham Hall, Blacksburg, Virginia 24061, USA

Leandro E. (Steve) Miranda (Chapter 17): U. S. Geological Survey, Mississippi Cooperative Fish and Wildlife Research Unit, Mississippi State University, Mail Stop 9691, Mississippi State, Mississippi 39762, USA

Jessica L. Mistak (Chapter 19): Michigan Department of Natural Resources, Marquette Fisheries Station, 484 Cherry Creek Road, Marquette, Michigan 49855, USA

Christine M. Moffitt (Chapter 1): U. S. Geological Survey, Idaho Cooperative Fish and Wildlife Research Unit, Department of Fish and Wildlife Resources, University of Idaho, P. O. Box 441141, Moscow, Idaho 83844, USA

Craig P. Paukert (Chapter 7 and 21): U. S. Geological Survey, Missouri Cooperative Fish and Wildlife Research Unit, Department of Fisheries and Wildlife Sciences, University of Missouri, 302 Anheuser - Busch Natural Resources Building, Columbia, Missouri 65211, USA

Mark A. Pegg (Chapter 10): University of Nebraska, 402 Hardin Hall, Lincolns, Nebraska 68583, USA

Edmund Pert (Chapter 5): California Department of Fish and Game, 1416 Ninth Street, 12th floor, Sacramento, California 95814, USA

James T. Peterson (Chapter 3): U. S. Geological Survey, Georgia Cooperative Fish and Wildlife Research Unit, Warnell School of Forest Resources, University of Georgia, Athens, Georgia 30602, USA

Kevin L. Pope (Chapter 11): U. S. Geological Survey, Nebraska Cooperative Fish and Wildlife Research

Unit, University of Nebraska, 402 Hardin Hall, Lincoln, Nebraska 68583, USA

Michael C. Quist (Coeditor): U. S. Geological Survey, Idaho Cooperative Fish and Wildlife Research Unit, Department of Fish and Wildlife Resources, University of Idaho, P. O. Box 441141, Moscow, Idaho 83844, USA

Frank J. Rahel (Chapter 20): Department of Zoology and Physiology, University of Wyoming, Department 3166, 1000 East University Avenue, Laramie, Wyoming 82071, USA

Harold L. Schramm, Jr. (Chapter 4): U. S. Geological Survey, Mississippi Cooperative Fish and Wildlife Research Unit, Mississippi State University, Mail Stop 9691, Mississippi State, Mississippi 39762, USA

Darin G. Simpkins (Chapter 19): U. S. Fish and Wildlife Service, Green Bay Ecological Services Office, 2661 Scott Tower Drive, New Franken, Wisconsin 54229, USA

Jeffrey W. Slipke (Chapter 16): Southeastern Pond Management, 104 Gingham Drive, LaVergne, Tennessee 37086

Jesse Trushenski (Chapter 9): Fisheries and Illinois Aquaculture Center, Southern Illinois University, Carbondale, Illinois 62901, USA

Bruce Vondracek (Chapter 18): U. S. Geological Survey, Minnesota Cooperative Fish and Wildlife Research Unit, Department of Fisheries, Wildlife, and Conservation Biology, University of Minnesota, St. Paul, Minnesota 55108, USA

Gary Whelan (Chapter 1): Michigan Department of Natural Resources and Environment, P. O. Box 30446, Lansing, Michigan 55108, USA

David W. Willis (Chapter 16): Department of Wildlife and Fisheries Science, South Dakota State University, P. O. Box 2140B, Brookings, South Dakota 57007, USA

Michael K. Young (Chapter 11): U. S. Department of Agriculture, U. S. Forest Service, Forest Science Laboratory, 800 E. Beckwith Ave. , Missoula, Montana 59801, USA

物 种 名 录

鱼 类 名 录

alewife	*Alosa pseudoharengus*
american eel	*Anguilla rostrata*
american shad	*Alosa sapidissima*
arctic char	*Salvelinus alpinus*
arctic grayling	*Thymallus arcticus*
asian carps	Family Cyprinidae
asian swamp eel	*Monopterus albus*
atlantic salmon	*Salmo salar*
bighead carp	*Hypophthalmichthys nobilis*
bigmouth buffalo	*Ictiobus cyprinellus*
black bass	*Micropterus* spp.
black bullhead	*Ameiurus melas*
black carp	*Mylopharyngodon piceus*
black crappie	*Pomoxis nigromaculatus*
black piranha	*Serrasalmus rhombeus*
blue catfish	*Ictalurus furcatus*
blue sucker	*Cycleptus elongates*
blue tilapia	*Oreochromis aureus*
bluegill	*Lepomis macrochirus*
bluntnose minnow	*Pimephales notatus*
bonneville cutthroat trout	*Oncorhynchus clarkii utah*
brook trout	*Salvelinus fontinalis*
brown trout	*Salmo trutta*
buffaloes	*Ictiobus* spp.
bull trout	*Salvelinus confluentus*
bullheads	*Ameiurus* spp.
bullseye snakehead	*Channa marulius*
butterfly peacock bass	*Cichla ocellaris*
carps	Family Cyprinidae
carpsuckers	*Carpiodes* spp.

catfishes ·· Family Ictaluridae
channel catfish ·· *Ictalurus punctatus*
chinook salmon ································ *Oncorhynchus tshawytscha*
chubs ·· Family Cyprinidae
chum salmon ······································ *Oncorhynchus keta*
cichlids ·· Family Cichlidae
cisco ·· *Coregonus artedi*
ciscoes ·· Family Salmonidae
clear Creek gambusia ···························· *Gambusia heterochir*
cod ··· Family Gadidae
coho salmon ······································ *Oncorhynchus kisutch*
colorado pikeminnow ···························· *Ptychocheilus lucius*
common carp ·· *Cyprinus carpio*
convict cichlid ····························· *Cichlasoma nigrofasciatum*
coppernose bluegill ···················· *Lepomis macrochirus purpurescens*
crappies ··· *Pomoxis* spp.
creek chub ···································· *Semotilus atromaculatus*
cutthroat trout ·································· *Oncorhynchus clarkii*
darters ·· Family Percidae
delta smelt ··································· *Hypomesus transpacificus*
devils Hole pupfish ···························· *Cyprinodon diabolis*
eels ··· *Anguilla* spp.
emerald shiner ································· *Notropis atherinoides*
fathead minnow ································ *Pimephales promelas*
flannelmouth sucker ···························· *Catostomus latipinnis*
flathead catfish ·································· *Pylodictis olivaris*
florida largemouth bass ················ *Micropterus salmoides floridanus*
freshwater drum ································ *Aplodinotus grunniens*
gars ·· Family Lepisosteidae
gila topminnows ······························ *Poeciliopsis occidentalis*
gila trout ·· *Oncorhynchus gilae*
gizzard shad ···································· *Dorosoma cepedianum*
gobies ·· Family Gobiidae
golden redhorse ································· *Moxostoma erythrurum*
golden shiner ··································· *Notemigonus crysoleucas*
golden trout ······························· *Oncorhynchus mykiss aguabonita*
goldfish ·· *Carassius auratus*
grass carp ····································· *Ctenopharyngodon idella*

green sunfish ·· *Lepomis cyanellus*

guadalupe bass ·· *Micropterus treculii*

haddock ··· *Melanogrammus aeglefinus*

hickory shad ··· *Alosa mediocris*

humpback chub ··· *Gila cypha*

hybrid striped bass ··· *Morone* spp.

ide ··· *Leuciscus idus*

inconnu ··· *Stenodus leucichthys*

inland silverside ·· *Menidia beryllina*

kokanee ··· *Oncorhynchus nerka*

lahontan cutthroat trout ································ *Oncorhynchus clarkii henshawi*

lake sturgeon ··· *Acipenser fulvescens*

lake trout ·· *Salvelinus namaycush*

lake whitefish ·· *Coregonus clupeaformis*

largemouth bass ··· *Micropterus salmoides*

largescale silver carp ······················· *Hypophthalmichthys harmandi*

little Colorado spinedace ································· *Lepidomeda vittata*

longnose dace ··· *Rhinichthys cataractae*

longnose gar ·· *Lepisosteus osseus*

menhaden ··· *Brevoortia* spp.

mimic shiner ··· *Notropis volucellus*

minnows ·· Family Cyprinidae

mosquitofishes ··· *Gambusia* spp.

mottled sculpin ··· *Cottus bairdii*

mountain whitefish ·· *Prosopium williamsoni*

muskellunge ·· *Esox masquinongy*

neosho madtom ·· *Noturus placidus*

northern pike ·· *Esox lucius*

northern pikeminnow ·································· *Ptychocheilus oregonensis*

northern snakehead ··· *Channa argus*

pacific salmon ··· *Oncorhynchus* spp.

paddlefish ··· *Polyodon spathula*

pallid sturgeon ··· *Scaphirhynchus albus*

palmetto bass ···························· *Morone saxatilis* × M. *chrysops*

pecos gambusia ·· *Gambusia nobilis*

perches ·· Family Percidae

pink salmon ··· *Oncorhynchus gorbuscha*

plains topminnow ··· *Fundulus sciadicus*

pumpkinseed ·· *Lepomis gibbosus*
rainbow darter ·· *Etheostoma caeruleum*
rainbow smelt ··· *Osmerus mordax*
rainbow trout ··· *Oncorhynchus mykiss*
razorback sucker ··· *Xyrauchen texamus*
red shiner ·· *Cyprinella lutrensis*
redear sunfish ·· *Lepomis microlophus*
reticulate sculpin ··· *Cottus perplexus*
riffle sculpin ·· *Cottus gulosus*
rio Grande cutthroat trout ······················· *Oncorhynchus clarkii virginalis*
river redhorse ·· *Moxostoma carinatum*
robust redhorse ··· *Moxostoma robustum*
rock bass ·· *Ambloplites rupestris*
round goby ·· *Neogobius melanostomus*
rudd ··· *Scardinius erythrophthalmus*
ruffe ··· *Gymnocephalus cernuus*
sailfin catfishes ·· *Pterygoplichthys* spp.
sailfin molly ·· *Poecilia latipinna*
salmon ·· Family Salmonidae
sauger ··· *Sander canadensis*
saugeye ·· *Sander vitreus* × *S. canadensis*
sculpins ··· Family Cottidae
sea lamprey ·· *Petromyzon marinus*
shads ·· Family Clupeidae
sheepshead minnow ······································ *Cyprinodon variegatus*
shimofuri goby ··· *Tridentiger bifasciatus*
shoal bass ··· *Micropterus cataractae*
shovelnose sturgeon ······································ *Scaphirhynchus platorynchus*
silver carp ··· *Hypophthalmichthys molitrix*
silversides ·· *Chirostoma* spp.
slimy sculpin ·· *Cottus cognatus*
smallmouth bass ·· *Micropterus dolomieu*
smoky madtom ··· *Noturus baileyi*
snakeheads ·· Family Channidae
sockeye salmon ·· *Oncorhynchus nerka*
speckled dace ··· *Rhinichthys osculus*
spotted bass ··· *Micropterus punctulatus*
spotted jewelfish ··· *Hemichromis guttatus*

spotted tilapia ·· *Tilapia mariae*

steelhead ·· *Oncorhynchus mykiss*

striped bass ·· *Morone saxatilis*

sturgeons ·· Family Acipenseridae

suckermouth armored catfishes ···························· Family Loricariidae

suckers ·· Family Catostomidae

sunfishes ···························· Family Centrarchidae，*Lepomis* spp.

sunshine bass ···························· *Morone chrysops* × *M. saxatilis*

tench ·· *Tinca tinca*

threadfin shad ·· *Dorosoma petenense*

tiger muskellunge ···························· *Esox lucius* × *E. masquinongy*

tilapias ·· *Tilapia* spp.

topminnows ·· Family Fundulidae

trout ·· Family Salmonidae

tubenose goby ·· *Proterorhinus marmoratus*

tui chub ·· *Gila bicolor*

tunas ·· *Thunnus* spp.

utah chub ·· *Gila atraria*

utah sucker ·· *Catostomus ardens*

walleye ·· *Sander vitreus*

western mosquitofish ·· *Gambusia affinis*

westslope cutthroat trout ···························· *Oncorhynchus clarkia lewisi*

white bass ·· *Morone chrysops*

white crappie ·· *Pomoxis annularis*

white perch ·· *Morone americana*

white sturgeon ·· *Acipenser transmontanus*

white sucker ·· *Catostomus commersonii*

whitefishes ·· Family Salmonidae

yellow bass ·· *Morone mississippiensis*

yellow bullhead ·· *Ameiurus natalis*

yellow perch ·· *Perca flavescens*

yellowstone cutthroat trout ···························· *Oncorhynchus clarkii bouvieri*

zander ·· *Stizostedium lucioperca*

其他类群名录

american mink ·· *Neovison vison*

american pondweed ·· *Potamogeton nodosus*

american water willow ·················· *Justicia americana*
american white pelican ············ *Pelecanus erythrorhynchos*
amphipods ·························· *Order Amphipoda*
asian clam ···························· *Corbicula fluminea*
bald eagles ······················ *Haliaeetus leucocephalus*
baldcypress ························ *Taxodium distichum*
bears ································ Family Ursidae
blackflies ···························· Family Simuliidae
bulrushes ···························· *Scirpus* spp.
caddisflies ·························· Family Trichoptera
caspian tern ·························· *Sterna caspia*
cattails ······························ *Typha* spp.
common merganser ·················· *Mergus merganser*
coontail ···················· *Ceratophyllum demersum*
cormorants（North American）············ *Phalacrocorax* spp.
cottonwood ···························· *Populus* spp.
crayfishes ·············· Families Astacidae and Cambaridae
curly‐leaf pondweed ················ *Potamogeton crispus*
double‐crested cormorant ············ *Phalacrocorax auritus*
dragonflies ······················ Order Odonata
duckweeds ···························· Family Lemnaceae
eastern swamp privet ··············· *Forestiera acuminata*
eurasian watermilfoil ·············· *Myriophyllum spicatum*
eurasian zebra mussel ············ *Dreissena polymorpha*
freshwater mussels ················ *Order Unionoida*
glaucous‐winged western gull ········· *Larus glaucescens* × *L. occidentalis*
great blue heron ······················ *Ardea herodias*
grizzly bear ···················· *Ursus arctos horribilis*
hydrilla ·························· *Hydrilla verticillata*
mayflies ·························· Order Ephmeroptera
midges ······························ Family Chironomidae
milfoils ···························· *Myriophyllum* spp.
millet ······························ *Echinochola* spp.
muskrat ···························· *Ondatra zibethicus*
northern crayfish ···················· *Orconectes virilis*
nutria ······························ *Myocastor coypus*
opossum shrimp ······················ *Mysis relicta*
oysters ······························ Family Ostreidae

pacific treefrog ································· *Pseudacris regilla*

pig ································· *Sus* spp.

pondweeds ································· *Potamogeton* spp.

quagga mussel ································· *Dreissena rostriformis bugensis*

red–eared slider ································· *Trachemys scripta elegans*

red mulberry ································· *Morus rubra*

reed canarygrass ································· *Phalaris arundinacea*

river otter ································· *Lontra canadensis*

rusty crayfish ································· *Orconectes rusticus*

ryegrass ································· *Lolium* spp.

sago pondweed ································· *Potamogeton pectinatus*

saw grass ································· *Cladium jamaicense*

sea lice ································· *Lepeophtheirus* spp. and *Caligus* spp.

sierra Madre mountain yellow–legged frog ································· *Rana muscosa*

sierra Nevada yellow–legged frog ································· *Rana sierrae*

sitka spruce ································· *Picea sitchensis*

spotted owl ································· *Strix occidentalis*

water hyacinth ································· *Eichhornia crassipes*

waterdogs（tiger salamanders） ································· *Ambystoma tigrinum*

western toad ································· *Bufo boreas*

white–tailed deer ································· *Odocoileus virginianus*

wild celery ································· *Vallisneria americana*

willows ································· *Salix* spp.

winter wheat ································· *Triticum aestivum*

yosemite toad ································· *Bufo canorus*

zebra mussel ································· *Dreissena polymorpha*

原 书 前 言

《北美内陆渔业管理》第一版和第二版一直是教育工作者、学生和渔业管理人员的重要技术参考资料，但随着科学文献的不断发表及渔业管理理论和实践的不断发展，这两个版本的内容已显得过时。《北美内陆渔业管理》第三版不是原版本简单的文献更新，而是由美国渔业学会特别是该会所属教育部门和渔业管理部门的相关渔业技术人员共同完成的一个全新版本，其包括了北美内陆渔业管理的历史、现状和展望。本书可以作为大学初级、高级和研究生的入门教材，读者应具有一定的生态学、湖沼学、鱼类学和大学数学的基础。本书不仅仅是一本参考资料，还可用作教材，书中有关渔业管理的最新进展，可为专业渔业管理人员提供有价值的技术参考。

《北美内陆渔业管理》第三版于 2006 年开始着手准备，当时一些教育工作者和渔业管理者认为，1999 年出版的第二版内容已与当时的形势不相适应，需要重新修订。为了保证新版本能够为教育工作者、学生和管理人员提供有用的资料及信息，美国渔业学会组织对本书的结构和内容进行了广泛的研讨，此期间成立了由渔业管理部和教育部的专家参加的专家指导委员会，以协助确定本书的结构、内容和章节作者，美国渔业学会还就以往两个版本的优缺点以及新版本的结构和内容建议向学会会员进行了问卷调查。专家指导委员会由渔业管理部门主席 *Joseph Larscheid*、教育部门主席 *Thomas Kwak*、*Fred Harri*、*Jeffrey Boxrucker*、*Jason Vokoun* 以及编辑 *Wayne Hubert*、*Michael Quist* 组成，编者在此向专家指导委员会深表感谢。在线问卷调查于 2007 年 1 月和 2 月进行，问卷中的大多数问题用表格列出并设置了多选项，部分开放式问题需要提供描述性建议。本书的大纲和内容最终是在问卷调查成果和专家指导委员会的专业建议基础上形成的，其与本书前两个版本有着很大的不同，其适用性可以延续很多年。

本书在结构和内容上与前两个版本有所不同，表现在以下几个方面：一是第三版有 21 章，第二版有 24 章；二是第三版增加了创新性章节，如尺度和渔业管理，渔业科学家的沟通技巧，使用人工孵化鱼对渔业资源进行保护、修复和增殖，生态完整性评估与管理，湖泊食物网的生态与管理，社会和经济学信息在渔业评估中的应用等；三是大部分章节在内容上进行了合并或拆分组合，使其更符合当前管理工作的需要。因为这本书主要供北美地区使用，其内容除美国和加拿大外，在可能的情况下还包括了一些墨西哥的信息。此外，大多数章节开篇提及了重要的管理或生态学概念，这些概念在其后的章节内容中会被应用于管理理论和实践的讨论。

还有一个重要的不同是本书此前的两个版本均只有 5 位作者，而第三版的作者则包括了北美内陆渔业管理方面最优秀的教育工作者和科研人员，其中 5 位作者与第二版本相同，其他作者则是当前北美内陆渔业管理方面最优秀的科研和教学人员。

本书每一章分别由作者起草，编辑审稿、修改，然后经过同行专家匿名评审。作者和编辑们充分考虑同行专家评审提出的质疑和建议，以完善书稿的最终版本。我们由衷感谢以下的各位同行评审专家：*P. Angermeie*、*P. Bailey*、*D. Beauchamp*、*C. Berry*、*P. Braaten*、*M. Brown*、*D. Chapman*、*M. Colvin*、*N. Cook*、*P. Dey*、*R. Essig*、*B. Finlayson*、*J. Fischer*、*K. Gelwicks*、*C. Guy*、*E. Hansen*、*F. Harris*、*T. Hartley*、*J. Hebdon*、*R. Hughes*、*C. Jennings*、*J. Kershner*、*C. Kruse*、*T. Lang*、*J. Larscheid*、*J. Lott*、*J. Lyons*、*M. Maceina*、*J. Margraf*、*P. Martinez*、*K. Meyer*、*J. Morris*、*J. Mulhollem*、*R. Neumann*、*N. Nibbelink*、*J. Nickum*、*R. Noble*、*B. Parsons*、*D. Periera*、*J. Petty*、*Q. Phelps*、*R. Schneidervin*、*C. Schoenebeck*、*R. Schultz*、*A. Sindt*、*J. Slipke*、*W. Smith*、*J. Vokoun*、*D. Wahl*、*L. Wang*、*M. Weullner*、*G. Wilde*、*R. Wiley*、*K. Wolf*、*M. Wolter* 和 *D. Zafft*。

以下几位作者为其在编写过程中获得的相关帮助表示感谢。第 2 章作者对 *B. Pine* 和 *C. Walters* 帮助修改本章讨论部分表示感谢。第 4 章作者对以下人员及其贡献表示感谢：*P. Hartfield* 提供表框 4.1 文本，*W. Hubbard* 提供表框 4.4 文本和对表框 4.3 内容进行审阅，*S. Cutts* 和 *J. Odenkirk* 提供表框 4.2 信息，*C. Williams* 提供表框 4.5 文本和对手稿进行审阅，*J. Thompson* 对手稿进行审阅和提供加拿大相关信息，*J. Williams* 对早期草稿进行审阅。第 5 章作者对 *C. Milliron* 在表框 5.1 文本和 *J. Newman* 在表框 5.5 文本中做出的贡献表示感谢。第 6 章作者向以下做出贡献的专家表示感谢，其通过联系专家本人和阅读他们发表的文献对通信技术有了一定了解，这几位专家包括：*B. Bolding*、*A. Bonar*、*D. Bonar*、*J. Bonar*、*D. Burns*、*R. Cialdini*、*M. Divens*、*P. Ehrlich*、*R. Gibbons*、*K. Hamel*、*W. Hubert*、*P. Krausmann*、*P. Mongillo*、*W. Shaw*、*L. Susskind*、*D. Willis* 和 *E. O. Wilson*，及华盛顿大学、亚利桑那大学、华盛顿鱼类和野生动物保护部、美国地理调查局鱼类和野生动物合作研究组计划的相关专家们，作者同时也对 *Management Pro. com* 的 *T. Schmidt* 和野生动物规划者组织（*Organization of Wildlife Planners*）提供渔业计划资料表示感谢。第 7 章作者对以下专家及其贡献表示感谢：*J. Sorensen* 提供了 *Gavins Point* 匙吻鲟渔业资料，*J. Hennessy* 审阅了威斯康星州割让领土上的 *walleye* 管理资料，*M. Sullivan* 和 *R. Jobin* 提供了 *walleye* 标记图片，*D. Stein* 提供了鳟管理标识（*regulation sign*），*B. Borkholder* 协助描述了部落渔业捕捞条例。第 12 章作者对以下专家及其贡献表示感谢：*P. Angermeier* 为手稿提出了评论意见，*J. Hauxwell* 和 *B. Weigel* 对早期草稿提出建设性意见，威斯康星州自然资源和联邦休闲鱼类恢复计划 *F - 95 - P* 给 *J. Lyon*

提供表框 12.1 相关技术内容的支持。第 15 章作者对 *S. Miehls*、*H. Patrick* 和 *M. Zimmerman* 为早期草稿提出建设性意见、*S. Miehls* 在图书馆研究和草图的编制方面做出了贡献、*N. Nate* 协助完成参考文献工作表示感谢。第 16 章作者对 *S. Flickinger* 和 *F. Bulow* 允许引用他们所编写的《北美内陆渔业管理》第一版和第二版内容表示感谢。第 18 章作者对 *J. Blagen*、*R. Bronk*、*R. Dodd*、*L. Fujishin*、*J. Loomis*、*S. Mackenthun*、*N. Rudh*、*D. Vanderbosch*、*B. Vondra* 和 *V. Were* 提供许多基础性资料文献表示感谢。第 20 章作者对纽约环境保护部允许使用图 20.1 的鱼类图片、美国生物科学研究所允许使用图 20.5、俄克拉荷马州野生动物保护部门允许使用图 20.7 的图片表示感谢。受雇于美国地理调查局合作研究组计划的作者们对各自合作的大学、国家资源管理机构、野生动物管理研究所、美国鱼类和野生动物管理局表示感谢。受雇于美国政府的作者们提醒在他们编写的章节中涉及贸易、产品、公司名称只是一种描述，其与美国政府的认可与否无关。

本书所有的图均由 *Elizabeth Ono - Rahel* 绘制，以保持一致性，*Elizabeth Ono - Rahel* 还设计了封面。美国渔业学会的管理部门和教育部门为她的工作提供了资助，我们对她协助完成整个项目表示由衷感谢。

我们对 *Eva Silverfine* 的协助审稿表示感谢，她的评论和编辑建议对提高本书质量发挥了重要作用。

我们也对美国渔业学会出版部门的 *Aaron Lerner* 和 *Kurt West* 为本书的制作管理提供帮助表示感谢。

韦恩·休伯特　*Wayne A. Hubert*
迈克尔·奎斯特　*Michael C. Quist*
樊恩源　邢迎春译

译 者 前 言

《北美内陆渔业管理》（第三版）概述了北美渔业管理的历史、法律政策框架及其形成过程、渔业管理技术及工作程序、不同水域类型渔业管理特点、渔业管理基础技术等内容。美国与中国在内陆渔业管理理念上有一定差异，美国的管理内容更偏向于资源管理和向全社会提供休闲以及渔业产品服务。本书可帮助我们系统地了解北美水生生物保护工作，在当下我国"生态优先"的大背景下，北美内陆渔业的管理模式和技术方法给我们提供了很好的借鉴，有利于我们更好地做好水生生物保护工作。

早在 2012 年，中国长江三峡集团有限公司就资助中国水产科学研究院开展《保护区管理体系及效能评估研究》，美国水生生物栖息地保护现状是研究内容之一，这为我们的翻译工作创造了条件。之后，在多方努力下，我们获得了该书的翻译版权。为保证翻译质量，美国渔业学会还指定中国科学院水生生物研究所陈宇顺研究员为美方的质量审核代表。

在此，我们谨向在翻译出版过程中给予我们帮助的史蒂文·科尔先生（*Steven G. Kohl*，美国鱼类和野生动物管理局国际事务处）、托马斯·布西亚恩先生（*Thomas R. Busiahn*，美国华盛顿国家鱼类栖息地行动计划协调人）、罗伯特·李·西蒙兹先生（*Robert Lee Simmonds*，卡尔维特鱼类和野生动物保护办公室项目负责人）、杰西·秋盛斯基女士（*Jesse Trushenski*，美国渔业学会主席）、道格拉斯·奥斯顿先生（*Dauglas Austen*，美国渔业学会秘书长）、亚伦·勒纳先生（*Aaron Lerner*，美国渔业学会出版处处长）和中国科学院水生生物研究所陈宇顺先生表示感谢。

《北美内陆渔业管理》（第三版）的翻译工作得到了农业农村部渔业渔政管理局、中国长江三峡集团有限公司和农业农村部长江流域渔政监督管理办公室及业内专家学者的支持，在此我们向他们表示感谢。

本书的翻译工作历时 2 年，参与翻译和审校的专家几经修订付出了艰辛劳动。农业农村部食物与营养发展研究所党委书记柳正（中国水产科学研究院原党组书记、原副院长）、农业农村部长江流域渔政监督管理办公室赵依民副主任，农业农村部渔业渔政管理局郭睿处长和姜波处长对本书的翻译工作给予了指导和帮助，在此一并致谢。

樊恩源

2020 年 10 月 30 日

目　录

第1章　北美内陆渔业管理历史

Christine M. Moffitt　Gary Whelan　Randy Jackson

1.1　历史档案文献的重要性

　　本章将为读者介绍北美内陆渔业管理的科学史和方法史。为了管理好生态系统和内陆渔业，必须对其历史上原有的状态以及人类的活动有全面的了解。当前的生态系统状态是过去栖息地变化、渔业资源利用和渔业管理的直接表现，当我们研究种群和生态系统的历史状况时，如果我们选择不同的参照背景，其各种演变因子间的关系及相互影响会有不同的结果（Humphries and Winemiller，2009）。渔业管理历史的社会背景对于我们理解生态系统和如何应对其变化很重要，有关鱼类、野生动物和景观管理机构的资料以及历史科学文献为我们现代管理者及科学家提供了重要的信息。与理解历史同样重要的是，我们应为后代记录我们现在的管理实践，为他们留下相关文件档案。渔业专业人员为什么需要对水生系统的历史背景有所了解？Steedman 等（1996）总结归纳出以下理由：

- 无视历史注定会重蹈覆辙。
- 在确定生态系统恢复目标时，历史资料信息非常重要。
- 当与栖息地联系在一起时，历史资料信息会改变我们的认知和价值观。
- 要认识自然生态系统的演变规律，需要有长期和回顾性的信息积累。
- 没有科学家或历史学家的帮助，人类很难感知进程缓慢或罕见的事件。
- 在文化、宗教和科学领域，人类往往倾向于在自然世界寻求和维护一种稳定状态，且会通过稳定模型或静态动力模型来淡化人类对非稳定状态的感知。
- 现在对未来来说也是历史。

　　早期的渔业科学家和自然学家不像今天这样拥有广泛的信息来源和工具方法，但他们能够理解渔业管理所面临的众多挑战，因而会认真观察自然系统并精准地做好记录和积累档案资料。当代渔业管理专业的学生在搜索科学文献时很容易获取现代出版物和电子数据，但他们可能会忽略掉重要的历史文献。尽管数字资源现在比较容易获取，但科学家还是应该多去查找没有数字化的历史数据信息。幸运的是，在全世界公共或私人机构的共同努力下，人们已可以通过互联网获得越来越多的历史数据资源。当然，其获取方法和访问权限还需要逐步完善（Shepherd，2006；Colati et al.，2009；Seadle，2009）。

1.2　欧洲早期移民前的美国内陆渔业

　　北美的原住民在欧洲移民美洲前即已开发北美的渔业资源。在北美洲许多地区，鱼在其原住民的经济文化中占据有重要的地位。由于水量、水体类型、气候和营养物质的差异以及印第安人对鱼的重视程度不一样，北美不同区域的渔业产量差异很大。Rostlund（1952）对早期探险家的描述、土著住民的商业渔获记录及早期科学家的渔业产量估算结果进行了综合分析，描述了北美渔业的区域差异。从加利福尼亚西北部到阿拉斯加的太平洋沿岸地区，太平洋鲑是原住民的食物资源，在许多地区，每年举行的鲑洄游比赛是土著文化的重要内容。同样，鱼也是北美五大湖地区许多部落的主要食物，这些原住民发展了类似于太平洋沿岸地区的鱼文化，对很多种鱼类进行了利用。大西洋沿岸和密西西比河流域的鱼类种类繁多、数量丰富，但它们对美国原住民的重要性不如太平洋沿岸和五大湖地区。历史学家推测，大西洋沿岸、密西西比河流域狩猎和农业比较发达，鱼因此被认为是对食物来源的一种补充。美国土著住民在捕鱼时使用与现代渔民类似的工具，如渔网、诱捕器、堰坝、鱼叉、鱼钩甚至毒物。在北美大陆的不同区域，捕鱼技术的种类和发达程度有较大的差异。

即使是在鱼被作为主要食物来源的太平洋沿岸地区，没有证据能证明美国原住民的渔业产量会超过可持续水平。因人口密度低，捕捞和粮食储存技术水平低，美国原住民的渔业捕捞对鱼类种群的影响非常有限。有新证据表明，一些地区的原住民在技术上已能做到最大限度地捕获鱼类，但那个时代复杂的社会关系和文化传统会对捕捞行为产生调节作用，从而保持了可持续性（Taylor，1999）。基于信仰，美国原住民对大自然尤其是那些对生存有重要影响的事物，有很多精神上的关联。美国原住民的文化与渔业资源密切相关，鱼类是神话传说和季节性仪式中的核心元素，并因此形成了防止过度捕捞的传统（Taylor，1999；Bogue，2000）。在欧洲开始移民北美洲时，渔业资源本质上还处于未被开发的状态，但新移民带来了一种新的价值体系，因此必须建立更规范的渔业管理制度。

在欧洲人大规模移民北美洲之前，欧洲旅行者来到了新世界，他们把那里丰富的自然资源演绎成近乎神话故事传回了欧洲。毫无例外，他们报告这里有着无限的渔资源可当作食物。沿着河岸两侧洄游的鲑又多又大，以至引起抱怨。1672年，阿卡迪亚州的法国州长尼古拉斯·丹尼斯（Nicolas Denys）在评价拉米基河（Miramichi River）里的大西洋鲑时说（Montgomery，2003），"如果太多的鸽子会困扰我们的话，鲑则给我们带来了更多的麻烦，这么大数量的鲑在晚上进入河流，它们跃向天空又跌落水中，产生了巨大的噪声，致人们无法入睡。"

太平洋沿岸的鲑洄游也同样壮观。伊兹拉·米克尔（Ezra Meeker）是抵达华盛顿地区的先驱，他描述了19世纪50年代普亚卢普河（Puyallup River）（Montgomery，2003）中大量的鲑：我在河流的浅水区见到大量的鲑，它们如此密集，以致涉水过河时不可能不与它们触碰。在某些季节，我派出了我的团队，其中两个人拿着叉子从浅水里捞鱼，捕到的鱼可用作肥料。来自内陆水域的报告表明，北美各地都可以找到多样性和丰富程度令人难以置信的鱼类。

19世纪末，来自北达科他州众多湖泊的网捕报告说，"数量太多了，以至于每一侧都需要由4匹马来拉网"（Eastgate，1918）。Vanderkemp（1880）描述了1792年纽约奥奈达湖的鱼类资源情况，他这样写道："我从来没有见过一个国家，那里的鱼是如此丰富和美好，可能其他地方也有类似的鱼类资源，但不可能比这里更好，傍晚开始放钓线，然后到林中去散步，不需要太多的时间，其渔获就可以解决一个移民家庭 5～6 个月的肉和鱼的需要"。16 世纪初，赫南多·德索托（Hernando de Soto）在其密西西比河下游山谷的旅行报告中叙述了他看到大量鱼和原住民的情况，原住民"每天……带回大量的鱼，最后小镇都被鱼覆盖了"（Pearson，1972）。基于北美大部分地区的欧洲探险家和移民所描述的情况，塞缪尔·威廉姆斯（Samuel Williams）于 1794 年在佛蒙特州写道："就鱼的产量而言，美国的每一个地区的自然水域都资源丰富，它们的种类、繁衍能力以及它们性成熟的年龄，都超出了我们的认知和计算能力。这些鱼在溪流、河流、池塘和湖泊中随处可见。沿海是一个连续的渔场，分布着鳕（cod）、黑线鳕（haddock）和其他海洋动物（Pearson，1972）。"

许多"新世界"的报告发布于欧洲人口快速增长的时代。工业革命的早期阶段城市化程度得到提高，欧洲对自然资源的需求开始产生负面影响，导致人口众多地区的资源枯竭（Goudie，2005）。广袤的北美大陆似乎拥有无限的自然财富，这一信息在欧洲产生了巨大的影响力。Fagen（2006）认为，早在约翰·卡博特、清教徒尤其是那些巴斯克渔民清教徒以前，由于欧洲人口增长和基督教的传播（鱼在禁欲日受到普遍欢迎，禁欲日在 13 世纪时会达到半年的时间）刺激了对鱼的需求，大量的秘密商业性渔业来到了北美海岸。欧洲移民带来了一种理念，即自然资源是经济发展和宗教信仰的燃料，这一观点最终彻底改变了美洲大陆水生生物资源的性质（Worster，1992）。

1.3　北美早期的鱼类学调查

北美淡水鱼类约有 50 科 200 属 1 060 种（Burr and Mayden，1992）。北美鱼类类群具广泛的系统遗传多样性，同时拥有古老的真骨鱼类以及更现代的真骨鱼类，其中有 128 个属仅见于北美，因适应性进化产生的北美淡水鱼类多样性大多数集中在密西西比河流域，大部分的鱼类种类分布在该地区。太平洋沿岸的鱼类种类数量仅占东部鱼类种类数量的 1/4 左右，其中有很大一部分是该地区的特有物种（Briggs，1986）。北美淡水鱼类是世界上分类最清晰的类群之一，有关这些鱼类的动物地理学和分布均已有很详细的描述，其标志性的工作有：《北美淡水鱼类图集》（Lee et al.，1980），《北美淡水鱼类动物地理学》（Hocutt and Wiley，1986），以及《北美淡水鱼类系统学和历史生态学》（Mayden，1992）。

美国早期的鱼类研究活动侧重于鱼类种群的描述和分类，那时的淡水商业性渔业和游钓渔业的鱼类种类只是北美内陆鱼类中的一小部分。1800 年之前，北美的鱼类研究很少，那些被描述的物种主要来自欧洲博物馆的出版物（Dymond，1964；Myers，1964）。美国第一部重要鱼类学著作来自一个纽约的美国人塞缪尔·莱瑟姆·米切尔，他研究纽约鱼类，于 1814 年发表了论文（Samuel Latham Mitchell，1814）。1812 年，费城自然科学院成立，吸引了研究人员来到北美对这块大陆丰富的自然资源进行分类编目。康斯坦丁·塞缪尔·拉菲斯克（Constantine Samuel Rafinesque）是被吸引来到新大陆的略显古怪的科学家之一，他的工作包括对俄亥俄河鱼类的调查，其于 1820 年发表了专著《俄亥俄河鱼类志》（*Ichthyologia Ohiensis*），这本专著描述了其从约翰·詹姆斯·奥杜邦（John

James Audubon）提供给他的完全虚构的鱼类图画中选出的部分鱼类种类。因一位客人在约翰·詹姆斯·奥杜邦的家里抓蝙蝠时毁坏了拉菲斯克的小提琴，作为补偿，奥杜邦将鱼类图画送给了拉菲斯克（Rafinesque，1820；Myers，1964）。查理斯·亚历山大·勒苏尔（Charles Alexandre LeSueur）与拉菲斯克（Rafinesque）同时期来到北美，他的主要研究对象是大西洋沿岸鱼类。

美国西部水域鱼类学调查的兴起，很大程度上是由于美国史密森学会（Smithsonian Institution）的斯宾塞·富勒顿·贝尔德（Spencer Fullerton Baird）的努力，美国史密森学会成立于 1846 年，贝尔德担任第一任助理秘书长，其后来成为美国"鱼类和渔业委员会"（U. S. Commission of Fish and Fisheries）的第一任会长。贝尔德在史密森学会工作期间，希望学会成为综合性的自然历史标本的收藏机构。作为史密森学会的助理秘书长，他让自然学家加入陆军勘探队伍，于 1848—1855 年参与美国和墨西哥的边界调查及通向太平洋海岸多条铁路线的调查工作（Goetzmann，1959）。哈佛大学路易斯·阿加西（Louis Agassiz）的前助理查尔斯·弗雷德里克·吉拉德（Charles Frederic Girard）被任命负责处理各种调查活动中收集到的大量鱼类标本。阿加西也许是当时北美最受尊敬的自然主义者，他希望能撰写关于北美鱼类的权威著作。阿加西对吉拉德去史密森学会工作且使用了他为新成立的"比较动物学博物馆"采集的标本感到不满，公开批评吉拉德关于西方鱼类新种的论文（Jackson and Kimler，1999）。然而，尽管受到了阿加西的批评，吉拉德对送往史密森学会的鱼类标本进行分析发现了 146 个新物种。在所有从事北美鱼类研究的鱼类学家中，吉拉德在有效种的描述数量方面排名第二。吉拉德在 19 世纪 50 年代的研究成果是北美鱼类研究第一次较大的突破，其提供了欧洲大规模移民前北美鱼类种类情况和西部鱼类文献。

另一位早期参与阿加西和贝尔德相关工作的研究人员是大卫·斯塔尔·乔丹（David Starr Jordan），他的研究工作从 19 世纪下半叶一直延续到 20 世纪初，他的研究成果为他赢得了"北美鱼类学之父"（Hubbs，1964）的称号。乔丹的工作成就主要是对北美目前公认的 200 多种鱼类进行了初步描述，同时，把许多跟随他的学生培养成为顶尖的鱼类学家。这些人中包括卡尔·莱维特·哈布斯（Carl Leavitt Hubbs），许多现代的鱼类学家均可以从其学术工作追溯到与乔丹的关联。乔丹最杰出的工作是 1896 年与巴顿·沃伦·埃弗曼（Barton Warren Evermann）共同完成了《北美和中南美洲的鱼类》（*The Fishes of North and Middle America*），其为北美鱼类提供了一个全面而准确的目录。到 20 世纪初，鱼类发现新种的黄金时代已经结束，鱼类物种和分布的大致情况已有很好的描述，新物种只有在地方性的更深入的调查中才有可能被发现。鱼类学研究工作仍在发展，与鱼类有关的一个新的研究领域正在形成，那就是人类活动如何对鱼类种群产生影响，如何避免这种影响和对影响结果进行补救。

20 世纪 20 年代和 30 年代，美国许多州委员会开展了对鱼类、栖息地和污染情况的描述性调查（例如，Belding et al.，1924），这些研究工作的目的是想搞清楚如何和在什么地方放流增殖鱼类。特别要提及纽约州自然保护厅的第一位女生物学家埃梅琳·摩尔（Emmeline Moore）领导开展的一项调查，埃梅琳·摩尔首先研究了乔治湖（Lake George）的鱼类和湖沼学，然后对全州水域进行了调查。由于这项研究非常细致和合乎逻辑，其关于地表水的生物学调查及关于流域特性的研究报告成为管理的里程碑 (Moore，1926，1927)。1927 年，埃梅琳·摩尔（图 1.1）成为美国渔业学会的第一位女会长 (Moffitt，2001)，其后她又在鱼类健康领域做出了贡献 (Moore，1923；Michelel，2001)。

图 1.1 1927 年，埃梅琳·摩尔当选为美国渔业学会的第一任女会长，她为提高人们对科学管理重要性的认识领导开展了很多工作。图为 1963 年埃梅琳·摩尔在办公桌前的照片（图片由纽约州环境保护者拍摄，由纽约州环境保护厅提供）

1.4 管理理念的演变

早期的美国和加拿大很难建立内陆渔业管理的权威。在殖民时期，内陆水生资源的所有权和使用权发生混乱。贵族阶层拥有土地财产权，其对美洲土著部落关于自然资源的需求很漠视。独立战争结束后，美国建立了主权代议制民主制度，许多陆地、河岸和淡水资源根据公众信托原则向公众开放使用（见第 4 章）。渔业法律开始形成（对水坝的鱼类通道给予特别关注），但与法律相关的运行模式和基础设施要求既未得到重视，也未得到明确和细化。英国有关野生动物所有权和渔业的相关法律为北美早期的法律提供了依据，但有关渔业的法律却令人困惑 (Goble，1999，2005)。美国东部的许多法律把沿岸地区划为私人所有，渔业资源和水生系统未能得到很好的管理，部分原因可能是因为当时人口不多的欧洲移民有很多商业机会，且其对广阔领土及其资源中的生物类资源普遍缺乏了解。

在加拿大，受欧洲贵族制度和政府机构分散且相距甚远的影响，渔业管理很难实施。加拿大每个省都有渔业共管法律，大多数管理条例针对溯河性鱼类、海洋鱼类或河口有鳍鱼类（estuarine finfish）、贝类或水坝鱼类通道。加拿大公民普遍认为，生境退化和过度捕捞对内陆渔业产生了影响，但政府抑制过度利用的效果非常差。例如，新不伦瑞克省 (New Brunswick) 于 1845 年发布了关于大西洋鲑的法律，成立了当地渔民协会，渔民协会对捕捞量加以控制。然而，这些法律几乎没有人遵守（Johnstone，1977）。

新不伦瑞克省、安大略省、魁北克省和新斯科舍省共同建立了加拿大自治领（Dominion of Canada）之后，加拿大开始对渔业实施统一管理。1868 年，加拿大联邦通过了《渔业法》，设立了海洋和渔业部（表框 1.1）。加拿大的第一位海洋和渔业部部长是彼得·米切尔（Peter Mitchell），《渔业法》授权任命联邦渔业官员，设立联邦捕鱼许可，及可以就某些物种设定休渔期和鱼道。该法的条款中还包括星期日为鱼类自由通行日及星期日禁止捕鱼的内容。《渔业法》规定，在鱼类经常出现的水域禁止可能产生污染的活动，允许建立鱼类避难所或鱼类保护区，对牡蛎和贝类渔业进行管制等。《渔业法》成为加拿大渔业管理的政策导向。

表框 1.1　加拿大联邦渔业机构名称历史演变

加拿大联邦渔业机构名称和任务随时间及政府机构的调整而有所改变。

- 1867—1884　　　　　　　　　　　海洋渔业部
- 1884—1892　　　　　　　　　　　渔业部
- 1892—1914　　　　　　　　　　　海洋渔业部
- 1914—1920　　　　　　　　　　　海军服务部
- 1920—1930　　　　　　　　　　　海洋渔业部
- 1930—1969　　　　　　　　　　　渔业部
- 1930—1936　　　　　　　　　　　海洋部[1]
- 1969—1971　　　　　　　　　　　渔业林业部
- 1971—1976　　　　　　　　　　　环境部
- 1976—1979　　　　　　　　　　　渔业和环境部
- 1979 至现在　　　　　　　　　　渔业和海洋部

[1] 海洋部与国防部民航处于 1936 年合并成运输部

美国联邦的渔业管理立法始于 1871 年，其时美国国会授权美国鱼类和渔业委员会（U. S. Commission on Fish and Fisheries）应对渔业衰退，许多州在同时期出于同样原因设立了鱼类和渔业委员会。美国联邦第一任渔业委员会会长（Commissioner of Fisheries）是斯宾塞·富勒顿·贝尔德（Spencer Fullerton Baird），此前曾讨论过他对鱼类调查的贡献（见 1.3）。贝尔德选择从马萨诸塞州伍兹霍尔开始，以鱼类和渔业委员会及后来的渔业管理机构（表框 1.2）为基础，在东西海岸、五大湖地区和美国内陆地区建立实验室和野外设施。鱼类和渔业委员会的主要任务是查清美国新英格兰地区和五大湖渔业衰退的原因，开发鱼类繁育方法。早期的立法还规定鱼类和渔业委员会有权收集所有州、地区的标本和扩大史密森学会的收藏范围。

1.4.1　早期的联邦渔业管理

早在联邦政府对渔业和鱼类繁育进行管理之前，为了增加鱼类产量，非专业人士已经开始尝试鱼类养殖。企业性质的鱼类养殖始于类似赛斯格林（Seth Green）这样的一批创始人，他于 1870 年在纽约喀里多尼亚（Caledonia）建立了一个鱼类孵育场（fish hatchery）

（Bowen，1970）。加拿大人同样热衷于鱼类养殖，他们开发了鱼类养殖技术。1868 年，塞缪尔·威尔莫特（Samuel Wilmot）在安大略省纽卡斯尔附近的养鱼场建立了一个鱼类孵育场。1876 年，威尔莫特成为在渥太华的联邦政府鱼类养殖总监。威尔莫特随后在魁北克省、安大略省和加拿大的沿海省建立了孵育场，在他离任后，联邦政府保留了一个负责孵育场工作的部门（Huntsman，1938）。

表框1.2　美国联邦渔业机构历史名称变化

美国联邦渔业机构的名称和任务随时间及政府机构的调整而有所改变。

- 1871　　　　　美国鱼类和渔业委员会（独立）
- 1879　　　　　经济鸟和哺乳动物处（美国农业部）
- 1885　　　　　生物调查局（美国农业部）
- 1902　　　　　渔业局（美国商务部）
- 1939—1940　美国鱼类和野生动物管理局（美国内务部）——生物调查局和渔业局整合而成
- 1956　　　　　美国鱼类和野生动物局包括休闲渔业局和商业渔业局
- 1970　　　　　商业渔业局移至美国海洋和大气管理局，海洋渔业局

爱德华·普林斯（Edward E. Prince）是加拿大第二位"渔业专员"，他在为渔业提供科学信息方面发挥了强有力的领导作用。普林斯从 1923 年开始支持建设实验室和开展野外考察，加拿大政府对从芬迪湾到普吉特海峡边界水域的渔业进行了全面调查，并于 1899 年在新不伦瑞克的圣安德鲁斯建立了第一个海洋生物实验室。此后不久，加拿大政府在不列颠哥伦比亚省的纳奈莫建立了太平洋生物站（Johnstone，1977）。此外，加拿大渔业和生物委员会开始在休伦湖上建立格鲁吉亚湾站，持续地开展鱼类养殖研究（Clemens，1932）。

鱼类养殖同样被新成立的美国政府渔业机构放在优先地位。渔业委员会为争取获得美国国会支持，做出了诸多努力，在密西西比河流域开展放流增殖美洲鲥（American shad）是其中之一（Moffitt，2001）。渔业委员会作为一个机构获得了胜利，但美洲鲥种群在密西西比河流域并没有因此建立起来。渔业委员会建造了"鱼鹰"号船，这艘船被作为浮动的孵育场和转运工具，用以捕捉美洲鲥等鱼类帮助其在不同区域产卵（图 1.2）。鱼类繁育工作非常活跃，每年都有数以百万计的鱼被放养到水中。很多调查船参与了研究和调查工作，包括美国渔业局的"信天翁号"，这些船在美国的两个海岸及热带地区开展了科考航行和标本收集工作。

由于渔业具商业价值，渔业管理在其发展过程中，一直受到政策的干预。1870 年，一群对鱼类养殖感兴趣的公民和专业人士共同创立了美国鱼类养殖者协会（The American Fish Culturists Association）共同讨论鱼类养殖、资源管理和政策。鉴于美国渔业衰退明显，协会最早期的行动之一是给美国国会写信，敦促联邦增加对渔业的拨款。1878 年，美国鱼类养殖者协会提供展品参加了国际渔业展览会。1885 年，美国鱼类养殖者协会改名为美国渔业学会（American Fisheries Society，AFS），确定其使命是"促进鱼类养殖事业，收集和传播成功的实用技术，参与与渔业有关的各种事项，推广鱼类养殖及渔业，处理所有与鱼类有关的科学和问题"（Bower，1911）。

图 1.2 "鱼鹰号"船把鱼卵运送到不同区域，用以补充受到过度捕捞的鱼类种群。图片示 1896 年美国海洋大气管理局和国家海洋保护区共同实施的缅因湾鲑项目（由档案摄影师 Stefan Claes-son 拍摄，国家档案馆提供）

《美国渔业学会会刊》（*Transactions of the American Fisheries Society*）和《美国鱼类和渔业委员会公报》（*Bulletin of the U. S. Fish Commission*）介绍美国渔业活动。许多州也成立了委员会或调查机构，出版公报和各种出版物。渔业科学家会议开始面向社会公众，国家、州和区域的政治领袖对渔业的发展前景充满期望。在《美国渔业学会会刊》出版之前，《森林与溪流》（*Forest and Stream*）杂志早在 1873 年即开始出版美国渔业学会（当时还仍然是美国鱼类养殖者协会）的论文和大部分会议论文集，该杂志与美国渔业学会一直有官方合作，直到 1875 年该杂志被转至纽约并改名为《田园与溪流》（*Field and Stream*）（Moffitt，2001）。当时，美国科学促进会（American Association for the Advancement of Science）和《纽约时报》也为美国渔业学会及其他渔业机构发布信息报道。

当时，木材砍伐、采矿、工业发展和物种引进被认为破坏了溪流生境，鱼类和其他水生生物繁育可以帮助恢复和重建被破坏或退化的渔业，解决过度捕捞和生境破坏问题（Whitaker，1892；Farley，1957；Beeton，2002）。鱼类和渔业委员会在 1897 出版了《鱼类养殖手册》（*U. S. Commission on Fish and Fisheries*，1897），这本书非常重要，其记录了 30 多种鱼类、贝类和蛙类的繁育方法、一般生物学和胚胎孵化知识，介绍可供选择的饲料建议以及运输方法，提供了为放流增殖而建的 25 个国立鱼类繁殖站、放流站和孵育场的情况。利夫斯顿斯通（Livingston Stone）是美国渔业学会的第一任秘书长和鱼类和渔业委员会的副会长，他热衷于推广鱼类养殖，被派往加利福尼亚去建设第一家联邦孵育场。孵育场的建设得到了麦克劳德温图（McCloud Wintu）部落成员的帮助，于 1872 开始在麦克劳德河（McCloud River）运行（Yoshiyama and Fisher，2001）。该孵育场生产的奇努克鲑（Chinook salmon）卵或鱼苗被运往至少 37 个州和 14 个国家，包括意大利、日本、澳大利亚和新西兰。19 世纪后期,《美国鱼类和渔业委员会公报》开始报道内陆水域的鱼类产量和鱼种放流数量,《美国渔业学会会刊》也开始发表这些信息,一些孵育工作、调查报告和国际渔业等信息也逐渐发表在这些刊物上 (Ito, 1886; Weber, 1886)。

　　铁路建设为鱼种放流提供了便利。为运送鱼和鱼卵,特别开发了专门的铁路车辆 (图 1.3)。McDonald (1896) 在一份提交鱼类和渔业委员会的报告中说:"在铁路运输过程中,铁路部门无偿资助 26 212 mile* 的运输费用,其余 48 593 mile 按每英里 20 美分的费率支付,委员会非常感谢铁路公司的工作人员和管理人员所提供的热情周到的服务"。

图 1.3 "鱼车"是经特别设计的铁路车厢,其被美国内务部 (USDI) 和许多州用于向美国各地运输养殖鱼类 (照片由 USDI 提供)

　　冷冻和罐装加工导致了渔业捕捞产品的需求增加,加拿大和美国把这些加工产品运往世界各地 (McArthur, 1947; Clark, 1985)。渔业资源产品有鲜明的地域特色。例如,密西西比河的内陆渔业最初属于自给自足的生计类型,但到了 19 世纪 70 年代后期,渔业已发展成有组织的商业形式,鲇 (catfish) 和美国胭脂鱼 (buffalo) 渔业是密西西比河最早的商业性渔业之一。1894 年,密西西比河上游鲇和美国胭脂鱼渔业的商业捕获量分别超过了 140 万 kg (375 万 lb) 和 270 万 kg (724 万 lb) (Carlander, 1954)。

　　内陆水域的渔业捕捞不仅限于鱼类,淡水贻贝也是重要的渔业对象。淡水贻贝可用于纽扣工业、食品业和淡水珍珠业。淡水贻贝的大量捕捞导致许多依赖贻贝生存的水生物种种群数量大幅减少,这些物种的种群动态变化规律发生了改变 (Anthony and Downing, 2001)。淡水贻贝一直是原住民重要的蛋白质来源,早在 1860 年,阿肯色州、佛罗里达州、艾奥瓦州、肯塔基州、密歇根州、内布拉斯加州、新泽西州、俄亥俄州、田纳西州、

---

　　* 1 mile＝1 609. 344 m。

得克萨斯州、佛蒙特州、华盛顿和威斯康星州的贻贝就已被广泛利用（Kunz，1893；Kunz，1898；Claassen，1994）。

美国渔业局（表框1.2）在艾奥瓦州设立了费尔波特生物学工作站（Fairport Biological Station）（Coker，1914），其使命是研究淡水贻贝繁育。1914—1919年，密西西比河上游的许多州和五大湖周边的州发布了捕捞管理规定，但这些规定的出台已无法拯救贻贝渔业及其附属产业（图1.4）。近年来，人们发现一些能帮助贻贝幼体生存的宿主鱼类正受到威胁或已处于濒危状态，贻贝可以用作生物学指示物种，贻贝壳还可被用作培育珍珠的材料，因此人们对淡水贻贝的兴趣正有所增加（Neves et al.，1985；Williams et al.，1993）。

图1.4　Fairport渔场，其功能是繁殖淡水软体动物，以替代因纽扣工业和食用捕捞而遭破坏的贻贝种群。照片摄于1914年，示渔场西南部及主要建筑物（照片由USDI提供）

随着密西西比河和密苏里河沿岸地区的商业开发，"鱼类救援"成了一项管理工作，其内容主要是在春季洪水后将孤立的水塘中的游钓和商业性鱼种放回河流或将它们运到其他地点放回河流。在防洪工作结束之前，每年夏天都会有大量的鱼类滞留在洪水泛滥的平原河流回水区。艾奥瓦州最先开始了鱼类救援行动，其他州和联邦机构在19世纪80年代也相继启动这项工作（表框1.3）。鱼类救援行动导致鱼类进入了其原始分布区以外的水域，权威管理人员认为，游钓鱼类是最重要的增殖和捕捞对象，允许这些鱼类自然繁殖，然后将幼鱼转移到其他地方，其经济优势非常明显，美国联邦政府因此在20世纪20年代积极支持鱼类救援计划。在艾奥瓦州的费尔波特生物站（Fairport Biological Station）附近，工作人员参与鱼类救援和贻贝繁殖，他们会在放归之前把这些鱼与贻贝幼体放在一起。到了20世纪20年代，整个密西西比河流域的工作站释放了数百万条鱼类，这些鱼附着了数十亿具有商业价值的贻贝幼体（Anfinson，2003）。

表框 1.3 密西西比河系统鱼类救援行动的地点

鱼类救援是把春季洪水之后一些残留在临时性水体中的游钓和商业性鱼种打捞并送回河流或运输到其他地方。以下是密西西比流域一些救援行动的地点和日期（Carlander，1954）。

州、站名称	运行日期
Iowa 艾奥瓦州	
Bellevue 贝尔维尤	1903—1938
Fairport 费尔波特	1917—1938
Gordon's Ferry 戈登渡口	1922
Gutterberg 古滕贝格	1921—1923，1939
Montpelier 蒙彼利埃	1923
North McGregor 北麦格雷戈（renamed Marquette）（又名马凯特）	1904—1939
Illinois 伊利诺伊州	
Andalusia 安达卢西亚	1928—1930
Cairo 开罗	1919—1922
Galena 加利纳	1917
Lake Cooper 库珀湖	1917
Meredosia 梅勒多西亚	1894—1904，1918—1922
New Boston 新波士顿	1918
Quincy 昆西	1889—1921
Rock Island 岩岛	1922—1928
Louisiana and Mississippi 路易斯安那州和密西西比州	
Various 多个地点	1917—1930
Minnesota 明尼苏达州	
Brownsville 布朗斯维尔	1921—1922
Dakota 达科他	1922
Hastings 黑斯廷斯	1924
Homer 荷马	1911—1938
Lake City 湖城	1917
Latsch Estate 拉奇地产	1921—1922
Minneiska 明尼伊斯卡	1917，1922
Minnesota City 明尼苏达城	1921—1922
Red Wing 红翼	1918

（续）

州、站名称	运行日期
Richmond 里士满	1917
Winona 薇诺娜	1917，1922
Missouri 密苏里州	
Candon 坎东	1919
Clarksville 克拉克斯维尔	1919—1920
Hannibal 汉尼拔	1920
Wisconsin 威斯康星州	
Ferryville 费里维尔	1921—1923
Fountain 喷泉城	1917—1921
City La Crosse 拉克罗斯	1904—1938
Lake Pepin 佩平湖	1917—1918
Lynxville 林克斯维尔	1917—1918
Genoa 热那亚	1917，1922—1923，1931，1938
Prescott 普雷斯科特	1921—1922
Trempealeau 特伦珀洛	1917

上述鱼类救援行动的目的是维持商业性规模的贻贝渔业，但造成贻贝和鱼类资源下降的因素，除过度捕捞外，还有市政和工业污染、种植业和木材采伐产生的淤积等。20世纪30年代初，贻贝繁殖计划被终止，与此同时，伟大的建坝时代开始改变北美各地鱼类和贻贝栖息地。在接下来的40年里，水坝截流了数千千米的河流，鱼类和贻贝种群分布被割裂，鱼类和贻贝所需的栖息生境发生了改变。

1.4.2 管理法规和鱼类增殖

北美各州或各省最初采取的管理行动是制定管理法规，内容主要是评估和成立管理委员会，以加强监督和对孵化场的管理。当时的管理思路是：加强对捕获进行评估和管理，以保证渔业资源的可持续利用（Bowen，1970）；此外，渔业资源可以通过放流进行增殖和恢复。鱼类最重要的作用是为人类提供食物，其次是作为游钓资源（Viosca，1945）。这一思路主要来源于农业，作物的种植和收获是为了供人类使用，鱼、玉米或牛很容易被理解为类似作物的食物。在这种思路影响下，一些物种优于另一些物种的观念开始形成。有选择地引进一些商业或游钓鱼类并进行养殖开始兴起，欧洲移民熟悉的一些鱼类种类被引至其他水域并成功地在那儿生存。

随着特殊土地资源保护理念的兴起，美国于1872年启动了以黄石国家公园为代表的国家公园体系建设。其后很多年，黄石国家公园成为联邦政府管理的唯一公园。由于鱼类和野生动物可以作为食物并可供人们休闲娱乐，因此公园内仍被允许捕鱼和狩猎。其时，因为公园存在"无鱼水域",一项鱼类繁育计划因此开始启动,这个繁育计划开始养殖虹鳟(rainbow trout)、褐鳟(brown trout)、溪红点鲑(brook trout)和湖红点鲑(lake trout),同时把从公园水体中采集的本地种切喉鳟(cutthroat trout)的卵运到北美其他地区进行养殖。随着其他国家公园的建立,类似的繁育计划也逐步兴起。1916 年,美国联邦国家公园管理局成立,在这之前,负责黄石国家公园和国家纪念地的联邦管理部门一直隶属于美国陆军。

在加拿大,国家和省级政府之间的权力之争导致 1898 年的"帝国渔业判决案例"(Imperial Fisheries Judgment),这一判决案例判定渔业的管辖权和立法权属于联邦政府,联邦政府是渔业资源保护管理的最高机构,政府制定资源管理政策的目的是最大限度利用渔业产量,并确保可持续。公共港口及港口水域的渔业也由联邦政府负责管理。判决认定,产权、租赁权和许可权归各省所有,但联邦政府有权对各省的渔业许可进行征税(Young,1952)。

1887 年,加拿大颁布了《落基山公园法案》(Rocky Mountain Park Act)。根据该法案,加拿大于 1887 年建立了"班夫国家公园"(Banff National Park)。像美国一样,从 20 世纪初到 1980 年,整个落基山脉公园里原本已没有鱼的湖泊都养了鱼,放养的种类主要有切喉蹲、虹鳟和溪红点鲑(Donald,1987),其放养最盛时期是 60 年代(Solman et al.,1952)。19 世纪晚期,人们发现在许多情况下很多放养的鱼无法自然生存,引入非土著鱼类进行养殖会造成水生生物系统的改变。在这种情况下,美国和加拿大的鱼类放养模式开始受到质疑(Bahls,1992)。

1889 年,利文斯顿·斯通(Livingston Stone)认为通过保护自然环境使土著鱼类种群自然繁殖非常重要,因此呼吁建立一个国家鲑公园。因为斯通的努力,阿拉斯加的阿福格纳克岛于 1892 年被划作森林和鱼类养殖保护区。斯通在 1892 年写道:"人工繁育可以解决很多问题,且已经解决了很多问题,但我们肯定不能希望它能解决所有问题"。

1.4.3　公共利益托管原则

就渔业资源来说,私人利益和公共利益之间一直存在冲突,这种冲突会对渔业管理产生影响。早期的渔业管理是设置禁渔期和保护鱼类繁育区,但这种做法存在争议,争议的焦点是人工繁育和自然繁育方式的优缺点。密歇根州渔业专员 Dickenson(1898)基于五大湖的公共利益托管原则(public trust doctrine),就五大湖存在的商业利益与公共权利之间的冲突进行了评述,"鉴于大部分商业鱼类捕捞及其市场属于私营企业……公众则应有权通过其授权的代理人来决定,鱼类资源作为公共财产,其是否可以利用"。

早期的渔业管理人员清楚地认识到,污染、筑坝和捕捞渔具对渔业资源有很大的影响且缺乏管制,许多人对孵育场在促进渔业资源恢复方面的作用表示怀疑。部分人认为,管理政策没有能针对水生生境退化问题进行有效的干预,鱼类增殖作为一种保护方法尽管有很大的局限性,但这是唯一能采用的方法。Spangler(1893)如此描述了渔业和鱼类栖息地的丧失情况:"更令人难以置信的是,在许多现在仍活着的人们的记忆中,那些溪流、湖泊和海岸曾经分布着很多可供食用的鱼类，其中一些鱼的数量还很多，但一个可悲的事实是，在这些水域特别是一些内陆水域中，这些鱼类资源要么已因捕捞过度而枯竭，要么其再生能力几近于零，或已近乎灭绝"。他在对孵育场增殖鱼类所获得的成功进行评价时，表达了对其效果的失望："不幸的是，增殖放养对缓解资源进一步下降有一定的作用，但这只是部分成功，州属孵育场和渔业委员会管理的联邦孵育场每年会向自然水域放流数百万鱼苗，人们显然希望通过严格的设计和努力得到更好的效果，但结果却很令人失望"。最后，他建议颁布指令恢复对水域的控制，对立法者进行公共教育以加强保护（表框1.4）。

表框1.4　Spangler（1893）关于公共水域渔业管理的政策建议

以下八项建议旨在收回公共水域的管理权，通过对立法者进行教育和界定责任，以加强对公共水域的保护（Spangler，1893）。

1. 充分认识到，州属公共水域中的鱼是州的公共财产，任何利用方式，均属特权。

2. 与其他公共财产一样，对水资源及其鱼类资源进行监护管理是人民代表的神圣职责。

3. 制定渔业管理法律是为了保证监管的有效性，所有人应绝对服从。

4. 执法官员、法官、警员和渔业管理人员，只要其具有管理权，公平、公正地审理和逮捕所有违法者是他们的职责。

5. 所有公民都有义务帮助管理部门保护和恢复美国水域鱼资源的原始繁育能力，这是一项爱国义务，其每年可为国家创造数百万美元的利益。

6. 作为人民代表的国会议员有责任制定法律对油鲱（menhaden）及其他沿海渔业资源进行管理，防止食用性鱼类像过去和现在这样被大量浪费，防止食用性鱼类数量减少。

7. 每个州和地区都应对其辖区内鱼类的人工繁殖、种群分布和食用性鱼类保护进行管理。

8. 与鱼类保护有关的协会组织是恢复和保护食用性鱼类资源的重要力量，各州应对他们的工作给予鼓励，全国各新闻报刊应为其提供帮助。

Titcomb（1917）就持续性鱼类繁育政策的必要性（表框1.5）及围绕增加食用鱼产量的几种可行而又互相冲突的方法发表了其个人看法。有意思的是，他的观点反映了"个人利益"的重要性及公共财产与个体资源间的矛盾关系。

在这场历史性的危机中，鱼类资源正受到特别的关注，许多不熟悉这个问题的人提出了许多善意的但不切实际的建议，也有人出于自私的动机，无视我们在制定与捕捞方法和捕捞季节有关的管理规定时应遵循的自然法则，想要降低保护的标准。

在这些冲突中，大学教授们也提出，为了保护鱼类应放宽有关法律规定。顺便提一句，管理部门也向决策者发出类似的呼吁（Titcomb，1917）。

关于公共利益托管原则是否会在一定程度上侵犯私人权利的辩论一直持续到今天。1933年，戈登写道："像康涅狄格州那样，通过租赁和购买来获得捕鱼权是否可行？对私人水域的游钓行为，我们如何进行规范？我们应该如何引导个人为游钓产业去管理资源。这些工作在经过沟通协调后均有可能达成共识，但如果没有形成各方都能接受的政策，这些工作无法落实。"

表框 1.5　Titicomb（1917）关于鱼类繁育放养的政策建议

为持续地开展鱼类繁育放养，应制定相应政策，为此建议：

1. 列出管辖水域清单，针对选定的物种制定稳定的政策。

2. 未经专业委员会同意，禁止向这些水域以及与这些水体相通的私人养殖或控制的水域引进外来鱼类或违反政策的鱼类。

3. 与美国渔业局合作，在遵守辖区管理机构和美国渔业局有关政策规定的前提下，确定双方都有兴趣的繁育鱼种。

4. 采取直接授予或通过许可证的方式赋予渔业管理负责人相关权力，使其可以在任何时候及可以采取任何方式，消灭和在市场处理非生态鱼种（rough fish）。非生态鱼种是指那些不符合管理政策的鱼类。对捕获物统计来说，捕捞形式，如网捕或钓捕等并不重要，但对捕捞方式进行管理时，应考虑当地的实际情况以及这些鱼类的资产价值，如果捕捞对象与游钓有关，则应考虑到其在当地属于有资产价值的一种资源，其重要性不可低估。

5. 在任何水体中种植植物均应符合当地的政策规定，这些管理政策应被后人遵守并传承下去。

6. 为避免在种植植物时造成浪费，应加强爱护植物的宣传教育。

7. 加强对公众的宣传教育。整个私有的孵育场都属于业主时，要尊重私人的渔业产权。

8. 鉴于当前的危机，资源保护比以往历史上任何时期都更为重要，制定合理可行的保护规定与繁殖鱼类同等重要。

9. 在水域开展鱼类养殖前，应认真研究选择适合该水域的养殖鱼种，以实现最大的年产量。

10. 管理团队中，配备熟悉鱼类繁殖和保护管理技术的人员非常重要。

11. 最后，不管目前的政策条件是否可行，你们是为子孙后代保护我们的资源，无论我们的继任者对当前的政策持什么看法，均应把完整的工作记录交给他们，为他们树立榜样，为他们设定一个方向，使其没有理由不遵循并延续你们所制定的政策。

即使在联邦政府内部，对于谁负责管理国家森林以及相应管理机构应在哪里设置也很困惑。Davis（1935）在一份报告中说："渔业局应为国家森林中的鱼类管理开展必要的研究，同时要为森林中的水域提供繁育及种群恢复所需要的鱼类。林业局应负责管理计划的实施，同时根据渔业局的指示和建议，对河流和湖泊的生境改善及鱼类繁育进行管理"。上述建议将森林中的渔业管理权交给了各州政府。

1.4.4　管理权限界定的关键转折

1910—1970 年，北美主要河流上修建了许多用于发电、防洪、运输和灌溉的水坝，但这些设施在建设过程中很少考虑对环境的影响。联邦政府开发水利电力资源有助于为边远地区提供高效和廉价的电力（图 1.5），哥伦比亚河是承受了河流开发和过度捕捞双重影响的典型例子，但人们对河流生态系统中的鱼及其他开发利用方式有着不同的看法。早在 19 世纪 70 年代，美国陆军工程兵团（the U. S. Army Corps of Engineers）就对哥伦比亚河进行了改良，使其更利于通航。在 19 世纪 80 年代和第一次世界大战期间，鲑罐头产业的发展达到了顶峰。Chapman（1986）估计，渔业捕捞在高峰期（主要是 19 世纪 80 年代）可能会达到 170 万尾夏王鲑（summer chinook salmon）、38.2 万尾钢头鲑（steelhead）、110 万尾秋王鲑（fall chinook salmon）、40 万尾春王鲑（spring chinook salmon）、

47.6万尾银鲑（coho salmon）、190万尾红鲑（sockeye salmon）和35.9万条狗鲑（chum salmon）。在此期间，发动机和制冷技术的应用为在世界海洋更广泛地渔业开发利用创造了机遇。由于普遍缺乏对资源的管理意识，导致过度捕捞，渔民及各州政府为此均要求联邦政府为渔业管理提供援助。

图1.5　建造水坝在美国有很长的历史，20世纪初至20世纪中期，为了边远地区的电气化、防洪、灌溉供水和航行的需要，美国加大了对建坝的支持。这两座水坝改变了西部两条主要河流的生态系统

（上图）博尔德大坝（Boulder Dam），位于亚利桑那州和内华达州之间的科罗拉多河［照片由安塞尔·亚当斯（Ansel Adams）拍摄，美国内务部国家公园管理局（Bureau of National Park Service, USDI）提供］

（下图）大古力水坝（Grand Coulee Dam），位于华盛顿州哥伦比亚河（Columbia River），图示1936年该坝在围堰后的开挖情况［照片由美国内务部垦务局（Bureau of Reclamation, USDI）提供］

1930 年，美国通过《米切尔法案》(*Mitchell Act*)，为哥伦比亚河流域的管理改进、渔业工程和鱼类养殖提供资金。这项立法批准在 5 年内建设不少于 25 个养殖站 (fish culture station)、3 个实验室和 2 辆鱼类铁路运输车。这些渔业项目的实施结果不是很理想，因农业和城市取水及用于水电、灌溉、运输和防洪新水坝的建设，致鱼类栖息生境发生了很大变化，渔业资源的恢复工作趋于复杂。在其后很多年，河流开发利用比鱼类自然资源的利用更被重视（大西洋西北溯河鲑保护和管理委员会，1999）。哥伦比亚河上最初只建有博纳维尔 (Bonneville) 和大古力 (Grand Coulee) 两座水坝。1937 年，美国内务部设立了博纳维尔电力管理局，负责管理水电项目。从 1932—1975 年，在哥伦比亚河和蛇河上建造了 19 座主要水坝，在支流上建造了更多的大坝。这些大坝不仅给鱼的通过带来了问题，而且改变了水流流态和生物生产力。在约瑟夫河和赫尔斯峡谷大坝 (Chief Joseph and Hells Canyon dams) 下游哥伦比亚河的主要大坝上修建了供鲑成鱼上溯通过的鱼道，但没有解决鲑幼鱼下溯的通道问题，只能通过建设孵育场作为一种缓解措施（大西洋西北溯河鲑保护和管理委员会，1999）。相反，不列颠哥伦比亚省弗雷泽河 (Frazier River，British Columbia) 的开发项目受到了质疑，其建坝计划最终未能实施，这个区域的鱼类种群保持完好且能自我维持，该区域的经济发展模式因此发生了改变 (Evenden，2004)。

《鱼类和野生动物协调法》(1934) 是 20 世纪上半叶美国最有影响力的渔业保护立法，此法使农业部和商业部的部长有权向联邦和州政府机构为保护有休闲娱乐作用的毛皮动物 (game and furbearing animal) 提供援助，开展污染对野生动物的影响研究。野生动物被正式界定为包括鸟类、鱼类、哺乳动物、其他分类阶元的野生动物，以及野生动物赖以生存的水生和陆地植物。该法授权保护和调查公共土地上的野生动物资源，指示渔业局为鱼类养殖站、候鸟栖息地和筑巢地区提供水资源，要求联邦机构在建造任何新水坝前应与渔业局协商，并为鱼类洄游提供帮助。

20 世纪上半叶，管理重点和管理价值发生了根本性的转变。美国渔业学会开始率先制定北美渔业政策，该政策于 1938 年通过，各州和省通过其政府协会接受了该项政策。这一政策阐述了州、省、国家和国际间的关系，行政管理和研究所的作用及地位，以及管理的必要性。该政策认为，“变化”是不可避免的，但实践才能发展。该政策文件有如下表述：“鱼类与农作物一样，可以通过健全的管理去养护、恢复和增加（美国渔业学会会刊，68：40 - 51）”。该政策确立了鱼和渔业的经济和社会定位：“渔业资源是国家财富的重要组成部分，不能像过去那样被认为是电力、防洪、排水、灌溉、开垦和娱乐项目等开发利用过程中的小事”。该文件的另一个重要内容是确立了“渔业研究目标”，其包括指导开展湖泊和河流调查、渔业统计和其他标准化工作等，其建议在一些土著鱼类丰富适合进行游钓的水域，不宜开展人工繁育和放养。

1940 年，渔业局 (Bureau of Fisheries) 和生物调查局 (Bureau of Biological Survey) 合并为美国鱼类和野生动物管理局 (U. S. Fish and Wildlife Service)，合并后的机构被设置在美国内务部 (Department of the Interior)。通过《鱼类和野生动物协调法》的授权，新机构必须就水资源开发项目对鱼类和野生动物资源的影响进行协调。《鱼类和野生动物协调法》在 1946 年进行了如下修订：为防止野生动物资源的损失和受到损害，任何联邦机构在管理或改变水体时，均需与美国鱼类和野生动物管理局以及各州的鱼类和野生动物管理机构进行协商。不过，该修订条款对田纳西河谷管理局（Tennessee Valley Authority）进行了特别豁免，其可以不受该条款的限制。1958 年，该法又进行了进一步修订，其要求平等的考虑和协调水资源开发项目及野生动物保护。在该时期，该法还授权内务部长可以接受土地和资金捐赠，同时向社会提供公共的游钓区（public fishing areas）。

1930 年前，加拿大联邦政府控制着马尼托巴省、萨斯喀彻温省和艾伯塔省的所有官方土地（Crown lands）。1930 年，加拿大《宪法》（*Constitution Act*）把官方土地和公共信托资源的管理权通过《自然资源转移法》（*Natural Resource Transfer Act*）移交给 3 个草原省，但第一国家保留地和国家公园（First Nation reserve lands and national parks）等官方土地除外。加拿大《宪法》的表述确认了这一举措："除非另有规定，所有渔业权在本法生效后应属于省并由省管理，省应遵守加拿大议会就沿海和内陆渔业的法律规定，可以采取出售、发放许可证或他方式处置所有此类渔业权利。"

1.4.5 跨行政区管理（Interjurisdictional Management）

关于类似五大湖这样的跨行政区资源的管理有许多不同的观点。Joslyn（1905）所写的文章反映了各州在跨区域水域管理方面所面临的一些困境："就一个州的管理行为来说，无论其有多么正确，其都不可能完全满足管理要求并取得实际成效"。其后，他以采用不受管制的方法捕捞湖鲟（lake sturgeon）为例进行了如下评论："进口的俄罗斯鱼子酱"是在密歇根州的格兰黑文以五大湖捕获的湖鲟卵为原料生产的，这项产业发展导致五大湖的湖鲟近乎灭绝。

1909 年，加拿大和美国共同签署的《边界水域条约》（*Boundary Waters Treaty*）设立了国际联合委员会。该条约就如何利用跨越两国边界的所有水道包括五大湖制定了一个合作计划。然而，两国在近 40 年后才开始商谈两国渔业管理协定，并依据《1955 年五大湖渔业公约》（1955 *Convention on Great Lakes Fisheries*）设立了五大湖渔业委员会，这成为当今世界上最成功的渔业合作管理模式之一。

美国和加拿大在捕鱼权方面存在诸多跨界管辖权争议。1870 年，加拿大禁止外国渔民在加拿大水域捕鱼。1873 年制定的《华盛顿条约》（*Washington Treaty*）允许美国渔民进入加拿大的近岸水域进行渔业生产。作为回报，加拿大人可以进入美国，拥有在美国大浅滩（Grand Banks）捕鱼的权利，加拿大的鱼产品可以自由进入美国市场。五大湖是两国渔业捕捞的争议地，但加拿大有限的鱼产品市场才是两国产生矛盾和误解的根本原因（Bogue，2000）。

加拿大和美国之间为了减少货物贸易关税，很早就确定了"互惠"概念。1846—1850 年，加拿大的西部地区和海洋殖民地特别是新不伦瑞克，开始了争取互惠的运动，英国外交官赴华盛顿特区进行了谈判，但由于未能就美国渔民在北美英国沿海水域权益达成共识，谈判没有成功。两国政府都很想全面解决互惠和渔业问题。即使在今天，许多渔业谈判中也包括互惠问题。

1.4.6　现代管理目标

随着时间的推移，很多鱼类的环境价值、社会价值和经济价值以及它们究竟是土著物种还是引进种都发生了变化（Lucas，1939；Dill and Cordone，1997；Fuller et al.，1999；Rahel，2002）。多年来，为了增加游钓鱼类的数量，往往将非游钓鱼类或非商业土著鱼类当作"杂鱼或垃圾鱼"，把这些鱼从生态系统中移除。技术研究发现，鮰和吸口鲤（bullheads and suckers）的胃里有鳟的卵（Atkinson，1931），研究还观察到食鱼鸟和一些两栖动物（piscivorous birds and reptiles）会捕食鱼类（Salyer，1933；Huntsman，1938），这些现象均支持要将这些捕食鱼类的动物从生态系统中驱除。在当时，广泛引进水生物种及有选择地移除水生物种所产生的生态后果并没有受到关注，但这个生态问题在近几年得到了重视。在一些区域，一些为减少或消除特定鱼类种群而设立的管理项目已形成了不同的案例（Meronek，et al.，1996；Clarkson，et al.，2005；见第 8 章）。为实现不同的管理目标，选择性地将一些鱼类清除在当时被认为是一种管理手段，这种手段目前仍在被应用和评价，一些管理项目是因为要恢复生态系统而需要把非土著物种移除，另一些项目则是因生境发生改变致土著种数量增加而不得不将其移除（例如，Beamesderfer，2000；Weidel et al.，2007；Herbst et al.，2009）。今天，北美内陆水域已经有 200 多种非本地鱼类，与之相关的渔业管理共识已经形成（Nelson，1965；Benson，1970；Leach and Lewis，1991）。

在现代保护理念形成之前，没有在社区整体性和生态系统层面上对渔业和水资源的管理进行规划。20 世纪 60 年代末至 70 年代，由于对于环境和人类健康正受到威胁的意识增强，美国依据《美国法典》（U. S. Code）第 49 章并参考第 16 章有关保护的内容，制定了《濒危物种法》《国家环境政策法》《清洁空气法》《海岸带法》和《渔业养护和管理法》等法律规定。当然，还有其他法律规定，如《美国法典》第 33 章关于可航行水域的法律规定和对《联邦水污染控制法》修正案（1972），该修正案其后被称为《清洁水法》。《美国法典》第 50 章中许多内容与鱼和野生动物有关。

加拿大于 1999 年通过了《加拿大环境保护法》（Canadian Environmental Protection Act）。该法对有毒物质和海洋倾倒垃圾进行了规定（Boyd，2003）。根据 Boyd（2003）的文献描述，加拿大联邦和省政府制定了不具约束力的水质标准，规范了特定用途水体中有关物质的最高允许浓度。根据《渔业法》，加拿大联邦政府可以要求为鱼和鱼类通道保留最低的水流安全流量，可以对危害鱼类的物质进行管理。在加拿大西部地区，水权以先到先得的原则进行分配；而在加拿大东部地区，水权分配则是以财产所有权为管理基础，这意味着财产所有者可以通过享有河岸权去使用相邻水域的水资源，这些地区差异与美国的情况类似（见第 4 章）。2002 年，加拿大通过了《物种风险法》（Species at Risk law）。该法保护联邦土地上所有的水生和陆生物种，各省的管理职责是保护省属公有土地和私人土地上的物种。

1.4.7　原住民权利

在欧洲向美洲移民期间，许多原住民的健康生活权、土地权和渔业资源捕捞权被忽视，从而产生了社会和法律问题并引发了新的思考（Scott，1923；Lurie，1957；Landeen and Pinkham，1999）。从美国 1862 年《太平洋铁路法》（*Pacific Railway Act*）（12 U. S. Statutes at Large 489，section 2）的一些措辞可以看出美国的土地开发观念，其表现出对土著美国人权利的漠视：

公共土地的道路权……可被授予建造铁路和电报线路的公司；上述公司被授予的权利……包括从铁路毗邻的公共土地上取得建设所需的泥土、石材、木材及其他建筑物料；如果铁路经过公共土地，上述为铁路建设所授予的使用权可包括铁路两侧各 200 ft* 宽度的公共土地，包括所有必需的土地，可以用于建设车站、车间、仓库、工具商店、转轨设施、旁轨、转车台和供水站。美国应尽快消灭在本法实施范围所涉土地上印第安人的所有权利……

20 世纪 70 年代，美洲原住民在渔业管理中的作用逐步显现，其对现有的渔业管理模式提出了挑战。由于美国政府与许多印第安部落（Indian nations）签署有正式的协议，这些协议中与鱼和野生动物资源有关的权利，正通过法院逐步得到界定和落实。由于这一进程，传统知识的价值及以合作为基础的管理模式被认为是管理决策的最重要的内容，美洲原住民因此成为内陆渔业管理的主要力量。

有关哥伦比亚河流域印第安部落和普吉特海湾印第安部落捕鱼权争议的裁决，在美国历史上具有里程碑意义，这些裁决与一些历史条约有关。1854—1855 年，华盛顿地区第一任州长兼印第安事务总监艾萨克·因戈尔斯·史蒂文斯（Isaac Ingalls Stevens）召集一些部落召开了一系列会议。在这些会议上，被邀请的部落要求以每英亩** 不到半美分的价格将土地卖给美国。因为 1850 年的《捐赠土地法》中有关于农庄所有权的内容，史蒂文斯州长因此有与印第安人开展上述谈判的权力。在与印第安部落商议这些条约时，有关印第安捕鱼权的措辞如下："在所有通常和习惯的水域或地点，印第安人与所有公民享有同等的捕鱼权利……"由于部落成员不讲英语，这些条约内容在讨论时被先翻译成奇努克语（Chinook，许多部落用于贸易的一种语言），然后再转译成各部落的语言，律师在诉讼中据此提出质疑。经过辩论，法院认为：在从英语到奇努克语的两次翻译过程中，上述协议内容中只有"大意"会被传达给印第安人，但让他们了解上述谈判内容对参与谈判的部落非常重要，因为该地区有近 3/4 的人口是土著人（clark，1985），这种权利因此已不只是少部分人的利益问题。

印第安部落争取其在哥伦比亚河鲑捕捞权的诉讼被称为《苏乐诉史密斯案》（*Sohappy v. Smith*），是土著部落争取捕鱼权的一个案例，该案被提交给美国俄勒冈州地区法院审理。案件起因于 1855 年的《那司皮尔斯条约》（*Nez Perce Treaty*），该条约由华盛顿地区州长艾萨克·史蒂文斯（Isaac Stevens）、帕尔默将军（General Palmer）和华盛顿瓦拉瓦拉（Walla Walla）的酋长（Looking Glass）签署。同年，史蒂文斯州长还与位于哥伦比亚流域的其他 3 个部落乌马提拉（Umatilla）、温泉城（Warm Springs）和亚基马（Yakima）签署了协议。1969 年，美国联邦巡回法院法官罗伯特·贝罗尼（Robert Belloni）

---

* 1 ft≈0.305 m。

** 1 英亩（acre）=4 046.856 422 4 m²。

裁定：除非有明确界定的保护理由，各州不应限制印第安人的捕鱼权，印第安人有权得到渔业资源的"公平份额"。《苏乐诉史密斯案》（*Sohappy v. Smith*）被认为是"美国诉俄勒冈州"（*U. S. v. Oregon*）系列案件中的第一例（Marsh and Johnson，1985；Landeen and Pinkham，1999）。

普吉特海湾印第安部落是与史蒂文斯签署条约的部落之一。1974 年，联邦巡回法院法官乔治·博尔特（George Boldt）在"美国诉华盛顿案"（U. S. v. Washington）中裁定："公平份额"是指"通常和习惯性捕鱼地点"的可捕渔获量的一半。现在，在每年的捕捞季节，签署史蒂文斯条约的部落的渔业专家、州机构和联邦机构会共同协商确定水域中 50％允许可捕鱼类的确切数量。这项关于捕捞配额的判决结果在后来许多类似的案件中得到了维持。在 Puget Sound 部落，其已被应用于贝类捕捞权利的分配（Combs，1999）。

1955 年颁布的《五大湖渔业公约》（*Convention on Great Lakes Fisheries*）设立了湖区渔业委员会，但该公约没有考虑美国原住民和加拿大部落的利益。1836 年，美国政府与齐佩瓦和渥太华（Chippewa and Ottawa）的 5 个部落签订了条约，确定美洲土著人在苏必利尔湖、休伦湖和密歇根湖的权利。然而，直到 1985 年，由于《美国诉密歇根州案》（密歇根地区法院，1985）的出现，贝米尔斯（Bay Mills）印第安人社区、奇佩瓦（Chippewa）印第安人的索特斯蒂玛丽（Sault Ste. Marie）部落、渥太华和奇佩瓦（Ottawa and Chippewa）印第安人的大特拉弗斯（Grand Traverse）部落、渥太华（Ottawa）印第安人的小河带（Little River Band）部落和奥达瓦（Odawa）印第安人的小特拉弗斯带（Little Traverse Bands）部落的捕鱼权才得以实现。近年来，依据 2000 年颁布的赞同令（consent decree）中的调解程序，需要就这些部落的捕鱼权进行重新协商，以便在密歇根湖、休伦湖和苏必利尔湖的协议水域（ceded waters）建立捕捞配额、实施管理和制定规范（密歇根地区法院，2000）。赞同令要求对五大湖中的"1836 年条约协议水域"（the 1836 treaty-ceded waters）中的渔业资源实施联合管理。2007 年，上述条约所规定的渔业捕捞权以另一份赞同令的形式被应用到内陆水域。在与印第安人条约有关的捕捞权纠纷中，与威斯康星州、明尼苏达州等地区关于印第安人部落的相关法律判例一样，上述两项赞同令遵守太平洋沿岸相关判例的渔业权分配原则。

尽管美国土著人部落的权利得到了承认，但加拿大"第一民族权利"（the First Nations rights）（译者注：印第安人是北美的原住民，因此印第安人被称为北美的"第一民族"）仍在谈判和博弈中。加拿大联邦允许各省依据公共信托原则保留湖泊、河床和近岸捕鱼的管理权。在加拿大，因为没有订立条约，解决"第一民族权利"更加复杂，有关文献和可能的权限仍在反复研究中。在加拿大不列颠哥伦比亚省，Jones 等人（2004）把第一民族的捕鱼权总结为 3 种类型：①食品渔业；②社会和礼仪渔业（土著食品渔业）；③商业性渔业。印第安土著的"土著食品"渔业是受加拿大"宪法"保护的一项权利，加拿大最高法院因此认为该权利应优先于其他两项捕鱼权。印第安土著的商业渔业捕捞额度，需要根据资源评估结果和分配需求一事一议。

与北美土著人共同管理渔业已被公认为是解决部落诉求的最合理的方案，这些方法大致可归类为合作共管、协作管理和社区管理 3 种方式（Busiahn，1989；Tipa and Welch，2006），在加拿大和美国，这些管理方法仍然是多种多样且处在发展和探索之中。2007

年，美国印第安事务局从邻近的 48 个拥有印第安部落地位的州中列出了 561 个部落实体（美国联邦登记处，2007），每个部落在渔业共管过程中都有其自己的独立地位。

1.4.8 游钓渔业管理

钓鱼作为一种运动形式是从欧洲引进北美的。尽管在北美各州或省均建立了游钓渔业管理机构，但在 20 世纪初，鱼类资源研究和监测没有太多的经费支持。一般情况下，管理经费来源于许可证的销售，各州和各省很难建设与管理有关的基础设施。Palmer（1912）写道，基于以体育运动为特点的狩猎许可和商业性的狩猎许可有很大差别，其许可制度在 20 世纪初才逐渐被认可。1912 年，美国 34 个州和加拿大 6 个省的居民在参与游钓活动时必须领取游钓许可证，两国所有州或省的非本地居民则需要购买这种许可证（Palmer，1912）。当时，美国有几个州免除了妇女和儿童的游钓许可证要求。

渔业在 20 世纪初由州或省的渔业委员会进行管理，每个州或省都开展了渔业调查，但这些区域的政府几乎都没有制定渔业管理计划或形成协调一致的管理战略。1950 年，《联邦协助游钓鱼类资源恢复法案》（*Federal Aid in Sport Fish Restoration Act*）获得通过，这是渔业管理的一个关键的转折点，该法又被称为《丁格尔-约翰逊法案》（*Dingell - Johnson Act*），该法案支持各州建设渔业管理基础设施。1938 年，美国通过了《联邦协助野生动物资源恢复法案》，该法又被称为《皮特曼-罗伯逊法案》（*Pittman - Robertson Act*），根据此法案，美国随后启动了野生动物资源恢复项目（The Wildlife Restoration Program），各州也开始实施野生动物管理项目，用以恢复、保护、管理和增殖野生动物资源，为公众利用这些资源并从中受益创造条件。第二次世界大战后，根据《丁格尔-约翰逊法案》，上述理念也被推广到渔业资源的恢复和增殖，由于有项目资金的支持，到 20 世纪 50 年代中期，州淡水渔业机构工作人员在过去仅有少数孵化工人的基础上，增加了渔业管理人员和研究人员。到 1979 年，50 个州渔业机构的财政预算达到了 1.43 亿美元（Sullivan，1979），《联邦协助游钓鱼类资源恢复法案》获得了巨大成功。1984 年，"瓦洛普-布鲁克斯法案"（*Wallop - Breaux Act*）获通过，该法案要求对游钓设备征收特别消费税和对小船燃料征收联邦税，这进一步增加了联邦税收，联邦政府因此扩大了对游钓鱼类资源恢复项目的支持。今天，游钓鱼类资源恢复项目为恢复和管理游钓鱼类资源提供资助，为公众利用这些资源并从中受益创造条件。2001 年开展的一项调查显示，美国各州内陆渔业管理项目平均雇用 106 名全职长期雇员，从特拉华州的 6 名工作人员到明尼苏达州的 416 名工作人员不等，各州每年的内陆渔业项目平均花费 9 994 571 美元，从北达科他州的 432 000 美元到明尼苏达州的 39 276 052 美元不等（Gabelhouse，2005）。

参照《联邦协助野生动物资源恢复法案》的做法，联邦政府在第二次世界大战期间开始对钓竿、钓轮、诱饵、鱼饵和假饵征收 10% 的特许税，这些税金被分配给州渔业机构，各州被要求提供相应的配套资金，以支持游钓渔业的管理。各州的资金分配额度按 60%（有执照的钓鱼者人数）和 40%（州属土地和水域）的权重进行测算得出。资金增加有利于产业管理，但同时也产生了新的问题。首先，公共保护机构是否只应聘用管理技术人员，其是否可以将研究工作"外包"给高等院校。1940—1950 年，美国渔业学会就渔业机构所应承担的职责以及管理机构是否应开展研究进行了辩论。大学一般会很乐意让他们在自己的研究设施条件下接受委托开展研究（Harkness et al.，1950），但大多数州机构选择在大学的支持下提高自己的研究能力。联邦政府为渔业生物学家的研究工作和相关培训提供支持，并在已经获得的野生动物研究机构（Wildlife Research Units）基础上，增加渔业合作研究机构（Cooperative Fishery Research Units）。1960 年，美国国会通过了《合作机构法》。依据该法，美国鱼类和野生动物管理局在内部将渔业合作研究机构确定为独立的项目预算单位。从 1961 年开始，渔业合作研究机构为渔业人员提供越来越多的专业培训机会，这些培训项目（包括其他的培训项目）成功地培养了众多渔业和水生生物学家，这些人现在广泛分布在世界各地的私人、公共和部落机构中。今天，州渔业机构可以开展对游钓渔业和商业渔业的技术评估及评价工作。这些渔业机构已拥有很强的研究能力和设施条件，其已可以接受其他外部资金开展更多研究。

1.4.9 渔业管理方法理念的发展和演化

人口增长，环境价值观的改变及与之相关的立法和规范，导致社会对自然资源的需求上升（表框 1.6）。从 1960 年开始，渔业管理发生了很大变化，这种变化一直延续到 21 世纪。海洋和内陆渔业管理内容从传统的单一鱼种最大可持续产量和最适可持续产量，转向采用更科学全面的方法系统考虑陆地和水生系统的联系。这种新的管理模式把生态系统、环境变化和社会经济这些背景因素很好地融合在一起（Caddy，1999）。因为引进了更复杂的多维分析方法和运算模型，贝弗顿和霍尔特（Beverton and Holt，1957）及里克尔（Ricker，1975）的鱼类种群增长模型已得到了很大的改进（Walters and Korman，1999；Quinn，2003；Walters and Martel，2004）。20 世纪 90 年代以来，通过运用贝叶斯方法（Bayesian）和时间序列（time series）方法，可以在鱼类种群增长模式中引入一些明确阐述的不确定因子（Quinn，2003；Koen - Alonso，2009）。这些新的管理方法为我们提供了新的手段，使我们能更好地了解并综合考虑遗传种群结构的差异、物种结构变化与捕食-被捕食动力学、生物能量、生态系统动力学和人类的价值（Walters et al.，1997；Caddy，1999；Rothschild and Beamish，2009）。

表框 1.6 美国渔业立法选录

以下总结了与鱼、栖息地和相关环境问题有关的保护管理法律，以时间顺序排列：

《河流与港口法》（*The Rivers and Harbors Act*，1899）。该法案旨在禁止对航行水域的阻碍行为，它授权美国工程兵团（U. S. Army Corps of Engineers，ACE）对涉河流的人类活动进行管理。在通航水域建造桥梁、堤坝或堤岸，需要得到总工程师、陆军部长的批准和美国国会的同意，法案禁止在这些水域存放垃圾。1905 年，美国工程兵团通过设立许可制度来实施这一法案，任何会改变水体水流、位置、条件和水量的人都必须向当地的美国工程兵团区域办事处申请许可。

《古物法》（*The Antiquities Act*，1906）。该法案旨在保护位于美国政府拥有或控制的土地上，具历史或文化价值的所有遗迹。优诗美地国家公园（Yosemite）和黄石国家公园（Yellowstone）等自然公园被该法案称为"国家纪念碑"。在对其实施管理时，重要的是保护土地上的景观，而不是土地的

经济价值。《古物法》赋予了美国总统重要的决策权，该法案为西奥多·罗斯福总统（Theodore Roosevelt）赢得了保护主义者的敬重。

《国家公园管理局组织法》（The National Park Service Organic Act，1916）。该法案成功逆转了美国西部地区土地开发活动不受管制的历史。基于该法案，美国设立了国家公园管理局，该局被授权负责景观地、自然和历史保护地及野生动物资源的管理，其可以采用适当的手段和方法对资源进行管理，使其在不受损害的前提下供社会公众及其子孙后代参观访问。

《联邦食品、药品和化妆品法》（Federal Food，Drug，and Cosmetic Act，1938）。这是一部对食品中的污染物，包括杀虫剂等进行管理的法律，食品和药物管理局（FDA）负责其大部分法律条款的实施。环境保护局（EPA）负责制定与杀虫剂等有关的标准规定，食品和药物管理局负责执行。参见《食品质量保护法》。

《联邦杀虫剂、杀菌剂和灭鼠法》（Federal Insecticide，Fungicide，and Rodenticide Act，1947）。该法案对各类杀虫剂的出售、分销和使用进行管理，其于1972年、1988年和1996年进行了3次修订。参见《食品质量保护法》。

《原子能法》（Atomic Energy Act，1954）。该法案对原子能在商业和国防上的应用进行监管，政府的重要关注点是辐射危害和放射性废物的处置。该法案通过建立管理体系，对核电厂、核武器设施的建设及其运行进行管理。与大多数环境法规不同，该法案不接受社会民众的诉讼请求，只有公共利益团体在有限的条件下才可以提起诉讼。

《荒野法》（The Wilderness Act，1964）。美国国会认识到人类活动范围的不断扩张对土地的自然属性构成了威胁，法案确定了荒野的法律定义，对这种土地类型给予法律保护。

《自然和景观河流法》（Wild and Scenic Rivers Act，1968）。该法案明确，国家的某些河流由于其所处的环境具有非常独特的风景、娱乐、地质、鱼类和野生动物、历史、文化或其他类似价值，应对其自然流态及其周边环境进行保护，使其能造福人类，供社会公众及其子孙后代参观访问。该法案把一些特定河段确定为自然或风景河流，并确定了河流的类型划分标准。

《国家环境政策法》（National Environmental Policy Act，1970）。该法案是美国第一部现代环境法规，于1970年1月1日生效。该法案明确了环境政策和管理目标，设立了环境质量问题总统理事会（President's Council Environmental Quality），其最重要的特色是要求联邦机构对联邦政府开展或资助的所有人类活动进行环境影响评价。美国许多州颁布了类似的法律，可以在州级层面对重要的人类活动实施环境影响评价。

《清洁空气法》（Clean Air Act，1970）。这项法案确定了美国的空气质量及纯净度的管理目标及标准。该法案需要定期审查。1990年对其进行了一系列重大修订，一是强化了空气质量标准；二是引入市场驱动参与空气污染的控制管理。

《清洁水法》（Clean Water Act，1972）。该法案确立了美国水的质量和纯净度的管理目标及标准。该法案已经多次修正，其中比较重要的修改包括：一是在1987年增加了对有毒污染物的控制；二是在1990年增加了进一步有效应对石油泄漏危害的内容。

《近岸区域管理法》（Coastal Zone Management Act，1972）。该法案确立了美国州和联邦政府的合作伙伴关系，两者应共同努力保护美国近岸区域不会因过度开发而破坏环境。基于该法案，联邦政府为沿海各州和地区提供资金，实施相关保护管理项目。

《海洋哺乳动物保护法》（Marine Mammal Protection Act，1972）。这项法案旨在保护鲸鱼、海豚、海狮、海豹、海牛和其他海洋哺乳动物，这些物种目前大多为珍稀物种或处于濒危状态。该法案要求野生动物管理机构就人类活动，如水下爆破或高强度声呐等对上述动物的野外种群造成的可能骚扰或杀害进行回顾分析。该法案是美国与上述物种保护有关的最重要的法案，该法案同时也是国际上

（续）

可供参考的最重要的管理典范。

《濒危物种法》（*Endangered Species Act*，1973）。该法案旨在保护和恢复美国及其他地区的濒危和受到威胁的鱼类、野生动物和植物物种，其重要的管理内容是保护物种的栖息地。

《饮用水安全法》（*Safe Drinking Water Act*，1974）。该法案规定了饮用水标准以判断自来水的安全性，制定了地表水注入地下时对地下水的保护管理规范。该法案于 1986 年和 1996 年进行了修订，1996 年的修正案为供水系统升级增加了资金支持，并修订了标准制定要求。新法案要求应就常见污染物制定新的标准并引入了公众的"知情权"内容，该法案要求水的供应方应向使用方通报自来水的相关信息。

《联邦土地政策和管理法》（*Federal Land Policy and Management Act*，1976）。该法案规定应保护联邦土地的风景、科学、历史和生态价值，同时规定其应在管理工作中引入社会公众共同参与。

《渔业养护和管理法》（*Fisheries Conservation and Management Act*，1976）。该法案常被称为《马格努松-史蒂文斯法案》（*Magnuson-Stevens Act*），其规定了美国海洋鱼类种群的管理要求，目的是维持和恢复鱼类资源的健康水平，防止过度捕捞。

《资源保护和恢复法》（*Resource Conservation and Recovery Act*，1976）。该法案制定了危险废弃物管理标准，防止产生有毒废弃物。与《环境应对、赔偿和责任法》（见下文）一样，该法案还包括污染现场清理的相关规定。

《有毒物质控制法》（*Toxic Substances Control Act*，1976）。该法案授权环境保护局对某些有毒化学品的制造、分销、进口和加工进行管理。

《地表采矿管理和复垦法》（*Surface Mining Control and Reclamation Act*，1977）。该法案规定煤炭开采后应将废弃矿区恢复到有利的状态，以有效保护公众利益和环境。

《环境应对、赔偿和责任法》（*Comprehensive Environmental Response, Compensation and Liability Act*，1980）。该法案通常被称为"超级基金"法，法案要求对于被有毒物质污染的场所，责任单位应负责清除。1986 年，该法案做出重大修订，进一步明确清理责任的程度和范围。该法案具有追溯效力，这意味着 1980 年该法案颁布之前的危险废弃物处置行为，仍可以追究其负责人的相关责任。

《海岸沙坝资源法》（*Coastal Barrier Resources Act*，1982）。该法案（1990 年经联邦政府重新授权和修订）确定了一项管理政策，对可能会对海岸沙坝产生影响的开发活动，可采取限制措施，以保护美国入海口、水道和湿地及其邻近地域的涉坝资源。该法案建立了沿海屏障资源系统（Coastal Barrier Resource System），确定了沿大西洋及墨西哥湾近岸水域尚未开发的海岸沙坝资源，包括会受风、浪和潮汐（如河口和近岸水域等）影响的岛屿、沙嘴和海湾沙坝等。1982 年 12 月 30 日，上述内容被规划在一组地图上，并获国会通过。

《应急规划和社区知情权法》（*Emergency Planning and Community Right-to-Know Act*，1986）。该法案要求公司应向社会公布其释放到空气和水中的有毒化学物质以及其在陆地进行相关处理的信息。

《石油污染法》（*Oil Pollution Act*，1990）。在阿拉斯加威廉王子湾灾难性的埃克森瓦尔迪兹漏油事件（Exxon Valdez oil spill）发生 1 年后，该法案规范了联邦应对石油泄漏事件的响应流程，要求石油储存设施和船只应制订溢油应急计划并在事故发生时快速启动实施。该法案还增加了污染者在清理费用、自然资源损害及实施强制措施（包括逐步淘汰单壳油轮以增加安全性能和防止溢油）方面的责任。该法案在 2010 年英国石油公司墨西哥湾漏油事件的诉讼中发挥了重要作用。

《食品质量保护法》（*Food Quality Protection Act*，1996）。该法案旨在确保食品中农药残留达到严格的公共健康标准，该法案要求环境保护局应更好地保护婴儿和儿童，使其免受食物和水中农药影响，避免在室内受到农药的危害。该法案出台后，《联邦食品、药品和化妆品法》和《联邦杀虫剂、杀菌剂和灭鼠法》进行了相应修订。

由于物种引进、外来生物和营养物质的变化，在五大湖和其他生态系统中，因过度捕捞而导致鱼类种群衰竭已不能简单地采用降低捕捞死亡率或人工放养的方式进行恢复（Coble et al.，1990；Holey et al.，1995；Merca‐do‐Silva，2006）。人类对栖息地的影响、点源和非点源污染及物种引进所产生的越来越大的环境压力导致了水生生物的栖息生境和生态系统发生了巨大变化（Hatch et al.，2001；Anderson，2009）。淡水资源的利益冲突已成为内陆渔业管理最重要的驱动因素（Reisner，1989；Postel et al.，1996；Postel，2000）。在美国，1972 年颁布的《清洁水法》要求改善水质和恢复休闲及鱼类生境等生态系统服务功能（Brown et al.，2009）。在加拿大，渔业和海洋部（DFO，1986）开始依据《渔业法》第 35（2）条的要求，推行栖息地零损失政策（Harper and Quigley，2005）。基于这些管理要求和现实存在的社会经济冲突，内陆水域和沿海景观地区出现了很多以恢复水生生态系统功能为目标的生态缓解和生态修复项目（Poff et al.，1997；Naiman et al.，2000；Palmer et al.，2009）。在这些跨部门并得到社会公众支持的项目中，较突出的有 20 世纪 80 年代初期实施的"哥伦比亚河流域鱼类和野生动物项目"（Williams et al.，1999），20 世纪 80 年代后期实施的加利福尼亚中央河谷项目和 CALFED 海湾三角洲项目（Schick and Lindley，2007；Brown，et al.，2009），1989 年实施的密西西比河跨州资源管理合作协定项目（Montgomery，1991），20 世纪 90 年代中期实施的科罗拉多河流域生态修复项目（Gloss et al.，2005；Adler，2007）以及目前正在开展的克拉马斯河流域生态缓解行动项目（Committee on Endangered and Threatened Fishes in the Klamath River Basin，2004；Committee on Hydrology，Ecology，and Fishes of the Klamath River，2008）等。

通过这些恢复项目的实施，人们还注意到，除生物和水文这些复杂因素外，社会科学在渔业管理中同样非常重要，并逐步注意到人类环境对大生态系统产生影响的过程。（Stevens et al.，1997；Van Winkle et al.，1997；Adler，2007）。新的管理模型采用了更精准的空间表达方式，把各种变量进行归类和整合，能够对复杂的自然现象进行模拟（Burke et al.，2008；Cressie et al.，2009；Sharma et al.，2009）。在五大湖和加拿大的一些湖泊，针对气候变化对内陆湖泊河流系统的影响和挑战，开展了很好的研究（Magnuson et al.，2000；Casselman，2002；Latifovic and Pouliot，2007），一些河流及鱼类种群研究方面的文献已有很好的结论（Reist et al.，2006；Palmer et al.，2009；Williams et al.，2009）。越来越多的有害藻类水华已被证明与许多人类活动有关，尤其是由压舱水引入的外来入侵物种，以及工业、农业和城市排放进入河流和沿海的污水及有毒化合物（Anderson，2009）。

1.5 历史资料信息在现代管理工作中的应用

历史资料非常重要，现代渔业生物学家和管理人员可以基于过去的历史条件，利用这些信息做出一些有价值的推断。重要的渔业历史数据可以包括管理机构信息、研究报告、渔业管理计划，这些资料比较容易找到。有些信息，如各州、区域和联邦渔业委员会的一些早期报告往往会被忽略。这些早期报告中有 1870 年前后渔业最早期的详细的资源观察数据，一些年度或半年报告中会含有早期鱼类繁育工作的位置、鱼类繁育成功案例、生境损害和渔业调查信息，早期的渔业委员大多会发布与渔业资源有关的特别报告。县（或地方）史以及早期的平面图和测绘图已很难获得，但这些资料会提供一个景观背景，如果参照欧洲殖民者所做的景观图，可以看出诸多变化。通常情况下，县（或地方）史和调查人员的笔记会对当时的渔业和景观有详细的描述，其中会有当时很容易鉴定或形状特异的鱼类，如湖鲟，这样的资料特别珍贵。其他容易被忽视的历史渔业信息还有收税的账目、商业记录或社区保存的捕获鱼类记录。最初的 13 个美国殖民地肯定有这样的信息，这些信息通常会被保存在州或县的历史档案中。有关鱼类的另一个重要信息是罐头厂的生产记录，这些记录通常可以在地方的一些档案中找到。

在早期勘测人员的日志中可以找到有关水域、河岸带的重要历史生境信息。许多日志会非常详细地记录植物物种、观察到的鱼类、湖泊和湿地位置以及河流宽度等信息。测量员是自然界的敏锐观察者，他们的任务之一是按照调查路线高质量地列出自然资源目录。获取这些历史数据的一个简单方法是与州、区域或联邦的档案馆联系，通过他们了解渔业相关资料，包括水域照片等信息的收藏情况。县和地方历史协会往往会保存丰富而低价的信息及照片资料，这些信息源很容易被忽略。

渔业工作者还会忽略许多博物馆的收藏。一些博物馆会收藏考古碎片和标本档案，联系州或地区的历史协会，可以通过他们找到有关的环境历史学家和考古学家，这些科学家可以协助提供背景信息。一些博物馆会收藏大量贝壳，我们可以从这些收藏中了解到湖泊或河流的历史信息。博物馆收藏的鱼类标本可以帮助我们了解某生态系统中鱼类的历史分布情况。

有必要在这里提醒，在使用这些历史信息时应非常小心，因为一些历史信息的价值有其时间的局限性，在应用时有时会产生误判和偏差。了解其文化背景可以帮助信息使用者做出正确的判断。Reuss（2005）长期关注影响水资源开发管理的社会因素，他提供了一个能反应社会价值观随时间发生变化的案例。他认为，针对水资源开发利用方式问题，社会公众的看法在第二次世界大战前后会有很大的变化。第二次世界大战以后，他们会更多地从是否有利于生态环境的角度看待水资源开发利用。让社会公众改变看法的原因主要有：一是因为大型水坝项目迫使当地居民离开家园；二是因为化学污染物和核污染物会对环境产生威胁；三是城市居民对在自然环境中休闲娱乐有更多的追求。

研究人员可以利用历史信息数据形成研究假设或将其作为信息补充，但这些历史数据不能直接替代试验数据。在某些情况下，历史信息可能是唯一的参考信息来源，如一个时间跨度很长的发生过程研究，一项需要历史背景信息的偶然事件研究，受到偶然事件影响的一项试验需要由历史信息数据进行解释，为建立水资源或生态系统的模型需要历史信息资料（Gould，1986；Steedman et al.，1996）等。我们不可能仅仅依靠一个工具就能解释历史，只有采用多种工具或信息源才有可能最大限度地保证我们科学判断的准确性。最强大的分析方法是使用多个工具，对数据来源进行相互印证和验证。

1.5.1　栖息地环境状况、种群规模和分布记录

Hooke（1997）提供了一份非常好的历史河流地貌的数据清单，这个清单可以帮助一

些研究者在使用历史数据时进行比较分析，因此非常实用。在这份数据清单形成过程中，需要对各种数据源进行交叉检查，需要对这些数据的背景信息进行分析以确定其是否可靠，特别是文件质量、内容准确性和适用性，需要用其他"第二手数据源"对其进行比较和核实。如果确定要使用这些历史数据，还需要使用同一地区和同一时间段内其他的数据来进行比较分析，以评估数据的准确性。一旦数据被认为是准确的，则要采用定性和定量的方法来确定其在时间序列上的位置，最后在可能的情况下还需要对这些数据信息进行实地调查分析。

为了规划管理目标，我们在很多情况下需要参考历史的渔业和景观信息，如河流和景观的历史状况等。考古记录和文物可以用来说明当时的河流流域地貌（Brown et al.，2003），很多信息资源可帮助我们确定位置和随时间而改变的河流动态信息，这些信息资源包括陶器、钱币、灶台、骨头、土方工程、考古碎片、石工、构筑物（如房屋、桥梁、码头和防波堤、水井或沟渠），以及采矿残渣等。采矿碎片可以为找矿的人确定沉积物的位置和所处的历史时期。Brown 等人（2003）提供了 4 个案例来解释如何利用挖掘过程中的残渣信息：①从桥梁结构可以分析河道；②从矿渣、河床负荷和水交流态等信息，可以分析河流运动；③史前古器物可用以分析洪泛平原的沉积和侵蚀情况；④金属矿及其残留物可以检测河流随时间流逝而变化的情况。

许多信息可用以了解河流动态变化，这些信息可能是土地调查记录、植物采集记录、一般调查和旅行记录、桥梁调查报告、渠道调查报告、建筑物位置、历史照片、地形记录、航行调查记录、湖泊沉积物、水库储量变化、日记和期刊，以及建筑物上的水位和洪水标记等（Gurnell et al.，2003）。

在为濒危或数量急剧下降的水生物种制订恢复计划时，为确定恢复目标，需要有历史种群规模或捕捞量的资料。Holzkamm 和 McCarty（1998）为我们提供了利用历史信息估算历史种群规模的一个例子，他们利用一个区域性公司的鲟鱼鳔产量记录，来估算雷尼河和伍兹湖的鲟收获量。利用罐头厂生产数据和其他来源的历史数据估算哥伦比亚河水系中太平洋鲑种群的重建情况（西北电力规划委员会，1986）。

在美国《濒危物种法》将物种列入保护名录的过程中，历史种群数据和生产性数据是最重要的信息。根据《濒危物种法》相关管理程序的要求，历史种群状况和分布是物种资源恢复行动及法律诉讼所需的关键信息。利用这些数据进行分析估算的案例很多，如 Hamilton 等人（2005）关于鲑在克拉马斯河（Klamath River）的分布研究、Kaczynski 和 Alverado（2006）及 Adams 等人（2007）关于加利福尼亚南部地区银鲑（coho salmon）的分布研究等。在这些案例中，历史信息包括了一些残存的和推演的数据，它们被很好地应用于历史种群状况的估算及物种分布区域的分析研究。

美国的一些州目前正在开发一种数据库，这种数据库把辖区范围内所有的鱼类繁育历史数据进行分类，以支持开展遗传种群结构的分析研究。历史鱼类繁育数据可以帮助确定那些尚未开展人工繁育放养工作的鱼类的分布区，这些区域的野生鱼类仍有可能具有原始的鱼类遗传结构，其可作为亲体用于未来的种群恢复工作。通过对鱼类繁育数据库中繁育亲体的来源信息进行综合分析，可以找到某个具有独特遗传特性种群的孵育场所。例如，在休伦湖的萨吉诺湾（Saginaw Bay of Huron），礁石产卵的大眼梭鲈（walleye）种群被认为已经灭绝，但综合分析现有的历史繁育记录、社会公众信息和密歇根鱼类和渔业委员会有关繁育亲鱼来源的技术报告，这个特有种群在密歇根州上半岛（Upper Peninsula）西部的戈格比克湖（Lake Gogebic）已有人工繁育和放养，且这个区域未放养过其他种群。因此，我们未来可以用戈格比克湖现有的自然繁殖种群去恢复萨吉诺湾的种群。

1.5.2　未来的保护工作

不同机构间会存在着利益冲突，由于不了解机构之间的互动历史，管理人员因而常常会面对复杂的人事关系。资源机构间的互动历史常常能描绘出各机构间最早期及其后几十年的互动关系，可以帮助我们理解其现在的关系。在五大湖的渔业管理历史中，各种资源管理机构之间的关系错综复杂，商业渔业、游钓渔业、运输、农业、自然资源开采和流域工业发展等产业及其资源管理机构之间，充斥着利益冲突和管理矛盾（Bogue，2000），这些互动历史有助于我们了解这些机构在其自身管理定位的基础上如何看待和应对渔业管理需要。

虽然本章用大部分内容详细阐述了渔业历史信息的重要性，但现在的渔业管理人员必须详细记录资源现状以及管理决策的程序和理由，供以后的管理人员和科学家使用。有关渔业项目、管理决定和生态系统状况的文献资料应在档案专业人员的指导下以书面形式提供给联邦、州或区域的相关档案管理部门长期保存。数字化记录越来越普及，但迄今为止，由于缺乏适当的存储系统，我们正面临着潜在信息损失的挑战。此外，照片和视频数据是应该保存的重要信息资源，这些信息应该记录日期、时间、地点和主题以及地理信息数据，以便今后能够进行信息还原。记录生境状况的一种方法是在固定地点以时间为序列拍摄不同时期的照片或视频。大多数渔业工作者的个人工作照、视频、野外日志、工作日记、论文和其他媒体信息对理解决策背景、系统条件或工作情况非常重要，资料信息可能不会被放入机构档案、档案馆或出版物，保存这些个人资料与保存渔业资料同样重要。渔业工作者应在其退休后将这些材料提供给档案存放点，或在遗嘱中指示家庭成员将这些资料长期存放。比较好的存档地点包括联邦、州或区域的档案馆以及由美国鱼类和野生动物管理局及国家海洋和大气管理局管理的档案馆。此外，美国渔业学会渔业史部已开始为资料存档提供建议。

1.6　参考文献

Adams，P. B.，L. W. Botsford，K. W. Gobalet，R. A. Letdy，D. R. McEwan，P. B. Moyle，J. J. Smith，J. G. Williams，and R. M. Yoshiyama. 2007. Coho salmon are native south of San Francisco Bay：a reexamination of North American coho salmon's southern range limit. Fisheries 32（9）：441 - 451.

Adler，R. W. 2007. Restoring Colorado River ecosystems：a troubled sense of immensity. Island Press，Washington，D. C.

Anderson，D. M. 2009. Approaches to monitoring，control and management of harmful algal blooms（HABs）. Ocean and Coastal Management 52：342 - 347.

Anfinson，J. O. 2003. The river we have wrought：a history of the upperMississippi. University of Minnesota Press，Minneapolis.

Anthony, J. L. , and J. A. Downing. 2001. Exploitation trajectory of a declining fauna: a century of freshwater mussel fisheries inNorth America. Canadian Journal of Fisheries and Aquatic Sciences 58: 2071 – 2090.

Atkinson, N. J. 1931. The destruction of gray trout eggs by suckers and bullheads. Transactions of the American Fisheries Society 61: 183 – 188.

Bahls, P. 1992. The status of fish populations and management of high mountain lakes in the western United States. Northwest Science 66: 183 – 193.

Beamesderfer, R. C. 2000. Managing fish predators and competitors: deciding when intervention is effective and appropriate. Fisheries 25 (6): 18 – 23.

Beeton, A. M. 2002. Large freshwater lakes: present state, trends, and future. Environmental Conservation 29: 21 – 38.

Belding, D. L. , A. Merrill, and J. Kitson. 1924. Fisheries investigations in Massachusetts. Transactions of the American Fisheries Society 54: 29 – 47.

Benson, N. G. , editor. 1970. A century of fisheries in North America. American Fisheries Society, Special Publication 7, Bethesda, Maryland.

Beverton, R. J. H. , and S. J. Holt. 1957. On the dynamics of exploited fish populations. Chapman and Hall, London.

Bogue, M. B. 2000. Fishing the Great Lakes: an environmental history 1783 – 1933. University of Wisconsin Press, Madison.

Bowen, J. T. 1970. A history of fish culture as related to the development of fishery programs. Pages 71 – 94 in N. G. Benson, editor. A century of fisheries in North America. American Fisheries Society, Special Publication 7, Bethesda, Maryland.

Bower, W. T. 1911. History of the American Fisheries Society. Transactions of the American Fisheries Society 40: 323 – 358.

Boyd, D. R. 2003. Unnatural law: rethinking Canadian environmental law and policy. University of British Columbia Press, Vancouver.

Briggs, J. C. 1986. Introduction to the zoogeography of North American fishes. Pages 1 – 16 in C. H. Hocutt and E. O. Wiley, editors. The zoogeography of North American freshwater fishes. John Wiley and Sons, New York.

Brown, A. G. , F. Petit, and A. James. 2003. Archaeology and human artifacts. Pages 59 – 76 in G. M. Kondoff and H. Piegay, editors. Tools in fluvial geomorphology. John Wiley and Sons, Chichester, UK.

Brown, L. R. , W. Kimmerer, and R. Brown. 2009. Managing water to protect fish: a review of California's environmental water account, 2001 – 2005. Environmental Management 43: 357 – 36.

Burke, M. , K. Jorde, J. M. Buffington. 2008. Application of a hierarchical framework for assessing environmental impacts of dam operation: changes in streamflow, bed mobility and recruitment of riparian trees in a western North American river. Journal of Environmental Management 90: S224 – S236.

Burr, B. M. , and R. L. Mayden. 1992. Phylogenetics and North American freshwater fishes. Pages18 – 75 in R. L. Mayden, editor. Systematics, historical ecology, and North American freshwater fishes. Stanford University Press, Stanford, California.

Busiahn, T. R. 1989. The development of state/tribal co – management of Wisconsin fisheries. Pages 170 – 185 in E. Pinkerton, editor. Co – operative management of local fisheries. University of British Columbia Press, Vancouver.

Caddy, J. F. , 1999. Fisheries management in the twenty‐first century: will new paradigms apply? Reviews in Fish Biology and Fisheries 9: 1‐43.

Carlander, H. B. 1954. A history of fish and fishing in the upper Mississippi River. Mississippi River Conservation Commission Report, Onalaska, Wisconsin.

Casselman J. M. 2002. Effects of temperature, global extremes, and climate change on year‐class production of warmwater, coolwater, and coldwater fishes in theGreat Lakes Basin. Pages 39‐60 in N. A. McGinn, editor. Fisheries in a changing climate. American Fisheries Society, Symposium 32, Bethesda, Maryland.

Chapman, D. W. 1986. Salmon and steelhead abundance in the Columbia River in the 19th century. Transactions of the American Fisheries Society 115: 662‐670.

Claassen, C. 1994. Washboards, pigtoes, and muckets: historic musseling in theMississippi watershed. Historical Archaeology 28: 1‐145.

Clark, A. H. 1886. History of the iced fish and frozen fish trade of theUnited States. Transactions of the American Fisheries Society 15: 68‐83.

Clark, W. G. 1985. Fishing in a sea of court orders: Puget Sound salmon management 10 years after the Boldt Decision. North American Journal of Fisheries Management 5: 417‐434.

Clarkson, R. F. , P. C. Marsh, S. E. Stefferud, and J. A. Stefferud. 2005. Conflicts between native fish and nonnative sport fish management in the southwestern United States. Fisheries 30 (9): 20‐27.

Clemens, W. A. 1932. The aim of research in fish culture in Canada. Transactions of the American Fisheries Society 62: 261‐266.

Coble, D. W. , R. E. Bruesewitz, T. W. Fratt, and J. W. Scheirer. 1990. Lake trout, sea lamprey, and overfishing in the upper Great Lakes: a review and reanalysis. Transactions of the American Fisheries Society 119: 985‐995.

Coker, R. E. 1914. The Fairport Fisheries Biological Station: its equipment, organization and functions. U. S. Bureau of Fisheries Bulletin 34: 383‐405.

Colati, G. C. , K. M. Crowe, and E. S. Meagher. 2009. Better, faster, stronger integrating archives processing and technical services. Library Resources and Technical Services 53 (4): 261‐270.

Combs, M. J. 1999. United States v. Washington: the Boldt decision reincarnated. Environmental Law 29: 683‐720.

Committee on Endangered and Threatened Fishes in the Klamath River Basin. 2004. Endangered and threatened fishes in the Klamath River basin: causes of decline and strategies for recovery. National Research Council, National Academy Press, Washington, D. C.

Committee on Hydrology, Ecology, and Fishes of the Klamath River. 2008. Hydrology, ecology, and fishes of the Klamath River basin. National Research Council, National Academy Press, Washington, D. C.

Committee on Protection and Management of Pacific Northwest Anadromous Salmonids. 1999. Upstream: salmon and society in the Pacific Northwest. National Research Council, National Academy Press, Washington, D. C.

Cressie, N. , C. A. Calder, J. S. Clark, J. M. Ver Hoef, and C. K. Wikle. 2009. Accounting for uncertainty in ecological analysis: the strengths and limitations of hierarchical statistical modeling. Ecological Applications 19: 553‐570.

Davis, H. S. 1935. Stream management in the national forests. Transactions of the American Fisheries Society 65: 234 - 239.

DFO (Department of Fisheries and Oceans) . 1986. Policy for the management of fish habitat. Department of Fisheries and Oceans, Ottawa.

Dickenson, F. B. 1898. The protection of fish and a closed season. Transactions of the American Fisheries Society 27: 32 - 46.

Dill, W. A. , and A. J. Cordone. 1997. History and status of introduced fishes in California, 1871 - 1996. California Department of Fish and Game, Fish Bulletin 178.

Ditton, R. B. , S. M. Holland, and D. K. Anderson. 2002. Recreational fishing as tourism. Fisheries 27 (3): 17 - 24.

Donald, D. B. 1987. Assessment of the outcome of eight decades of trout stocking in the mountain national parks, Canada. North American Journal of Fisheries Management 7: 545 - 553.

Dymond, J. R. 1964. A history of ichthyology in Canada. Copeia 1964: 2 - 33.

Eastgate, A. 1918. Planting fish in an alkali lake. Transactions of the American Fisheries Society 47: 89 - 91.

Evenden, M. D. 2004. Fish versus power: an environmental history of theFraser River. Cambridge University Press, Cambridge, UK.

Fagen, B. 2006. Fish on Friday: feasting, fasting and the discovery of the New World. Basic Books, New York.

Farley, J. L. 1957. The role of the Great Lakes Fishery Commission in the solution of Great Lakes problems. Transactions of the American Fisheries Society 86: 424 - 429.

Fuller, P. L. , L. G. Nico, and J. D. Williams. 1999. Nonindigenous fishes introduced into inland waters of the United States. American Fisheries Society, Special Publication 27, Bethesda, Maryland.

Gabelhouse, D. W. , Jr. 2005. Staffing, spending, and funding of state inland fisheries programs. Fisheries 30 (2): 10 - 17.

Gloss, S. P. , J. E. Lovich, and T. S. Melis, editors, 2005. The state of the Colorado River ecosystem inGrand Canyon. U. S. Geological Survey Circular 1282.

Goble, D. D. 1999. Salmon in the Columbia basin: from abundance to extinction. Pages 229 - 263 in D. Goble and P. W. Hirt, editors. Northwest lands and peoples: readings in environmental history. University of Washington Press, Seattle.

Goble, D. D. 2005. Three cases/four tales: commons, capture, the public trust, and property in land. Environmental Law 35 (4): 807 - 853.

Goetzmann, W. H. 1959. Army exploration in the American west 1803 - 1863. Yale University Press, New Haven, Connecticut.

Goudie, A. S. 2005. The human impact on the natural environment: past, present and future, 6th edition. Wiley - Blackwell, Hoboken, New Jersey.

Gould, S. J. 1986. Evolution and the triumph of homology, or why history matters. American Scientist 74: 60 - 69.

Gresh, T. , J. Lichatowich, and P. Schoolmaker. 2000. An estimation of historic and current levels of salmon production in the northwest Pacific ecosystem: evidence of nutrient deficit in the freshwater systems of the Pacific Northwest. Fisheries 25 (1): 15 - 21.

Gurnell, A. M. , J. Peiry, and G. E. Petts. 2003. Using historical data in fluvial geomorphology. Pages 77 - 101 in G. M. Kondoff, and H. Piegay, editors. Tools in fluvial geomorphology. John Wiley and Sons,

Chichester, UK.

Hamilton, J. B., G. L. Curtis, S. M. Snedaker, and D. K. White. 2005. Distribution of anadromous fishes in the upper Klamath River watershed prior to hydropower dams—a synthesis of the historical evidence. Fisheries 30 (4): 10 - 20.

Harkness, W. J., K., J. W. Leonard, and P. R. Needham. 1954. Fishery research at mid - century. Transactions of the American Fisheries Society 83: 212 - 216.

Harper, D. J., and J. T. Quigley. 2005. No net loss of fish habitat: a review and analysis of habitat compensation in Canada. Environmental Management 36: 343 - 355.

Hatch, L. K., A. Mallawatantri, D. Wheeler, A. Gleason, D. Mulla, J. Perry, K. W. Easter, R. Smith, L. Gerlach, and P. Brezonik. 2001. Land management at the major watershed - agroecoregion intersection. Journal of Soil and Water Conservation 56: 44 - 51.

Herbst, D. B., E. L. Silldorff, and S. D. Cooper. 2009. The influence of introduced trout on the benthic communities of paired headwater streams in the Sierra Nevada of California. Freshwater Biology 54: 1324 - 1342.

Hocutt, C. H., and E. O. Wiley, editors. 1986. The zoogeography of North American freshwater fishes. John Wiley and Sons, New York.

Holey, M. E., R. W. Rybicki, G. W. Eck, E. H. Brown, J. E. Marsden, D. S. Lavis, M. L Toneys, T. N. Trudeau, and R. M. Horrall. 1995. Progress toward lake trout restoration in Lake Michigan. Journal of Great Lakes Research 21 (Supplement 1): 128 - 151.

Holzkamm, T., and M. McCarthy. 1988. Potential fishery for lake sturgeon (*Acipenser fulvenscens*) as indicated by the returns of the Hudson's Bay Company Lac Le Pluie District. Canadian Journal of Fisheries and Aquatic Sciences 45: 921 - 923.

Hooke, J. M. 1997. Style of channel change. Pages 237 - 268 *in* C. R. Thorne, R. D. Hey, and M. D. Newson, editors. Applied fluvial geormorphology for river engineering and management. John Wiley and Sons, Chichester, UK.

Hubbs, C. L. 1964. History of ichthyology in theUnited States after 1850. Copeia 1964: 42 - 60. Humphries, P. L., and K. O. Winemiller. 2009. Historical impacts on river fauna, shifting baselines and challenges for restoration. BioScience 59: 673 - 684.

Huntsman, A. G. 1938. Fish culture - past and future. Transactions of the American Fisheries Society 67: 87 - 93.

Ito, K. 1886. Fishery industries of theIsland of Hokkaido, Japan. Report 105. U. S. Fish Commission Bulletin 342.

Jackson, J. R., and W. C. Kimler. 1999. Taxonomy and the personal equation: the historical fates of Charles Girard and Louis Agassiz. Journal of the History of Biology 32: 509 - 555.

Johnstone, K. 1977. The aquatic explorers. A history of the Fisheries Research Board of Canada. University of Toronto Press, Toronto.

Jones, R., M. Shepert, and N. J. Sterritt. 2004. Our place at the table: First Nations in the B. C. fishery. First Nation Panel on Fisheries, Vancouver.

Jordan, D. S., and B. W. Evermann. 1896. The fishes of North and Middle America: a descriptive catalog of the species of fish - like vertebrates found in the waters of North America, north of theIsthmus of Panama. Bulletin of the U. S. National Museum 47.

Joslyn, C. D. 1905. The policy of ceding the control of the Great Lakes from state to national supervision. Transactions of the American Fisheries Society 34: 217 – 222.

Kaczynski, V. W., and F. Alverado. 2006. Assessment of the southern range limit of North American coho salmon: difficulties in establishing natural range boundaries. Fisheries 31 (8): 374 – 391.

Koen – Alonso, M. 2009. Some observations on the role of trophodynamic models for ecosystem approaches to fisheries. Pages 185 – 208 *in* R. J. Beamish and B. J. Rothschild, editors. The future of fisheries science in North America. Fish and Fisheries Series 31, Springer, Netherlands.

Kunz, G. F. 1893. On the occurrence of pearls in the United States, and shall we legislate to preserve the fisheries. Transactions of the American Fisheries Society 22: 16 – 34.

Kunz, G. F. 1898. A brief history of the gathering of freshwater pearls in theUnited States. U. S. Fish Commission Bulletin 17: 321 – 330.

Landeen, D., and A. Pinkham. 1999. Salmon and his people: fish and fishing in Nez Perce culture. Confluence Press, Lewiston, Idaho.

Latifovic, R., and D. Pouliot. 2007. Analysis of climate change impacts on lake ice phenology in Canada using the historical satellite data record. Remote Sensing of Environment 106: 492 – 507.

Leach, J. H., and C. A. Lewis. 1991. Fish introductions in Canada: provincial laws and regulations. Canadian Journal of Fisheries and Aquatic Sciences 48 (Supplement 1): 156 – 161.

Lee, D. S., C. R. Gilbert, C. H. Hocutt, R. E. Jenkins, D. E. McAllister, and J. R. Stauffer Jr. 1980. Atlas of North American freshwater fishes. North Carolina State Museum of Natural History, Raleigh.

Lucas, C. R. 1939. Game fish management. Transactions of the American Fisheries Society 68: 67 – 75.

Lurie, N. O. 1957. The Indian Claims Commission Act. Annals of the American Academy of Political and Social Science 311: 56 – 70.

Magnuson, J. J., D. M. Robertson, B. J. Benson, R. H. Wayne, D. M. Livingstone, T. Arai, R. A. Assel, R. G. Barry, V. Card, E. Kuusisto, N. G. Granin, T. D. Prowse, K. M. Stewart, and V. S. Vuglinski. 2000. Historical trends in lake and river ice cover in the northern hemisphere. Science 289: 1743 – 1746.

Marsh, J. H., and J. H. Johnson. 1985. The role of Stevens Treaty tribes in the management of anadromous fish runs in the Columbia basin. Fisheries 10 (4): 2 – 5.

Mayden, R. L., editor. 1992. Systematics, historical ecology, and North American freshwater fishes. Stanford University Press, Stanford, California.

McArthur, I. S. 1947. The fisheries of Canada. Annals of the American Academy of Political and Social Science 253: 59 – 65.

McDonald, M. 1886. XXVII. Report on the distribution of fish and eggs by the U. S. Fish Commission from January 1, 1886, to June 30, 1887. Part XIV, Report to the Commissioner for 1886. U. S. Commission of Fish and Fisheries, Government Printing Office, Washington, D. C.

Mercado – Silva, N., J. D. Olden, J. T. Maxted, T. R. Hrabik, and M. J. Vander Zanden. 2006. Forecast – ing the spread of invasive rainbow smelt in the Laurentian Great Lakes region of North America. Conservation Biology 20: 1740 – 1749.

Meronek, T. G., R. M. Bouchard, E. R. Buckner, T. M. Burri, K. K. Demmerly, D. C. Hatleli, R. A. Klumb, S. H. Schmidt, and D. W. Coble. 1996. A review of fish control projects. North American Journal of Fisheries Management 16: 63 – 74.

Michell, A. J. 2001. Finfish health in the United States (1609 – 1969): historical perspective, pioneering researchers and fish health workers, and annotated bibliography. Aquaculture 196: 347 – 438.

Mitchell，S. L. 1814. The fishes of New York described and arranged. Transactions of the Literary and Philosophical Society of New York 1：355 – 492.

Moffitt，C. M. 2001. Reflections：a photographic history of fisheries and the American Fisheries Society in North America. American Fisheries Society，Bethesda，Maryland.

Montgomery，D. R. 2003. King of fish：the thousand year run of salmon. Westview Press，Boulder，Colorado.

Montgomery，R. 1991. Restoring large river fishery resources：the Mississippi Interstate Cooperative Research Agreement. Fisheries 16 （5）：44 – 47.

Moore，E. 1923. Octomitus salmonis，a new species of intestinal parasite in trout. Transactions of the American Fisheries Society 52：74 – 97.

Moore，E. 1926. Some features of the stream survey undertaken in New York State. Transactions of the American Fisheries Society 56：108 – 121.

Moore，E. 1927. Progress of the biological survey in New York State. Transactions of the American Fisheries Society 57：65 – 72.

Myers，G. S. 1964. A brief sketch of the history of ichthyology in America to the year 1850. Copeia 1964：33 – 41.

Naiman，R. J. ，S. R. Elliot，J. M. Helfield，and T. C. O' Keefe. 2000. Biophysical interactions and the structure and dynamics of riverine ecosystems：the importance of biotic feedbacks. Hydrobiologia 410：79 – 86.

Nelson，J. S. 1965. Effects of fish introductions and hydroelectric development on fishes in the Kananaskis River system，Alberta. Journal of the Fisheries Research Board of Canada 22：721 – 753.

Neves，R. J. ，S. N. Moyer，L. R. Weaver，and A. V. Zale. 1985. An evaluation of host fish suitability for glochidia of *Villosa Vanuxemi* and *V. nebulosa* （Pelecypoda：Unionidae）. American Midland Naturalist 113：13 – 19.

Northwest Power Planning Council. 1986. Compilation of information on salmon and steelhead losses in the Columbia River basin. Appendix D of the 1987 Columbia River Basin Fish and Wildlife Program，Northwest Power Planning Council，Portland，Oregon.

Palmer，M. A. ，D. P. Lettenmaier，N. L. Poff，S. L. Postel，B. R. Richter，and R. Warner. 2009. Climate change and river ecosystems：protection and adaptation options. Environmental Management 44：1053 – 1068.

Palmer，T. S. 1912. Licenses for hook and line fishing. Transactions of the American Fisheries Society 41：91 – 97.

Pearson，J. C. 1972. The fish and fisheries of colonial North America：a documentary history of the fishery resources on the United States and Canada. Part VII. The inland states. U. S. Department of Commerce，National Marine Fisheries Service Report NOAA （National Oceanic and Atmospheric Administration） 72100305.

Poff，N. L. ，J. D. Allan，M. B. Bain，J. R. Karr，K. L. Prestegaard，B. D. Richter，R. E. Sparks，and J. C. Stromberg. 1997. The natural flow regime：a paradigm for river conservation and restoration. BioScience 47：769 – 784.

Postel，S. L. 2000. Entering an era of water scarcity：the challenges ahead. Ecological Applications 10 （4）：941 – 948.

Postel，S. L. ，G. C. Daily，and P. R. Ehrlich. 1996. Human appropriation of renewable freshwater. Science

271：785 - 787.

Prince，E. E. 1923. The fisheries of Canada. Annals of the American Academy of Political and Social Science 107：88 - 94.

Quinn，T. J.，II. 2003. Ruminations of the development and future of population dynamics models in fisheries. Natural Resource Modeling 16：341 - 392.

Rahel，F. J. 2002. Homogenization of freshwater faunas. Annual Review of Ecology and Systematics 33：291 - 315.

Reisner，M. 1989. The next water war—cities versus agriculture. Issues in Science and Technology 5 (2)：98 - 102.

Reist，J. D.，F. J. Wrona，T. D. Prowse，M. Power，J. B. Dempson，J. R. King，and R. J. Beamish. 2006. An overview of effects of climate change on selected Arctic freshwater and anadromous fishes. Ambio 35：381 - 6387.

Reuss，M. 2005. Ecology，planning，and river management in theUnited States：some historical reflections. Ecology and Society 10 (1)：34. Available online：http://www. ecologyandsociety. org/vol10/iss1/art34/.

Ricker，W. E. 1975. Computation and interpretation of biological statistics of fish populations. Fisheries Research Board of Canada Bulletin 191.

Rostlund，E. 1952. Freshwater fish and fishing in Native North America. University of California Press，Berkeley.

Rothschild，B. J.，and R. J. Beamish 2009. On the future of fisheries science. Pages 1 - 11 in R. J. Beamish and B. J. Rothschild，editors. The future of fisheries science in North America. Fish and Fisheries Series 31，Springer，Netherlands.

Salyer，J. C. 1933. Predator studies in Michigan waters. Transactions of the American Fisheries Society 63：229 - 239.

Schick，R. S.，and S. T. Lindley. 2007. Directed connectivity among fish populations in a riverine network. Journal of Applied Ecology 44：1116 - 1126.

Scott，D. C. 1923. The aboriginal races. The Annals of theAmerican Academy of Political and Social Science 107：63 - 66.

Seadle，M. 2009. Archiving in the networked world：betting on the future. Library Hi Tech 27：319 - 325. Sharma，S.，L. - M. Herborg，and T. W. Therriault. 2009. Predicting introduction，establishment and potential impacts of smallmouth bass. Diversity and Distributions 15：831 - 840.

Shepherd，E. 2006. Developing a new academic discipline：UCL's contribution to the research and teaching of archives and records management. Aslib (Association for Information Management) Proceedings：New Information Perspectives 58：10 - 19.

Solman，V. E. F.，J. - P. Cuerrier，and W. C. Cable. 1952. Why have fish hatcheries in Canada's national parks? Transactions of the North American Wildlife Conference 17：226 - 234.

Spangler，A. M. 1893. The decrease of food fishes in American waters and some of the causes. U. S. Fish Commission Bulletin 13 (1893)：21 - 35.

Steedman，R. J.，T. H. Whillans，A. P. Behm，K. E. Bray，K. I. Cullis，M. M. Holland，S. J. Stoddart，and R. J. White. 1996. Use of historical information for conservation and restoration of Great Lakes aquatic habitat. Canadian Journal of Fisheries and Aquatic Sciences 53 (Supplement 1)：415 - 423.

Stevens，L. E.，J. P. Shannon，and D. W. Blinn. 1997. Colorado River benthic ecology in Grand Canyon，

Arizona, USA: dam, tributary, and geomorphological influences. Regulated Rivers and Research Management 13: 129 - 149.

Sullivan, C. R. 1979. Dingell - Johnson—an increasing role in the future. Fisheries 4 (3): 5, 26.

Taylor, J. E. 1999. Making salmon: an environmental history of the northwest fisheries crisis. University of Washington Press, Seattle.

Titcomb, J. W. 1917. Importance of a permanent policy in stocking inland waters. Transactions of the American Fisheries Society 47: 11 - 21.

Tipa, G., and R. Welch. 2006. Co - management of natural resources: issues of definition from an indigenous community perspective. Journal of Applied Behavioral Science 42: 373 - 391.

U. S. Commission of Fish and Fisheries. 1897. A manual of fish - culture, based on the methods of the U. S. Commission of Fish and Fisheries, with chapters on the cultivation of oysters and frogs. U. S. Commission of Fish and Fisheries, Government Printing Office, Washington, D. C.

U. S. Federal Register. 2007. Indian entities recognized and eligible to receive services from the U. S. Bureau of Indian Affairs. Federal Register 72: 55 (22 March 2007): 13648 - 13652.

Van Winkle, W., C. C. Coutant, H. I. Jager, J. S. Mattice, D. J. Orth, R. G. Otto, S. F. Railsback, and M. J. Sale. 1997. Uncertainty and instream flow standards: perspectives based on hydropower research and assessment. Fisheries 22 (7): 21 - 22.

Vanderkemp, A. F. 1880. Extracts from the Vanderkemp papers: from the Hudson to Lake Ontario in 1792. Publications of the Buffalo Historical Society 2 (2): 49 - 80.

Viosca, P., Jr. 1945. A critical analysis of practices in the management of warm - water fish with a view to greater food production. Transactions of the American Fisheries Society 73: 274 - 283.

Walters, C., and J. Korman. 1999. Linking recruitment to trophic factors: revisiting the Beverton - Holt recruitment model from a life history and multispecies perspective. Reviews in Fish Biology and Fisheries 9: 187 - 202.

Walters, C. J., V. Christensen, and D. Pauly. 1997. Structuring dynamic models of exploited ecosystems from trophic mass - balance assessments. Review in Fish Biology and Fisheries 7: 139 - 172.

Walters, C. J., and S. Martell. 2004. Fisheries ecology and management. Princeton University Press, Princeton, New Jersey.

Weber, M. 1886. Report 99. Pearls and pearl fisheries. U. S. Fish Commission Bulletin 6: 321 - 328. Weidel, B. C., D. C. Josephson, and C. E. Kraft. 2007. Littoral fish community response to smallmouth bass removal from an Adirondack Lake. Transactions of the American Fisheries Society 136: 778 - 789.

Western District Court of Michigan. 1979. United States v. State of Michigan. Federal Supplement 471: 192.

Western District Court of Michigan. 1985. United States v. State of Michigan (Consent Order 1985 Settlement Agreement). Indian Law Reporter 12: 3079.

Western District Court of Michigan. 2000. United States v. State of Michigan (Consent Decree). Case 2: 73 - cv - 00026 (M26 73).

Whitaker, H. 1892. Early history of the fisheries on the Great Lakes. Transactions of the American Fisheries Society 21: 163 - 179

Williams, J. D., M. L. Warren Jr., K. S. Cummings, J. L. Harris, and R. J. Neves. 1993. Conservation status of freshwater mussels of theUnited States and Canada. Fisheries 18 (9): 6 - 22.

Williams, J. E., A. L. Haak, H. M. Neville, and W. T. Colyer. 2009. Potential consequences of climate change to persistence of cutthroat trout populations. North American Journal of Fisheries Management 29: 533 - 548.

Williams, R. N. , P. A. Bisson, D. L. Bottom, L. D. Calvin, C. C. Coutant, M. W. Erho Jr. , C. A. Frissell, J. A. Lichatowich, W. J. Liss, W. E. McConnaha, P. R. Mundy, J. A. Stanford, and R. R. Whitney. 1999. Scientific issues in the restoration of salmonid fishes in the Columbia River. Fisheries 24 (3): 10 - 19.

Worster, D. 1992. Under western skies: nature and history in the American west. Oxford University Press, New York.

Yoshiyama, R. M. , and F. W. Fisher. 2001. Long time past: Baird Station and the McCloud Wintu. Fisheries 26 (3): 6 - 22.

Young, H. A. 1952. Conservation and wise utilization of natural resources in Canada. Annals of the American Academy of Political and Social Science 281: 196 - 202.

第2章 鱼类种群动态：死亡、生长和补充

Micheal S. Allen   Joseph E. Hightower

2.1 引言

渔业资源管理是一项有意义的工作，它富有挑战性和趣味性，最重要的是，能影响人们的生活质量。渔业资源管理者对于商业捕捞的决策直接影响着渔民的收入；对于休闲渔业的决策还会影响垂钓者的满意度和参与度，这样可以为渔具店、旅馆和餐馆带来直接经济效益，还可以提供垂钓指南。因为这些决策能影响一个社区或地区，所以以获得与渔业资源相关的生境质量、物种间相互作用和人类对资源的需求等信息非常重要。本书中其他章节记述了与上述信息相关的评估方法。

管理行为会对鱼类丰度、种群中鱼类的规格、垂钓者捕获量及总渔获量（例如，从种群中获得的那部分鱼类的生物量）产生影响，本章重点关注与此相关的定量评估方法。对这些会影响种群特性的活动进行评估，可以帮助渔业管理者认识因捕捞活动带来的渔业种群变动。评价捕捞是否过度是渔业管理的一个重要步骤，选择合适的管理方法有助于增加鱼类丰度和垂钓捕捞量，维持和促进渔业发展。因此，鱼类种群动态评估是切实保证渔业管理中理论联系实际的方法。

但是，鱼类种群动态评估也通常包含许多不确定性。正如 John Shepherd 所说："鱼隐藏在水下看不见，且一直在游动，这是与树最大的不同之处"。这也说明鱼类种群动态评估充满了困难。鱼生活在水下，我们无法看见。我们必须借助于垂钓、商业捕捞和各种采样渔具等，来了解鱼类种群。由于所有渔具都存在采样偏差，因此对渔业管理者来说，鱼类资源信息不太可能非常完整。

文献中介绍了很多利用采样数据分析鱼类种群的复杂方法。然而对于学生来说，想通过最新学术期刊初步了解鱼类种群动态相关知识并不容易。渔业评估在一定程度上要求采用定量方法和成熟的软件程序，但我们认为大多数鱼类种群评估方法都简单易懂，仅需要借助简单的统计学方法和电子表格软件即可。分析软件包是很有用的，但是它们不能帮助我们理解这些方法具体是如何运算的，而且分析选项也都是固定的。相比之下，本文提及的电子表格方法可以帮助我们选择种群模型，满足特定研究需求。这一章的目的是归纳鱼类种群动态的基本原理和渔业管理现状评估所需要的技术。佛罗里达大学森林资源与保护学院网站（参见 http://fishweb.ifas.ufl.edu/allenlab/courses.html）提供了一些电子表格的示例，读者可以边做边学并应用它们。

2.2 内陆鱼类种群动态概况

鱼类和其他动物一样，其种群丰度受限于可用资源。新建水库和鱼塘的鱼类种群在初

期均表现为短期的无限增长。这种情况的发生是因为资源在初期是充足的，但随着鱼类种群增长，食物和空间资源变得有限，而鱼类丰度受密度制约和生存率的限制。这一过程一般用 Logistic 增长模型表示：

$$B_{t+1}=B_t+rB_t\Big(1-\frac{B_t}{KQ}\Big),\qquad(2.1)$$

式中，B 为在 t 时间的生物量；r 为最大种群增长率；K 代表容纳量，最大容纳量可以通过生态系统中可利用的资源来维持。根据方程（2.1），如果 B_t 值下降，种群将快速增长，因为资源不受限制（如：$1-B_t/K$ 接近 1）。种群无限增长阶段由参数 r 决定。B_t 接近 K 时，种群增长速度随密度离散而减慢，直至种群接近 K 值（图 2.1）。

由于存在环境条件、生境质量和数量、鱼类死亡率和与捕食者或竞争者等其他物种之间相互作用等方面的变化（图 2.1），鱼类种群生物量不是稳定不变的，而是围绕平均丰度上下波动的。捕捞可以较好地维持平均鱼类生物量低于生态系统容纳量，但在这些情况下，鱼类补充量变化仍然会导致生物量出现随机波动。大多数渔业管理者试图对那些围绕平均丰度变动的鱼类种群加以管理，使其接近或不接近于 K 值。

影响鱼类丰度和生物量的具体因素包括 3 种代表性的动态速率函数：死亡率、生长率和补充量。通常，死亡可以分为两类：捕捞造成的死亡和自然原因造成的死亡。捕捞死亡率是渔业管理最常关注的，因为它可以通过管理得到控制。自然死亡率几乎不能被观察到，通常不能通过管理进行控制。生长率表示鱼类个体规格上的增加，可根据体长或体重来推算。鱼类的生长会受其食物资源及其所能承受的捕捞和被捕食压力影响。补充量是指种群内新增的幼鱼数量。从管理角度看，补充量通常是指对可捕种群的补充。如果新补充的个体由于死亡的原因不能对种群损失进行弥补，种群生物量将最终降到零。补充和生长使得年龄组（一个龄级）的生物量增加，相反死亡率导致鱼类数量和年龄组的总生物量降低。

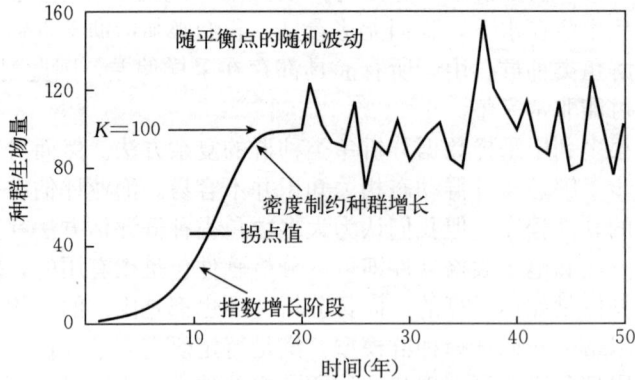

图 2.1 Logistic 种群增长模型的例子，包含最大增长率 $r=0.5$；环境容纳量 $K=100$。拐点表明以指数递减的种群增长。20 年后的随机波动说明鱼类种群的丰度围绕最大环境容纳量值波动

渔业管理需要很好地理解鱼类种群动态（即死亡率、生长率和补充量如何相互影响从而影响丰度），Kootenai 河濒危的高首鲟的例子表明以上这些因素很重要（Paragamian et al.，2005）。调查显示，自 20 世纪 70 年代早期起，高首鲟的种群就没有补充了。为保护

剩余成体数量，1984 年开始实施禁捕措施，渔业禁捕制度大大降低了年死亡率，但丰度仍以每年约 9% 的速度下降。开展野外调查以了解高首鲟的产卵时间、产卵场位置以及导致种群补充量不足的生境变化因素。开发种群模型，用于预测种群丰度的未来趋势，了解鱼类在孵化阶段如何孵出可以补充整个种群的幼体数量。希望利用这些信息帮助种群恢复。

种群动态研究通常涉及模型的开发。一些渔业管理者对依据模型结果制订管理决策表示怀疑。但是一个有经验的管理者通常会了解种群或渔业如何变动。数字和方程模型的构建可以帮助调查者清楚地了解鱼类种群规模变动过程。因此，种群模型应该被视为渔业管理和未来研究需求的假说。例如，与其推测低补充量会限制种群丰度，不如建立模型，模型可以通过估计补充量变化趋势评估对种群的影响。模型可以帮助管理者确定数据缺失，指导其对不确定的区域开展研究。当管理者熟悉了种群或捕捞如何变动，该模型可以作为经过多年积累的知识和经验库（Hilborn et al.，1984）。因为管理者很少有足够的数据解释复杂的种群，因此许多鱼类种群模型是相对简单的。在许多情况下，因为复杂模型存在更多与大量参数相关的不确定性，故此相对简单的种群模型比复杂模型在管理中有更好的表现（Walters and Martell，2004）。

种群模型通常针对已被开发的物种。这主要是因为能够更容易调整调查成本和支持重要渔业物种的采样。模型可以测试捕捞潜在影响，预测怎样的渔获物监管可以扩大种群规模和增加渔业产量（即渔获物生物量）。通常建立一个种群模型的目的是确定是否存在过度捕捞的情况。过度捕捞通常指捕捞死亡率高于目标水平。例如，死亡率用于估计最大长期（可持续）产量。过度捕捞可能有两种方式——增长型过度捕捞或补充型过度捕捞。增长型过度捕捞导致产量减少，因为幼鱼或小规格鱼捕捞死亡率太高；如果降低捕捞量或提高起捕规格，鱼类在捕捞前会有更多的时间用于生长，长期平均产量将增加。补充型过度捕捞意味着捕捞已经使得繁殖群体数量（大个体成鱼）减少到一定程度，使得补充量不足从而限制种群丰度；如果补充型过度捕捞继续，种群生物量将下降到非常低的水平，最终导致渔业崩溃；如果可以减少捕捞量，繁殖群体数量将增加，使得补充量增加，可维持长期产量。

种群模型也在珍稀濒危鱼类的研究方面发挥着重要作用。就像被开发的种群一样，当开展濒危鱼类管理时，需要了解哪些因素可以调控丰度。不同之处在于，信息不是用于限制捕捞而是用于重建种群。珍稀鱼类是不能捕捞的，因此相关的生物学数据通常来自研究或管理调查，而不是商业或休闲捕捞。

2.3　估算种群参数的方法

2.3.1　死亡率的表达式

估算死亡率是评估鱼类种群的重要部分。鱼类种群明显表现出在仔稚鱼阶段死亡率非常高（通常超过 99%），在成鱼阶段死亡率降低。大多数渔业调查是针对成鱼阶段的死亡率，因此管理者更强调成鱼的死亡率。估算死亡率是为了了解捕捞如何影响鱼类丰度、垂钓者渔获物（鱼的数量）和产量（鱼的质量）。我们首先介绍一些在渔业调查中经常用到的死亡率表达式，这些表达式描述了如何进行死亡率估算，然后讨论各种方法的优缺点。所有符号定义见表 2.1。

死亡率被明确划分为两类：捕捞死亡率和自然死亡率。可通过体长、网具限制、禁渔期、禁渔区和限制捕捞努力等方式控制捕捞死亡率（见第 7 章）。控制捕捞死亡率是最常采取的渔业管理措施之一。自然死亡归因于捕食、疾病、寄生虫和其他自然原因。成鱼的自然死亡率显然不能通过渔业管理措施来控制，但是自然死亡率的水平对于建立渔获物标准非常重要。我们在此提供一些基本的死亡率表达式及 Miranda 和 Bettoli（2007）描述的详细的分析方法。

表 2.1　种群参数、定义和每个参数的估算方法

参数符号	定义	估算方法
Z	瞬时总死亡系数	渔获曲线、标志研究，$F+M$
M	瞬时自然死亡系数	标志研究，替代方法，减法（$M=Z-F$）
F	瞬时捕捞死亡系数	标志研究（垂钓者报告或遥测），渔获或种群规模估算，根据年龄组捕捞的方法
A	年总死亡率	参见 Z，$A=u+v$
S	年总存活率	e^{-Z}，$1-A$，$S=N_{t+1}/N_t$
S_0	年自然存活率	e^{-M}
u	年可捕率	参见 F
v	年自然死亡率	参见 M
cf	有条件限定的捕捞死亡率	参见 F
cm	有条件限定的自然死亡率	参见 M
L_∞	渐进体长	年龄-体长，标志研究
k	生长系数	年龄-体长，标志研究
t_0	理论起点年龄	年龄-体长，标志研究

首先，描述有限和瞬时死亡系数。有限死亡率是指鱼群在有限时间段内（如一年）死亡的比例。瞬时死亡率可以通过有限死亡率进行估算，对于估算在任一瞬时时段（如一年的部分时间）的鱼类数量非常有用。在一年龄组内，鱼类数量随时间的变化符合一个指数模型（图 2.2）。

单位时间（t）内年龄组规模（N）的变化依赖于瞬时总死亡系数（Z）和种群规模（在 N 为最大时，单位时间内死亡数量更多）：

$$\frac{\mathrm{d}N}{\mathrm{d}t}=-ZN \qquad (2.2)$$

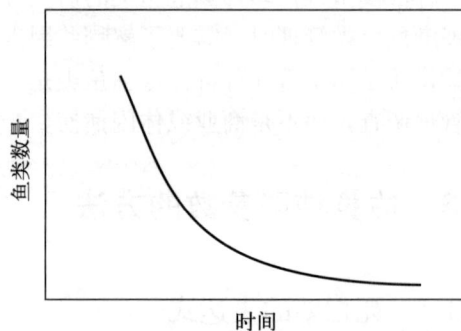

图 2.2　鱼类数量随时间变化呈指数下降。有限死亡率是在一个增量时间步长内的种群恒定比例

整理后，得到单位时间内指数下降方程：

$$N_t = N_0 e^{-Z_t}, \qquad (2.3)$$

式中，N_t 为时间为 t 时活体数量；N_0 为初始时间（t_0）活体数量；Z 为瞬时总死亡系数；t 为自 t_0 开始的时间单元。

渔业管理者经常以一年作为工作时间单元。假设无限时间步长为一年，年总存活率是：$S = N_{t+1}/N_t$。Z 值可通过 $S = e^{-Z}$ 确定，因此 $Z = -\log_e(S)$。表框 2.1 给出了一个如何在周限死亡率和瞬时死亡率之间进行转换的例子。

离散型（I 型）渔业——离散型渔业是指捕捞死亡率和自然死亡率分别发生在一年内。典型的例子是高度季节性渔业，在这种模式下捕捞死亡率出现在一个短时期内，自然死亡率可以被假定在时间上是分开的。离散型渔业死亡率是：

$$u = cf = 1 - e^{-F} \qquad (2.4)$$
$$v = cm = 1 - e^{-M} \qquad (2.5)$$

式中，u 为年可捕率（一年内获得部分鱼产量）；cf 为有条件限定的捕捞死亡率；F 为瞬时捕捞死亡系数；v 为年自然死亡率（一年内由于自然死亡的部分鱼产量），cm 为有条件限定的自然死亡率；M 为瞬时自然死亡系数（表框 2.1）。瞬时总死亡系数（Z）被定义为 $Z = F + M$。在离散型渔业中，因为 M 和 F 被假设为可以独立计算，有条件限定的捕捞死亡率和有条件限定的自然死亡率（cf 和 cm）是年可捕率（u）和年自然死亡率（v）。

尽管真正的离散型渔业可能相对少见，但许多渔业在一年相对短的时间内会造成很高的死亡率，并伴有明显的季节性。在实践中，即使渔业是连续的，许多渔业模型仍然用 $S_0 = e^{-M} = (1-v)$ 拟合基于年自然死亡率获得的年自然存活率（S_0），用 u 代表年可捕率。在离散型渔业情况下，F 可通过 $F = -\log_e(1-u)$ 计算（参见上文方程 2.4）。表框 2.2 显示用于离散型渔业和其他情况的死亡率公式。最近的鱼类产量评估教科书利用了渔业离散死亡率方程，其中 F 和 M 一起出现是因为捕捞时估算值通常令人满意，且自然死亡率在全年瞬时出现（Walters and Martell，2004）。

表框 2.1　有限死亡率和瞬时死亡率

假设在起始时间（0 时）有 1 000 尾鱼，由于总死亡率造成每年 9% 的损失。每年内鱼的数量是前 1 年数量的 0.91 倍。

年龄	0	1	2	3	4	5
鱼的数量	1 000	910	828	753	686	624

定义以下的参数：

A = 年总死亡率

S = 年总存活率

Z = 瞬时总死亡系数

（续）

在这个例子中，$A=0.09$，$S=1-A=0.91$，表达式为：

$$S=e^{-Z}$$

$$Z=-\log_e(S)$$

因此

$$Z=-\log_e(0.91)=0.0943。$$

现在使用瞬时率 $N_t=N_0 e^{-Z_t}$，预测 5 龄（N_5）鱼的数量。

$$N_5=1\,000e^{-0.0943(5)}=624。$$

因此，任何死亡率都可以用有限死亡率或瞬时死亡率来描述，这个例子显示了两种死亡率类型之间的转换。

表框 2.2　离散型渔业死亡率

假设鱼类资源量通过死亡率确定：

$$u=0.3$$

$$M=0.2$$

将瞬时死亡率转换为年自然存活率：

$$S_0=e^{-0.2}=0.82$$

用这个公式，起始值为 1 000 尾 2 龄鱼，我们计算了从 2 龄存活到 3 龄鱼的数量：

$$N_3=1\,000\times0.82\times(1-0.3)=574$$

因为我们假设捕捞发生在自然死亡出现以后，所以自然死亡量是 $1\,000\times0.18=180$，总渔获量是 $1\,000\times0.82\times0.3=246$。所以，总死亡量是 426 尾鱼（例如，180 尾死于自然原因，426 尾死于捕捞）。注意总死亡量（426 尾）加存活量（574 尾）是最初的 1 000 尾鱼。这是因为我们假设捕捞死亡和自然死亡在一年内是分别发生的。

连续型（Ⅱ型）渔业——连续型渔业是指在这种渔业中捕捞死亡率和自然死亡率同时起作用，所以瞬时捕捞死亡系数（F）和瞬时自然死亡系数（M）需要这种模型关系。年总存活率通过 $S=e^{-z}=e^{-(F+M)}$ 计算。瞬时捕捞死亡系数和周限死亡率之间成正比例关系，年可捕率可以通过年总死亡率（A）和瞬时捕捞死亡系数（F）获得：

$$u=\frac{F}{Z}\times A \tag{2.6}$$

在连续型渔业中，年总死亡率（A）通过下式计算：

$$A=cf+cm-(cf\times cm) \tag{2.7}$$

式中，$cf\times cm$ 值意味着一些由于捕捞死亡的鱼已经因为自然原因死亡，反之亦然。离散型渔业模型和连续型渔业模型的最关键的不同点是离散型渔业的方程不能反映捕捞死亡率和自然死亡率之间的任何相互作用；它们被假设经过一段时间后分别发生。连续型渔业的方程清楚地模拟了由于一种死亡原因而死亡的鱼（如捕捞）不再因其他原因死亡（如自然死亡），反之亦然。

2.3.2　死亡率估算

总死亡率——渔业管理者设法通过估算死亡率去了解捕捞死亡率和自然死亡率如何影

响鱼类种群。最基本的方法是估算年总死亡率，经常用鱼类丰度随年龄变化进行评估。渔获物曲线是各龄组鱼类数量与年龄的自然对数回归，这种关系的斜率是估算所得的 Z 值（表框 2.3）。渔获物曲线的假设包括：①各年龄组具有相同的死亡率；②相同的补充量；③年龄取样是与鱼类丰度相关年龄组的随机采样。尽管在大多数应用中不是严格符合假设，但是渔获物曲线通常可以对 Z 值进行一般性估计。假设①通常只估算预期死亡率相似的鱼，假设②通常不是主要问题，只要补充量随时间没有表现出增长或减少的趋势即可。随机补充量变化倾向于是一条不波动的渔获物曲线，不偏离斜率（Ricker，1975）。捕捞网具的选择性必须考虑到与假设③的关联。因为低龄鱼不完全进入捕捞范围，所以渔获物曲线的估算中通常不包括低龄鱼（表框 2.3）。

被动标记估算捕捞死亡率——可以利用被动标记或主动标记方法估算捕捞死亡率。被动标记涉及带有外部标记物的鱼和垂钓者获得标记鱼的渔获报告。年可捕率的估算值通过以下公式得到：

$$u - \frac{C}{T} \tag{2.8}$$

式中，u 为年可捕率；C 为捕到标记鱼的修正数量；T 为种群中标记鱼的修正数量。因为有的标记鱼没有被报告，所以 C 值必须被修正；因为短期标记遗失和标记引起死亡等原因，所以应该修正 T 值。如果长期大量遗失标记，T 值可以考虑慢性标记遗失而进行下调。在这种方法中，垂钓者报告率是最难的问题。估算报告率最常用的方法是使用假设报告率为 100% 的高回捕率标记，然后基于垂钓者回捕率不受奖励值影响的假设，调整收回标准标记的数量（Pollock et al.，2002）：

$$\lambda = \frac{\left(\frac{C_S}{T_S}\right)}{\left(\frac{C_H}{T_H}\right)} \tag{2.9}$$

式中，λ 通过标准标记报告率进行估算；C_S 为垂钓者报告的标准标记鱼数量；T_S 为带有标准标记的标记鱼数量；C_H 为垂钓者报告的高值标准鱼数量；T_H 为带有高值回捕标记的标记鱼数量。一旦得到 λ 的估算值，可以用于修正方程中标准标记鱼的 C 值（公式 2.8）。

表框 2.3　渔获物曲线分析

通过年龄-体长关系确定年龄结构。在每个体长组（单位是厘米）中确定 10 尾鱼的年龄，这些鱼作为研究体长的样本（De-Vries and Frie，1996）。年龄结构数据：

表　采自佛罗里达 Apalachicola 河的大口黑鲈年龄结构

年龄	个体数	$(\log_e N)$
0	155	5.04
1	283	5.65
2	128	4.85

（续）

年龄	个体数	$(\log_e N)$
3	285	5.65
4	73	4.29
5	31	3.43
6	22	3.09
7	4	1.39
8	2	0.69
9	5	1.61
10	0	
11	2	0.69

如果时间 t 时的丰度是 $N_t = N_0 e^{-z_t}$，取 log 后得到的线性方程是 $\log_e N_t = \log_e N_0 + -Z_t$，其中截距是 $\log_e N_0$，斜率是 $-Z_t$，推算结果显示 $Z=0.64$。年总存活率和年总死亡率分别是 $S=e^{-z}=0.53$ 和 $A=1-S=0.47$。年总死亡率大约是 47%。请注意我们没对 0、1 龄组、10 龄组或 11 龄组进行推算。没对 0 和 1 龄进行推算的原因是没有用网具完全捕捞到；没对 10 龄组和 11 龄组进行推算是因为样本量太少。为了不影响整体的估算，剔除了样本量小于 5 的龄组。尽管剔除了 10 龄组和 11 龄组，也可以保证最终根据曲线获得分析结果反映这些龄组的变化。例如，Miranda 和 Bettoli（2007）基于体重的渔获物曲线。请注意得到的渔获物曲线出现了线型上的波动，这是因为补充量的变化和采样的不确定性。3 龄表现为呈上升趋势的龄组，7

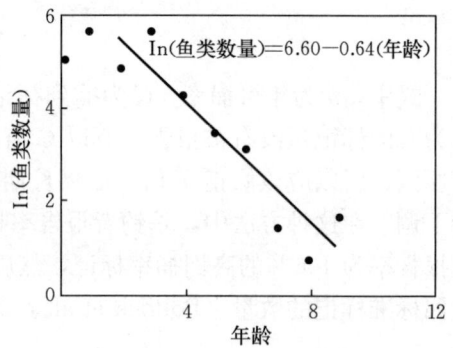

图 采自佛罗里达 Apalachicola 河大口黑鲈的渔获物曲线，样本为佛罗里达鱼类和野生动物保护委员会生物学家 Rich Cailteux 通过电捕方式获得

龄、8 龄是呈下降趋势的龄组。Maceina（1997）讨论了可将渔获物曲线变化的残差作为估算上一年度补充量的指标。

　　由于标记遗失和标记引起死亡，明确要求对 C 和 F 的估算值进行修订。标记损失率经常通过加倍对鱼进行标记，估算单标记鱼的标记损失率来进行评估。标记死亡率通常利用网箱实验评估标记过程中的短期死亡量来进行控制（表框 2.4）。Pine 等（2003）提供了关于假设和估算垂钓者报告率的方法，以及标记遗失和标记死亡量的详细讨论（表框 2.4）。通过标记研究解决这些偏差的详细例子可参见 Smith 等（2009）。

　　如果建立了多年标记计划，可以进行捕捞和自然捕捞量的估算（Hoenig et al.，1998；Jiang et al.，2007）。在上述短期方案中，解决像标记死亡量、标记遗失和标记未报告等实际问题是很重要的。报告率的辅助评估（如通过高回捕标记的使用）通常是将总死亡系数拆分为 F 和 M，这是必要的。

　　估算 F 和 M 的主动标记方法——主动标记涉及使用遥感技术估算瞬时捕捞死亡系数和瞬时自然死亡系数（Hightower et al.，2001）。通过这种方法，利用声波和无线电发射机定期对鱼进行定位。搜索中的每条鱼的状态是以运动为基础的（或缺少运动）。在连续位置运动的鱼显然还活着，而停止运动的鱼则被归为自然死亡。活鱼有时在连续调查的同一位置被发现，所以是否被归为自然死亡的鱼应该在几次调查后再确定。生态系统中未被捕捞到的鱼可以间接估算瞬时捕捞死亡系数。但是，不是装有发射器的每条鱼都可以在每次调查中被定位，所以这些鱼被捕获的可能性依赖于有多少次能在调查中被发现。研究区被封闭不允许洄游，以避免洄游和捕捞死亡的数据发生混淆。如果迁移发生（如在一条河段），应该设置接收器探测洄游鱼类。这些鱼从标记种群中被检测到，以致它们不会被误归为捕捞死亡。

这种方法的优点是不依靠垂钓者的报告，年总死亡率可以直接估算，研究时间周期比以上描述的多年标记方法短。可以评估在精细时间尺度上的死亡率评估（月度或季度），评估瞬时捕捞死亡系数表现出高度季节性（Hightower et al.，2001；Waters et al.，2005；Thompson et al.，2007）。这个方法除了可以估算瞬时捕捞死亡系数和瞬时自然死亡系数外，还可通过定期调查提供鱼类运动和栖息地利用的有用信息（表框 2.4）。

表框 2.4　利用被动标记研究捕捞死亡率估算值

本部分我们描述估算佛罗里达州帕纳索夫基湖（Lake Panasoffkee）小冠太阳鱼（redear sunfish）的瞬时捕捞死亡系数的步骤。数据来源于 Crawford 和 Allen（2006），估算了 1998 年和 1999 年的瞬时捕捞死亡系数。但是，在这个例子中，我们仅关注 1999 年的估算结果。在 1999 年 1 月，利用电捕方法采集到 753 尾全长超过 15 cm 的小冠太阳鱼，使用被动箭形标记，标记之后重新放回帕纳索夫基湖。

为了估算标记遗失数量，163 尾鱼用两个标记。双标记鱼的年度标记遗失率是 25%（1999 年，回捕到的 8 尾双标记鱼中有 2 尾只剩一个标记）。联系垂钓者确认渔获鱼在捕获时只有一个标记。

在 1998 年（2 个网箱处理 3 d）和 1999 年（1 个网箱处理 6 d）用网箱实验（cage experiment）对短期标记死亡率进行估算。经过 3 d，所有重复标记鱼的死亡率均为 0，表明短期标记不会引起死亡。

未报告率通过这两年的鱼篓调查进行直接估算。鱼篓记录员记录垂钓者鱼篓中标记鱼的数量，这种情况下，直接通过垂钓者鱼篓中观察到的标记鱼比例估算报告率。1999 年，报告率为 83%（Crawford and Allen，2006），通过在研究中使用可变奖励系统作为第 2 种估算报告率的方法。

垂钓者回捕了 55 尾带标记的小冠太阳鱼。因此，利用垂钓者捕到鱼的数量（T）估算为：

$$T = 753 \times 0.75 \times 1 = 564$$

式中，标记鱼数量为 753 尾；标记保留率为 0.75%（1 减去标记损失）；因为短期标记死亡率被估算为 0，因此标记存活率为 1%。垂钓者捕捞鱼的数量（C）估算值为：

$$C = 55/0.83 = 66$$

式中，报告率为 0.83%。

年可捕率（u；方程 2.8）估算值是：

$$u = 66/564 = 0.12$$

因此，在帕纳索夫基湖年捕捞的大于 15 cm 的鱼的死亡率是 12%。

2.3.3　生长

描述生长是开发渔业管理计划的第一步。鱼的生长状况决定了鱼类生态的各个方面

（如被捕食易危性和性成熟）以及对渔业的补充。对于休闲渔业，生长率决定了鱼什么时候达到合适的捕捞规格。

休闲渔业中捕捞规格通常根据鱼的体长来确定。例如，356 mm（14 in）作为大口黑鲈（largemouth bass）的限制起捕体长，以保护其 3 龄及以下幼鱼从而增加成鱼数量。生长率显著影响最小体长，从而提高种群内大个体鱼类丰度。规定缓慢增长型鱼类种群的最小体长可能会加剧管理问题（见第 7 章）。

虽然通常以体长分析生长率，但是在一些分析中，还是会使用重量。例如，体重可以代表繁殖力或雌性对产卵种群的贡献。渔业中为了增加鱼类平均体重而设定了捕捞规格，以期保护大的、健壮的雌性个体，以促进补充量。

生长率也可以反映一个种群食物资源和水生环境的健康状况。快速生长暗示了鱼类密度与食物资源量之间是平衡的，生境质量适当。如果鱼类生长慢（如一个特定年龄平均体长较小），说明密度太高（相对于食物的供给）或栖息地不适于维持足够的饵料生物。

一种研究生长率的方法是拟合年龄与体长或体重关系。例如，年龄和全长（以厘米为单位）可以通过随机获取鱼类样品来确定。通过拟合数据模型，描述其关系。模型是一种典型曲线，因为生长率通常随年龄增加而降低（图 2.3）。构建生长曲线模型是很方便的，因为这种模型由许多数据点形成，可以用只有 2 个或 3 个参数的单条曲线进行描述。

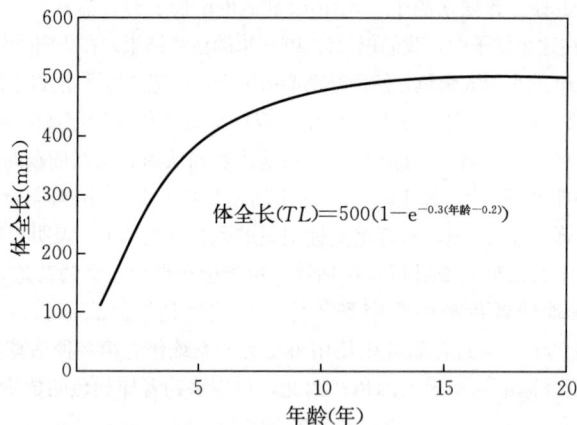

图 2.3　体全长（TL）和年龄的 von Bertalanffy 曲线。注意年龄组之间的生长增量随年龄增长而下降

一个模型只适用于某个生活史阶段（如成鱼），因为鱼类生长通常随年龄变化发生变化。快速生长出现在仔幼鱼阶段，成鱼生长缓慢是因为能量从体细胞生长转移到性腺发育。渔业管理者通常最关心成鱼阶段，因为成鱼是渔获物对象。

另外一种估算生长率的方法是利用标记（Smith and McFarlane，1990；Smith and Botsford，1998；Quinn and Deriso，1999）。理论上，一定体长范围的鱼被标记和放流。调查或垂钓者获得标记鱼，再次测量体长。一般来说，标记和重捕之间的体长变化和详细时间用于估算生长率和最大体长。例如，快速生长的仔幼鱼或几个月大的鱼具有明显的体长变化。在标记的时候接近最大体长的鱼不会充分生长，这与时间无关。这种方法的优点是没有必要估算鱼类年龄。这意味着这一方法可用于年龄无法鉴定的情况或者可以用作对年龄生长曲线的独立检查数据。精确测量回捕体长很重要，所以必须谨慎使用渔民报告的体长数据。生长数据的详细分析参考 Isely 和 Grabowski（2007）及 Quist 等（待刊）的研究报道。

$$W = aL^b \qquad (2.10)$$

体长-体重关系——在许多渔业管理应用中，可利用体长预测体重，反之亦然。鱼类体长-体重关系是典型的例子，可以通过 $W = aL^b$ 描述，其中 W 是鱼类体重（g）；a 是体长-体重关系截距；L 是鱼类体长（cm）；b 是描述鱼类体长随体重变化的指数。大多数鱼的 b 值接近 3，通常称为匀速生长。当 b 值小于或大于 3 时，为异速生长，意味着鱼类体形（按体重）随体长增长而变化。方程（2.10）通过线性回归分析将体长和体重都做 $\log_{10}$ 变形，在表格中进行计算机优化程序时用最小二乘法拟合非线性方程（2.10）是最简单的，可获得几乎相同的参数估算（见下文"模型拟合"章节）。

瞬时体长和体重模型——最常用于瞬时体长和年龄数据的 von Bertalanffy 曲线是：

$$L_t = L_\infty \left[1 - e^{-K(t - t_0)} \right] \qquad (2.11)$$

式中，L_t 是在年龄为 t 时（通常用年表示）的体长；L_∞ 是渐近体长；K 是生长系数；t_0 是理论起点年龄即鱼类的体长为 0（表 2.1）。von Bertalanffy 生长曲线描述生长随年龄增加而减慢，因为鱼类接近其最大体长（图 2.3）——一种通常出现在成鱼阶段的关系。注意个体鱼可能大于 L_∞，因为 L_∞ 只是简单地代表最大期望体长。生长系数 K，有时指生长完成率，是鱼类接近 L_∞ 的生长率。如果体长数据包括幼鱼体长，系数 t_0 通常接近 0；如果体长数据为可捕捞鱼的体长数据（以致 t_0 会是很大的值），t_0 的估算值可能远离 0，具有生物学意义。其他生长曲线被提出（Schnute，1981），因为 von Bertalanffy 曲线适合观察各种生物类群的数据（Cushing，1981），参数有生物学解释，许多公布的参数估算值可通过给定的物种种群进行比较，所以这个曲线被广泛使用。

检查 Von Bertalanffy 曲线显示，生长率（切线）持续下降趋向 $L_t = L_\infty$ 时为 0，如生长增值（如每年的生长）随年龄增长而下降。这个假设显示，对于绝大多数鱼类物种，当体长随年龄变化过程中的生长率发生变化，可以很好地拟合成鱼（如 1 龄及以上年龄）阶段的模型。

根据体重增长来描述体长时，生长率在幼鱼阶段明显增加，在一些中间级年龄达到最大值，到高龄时又降低。这种情况下，拟合成一条带有拐点的曲线。Gompertz 曲线用于规格增长模型（Quinn and Deriso，1999）：

$$Y_t = Y_\infty e^{\left[-\frac{1}{K} e^{-K(t - t_0)} \right]} \qquad (2.12)$$

式中，Y 是体长、体重或其他规格测量值，其他参数定义见方程（2.11）。

模型拟合——生长曲线可以用最小二乘法进行拟合，观测数据和拟合曲线之间的平方差是最小的。在线性回归中有精确的方程计算斜率和截距。在拟合非线性模型时，参数估算利用迭代方法进行计算（一系列步骤），通过在参数估算中做微小改动直到误差平方值不再改变。在工作表中进行计算（表框 2.5），必须选定每个参数的开始值。对于 von Bertalanffy 生长方程，L_∞ 的初始值可以选择最大观测体长。K 的初始值一般为 0.2～0.5，t_0 的初始值用 0 就可以了。如果模型拟合好并且数据包含了合理的年龄和规格范围，那么使用任何初始值都应该获得相同的结果。

表框 2.5　在 Excel 中拟合 von Bertalanffy 曲线

用微软办公软件 Excel 2007 很容易完成一个最小二乘法生长参数的拟合。下表中是佛罗里达州 Dora 湖黑斑太阳鱼（black crappie）全长随年龄变化的平均估算值。数据来源于佛罗里达州鱼和野生动物保护委员会，为 2006 年垂钓者从湖中捕获的黑斑太阳鱼。每厘米组鉴定 10 条鱼的年龄，鱼类的大个体样本用于全长测量。通过 DeVries 和 Frie（1996）提出的二次抽样方法获得平均全长随年龄变化的估算值，以确定全长平均值。这个表和其他工作表的链接为 http://fishweb. ifas. ufl. edu/allen-lab/courses. html。

佛罗里达州 Dora 湖黑斑太阳鱼平均体全长（TL，mm）的 Excel 表，用于拟合 von Bertalanffy 生长曲线。有关的解释，请参见表 2.1 的符号释义；SSE 是残差平方和。

A	B	C	D	E	F	G
2	L_∞	350				
3	K	0.41				
4	t_0	−0.49				
5						
6			年龄	体全长	预估体全长	残差
7			2	226	224	5
8			3	262	267	18
9			4	295	295	0
10			5	311	313	4
11			6	329	326	11
12			7	345	334	132
13			8	328	339	119
14						
15						SSE=289

接下来的步骤描述了如何用 Excel 表拟合 von Bertalanffy 生长模型。首先，输入合适的初始值，然后基于这些生长参数假设创建预期值栏。创建栏用于计算监测值减去预期值的平方（残差平方）。在单元格中残差平方和被标注为 SSE。为了获得最小二乘法参数估算值，点"数据"，然后点"分析"，然后点"求解"。选择 SSE 格中的 G15 作为目标单元格，选择选项使这个单元格最小化，然后在框中"通过改变方格"，选择单元格 C2 和 C4。现在单击"解决"，注意参数预算值变化作为发现最小二乘法参数估算值的求解优化程序。在使用接下来的"自动浏览""二次估计"和"中心导数（Central Derivatives）"选项时，求解程序表现得更好。使用一组以上的初始值运行求解程序以确保最适程序汇聚在相同参数值上。解决方法及观察值和预测值图在下文显示。

（续）

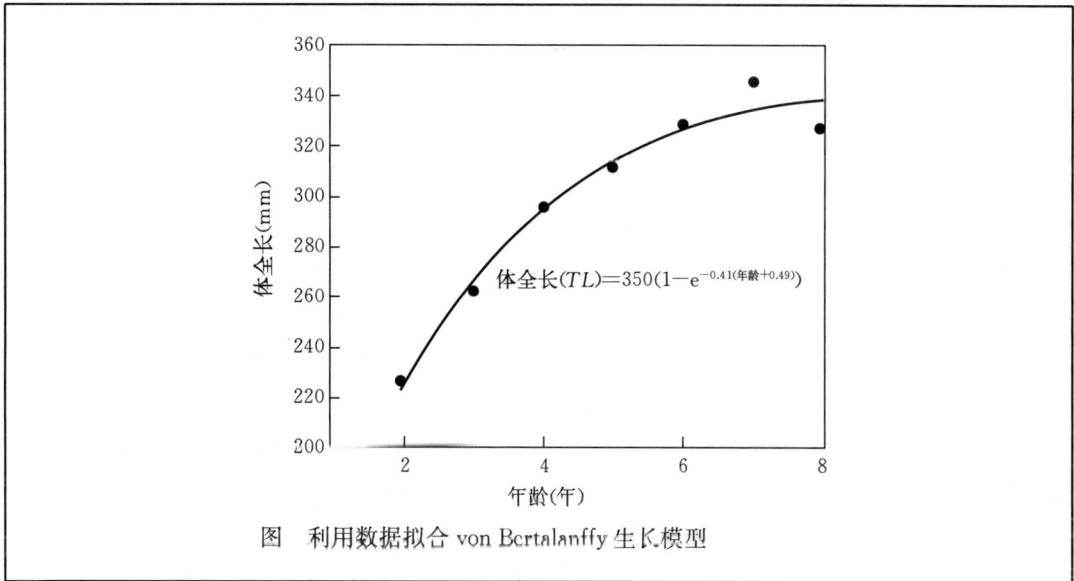

图　利用数据拟合 von Bertalanffy 生长模型

体全长$(TL)=350(1-e^{-0.41(年龄+0.49)})$

有些因素可以影响生长模型可靠性。其中，最重要的因素是体长范围，包括体长接近 L_∞ 的高龄鱼。如果生长数据只涉及幼鱼和生长速度快的鱼，通常会高估 L_∞ 值。高龄鱼的数据少是出现误差的原因，依赖于是否采用年龄或个体监测平均数据拟合曲线。通常最方便的方法是利用平均值进行拟合，但是缺点是无论监测的数据有多少，每个平均值都是通过相同体重值得到的。因为样本量少，高龄鱼的体长平均值通常变化较大。现在已经有方法可以基于采样量对每个观测值或者每个年龄变异系数的倒数进行加权，但更简单的方法是只拟合个体监测数据曲线。年龄鉴定错误会导致误差，这依赖于错误是否是随机的、没有误差的或者系统的（如连续缺乏）。多数情况下，高龄鱼的年龄通常被低估，导致 K 值被高估（Leaman and Beamish，1984）。

2.3.4　补充量

鱼类补充量指存活到特定年龄或规格的鱼的数量。尽管补充量可以从很多方面进行定义，但是最常用的定义是每年达到 1 龄的鱼的数量或在渔业中存在捕捞情况下存活到 1 龄的鱼的数量。因此，补充量可以表示不同生命阶段的鱼的数量（0 龄、1 龄或更高年龄），重要的是确定鱼类作为增补个体的生命阶段。多数情况下，认为部分成鱼是那些达到一定规格或死亡可能性更高的年龄组（见 2.3.1）。

测定鱼类补充量是评估鱼类资源量的主要方法之一。补充量在年与年之间呈现数量级的改变。这种补充量的高频率变化，在大龄组会引起密度-独立个体之间的相互作用，影响种群丰富度、年龄结构和大个体鱼数量。捕捞会引起或强或弱的年龄级变动，所以补充量的变化会强烈影响成鱼丰度，了解补充量在年度间的变化是评价渔获物政策时需要考虑的重要因素。

鱼类补充量被多种密度-独立个体（density - dependent）和密度-非独立个体（density - independent）作用所影响。传统的渔业管理通过资源量-补充量关系来预测产卵对种群进行的补充（Ricker，1975）。尽管已被广泛接受的是补充量在资源丰度中趋于保持不变（围绕平均值不出现大的变化），但是丰度仍无疑是因为补充量发生了变化。补充量表现出密度依赖性，每个产卵个体产生的补充个体几乎随所有鱼类资源的产卵丰度下降而增加（Myers et al.，1999）。但是在淡水渔业应用中，通过休闲渔业过度捕捞产生的威胁，与过度捕捞带来的问题同样被关注。因为缺少在资源量很低时的增补信息，估算资源量-补充量的关系是不可行的。在资源量非常低时，补充量可能受资源量大小限制。在许多淡水渔业应用中，了解资源量-补充量关系相对于了解补充量变异幅度、对于特殊水体引起或强或弱年龄级的变化显得不那么重要。淡水生态系统中鱼类补充量通常受河流流量变化（Bain et al.，1988）、水库水位（Aggus and Elliot，1975；Ploskey，1986）、水生植物丰度和物种组成（Bettoli et al.，1993）及水温的影响（Cargnelli and Gross，1996）。本章中，我们列出了一些普遍应用于测定鱼类补充量的方法，及这些方法如何被部分用于淡水渔业资源量评估。对于资源量的一个详细分析——增补关系和拟合模型，我们建议读者参考 Walters 和 Martell（2004）和 Maceina 和 Pereira（2007）。

鱼类补充量和变异测定——大多数渔业管理者通过单位努力量捕捞量（C/f，通常所指的 CPUE）指数测定补充量。用电鱼、拖网、地笼和手抄网进行小鱼 C/f 值的测定。"补充" C/f 通常用鱼类体长表示（如体长频率分布的首选模型）或通过鉴定鱼类年龄来验证捕捞的补充个体（如 1 龄鱼）。使用 C/f 测定鱼类丰度，做一个捕获率和种群丰度之间的隐含假设为：

$$CPUE = \frac{C}{f} = q \times N \qquad (2.13)$$

式中，C 为渔获量；f 为捕捞努力（例如，拖网时间或挂网时间）；q 为可捕系数（与每单位努力获得的种群比例）；N 为鱼类丰度（Ricker，1975）。这个方程表明 C/f 与丰度之间的线性关系，斜率始终是 q。但是，研究也显示，由于环境条件、鱼类分布和行为变化、鱼体规格和网具选择性，C/f 和 N 的关系存在明显的可变性（Hilborn and Walters，1992；Bayley and Austen，2002；Rogers et al.，2003）。因此，用 C/f 数据作为丰度指数，应该与其他方法一起证明是否 C/f 变化反映 N 的变化。同样，管理者应该证明是否 C/f 的变化趋势与补充量的变化相对应。年度年龄结构估算的补充量变化证明强弱年龄组在种群或捕捞年龄模型中的变化（见下文）。

例如，用底拖网 C/f 数据评估佛罗里达州奥基乔比湖（Lake Okeechobee）黑斑太阳鱼的补充量（图 2.4）。基本补充量的变化是指记录期内每分钟 1 龄鱼年均捕获量接近 0 到每分钟接近 8 尾鱼。1981 年、1987 年和 1998 年（拖网捕捞一年后为 1 龄）表现出非常强的年龄级变化，相反其他年份被证明年龄级变化非常弱。2004 年和 2005 年，年龄级变化弱与飓风相关，飓风导致全湖范围水生植物丰度发生变化（Rogers and Allen，2008），这一事件带来明显的补充量变化。显然，黑斑太阳鱼渔业质量随着补充量明显变化而发生变化。垂钓者每小时渔获率显示出滞后效应，高渔获率出现在用底拖网捕捞的 2 龄鱼、3 龄鱼较多的年份（图 2.4）。这个例子证明监测补充量趋势可以帮助渔业管理者预测未来渔业质量。

补充量变化量级的估算对于渔业管理是重要的。一些研究已经提出通过时间的变化指

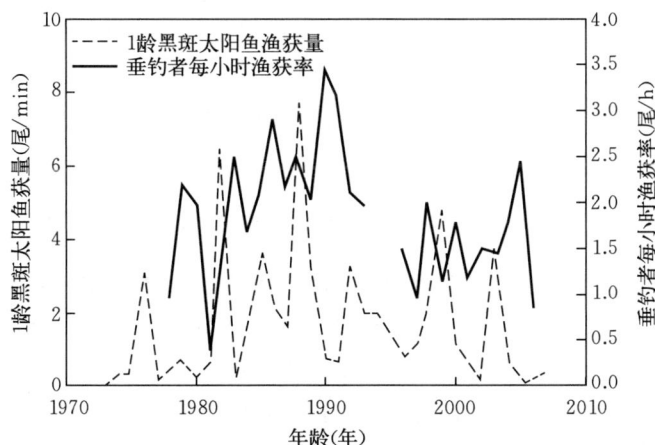

图 2.4 每分钟用拖网捕获的 1 龄黑斑太阳鱼渔获量（短划线）和垂钓者每小时渔获率（渔获量/h，实线），样品采自佛罗里达州奥基乔比湖。数据由佛罗里达州鱼和野生动物保护委员会 Don Fox 提供

数测定补充量。Maceina（1997）研究显示，用渔获率曲线的剩余误差（表框 2.3）可以获得补充量差异指数。Isermann 等（2002）和 Quist（2007）比较了几种测定补充量差异的方法。我们没有重复使用所有这些方法，最直接的方法是评估不同年份达到补充规格鱼类的 C/f 的变异系数（CV）。CV 是变异的标准测定值：

$$CV = \frac{s}{\bar{x}} \times 100\% \qquad (2.14)$$

式中，CV 是变异系数；s 是样本的标差；$\bar{x}$ 是平均值。利用种群模型估算补充个体的多年 CV 值，有助于调查者探讨成鱼丰度如何变化，垂钓者渔获率可能也归因于补充量的变化。Allen 和 Pine（2000）发现补充量变化可能影响管理者监测鱼类种群应对最小体长限制变化的能力。因此，了解补充量变化是管理休闲渔业的关键部分（Maceina and Pereira，2007）。

2.4 基本渔业模型应用

渔业管理者可以使用鱼类种群模型预测生长率、死亡量和补充量如何相互作用，以决定鱼类产量、鱼类种群规模和垂钓者渔获率。鱼类种群模型将鱼类种群丰度变化和年龄结构如何响应渔获量进行了概念化。许多渔业教科书提供了复杂的具有数学挑战性的模型方程。一些情况下这些模型是必要的，但是本章节的关键目标是阐述建立简单鱼类种群模型才是探索捕捞政策简单、有效的方法。

在建立种群模型的开始阶段，应该考虑一些关键点。首先，所有模型是现实的一种简化版本，没有一种模型能考虑到影响鱼类种群的所有因素。种群模型的建立应该尝试获得所有影响渔业的动态，考虑影响丰度的主要因素，像捕捞死亡系数和补充量。种群模型应该不只是做特定预测，也应该比较一系列管理措施的相对效果（Hilborn et al.，1984；

Johnson，1995）。好的种群模型是反映鱼类种群怎样响应管理措施的一种假设。模型将许多现存数据汇编进一个框架，可以帮助调查者清楚地判别数据缺口。因此，一个模型可以尽可能多地指导减少不确定性采样和各种管理措施相应的评估工作。下文中，我们提供了一个简单年龄结构的单位补充量产量模型和如何用渔获物-年龄方法评估淡水鱼类种群。

2.4.1　单位补充量产量模型（Yield - per - Recruit Models）

单位补充量产量模型用于评估过度捕捞情况下的潜在增长（如在降低最大单位补充产量水平上的捕捞量）。这些模型涉及一些公式，我们用 Walters 和 Martell（2004）提出的根据 Botsford 和 Wickham（1979）及 Botsford（1981a，b）归纳的一个简单公式作为例子。这个方法是用 Botsford 关联函数估算一个鱼类种群中单位补充丰度和生物量，只考虑一个鱼类种群的瞬时自然死亡系数（M）是 0.2。对于这个种群，S_0（年自然存活率）是 $e^{-M}=0.82$。从 1 龄开始计算，鱼类初始存活数量是 1 000 尾：

年龄	存活数量	回捕生存率（lx_a）
1	1 000	1
2	820	0.820
3	670	0.670
4	549	0.549
5	449	0.449
6	368	0.368

简单地说，任何年龄 $a+1$ 的幸存者等于年龄 a 幸存者乘以 0.82。这个例子描述了存活时间表，lx_a，在单位补充量基础上，对于下文的计算是有用的。现在考虑同样的种群年可捕率（u）是 0.2，假设捕捞 3 龄鱼容易被捕捞，Botsford 关联作用可以用于预测每年龄组的幸存者。在我们模拟的种群中最低年龄 1 龄的存活率为：

$$lx_1=1$$

任何更高年龄 a 的存活率可以表述为：

$$lx_a=lx_{a-1}\times S_0\times(1-u\times V_{a-1}) \tag{2.15}$$

式中，lx_{a-1} 是上一龄的存活率；S_0 是年自然存活率；u 是年可捕率；V 是捕捞系数，决定鱼是否可捕（$V=1$）或不可捕（$V=0$）。在这种情况下，V 对于 1 龄和 2 龄是 0，对于更高龄是 1。因此，2 龄的存活率应为：$1\times0.82\times(1-0.2\times0)=0.82$，因为这个年龄组还没有受到捕捞威胁。通过我们的例子，任何年龄组的鱼数量都可以简单地通过 $R\times lx_a$ 决定，其中 R 是 1 龄增补个体数量。

我们现在估算每个补充个体的数量，计算每个补充个体的捕捞生物量为：

$$\phi_{VB}=w_1V_1+lx_2w_2V_2+lx_3w_3V_3\cdots \tag{2.16}$$

式中，ϕ_{VB} 是每个补充个体的捕捞生物量；lx_a 是特定年龄组的存活率；w 是每个年龄组鱼类平均体重；V 是捕捞时间。可捕种群总生物量（B）可简化成：

$$B=R\times\phi_{VB} \tag{2.17}$$

式中，R 是 1 龄补充个体的数量。种群模型的单位补充公式使接下来的步骤变得简单。平衡产量估算为：

$$Y=u\times R\times\phi_{VB} \tag{2.18}$$

式中，Y 是在相同单位补充量下用鱼重（w）表达生物量产量。Botsford 关联函数（如 ϕ_{VB}）是建立一个简单的工作表，这些函数可以将相对复杂的种群模型用简单的方式表达。表框 2.6 列举了一个 Botsford 关联函数的例子和多拉湖黑斑太阳鱼的单位补充量模型。

一些渔业总产量（或渔获鱼类重量）不是可变因素，因为垂钓者的渔获率对整个鱼类捕捞量贡献很小，捕捞数量更多的鱼类，或捕捞大个体鱼类，或两者兼顾可获得最高的产量。例如，尽管黑鲈是被允许捕捞的，垂钓者还是将许多采到的个体放生，黑鲈渔业管理者很少将产量作为捕捞的重要指标进行考量。而在鳟捕捞渔业的管理中，捕捞到的大个体数量比总产量更为重要。在这种情况下，总捕捞量或大个体捕捞量可能是更有用的模型。像表框 2.6 提到的例子，电子表格公式的变化是要求反映在每种管理措施下获得的鱼类数量而不是生物量。此外，渔获物、放流和垂钓者自愿放生造成的丢弃死亡率也可以考虑在内。因此，电子表格模型的优点是可以依照调查者的特定需求进行灵活而广泛的建模。

软件——一些软件可以建立单位补充量产量和年龄结构种群模型，及其他简单的模型，如生长曲线和死亡率估算。目前，最流行的软件是 FAST（渔业分析和仿真工具；Slipke and Maceina，2001），这个软件是一款界面友好的软件包，可直接在 Windows 平台进行分析。许多国家管理机构正在使用 FAST 模型，使用者可以利用该软件拟合生长曲线和渔获量曲线，进行单位补充量产量分析和更多复杂的年龄结构模型建立。

2.4.2　渔获量-年龄方法

估算种群规模可显著提高鱼类种群的管理水平。绝对丰度的估算可以与利用渔获率估计捕捞对种群的影响进行对比。对产卵群体丰度估算可以考查其是否限制了补充量。饵料生物和捕食生物的种群水平可以估算捕食者的食物资源量，或捕食生物对被饵料生物的影响。结合这两个方面，通过预测种群丰度可以获得有关死亡率、补充量和生长的相关信息，这些信息不能从相对丰度（如 CPUE）数据中获得。

表框 2.6　单位增补产量模型

佛罗里达州多拉湖黑斑太阳鱼的单位增补产量（YPR）模型是基于佛罗里达州鱼和野生动物保护委员会及佛罗里达大学收集的数据建立的，建立模型的目的是评估是否存在过度捕捞（growth overfishing）。电子表格的链接为 http://fishweb. ifas. ufl. edu/allenlab/courses. Html。

2006 年，利用可变变量被动标记估算年可捕率（u）；u 被估算为 0.42（Dotson，2007）。前三格中包含 von Bertalanffy 生长方程的参数（表框 2.5），用于预测体全长（TL）和年龄的关系：

$$TL=350\left[1-e^{-0.41(\text{age}+0.49)}\right]$$

（续）

从黑斑太阳鱼综述文章中获得瞬时自然死亡系数数据（$M=0.40$），因此 $S_0=e^{-M}=0.67$。"补充个体"表明这个种群补充个体的总数量，随机设置为 1 000。下一个格中，"Reg"为捕捞获得的鱼类体长。将这些参数放入电子表格的左列中，用以下说明命名（见电子表格中的命名栏）。

表1　佛罗里达州多拉湖黑斑太阳鱼单位补充个体产量的 Excel 电子表格参数。符号定义见表 2.1

L_∞	350
k	0.412
t_0	−0.49
M	0.40
S_0	0.67
u	0.42
a	6.31×10^{-6}
b	3.32
补充个体量	1 000
Reg	250

接下来我们建立了体长、体重和种群死亡率的表格。

表2　黑斑太阳鱼 8 个年龄组的变量值

年龄	1	2	3	4	5	6	7	8
体全长	161	225	267	295	314	326	334	339
体重	0.13	0.40	0.72	1.00	1.22	1.39	1.51	1.59
捕捞强度	0	0	1	1	1	1	1	1
补捞条件下单位补充个体的幸存量（lx_{fished}）	1.000	0.670	0.449	0.175	0.068	0.026	0.010	0.004

体全长（TL）单位为毫米，用 von Bertalanffy 生长模型进行估算；体重（W_t）单位为千克，用黑斑太阳鱼的体长-体重关系用 $W=a \times TL^b$ 估算（Anderson and Neumann，1996）。V（捕捞强度）被用于表示可捕鱼的体长和年龄。在这种情况，如果在同一年龄组平均体长小于 Reg，我们用 IF 设定 V 等于 0；如果平均体长等于或大于 Reg，V 等于 1。"lx_{fished}"行是在捕捞条件下单位补充个体的存活率，用 $lx_a=lx_{a-1} \times S_0 \times (1-u \times V_{a-1})$ 表示。式中，lx_{a-1} 是上一龄的存活率；S_0 是自然死亡的年存活量；u 是年可捕率；V 可以用于确定鱼类是否容易受到年可捕率的影响［公式（2.15）］。

用 SUMPRODUCT 计算单位补充可捕生物量（ϕ_{VB}）的 Botsford 关联函数（W_t，V，lx_{fished}）。单位补充量用 $Y=u \times R \times \phi_{VB}$ 计算。式中，R 是补充数量。用单位补充可捕鱼类数量计算第二关联函数，用 SUMPRODUCT（V，lx_{fished}）计算 ϕ_n 值。因此，用 $C=u \times R \times \phi_n$ 估算垂钓者总渔获量。

为了完成分析，我们模拟了一系列渔获率和潜在渔获物规格（例如，渔获物最小体长）。我们用 Excel 中的"表格"功能将重复的数据填写到电子表格中，用平衡产量预测渔获物变化。产量等值曲线见下图。

（续）

表 3　Botsford 关联函数值概况

单位补充可捕生物量（ϕ_{VB}）	0.64
补充量（YPR）	268.11
补充可捕数量（ϕ_n）	0.73
总渔获量（CPR）	307.69

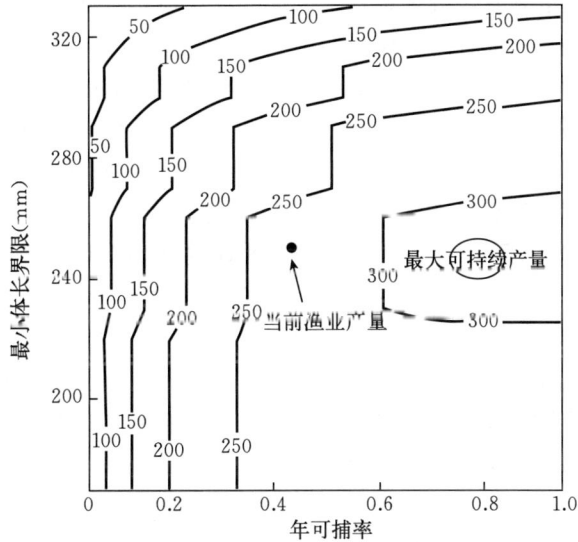

图　用最小体长界限（y 轴）和年可捕率（u，x 轴）拟合（MSY＝最大可持续产量）的平衡产量（例如，图中的数字代表产量，单位为千克）

上图平衡产量结果显示，最大可持续产量（MSY）出现在最小体长为 240～250 mm，此时年可捕率大约为 0.8。在 u 超过约 0.6，渔获时最小体长小于 240 mm 条件下预测过度捕捞量（growth overfishing）［注意如果 u 值高（＞0.80），最小体长从 250 mm 下降到 200 mm，产量下降］，主要是因为鱼类个体在被捕获时已达到最大规格。多拉湖的年可捕率是 0.42（图中灰色圆圈）。如果管理目标是使产量最小化，则应该在增加年可捕率的同时限制最小体长（全长 250 mm）。若最小体长界限约为 270 mm，则可能导致产量下降，因为许多鱼在达到渔获规格前就已自然死亡。这个例子提供了通过建立 YPR 模型评估普通休闲渔业渔获政策的方法。

有很多方法可以评估种群丰度。例如，假设拖网在拖拽范围内可以捕捞 100% 的鱼，用拖网拖拽过的区域可测定单位区域内的渔获率，从而估算总丰度。根据垂直分布的特点，利用水声取样可以估算特定物种的总种群丰度（Brandt，1996）。标记重捕方法适用于小生态系统，像溪流或小湖泊，但是很难适用于大型湖泊和河流，因为很难标记和重捕到足够多的种群。纵观标记重捕方法可以参考 Pine 等（2003）和 Hayes 等（2007）的研究。利用标记与鱼篓调查相结合的方法可使用于更大尺度的生态系统。根据标记物种的重捕率可估算鱼篓调查的总渔获率。

通常用于大尺度生态系统的方法（如大型湖泊）可估算各年龄组的总渔获量，然后通过同一年龄渔获物矩阵重建种群。通过各年龄的渔获物矩阵和年份可获得每个年龄组或各年的记录。通过捕捞获得的年龄组的总渔获量可估算这个年龄组的初始规格。自然死亡率的修正值可以很好地估算该年龄组的初始规格。用历史渔获物数据重建丰度的方法通常称为实际种群分析（VPA）。

1956—1997 年，威斯康星州埃斯卡诺巴湖（Lake Escanaba）Walleye *Sander vitreus* 的研究是一个渔获量-年龄数据库的特殊例子（表框 2.7）。完整的渔获量-年龄矩阵包括 0 龄和大于 12 龄的鱼，但是这个研究不包括这些年龄组的鱼。选择这个湖是因为它具有独特性，该湖的垂钓者被要求在离开前报告他们全部渔获物的情况。大眼梭鲈的年龄可根据下颚标签和鳞片鉴定来确定。渔获物取样开始于 1956 年，所以当年捕捞的 1 龄鱼应该为 1955 年孵出的（1955 年为 0 龄），1956 年的 2 龄鱼是 1954 年孵出的。最早的年龄组是 1946 年的 10 龄鱼；最大年龄组的鱼是 1985 年孵出的，这些鱼在 1997 年是 12 龄，这一年龄组的鱼最易用于分析，因为可以推测出湖中已没有这一年龄组的鱼（Hilborn and Walters，1992）。

1 龄鱼的丰度可用于估算各年龄组的补充量随时间的变化，每年从约 2 000 尾鱼增加到约 18 000 尾鱼（表框 2.7）。强弱年龄组是很明显的（如 1960 年孵出的个体数量少，表明在 1966 年这些鱼至少是 6 龄）。各年龄的个体数量的多少可反映年龄数据。偶尔，一些年份孵出更多的个体（如 1955 年、1973 年和 1981 年），对种群有很大影响，导致这几年高产。方法稍许调整可以估算不完整的龄组数据（Hilborn and Walters，1992），以致渔获量-年龄矩阵可以用于估算每个年龄组和每一年的种群大小。但是，基于统计学的渔获量-年龄分析，在估算种群丰度和捕捞死亡率时也存在一些不确定性（Hilborn and Walters，1992；Quinn and Deriso，1999）。虽然以上这些方法超出了本章范畴，但还是推荐使用它们进行渔获量-年龄分析。

渔获量-年龄方法与自然死亡率假设值无关。不断变化的 M 值对应种群估算值，种群估算值随 M 值的变化而变化。尽管绝对丰度不同，但是在不同的 M 假设值下，年龄组数量的变化趋势和年际变化是相似的。通过野外研究估算 M 值（如标记研究）可以用于降低这种不确定性。

渔获量-年龄模型总是用于海洋渔业，但是在淡水生态系统中，除了大型湖泊外，该模型的应用还是较少的。这一模型比做相对丰度调查要付出更多努力，但如果同时做垂钓者渔获物的年龄组成估算，还需要结合鱼篓调查数据。丰度估算为单一物种或多物种模型提供了坚实基础，优于相对丰度数据的是可以选择合适的渔获量。

表框 2.7 虚拟种群分析

表 1 不同年龄（1~12 龄）和不同年份（1956—1997 年）威斯康星州埃斯卡诺巴湖大眼梭鲈渔获量数据（未发表数据，威斯康星大学斯蒂芬斯角分校，M. Hansen 收集）

年份	年龄											
	1	2	3	4	5	6	7	8	9	10	11	12
1956	702	2 247	448	309	492	97	129	23	11	1	0	0
1957	9	1 330	1 543	186	147	293	79	45	11	2	0	0
1958	1	26	452	462	49	36	108	29	13	5	0	0

（续）

（续）

年份	年 龄											
	1	2	3	4	5	6	7	8	9	10	11	12
1959	210	35	17	366	284	43	24	14	4	7	0	0
1960	736	553	58	28	581	336	38	7	14	1	1	7
1961	6	2 750	233	33	15	265	229	16	3	2	0	0
1962	27	34	1 869	111	20	61	134	225	8	0	0	0
1963	475	169	3	368	34	7	4	69	117	2	0	0
1964	428	963	122	6	112	11	23	25	28	34	1	0
1965	164	497	695	55	3	50	8	21	6	20	0	0
1966	73	1 739	389	328	35	5	61	96	7	5	0	27
1967	0	35	2 130	247	137	65	26	36	25	10	6	33
1968	2	175	220	371	141	37	26	14	12	12	0	0
1969	27	201	353	180	221	34	15	9	3	3	2	0
1970	164	682	430	454	181	198	33	9	6	2	2	7
1971	85	579	872	325	301	129	164	26	9	3	3	3
1972	41	131	171	223	157	25	16	16	12	5	1	2
1973	67	271	381	278	99	54	30	24	7	3	3	0
1974	112	121	239	193	213	71	61	38	13	12	3	3
1975	4	2 846	278	382	370	277	177	88	37	8	3	0
1976	38	789	1 801	345	133	171	116	60	32	16	7	2
1977	97	387	1 519	866	65	34	21	8	3	0	0	0
1978	120	625	749	1 178	468	93	38	24	9	3	0	0
1979	6	716	766	393	418	213	81	55	33	31	9	5
1980	9	140	2 040	335	129	183	116	47	38	26	9	4
1981	77	496	144	539	80	22	24	13	2	5	0	0
1982	124	442	971	139	251	54	24	17	7	5	0	0
1983	8	1 495	283	450	101	241	37	18	15	6	1	1
1984	6	107	2 172	129	126	19	103	29	20	4	3	1
1985	17	101	348	1 960	54	31	21	43	12	6	3	2
1986	4	336	374	109	370	17	14	3	14	2	3	0
1987	64	567	1 734	370	61	90	16	9	0	1	0	0
1988	148	1 788	1 469	754	117	15	30	4	3	0	3	1
1989	37	622	2 804	577	165	27	10	12	3	0	0	0
1990	5	354	811	1 188	220	48	10	3	4	1	0	0
1991	8	52	415	300	208	23	10	2	2	1	0	2
1992	21	1 068	107	245	136	87	29	7	1	2	4	0
1993	8	137	998	138	174	97	68	14	10	8	1	2
1994	5	171	315	498	51	71	31	47	7	9	2	1
1995	40	135	525	277	216	31	28	28	17	1	1	0
1996	0	0	362	220	102	55	13	8	6	2	1	1
1997	0	0	1 952	298	111	50	30	4	5	6	6	1

（续）

通过渔获量加和上调自然死亡率可以对每个龄组进行重建。因为不能观察到自然死亡，可根据物种生活史特性的假设值计算瞬时自然死亡系数（M）。这里，假设值是 0.4。

每一龄组的丰度估算都起始于最大年龄，然后才能开展后续计算。最便于分析的龄组是已完成整个生活史的组，因为可以假设种群中没有这一龄组的鱼。从 11 龄时开始的丰度应是 12 龄时的种群丰度（假定被捕捞），上调一年的自然死亡率［简单地通过 $S_0(e^{-M})$ 划分］，加上那年 11 龄鱼的渔获量。对于 1955 年孵出的龄组，可以表达为：

$$N_{11,1966} = N_{12,1967}/S_0 + C_{11,1966}$$

10 龄数量方程为：

$$N_{10,1965} = N_{11,1966}/S_0 + C_{10,1965}$$

对每个年龄组都做相似的计算，然后退算到 1 龄。

表 2　威斯康星州埃斯卡诺巴湖大眼梭鲈每个龄组的丰度估算

年份	年龄											
	1	2	3	4	5	6	7	8	9	10	11	12
1956	16 462											
1957	1 817	10 564										
1958	1 579	1 212	6 190									
1959	5 570	1 058	795	3 846								
1960	13 166	3 593	686	521	2 333							
1961	1 125	8 332	2 038	421	331	1 174						
1962	2 133	750	3 742	1 210	260	212	609					
1963	6 625	1 412	480	1 255	737	161	101	319				
1964	5 164	4 122	833	320	595	471	103	65	167			
1965	14 297	3 175	2 118	477	210	324	308	54	27	93		
1966	4 627	9 473	1 795	954	283	139	183	201	22	14	49	
1967	6 676	3 053	5 185	942	419	166	90	82	71	10	6	33
1968	6 826	4 475	2 023	2 047	466	189	68	43	31	31	0	0
1969	8 679	4 574	2 883	1 208	1 124	218	102	28	19	13	12	0
1970	8 690	5 799	2 932	1 696	689	605	123	58	13	11	6	7
1971	7 253	5 715	3 430	1 677	833	341	273	61	33	4	6	3
1972	5 675	4 805	3 443	1 715	906	356	142	73	23	16	1	2
1973	5 055	3 777	3 133	2 193	1 000	502	222	84	38	7	7	0
1974	17 344	3 343	2 350	1 845	1 284	604	300	129	41	21	3	3
1975	13 118	11 551	2 160	1 415	1 107	718	357	161	61	18	6	0
1976	5 823	8 790	5 835	1 262	693	494	295	121	49	16	7	2
1977	5 975	3 878	5 363	2 704	614	375	217	120	41	11	0	0
1978	12 928	3 940	2 340	2 577	1 232	368	229	131	75	25	7	0
1979	1 918	8 586	2 222	1 066	938	512	185	128	72	44	15	5

（续）

（续）

年份	年　龄											
	1	2	3	4	5	6	7	8	9	10	11	12
1980	5 796	1 282	5 275	976	451	348	201	69	49	26	9	4
1981	2 540	3 879	765	2 169	430	216	111	57	15	7	0	0
1982	17 237	1 651	2 268	417	1 092	235	130	58	29	9	1	0
1983	2 135	11 471	810	869	186	564	121	71	28	15	2	1
1984	3 566	1 426	6 687	354	281	57	216	56	36	8	6	1
1985	8 989	2 386	884	3 027	150	104	25	76	18	10	3	2
1986	8 189	6 014	1 532	359	715	65	49	3	22	4	3	0
1987		5 486	3 806	776	168	231	32	23	0	5	1	0
1988			3 298	1 380	272	72	95	11	10	0	8	1
1989				1 226	426	104	38	43	4	4	0	0
1990					435	175	52	19	21	1	3	0
1991						144	85	28	11	11	0	2
1992							81	50	17	6	7	0
1993								35	29	11	2	2
1994									14	13	2	1
1995										5	2	0
1996											2	1
1997												1

可以用捕捞量与种群丰度的比例估算年可捕率（u）（如 1956 年 1 龄人眼梭鲈为 702/16 462）。瞬时捕捞死亡系数（F）为 $-\log_e(1-u)$，得到以下 F 估算值的矩阵。

表 3　威斯康星州埃斯卡诺巴湖大眼梭鲈的瞬时捕捞死亡系数

年份	年　龄											
	1	2	3	4	5	6	7	8	9	10	11	12
1956	0.04											
1957	0.00	0.13										
1958	0.00	0.02	0.08									
1959	0.04	0.03	0.02	0.10								
1960	0.06	0.17	0.09	0.06	0.29							
1961	0.01	0.40	0.12	0.08	0.05	0.26						
1962	0.01	0.05	0.69	0.10	0.08	0.34	0.25					
1963	0.07	0.13	0.01	0.35	0.05	0.04	0.04	0.24				
1964	0.09	0.27	0.16	0.02	0.21	0.02	0.25	0.49	0.18			
1965	0.01	0.17	0.40	0.12	0.01	0.17	0.03	0.50	0.25	0.24		
1966	0.02	0.20	0.24	0.42	0.13	0.04	0.40	0.65	0.38	0.44	0.00	

（续）

（续）

年份	年　龄											
	1	2	3	4	5	6	7	8	9	10	11	12
1967	0.00	0.01	0.53	0.30	0.40	0.50	0.34	0.58	0.44			
1968	0.00	0.04	0.12	0.20	0.36	0.22	0.48	0.40	0.49	0.50		
1969	0.00	0.04	0.13	0.16	0.22	0.17	0.16	0.39	0.17	0.27	0.18	
1970	0.02	0.13	0.16	0.31	0.30	0.40	0.31	0.17	0.64	0.20	0.37	
1971	0.01	0.11	0.29	0.22	0.45	0.48	0.92	0.56	0.32	1.10	0.70	
1972	0.01	0.03	0.05	0.14	0.19	0.07	0.12	0.25	0.73	0.37		
1973	0.01	0.07	0.13	0.14	0.10	0.11	0.15	0.33	0.20	0.51	0.51	
1974	0.01	0.04	0.11	0.11	0.18	0.13	0.23	0.35	0.39	0.85		
1975	0.00	0.28	0.14	0.31	0.41	0.49	0.68	0.79	0.94	0.57	0.70	
1976	0.01	0.09	0.37	0.32	0.21	0.42	0.50	0.69	1.07			
1977	0.02	0.11	0.33	0.39	0.11	0.10	0.10	0.07	0.08	0.00		
1978	0.01	0.17	0.39	0.61	0.48	0.29	0.18	0.20	0.13	0.13	0.00	
1979	0.00	0.09	0.42	0.46	0.59	0.54	0.58	0.56	0.62	1.20	0.92	
1980	0.00	0.12	0.49	0.42	0.34	0.74	0.86	1.13	1.51			
1981	0.03	0.14	0.21	0.29	0.21	0.11	0.24	0.26	0.14	1.18		
1982	0.01	0.31	0.56	0.41	0.26	0.26	0.20	0.35	0.27	0.85	0.00	
1983	0.00	0.14	0.43	0.73	0.78	0.56	0.36	0.29	0.78	0.51	0.51	
1984	0.00	0.08	0.39	0.45	0.59	0.41	0.65	0.72	0.82	0.64	0.70	
1985	0.00	0.04	0.50	1.04	0.44	0.35	1.74	0.83	1.07	0.85		
1986	0.00	0.06	0.28	0.36	0.73	0.30	0.34		1.00	0.64		
1987		0.11	0.61	0.65	0.45	0.49	0.69	0.49		0.20	0.00	
1988			0.59	0.78	0.56	0.24	0.38	0.47	0.37			
1989				0.64	0.49	0.30	0.31	0.32	1.10	0.00		
1990					0.71	0.32	0.22	0.17	0.21		0.00	
1991						0.17	0.13	0.07	0.21	0.09		
1992							0.44	0.15	0.06	0.43	0.85	
1993								0.51	0.42	1.30	0.51	
1994									0.69	1.23		
1995										0.24	0.51	
1996										0.51		

　　估算仍有渔获物的最后龄组的 F 值是不可能的。由于鱼类生长，每年 1～4 龄的 F 值增长，使得种群老龄化严重、更容易捕捞。为了管理需要，记录每年的瞬时捕捞死亡系数（见下图）。这个分析表明，在 1965—1986 年瞬时捕捞死亡系数发生大范围变化，随时间呈现增长趋势。

（续）

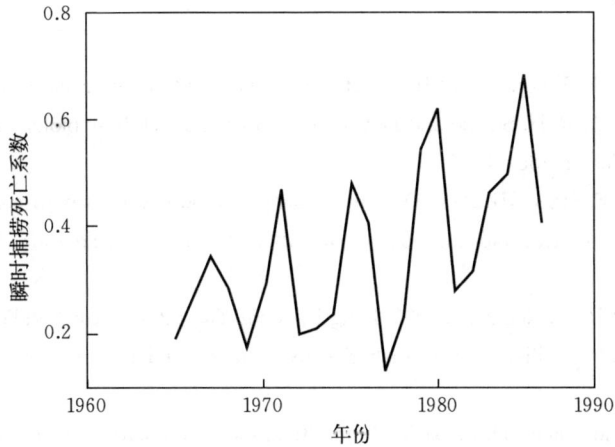

图 A　1965—1986 年威斯康星州埃斯卡诺巴湖大眼梭鲈的瞬时捕捞死亡系数

实际种群分析（VPA）的其他有效结果，包括种群丰度（所有年龄的总和）和 1 龄的年度补充量（见下文），基于 VPA 重建组龄组中个体数量。

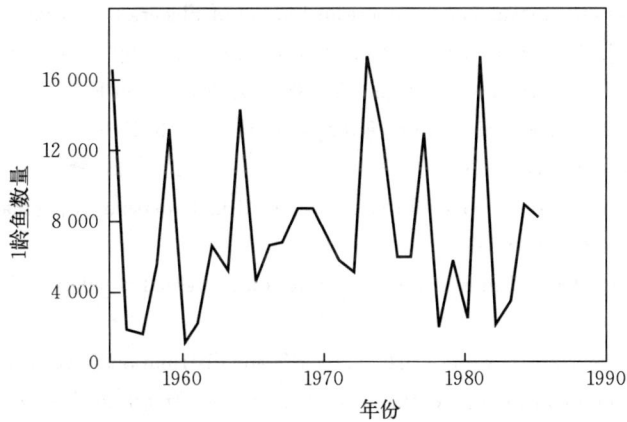

图 B　威斯康星州埃斯卡诺巴湖 1 龄大眼梭鲈的年度补充量

种群生物量也可以通过每个年龄组的丰度相加进行计算。丰度根据平均体重与年龄的关系进行估算。

2.5　总结

渔业管理要求选择合适的渔获物监管、鱼类增殖放流计划和栖息地修复措施。这些选择会影响渔业资源和从中受益的人。鱼类种群参数包括死亡率、生长和补充量，用简单的种群模型估算这些参数，可以增加对鱼类丰度和垂钓者渔获物影响因素的了解。本章概述的方法是掌握鱼类种群评估方法的第一步。鱼类种群分析一直是有效管理的关键要素，本章概述的分析在大多数情况下可以描述渔业现状。通过综合限制捕捞的有效实施以及其他与鱼类栖息地和物种组成相关的管理政策，定量的渔业评估方法将有利于制定管理决策和提高渔业产量。

2.6 参考文献

Aggus，L. R. ，and G. V. Elliot. 1975. Effects of cover and food on year class strength of largemouth bass. Pages 317 – 322 in R. H. Stroud and H. Clepper，editors. Black bass biology and management. Sport Fishing Institute，Washington，D. C.

Allen，M. S. ，and W. E. Pine，III. 2000. Detecting fish population responses to a minimum length limit：effects of variable recruitment and duration of evaluation. North American Journal of Fisheries Management 20：672 – 682.

Anderson，R. O. ，and R. M. Neumann. 1996. Length，weight，and structural indices. Pages 447 – 482 in B. R. Murphy and D. W. Willis，editors. Fisheries techniques，2nd edition. American Fisheries Society，Bethesda，Maryland.

Bain，M. B. ，J. T. Finn，and H. E. Booke. 1988. Streamflow regulation and fish community structure. Ecology 69：382 – 392.

Bayley，P. B. ，and D. J. Austen. 2002. Capture efficiency of a boat electrofisher. Transactions of the American Fisheries Society 131：435 – 451.

Bettoli，P. W. ，M. J. Maceina，R. L. Noble，and R. K. Betsill. 1993. Response of a reservoir fish community to aquatic vegetation removal. North American Journal of Fisheries Management 13：110 – 124.

Botsford，L. W. ，and D. E. Wickham. 1979. Population cycles caused by inter – age，density – dependent mortality in young fish and crustaceans. Pages 73 – 82 in E. Naybr and R. Hartnoll，editors. Cyclic phenomena in marine plants and animals. Proceedings of the 13 th European marine biology symposium. Permagon Press，New York. 78.

Botsford，L. 1981a. Optimal fishery policy for size – specific density dependent population models. Journal of Mathematical Biology 12：265 – 293.

Botsford，L. 1981b. The effects of increased growth rates on depressed population size. American Naturalist 117：38 – 63.

Brandt，S. B. 1996. Acoustic assessment of fish abundance and distribution. Pages 385 – 432 in B. R. Murphy and D. W. Willis，editors. Fisheries techniques，2nd edition. American Fisheries Society，Bethesda，Maryland.

Cargnelli，L. M. ，and M. R. Gross. 1996. The temporal dimension in fish recruitment：birth date，body size，and size – dependent survival in a sunfish (bluegill：Lepomis macrochirus) . Canadian Journal of Fisheries and Aquatic Sciences 53：360 – 367.

Crawford，S. ，and M. S. Allen. 2006. Fishing and natural mortality of bluegills and redear sunfish at Lake Panasoffkee，Florida：implications for size limits North American Journal of Fisheries Management 26：42 – 51.

Cushing，D. L. 1981. Fisheries biology：a study in population dynamics. The University of Wisconsin Press，Madison.

DeVries，D. R. ，and R. V. Frie. 1996. Determination of age and growth. Pages 483 – 512 in B. R. Murphy and D. W. Willis，editors. Fisheries techniques，2nd edition. American Fisheries Society，Bethesda，Maryland.

Dotson，J. R. 2007. Effects of commercial gill net bycatch on the black crappie fishery at Lake Dora，Florida. Master's thesis. University of Florida, Gainesville.

Hayes, D. B. , J. R. Bence, T. J. Kwak, and B. E. Thompson. 2007. Abundance, biomass, and produc-tion. Pages 327 - 374 *in* C. S. Guy and M. L. Brown, editors. Analysis and interpretation of fresh - water fisheries data. American Fisheries Society, Bethesda, Maryland.

Hightower, J. E. , J. R. Jackson, and K. H. Pollock. 2001. Use of telemetry methods to estimate natural and fishing mortality of striped bass in Lake Gaston, North Carolina. Transactions of the American Fisheries Society 130: 557 - 567.

Hilborn, R. , and C. J. Walters. 1992. Quantitative fisheries stock assessment: choice, dynamics, and uncertainty. Chapman and Hall, New York.

Hilborn, R. , C. J. Walters, R. M. Peterman, and M. J. Staley. 1984. Models and fisheries: a case study in implementation. North American Journal of Fisheries Management 4: 9 - 14.

Hoenig, J. M. , N. J. Barrowman, W. S. Hearn, and K. H. Pollock. 1998. Multiyear tagging studies incorporating fishing effort data. Canadian Journal of Fisheries and Aquatic Sciences 55: 1466 - 1476.

Isely, J. J. , and T. B. Grabowski. 2007. Age and growth. Pages 187 - 228 in C. S. Guy and M. L. Brown, editors. Analysis and interpretation of freshwater fisheries data. American Fisheries Society, Bethesda, Maryland.

Isermann, D. A. , W. L. McKibbin, and D. W. Willis. 2002. An analysis of methods for quantifying crappie recruitment variability. North American Journal of Fisheries Management 22: 1124 - 1135.

Jiang, H. , K. H. Pollock, C. Brownie, J. E. Hightower, J. M. Hoenig, and W. S. Hearn. 2007. Age dependent tag return models for estimating fishing mortality, natural mortality and selectivity. Journal of Agricultural, Biological, and Environmental Statistics 12: 177 - 194.

Johnson, B. L. 1995. Applying computer simulation models as learning tools in fishery management. North American Journal of Fisheries Management 15: 736 - 747.

Leaman, B. M. , and R. J. Beamish. 1984. Ecological and management implications of longevity in some northeast Pacific groundfishes. International North Pacific Fisheries Commission 42: 85 - 97.

Maceina, M. J. 1997. Simple application of using residuals from catch - curve regressions to assess year - class strength in fish. Fisheries Research 32: 115 - 121.

Maceina, M. J. , and D. L. Pereira. 2007. Recruitment. Pages 121 - 186 *in* C. S. Guy and M. L. Brown, editors. Analysis and interpretation of freshwater fisheries data. American Fisheries Society, Bethesda, Maryland. 79 Fish Population Dynamics: Mortality, Growth, and Recruitment

Miranda, L. E. , and P. W. Bettoli. 2007. Mortality. Pages 228 - 277 *in* C. S. Guy and M. L. Brown, editors. Analysis and interpretation of freshwater fisheries data. American Fisheries Society, Bethesda, Maryland.

Myers, R. A. , K. G. Bowen, and N. J. Barrowman. 1999. Maximum reproductive rates of fish at low population sizes. Canadian Journal of Fisheries and Aquatic Sciences 56: 2402 - 2419.

Paragamian, V. L. , R. C. P. Beamesderfer, and S. C. Ireland. 2005. Status, population dynamics, and future prospects of the endangered Kootenai River white sturgeon population with and without hatchery intervention. Transactions of the American Fisheries Society 134: 518 - 532.

Pine, W. E. , III. , K. H. Pollock, J. E. Hightower, T. J. Kwak, and J. A. Rice. 2003. A review of tagging methods for estimating fish population size and components of mortality. Fisheries 28 (10): 10 - 23.

Ploskey, G. R. 1986. Effects of water level changes on reservoir ecosystems, with implications to management. Pages 86 - 97 *in* G. E. Hall and M. J. Van Den Avyle, editors. Reservoir fisheries management:

strategies for the 80's. American Fisheries Society, Bethesda, Maryland.

Pollock, K. H., J. M. Hoenig, W. S. Hearn, and B. Calingaert. 2002. Tag reporting rate estimation: 2. use of high – reward tagging and observers in multiple – component fisheries. North American Journal of Fisheries Management 22: 727 – 736.

Quinn, T. J., II, and R. B. Deriso. 1999. Quantitative fish dynamics. Oxford University Press, New York.

Quist, M. C. 2007. An evaluation of techniques used to index recruitment variation and year – class strength. North American Journal of Fisheries Management 27: 30 – 42.

Quist, M. C., M. A. Pegg, and D. R. DeVries. In press. Age and growth. In A. V. Zale, D. L. Parrish, and T. M. Sutton, editors. Fisheries techniques, 3rd edition. American Fisheries Society, Bethesda, Maryland.

Ricker, W. E. 1975. Computation and interpretation of biological statistics of fish populations. Fisheries Research Board of Canada Bulletin 191.

Rogers, M. W., and M. S. Allen. 2008. Hurricane impacts to Lake Okeechobee: altered hydrology creates difficult management trade offs. Fisheries 33 (1): 11 – 17.

Rogers, M. W., M. J. Hansen, and T. D. Beard. 2003. Catchability of walleyes to fyke netting and electrofishing in northern Wisconsin lakes. North American Journal of Fisheries Management 23: 1193 – 1206.

Schnute, J. 1981. A versatile growth model with statistically stable parameters. Canadian Journal of Fisheries and Aquatic Sciences 38: 1128 – 1140.

Slipke, J. W., and M. J. Maceina. 2001. Fishery Analysis and Simulation Tools (FAST), users guide. Auburn University, Auburn, Alabama.

Smith, B. D., and L. W. Botsford. 1998. Interpretation of growth, mortality, and recruitment patterns in size – at – age, growth, increment, and size frequency data. Pages 125 – 139 in G. S. Jamieson and A. Campbell, editors. Proceedings of the North Pacific symposium on invertebrate stock assessment and management. Canadian Special Publication Fisheries and Aquatic Sciences 125.

Smith, B. D., and G. A. McFarlane. 1990. Growth analysis of Strait of Georgia lingcod by use of length – frequency and length – increment data in combination. Transactions of the American Fisheries Society 119: 802 – 812.

Smith, W. E., F. S. Scharf, and J. E. Hightower. 2009. Fishing mortality in North Carolina's southern flounder fishery: direct estimates of instantaneous fishing mortality from a tag return experiment. Marine and Coastal Fisheries: Dynamics, Management, and Ecosystem Science 1: 283 – 299.

Thompson, J. S., D. S. Waters, J. A. Rice, and J. E. Hightower. 2007. Seasonal natural and fishing mortality of striped bass in a southeastern reservoir. North American Journal of Fisheries Management 27: 681 – 694.

Walters, C. J., and S. J. D. Martell. 2004. Fisheries ecology and management. Princeton, University Press, Princeton, New Jersey.

Waters, D. S., R. L. Noble, and J. E. Hightower. 2005. Fishing and natural mortality of adult largemouth bass in a tropical reservoir. Transactions of the American Fisheries Society 134: 563 – 571.

第3章 尺度和渔业管理

James T. Peterson Jason Dunham

3.1 引言

尺度是渔业管理人员应关注的重要问题。本章阐述了尺度是什么，为什么其对于渔业有效管理至关重要，然后通过举例说明确定不同生态过程所在的尺度的方法，以及这些方法如何将尺度纳入管理实践中。不同于当前内陆水域采集鱼类样本和描述生境格局趋于采用标准化方法（Bain and Stevenson，1999；Bonar et al.，2009），本章的观点是针对要解决的问题和管理情况，尺度化（scaling）是独一无二的。牢记这一点，就会清晰地发现内陆渔业管理中并没有简单通用的方法。更确切地说，采用什么方法是由问题本身或者研究问题的尺度决定的。在渔业生物学中和管理应用中，尺度从某种意义上说既是问题又是答案。多数人认为尺度是基础生物学和应用生物学中艰巨的挑战之一，本章的主要目的是分析尺度这个概念，并促进对自然系统中尺度化陌生的读者能够领会这个概念。尽管本章中的问题和例子还不够全面，但希望能够说明，尺度从根本上决定了渔业管理人员如何看待和理解所面临的管理问题。

3.2 尺度的定义和重要性

有关尺度的文献可能让人困惑，充斥着 King（1997）所说的"概念混乱"。尺度方法相关的基本概念和术语，由于缺乏清晰一致的描述，妨碍了人们的理解（见 Morrison and Hall，2002）。一方面是因为尺度本身就很难定义，另一方面是因为不同学科的学者和从业人员处理尺度问题时存在差异。我们介绍了在渔业管理中与尺度化有关的重要术语、定义和注意事项。

最简单地说，尺度是用观测的粒度（grain）和幅度（extent）来定义的（图 3.1）。粒度是指在已知数据中能够获得的空间或时间上的最佳分辨率，通常是一个样本单位。例如，在空间上，粒径（grain size）可能代表的是一条鱼测量长度的最小单位（如毫米），或者是地理数据中的像素大小（pixel size）（如平方米）。在时间上，粒度大小可能表示水温测量的时间分辨率（如每隔 30 min 测量 1 次）或鱼类种群监测的时间间隔（如每天、每周或每年）。幅度是指观测的空间范围或时间长度，常用的包括特定的研究区域（如流域、湖泊或一个边界内的区域）、研究河流流量或湖泊水位的"记录时段"。

观测采用的粒度和幅度决定了渔业管理人员对关注对象的观测能力。试想一个看似简单的工作，如利用数显温度计测量溪流水温，观测的尺度取决于用温度计测量的频率（粒度）和测量的时间区间（幅度）。如果测量采用相对粗糙的粒度（如间隔大于 2 h），测量所得的

· 67 ·

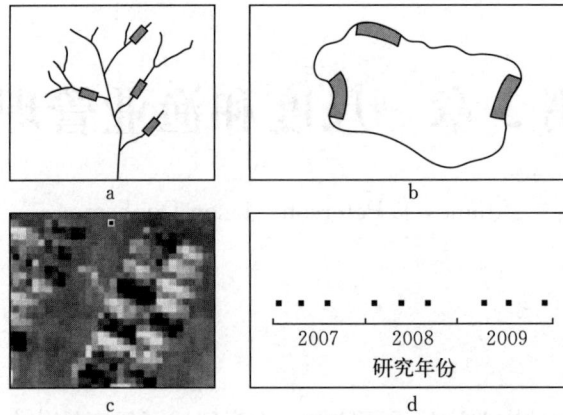

图 3.1　渔业管理中粒度和幅度的常见例子
a. 空间幅度是指流域中的水系，粒度是指河流中采样河段的长度（灰色矩形）
b. 空间幅度是指全部湖泊范围，粒度是指沿岸每个电捕采样的面积（灰色地带）
c. 空间幅度是指地理信息系统（GIS）的覆盖范围，粒度由 3 个为期 2 周的采样周期表示（正方形）
d. 时间幅度为 3 年的研究时间，粒度为时长 2 周的采样周期，用黑色方块表示

日最高水温可能低于实际温度 2 ℃以上（Dunham et al.，2005）。很显然，在一般情况下，温度变化会很快（间隔少于 2 h）。如果测量的时间幅度不包括每年最热的时候，测量结果中可能也会缺失日最高水温。温度测量的空间粒度大小也会影响渔业管理人员能否发现温度的微小变动，而这些温度的变化可能对于鱼类很重要。例如，温度较高的溪流中鲑科鱼类（salmonids）可能会利用较温暖的流域中（例如，几十到几百米的范围）相对较小的冷水斑块（patches）（小于等于十几米的粒度；Torgersen et al.，1999；Ebersole et al.，2001）。或者，通过远距离移动（几千米或更大的幅度）利用水系源头较大的冷水斑块（几千米或更大的粒度；Dunham et al.，2002）。小范围冷水斑块可以作为个体短期生存重要的避热区，或者洄游中途停留的栖息地，而大范围冷水斑块则可能对于种群的繁衍更重要。因此，对于栖息地的用途及其对个体和群体的影响，在不同时空尺度上会产生截然不同的结论。

上述涉及水温的例子说明，对于栖息地和其他因素如何影响鱼类，粒度和幅度的比例会影响人们的看法。粒度内异质性（变异性）随着相对粒度大小的增大而增大（图 3.2）。例如，一条 1 m 宽的小溪与一条 100 m 宽的河流，两者的深度、流速和底质组成可能是一样的，但是 100 m 宽的河流中可能包括更多的生境类型。当考虑较大的粒度时，由于粒度内的异质性增加，粒度之间的差异通常会减小。例如，在温带地区，年平均气温（大粒度）的变化比月平均气温（小粒度）的变化要小得多。当粒度内异质性大而粒度间异质性小时，很难从数据中发现相应的关系和格局（patterns）（Fuller，1987）。这意味着渔业管理人员研究某个因素（如生境特征）和鱼类种群变化（如丰度）之间的关系时，仅是粒度大小的选择不同，就会得出截然不同的结论。一个很好的例子是土著和非土著鱼类的共存问题，从大粒度上考虑，两者是可以共存的，但会发生种群隔离（如在一个湖泊或溪流的局部区域），在大粒度上是无法分析和观测到的（Melbourne et al.，2007）。另一个常见的尺度依赖关系是用"尺度-面积"（scale - area）曲线来描述的，该曲线用于检验粒度大小对估算不同物种栖息地面积的影响（表框 3.1）。结果发现，渔业管理人员对不同物种栖息地占有面积的看法，实际上可能会在物种间颠倒，原因无非是简单地改变了观测的粒度（即样本单位大小，Kunin，1998）。

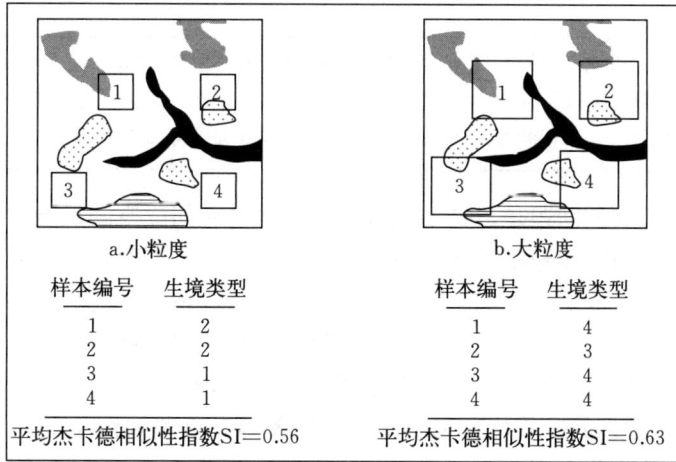

样本编号	生境类型
1	2
2	2
3	1
4	1

平均杰卡德相似性指数SI＝0.56

样本编号	生境类型
1	4
2	3
3	4
4	4

平均杰卡德相似性指数SI＝0.63

图 3.2　利用两个大小不同的粒度（粗线框）研究一个包含多种生境类型区域（幅度）的示例图，不同生境类型用各种形状表示（不同的图案）。小粒度（a）采集的每个样本只含有 1～2 种生境类型，而大粒度（b）采集的每个样本含有 3～4 种生境类型。在幅度不变的情况下，随着粒度增大，生境内的粒度异质性增大，而样本间生境类型差异减小。Jaccard（杰卡德）相似性指数（SI）表示样本之间的相似度

表框 3.1　尺度-面积曲线

Kunin（1998）证明了物种分布的研究结果受观测粒度的影响。下图是观测一个物种的 3 种采样方案，该物种为斑块状分布（黑点表示分布位置）。a. 采用小粒度采样网格，在采样框架内（所有单元格，总体范围）显示有分布的区域占到 39%（白色或占用单元格占总体面积的百分比）；b. 采样网格的面积增大 1 倍，有分布区域比例达到 75%；c. 只有 4 个大网格时，有分布的区域达到 100%；d. 这种现象

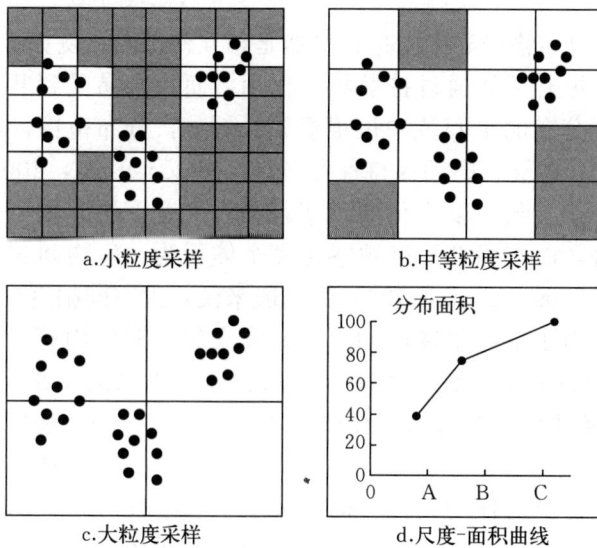

图　尺度-面积曲线示意图，表明观测粒度（尺度）如何影响分布面积的估算

（续）

形成的尺度-面积曲线，说明了观测粒度（尺度）如何影响分布面积的估算。鉴于我们注意到内陆鱼类中稀有格局（表框 3.4），应该关注尺度的这种影响。Fagan 等（2005）研究了美国西南部的沙漠鱼类（desert fishes），阐明了尺度-面积曲线的重要性以及评估稀有度和生存风险的相关性。

　　另一个与尺度有关的问题是，许多过程是在不同的时间或空间尺度上发生的。溪流的特征可以在相对较短的时间跨度上影响鱼类的生长、生存和繁殖，而地貌变化对鱼类造成的影响通常需要几十年或上百年的时间。例如，位于密苏里欧扎克（Missouri Ozarks）的溪流，温度年际变化或季节性变化会影响鱼类年际生长状况。然而目前，由于 150 多年前土地利用变化造成的泥沙沉积，也影响这些河流中鱼类的生长（Jacobson and Gran，1999）。此外，由于潜在的地质特征和局部风化的差异，这些河流中的生产力和营养条件也经过了数百万年的变化。

　　一个生态过程可以在多个尺度上运行。例如，本地鱼类种群中个体扩散引起的基因流动过程。在某些情况下，个体以相对稳定的速率在种群间移动形成基因流动。基因流动的一个常见情形是距离隔离，因此相邻种群之间最有可能发生基因流动（Neville et al.，2006）。在其他情况下，由于突发的扰动（如特大的洪水或干旱），会出现比较少见的远距离扩散或者隔离。当在多个世代的时间尺度上平均时，这两种不同情况得出的基因流动模式可能是相似的。例如，在 10 年中每年有 10 个个体在不同的地点间扩散，或者 10 年中的 1 年有 100 个个体扩散，扩散平均水平都是每年 10 个，但在这两种情形下扩散模式是完全不同的。如果在一个较小时间粒度上分析基因流动，可能可以发现这些特殊的情形。而在更长的时间跨度上来看（如冰川纪后的扩散期），从今天发现的种群间进化关系中才能清晰地看到几千年前的影响所造成的基因流动（Avise，1994）。这说明了要准确认识鱼类扩散情况，需要认真考虑在不同时空尺度上影响扩散的过程及其结果（如不同尺度上的基因流动）。

　　更为复杂的是，分布格局和生态过程显然是相互作用的。例如，在空间或时间上分布相近的鱼类种群间更有可能通过扩散相互作用，而且容易受到共同的环境因素影响（如当地气候）。种群分布的空间范围也很重要。例如，分布范围广的鱼类种群可以适应更宽泛的环境条件，能够长时间保持种群稳定（Bisson et al.，2009）。事实上，认为哪个过程重要，这可能会随尺度变化而改变。在大尺度下研究鱼类时，气候性温度变化的影响可能更显著，而在局部尺度观察鱼类个体行为，生物间相互作用则可能是更为重要的影响因素（Fausch et al.，1994）。一般来说，大空间幅度内的生态过程需要用较长的时间来完成，而小空间幅度内的生态过程在较短时间内就可以完成。例如，淡水鱼类在北美洲的分布主要是数千年冰川作用和鱼类扩散的结果（Hocutt and Wiley，1986），而某一条溪流中鱼类的分布则往往是物种间相互作用，造成栖息地的使用发生昼夜或季节性改变的结果（Matthews and Heins，1987）。这种时空尺度的普遍关系表明，短期研究很可能得出这样的结论，即小尺度生态过程对鱼类的影响超过了大尺度上的生态效应。因此，如果改变渔业的主要过程发生在较大的尺度上而且尚未充分得到解决，那么地方很多渔业管理工作，如修改捕捞条例，很可能会达不到预期效果

(Lewis et al.，1996；Maceina and Bayne，2001)。

尺度决定了渔业管理人员如何看待那些被认为是重要的模式和过程（图 3.3）。尺度可能不是指一个固定的时空维度，而是可以随着关注的过程而发生变化（Wiens，1989）。因为渔业和淡水生态系统在时空尺度上是高度可变的，所以没有一种标准化的采样方法可以提供完全一致的观测方式。这正是渔业管理中需要关注尺度的一个主要原因。目前，人们已经广泛认识到尺度问题是一个核心问题。同时，理解尺度的方法也有进展。以下几个章节将讨论在渔业管理中运用尺度的实践方法。

3.3　尺度的应用

将尺度应用于实践并非易事。但是，渔业管理人员采取多尺度视角（multiscale perspective）分析问题会大有裨益（Lewis et al.，1996；Fausch et al.，2002）。多尺度视角意味着管理者要考虑在大小时空上作用的各种物理和生物因素的影响。然后通过数据及理论，找出对一个渔业区域影响最大的生态过程和尺度，确定在什么尺度实施管理措施最有效。要做到这一点非常难，因为生态系统很复杂，而且有大量潜在的因子在多个时空尺度上相互作用。但是，有一些可供渔业管理人员采用的具体操作步骤，以便将尺度纳入渔业管理策略中。

假设已经明确了管理目标（这是至关重要的第一步！），那么下一步就是运用尺度创建一个系统动力学的概念模型。这里所说的概念模型（conceptual model），主要是体系运转的思路、概念或假设，而不是数学公式。当然，数学公式是非常有用的。最好的方法是创建一个包括所有影响管理目标的重要关系和过程的概念模型。概念模型的结构应以局部观测、专家意见和其他重要信息为基础，并以当代系统动力学理论为指导。理想情况下，概念模型的表现形式应该是一种图形，称为影响图，各组件之间用箭头表示因果关系（图 3.3）。通常这并不像想象的那么简单，因为大多数初始构建得到的概念模型，都非常庞大、不实用，而且难以理解。然而，在涉及决策者和公众的跨学科工作中，建立概念模型非常重要，有利于管理者之间以及团队成员之间的沟通。因此，管理者应该尽可能简化概念模型，只保留关键的过程、关系和结

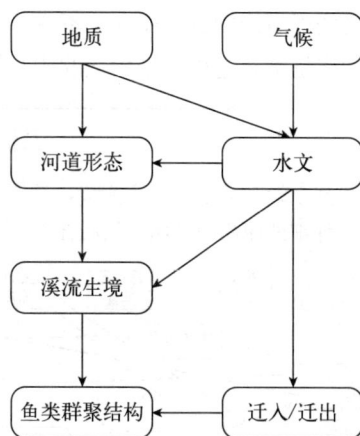

图 3.3　一个简单的概念模型，表示河段中影响溪流鱼类群聚结构的因素。图中局部鱼类群聚（fish assemblages）结构受到溪流生境（小尺度）特征的影响。例如，物理生境结构和可用性，以及连接水体（大尺度）的鱼类迁入和迁出动态影响。箭头表示假设的因果关系的方向

果。在实践中，通常需要经过多次迭代优化才能得到最终的概念模型（表框 3.2）。完成概念模型后，下一步是运用概念模型来识别目标生态系统中最重要的影响因素和尺度。以下是几种能够识别这些尺度的有效方法。

3.4 最适尺度的确定

各种确定最重要尺度的方法大致可以分为两大类，即理论方法和实证方法。理论方法主要依靠生态学理论和已发表的研究成果，确定影响渔业的最重要的因素和相关尺度；与之相反，实证方法则使用现有的数据来确定。一般来说，以理论为指导的实证方法，可能更具有说服力，但是当可用于分析的数据或可用资源有限时，理论方法可能是确定最适管理尺度唯一可行的方法。

3.4.1 理论方法

在生态学中，关于尺度的作用和重要性的理论体系非常庞大，而且仍在迅速扩展（例如，Allen and Starr，1982；Peterson and Parker，1998；Holyoak et al.，2005）。在众多当代理论中，等级理论（hierarchy theory）是渔业和水生生态中用途最大且应用最广的理论之一（例如，Frissell et al.，1986；Durance et al.，2006；Cheruvelil et al.，2008）。等级理论认为，生物群落的结构和功能被看作是对等级体系中层级间制约的反应，等级体系的上层生态过程制约下层生态过程。这些等级大致对应一些不同的空间和时间维度，但从严格意义上说，生物或物理组织构成的概念并不等同于一个固定的尺度（King，1997）。简单地说，组织构成可以看作是生态过程间结构化的相互作用，而尺度最狭义的概念是指一个现象的时空维度。

表框 3.2　概念模型的开发

创建系统动力学的概念模型，是评估尺度的影响和渔业管理措施效果的第一步。通常从一个非常复杂、详细的流程图开始，然后在迭代过程（iterative process）中完善。图 A 是 Rieman 等（2001）

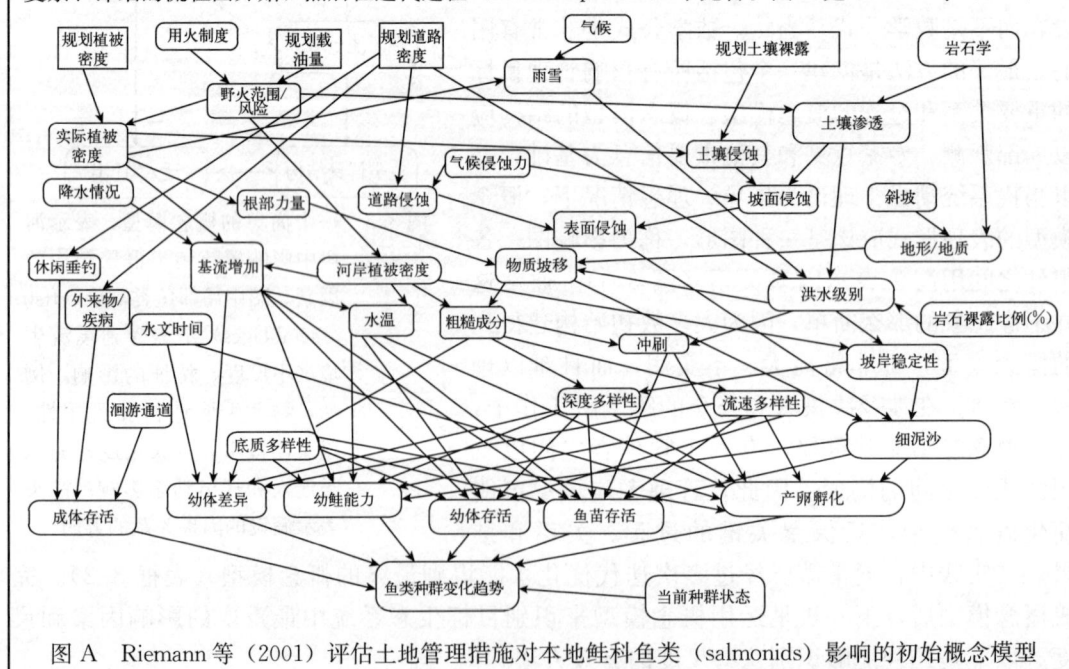

图 A　Riemann 等（2001）评估土地管理措施对本地鲑科鱼类（salmonids）影响的初始概念模型

（续）

建立的初始概念模型，用于评估哥伦比亚河流域内陆土地管理措施对本地鲑的影响。初始概念模型包含 45 项，称为节点，具有 4 个管理行为输入（框）和一个预测输出，即鱼类种群变化趋势。

　　这个初始概念模型由科学家和管理者组成的一个跨学科团队经过 3 个月时间的修改，简化成 23 个节点的模型（如图 B 所示），具有 4 个管理输入和 1 个预测输出，即未来种群状态。从初始概念模型到最终概念模型的这种实质性变化是多尺度评估的典型特征。

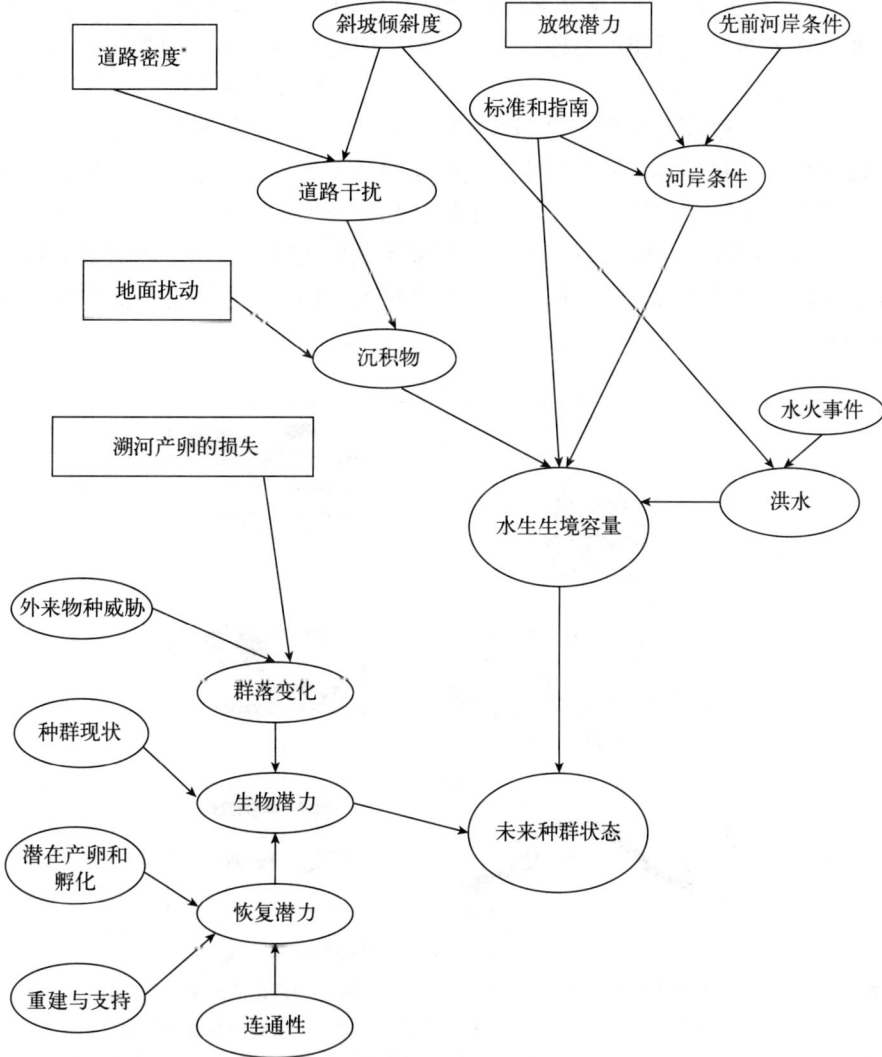

图 B　评估土地管理对本地鲑科鱼类影响的最终概念模型
（* 原文是 roar density，应该是笔误——译者注）

　　下面用例子来说明组织构成在不同等级上的双重作用以及组织构成与尺度的关系。在局部河段中，本地河流鱼类群落组成通常是受其所在大时空尺度鱼类区系限制的结果（如生态区域，图 3.4）。在严格的等级结构中，上层因素对应较大的时空尺度，而下层因素对应较小的时空尺度。因此，与上层相比，下层过程运行的空间范围更小，频率更高。渔业管理人员通过确定组织的各个等级，并了解各等级之间的关系（以及时空维度或尺度），可以识别影响一个渔区的主要限制因素，并评估管理措施的可行性（表框 3.3）。例如，在局部范围中的鱼类生长状况和种群大小，与所在的大尺度水体生产力直接相关（Waters et al.，1993；Kwak and Waters，1997）。反过来影响一个水体的水化学和生产力的过程，在很大程度上又受到更大尺度上与流域地质特征和气候条件相关的过程所制约（Fetter，2001）。在水体生产力主要受地质条件制约的区域，如果想通过采取修建人工生境或改变捕捞规定的方法增加鱼类种群大小，很可能达不到效果，因为种群大小是受区域尺度生态过程限制的（Maceina and Bayne，2001）。干预这些更高层的过程通常需要付出更大的努力，也可能根本无法完成（图 3.4）。例如，在一个当地管理的河段上，渔业资源受到生境退化的不利影响。如果生境退化的原因是因为局部水平上河岸植被被破坏，那么在河段（局部水平）上恢复河岸和河流生境，如在河岸上再植植被或在河床上构造人工生境，可能会有效提高渔业资源量。然而，如果当地生境退化是由于该流域大规模的土地利用或大范围的气候条件造成的，那么这种局部尺度上的修复很可能是无效的（Bond and Lake，2003）。

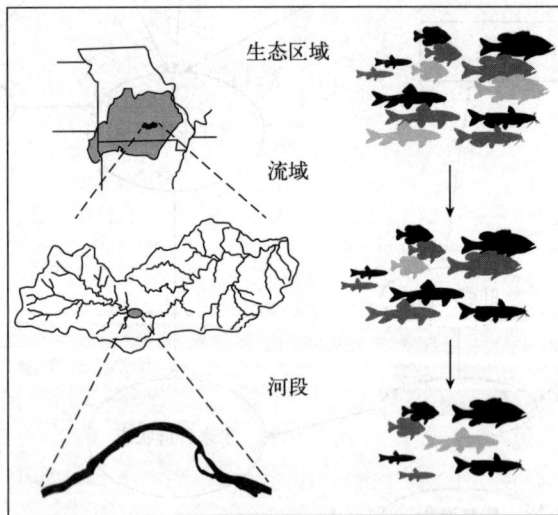

图 3.4　3 个等级上影响鱼类群聚结构的因素

注：在生态区域这一最大空间尺度上，鱼类种类库是长时间地质演化和进化的结果。在生态区域内，流域特征决定了流量和类型以及沉积物移动模式。在这个尺度上，流域特征决定了适宜的栖息地类型、数量和大小，从而限定了鱼类群聚结构。在所示的最小尺度上，河段的纵向位置决定了水流扰动状态（如频率和强度），鱼类种类库中只有在这种扰动下能够生存或适应的鱼类，从而限定了鱼类群聚结构

　　除了这些理论上的考虑，最适宜的管理尺度常常因为不同物种的特点而不同。例如，一个物种与环境相互作用的方式，与其行为和生活史有关。洄游性鱼类一般需要在一个流域的不同区域完成生活史，如产卵或幼体生长（Schlosser，1991），有时相隔距离远，甚至涉及流域之外的区域（如降海洄游；Gross et al.，1988）。因此，为了确定最适宜的管

理尺度，渔业管理人员还必须考虑目标物种的生态特征，来识别其生物学关键要素。在确定管理的最适时空尺度时，还应该考虑这些物种活动的空间范围（表框 3.4）。

表框 3.3　渔业管理中的尺度水平依赖的案例

渔业管理目标和措施可能是取决于尺度的。受威胁物种强壮红点鲑（bull trout）的例子可以说明鲑科鱼类自然种群分布结构的尺度概念（Dunham et al.，2002）和实践中定义的保护单元之间的大致关系 ［见下表，基于强壮红点鲑恢复计划草案，美国鱼类和野生动物管理局，2002，表格根据 Fausch 等（2006）修改］。这里表明空间和时间尺度之间的关系是：考虑的空间范围越大，相关的时间跨度越长。例如，在斑块（patches）中的局部种群可能会随季节或年度波动，而一个物种或特有种群的总体分布范围，在自然条件下可能数千年保持不变。具体的管理目标也可能会根据不同尺度中组织的特征而改变。例如，单个生境斑块可能对于管理当地种群很重要，但是当从整体上考虑物种或某个特定种群时，单个生境斑块可能就没有那么重要了。准备采取的管理措施也会根据尺度大小而改变，在小尺度采取短期措施（例如，局部生境修复或清理入侵物种），在大尺度采取长期措施（例如，重新引入物种，增加其分布面积或移除主要障碍恢复流域连通性）。

表　鲑科鱼类自然种群的尺度概念（Dunham et al.，2002）和实际保护单元之间的关系

尺度概念	保护单元	描述	可测量特征
斑块（patch）	地方种群	一个独立的适宜栖息地单元，有或没有种群分布；有分布的斑块组成地方种群；这些种群的特点是个体之间频繁的（从天到季度）相互作用	斑块占有率，地方种群大小，栖息地大小（流域面积或水系长度），质量（例如，斑块内生境条件，有无外来物种或屏障）以及鱼类活动、物质和能量传递的介质（例如，水、沉积物或营养物质）
斑块群或核心区域	集合种群（metapopulation）	局部斑块群或地方种群的集合，特征是种群之间作用的频率略低（从每年到每 10 年）	所含斑块的总数或总面积、物种分布率、各斑块个体总数、整体连通模式、栖息地质量、斑块或地方种群之间各种环境条件分布的多样性
子流域（subbasin）	恢复单元	在较大流域内，天然独立的一些斑块群或核心区域的集合，相互之间作用需要更长时间（数百年到数千年）	斑块群之间不同特征的分布、群体连通性、栖息地整体条件（如气候、地形和地质）
大区域（region）	独立种群段（distinct population segment）	具有独特进化谱系特征的主要生物地理单元	物种现在和过去分布位置及地理范围，适宜栖息地的条件，连通性和物种扩散*

注：* 原文为 disposal，经多方咨询，估计应该是 dispersal——译者注。

表框 3.4　内陆鱼类稀有格局

Minckley 和 Deacon（1968）在美国西南部的沙漠鱼类案例中，发现了内陆鱼类稀有格局的重要性，并将这些鱼类分为 4 类：①分布广泛、人类改变的水生系统对其有积极影响的种类；②分布广泛、未受人类活动影响的种类；③需要大片、特殊栖息地的种类；④分布区狭窄、存活数量少或者地方特有的种类。显然，不同类别的鱼类具有不同的地理和生物学特征，并且面临不同的管理问题。Rabinowitz（1981）综合考虑地理分布、栖息地特异性和物种丰度的特点，将这 4 类扩展为"7 个稀有类型"（Rabinowitz et al.，1986）。Rey Benayas 等（1999）在此基础上进行了扩展，增加了栖息地占有率（habitat occupancy）这一标准，分成 10 个不同的稀有类型，包括一种"常见"类型，如下表所示。

这些概念对内陆鱼类的影响是多方面的。第一，如前所述（表框 3.1），分布的情况，也就是稀有度，与尺度有很大关系，在确定分布情况时应谨慎。第二，如果认同 Rabinowitz（1981）或 Rey Benayas 等（1999）的评估标准，那么可以明显看出对于一个物种分布的粒度（栖息地占有率）和幅度（地理范围），以及稀有格局的推断来说，空间尺度化都是至关重要的。第三，尽管在内陆鱼类研究中，对尺度和稀有度基本观点的了解已有 40 多年（Minckley and Deacon，1968），但是这些概念很少得到应用（Gaston and Lawton，1990；Fagan and Stephens，2006）。

表　根据 Rey Benayas 等（1999）建立的稀有格局框架

标准参数	状　　态							
地理范围	大				小			
栖息地特异性	宽泛		限定		宽泛		限定	
丰度	多	少	多	少	多	少	多	少
栖息地占有率高	常见	广布	特有（specialist）[a] 分布		局部常见	不存在	地方特有（specialist）[a]	
栖息地占有率低	高度分散	分布稀疏	局部濒危		潜在濒危		濒危	

注：[a] Rey Benayas 等（1999）是使用"指标"（indicator）这个词（这里保留是为了准确），但是这里使用"特有"（specialist）这个词是为了防止误解"指标"的含义（Carignan and Vilard，2002）。

3.4.2　实证方法

确定一个渔业区域相关的尺度以及最适的管理尺度，有很多种实证方法，大致可分为两种，定性方法和定量方法。定性方法利用数据分类排序的技术手段，分析物理和生物数据中的规律，从而推算大尺度和小尺度对鱼类的相对影响（图 3.5）。定量方法运用更详细地测量鱼类丰度或群落结构（如物种丰富度），量化尺度内和尺度间的关系，从而确定对鱼类影响最大的尺度。通常，定量方法优于定性方法，因为定量方法可以估量不同尺度间差异的大小和关系的强弱（见 Kwak and Peterson，2007）。

许多处理尺度的定量方法基于这样一个观点，即相距较近的区域之间（如湖泊或研究站点）比相距较远的区域更相似。同样，时间维度上，在同一个位置观测两次（如采样），时间间隔短的比时间间隔长的结果更相似。这些相似性主要是因为以下几方面因素导致

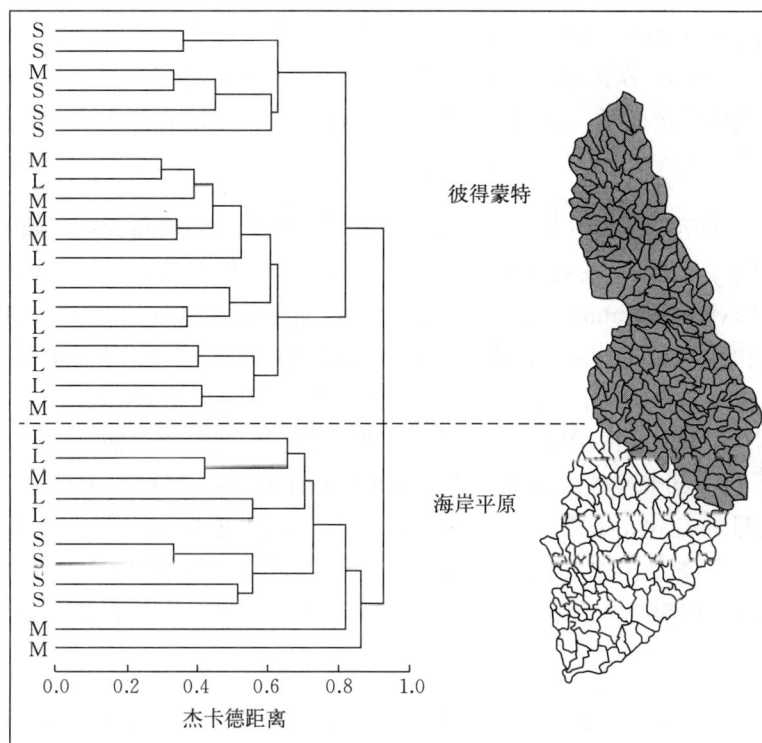

图 3.5　在佐治亚州费林特河（Flint River）流域，对小（S）、中（M）、大（L）型溪流中的鱼类群聚结构进行等级聚类分析。分析表明，群聚结构首先按照地理区域聚类，自彼德蒙特（Piedmont）和海岸平原（Coastal Plain）的溪流分别聚在虚线的上面和下面，其次是以溪流大小聚类。这表明，地理区域尺度上的因素对溪流鱼类群聚结构的影响最大，而在地理区域内，群聚结构再受到溪流大小的影响。用杰卡德（Jaccard）距离表示群落之间的差异程度

的，如共同的历史、气候、地质特征、种内或种间相互作用以及鱼类的游动。例如，两条相近的溪流，通常具有类似的地理特征，因此生境也相似，溪流中的鱼类也经历相同的天气事件，如洪水和干旱。由于这些因素一般会影响流域中的鱼类群聚结构（Larimore et al.，1959；Matthews，1986；Bayley and Osborne，1993），所以与较远的溪流中的鱼类相比，这两条相近溪流中鱼类群聚结构更为相似。这种观测值之间时空上的相似性或依赖性已经被统计学家分别定义为时间和空间自相关性（spatial or temporal autocorrelation）（Sokal and Rohlf，1995）。目前，已经有许多统计方法用于检验和描述时空的自相关程度和依赖关系，通过这些结果可以确定与鱼类种群相关的特有尺度（Fortin and Dale，2005；Wagner and Fortin，2005）。在这些方法中，我们主要讨论一下层次模型，因为层次模型与线性回归和方差分析（ANOVA）有关，而这两种方法是渔业生物学家常用的统计方法。

层次模型是用来分析层次结构数据的方法。它们可嵌套无限个层次（数据充足的情况下），每个层次对应一个空间或时间尺度。在层次模型术语中，低层次单元嵌套在高层次单元中（如溪流嵌套在流域中），低层次对应小尺度，高层次对应大尺度。层次模型包括

线性和非线性两种形式，如逻辑回归和泊松回归（logistic and Poisson regression）。在这里，仅举一个简单的双层线性模型的例子。如果读者想详细了解层次模型，可以参考 Snijders 和 Bosker（1999），Bryk 和 Raudenbush（2002），或者 Royle 和 Dorazio（2008）等文献。

为了描述线性层次模型，我们从只有一个预测（自）变量的普通线性回归模型开始：

$$Y_i = \beta_0 + \beta_1 X_{1i} + r_i \tag{3.1}$$

式中，Y_i 代表响应变量（如鱼类密度）；X_{1i} 是观测点 i 的预测变量（如溪流宽度或海拔）；β_0 是截距；β_1 是回归系数（即斜率）；r 是残差。总体来说，假定残差服从均值为 0 的正态分布（Bryk and Raudenbush, 2002）。当所有观测值（i）独立时，该模型适用于检验响应变量和预测变量之间的关系。但是，当观测值来自不同组时（如不同水域中的多条河流中采集的鱼），来自同一组的观测值可能比其他组的更相似，因为同一个组（时间或空间上）极为相近，或由于同一组的环境相似。如同前面讨论过的，这种现象被称为观测值的依赖性（dependence）或自相关性（autocorrelation），层次模型可以通过模拟组内和组间响应变量的变化，来表示这种相关性。为了说明这一点，假设随机选择 J 个组（如几个流域），在每组中随机选择几个采样点（如流域内的几条河流）并采样。每个组可以用一个单独的回归模型来表示。在数学上，可以用一个下标为 j 的方程表示：

$$Y_{ij} = \beta_{0j} + \beta_{1j} X_{1ij} + r_{ij} \tag{3.2}$$

式中的变量意义同上。在层次化建模中，这是一级模型，观测值（i）和组（j）分别定义为一阶和二阶单元（level-1 and level-2 units）。模型中的系数可以是固定值，即假定在二阶单元之间的系数值均相等（如 $\beta_{01} = \beta_{02} = \beta_{03}$），或者模型中的系数也可以是随机变化的，即在二阶单元之间的系数值是不相等的（如 $\beta_{01} \neq \beta_{02} \neq \beta_{03}$）。因此，当模型系数（即截距和斜率）是随机变化时，与单层模型［方程（3.1）］是不同的，因为每个二阶单元（组）可以有各自的系数。

当方程（3.2）中选定的项用 0 代替时，可以得到更简单更常见的层次模型。例如，当系数间变异为 0 时，方程（3.2）相当于普通线性回归方程（3.1）。渔业生物学家广泛使用的一种层次模型的形式，是随机效应方差分析（ANOVA），即没有预测值（即斜率或者 β_1、β_2 等）的层次模型：

$$Y_{ij} = \gamma_{00} + u_{0j} + r_{ij} \tag{3.3}$$

式中，γ_{00} 代表组间总平均值；u_{0j} 代表第 j 组的响应变量与总平均值之间差异。总的来说，u_{0j} 的均值为 0，方差 τ_{00} 是组间变异的估计值（即 2 级方差），而残余方差（residual variance）σ^2 是组内变异的估计值（即 1 级方差）。Y_{ij} 的总方差是 1 级和 2 级方差之和（$\hat{\tau}_{00} + \hat{\sigma}^2$），用于估算组内相关系数 ρ：

$$\rho = \frac{\hat{\tau}_{00}}{\hat{\tau}_{00} + \hat{\sigma}^2} \tag{3.4}$$

组内相关系数是衡量组内变异在总方差中所占的比例（Bryk and Raudenbush, 2002）。在分层多尺度模型中，组内相关系数用于估算由于二阶空间尺度上的（未知的）因素导致的响应变量的方差大小。表框 3.5 列举了一个拟合和解释层次模型的例子。

表框 3.5 溪流鱼类密度层次模型的构建

运用实际采集的鱼类丰度和栖息地数据，识别和量化尺度的影响来说明层次模型的使用，这些数据是从爱达荷州中部 23 个流域（每个流域 6～16 条溪流）的 236 条溪流中采集的（Rieman et al.，2006）。一阶单元为溪流，二阶单元为流域，溪流嵌套在流域中，克拉克大麻哈鱼（westslope cutthroat trout）的密度（尾/100 m）是关注的响应变量。首先，通过随机效应方差分析，分别计算流域内和流域间大麻哈鱼密度的方差。流域间的方差 $\hat{\tau}_{00}$ 为 2 972.5，流域内的方差 σ^2 为 1 706.2，那么 $\frac{2\,972.5}{2\,972.5+1\,706.2}=0.635$ 或者 63.5%，表示克拉克大麻哈鱼密度 63.5%的变异是由于流域尺度上的因素造成的。以前有研究表明，克拉克大麻哈鱼的密度与流域尺度的地质状况有关，特别是生产性岩石（productive lithology）的数量（Thompson and Lee，2000）。为了量化流域地质条件这一大尺度因素的影响，采用单一预测变量的二阶模型，即镁铁质（生产性）岩石百分比作为预测变量。模型拟合后，二级方差 $\hat{\tau}_{00}$ 为 1 227.9，则（2 972.5−1 227.9）/2 972.5＝0.587 或 58.7%，（2 972.5−1 227.9）/（2 972.5＋1 706.2）＝0.373 或 37.3%，表示克拉克大麻哈鱼密度在流域间的变异 58.7%和总变异的 37.3%是由于岩石学上的不同造成的。以前的研究也指出，溪流中的大麻哈鱼密度会受到采样河段特征影响。因此，把溪流坡度（更小尺度）作为一个预测变量纳入镁铁质岩石模型中，组成了一个完整的二级层次模型。拟合模型后，一阶方差 σ^2 为 1 305.3，则（1 706.2−1 305.3）/1 706.2＝0.235 或者 23.5%，说明一个流域溪流间克拉克大麻哈鱼密度的变异 23.5%是由于坡度造成的，而（1 706.2−1 305.3）/（2 972.5＋1 706.2）＝0.086 或 8.6%，说明克拉克大麻哈鱼密度的总变异中，只有 8.6%是由坡度造成的。密度大部分的变异与大尺度因素相关这一事实，作为直接有力证据说明了对克拉克大麻哈鱼种群影响最大的是流域级大尺度的因素。

3.5 将尺度纳入管理

本节介绍渔业管理人员将尺度纳入管理的两种方法——专家判断法和过程模拟法（process modeling）。如上文所述，一个管理问题涉及的时空范围可以通过多种方法来划定，但是在这些尺度上，涉及渔业管理中的关键过程，往往缺少足够的细节。缺少这些细节，可能不清楚实施管理措施后某些结果产生的原因。因此，只要有可能，管理者应针对不同尺度下管理措施对生态过程的影响，制定竞争性假设，并对照这些假设得出的预测来评估管理结果。众所周知，并不是每项管理措施都能提升到研究项目的水平，但是需要强调的是，清晰的流程和可检验假设（如表框 3.2），对于管理尺度的准确识别、细化和功能理解都至关重要。本着这种理念，下面提供一些将尺度运用到内陆渔业管理中的可行性建议和方法。

3.5.1 专家判断法

有时渔业管理人员不愿使用模型，原因有以下几点：①他们不信任模型，只相信"数据"；②他们认为当现有的数据和系统动力学的知识不完整时，创建一个准确的模型太困难。针对第 1 个问题，可以这样说，在人类大脑（使用模型）解析数据之前，数据仅仅是一些数字。因此，如果要让数据有意义，那么数据和模型是同等重要的。第 2 个问题比较具有挑战性。针对渔业管理长期缺乏信息和存在不确定性的状况，一种应对方法是使用基于专家判断的建模方法，这种方法在经济学中的应用有很长的时间（Clemen，1996），但直到最近才开始应用于内陆渔业管理。专家模型的建立是基于人们认为生态系统是如何运行的，并需要对各种关系或关键过程以及不确定性有一个明确的定义。通常，这些模型用影响图（influence diagrams）的形式表示（图 3.6）。模型不必过于庞大，只保留那些认为是影响渔业的关键过程。专家模型最常见的形式是概率网络（probabilistic networks）（Haas，1991）。概率网络，又称为贝叶斯信念网络（Bayesian belief networks，BBNs），由节点和箭头组成，节点代表模型的组件，箭头表示组件之间的因果关系。每个节点由一组相反的状态组成，并且组件（节点）之间的关系按照概率（条件）依赖关系建模。用一个简单的 3 个节点的模型来举例说明，利用河道形态和径流量的函数来建立河流中的水潭栖息地可用性的模型（图 3.3）。这里，水潭栖息地可用性用 3 个状态表示：低、中、高；河道形态有 2 个状态：非限制性河道和限制性河道；径流量有 3 个状态：小、一般、大。在实践中，每个节点的状态用一个值或一个范围表示，相互之间不能重叠，如水潭个数小于 4.9 个/km（水潭栖息地可用性为低），5.0～14.9 个/km（水潭栖息地可用性为中），大于 15 个/km（水潭栖息地可用性为高）。水潭栖息地的贝叶斯信念网络里，水潭栖息地可用性为低、中、高的概率取决于河道形态和径流量（图 3.6）。当河道形态是非限制性且径流量小时，贝叶斯信念网络评估水潭栖息地可用性为低、中、高的概率分别是 80%、15% 和 5%（图 3.6a）。相反，当河道形态是限制性时，贝叶斯信念网络评估水潭栖息地可用性为低、中、高的概率分别是 50%、40% 和 10%（图 3.6b）。

尽管得出估计值的条件概率是假设的，但在实际应用中，条件概率是基于该领域一个或多个专家的判断得出的（Clemen，1996；Marcot et al.，2001）。使用专家判断法的缺点是，决策者承担了大量的举证责任（Morgan and Henrion，1990），而且开发模型是一个耗时的工程，随着迭代过程中假设的设定和变化，需要不断进行修正（Clemen，1996）。专家模型的优点是，表达了管理者认为系统如何发挥功能、关键假设如何验证以及最大的不确定性在哪。在实践中，系统不确定性可能对决策的影响更大，因此找到不确定性的关键区域是至关重要的。关于贝叶斯信念网络和专家模型更详细的内容可以参考文献 Clemen（1996），Marcot 等（2001）和 Martin 等（2005）。

最近一个关于专家判断法的案例，是美国内陆西北部鲑科鱼类（salmonids）替代保护策略的评估（Rieman et al.，2001）。这项研究从河段（stream reach）、小流域（watershed）到大流域（large river basins）多个尺度评估保护策略和管理行为的效果。由于缺乏多个时空尺度上各种物理、生物和人为因素作用的数据及知识，这项研究遇到了困难。跨学科团队对这个研究系统的概念模型进行了开发和修改（表框 3.2）。这些模型经过了外部评审专家修改和细化，并由各专业领域专家进行了参数化。例如，水文和地貌节点的条件依赖关系由熟悉相关管理区域的水文学家和地貌学家进行参数化。参数化之后，对模型进行敏感性分析，确定关键组件（即影响鱼类种群变化估算最大的因素），并对模型假设进行了检验。然后，由调查人员评估了恢复太平洋鲑（Pacific salmon）洄游群体

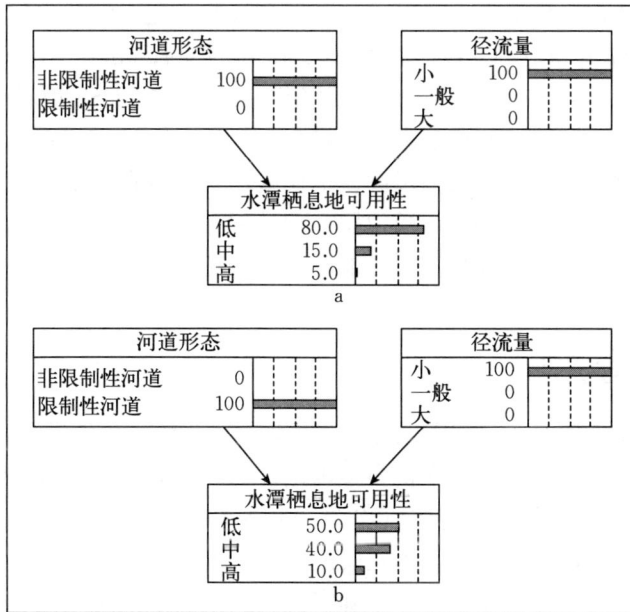

图 3.6 贝叶斯信念网络分析河流水潭栖息地可用性，河道形态和径流量两种概率组合
a. 100％非限制性河道和100％小径流 b. 100％限制性河道和100％小径流
注：框中的数字是以百分比表示特定状态的概率。

的最佳管理策略，是否会受到爱达荷州的蛇河（Snake River）大型水电站拆除工程的影响。通过评估有大坝和没有大坝时管理措施的效果，专家模型的结果表明，大坝的影响不会改变保护措施的相对成效。这项研究通过使用贝叶斯信念网络，说明了科学家认为生态系统如何相互作用，量化了保护行动的相对价值，预测了替代保护方案的结果，评估了预测结果对假设的敏感性，明确了关键的不确定因素。识别这些不确定因素对于确定下一步开展监测和研究工作的优先次序非常重要，这些监测和研究的目的是增进对多尺度生态过程的认识，从而提高管理水平。

3.5.2 过程模拟法

将尺度纳入渔业管理的一种应用相对较少的方法，是运用过程模拟（process‐based simulations）。这些模型通常将水生系统的物理和生物组件的变化率与管理行动、土地利用和气候变化等因素联系起来。实证模拟建模方法的不足之处主要是缺乏大尺度和小尺度生态过程综合效应的相关知识及数据。过程模型最常见的用途是指导管理策略的制定（表框 3.3），很少直接评估受多尺度过程影响的鱼类种群（如存在和丰度）和群集结构（如物种丰富度）。这是因为，要准确预测多时空尺度中的复杂非线性响应通常要用到基于过程的模型。由于水生系统的复杂性，多尺度过程模型的建立需要跨学科协作，并且要与通过物理和生态模型得出的时空尺度相匹配。

基于过程模拟的一个实例是 Peterson 和 Kwak（1999）的研究。他们利用 13 年的数据，对降水径流经验模型、气候投影模型和小口黑鲈（smallmouth bass）年龄结构种群动态模型进行了参数化，模拟了大尺度土地利用和气候变化对河流中的小口黑鲈种群的影响。另一个例子是佛罗里达大沼泽地（the Florida Everglades）交叉营养级系统模拟（across trophic level system simulation，ATLSS）项目。ATLSS项目是一个涉及多学科的研究项目，由来自不同领域的科学家共同参与，包括水文学家、景观生态学家和渔业管理人员。该项目的目标之一是开发多尺度模拟模型，来预测在大沼泽地开展修复行动对鱼类数量的影响（Gaff et al.，2004）。模拟模型在某种程度上基于野外实地观测和实验性研究，并结合统计过程如何覆盖到整个沼泽地的专家意见而得出的。这些和其他研究均强调了加强跨学科合作的必要性（Vaughan et al.，2007）。

3.5.3 适应性管理方法

本章的一个重要主题是说明，尺度会影响渔业管理人员对鱼类种群和群落情况的判断。即使最简单的管理决策，也存在很多不确定性，管理者无法100％确定预期结果能够实现。这种不确定性与3个因素有关（参照 Williams et al.，2002）：①环境不确定性。由环境和人口变化组成，均具有时间和空间因素。②统计不确定性。因为模型的参数是用样本数据来估算的。③结构（或生态）不确定性。因为无法准确地判定哪个过程或模型最能准确代表系统动态过程（如地貌、径流、栖息地可用性与鱼类种群动态之间的关系）。因此，需要特别注意结构不确定性，因为它代表了跨多个时空尺度管理中不确定性的主要来源。前面介绍了几种描述和评估多标量系统（multiscalar system）的方法，但是由于水生系统的结构和功能非常复杂，经常会用一些似是而非的假设来解释观察到的生态格局和过程。需要对这些假设进行分类整理，找出那些最准确的假设，以便降低结构不确定性。

有几个方法可以降低结构不确定性。黄金标准就是实验验证，包括重复、随机和处理。但是，开展实验是劳动密集型的工作，这就妨碍了在大空间尺度和长时间范围内应用，而在渔业管理中往往需要这种大尺度。与实验不同的是，观察性研究可以利用统计管理从大时空范围里收集的数据，描述其中的格局。这些研究的类型通常是构建上述经验模型、理论模型或模拟模型的基础。但是，从观测数据推算出的关系，经常会与其他因素混淆。因此，提出第3种方法作为补充，即适应性资源管理（adaptive resource management，ARM；Walters，1986），这个方法能够降低结构不确定性，改进管理决策。

在适应性资源管理中，通过假设可行的替代模型来充分考虑结构不确定性，每个模型代表一个多尺度输入、系统动力学和目标之间的假设关系（Williams et al.，2002），每个模型都赋予一个成为"真实"的可能性或概率。基于当前系统状态（如种群大小），综合考虑环境的、结构的、统计的以及其他来源的不确定性，预测未来的情况，然后选出最佳的管理决策。通过对比每个模型的预测与实际发生的情况，随时间更新模型的概率。再用概率更新后的模型来预测未来的情况，为下一个时间段做出"最佳"的管理决策。随着时间推移，这种反馈促进了适应性学习，并分辨出相互竞争的假设。因此，适应性资源管理可以帮助管理者做出决策，并促使他们了解尺度的本质。

3.6　总结

现在可以清楚地是，尺度是实现渔业有效管理的一个重要因素。尺度不仅是一个"学术"问题，从解析研究模式或监测数据，到制定和实施管理策略，它深刻地影响着管理的每个阶段。因为那些被认为是生态系统重要的尺度，直接受渔业管理人员观测生态系统的尺度的影响，所以有时很难分辨是否确定了适宜的管理尺度。如果缺乏这方面的知识，管理者可能会错误地识别和判断一个渔业问题的根源，并可能造成资源和管理力量的浪费，导致实施的措施无效甚至有害。如果仔细考虑影响目标问题的过程和尺度，可以避免潜在问题的出现。物理过程和生态过程如何在多个尺度上运行，这种不确定性可以细化并纳入管理过程中。经验证明，知易行难（如 Walters，1997），但本章列举的例子表明，在实践中尺度化是可行的，而且在渔业管理中是绝对可取的。这本书的许多章节提供了关于影响内陆渔业的关键尺度和过程的重要背景和信息，可以为多尺度研究方法提供指导。最后，我们鼓励渔业管理人员重视尺度，并在管理中纳入一种适应性方法，作为增长生态知识和提高未来管理能力的手段。

3.7　参考文献

Allen，T. F. H. ，and T. B. Starr. 1982. Hierarchy：perspectives for ecological complexity. University of Chicago Press，Chicago.

Avise，J. C. 1994. Molecular markers，natural history and evolution. Chapman and Hall，New York.

Bain，M. B. ，and N. J. Stevenson，editors. 1999. Aquatic habitat assessment：common methods. American Fisheries Society，Bethesda，Maryland.

Bayley，P. B. ，and L. L. Osborne. 1993. Natural rehabilitation of stream fish populations in an Illinois catchment. Freshwater Biology 29：295 - 300.

Bisson，P. A. ，J. B. Dunham，and G. H. Reeves. 2009. Freshwater ecosystems and resilience of Pacific salmon：habitat management based on natural variability. Ecology and Society 14（1）：45 Available：www. ecologyandsociety. org/vol14/iss1/art45.（March 2010）.

Bonar，S. A. ，D. W. Willis，and W. A. Hubert，editors. 2009. Standard sampling methods for North American freshwater fishes. American Fisheries Society，Bethesda，Maryland.

Bond，N. R. ，and P. S. Lake. 2003. Local habitat restoration in streams：constraints on the effectiveness of restoration for stream biota. Ecological Management and Restoration 4：193 - 198.

Bryk，A. S. ，and S. W. Raudenbush. 2002. Hierarchical linear models：applications and data analysis methods，second edition. Sage，Newbury Park，California.

Carignan，V. ，and Villard，M. - A. 2002. Selecting indicator species to monitor ecological integrity：a review. Environmental Monitoring and Assessment 78：45 - 61.

Cheruvelil，K. S. ，P. A. Soranno，M. T. Bremigan，T. Wagner，and S. L. Martin. 2008. Grouping lakes for water quality assessment and monitoring：the roles of regionalization and spatial scale. Envi - ronmental Management 41：425 - 440.

Clemen，R. T. 1996. Making hard decisions，second edition. Duxbury，Belmont，California.

Dunham, J., G. Chandler, B. Rieman, and D. Martin. 2005. Measuring stream temperature with digital data loggers: a user's guide. U. S. Department of Agriculture, Forest Service, Rocky Mountain Research Station, General Technical Report, RMRSGTR - 150WWW, Fort Collins, Colorado.

Dunham, J. B., B. E. Rieman, and J. T. Peterson. 2002. Patch - based models of species occurrence: lessons from salmonid fishes in streams. Pages 327 - 334 *in* J. M. Scott, P. J. Heglund, M. Morrison, M. Raphael, J. Haufler, and B. Wall, editors. Predicting species occurrences: issues of scale and accuracy. Island Press, Covelo, California.

Durance, I., C. Lepichon, and S. J. Ormerod. 2006. Recognizing the importance of scale in the ecology and management of riverine fish. River Research and Applications 22: 1143 - 1152.

Ebersole, J. L., W. J. Liss, and C. A. Frissell. 2001. Relationship between stream temperature, thermal refugia and rainbow trout *Oncorhynchus mykiss* abundance in arid - land streams in the northwestern United States. Ecology of Freshwater Fish 10: 1 - 10.

Fagan, W. F., C. Aumann, C. M. Kennedy, and P. J. Unmack. 2005. Rarity, fragmentation, and the scale dependence of extinction risk in desert fishes. Ecology 86: 34 - 41.

Fagan, W. F., and A. J. Stephens. 2006. How local extinction changes rarity: an example with Sonoran Desert fishes. Ecography 29: 845 - 852.

Fausch, C., B. Rieman, J. Dunham, and M. Young. 2006. Strategies for conserving native salmonid populations at risk from nonnative invasions: tradeoffs in using barriers to upstream movement. U. S. Department of Agriculture Forest Service, Rocky Mountain Research Station, GTR - RMRS - 174, Fort Collins, Colorado.

Fausch, K. D., S. Nakano, and K. Ishigaki. 1994. Distribution of two congeneric charrs in streams of Hokkaido Island, Japan: considering multiple factors across scales. Oecologia 100: 1 - 12.

Fausch, K. D., C. E. Torgersen, C. V. Baxter, and H. W. Li. 2002. Landscapes to riverscapes: bridging the gap between research and conservation of stream fishes. BioScience 52: 1 - 16.

Fetter, C. W. 2001. Applied hydrogeology, fourth edition. Prentice Hall, Upper Saddle River, New Jersey.

Fortin, M. J., and M. R. T. Dale. 2005. Spatial analysis: a guide for ecologists. Cambridge University Press, Cambridge, UK.

Frissell, C. A., W. J. Liss, C. E. Warren, and M. D. Hurley. 1986. A hierarchical framework for stream habitat classification: viewing streams in a watershed context. Environmental Management 10: 199 - 214.

Fuller, W. A. 1987. Measurement error models. Wiley, New York.

Gaff, H., J. Chick, J. Trexler, D. DeAngelis, L. Gross, and R. Salinas. 2004. Evaluation of and insights from ALFISH: a spatially explicit, landscape - level simulation of fish populations in the Everglades. Hydrobiologia 520: 73 - 87.

Gaston, K. J., and J. H. Lawton. 1990. The population ecology of rare species. Journal of Fish Biology 37: 97 - 104.

Gross, M. R., R. M. Coleman, and R. M. McDowall. 1988. Aquatic productivity and the evolution of diadromous fish migration. Science 239: 1291 - 1293.

Haas, T. C. 1991. A Bayesian belief network advisory system for aspen regeneration. Forest Science 37: 627 - 654.

Hocutt, C. H., and E. O. Wiley, editors. 1986. The zoogeography of North American freshwater fishes. Wiley, New York.

Holyoak, M., M. A. Leibold, and R. D. Holt, editors. 2005. Metacommunities: spatial dynamics and ecological communities. University of Chicago Press, Chicago.

Jacobson, R. B., and K. B. Gran. 1999. Gravel routing from widespread, low - intensity landscape disturbance, Current River basin, Missouri. Earth Surface Processes and Landforms 24: 897 - 917.

King, A. W. 1997. Hierarchy theory: a guide to system structure for wildlife biologists. Pages 185 - 214 *in* J. A. Bissonette, editor. Wildlife and landscape ecology: effects of pattern and scale. Springer - Verlag, New York.

Kunin, W. E. 1998. Extrapolating species abundance across spatial scales. Science 281: 1513 - 1515. Kwak, T. J., and J. T. Peterson. 2007. Community indices, parameters, and comparisons. Pages 667 - 763 *in* M. Brown and C. Guy, editors. Analysis and interpretation of freshwater fisheries data. American Fisheries Society, Bethesda, Maryland.

Kwak, T. J., and T. F. Waters. 1997. Trout production dynamics and water quality in Minnesota streams. Transactions of the American Fisheries Society 126: 35 - 48.

Larimore, R. W., W. F. Childers, and C. Heckrotte. 1959. Destruction and re - establishment of stream fish and invertebrates affected by drought. Transactions of the American Fisheries Society 88: 261 - 285.

Lewis, C. A., N. P. Lester, A. D. Bradshaw, J. E. Fitzgibbon, K. Fuller, L. Hakanson, and C. Richards. 1996. Considerations of scale in habitat conservation and restoration. Canadian Journal of Fisher - ies and Aquatic Sciences 53 (Supplement 1): 440 - 445.

Maceina, M. J., and D. R. Bayne. 2001. Changes in the black bass community and fishery with olig - otrophication in West Point Reservoir, Georgia. North American Journal of Fisheries Management 21: 745 - 755.

Marcot, B., R. Holthausen, M. Raphael, M. Rowland, and M. Wisdom. 2001. Using Bayesian belief networks to evaluate fish and wildlife population viability under land management alternatives from an environmental impact statement. Forest Ecology and Management 153: 29 - 42.

Martin, T. G., P. M. Kuhnert, K. Mengersen, and H. P. Possingham. 2005. The power of expert opinion in ecological models using Bayesian methods: impacts of grazing on birds. Ecological Applica - tions 15: 266 - 280.

Matthews, W. J. 1986. Fish faunal structure in an Ozark stream: stability, persistence and a catastrophic flood. Copeia 1986: 388 - 397.

Matthews, W. S., and D. C. Heins, editors. 1987. Community and evolutionary ecology of North American stream fishes. Oklahoma University Press, Norman.

Melbourne, B. A., H. V. Cornell, K. F. Davies, C. J. Dugaw, S. Elmendorf, A. L. Freestone, R. J. Hall, S. Harrison, A. Hastings, M. Holland, M. Holyoak, J. Lambrinos, K. Moore, and H. Yokomizo. 2007. Invasion in a heterogeneous world: resistance, coexistence or hostile takeover? Ecology Letters 10: 77 - 94.

Minckley, W. L., and J. E. Deacon. 1968. Southwestern fishes and the enigma of "endangered species." Science 159: 1424 - 1432.

Morgan, M. G., and M. Henrion. 1990 Uncertainty: a guide to dealing with uncertainty in quantitative risk and policy analysis. Cambridge University Press, Cambridge, UK.

Morrison, M. L., and L. S. Hall. 2002. Standard terminology: toward a common language to advance ecological understanding and application. Pages 43 - 52 *in* J. M. Scott, P. J. Heglund, M. Morrison,

M. Raphael, J. Haufler, and B. Wall, editors. Predicting species occurrences: issues of accuracy and scale. Island Press, Covelo, California.

Neville, H. , J. B. Dunham, and M. Peacock. 2006. Assessing connectivity in salmonid fishes with DNA microsatellite markers. Pages 318 – 342 *in* K. R. Crooks and M. Sanjayan, editors. Connectivity conservation. Conservation Biology Series 14. Cambridge University Press, Cambridge, UK.

Peterson, D. L. , and V. T. Parker, editors. 1998. Ecological scale: theory and applications. Columbia University Press, New York.

Peterson, J. T. , and T. J. Kwak. 1999. Modeling the effects of land use and climate change on riverine smallmouth bass. Ecological Applications 9: 1391 – 1404.

Rabinowitz, D. 1981. Seven forms of rarity. Pages 205 – 217 *in* H. Synge, editor. The biological aspects of rare plant conservation. John Wiley, Chichester, UK.

Rabinowitz, D. , S. Cairns, and T. Dillon. 1986. Seven forms of rarity and their frequency in the flora of the British Isles. Pages 182 – 204 *in* M. E. Soulé, editor. Conservation biology: the science of scarcity and diversity. Sinauer, Sunderland, Massachusetts.

Rey Benayas, J. M. , S. M. Scheiner, M. García Sánchez – Colomer, and C. Levassor. 1999. Commonness and rarity: theory and application of a new model to Mediterranean montane grasslands. Conserva tion Ecology 3 (1): 5.

Rieman, B. E. , J. T. Peterson, J. Clayton, W. Thompson, R. F. Thurow, P. Howell, and D. C. Lee. 2001. Evaluation of the potential effects of federal land management alternatives on the trends of salmonids and their habitats in the interior Columbia River basin. Journal of Forest Ecology and Management 153: 43 – 62.

Rieman, B. E. , J. T. Peterson, and D. L. Myers. 2006. Have brook trout displaced bull trout in streams of central Idaho? An empirical analysis of distributions along elevation and thermal gradients. Canadian Journal of Fisheries and Aquatic Sciences 63: 63 – 78.

Royle, J. A. , and R. M. Dorazio. 2008. Hierarchical modeling and inference in ecology: the analysis of data from populations, metapopulations and communities. Academic Press, London.

Schlosser, I. J. 1991. Stream fish ecology: a landscape perspective. BioScience 41: 704 – 712.

Snijders, T. A. B. , and R. J. Bosker. 1999. Multilevel analysis: an introduction to basic and advanced multilevel modeling. Sage, Thousand Oaks, California.

Sokal, R. R. , and F. J. Rohlf. 1995. Biometry: the principles and practice of statistics in biological research. Freeman, New York.

Thompson, W. L. , and D. C. Lee. 2000. Modeling relationships between landscape – level attributes and snorkel counts of Chinook salmon and steelhead parr in Idaho. Canadian Journal of Fisheries and Aquatic Sciences 57: 1834 – 1842.

Torgersen, C. E. , D. M. Price, H. W. Li, and B. A. McIntosh. 1999. Multiscale thermal refugia and stream habitat associations of Chinook salmon in northeastern Oregon. Ecological Applications 9: 301 – 319.

U. S. Fish and Wildlife Service. 2002. Bull trout (*Salvelinus confluentus*) draft recovery plan. U. S. Fish and Wildlife Service, Portland, Oregon.

Vaughan, I. P. , M. Diamond, A. M. Gurnell, K. A. Hall, A. Jenkins, N. J. Milner, L. A. Naylor, D. A. Sear, G. Woodward, and S. J. Ormerod. 2007. Integrating ecology with hydromorphology: a priority for river science and management. Aquatic Conservation: Marine and Freshwater Ecosystems 19:

113 - 125.

Wagner，H. H. ，and M. J. Fortin. 2005. Spatial analysis of landscapes：concepts and statistics. Ecology 86：1975 - 1987.

Walters，C. 1986. Adaptive management of renewable resources. MacMillan，New York.

Walters，C. 1997. Challenges in adaptive management of riparian and coastal ecosystems. Conservation Ecology (online) 1 (2)：1. Available：www. consecol. org/vol1/iss2/art1. (March 2010) .

Waters，T. F. ，J. P. Kaehler，J. T. Polomis，and T. J. Kwak. 1993. Production dynamics of smallmouth bass in a small Minnesota stream. Transactions of the American Fisheries Society 122：588 - 598.

Wiens，J. A. 1989. Spatial scaling in ecology. Functional Ecology 3：385 - 397.

Williams，B. K. ，J. D. Nichols，and M. J. Conroy. 2002. Analysis and management of animal populations. Academic Press，San Diego，California.

第4章 法律程序与渔业管理

Jeffery A. Ballweber Harold L. Schramm, Jr.

4.1 引言

早在古罗马时期，人们就把鱼类和野生动物资源及其依赖生存的土地、水域的所有权和管理责任视为严肃的法律问题予以考量。由于鱼类、野生动物和其他自然资源的管理职责繁多，随着政府的不断发展和职责日趋复杂，对鱼类、野生生物和其他自然资源的管理职责也由不同部门（即行政、立法、司法）和层级（例如，国家级、州级或省级、县级、市级）的政府来共同承担。

这些发展和变化给政府和相应机构的工作目标带来很多职能重叠和冲突。要想厘清这些关系并找到解决方案，首先要解决的问题是确定某一特定渔业的"管理者"或者承担管理责任的部门。可以根据国家宪法的明文规定或其他政府机构的惯例来解决这个问题。野生鱼类和野生动物是公共资源，需要由政府来管理，以确保我们的子孙后代还可享有鱼类和野生动物资源。根据国家、地理区域（在某些情况下）（例如，国际水体——五大湖）或特定的渔业（例如，西北太平洋的鲑业）的不同，各级政府（国家级、州级和地方级）需要共同承担管理职责。此外，不同的政府部门在渔业管理中也发挥着不同的作用。

根据上述框架，渔业资源应由专业人士管理，并且负责制定与其他水域的渔业及土地管理和发展相协调的政策。本章主要介绍如何使渔业管理人员更加有效地在法律范围内履行其管理职责，并提高其对渔业所涉土地及水管理问题的管理效能。本章首先对北美政府组织及政府管理自然资源的历史背景进行了简单介绍，并介绍了不同层级的政府在渔业管理方面的相互关系。本章还讨论了将渔业管理整合为更加宽泛的流域生态系统管理的可能性。文中提到的具体信息，除非另外标注，所指均为美国；在大多数情况下，加拿大和墨西哥渔业管理的理念相似，但使用的术语不同。

4.2 北美政府概要

作为管理实体，国家政府和州政府负责制定鱼类和野生动物、栖息地及其使用管理相关的规则和规章，在鱼类和野生动物管理及保护的方方面面发挥着作用。

北美洲3个国家政府均在宪法中明确规定了国家政府和州政府的详细职责。尽管在程序和术语上存在一些显著的差异，加拿大、墨西哥和美国有3个相同的重要特征：①强大的民主基础，通过选举选出代表；②国家宪法和州宪法将权力赋予执行机关、立法机关和司法机关；③遵循"双重赋权制度"，国家政府（也称为联邦或中央）及各次级政府（如州政府、省政府、地区政府和保留地政府）和地方政府（例如，县、市）分享权力。从政治和法律的角度分析内陆渔业的管理时，理解以下内容是至关重要的：①政府各部门所扮演的角色，以及政府部门（同一级政府）之间的横向制衡制度；②双重赋权或各级政府之间的垂直共享权力的概念。

在这 3 个北美洲国家中，国家宪法具有最高法律权威。在国家层面上，国家政府和土著居民之间签订的条约和土地索赔协议具有额外的法律效力，并可以赋予土著居民不同于州政府或省政府的政府权力。一般来说，在各级政府中，宪法均赋予法律法定权威，然后法律赋予行政机构执行权。因此，如果没有获得宪法的授权，任何法律都是无效的，如果法律与宪法冲突，那么法律则是无效的。例如，首先法律授权建立一个机构并规定这个机构的职责；然后该机构负责颁布法律，以履行其立法目的。尽管困难重重，也有途径可以修改或替换宪法。同样，通常情况下，立法机关可以通过发布新的法律和修改现有的法律来监督分支执行机构。分支执行机构可以通过定期颁布或修订规定来履行其法定职权。通常情况下，国家法律最权威，其修改难度也最大，州（省）法律次之。同样，修改宪法的难度大于修改法律（法规）的难度，制定和修改法律的难度大于制定和修改法规的难度。为了降低难度，立法部门负责制定法律，行政部门负责执行这些法律，而司法部门负责解释这些法律。

4.2.1　立法部门

立法的目的是允许机构和公众广泛参与法律的制订和资金的分配，以反映政策的优先事项（图 4.1）。法律是为人民的整体利益而制定的。在渔业资源方面，"人民的利益"通常指的是为了人类的现在和未来而保护资源，但它也可能指的是通过这些资源获得利益。在美国，国会图书馆建立了一个完整且定期更新的网站，用来跟踪悬而未决的立法。下面的讨论主要集中在国家的立法过程，所有的立法都遵循类似的模式。

加拿大和美国采取两院议会制。只有通过两院的决议，并获得行政部门的同意，一项立法才能够成为法律。在美国，《美国法典》（USC）负责收集和记载法律条文。《美国法典》分为 50 个标题，涵盖国会的全部内容，而每个标题又被分成数个章节。《保护法》的规定详见《美国法典》标题 16，但许多其他内容对于渔业管理也有深远的影响。《保护法》由超过 87 个章节的内容构成。美国各州和加拿大各省使用一套相似的法律条文结构。美国的部落政府也有相似的程序，而加拿大的原住民和因纽特人政府有不一样的程序。可以在互联网上找到大多数州、省和部落的宪法、法律和法规，它们一般会定期更新。

美国基本采用的两步法立法程序，两步法立法程序能够区分建立联邦机构（组织法）或程序（实体法）所遵循的法律和资助法律（拨款法案）。组织法案规定了建立机构和政府实体所遵循的法律，并规定了它们的组织结构和职责。立法机关可以建立更多的部门（例如，美国内政部或美国农业部）和设置更多的内阁职位［任命各部门的负责人（秘书）为内阁的成员］，以及在现有的内阁职位下建立新的机构或部门（例如，1916 年 8 月 15 日制定的《国家公园管理法》设立了国家公园管理部门；1956 年制定的《鱼类和野生动

```
                          ┌─────────────┐
                          │  起草法案    │
                          └─────────────┘
              ┌──────────────────────┴──────────────────────┐
     ┌─────────────────┐                          ┌─────────────────┐
     │  法案提交参议院  │                          │  法案提交众议院  │
     └─────────────────┘                          └─────────────────┘
     ┌─────────────────┐                          ┌─────────────────┐
     │  法案提交委员会  │                          │  法案提交委员会  │
     └─────────────────┘                          └─────────────────┘
     ┌─────────────────┐                          ┌─────────────────┐
     │ 举办该法案的听证会│                          │ 举办该法案的听证会│
     └─────────────────┘                          └─────────────────┘
     ┌─────────────────┐                          ┌─────────────────┐
     │  委员会修订条例  │                          │  委员会修订条例  │
     │ 草案(修订和投票) │                          │ 草案(修订和投票) │
     └─────────────────┘                          └─────────────────┘
     ┌─────────────────┐                          ┌─────────────────┐
     │  委员会上报法案  │                          │  委员会上报法案  │
     └─────────────────┘                          └─────────────────┘
     ┌─────────────────┐                          ┌─────────────────┐
     │ 对法案进行辩论/投票│                         │ 对法案进行辩论/投票│
     └─────────────────┘                          └─────────────────┘
              └──────────────┐          ┌──────────────┘
                    ┌────────────────────────────────┐
                    │              会议               │
                    │ 参、众两院必须通过相同版本的法案。│
                    │ 可以召开会议来解决参、众两院版本之│
                    │           间的差异              │
                    └────────────────────────────────┘
                    ┌────────────────────────────────┐
                    │ 总统签署或否决该法案。如果签署,   │
                    │ 或者国会推翻总统的否决权,该法     │
                    │        案将成为法律              │
                    └────────────────────────────────┘
```

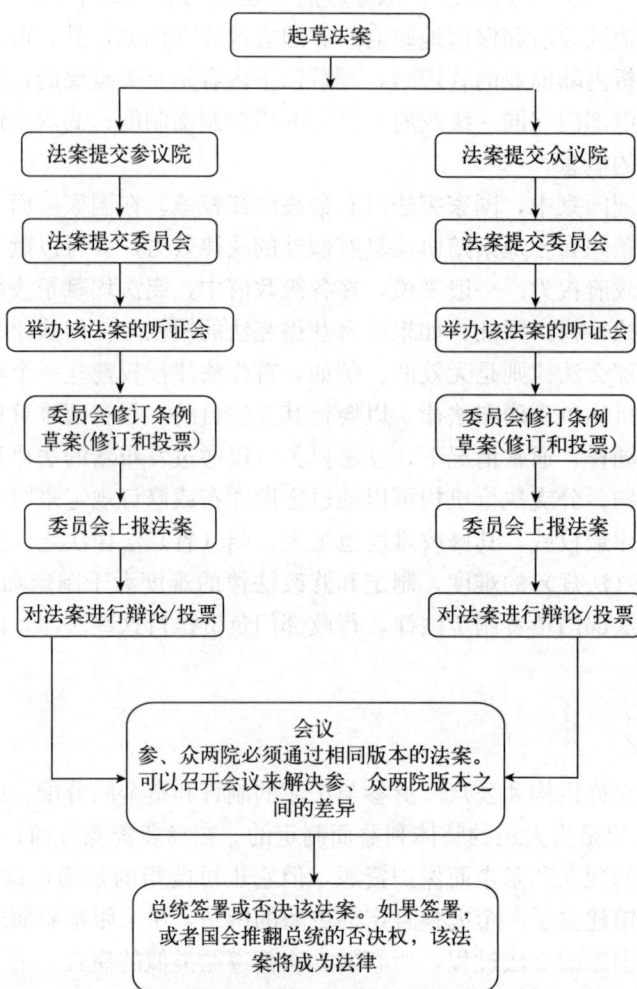

图 4.1　从理念到法律:美国如何制定联邦法律（制定州法律也遵循类似的程序）

物法》在内政部设立了美国鱼类和野生动物管理部门），或者成立新的独立机构［如环境保护局（环保局）］。正如美国的立法机关设立美国鱼类和野生动物管理部门一样，次级国家立法机关能够建立州、省级或部落级鱼类和野生动物管理部门，这些部门的任务包括在现在和未来保护和管理州（或省或部落）的渔业资源。

实体法制定新的计划，这些计划由现有的一个或多个政府机构来执行。《濒危物种法》（ESA，表框 4.1）和《洁净水法》（CWA）是规定美国鱼类和野生动物管理局及环境保护局分配权利的众多实体法中的代表法案。通常情况下，实体法指定一定年限的法定授权资金或拨款。当一项计划的授权拨款到期时，根据传统做法，相关的国会委员会将每 5 年重新评估此方案，以及此方案管理和重新授权或修改实体法的方式——他们往往通过在立法后面附上"日落条款"来实现这一目标。立法机关定期修改组织法，修改或制定附加的实体法，赋予机构额外的责任。另外，每年通过拨款资助机构制定的计划执行。

4.2.2　行政部门

宪法确定了行政部门的组成和该机构的主要负责人（例如，总统或州长），以及规定此行政部门最小的机构或部门。主要负责人通常具有独立于立法机关的权力，能够签发行政命令来执行或解释宪法、条约或法律。

行政部门根据法律确定自己的权利，并颁布规则来解释或实施组织法定权力或实质法定权力（Ballweber and Jackson，1996；Nylander，2006）。立法机关根据机构的规则制定方式和更详细的科学或经济信息来完善法律。例如，当一项法规授权渔业机构管理内陆渔业时，此渔业机构将会根据规则制定办法确定淡旺季、渔网限制，以及其他渔业管理法规（见 4.4.2.1）。在加拿大，渔业管理条例由内阁根据委员会的命令制定。就像立法机构编纂和组织章程一样，联邦机构也发布关于加拿大加泽尔或联邦纪事的信息（美国）、编纂和组织《法定法案》，《加拿大法规》或《美国联邦法规》的规则。大多数州、省和部落均采取了类似的模式——在指定的电子政务网站中可以查询。

4.2.2.1　法规的颁布

我们需要认识到——一个机构颁布的组织法律或实体法律可能包含一些程序要求，也有行政法律机构不需要授予任何具体的新权力，但规定此机构如何使用其权限。顾名思义，美国的《国家行政程序法》，①要求政府机构让大众了解他们的组织、程序和规则；②在非正式的规则制定过程中邀请公众参与；③为正式的规则制定统一标准规定（Nylander，2006）。州里的渔业机构普遍遵循上述三步流程颁布或修改法规。

表框 4.1　濒危物种法

Paul　Hartfield

美国鱼类和野生动物管理局，杰克逊，密西西比州

美国《濒危物种法》（ESA）的目的是保护濒危物种和它们赖以生存的生态系统。美国《濒危物种法》将"保护"定义为保护任何（美国《濒危物种法》所列载）濒危物种或受到威胁的物种的所有方法和措施，直到上述物种不需要再受到美国《濒危物种法》的保护。这些措施包括研究、普查、执法，以及与科学资源管理相关的栖息地获取和维护、繁殖、捕捞、运输和任何其他活动。因此保护美国《濒危物种法》所列载的物种包括保护和恢复上述物种的数量，直到上述物种不需要《濒危物种法》的保护。

截至 2008 年，美国有 74 种鱼类被列为濒危物种，65 种鱼类被列为受威胁的物种。濒危物种指的是在可预见的未来可能会灭绝的物种，受到威胁的物种指的是可能会成为濒危物种的物种。美国制定了恢复上述鱼类种群的目标和任务计划。通过高水平的研究和管理，所有濒危和受威胁的鱼类才能获得保护，这其中专业渔业生物学家的参与是必不可少的。

美国《濒危物种法》提供了多种保护濒危物种的方法，这些方法可能需要以研究为导向的渔业生物学家参与。美国《濒危物种法》第 4 章指出美国鱼类和野生动物管理局（USFWS）负责制定和实施保护及恢复被列入美国《濒危物种法》的濒危物种和受威胁物种的方案，并且特别授权美国鱼类和野生动物管理局寻求公共机构、私人机构和其他有资质的人员的适当的协助和管理。恢复计划包含计划的目标，拟恢复物种的恢复标准，以及描述保护物种所需的特定地点的管理措施。制定濒危或受威

（续）

胁鱼类的恢复计划需要了解物种的分类、分布、统计学特点和生活史，以及这些物种受到的威胁程度。恢复物种可能需要采用调查方法和技术，统计学、遗传学、孵化场或栖息地管理。

美国《濒危物种法》第6章指出美国鱼类和野生动物管理局需要与各州合作，共同保护濒危物种和受威胁物种，包括帮助各州制定保护计划，获取土地或水生栖息地，并为实施此计划提供财政援助。目前，所有州均与美国鱼类和野生动物管理局签订了合作协议，保护美国《濒危物种法》所列载的栖息于该州境内的濒危物种和受威胁物种。根据第6章的规定，各州根据其所在州的濒危物种和受威胁物种的数量制定年度预算。各州在与美国鱼类和野生动物管理局办事处及区域办事处协商后，可以根据第6章拨款，用于调查、监测和实施具体的研究项目，或完成其他与任何一种鱼或其他濒危物种和受威胁物种的恢复相关的任务。提案通常可提交至某州资源机构的非游钓或濒危物种部门或某州鱼类和野生动物管理局办事处。

美国《濒危物种法》的第7章提出了另一种恢复濒危和受威胁物种的方法。该章节要求所有联邦机构使用他们的权利执行保护（即恢复）濒危和受威胁物种的计划。第7章（a）（2）要求联邦机构避免采取、资助或者许可任何危及濒危和受威胁物种的持续生存的行为措施。第7章规定了联邦机构的责任，他们不仅应保护濒危和受威胁物种，而且还需要恢复濒危和受威胁物种。对濒临灭绝或受威胁物种的影响越大的机构活动和计划在其中发挥的作用也会越大。遵守第7章的各个规定（例如，调查、生物评估、避免危害、减轻危害和监测）需要了解濒临灭绝或受威胁物种的分布、统计学特征、生命史或污染物敏感性。联邦机构往往缺乏上述专业知识，渔业专业人士在填补这些信息方面发挥着重要作用。许多联邦机构，包括美国陆军工程兵团、环保局、联邦公路局、美国农业部林务局、自然资源保护局和土地管理局参与了美国《濒危物种法》所列载的濒危和受威胁鱼类的保护。

熟悉区域内的美国《濒危物种法》所列载的濒危和受威胁的鱼类，国家和地方联邦机构的活动，以及他们与这些物种的关系可能有助于专业人士更好地探求其研究和管理。物种名单、恢复计划、联邦纪事的出版物，以及濒危物种数据库系统的链接参见 http://www.fivs.gov/endangered。

在众多行政法案中，只有两种行政法案与渔业管理有着特别密切的联系。美国的《国家环境政策法》（NEPA）和《鱼类和野生动物协调法》（FWCA）确保所有联邦机构能够清楚地考虑他们提出的活动对自然资源包括渔业造成的影响。同样，加拿大的《渔业法》要求任何想要破坏鱼类栖息地或从事捕鱼的人员必须获取渔业和海洋部部长颁发的许可。《渔业法》适用于政府机构，并且对指导渔业和海洋部部长如何确定申请人是否应该获得"许可"提供方向。这些法案能够保障国家级别的渔业管理机构和州渔业管理机构有机会回顾和评议其他机构的行为（Ballweber and Jackson，1996）。这些磋商程序和合作要求为正式将渔业管理问题纳入跨部门和联邦国家流域生态系统管理工作中提供了方法。

委员会（或专员）负责监督州内部的鱼类和野生动物管理部门，所以委员会也负责回答规则制定方面的技术问题。例如，为什么一个规定（规则）是必要的，以及这个规定（规则）的内容应该是什么。通常情况下，委员会拥有批准或不批准任何拟议的规则的最终权威。大多数州规则的制定过程类似于表框4.2和图4.2所描述的亚利桑那州规则的制定过程。4.4.2.1提供了有关规则制定方面的附加信息，而第7章更加深入地讨论了渔业监管过程。

表框 4.2　亚利桑那州游钓和渔业委员会的立法程序

我们以一个州（即亚利桑那州）的渔业管理框架为例来帮助读者更好地了解相关的法律体系及其执行过程。虽然各州情况有所不同，但这是个比较典型的例子。亚利桑那州宪法不是专门针对渔业管理的，但是立法机关声称亚利桑那州的鱼类和野生动物是州立财产。游钓和渔业委员会（AGFC）由 5 位成员组成，该委员会负责管理该州的鱼类和野生动物。5 位委员由州长任命，并经州议会同意，任期 5 年。该委员会负责指导亚利桑那州的游钓和渔业管理部门，并聘用该游钓和渔业管理部门的负责人。游钓和渔业委员会的主要责任包括：

1. 制定可以有效实施《游钓和渔业法》（*Game and Fish Act*）的规范。
2. 建立广泛的政策和长期计划，以管理、保护及捕获鱼类和野生动物。
3. 制定捕鱼规则，规定捕捞野生动物的方式和方法。
4. 野生动物保护法相关执法。
5. 发布有关野生动物和其他部门活动的公开信息。
6. 制定包括拨款、许可证收入、赠予或其他来源的所有经费的支出规定。
7. 充分执行和行使其他与法案相关的权利和义务，包括财政事务的权力和职责。
8. 配合亚利桑那州-墨西哥管理委员会和本州大学的研究人员，收集美国和墨西哥委员会的职责范围内的涉及亚利桑那州生活质量、贸易和经济发展的相关数据及开展项目的情况。

除游钓和渔业委员会的主要责任，立法还要求委员会与亚利桑那州水资源署署长协调相关工作，包括：①涉及水利开发和利用的修复项目；②减少对野生动物有害的污染；③亚利桑那州水资源署未来计划中涉及鱼类和野生动物保护的工作。此外，该亚利桑那州游钓和渔业委员会有权根据亚利桑那州水资源主管的要求对鱼类和野生动物资源及活动项目进行指导。

除了上述强制性责任外，该法案还赋予亚利桑那州游钓和渔业委员会一定的自由裁量权：

1. 进行调查、询问或听证的权利。
2. 建立游钓管理单位或野生动物管理避难所。
3. 建设并经营鱼类孵化场、钓鱼湖或与鱼类和野生动物保护及繁殖的其他设施。
4. 去除或允许从公共或私人水域中移除妨碍食用鱼类和游钓鱼类繁殖的鱼类。
5. 购买、出售水生野生动物，以对公共或私人水域或陆地的水生野生动物进行增殖，或者用来开展与公众利益相关的或与保护相关的科研，繁殖和种群恢复。
6. 与联邦政府、其他州或者州内的其他单位，以及私人组织签署协议来建设和运转设施，开展生产管理研究，制定相关措施或程序，以保护野生动物及其繁殖，同时支付这些协议产生的其他费用。
7. 制定野生动物的买卖、贸易、进口、出口或占有等规定或规则。
8. 考虑到对资源依赖型社区和小商业的短期及长期影响（包括正面和负面影响），州内的野生动物管理、保护和相关捕捞活动，可召开公众听证会，来听取利益相关者的书面或口头意见。

亚利桑那州游钓和渔业委员会也与其他相关方一起参与科罗拉多河下游多物种保护的事项，其中包括收取和支付法律授权的任何款项。在州长的批准下，亚利桑那州游钓和渔业委员会可能需要土地或水建立鱼类孵化场、水生动物养殖场、游钓场、水库或钓鱼水域。这反映了政府部门之间的制衡，允许亚利桑那州游钓和渔业委员会征用 65 hm² 以上的土地，将事先获得立法机关批准的土地（160 亩 *）用于这些目的。此外，出售或出租获得的财产都要存入水生动物和鱼类的基金。

此外，法定权威反映了亚利桑那州游钓和渔业委员会与美国鱼类和野生动物管理局的关系。特

---

* 1 亩 ≈ 667 m²。

（续）

别指出的是，得到亚利桑那州游钓和渔业委员会批准后，美国鱼类和野生动物管理局才可以进行鱼类孵化、鱼类养殖及相关操作，包括获得土地。然而，亚利桑那州立法机构还明确宣称其主权，确保此次合作不会给美国鱼类和野生动物管理局任何干涉部门活动或设施的权力，也不许违反与公共卫生或水权有关的任何亚利桑那州法律。

亚利桑那州行政程序法明确了亚利桑那州游钓和渔业委员会以及渔业法实体权威的角色和责任。此外，州长监管规则委员会要求对亚利桑那州游钓和渔业委员会规则进行影响评估。类似于美国联邦法规，在亚利桑那州《行政法典》中组织和编纂了亚利桑那州规则。根据亚利桑那州的通知和评论规则制定过程，亚利桑那州游钓和渔业委员会讨论这些规则。设置季节类型程序（如捕捞和放捕，人工放流和增殖）和特殊的收集方法（如射箭）在亚利桑那州《行政法典》中都有规定。亚利桑那州游钓和渔业委员会写入亚利桑那州《行政法典》的规则包括：

采取合法方法捕捞水生野生动物。

采取合法方法捕捞鱼类。

采取合法方法捕捞、运输或进口活饵鱼，小龙虾等。

在合法季节捕捞鱼类、软体动物、甲壳动物、两栖动物和水生爬行动物。

水生野生动物放流许可权。

活饵经销商执照。

草鱼放流和持有许可权。

亚利桑那州游钓和渔业委员会使用严格的程序来发布亚利桑那州游钓和渔业委员会秩序，严格限制捕捞季节，并在每一年或者每两年基础上设定承包和所有权。

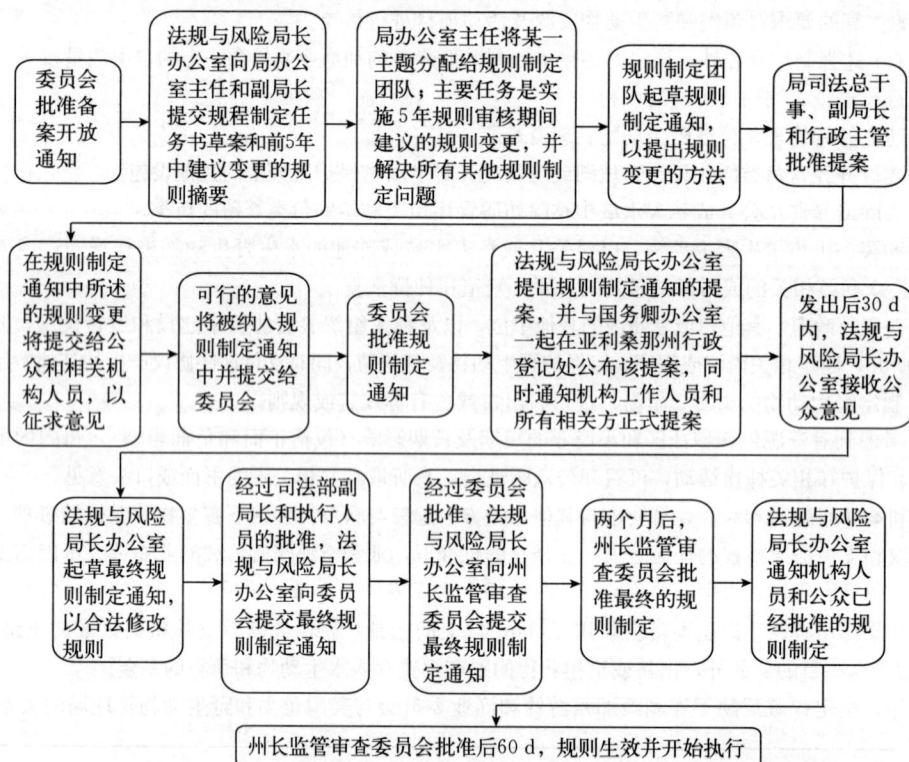

图4.2 亚利桑那州游钓和渔业委员会的规则制定过程，该规程也适用于其他州

4.2.2.2　渔业管理资金来源机制

由于筹资机制和筹资来源各不相同，国家与地方鱼类和渔业管理机构是比较特别的政府机构。大多数州（但并非所有州）至少会从国家税收产生的总收入中获得一些立法拨款。大多数州的资金来源主要是游钓执照收入、进入公共游钓区的门票费和一部分来自销售游钓相关产品的附加税的专项基金（表框 4.3）。用游钓者的钱来保护非游钓鱼类以及其他水生生物历来就有争议。目前，也有专项资金用于保护非游钓鱼类种群（表框 4.4）。

表框 4.3　游钓鱼类修复计划

在美国，捕捞证的销售收入给各州渔业管理提供了大量资金，但《联邦援助游钓鱼类修复计划》（SFRP）的资金也是州渔业管理资金的重要来源。SFRP 是用户付费——用户受益税的很好的示例，这个计划使得垂钓者、渔业管理部门和游钓业之间建立了强大的合作伙伴关系。

参照野生动物管理的程序，SFRP 颁布于 1950 年，称为《Dingell - Johnson 条例》，以立法的众议员和参议员的名字命名。原始条例在杆、卷轴、筒子架、鱼饵和相关渔具方面增加了 10% 的附加税。收入存入专用账户，根据垂钓者、土地和水域数量分配到各州。史重要的是，该法案规定确保国家捕捞许可权收入没有被转移到其他非渔业用途。

该法案自颁布以来已修改了 4 次，1984 年，Wallop - Breaux 修订案创建了水资源信托基金。该基金包括两个方面：船安全账户与游钓鱼类恢复账户。修订案通过扩大原有消费税提高税收注入该基金，包括：①几乎所有的渔具和设备项目；②美国联邦燃油税用于摩托艇的燃料支付的一部分；③渔船和船的进口关税。Wallop - Breaux 修订案颁布的一年之后，SFRP 为渔业提供资金从 1985 年的 3 800 万美元，增加到 1986 年的 1.22 亿美元，除了明显的好处外，还有更多资金用于国家渔业管理工作，该修正案规定增加船舶停靠设施投入，增加水生资源宣传教育经费，并且要求把握海水和淡水渔业管理所需经费平衡。随着信托基金地位上升，这两个账户也产生了可观的收入。

1990 年的修订案把小型汽油发动机的联邦燃油税（例如，割草机、扫雪机和修剪器）从公路信托基金转移到游钓鱼类恢复账户上，立法把专项资金从游钓鱼类恢复账户中转移到国家湿地计划上。国家湿地计划资金数额接近小型汽油发动机税收金额。

1992 年的修订案创建了游钓鱼类修复计划基金更公平的分配方式，提供了船用泵出设施处理船上污水的资金，划船通路和设施资金从 10% 提高到 12.5%，增加了 SFRP 基金中对水生资源相关宣传和教育经费。

1998 年的修订案增加了摩托艇和小型汽油发动机的燃油税款项，为划船设施和非可用拖车运输船只外联和通信分配了新基金。

2008 年，可用于协调淡水和沿海海洋渔业管理的资金近 4 亿美元。这些资金按照土地和水域面积（包括海湾和大湖水面）分配给各州和地区。这个分配以全美陆地和水域总面积的比例（总资金的 40%）和付费捕鱼许可证持有人数目的比例（总资金的 60%）为依据。任何州的分摊额不得超过总分摊额的 5% 且不得少于总分摊额的 1%。此外，波多黎各获得了总分摊额的 1%，哥伦比亚特区和美国领地（美属萨摩亚、关岛、北马里亚纳群岛和美属维尔京群岛）每个地区收到了总分摊额 1% 的 1/3。这些资金可用于支付高达 75% 的渔业管理和其他允许活动，但必须配置 25% 的资金，包括非联邦来源的"实物"捐款。对于这些资金的开支有大量规定。

SFRP 为美国渔业管理提供了大量资金。SFRP 实现了财政规模的增长，支持了合作伙伴，并帮助机构和利益集团获得了资金。这种增长有助于确保其计划达成。

表框 4.4　州野生动物补助

Walter Hubbard
全美奥杜邦协会，密西西比，霍利泉

渔业管理中的一个长期问题是保护和管理的需求时常存在冲突。如果将渔业管理定义为"渔业资源的合理利用与物种的保护协同发展"，这似乎不是问题，但是从财政角度来看，保护还是管理成了难题。虽然可以从不同的角度来分析，但渔业管理者很难证明用休闲渔业的收益从事敏感或濒危物种或栖息地保护的合理性（表框 4.3）。

为了解决给鱼类和野生动物保护提供必要经费的问题，美国国会于 2002 年创建了《州野生动物基金计划》，强制要求每个州制定保护野生动物和鱼类的策略，以最大限度地保护野生动物和鱼类。批准的国家战略称为野生动物行动计划，于 2005 年获国家野生动物基金计划支持。尽管国家野生动物基金计划只支持动物，这些动物关键栖息地的保育工作仍有资格获得经费。

由州野生动物基金计划设计的野生动物行动计划为达到其保护愿景需要获得合作伙伴的支持。野生动物行动计划具体包括：①物种分布和丰度信息；②关键栖息地描述；③优先研究和调查需求；④保护行动的实施优先权；⑤保护行动有效性评估；⑥定期计划回顾；⑦各机构和组织之间的协调；⑧广泛的公众参与。这些基于广泛的地理知识和各种专业学科的规划准则对于水生植物也是适用的，威胁和影响水生植物的因素往往都在流域尺度范围内。

伙伴关系也有助于国家野生动物基金计划补充经费，野生动物管理计划要求非联邦提供 25% 的赠款。国家野生动物保护计划真正努力的目的是实施，实施过程需要 50% 的非联邦资金赞助。在更多组织之间分享劳动力和财政资源有助于分摊成本以及更有意义、更有成效地完成项目。

4.2.3　司法部门

与其他两个政府部门不同，司法部门基本上不受公众影响和也没有政治上的压力。此外，国家级别的司法部门的直接权力，除了刑事审判外，主要是解决其他两个部门之间的政府、国家和地方各级政府、个人和政府的纠纷。与渔业及其他自然资源有关的政府各部门与政府层级之间、国家与地方政府之间和不同地方政府之间的变化关系使得渔业在联邦法院受到了越来越多的诉讼。

4.3　政府内陆渔业管理局的历史基础

许多北美洲有关野生动物包括鱼类以及河岸和海边的法律（河岸和海岸法）都是从古罗马时代继承而来的。美国和加拿大总体遵从早期英国普通法修正的原则。普通法不基于任何明示立法设定，而是由改革前或独立前适用于政府保护人民和财产的英国判例法构成（司法判决）的。另外，墨西哥的法律源于民法为代表的古罗马法典。时至今日，法院也会引用古罗马法律条文作为其裁决的先例和依据（Adams，1993）。

古罗马传统法律中的"物法"是北美法律制度中渔业管理权的基础。罗马人承认两类事物：私有财产和公共财产。公共财产有几个额外类别，如公路、河流和港口、剧院、大学和其他公共机构。罗马人也承认某些财产，如空气和水，是所有人共同拥有的。同样，鱼类和非家养野生动物也是公共资源，不属于任何人所有。中央政府拥有一些公共财产，如公路和公共建筑，像私人业主一样可以出售这些资产。然而，政府持有的资源，如海岸和通航河流，应作为公众利益，这些资源不能转移为私有制。鱼类和野生动物属于公共利益范围（Etling，1973；Adams，1993）。这些规定是由皇帝 Justinian 和他的继任者在一系列工作中制定的，通常称为民法大全，是民事法律体系的基础。

　　水与土地之间的模糊边界一直是私人和公共利益交错的复杂问题。河流的进入权，特别是那些可用于航海和商业的河流一直被看作公共权利（公法），其所有权不可转让。通常，岸边延伸到内陆至河流涨潮所达到的最高点，一般向所有人开放且不可私有（Adams，1993）。然而，如果符合公共利益且获得了政府批准，可以在滩地岸边建立私人设施。时至今日，有关湿地法规和在 100 年河漫滩上的建设相关的法规仍在完善中。另一个备受争议的问题是公众水域的概念，当土地暂时被附近的河流或溪流淹没时，或当水体在通航水域被陆地隔离时，在涨水期间与通航水相连时，可以允许公众将其作为私人财产。

　　从罗马帝国的衰落直到 1215 年大宪章的到来，在欧洲罗马传统转变成了君主权利。野生动物不再是无主物而成为从君主那里获得土地的所有权者的财产。随着政府权力成为权威，在普通法中再度出现公共信托或共同所有权来保护所有受检者使用捕鱼、交易和其他用途的一般权利（Sax，1970）。

　　这些古老戒律在北美洲作为"公共信托"，适用于某些特定地区（水体与陆地的临时分界）的某些资源，如鱼、家禽和野味。新泽西最高法院在 1821 年的案件中给出了公共信托最简洁的陈述："港口、海湾、海岸的水包括水和地下水，将其用于进入、航行、钓鱼、捕鸟、获取食物或其他用途时必须服从法律规定"。这种用途受制于政府、监管或管理，以造福当前和未来几代人。

　　简而言之，公共信托包括两个要素：①海洋和通航河流及河床的地理限制（对于沿海海岸和潮落地区的潮流；高地河流到普通高水位线）；②商务、钓鱼、捕鸟等传统用途。随着时间的推移，法院和立法机构显著扩大了公共信托的地理范围和允许使用的范围（Sax，1970；Lazarus，1986）。除了公共信托，国际和州际河流及湖泊的公共航行权的概念在美国法律体系中产生了巨大反响，国家政府拥有最高级别的"航行权"来管制这些河流和湖泊内的水域，以促进和保护商业航行。另外，各州拥有主权管理被水体淹没的河床（Lazarus，1986）。许多长期存在的湿地争议源于有关美国水域的地理范围的公法定义。在加拿大，公众捕鱼权只限于潮汐水域；其他捕鱼权归属于水域所有者。在大多数情况下，河床归王室所有（通常指省），大多数省级立法机构已通过法案将王室土地视为公共信托。

4.4　北美主要内陆渔业管理结构

　　从法律角度来说，渔业管理者的工作主要是调控人类活动、他们的机构、栖息地的各方面，以达到保护和增强鱼类种群和群落的目的（Coggins and Ward，1981）。本部分首先分析了北美政府的基本结构和政府对渔业管理责任的历史基础，然后分析了渔业管理在各级政府之间的协调与分配问题。

　　国家宪法是最高法律，但这并不意味着国家政府拥有至高无上的权力。无论国家和地方之间的明显层次结构如何，国家宪法在各级政府管理渔业或鱼类栖息地的不同问题上都赋予其某种程度的权利。因此，根据北美洲的宪法制度，自然资源和环境管理局的权力可大致归类为国家权力、地方权力和国家及地方共享权力。

4.4.1 国家内陆渔业管理局

1927 年的《墨西哥宪法》（第 27 条）和 1867 年的《加拿大宪法法案》（第 91 条）解决了国家和地方之间渔业管理权的分配问题。相反，《美国宪法》没有提到鱼类和野生动物，尽管未明确提及，美国国会的一些表述暗含了渔业管理权的分配问题。具体来说，国会在其明示权利下宣称了国家渔业管理责任：①管理国际及州际贸易；②与其他国家及原住民部落制定条约；③管理和保护属于美国的财产。

国际关系只属于国家政府职能范围内，鱼类和鱼类迁徙经常发生在跨界水域，因此通常成为国际条约和州际管理契约的主体内容。加拿大、墨西哥和美国包括渔业管理在内的共同关心的各种问题上有共同合作的历史。北美洲国家中的许多双边和多边协定都反映了这一点，具体包括以下内容：

① 1954 年，加拿大和美国签署了《双边大湖渔业公约》，建立了大湖渔业委员会，以管理大湖内的海七鳃鳗并制定了适当措施。该条约随后被用于协调其他州和省级渔业管理活动。

② 墨西哥和美国于 1944 年 2 月 3 日签订了《关于利用科罗拉多和蒂华纳河和里奥格兰德水域的条约》（称为《1944 水资源利用条约》）。

③ 加拿大、墨西哥和美国加入了《西半球自然保护和野生动物保护公约》（1940 年），也被称为《西半球公约》。

④ 加拿大、墨西哥和美国为北美合作环境下于 1992 年 12 月 17 日签订了《北美自由贸易协定》（简称 NAFTA 环境或补充协议）。三方于 1993 年 9 月 13 日设立了一个鼓励和监督 3 个《北美自由贸易协定》国家的环境执法监督会，并建立了三方合作委员会。

尽管一些国家和许多州有具体针对鱼类和野生动物的法律，《美国宪法》却不属于这种情况；因此，任何联邦政府管理鱼类和野生生物或其栖息地都是隐含的或源于一种明示的宪法权力（Coggins and Ward, 1981; Adams, 1993）。例如，商务条款源于 1900 年《莱西法案》的条例，其中禁止违反国家、部落或国家法律对鱼类和野生动植物进行占有、运输、出售、进口、出口等活动。《莱西法案》仍是一项执行国际、国家、部落和州渔猎法的重要刑事法规。加拿大通过《野生动植物保护国际及省际贸易法》履行了这项义务。美国国会利用其财产权授权购买鱼类和野生动物栖息地（例如，《国家野生动物保护系统管理法》和《候鸟保护法》）。与加拿大相似，1917 年的《候鸟公约法》允许加拿大政府通过和实施法规把保护候鸟列入该公约。最后，美国国会建立了各种专门的可与各州分享的资金渠道，用于资助购买鱼类和野生动物栖息地（例如，水地和水资源保护基金）。了解影响鱼类和渔业管理的冗长法律清单是所有渔业管理机构都有律师的原因。

4.4.2 地方内陆渔业管理局

实践中，在国家和地方政府的角色及职责中，看似清晰的渔业管理部门法律划分往往变得模糊。渔业管理和法规的大部分都在省、州或部落范围内制定。各省、州和许多部落政府都有完备的网站可以随时查阅法规和代理规则。

根据《加拿大宪法》，联邦和省政府可共享保护和管理渔业的权力。国家政府对海岸和陆上渔业有管辖权，同时省级政府拥有财产权、公民权和省域公共土地管理权。司法机关对联邦政府职责的解释没有延伸到处理捕鱼权的所有权，但是规定了国家政府的管理或控制部门如何行使保护加拿大人的总体利益的权力。加拿大渔业部（国家渔业管理局）确定总可捕量，各省负责决定谁可以捕鱼以及如何分配捕捞配额。省级权利包括鱼类资源的所有权或管理权。实际上，政府可将一些责任委托给其他政府部门。

加拿大渔业部管理鱼类和其他海洋生物物种的收入，各省环境和野生动物部门对其他野生动物都具有管理权，包括濒于灭绝的物种和省级野生动物法案指定野生动物区以保护重要野生动物种群的权力。联邦政府通过加拿大环境野生动物局管理候鸟和其他迁徙物种及其他受威胁物种。

在美国，各州在传统上有广泛的权力来规范和管理他们的鱼类和野生动物资源。在美国的所有州和大多数部落都有鱼类和野生动物管理部门，或者一些类似机构来规范狩猎和捕鱼活动、管理边境范围内的国家野生动物保护区。虽然渔业管理主要是国家和地方活动，但是国家与地方政府权力的正式平衡是灵活的并且根据特定问题和地理区域有所区别 (Coggins，1980)。例如，州政府为垂钓者在荒野地区养鱼的努力可能符合联邦荒野地区的生态或社会价值观。联邦机构可能更倾向于只在这些地区放养本地鱼类，然而州可能更倾向于饲养外来观赏鱼类，但是司法意见允许联邦机构直接参与荒野地区放养工作 (Landres et al.，2001)。

4.4.2.1　国家和各州权利

美国最高法院裁定各州有权管理受限于某些国家宪法的内陆渔业。与国家级权力一样，州法律在政府行政部门创建了一个机构来管理鱼类和野生动物资源，以供现在和未来公民使用。为了实现这一目标，渔业机构有权颁布国家法规背景下的规则或规例。例如，立法规定渔民可捕鱼，机构将颁布规则来规定钓鱼者捕鱼方式。分配给机构的监管权力范围在各州之间差别很大，但是许多渔业机构可设置许可权要求和捕获限制（例如，捕获限制、尺寸限制和季节限制）。立法机构可保留对机构决定的监督，在极端情况下，可颁布立法以推翻机构的管理决定［例如，取消或增加尺寸限制，或修订采取的方法（合法捕鱼方法）］。渔业管理者必须熟悉立法机关在其工作所在地的渔业代表机构的权利，从而确定渔业管理法律程序。表框 4.2 中列举了国家立法程序的一个例子。

在美国，州渔业机构在委员会指导下运作。各州委员会的规模和委员任期各不相同。除了密苏里州外，从公众中任命的委员要对法律规定条款有普遍了解。委员负责制定州管理政策，协助渔业机构执行该政策并作为该机构与委员会决策者之间的协调者。委员与渔业机构的管理人员，偶尔包括生物学家，会定期安排会议指导渔业机构工作。

4.4.2.2　部落和土著居民权利

部落和土著居民与州、省和国家政府的互动关系日益复杂，加拿大和美国都与部落政府实现了相互信任关系。但对于鱼类和野生动物管理的责任往往是有争议的，因为可能涉及文化与宗教，土著居民在满足这些文化或宗教需求时可能与国家鱼类和野生动物管理条例相冲突。

在美国，宪法和众多条约赋予了土著居民高度自治权，部落政府通常拥有与国家非常相似的权力。美国内政部印第安人事务局是负责落实保护土著部落责任的主要联邦机构。该机构的主要职责包括土著土地和自然资源的保护及发展，包括鱼类和野生动物、户外娱乐区、水和森林资源。在通常情况下，美洲土著部落不受州法律约束。

在加拿大，无论是联邦还是省级政府都有维护和保护土著居民权利的义务。从本质上讲，应由土著居民首先获得鱼类和野生动物资源，政府只能出于保护的理由限制土著居民的使用。此外，许多省级法律和许可不适用于国家最高级土地资源法，因为这些资源属于联邦财产。2008年，加拿大开始制定现代条约或土著居民土地索赔条约来规定鱼类和野生动物管理权利。

墨西哥的直辖市主要由土著居民居住，他们有不同的法律、宗教、语言和风俗习惯。墨西哥法律把这些土著群体作为少数民族进行特殊保护，但通常他们受联邦和州法律及规定约束。2001年8月，《墨西哥宪法》进行了一项"土著改革"，其中修改了一些包括对土著团体的特别规定的条款。承认墨西哥的多元文化组成是改革的重点之一，这才可以确保土著居民和社区的权利并可自主决定自己的社会、经济、政治和文化组织形式。

4.5　流域或生态系统管理框架内的内陆渔业管理

加拿大《渔业法》要求改变鱼类栖息地或捕捞鱼类时需要经过部长批准或授权，这为各个机构之间创建了合作机会以节约渔业资源。基于生态系统的管理在美国更具有挑战性，渔业管理者具有直接和卓越的权力来管理他们所管理的土地范围内的水生和陆生渔业生境（例如，国家野生动物保护区、美国陆军工程兵团或美国联邦农垦局周边的土地和由州渔业局管理的州属土地）。除了这些地理界限，渔业管理者和管理机构必须与其他联邦、州和地方机构以及私人土地所有者建立正式或非正式的伙伴关系，并在该机构的决策过程中高度代表渔业资源。简而言之，在直接管理的公共土地边界之外，渔业管理者和管理机构仅拥有间接权力，例如，影响其他机构监管和管理决策及影响渔业的《国家环境政策法》(NEPA)和《联邦水污染控制法》(FWCA)(Ballweber and Jackson, 1996)。如第3章所述，越来越多的人认识到沿天然流域或生态系统边界整合水、土地和生活资源管理的重要性。虽然这些行动不是也不应该以渔业为中心，但他们为渔业管理人员提供了提出渔业需求的机会，这些渔业需求整合到管理中后可以影响州政府和联邦政府管辖范围以外的关键渔业栖息地的管理从而为渔业服务。

4.6　水

水质和供水量对鱼类和有价值的商业及休闲渔业至关重要。水质和供水量是影响渔业决定的因素之一，但很少是决定性的或最重要的因素。在加拿大，《渔业法》规定水质和供水量控制权属于联邦渔业局。在美国，水质和供水量管理权力分配到各级政府和联邦、部落和国家各级不同机构。如表框4.1中所述，渔业机构并不负责设置水质或供水量标准。尽管如此，渔业从业者应提供指导，尽可能确保渔业影响，以将水质或供水量等因素应记录下来，并公平地在联邦或州机构或法院提交给其他决策者。

4.6.1　水质

一系列潜在的影响水质的因素，包括污染物（如毒素、淤泥、病原体和营养物质）、热浓缩物（加热排放，但除了其他清洁或安全水）对渔业管理提出了挑战。水质污染物通常按其来源分类。顾名思义，点源污染物是那些从清晰可辨源头，如管道或沟渠进入水体的可以追溯到责任方的污染物。非点源污染物是来自其他地方的污染物，点源污染物相对容易监测和管理，但是非点源污染物则难归咎其源头，更难调控。

在加拿大，《渔业法》规定了污染物的排放标准，各省制定了类似的法律以防止污染。在美国，1972 年制定了《清洁水法》（CWA）来恢复和维持国家地表水的化学、物理和生物完整性。简而言之，《清洁水法》旨在建立水质标准可以确保"饮用的、钓鱼的和游泳的"水域安全。为了完成这个目标，CWA 禁止在未经许可的情况下将污染物排放到美国水域。最普遍的两种许可计划为：①美国环境保护局的国家污染物排放消除系统，通常授权给各州管理点源排放的机构；②美国陆军工程兵团湿地许可计划控制疏浚和填充材料排放到"美国水域"。

美国联邦《清洁水法》通过国家污染物排放消除系统控制点源污染在恢复水质方面取得了重大进展。不幸的是，许多水质问题对生产性渔业产生了不利影响，如由非点源污染物造成的沉积与富营养化就在美国联邦《清洁水法》的监管范围之外。

持续改善水质将要求大力解决这些非点源水污染。解决非点源水污染最有效的机制是土地利用最佳管理措施、规划、分区和建筑规范。然而，这些活动通常由县、市政府或机构执行。无论是点源污染物还是非点源污染物，水质是分水岭问题，往往需要跨部门协作来进行整体调节。民事和刑事处罚可以用来确保个别处水质符合标准，但是渔业管理制度应在有关鱼类水质和栖息地问题的机构间的磋商中发挥更积极的作用。在加拿大，自然资源机构在必要时可以解决渔业问题，在实际生活中可以优先解决水质和供水量的问题。

4.6.2　供水量

供水量是渔业健康的另一重要部分。可以预期，越来越多的鱼类和渔业栖息地需要与农业、市政和工业利益相竞争，全球气候变化导致的降水模式的预测变化可能会增加对水资源的竞争。水资源分配不是新问题，水资源分配主要取决于州、省或部落法。以美国州际水域为例，经过在各州之间进行多边契约后再由国会批准。随着水资源竞争加剧，美国水权变得越来越有争议且复杂，新的竞争需求和经常性竞争需求需要在部落和州的水法律制度下压缩州供水量（Tarlock et al.，2002）。例如，因为克拉马斯盆地俄勒冈部分水权没有确定，复垦的克拉马斯项目美国垦务局不能够合法阻止水权持有人行使他们的权利将水流转移到河流以外有益用途。结果就是当美国垦务局需要满足《濒危物种法》（ESA）要求为联邦政府列出的加利福尼亚州和俄勒冈州的濒危物种提供最小生态基流和湖泊水位时，当局不得不通过抽取地下水和征收闲置土地来获取水，以提供生态基流并满足 ESA 的要求。当水电设施影响水资源时，联邦能源管理委员会需要确保考虑渔业用水需求（表框 4.5)。

因美国东西部发展基础不同，大致以西经 98°为分割点，美国水法是在此基础上制定的。从历史上看，这条线以东的州享有相当丰富的供水源，然而这条线以西的州经常需要忍受缺水的困扰。认识到这些截然不同的气候和水供应条件，为了保护私有水权需要建立两种不同类型的国家水法。

东部水法主要是将地表水使用权与相邻土地所有权联系起来的普通法原则。河岸水权不得单独出让或者转让。河岸所有者之间的水分配需要通过两个法律途径之一解决：①禁止任何河岸所有者使用水的自然流，以避免减少自然流从下游流向其他河岸土地的水流量；②合理使用，如果使用是合理的，那么在与下游河岸业主的权利发生冲突时，河岸业主有权改变水流量。

表框 4.5　水权与联邦能源管理委员会

Cindy Williamsi

美国鱼类和野生动物管理局，佐治亚州，亚特兰大

联邦能源管理委员会是美国电力、天然气、输油管道和水电行业的州际监管机构。能源项目办公室（原水电许可办公室）管理非联邦水电项目的生产和运营。1920 年，《联邦水力法》为联邦电力委员会提供了立法依据和国会授权，该委员会由战争、农业部长和内政部长指导。1930 年，联邦电力委员会重组为一个独立的委员会，由 5 名委员组成，1977 年《能源部组织法》设立了联邦能源管理委员会（以下简称委员会）。

委员会在批准水电设施开发和运营、内陆渔业管理方面发挥着重要作用。在发放水电设施许可证时，委员会必须权衡各种关系，包括电力和发展、节能、鱼类和野生动物（包括产卵场和栖息地）保护及增殖措施、提供休闲机会和保护环境之间的关系。每个许可证都包括保护受项目影响的鱼类和野生动物的措施。这些措施是根据美国鱼类和野生动物管理局、州鱼类和野生动物机构相关的《鱼类和野生动物协调法》提出的。如委员会认为某种措施与上述规定不一致，委员会可根据其"专业知识和法定职责"给予评价。按照商务部长或内政部长要求，委员会还负责授权建造、维护和运营鱼类通道设施。

水电许可证由委员会根据许可证申请发放给私人团体和市政当局，期限为 30～50 年。委员会根据《国家环境政策法》，对许可证申请进行独立分析。委员会必须确保项目最大限度地减少对环境的影响，并遵守适用州和联邦法律，如《清洁水法》《濒危物种法》《国家历史保护法》《海岸带管理法》和《风景河流法》，同时它还能产生经济上可行的水力发电。渔业以及水质和水量通常受水电建设和运行的影响最大。在许可证发放过程中，州和联邦鱼类、野生动物和水资源管理机构的初步审查及意见非常重要。许可证申请人应关注这些影响并采取适当的措施减少影响，这关系到许可证的发放与否。委员会将决定申请人是否提供了足够的信息，并以此作为颁发许可证的依据。申请人还须从所在州政府机构申请并获得《清洁水法》401 水质认证。州政府须在收到申请材料 12 个月之内提供水质认证材料。如在此时间范围内未提供证书，则视为州政府弃权，可省略此环节，继续发放许可证。此外，水力发电项目需要州批准引水和蓄水。若没有引水和蓄水权，水电站项目就没有保证。此外，现有的水权关系不能作为重新许可时不遵守水质法的借口。委员会工作人员根据《国家环境政策法》，作为独立分析并提出许可证要求的情况是很常见的。

维持自然水生系统所需的水量是一个基本但尚未解决的难题。1995 年，美国许多联邦、州鱼类和游钓机构参与了由美国鱼类和野生动物管理局资助的国家河道内水流评估项目。该评估比较了各州

（续）

> 河道流量，评估了现有和新兴的河道内流量标准。1998 年，该项目成立了河道内水流理事会。该理事会是一个非营利组织，包括联邦、州鱼类和野生动物管理机构。其宗旨是提高现有河道水流管理和相关政策的有效性，以保护水生资源。

美国西部水法将水权与土地所有权分开，这样可以保证远离水源的地区可从源头上将水源用于有益用途。根据优先拨款原则，第一个人（不考虑土地所有权）比所有后续申请人都有优先权，这通常被描述为"第一个来，第一个掌权"。在这种系统下，可以将水权出售、租赁或承包给其他各方。该制度可由特别法院或行政机构执行。此外，水必须被用于合理用途，否则可能没收其拨款，正如一个条款中规定的一样：利用它或失去它。在缺水的时候，可根据水资源分配的优先顺序在需要的人中间达到平衡。

还有一个体系通常被称为"河岸调控"，通过遵循合理使用要求结合河岸和优先拨款原则制定某种用水许可证。由于加利福尼亚水法最初源自该体系，这个体系也被称为加利福尼亚法则，并且加拿人也普遍采用此体系。

在水源短缺情况下，河岸系统（东部法则）可公平地实现所有河岸使用者权利，而现有的分配系统不顾低级使用者的权利，只保护高级使用者的权利。这种体系都有关键阶段，如由立法机关和法院定期制定、审查和修改的合理使用及合法使用程序。起初，有益用途仅仅局限于为采矿业、农业、制造业和供水业提供河流水和湖泊水。随着时间推移，州立法机关和法院扩大了有益用途，并认识到水资源可以提供河流水和湖泊水，也可提供娱乐、保护水流、保护鱼类和野生动物。

尽管国家水法有显著优势，但美国最高法院发现宪法规定意味着水权可能属于联邦政府，这就是所谓的联邦保留水权制度。在许多西方国家的优先拨款地区，河流和小溪的水源越来越被过度挪用。即使在多年正常降水条件下，也不能满足所有人对水源的需求。默示联邦水权原则允许联邦政府在联邦法院提起诉讼，要求为满足其预期目的的特定类型的联邦财产所需的水项拨款。这个概念在美国本土水权的背景下可能会比较好理解。基本上，由联邦政府建立的保留地区间接地意味着为部落保留水权或者占领保留必要的被搁置的土地。联邦的保留水权一直被用于各种其他联邦土地的征用中，如国家公园和荒野地区。魔鬼洞案就是一个很好的例子，它是 1972 年由美国政府提出的诉讼案件。内政部需要在内华达州死亡谷国家公园魔鬼洞部分保持泉水足够高的条件下，继续保证魔鬼洞的水源。1976 年，美国最高法院一致支持联邦政府保留水权，因此魔鬼洞的水源得到保留。

4.7　土地

因为土地可直接和间接影响水源，所以土地对于渔业是重要的。公共和私人的土地所有权（例如，森林、娱乐或住宅）或地理位置（城市、郊区或农村）显著影响水产养殖质量和数量，可在流经或流经该地区的水域中发现河岸栖息地以及任何渔场通路。各种公共土地资源管理机构通过机构间的"合作与协调"在特定流域或生态系统管理实施基础上实施他们的自由裁量权和众多的行政程序。对这些管理机制有一定的了解使渔业管理人员在这个过程中成为渔业资源有效地倡导者。就这个讨论而言，土地被大致归类为：①为了达到法律规定目标而设置公共管理机构；②私有财产虽然不用政府管理，但仍受到不同程度的公共监管。

4.7.1 公共或公有土地

在加拿大，各种国家级、省级和地方公共土地被称为公有土地。省级政府拥有 10 个省内的公共土地，联邦政府拥有 3 个地域内的公共土地。国家政府是美国境内最大的土地所有者，拥有接近 1/3 的国家领土（Adams，1993；Mansfield，1993）。各州拥有的公共土地数量各不相同，西部各州有最大的公共土地数量。国会作为这些土地的管理者可在多个机构中分配管理权或有权使用该土地。虽然联邦土地管理局往往管理多种土地兼容用途，但其法律规定的主要用途往往只有一个（例如，野生动物或国家公园），它通常决定哪个机构有管理土地的责任。此外，具体法律可指定优先管理权和特定于该属性的目标。许多公共土地，如鱼类和野生动物保护区、国家公园通常会向公众开放，为公众提供捕鱼机会。有些土地，如那些国防预留土地，可能会限制公共访问权并且限制渔业管理权。

1976 年颁布的《联邦土地政策和管理法》规定了美国土地管理局（BLM）及其土地管理实践在土地管理中实现多种用途和持续产量的复杂性提供了很好的例子。在《联邦土地政策和管理法》中，美国土地管理局必须清点全部或其土地，并制定土地利用计划：①反映多种用途和持续产量原则；②采取多学科的方法，包括物理、生物、经济和其他科学；③考虑现在和将来的潜在用途；④一般符合国家、地方和部落土地使用政策。除了《联邦土地政策和管理法》，1960 年多次使用《持续收益法》为美国土地管理局和美国森林服务部提供了另一个法定管辖的管理活动。一般性的美国土地管理局的活动与加拿大省和联邦直辖市的土地管理相一致。

多用途管理试图平衡公共土地上不同地表资源的用途，包括户外娱乐、放牧、采矿、伐木、流域保护、鱼类和野生动物保护。多用途并不一定使用给予最大的经济回报或最大单位产量的方法。然而，持续产量实现了并维持着每年或定期输出各种高水平可再生资源，公共土地上各种可再生资源的经常性产出与永久多次使用相一致。多个联邦和州机构以及公众面临的挑战是根据法定规定就如何实施新的跨学科管理制度达成共识，这才可以超过对单一资源管理的期望。

省或州政府有许多公共土地模式，可能包括开放空间和其他分类。每个州都有一个可以提供多样的保护效益和娱乐机会的保护区。此外，地方、县的公园和游乐场经常使用小型自然保护区或空地。尽管跨越多种机构的公共土地管理是碎片化的，但是基本决策过程大致相同。

4.7.2 私有土地

私有财产并非完全免受政府管制。作为一般规则，在加拿大各省和美国的许多州，地方和自治区政府通过《强制分区条例》来实施土地利用规划，从而对私有财产活动有最直接的管理权，在加拿大各省和许多美国州都执行《强制分区条例》。一些州采用全州土地利用计划，包括城市增长边界计划。在更多的农村地区，国家水土保持机构及其同等机构也可能有权根据水土保持需要通过和执行土地使用计划。虽然竞争激烈，联邦政府有一定的监管机制可以限制私人财产活动。例如，ESA 禁止占有濒危植物或动物，因为栖息地的改变可能会威胁到濒危植物或动物的生存和发展。美国鱼类和野生动物管理局加强了 ESA 的权利，因此如果有人威胁到濒危物种的栖息地，ESA 有权干涉其活动。同样，加拿大《渔业法》和其他法律也适用于私有财产。

4.8　总结

　　政府部门的渔业管理工作似乎是艰巨的，法律法规是渔业管理的必要要素。仅通过阅读相关法规、规则和法律无法理解渔业管理的全过程，了解这个过程中不同利益相关者的诉求是必要的（例如，联邦或州立法者、法官、总统和州长、市长、机构工作人员、委员会和公众）。

　　讨论渔业问题时，兼顾渔业管理立法主体和不同角色作用方面是完善的（例如，立法、机构、用户组织和环境组织）。新闻媒体几乎每天都在报道国家和地方的资源争议，所以应该及时就这些不确定的渔业问题进行讨论。

　　当前，渔业管理流程将立法和行政机关结合，由联邦法院负责审查和改进。大多数情况下，渔业管理问题的长期解决方案需要国家权力机构的通力合作。紧密联系和信任是保障顺利沟通的关键。立法者必须相信他们可以从其他和专业协会得到最好的建议。同样，垂钓者也必须遵守渔业管理相关规则。

4.9　参考文献

Adams, D. A. 1993. Renewable resource policy: the legal – institutional foundations. Island Press, Washington, D. C.

Ballweber, J. A., and D. C. Jackson. 1996. Opportunities to emphasize fisheries concerns in federal agency decision – making. Fisheries 21 (4): 14 – 19.

Coggins, G. C. 1980. Wildlife and the Constitution: The walls come tumbling down. Washington Law Review 55: 295 – 1980.

Coggins, G. C., and M. E. Ward. 1981. The law of wildlife management on the federal public lands. Oregon Law Review 60: 59 – 155.

Etling, C. D. 1973. Who owns the wildlife? Environmental Law, Spring 1973: 23 – 31.

IFC (Instream Flow Council). 2002. Instream flows for riverine resource stewardship. Instream Flow Council, Cheyenne, Wyoming.

Landres, P., S. Meyer, and S. Matthews. 2001. The Wilderness Act and fish stocking: an overview of legislation, judicial interpretation, and agency implementation. Ecosystems 4: 287 – 295.

Lazarus, R. J. 1986. Changing conceptions of property and sovereignty in natural resources: questioning the public trust doctrine. Iowa Law Review 71: 631 – 715.

Mansfield, M. E. 1993. A primer on public land law. Washington Law Review 68: 801 – 857. Minckley, W. L., and J. E. Deacon, editors. 1991. Battle against extinction: native fish management in the American West. University of Arizona Press, Tucson.

Nylander, J. 2006. The Administrative Procedure Act, a public policy perspective. Michigan Bar Journal, November 2006: 38 – 41.

Royster, J. V. 1994. A primer on Indian water rights: more questions than answers. Tulsa Law Journal 30: 61 – 104.

Sax, J. L. 1970. The Public Trust Doctrine in natural resource law: effective judicial intervention. Michigan Law Review 68: 471 – 566.

Tarlock, A. D. , J. N. Corbridge, Jr. , and D. H. Getches. 2002. Water resource management: a casebook in law and public policy. Foundation Press, New York.

第 5 章　渔业管理过程

Steve L. Mcmullin　Edmund Pert

5.1　简介

渔业管理是一项重要且具有挑战性的工作，主要涉及鱼类种群、栖息地及利益相关的人群三部分（图 5.1）。这 3 个组成部分就好比是一个凳子的 3 条腿，如果这 3 条腿中有 1 条腿是脆弱的，那么凳子可能就承受不了想要支撑的重量。在管理过程中，"决策"往往关乎很多群体的切身利益（这些群体有的是直接的利益相关者，有的是其利益可能会受到正面或负面的间接影响；Decker and Enck，1996）。这些群体包括保护组织、垂钓者、各级政府官员、农场主、牧场主等。因此，决策往往需要大量数据的支持，数据缺乏给决策带来很大难度。渔业管理有很多重要作用，其最重要的一个作用是作为科学研究和政策制定者间的纽带。一方面，要将科学信息转化成利益相关群体能接受的通俗语言，从而使他们接受；另一方面，需要将公众对资源管理的看法反馈给政策制定部门。

"人"的管理一直是渔业管理中非常重要的内容。如果你问一些渔业管理者什么是他们工作中最具挑战性的内容，他们几乎都会肯定地告诉你是"人"的管理。一个世纪以来，森林、鱼类和野生动物资源管理人员都有着同样的看法。美国林业局第一任局长 Gifford Pinchot 曾说："开展保护工作，首先要了解人、林地和树木，这三者中最重要的是'人'（Pinchot，1947）"。同样作为公认的野生动植物管理之父的 Aldo Leopold 也曾表示："真正的问题并不是如何管理鹿群，而是人的管理。与人的管理相比，野生动植物管理要相对简单得多"（Meine，1988）。Larkin（1988）认为，渔业管理最重要的内容是平衡休闲垂钓者（精神需求）、个体渔民（就业）及商业渔业（商业利益）三者间的利益。Larkin 建议，"鉴于无法同时满足休闲渔业、就业和商业性渔业的利益需求，因此就需要找到三者的利益平衡点"。在平衡上述各方需求的过程中，最重要的因素是"人"。

与种群数量和栖息地的数据信息相比，与"人"有关的数据信息更加缺乏，因此对"人"实施管理的难度更大。在没有种群数量和栖息地数据信息情况下，渔业管理者往往不愿意做出决策。但在 20 世纪末人为影响因素尚未成为渔业的分支学科以前，渔业管理者不得不在不了解民众对资源的看法或偏好的情况下，做出很多政策决定。

图 5.1 中所显示的鱼类种群、鱼类栖息地和"人"三者的重叠部分说明了渔业管理者在处理实际管理问题时，通常要同时考虑 2 个或全部 3 个方面的因素。比如，因民用、农业和工业用水需要，整个北美都面临着从河流湖泊取水的问题，水流量的减少通常会被认

为会对栖息地产生影响，但实际上其对鱼类种群数量也会产生负面影响，因为流速的降低通常会导致鱼类死亡率升高，进而导致生物种群丰度和生物多样性降低。当水流量减少到一定程度时，又会对垂钓和游艇产生影响。不仅如此，水环境一直以来还被认为是一种美的象征并具有经济价值。比如，由于人们习惯将水边的风景、水流声与美学和品质联系在一起，临水房产通常比其他房产价值更高。

外来物种的引入同样受到这 3 个方面因素的影响（表框 5.1），其曾经是一种常用的资源补充手段，对发展北美休闲渔业起到了至关重要的作用。如今，渔业管理者几乎不再引进外来物种，但垂钓者在不知情的情况下将外来物种带入本土水域的概率依然很高。这些外来物种的引入会导致当地栖息环境的改变。比

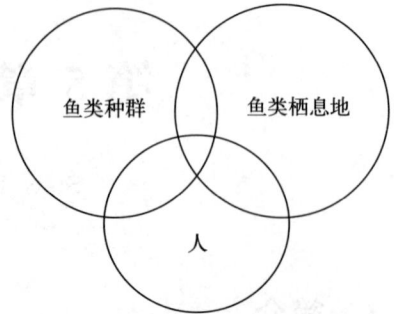

图 5.1 渔业管理是制定规划和实施规划的过程，通过对鱼类种群、鱼类栖息地和人进行管理，最终满足人的各种特定需求

如，鲤在觅食时掀起的水底沉积物会降低水体透明度和初级生产力，引进的外来物种适应了新的水体后，可能会改变整个水域的生态群落的组成。例如，黄石湖（Lake Yellowstone）非法引入肉食性的湖鳟，导致土著切喉鳟数量大量减少，进而影响到了灰熊（grizzly bear）的季节性食物来源。水生生物群落的改变会对生态环境和资源利用产生影响。例如，渔业管理者为了增加红大麻哈鱼（kokanee）的饵料资源，将糖虾（opossum shrimp）引入整个美国西部湖泊，因糖虾是红大麻哈鱼的捕食者幼体极好的饵料，这使红大麻哈鱼有了食物竞争者，最终导致红大麻哈鱼种群数量减少。在红大麻哈鱼种群资源衰竭的湖泊，渔业受到重创（Martinez and Bergersen，1989）。现在，渔业管理者已非常关注因不适当的管理措施对生态环境产生的正面或负面影响。事实上，渔业管理者已通过针对性的措施，对休闲渔业和非游钓鱼类资源进行管理，以平衡各方需求（表框 5.1）。

表框 5.1　加利福尼亚州高山湖泊（High Mountain Lake）土著物种管理

随着公众对土著物种保护重视程度的加强，加利福尼亚州内华达山脉（California's Sierra Nevada）的一些高海拔湖泊的渔业管理模式，已经从过去的放流外来鳟转向土著种群的保护。渔业管理者需要寻找一种新的管理模式以满足渔业发展、土著物种多样性和相关受益群体三者的平衡。

长期以来，内华达山脉渔业管理（Sierra Nevada fisheries management）都是以促进渔业发展为主要目标，这一管理模式一直以来得到了公众的广泛认可，但这不符合法律规定的加利福尼亚州鱼类和游钓管理局（California Department of Fish and Game，CDFG）公众信托责任（public trust responsibilities）的相关要求。起初，虹鳟（rainbow trout）、切喉鳟、金鳟（golden trout）是在早期居民的干预下才得以通过河流中的障碍或跨水域扩大了栖息范围。后来，游钓管理、孵化管理和渔业管理 3 个部门共同协调开展了大量放流，导致内华达山脉面积大于 2.5 hm²，深度在 3 m 以上的湖泊中，有 89% 都成了鳟的栖息地，这些水域过去都没有鳟分布，上百个小湖泊和溪流发现了可以自然繁殖的鳟种群。

在那个时期，还没有开始对渔业效果和管理效果进行评估，也没有在景观尺度下评估鳟的引入对

（续）

本地物种尤其是两栖动物和无脊椎动物的影响。

　　大多数高海拔湖泊几乎都没有鱼类存在，但生存着很多本地两栖动物、水生无脊椎动物以及以它们为食的陆生动物，因此不能将其定义为"荒地"。比如，2 种山地黄腿蛙（mountain yellow‐legged frog）曾被认为是内华达山脉许多水域最丰富的水生脊椎动物，如今却被列入了美国《濒危物种法》的濒危物种目录。

　　高海拔湖泊中鳟的养殖、放流历史悠久，并因此形成了原始的渔业方式。尽管很多游钓者不再参与这种渔业方式，但人们还是希望渔业管理部门增加这种养殖放流方式，一些游钓者和以旅游业为生的相关利益群体在评价渔业管理质量时，更加看重鳟种群数量和被放流湖泊的数量，而不是这些渔业管理的实际效果。

　　随着人们对本地物种保护重要性认识的提高，高海拔渔业管理也向着更注重生态保护的方向发展，休闲渔业和土著物种保护在一定程度上也得到了关注。关于对外来物种是否会对本地物种造成影响的问题，分歧依然存在，其解决方案只能是对这些湖泊进行全面调查评估，并根据这些结果制定流域管理计划。为此，加利福尼亚州鱼类和游钓管理局（CDFG）于 2001 年增加了渔业管理评估的资金投入，在 2008 年以前对内华达山脉 90% 的湖泊和其他水域（将近 10000 个）进行调查，这些调查水域已有 1/3 被纳入流域管理计划。

　　现在大多数渔业资源管理者和科学家已经认同引进鳟会导致当地两栖动物（如山地黄腿蛙）的灭绝这一观点，但那些幼虫期短［如太平洋树蛙（pacific tree frog）］或者表层皮肤分泌有毒腺体可抵御捕食者的两栖动物（如生长在约塞米蒂和美国西方的蟾蜍）受外来物种影响较小。

　　此外，公众渔业资源利用评估也被纳入水域管理计划，其以本地水生物种保护和休闲渔业的平衡发展为最终目标，促进土著种群栖息地的保护，同时维持和改进现有的渔业利用方式。具体来说，综合考虑历史和未来的资源利用模式，对高山湖泊和溪流进行统筹管理，保持和恢复本地自然生物多样性及栖息地生态环境，保证土著种群多样性，满足休闲渔业的发展需求。

　　这一管理模式成功的关键在于将不同立场的利益相关群体纳入政策制定过程中来。一些垂钓者质疑本地物种的价值，而自然保护者（wilderness conservation community）希望保持自然环境的原始状态。环境保护的倡导者可以通过诉讼的方式，要求加利福尼亚州鱼类和游钓管理局在管理中严格遵守《加州环境质量法》的相关要求，这一行为体现了当时利益相关群体在决策中的初步参与。与此同时，一些垂钓者担心钓不到鱼的问题，可能通过放流的方式得到解决（bucket stocking）。从美国东部引进的溪红点鲑（brook trout），目前已是内华达山脉湖泊中最常见的鱼类。除有极少例外，区域内大多数湖泊几十年来一直没有进行养殖放流，渔业管理者担心其有可能进一步增殖和扩散，但从捕获的情况看，这些鳟大多数都未能正常发育。随着山地黄腿蛙和约塞米蒂蟾蜍（mountain yellow‐legged frog and the yosemite toad）被申请列入美国《濒危物种法》保护物种目录后，反对物种引进的呼声更加强烈。为了保证流域管理计划能成功实施，应让不想改变现状的休闲垂钓者群体及反对发展非本地鳟渔业的环境保护群体，都参与到渔业管理交流和决策中来。

　　加利福尼亚州鱼类和游钓管理局联合流域范围内的郡县官员、商会、垂钓协会、环保组织、社会学术团体、两栖动物专家组（the Declining Amphibian Task Force conferences）和主流媒体等利益相关者，起草了一份管理建议。公众对于彻底清除所有引进的鳟种群，以及政府在保护本土两栖动物方面无作为的抗议依然强烈。最直接的利益受损群体是那些靠着把垂钓者推荐到高山湖泊维持生计的"中介群体"（Pack stock operators），他们依然支持对高山湖泊采取养殖放流措施，而且在一些地区这种养殖放流依然在进行。作为《加利福尼亚鱼类养殖放流计划》（California's fish stocking program）的一部分，上述做法尽管其规模较小但争议很大，其影响到整个州对于外来物种引进的看法。因此，

（续）

加利福尼亚州鱼类和游钓管理局开始与美国鱼类和野生动物管理局合作，发布因鱼类养殖放流计划所产生的影响，建立缓解方法和措施，力争减少不良影响。

尽管加利福尼亚州鱼类和游钓管理局在高山湖泊有关管理措施的改进过程中遇到很多困难，但其也在许多方面获得成功：

1. 通过实施资源评估计划，为资源管理及相关政策制定提供了技术数据支持，这些数据已与利益相关者共享。

2. 开发了流域管理计划，明确了休闲渔业和土著种保护及种群恢复的具体目标。

3. 在开发流域计划过程中，尽早引入利益相关群体，力求最大限度地缓解休闲渔业和本地物种保护之间的冲突。

4. 成功实施了渔业改进计划，具体的案例如明确了渔业管理的具体目标和开展了土著物种种群恢复（尤其是黄腿蛙）等。

通过实施更全面的资源评估和管理，整个内华达山脉的渔业资源状况有所恢复，土著物种得到了管理。

5.2 专业人员、利益相关群体和政府官员的角色定位

在综合考虑价值和技术因素的基础上制定相关政策时，渔业管理是协调管理者、利益相关者和政策制定者三方利益的过程，上述每个群体在这个过程中都起到重要的作用。每个群体能较好地找到他们的定位，管理就能顺利进行；但如果有一方或多方没有找到其定位，或其定位与其他群体发生了冲突，则管理就不能顺利进行。理论上来说，渔业技术人员应向公众提供有关渔业状况的信息、影响渔业资源的因素以及可能的应对措施。他们在大学接受的专业培训，使他们能够在渔业管理工作中采取正确的应对技术，如评估和监测鱼类种群现状，判定导致鱼类种群发生变化的影响因素，以及分析不同管理方式的效果。好的渔业技术人员可以将有关渔业的科学信息和管理意义用可以理解和接受的方式传递给普通公众（图 5.2）。

为政府机构工作的渔业技术人员应具有"公众信托责任"（public trust responsibility）。在北美的资源管理模式下，自然资源是一种公共资源，全体公民均可利用（见第 4 章，Geist et al.，2001）。公共机构管理者的职责是要考虑到所有公民的长远利益，并对这些资源进行管理。渔业管理者无法确定什么是社会公众利益，公众利益的确定往往是政治和政策博弈的结果，渔业管理者通过实施具体的管理项目以实现保护公共利益的政策目标。

社会公众作为利益相关群体应参与或通过选举或任命的官员间接参与公共利益的确定过程（如资源能为社会公众提供什么样的利益）。过去，渔业管理规定一般由渔业专家提出，社会公众鲜有参与。然而，由于渔业管理思路的变化会对利益相关群体产生深远的影响，因此社会公众的意见非常重要。然而大部分"公众"对于特定渔业管理问题并不关心，渔业管理者在确定社会公众的利益时会非常关注利益相关群体的参与。时至今日，对渔业问题感兴趣的利益相关群体数量大幅增加，已经从曾经以钓鱼群体为主到现在包括钓鱼群体、环境组织、商业性渔业群体和地方民众等。渔业管理者制定政策时，通常会通过选举或任命的官员来收集利益相关群体的意见。界定和发现资源的可利用属性是渔业资源

价值管理的最重要的内容。

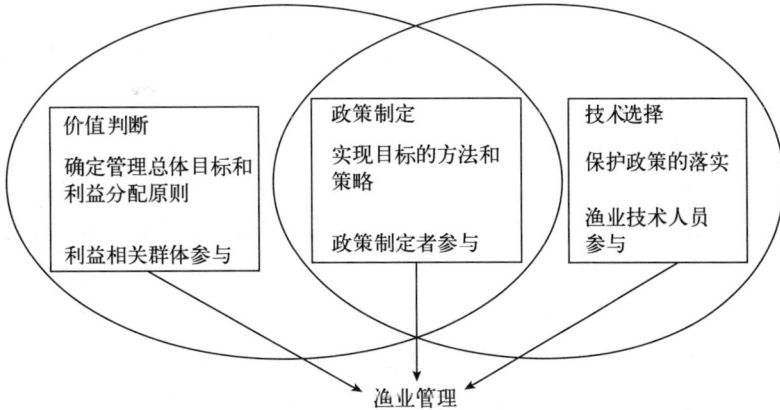

图 5.2　价值判断、技术选择和政策制定是渔业管理的主要内容。价值判断应反应
利益相关群体的价值追求，技术选择应与渔业技术人员的判断相一致，政
策制定是政策制定者的一种责任，其与价值判断和技术选择有相关性

政策制定者通常是官方选举或任命的政府官员，他们会代表利益相关群体和决策者，在综合考虑价值和技术两方面因素的基础上做出有关渔业管理的决策，如州委员会委员（有时指董事会成员），他们通常由州长任命，任务是为区域内的鱼类和野生动物机构制定政策（见第 4 章），他们的任职资格包括：一是对渔业和野生动物管理有强烈兴趣；二是认同州长执政观点。绝大多数政策制定者非常认真负责，但要将鱼类生物学和渔业管理有机地结合在一起，即平衡好技术和价值的关系，还需要有一个漫长的适应过程。在渔业管理概念的形成、发展过程中，有很多为价值和技术平衡进行博弈的案例。

5.3　海洋渔业管理和内陆渔业管理的对比

美国对于海洋渔业管理和内陆渔业管理采取两种不同的模式，但最终目的都是寻求管理中价值判断和技术选择的平衡点。海洋渔业管理往往更加注重资源分配（价值判断）而不是资源保护（技术选择）。在平衡价值和技术的关系时，传统的美国和加拿大的海洋渔业管理体系非常重视利益相关群体的意见，一些专家质疑这是在"要求狐狸去守护鸡舍"（McCag，1996）；而内陆渔业管理则相反，他们通常更看重渔业管理者的意见。相关研究表明，当渔业管理机构具备较好的生物学知识基础（技术选择），同时又能让利益相关群体参与价值判断时，其管理更有成效（McMullin，1993）。

5.3.1　海洋渔业管理

海洋渔业管理包括商业性渔业管理、海洋游钓渔业管理和资源保护。在美国，海洋渔业管理权限由所属区域按离岸距离进行划分。通常情况下，离岸 4.8 km（3 mile）范围内的海域由沿海州管辖。由于存在管理区域的重叠的情况，在大西洋沿岸、墨西哥湾和太平洋沿岸，跨州的区域委员会在海洋渔业管理中发挥重要作用。离岸 4.8～321.8 km（3～200 mile）是由联邦政府管辖的专属经济区（Exclusive Economic Zone，EEZ），离岸 200 mile 以外属于国际水域，渔业管理由国际公约决定。与美国不同，加拿大离岸200 mile 以内的海洋渔业都由联邦政府管理，而省和领地则负责岸上的管理。同样，墨西哥的海洋渔业也由联邦政府管理。

1976 年，美国通过了《马格努森渔业养护和管理法案》（*Magnuson Fishery Conservation and Management Act*）。该法于 1996 年和 2006 年经两次修订，现称为《马格努森-史蒂文斯渔业保护和管理法案》（*Magnuson - Stevens Fishery Conservation and Management Act*，以下简称《马格努森-史蒂文斯法案》）。该法要求各州设立渔业管理委员会，使确保商业性渔业和海洋游钓渔业的利益相关群体与渔业管理者一样共同参与有关海洋渔业的管理决策。渔业管理委员会负责制定专属经济区所有与商业性渔业和海洋游钓渔业有关的鱼类种群的管理计划。渔业管理委员会建立 30 年以来，频繁制定渔业管理政策，尽管技术信息已显示很多鱼类种群需要减少捕捞量（国家海洋渔业局，2008），但其更看重价值判断（维持商业捕捞），这导致美国水域中 24％的重要经济鱼类种群出现过度捕捞现象。

通过全面分析海洋渔业管理体系，人们发现需要重新界定区域的政策制定机构，使其能更独立的考虑价值判断和技术选择（Eagle et al.，2003）。2006 年修订后的《马格努森-史蒂文斯法案》明确由科学家组成的委员会应设定年度捕捞限额（基于可持续原则确定某一鱼类种群的捕捞限量），这属于技术决策。区域渔业管理委员会按照年度捕捞限额负责分配捕捞权利（价值判断）。在此之前，区域渔业管理委员会为保证渔业团体利益最大化，经常会无视这些捕捞限制。2006 年修订后的《马格努森-史蒂文斯法案》明令禁止对已处于过度捕捞状态（生物量已低于最大可持续捕捞量）的种群进行捕捞生产（捕捞强度已超出种群的可持续补充能力）。上述法律的修订使得海洋渔业管理的价值判断（资源分配）和技术选择（资源保护）得到了很好的平衡。

加拿大和墨西哥的利益相关群体参与了海洋渔业管理计划的制订，但他们缺少像美国那样的区域渔业委员会。加拿大海洋渔业管理由海洋和渔业部门全权负责，墨西哥的海洋渔业则由农业、畜牧业、农村发展、渔业和食品等多部门共同负责。

5.3.2　内陆渔业管理

传统的北美内陆渔业管理无论是技术选择还是价值判断都更看重渔业管理者的选择。水库中放流哪些物种通常由渔业专家负责决定，他们决定了渔业的价值利益取向。在内陆渔业管理中，利益相关群体很少参与渔业资源管理方面的技术决策（他们有时会提出技术性建议）。

20 世纪 70 年代后期，随着一系列重要法律的颁布（如美国《濒危物种法》《国家环境政策法》《清洁水法》），利益相关群体参与内陆渔业管理决策开始受到重视。1970年，《国家环境政策法》获得通过，该法规定联邦资源管理机构在确定管理议题或做出管理决定时要有公众参与，这对利益相关群体参与管理决策产生了重大影响。利益相关者在政策制定中的地位催生了众多非政府组织（nongovernmental organizations，NGO），这些非政府组织的工作大部分是为了在联邦资源管理政策的制定过程中发挥作用（图 5.3）。

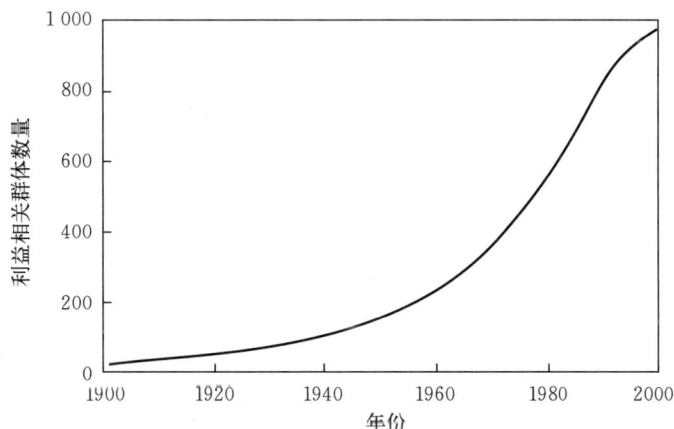

图 5.3　1900—2000 年与自然资源有关的非政府组织数量增长曲线（2003 年数据）

　　虽然利益相关群体在内陆渔业管理决策中的参与度越来越高，但其受重视程度很难达到海洋渔业管理那样的水平，也很少能获得参与决策的机会。内陆渔业管理和海洋渔业管理的差别主要在于内陆的商业性渔业远不如海洋渔业。大多数内陆水域更重视休闲垂钓，强调垂钓而不是商业捕捞。尽管商业捕捞也是内陆渔业经济的重要组成部分，但与海洋渔业相比，靠商业捕捞维持生计的渔民数量不多。

　　美国大多数内陆水域由所在地的各州管理，联邦政府的参与程度各州情况有所不同。位于国家公园和国家野生动物避难所的内陆水域由联邦政府管理（分别由国家公园管理局和美国鱼类和野生动物管理局管理）。美国林业局和美国土地管理局重点关注栖息地的保护和生态环境的改善，鱼类种群的管理由州机构负责。对涉多州管理的水域，相关州共同协商制定管理方案，各州通常也有自己独立的法律规定。

　　五大湖渔业管理委员会协调五大湖周边州和隶属加拿大的省开展渔业研究和协同管理。经联邦政府批准确认的原住民部落有权对其保留地的水域进行管理。

　　内陆渔业管理和海洋渔业管理的另一个重要区别在于内陆水域非游钓鱼种及其他水生物种的保护恢复正越来越受到重视（表框 5.1）。1972 年《濒危物种法》颁布前，非游钓鱼种经常被当作游钓鱼种的饵料，或用于科学研究，甚至被当作是不利于游钓鱼种生存的有害物种。《濒危物种法》从价值判断的角度提高了人们对于非游钓鱼种重要性的认识。然而，与游钓鱼种不同，尽管对于某些物种被列为濒危或受威胁物种存在争议，非游钓鱼种往往是由渔业管理者从技术选择的角度进行保护，利益相关群体一般不感兴趣。表框 5.1 的例子表明，公众参与对非游钓鱼种的保护也非常重要。

　　值得注意的是，即使渔业管理决定具有充分的生物学基础，如果利益相关群体认为他们所看重的价值没有得到充分考虑，也可能导致决策无法顺利实施（Churchill et al.，

2002)。田纳西州诺里斯水库（Norris Reservoir）案例很好地说明了在公共价值和鱼类资源生物学间做出平衡是多么的困难（表框 5.2）。

表框 5.2　田纳西州诺里斯水库渔业管理的价值判断和技术选择

田纳西河谷管理局（Tennessee Valley Authority）于 1936 年建造了诺里斯水库（Norris Reservior），用于防洪和水力发电。与其他水库一样，诺里斯水库早期的鱼类资源很丰富，但随着水库的老化，水域内的鱼类资源开始衰退。蓄水 30 年后，垂钓者们开始关注大眼梭鲈和加拿大梭鲈（sauger）的捕获量及平均体长均下降的问题。随着这些鱼类种群资源的减少，田纳西休闲渔业委员会，后改称田纳西野生动物资源管理局（Tennessee Wildlife Resources Agency，TWRA）在水库中引入了条纹鲈（striped bass）以开发新的游钓对象。条纹鲈种群迅速扩张，深受垂钓者欢迎，成为一种用于游钓的目标鱼类。尽管这一措施取得了成功，但那些偏爱玻璃梭鲈、加拿大梭鲈、美洲大鳃鲈和黑鲈的垂钓者，对水库的管理措施非常不满。

1988 年，在钓鱼者和田纳西野生动物资源管理局共同参加的研讨会上，垂钓者提出条纹鲈的捕食和饵料竞争是其他物种减少的主要原因，并要求管理局停止放流活动。虽然管理局向钓鱼者一再保证条纹鲈捕食对其他鱼类的影响并不大，但他们还是同意了加强对水库中本地鱼类的关注。黑鲈垂钓爱好者与条纹鲈垂钓爱好者两方各持己见，形成了对立的两个阵营（Churchill et al.，2002）。

随着争议的升级，田纳西野生动物资源管理局组成了诺里斯水库工作组（Norris Reservior Task Force），负责研究渔业管理问题，并提出改善建议（包括价值判断和技术选择）。诺里斯水库工作组邀请来自大学、TVA、TWRA、垂钓者和码头业主等代表，渔业管理者与诺里斯水库工作组一起推动《诺里斯水库适当性渔业管理计划》，该计划提出开展 5 年的野外调查研究，以确定改变诺里斯水库目前的渔业管理策略是否可行。应反对条纹鲈引进群体的建议，《诺里斯水库适当性渔业管理计划》提出减少但不是完全停止条纹鲈的放流，渔业专家、机构管理者、政治家和一些垂钓者赞成修改后的计划，但仍有一些垂钓者表示反对，这些反对者组成了田纳西州游钓渔业协会（Tennessee Sportsman's Association，TSA），希望对田纳西州渔业管理政策施加压力。

TSA 试图说服州议员在 1995 年的立法会议上提出法案，禁止在诺里斯水库放流条纹鲈，并取消相应的商业捕捞规定。这些提案未获通过，但州议员要求 TSA 资助一项新的科学研究，摸清条纹鲈的种间竞争和捕食情况。因州内科学家已参与了 TWRA 的很多工作，为避免他们可能的偏见，TSA 邀请州外渔业科学家开展研究。研究结果表明，条纹鲈对于其他游钓鱼类的捕食影响可以忽略不计，但在食物丰度较低时，条纹鲈和其他掠食鱼类之间有可能会发生食物竞争（Raborn et al.，2002，2003，2007）。TSA 对研究结果表示怀疑，反对田纳西野生动物资源管理局提出的诺里斯水库的管理策略。

在研究工作基础上，TWRA 组建了诺里斯湖渔业管理咨询委员会（Norris Lake Fishery Advisory Committee），在委员会引入利益相关者，以推动制定诺里斯湖新的渔业管理计划。与以往不同，这次的委员全部由利益相关者组成，管理者均只作为技术顾问。诺里斯湖渔业管理咨询委员会成员包括对立双方的群体代表（田纳西州游钓渔业协会和条纹狮鲈游钓者）、非相关的游钓者、产业利益相关者及县政府官员。诺里斯湖渔业管理咨询委员会会议由独立协调人主持。与其以前的诺里斯水库工作组不同，诺里斯湖渔业管理咨询委员会的任务是为诺里斯水库的休闲渔业制定明确的管理目标（价值判断），而具体的管理措施（技术选择）则由田纳西野生动物资源管理局负责制定。诺里斯湖渔业管理咨询委员会负责为新管理计划制定管理策略。

（续）

新管理计划中的管理策略与过去相比并没有很大差别，都是要求降低条纹狮鲈的放流量，转而强调本地鱼类的管理。然而利益相关群体对于新的管理计划的接受度却大大提高。Churchill 等（2002）总结到，引入利益相关群体、发挥渔业专家的作用、价值判断和技术选择相对独立，同时加强了对条纹鲈放流数量的评估，利益相关群体对新管理策略的批评大幅减少。

诺里斯水库案例告诉我们，在管理计划制定过程中，不要忽视持反对意见的游钓者的意见。人的因素研究与生物学研究同样重要，都是渔业管理的基础。在诺里斯水库渔业管理的争议过程中，田纳西野生动物资源管理局充分掌握了鱼类种群及其栖息地的数据信息，随着管理争议的发展，其通过研究得到了更多信息。尽管有关诺里斯水库渔业管理的争议仍在持续，但当田纳西野生动物资源管理局让利益相关者去做出价值判断而让渔业管理者去做出技术选择时，争议得到了很大程度的平息。有关案例更多的信息可见 Churchill 等（2002）的其他文献。

5.4　适应性渔业管理

适应性渔业管理（Adaptive Fisheries Management）是不断地探讨渔业资源现状（我们在哪里）、确定短期和长远目标（我们想要去哪里）、设计并实施战略措施以实现这些目标（我们将如何到达那里）、评估实施效果并运用评估结果修改管理目标（我们成功了吗？我们可以有不同的做法吗？图 5.4）的过程。Walters（1986）和 Lee（1993）曾就适应性资源管理开展过深入研究。

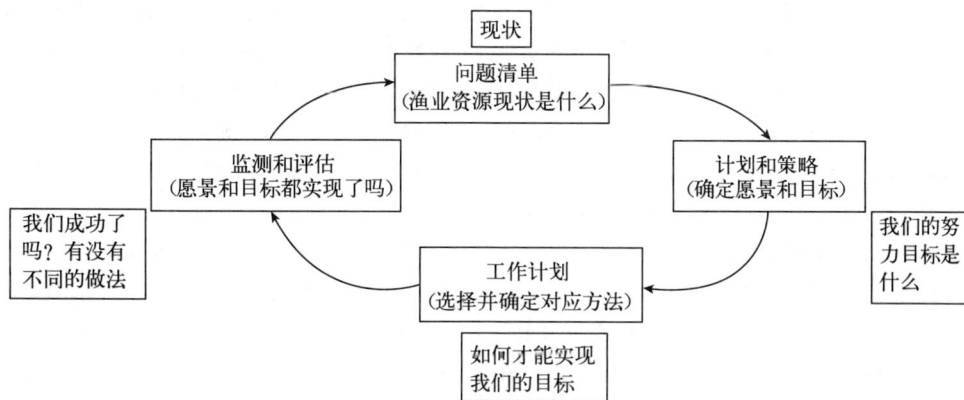

图 5.4　适应性渔业管理程序流程图

5.4.1　渔业现状描述

充足且科学可靠的鱼类种群、栖息地和利益相关群体的数据资料是渔业管理的基础，收集这些数据是渔业管理机构的主要任务之一。尽管大多数机构都有关于鱼类种群（如种群数量、年龄和生长情况）和栖息地（如流量和水质）的信息数据库，但是对于管理机构管理工作而言，现有数据远远不足以支持对现有鱼类种群进行管理。此外，尽管渔业管理已开始考虑"人"的因素（如钓鱼者及其他们的想法），但相对其他因素而言，这方面的考虑还很不够。渔业管理需要有信息的支持，但这些信息的获得是有难度的，因此需要确定这些内容的重要性和优先程度。适应性渔业管理是确定优先事项的过程，它能够帮助管理者确定努力方向，监测管理战略的实施效果，进而为未来的管理战略进行调整使其能够实现管理目标。

5.4.2　确定管理目标

　　长远目标就是资源利用需求的一种综合表述，其是公共利益的具体表达。举例来说，美国东南部某个水库的长远目标是维持高质量的黑鲈游钓业，保证可获得游钓规格的鱼。注意长远目标的质量因素（高质量的标准并没有被明确界定）和价值因素（能够钓到理想的鱼只是吸引游钓者来水库钓鱼的理由之一），由于存在价值因素，让利益相关群体在制订长远目标时发挥作用就很重要。政策制定者常常先确定临时目标，其后会让社会公众根据其各自的需求广泛地参与进来，这将有助于政策制定者完善目标内容（表框5.3）。长远目标通常不会包括具体的技术内容，渔业管理者的作用通常是收集公众意见，并将这些意见转交给政策制定者。

表框5.3　游钓业管理法规

　　游钓业管理法规是渔业管理者最重要的管理依据。在美国，内陆游钓法规通常由各州通过鱼和游钓相应监管程序各自制定。尽管在工作内容上存在交叉，但鱼和游钓分属不同的部门管理，因其涉及鱼和野生动物的利用及利益，其负责人通常由州长任命。通常情况下，新的法规需要由州立法机构提交提案，经州长签署同意后生效，州鱼和游钓管理委员会在上述过程中负责审查问题并接受公众建议。渔业管理者应对州鱼和游钓管理委员会的工作方式有所了解，使其能保证管理规定可以最大限度地平衡科学技术水平和社会需求。考虑到渔业管理规定需要综合考虑科学因素和社会因素，州鱼和游钓管理委员会应能够平衡好鱼类资源和社会公众利益之间的关系。

　　制定高效、持久和灵活的渔业管理办法需要渔业专家具有足够的耐心和开展大量的工作。找出那些可以通过政策解决的问题是制定新的渔业管理制度的第一步。州鱼和游钓管理委员会可以从州渔业管理者、委员、社会公众、非政府组织、官员或其他利益相关群体等诸多途径了解可能存在的渔业问题，如果州鱼和游钓管理委员会认为某一问题需要通过制定法律规定来解决，他们就会要求渔业机构提供可行的解决方案。州鱼和游钓管理委员会最终会形成一个立法方案。立法方案有可能会非常简单，几个月就能完成；但也有可能会非常复杂，需要好几年才能完成。

　　制定法律政策时需要考虑以下4个重要因素：①技术因素；②法律因素；③执行因素；④社会因素。技术因素包括相关物种的背景信息，如栖息地生境、生活史特征或捕捞率等。渔业管理人员很容易完成技术信息的收集工作，但因为一些不确定性因素和数据的不完整，其制定的管理决策可能缺乏科学性。在法律政策制定过程中，符合性回顾非常重要，其可以保证这些法律政策与州、联邦的法律规定的一致性。执法人员的回顾性分析也很重要，其可以保证这些法律政策的可行性。如果制定了无法执行或不符合法律规定要求的管理政策，不仅浪费时间，而且还可能造成管理机构与社会公众之间的矛盾和冲突。因此，在制定这些法律政策的过程中，应尽早与有关立法和执法人员进行沟通协调。在制定捕捞法律规定的过程中，如何考虑社会因素通常是渔业技术人员最困难的一步。很难见

（续）

到持不同看法的社会公众能够就监管解决方案达成一致意见。例如，在讨论一项法律政策对水生生物的保护作用时，不同的社会公众群体会有不同的想法（如是否需要禁止渔业利用），很难达成一致。那些生活在附近且受法律政策影响的人，其视角可能与那些经常长途跋涉去游钓捕鱼的人完全不同。就渔业管理来说，是允许使用诱饵还是选择使用单一无倒刺的钩？不同的用户群体，其看法可能会不一样。

在考虑对管理规定进行修订时，应考虑与规定有关的利益群体的范围，这些利益群体包括与渔业相关的管理人员，与该规定有关的其他管理机构成员、管理对象、土地所有者、行业代表、游钓活动的参与者，这样就可以保证渔业管理机构在经公众听证会向州鱼和游钓管理委员会提出管理建议时，能积极应对各方的反应。公众参与可以有多种途径，可以向有组织的垂钓群体征集意见，也可以在渔具商店或互联网网站发布与管理规定有关的信息以收集反馈信息，这些方式对于平衡各方利益有显著效果。

通常情况下，如果能很好地考虑技术、法律、执法和社会等因素，渔业管理人员就能设计出一套综合性的管理方案，包括问题描述、管理现状、相关法律、执法后果以及对游钓者等相关群体的影响。这套管理方案经有关管理部门的审核后将会提交给州鱼和游钓管理委员会，委员会将根据法律的规定向社会公开，在最终投票前还需要组织各种公众听证会，以确保公众被充分告知。在这一过程中，鱼和游钓管理机构的工作人员负责向委员会提供支撑信息并回答相关问题，这些信息包括州鱼和游钓管理委员会的工作介绍以及有可能被质疑的问题。在这个过程中，管理机构及州鱼和游钓管理委员会的作用定位很重要，管理机构负责准备和提交材料，提出建议，并回答委员会的有关问题；委员会则应综合考虑多方信息，最终决定是否发布该项管理规定。

如果州鱼和游钓管理委员会接受了这项管理建议，其会将文本转发给各州的法律管理机构或相当的办公室，以确保该管理方案文字表达明确，措辞符合法律要求。在上述工作完成后，州鱼和游钓管理委员会将按规定把文件文本传送给有关部门。对一个管理规定来说，其还应包括评价内容，这用于评估该管理规定是否可以达到预期效果。管理机构的工作人员应按计划向州鱼和游钓管理委员会及时通报管理规定对渔业和相关利益群体所产生的影响。通过这种方式，州鱼和游钓管理委员会可以根据实际情况及时调整管理规定，使之能适应管理需要。

管理规定的具体制定流程和框架结构基本一致，但各州略有差异。在整个过程中，理解管理机构、州鱼和游钓管理委员会、利益相关者的角色定位与了解其制定程序同样重要。只有发挥好每个角色的作用，才能真正找到技术选择和价值判断的平衡点。

具体目标（objective）需具有内容明确（specific）、可量度（measurable）、可完成性（achievable）、时效性（realistic）和时间要求（time-bound）（SMART）5 个特点，才有可能真正得以实现。通常在长远目标下设多个具体目标。比如，本章提到"在 5 年内将钓鱼者捕获的大口鲈的平均长度增加到 350 mm"，这里提到了 SMART 中的内容明确和可量度（其可以在钓鱼比赛中通过调查鱼篓和监测实现），其还包含了时间要求（5 年内）。但在这个假设的例子中，渔业管理者很难判断出这个目标是否能完成及是否可行。项目具体目标符合 SMART 5 个方面的标准，实现渔业管理目标的可能性就会大大提高，我们也可以很容易地判断这些目标是否已经实现。把长远目标分解成具体目标需要有大量技术知识的支持，渔业技术人员在确定具体目标的过程中非常重要。政策制定者和利益相关者在具体目标确定过程中的作用较小，但他们需要对结果表示认同，这些具体目标往往是实现长远目标的中间步骤。

5.4.3 管理策略设计和实施

管理的目的是为了实现有关各方（渔业管理者、利益相关群体和政策制定者）的预期目标。管理策略是一种方法，其可以帮助我们实现预期目标。渔业管理者制定管理策略非常重要，其需要评估管理目标对生计可能产生的影响，还要评估管理策略在执行过程中对资源和利益相关群体可能产生的影响。

在制定和评价渔业管理策略的过程中，平衡利益相关群体和渔业管理者双方的需求非常复杂。利益相关群体在提出管理建议时，通常不会就其希望达到的目标进行深入思考（例如，其会改变某一特定水域的捕捞规定）。例如，S. L. McMullin 在蒙大拿州负责渔业管理时，鳟保护协会在当地的分会（Chapter of Trout Unlimited）要求修订管理规定，希望从每天限捕 5 条改为捕捞后立即放归，其目的是为了能够捕到更大的鳟。但实际情况是河流中的鱼类种群正在增长，随着鱼类种群的增长，鱼的平均规格会变小。当他们得知上述信息后，他们支持对河流中的鳟进行适当捕捞。

选择不同的管理策略会在很大程度上对有关各方利益产生很大的影响，因此利益相关群体和渔业管理者在管理决策过程中的地位和作用同等重要。例如，由于使用假饵钓鱼的死亡率要比使用活饵低（Taylor and White，1992；Muonecke and Childress 1994），因此如果实施上面所提到的捕后放生的管理策略，就需要同时对活饵的使用限制。在这种情况下，喜欢使用活饵钓鱼的游钓者的利益就受到了影响，他们的游钓活动将会受到限制。相反，使用假饵的游钓者则是获利者，除非新限制规定会吸引更多游钓者参与，否则该水域参与游钓的人数总体会有所下降。

渔业管理者、利益相关群体和政策制定者在渔业管理策略的制定过程中都有很重要的作用。渔业管理者负责制定与鱼类栖息地管理有关的管理策略，政策制定者（委员会或董事会）负责制定本州的鱼类管理策略。因此，根据管理策略的不同，渔业管理者或政策制定者都有可能是决策者，利益相关群体则应更多地参与到决策过程中，使其利益能得到足够重视。

5.4.4 监测和评估

监测和评估可以为渔业管理人员提供反馈信息，使其可以对管理措施是否达到预期目标进行判断。科学合理的抽样是适应性管理过程中的关键步骤，其可以帮助我们对预期的目标和目的是否可以实现做出判断。抽样设计应有助于回答以下技术问题：

① 鱼类种群数量的变化趋势是否符合设计要求或科学预测？

② 鱼类栖息地质量状况是有所好转、恶化还是保持不变？

③ 利益相关群体对鱼类资源或垂钓体验是否满意？

渔业专家负责监测项目设计、实施和数据分析，并向利益相关者及政策制定者提供分析报告。渔业管理者负责判断管理策略的实施效果并提供改进建议。利益相关者应就既定或改进的管理目标反馈其满意度信息。作为利益相关方的代表，政策制定者负有监督责任，以确保渔业技术人员能尽其所能，保障管理目标的实现。

在对渔业管理策略的实施进行监测和评估后，应及时反馈相关结果和数据，并将其用于渔业管理适应性分析，以了解鱼类资源、栖息地和利益相关方的资源利用现状，所有的参与者均可以通过上述结果了解适应性渔业管理的全过程。基于上述的信息共享，渔业管理者、政策制定者和利益相关者均可以就当前的管理目标是否适当做出评价或提出新的管理目标建议。无论当前的管理目标适当与否，这种信息反馈和响应过程，均应连续不间断地执行，以使渔业管理措施能得到不断完善。

表框 5.4 对蒙大拿州两个河流渔业管理案例进行了比较分析，表框 5.5 介绍了加利福尼亚州一个有争议的渔业管理项目，其说明社会公众的接受与否对管理非常重要。

表框 5.4　蒙大拿州的适应性渔业管理

蒙大拿州中南部比格霍恩河（Bighorn River）的鳟渔业（trout fishery）久负盛名。20 世纪 60 年代，怀俄明-蒙大拿州兴建黄尾坝（Yellowtail Dam）之前，该河由于缺少适合垂钓的鱼种，几乎不被垂钓者关注。然而，由于大坝蓄水形成了低温、清澈的水环境，非常适合鳟生存，逐渐形成了大个体的褐鳟和虹鳟（brown trout and rainbow trout）种群，因而吸引了众多垂钓者。1975 年，美洲土著金乌族人（Crow Tribe of Native Americans）将水域封闭，不允许外族人群在河流钓鱼，引发了金乌族人和蒙大拿州政府之间的漫长斗争。1981 年，美国最高法院裁定蒙大拿州对比格霍恩河渔业具有管理权，这才结束了争议，法院裁定重新向社会公众开放河流，渔业压力随之迅速增加。

1981 年 7 月，蒙大拿州鱼类、野生动物和公园管理局（Montana Department of Fish, Wildlife and Parks, MDFWP）的渔业专家开始对褐鳟和虹鳟的种群丰度、个体大小、生长速率及游钓利用价值进行监测。监测结果表明，河流流量对种群数量有显著影响。低流量会导致死亡率上升，种群丰度下降，高流量则会增加种群数量。尽管垂钓者群体数量很大，但也许是大多数钓鱼者自愿采用"捉放式"（catch‐and‐release）游钓方式，因游钓导致的死亡率似乎并不高。

尽管有数据表明，相对于捕捞压力，栖息地环境因素导致种群数量下降的作用更大，但一系列事件促使利益相关群体向蒙大拿州鱼类、野生动物和公园管理局施压，要求实施更严格的渔业管理。1984 年，公众发现鱼类大量死亡。1985 年夏天，河流流量和水温急剧下降（导致鳟的生长速率降低），众多利益相关群体担心渔业尤其是垂钓业将有大麻烦。蒙大拿州鱼类、野生动物和公园管理局的渔业管理者决定根据适当性渔业管理程序制定比格霍恩河渔业管理计划。

首先，组织召开公众会议，让利益相关群体参与渔业管理目标的设计（重点是确定价值取向），利益相关群体确定其最优管理目标是能捕捞到足够大的野生鳟。在明确了价值目标的基础上，蒙大拿州鱼类、野生动物和公园管理局的渔业管理者开始制定并发布管理计划草案，比格霍恩河管理计划草案包含了鱼类种群的变化趋势、影响因素、制定目的、管理目标和管理策略（技术方法）等。管理策略建议，重点加强对河流流量的管理，尽量不改变现有的管理措施。

民意调查显示，大部分社会民众认同管理计划草案所拟订的目的、目标和管理策略。93% 的受访者表示通过阅读计划提高了他们对比格霍恩河渔业的了解。此外，50% 的受访者表示他们对于应该如何管理渔业有了新的认识，这一结果令蒙大拿州鱼类、野生动物和公园管理局渔业管理者感到特别高兴，因为在这些对比格霍恩管理计划表示认同的人群中，有很大一部分人过去曾对现有的渔业管理策略非常不满。在蒙大拿州鱼类、野生动物和公园管理局（政策制定者）准备接受并通过比格霍恩河管理计划时，有利益相关者团体不同意现有的管理策略，提出应实施更严格的渔业管理。在对两个管理建议进行了听证分析后，委员会依据 MDFWP 渔业管理者所运用的适应性渔业管理程序，综合考虑利益相关群体的价值判断和渔业专家的技术选择，最终通过了最初的管理计划。

（续）

在同一个听证会上，蒙大拿州鱼、野生动物和公园管理委员会在通过比格霍恩河渔业管理计划的同时，否决了由 MDFWP 渔业管理者提出的对另一条河流（密苏里河）的渔业管理建议。与比格霍恩河一样，渔业管理者同样具有密苏里河鱼类种群监测数据，利益相关群体同样提出了不同的管理意见，两者的区别在于比格霍恩河的渔业管理在决策中引进了适当性渔业管理程序。蒙大拿州鱼、野生动物和公园管理委员会认为，公众在密苏里河渔业管理中的参与度不如在比格霍恩河渔业管理中的参与度。通过对两个案例的比较，蒙大拿州鱼、野生动物和公园管理委员会要求 MDFWP 渔业管理者采用适应性渔业管理程序为蒙大拿州其他 10 处渔业利用水平较高的水域制定相应的渔业管理计划。

值得注意的是，在比格霍恩河案例中，社会公众在蒙大拿州鱼、野生动物和公园管理委员会会议上提出了不同的管理建议，适当性渔业管理程序并没有消除关于如何管理比格霍恩河的争议，其只是平息了争议。适当性渔业管理程序为利益相关群体提供了确定管理目标（价值判断）的机会，同时也为 MDFWP 渔业管理提供了知识普及平台，使其可以就渔业管理策略（技术选择）向利益相关者进行特别说明。

表框 5.5　戴维斯湖（Lake Davis）案例

加利福尼亚戴维斯湖的一个有争议的渔业管理项目突显了"人"的因素在渔业管理中的重要性。戴维斯湖是加利福尼亚州内华达山脉的一个 1 600 hm² 的水库。基于技术方面的考虑，管理部门计划使用鱼藤酮（rotenone）从水库中清除非法引入的白斑狗鱼（northern pike），但是由于"人"的因素的介入，使得这项计划的实施变得非常复杂。

通过 1997 年一项极具争议的清除工作案例和 10 年后一项被普遍接受的清除工作案例，我们可以认识到采取广泛和综合性渔业管理方法的重要意义。在这个方法中，"人"的价值得到了承认和重视，其被认为是项目工作的一项重要内容。此外，清洁饮用水和公共卫生也是重要的关注点，同样也被认为是项目的重要内容。管理者只是想根除一种入侵物种，但以上这些关注点才是关键。

加利福尼亚的弗伦奇曼水库（Frenchman Reservoir Dam）的面积为 1 011 hm²。20 世纪 80 年代，戴维斯湖中发现有白斑狗鱼且可以自己繁殖。其后不久，在附近的溪流中也发现有其分布。当地政府曾尝试使用鱼藤酮将其清除，但没有彻底消灭。

白斑狗鱼的入侵，对当地鳟渔业产生了不良影响。此外，如果这些白斑狗鱼经扩散或经非法运输进入其他水域并形成种群，对当地的许多敏感物种将构成重大风险。因此，加利福尼亚州渔业管理部门决定清除白斑狗鱼。

然而，1997 年之前，戴维斯湖除了是鳟天然渔场外，还是波托拉（Portola）社区和其他地方居民的饮用水源。1997 年在启动戴维斯湖白斑狗鱼根除项目时，渔业管理人员建议通过其他方法解决饮用水问题（建造地下水井作为替代的饮用水源），并用鱼藤酮彻底清除水库中的白斑狗鱼。因担心所使用的化学药品的安全性，当地民众对这一措施表示反对。尽管加利福尼亚州鱼类和游钓管理局多次向民众保证该化学药品并无害处，但由于该化学药品的配方属于制造商的专利，政府无权向公众公开其成分。因此，当地社区认为管理局的举措会对公共卫生和居民安全造成危害，并因此采取法律行动进行抗议，该事件被当地媒体广泛报道。在项目执行的当天早上，由于管理局管理人员受到死亡威胁，约 300 名州和地方执法人员抵达水库周围。然而，对社区来说，大批执法者的出现代表了强烈干预，这激起了更多民众的愤怒。尽管存在争议，但管理局仍继续开展该项目。

最初的清除效果相对成功，但一年半后的 1999 年，白斑狗鱼再次在戴维斯湖被发现。专家也无

（续）

法断定是由于再次非法引入还是当时没有清理干净。鉴于民众的反对情绪，加利福尼亚州鱼类和游钓管理局没有采取进一步的清除行动，而是召集当地官员和社区代表组成了指导委员会，共同来解决这个问题。管理局和指导委员会就清除入侵白斑狗鱼共同制定了一个新计划，计划的重点包括宣传教育、严格执法和人工清除，不再采用鱼藤酮灭杀方法，CDFG 在当地社区设立了一个办公室，渔业经理既是白斑狗鱼清除专家，同时也作为管理局的特使和代表与社区进行交流。

尽管在接下来的几年里，通过电击、刺网、诱捕、张网，以及围网等一系列措施，清除了成千上万尾白斑狗鱼，但清除效果并不乐观，白斑狗鱼的数量依然在增长。白斑狗鱼问题导致当地鳟种群数量不断减少，严重影响了当地经济，且存在通过天然或人工途径向下游水域扩散的风险。到 2003 年，指导委员会要求管理局就根除白斑狗鱼的方法进行评估，并要求要充分考虑公众安全和对社区的经济影响，在确定渔业管理目标时，要特别考虑清洁饮用水及公共卫生安全等因素。

加利福尼亚州鱼类和游钓管理局通过多方考虑，最终还是优先选择鱼藤酮作为最安全和最可靠的根除手段。然而，如果最终要批准使用鱼藤酮，所有公众提出的水质问题都需要在公开的社区论坛上讨论解决。地方政府和联邦官员有关鱼藤酮配方的评估结论，并不能缓解当地公众的担心，所有技术问题和关键要素都需要由所有相关的公共卫生机构及资深专家在上述社区论坛上共同研讨解决。

美国林务局（U. S. Forest Service）拥有戴维斯湖附近土地的管理权，其也参加了这个项目。2006 年 9 月，加利福尼亚州鱼类和游钓管理局联合发布了一份关于编写《环境影响报告书》（*Environmental Impact Report and Environmental Impact Statement*，*EIR - EIS*）的通知，该报告书将严格遵守《加利福尼亚环境质量法》和《国家环境政策法》全面向社会公开环境信息。起初，许多当地人对鱼藤酮的环境安全性表示怀疑，加利福尼亚州鱼类和游钓管理局举行了一系列公开会议，公开化学药品的所有信息，并回答社区关注的问题。许多地方、州和联邦机构也开始关注该项目。*EIR - EIS* 草案编制完成，该草案就灭除白斑狗鱼的方法计划进行了评估，经过对公众意见的分析和回应，加利福尼亚州鱼类和游钓管理局、美国林务局最终认可了 *EIR - EIS* 文件，并批准了一个涉及鱼藤酮使用的项目。

确保社会公众在计划形成过程中全程参与，强调公开透明，这有助于向公众澄清事实，并且阐明项目的必要性和可行性。

根据项目执行框架，整个清除项目需要 1 个多月的时间，范围包括戴维斯湖水库及其所有支流。在计划实施期间 500 多名工作人员的食宿被安置在当地社区，以促进当地经济发展。清除计划完成后，继续开展监测和信息报告工作。除此之外，政府还将采取放流措施补充鳟资源，配套了一系列宣教活动，旨在促进该地区的游钓和旅游业。

由于加利福尼亚州鱼类和游钓管理局、美国林务局积极参与社区交流，公开了项目信息，回答了公众提出的问题，2007 年该项目得到了社区大多数人的支持。由于渔业管理人员认识到项目的实施必须要解决"人"和"技术问题"，社区公众最终改变了对项目的看法。

5.5　总　结

渔业管理的挑战性在于如何正确了解鱼类种群状况、栖息地质量和利益相关群体的诉求，通过采取适当的管理措施，以实现预期目标。渔业管理过程中的价值判断（准确界定价值目标）和技术选择（实现价值目标的方法）需要渔业管理者、利益相关者和政策制定者共同参与。利益相关群体应重点参与价值目标的形成，渔业专家应重点关注技术路径的选择。政策制定者做好价值判断者和技术选择者之间的沟通桥梁，这样就可以有效提高管理效率。

适应性渔业管理是一个不断反复的过程，它描述渔业的现状（我们处在什么状态），明确管理目标（我们想朝哪些方向发展），设计并实施管理策略（我们如何实现这些管理目标），评价管理效果和利用评价结果改进、完善管理目标（我们的目标实现了吗？有没有其他做法）。

5.6 参考文献

Churchill, T. N., P. W. Bettoli, D. C. Peterson, W. C. Reeves and B. Hodge. 2002. Angler conflicts in fisheries management: a case study of the striped bass controversy at Norris Reservoir, Tennessee. Fisheries 27 (2): 10 - 19.

Decker, D. J., and J. W. Enck. 1996. Human dimensions of wildlife management: knowledge for agency survival in the 21st century. Human Dimensions of Wildlife 1: 60 - 71.

Eagle, J., S. Newkirk, and B. H. Thompson, Jr. 2003. Taking stock of the regional fishery management councils. Island Press, Washington, D. C.

Geist, V., S. P. Mahoney, and J. F. Organ. 2001. Why hunting has defined the North American model of wildlife conservation. Transactions of the North American Wildlife and Natural Resources Conference 66: 175 - 185.

Larkin, P. A. 1988. The future of fisheries management: managing the fisherman. Fisheries 13 (1): 3 - 9.

Lee, K. N. 1993. Compass and gyroscope: integrating science and politics for the environment. Island Press, Washington, D. C.

Martinez, P. J., and E. P. Bergersen. 1989. Proposed biological management of *Mysis relicta* in Colorado lakes and reservoirs. North American Journal of Fisheries Management 9: 1 - 11.

McCay, B. 1996. Foxes and others in the henhouse? Environmentalists and the fishing industry in the U. S. regional council system. Pages 380 - 390 *in* R. M. Meyer, C. Zhang, M. L. Windsor, B. McCay, L. Hushak, and R. Muth, editors. Fisheries resource utilization and policy: proceedings of the World Fisheries Congress, Theme 2. Oxford &. IBH Publishing Company Pvt. Inc. New Delhi, India.

McMullin, S. L. 1993. Characteristics and strategies of effective state fish and wildlife agencies. Transactions of the North American Wildlife and Natural Resources Conference 58: 206 - 210.

Meine, C. 1988. Aldo Leopold: his life and work. The University of Wisconsin Press, Madison, Wisconsin.

Muonecke, M. I., and W. M. Childress. 1994. Hooking mortality: a review for recreational fisheries. Reviews in Fisheries Science 2 (2): 123 - 156.

National Marine Fisheries Service. 2008. 2007 Status of U. S. fisheries. U. S. Department of Commerce. National Oceanic and Atmospheric Administration, National Marine Fisheries Service. Silver Spring, Maryland.

Pinchot, G. 1947. Breaking new ground. Harcourt, Brace and Company, New York.

Raborn, S. W., L. E. Miranda, and M. T. Driscoll. 2002. Effects of simulated removal of striped bass from a southeastern reservoir. North American Journal of Fisheries Management 22: 406 - 417.

Raborn, S. W., L. E. Miranda, and M. T. Driscoll. 2003. Modeling predation as a source of mortality for piscivorous fishes in a southeastern U. S. reservoir. Transactions of the American Fisheries Society 132: 560 - 575.

Raborn，S. W. ，L. E. Miranda，and M. T. Driscoll. 2007. Prey supply and predator demand in a reservoir of the southeastern United States. Transactions of the American Fisheries Society 136：12 - 23.

Ruzycki，J. R. ，D. A. Beauchamp，and D. L. Yule. 2003. Effects of introduced lake trout on native cutthroat trout in Yellowstone Lake. Ecological Applications 13：23 - 37.

Street，B. 2003. 2003 conservation directory：the guide to worldwide environmental organizations，48th edition. Island Press，Washington，D. C.

Taylor，M. J. ，and K. R. White. 1992. A meta - analysis of hooking mortality of nonanadromous trout. North American Journal of Fisheries Management 12：760 - 767.

Walters，C. 1986. Adaptive management of renewable resources. MacMillan Publishing，New York.

第6章 渔业科学家的沟通技巧

Scott A. Bonar   Michael E. Fraidenburg

6.1 引言

在黑暗、拥挤的礼堂里，一个孤独的身影拖着脚步登上讲台。他默默地从他的大衣胸前口袋里拿出一些手写笔记，"啪"的一声打开了讲台上的灯，然后将笔记放在面前。第1页幻灯片，是无聊的，只有两种颜色，挤满了文字，坐在第2排以外的任何听众都难以看清。下一页幻灯片更是无聊。他一页接一页地放着幻灯片，以空洞的语调念着笔记里的单词。听众越来越难集中注意力去听他演讲。他却一直低着头，没有发现听众们的反应。

讲解过程中有一个轻轻的爆炸声，是投影仪的灯泡坏了，屏幕也变黑了。但是演讲者却继续沐浴在讲台柔和的灯光里，埋头讲着自己的笔记，竟然没有发现投影仪出问题了。当他继续枯燥地念笔记时，听众们紧闭着嘴，全场只有他独自讲解的声音。除了一个或两个听众无奈地笑，大部分听众都非常沉默地坐着。然后他突然结束了演讲，抬起头来，听众们出于礼貌给了点掌声。他悄悄地离开讲台，正如他悄悄地来。听众中没有人能完全记得他的演讲内容。因为表现不佳，他浪费了他为演讲准备的时间，也错过了告知或影响观众的机会。

我们都看到过更多糟糕的演讲，这让我们难以相信。每一次演讲前，我们应努力练习以使演讲效果达到最佳，能吸引听众的注意力。作为一名教授，我（Scott A. Bonar）尽我所能来帮助我的学生有充分准备地走上讲台。作为一名咨询顾问，我（Michael E. Fraidenburg）在见客户之前总是会做客户分析，以确保我能够满足客户的需求。

如果你正阅读这本书，你可能正从事一份令人兴奋且需要付出很大努力的渔业管理工作。你将有望在一些吸引人的地方从事有趣的相关性工作。保护今天的环境，你将会使人们未来的生活变得更美好。不要因为差劲的沟通技巧而错失发挥作用和做出实质性贡献的机会。尽管了解渔业科学的专业知识是第1步，但是你只有通过别人能理解的方式传播科学，并成立一个愿意对你的建议采取行动的团体，你才能有所作为。历史上伟大的保护主义者大多数是有才华的传播者、推动者以及科学家。如果这些伟大的科学家，如路易斯·阿加西斯（Louis Agassiz）、雷切尔·卡森（Rachel Carson）、大卫·斯塔里奥丹（David StarrIordan）、奥尔多·利奥波德（Aldo Leopold），或者斯宾塞·富勒顿·贝尔德（Spencer Fullerton Baird），不能很好地传播他们的想法并带领我们取得新的成就，也许我们的专业就不存在了。

为什么沟通和团体建设对于渔业专业如此重要？你的工作职责将要求你保护鱼类和它们的栖息地，并为人们提供享用和捕捞鱼类的机会。你必须了解渔业科学，这样你才能为如何实现鱼类保护目标提出具有说服力的建议。此时，沟通技巧显得非常重要。不能使用这些沟通技巧的渔业管理者，他们的建议就有可能被别人忽略。本章主要介绍与人沟通的方法，通过这些方法，可以使你的想法能够影响决策者。还讨论了成功的保护主义者、政治家、管理者和心理学家所使用的沟通技巧。通过使用这些技巧，你的沟通效率及与他人的关系将得到显著改善。本章首先要讲的是"如何影响他人。"

6.2　影响的技巧

假设有以下几种情况：①你想让渔民减少偷捕，以保护湖泊中数量有限的大口黑鲈；②你想确保农场主不在溪水中牧牛，不破坏溪水中小种群的克拉氏鲑（cutthroat trout）；③你需要一个富有的资助者为你的渔业实验室的新研究提供基金资助。那么你将如何说服这些人，让他们觉得你的想法是有价值的？幸运的是，我们可以借用广告、心理学等领域的技巧说服人们采取行动（Cialdini，2001；Bonar，2007）。在渔业管理或保护生物学方面，人们常常不鼓励进行宣传，因为有些人认为这会损害提出该观点的人的信誉（见Brouha，1993；Noss，1999；Roberts，2004；Walters and Martell，2004，关于宣传的利弊的讨论）。然而，现实情况是，一个专业人士即使是什么事情都没有做，实际上他也有其宣传的立场：通常是对现状的隐性支持。人们总是在不断地影响着其他人，是否采取恰当的方式去做取决于你自己。这种影响方式不是让你的意愿直接去影响别人，而是你可以通过某个主题以某种方式来影响别人，做这些决定必须与你所处的特有位置相适应。一个渔业管理者可通过其影响使商业捕捞减少误捕，一个渔业科学家可通过影响国家机构来资助自己的项目，一个渔业宣传小组可通过影响公众使其为某位政治人物投票。考虑到各人不同的背景，这些做法中的每一种都是合适的。

使用这些影响技巧非常有效。如果没有这么高效，那么广告商将无法向我们出售他们的肥皂、汽车、玩具、宠物石头、喇叭裤或一次性文身贴。然而，如果你在渔业管理方面运用这些影响技巧，你通常需要以道德的方式来使用，以使你所在组织发出的指令有较强的可信度，并能得到有效落实。沟通的目标是通过传播你的观点来影响别人，而不是用你的观点操纵他们。

你确定你是道德的吗？问问自己：我在一个方面影响了一个人，6 个月或者 10 年以后，他将会感到幸福还是认为我欺骗了他。当我陈述完我的要求以后，对方是否会感到公平，而不是在操纵他们吗？同时，对你的影响行为做一个核查，只有你心里知道你是否是卑鄙的，是否应该努力变得道德些。假设你将会用道德的方式使用这些技巧，那我们就开始讨论如何影响别人。

6.2.1　马斯洛的需求层次理论

亚伯拉罕·马斯洛（Abraham Maslow，1908—1970）是一个人文心理学家，他创建了需求层次理论（Maslow，1970）。这个理论的本质是人们的需求必须被满足，在满足更高需求之前，必须满足基础需求。最基本的是生理需求：呼吸、饮食、住所和水。一旦生理需求得到满足，安全、社会和尊重的需求就随之而来。例如，你怎么能在朋友中更受欢迎并提高你的自我认同程度？"需求层次"理论的最高级别是"自我实现"。在"自我实现"阶段，你的大部分需求已经被满足，并且有一种达到最高层次的感觉。据马斯洛需求层次理论，仅有约2%的人达到"自我实现"的水平。

你怎么使用马斯洛需求层次理论来影响他人？你一开始就应确定你的听众处于哪个层次。例如，如果你限制一个商业渔民捕捞淡水蚌（freshwater mussels）的数量，但他还在为养活家人而忧虑，也就是安全和生理需求还没有满足，你如果要从尊重和社会需求的层次去劝渔民保护淡水蚌的物种多样性，从而减少捕捞淡水蚌的数量，渔民们可能会对此置若罔闻。但如果你首先考虑的是去满足渔民的基本需求，你的劝说将会有效很多。例如，你可以告诉渔民，如果我们继续以目前的速率捕捞淡水蚌，淡水蚌将会灭绝，你将完全失去你的生意。如果我们降低捕捞速率，你就可能在一定程度上挽救你的淡水蚌捕捞生意。另外，如果你想说服一个富有的慈善家购买小溪周边的一部分土地来保护淡水蚌，你可能需要从满足他们的社会需求或尊重需求角度来设计你的论据。例如，如果你购买这块土地，并且用于淡水蚌种群保护，我们将为您颁发一个保护奖或者以你的名字命名一个溪边公园。这就是满足社会需求和尊重需求。

6.2.2 西奥迪尼的影响策略

罗伯特·西奥迪尼（Robert Cialdini）是一位社会心理学家，他创立了广告和销售者如何影响人们买东西的理论。他发现人们受到6个基本方面的影响（Cialdini，2001），因为我们每天处理大量信息，而大多数人会自动回应这些影响策略。

6.2.2.1 喜欢和相似性

人们更容易被他们了解、喜欢或类似于自己的人所影响，而不是那些不喜欢或与自己不相似的人。例如，我喜欢我在亚利桑那州鱼类和野生动物合作研究所（Arizona Cooperative Fish and Wildlife Reserch Unit）工作的员工，因此他们的观点和通常做的事情对我影响很大。然而，对于我不喜欢或不信任的人，我就不愿意接受他们的建议。你怎么在渔业管理中使用喜欢和相似性原则？重视与你要影响的人和睦相处，无论他们是其他机构的成员，还是渔民或者是保护组织的一员。强调你与他们的相似点，而不是不同点。这并不意味着你变得虚伪，尽管你与他们有差异，但这样做确实会给他们足够多的理由相信你。

6.2.2.2 回报性

如果你帮别人做了一些事，别人就会认为有义务回报你。Cialdini（2001）援引了一项研究，询问人们是否愿意购买一些抽奖券时，积极响应的人很少。但如果在询问之前，先请大家喝了饮料，那么积极响应的人则会增加。喝了饮料后，人们就认为有义务做出回应。在亚利桑那大学，我总是告诉学生去一些机构做志愿者来建立响应关系，从而增加他们未来在这些机构工作的机会。此外，如果在谈判中有一方愿意做出小小的让步，另一方就认为有必要以友好的方式回应，这样可以打破谈判中的很多僵局。

6.2.2.3 承诺和一致性

做事情时，人们强烈渴望与之前已做出的承诺相一致。例如，当大多数人说他们要做什么，他们会努力去做。这是一个机构的工作方向或启动新项目很难改变的一个原因。比如，虽然把水体分开单独进行管理会更好，但由于一些机构一直采用固定的方式做事，没有主动思考如何简化捕捞法规导致捕捞法规仍然十分繁杂。由于这个原则，生物学家很难更新鱼类采样方案或使用标准的采样程序，即使其他的采样方案将改善数据的收集和决策。我们一直听到的一个说法是："我总是用这种方式采样，而且也将一直用这种方式"。

你可以在渔业管理中采用这个原则。如果你了解某人曾有过保护渔业的行为，你可以提醒他如何与过去一样开展渔业保护工作。如果你想让鲈游钓俱乐部成员遵守新的管理规定以保护鲈种群的个体规格，那么你通过强调他们曾经的保护鲈种群的历史，以及遵守新的规定将会继续他们过去保护鱼类的承诺，这样游钓俱乐部成员就更容易遵守新的管理规定。

6.2.2.4 稀缺性

人们认为物以稀为贵。比如，大个体的鲤（large common carp）在英国受到垂钓者的珍视，因为它们很少见。相比之下，在北美，鲤（common carp）被认为是一种数量巨大的有害鱼类，一般没有价值。

这个原则可用于保护受威胁或濒危的鱼类、特有水体以及稀有的垂钓机会，这可以通过强调"如果不采取措施，会失去很多"来实现。相对于获得东西，人们对失去东西更为敏感（Bazerman，2006）。因此，在机构预算汇报中，你会经常看到有经验的渔业管理员在陈述，如果一个项目被废除将会导致失去什么，而不是一个项目持续做将会得到什么。

6.2.2.5 社会认同性

我们倾向于喜欢别人喜欢的东西，记得在高中，当一个人很受欢迎时，他似乎会获得所有的约会，拥有很多的朋友，这就是行为上的社会认同。当一些人喜欢一个人，他似乎会变得更受欢迎，也就是从众心理。这个原则同样适用于渔业管理。假如很多人认为垂钓鳟（trout）是很有意思的活动，那么其他人也会这样认为。同样，如果很多人喜欢徒手捕捉鲇（catfish），那么其他人也会想这么做。在渔业管理中使用社会认同，确保你的建议或想法得到尽可能多的支持。比如，你想让鲈游钓俱乐部成员遵从新的管理，那么你若表明其他俱乐部都支持你的管理规定会得到更好的效果。

6.2.2.6 权威性

人们经常受到被认为是权威的人的影响。著名的保护主义者、知名的垂钓者和名人来推销产品或是推广某个观点，效果会更好。演员马龙·白兰度（Marlon Brando）与美国土著人一起捕鱼，宣传他们在大西洋西北部捕捞鲑（salmon）的权利。白兰度参与这些抗议活动，部分原因是呼吁这些土著部落应拥有像英裔美籍渔民一样的捕鱼权利（American Friends Service Committee，1970）。同样，你可以使用权威性原则，让受人尊重的人支持你的观点或项目。比如，你需要向一个垂钓团体推荐新的机构程序，那么获得俱乐部主席或高层组织的支持或者带上一位受这个团体尊敬的人物到会，这样他就可以更好地影响他人。

你不能回避宣传问题，因为作为与不作为都表明了自己的立场。因此，应用已经被证明的马斯洛需求层次理论或西奥迪尼的 6 个影响策略去做宣传，并明确你的立场，确保你的方法合乎道德规范，参阅 Bonar（2007）可以了解更多关于自然资源影响人们的信息；参阅 Cialdini（2001）可以了解更多关于如何影响的信息，以及美国渔业学会如何用西奥迪尼的影响策略来建立标准的鱼类采样协议的案例（表框 6.1）。

表框 6.1　美国渔业学会运用影响力技巧的例子

很多专业的数据收集已经标准化多年，如医学、水质监测、气象学和地质学，这使得这些专业取得巨大进展并使沟通得以改善。然而，对于常规的内陆渔业监测，这些监测的目标基本相同，但在北美还没有实现标准化。这种标准化的缺失主要是由于强大的社会阻力，而不是现有科学的不足（Bonar and Hubert，2002）。美国渔业学会（American Fisheries Society，AFS）联合 10 个联邦、州和私人机构，用西奥迪尼的影响策略，来克服制定北美淡水鱼类标准采样方法所遇到的阻力。该项目的目标是编写一本专著，内容包含多种北美淡水鱼类主要渔获物指数的标准采样方法（体长结构、健康状况、单位努力捕获量和生长状况）（见 Bonar et al.，2009），并使这些方法被广泛接受。

AFS 运用的影响策略如下：

- 权威性——邀请一个顶级采样专家团队对本专著的每一章进行指导。
- 喜欢和相似性——作者是来自不同国家各个领域的专家，包括来自加拿大、墨西哥和美国的管理人员、学者和生物学家，他们都是相似的意向用户。
- 社会认同性——邀请美国、加拿大和墨西哥的大多数机构参与本专著的编辑或者为其提供资金。
- 稀缺性——AFS 并不打算将这些方法强加于任何人。但是，如果生物学家不用这些方法，他将没有办法比较自己的数据与标准化数据。
- 回报性——为了资助这本专著，将告诉潜在的捐助者本金是由其他机构提供的。这本专著为用户提供了在一定区域和范围内采用这些标准技术所收集的常见鱼类的单位努力捕获量、健康状况、生长状况和体长结构的平均值。
- 承诺和一致性——许多投资者、机构和个人已经预先承诺用标准的程序，这本专著是这些预先承诺的延续。

该专著于 2009 年出版，包括以下内容：

- 该项目由 11 个联邦、州的机构和组织资助。
- 来自 107 个机构、大学和组织的 284 位生物学家志愿参加本专著的编写。
- 该专著由不同科学家和管理团队进行了 3 次审核。
- 各个章节的作者应邀在若干地区、国家和国际研讨会上介绍他们的标准采样方法。
- 比较章节的数据，该章节的数据包含来自 43 个州和省超过 4 000 个渔获物调查的指数平均值（电子邮件调查有 68% 的回复率）。
- 其他国家也表示感兴趣。首席编辑被一个欧洲联合渔获物采样会议邀请去做主题演讲，并且来自 6 个国家的生物学家对这个标准采样方法进行了审阅和评论。

这些程序会被广泛接受吗？时间会告诉我们。但到目前为止，对这些工作的评价总的来说是肯定的，并且一些渔业机构已经开始采用这些方法。罗伯特·西奥迪尼的影响策略被证明在满足 AFS 的项目目标中起着关键作用。

事实上可能在你试图去采取影响策略的这一时间段，冲突已经出现。如何有效地处理冲突，并且仍然维持与他人良好的工作关系？

6.3　语言和冲突解决

在沟通过程中，解决冲突与急救类似，你经常需要立即降低冲突发生的可能性，以便你能够使用其他的沟通技巧。有时你将面临愤怒的垂钓者、土地拥有者或你机构中的同事。如若不采用批判的方式，你如何能使他们冷静？试试"语言表达"。

"政府工作人员都是懒散的，并且压榨我们纳税人的钱"。如果你为一个政府机构工作，你可能会听到选民、委员甚至你自己的朋友和家人都这样抱怨。对于这个问题你要如何回答，你有 3 种可能的回答方式。第 1 种，以生气的口吻回答："你们正在谈论什么？为使像你这样的人们更好地保护自然资源，我做了很多工作，以使你们能更快挣钱"。第 2 种，你忽略这个陈述或者言论并以悲伤的方式回应："是的，我真的很抱歉，我在政府机构没有体会到你们的感受"。第 3 种，以自信乐观的方式回答："你说的是正确的，懒散的政府工作人员确实存在！但不是所有政府工作人员都这样，像我这样勤政为民的政府人员也有很多，与我一起共事的工作人员，确实很努力地在为人民谋福利。我希望你们能理解我们的工作，我们的工作是保护自然资源，以使自然资源能满足你们的需要，也能保证子孙后代有资源可用。"

正如你可能猜到的那样，第 1 种回答可能会疏远你的批评者并使冲突升级。除了失去你的自尊外，第 2 种回答几乎没有什么作用。最后的回答是语言表达，是一种利用对方论证的力量来回应负面评论并让那个人站在你这边的方法。虽然有时候你会想要对一个人的攻击做出有力的回应或忽略负面评论，因为这种争论并不是你所想要的，但是语言表达代表了一种陈述你的观点的积极方式，同时保持或改善你与他人的关系。

语言表达是一种交流方式，这样可以既坚持自己的观点，又不让对方失望。一个基本规则就是体面的人要体面地表达自己的反对意见。语言表达的使用有 3 个步骤：首先，理解对方的意见；然后，赞同对方的观点，同情或共鸣；最后，婉转地说明你的观点。

第 1 步：理解对方的意见。在你回答对方之前，你应该问一些问题以便更加了解对方的立场，确保你能解决他们所关心的问题。

要了解什么原因导致人们认为政府工作人员是懒散的，你可以问一些开放性问题。开放性问题的答案没有标准的"是"或"不是"。例如，"哇，听起来你与一些政府官员有不愉快的相处！可以告诉我发生了什么吗？"对方可能会回答，我看见城市办公室的一些工作人员即使是在打发时间也不帮助我们办理业务。现在你知道开放性问题具体是怎样的。其他开放性问题也可以让人们理解这个问题。

"你为什么会有这样的感觉？"

"你能给我多说一点吗？发生了什么事？"

"嗯，你为什么会这样说呢？"

第 2 步：诣言表达。当你了解这个人，并且相信是什么让他沮丧的，你可以用赞同、同情或者共鸣的方式解决问题。以一些方式赞同你的批评者所说的。关键是你的回答要真实且是真诚的，否则你的批评者不会相信你，这个方法也不会起作用。下面是对前面提到的懒散表示赞同的例子。

"你是对的！他们中的一些人是懒散的！"

"非常确切！有时政府工作人员并不像他们自己说的那样努力工作。"

"是的，当你办事的时候，那些办公室的人对工作并不在意。"

如果你有创造力，你可以赞同你的批评者所做的几乎任何事情，而且还不用撒谎，仍然忠于自己。一些人批评你，最终就是希望你能赞同他。赞同会使你免受他们的攻击，并使双方进入问题解决的环节。

回答批评者的另一个方式是同情。同情就是使你自己感同身受，并且通过眼神交流理解对方。对于上面的意见你可以用以下话语来回答：

"哇，我知道你的意思，访问政府办公室，你的问题没有得到回答是令人沮丧的。"

"我理解你的感觉，我去县评审员办公室，我提的问题也没有得到回答。"

同情是一个强有力的方法，展现你对批评者的同情，即使你不赞同他的整体陈述。

共鸣是赞美，以另外的方式开始积极的交流。人们一直做的好事常常不被认可。你的工作是真实地认可他们的才能和贡献。对于认为政府工作人员是懒散的人，我们可以用以下句子表示共鸣。

"你真是个好老板，所以看见雇员打发时间你一定很沮丧。"

"我认为你做事很有效率，所以我相信看到类似这样的事情会让你生气。"

我们是否应该赞美那些不真实的事情？每个人都做得很好。如果你真诚地赞美人们擅长的方面，你将保持你的可信度，同时也避免了操纵别人。

第3步：婉转地说明你的观点。只有当你已经理解了你的批评者所关心的事情，婉转地表达，而不是批判，对方就可能就会开始听你讲话了。这时你就可以用积极、自信的方式婉转地陈述你的观点，对事不对人地陈述你的意见。再次，为了回答人们抱怨政府工作人员懒散的问题，你可以使用下面的语句。

"我认识的大多数政府工作人员因为工资太少而破产了。"

"我真的没有看到许多政府工作人员在办公室打发时间。"

"确实有一些鱼类和野生动物保护工作者在打发时间。然而，我所知道的大多数人都是因为喜爱这份工作才进入这个领域，而且经常免费加班。"

第4步：前3步一起做。我们提供了一个例子——博纳（Bonar）调查时与垂钓者整个交流过程的对话。如果你与渔业资源使用者打交道，你可能会在某段时间受到类似的批评。这是一个老人在湖边垂钓鳟的场景。

博纳："先生，我能问你一些关于你今天钓鱼的问题吗？"

垂钓者："你是该死的生态学家吗？"（正如你所看到的，事情有一个"好"的开始）

博纳："你为什么这样问？"（询问）

垂钓者："因为那些生态学家比圣诞节的肥鹅废话还多。"

博纳（微笑着）："先生，你说得对，他们中有的确实如此！"（赞同）"为什么你这样认为呢？"（询问）

垂钓者："因为你们减少捕捞限额，从去年的每天5条鳟到今年的3条。"（现在我了解他的具体问题）

博纳："是的，今年不能钓那么多鱼是一件令人失望的事"（同情）。"有很多人在这个湖钓鱼，但湖里鱼的数量有限。为了让每个人都有钓鱼的机会，我们不得不降低限额。"（婉转地陈述观点）

垂钓者："如果你们这帮家伙好好管理这个湖，这是不会发生的。"

博纳："你们在旧的限额下艰难地捕鱼很多年了，现在不允许你们捕那么多鱼，我很理解你们的心情""我希望我们的育苗场生产更多的鱼供你们垂钓，但它们现在已经在尽可能多地生产了。"（婉转地陈述观点）"我能不能问一下你钓鱼方面的情况？如果你有意见，我可以把你的意见反馈给相关的组织机构。我不能承诺一定可以改变，但我保证把你的观点转达给管事的人。如果你花一些时间与我交谈，我会非常感激。"

垂钓者："嗯，我希望如此。"

虽然语言不能总是成功，但可以增加你转败为胜的概率。语言表达上有一定的策略，以上步骤对一部分策略进行了整合。要了解更多关于语言的内容，可以参阅 Burns（1980）、Horn（1996）、Thompson 和 Jerkins（2004）或 Bonar（2007）的相关报道。

现在你已经用语言表达来缓和冲突，让人们与你的交谈富有成效。那么如何为获得你想要的东西而进行谈判？

6.4　谈判的原则

即使我们不是专业的谈判者，我们也有过谈判的经历。你可能与你的老板或暑期工谈过工资，与其他机构谈过谅解备忘录，或者是谈过项目发起人应工作的时间等。人们认为传统的谈判（即对一个问题有一个坚定的立场）是最好的方法。你想要某些东西，你就出一个期望的低价，卖家出一个期望的高价，你们进行反复谈判，最终你们找到一个价格的平衡点。

基于利益的谈判，被认为比传统的谈判效率更高（Fisher et al.，1991；Susskind et al.，2000）。在利益的谈判过程中，谈判双方都有他们潜在的利益。然后试图寻找一个创造性的方法，来满足他们各自的利益。这样他们就会使得各自的利益在一定程度上得到满足。

在传统的谈判中，谈判双方都有自己的立场。比如，一个渔业管理者可能有他自己的立场："我不能让你在小溪中放牛。"而牧场主的立场可能是："我要在小溪中放牛，你就是试图来阻止我。"这样谈判就陷入了僵局。然而，如果你了解他们双方的潜在利益，或者是你知道他们为什么持有相反的观点，那么你就可能想到一个创造性的方法，来满足他们双方的利益。渔业管理者为什么要阻止牛出现在小溪中，他是想要保护那里的小型鱼类产卵场生境。牧场主为什么想要在小溪里面放牛，他想这样更方便他的牛饮水。了解了双方的利益，就有可能通过讨论或者商谈来解决这个问题，而不是陷入"牛进-牛出"争论的僵局中。比如，他们可以决定从这条小溪引一个管道出来，这样牛就可以在岸边的水槽中喝水，牛就不必踏入小溪中。在这个例子中，管道取水不会耗费小溪很多流量。或者渔业管理者也可以帮助或者资助牧场主，允许他们从其他水源给牛取水。基于利益的谈判是依据哈佛谈判项目（Harvard Negotiations Project）所开展的研究（Fisher et al.，1991），项目参与者检验了大量成功谈判的例子，并明确了为什么这些谈判会成功，而其他的谈判会失败，他们推荐了以下步骤。

第 1 步：了解和提出谈判协议的最佳替代方案，并质疑对方的方案。当一个谈判没有发生或失败的时候，你应该有一个"谈判协议最佳替代方案"（Best alternative to a nego-tiated agreement，BATNA）。你的"谈判协议最佳替代方案"可以是"如果我们不能谈成解决办法，我将把你告上法院"；或者，"如果我们不能讨论出一个协议，我将让老板来决定"；也有可能是"我也不喜欢事情的发展态势，但我不得不在目前的环境中生活。"

有一个"谈判协议最佳替代方案"是非常重要的，或者如果谈判失败有一条退路也很重要。通过谈判建立你的"谈判协议最佳替代方案"，并且质疑对方的"谈判协议最佳替代方案"。例如，对上面谈到的关于牧场主放牛的"谈判协议最佳替代方案"表示怀疑，生物学家可能会问一些难以回答的问题。例如，"难道你不认为就牛群如何使用这条溪流的问题达成协议才符合你的最佳利益吗？如果我们现在不解决这个问题的话，难道你不担心你将面临来自渔业机构的巨额罚款和负面宣传的后果吗？"

第2步：专注于潜在的利益而不是立场。湖泊拥有者想要用硫酸铜来杀死湖泊中令人讨厌的藻类，然而州水质管理机构的立场是不希望用硫酸铜来治理湖泊。如果认真审视他们的潜在利益，其实他们有很多相似性。

他们都想要控制水华。

他们都想要干净无污染的河水。

他们都想避免受到河流周边居民的批评。

认清双方的利益，我们可以看出他们都想通过达成一个解决方案来分享他们的利益。确定利益的关键是了解对方持不同立场的原因。虽然你可能不想向对方亮出你的底牌，但你还是想跟他们分享利益。

第3步：创造双赢的选择。尽可能地想出更多的选择方案以满足双方的利益。想出这些方案的关键不是将一个成果进行分配，导致每个人都有所损失，就像传统的（基于立场的）谈判方式。你想出的方案可以不是瓜分一张饼，而是思考如何把饼做大，来尽量满足更多人的利益。通过头脑风暴，尽可能多地罗列出选择方案，而不用管这些方案是好是坏。双方并不局限于以上建议的选项，对于藻类例子的解决方案可以包括以下方面：

硫酸铜只用1次，下1次用其他药品来治理河流；什么都不做，与藻类共存；在沿岸带种植植被，建立缓冲区来防止营养物流入河流；找出营养物的根源，然后清理这些营养物；向湖泊中注入大量的水，以更快地冲刷稀释已被污染的水体；用明矾处理湖泊，使其与水中的磷结合产生沉积物。

第4步：使用客观标准来论证你所喜欢的"一揽子办法"。这里是你和对方通过缩小所有可选的方案来最终达成一个特殊的方案，或者再设定一个可以满足双方利益的方案，使用客观标准可以帮助你们缩小选择范围，如水质管理机构不允许湖泊拥有者使用硫酸铜，因为这个化学药品目前未得到批准以用于控制这个区域内河流发生的水华。河流中已经有过量的铜沉积物，这个解决方案将不能满足业主或下游用户对清洁水的需求。什么都不做，任由藻类自由发展不会花费太多经费，但是这对于任何一方也都没有好处。

这就只剩下上面所罗列的后面4个选项。增大流量冲刷湖泊是一个减少藻类的成熟技术，然而在这个例子中没有现成的水资源可供使用。湖泊所有者和州机构最终同意以下3个办法，即用明矾来治理河流；找到营养物来源，然后清理这些源头；在沿岸带种植植被以建立缓冲区。这些办法满足了双方的利益——清理了湖泊、降低了污染，也满足了湖泊拥有者的要求。

第5步：谈判中维持关系很重要。最终，从谈判中获得最好的结果，以你所想的别人对待你的方式对待别人，将人际关系与问题分开，努力解决问题，但在任何时候都要尽你所能尊重对方。在自然资源的谈判中，促进与对方的关系也是十分重要的。你会发现整个北美的自然资源保护团体圈子很小。即使你去了其他地方，一些曾经与你共事的同事，又会以某种方式出现在你的生活中。如果你总是对问题表现得很"强硬"，而对人们表现得很"温柔"，那么通过交流你在整个职业生涯中将会获得最好的成功机会。

可通过参阅 Fisher 等（1991）、Susskind 等（2000）或 Bonar（2007）的研究报道获取更多的谈判技巧。也许你已经通过谈判得到了一个解决方案，然后需要实施首选的解决方案，那么你将如何让整个团队一起工作来实施这个项目呢？

6.5　团队项目管理

恭喜你今天早上通过起床出门完成一个项目，目标是出去参加一个活动。这个项目的目的是为离开家，合适的着装和安全的通勤做准备。你实施了一系列离散的、基于时间顺序的任务，包括在前一天晚上设定闹钟、整理床铺（你们中一些人可能有）、洗澡、吃早饭、打包午饭、计划你的路线。然后你基于几个标准来评估你的项目是否会取得成功：你第 1 次约会准时到达了，你的通勤过程中没有碰撞到任何东西，你的穿着很职业化。那么，这就是项目管理的全部吗？定义目标、设定目的和完成任务？像这样完成一系列的步骤就是完成项目管理，但是它可能也应该包含更多，尤其是当你需要一个团队一起工作的时候。项目管理在一个团队中的作用是充当一个解决冲突和寻求改变的工具。

"让我们组成一个委员会……"常常是对实施渔业管理的一个响应。创建成功的委员会团体项目，需要在以下几个方面达成一致：项目目标，你将要达到的具体目的，分配多少经费、员工以及所需要的设备，成功将意味着什么，以及很重要的问责制，即谁将要做这些。达成协议意味着你也在解决操作方面的问题，以便使你的团队完成实际工作。

项目管理也应该寻求改变，但是改变往往很难实现。如果有必要打破以往来尝试一些新的东西，项目管理尤其是目标和目的的设定，会从现在感到沮丧转变为去寻找一些新的东西。在其他人对渔业发展方向感到困惑时，有着良好项目规划技巧的渔业管理者总是能发挥很强的领导力。你可以使用下面的项目管理基本步骤来行使领导力。作为例子，我们将假设你需要准备一份报告，这个报告来自你的内陆渔业管理部门，呈交给州鱼类和野生动物委员会。

第 1 步：绘一幅蓝图。野生动物计划者组织（www.owpweb.org）有一个 4 个步骤模型，是一个思考如何实施项目的有用方案（图 5.4）。他们的模型是目标管理的一个版本，强调项目经历重复周期的重要性，以确保其相关性和有效性。考虑写一段陈述或者罗列一下任务来回答 4 个步骤中的每一个问题。对于上述例子而言，你交给委员会的报告中对于图 5.4 中"我们的努力目标是什么"这个步骤的答案，可能是"让委员们批准一套新的规章制度。"

第 2 步：分析利益相关者。创建一个关心你的项目的个人或团体列表，考虑哪些人将要做这个项目工作，以及这个项目将会影响到的利益相关者。尤其要谨慎思考哪些人将会反对你的提议，准备好如何处理这些反对意见。同样，罗列出那些可能会参加你项目的人员承担的角色，因此你可以把他们写进你的计划中。例如，他们可能负责这项工作，他们可能参与，他们可能会支持，可能需要咨询他们，或者他们可能只需要了解你的项目。对于你给委员会的报告，你的利益相关者分析可能包括负责撰写不同篇章的机构项目主管、在提交委员会之前需要批准你的报告的领导、最有可能否决你想法的关键委员以及你的建议可能影响到的任何利益相关者团体。

第 3 步：制订"项目逻辑"。一个项目包含目标、目的、结果以及任务，它们之间由内在的逻辑联系在一起。目标是所有工作的最高期望（如渔业资源保护）；目的是具体项目实施后得到的结果（如在管理区域 3 和 4 中保护物种 X 和 Y 免受灭绝）；结果就是达到目的所需要的特定效果（如恢复河流 12～16 mile 的水文情况）；任务就是具体的、可衡量的活动（如在河岸带种植 6 种最常见的本地植物）。

使用"如果……就……"的陈述方式来厘清项目的逻辑，将项目活动与总体目标联系起来。以这样的方式思考：如果你做了正确的工作，那么你将获得正确的结果；如果你获得正确的结果，那么你将达到正确的目的；如果你达到了正确的目的，那么你将实现正确的目标。当你由上往下沿着从目标到任务的逻辑途径前行时，你将回答关于如何实现目标的问题。当你由下往上沿着从任务到目标的途径前行时，你将回答关于你为何做这些特殊活动的问题。如果你的回答中一个活动不是获取下一个更高层次任务所必需的，那么删除这个活动。一个关于你给委员会报告的逻辑进展的例子展示了项目活动间是如何联系的（图 6.1）。

第 4 步：创建一个项目时间和活动图。甘特图（Gantt chart）（Morris，1994）能很好地展示项目任务总体概貌。这个图是通过将任务列在矩阵的左侧，将每个任务的开始时间和结束时间列在右侧而绘制成的（图 6.2）。这些任务是以时间顺序排列的，以确保这些任务以适当的顺序完成，而且有足够的时间来完成每个任务。这个制图活动为集思广益地讨论项目中所有需要完成的任务提供了一个良好的方法。

这个任务列表可以很大，如果这样，管理者需要评估每个任务的重要性和紧急性，将"最好能有"的任务从"必须要有"的任务中分离出来。做这个决定的标准包括：①这个任务与其他任务间的联系有多紧密；②任务解决多个实施过程中的问题的潜力；③成本与效益。这个部分的目的是识别当资金或时间短缺的时候哪些任务可以被忽略。比如，回顾对委员会的

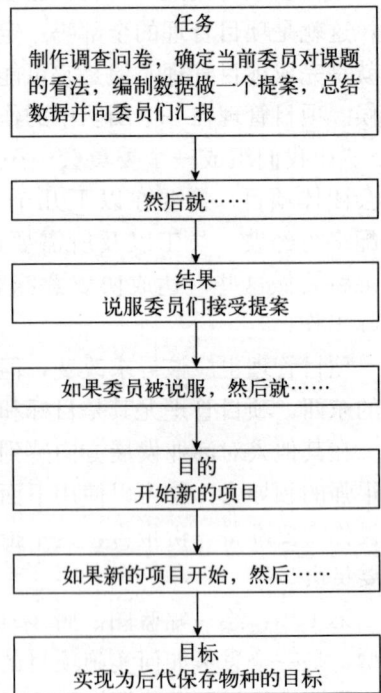

图 6.1　委员报告的项目逻辑进展

注：此示例演示如何使用"如果……就……"语句将项目活动与目标联系起来。

陈述所使用的"如果……就……"逻辑（图 6.1），如果使用吸引人的多媒体方式表达会更好，但它不是成功所必需的，因此这一步骤只有在时间充裕的条件下执行。

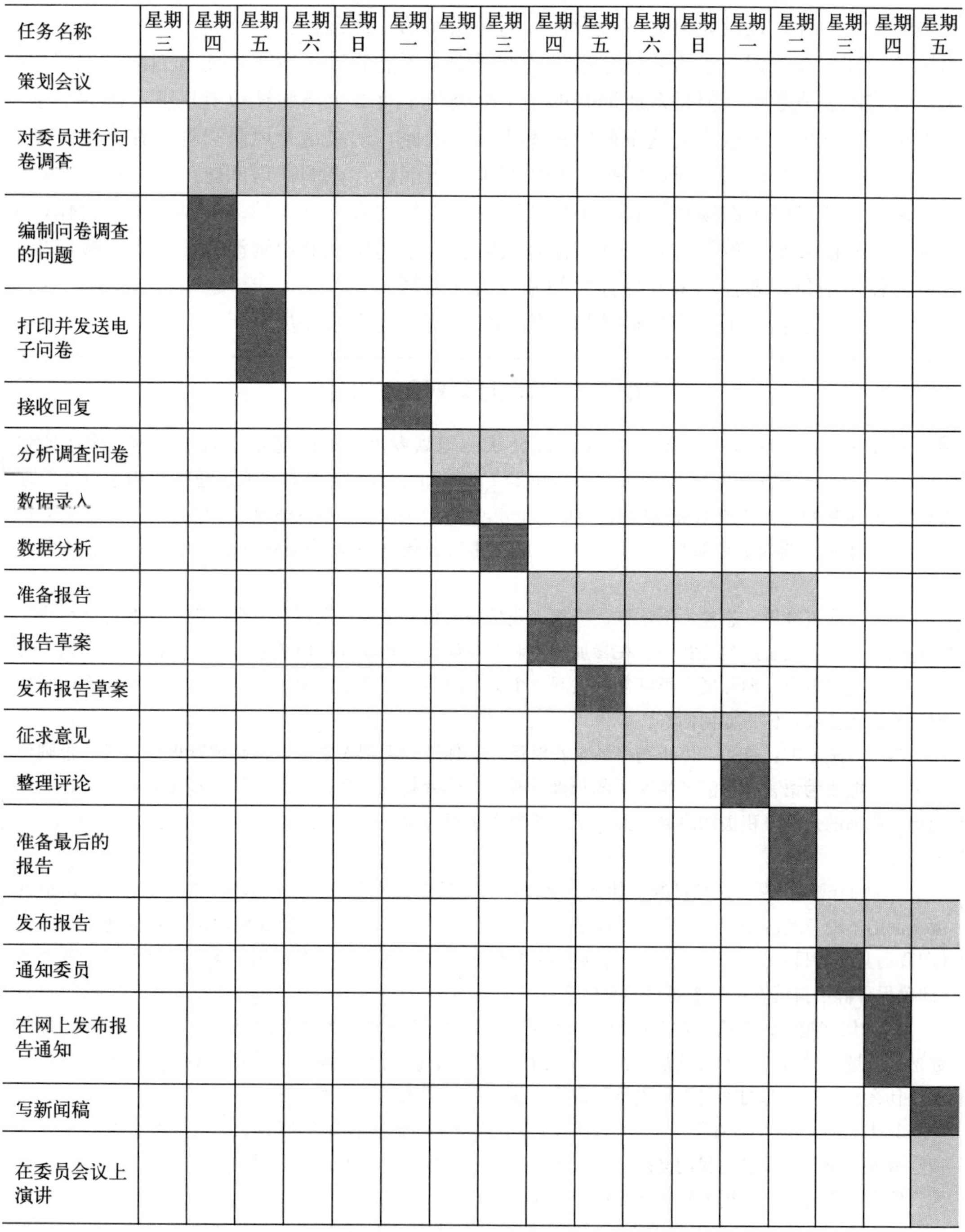

任务名称	星期三	星期四	星期五	星期六	星期日	星期一	星期二	星期三	星期四	星期五	星期六	星期日	星期一	星期二	星期三	星期四	星期五
策划会议	□																
对委员进行问卷调查		□	□	□	□												
编制问卷调查的问题		■															
打印并发送电子问卷			■														
接收回复						■											
分析调查问卷							□										
数据录入							■										
数据分析								■									
准备报告									□	□	□	□	□				
报告草案									■								
发布报告草案										■							
征求意见											■						
整理评论												■					
准备最后的报告													■				
发布报告															□	□	□
通知委员															■		
在网上发布报告通知																■	
写新闻稿																	■
在委员会议上演讲																	□

图 6.2 以一个为鱼类和野生动物委员会准备假设性演讲的甘特图为例（资源和时间分布矩阵）

第 5 步：分析你解决风险的假设。承诺做一个项目同样也需要一个渔业管理者做出一个或者多个任务可以按计划完成的假设。在渔业中常见的假设是工作经常被坏天气所打断。可能你的项目计划要求在 6 月 1 日安装好采样设备，可是一场洪水导致你在 6 月 15

日才能安装好设备,那么你将采取何种措施来维持你工作的整体性。考虑这些假设的本质与项目的关联性,以及如果这些假设被证明是错误的,你预计将如何解决这些事情?这就是风险管理。在我们关于给委员会报告的例子中,可能假定了所有的委员们都能理解你提供的特定图表或数据,但是众所周知的是 7 个委员中有 2 个高中还没有毕业,因此关于所有委员都能理解你的数据的这个假定并不正确。因此,解决这个风险可通过在会议开始之前给这 2 个委员打电话来讨论数据,并回答他们可能会存在的任何问题。

现代渔业管理中的项目管理并不仅仅是一个工作列表,越来越多的是让组员合作,引导他们以新的或更有效的方式来保护渔业资源。一个渴望在渔业资源方面取得积极成果的人可以使用项目计划技巧来发挥强大的领导力(表框 6.2)。

因此,你现在有了一个项目计划,你将如何将它提交给委员会?

表框 6.2　与项目策划专家的对话

特里·施密特(Terry Schmidt)是国际公认的规划专家。他以前是一名工程师、管理计划(Managementpro)的创始人(www. Management Pro. com)。管理计划是将系统思维应用于战略管理的全球专家联盟——"战略管理中心"的一部分。特里的第 5 本书《战略行动规划》,是一本将日常工作与战略意图联系起来的书。以下是迈克·弗雷登堡(Mike Fraidenburg)与他的对话内容的摘要:

迈克·弗雷登堡:想象一下这样的场景。我是一名鱼类生物学家,在飞机上坐在你旁边。在我了解你的工作后,我有点抱怨我一直在参加"协调"会议,但并没有任何结果。有一个问题,当我下飞机,我必须给本应计划开展鱼类恢复的人开一个会,但他们不能很好地一起工作。如果我向你询问如何召开这次会议,你将如何回答?

特里·施密特:首先,停止消极的自我对话。在你能管理别人之前,你必须管理你自己。否则你的想法只能成为语言,不能产生实质的积极性改变。然后制订一个良好会议的常规流程:议程、共同期望、明确的角色、积极的决策,并为下一步计划进行讨论。然后在会议结束时引导你的小组回答 4 个问题。

1. 我们试图实现什么和目的是什么?就项目的"为什么"达成一致,例如,"恢复 3~12 mile 河流之间的本地鱼类区系,并使其可持续发展"。对于"为什么"的回答使我们就项目目标达成了共识(即我们共同的目标是什么)。对于"我们要实现什么"这个问题的答案提供了需要达到的目的的列表(即确保种群可持续发展的主要目的是什么)。

2. 如何知道我们是否成功?就成功如何定义以及你将使用什么措施达成一致。要采用什么样的数量、质量、时间和成本衡量标准?在 10 年内增加 1 尾鱼是否足够?这可能是不够的。那么衡量标准是什么?这些问题的答案为推进项目成功提供了一种清晰而客观的方法。

3. 其他什么条件必须存在?这个问题的答案阐明了我们正在做的假设。假设影响成功,但往往被隐藏或忽略。假设也是我们必须计划实现的。每一个项目都有假设,只是有不同的风险。当风险很大,假设不确定时,应纳入管理计划的应急步骤。

4. 我们将如何实现?这是任务的时间表和材料、人员、时间安排、资金和协商的清单,您可以将它们放在一起,以完成该领域的实际工作。人们倾向于首先采取行动,但不要让你的团队这样做,要先回答前面 3 个问题再做。这 4 个问题构成了逻辑框架的基础,是一个确保项目管理成功的系统思考工具,读者可以去我的网站阅览一篇关于这个主题的免费文章。

（续）

> 100 年后，当人们从我们留给他们的环境这个角度看我们的工作的时候，他们会问"你们为什么让这些不好的事情发生"？或者他们会说"感谢你们为鱼类保护所做的工作"。这就是为什么项目计划在每一个管理者的工具箱中占有一席之地。项目管理就是计划变更、执行变更、计划更多变更、再次执行以及再次计划变更。

6.6　成功的演讲

不论你是谁——学生、生物学家或者管理人员，你都将会被要求演讲。不幸的是，糟糕的演讲会使听众感到无趣，也会降低你与人沟通和影响他人的能力。还记得这一章刚开始描绘的那个演讲者，你不想成为那样的演讲者吧！相反，在进行演讲时要考虑一些技巧，以使你的观点得到传递，并使听众保持投入的态度（Fraidenburg，2005）。

现在大多数渔业管理人员的演讲都采用计算机演示程序，如演示文稿，少数演讲者使用投影片或幻灯片。不管他们借助什么工具，大多数成功的演讲者都有相同的特性。

第 1 步：删除任何分散观众注意力或者偏离信息的内容。保持语言简洁，幻灯片或者其他图表只能包含必要的信息。如果你对一些内容不确定，则撇开它。简化幻灯片上的信息，使其只包含关键点，你口头上给听众补充详细内容。如果人们在幻灯片上看到大量多余的信息，他们就不会听你讲的内容。在演示电脑幻灯片（如演示文稿）时，一定不能添加大量花哨的过度、爆炸性色彩和"飞页"。听众们可能对你的演讲文稿印象深刻，而错过听你演讲的内容。

第 2 步：管理内容过载。首先，在学术会议上，通常情况下大多数演讲者都能够使用分配的 20 min 进行演讲。事实上，即使是 1 h 的演讲也很容易完成。更常见的任务是管理内容过载（比如，不要把太多的文字挤进简短的演示文稿）。如果你想知道如何准备演讲，就要准确分析听众需要知道什么以及如何利用有限的时间。听众依靠演讲者开展高质量、相关性的工作，所以演讲者要提出最重要的观点。其次，听众吸收信息的能力有限，所以演讲者应合理安排每张幻灯片上的信息量。可以问问你自己，你想让听众记住些什么。我们大多会从一个演讲中记住 3 件事情（Arredondo，1990）。不要在幻灯片上放太多信息，如果幻灯片上只有文字，可以考虑用图片或者图画来替代，以不同的方式表达信息。在这种方式下，听众可以同时听到和看到信息。

第 3 步：尽可能以观众容易吸收的方式进行演讲。比起演讲者大声读出信息，听众可以更快地从幻灯片上看到信息。因此，如果你只是顺着幻灯片上的内容一行一行地念，人们将会走神，而不会跟着你演讲的思路走。这已经被 Mayer（2001）论证过了。麦尔（Mayer）发现，当叙述者的话同时出现在幻灯片上，则信息传递量就会减少。你可以问问自己，观众们是否真的需要你来翻译他们自己能看到的东西。或者你是否只是简单地复述可以轻易看到的信息。应将幻灯片上的文字量最小化，突出显示最关键的信息。

人们以不同的方式学习，所以在可能的情况下要改变你的信息传递方式。一些人最佳的学习方式是听取信息，其他人需要看到信息，也有一些人需要感觉到它（Druckman and Swets，1988）。有学者研究成年人如何学习，他建议演讲者应每隔 8 min 或更少的时间改变交流方式。最好是 20 min 的内容讲解过程中应该包括 3 种或 4 种不同的交流方式，以使观众的接受效果最佳。不同的交流方式包括交谈，展示一些幻灯片，安排一个小组练习，采访一些听众，走近听众讲述一个故事，使用幽默的讲解方式，使用道具、演示、提问或大家一起做一些不同的事情。在科学会议或其他形式的正式会议中演讲有一定限制，不可能将所有的方式都运用上。但是，即使在这样的场合，如果演讲者有创意也可以方式多变。对大部分人来说，多变的演讲方式会使你的演讲内容变得更有趣、更有意思。

合理设计演讲的场地。不要把房间的光线变得完全黑暗。如果想让图片发挥较好的效果，应在光线更亮的房间投影图片，而不是让听众在光线黑暗的房间中。假如在一个光线较黑暗的房间进行演讲，幻灯片就将替代演讲者成为焦点。此外，在一个光线黑暗的房间，演讲者不能与听众进行眼神交流，也不能回应听众的非语言行为，导致很多听众听得打瞌睡。如果演讲者计划让听众参与一些环节，而不仅仅是听，那么演讲者应该告知会议组织者安排房间和座位配置，以满足交流需要。最后，如果房间出现问题（例如，来自厨房的多余噪声），我们应该去解决问题，而不是忽略问题。

设计有效的幻灯片和图表可以显著提高你的信息传递效果。从本质上说，越大越简单越好。每张幻灯片只呈现一个知识点和与该知识点一致的过渡性内容，不要太复杂，尽可能使观众在 6 s 或更短时间内能够理解。一些设计元素将完善大多数的演示文稿（表 6.1），运用这些元素和表框 6.3 中讨论的技巧会使你的演讲更具影响力。

表 6.1　高效的幻灯片设计要素

结构特点	描　述
标题	使用不超过 5 个字
项目符号	使用不超过 5 个项目
短语结构	使用平行结构（例如，每个符号短语以名词或动词开始）
字体大小	标题大于 30～36 号，副标题大于 28 号，正文大于 24 号
字体设计	使用无衬线字体，如 Arial、Tahoma、Franklin Gothic 或 Avantegarde；避免衬线字体，如 Times 和 Palatino
字体颜色	对于暗背景，使用白色至黄色；对于亮背景，使用黑色至深蓝色；避免使用红色和绿色，以确保色盲观众可读
对比	使用最常见的暗背景、浅色文本，或不太常见的深色文字、亮背景，有时在有大量光线的房间很有用
图像	以每英寸 100～150 像素的分辨率浏览；图片大小为 640×480 像素是很理想的；多数电脑演示是用 JPEG 和 TIFF 图像格式

现在你已经很好地向观众呈现了你的演讲内容，并让大家关注你的话题。那么，该如何写一份有效的报告或一本专著，让更多人知道你的观点呢？

表框6.3　与演讲专家的交谈

范娜·诺瓦克（Vanna Novak）是一个设计和演讲的专家，她激励观众采取行动。她还是对游说者演讲（Speak to Persuade™）栏目（www.speaktopersuade.com）的创建者，并且还是全国演讲者协会（National Speakers Association）的董事会成员。范娜·诺瓦克花了20年培训人们进行具有影响力的演讲。以下是迈克·弗雷登堡与她谈话的摘录。

迈克·弗雷登堡：为什么具有说服力的沟通技巧对渔业管理者来说很重要？

范娜·诺瓦克：在我们的系统中，大部分自然资源管理是由政府工作人员来完成的。有一段时间，政府工作人员站在讲台后面可以被默认为是可信的。我们不再本能地相信这些"说话的人"。今天当你和听众之间存在可感知的障碍时就很难建立信任并捕捉其注意力，包括一些简单的事情，即使简单的事情（比如，站在讲台后面）都会变得很困难。相反，要使用一种策略来与听众联系，一种沟通的风格，如"我没什么可隐瞒的……我是比较容易相处的……我不害怕与你交谈。"这是信任的开始。

考虑到演讲是要说服听众，而不仅仅是告知，如果与听众没有交集，那么这个演讲者只是信息的扬声器。只有你关心听众所在意的，你的演讲才会变得有说服力。在这一点上，你要真正进入同情的境界，而不仅仅是象征性的。也就是说，发表的演讲要有逻辑性，也要富有情感。这种方法可以非常简单，如使用更少的图表、更多的图片，或者少讨论数据、多谈论一些使命和对社会的意义。因此，说服性沟通实际上是在某种程度上与人建立联系。

在我的研讨会中，我谈到使演讲更有说服力的3个原则。第一，适当的不可预知。这意味着要为你的演讲制订一个演讲稿和演讲结构，让听众对你所说的内容产生共鸣。如果你只准备了内容，然后假设听众会听，你这是在冒险，这将对听众起到催眠作用，使之进入冷漠状态。所以，演讲要有刺激性，要与其他发言者不同。第二，平衡理性诉求与情感诉求。人们听了你讲的事实之后，能理解如何去采取行动。他们被你演讲的情感激励，然后采取行动。使用一些技术，如明确描述有利之处、讲故事或讲真实事件的例子，这些都是他们制订决策时同情或情感方面的诉求。第三，知道你的听众生活中更想要什么和需要的是什么，不想要什么和不需要的是什么。然后围绕这些进行谈论。如果察觉不到差距，人们是不愿意行动的。这个差距应该根据听众确定，而不是演讲者自己。演讲者本身的情况对听众来说并不重要，除非听众和演讲者处理问题的方式一样。

迈克·弗雷登堡：请问你说的具有说服力的技巧有什么特点？是推销还是别的什么？

范娜·诺瓦克：我不教授推销。推销更侧重于技巧，而不是置于信息之上的个人重要性。成为一个具有说服力的沟通者要有激情，对你所谈论的内容有一个真正的信念，同时也希望这种信息能被传达出去，因为对你的听众来说采取行动是很重要的。关于你的听众，从前面你告诉我的内容来看，他们似乎对使命有着很大的热情。这就是我所说的那种区别，有说服力的演讲是沟通的重要使命，而不仅仅是推销想法。

迈克·弗雷登堡：如何成为一个更有说服力的演讲者？

范娜·诺瓦克：第一，有勇气去尝试。因为你总是用特殊的方式交流，而不是最好的方式。作为一个有效率的演讲者与你喜欢做的事没有多大关系。客户问我，是否我想让他们成为与现在不一样的人？答案当然是否定的。但是，认识到构成我们今天的行为是一组模式和习惯的集合，是随着时间的推移而形成的集合，这一点很重要。只是因为这些日常行为是自然产生的，感觉很正常，但并不意味着这些行为是有效率的。如果你正得到你想要的结果，那么就保持现有的方式。如果没有，想想需要改变什么才能得到你想要的效果。评估一下你的听众对你、对你的专业或你目前的沟通模式的消极刻板的印象，给大家讲一些意想不到的内容，会得到听众更大的关注。听听3~5个人的反馈，从他们的评估中寻找一致性，并尝试进行一些改变来解决这些问题。对于你的演讲，他们觉得有用的内容就

（续）

多讲一些，对于他们没有用的内容就做一些改变。最重要的是，演讲者需要有一个自己听自己演讲的经历。也就是说，你让别人帮你录下你演讲的录像，然后自己认真观看这段录像，并分析演讲的哪一部分起作用，哪一部分没有起作用。我发现看两遍磁带，一遍有声音，一遍没有声音，这是一个特别的体验，能够揭示这次演讲的哪些部分可取，哪些部分不可取。当信息不够的时候，就着重体现说服力。这是提高个人效率的一种方法。

6.7　成功的出版物

出版物是科学界传递信息的主要手段。一个好的出版物对于许多职位的晋升是必要的，特别是对于参与研究的人。因此，对于渔业专业的任何研究者来说，懂得如何快速、清晰、准确地书写是重要的。

对渔业专业的初学者来说，编写出版物是一个艰巨的任务。许多科学家不喜欢写作。查尔斯·达尔文（Charles Darwin）说，如果只需要观察而不用写作，一个自然学者的生活将是幸福的（Trelease，1958）。但是我们还是很幸运，因为查尔斯·达尔文战胜了自己，进行了写作，为我们创作了《物种起源》和其他作品。一项试验或研究只有写在报告或出版物上才算结束，学习一些技巧可以使写作更容易。

科学出版物的风格与其他类型的写作有很大不同。大多数渔业研究文章是 IMRAD〔引言（introduction）、方法（methods）、结果（results）和讨论（discussion）〕结构（Day and Gastel，2006）。这种格式使读者和作者读起来更容易，因为这是一个呈现信息的清晰模板。科学写作要简洁明了：尽可能清晰、简洁地呈现信息，以使其他人有足够的信息去理解你的工作，必要时重复你的实验，并判断实验结果的科学性。

IMRAD 格式的每一个元素都可以通过完善细节得到提高。Day 和 Gastel（2006）建议在引言中陈述问题的性质和范围，并回顾相关文献以引导读者。他们建议在引言中陈述研究的原理、方法、结果和结论，但其他人则将这些陈述放在论文各自的章节中。引言通常采用现在时态写。

其他部分更详细地描述了工作本身。方法部分描述实验步骤，这应该是可重复的。结果是研究发现的核心，以清晰透彻的方式呈现。Day 和 Gastel（2006）认为研究的整体图片和代表性数据（而不是所有数据）应呈现在结果中，方法和结果通常采用过去时态写，讨论部分论述结果所反映的问题。Day 和 Gastel（2006）认为好的讨论应满足以下方面：①讨论但不重述结果；②指出所有例外或缺乏相关性的内容，并明确所有未解决的内容；③能够体现结果和分析是否与以前发表的作品一致或有区别；④讨论研究的理论和实践意义；⑤清晰陈述结论；⑥汇总每个结论的支撑依据。讨论部分通常是将现在时态和过去时态结合起来运用。引用已出版的作品采用现在时态，引用作者自己发表的作品采用过去时态。讨论部分应该简洁明了，不能太烦琐。参考 Day 和 Gastel（2006）以及《科学风格与格式》〔科学编辑理事会（Council of Science Editors）〕的最新版本的单词列表，用单词代替短语可以减少冗长的内容和行话。

图表可以增强手稿说服力，但制作成本要比文本高很多。如果必须呈现重复的数据，请使用一个表；如果数据显示明显趋势或产生有趣的图片，请使用一张图；如果数据较少，请以文本的形式呈现。

快速准确地写作是通过练习而提高的一种技能。写初稿时，不要苦恼每个句子的语法。一个做法是尽可能快地把你的基本想法写出来，然后修订手稿，直到语法、标点和拼写都恰当。当你还在做实验的时候就把引言和方法写下来。因为当你还在做实验的时候，引言和方法是比较清晰地记在头脑中的，并且当实验结束，开始写文章时也不至于忙得一塌糊涂。

尽可能使用主动语态，而不是被动语态。"我发现"比"它被发现"更清晰简洁。以前运用被动语态是因为人们觉得被动语态比主动语态更能体现谦逊的态度。然而，现代科学作家通常不遵守这一惯例。

在大多数渔业期刊中，参考文献放在文章最后的文献引用部分。不同期刊的参考文献格式不同，大多数期刊都有在线说明，供作者随时查阅。熟练使用生成参考文献的软件（如 Endnote®，Carlsbad，California）可以加快参考文献的生成，因为这些软件可以按照特定刊物的格式要求自动生成参考文献。确保所有参考文献在文中都被引用，反之亦然。缺少条目会使编辑认为你工作草率，并对研究的准确性和谨慎性产生不好的印象。一些文献详细地讲了如何写一篇科学文章。参阅 Day 和 Gastel（2006）的研究报道可以了解到写科学文章的技巧，从 Hunter（1990）或美国渔业学会出版网站（www.fisheries.org）可以了解关于期刊文章写作的信息。《科学风格与格式》的最新版、《芝加哥格式手册》[芝加哥大学出版（University of Chicogo Press），芝加哥（Chicogo）]以及斯特伦克（Strunk）与怀特（White）的《风格元素》[第 4 版，艾琳和培根（Allyn and Bacon），尼达姆离地（Needham Heights），马萨诸塞州（Massachusetts）]都提供了宝贵的写作技巧。

一旦你写完文章，就要准备投稿出版，你需要熟悉期刊的提交程序。你上传提交之前应先让同行检查。由于你长时间撰写文章，自己不易发现这些错误，他们常常能够帮你检查出你没有发现的错误。如果你正在投稿，希望被接收，但也要做好被拒的准备。拒稿是正常的而且也是撰写科学文章的必要部分。如果被拒了，根据评论进行修改，完善你的文章，然后投其他期刊。至少有 35 篇最终获得诺贝尔奖的文章在评审的初步检查中被完全拒绝了（Campanario，2002），所以第 1 次被拒不要放弃。现在，你能够以口头和书面的形式交流你的工作，了解如何使用其他协作和沟通技巧来表述你的发现是非常重要的。

6.8 高效的会议

人们常常不愿意参加会议，因为我们都参加过许多糟糕的会议。即便如此，目前尽管有很多可用的电子工具，个人的表达仍是最好的交流方式，而当对一个问题有多种不同的看法时，这一点就更能体现出来。因此，如果正确管理，会议能成为重要的信息交流方式。

你需要确定会议是否是正式会议，正式会议上演讲技巧将成为关注焦点，大多数参与者都在倾听。如果是以电话会议或者小型理事会的形式召开，参与者之间将可以自由交流。或者一个会议可以同时含有上述几个元素。在下面章节，我们将对小型跨部门会议或公共会议提几点建议。这些会议中，参会者之间会有众多的交流。在 6.6 节中提到的演讲技巧将会在更大的、有更多发言的会议中发挥作用。

在会议中，最重要的是工作的质量，而不是时间的耗费。如果你能确保人们在会议上有效地分享信息或做出可靠的决定，那么会议就成为变革的催化剂。首先每个人的努力都集中体现在会议预期的结果上。

第 1 步：给会议制订一个目标。策划一个高效的会议是以定义一个必须产生的特定成果为开端的。假如会议刚刚结束并取得圆满成功，那么这个成功应该是什么样子的？哪些关键的主题被覆盖到？哪些关键的问题被解决了？做出了哪些决定？其他人等待的结果是什么？简而言之，需要哪些成果才能使这个会议变得有价值。一旦很清楚地理解会议的目标，你就可以集中精力策划会议参与者的活动。

第 2 步：写一个会议议程。会议需要有一个议程，议程能有效地表达会议的逻辑细节（时间、地点），明确会议的目标和结果，去除所有不重要的主题，明确告知参会者在会前需要准备的材料，提供主题的逻辑顺序，预估合适的时间来完成会议的每个部分（表 6.2）。

最重要的是，一个好的议程不会混淆内容和过程：内容是会议中与任务相关的方面——它描述参会者将要讨论哪些问题；过程是会务组用于完成任务的方法——它描述会议的流程。这两者都需要认真对待，否则将会降低会议的质量。

表 6.2　会议议程上列出的任务示例

时间	主题	人物	过程	结果
1:00—1:15	会议角色	迈克	报告	分配职责
1:15—1:45	会议目的和目标	斯科特	促进讨论	本次会议的具体交付协议
1:45—3:00	有效地利用水样采集设备	团队	头脑风暴、分类团队讨论	显示位点的地图和计划安装的时间

第 3 步：分配任务。你可能不会通过简单的聚集一群人叫他们直接开始工作来执行一个大型研究性项目。需要给每个人分配任务。同样，在一个好的会议中，领导者、支持者、参与者的角色都需要分配好。传统会议中，角色包括主席——他自己可能不主持会议，但他是会议的"赞助商"和积极的参与者。主席会设置会议的限制、批准会议议程，但他们不会用自己的权力压倒他人。会议记录者会写下组员的想法和决定，在未经组员同意的情况下他们不会在记录中插入自己的想法，他们的记录在会后容易被使用。主持人控制会议的进程，保证每个人的谈话围绕着重点；主持人不会说题外话，但会为会议管理方法提出建议，并与会议记录者和主席进行协调，以确保会议结果的相关性；主持人的其他职责是权衡会议人员之间的权力，并协助会议后勤工作。会议参与者要让主持人和记录者保持他们中立的角色。参与者要确保控制会议内容的质量，并积极主张自己的观点和看法。与会者真诚地做出贡献，对实现会议目的负有责任。高级主管可能不出席会议，但如果他们出席会议，组员不应为了满足他们而主观地设计答案。高级主管为会议设定更高层次的目标（如实施战略计划），而不会对计划中将要使用的具体方法进行指导。此外，当组员们无法最终达成一致决定时，高级主管可能会做出最后决定，高级主管也有可能会赞

成组员们做出的最终决定。

第 4 步：会议的后续步骤。如果会议没有后续步骤或者问责，那么这个会议将不会有什么结果。通过制作一个任务列表，来弄清会议后将要发生的事情。这个列表可以使用以下公式：4W＋F＋H＝责任。这个公式包括以下部分：what（任务的具体定义），who（分清分配到每项工作的人员和领导），when（任务的具体截止时间），where（划定工作任务的边界范围），format（指定传递结果的格式和方法），how（通常留给任务负责人，但如有必要，具体说明如何完成工作）。最后，评估会议的工作情况，以便改进未来的会议。与参加者一起集思广益，列出所有在会议中起作用的和不起作用的事情。高效的会议让那些在会议中奉献了时间、提出了观点的人有参与感；建立了强大的团队；改善沟通、提高决策的质量和数量，促进信息共享。召开能够促进变革的会议。现在在小团队中你已经提出了你的想法、展示了你的工作技能，那么在整个大团体中你如何改变？

6.9　通过社区参与实施社区变革

有时候，渔业管理者不仅仅是要说服一个人或一小群人进行变革，而且是要说服整个社区、市或州改变其行为。对于大的、有争议的问题，要改变整个社区的态度，可以通过社区参与来促进（表框 6.4、表框 5.5）。

表框 6.4　加利福尼亚州鱼类和游钓管理局促进社区观念的成功改变

1997 年，位于普卢马斯郡（Plumas County）的加利福尼亚州鱼类和游钓管理局（California Fish and Game Department，CFGD）的情况看起来并不是很好。社区成员强烈抗议他们，因为他们计划使用鱼藤酮杀死戴维斯湖（Lake Davis）中非法引进的白斑狗鱼。社区成员在州议会大厦游行，以逮捕并将自己锁在先前用于治理湖泊的浮标上的方式威胁 CFGD 的渔业管理人员。在湖泊治理期间，向 CFGD 的工作人员扔万圣节糖果（Bonar，2007）。鱼藤酮的化学残留物在湖中存留的时间比想象的要久，CFGD 支付给社区 910 万美元赔偿金。然而，在 2007 年采用另一种治理方法来杀死再次出现的白斑狗鱼的时候，却得到了社区的广泛支持，有的支持者甚至是在 1997 年将自己锁在浮标上的人。为什么公众舆论会发生如此大的变化？

CFGD 从过去的错误中吸取教训。在 1997 年鱼藤酮处理后的两年内，白斑狗鱼在湖中再次出现。CFGD 的工作人员搬到镇上的一个办公室，以便更接近选民。他们召开了几十次会议，努力教育公众，让他们参与决策（Fimrite，2007；McKinley，2007；Ritter，2007）。CFGD 在这些会议上讨论选取哪种方案，听取公众意见，并试图解决公众关心的问题。考虑对新出现的白斑狗鱼不采取任何措施，但这种想法很快就被打消了，因为白斑狗鱼的存在使城镇企业受到严重影响，使利润丰厚的鳟渔业缩小了。此外，有人担心白斑狗鱼会逃到下游的濒危鱼类和野生动物区域。该区域的濒危鱼类和野生动物容易被白斑狗鱼捕食。首次尝试采用鱼藤酮处理之外的其他方法，包括电鱼法、撒网和炸鱼的方法，但也没能将湖中的白斑狗鱼根除。虽然有 65 000 尾白斑狗鱼已经被清除，但仍有许多留在湖中。到这个时候，公众才意识到另一种鱼藤酮处理方法可能是剩下的为数不多的可行方法之一。然而，这一次做的许多事情使鱼藤酮处理方法更易接受。以前，戴维斯湖向社区提供饮用水。这次，CFGD 就打好水井，将地下水作为波托拉（Portda）地区的水源以代替戴维斯湖供水。1997 年，居民们担心液体鱼藤酮的增效剂。2007 年的治理就不同了，这次使用了一种不同的、争议较小的鱼藤酮

（续）

制剂。普卢马斯郡公共卫生机构（Plumas County Public Health Agency）和加利福尼亚卫生服务部门（California Department of Health Service）规定治理计划不能对公众造成不利影响。拥有湖泊周围土地的美国森林服务局（U. S. Forest Service）也支持这次治理，并在治理期间关闭这个区域。

比尔·鲍尔斯（Bill Powers）是之前将自己锁在浮标上的当地官员之一，他说："1997 年的治理有一些秘密，有一些不为人所知。像我这样的当地政府官员所提的问题越多，我们就越是束手无策。这一次，我们问的每一个问题都得到了解答。"此外，比尔·鲍尔斯还提到，"现在我已经看到了证据，这种治理不存在安全问题，并且这种治理方法非常必要。我也希望我们不必这样做，但是要进行治理确实必须这样做。在 1997 年，一切都没有沟通。"

采用第 2 种处理方法，CFGD 实施了一个典型例子，说明如何通过社区参与来创造社区变革。结果是，戴维斯湖的治理得到社区的支持，而不是受到指责。

你将如何着手建立一个程序，让整个州制定一个人类老化对全球变暖的贡献的计划？资助了气候策略中心的汤姆·佩特森（Tom Peterson）帮助州政府做了这件事。以下是汤姆·佩特森使用的七项利益相关者自决权的原则，这些原则也适用于渔业管理者。这是迈克·弗雷登堡采访汤姆·佩特森的材料（2007）。

汤姆·佩特森建议管理者要寻找机会，将自然资源需求与人相契合，这些人接受这样一个事实：他们当前的做法在未来不会奏效，他们需要接受帮助。渔业管理者通过定位使自己成为"走出去"的人，这实际上意味着在正确的地点做正确的事情。一旦渔业管理者这样定位，就可以使用实施变革的原则。

汤姆·佩特森建议实施变革的第 1 个原则是让人们从自己的历史中分离出来。改变的一个主要障碍是人们只接受"传递给我"的信仰，而不去做太多的检查。只有一小部分人对一般的科学问题，特别是自然科学有洞察力。因此，启动变革的大多数流程都需要从发现事实开始，以增加每个人对问题和解决方案的理解，即问题和解决方案可能远远超过第一印象。采用尽可能客观陈述的基本原则，并以实实在在的方式解释为什么这个观点是准确的。管理人员觉得某些东西太昂贵是基于一项研究得出的结论吗？如果是，是什么研究？为什么这是看待问题或困难的更好的方法？

提供一定程度的自决权对人们来说更有保障——这是第 2 个原则。汤姆·佩特森解释说人们害怕改变以及重新分配权力，但民主就是这样做的。如果你有一块小小的领地，然后你加入了民主派，那么你的利益将会被重新分配。人们更愿意在能自愿选择时重新分配权力。不要回避困难的问题，而是在一种人们可以自己做决定的过程同时赋予他们两个责任——问题的定义和寻找解决方法。

汤姆·佩特森解释说让不同的人到一个新的、共享的领域，这个领域才是真正改变发生的地方。这不仅仅是妥协，它包含了寻找新的方法，或者建设性的替代方案，让参与者认为这些方法方案比对问题置之不理或者用折中的方法都更好。要准备好应付一些人，这些人说他们想要合作的时候，实际上只是追求他们自己的目标。即使这样，最后创建一个诚信的过程，这是第 3 个原则。

然后要建立信心，总会有办法向前推进。从心理学上说，当人们听说出现了问题，但他们没有听到解决方案，他们将会不理睬你。在气候变化工作中，有关全球变暖的信息及其背后的科学是令人恐惧的，人们会说："好极了，你只是给了我一记重击，现在我们觉得毫无希望，因此我们放弃了。"但是当你陈述完问题后，能接着说明关于问题取得进展的具体可行的想法时，那么交流的情况就会完全不同。因此，第 4 个原则是，预计有关信息不足的投诉将成为不处理棘手问题的理由。同时，管理者的工作是同时提供信息，列出问题、解决方案和流程的责任，不具备这种技术支持能力的管理者有失败的风险。

第 5 个原则是领导力。召开一个大的、有争议的进程会议需要一些处于权威机构的领导说："处理这个问题很重要，我不满足问题现状，我需要一些人跟我同桌讨论，帮我做出正确的决定。"这种承诺告诉大家，墨守成规不是替代方案，无论什么事物都总是要发生改变的。如果遇到大的、有争议的问题，就要找一个能支持渔业工作的领导出面。

所有这些都到位后，现在最有效的方案就是找出如何有效地与新的人群合作的方法。当然，参与者要做的第 1 件事就是引导这个过程朝着他们自己预期的方向发展。一开始就应该预料到这种行为。当然，参与者也在某些时刻互相操控。因此，第 6 个原则是为操控行为做好准备。作为回应，我们要做的一件事就是为你的团队如何做出决策建立一些标准。对于类似气候变化的问题，通常涉及成本和收益。通过建立决策标准，以强调做出专家技术分析的重要性。拥有技术人员的管理者可以分离出所有不同的、互相交织的问题，找到具体问题是找到潜在解决方案的关键。期待通过不断地剖析大众的批评，找到产生问题的根源，只有这样你才能进行有效的干预。预先协商决策标准，让人们很具体地表达他们的关注点，这些都是指导形为的有效方法。

第 7 个原则是保持充分的透明和完全的包容，因此能听到每个人的心声，都能考虑到每件事。小心保护你在进程中的信誉，绝对不能秘密地开展工作。如果违反这个原则，就会产生爆炸性议论。一种常见的错误是屈服于压力而进行私下对话以达成协议。相反的，你们可以签订一个书面协议，类似于起到合同的作用。这样，如果一方为了自己的利益选择退出合作时，书面协议则是处理退出问题的基本依据。

社区参与不仅可以增进对导致问题的事情和发展趋势的理解，还可以掌握对积极变化是如何发生并成为永久性态势。通过让公众参与决策制定，能增强公众对渔业管理中的信心。

6.10　总结

作者个人的满足感是建立在得知我们所认识的人成了交流专家。我们看着这些同事变得自信，在坏境保护方面展现出领导力，以积极的方式改变未来。这些积极的方式包括：成为能够将困难的交流转变为积极的商谈的语言表达专家；通过了解如何道德地使用成功的技术来影响他人的思维和行为；成为一个机敏的商谈者，尽自己的努力满足双方的要求，同时建立起积极的关系；有能力构思和执行让他人参与生产性工作的项目；传递信息，做引人入胜的演讲；通过与社区合作，采取更高效的方式保护宝贵的渔业资源。这样的人就能够把事情做好。

众所周知，有些人在使用这些技巧方面具有天赋，但经过练习，所有人都能很好地运用这些演讲技巧。没有人第 1 次穿溜冰鞋就成为溜冰专家，成功总是伴随着失败和尝试。对于掌握交流技巧来说也是这样。你要知道，更多地练习使用这些技巧将让你变得更好，即使偶尔失败也不要气馁。如果你对交流技巧感兴趣，想多学点沟通技巧，你可以在书店或图书馆浏览关于沟通、心理学、商务方面的书籍，这些学科在沟通技巧方面有很多值得参考的资料，上文中我们也从中引用了很多相关文献。

与人们交流是环境保护工作中一个令人兴奋的方面。我们不仅需要了解专业知识，还应掌握更多的交流技巧，这将会使你更成功，使你工作更充实，还能使你在渔业管理方面更具影响力！

6.11 参考文献

American Friends Service Committee. 1970. Uncommon controversy, fishing rights of the Muckleshoot, Puyallup, and Nisqually Indians. University of Washington Press, Seattle.

Arredondo, L. 1990. How to present like a pro: getting people to see things your way. McGraw‐Hill, New York.

Bazerman, M. 2006. Judgment in managerial decision making. Wiley, New York.

Bonar, S. A. 2007. The conservation professional's guide to working with people. Island Press, Washington. D. C.

Bonar, S. A., and W. A. Hubert. 2002. Standard sampling of inland fish: benefits, challenges, and a call for action. Fisheries 27 (3): 10‐16.

Bonar, S. A., W. A. Hubert, and D. W. Willis, editors. 2009. Standard methods for sampling North American freshwater fishes. American Fisheries Society, Bethesda, Maryland.

Brouha, P. 1993. The emerging science‐based advocacy role of the American Fisheries Society. Journal of the North American Benthological Society 12: 215‐218.

Burns, D. D. 1980. Feeling good: the new mood therapy. Signet, New York.

Cialdini, R. B. 2001. Influence: science and practice, 4th edition. Allyn and Bacon, Boston

Campanario, J. M. 2002. A new approach to making scientific journals actively compete for good manuscripts. European Science Editing 28: 78‐79.

Day, R. H., and B. Gastel. 2006. How to write and publish a scientific paper, 6th edition. Greenwood Press, Westport, Connecticut.

Druckman, D., and J. A. Swets, editors. 1988. Enhancing human performance: issues, theories, and techniques. National Academy Press, Washington, D. C.

Fimrite, P. 2007. Thousands of fish go belly up as poisoning of Lake Davis starts. San Francisco Chronicle, September 26.

Fisher, R., W. Ury, and B. Patton. 1991. Getting to yes: negotiating agreement without giving in., 2nd edition. Penguin Books, New York.

Fraidenburg, M. E. 2005. Snooze alarm! Avoiding PowerPoint perils. Fisheries 30 (5): 34‐38.

Fraidenburg, M. E. 2007. Intelligent courage‐natural resource careers that make a difference. Krieger Publishing, Malabar, Florida.

Horn, S. 1996. Tongue fu! How to deflect, disarm, and defuse any verbal conflict. St. Martin's Griffin, New York.

Hunter, J. 1990. Writing for fishery journals. American Fisheries Society, Bethesda, Maryland.

Maslow, A. H. 1970. Motivation and personality, 2nd edition. Harper and Row, New York.

Mayer, R. E. 2001. Multimedia learning. Cambridge University Press, Cambridge, UK.

McKinley，J. 2007. California officials tackle a toothy lake predator. New York Times，September 12.

Morris，P. W. G. 1994. The management of projects. Thomas Telford，London.

Noss，R. 1999. Is there a special conservation biology? Ecography 22：113 - 122.

Ritter，J. 2007. Calif. hopes to hook lake's pike problem. USA TODAY，August 23. 2007.

Roberts，C. M. 2004. Advocating against advocacy in fisheries management. Trends in Ecology and Evolution 19：462 - 463.

Susskind，L.，P. F. Levy，and J. Thomas - Larmer. 2000. Negotiating environmental agreements. Inland Press，Washington，D. C.

Thompson，G. J.，and J. B. Jenkins. 2004. Verbal judo：the gentle art of persuasion，2nd edition. Quill，New York.

Trelease，S. 1958. How to write scientific and technical papers. Massachusetts Institute of Technology Press. Cambridge.

Walters，C. J.，and S. J. D. Martell. 2004. Fisheries ecology and management. Princeton University Press，Princeton，New Jersey.

第7章 调控捕捞

Daniel A. Isermann　Craig P. Paukert

7.1 引言

　　人类因为各种各样的原因从内陆河流捕捞鱼类，将其作为食物、渔获竞赛的奖品、诱饵、饲养鱼种、饲料或肥料。捕捞是内陆渔业的组成部分，对种群生存力、群落相互作用和渔业质量都有重大影响。因此，自然资源管理机构应将捕捞调控作为当前的管理方法。虽然不能确切找到北美调控捕捞的起源，但是调控捕捞在 20 世纪之前就被充分利用。16 世纪已经有应用季节性关闭海洋渔场的记录（Redmond，1986）。美国独立战争期间，制定了许多法规来限制鱼类的捕捞（见第 1 章）。

7.1.1 内陆渔业捕捞限制的发展历史

　　不同类型渔业在捕捞限制上的时间不同（例如，Redmond，1986；Paukert，et al.，2001；Lester，et al.，2003）。Redmond（1986）认为，北美内陆渔业捕捞管理条例经历了 3 个阶段。1630—1940 年，人们从认为渔业资源是取之不尽到意识到渔业资源也是很有限的。捕捞限制逐步形成，从原来的非常自由变得越来越受限制。当时的捕捞管理是不断扩大的最大可持续产量（MSY）概念，这是 19 世纪初盛行的渔业管理模式（见第 1 章）。这种管理理念以产量或数量最大化为主要目标。19 世纪后期，相关资源机构开始认识到小型鱼类的捕捞并不能实现这一目标，实施了许多捕捞规定来延缓鱼类的捕捞，直至其能有时间生长到更大体型。因此，许多机构开始制定规章制度，这些制度使得鱼类在被捕捞之前至少可以产一次卵。

　　1940—1960 年，基于种群动力学以及管理目的，资源机构认识到并不需要一直实施严格限制性的控制方法。而且，许多机构和渔民开始意识到施行捕捞限制并不能一直保证更好的捕鱼活动。直到 1959 年，已经有 34 个州撤销了之前已建立起来的黑鲈（black bass）长度捕捞限制的规定。1967 年，仅有 14 个州在游钓中施行限制管理（Redmond，1986）。

　　自 20 世纪 60 年代以来，更加严格的捕捞限制已经成为主流趋势。在过去的几十年里，对捕捞规格限制不断加强，可供捕捞的鱼类数量逐渐减少。按种类分门别类制定管理措施成为惯例（Quinn，1996；Radomski et al.，2001；Lester et al.，2003）。直到 20 世纪 70 年代，渔业管理一直以捕捞为主，按照最佳持续产量的模式（OSY）进行，越来越多的人不单从捕捞方面对过去的捕捞管理进行反思，更多地从生物学、社会学、经济学以及政治等方面考虑渔业管理。例如，Paukert 等（2007）认为已经颁布的《黑鲈捕捞管理条例》主要基于社会需要方面的因素，而非考虑生物方面因素。类似捕-放（catch - and -

release regulations）管理规定在一些渔场中也越来越普遍（Quinn，1996）。从 20 世纪 80 年代中期到 90 年代中期，美国 86％的州新增了对黑鲈以及大麻哈鱼的捕-放规定。相反，在 20 世纪大部分时间里，对于一些淡水鱼类捕捞限制还保持相对的宽松状态［如蓝鳃太阳鱼（bluegill）、金鲈（yellow perch）以及斑点叉尾鮰（channel catfish）］。在许多情况下，这些种类的捕捞是不受限制的，除了渔民可能已购买了捕捞许可证或钓鱼许可证。钓鱼者通常允许每天收获相对大量的鱼（例如，50 尾/d）。近几十年里，这种模式已经改变，大部分休闲渔业受到更加严格的捕捞限制。以往，明尼苏达州温尼比戈希什湖每天只允许休闲钓鱼者捕捞 100 尾金鲈，2000 年后，每天金鲈的捕捞量被限定在 20 尾（Radomski，2003）。随着时间推移，更加细化的捕捞限制规定将逐渐增多。20 世纪初，资源机构常常以渔网网目规格和季节性禁止捕捞限制作为管理措施，现在应用狭缝长度和渔网长度限制捕捞更多。

7.1.2　渔业类型

大部分北美内陆渔业本质上是以休闲娱乐为主，多样性的渔业存在于整个大陆，包括商业和捕捞渔业。娱乐、商业或捕捞组合的渔业通常被称为"混合"渔业。传统休闲捕鱼大多数采用钓竿和鱼线钓鱼方式。但是其他技术，如网捕、手抓鱼以及用棍叉捕鱼也不断被人们利用。休闲捕鱼通常是为了消费或选择可获奖的大鱼，很少有鱼被出售牟利。在过去几十年里，钓鱼的竞技和比赛逐渐增多，但存在一定的风险，这些活动的频率和时间通常受州和省级资源机构监管（Kerr and Kamke，2003）。

内陆商业性渔业较海洋要少得多，由于内陆水域鱼类种类受控制，允许捕捞的对象并不一定是游钓者喜欢的对象（如白眼鲈和黄鲈）。商业渔民收获的鱼主要用于人类食用，但一些鱼被收获并出售用于其他目的，如诱饵、肥料或动物饲料。

美洲土著部落使用捕捞限制来管理保留或割让领土水域的渔业。许多由美洲土著部落管理的渔业涉及部落成员作为食物的鱼类。部落渔业出售鱼或开展钓鱼运动。

7.2　管理机构、实现和实施

在北美，在公共水域的捕捞限制通常是州或省自然资源机构的职责。根据各州或省的具体情况，私有渔场可能也受到捕捞限制的管理。联邦政府主要针对辖区内水域、国际渔场的濒危或洄游性种类进行管理。在五大湖区，渔业委员会对某些种类的鱼进行管理，该委员会负责组织协调捕捞限制。跨境水域的捕捞管理常常需要联合管理，如横跨州或省的水域边界，可能需要管理机构合作管理特有种类。某些有部落捕捞的地方，州或省的相关机构需要与部落和联邦机构相互合作，共同颁布捕捞法规（见第 4 章）。

7.2.1　执行

因为对内陆鱼类种群捕捞限制的大部分规定是州或省自然资源机构制定的，这些机构同样有责任施行这些相关条例。捕捞限制条例的施行通常由联系渔民以及监督其捕获的官方人员完成。许多部落同样也雇用一些执行官，在某些情况下，州和部落官员共享执法权力。不遵守已建立的捕捞限制规定会导致一系列处罚，包括缴纳罚款或赔偿费用或坐牢或没收个人财产，规定的实施常常受到后勤和预算的限制。常常只有一部分执行官员能进行大面积区域管理，同时需要监控各种各样的被州或省法规禁止的室外活动（例如，打猎、捕鱼、划船、陷阱）。然而相关市民提供未被监管人员的违规行为信息，在许多情况下对于捕捞条例的实施有着辅助作用。这是通过建立的违规行为举报信息系统来实现的。

7.2.2　管理进程

不同的州、省之间执行捕捞条例的过程差异很大，而且由于联合管辖（例如，边界水域和五大湖）以及需要纳入联邦对水域和渔业的授权，这一过程可能会变得复杂。代表许多地方渔业管理流程的概念框架见图 7.1。在大多数州和省里，新法规的提案一般来自与自然机构合作工作的生物学家或公众。首先，新法规的提案常常需要通过直接负责管控水域的地方渔业管理人员初审。这个级别的初审一般包括生物方面以及渔业可利用性的数据评估，以决定新的控制条例是否有价值。在某些情况下，意见调查或公开会议旨在为关于新规定的建议书整合公众意见。基于建议书的感官价值和大众支持，渔业管理人员接着可能将其提交给更高级别主管机构审查（例如，区域渔业主管人员）是否能够实施。审查的程度将随有关机构的内部等级不同而有所不同。这个进程之后，代表性公众会对试行条例进行审查和评论。公众的审查和评论常常包括机构中的生物学家展示关于新条例信息和公众会议上提出的问题。随后，代理人员再一次根据公众的评论和意见对试行条例进行审查。在这一步，某特有机构的渔业管理人员通常需要批准拟议的条例。渔业经办人员常常给这些管理人员提供之前每一步手续进程的详细信息，包括相关生物学观察结果和公众意见的总结。这一部分可能要包括一份关于是否新的规定条例有必要颁布的推荐书。在得到自然资源机构中最高级别的管理人员的许可之后，条例可能还需得到国家以及地方性立法机构的许可，但是这个许可并非必需。在某些情况下，可以按照程序采取紧急行动制定相关规章制度，也可绕过审批程序的某些部分迅速推行。施行条例流程的更全面的回顾见第 5 章。

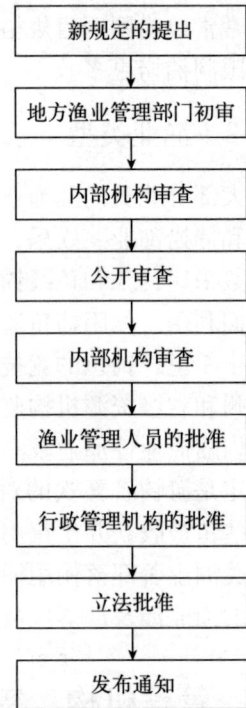

图 7.1　展示了代表许多司法管辖区的管理进程的框架结构

7.2.3　捕捞管理的理由

捕捞条例因为各种各样的理由实施，并不是所有原因都与生物相关。颁布捕捞条例最常见的原因是为了提高捕鱼质量或保持种群的多样性，但是捕捞条例的实施也可能是为了调整种群或去除非有益鱼类。出于某种生物学目的要求每个人都必须购买捕鱼执照或许可证的规定，除可为自然资源机构提供收入来源，为调查提供联系信息外，也可作为用于评估渔业人口的数据。在多数情况下，捕捞条例可能会因为社会性的目的而颁布施行，大概是为了给特殊的渔场或给容纳个体用户的组织附加一些价值。因此，理解与特殊渔场相关的社会学，在制定针对性捕捞条例方面至关重要，因为在使用同一渔业的群体内，个人的意愿往往不同（Gigliotti and Peyton，1993；Allen and Miranda，1996；Edison et al.，2006）。在某些情况下，制定鱼类捕捞条例或常规限制主要是为了公众安全，如受污染或是大坝附近不安全。当实施或变更内陆渔业捕捞政策时，通常社会的和生物的因素都会被考虑进来。

7.3　捕捞限制的类型

一系列不同的法规用于管理内陆水域的捕捞活动，不同司法管辖区和不同渔业类型的法规各不相同。下面介绍一下最常用的收获限制及其实施的具体原因。

7.3.1　执照和许可

大多数情况下，个人必须获取许可证以合法进行各种形式的捕鱼。执照均由州、省、部落机构签发。执照可以允许个人在特定的时间段内参加捕鱼（例如，1 年、24 h 或者3 d），其间捕捞鱼的数量也是法律允许的。某些公众（如小孩、老人以及现役军人）从事某些类型的捕鱼活动不需要购买执照。捕鱼执照一般为开放式，意味着所有人愿意通过购买合适的执照来获得捕鱼的特权。然而，一些商业渔业是有限地进入，那就表明只有固定数量的执照可用，限流系统也已经被用于管理一些休闲渔业（表框 7.1）。限流系统可以用于各种情况。从生物学角度上说，开放渔场获得收获可能是不可持续的（Johnson and Stein，1986；Lester et al.，2003；Sullivan，2003）或可能导致渔业质量下降（Cox and Walters，2002a；Lester et al.，2003；Sullivan，2003）。限流可以使监管机构在监测和管理捕捞方面有更多的控制权，从而增加商业渔业的利润和提高质量或减少与休闲渔业中钓鱼者的冲突。偶尔，休闲渔业捕捞量是通过日常管理许可制度管理的，确保一天只有指定数量的垂钓者可以使用特定渔场。

规定特定类型的捕鱼活动，要求只有获得另外的许可证或执照才能参与。此外，除了购买一份正规的休闲渔业捕捞执照，垂钓者在许多司法管辖区需要购买另外的票来捕捞鲑科鱼类。售票获取的税收常常用于鲑科鱼类增殖放流以及管理。渔场也可能依靠捕捞标记系统来监督管理，垂钓者必须获取一个特殊的标签才能参加特殊的捕捞活动，并且能根据他们拥有的标签数量来确定他们捕获的鱼类数量（图 7.2；Scarnecchia and Stewart，1997）。这些标签常使用一种随机的方法发放，类似于管理一个大型狩猎的系统。例如，渔民如果希望在南达科他加文斯波因特大坝（Gavins Point Dam）下的匙吻鲟（paddle-fish）渔场捕鱼，则必须在捕鱼前获取特殊标签（表框 7.1）。

图 7.2　捕捞标记以及许可证在某些情况下在某些内陆渔场被用来对
　　　　捕捞进行控制和监督。这个系统与对大型动物麋鹿和鹿的捕
　　　　获的控制和监督系统很相似

7.3.2　捕捞和放流的规则

先捕后放或"不杀"的规定，要求个人放流他们所有的渔获，在休闲渔业管理中越来越普遍。有时候颁布施行先捕后放的规定主要是为了提高捕鱼质量（Barnhart，1989；Perry et al.，1995），在某种条件下鱼类的死亡率对其种群密度和种群结构大小有负面影响。在污染物浓度高的致使鱼类用于人们食用有害的地方可能禁止对鱼类进行捕捞（Orciari and Leonard，1990；Carline et al.，1991），或是对濒危种类或那些对过度开发有高敏感度的种类进行保护。制定季节性先捕后放的规定，可用来保护鱼类在某些鱼高度集中和易被捕获，或是保护成熟的亲鱼产卵前和期间不被捕捞。例如，在春季产卵期间，黑鲈捕捞规定受到了先捕后放的限制。这样，先捕后放条例颁布可以用来保护水域中性成熟个体怀卵亲鱼。此外，针对某个种类实施先捕后放的条例，用来提高其他种类规模结构（如Schneider and Lockwood，2002；Shroyer et al.，2003）。在明尼苏达州（Minnesota）已经为大口黑鲈（largemouth bass）颁布了先捕后放的条例，用来控制一些河流里面蓝鳃太阳鱼的规模（Shroyer et al.，2003），目的是增加大口黑鲈的密度来捕食蓝鳃太阳鱼，从而将蓝鳃太阳鱼的密度降下来（Shroyer et al.，2003；见第 16 章）。

表框7.1　调节在加文斯波因特大坝下匙吻鲟的捕捞-连续限流

匙吻鲟是一种体型大，长寿的鱼类，它们的生活史过程对捕捞开发特别敏感（例如，晚成熟）。随着1955年关闭南达科塔州密西西比河上的加文斯波因特大坝，捕匙吻鲟产业在内布拉斯加州和南达科塔州之间的下游水域成规模发展。虽然南达科塔州狩猎、渔业和公园管理局与内布拉斯加州狩猎和公园委员会共同管理这里的渔业，但加文斯波因特大坝下游水域的开放性使白鲟的捕捞管控非常困难（Mestl and Sorenson, 2009）。1957年，第一部《白鲟捕捞规例》实施，规定每天限捕两尾白鲟，拥有许可证最多可捕4尾。1970—1988年，由于捕鱼压力的增加和对过度捕捞的担忧，控制捕捞条例修改了几次。在此期间制定了限制捕鱼季，1987年捕鱼季持续了30 d，每人每天最多可捕获2尾匙吻鲟。然而，担心持续捕捞，还采用了捕捞配额管理。当捕捞匙吻鲟数量达到1 600尾时或30 d捕鱼季期（10月15日至11月15日）到期，渔场将会关闭。建立检查站要求渔民报告捕捞匙吻鲟总的数量。

1989年，捕捞期仅持续了4 d，翌日捕捞的匙吻鲟数量达到了1 006尾时，有关部门做出停止这个季度的捕捞的决定。由于法律要求48 h内关闭，提前终止捕捞期需要2 d的缓冲期，该期共1 364尾匙吻鲟被捕捞。渔民因配额管理在开放日大量涌现，渔民数量在开放日比上一年增加了48%。1990年捕捞期在4 d后关闭，估测匙吻鲟的捕捞总数量超过2 000尾。

显然，匙吻鲟的捕捞配额不足以调控捕捞，并且不能有效地保护性成熟亲鱼，加文斯波因特大坝下游捕捞压力、安全和捕捞问题相互关联，渔民迟迟不提供捕捞数据，使得检查站的人员筋疲力尽，因此需要更好地渔业管理方法。需要制定改变捕捞控制量的规定，限制捕捞大个体匙吻鲟来保障其繁殖，同时也减少加文斯波因特大坝下游的捕鱼压力，需要考虑包括禁捕区域、限捕区域、更短的捕捞期、通过自由式许可系统的限制开放、实施先捕后放等综合规定。

1991年，加文斯波因特大坝下游区域采纳禁止捕鱼建议，并允许放流匙吻鲟。1992年捕捞期采用了从眼前到尾叉89～114 cm的保护槽和13 mm的最大钩尺寸（点到轴），同时改变了捕捞期的开幕日。同时1991年和1992年开放30 d的捕捞期制度得到了进一步强化。然而，在1995年整个捕捞的配额（1 600尾匙吻鲟）超过了600多尾，捕捞期开放仅仅3 d后就关闭了，捕捞压力成了主要问题。1996年3月，举行了一场公开会议来讨论捕捞期制度。检查站的工作人员注意到渔民受双重管理，早上出来捕到一条鱼，随后在这一天里放流。渔民每天捕鱼、放流，似乎失去了捕捞的所有权。配额被超导致出现层出不穷的管理条例和通告或关闭捕捞期等过度管理使得情况变得更糟，同时捕鱼作业也随之下降。因为已经制定了目标鱼长度规定，渔民并不支持设立禁捕保护区域。1996年捕捞期第1天下午做出结束捕捞期的决定，3 d之后捕捞期结束，因为48 h仅下游捕捞量就超过了整条河流捕捞配额（1 600尾匙吻鲟）150多尾。开放式管理方法又一次没能对捕捞进行有效的控制。

1997年引入开放系统对加文斯波因特渔场的匙吻鲟的捕捞进行控制。任何试图捕捞匙吻鲟的人在捕捞期都需要一个放流标记，每个州都发行1 200个标记。捕获匙吻鲟后在背鳍上进行标记。在捕捞期每人会有两个标记的限制（最大标记数量为4），该捕捞期运行持续30 d（11月1—30日）。2000年，每个州发行许可证的数量增加到了1 400个。

自从1997年以来，捕捞标记系统很好地完成了其匙吻鲟捕捞控制的任务，同时消除了渔业时间不足的问题。渔民乐于接受这样的改变，而且很感激他们能有30 d的捕捞期。这种捕捞规定的形成过程综合了捕捞动态、生物信息和垂钓者的意见，是各方齐心协力发展可持续渔业的结果。

7.3.3　捕捞和所有权的限额

网笼限制（也称猎获或捕获限额）是用来限制捕捞最常见的控制形式。网笼限制通常定义为单日内一个人能够合法捕捞鱼的数量。所有限额代表着每人一次可以拥有的鱼的数量。所有权限制表示一个人在单位时间内可以拥有鱼的数量，包括现捕和已经捕捞的鱼（例如，在家里冷冻的）。捕上来的鱼，不能因为不想要放回水体用以交换后来捕到的其他鱼，大多数州、省禁止对鱼类进行"筛选"或"选择性"捕捞行为，它意味着某种鱼类数量会减少（也不能将捕到的鱼放在一个生存条件很好的地方或在一个小支流上）。制定的所有捕捞限制可能是为了维系个别或一些近缘物种的建立（例如，所有鲑鳟在一条特定的河流里出现）。北美日常的捕捞限制水域常常在不同物种之间变化。对于大型肉食性鱼类北方梭子鱼和黑鲈的每天捕捞控制相较于其他食物链底端的小型鱼类，如蓝腮太阳鱼和黄鲈，变得更加严格（Radomski et al.，2001）。随着时间过去，日常捕捞限制变得更加严格，但对许多物种（例如，蓝鳃太阳鱼和黄鲈）的监管仍然比较宽松（例如，≥25 尾/d）。

网笼限制的设置试图要减少捕捞量和提高渔业质量，尽管在某些情况下，网笼限制随机地促进了某些种群消亡（Goeman et al.，1993）。实施网笼限制就是想将更多的资源合理分配给参与捕捞的渔民（Fox，1975）；然而，Radomski 等（2001）认为，无法证明这种方式是否有效，但毕竟可以提醒渔民认识到渔业资源是有限的。也有一些渔民可能会将捕获限额作为自己的捕鱼目标或者作为捕鱼基准数（Fox，1975；Snow，1982），达到日常限额或者限额的某些占比对于满足渔民的需求很重要（Snow，1982；Cook et al.，2001）。

7.3.4　长度限制

另外一个常见的控制捕捞的手段，是基于长度的限制，规定可捕捞或不可捕捞的鱼的长度。长度限制通常用全长表示，但是在某些情况下也使用其他特定长度，如匙吻鲟长度限制，主要以体长、眼到叉尾的长度，或是下颌叉尾长度（除去吻长）。长度限制用于整个捕捞期；然而，为满足渔民捕捞鱼的欲望，长度限制也可能仅在捕捞期某段时间应用，（Hurley and Jackson，2002）。

最常见的长度限制为最小捕捞长度限制，这表示个人能够捕获规定或超过规定最小长度的鱼（图 7.3）。如设立 381 mm 最小捕捞长度限制，则所有长度小于 381 mm 鱼必须马上放回水中。基于长度的捕捞限制是以特定长度限制捕捞鱼数量的规定。很多时候，这些规定被用来限制较大个体鱼的捕捞。例如，在田纳西州每个渔民可捕鲶的数量并没有受到限制。然而，每天只有长度超过 86 cm（34 in）的鲶可以被捕获。另一个常见的基于长度规定的形式被称为捕捞槽长度限制。捕捞槽长度规定一系列鱼的长度。例如，381～457 mm的被保护长度表明只有长度小于 381 mm 或者大于 457 mm 的鱼可以被捕获（图 7.4）。捕捞槽长度限制的另一种表示是只有 381～457 mm 长度的鱼是可以被捕获的，后一种受保护槽长规定的使用频率较低。最大长度限制尽管不常用，但同样用来限制捕捞。如508 mm 最大长度捕捞限制规定即是说等于或者超过 508 mm 的鱼都必须释放。

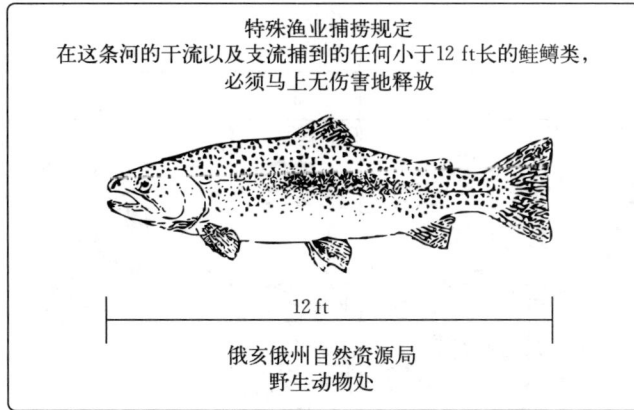

图 7.3 长度限制代表内陆渔业中捕捞控制的最常见形式之一

长度限制规定是因为各种各样的原因而颁布的，但主要是为了防止过度捕捞而实施的（Maceina et al.，1998；Fayram et al.，2001；Stone and Lott，2002）。长度限制也被用于提高种群密度和大小结构，同时可提高渔民的捕获率和渔获个体规格（Novinger，1987；Colvin，1991；Isermann，2007）。在某些情况下，最小捕捞长度限制规定的实施用来保护繁殖群体（Scarnecchia et al.，1989；Munger et al.，1994；Paukert et al.，2001），或是那些极易受到过度开发影响的种类（Post et al.，2003；Sullivan，2003），或是有利于如大梭鱼的大型鱼类（Wingate，1986）。制定长度限制规定同样可提高其他种类渔业产量。例如，小水体高密度蓝鳃太阳鱼种群常常表现出生长缓慢和个体小的特点，通过制定大口黑鲈长度限制以提高大口黑鲈密度，进而对蓝鳃太阳鱼进行捕食，实现降低蓝鳃太阳鱼密度的目的并且改善蓝鳃太阳鱼种群的生长和大小结构（Rasmussen and Michaelson，1974）。

捕捞槽长度限制与最小捕捞长度限制的原理不同。在某些情况下，不受渔民欢迎的小型鱼类密度高会导致其生长缓慢、个体小。最小捕捞长度限制的实施会导致或加重这类情况（Eder，1984；Novinger，1990）。捕捞槽长度限制通过允许捕捞较小鱼类加快其生长或增大个体规格（从而减少种类竞争），同时保护大中型鱼能达到渔民所要的更理想的长度（Eder，1984；Novinger，1990；Buynak and Mitchell，2002）。然而，这种反应并不总是能被观察到，很大程度上是因为渔民没有捕获足够数量的小鱼（Gabelhouse，1987；Martin，1995）。捕捞槽长度限制常常被用于收获某个种群的某个生长阶段的鱼。因此，Scarnecchia 等（1989）对于密西西比河上游的匙吻鲟，提出 57～86 cm 捕捞槽长限制范围来防止小型快速生长阶段的鱼、大个体的雌性鱼被捕捞。最大长度限制在捕捞规定中应用相对少，但是在明尼苏达州颁布过对黑鲈的最大长度限制的规定（例如，Carlson and Isermann，2010），旨在保护更大的鱼，同时允许较小个体的捕获，以规避密度制约增长的问题（图 7.4）。

7.3.5 季度

管理机构通常规定一个季度某一段时间，禁止捕捞某些种类。这些条例与先捕后放条

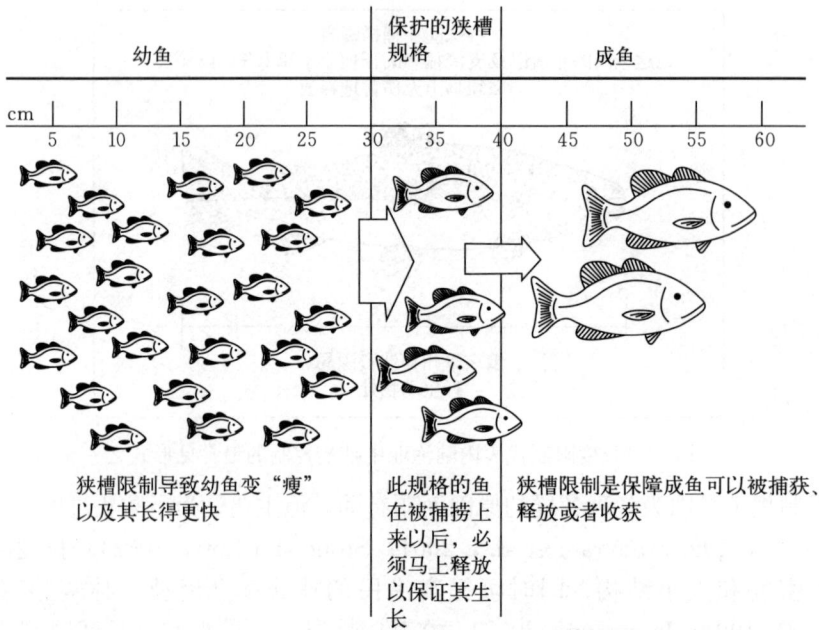

图7.4　一种保护槽的概念性描述

例的不同之处在于，在某个指定时间段内，不允许渔民捕捞某特定物种。禁渔期常设在鱼类产卵繁殖期之前、繁殖期（Schramm et al.，1995；Philipp et al.，1997）或是鱼群集中在某一区域时段进行保护。禁渔期也能用来阻止来自不同渔场、休闲水域间的竞争（Walker et al.，1993）。禁渔期与鼓励大众捕捞不同，从社会经济角度看是有益的。

7.3.6　禁渔区和保护区

在内陆渔业捕捞管理中设定了禁渔区和保护区。在某些情况下，禁渔区是一种阻止渔民在危险区域捕捞的安全措施，如大坝附近的区域。设定禁渔区也用于防止不同群体在资源使用上的冲突。Quinn（1988）报告说，在佐治亚州水库设立禁渔区，限制商业捕捞，减少了水域游钓者的担忧，这是一个值得关注的问题。为达成本身的目的或是保护一个种群的某一部分不被捕捞（Sztramko，1985；Madenjian and DeSorcie，1999；Bettoli et al.，2007），保护区规定已经开始实施，已经被用于保护黑鲈的繁殖区域以及不同种类进行繁殖的河段。保护区可能是季节性的，特别是保护正在繁殖的个体方面（例如，Sztramko，1985）。

7.3.7　休渔

严厉的捕捞限制是对某些特定种类完全禁捕。这种情况下通常是某种类处于濒危状态，需要禁渔以恢复资源（例如，Francis et al.，1996；Olney and Hoenig，2001；Wilberg et al.，2003）。另外，在某些特定的水域禁捕可能针对鱼类繁殖期保护产卵鱼类或由于鱼受污染可能影响人类而设定。

7.3.8　渔具限制

对渔民使用渔具种类进行管理。渔具限制是捕捞管理的一种间接形式，禁止渔民使用特定的捕捞方法，限制其拥有各种各样的渔具。在大多数司法管辖区，不允许个人使用炸药、电或鱼毒素来捕鱼（除非得到专门的许可），但是捕鱼技术的规定在不同辖区差别很大。

在传统的钓鱼场，渔业管理机构常常限制个人使用鱼线的数量或是规定每条线上能有多少鱼钩和什么类型的鱼钩。因此，参与某些鱼类垂钓的垂钓者可能只会被允许使用单个鱼钩或非刺鱼钩。活饵在某些休闲渔场是不允许使用的，而且在某些情况下只有特定种类的人工饵料可以使用。某些情况下，采用特殊诱饵的围捕技术也可能是被禁止的。例如，在威斯康星州的某些水域禁止使用快艇拖网捕捞。

在内陆商业渔业或是休闲渔业中，不用传统的钩和线的技术，限制其数量或是个人使用的网、线、钩或陷阱也是捕捞控制的对象。在美国南卡罗来纳州，渔民使用线绑着鱼笼来抓鱼，鱼笼被限制最多 50 个。在伊利诺伊州，钩线空间距离至少达到 61 cm，大多数类型的网、网孔的大小受限制，以实现网具捕捞控制（Sullivan，2003）。

在许多情况下，渔具限制制度并不是针对减少捕捞量。在许多休闲渔场，捕捞控制管理已经被广泛接受，捕捞后回放的概率很高。在这些渔场中，渔具限制的目的可能是要淘汰高死亡率的捕捞技术，从而保障回放鱼的成活率。渔具限制也可能因为社会原因而制定，因为公众担心某些捕鱼技术会对鱼类种群造成影响。针对鲑科鱼类颁布渔具限制规定，也许单纯是因为社会压力。

7.3.9　限额

尽管限额被用于在各种渔业中控制捕捞，它们最常在商业或休闲渔业中使用。休闲渔业的限额相对较少。限额代表在特定时间内可以合法捕捞的鱼的数量和质量（表框 7.2），这常与安全捕捞等级或被允许捕鱼总数相关。限额通常在年度基础或在捕鱼期，根据特定区域内水体面积、捕捞强度，或鱼类丰度的基础上设置。基于限额的捕捞控制大多数目的是阻止多用户组过度开发以保护地方渔业资源。捕捞限额的基本原理即一旦达到限额渔场会停止捕捞。在某些情况下，用渔具捕捞可能会误捕到受限制的鱼类，在商业性渔业中捕捞限额用于避免对某些种类的误捕。在阿尔伯塔湖河白鲑和加拿大白鲑渔场已经受到梭鲈捕捞限额的管制（Sullivan，2003），意味着一旦梭鲈数量减少到影响水产业，就必须停止捕捞。

7.3.10　竞争捕鱼条例

近几十年，捕鱼比赛的项目显著增多，大部分垂钓人参加捕捞某些种类（例如，黑鲈）的竞技类赛事。许多州政府逐个对水域实施许可控制来限制该类竞技类赛事的频率，典型表现为参加的船和人的数量只有达到某一规模的赛事才需要许可证。大量更小型的竞技类赛事常常出现在小型水体，而且不需要许可证（Quinn and Paukert，2009）。竞技类赛事常常也增加了鱼类的先捕后放的频率，但是钓鱼人必须将鱼运输到预定称重地点后才可以释放，因此必须符合州、省对捕获的鱼的规定。如果认为竞技类赛事中捕获规定过于严格，活动组织者可以请求监管机构对其进行豁免（Guy et al.，1999；Edwards et al.，2004）。因捕获的鱼在称重过程后预计鱼的成活率低，资源机构不太鼓励先捕后放的管理方式。中西部州每年在夏季（例如，6月下旬到8月）举办一次的瓦莱耶锦标赛上，钓鱼者可以带走捕获的鱼，或将捕捞的鱼送给慈善组织，人们对此很敏感，认为赛会这种操作是对鱼的伤害事件。

7.4 捕捞规则的选取

选取合适的捕捞规则以满足某个既定目标是一个艰难的尝试过程，主要是由鱼类种群间内在差异以及公众意见和人类行为之间复杂的细微差别而造成。一些文献仅从生物学概念的角度提出约束捕捞管理（例如，Allen and Miranda，1995；Johnson and Martinez，1995）。显然，了解鱼类种群和渔业动态是制定合适的捕捞规则的前提。现实表明渔业管理者必须经常利用有限的生物信息做出监管决定（Shuter et al.，1998；Cox and Walters，2002b）。在内陆水域很少有可用的捕捞死亡率信息用于管理受掠夺的鱼类种群（例如，Cox and Walters，2002b）。因此，掌握种群、捕捞死亡率对制定合适的捕捞规则很重要。

表框7.2 威斯康星州北部割让区混合渔业的捕捞管理

1983年，联邦上诉法院裁决允许齐佩瓦部落人可以在六块内陆水域，包括800多个梭鲈渔场在产卵季节使用传统的捕鱼方法捕鱼（例如，矛刺法）。这些水域分别在1837年和1842年由部落割让给政府。梭鲈的休闲捕捞代表着在北威斯康星州经济繁荣的一个重要组成部分。

威斯康星州被指控在休闲垂钓者和切比瓦人之间平等分享湖泊捕捞资源，提醒管理人员需要综合考虑利益分配，这种情况给渔业管理者带来了新的、复杂的管理挑战。

对梭鲈的管理目标是成鱼的年开发率低于35%。风险标准是规定在40个湖泊中，是否都能实现梭鲈的捕捞量不应超过35%。为实现这个目标，州和部落的生物学者使用了一种创新的管理方法，结合了考虑齐佩瓦人的需求、制定捕捞配额和建立滑动袋系统来管理休闲游钓者以控制捕捞量（见下图）。

整个流程的步骤是，早春期间进行标记放流回捕研究（Hansen et al.，2000），然后每年评估各个湖泊中的成鱼丰度。然而，许多湖泊没有将标记放流回捕后2年的数据用来制定湖泊配额管理规定（Hansen et al.，1991）。资源（即自然繁殖或放养）评估通过数学模型（Nate et al.，2001）来预测，在过去2年中许多湖泊没有进行资源评估。基于对成鱼资源的评估，为每个湖泊建立35%的可捕控制水平（即捕捞配额），以及资源下降1/40为风险控制标准（Stasg，1990）。

遵循这个流程，部落宣布安全捕获量中的一定比例用于镖捕作业。根据部落的要求，威斯康星州必须为每个湖泊建立休闲捕捞规则，通过滑动袋限制系统限制，休闲钓鱼者每人的日袋装鱼量设定为0～5尾梭鲈。这个管理系统在渔业和垂钓渔业中通过评估输出率来评价其有效性。

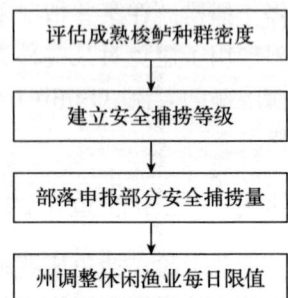

图 威斯康星州北部地区管理混合梭鲈渔业的概念性框架系统

在某些情况下，各种各样的生物学指标（例如，死亡率、单位补充渔获量、产卵群体的生物量以及成熟率）被用于描述相对"健康"和可持续的鱼类资源，及指导捕捞管理（Slipke et al.，2002；Gangl and Pereira，2003）。有时候，用已建立的生物相关因子（BRPs）或临界值来表示减少捕捞的必要性（Miranda，2002；Quist et al.，2004）。BRP是一个限制或范围，这个范围不应该被超过，这个范围可能是表示一个特殊生物学因子的目标或期望范围。因此，当伊利湖梭鲈丰度少于 1 500 万尾时，这就被认定渔业处在一个临界状态，需要考虑减少休闲或商业渔业年捕捞配额来缓解捕捞带来的死亡率（Lake Erie Walleye Task Group，2005）。

分析管理目标和探索减少捕捞的潜在效果是制定管理规则的重要初始步骤。一般来说，实施新条例的动力来自那些认为过度捕捞的机构或来自对渔获量下降不满的渔民的投诉，他们认为管理部门没有管理好渔业。许多情况下，定义与控制捕捞相关的主要生物学目标是相对简单的。例如，休闲渔业中的钓鱼者可能不满缺乏大型鱼类的渔获，并且认为这是捕捞死亡率引起的，可以通过制定捕捞规则来实现增加更大的鱼的丰度和钓获率；捕捞过度情况下（见第 2 章），可能关注的是增加种群中成熟鱼的数量，或者确保鱼类在捕捞前有更多机会产卵（Pitlo，1997；Sordolten and Bettoli，2005）。当然，由于密度依赖性相互作用的结果，实现某些目标可能也会影响水生生物群落中的其他因素，鱼类在某些区段的生长速度可能会下降（见 7.7.6）。通过减少捕捞来增加某物种的丰度可能会改变食物网的动态，并影响其他水生生物的种群。制定一个水体的捕捞规则，需要关注不同水域和相邻水域的差异，一个群体与另一个群体捕捞管理也有差异。因此，在选择法规时，必须认真考虑渔民的劳作习惯、态度和潜在的生物结果。

基于鱼类种群和渔业数据的预测建模作为一种手段已被日益广泛地用于渔业资源管理（Quinn et al.，1994；Allen and Miranda，1995；Scholten and Bettoli，2005；见第 2 章）。建模是基于有限数据的分析方法，由于模型结构和输入参数的不确定性，不管模型如何完美，依赖于模型来制定捕捞策略仍然存在风险（Radomski and Goman，1996）。因此，评价模型不确定性已经成为评估许多渔业捕捞策略的重要步骤。

关于捕捞规则的决策并不是在一个纯生物真空环境中进行，政治和公众压力影响决策过程，做出监管选择有时可能超越生物信息。不同的游钓者最好使用不同的捕捞管理规则用特定的管理。在休闲渔业管理中，在没有明确的生物证据表明需要制定捕捞规则时，越来越多的应公众的要求而实施了捕捞规则（例如，Boxrucker，2002）。相反，当渔获物下降过于严重，渔民和其他相关方（例如，捕鱼指南和度假场地的所有者）可能无视生物的影响而反对捕捞规则。虽然，一项具体的规定是否被认为是必要的或成功的，往往取决于公众的看法。但是收集和评估公众对渔业的期望地位或实施潜在法规的意见（见第 14 章）仍然是选择捕捞规则的一个重要方面。

7.5　捕捞规则评估

评估捕捞规则的影响是渔业管理者的重要任务。然而，由于种群和环境的异质性、有限的机构资源，以及充分采集鱼类种群样本和估计鱼类捕捞量的难度，有效评估并不容易。有效评估始于一项法规被实施之前。必须确定有意义和可衡量的目标，以衡量规章制度的效果及其在实现这些目标时的成功程度。渔业生物学家对于捕捞规则是否成功有不同的意见（Radomski et al.，2009）。因此，用于确定成功的标准应该在评估之前明确定义。评估法规的作用应该包括种群和渔业指标，因为渔业趋势可能不能准确反映种群状况，反之亦然（Shuter et al.，1998；Hansen et al.，2005）。在捕捞率高或钓鱼者夸大捕捞率的情况下，捕捞率可能保持相对较高，尽管种群丰度已经下降，超出稳定性范围（Sullivan，2003；Hansen et al.，2005），或捕捞率过度消耗，超出稳定性范围（Hilborn and Walters，1992），是因为某些种群高度脆弱并迅速耗尽。

许多以前的捕捞规则持续时间很短，通常使用 5 年左右。评估捕捞规则的效果，在规定之前收集种群和渔业数据对于评估捕捞规则效果是必要的。没有前期的数据或前期信息少都将不利于评估捕捞规则效果。由于种群动态的变化，短评估期可能无法获得捕捞规则真正的效果。捕捞管理旨在改善种群规模结构，这可能需要多年才能实现，因为鱼达到大规格需要时间很长（Margenau and AveLallemant，2000；Pierce et al.，2003）。

研究人员不定期抽查种群或现存资源量来评价捕捞规则的影响（Lyons et al.，1996；Isermann，2007）。抽查种群是通过在管控对象中采少量的样本，分析所管理种群的变化趋势，通过样本的某些指标（如补充过程和增长情况），可评估实施管理条例后的作用。

7.6 影响捕捞规则评估和有效性的因素

许多因素能干扰捕捞规则的评估和有效性。以下强调的 6 个因素对捕捞规则的评估和有效性有重要影响。

7.6.1 违规行为

为了使捕捞规则有效，渔业人员必须遵守规定。在内陆渔业中不遵守捕捞规则的情况有很大差异，无视规则将会降低法规的效力。一些研究已经表明，轻微的违规惯性可能会抵消捕捞规则预期作用（Gigliotti and Taylor，1990；Sullivan，2002；Post et al.，2003）。

许多因素能影响违规率，包括缺乏监管意识、监管烦琐、渔获率、未能正确识别物种、钓鱼角测量误差（Page et al.，2004；Page and Radomski，2006）。此外，如果渔民认为非法捕捞被抓的可能性较低，缺乏执行力也可能会促进违规事件发生（Walker et al.，2007）。

生物学家需要确保公众知道捕捞规则，并仔细评估不遵守捕捞规则的可能性。虽然在网捕调查期间，类似某些高强度违规捕捞，可以通过检查捕捞的鱼类来完成，生物学家还应该尝试监管其不遵守程度。但在渔业中，这种方法可能无法反映真正的非法捕捞的发生率，因为钓鱼者如果意识到有管理人员在，可以隐藏鱼或隐藏非法行为。

7.6.2　放流后死亡

捕捞规则的执行通常意味着捕鱼者必须在捕获后将鱼类放流。放流鱼类的死亡率影响捕捞规则的有效性。如果放流的鱼类死亡率高，公众可能认为捕捞规则没有起作用。除了捕获和放流鱼类所导致的延迟死亡，放流鱼类会表现出更高的非致死压力，可能导致被捕食率升高（Coggins et al.，2007）或鱼类适应性降低（例如，免疫抑制或摄食减少；Lupes et al.，2006；Cooke and Schramm，2007）。鱼类释放后的死亡率与受捕捞规则程序影响的死亡率、鱼类种群的自然死亡率和捕获就地回放导致的死亡率有何不同被广泛关注（Muoneke and Childress，1994；Bartholomew and Bohnsack，2005；Cooke and Schramm，2007）。Coggins 等（2007）认为鱼被释放后其死亡与鱼的生活史特征有关（即，生命周期短和生产率高，生命周期长和生产率低），即使释放死亡率低至 5% ～ 20%，足以消除长度限制管理的作用。释放死亡率可能威胁渔业可持续水平，因此需要实施更严厉的捕捞限制（例如，有限进入）。在一些渔业中，评估释放后鱼的死亡数量应该包含在总捕捞输出死亡数量中，必须纳入规定的配额中。因此，释放死亡率会强烈影响某些渔业捕捞限制的决定。

7.6.3　自然死亡

高自然死亡率可能降低或否定捕捞管理的预期效益，因为大量鱼类可能在收获之前死亡。例如，一些研究表明，螃蟹种群自然死亡率太高，以致无法保证制定集约捕捞管理规则（Larson et al.，1991；Reed and Davies，1991；Hale et al.，1999）。类似自然死亡因素可能存在于其他不同的鱼类中（Bronte et al.，1993；Quinn et al.，1994；Paukert et al.，2002）。

此外，有证据表明，自然死亡率可能抵消捕捞死亡率的降低，导致由某项捕捞规则所实现的捕捞死亡率下降可能在某种程度上被相应的自然死亡率上升所抵消（Kempinger and Carline，1978；Allen et al.，1998；Boxrucker，2002）。了解种群自然死亡率的大小似乎对制定和评估捕捞规则很重要。但在实践中，由于估计自然死亡率和捕捞死亡率很困难，常常缺乏相关信息。捕捞限制改善渔业不成功的原因是虽然制定了许多捕捞规则但鱼类仍然受到掠夺性捕捞。

7.6.4　补充变化

渔民对大多数物种得以有效补充的愿望，对渔业有深刻的影响。稳定的年季补充能给渔业带来好的收获时期，当补充量低时可能影响某一渔业收获时期不好。因此，补充变化能影响渔民的积极性和开发率。此外，补充变化可以显著影响管理者评估捕捞规则。具体而言，出现年成好坏可以极大地改变用于监测捕捞规则成效的鱼类资源丰度和规格结构可度量标准（Miranda and Allen，2000；Isermann，2007）。这种引起种群潜在变化的原因，很难与实施捕捞管理限制相区分（Allen and Pine，2000）。理论上，通过法规减少捕捞体现在稳定成鱼丰度上，从而使渔业不因减少捕捞而受影响。在某些情况下，法规未能克服种群和渔业波动现象，渔业没有得到预见的补充（Miranda and Allen，2000；Isermann，2007）。

了解种群补充变化的程度是评估捕捞规则的一个重要组成部分。这常常被证明是困难的，因为补充模式很少是周期性的或可预测的，并且群体补充经常与不可预测环境条件变化有关，通常缺乏描述补充模式所需的数据。当补充数据可用时，生物学家在选择和评估捕捞规则时，尤其是在确定这些评估的持续时间时，必须仔细考虑补充变化的影响。

7.6.5　捕捞强度动态

监测渔业趋势是评价捕捞控制影响的关键部分。遗憾的是，监测渔业的能力常受预算和后勤保障的限制。渔具调查虽然能有效地用于评估渔民在休闲渔业中的捕捞强度，但是既耗时间又耗费金钱。因此，在评估捕捞控制效果时，评价渔民的捕捞强度常常被忽略。规章制度可以对渔民起调节作用，渔民会根据规章制度决定自己的在哪里捕鱼。如果捕捞限制变得太严格，渔民可能会选择去其他地方捕鱼。而更严格的管理，或最初证明能够成功提高渔业质量的法规，可能会吸引渔民（Johnson and Carpenter，1994；Cox and Walters，2002a）。因此，捕捞强度的改变可能会影响捕捞条例实施的结果，并且可能隐藏了捕捞控制真正的效果。捕捞控制好像成功地满足了某些管理目标；然而，重要的是这些目标是否能通过减少捕捞死亡率来达成（例如，捕捞强度持续相对稳定，控制减少捕捞）或是否可特定渔场约束影响渔民（例如，通过降低捕捞强度来减少捕捞）。某些情况下，捕捞控制不能实现特定目标，可能仅仅是因为捕捞强度增加，或没有根据现状调整管理规定所造成的。

7.6.6　密度制约

如果捕捞规则能有效地改变死亡率，也会改变种群密度。种群密度可影响收获效果，改变密度依赖性渔场的收获规律。已经注意到以最小长度作为评估管理规定效果的几个案例中，大口黑鲈生长呈密度依赖性下降（Dean and Wright，1992），其中大量的大口黑鲈低于规定的最小长度（通常被称为"囤积"）。生长速度下降可能是有问题的，因为许多鱼无法在收获季节输出，或者很少的鱼能达到垂钓者所需要的长度。这时需要制定捕捞槽长度限制减少较小鱼的密度来增加生长。在捕捞规则管理下实现的密度增加也能补偿对自然死亡率增加的影响。捕捞规则为捕食者和被捕食者而制定，这些物种密度的改变，会引起整个食物网和水生生态系统的反应。因此，生物学家必须仔细考虑收获政策的改变可能会引起的整体效应。

7.7　总结

各种捕捞规则在满足管理目标方面的成效喜忧参半。捕捞规则有助于保护种群免受过度掠夺，并提高捕捞质量（Colvin，1991；Newman and Hoff，2000；Linton et al.，2007）。相反，捕捞规则在一些渔业中几乎没有明显的作用。在渔业管控中，渔具限制被认为是无效的，主要是因为限制设置太高；大多数渔民收获的鱼的数量相对较少，而不赞同渔具限制（Baccante，1995；Cook et al.，2001；Isermann et al.，2007）。此外，以收获为导向的渔业，制定每天最低限度的规定，在社会上是不被接受的。很少有人知道一些捕捞规则（例如，季节性禁渔和保护期）对内陆渔业的作用。例如，有人建议在大口黑鲈产卵期间禁捕应该给渔业一些补贴（Gross and Kapuscinski，1997；Ridgway and Shuler，1997）。然而，没有得到相关回应（Philipp et al.，1997）。也有一些研究表明，禁渔期作用有限（Chance et al.，1975；Fox，1975；Gillooly et al.，2000）。应用捕捞规则可以对鱼类种群和相关渔业产生积极影响，但制定这些规定并不能保证捕捞渔业得到改善。

捕捞规则将继续成为渔业管理者的重要工具，并且特定渔业法规很可能会不断增加（例如，某湖大口鲈的最小捕捞长度为 381 mm）。在明尼苏达州，为狭鳕种群制定的第一个以长度为基础的捕捞规定于 1986 年生效。至 2005 年，整个州有超过 30 条类似的种群管理规定（Isermann，2007）。Lester 等（2003）报道，安大略省渔业条例的要点从 20 世纪 70 年代中期的 2 页扩展到 2001 年 100 页的小册子。渔业行为和种群变异间的矛盾决定渔业管理需要大量规章制度。然而，由于缺乏一些渔业信息，已有的管理方法仍有局限性，因此在一些地区在制定生产与管理法规中，需要有更好的适用范围或针对性更强的渔业管理规章。尽管某些管理可能是必要的，但过度监管或日益复杂的法规可能会阻止渔民参与某些渔业活动，同时也意味着自然资源机构失去一些收入和政治支持。

探索捕捞规则对渔民和垂钓者行为的影响需要创新和有意义的研究，以便管理者更好地了解何时以及如何在某些渔业中调节捕捞。将管理纳入主动、适应性管理程序过程中，将更有效地应用捕捞规则（见第 5 章）。还必须认识到，典型的捕捞规则，如袋尺寸和长度限制可能不足以维持优质捕鱼机会，满足公众更好地捕鱼的愿望，推广控制最大捕捞量是必要的。

7.8　参考文献

Allen，M. S.，and L. E. Miranda. 1995. An evaluation of the value of harvest restrictions in managing crappie fisheries. North American Journal of Fisheries Management 15：766 - 772.

Allen，M. S.，and L. E. Miranda. 1996. A qualitative evaluation of specialization among crappie anglers. Pages 145 - 151 in R. E. Miranda and D. R. DeVries，editors. Multidimensional approaches to reservoir fisheries management：proceedings of the third national reservoir fisheries symposium. American Fisheries Society，Symposium 16，Bethedsa，Maryland.

Allen，M. S.，L. E. Miranda，and R. E. Brock. 1998. Implications of compensatory and additive mortality to the management of selected sportfish populations. Lakes and Reservoirs：Research and Management 3：67 - 79.

Allen，M. S.，and W. E. Pine Ⅲ. 2000. Detecting fish population responses to a minimum length limit：effects of variable recruitment and duration of evaluation. North American Journal of Fisheries Management 20：672 - 682.

Baccante，D. 1995. Assessing catch inequality in walleye angling fisheries. North American Journal of Fisheries Management 15：661 - 665.

Barnhart，R. A. 1989. Symposium review：catch - and - release fishing，a decade of experience. North American Journal of Fisheries Management 9：74 - 80.

Bartholomew，A.，and B. A. Bohnsack. 2005. A review of catch and release angling mortality with implications for no - take reserves. Reviews in Fish Biology and Fisheries 15: 129 - 154.

Bettoli, P. W. , G. D. Scholten, and W. C. Reeves. 2007. Protecting paddlefish from overfishing: a case history of the research and regulatory process. Fisheries 32 (8): 390 - 397.

Boxrucker, J. 2002. Rescinding a 254 - mm minimum length limit on white crappies at Ft. Supply Reservoir, Oklahoma: the influence of variable recruitment, compensatory mortality, and angler dissatisfaction. North American Journal of Fisheries Management 22: 1340 - 1348.

Bronte, C. R. , J. H. Selgeby, and D. V. Swedberg. 1993. Dynamics of a yellow perch population in western Lake Superior. North American Journal of Fisheries Management 13: 511 - 523.

Buynak, G. L. , and B. Mitchell. 2002. Response of smallmouth bass to regulatory and environmental changes in Elkhorn Creek, Kentucky. North American Journal of Fisheries Management 22: 500 - 508.

Carline, R. F. , T. Beard Jr. , and B. A. Hollender. 1991. Response of wild brown trout to elimination of stocking and no - harvest regulations. North American Journal of Fisheries Management 11: 253 - 266.

Carlson, A. J. , and D. A. Isermann. 2010. Mandatory catch and release and maximum length limits for largemouth bass in Minnesota: is exploitation still a relevant concern. North American Journal of Fisheries Management 30: 209 - 220.

Chance, C. J. , A. O. Smith, J. A. Holbrook Ⅱ , and R. B. Fitz. 1975. Norris reservoir: a case history in fish management. Pages 399 - 407 *in* H. Clepper, editor. Black bass biology and management. Sport Fishing Institute, Washington, D. C.

Coggins, L. G. , Jr. , M. J. Catalano, M. S. Allen, W. E. Pine Ⅲ , and C. J. Walters. 2007. Effects of cryptic mortality and the hidden costs of using length limits in fishery management. Fish and Fisheries 8: 196 - 210.

Colvin, M. A. 1991. Evaluation of minimum - size limits and reduced daily limits on the crappie populations and fisheries in five large Missouri reservoirs. North American Journal of Fisheries Management 11: 585 -597.

Cook, M. F. , T. J. Goeman, P. J. Radomski, J. A. Younk, and P. C. Jacobson. 2001. Creel limits in Minnesota: a proposal for change. Fisheries 26 (5): 19 - 26.

Cooke, S. J. , and H. L. Schramm. 2007. Catch and release science and its application to conservation and management of recreational fisheries. Fisheries Management and Ecology 14: 73 - 79.

Cox, S. P. , and C. J. Walters. 2002a. Maintaining quality in recreational fisheries: how success breeds failure in the management of open - access sport fisheries. Pages 107 - 119 *in* T. J. Pitcher and C. Hollingworth, editors. Recreational fisheries: ecological, economic, and social evaluation. Black - well Science, Oxford, UK.

Cox, S. C. , and C. J. Walters. 2002b. Modeling exploitation in recreational fisheries and implications for effort management on British Columbia rainbow trout lakes. North American Journal of Fisheries Management 22: 21 - 34.

Dean, J. , and G. Wright. 1992. Black bass length limits by design: a graphic approach. North American Journal of Fisheries Management 12: 538 - 547.

Eder, S. 1984. Effectiveness of an imposed slot length limit of 12. 0 - 14. 9 in on largemouth bass. North American Journal of Fisheries Management 4: 469 - 478.

Edison, T. W. , D. H. Wahl, M. J. Diana, D. P. Philipp, and D. J. Austen. 2006. Angler opinion of bluegill regulations on Illinois lakes: effects of angler demographics and bluegill population size structure. North American Journal of Fisheries Management 26: 800 - 811.

Edwards, G. P., Jr., R. M. Neumann, R. P. Jacobs, and E. B. O'Donnell. 2004. Impacts of small club tournaments on black bass populations in Connecticut and the effects of regulation exemptions. North American Journal of Fisheries Management 24: 811 - 821.

Fayram, A. H., S. W. Hewett, S. J. Gilbert, S. D. Plaster, and T. D. Beard Jr. 2001. Evaluation of a 15 - in minimum length limit for walleye angling in Wisconsin. North American Journal of Fisheries Management 21: 816 - 824.

Fox, A. C. 1975. Effects of traditional harvest regulations on bass populations and fishing. Pages 392 - 398 in R. H. Stroud and H. Clepper, editors. Black bass biology and management. Sport Fishing Institute, Washington, D. C.

Francis, J. T., S. R. Robillard, and J. E. Marsden. 1996. Yellow perch management in Lake Michigan: a multijurisdictional challenge. Fisheries 21 (2): 18 - 20.

Gabelhouse, D. W, Jr. 1987. Responses of largemouth bass and bluegills to removal of surplus large - mouth bass from a Kansas pond. North American Journal of Fisheries Management 7: 81 - 90.

Gangl, R. S., and D. L. Pereira. 2003. Biological performance indicators for evaluating exploitation of Minnesota's large - lake walleye fisheries. North American Journal of Fisheries Management 23: 1303 - 1311.

Gigliotti, L. M., and R. B. Peyton. 1993. Values and behaviors of trout anglers, and their attitudes to - ward fishery management, relative to membership in fishing organizations: a Michigan case study. North American Journal of Fisheries Management 13: 492 - 501.

Gigliotti, L. M., and W. W. Taylor. 1990. The effect of illegal harvest on recreational fisheries. North A - merican Journal of Fisheries Management 10: 106 - 110.

Gillooly, J. F., T. C. O'Keefe, S. P. Newman, and J. R. Baylis. 2000. A long - term view of densityde - pendent recruitment in smallmouth bass in Nebish Lake, Wisconsin. Journal of Fish Biology 56: 542 - 551.

Goeman, T. J., P. D. Spencer, and R. B. Pierce. 1993. Effectiveness of liberalized bag limits as manage - ment tools for altering northern pike population structure. North American Journal of Fisheries Manage - ment 13: 621 - 624.

Gross, M. L., and A. R. Kapuscinski. 1997. Reproductive success of smallmouth bass estimated and evalu - ated from family - specific DNA fingerprints. Ecology 78: 1424 - 1430.

Guy, C. S., M. N. Burlingame, T. D. Mosher, and D. D. Nygren. 1999. Exemption of bass tournaments from fishing regulations: an opinion survey. North American Journal of Fisheries Management 19: 188 - 191.

Hale, R. S., M. E. Lundquist, R. L. Miller, and R. W. Petering. 1999. Evaluation of a 254 - mm limit on crappies in Delaware Reservoir, Ohio. North American Journal of Fisheries Management 19: 804 - 814.

Hansen, M. J., T. D. Beard Jr., and S. W. Hewett. 2000. Catch rates and catchability of walleyes in an - gling and spearing fisheries in northern Wisconsin lakes. North American Journal of Fisheries Manage - ment 20: 109 - 118.

Hansen, M. J., T. D. Beard Jr., and S. W. Hewett. 2005. Effect of measurement error on tests of den - sity dependence of catchability for walleyes in northern Wisconsin angling and spearing fisheries. North A - merican Journal of Fisheries Management 25: 1010 - 1015.

Hansen, M. J., M. D. Staggs, and M. H. Hoff. 1991. Derivation of safety factors for setting harvest quo - tas on adult walleyes from past estimates of abundance. Transactions of the American Fisheries Society

120: 620 - 628.

Hilborn, R. and C. J. Walters. 1992. Quantitative fisheries stock assessment. Chapman and Hall, London.

Hurley, K. L., and J. J. Jackson. 2002. Evaluation of 254 - mm minimum length limit for crappies in two southeast Nebraska reservoirs. North American Journal of Fisheries Management 22: 1369 - 1375.

Isermann, D. A. 2007. Evaluating walleye length limits in the face of population variability: case histories from western Minnesota. North American Journal of Fisheries Management 27: 551 - 558.

Isermann, D. A., D. W. Willis, B. G. Blackwell, and D. O. Lucchesi. 2007. Yellow perch in South Dakota: population variability and predicted effects of creel limit reductions and minimum length limits. North American Journal of Fisheries Management 27: 918 - 931.

Johnson, B. L., and R. A. Stein. 1986. Competition for open - access resources: a class exercise that demonstrates the tragedy of the commons. Fisheries 11 (3): 2 - 6.

Johnson, B. M., and S. R. Carpenter. 1994. Functional and numerical responses: a framework for fishangler interactions. Ecological Applications 4: 808 - 821.

Johnson, B. M., and P. J. Martinez. 1995. Selecting harvest regulations for recreational fisheries: opportunities for research/management cooperation. Fisheries 20 (10): 22 - 29.

Kempinger, J. J., and R. F. Carline. 1978. Dynamics of the northern pike population and changes that occurred with a minimum size limit in Escanaba Lake, Wisconsin. Pages 382 - 389 in R. L. Kendall, editor. Selected coolwater fishes of North America. American Fisheries Society, Special Publication 11, Bethesda, Maryland.

Kerr, S. J., and K. K. Kamke. 2003. Competitive fishing in freshwaters of North America: a survey of Canadian and U. S. jurisdictions. Fisheries 28 (3): 26 - 31.

Lake Erie Walleye Task Group. 2005. Report for 2004 by the Lake Erie Walleye Task Group. Lake Erie Committee, Great Lakes Fishery Commission, Ann Arbor, Michigan.

Larson, S. C., B. Saul, and S. Schleiger. 1991. Exploitation and survival of black crappies in three Georgia reservoirs. North American Journal of Fisheries Management 11: 604 - 613.

Lester, N. P., T. R. Marshall, K. Armstrong, W. I. Dunlop, and B. Ritchie. 2003. A broad - scale approach to management of Ontario's recreational fisheries. North American Journal of Fisheries Management 23: 1312 - 1328.

Linton, B. C., M. J. Hansen, S. T. Schram, and S. P. Sitar. 2007. Dynamics of a recovering lake trout population in eastern Wisconsin waters of Lake Superior. North American Journal of Fisheries Management 27: 940 - 954.

Lupes, S. C., M. W. Davis, B. L. Olla, and C. B. Schreck. 2006. Capture related stressors impair immune system function in sablefish. Transactions of the American Fisheries Society 135: 129 - 138.

Lyons, J., P. D. Kanehl, and D. M. Day. 1996. Evaluation of a 356 - mm minimum length limit for smallmouth bass in Wisconsin streams. North American Journal of Fisheries Management 16: 952 - 957.

Maceina, M. J., P. W. Bettoli, S. D. Finley, and V. J. DiCenzo. 1998. Analyses of the sauger fishery with simulated effects of a minimum size limit in the Tennessee River of Alabama. North American Journal of Fisheries Management 18: 66 - 75.

Madenjian, C. P., and T. J. DeSorcie. 1999. Status of lake trout rehabilitation in the Northern Refuge of Lake Michigan. North American Journal of Fisheries Management 19: 658 - 669.

Margenau, T. L., and S. P. AveLallemant. 2000. Effects of a 40 - in minimum length limit on muskellunge in Wisconsin. North American Journal of Fisheries Management 20: 986 - 993.

Martin，C. C. 1995. Evaluation of slot length limits for largemouth bass in two Delaware ponds. North A-merican Journal of Fisheries Management 15：713 - 719.

Mestl，G. ，and J. Sorenson. 2009. Joint management of an interjurisdictional paddlefish snag fishery in the Missouri River below Gavins Point Dam，South Dakota and Nebraska. Pages 235 - 259 *in* C. P. Paukert and G. D. Scholten，editors. Paddlefish management，propagation，and conservation in the 21st century：building from 20 years of research and management. American Fisheries Society，Symposium 66，Bethesda，Maryland.

Miranda，L. E. 2002. Establishing size - based mortality caps. North American Journal of Fisheries Management 22：433 - 440.

Miranda，L. E. ，and M. S. Allen. 2000. Use of length limits to reduce variability in crappie fisheries. North American Journal of Fisheries Management 20：752 - 758.

Munger，C. R. ，G. R. Wilde，and B. J. Follis. 1994. Flathead catfish age and size at maturation in Texas. North American Journal of Fisheries Management 14：403 - 408.

Muoneke，M. I. ，and W. M. Childress. 1994. Hooking mortality：a review for recreations fisheries. Reviews in Fisheries Science 2：123 - 156.

Nate，N. A. ，M. A. Bozek，M. J. Hansen，and S. W. Hewett. 2001. Variation in adult walleye abundance in relation to recruitment and limnological variables in northern Wisconsin lakes. North American Journal of Fisheries Management 21：441 - 447.

Newman，S. P. ，and M. H. Hoff. 2000. Evaluation of a 16 - in minimum length limit for smallmouth bass in Pallette Lake，Wisconsin. North American Journal of Fisheries Management 20：90 - 99.

Novinger，G. D. 1987. Evaluation of a 15. 0 - in minimum length limit on largemouth and spotted bass catches at Table Rock Lake，Missouri. North American Journal of Fisheries Management 7：260 - 272.

Novinger，G. D. 1990. Slot length limits for largemouth bass in small private impoundments. North American Journal of Fisheries Management 10：330 - 337.

Olney，J. E. ，and J. M. Hoenig. 2001. Managing a fishery under a moratorium：assessment opportunities for Virginia's stocks of American shad. Fisheries 26 (2)：6 - 12.

Orciari，R. D. ，and G. H. Leonard. 1990. Catch - and - release management of a trout stream contaminated with PCBs. North American Journal of Fisheries Management 10：315 - 329.

Page，K. S. ，G. C. Grant，P. Radomski，T. S. Jones，and R. E. Bruesewitz. 2004. Fish total length measurement error from recreational anglers：causes and contribution to noncompliance for the Mille Lacs walleye fishery. North American Journal of Fisheries Management 24：939 - 951.

Page，K. S. ，and P. Radomski. 2006. Compliance with sport fishery regulations in Minnesota as related to regulation awareness. Fisheries 31 (4)：166 - 178.

Paukert，C. P. ，J. A. Klammer，R. B. Pierce，and T. D. Simonson. 2001. An overview of pike regulations in North America. Fisheries 26 (6)：6 - 13.

Paukert，C. P. ，M. McInerny，and R. Schultz. 2007. Historical trends in creel limits，length - based limits，and season restrictions for black basses in the United States and Canada. Fisheries 32 (2)：62 - 72.

Paukert，C. P. ，D. W. Willis，and D. W. Gabelhouse Jr. 2002. Effect and acceptance of bluegill length limits in Nebraska natural lakes. North American Journal of Fisheries Management 22：1306 - 1313.

Perry，W. B. ，W. A. Janowsky，and F. J. Margraf. 1995. A bioenergetics simulation of the potential effects of angler harvest on growth of largemouth bass in a catch - and - release fishery. North American Journal of Fisheries Management 15：705 - 712.

Philipp, D. P. , A. Toline, M. F. Kubacki, D. B. F. Philipp, and F. J. S. Phelan. 1997. The impact of catch – and – release angling on the reproductive success of smallmouth and largemouth bass. North American Journal of Fisheries Management 17: 557 – 567.

Pierce, R. B. , C. M. Tomcko, and M. T. Drake. 2003. Population dynamics, trophic interactions, and production of northern pike in a shallow bog lake and their effects on simulated regulation strate – gies. North American Journal of Fisheries Management 23: 323 – 330.

Pitlo, J. , Jr. 1997. Response of upper Mississippi River channel catfish populations to changes in commercial harvest regulations. North American Journal of Fisheries Management 17: 848 – 859.

Post, J. R. , C. Mushens, A. Paul, and M. Sullivan. 2003. Assessment of alternative harvest regulations for sustaining recreational fisheries: model development and application to bull trout. North American Journal of Fisheries Management 23: 22 – 34.

Quinn, N. W. S. , R. M. Korver, F. J. Hicks, B. P. Monroe, and R. R. Hawkins. 1994. An empirical model for lentic brook trout. North American Journal of Fisheries Management 14: 692 – 709.

Quinn, S. P. 1988. Effectiveness of restricted areas in reducing incidental catches of game fish in a gillnet fishery. North American Journal of Fisheries Management 8: 224 – 230.

Quinn, S. P. 1996. Trends in regulatory and voluntary catch and release fishing. Pages 152 – 162 in L. E. Miranda and D. R. DeVries, editors. Multidimensional approaches to reservoir fisheries management: proceedings of the third national reservoir fisheries symposium. American Fisheries Society, Symposium 16, Bethesda, Maryland.

Quinn, S. P. , and C. P. Paukert. 2009. Centrarchid fisheries. Pages 312 – 339 in S. J. Cooke and D. P. Phillip, editors. Centrarchid fishes: diversity, biology and conservation. Blackwell Publishing, West Sussex, UK.

Quist, M. C. , J. L. Stephen, C. S. Guy, and R. D. Schultz. 2004. Age structure and mortality of walleyes in Kansas reservoirs: use of mortality caps to establish realistic management objectives. North American Journal of Fisheries Management 24: 990 – 1002.

Radomski, P. J. 2003. Initial attempts to actively manage recreational fishery harvest in Minnesota. North American Journal of Fisheries Management 23: 1329 – 1342.

Radomski, P. J. , C. S. Anderson, and K. S. Page. 2009. Evaluation of largemouth bass length limits and catch – and – release regulations, with emphasis on the incorporation of biologists' perceptions of largemouth bass frequency distributions. North American Journal of Fisheries Management 29: 614 – 625.

Radomski, P. J. , and T. J. Goeman. 1996. Decision making and modeling in freshwater sport – fisheries management. Fisheries 21 (12): 14 – 21.

Radomski, P. J. , G. C. Grant, P. C. Jacobson, and M. F. Cook. 2001. Visions for recreational fishing regulations. Fisheries 26 (5): 7 – 18.

Rasmussen, J. L. , and S. M. Michaelson. 1974. Attempts to prevent largemouth bass overharvest in three northwest Missouri lakes. Pages 69 – 83 in J. L. Funk, editor. Symposium on overharvest of largemouth bass in small impoundments. American Fisheries Society, North Central Division, Special Publication 3, Bethesda, Maryland.

Redmond, L. C. 1986. The history and development of warmwater fish harvest regulations. Pages 186 – 195 in G. E. Hall and M. J. Van Den Avyle, editors. Reservoir fisheries management: strategies for the 80's. American Fisheries Society, Southern Division, Reservoir Committee, Bethesda, Maryland.

Reed, J. R. , and W. D. Davies. 1991. Population dynamics of black and white crappies in Weiss Reservoir,

Alabama: implications for the implementation of harvest restrictions. North American Journal of Fisheries Management 11: 598 – 603.

Ridgway, M. S. , and B. J. Shuter. 1997. Predicting the effects of angling for nesting male smallmouth bass on production of age – 0 fish with an individual – based model. North American Journal of Fisheries Management 17: 568 – 580.

Scarnecchia, D. L. , T. W. Gengerke, and C. T. Moen. 1989. Rationale for a harvest slot for paddlefish in the upper Mississippi River. North American Journal of Fisheries Management 9: 477 – 487.

Scarnecchia, D. L. , and P. A. Stewart. 1997. Implementation and evaluation of a catch – and – release fishery for paddlefish. North American Journal of Fisheries Management 17: 795 – 799.

Schneider, J. C. , and R. N. Lockwood. 2002. Use of walleye stocking, antimycin treatments, and catch – and – release angling regulations to increase growth and length of stunted bluegills populations in Michigan lakes. North American Journal of Fisheries Management 22: 1041 – 1052.

Scholten, G. D. , and P. W. Bettoli. 2005. Population characteristics and assessment of overfishing for an exploited paddlefish population in the lower Tennessee River. North American Journal of Fisheries Management 134: 1285 – 1298.

Schramm, H. L. , Jr. , P. E. McKeown, and D. M. Green. 1995. Managing black bass in northern waters: summary of the workshop. North American Journal of Fisheries Management 15: 671 – 679.

Shroyer, S. M. , F. L. Brandow, and D. E. Logsdon. 2003. Effects of prohibiting harvest of largemouth bass on the largemouth bass and bluegill fisheries in two Minnesota lakes. Minnesota Department of Natural Resources, Division of Fisheries, Investigational Report 506, St. Paul.

Shuter, B. J. , M. L. Jones, R. M. Korver, and N. P. Lester. 1998. A general life history based model for regional management of fish stocks: the inland lake trout (*Salvelinus namaycush*) fisheries of Ontario. Canadian Journal of Fisheries and Aquatic Sciences 55: 2161 – 2177.

Slipke, J. W. , A. D. Martin, J. Pitlo Jr. , and M. J. Maceina. 2002. Use of the spawning potential ratio for the upper Mississippi River channel catfish fishery. North American Journal of Fisheries Manage – ment 22: 1295 – 1300.

Snow, H. E. 1982. Hypothetical effects of fishing regulations in Murphy Flowage, Wisconsin. Wisconsin Department of Natural Resources, Technical Bulletin 131, Madison.

Staggs, M. D. , R. C. Moody, M. J. Hansen, and M. H. Hoff. 1990. Spearing and sport angling for walleye in Wisconsin's ceded territory. Wisconsin Department of Natural Resources, Fisheries Management, Administrative Report 31, Madison.

Stone, C. , and J. Lott. 2002. Use of a minimum length limit to manage walleyes in Lake Francis Case, South Dakota. North American Journal of Fisheries Management 22: 975 – 684.

Sullivan, M. G. 2002. Illegal angling harvest of walleyes protected by length limits in Alberta. North American Journal of Fisheries Management 22: 1053 – 1063.

Sullivan, M. G. 2003. Active management of walleye fisheries in Alberta: dilemmas of managing recovering fisheries. North American Journal of Fisheries Management 23: 1343 – 1358.

Sztramko, L. K. 1985. Effects of a sanctuary on the smallmouth bass fishery of Long Point Bay, Lake Erie . North American Journal of Fisheries Management 5: 233 – 241.

Walker, J. R. , L. Foote, and M. G. Sullivan. 2007. Effectiveness of enforcement to deter illegal angling harvest of northern pike in Alberta. North American Journal of Fisheries Management 27: 1369 – 1377.

Walker, S. H. , M. W. Prout, W. M. Taylor, and S. R. Winterstein. 1993. Population dynamics and management of lake whitefish stocks in Grand Traverse Bay, Lake Michigan. North American Journal of Fisheries Management 13: 73 - 85.

Wilberg, M. J., M. J. Hansen, and C. R. Bronte. 2003. Historic and modern abundance of wild lean lake trout in Michigan waters of Lake Superior: implications for restoration goals. North American Journal of Fisheries Management 23: 100 - 108.

Wingate, P. J. 1986. Philosophy of muskellunge management. Pages 199 - 202 in G. E. Hall, editor. Managing muskies: a treatise on the biology and propagation of muskellunge in North America. American Fisheries Society, Special Publication 15, Bethesda, Maryland.

第 8 章　有害和入侵鱼类的管理

Cindy S. Kolar　Walter R. Courtenay JR.　Leo G. Nico

8.1　引言

　　纵观历史，人类直接或间接地将鱼类和其他水生生物引入其自然地理分布以外的区域，导致世界各地的生物群落发生了剧烈变化。北美大陆也不例外，很多原产于其他地区的物种如今在北美均有分布。同样，在北美大陆内部很多水生动物也已经被引入其他流域和地区（Fuller et al.，1999）。随时间的推移，这些大陆之间和大陆内部的物种转换，加之本地（通常是土著）物种的丧失，已经导致北美水生动物日益均质化，生物多样性不断减少。

　　水生生物引入的动机、引入的方式以及产生的后果可谓多种多样。大部分是政府或其他机构授权的有计划的引入。同时，也有大量的非法或未经授权的引入。除此之外，也有各种各样的人类活动导致的偶然或意外引入，如河道的建设可能导致鱼类扩散至其他区域。在动机方面，很多外来鱼类和其他水生生物被引入作为食物来源，发展新的渔业产业，补给消耗殆尽的资源储备（Fuller et al.，1999；Wydoski and Wiley，1999）。很多非本地和土著鱼类也为防控或保护植物、无脊椎动物和其他鱼类而引入。此外，未经授权的小型诱饵鱼类投放，水族观赏动植物的放生以及水产养殖的逃逸也是外来引入的重要来源。在引入方式方面，水生生物常常通过附着在船体上或通过船舶压载水入侵其他水域，也可能通过人工河道或其他人工水利通道入侵相邻水域（Courtenay，1993；Fuller et al.，1999）。

　　几个世纪以来，北美已经引入了大量外来物种。尽管其中很多物种可能没有形成自我繁殖的种群，但时至今日已有几百种外来水生生物在北美建立种群（Fuller et al.，1999）。由于各种限制因素（如物种类型或遗传变异的类型），一种外来生物的个体（至少在短期内）数量很小并且不会扩散至其最初引入范围之外。通常，局部建立的种群不会产生大的生态或经济危害（Courtenay，1993）。然而，部分外来水生生物变得异常丰富和广布，这些物种很可能或已经导致严重的生态和经济损失，这些生物被称为入侵物种。

　　入侵物种一词有多种不同的定义方式。在美国，克林顿总统 1999 年签署的 13112 号行政命令将入侵物种定义为"其引入已经或可能对经济、环境或人类健康产生危害的外来物种"。在国家入侵物种管理计划（NISC，2001）的"执行概要"中，入侵物种被描述为"一个物种并非当前生态系统的土著种，且该物种的引入已经或可能对经济、环境或人类健康产生危害"。在本章中，我们将非本地入侵物种以及一些种群增长过快已经产生危害的土著物种定义为"有害物种"。

因为有害鱼类（非本地入侵种或本地有害种）非常难以清除，所以在有意引入非本地鱼类时应谨慎考虑、仔细分析其潜在的后果。同时，想方设法降低人类活动导致的非有意引入。在某些情况下，有害水生物种可能仅出现在一个或几个独立的池塘、湖泊或其他受限的水体中，此时清除有害水生物种相对容易实现。然而，对于无法清除或消耗巨大财力方能清除的物种，重点应放在制定管理和控制计划上。鱼类清除或控制项目的最终目标取决于以下多个因素：水生生态系统的类型、大小和复杂性；鱼类的类型、丰度、分布及其潜在的危害。一些管控方法已应用数十年，同时一些新方法也在不断发展中。例如，有害生物综合管理（Integrated pest management，IPM）和适应性管理框架下的鱼类胫骨标记技术已开始在渔业管理规范和基础实践中应用。此外，人们也逐渐认识到管理有害物种需要考虑其他的环境压力，如全球气候变化的影响。

本章将回顾北美鱼类引入历史，介绍引入的动机和方式，及其随时间的变化自然资源管理者面临的诸多挑战，包括考虑引入外来物种的不同载体，已引入物种的防控，正在引入、潜在危害物种的管理等；同时讨论预防、管理和清除有害鱼类的各个方面，重点探讨该领域的最新进展和处理入侵问题的新思维方式。

8.2　鱼类引种历史

北美大陆曾经从全球范围引进过大量的鱼类和其他水生生物（Courtenay，1993，1995；Fuller et al.，1999）。大部分引进种对新栖息地的影响较小或者影响不明显。有些引种带来了较好的经济效益，如对休闲渔业和商业捕捞的巨大促进作用。然而，有些引种却带来了生态破坏，甚至威胁到了栖息地和土著物种的生存，从而带来了巨大的经济和生态损失（Fuller et al.，1999）。了解有害外来种的引种和建群过程，同时了解社会对引种观念的改变过程，才能促进这些外来物种的管理。为了便于更好的理解，我们将北美的鱼类引种分为以下 3 个时期。

8.2.1　引种第 1 个时期（1800—1950）

北美大陆的外来鱼类引种始于殖民时期，随着欧洲殖民的定居、人口不断增长和扩张。Welcome（1981）认为这一时期的鱼类引种是伴随着国际贸易的发展开始于 19 世纪的中后期。然而，DeKay（1842）的报告显示，在 17 世纪晚期就有金鱼放生到纽约哈德逊河（Hudson River）的记录。因此，第 1 个引进的鱼类物种——金鱼应该是航海时代由欧洲引进的。金鱼也是第 1 个在美国、加拿大和墨西哥相继建立自然种群的外来鱼类物种（Courtenay and Stauffer，1984）。

美国内战（1861—1865）之后，本土野生鱼类被不断开发和过度捕捞，从而导致本土鱼类资源的锐减和衰竭。为了振兴渔业经济，满足食物供应，同时也因为移民来自欧洲，美国政府对欧洲鱼类引种的兴趣越来越大。移民对许多欧洲鱼类都比较熟悉，并且在欧洲已成功养殖。为了应对引种问题，美国于 1871 年成立了专门的渔业委员会。这一机构由著名科学家贝尔德（Baird）负责。该机构一成立，贝尔德就开始着手从欧洲引种几种鱼类，随后就被广泛养殖并运送到美国全国各地及其领地（Baird，1983）。随着蒸汽船和横贯大陆的铁路的修建，使活鱼的运输进一步成为可能。

贝尔德的一个早期任务就是指派鱼类学家到黄石国家公园调查和开发当地的土著物种，并通过引种促进该区域休闲渔业的发展（Jordan，1891）。黄石国家公园设立于1872 年，是世界第一座国家公园。设立这个公园意味着美国保护工作和保护意识的开始，尽管以现在的眼光来看，向黄石国家公园释放外来鱼类与现在的保护观念是冲突的（Courtenay，1993）。此外，许多地方政府还专门要求将外来种引进到当地，特别钟情于被称为"完美鱼"的鲤（common carp）（Courtenay，1993）。另外一种是德国鳟（German trout），也被称为虹鳟（brown trout），被从苏格兰和德国引进到密歇根湖（Laycock，1966）。"归功于"早期的引种，鲤和鳟均在美国大部分地区定居，并广泛分布（Fuller et al.，1999）。

另外两种欧洲鱼类石斑鱼（ide）和丁鱥（tench）也由美国渔业委员会引进。这些鱼类和金鱼、鲤一起被养殖在华盛顿特区的波托马可河（Potomac River）岸附近的池塘中。由于 1899 年的洪水冲垮了池塘，它们逃逸到河流中（Baird，1893）。这些逃逸的鱼类在波托马可河中生活了一段时间，但最终还是消失了（Courtenay，1993；Jenkins and Burk-head，1994）。然而，石斑鱼和丁鱥却被持续引进到美国的其他水域并形成区域性的繁殖种群（Fuller et al.，1999）。

从 19 世纪晚期开始（一直持续到 19 世纪 40 年代），原产于欧洲的鱼类的受精卵鱼苗和仔幼鱼（包含原产于美国东海岸的西红点鳟、美国西鲱、条纹狼鲈）被装在特制的适合铁路运输的"鱼车"上。这些运输车配备了冷却（最初是冰）和通气装置（最早是用手）。随着科技的发展，冷却和通气技术也在不断进步（Leonard，1979）。从美国东部往西部运输鱼的专列开始于 1873 年，促进了这些鱼在新水域的建群和扩张。在回程中，这些列车又把西部的土著鱼类虹鳟引进到中西部和东部水域。截至 1923 年，运鱼专列共运输了超过 720 亿 t 的鱼。最后一列运鱼专列于 1947 年停运（Leonard，1979）。

除了有计划地引种，在铁路运输鱼类的过程也常常会导致一些意外的引种。例如，1873 年，由于一座铁路桥坍塌，大约有 30 万尾活鱼逃到了内布拉斯加州的奥马哈（Omaha）附近的埃尔克霍恩河（Elkhorn River）中（主要是美国鳗、美国西鲱和少量的黄鲈）（Fuller et al.，1999）。早期的渔业委员会报告中指出，运鱼专列通过河流时会有工作人员将部分运输的鱼类投放到河流中，有些投放是有授权的，其他投放据推测是没有授权的。不幸的是，一些仅有的投放记录也常常记入运鱼专列的行车记录中，因此位点、日期、品种等记录是很难获取的，或者隐藏在大量的渔业委员会报告中。

8.2.2　引种的第 2 个时期（1950—1975）

在 20 世纪的前几十年里，除了一些引自欧洲的商业品种，很少有其他地方的鱼类被引到北美的自然水域（Courtenay et al.，1984，1986；Fuller et al.，1999）。然而，随着二战后喷气式飞机的发展，活鱼能在几小时内被快速地在洲际间运输。观赏鱼从业者首先在空运和陆运上使用塑料袋来运输活鱼。这些塑料袋被充氧后放置到泡沫箱里。这些技术提高了鱼和水草的运输效率，显著地促进了观赏渔业的发展。后期出于生物防治和水产养殖的目的引进了一些品种。据估计，20世纪80年代的前几年，每年空运的鱼就超过1亿尾（Ramsey，1985）。

在同一时期，特别是在亚热带的佛罗里达州地区，为了满足日益增长的水族馆鱼类贸易和养殖需求，一系列养殖观赏鱼的设施被开发并不断改进。Boozer（1973）估计，在北美出售的所有观赏鱼类中有80%来源于佛罗里达州。根据Ramsey（1985）的估计，水族馆鱼类进口的主要是北美没有的种类。

随着观赏渔业的发展，不断有养殖个体逃逸到开阔水域（Courtenay and Stauffer，1990；Courtenay and Williams，1992）。此外，随着观赏鱼爱好者的增加，被爱好者投放到自然水域的鱼类物种数量也不断增加，而且这一现象随着引种数量的增加而不断增加（Fuller et al.，1999）。在温暖的水域，如佛罗里达州南部、得克萨斯州和加利福尼亚州、夏威夷以及美国西部有温泉的水域（北至蒙大拿州和阿尔伯塔），大量被投放到自然水域的观赏鱼类已建立了自然繁殖种群。显然，外来鱼类的来源到底是人为投放还是养殖逃逸，往往难以确定。然而，不管这些鱼类来自哪里，这些外来种已经对土著鱼类，特别是美国西南部和墨西哥北部的土著鱼类产生了严重影响（Courtenay et al.，1985；Deacon and Minckley，1991；Jelks et al.，2008）。

在这一时期，出于生物防治的目的，大量的外来鱼类也常常被引进。多种大小不等的鱼类被引进以控制水生植物、藻类和蚊子等（尽管大部分引进种是机会主义者，种群在适宜的条件下能快速增长）（Courtenay and Meffe，1989；Courtenay，1993；Fuller et al.，1999）。一些管理者只关注这些物种的有益用途，并且想当然地认为生物防治的不利影响很容易解决，往往很少评估这些引进种的潜在风险。

一些物种的引进确实达到了生物防治的目的，如引进亚洲草鱼成功控制了美国大部分水域的大型水生植物（Cassani，1996）。在五大湖地区引进太平洋鲑成功地控制了入侵性灰西鲱的数量（Madenjian et al.，2002）。放养条纹狼鲈成功地减少了马鲅和鳡的数量（Axon and Whitehurst，1985）。然而，这些成功也往往有着不确定性：草鱼的种群规模是其成功控制水草的重要因素，随着草鱼数量的增加可能会导致水生植物资源量的衰竭，从而影响到其他物种（Hanlon et al.，2000）；由于对猎物灰西鲱的依赖，当猎物数量下降时会导致湖中原生红点鲑和引进种太平洋鲑硫酸素缺乏，从而导致其后代死亡率较高（Honeyfield et al.，2005）；对马鲅和鳡的控制效果取决于猎物的大小结构（Dettmers et al.，1998）。

草鱼之所以值得特别关注，主要是由于其能成功地控制水生植物，且有大量生物防治的成功案例。由于对水生植物的取食偏好，草鱼在20世纪60年代被确定为用于防治大型水生植物的物种（Courtenay，1993）。那些试图促进草鱼引种和使用的人认为，由于草鱼在繁殖习性和对栖息地的要求是如此特殊，以至于很难在北美水域建立自然种群（Courtenay，1993）。然而，并不是所有人都同意这种观点，例如，Lachner等（1970）就担心北美水域的草鱼能自然繁殖，他们的担心被Conner等（1980）证明是正确的。他们证实草鱼早在1975年就已经在密西西比河流域自然繁殖。从那时起，草鱼就已经越来越常见，目前已确定在美国的18个州建立了自然种群（Nico et al.，2010）。另外一个严重问题是，草鱼携带一种外来的寄生虫——亚洲鲤绦虫，并将该寄生虫传染给饵料鱼。这些感染的饵料鱼在美国中西部培育并销售，从而将寄生虫传染给土著濒危鱼类（Kolar et al.，2007）。此外，在草鱼之后被引进的青鱼、鲢、鳙也同样携带这些寄生虫和一些其他的寄生物种。

虽然野生种群不断繁殖和传播，但是为控制有害水生植物，草鱼还是被继续使用。为了控制野生草鱼的数量和降低其带来的生态风险，大量的人力物力被投入不育草鱼的培育上。在1985年，出现了一项可靠技术，该技术通过用压力冲击受精卵从而产生近100%不孕的三倍体。这种新的且相对便宜的技术引起了人们对利用草鱼的兴趣，但同时也导致了鱼苗染色体倍数的不确定性。此后不久，一种通过库尔特（Coulter）计数器来确定草鱼苗的倍性方法被证实经济可用（Wattendorf，1986）。美国鱼类和野生动物管理局使用华敦德（Wattendorf）的方法开发了一个标准操作程序，以验证运输的草鱼是否100%为三倍体（Mitchelland Kelly，2006），并开始向各州提供这种技术服务。各州对该方案都产生了非常强烈的兴趣，迄今已有30多个州参与该计划（Mitchell and Kelly，2006）。

8.2.3 引种的第3个时期（1975年至今）

最近，另外3种亚洲鲤科鱼类被引进到北美，这3种鱼均被投放或逃逸到自然水域。其中的两种，鲢和鳙都已成功建立自然种群，且具有较大的种群数量，并具有较高的生态风险。这两个物种引种目的是为了控制污水处理池中有害浮游植物，控制养殖池塘中的水质，以及作为食用鱼（Kolar et al.，2007）。因为这些鲤科鱼类主要以浮游生物为食，而这些浮游生物又是本土鱼类仔幼鱼及成鱼食物链的重要一环，因此对本土鱼类种群存在着显著的负面影响。第3个物种——青鱼，主要用于控制养殖池塘中螺类的数量，目前可能已在密西西比河的下游建立了自然种群（Nico et al.，2005）。由于青鱼主要以软体动物为食，已导致土著淡水贻贝数量显著下降，而且未来会进一步威胁这些物种的生存。

北美的水产养殖业在20世纪60年代和70年代经历了快速发展（Courtenay and Stauffer，1990）。为了降低养殖成本和找到更好的水源，养殖场所常常在低地地区，且常常靠近运河和流动水域，任何逃逸的个体均能在下游水域找到合适的栖息地，从而增加了入侵的风险。许多州因此颁布了关于水产养殖池塘选址的法律和法规，并制定更严格的法律和法规。据报道，在美国有90多种鱼类（包括饵料鱼、食用鱼和观赏鱼）从养殖场所逃逸到自然水域（http://nas.er.usgs.gov）。对于部分物种（鲤、金鱼、亚洲鲤科鱼类和食蚊鱼）来说，水产养殖只是其中的一种引入途径。然而，对于其他大部分物种来说，从养殖水域中逃逸是其进入自然水域的主要途径（例如，通常在养殖场下游的自然水域发现养殖的外来种）。这种现象被一个观赏鱼的顶级期刊多次报道，这些报道记录了热带鱼在佛罗里达州的分布情况，从而使得"根本不需要出国"就可以很容易搜集到热带鱼（Ganley and Bock，1998）。

由于从水族馆逃逸和被观赏鱼爱好者放生，导致外来翼甲鲇属（pterygoplichthys）的吸口鲇（suckemouth armored catfishes），已在美国和墨西哥建立自然种群（CEC，2009）。在水族馆中，这些吸口鲇主要用来控制藻类的数量。然而，吸口鲇是生长迅速的大型鱼类，长大后鱼缸就不能容纳了。从鱼缸中逃逸被认为是吸口鲇在佛罗里达州、夏威夷、得克萨斯州、墨西哥的许多河流和湖泊建立种群的主要原因（Nico and Mallin，2001；Wakida‐Kusunoki et al.，2007；Nico et al.，2009）。一旦建立种群，吸口鲇就在湖泊河流的岸边挖掘洞穴，用作产卵地和巢穴，这种行为导致了堤岸侵蚀（Nico et al.，2009）。在墨西哥的一些水域，如英菲尼略（Infiernillo）水库，吸口鲇已取代本土鱼类，甚至是取代了用来发展渔业经济的主要品种——外来的罗非鱼，成为该水域的优势种，导致了当地渔业的崩溃（Mendoza et al.，2007）。

为了发展垂钓业，由美国渔业委员会主导的国家和省级机构从 19 世纪末就开始在北美自然水域中引进外来鱼类（Courtenay，1993，1995；Fuller et al.，1999）。在美国，这些引种工作由政府资助，垂钓者对引种的结果比较满意，而且大量有价值的游钓种类主要依靠人为引种和增殖方流进入自然水域。然而，这种做法是有争议的，因为往自然水域投放游钓种类往往会对自然生态系统和水生生物造成不可逆的影响。投放到自然水域的外来鱼类往往在联邦、州或者地方政府专设的孵化场内培养。在一些地区，民众反对将鲑投放到自然水域以促进垂钓运动的做法，这些在大量的文献上都有所反映。原产于美洲大陆西部分水岭的虹鳟，由于被广泛引种，已经与一些土著虹鳟杂交并带来了一系列影响。美洲红点鲑从原栖息地北美东部引进到美国西部水域后，已通过竞争将土著鲑排挤出原栖息地。但是引进虹鳟后，美洲红点鲑又在原来的部分栖地被替代了（Fausch，2008）。19 世纪末到 20 世纪初，美洲红点鲑被引入美国东北部和加拿大东部，通过杂交影响着本土大西洋鲑（McGowan and Davidson，1992）。

跨洋运输一直是外来物种扩散到北美和五大湖地区的主要途径之一，近几十年来这一情况更为严重。虽然船舶的其他载体（如船体附着物）可以携带有机生命体，但是最重要的载体还是压舱水。压舱水是为了确保船舶空载时的稳定性，常常在一个港口装满船舱，到达目的地后再排放。然而，这些来自外国港口的压舱水含有大量水生生物，通常是无脊椎动物，但有时也有小鱼。自从 1959 年圣劳伦斯河出海港口建立以来，在大湖地区建立种群的 28 种外来生物均是压舱水携带而来的（Grigorovich et al.，2003）。其中有些物种已成为入侵种，最典型的就是斑马贻贝（zebramussels）和斑驴贻贝（quagga mussels）。20 世纪 80 年代这些贻贝引进以来，已经扩散到整个大湖地区，以及密西西比河的大部分水系和流域。2007 年以来，斑驴贻贝也扩散到了美国西部，包括米德湖（Lake Mead），莫哈维湖（Lake Mohave）和哈瓦苏湖（Lake Havasu）等地（Benson et al.，2010）。两种贻贝都有阻塞发电厂、大坝操作系统、船舶发动机等的事件发生。1989—2004 年，控制大湖地区发电设施上的入侵贻贝的成本每年为 1 000 万～3 000 万美元。自从它们被引进以后，休闲垂钓船只的携带（活水舱、舱底水、船底）无意地促进它们的传播。将入侵贻贝引入大湖地区有可能促进了其他物种的入侵，这些物种也是由黑海-里海地区的压舱水所引入，特别是以斑马贻贝为食的圆形虾虎鱼。1990 年，圆形虾虎鱼和管状虾虎鱼首次在密歇根州的圣克莱尔河（St. Clair River）被发现（Crossman，1991；Jude et al.，1995），目前圆形虾虎鱼已广泛分布在五大湖地区。20 世纪 80 年代以来，另一种欧洲鱼类，也通过压舱水进入北美，并在大湖地区建立种群（Ricciardi and Rasmussn，1998）。

与五大湖地区的情况相似，加利福尼亚州目前有 4 种从西太平洋引进的虾虎鱼，它们的入侵途径也是加利福尼亚沿岸港口所释放的压舱水。其中，两种虾虎鱼可以进入内陆水域并建立自然种群。其中，双带缟虾虎鱼，是一种高繁殖力和入侵性的物种，目前已在淡水区域成为入侵种。1985 年，最先在加利福尼亚水域发现这个物种，它的引进无疑也是通过压舱水，同时压舱水从亚洲带来的无脊椎动物也为其提供了充足的食物（Moyle，2002）。

另外一种引进外来鱼类的目的是作为食物来源，先是欧洲移民引进的欧洲鱼类，最近是亚洲移民引进的亚洲鱼类。在亚洲文化中，有买卖活鱼的传统。对活鱼的购买和偶尔的放生在北美已成为鳢常见的入侵途径。在进口的鱼中最能满足活鱼交易的是鳢，这种原产于亚洲热带的鱼是顶级捕食者，在具类似气候的北美地区具有较高的入侵风险。然而也有一种例外就是乌鳢，能够在结冰的水域生存，从而适应寒冷的气候（Courtenay and Williams，2004）。

Courtenay 和 Williams（2004）报道了鳢科鱼类的引种历史，对乌鳢的种群建立过程以及在马里兰州一个池塘的清除进行了综述。清除之后，在马里兰州和弗吉尼亚州的波拖马可河（Potomac River），以及后来在阿肯色州、宾夕法尼亚州和纽约均发现了这种耐寒的乌鳢种群。其他种类的鳢科鱼类同样也有可能从活鱼市场引进，并分布于自然水域中。例如，2000 年在佛罗里达州东南部，发现了斑鳢自然种群，这也是该种在北美水域的第 1 个分布记录（Shafland et al.，2008）。

8.3　预防无意引入并降低有意引种的风险

外来鱼类的管理工作常常只在其建群并产生一定的影响后才开始，造成这种现象的部分原因在于管理机构对物种引入、检测和鉴定时间滞后。外来鱼类的管理如果不是在种群数量少且未广泛扩散的早期被监测到，待其建群之后管理措施选择就相对较少并且困难很多（图 8.1）。

不仅仅是入侵早期有更多的管理措施可选，对入侵物种危害的预防及早期控制在经济上也将起到事半功倍的效果（Keller et al.，2009）。基于这些原因，加之有害鱼类的根除难以实现，因此应该谨慎预防无意引入并采取积极措施以降低有意引进的风险。基于此，在预防有害鱼类的引进工作中我们主要讨论相关的管理措施。

在这一部分中我们将讨论：①政府在防控外来水生物种过程中的作用；②在阻止外来鱼类无意引进方面，提供现有的法律法规、最佳管理实践以及宣传教育措施；③描述渔业管理机构在降低有意引进所产生的意外后果时所采取的措施（表 8.1）。

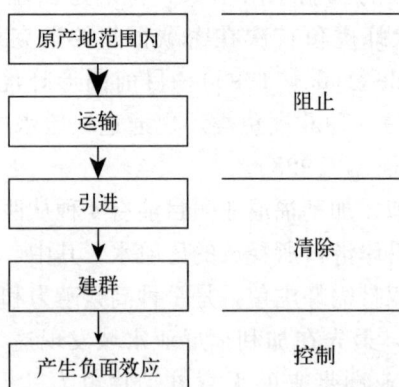

图 8.1 外来物种必须经历一系列生态过程，才能在新的生态系统中续存。从土著生态系统到新生态系统的运输过程中个体存活数量必须足够多；繁殖并建群的生态需求必须达到一定程度。此时，其中一些物种就会变成经济上或生态上的有害物种（改自 Lodge et al.，2006）。通常只有一小部分引进物种可以实现这种转变（如图上的小箭头所示）。当入侵物种在生态系统中变得更加根深蒂固之后，可选择的管理措施就变得越发有限，管理重点也就从预防转移到清除或种群控制，其中后者更为常用。而要把危害控制在基准水平以下则需要持续地投入和高昂的成本

表 8.1 外来鱼类引入内陆水域的常见途径以及减少相关风险和引入事件的方法（在政府机构授权的情况下）

引入途径	预防措施		
	政府法规	最佳管理措施	宣传教育
压舱水	联邦、州	✕	
水产养殖	联邦、州	✕	
活鱼产业	联邦、州	✕	✕
政府机构放流	联邦、州	✕	✕
水景园和水族宠物	联邦、州		✕
非法放流	联邦、州		✕
饵料鱼的释放	州		✕
娱乐活动	州	✕	✕
研究活动	州	✕	✕
临近水域扩散			✕

8.3.1 政府机构和立法机关

各类国家、州或省级机构及立法当局在管理北美入侵和有害生物中发挥了重要的作

用。例如，在美国，涉及入侵物种处置问题的单位有 20 多个联邦机构（美国国会，1993）和各种各样的国家机构；在加拿大，关于水生入侵物种管理的主要责任和权限主要由两个政府部门承担，即加拿大渔业和海洋部（Department of Fisheries and Oceans Canada，DFO）、加拿大环境部；在墨西哥，水生入侵物种的预防和控制在几个政府机构之间则是分开进行的。

在美国，1990 年的《非土著水生生物预防和控制法》设立了一个跨机构委员会，负责制定和实施计划以防止有害水生生物在美国水域的引入和传播，同时监测、控制和研究这些物种，并开展宣传。另外，还设立了两个区域性的管理机构，以便于确定相关事项的优先权，协调非土著物种的相关研究项目，并向公众和私人机构就外来物种控制提供咨询服务。事实证明，这些组织在协调水生生物入侵问题时非常有用、非常高效（例如，制定关于入侵物种或其他特异性生物的国家管理计划，开展区域范围内的科普宣传，以及制定快速反应计划）。

联邦政府间对入侵物种的管理工作由国家入侵物种委员会（National Invasive Species Council，NISC）协调。该委员会是 1999 年成立的一个跨机构组织。2001 年，NISC 发布了其在 2008 年修订的第 1 个《国家入侵物种管理计划》，于 2008 年修订（NISC，2008），修订后的计划要求联邦机构：使用相关计划和管理权力防止入侵物种的引入；通过早期检测和快速反应找到并消除或减少新的入侵物种；通过控制和管理阻止其传播并最大限度地减少其带来的影响；恢复土著物种及其栖息地；恢复具有重要价值的生态系统和生态进程；通过组织合作最大限度地提高处理入侵物种问题的效率。但是，大多数美国内陆水域的渔业管理归属于州级机构。目前，至少在 39 个州有入侵物种理事会或入侵物种委员会（R. Westbrooks，美国地质调查局，个人通信）。尽管这些组织通常由背景不同的人组成，但他们对州内入侵物种的控制和管理具有共同兴趣；其目标是促进入侵物种的预防和控制。有些团体专门处理入侵植物，而其他一些团体则会处理水生生物。

加拿大和墨西哥都制定了《国家生物多样性战略》，并积极响应 1992 年《联合国生物多样性公约》（加拿大供应和服务部，1995；CONABIO，2000；Munoz et al.，2009）。每个战略都将入侵物种视为对国家生物多样性的威胁，两国都遵循《国家生物多样性战略》并制定了解决预防和控制入侵物种的国家计划（CCFAM，2004；SMARN，2009；Munoz et al.，2009）。

因为水生入侵物种和其他入侵物种通常是人为引入的，加拿大通过对引入载体的区别处理来降低入侵物种的威胁。例如，专门有一套准则来处理外来物种引入的授权，包括水产养殖引种和鱼类放流引种（DFC，2003）；压舱水由《加拿大航运法》管理；其他水生生物载体则通过《关于水生入侵物种威胁的国家计划》来解决（CCFAM，2004）。为了帮助控制、根除和预防威胁生态系统的物种引入，沙漠地区鱼类理事会（Desert Fishes Council，DFC）成立了水生生物风险专业评估中心（Centre of Expertise for Aquatic Risk Assessent，CEARA）。该中心制定了科学的防御风险评估标准和工具，以确定入侵关键点，并力图最大限度地利用有限资源获得最好的防控效果。

在墨西哥，对有害生物物种（特别是与农业和水产养殖有关的物种）的预防和控制归联邦机构国家卫生部（Servicio Nacional de Sanidad Inocuidady Calided Agroalimentaria，

SENASICA）管理（Munoz et al.，2009）。墨西哥虽然已经编写了关于入侵物种国家计划草案（SMARN，2009），并且也是解决入侵物种问题若干国际组织缔约国，但该国尚未制定一项涉及自然区域入侵物种的国家政策（Munoz et al.，2009）。关于预防和控制水生入侵物种管理在墨西哥政府机构之间是割裂的且权责不清。压舱水的处理就涉及多家机构，包括商务理事会的通信和秘书处，国家环境和自然资源秘书处（通过总法律顾问办公室，联邦大气层保护和野生动物检查总局、海关、国际机场和边境检查点处理），以及《国家海洋和海岸可持续发展环境政策》都提出了具体的战略和战术，以控制水生入侵物种。

除了国家的自主工作以外，还有国际社会的共同努力，通过北美自由贸易协定框架下的环境合作委员会（Council for Environmental Cooperation，CEC）处理潜在入侵物种引入北美洲的问题。最近发布的《三国风险评估指南》正是此类合作的结果（CEC，2009）。

8.3.2 防止意外和非法引入

一些无意的和非法的鱼类引进所造成的后果给经济和生态方面带来的影响非常大［例如，七鳃鳗（sea lamprey）引入大湖区］（Fuller et al.，1999）。因为根除入侵物种不一定实现，并且控制成本很大，所以这些引种可能产生长期的负面影响。因此，处理入侵物种最经济实惠的手段是预防其最初引入（NISC，2001）。例如，Leung 等（2002）研究表明，每年花费 324 000 美元，来防止单个湖泊中斑马贻贝的危害才能正常发电。这超过了美国鱼类和野生动物管理局（USFWS）2001 年用于管理所有美国湖泊中的水生入侵生物总费用的 1/3。我们归纳了下面 3 个可以采取的主要方法，以减少人类活动引起的意外或非法鱼类引入的可能性。

8.3.2.1 立法和监管

预防引入非土著水生生物的第一个策略是控制其最初引入，并在引入后界定或规定与其相关的许可范围。一般来说，在美国、加拿大和墨西哥缺少涉及潜在入侵植物和入侵动物的全面立法。在各个国家，联邦、一些州或省的机构在监督进口过程的不同方面时往往只关注特定类型的植物或动物。

与潜在入侵性鱼类的引入管理直接相关的是 USFWS（Stanley et al.，1991），根据《雷斯法案》对有害野生动物的规定，他们可能会禁止进口和州际运输有害的陆生和水生动物（包括哺乳动物、鸟类、鱼类、两栖动物、爬行动物、软体动物和甲壳类动物）。然而，目前所列的有害物种数还不足（表 8.2），将物种列为有害物种的过程很冗长，也没有关于入侵物种的应急规定（Short et al.，2004）。负责管理鱼类引入美国的另一个主要联邦机构是农业部的动植物卫生检验局（Animal and Plant Health Inspection Service，APHIS）。APHIS 管理权限的依据是诸如《植物保护法》等法律和一些统称为《动物检疫法》的法律。通过这些法律，在允许进口之前，APHIS 可以对植物及其害虫、天敌、动物、动物产品及其副产品、宿主商品、运输工具等，进行禁止、检查、处理、检疫或要求采取减少损失的措施（NISC，2001）。目前，APHIS 已经出台了一些国内检疫措施，以防止入侵物种在该国境内扩散（如限制某些特定鱼类扩散的应急法案）。

表 8.2 根据《雷斯法案》对于有害野生动物规定列出的水生动物

俗 名	学 名
鲑（salmon[1]）	Family Salmonidae
胡子鲇（walking catfish）	Family Clariidae
绒螯蟹（mitten crabs）	Genus *Eriocheir*
斑马贻贝（zebra mussels）	Genus *Dreissena*
鳢（snakeheads）	Genera *Channa* and *Parachanna*
鲢（和杂交种）[silver carp（and hybrids）]	*Hypophthalmichthys molitrix*
大鳞鲢（和杂交种）[largescale silver carp（and hybrids）]	*Hypophthalmichthys harmandi*
青鱼（和杂交种）[black carp（and hybrids）]	*Mylopharyngodon piceus*

注：[1] 有合格的健康证明的不包括在内。

在美国，为防止病毒引起的鱼出血性败血症病原体的进一步传播，几种已知的携带鲤春病毒的鱼类被设置了特殊的进口限制。Lodge 等（2006）根据当前的科学知识评估了美国现有的生物入侵政策和实践，并提出了一系列建议来提升生物入侵的防控水平。

在美国，各州都制定了各种法规，以防止或规范潜在危险性鱼类的引入（Filbey et al.，2002），包括进口、养殖、运输和引入等一系列活动都在管控之列。

有时，与联邦政府的监管、控制并行的还有州政府的预防和控制，只是其权责通常在州的各个机构之间是分开的，有时甚至是重叠的，尤其是涉及自然资源和农业部门以及环境部门时（Reeves，1999）。在一些地区，相邻的州之间在规范非国家水生物种的进口或引进时都存在巨大差异。各州之间入侵物种立法的机械拼凑和复杂化可能会阻碍有效的整体预防和管理（Nico et al.，2005；Kolar et al.，2007）。在某些情况下，位于同一流域的不同州之间在法规可能产生冲突。例如，一个州可能鼓励商业鱼类的引进，而该种类可能被另一个州严格禁止引入。因为逃逸的水生生物并不能被行政边界所限定，一个州误引入侵野生水生生物可能最终会对同一流域内的其他州造成严重的生态和经济损害。一个典型的例子是，引入密西西比河流域的亚洲鲤科鱼类，其中一些州允许一些亚洲鲤科鱼类广泛分布，而其他州则严格禁止这些物种的引入和扩散。

在加拿大，潜在的鱼类引入的主要立法管理权属于渔业和海洋部以及环境部。在墨西哥，这一权力主要属于环境和自然资源秘书处。在加拿大，管理各省和地区引进鱼类的主要法规是加拿大《渔业法》（Leach and Lewis，1991）。根据加拿大处理水生入侵物种威胁的计划（CCFAM，2004），协调有关水生入侵物种的法律、法规的工作还处于早期阶段。虽然在许多情况下，广泛的监管机制已经解决了引进水生入侵物种的控制问题，但执法责任分配和资金问题仍然无法解决。国家生物多样性知识与利用委员会在墨西哥建立了一个入侵物种信息系统，其中包括入侵生物名称、原产地、引种途径和物种的负面影响等（Munoz et al.，2009）。有了这些信息，再结合环境合作委员会发布的风险评估指南，Munoz 等（2009）指出，现在制定《防止和控制入侵物种引入墨西哥的规章制度》非常重要。

8.3.2.2　最佳管理措施

防止无意引入入侵物种的第二个策略是制定和实施最佳管理措施（Best management practices，BMPs）。设计一系列政策、措施、过程和最佳管理措施的目的是减少有意引进的意外后果。最佳管理措施通常由机构或行业开发，以便于该领域的人员使用，其设计的目的是为减少入侵性水生物种的引入或扩散。也可以依据公众活动的需求而开发，如对离开有入侵物种水域的游钓船以及设备等进行消毒。有许多使用最佳管理措施以减少引入水生入侵物种风险的先例（例如，阿肯色州鱼饵和观赏鱼养殖协会，2002；美国环境保护局，2008）。

危害和临界控制点（Hazard and critical control points，HACCP）计划是从食品行业借鉴和改编而来的最佳管理措施，被使用在自然资源管理之中。作为一项国际标准（ASTM，2008），HACCP 计划是一个在特定过程、措施、材料、产品中减少或消除非意向物种传播的框架。通过 HACCP 计划，可以鉴别出可能诱发外来物种传播的具体行动，然后有针对性地在临界点解决这些行动以降低风险。USFWS 鼓励使用 HACCP 计划，并在互联网上提供培训和规划工具（http://www.haccp-nrm.org）。

8.3.2.3　教育和宣传

用于降低风险或减少引入的最后一种方法是教育和宣传，向公众和各种用户群体提供有关水生入侵物种和有害鱼类的信息。一般来说，此类信息会提供：把物种从一个地方扩散到另一个地方的各种途径或载体；为确保不会意外传播物种，个人可以采取的方法与投放宠物、排空饵桶和非法放养鱼类有关的环境和生态风险。有几个针对美国特定用户群体的积极的大众教育和推广计划，旨在减少引进和传播水生入侵物种的风险。开展教育和宣传活动的一个重要方面是提出统一的知识信息并传达给目标受众。

由美国鱼类和野生动物管理局、美国海岸警卫队资助的其中一项活动是《阻止水生生物搭便车》。该计划针对休闲船只，告诉船主离开被入侵的水体后清理其船只的重要性。节目信息包括公路广播信息，通过各种网点传播，如广告牌、电视、广播和报纸广告等；可以在休息区显示，在零售及其他网点的售货亭显示以及气球广告、草坪横幅和规章宣传册、水闸标识、挡风玻璃传单、机场展示、贴纸和其他媒体（Jensen，2008）。美国另一个名为《惯常栖息地主张》的项目是由有害水生物种工作组及其伙伴组织（包括宠物行业）开发的一项国家计划（见 http://www.habitattitude.net/）。该项目针对水族馆和水上花园业主传达了将植物或动物从家庭水族馆释放到野外是不明智的。该小组为那些可能正在考虑释放不想要的宠物的人提供替代解决方案。这个活动包括标牌、小册子以及通讯、电视和杂志广告、书签、宠物护理资料、网站和其他媒体（Jensen，2008）。《停止水生生物搭便车》和《惯常栖息地主张》项目都代表联邦和州级管理机构与私营部门之间的广泛合作。

8.3.3　减少有意引入的风险

在北美，放养外来鱼类通常主要是为了休闲垂钓，对这些鱼类的管理仍然是日常渔业管理的重要一环。截至 1995 年，所有在美国大陆的休闲渔业项目都包含了外来鱼类。由于主要是放养的原因，大约在 1/3 的州中，用于垂钓的外来鱼类都超过了土著鱼类

（Horak，1995）。因为每个外来物种的放养都面临风险或不可预知的结果（如逃逸扩散、种质资源污染以及对土著种造成遗传上的污染或其他损害），因此大规模放养是一个值得关注的问题。有时入侵会造成实质性的后果，由于存在非土著竞争者和捕食者，某些地区的原生鱼类数量和分布已经减少，一些物种已经从当地消失（Clarkson et al.，2005）。此外，由于不能保证引进物种的根除或种群控制，蓄意放养的负面后果有可能在许多年以后才能被监测到。由于可能出现意想不到的后果，因此很有必要预先评估放养非土著种的生态和经济风险。近几十年来，大多数渔业管理机构越来越认识到相关的风险。许多由美国渔业学会主办的研讨会和论坛也已经出版相关著作来解决这个问题（Stroud，1986；Schramm and Piper，1995；Nickum et al.，2004）。此外，各种渔业期刊也常将某一整期全部用于介绍风险评估、鱼类引种、外来鱼类的影响和相关法律法规（例如，1986 年《渔业》的第 1 卷，第 2 期；1991 年《加拿大渔业与水生科学杂志》的第 48 卷，增刊 1）。

Jackson 等（2004）报道了最近对美国和加拿大渔业管理者进行的一项调查结果，其中包含有关放养措施的问题。结果表明，20 世纪 80—90 年代与 20 世纪 90 年代以来的时间段相比，受访者表示管辖范围的重点并没有变化。然而，91％的回应表明自 20 世纪 90 年代以来，对鱼类放养的要求增多了。调查结果还表明，近几十年来，关于放养和生物多样性问题的政策趋势发生了变化。19％（8/42）的受访者表示由于生物多样性原因，他们的管理机构在 1980 年以前就做出了放弃养殖的决定。相比之下，1980—1990 年，已有 37％的受访者表示放弃养殖；自 1990 年以来，71％的受访机构已经决定不放养，以保护水域生物多样性（Jackson et al.，2004）。近几十年来，对于饲养鱼类对土著鱼类群体和野生鱼类种群遗传完整性影响的关注也在增加（Jackson et al.，2004）。

现已有许多有助于渔业管理机构进行放养决定的指导原则（例如，1986 年《渔业》，第 11 卷，第 2 期的文章）。加拿大已经制定了一套关于水生生物从一个水体向另一个水体转移的指导守则，包括但不限于来自鱼类养殖设施的水生生物（DFC，2003）。这些准则还为加拿大的司法管辖区提供了一个统一的流程，用于评估有意引进和转移水生生物可能产生的潜在影响（DFC，2003）。AFS 已经通过了关于引进水生物种的政策声明（AFS 政策声明 15，表框 8.1）。美国的一些州在考虑是否引进养殖及养殖的最好方式时，会遵循这些指导方针，并把它作为其决策过程的一部分。在最近进行的关于在资源管理中利用鱼类的研讨会上，与会者建议在放养决定中考虑以下因素：确保放养活动是综合鱼类管理计划的一部分；评估引种的生物和环境可行性；完成风险、效益分析和经济评价；征求公众意见；并与其他机构合作（Mudrak and Carmichael，2005）。

表框 8.1　美国渔业学会在水生生物引种管理中的作用

在将外来鱼类引入生态系统前推荐进行以下评估（取自美国渔业学会政策声明 15）：

合理性：出示引种说明和证明。要求明确指出引进种的哪些品质优于原生种。

搜索：在取得引种资格后，搜索引种物种可能存在的竞争者，明确引进种的竞争能力是否更强，以及对其竞争者有利和不利的影响。

（续）

初步影响评估：根据已发表的关于引进种的信息以及引入前的评估实验，评估引进种对目标水生生态系统、垂钓、渔业、水禽、水生植物和公共卫生的影响。同时，评估区域要超过认为有入侵风险的区域。

宣传和点评：关于引种的话题应该是完全开放的，同时应寻求专家的建议。在这一点上按照顺序进行完整的评估，但详细地引种评估放在首位。

实验研究：如果引种计划已经通过了以上4个步骤，需要由专业机构在封闭的水域开展实验评估（如实验鱼塘）。

评价或建议：按照顺序进行宣传，应该在相关科学家中间传阅完整的评估报告，同时发表在《美国渔业学会会刊》上。

引种：通过完整的评估，引进种释放生效后应该进行跟踪监测，相关结果应该公布。

渔业管理者还可以采取具体行动，减少故意引入的鱼类可能对土著物种产生不利影响的风险。其中一个方法是放养不育鱼。许多州要求放养的用于生物防治的草鱼必须有不育认证（Mitchell and Kelly，2006）。制定在适当的水体中放养外来鱼类的州指南，是限制有意引入的鱼类产生潜在不利影响的另一种手段。例如，亚利桑那州游猎部门的政策是允许只在有非土著鱼类的水域放养外来鱼类（Rinne et al.，2004）。虽然渔业管理机构越来越认识到潜在的非预期后果，但最近对渔业管理机构的调查表明，26%的受访者认为他们的机构没有正式的放养标准或放养之前必须满足的条件（Jacksonet al.，2004），可见相关措施还需要进一步完善。

8.4　清除和控制入侵鱼类种群

清除外来物种是一种有效的防治方法，但大多数情况下这种方法却难以实现。能否成功取决于多种因素，包括目标物种所属类群、种群数量、地理分布，以及入侵生态系统的物理和生物环境、大小、复杂性及敏感性。入侵鱼类和其他有害鱼类在北美大部分地区种群数量大，且分布广泛（Fuller et al.，1999），但只有部分入侵或有害鱼类种群需要被清除，而在这些选中的目标物种中，只有极少数种类被全部清除，这个问题在北美及其他国家普遍存在。然而，由于入侵物种造成巨大的生态和经济威胁已经成为共识，清除运动依然是管理入侵物种的重要措施。对于一些无法清除的入侵物种，管理策略更偏向于控制引入物种的种群。

小型和封闭的水体（池塘、湖泊等）清除外来鱼类容易取得成功，因为这类水体浅、植被稀疏、容易控制（Courtenay and Williams，2004；Lozano-Vilano et al.，2006）。在更开放或复杂系统中（如径流较大的溪流或面积较大的湿地）清除入侵鱼类是困难的，甚至是不可能成功的，因此在这种情况下不能采取清除的管理方法。清除入侵鱼类是否可行取决于许多因素，除了必要的资源外，还需要考虑是否有可靠或成熟的清除计划和方法，是否有足够的资金和专业队伍（包括专家和训练有素的工作人员）（Donlan and Wilcox，2007）。

由于入侵鱼类种群扩散后更难以清除和控制，且成本高，因此最好在入侵鱼类刚出现时进行清除（Simberloff，2009）。遗憾的是，许多水道或河流未采取监控措施，也没有定期采样。因此，当外来鱼类种群数量增加及扩散时，生物学家才意识到入侵的问题。在佛罗里达州建群的亚洲黄鳝（Asian swamp eels）是一个很典型的例子，在发现 3 个已知地理分布的佛罗里达种群已经达到了一定规模后，科学家立刻开展了野外调查。例如，1997 年迈阿密地区首次发现亚洲黄鳝（Collins et al.，2002）。在接下来的几年里，美国地质调查局的生物学家在相连的水道中取样时发现，亚洲黄鳝已入侵佛罗里达州东南部的运河超过了 50 km。这些结果暗示着，由于亚洲黄鳝分布广泛及其他因素，该外来鱼类已经存在了10 年或在被发现前可能已经存在了更长时间（L. Nico，未发表数据）。

8.4.1　新入侵者的识别和管理方法的确定

掌握相关的物种信息及入侵地的环境是清除外来鱼类和有害鱼类的关键。第 1 步是正确地鉴定物种，以确定其是否属于外来物种（Fuller et al.，1999）。遗憾的是，许多渔业生物学家和管理者掌握的鱼类分类学和鱼类学知识不足以准确鉴定不常见的鱼类（Courtenay，2007）。分类技术的缺失并不只出现在渔业领域，其他领域也有类似的现象（如 Agnarsson and Kuntner，2007）。这促使美国国家科学基金会设立并持续资助一个增强分类学专家的交流合作的项目。由于许多外来生物不常见，正确的鉴定较为困难（Fuller et al.，1999）。在确认新的外来物种后，需要采用适当的网具进行快速而广泛的实地调查以确定外来物种的地理分布范围。掌握了相关信息后，需要由专业机构决定清除外来物种是否必要和可行。如果清除外来鱼类的方法可行，通过分析文献和原始的研究资料，快速地收集外来物种的基本信息十分重要。虽然在初期实地调查过程中收集了大量数据，但早期清除或控制工作可能需要更详细的物种种群数量、繁殖状态、生活史、民众的环境-心理承受力及种群动态等的信息。

获取目标物种的基本生物学信息的难易程度取决于物种的特点、入侵生境特点、种群快速或容易扩散的风险以及潜在的不良影响。Simberloff（2009）认为要成功清除目标物种，应该缩短研究时间，呼吁迅速采取行动，某些情况下可以采用焦土策略（scorched - earth approach）。但 Simberloff 也意识到对于一些情况，在采取行动之前，需要进行详细的科学研究。显然在所有情况下，掌握目标物种的基本生物学特征是必需的，以便为选择合适的清除方法提供有效的参考，促进外来鱼类清除成功。

入侵物种的清除行动具有物种特异性，遇到的问题也各不相同。但成功的案例有 5 个共同的关键要素（Simberloff，2009）：①入侵物种的早期检测及快速的清除行动；②清除入侵物种的项目从开始到结束（包括早期清除调查及必要的监测）需要有足够资源的支持；③协调合作清除外来物种项目的负责人或机构；④明确目标物种的弱点（通常是外来基本物种基础的生物和生态学信息就足够了）；⑤乐观、坚持不懈及灵活的项目负责人。

8.4.2　清除和控制入侵鱼类的方法

清除和控制入侵物种的方法有三类：化学防治、物理防治或生物防治。一些技术已经有悠久的历史，而另一些还在试验当中或未经测试。尽管有大量策略和方法控制有害鱼类，但实际上只有很少一部分是有效的。通常是用多种方法结合起来清除有害鱼类（如

Lee，2001；USFWS，2002；Diggle et al.，2004）。决定外来鱼类清除行动成败的关键是清除目标物种的速度是否能够超过其种群增长的速度。许多外来鱼类繁殖力高，一对成年个体达到性成熟后，能够生产成千上万的后代。因此，产卵场通常是入侵鱼类清除和控制工作的首要目标（Diggle et al.，2004）。

8.4.2.1　化学方法

毒鱼药物（杀鱼剂、毒鱼剂或毒鱼药）是清除或控制入侵鱼类和有害鱼类的主要药物（Marking，1992；Bettoli and Maceina，1996；Wydoski and Wiley，1999；Moore et al.，2008）。现在这些化学物质统称为"生物性农药"。Cailteux 等（2001）曾报道，美国和加拿大用于渔业管理的毒鱼药物多达 30 种，但目前只有 3 种同时在这两个国家进行了注册，包括一种称作鱼藤酮的广谱杀鱼剂（即杀死所有的鱼类）以及两种用于清除七鳃鳗的药物（三氟甲硝酚）和贝螺杀（5，2'-氯-4'-硝基水杨酰苯胺）（Smith and Tibbles，1980；Finlayson et al.，2000；Cailteux et al.，2001）。抗霉素 A（Fintrol®）是另一种在美国注册的广谱毒鱼剂，曾经在加拿大也进行了注册。这 4 种化学药物在美国被指定为"被限制使用的杀虫剂"，只有已专业认证的个人或机构才能购买这些药物，并监督他们的使用过程。但个别州可能有额外的使用需求（Finlayson el al.，2005）。在墨西哥，使用鱼藤酮和毒鱼剂是否需要法律授权尚不清楚。例如，加利福尼亚州鱼类和游钓管理局的 Brian Finlayson 和墨西哥前新莱昂自治大学（Universidad Autonoma de Neuvo Leon）著名的鱼类学家 Salvador Contreras - Balderas 博士均未发现使用鱼藤酮来控制入侵鱼类种群的成功案例（个人通信）。

Rinne 和 Turner（1991）发现记载毒鱼药物的使用范围、效果及技术的科学文献十分缺乏。即使在今天，也只有一些未发表的文献记录了这些项目的数据结果，可以通过互联网访问。而大多数已发表资料是成功案例（表 8.3）。随着有效、合法且安全的计划或使用毒鱼药物的项目不断发展进步，这种清除或控制入侵鱼类的项目已经被广泛应用（如Finlayson et al.，2000；Moore et al.，2008）。尤其是近几年，AFS 和其他项目一直定期为机构和个人提供利用鱼藤酮和抗霉素控制外来鱼类的培训课程。

鱼藤酮是一种从豆科植物中提取的自然化合物，是世界上使用最广泛的毒鱼药物，用于清除或控制有害鱼类（Wydoski and Wiley，1999；Cailteux et al.，2001；Clearwater et al.，2003）。自 20 世纪 30 年代开始，北美的鱼类生物学家和管理者开始将鱼藤酮作为毒鱼药物来清除分布于多种水域（包括流动和静水水域）的多种鱼类（Rinne and Turner，1991；McClay，2005）。1934 年，鱼藤酮首次作为清除有害鱼类的药物，用于清除位于底特律的两个小池塘的鲤和金鱼（Krumholz，1948）。由于化学药物在渔业管理中广泛使用、历史悠久，因此关于鱼藤酮的专业文献数量较多（Wydoski and Wiley，1999；Cailteux et al.，2001；McClay，2005）。在过去几年中，AFS 渔业化学品管理委员会、鱼藤酮注册者和美国环境保护局启动了鱼藤酮使用资格的重新登记工作。2007 年 3 月，发布了重新注册资格的决定，允许在美国继续使用鱼藤酮。最近还发布了鱼藤酮使用方法和标准的制备程序的说明手册（Finlayson et al.，2010）。由于缺乏鱼藤酮对海水生态系统环境影响的信息，新的联邦法规将只允许在淡水生态系统中使用鱼藤酮（除非特别批准）。

表 8.3　北美外来鱼类清除方法总结（按时间顺序）

地　点	地点描述	目标物种	方法	年份	结果	评论	参考文献
北卡罗来纳州 克雷文（Craven），皮特（Pitt）和琼斯（Jones）县的小溪	4 条大型沿海溪流	长吻雀鳝	动态	1957	部分和暂时的成功	一天内清除了 12 707 尾长吻雀鳝；大部分溪流被重新入侵	Johnston，1961
得克萨斯州 利昂（Leon）小溪系统	8 km 的小溪及近的沼泽	红鮰 （sheepshead minnow）及其杂交种	鱼藤酮和抗霉素	1976	未成功	据报道，后续有密集和重复用围网成功清除了幸存的江鳕及其杂交种	Hubbs，1980；Minckley and Deacon，1991
佛罗里达州 戴德（Dade）县排污池	10 m×15 m 池塘	菱锯脂鲤 （black piranha）	鱼藤酮	1977	成功		Shafland and Foote，1979
大烟山国家公园的溪流	5 条小溪的部分河段	彩虹鳟	背式电鱼设备	1977—1981	未成功	目标鱼类大幅减少了，但未被清除	Moore et al.，1986
亚利桑那州 拜（Bylas）泉州	3 条小溪（每条宽 0.2~1 m，深 2~20 m）	西部食蚊鱼 （western mosquitofish）	抗霉素	1982	未成功		Meffe，1983
怀俄明州 黄石公园安妮卡（Arnica）小溪	整个流域，包括一个 23.6 hm² 的泻湖	溪鲑	抗霉素	1985—1986	成功		Gresswell，1991
宾夕法尼亚州 萨斯奎汉纳（Susquehanna）河	电站热废液区	奥利亚罗非鱼 （blue tilapia）	控制温度	1987	部分成功	热废液区的种群似乎被清除了，但河道中仍然有奥利亚罗非鱼非存在	Stauffer et al.，1988

（续）

地　点	地点描述	目标物种	方法	年份	结果	评论	参考文献
明尼苏达州 奈夫（Knife）湖和奈夫（Knife）河	512 hm² 的湖和 113 km 的河	鲤	鱼藤酮	1989	成功		Brastrup, 2001
尤他州 斯卓贝利（Strawberry）山谷	3 327 hm² 的水库，259 km 的溪流及多条小溪	犹他鲦（utah chub），犹他亚口鱼（utah sucker）及其他非本地物种	鱼藤酮	1990	成功（?）	目标鱼类在水库重新出现，但据报道种群数量较低；水库在 1961 年时用鱼藤酮预先处理过	Lentsch et al., 2001
加利福尼亚州 弗伦奇曼（Frenchman）湖	639 hm²（最深 31 m）及其支流	白斑狗鱼	鱼藤酮	1991	成功		Lee, 2001
怀俄明州 布里杰（Bridger）国家森林公园里的小溪	3 条小溪（平均宽 1.2~1.6 m）	溪鲑	背式电鱼设备	1992—1993	未成功	种群数量降低但未被清除	Thompson and Rahel, 1996
田纳西大烟山国家公园里的小溪	2 条小溪的部分河段	彩虹鳟	背式电鱼设备	1996—1997	部分成功	处理区域为 858 m 的溪流	Kulp and Moore, 2006
加拿大 班夫（Banff）国家公园巨角（Bighorn）湖	2.1 hm² 高山湖（最深 9.2 m）	溪鲑	刺网	1997—2000	成功	该自然无鱼的湖泊最早于 1965 年出现溪鲑；1980 年左右该鱼在湖泊里繁殖	Parker et al., 2001；Schindler and Parker, 2002

（续）

地　　点	地点描述	目标物种	方法	年份	结果	评　论	参考文献
纽约 阿迪朗达克 (Adirondack) 公园 小穆斯 (Little Moose) 湖	≈71 hm²（最深 44 m）——只有沿海为目标区域	小口黑鲈 (small mouse bass)	船式电鱼设备	1998—2005	成功（暂时）	该研究是为了评估清除外来捕食者后对沿海鱼类群落的影响,并非清除整个鲈种群	Weidel et al., 2007
墨西哥 波托·圣·何西·得·安赛霍杰 (Pozo San Jose del Anteojo)	小于 0.1 hm² 的池塘	斑点珠宝鱼 (spotted jewelfish)	陷阱	2000—2002	成功		Lazano-Vilano et al., 2006
佛罗里达 阿拉楚阿 (Alachua) 县格林 (Green) 池塘	0.2 hm² 排水口	九间始丽鱼 (convict cichlid)	鱼藤酮	2001	成功	超过 1 000 尾九间始丽鱼被清除	Hill and Cichra, 2005
马里兰 克罗夫顿 (Crofton) 池塘	1.5 hm² 池塘（平均深 1.4 m）	北方乌鳢	鱼藤酮	2002	成功	在鱼藤酮处理期间 8 尾成鱼及 834 尾幼鱼复种群	Lazur et al., 2006
俄勒冈 戴蒙德 (Diamond) 湖	1 200 hm² 湖（最深 16 m）	双色胃尾鱼 (tui chub)	鱼藤酮	2006	成功	早在 1997 年用鱼藤酮进行了处理	Lee, 2001; B. Finlayson, 个人通信
阿肯色 皮奈 (Piney) 流域	干流 63 km, 支流及河段 660 km 及其他浅水区	乌鳢	鱼藤酮	2009	未知; 当前正在评估	2008 年在河道中发现了乌鳢,直到 2009 年中期后续调查评估结果未完成	M. L. Armstrong, 阿肯色渔猎协会, 个人通信

　　抗霉素 A（抗霉素）是一种真菌抗生素，早在 20 世纪 60 年代就被认为在用作毒鱼药物方面具有潜在的应用价值（Wydoski and Wiley，1999；Finlayson et al.，2002；Moore et al.，2008）。抗霉素 A 是在北美唯一可用的毒鱼剂（Clearwater et al.，2003），毒鱼效果通常比鱼藤酮更好，因此需要较少的剂量就能达到类似的效果（Finlayson et al.，2002）。此外，抗霉素 A 的致死浓度低，不会像鱼藤酮一样引起鱼类的逃避反应（Dawson et al.，1998；Finlayson et al.，2002）。一些有鳞的鱼类及对鱼藤酮有抗性的鱼类对抗霉素 A 更敏感，而且抗霉素 A 一直是西部各州的溪流中土著鲑科鱼类恢复项目的首选毒鱼剂（Burress and Luhning，1969a，1969b；Finlayson et al.，2002）。因为毒杀效果一定程度上取决于水体和栖息地特征（如 pH、水流和落叶堆积层），一些鱼类生物学家偏向在小型生态系统中使用抗霉素 A，在大型生态系统中使用鱼藤酮（Finlayson et al.，2002）。

　　虽然鱼藤酮和抗霉素 A 都是广谱毒鱼剂，但一般要根据目标水体和物种的需求来选择使用哪一种（Lowman，1959；Willis and Ling，2000；Moore et al.，2008）。虽然鱼藤酮粉比较常用，但一般的使用方法是将毒鱼剂稀释后直接投放到水体中。一些资源管理者发现将一种鱼藤酮添加到容易吸收的饲料颗粒中能够成功清除草鱼（Mallison et al.，1995）。抗霉素 A 的主要优势在于致死浓度低且不易被鱼类察觉，而鱼藤酮的优势是适用于多种鱼类及对水化学环境没有特殊要求（如 pH）（Finlayson et al.，2002）。另外，鱼藤酮也比抗霉素 A 更便宜。鱼藤酮和抗霉素 A 两者共同的优势在于能够快速地降解成无害的化合物，以及能够被高锰酸钾中和（Moore et al.，2008）。根据水温和阳光照射情况，鱼藤酮可能需要几天或几周能降解，而抗霉素 A 只需要几小时或几天（Dinger and Marks，2007）。这两种药物对水生无脊椎动物是否有害取决于药物的浓度。但由于缺乏相应的研究，抗霉素 A 是否对其他水生生物有影响还不清楚（Finlayson et al.，2002；Dinger and Marks，2007）。

　　20 世纪 50 年代末和 60 年代初，因为降解快，低浓度时对其他鱼类的毒性较低，三氟甲硝酚（TFM）和杀螺胺（贝螺杀）已经被广泛地用于控制北美劳伦大湖的七鳃鳗（Heinrich et al.，2003）。TFM 和杀螺胺及其他几种不同配方的化合物被用于清理七鳃鳗的产卵场（河流或小溪支流）（Boogaard，2003；Heinrich et al.，2003）。此外，TFM 也是控制其他有害鱼类的备选药物。Boogaard 等（1996）指出梅花鲈（ruffe）对 TFM 的敏感程度是土著鱼类的 3～6 倍，但 TFM 目前未被批准用于控制梅花鲈。

　　另外，在渔业管理中全球常用的有 40 多种其他化学药物，但是这些药物未被完全开发和测试或未获得北美政府的批准（Marking，1992；Clearwater et al.，2003；Dawson，2003）。皂苷、三萜烯苷类等植物源化合物是渔业管理者常用的一类毒鱼剂。其中，被广泛使用的毒鱼剂包括提取自茶籽麸或长叶马府树（mahua）油麸的一种或多种皂苷（Clearwater et al.，2003）。Dawson（2003）检测了一种毒鱼剂的化学成分，检出了 squoxin（1，1'-甲基-2-茶酚），这种毒鱼剂是清除北方尖头叶唇鱼的备选毒鱼剂。他还基于种类特异性、使用方便性、对非目标物种毒性低、对人类无毒、低残留、低生物富集及成本较低的原则，推荐了其他几种化学药物。尽管有开发其他毒鱼剂的兴趣和需求（尤其是一些种类特异性的毒鱼剂），但需要时间和资金去研究，而且未获得注册许可，使这些毒鱼剂在未来的应用受到了限制。

　　大多数毒鱼药物的主要缺点是它们的非特异性，危害外来和土著鱼类以及水生无脊椎动物，甚至导致这些动物死亡。在某些情况下，目标物种对毒鱼药物的敏感性可能会高于与其共存的土著物种，在一定程度能够实现选择性毒杀。但多数情况是作为目标的外来鱼类对毒鱼药物的耐受性更高（如亚洲黄鳝；Schofield and Nico，2007）或与非目标的土著种有相似的敏感度（如虾虎鱼；Schreier et al.，2008）。因此，在使用毒鱼药物时，有必要随时补充土著物种种群。

　　濒危水生物种的栖息地被入侵是一个特殊问题。尽管外来物种可能会进一步威胁到濒危水生物种，但使用毒鱼药物或其他措施来控制入侵鱼类的同时，也可能会对濒危水生物种产生危害。1962 年的格林河（Green River）及其在怀俄明州东北部和犹他州西南部的支流（共 715 km）发生了严重的滥用毒鱼药物事件。这个大规模的渔业修复项目使用了鱼藤酮。由于解毒剂（高锰酸钾）供应不足（Holden，1991），水体中依然存在一定量的鱼藤酮，其随着水流流向下游，导致土著鱼类（包括一些濒危物种）大量死亡。也有研究表明，在小科罗拉多河（Little Colorado River）重复使用鱼藤酮清除入侵鲤是导致刺鳅（spinedace）（一种本土小型鳉）消失的重要原因（Miller，1963）。

　　为了能够合理使用鱼藤酮和其他毒鱼药物，以使其符合环境保护措施的需求，AFS 除了开办上面提到的培训课程外，最近开发和实施了一个鱼藤酮管理项目，可以通过 AFS 网站（www. fisheries. org/units/rotenone/）查询和跟踪鱼藤酮的相关信息。

8.4.2.2　物理方法

　　用于控制入侵鱼类种群的物理方法包括使用网具、地笼、鱼叉、电鱼机、炸药及管理水位和水流等（Smith and Tibbles，1980；Roberts and Tilzey，1996；Wydoski and Wiley，1999），但这些方法对入侵鱼类的清除效果有限（Roberts and Tilzey，1996；Mueller，2005；CDFG，2007）。

　　一般来说，在一些封闭水体或溪流的某一段使用渔网和地笼控制外来鱼类可能是有效的，但完全清除比较罕见。举例来说，1976—1978 年实施的一个高密度围网项目似乎完全消除了得克萨斯州一条小溪流的外来杂色鳉及其杂交种（Minckley and Deacon，1991）。最近，在加利福尼亚州内华达山脉的高山湖泊和加拿大班夫（Banff）国家公园，研究人员利用刺网成功清除了外来虹鳟和溪鲑（Knapp and Matthews，1998；Parker et al.，2001；Vredenburg，2004）。Lozano - Vilano 等（2006）在墨西哥利用小型陷阱从一个封闭的池塘中成功地清除了外来鱼类。在墨西哥巴哈（Baja）半岛，Ruiz - Camposa 等（2006）利用各种网和地笼清除了一种原产于阿根廷波佐拉戈（Pozo Largo）的外来鱼类，同时发现了土著鱼类种群正在恢复，但不确定土著鱼类的恢复是否与清除项目有关。尽管如此，使用网具也很难彻底消除外来鱼类种群（Neilson et al.，2004）。

　　北美研究人员测试了用背式电鱼设备清除或控制高山溪流的外来鲑科鱼类种群，但结果不理想（Moore et al.，1986；Thompson and Rahel，1996）。1996—1997 年在阿巴拉契亚（Appalachian）山脉南部小溪流的一项研究显示，4 个独立的清除实验成功地阻止了外来虹鳟的繁殖，5 次清除行动彻底清除了该流域的外来虹鳟（Kulp and Moore，2000）。但在更大或更复杂的水体中，电鱼设备的效果有限。例如，自 2001 年以来，生物学家每年多次尝试在与大沼泽地（Everglades）国家公园毗邻的运河系统（>15 km）使用船式电鱼设备控制一个较大的亚洲黄鳝种群。第1年成功捕获了1 400条亚洲黄鳝，但外来鱼类清除行动似乎对整个种群大小或个体大小组成没有影响（L. Nico，未发表的数据）。但如果连续使用船式电鱼设备，亚洲黄鳝的种群数量似乎有所下降。然而截至2008年底，亚洲黄鳝仍然是运河系统常见的外来鱼类。

　　研究表明，利用水下爆炸物来炸死或伤害鱼类是一种潜在的清除方法（Teleki and Chamberlain，1978；Keevin，1998）。在美国和加拿大不同州或省对使用水下爆破的许可要求相差较大。在一系列确定炸药功效的实验中，炸药对北卡罗来纳州沿海大溪流中长吻雀鳝的清除效果是有限的，该鱼又重新回到被炸过的区域（Johnston，1957）。最近，渔业管理人员尝试用炸药控制和清除加利福尼亚州北部戴维斯湖的外来鱼类白斑狗鱼，但发现这种清除方法需要耗费大量劳力和资金，而且效果有限（CDFG，2007）。根据电荷类型（如低速和高速爆炸、线性和点光源）、电容量、爆破地点的设计（如爆炸深度）和生境特征（如深度和水底地形）的不同（Keevin，1998），鱼类死亡率和伤害严重程度可能会有所不同。一些有鱼鳔的鱼受到的伤害较大，但无鳔鱼则能够在爆炸中幸存（Goertner et al.，1994），这说明需要选择性地使用炸药来清除某些外来鱼类。鱼类对温度的耐受范围有差异，理论上可以通过控制水温清除外来鱼类，但成功案例相对较少。但有一个特例，Stauffer等（1988）评估了不同的方法清除宾夕法尼亚州萨斯奎汉纳河（Susquehanna River）的奥利亚罗非鱼的效果。实验室测试表明，这些已定殖的奥利亚罗非鱼的致死低温是5 ℃。当地的野生种群能够在布伦纳（Brunner）岛发电厂产生的热废水中过冬，因此Stauffer和他的同事建议暂时停止设备降低水温。1987年2月，发电厂减少电力输出，使水温在至少25 h内持续低于5 ℃。结果奥利亚罗非鱼无法在该区域越冬，而进入邻近的河道中。1987年的春季和夏季在运河和邻近的河道中并未采集到奥利亚罗非鱼。尽管当地的种群已经被清除，但人们也意识到奥利亚罗非鱼可能会因为其他水电站排放热水而在其他水系中建立种群。在某些情况下，可以通过降低湖泊或水库的水位结合其他方法，特别是结合使用毒鱼药物的方法来控制外来鱼类（CDFG，2007）。部分排水渠为了减少毒鱼药物和中和剂用量，增加了坝顶超高，使目标鱼类能够集中于一个更小的区域，增强药效，提高清除效率。在一些大型水库，管理人员也提出了通过干塘来清除外来鱼类种群（CDFG，2007）。但在北美干塘很大程度上只能在小水体中使用（如养殖池塘）（Alvarez et al.，2003；Mueller，2005）。

　　保护区内的溪流生态修复可能会影响外来鱼类的分布。例如，加利福尼亚州的人工水库系统中外来鱼类通常占优势，而在自然水系中土著鱼类占优势，这是因为潜在的定居者通常往下游迁移（Moyle and Light，1996）。研究人员恢复了莫哈韦沙漠绿洲（Mojave Desert oasis）一条自然小溪，以促进土著鱼类定殖以及防止两种静水鱼类（玛丽鱼和食蚊鱼）的入侵和种群扩增（Scoppettone et al.，2005），分析了该地19年的鱼类种类组成数据及希拉河（Gila River）流域（新墨西哥州）的径流量数据发现，仅靠恢复天然河流的方式很难保持溪流系统中土著鱼类的种类组成（Propst et al.，2008）。

　　建造屏障是防止外来鱼类扩散的常用方法（Hunn and Youngs，1980；Carpenter and Terrell，2005）。跟其他物理方法一样，该方法通常需要与其他措施相结合来控制或清除外来鱼类。在 20 世纪 50—60 年代，管理人员首次在大湖区的支流建造了机械的或屏幕型的鱼梁（包括一些电网）以防止七鳃鳗迁移（Hunn and Youngs，1980）。建造屏障能够在部分河段控制外来鱼类，也能够有效地评估控制效果，但建造和维持这些障碍物的成本较高（Smith and Tibbles，1980）。为了防止外来鱼类对土著鱼西域若花鳉（gila topminnows）的危害，Meffe（1983）指出，大规模地重复使用抗霉素 A 同时结合下游设置屏障是清除外来鱼类的唯一可靠的方法。

其他屏障，包括电网、气泡幕及声学障碍，可以独立或综合应用于清除外来鱼类。目前，最大的电子屏障项目是在芝加哥河（连接密歇根湖和密西西比河盆地）建造的电子屏障。建造这些屏障是为了阻止密西西比河和伊利诺伊河大量亚洲鲤科鱼类进入五大湖，因此受到了极大关注（Egan，2009）。2002 年，这些屏障首次在罗斯维尔（Romeoville）被激活，预期使用寿命是 3～5 年（Conover et al.，2007）。最近，正在建造一些使用寿命更长，电力更强的屏障，一部分改进后的屏障在进行安全测试后于 2009 年投入使用。这些屏障的缺点是建造和维护成本高，有一定的环境影响，并可能阻碍土著鱼的迁移和活动（Hubert and Dawson，2003）。

增加捕捞量也是控制入侵或有害鱼类的推荐方法，尤其是要利用公众的参与。实施方法可以有多种形式，如修改相关法规以促进对目标鱼类的游钓和商业捕捞。通过比赛或提供奖金的方式增加对目标鱼类的捕捞量（Lee，2001）。遗憾的是，由于不同种类的鱼对游钓者使用捕鱼网具和捕捞方法的敏感程度不同，且渔民使用的捕鱼方法对鱼类有一定的大小和种类选择性。这些方法对个体小的鱼清除效果有限，而许多大鱼及一些种类经常会躲避捕捞。因此，这些方法很难清除整个外来鱼类种群（Thresher，1996）。促进游钓和商业捕捞的方式虽然能够清除外来鱼类的大部分种群，但也会增加外来鱼类入侵的风险。因为，人们会为了牟取商业利益而非法将入侵鱼类投放到其他水体（Fuller et al.，1999）。

20 世纪 60 年代，奥利亚罗非鱼被引入佛罗里达州的水体中，并开始迅速扩散，早期清除奥利亚罗非鱼的尝试失败了（Buntz and Manooch，1969；Hale et al.，1995）。近年来，在佛罗里达州开展了奥利亚罗非鱼的商业捕捞运动（Hale et al.，1995），但这些外来丽鱼科鱼类依然存在大量种群，分布依然广泛。

8.4.2.3　生物防治

清除或控制有害鱼类有各种各样的生物方法。尽管利用肉食性动物来捕食有害或入侵物种并不常见，但这种方法有悠久的历史。其中一个不同寻常的尝试发生在 1891 年，当地渔业管理部门在加利福尼亚州默塞德湖（Lake Merced）释放了 19 头海狮（sea lions）用于捕食和清除水库中的入侵鲤（Smith，1896）。在南佛罗里达州，研究人员利用捕食性的南美皇冠三间（butterfly peacock bass）成功地控制了运河中的斑点罗非鱼（spotted tilapia）及其他非本地的丽鱼科鱼类（Shafland，1995）。生物防治对于一些丽鱼科鱼类来说是成功的（Shafland，1995；Thresher，2008），但一些外来的丽鱼科鱼类依然具有较大种群，一些新出现的外来鱼类（如亚洲黄鳝和斑鳢）仍然在被皇冠三间占据的运河中定殖（Collins et al.，2002）。释放非本地和土著天敌来控制其他的外来鱼类也可能会导致意想不到的后果（Moyle et al.，1986）。例如，在苏必利尔湖（Lake Superior）养殖额外的捕食者用于控制梅花鲈时，这些捕食者也捕食土著物种（Mayo et al.，1998）。

利用传染性疾病［如锦鲤（鲤）疱疹病毒或 KHV］控制入侵鱼类是一个有潜力的方法，但这种方法也有高度争议。因为这些传染性疾病会损害非目标的近亲物种（Gilligan and Rayner，2007），而且引入这些疾病后产生的损害难以恢复。而且，幸存的目标鱼类很可能对这些疾病产生免疫。但将传染性疾病控制外来鱼类的方法与其他方法结合使用可能是有效的。

一些技术上更先进的生物方法拥有应用前景，但除了通过释放雄性不育个体控制大湖区的七鳃鳗外，利用这些方法控制有害鱼类种群在很大程度上未经测试。被提出用于控制有害鱼类的基因操纵技术主要包括：①染色体组操作法。生产和释放三倍体不育外来鱼类以减少已归化的目标种群。②DNA 重组法。通过转基因技术产生不育鱼类或将有害的基因（即"特洛伊木马"基因）插入目标外来物种（Kapuscinski and Patronski，2005；Gilligan and Rayner，2007；Thresher，2008）。在北美，利用遗传方法控制外来鱼类唯一成功的案例是每年向大湖区释放注射哔嗪兹（bisazir）［P，P–双（1–氮丙啶基）–N–甲基膦硫代酰胺］后的雄性不育七鳃鳗，持续有效地控制了五大湖七鳃鳗种群。澳大利亚的研究人员一直对采用"控制雌性出生率基因技术"控制外来鱼类（尤其是鲤）感兴趣。这种技术的原理是将一个可遗传的基因插入父本母本以减少雌性后代出生，通过连续几代降低种群数量（Gilligan and Rayner，2007）。最近美国地质调查局的科学家开始评估用控制雌性出生率和显性不足遗传可遗传基因控制亚洲鲢和鳙的应用潜力（King，2009）。

在水产养殖中转基因食用鱼的生产已经越来越普遍（Howard et al.，2004）。与使用这种技术进行生物防治相反，对商业品种进行遗传操纵的目的是提高这些品种的适应度。因此，许多科学家担心如果将这些转基因鱼释放到野外可能会对生态系统产生危害（Howalli et al.，2004）。利用遗传操纵的方法控制入侵鱼类以及相关决策需要得到政府部门、科学机构及公众的许可。

一个更有前景、更好的生物防治方法是使用信息素（其他鱼类分泌的天然化学物质）来影响鱼类的行为（Sorensen and Stacey，2004；Fine et al.，2006）。到目前为止，大多数在实验室和野外利用信息素控制劳伦大湖七鳃鳗的工作已经取得了很好的效果（如 Teeter，1980；Li，2005）。Wagner 等（2006）通过野外测试证明了信息素是诱捕洄游性七鳃鳗的高效引诱剂。甚至可以利用化学不育的雄性释放的性信息素吸引排卵期的雌性（Sielkes et al.，2003）。在控制七鳃鳗的项目中使用信息素的其他优势是减少虽然有效但价格昂贵的毒鱼药物（如 TFM）的用量。

8.4.3 外来鱼类清除行动的成功与失败

在北美，外来鱼类清除行动的结果各不相同（Minckley and Deacon，1991；Rinne and Turner，1991；Cailteux et al.，2001）。一般来说，大水体的外来鱼类比小水体的更难清除（除了 Meronek et al.，1996）。大多数成功的外来鱼类清除行动完全或大部分依赖于鱼藤酮的使用。然而也有大量应用鱼藤酮的外来鱼类清除项目是失败的。有些失败可能是由于没有完善的实施计划或者鱼藤酮不适用于这些项目。Rinne 和 Turner（1991）等回顾了过去在美国西部流域采用毒鱼药物清除各种有害鱼类，在 26 个项目中，只有 9 个

（35%）案例是成功的，15 例（58%）被列为不成功或失败，2 例被认为在短期内是成功的或者效果不明确。在 51 个清除一种或多种外来鱼类的案例中，Meronek 等（1996）认为只有 32 例是成功的，但 Meronek 等人对清除成功的定义并不是完全消灭这些外来鱼类。

表 8.3 提供了一些近期在北美地区开展的清除外来鱼类或其他有害鱼类的项目摘要。这些案例包括不同的物种以及大小不同的水体。下面简要介绍两个外来鱼类清除项目。一个是在墨西哥的小型项目，另一个是在美国加利福尼亚州的大型项目。1996 年，在墨西哥北部夸特罗谢内加斯（Cuatro Ciénegas）山谷的波托·圣·何西·得·安泰霍杰（Pozo San Jose del Anteojo）的清水池塘中发现了非洲斑点珠宝鱼（spotted jewelfish）（Lozano - Vilano et al.，2006）。该地区有许多特有土著鱼类，而且证据显示非洲斑点珠宝鱼入侵后土著鱼类种群数量大幅减少。为了清除入侵鱼类，研究人员在该水域设置了捕鱼陷阱，在 3 年（2000—2002）的项目实施过程中，共有超过 19 000 尾斑点珠宝鱼被清除。由于这个被入侵的水体非常小（宽 28 m，深 0.8 m），跟踪采样的结果显示清除效果可能是成功的，但研究人员指出需要进行持续的跟踪监测。

最近美国加利福尼亚州开展了一个大型外来鱼类清除活动（Lee，2001；CDFG，2007）。1994 年，在戴维斯湖的一个大型人工水库（占地面积为 1 600 hm²，最深 33 m）发现的白斑狗鱼（表框 5.5）。在尝试利用网具、电鱼设备和其他捕捞装置清除白斑狗鱼后，研究人员决定在戴维斯湖及其支流应用鱼藤酮开展外来鱼类清除活动。20 世纪 90 年代早期，加利福尼亚渔猎部已经成功利用鱼藤酮清除面积大而深的弗伦奇曼湖（Lake Frenchmen）附近的白斑狗鱼。由于戴维斯湖项目可能会威胁国内饮用水安全，因此遭到了民众反对。CDFG 获得了必要的许可，并在 1997 年时解决了法律上的问题，同年 10 月中旬开始用鱼藤酮治理戴维斯湖的白斑狗鱼（Lee，2001）。尽管时间上推迟了，技术上也存在一些困难，但 1997 年最初在戴维斯湖开展的外来鱼类清除活动似乎是成功的，高浓度鱼藤酮在湖水中持续了几个星期（Siepmann and Finlayson，1999）。但 2 年后在湖里重新发现了白斑狗鱼。现在不清楚这些鱼是 1997 年外来鱼类清除活动的幸存者还是再次非法引入的（Lee，2001；CDFG，2007）。之后，管理者花了几年时间尝试不使用毒鱼剂控制白斑狗鱼，包括使用炸药（即传爆索）、各种网具以及船装电鱼设备。尽管这些方法清除了大量白斑狗鱼，但其种群仍然在增长。这使民众更好地了解了白斑狗鱼的危害。在民众支持下，CDFG 于 2009 年 9 月在戴维斯湖中再次用鱼藤酮清除白斑狗鱼。由于整个湖水中高浓度鱼藤酮持续存在（McMillin and Finlayson，2008），且连续 2 年采样并未在湖中发现白斑狗鱼，因此认为这次外来鱼类清除行动是成功的。布赖恩（Brian Finlayson）认为，这次成功是因为生物学家和资源管理者已经总结了戴维斯湖第 1 次鱼藤酮项目的经验教训，学会了如何最好地准备和实施鱼藤酮项目（个人通信）。

8.4.4　研究需求

在北美有必要对清除和控制有害鱼类的方法进行改进，尤其是当外来鱼类引入造成本地特有种的衰落以及土著物种濒危时（Ruiz - Camposa et al.，2006）。未来的研究可能将致力于控制和清除一些恶性入侵物种及有害的物种。然而，许多用于控制某一种入侵生物的技术和管理策略也适用于其他入侵物种。未来的研究包括对一些清除方法的复审和调整，如更有效地发挥目前已注册的毒鱼剂的效用。同时，还需要开发和测试专一且对非目标物种危害更小的其他化学物质。一些新型的生物技术，如特洛伊木马基因和生物信息素可能使生物学家和资源管理者能够选择性地除去目标物种和其他水生物种，但遗憾的是开发这些技术的费用很高，需要数十年时间才能在野外应用。

8.5 有害生物的综合管理

防控有害鱼类的引入和扩散不存在一劳永逸的"银子弹"。初始引入的预防、已引入物种的控制、已建群物种的根除，需要采取不同形式的管理措施。采取何种管理方法和管理的成效取决于以下多种因素：引入载体的数量和类型、有害物种的特征（如种群大小、生活史和生境需求）、生态系统的特征（如生境类型、区域大小、管理措施实施的可能性以及其他生理化学特性）和人类影响（如实施调控措施的意愿和经济承受力）。对不同物种开展防控需要考虑不同的影响因素，针对某一特定物种的防控，也需要考虑人类活动和区域特征的差异。同样，针对某一特定环境开展防控也需要考虑物种是否已经引入，是否已建立种群且正在扩散或者其已广泛分布，而实施差异化的管理措施。成功的有害鱼类防控通常需要综合所有可能的管理方法和手段，形成一个综合的管理框架。

8.5.1 有害生物综合管理的概念

有害生物综合管理（IPM）源自农业害虫控制的需求，20 世纪 50 年代末成为一个正式综合防控策略（Forney，1999）。然而，有害生物综合管理的起始可以追溯到 19 世纪末，彼时生态学被确认为植物保护的科学基础（Kogan，1998）。虽然基于农业系统建立，IPM 已被广泛应用到多个领域。例如，IPM 已应用于管理园林植被，包括灌木和树木（Raupp et al.，1992），同时也已用于控制杂草金黄草（canawgrass）（Kibride and Paveglio，1999），白尾鹿（Coffey and Johnston，1997）和人工养殖的大麻哈鱼身上的海虱（Mot - due and Pike，2002）。

IPM 的策略是将最好的管理措施和控制工具综合应用，限制目标物种的影响、使其有害水平降低或维持在非显著的水平，同时将其对环境、人类健康和经济的影响最小化（Hart et al.，2000）。因此，传统上 IPM 的目标是将害虫种群维持在低于有害水平（Smith and Reynolds，1966；Dent，1995）；将 IPM 应用到根除目标害虫种群也是可行的。因此，一些以根除引入物种为目的的管理计划也提出了采用 IPM（如密西西比河流域亚洲鲤的防控计划；Conover et al.，2007）。

8.5.2 有害生物综合管理策略的建立：整合多方措施

一个清晰的 IPM 策略首先，需要确定为达到预期的水平或控制目标所采用的 IPM 系统的类型和形式（Dent，1995）。确定的过程需要回答以下问题（Hubert and Dawson，2003）：①谁将使用 IPM 控制技术？②IPM 在多大范围内实施？③将使用何种控制措施？

④这些控制措施如何应用？⑤直观上的利益是什么？⑥多久可以实现这些收益？

　　建立 IPM 策略之前需要收集大量信息。首先，需要确定研究点的详细信息和研究系统的复杂性；其次，需要确定哪些控制措施应包括在 IPM 策略中，以及具体控制方法的最适生活史阶段，以尽可能全面了解目标物种当前和潜在的分布特征、生活史特性和生态习性，以及一些重要或敏感的非目标物种的生物学特性和分布特征。计划执行人还必须考虑实施该计划的资金来源，了解不实施和实施相应的管理措施分别可能带来怎样的负面效应及其严重性，并需要与相关管理部门通力合作，制订共同的目标并明确责任。同样重要的是在制订和实施 IPM 策略过程中纳入所有的当局管理者，让所有利益相关者共同参与。外部机构和实体的广泛参与能够更好地保证目标明确并尽可能利用所有可用资源。病虫害综合管理较传统的自然资源管理方法需要更多的学科交叉，且组织实施 IPM 常常需要进行专业的人员培训。

　　因为 IPM 通常是一个长期任务而非一种快速修复方法。建立和实施 IPM 策略常常需要通过多次实践并修正后方能达到最佳效果，发挥最大功能，即根据前期的管理效果，对今后的管理行为进行调整。因此，IPM 通过适应性管理行为而自我改进，这种适应性管理是一种结构化迭代过程，其在面临不确定局面时能够做出最佳决策（见第 5 章；Holling，1978，1986）。IPM 的另一个重要组成部分是公众教育，其除了宣传有害鱼类的危害，还宣传开展何种控制措施及其可能取得的效果。在某些情况下，公众参与已经以奖励和鼓励的方式被纳入管理计划以提高管理计划的效果，很多面向大众的教育材料都可从联邦、州和非政府组织等方便获取。

　　由于非本地有害物种的发生并不局限于特定的行政管辖区，有效的 IPM 策略均需考虑尺度效应。很多时候，IPM 可能仅就流域实施管理。但是，一旦需要，其可以扩大到区域或更大的尺度以达到最佳的管理效果。总的来说，IPM 是一个综合的方法，旨在通过促进所有涉及有害鱼类及其控制方法的信息交流改进管理方法；IPM 支持监测和控制工作的数据共享，为公众、实体和管理机构之间的信息交流提供帮助。除了农业系统之外，大尺度上以 IPM 为基础来控制外来入侵动物的最佳案例是大湖区的持续控制或七鳃鳗的控制（Christie and Goddard，2003）。该计划很好地诠释了 IPM 的价值：首先，该计划关于七鳃鳗最易控制的生活史阶段有研究基础；其次，它持续寻求开发新的控制技术，改进现有的控制技术，并且尽量降低对本土和其他有益物种以及生态环境的影响，而且，通过精诚合作不断提升研究、监测、控制和信息共享的效率（参见表框 8.2 大湖区七鳃鳗控制计划的详细介绍）。

8.6　总结

　　一般来说，由社会决定哪些鱼类种群是有害的，这些决定有时是基于管理自然资源的目的，有时是基于垂钓者以及其他用户群体的考虑。随着时间的推移，社会的看法可能有很大改变。因此，管理目标和实现这些目标的方法通常并不是保持不变的。一个世纪以前，为开发或促进休闲渔业发展而自由放养外来鱼类的做法，在当下可能有完全不同的理解。尽管在北美基于休闲或其他目的放养鱼类的行为仍然比较普遍，但管理机构已逐渐意识到这些行为带来的潜在不确定性。显然，今天的资源管理者已经从以前的盲目引入行为吸取了教训，对现今的鱼类放养行为的处理更加审慎。此外，渔业管理人员对于减少人为引入外来鱼类的风险的持续关注，预示着这一趋势可能会一直持续下去。同样，上至联邦、州、部落和其他管理部门，下至一般大众，均意识到外来鱼类引入（无论是偶然引入还是蓄意引入）可能带来的后果，因而积极开发新的工具用以识别潜在的入侵物种和高风险载体。新立法和法规的设立，新最佳管理措施和监测报告网络的建立，以及针对一些特殊物种的国家级管理计划，无不表明我们这个社会已切实意识到并积极寻求方法减少人为引入外来鱼类可能带来的无法预期的后果。也许，这些共同努力将带来一个美好的未来；彼时有害鱼类种群很少，再也不需要花费宝贵的时间和资源来消灭和控制它们。

外来鱼类的状况是动态的。很多已出现的外来鱼类种群将持续存在，其中一些会变得更加丰富，入侵新的领域并导致生态和经济危害。新的引入行为无疑将会持续发生，一些潜在引入物种可能会通过新的途径引入，制造独特的麻烦。一些非本地鱼类也会被区别对待，一些可能被视为有益物种，而其他则属于有害物种。而且，某些原生鱼类种群也可能扩大种群，与整体的管理目标相悖，因此也可能被划分为有害物种。鉴于以上种种情况，几乎可以肯定，在未来很长一段时间有害鱼类和其他水生生物的管理都将为自然资源管理者带来挑战。对水生生态系统而言，因为有效的控制外来物种方法有限，生态系统较为复杂且相互关联，管理起来可能面临很多独有的困难。土地和水资源利用的变化和人口的增长也可能以无法预见的复杂方式影响北美有害鱼类的分布、栖息地和管理。北美内陆水域的引入物种大多在温带地区建群。随着气候变化，未来几十年这些物种的分布区很可能扩大。过去外来鱼类的引入并未考虑气候变化，所以这些早期引入行为的影响可能还未被全面理解。当前和未来的渔业管理计划应当考虑气候变化和其他全球变化的影响。

为了更好地应对这些挑战，渔业管理人员应致力于：①在适当的尺度开展管理，应尽可能囊括有害物种栖息的整个水域；②在建立 IPM 策略前尽可能收集基础信息，仔细斟酌所有可能的控制和根除方法并积极争取所有相关人员和管理机构参与其中；③通过随时间逐渐调整管理策略的方式，从过去的实践中吸取经验以改进当前管理；④了解并实施新的监测、预警、控制和管理以及信息共享的方法；⑤齐心协力对个人、团体、行业和其他实体宣传引入外来水生生物的风险；⑥认识到全球变化对外来物种管理的潜在影响。

在一些关键领域的进一步研究可能需要渔业管理者掌握急需的工具和方法，以更好地应对有害鱼类的影响。通常，有害鱼类在其大规模泛滥之前很难被发现。针对新近引入建群的外来鱼类的新检测方法将增加清除的概率。一旦检测到，如果前期较好地掌握了它们对环境和经济的影响程度，则可能会采取更有效的措施实施控制。其他涉及筛选、风险评估和工具开发等方面的研究也将对渔业管理有所裨益。虽然有多种方法可以用来控制或清除外来引入物种，然而现有的技术改进空间依然很大，新工具的研发需求依然迫切。最后，社会科学方面的研究对于管理有害鱼类也大有裨益。人类行为与水生物种的无意传播、有意释放以及与引入载体息息相关。理解这些行为同时对其可能带来的潜在风险开展有效的宣传教育将改进管理效果。

表框 8.2　大湖区的七鳃鳗

劳伦系大湖区开展的七鳃鳗控制行动具有长期性、集中性、开创性特点，取得了成功但同时控制费用高昂。为了控制这一入侵鱼类物种。几十年来研究仍在持续，不断调整改进防控技术，以期对于怎样、何时、何地开展控制行为做出更为合理的决策；利用七鳃鳗生物学特性，探讨采用遗传控制和信息素等新方法开展生物防控。

七鳃鳗是一个原始的无颌鱼类，其成体营寄生生活，吸附鱼体之上并取食其肉。它是溯河产卵的物种，原产于大西洋海域，沿着欧洲和美国大西洋海岸的溪流繁殖产卵。尽管原产于安大略湖（Bry-an et al.，2005），1919 年威兰（Welland）运河改建，使得七鳃鳗从安大略湖扩散到了伊利湖（Christie，1974）。20 世纪 40 年代，七鳃鳗在上层湖泊泛滥开来，大大减少了湖鳟、白鲑和加拿大白鲑的数量（Christie，1974）。渔业捕捞量急剧下降，除苏必利尔湖外其他所有湖区湖鳟已不复存在（Elrod et al.，1995）。为了应对这种局面，1954 年美国和加拿大政府共同成立了大湖区渔业管理委员会（GLFC）以控制七鳃鳗在五大湖泛滥（Kolar et al.，2003）。Ashworth（1987）全面回顾了大湖区七鳃鳗的入侵历史。

七鳃鳗幼鱼可在溪流水底挖穴而居长达 5～7 年（Kolar et al.，2003）。大湖区渔业管理委员会筛选了一种针对这种幼体的专性毒鱼剂。他们共筛选了超过 6 000 种化学物质，发现幼鱼对硝基酚最为敏感（Applegate et al.，1958）。最终，氟甲硝酚被确认为对七鳃鳗有专性杀灭效应（Applegate et al.，1961）。随后用三氟甲硝酚杀灭七鳃鳗幼鱼逐步实施开来，湖鳟受伤率（七鳃鳗吸附啃食造成的新伤和旧疤）开始下降，种群丰度开始增加（Kolar et al.，2003）。自此之后，大湖区每年都在七鳃鳗繁殖区开展化学防控。虽然这使得七鳃鳗数量控制在最高峰的 10％，但根除这一物种看起来并无可能。因此，大湖区渔业管理委员会启动了一个更长期的控制计划。因为担心释放的化学物质在水体中不断累积，大湖区渔业管理委员会也开始寻找其他方式来控制七鳃鳗。早在 1980 年，病虫害综合管理方法就已经被建议应用于控制七鳃鳗（Sawyer，1980）。基于有害生物综合管理这个概念框架，大湖区渔业管理委员会制订了七鳃鳗综合管理计划（Davis et al.，1982）。时至今日，除了仍然十分重要的化学控制方法，这个综合管理计划已囊括多种不同的控制方法。Christie 和 Goddard（2003）总结了该计划的一些执行情况。此外，关于七鳃鳗生物学和防控措施的专题论文集也于 2003 年在《大湖区研究杂志》上以专刊的形式发表，共 800 多页（29 卷，增刊 1）。目前，七鳃鳗控制技术主要包括：化学防控［基于三氟甲硝酚的药物，基于氯硝柳胺（2，5-二氯-4-硝基水杨酰苯胺）的药物和一些其他选择性杀灭幼鱼的化学药剂］，捕获杀灭洄游产卵的成体，释放绝育的雄鱼（注射哌嗪兹）与其他雄鱼竞争交配权，设置各类物理障碍（包括机械和电力相关的）干扰成鱼洄游到产卵场。其他如应用信息素等新技术也正在评估当中。这些技术通过限制海七鳃鳗的洄游和产卵等行为提高捕获效率，降低产卵率（Christie and Goddard，2003；Li et al.，2003；Sorensen and Vrieze，2003）。除此之外，遗传和分子技术也有望应用到大湖区七鳃鳗的控制和管理中（C.Goddard，大湖区渔业管理委员会，个人通信）。

大湖区七鳃鳗的持续控制促进了商业和休闲渔业发展，估计每年创造 70 多亿美元的收益（Anon-ymous，2008）。该项目的成功得益于以下各方面：首先，意识到成功的物种管理需要大湖区所有渔业管理部门参与，并以此促成了大湖区渔业管理委员会的成立；系统研究了七鳃鳗的生物学并找到其最脆弱的生活史阶段开展控制；找到并开发了专性化学药物；采用综合管理方法不断研发新的控制技术；对七鳃鳗基础生物学和控制技术研究持续的资金支持；大湖区渔业管理委员会提供了开展管理决策相关的基础设施；社会和当局具有对该物种开展长期控制的意愿。七鳃鳗控制计划每年约耗费 2 000 万美元（M.Gaden，大湖区渔业管理委员会，个人通信），这个计划无疑是成功的，但同时也给

（续）

> 我们一个重要警示：即使对于那些能够进行控制的少数外来物种，如果要进行长期控制仍将付出极大的经济代价。因此，预防有害物种引入通常是最划算的外来物种管控方式。

8.7 参考文献

Agnarsson，I.，and M. Kuntner. 2007. Taxonomy in a changing world：seeking solutions for a science in crisis. Systematic Biology 56：531 – 539.

Alvarez，J. A.，C. Dunn，and A. Zuur. 2003. Response of California red – legged frogs to removal of non-native fish. Transactions of the Western Section of the Wildlife Society 38/39：9 – 12.

Anonymous. 2008. Today's angler 2008. American Sportfishing Association，Alexandria，Virginia. Apple-gate，V. C.，J. H. Howell，J. W. Moffett，B. G. H. Johnson，and M. A. Smith. 1961. Use of 3 – triflu-oromethyl – 4 – nitrophenol as a selective sea lamprey larvicide. Great Lakes Fishery Commission Technical Report 1，Ann Arbor，Michigan.

Applegate，V. C.，J. H. Howell，and M. A. Smith. 1958. Use of mononitrophenols containing halogens as selective sea lamprey larvicides. Science 127：336 – 338.

Arkansas Bait and Ornamental Fish Growers Association. 2002. Best management practices for bait and ornamental fish farms. Arkansas Bait and Ornamental Fish Growers Association，Lonoke，Arkansas.

Ashworth，W. 1987. The late Great Lakes, an environmental history. Wayne State University Press，Detroit，Michigan.

ASTM （American Society for Testing and Materials） International. 2008. Standard guide for conducting hazard analysis – critical control point （HACCP） Evaluations. ASTM E2590 – 08，West Consho – hock-en，Pennsylvania.

Axon，J. R.，and D. K. Whitehurst. 1985. Striped bass management in lakes with emphasis on management problems. Transactions of the American Fisheries Society 114：8 – 11.

Baird，S. F. 1893. Report of the Commissioner for 1889 – 91. U. S. Commission of Fish and Fisheries，Government Printing Office，Washington，D. C.

Benson，A. J.，M. M. Richerson，and E. Maynard. 2010. *Dreissena rostriformis bugensis*. USGS （U. S. Geological Survey） nonindigenous aquatic species database，Gainesville，Florida. Available：http:// nas3. er. usgs. gov/queries/FactSheet. aspx? SpeciesID=95. （March 2010）.

Bergstedt，R. A.，and M. B. Twohey. 2007. Research to support sterile – male – release and genetic altera-tion techniques for sea lamprey control. Journal of Great Lakes Research 33 （Special Issue 2）：48 – 69.

Bettoli，P. W.，and M. J. Maceina. 1996. Sampling with toxicants. Pages 303 – 333 *in* B. R. Murphy and D. W. Willis，editors. Fisheries techniques，2nd edition. American Fisheries Society，Bethesda，Maryland.

Boogaard，M. A. 2003. Delivery systems of piscicides. Pages 39 – 50 *in* V. K. Dawson and C. S. Kolar，editors. Integrated management techniques to control nonnative fishes. U. S. Geological Survey，Upper Midwest Environmental Sciences Center，La Crosse，Wisconsin.

Boogaard，M. A.，T. D. Bills，J. H. Selgeby，and D. A. Johnson. 1996. Evaluation of piscicides for control of ruffe. North American Journal of Fisheries Management 16：600 – 607.

Boozer，D. 1973. Tropical fish farming. American Fish Farmer 4 （8）：4 – 5.

Brastrup, T. J. 2001. Knife Lake and Knife River rehabilitation project. Pages 9 – 28 *in* R. L. Cailteux, L. DeMong, B. J. Finlayson, W. Horton, W. McClay, R. A. Schnick, and C. Thompson, editors. Rotenone in fisheries: are the rewards worth the risks? American Fisheries Society, Bethesda, Maryland.

Bryan, M. B., D. Zalinski, K. B. Filcek, S. Libants, W. Li, and K. T. Scribner. 2005. Patterns of invasion and colonization of the sea lamprey (*Petromyzon marinus*) in North America as revealed by microsatellite genotypes. Molecular Ecology 14: 3757 – 3773.

Buntz, J., and C. S. Manooch. 1969. *Tilapia aurea* (Steindachner), a rapidly spreading exotic in south-central Florida. Proceedings of the Annual Conference Southeastern Association of Game and Fish Commissioners 22 (1968): 495 – 501.

Burress, R. M., and C. W. Luhning. 1969a. Field trials of antimycin as a selective toxicant in channel catfish ponds. U. S. Fish and Wildlife Service, Bureau of Sport Fisheries and Wildlife, Investiga – tions in Fish Control 25, Washington, D. C.

Burress, R. M. and C. W. Luhning. 1969b. Use of antimycin for selective thinning of sunfish popula – tions in ponds. U. S. Fish and Wildlife Service, Bureau of Sport Fisheries and Wildlife, Investiga – tions in Fish Control 28, Washington, D. C.

Cailteux, R. L., L. DeMong, B. J. Finlayson, W. Horton, W. McClay, R. A. Schnick, and C. Thompson, editors. 2001. Rotenone in fisheries: are the rewards worth the risks? American Fisheries Society, Bethesda, Maryland.

Carpenter, J., and J. W. Terrell. 2005. Effectiveness of fish barriers and renovations for maintaining and enhancing populations of native southwestern fishes. U. S. Geological Survey, Final Report to U. S. Fish and Wildlife Service, Fort Collins, Colorado. Available: http://www. usbr. gov/pmts/fish/ Reports/ CarpenterBarrierEvaluationReport. pdf. (March 2010) .

Cassani, J. R., editor. 1996. Managing aquatic vegetation with grass carp: a guide for water resource managers. American Fisheries Society, Introduced Fish Section, Bethesda, Maryland.

Cassani, J. R., and W. E. Caton. 1985. Induced triploidy in grass carp, *Ctenopharyngodon idella* (Val.). Aquaculture 46: 37 – 44.

CCFAM (Canadian Council of Fisheries and Aquaculture Ministers) . 2004. A Canadian action plan to address the threat of aquatic invasive species. Canadian Council of Fisheries and Aquaculture Ministers, Aquatic Invasive Species Task Group. Available: http://www. dfo – mpo. gc. ca/science/enviro/ais – eae/ plan/plan – eng. pdf. (November 2009) .

CDFG (California Department of Fish and Game) . 2007. Lake Davis pike eradication project: final environmental impact report/environmental impact statement (EIR/EIS) . California Department of Fish and Game and U. S. Forest Service, Plumas National Forest, Portola. Available: http://www. dfg. ca. gov/ lakedavis/EIR – EIS/. (November 2008) .

CEC (Commission for Environmental Cooperation) . 2009. Trinational risk assessment guidelines for aquatic alien invasive species: test cases for the snakeheads (Channidae) and armored catfishes (Lori – cariidae) in North American inland waters. Commission for Environmental Cooperation, Montreal.

Christie, G. C., and C. I. Goddard. 2003. Sea lamprey international symposium (SLISS II): advances in the integrated management of sea lamprey in the Great Lakes. Journal of Great Lakes Research 29 (Supplement 1): 1 – 14.

Christie, W. J. 1974. Changes in the fish species composition of the Great Lakes. Journal of the Fisher – ies Research Board of Canada 31: 827 – 854.

Clarkson, R. W. , P. C. Marsh, S. E. Stefferud, and J. A. Stefferud. 2005. Conflicts between native fish and nonnative sport fish management in the southwestern United States. Fisheries 30 (9): 20 - 27.

Clearwater, S. J. , C. W. Hickey, and M. I. Martin. 2003. Overview of potential piscicides and mollus - cicides for controlling aquatic pest species in New Zealand. Science for Conservation Series 283, New Zealand Department of Conservation, Wellington.

Coffey, M. A. , and G. H. Johnston. 1997. A planning process for managing white - tailed deer in pro - tected areas: integrated pest management. Wildlife Society 25: 433 - 439.

Collins, T. M. , J. C. Trexler, L. G. Nico, and T. A. Rawlings. 2002. Genetic diversity in a morphologi - cally conservative invasive taxon: swamp eel introductions in the southeastern United States. Conserva - tion Biology 16: 1024 - 1035.

CONABIO (Comisión Nacional para el Conocimientoy Uso de la Biodiversidad) . 2000. Estrategia nacional sobre biodiversidad de México. Available: http://www. inafed. gob. mx/wb/ELOCAL/ ELOC _ Estrate - gia _ Nacional _ sobre _ Biodiversidad _ de _ Me. (November 2009) .

Connelly, N. A. , C. R. O' Neill Jr. , B. A. Knuth, and T. L. Brown. 2007. Economic impacts of zebra mussels on drinking water treatment and electrical power generation facilities. Environmental Management 40: 105 - 112.

Conner, J. V. , R. P. Gallagher, and M. F. Chatry. 1980. Larval evidence for natural reproduction of the grass carp (*Ctenopharyngodon idella*) in the lower Mississippi River. Pages 1 - 19 *in* L. A. Fuiman, editor. Proceedings of the fourth annual larval fish conference. U. S. Fish and Wildlife Service FWS/OBS - 80/43.

Conover, G. , R. Simmonds, and M. Whalen, editors. 2007. Management and control plan for bighead, black, grass, and silver carps in the United States. Aquatic Nuisance Species Task Force, Asian Carp Working Group, Washington, D. C. Available: http://www. anstaskforce. gov/Documents/ Carps _ Management _ Plan. pdf. (March 2010) .

Courtenay, W. R. , Jr. 1993. Biological pollution through fish introductions. Pages 35 - 61 *in* B. N. McK - night, editor. Biological pollution: the control and impact of invasive exotic species. Indiana Academy of Sciences, Indianapolis.

Courtenay, W. R. , Jr. 1995. The case for caution with fish introductions. Pages 413 - 424 *in* J. H. L. Sch - ramm, and R. G. Piper, editors. Uses and effects of cultured fishes in aquatic ecosystems. American Fisheries Society, Symposium 15, Bethesda, Maryland.

Courtenay, W. R. , Jr. 2007. Introduced species: what species do you have and how do you know? Trans - actions of the American Fisheries Society 136: 1160 - 1164.

Courtenay, W. R. , Jr. , J. E. Deacon, D. W. Sada, R. C. Allan, and G. L. Vinyard. 1985. Comparative status of fishes along the course of the pluvial White River, Nevada. Southwestern Naturalist 30: 503 - 524.

Courtenay, W. R. , Jr. , D. A. Hensley, J. N. Taylor, and J. A. McCann. 1984. Distribution of exotic fishes in the continental United States. Pages 41 - 77 *in* W. R. Courtenay Jr. and J. R. Stauffer Jr. , editors. Distribution, biology, and management of exotic fishes. Johns Hopkins University Press, Balti - more, Maryland.

Courtenay, W. R. , Jr. , D. A. Hensley, J. N. Taylor, and J. A. McCann. 1986. Distribution of exotic fishes in North America. Pages 675 - 698 *in* C. H. Hocutt and E. O. Wiley, editors. Zoogeography of North American freshwater fishes. John Wiley &. Sons, New York.

Courtenay，W. R.，Jr.，and G. K. Meffe. 1989. Small fishes in strange places： a review of introduced poeciliids. Pages 319 - 331 *in* G. K. Meffe and F. F. Snelson，editors. Ecology and evolution of livebearing fishes（Poeciliidae）. Prentice Hall，Englewood Cliffs，New Jersey.

Courtenay，W. R.，Jr.，and J. R. Stauffer，Jr. editors. 1984. Distribution，biology，and management of exotic fishes. Johns Hopkins University Press，Baltimore，Maryland.

Courtenay，W. R.，Jr.，and J. R. Stauffer，Jr. 1990. The introduced fish problem and the aquarium fish industry. Journal of the World Aquaculture Society 21： 145 - 159.

Courtenay，W. R.，Jr.，and J. D. Williams. 1992. Dispersal of exotic species from aquaculture with emphasis on freshwater fishes. Pages 49 - 81 *in* A. Rosenfield and R. Mann，editors. Dispersal of living organisms into aquatic environments. University of Maryland，Maryland Sea Grant Program，College Park.

Courtenay，W. R.，Jr.，and J. D. Williams. 2004. Snakeheads（Pisces，Channidae）—a biological synopsis and risk assessment. U. S. Geological Survey Circular 1251.

Courtenay，W. R.，Jr.，J. D. Williams，R. Britz，M. N. Yamamoto，and P. V. Loiselle. 2004. Identity of introduced snakeheads（Pisces，Channidae）in Hawai'i and Madagascar，with comments on ecological concerns. Bishop Museum Occasional Papers 77： 1 - 13.

Crossman，E. J. 1991. Introduced freshwater fishes： a review of the North American perspective with emphasis on Canada. Canadian Journal of Fisheries and Aquatic Sciences 48（Supplement 1）： 46 - 57.

Davis，J.，P. Manion，L. Hudson，B. G. H. Johnson，A. K. Lamsa，W. McCallum，H. Moore，and W. Pearce. 1982. A strategic plan for integrated management of sea lamprey in the Great Lakes. Great Lakes Fishery Commission，Ann Arbor，Michigan.

Dawson，V. K. 2003. Successes and failures of using piscicides. Pages 33 - 38 *in* V. K. Dawson and C. S. Kolar，editors. Integrated management techniques to control nonnative fishes. U. S. Geological Survey，Upper Midwest Environmental Sciences Center，La Crosse，Wisconsin.

Dawson，V. K.，T. D. Bills，and M. A. Boogaard. 1998. Avoidance behavior of ruffe exposed to selected formulations of piscicides. Journal of Great Lakes Research 24： 343 - 350.

Deacon，J. E. and W. L. Minckley. 1991. Western fishes and the real world： the enigma of "endangered species" revisited. Pages 405 - 413 *in* W. L. Minckley and J. E. Deacon，editors. Battle against extinction. University of Arizona Press，Tucson.

DeKay，J. E. 1842. Zoology of New - York，or the New - York fauna. Part IV. Fishes. W. and A. White and J. Visscher，Albany，New York.

Dent，D. R. 1995. Defining the problem. Pages 86 - 104 *in* D. R. Dent，editor. Integrated pest management. Chapman and Hall，London.

Dettmers，J. N.，R. A. Stein，and E. M. Lewis. 1998. Potential regulation of age - 0 gizzard shad by hybrid striped bass in Ohio reservoirs. Transactions of the American Fisheries Society 127： 84 - 94.

DFO（Department of Fisheries and Oceans Canada）. 2003. National code on introductions and transfers of aquatic organisms. Available： http：//www. dfo - mpo. gc. ca/Science/enviro/ais - eae/code/ Code2003 - eng. pdf.（November 2009）.

Diggle，J.，J. Day，and N. Bax. 2004. Eradicating European carp from Tasmania and implications for national European carp eradication. Inland Fisheries Service，Hobart，Tasmania.

Dinger，E. C.，and J. C. Marks. 2007. Effects of high levels of antimycin A on aquatic invertebrates in a warmwater Arizona stream. North American Journal of Fisheries Management 27： 1243 - 1256.

Donlan，C. J.，and C. Wilcox. 2007. Complexities of costing eradications. Animal Conservation 10：

154 - 156.

Egan, D. 2009. New carp barrier to be activated. River Crossings 18 (1): 1 - 3.

Elrod, J. H., R. O' Gorman, C. P. Schneider, T. H. Eckert, T. Schaner, J. N. Bowlby, and L. P. Schleen. 1995. Lake trout rehabilitation in Lake Ontario. Journal of Great Lakes Research 21 (Supplement 1): 83 - 107.

Fausch, K. D. 2008. A paradox of trout invasions in North America. Biological Invasions 10: 685 - 701.

Filbey, M., C. Kennedy, J. Wilkinson, and J. Balch. 2002. Halting the invasion: state tools for invasive species management. Environmental Law Institute, Washington, D. C.

Fine, J. M., S. P. Sisler, L. A. Vrieze, W. D. Swink, and P. W. Sorensen. 2006. A practical method for obtaining useful quantities of pheromones from sea lamprey and other fishes for identification and control. Journal of Great Lakes Research 32: 832 - 838.

Finlayson, B. J., R. A. Schnick, R. L. Cailteux, L. DeMong, W. D. Horton, W. McClay, and C. W. Thompson. 2002. Assessment of antimycin A use in fisheries and its potential for reregistration. Fisheries 27 (6): 10 - 19.

Finlayson, B. J., R. A. Schnick, R. L. Cailteux, L. DeMong, W. D. Horton, W. McClay, C. W. Thompson, and G. J. Tichacek. 2000. Rotenone use in fisheries management: administrative and technical guidelines manual. American Fisheries Society, Bethesda, Maryland.

Finlayson, B., R. Schnick, D. Skaar, J. Anderson, L. Demong, D. Duffield, W. Horton, and J. Steinkjer. 2010. Planning and standard operating procedures for the use of rotenone in fish management—rotenone SOP manual. American Fisheries Society, Bethesda, Maryland.

Finlayson, B., W. Somer, D. Duffield, D. Propst, C. Mellison, T. Pettengill, H. Sexauer, T. Nesler, S. Gurtin, J. Elliot, F. Partridge, and D. Skaar. 2005. Native inland trout restoration on national forests in the western United States: time for improvement? Fisheries 30 (5): 10 - 19.

Forney, D. R. 1999. Importance of pesticides in integrated pest management. Pages 174 - 197 in N. N. Ragsdale and J. N. Seiber, editors. Pesticides: managing risks and optimizing benefits. American Chemical Society, Washington, D. C.

Fuller, P. L., L. G. Nico, and J. D. Williams. 1999. Nonindigenous fishes introduced into the inland waters of the United States. American Fisheries Society, Special Publication 27, Bethesda, Maryland.

Ganley, T., and R. Bock. 1998. Fish collecting in Florida: collecting tropical fish without leaving the country. Aquarium Fish Magazine (November): 31 - 41.

Gilligan, D., and T. Rayner. 2007. The distribution, spread, ecological impacts and potential control of carp in upper Murray River. New South Wales Department of Primary Industries—Fisheries Research Report Series 14, Cronulla, Australia.

Goertner, J. F., M. L. Wiley, G. A. Young, and W. W. McDonald. 1994. Effects of underwater explosions on fish without swim bladders. Naval Surface Warfare Center, Dahlgren Division, White Oak Detachment, Technical Report NSWC TR 88 - 114, Silver Spring, Maryland.

Gresswell, R. E. 1991. Use of antimycin for removal of brook trout from a tributary of Yellowstone Lake. North American Journal of Fisheries Management 11: 83 - 90.

Grigorovich, I. A., R. I. Coautti, and H. J. MacIsaac. 2003. Ballast mediated animal introductions in the Laurentian Great Lakes: retrospective and prospective analysis. Canadian Journal of Fisheries and Aquatic Sciences 60: 740 - 756.

Hale, M. M., J. E. Crumpton, and J. R. J. Schuler. 1995. From sportfishing bust to commercial fishing boon: a history of the blue tilapia in Florida. Pages 425 – 430 *in* J. H. L. Schramm and R. G. Piper, editors. Uses and effects of cultured fishes in aquatic ecosystems, American Fisheries Society, Symposium 15, Bethesda, Maryland.

Hanlon, S. G. , M. V. Hoyer, C. E. Cichra, and D. E. Canfield Jr. 2000. Evaluation of macrophyte control in 38 Florida lakes using triploid grass carp. Journal of Aquatic Plant Management 38: 48 – 54.

Hart, S. , M. Klepinger, H. Wandell, D. Garling, and L. Wolfson. 2000. Integrated pest management for nuisance exotics in Michigan inland lakes. Michigan State University Extension, Water Quality Series: WQ – 56, East Lansing.

Heinrich, J. W. , K. M. Mullett, M. J. Hansen, J. V. Adams, G. T. Klar, D. A. Johnson, G. C. Christie, and R. J. Young. 2003. Sea lamprey abundance and management in Lake Superior, 1957 to 1999. Journal of Great Lakes Research 29 (Supplement 1): 566 – 583.

Holden, P. B. 1991. Ghosts of the Green River: impacts of Green River poisoning on management of native fishes. Pages 43 – 54 *in* W. L. Minckley and J. E. Deacon, editors. Battle against extinction: native fish management in the American West. University of Arizona Press, Tucson.

Holling, C. S. , editor. 1978. Adaptive environmental assessment and management. John Wiley & Sons, New York.

Honeyfield, D. C. , S. B. Brown, J. D. Fitzsimons, and D. E. Tillitt. 2005. Early mortality syndrome in Great Lakes salmonines. Journal of Aquatic Animal Health 17: 1 – 3.

Horak, D. 1995. Native and nonnative fish species used in state fisheries management programs in the United States. Pages 61 – 67 *in* H. L. Schramm and R. G. Piper, editors. Use and effects of cultured fishes in aquatic ecosystems. American Fisheries Society, Symposium 15, Bethesda, Maryland.

Howard, R. D. , J. A. DeWoody, and W. M. Muir. 2004. Transgenic male mating advantage provides opportunity for Trojan gene effect in a fish. Proceedings of the National Academy of Sciences 101: 2934 – 2938.

Hubbs, C. 1980. The solution to the Cyprinodon bovinus problem: eradication of a pupfish genome. Proceedings of the Desert Fishes Council 10: 9 – 18.

Hubert, T. D. , and V. K. Dawson. 2003. Developing an integrated pest management strategy. Pages 81 – 86 *in* V. K. Dawson and C. S. Kolar, editors. Integrated management techniques to control nonnative fishes. U. S. Geological Survey, Upper Midwest Environmental Sciences Center, La Crosse, Wisconsin.

Hunn, J. B. , and W. D. Youngs. 1980. Role of physical barriers in the control of sea lamprey (*Petromyzon marinus*) . Canadian Journal of Fisheries and Aquatic Science 37: 2118 – 2122.

Jackson, J. R. , J. C. Boxrucker, and D. W. Willis. 2004. Trends in agency use of propagated fishes as a management tool in inland fisheries. Pages 121 – 138 *in* M. J. Nickum, P. M. Mazik, J. G. Nickum, and D. D. MacKinlay, editors. Propagated fish in resource management. American Fisheries Society, Symposium 44, Bethesda, Maryland.

Jelks, H. L. , S. J. Walsh, N. M. Burkhead, S. Contreras – Balderas, E. Díaz – Pardo, D. A. Hendrickson, J. Lyons, N. E. Mandrak, F. McCormick, J. S. Nelson, S. P. Platania, B. A. Porter, C. B. Renaud, J. J. Schmitter – Soto, E. B. Taylor, and M. L. Warren Jr. 2008. Conservation status of imperiled North American freshwater and diadromous fishes. Fisheries 33 (8): 372 – 407.

Jenkins, R. E. , and N. M. Burkhead. 1994. Freshwater fishes of Virginia. American Fisheries Society, Bethesda, Maryland.

Jensen, D. A. 2008. Successful education efforts to meet the aquatic invasive species challenge. Michigan's call to action on AIS, East Lansing, Michigan. Available: http://www. michigan. gov/documents/deq/ Minn – AIS – Ed – efforts _ 230392 _ 7. pdf. (November 2009) .

Johnston, K. H. 1957. Removal of longnose gar from rivers and streams with the use of dynamite. North Carolina Wildlife Resources Commission, Raleigh.

Johnston, K. H. 1961. Removal of longnose gar from rivers and streams with the use of dynamite. Proceedings of the Annual Conference Southeastern Association of Game and Fish Commissioners 15 (1961): 205 – 207.

Jordan, D. S. 1891. A reconnaissance of the streams and lakes of Yellowstone National Park, Wyoming, for the purposes of the U. S. Fish Commission. U. S. Fish Commission Bulletin 9: 41 – 63.

Jude, D. J. , J. Janssen, and G. Crawford. 1995. Ecology, distribution, and impact of the newly intro – duced round and tubenose gobies on the biota of the St. Clair and Detroit rivers. Pages 447 – 460 in M. Munawar, T. Edsall, and J. Leach, editors. The Lake Huron ecosystem: ecology, fisheries and management. SPB Academic Publishing, Amsterdam.

Kapuscinski, A. R. , and T. J. Patronski. 2005. Genetic methods for biological control of nonnative fish in the Gila River basin. Final Report to the U. S. Fish and Wildlife Service, Minnesota Sea Grant Publication F20, St. Paul. Available: http://www. seagrant. umn. edu/downloads/f20. pdf. (March 2010) .

Keevin, T. M. 1998. A review of natural resource agency recommendations for mitigating the impacts of underwater blasting. Reviews in Fisheries Science 6: 281 – 313.

Keller, R. P. , D. M. Lodge, M. A. Lewis, and J. F. Shogren. 2009. Bioeconomics of invasive species: integrating ecology, economics, policy, and management. Oxford University Press, New York.

Kilbride, K. M. , and F. L. Paveglio. 1999. Integrated pest management to control reed canarygrass in seasonal wetlands of southwestern Washington. Wildlife Society Bulletin 27: 292 – 297.

King, T. L. 2009. Microsatellite DNA markers for assessing phylogeographic and population structure in three invasive Asian carp species: silver carp (*Hypophthalmichthys molitrix*), big head carp (*Hypophthalmichthys nobilis*), and grass carp (*Ctenopharyngodon idella*) . Available: http://biology. usgs. gov/genetics _ genomics/geos. html. (March 2010) .

Knapp, R. A. , and K. R. Matthews. 1998. Eradication of nonnative fish by gill netting from a small mountain lake in California. Restoration Ecology 6: 207 – 213.

Kogan, M. 1998. Integrated pest management: historical perspectives and contemporary developments. Annual Review of Entomology 43: 243 – 270.

Kolar, C. S. , M. A. Boogaard, and T. D. Hubert. 2003. Case study of integrated pest management control of sea lamprey in the Great Lakes. Pages 93 – 104 in V. K. Dawson and C. S. Kolar, editors. Integrated management techniques to control nonnative fishes. U. S. Geological Survey, Upper Midwest Environmental Sciences Center, La Crosse, Wisconsin.

Kolar, C. S. , D. C. Chapman, W. R. Courtenay Jr. , C. M. Housel, J. D. Williams, and D. P. Jennings. 2007. Bigheaded carps: a biological synopsis and environmental fish assessment. American Fisheries Society, Special Publication 33, Bethesda, Maryland.

Krumholz, L. A. 1948. The use of rotenone in fisheries research. Journal of Wildlife Management 12: 305 – 317.

Kulp, R. A. , and S. E. Moore. 2000. Multiple electrofishing removals for eliminating rainbow trout in a small southern Appalachian stream. North American Journal of Fisheries Management 20: 259 – 266.

Lachner, E. A. , C. R. Robins, and W. R. Courtenay Jr. 1970. Exotic fishes and other aquatic organisms introduced into North America. Smithsonian Contributions to Zoology 59: 1 – 29.

Laycock, G. 1966. The alien animals. Natural History Press, Garden City, New York.

Lazur, A. , S. Early, and J. M. Jacobs. 2006. Acute toxicity of 5% rotenone to northern snakeheads. North American Journal of Fisheries Management 26: 628 – 630.

Leach, J. H. , and C. A. Lewis. 1991. Fish introductions in Canada: provincial views and regulations. Canadian Journal of Fisheries and Aquatic Sciences 48 (Supplement 1): 156 – 161.

Lee, D. P. 2001. Northern pike control at Lake Davis, California. Pages 55 – 61 in R. L. Cailteux, L. DeMong, B. J. Finlayson, W. Horton, W. McClay, R. A. Schnick, and C. Thompson, editors. Rotenone in fisheries: are the rewards worth the risks? American Fisheries Society, Bethesda, Maryland.

Lentsch, L. D. , C. W. Thompson, and R. L. Spateholts. 2001. Overview of a large – scale chemical treatment success story: Strawberry Valley, Utah. Pages 63 – 79 in R. L. Cailteux, L. DeMong, B. J. Finlayson, W. Horton, W. McClay, R. A. Schnick, and C. Thompson, editors. Rotenone in fisheries: are the rewards worth the risks? American Fisheries Society, Bethesda, Maryland.

Leonard, J. R. 1979. The fish car era. U. S. Government Printing Office, Washington, D. C.

Leung, B. , D. M Lodge, D. Finnoff, J. F. Shogren, M. A. Lewis, and G. Lamberti. 2002. An ounce of prevention or a pound of cure: bioeconomic risk analysis of invasive species. Proceedings of the Royal Society B 269 (1508): 2407 – 2413.

Li, W. 2005. Potential multiple functions of a male sea lamprey pheromone. Chemical Senses 30 (Supplement 1): i307 – i308.

Li, W. , M. J. Siefkes, A. P. Scott, and J. H. Teeter. 2003. Sex pheromone communication in the sea lamprey: implications for integrated management. Journal of Great Lakes Research 29 (Supplement 1): 85 – 94.

Lodge, D. M. , S. Williams, H. J. MacIsaac, K. R. Hayes, B. Leung, S. Reichard, R. N. Mack, P. B. Moyle, M. Smith, D. A. Andow, J. T. Carlton, and A. McMichael. 2006. Biological invasions: recommendations for U. S. policy and management. Ecological Applications 16: 2035 – 2054.

Lowman, F. G. 1959. Experimental selective rotenone killing of undesirable fish species in flowing streams. Texas Game and Fish Commission, Federal Aid in Fish Restoration, Project F – 9 – R – 6, Job E – 3, Segment Completion Report, Austin.

Lozano – Vilano, M. L. , A. J. Contreras – Balderas, and M. E. Garcia – Ramirez. 2006. Eradication of spotted jewelfish, Hemichromis guttatus, from Poza San Jose del Anteojo, Cuatro Cienegas Bolson, Coahuila, Mexico. Southwestern Naturalist 51: 553 – 555.

Madenjian, C. P. , G. L. Fahnenstiel, T. H. Johengen, T. F. Nalepa, H. A. Vanderploeg, G. W. Fleisher, P. J. Schneeberger, D. M. Benjamin, E. B. Smith, J. R. Bence, E. S. Rutherford, D. S. Lavis, D. M. Robertson, D. J. Jude, and M. P. Ebener. 2002. Dynamics of the Lake Michigan food web, 1970 – 2000. Canadian Journal of Fisheries and Aquatic Sciences 59: 36 – 53.

Mallison, C. T. , R. S. Hestand, and B. Z. Thompson. 1995. Removal of triploid grass carp with an oral rotenone bait in two central Florida lakes. Lake and Reservoir Management 11: 337 – 342.

Marking, L. L. 1992. Evaluation of toxicants for the control of carp and other nuisance fishes. Fisheries 17 (6): 6 – 12.

Mayo, K. R. , J. H. Selgeby, and M. E. McDonald. 1998. A bioenergetics modeling evaluation of top – down control of ruffe in the St. Louis River, western Lake Superior. Journal of Great Lakes Research 24: 329 – 342.

McClay, W. 2005. Rotenone use in North America (1988 – 2002). Fisheries 30 (4): 29 – 31.

McGowan, C., and W. S. Davidson. 1992. Unidirectional natural hybridization between brown trout (*Salmo trutta*) and Atlantic salmon (*S. salar*) in Newfoundland. Canadian Journal of Fisheries and Aquatic Sciences 49: 1953 – 1958.

McMillin, S., and B. Finlayson. 2008. Chemical residues in water and sediment following rotenone application to Lake Davis, California 2007. California Department of Fish and Game, Office of Spill Prevention and Response, Administrative Report 08 – 01, Rancho Cordova.

Meffe, G. K. 1983. Attempted chemical renovation of an Arizona springbrook for management of the endangered Sonoran topminnow. North American Journal of Fisheries Management 3: 315 – 321.

Mendoza, R., S. Contreras – Balderas, C. Ramirez, P. Alverez, and V. Aguilar. 2007. Los peces diablo: especies invasoras de alto impacto. Biodiversitas 68: 2 – 5.

Meronek, T. G., P. M. Bouchard, E. R. Buckner, T. M. Burri, K. K. Demmerly, D. C. Hatleli, R. A. Klumb, S. H. Schmidt, and D. W. Coble. 1996. A review of fish control projects. North American Journal of Fisheries Management 16: 63 – 74.

Miller, R. R. 1963. Distribution, variation, and ecology of *Lepidomeda vittata*, a rare cyprinid fish endemic to eastern Arizona. Copeia 1963: 1 – 5.

Minckley, W. L., and J. E. Deacon, editors. 1991. Battle against extinction: native fish management in the American West. University of Arizona Press, Tucson.

Minister of Supply and Services Canada. 1995. Canadian biodiversity strategy: Canada's response to the Convention on Biological Diversity. Available: http://www. cbin. ec. gc. ca/documents/national _ reports/cbs _ e. pdf. (November 2009).

Mitchell, A. J. and A. M. Kelly. 2006. The public sector role in the establishment of grass carp in the United States. Fisheries 31 (3): 113 – 121.

Moore, S. E., M. Kulp, B. Rosenlund, J. Brooks, and D. Propst. 2008. A field manual for the use of antimycin A for restoration of native fish populations. U. S. Department of the Interior, National Park Service, National Resource Report NPS/NRPC/NRR – 2008/001, Fort Collins, Colorado.

Moore, S. E., G. L. Larson, and B. Ridley. 1986. Population control of exotic rainbow trout in streams of a natural area park. Environmental Management 10: 215 – 219.

Mordue, L. A. J., and A. W. Pike. 2002. Salmon farming: towards an integrated pest management strategy for sea lice. Pest Management Science 58: 513 – 514.

Moyle, P. B. 2002. Inland fishes of California. University of California Press, Berkeley.

Moyle, P. B., H. W. Li, and B. A. Barton. 1986. The Frankenstein effect: impact of introduced fishes on native fishes in North America. Pages 415 – 425 *in* R. H. Stroud, editor. Fish culture in fisheries management. American Fisheries Society, Fish Culture and Fisheries Management Section, Bethesda, Maryland.

Moyle, P. B., and T. Light. 1996. Fish invasions in California: do abiotic factors determine success? Ecology 77: 1666 – 1670.

Mudrak, V. A., and G. J. Carmichael. 2005. Considerations for the use of propagated fishes in resource management. American Fisheries Society, Bethesda, Maryland.

Mueller, G. A. 2005. Predatory fish removal and native fish recovery in the Colorado River main stem: what have we learned? Fisheries 30 (9): 10 – 19.

Mu? oz, A. A., and R. A. Mendoza. 2009. Especies exoticas invasoras: impactos sobre las poblaciones de flora y fauna，los procesos ecologicosyla economia，Paginas 277 – 318 *en* Capital natural de México，vol. II：estado de conservacióny tendencias de cambio. CONABIO（Comisión Nacional para el Conocimiento y Uso de la Biodiversidad），Tlalpan，Mexico.

Neilson，K.，R. Kelleher，G. Barnes，D. A. Speirs，and J. Kelly. 2004. Use of fine – mesh monofilament gill nets for the removal of rudd（*Scardinius erythropthalmus*）from a small lake complex in Waikato，New Zealand. New Zealand Journal of Marine and Freshwater Research 38：525 – 539.

Nickum，M. J.，P. M. Mazik，J. G. Nickum，and D. D. MacKinlay，editors. 2004. Propagated fish in resource management. American Fisheries Society，Symposium 44，Bethesda，Maryland.

Nico，L. G.，P. L. Fuller，and P. J. Schofield. 2010. *Ctenopharyngodon idella*. USGS（U. S. Geological Survey）nonindigenous aquatic species database，Gainesville，Florida. Available：http://nas3. er. usgs. gov/queries/FactSheet. aspx? SpeciesID＝514.（February 2010）.

Nico，L. G.，H. L. Jelks，and T. Tuten. 2009. Nonnative suckermouth armored catfishes in Florida：description of nest burrows and burrow colonies with assessment of shoreline conditions. Aquatic Nuisance Species Research Program Bulletin 9：1 – 30.

Nico，L. G.，and T. R. Martin. 2001. The South American suckermouth armored catfish，*Ptergoplichthys anisitsi*（Pisces：Loricariidae），in Texas，with comments on foreign fish introductions in the American Southwest. Southwestern Naturalist 46：98 – 104.

Nico，L. G.，J. D. Williams，and H. L. Jelks. 2005. Black carp：biological synopsis and risk assessment of an introduced fish. American Fisheries Society，Special Publication 32，Bethesda，Maryland.

NISC（National Invasive Species Council）. 2001. Meeting the invasive species challenge：national invasive species management plan. National Invasive Species Council，Washington，D. C. Available：http://www. invasivespeciesinfo. gov/docs/council/mpfinal. pdf.（March 2010）.

NISC（National Invasive Species Council）. 2008. 2008 – 2012 National invasive species management plan. National Invasive Species Council，Washington，D. C. Available：http://www. invasivespecies-info. gov/council/mp2008. pdf.（June 2009）.

Parker，B. R.，D. W. Schindler，D. B. Donald，and R. S. Anderson. 2001. The effects of stocking and removal of a nonnative salmonid on the plankton of an alpine lake. Ecosystems 4（4）：334 – 345.

Propst，D. L.，K. B. Gido，and J. A. Stefferud. 2008. Natural flow regimes，nonnative fishes，and native fish persistence in arid – land river systems. Ecological Applications 18：1236 – 1252.

Ramsey，J. S. 1985. Sampling aquarium fishes imported by the United States. Journal of the Alabama Academy of Science 56：220 – 245.

Raupp，M. J.，C. S. Koehler，and J. A. Davidson. 1992. Advances in implementing integrated pest management for woody landscape plants. Annual Review of Entomology 37：361 – 385.

Reeves，E. 1999. Analysis of laws and policies concerning exotic invasions of the Great Lakes. Office of the Great Lakes Michigan Department of Environmental Quality，Lansing.

Ricciardi，A.，and J. B. Rasmussen. 1998. Predicting the identity and impact of future biological invaders：a priority for aquatic resource management. Canadian Journal of Fisheries and Aquatic Sciences 55：1759 – 1765.

Rinne，J. N.，L. Riley，R. Bettaso，R. Sorenson，and K. Young. 2004. Managing southwestern native and nonnative fishes：can we mix oil and water and expect a favorable solution? Pages 445 – 466 *in* M. J. Nickum，P. M. Mazik，J. G. Nickum，and D. D. MacKinlay，editors. Propagated fish in resource management. American Fisheries Society，Symposium 44，Bethesda，Maryland.

Rinne, J. N., and P. R. Turner. 1991. Reclamation and alteration as management techniques, and a review of methodology in stream renovation. Pages 219 - 244 in W. L. Minckley and J. E. Deacon, editors. Battle against extinction: native fish management in the American West. University of Arizona Press, Tucson.

Roberts, J., and R. Tilzey, editors. 1996. Controlling carp: exploring the options for Australia. CSIRO (Commonwealth Scientific and Industrial Research Organisation) Land and Water, Canberra, Australia. Available: http://www.clw.csiro.au/publications/controlling_carp.pdf. (December 2008).

Ruiz - Camposa, G., F. Camarena - Rosalesa, C. A. Reyes - Valdeza, J. de la Cruz - Agüeroc, and E. Torres - Balcazar. 2006. Distribution and abundance of the endangered killifish *Fundulus lima*, and its interaction with exotic fishes in oases of Central Baja California, Mexico. Southwestern Naturalist 51: 502 - 509.

Sawyer, A. J. 1980. Prospects for integrated pest management of the sea lamprey (*Petromyzon marinus*). Canadian Journal of Fisheries and Aquatic Resources 37: 2081 - 2092.

Schindler, D. W., and B. R. Parker. 2002. Biological pollutants: alien fishes in mountain lakes. Water Air and Soil Pollution 2: 379 - 397.

Schofield, P. J., and L. G. Nico. 2007. Toxicity of 5% rotenone to nonindigenous Asian swamp eels. North American Journal of Fisheries Management 27: 453 - 459.

Schramm, H. L., Jr. and R. G. Piper, editors. 1995. Uses and effects of cultured fishes in aquatic ecosystems. American Fisheries Society, Symposium 15, Bethesda, Maryland.

Schreier, T. M., V. K. Dawson, and W. Larson. 2008. Effectiveness of piscicides for controlling round gobies (*Neogobius melanostomus*). Journal of Great Lakes Research 34: 253 - 264.

Scoppettone, G. G., P. H. Rissler, C. Gourley, and C. Martinez. 2005. Habitat restoration as a means of controlling nonnative fish in a Mojave Desert oasis. Restoration Ecology 13: 247 - 256.

Shafland, P. L. 1995. Introduction and establishment of a successful butterfly peacock fishery in southeast Florida canals. Pages 443 - 451 in H. L. Schramm Jr. and R. G. Piper, editors. Uses and effects of cultured fishes in aquatic ecosystems, American Fisheries Society, Symposium 15, Bethesda, Maryland.

Shafland, P. L., and K. J. Foote. 1979. A reproducing population of *Serrasalmus humeralis* Valenciennes in southern Florida. Florida Scientist 42: 206 - 214.

Shafland, P. L., K. B. Gestring, and M. S. Stanford. 2008. Florida's exotic freshwater fishes—2007. Florida Scientist 71: 220 - 245.

Short, C. I., S. K. Gross, and D. Wilkinson. 2004. Preventing, controlling, and managing alien species introduction for the health of aquatic and marine ecosystems. Pages 109 - 125 in E. E. Knudsen, D. D. MacDonald, and Y. K. Muirhea, editors. Sustainable management of North American fisheries. American Fisheries Society, Symposium 43, Bethesda, Maryland.

Siefkes, M. J., R. A. Bergstedt, M. B. Twohey, and W. Li. 2003. Chemosterilization of male sea lampreys (*Petromyzon marinus*) does not affect sex pheromone release. Canadian Journal of Fisheries and Aquatic Sciences 60: 23 - 31.

Siepmann, S., and B. Finlayson. 1999. Chemical residues in water and sediment following rotenone application to Lake Davis, California. California Department of Fish and Game, Office of Spill Prevention and Response, Administrative Report 99 - 2, Sacramento.

Simberloff, D. 2009. We can eliminate invasions or live with them: successful management projects. Biological Invasions 11: 149 - 157.

SMARN (Secretaría de Medio Ambiente y Recursos Naturales). 2009. Estrategia nacional sobre especies invasoras en México：prevención，control y erradicación. CONABIO（Comisión Nacional para el Cono-cimiento y Uso de la Biodiversidad），Tlalpan，Mexico.

Smith，B. R.，and J. J. Tibbles. 1980. Sea lamprey（*Petromyzon marinus*）in lakes Huron，Michigan，and Superior：history of invasion and control，1936 – 78. Canadian Journal of Fisheries and Aquatic Sci-ence 37：1780 – 1801.

Smith，H. M. 1896. A review of the history and results of the attempts to acclimatize fish and other water animals in the Pacific states. U. S. Fish Commission Bulletin 15（1895）：379 – 472.

Smith，R. F.，and H. T. Reynolds. 1966. Principles，definitions and scope of integrated pest control. Pages 11 – 17 *in* Proceedings of the FAO Symposium on Integrated Pest Control. Food and Agri – culture Organ-ization of the United Nations，Rome.

Sorensen，P. W.，and N. E. Stacey. 2004. Brief review of fish pheromones and discussion of their possible uses in the control of nonindigenous teleost fishes. New Zealand Journal of Marine and Freshwater Re-search 38：399 – 417.

Sorensen，P. W.，and L. A. Vrieze. 2003. The chemical ecology and potential application of the migra – tory pheromone in the sea lamprey. Journal of Great Lakes Research 29（Supplement 1）：66 – 84.

Stanley，J. G.，R. A. Peoples，and J. A. McCann. 1991. U. S. Federal policies，legislation，and respon – sibilities related to importation of exotic fishes and other aquatic organisms. Canadian Journal of Fisheries and Aquatic Sciences 48（Supplement 1）：162 – 166.

Stauffer，J. R.，S. E. Boltz，and J. M. Boltz. 1988. Cold shock susceptibility of blue tilapia from the Sus-quehanna River，Pennsylvania. North American Journal of Fisheries Management 8：329 – 332.

Stroud，R. H.，editor. 1986. Fish culture in fisheries management. American Fisheries Society，Fish Cul-ture and Fisheries Management Section，Bethesda，Maryland.

Teeter，J. 1980. Pheromone communication in sea lampreys（*Petromyzon marinus*）：implications for popu-lation control. Canadian Journal of Fisheries and Aquatic Science 37：2123 – 2132.

Teleki，G. C.，and A. J. Chamberlain. 1978. Acute effects of underwater construction blasting on fishes in Long Point Bay，Lake Erie. Journal of the Fisheries Research Board of Canada 35：1191 – 1198.

Thompson，P. D.，and F. J. Rahel. 1996. Evaluation of depletion – removal electrofishing of brook trout in small Rocky Mountain streams. North American Journal of Fisheries Management 16：332 – 339.

Thresher，R. E. 1996. Physical removal as an option for the control of feral carp populations. Pages 58 – 72 *in* J. Roberts and R. Tilzey，editors. Controlling carp：exploring the options for Australia. CSIRO（Com-monwealth Scientific and Industrial Research Organisation）Land and Water，Canberra，Austra – lia. Available：http：//www. clw. csiro. au/publications/controlling _ carp. pdf.（December 2008）.

Thresher，R. E. 2008. Autocidal technology for the control of invasive fish. Fisheries 33（3）：114 – 121. Truemper，H. 2008. Diamond Lake 2006 – 2007：tui chub presence/absence report. Oregon Department of Fish and Wildlife，Roseburg，Oregon. Available：http：//www. dfw. state. or. us/fish/diamond _ lake/docs/Lake _ Condition _ Index _ Report _ 2006 – 2007. pdf.（June 2009）.

Twohey，M. B.，J. W. Heinrich，J. G. Seelye，K. T. Fredricks，R. A. Bergstedt，C. A. Kaye，R. J. Scholefield，R. B. McDonald，and G. C. Christie. 2003. The sterile – male – release technique in Great Lakes sea lam-prey management. Journal of Great Lakes Research（Supplement 1）：410 – 423.

U. S. Congress. 1993. Harmful non – indigenous species in the United States. U. S. Congress，Office of Technology Assessment，OTA – F – 565，U. S. Government Printing Office，Washington，D. C.

U. S. Environmental Protection Agency. 2008. Aquaculture operations—best management practices. Available: http://www. epa. gov/oecaagct/anaqubmp. html). (March 2010).

USFWS (U. S. Fish and Wildlife Service). 2002. Final finding of no significant impact: tilapia removal program on the Virgin River, Clark County, Nevada, and Mohave County, Arizona. U. S. Fish and Wildlife Service, Ecological Services, Southern Nevada Field Office, Las Vegas, Nevada. Available: www. fws. gov/Nevada/protected _ species/fish/documents/vr/virgin _ river _ fonsi. pdf. (December 2008).

Vredenburg, A. T. 2004. Reversing introduced species effects: experimental removal of introduced fish leads to rapid recovery of a declining frog. Proceedings of the National Academy of Sciences 101: 7646 – 7650.

Wagner, C. M. , M. L. Jones, M. B. Twohey, and P. W. Sorensen. 2006. A field test verifies that pheromones can be useful for sea lamprey (*Petromyzon marinus*) control in the Great Lakes. Canadian Journal of Fisheries and Aquatic Sciences 63: 475 – 479.

Wakida – Kusunoki, A. , R. Ruiz – Carus, and E. Amador – delAngel. 2007. Amazon sailfin catfish, *Pterygoplichthys pardalis* (Castelnau, 1855) (Loricariidae), another exotic species established in southeastern Mexico. Southwestern Naturalist 52: 141 – 144.

Walters, C. 1986. Adaptive management of renewable resources. Macmillan, New York.

Wattendorf, R. J. 1986. Rapid identification of triploid grass carp with a Coulter counter and channelyzer. Progressive Fish – Culturist 48: 125 – 132.

Weidel, B. C. , D. C. Josephson, and C. E. Kraft. 2007. Littoral fish community response to small – mouth bass removal from an Adirondack lake. Transactions of the American Fisheries Society 136: 778 – 789.

Welcomme, R. L. 1981. Register of international transfers of inland fish species. FAO (Food and Agriculture Organization of the United Nations) Fisheries Technical Paper 213, Rome.

Willis, K. and N. Ling. 2000. Sensitivities of mosquitofish and black mudfish to a piscicide: could rotenone be useful to control mosquitofish in New Zealand wetlands? New Zealand Journal of Zoology 27: 85 – 91.

Wydoski, R. S. , and R. W. Wiley. 1999. Management of undesirable fish species. Pages 403 – 430 *in* C. C. Kohler and W. A. Hubert, editors. Inland fisheries management in North America, 2nd edition. American Fisheries Society, Bethesda, Maryland.

第9章　使用人工孵化鱼对渔业资源进行保护、修复和增殖

Jesse Trushenski　Thomas Flagg　Christopher Kohler

9.1　引言

水产养殖是指在特定的环境下对水生生物进行繁养从而比在自然环境中具有更高的产量。根据水产养殖有形资源、劳力、培养方法和投入方面的差异，可以将其分为粗放型养殖方式、半粗放型养殖方式和集约型养殖方式。粗放型养殖方式是指对水生动物投入较少的精力和资源，并且对水生动物的限制相对较少；半粗放型养殖方式是指池塘养殖，给池塘水生生物提供有限的饲料和有限的能够增加浮游生物生产力的池塘肥料；集约型养殖方式是指在水箱或水道内进行的室内鱼类养殖，这种养殖方式提供完全的配合饲料。有鳍鱼的培育，简称鱼类培育，一般根据不同的目的实施不同的养殖方案，但是培育的大部分鱼主要是作为食用鱼被直接消费或被增殖放流到自然栖息地中。此外，具有观赏性的鱼类则被培育作为宠物和水族贸易品。鱼类培育人员根据不同的生产目标（例如，食用鱼的培育要求是生长快、饵料系数低，而培育放流野外的鱼要求保持遗传多样性和具有成功繁殖后代的能力）选择特定的养殖方法（一种养殖方法是在集约化、高密度和高性能饲料环境下进行的，另一种养殖方法是在低密度、适宜条件相对较差、半自然的环境下进行的，同时也要对鱼进行躲避捕食者和觅食能力的训练）。

根据管理策略的不同，采用不同的途径生产人工孵化鱼。一般用放流项目来增加鱼类种群数量。但是不同情况下，由于扩大种群规模的根本原因不同，从而选择放流鱼类的首要特征也不同。亲本选择和日常管理技术会影响群体遗传、个体行为和繁殖鱼在野外条件下最终的成功。对于鱼类养殖实践的误解，以及在渔业管理中使用繁殖鱼类的手段（孵化技术和养殖技术）和目的（管理目标）的不匹配，已经引起了人们对鱼类培育和人工孵化这种方式的批评。然而，养殖户、遗传学家、渔业管理者和其他相关利益者之间联系不断加强，从而促进了鱼类养殖最优管理实践的发展和鱼类人工孵化变革时代的到来。这一章节，介绍了鱼类的养殖实践及如何应用人工繁殖的鱼达到渔业管理目标，最后提出了在各种管理条件下能够提高放流效果的建议。

9.1.1　机构目标与公众压力

长期以来，鱼类放流是自然资源管理机构管理各种渔业的重要措施。因此，各机构都已经建立了鱼类生产项目来满足放流需要，这些项目依赖州、省或联邦政府的孵化设施（Heidinger 1999；Hartman and Preston，2001；Halverson，2008）。休闲渔业依赖放流

项目的程度在州、省以及不同类型的水体间都有所不同。例如，在密歇根州，40％的休闲渔业依靠鱼类放流，其中至少70％的北美五大湖鲑鳟鱼类来自放流。由于渔业管理机构被授权管理其管辖范围内的水体，所以这些机构有义务更好地改善资源状况以满足公众的需要和需求。渔业管理计划由渔业管理人员制定，并以从人口评估和其他调查中收集的信息以及渔业公众施加的压力为指导。从这一点来讲，休闲渔业是最主要的推动因素。在多数情况下，即使只是从公共关系的角度来看，鱼类放流项目也是非常重要的。因此，放流项目具有生物基础、生态基础和政治基础。当政治因素占据主导时，放流项目的目的和措施可能就不是基于现有的最佳科学而制定的。如果公共孵化场的运行只是为了满足机构放流计划，那么孵化专业人才通常很少去思考为什么、在哪里和如何放流他们养殖的鱼。然而，通过孵化场改革，渔业生物学家、管理者和养殖者以及他们各自的监督体之间的联系不断增多，这些措施都在优化用于放流项目的鱼类培育过程，进而满足利益相关者的需求和管理目标。

9.1.2　个人和私营部门的作用

大多数孵化和放流项目都是由公共部门运行的，但必须认识到，个人和私营组织（包括商业组织和非营利性组织）有可能参与其中。鱼类繁殖项目通常由政府机构发起，用以支持为公共利益而开展的增殖放流活动（例如，增殖放流活动能提高商业和休闲渔业的机会或恢复濒危物种）。若项目进展非常顺利，个人和私人部门也会为了公共事业加入渔业生产中。在这些情况下，公共部门通常将继续负责繁殖技术，并在实际问题上依靠私人部门（Lorenzen et al 2001）。例如，阿拉斯加州的海洋牧场很大程度上是在政府机构的监督下，由私人非营利组织运作（Heard，2003）。加拿大鲑增殖计划（SEP）也包含公众参与项目（PIP），其主要是由社区志愿者运行：在2002年增殖计划中大约放流了17 400万尾鱼，大约10％的鱼由公众参与项目的孵化项目提供（Mackinlay et al，2005）。或者，自然资源管理机构可能会简单地从私人机构购买鱼进行放流，或者政府机构可以生产鱼苗和鱼种，然后与私人机构签订合约，要求私人机构将鱼养殖到首选的放流规格。鱼类养殖，甚至以公共利益为目的的养殖，也越来越多地被来自私人和公共部门的个人和组织所代理。

9.1.3　相关术语

名词"引进种"具有很多含义，它既包括地缘政治方面的含义也包括生态方面的含义（见第8章）。在渔业管理中，"引进种"经常指把一种鱼放流到一个本不存在这种鱼的水域中。它可以通过迁移（即在原生分布区内迁移）或入侵（即从原生分布区以外区域迁移过来）。然而，一些种类，如大口黑鲈（Lacepède，1802）、虹鳟（Walbaum，1792）和条纹鲈（Walbaum，1792）已经广泛放流于北美地区，除了放在历史背景下，"原生分布区"对这些种类来说没有太大意义。在所有实例中，名词"外来种"最常用于指来源于其他大洲的物种，如亚洲鲤科鱼类（Asian carps）、梭鲈（zander）和罗非鱼（tilapias）。

9.2 放流理念

有许多原因可以解释为什么将放流作为管理公共水域综合项目的一部分（Noble，1986）。新的或者重新修复的水域通常需要引进、放流一些适合的鱼类品种。例如，一个新建的水库可能栖息着在蓄水前溢水口存在的河流性鱼类，但是这些鱼往往很难适应这种新建的、湖泊一样的环境。同样，最初养殖鱼塘和其他小型水库必须放流恰当的鱼类群落（见第16章）。在伊利诺伊州等一些州，州孵化场会向新建的或者翻新的养殖鱼塘提供大口黑鲈、太阳鱼（sunfishes）和斑点叉尾鮰（Rafinesque，1818）用于最初的放流。

许多放流活动的实施使休闲渔业机会增加或多样化，这是渔业扩张的"附加值"。放流的目的通常是为了填充空白，如放流条纹鲈是为了建立远洋渔业，放流鲇是为了创建或增加底层渔业。为增加附加值而进行的放流项目的另一个管理目标是为受欢迎的垂钓鱼类（如大梭鱼）建立奖杯渔业。

尽管一些鱼类的增殖放流是为了增加群体数量，但一部分鱼类不能形成可持续的群体。例如，在温暖气候下的水库中发展虹鳟的"两层渔业"模式，当温跃层上面的水非常温暖时，其中凉爽的深层水为虹鳟提供了避难所。虹鳟在许多水库生长良好，但是不能在水库中找到足够的适宜栖息地进行产卵并形成自我维持的种群。这些渔业中因捕获和自然死亡造成的减少的量可通过常规补充放流进行弥补。还有一个依靠放流的渔业模式，即"放养-捕捞"模式，是在深秋时将可捕获规格的冷水鱼类（如虹鳟）放养到暖水河流。在这种情况下，放流的目的是建立间歇式渔业，几乎所有的放流鱼类会在春季温度上升引起死亡之前被全部捕获。

放流溯河产卵的鱼（如鲑和条纹鲈）和种间杂交种［如杂交梭鲈（saugeye）、老虎北美狗鱼（tiger muskellunge）、杂交条纹鲈（hybrid striped basses）］往往不能建立自我维持的种群，但少数情况下可以形成。例如，一些洄游性鲑已在日本、巴塔哥尼亚、新西兰建立了可持续生存的种群，其中在日本的种类有银鲑（coho salmon），在巴塔哥尼亚的有褐鳟，虹鳟、大鳞鲑（chinook salmon），在新西兰的有斜视鲑（sockeye salmon）和大鳞鲑。此外，一些洄游性鲑在北美非正常分布区域的几个地点也建立了可持续生存的种群，包括在缅因州的粉鲑（pink salmon）和在五大湖区域的粉鲑、银鲑和大鳞鲑。然而，在一些例子中，一些鱼类则通过发展陆封型生活史形成可持续生存的种群（Pascual and Ciancio，2007）。1879年，条纹鲈被引进加利福尼亚州，在圣华金的河口系统形成了种群，曾经支撑了大规模的垂钓渔业和商业渔业（Stevens et al.，1985）。种间杂交种的一些情况，像杂交条纹鲈［白鲈（white bass）（Rafinesque，1820）×条纹鲈（Walbaum，1792）］，观测到自然繁殖，但是对于资源补充的贡献很小（Avise and Van Den Avyle，1984）。

即使可以自然繁殖，但是繁殖种群或补充量的规模仍可能不足以支撑形成自我维持的种群。为了克服栖息地改变或限制及高强度的捕捞和人类活动的综合影响，补充性增殖放流往往是必要的。在生境或环境质量难以修复的区域，可能需要例行的补充放流。在这些情况下，较弱的资源可以通过放流幼鱼来补偿，期望它们会长到垂钓者和商业渔民可以捕捞的大小，该方式称为"投入-生长-产出"渔业。例如，大眼梭鲈和白斑狗鱼在水库中可能能够产卵，但有限的育幼栖息地常常会由于缺乏鱼类补充群体而导致年龄结构失衡。在太平洋西北部进行的鲑放流项目（有时被视为海洋牧场），是以补充群体数量为目的，以弥补鲑高捕捞死亡率和难以进入产卵场繁殖造成的资源损失。鱼类自然死亡或人类引起鱼类死亡后，放流活动可能是补充鱼类资源的必要措施。电力公司建立孵化场设施定期放流鱼类，以减轻其作业造成的渔业损失（例如，排放产生的水流对鱼的冲击或热污染），这种情况也并不少见。当由于饵料生物不足而造成渔业资源不佳时，补充放流被捕食的种类[例如，丝状鲱（threadfin shad）（Günther，1867）或糠虾（mysid shrimp）] 是增强已建立鱼类种群的另一种途径。捕食者-被捕食者平衡概念在受到放流和捕捞双重压力的生态系统中往往模糊不清。

鱼类放流也可以作为一种生物控制手段用来调控有害的生物。这方面的例子包括放流食蚊鱼和胖头鲹来控制蚊子，放养草鱼以控制水生有害植物。食鱼性鱼类放流也可作为"生物调控"策略的一部分，用来改善水质（Lathrop et al.，2002；Mehner et al.，2002）或增加捕捞机会（Neal et al.，1999）。

繁殖和放流项目在恢复稀有或濒危鱼类方面也发挥着重要作用（Johnson and Jensen，1991），大多数情况下，联邦政府孵化场负责承担这些责任。这些孵化场被作为鱼类避难所、开展控制研究的场所，以及重新引进或补充放流濒危动物的资源库（见 9.3.3）。

9.3 孵化和养殖鱼类的方法

针对不同生产目的而采取不同策略，结合前面内容提到的放流理念，可以将孵化场进行分类。生产性、补充性和保护性的孵化场具有明显的目的性，这些目的决定了它们如何运作并影响所生产鱼类的物理、遗传和行为特征。然而，重要的是认识到，许多现代孵化场的功能是混合的，即可能在一个位置执行 3 种类型的繁殖项目。商业食用鱼和观赏性养殖超出了本章的范围；然而，这些操作的目标与生产孵化场的目标最为相似。

9.3.1 生产性孵化场

生产性孵化场的主要关注点是生产大量的鱼，以增加休闲渔业或商业捕捞机会，或作为缓解措施，维持受人类活动影响的渔业。这些策略试图增加鱼类种群的丰度，通常以饲养和放养鱼类的数量的多少来衡量是否成功。生产性孵化场通常是中型到大型设施，每年生产几十万到数百万尾幼鱼。生产性孵化场最常用的是以幼鱼生产效率为重点的工业化养殖技术（见 Piper 等 1982 年，Pennell 和 Barton 1996 年研究报道中关于鱼类养殖历史和技术的相关内容）。人工孵化的鱼常常在外面的水道式养殖池或池塘中饲养，并被大量释放到接收水域中。现代生产性孵化场有助于向公共水域供应鱼类。然而，这种工业化的鱼类生产方法受到批评，批评的观点为养殖鱼类和野生鱼类之间会产生负面的生态作用，从而导致野生群体减少。在人工养殖环境中，自然群体的等位基因被选择（人工选择、无意或者其他原因）从而形成遗传"沼泽化"，并促进高度开发种群的持续渔获（见 Naish 等

2007 年撰写的综述）。然而，生产导向型的饲养方法通常用于间歇型或其他投入-生长-产出型的渔业中。

9.3.2　补充性孵化场

补充增殖放流项目生产的鱼类，一旦再次引入自然环境，将成为自然产卵的野生鱼类。补充增殖放流项目一般使用生产性孵化场养殖设施（见 9.3.1）。然而，他们利用野生亲鱼或从野生鱼类收集生殖细胞，并可能采用复杂的繁殖方案，以确保最小的遗传漂变或人工选择压力（见 9.4）。补充增殖放流潜在的好处是减少鱼类短期灭绝的风险、加快渔业资源的恢复、重新占据空置的栖息地和增加收获的机会。补充孵化增殖放流，不同于生产孵化增殖放流，是一个相对较新的发展方向，并引发了争议和不确定性。补充增殖放流计划的关键问题是，来源于孵化场，在自然水域产卵的鱼类是否有有益的贡献。迄今为止，关于补充增殖放流的鱼类及其后代在自然环境中的表现鲜有报道。然而，在实施补充增殖放流之前，应考虑记录在案的孵化场养殖和繁殖技术的风险（见 9.5），以帮助衡量补充增殖放流是否有益。当使用补充增殖放流时，应将其视为实验性质的，并在适应性管理框架内进行（见 9.6；第 5 章）。

9.3.3　保护性孵化场

保护性孵化场与生产性孵化场和补充性孵化场在目标、操作方法和成功措施上都有很大的差别。现代保护性孵化场的使命有两个方面：保护基因库和恢复野生种群。对育种计划进行高强度的监测和监督，确保采购、饲养和亲本配对流程的正确性以保护孵化鱼类基因的完整性。保护性孵化场运作方式应反映最新的科学信息和保护做法，以维持遗传多样性水平和保留自然行为，并减少短时间内灭绝的风险。保护性孵化场的养殖规程需要应用和整合一些能够影响鱼类在自然环境中生存和繁殖的内在适宜性的养殖规程。例如，一种保护鲑的孵化场的养殖措施需要一个专门的养殖设施来让鱼类进行交配，繁殖出一种遗传上等同于本地种群并完全有能力返回原栖息地进行自然繁殖的鱼类种群。保护性孵化场必须有完整的补充或养殖策略，以生产非常具体的种群或具有特定属性的鱼类。保护性孵化场的鱼类养殖必须按照下列方式进行：①模拟自然生活史模式；②提高孵化场饲养的幼鱼质量和生存率；③减少繁殖技术对孵化场鱼类造成的遗传和行为影响，进而减少孵化场鱼类对野生群体的遗传和生态影响。操作指南已描述了太平洋鲑（Pacific salmon）在保护性孵化场的饲养技术（Flagg et al.，2005）（表 9.1），其中许多建议可以被应用到任何基于保护的繁殖项目。

表 9.1　孵化场管理原则和孵化场科学审查小组制定的全系统建议

(Mobrand et al.，2005)

明确的目标：

- 在一个区域范围内为所有放流项目和管理孵化场项目设定目标

- 从捕获、保护和其他目标方面的贡献衡量成功情况

- 对教育项目有明确的目标

(续)

科学性：

- 在生态系统背景下实施孵化场项目
- 实施孵化场项目和自然产卵群体之间既可以基因整合也可以基因隔离
- 确定孵化场项目大小应与放流目标保持一致
- 确定孵化场项目大小需要考虑淡水和海洋的承载力
- 确保孵化场项目有高产量的栖息地
- 使用流域内饲养和具有当地适应性的亲本
- 处于成鱼返回的自然阶段自由产卵的成鱼
- 在孵化场条件下使用遗传上优良的产卵模式，扩大群体规模，减少潜在的人工或驯化选择
- 放流鱼类时强调质量而非数量
- 减少外迁相关的风险（在溪流中放流养殖鱼进行饲养或产卵）

决策者须知：

- 适应性地管理孵化场项目
- 将灵活性应用到孵化场设计和操作中
- 定期评估孵化场项目以建立问责制

虽然保护性孵化场的概念运作时间不够长，无法得到充分的发展或检验，但初步信息表明，按照保护策略进行养殖可以降低异常的行为和生态相互作用，还能够提高成活率（Maynard et al.，2005；Flagg et al.，2005；Hebdon et al.，2005；另请参见 9.6.2）。太平洋西北部的鲑恢复项目强调应用保护性孵化场策略，帮助恢复洄游产卵和重建枯竭的自然产卵鱼群（Anders，1998；Flagg and Nash，1999；Flagg et al.，2005）。采用保护孵化方法，能较好地对人工繁育的太平洋鲑进行保护和增殖，同时也为世界各地的脊椎动物恢复提供了方法支撑（DeBlieu，1993；Olney et al.，1994；Bryant，2003）。

9.4 遗传学考虑

虽然没有明确的实证研究表明养殖鱼类对野生鱼类种群有不利的遗传影响（Calnpton，1995；Willialnson，2001），但是渔业专业人员仍然有责任使用一切实际手段来限制任何此类影响。

9.4.1 近亲繁殖

在孵化场，必须加强管理，以避免亲缘关系较近的亲本交叉在一起。由共有一个或多个最近祖先的亲本繁育的，后代容易发生近交衰退。近交衰退的发生源于隐性性状（通常是有害的）在纯合子（在给定的同一位点具有相同的等位基因）状态下具有很高的表达率。自交系个体可能因身体的异常、代谢障碍和发育异常而导致适应度下降（Busack and Currens，1995；Willlamson，2001）。即使隐性性状在后代中并不普遍，也可能由于杂合性的整体缺失而导致鱼类适应度丧失。基于个体之间的相关性（例如，全同胞与半同胞之间的交配），可识别的杂合性缺失可能会在几代的时间内发生。虽然与杂合性缺失有关的

表型变化已被记录，但由于复杂的环境影响（当水质下降、栖息地缩小或饵料丰度下降，理想的环境条件将变得有问题）影响、与杂合性丧失有关的，可测量的表型和绝对适应度之间的不完全相关性（仅部分存活到成年的个体有绝对适应度，并非所有个体都有），以及物种的染色体倍型（与其他鱼类的二倍体基因相比，鲤的四倍体基因对杂合性的丧失有更强的抵抗力，Wang et al.，2002）导致适应度的下降程度难以量化。尽管如此，在繁殖项目中应避免近亲繁殖，尤其是人工孵化的鱼很可能与野生鱼进行杂交，接收人工孵化鱼类基因的野生群体存在遗传变异缺失的风险。

9.4.2　遗传漂变

对于孵化亲本而言，无论是近期从野外采集还是在孵化场养了多年，其种群数量都是有限的。这些种群通常只代表野生繁殖群体的一小部分。由于随机事件而非选择压力的缘故，小种群更容易受到遗传漂变或种群内等位基因频率变化的影响。在某些方面，遗传漂变可以被当抽样误差。如果只有少数个体被采集用来建立亲鱼群体，偶然因素会阻碍罕见等位基因的表达。假设不太常见的等位基因在养殖亲本中得到表达，那么这些等位基因非常脆弱。在一些小群体中，罕见的等位基因很可能在一个单独个体上表达，如果该个体消失了，那么这对基因也随之消失。由于有效种群规模较小而产生的遗传漂变被认为是养殖三文鱼和野生三文鱼之间等位基因频率差异的主要原因（Waples and Teel，1990）。与近交衰退一样，遗传漂变的后果可能并非在所有情况下都很明显（即，种群可能会经历遗传漂变，但适应度不会明显丢失）。尽管如此，遗传多样性的丧失会降低种群应对环境改变的能力（支持适应进程和自然选择的"原材料"减少）。因此，为了避免在放流亲本和接收种群中发生遗传漂变，孵化场应维持足够多的养殖亲本，或持续从野生繁殖种群中引进新的个体。

9.4.3　有效种群大小

为了避免近亲繁殖和基因漂变，孵化场必须努力维持足够数量的亲本。群体遗传学领域提供了一个有用的关系式，称为有效种群大小（N_e），如下：

$$N_e = 4N_m N_f / (N_m + N_f)$$

式中，N_m 是成熟雄性个体的数量；N_f 是成熟雌性个体的数量。

产卵数量太少和不均衡的性比都会降低有效种群大小，可以理想地假设亲本种群的数量和野生群体具有相同的基因漂移率。通过放流，可以增加亲本资源量也可以补充野生群体的数量。Tave（1986）建议种群大小在 424～685 尾。更高的数量可确保几乎不会丢失等位基因。然而，Tave 发现在实际中不是所有种群都能达到这个期望的数量，因此建议采取一切措施，将有效种群大小维持在尽可能高的水平。

9.4.4　驯化

驯化是人工孵化环境或饲养技术的选择性压力造成的。从遗传学角度看，驯化是指圈养种群或衍生亲鱼相较于获得鱼类个体的种群或提供鱼类个体的种群关于数量、品种或等位基因组合的变化（Williamson，2001）。更适合孵化场环境的个体将经历主动选择，并将存活下来，然后繁殖出更加适应这种环境的后代。驯化最终的目的是圈养的后代产卵，甚至可以维持足够大的有效种群大小。虽然没有全部驯化，但是却在实际意义上选择了了具有优越产卵性能的鱼，这也发生在鱼类非繁殖期。鱼被圈养的时间越长，它们的行为就越习惯于人工环境和饲养方式（见 Berejikian，1995）。为了在孵化场中更好地存活和生长，其中适应的个体会经历主动选择过程。接受准备好的饲料、减少对捕食者的规避、增加进攻性和其他后天习得的行为在孵化场环境中是有益的，在自然环境中通常是不利的。由于后勤保障和经济原因，孵化场的广泛应用被限制，只有达到繁殖期的鱼才能被暂养到单独的设备中。经常为了满足管理目标和确保放流鱼的存活，必须延长后代的饲养时间。许多情况下，自然环境不能被完全模拟从而限制了完全的适应。因此，一些驯化和习惯化是不可避免的。

当处理珍稀或濒危物种时，对近亲繁殖、基因漂变、有效群体大小和驯化等方面的关注增加（Rinne et al.，1986；Kohler，1995；Williamson，2001）。在这些特殊情况下，孵化场人员必须采取措施，在孵化场鱼类中保持遗传完整性和类似野生生物的行为。在可能的情况下，保障种群数量处于较高水平对于保护濒危物种是非常重要的，这也是孵化场的一个保护途径。

9.5 野生鱼与人工孵化鱼的区别

在鱼类养殖的早期阶段，很少关注由于人工养殖而产生的鱼类特性，只要它们存活下来被放流到接收水域。然而，尽管做出了补充努力，野生种群还是继续减少，因此应进一步关注鱼类在孵化场产生的特性。早在 20 世纪 30 年代中期，研究人员就开始质疑孵化场生产的鱼是否在某种程度上劣于野生群体（Davis，1936）。

研究弄清了野生和饲养鱼在形态、行为、生理和基因方面的差异性。在传统的人工繁殖管理中，常常选择在常规产卵期外产卵的个体作为繁殖亲本（Flagg et al.，1995；Ford et al.，2006），从而造成养殖鱼的产卵发生得过早或过晚。人工孵化会改变幼鱼的生长和鱼类的生活史，如改变溯河产卵的鲑进入洄游的年龄和大小（Beckman et al.，1998，1999；Larsen et al.，2001）。生活史的改变会产生严重后果，包括增加雄性个体的早熟比例、改变产卵分布的时间。与野生鲑相比，孵化场的保护性（即减少自然选择过程的压力）也会增加孵化场饲养的幼鲑的成活率（养殖的幼鲑的成活率为 70% ~ 90%，而野生鱼类仅仅为一小部分；Leitratz and Lewis，1976；Piper et al.，1982；Pennell and Barton，1996）。养殖鱼放流后的成活率和繁殖成功率往往大大低于野生鱼类（Nickelson et al.，1986；Berrejikian and Ford，2004；Naish et al.，2007），与鱼类自身不相关的因素（例如，放流方法和放流时间）也会严重影响放流后鱼的存活（见 9.6.3）。由于选择压力直接或间接的改变，养殖群体的繁殖适应度及其野生产卵繁殖后代的适应度低于野生群体（Nickelson et al.，1986；Berejikian and Ford，2004；Kostow 2004；Araki et al.，2007）。

传统养殖最直接的影响很可能是破坏鱼类先天行为（见 9.6.2）。在养殖孵化环境中，鱼经历的水流流速相较于自然状态下通常更低、更均匀；通常没有提供用以躲避捕食者或者同类大型个体的结构；保持在较高的应力诱导密度；在水体表面取食准备好的饲料；适应在表面接近大型移动物体（Maynard et al.，1995；Olla et al.，1998；Maynard et al.，

2005）。增殖放流所引发的行为被认为是导致野生种群重建失败的原因（Johnson and Jensen，1991；DeBlieu，1993；Olney et al.，1994）。研究表明，传统的孵化饲养环境可对太平洋鲑的社会行为产生深远的影响（Maynard et al.，1995；Berejikian and Dord，2004；Naish et al.，2007）。Berejikian 等（1999）指出，行为的差异性可能会发生在鱼类的早期生长阶段。他观测到，与野生鱼类的后代相比，圈养亲鱼繁殖的鲑后代在有限资源的环境下具有更好的控制和忍受能力。养殖鱼的社群分化最早可能从孵化阶段就开始了。缺少孵化基质和暴露在光照的孵化环境下，会引起更高的活动水平，导致能量效率、大小和成活率下降（Poon，1977；Murray and Beacham，1986；Fuss and Johnson，1988）。孵化场的食物易得性和鱼类饲养密度远远高于自然河流中的鱼类，可能导致养殖鱼和野生鱼的竞争行为差异（Berejikian，1995；Berejikian et al.，2001；Olla et al.，1998）。与野生褐鳟相比，养殖褐鳟会消耗更多能量，但摄食效率和摄食频率较低（Bachman，1984）。Deverill 等（1999）观察到，养殖褐鳟效率低下，因此生长不良，尽管在这些鱼中观察到的大部分活动都与增强的攻击性行为有关。

　　繁殖成效和养殖鱼对野生鱼群体的贡献已成为养殖者和管理者的一把双刃剑（表框 9.1）。大量研究表明，由于有意或无意选择产卵时间，养殖鱼的繁殖成功率较低（Chilcote et al.，1986）。在这种情况下，孵化场因没有生产对野外后代贡献最大的鱼类而受到指责。相反，孵化场也因生产通过行为优势或仅仅通过数量控制野生基因库的鱼类而受到告诫。养殖人员需要应用各种技术，最大限度地缩小野生鱼与养殖鱼的差异，帮助缓解人工饲养的影响以及孵化场鱼一旦放流后所产生的任何负面影响（见 9.6.2）。

表框 9.1　孵化场和《濒危物种法》

　　20 世纪 50—60 年代，自然资源产业（即木材和捕捞渔业）是太平洋西北地区经济的关键组成部分。这一时期也是以太平洋鲑繁殖行动应对日益增加的捕获压力、区域发展（例如，扩大运输系统、建造水库和清理森林覆盖流域）和随之而来的淡水栖息地丧失的工业经济阶段。20 世纪 80 年代，孵化鱼的生产量达到顶峰，每年有超过 42 000 万尾的鱼苗、鱼种和幼鲑每年沿北美洲西海岸被放流（Mahnken et al.，1998）。

　　20 世纪 80 年代和 90 年代早期，人们对太平洋西北部自然资源开发影响的认识不断增加，例如，斑点猫头鹰（spotted owl）问题和人工孵化鱼对哥伦比亚河野生银鲑种群的影响（Flagg et al.，1995）。此外，太平洋西北地区经济体正在增长、多样化，并远离自然资源开发。1990 年《濒危动物法》（ESA）将哥伦比亚鲑种群列入保护名单，对鲑的管理理念发生了重大变化。ESA 是美国立法防止生物多样性丧失的基石，在其条款中规定禁止侵扰、伤害、杀害、捕捉或采集法案所列物种（法规将其定义为"获取"，16 U.S.C.§1538 [a]），同时要求所有联邦机构确保其行动"不会危及任何法案所列物种的延续，也不会对所列物种的栖息地造成破坏和不利的改变"（16 U.S.C.§1536 [a] [2]）。2007 年，位于太平洋沿岸（华盛顿州、爱达荷州、俄勒冈州和加利福尼亚州）的 27 种溯河产卵的鲑和鳟被美国国家海洋和大气管理局国家海洋渔业局列为受威胁或濒危物种。与其他列入的物种不同，太平洋鲑的独特之处在于它们与大量的孵化场供应的海洋牧场种群共存。目前的养殖实施办法和捕获方式被认为是导致野生种群全面减少的促成因素（Waples，1991；Lichatowich，1999；Levin et al.，2001），因此，传统的生产导向型的鱼类繁殖方式与 ESA 的任务规定发生了冲突。保护野生鱼类生物多样性和满足 ESA 的保护需求，促使生物学家、管理者和养殖人员重新思考太平洋鲑和虹鳟在美国西海岸的

（续）

繁殖问题。

　　在孵化场操作与 ESA 的鱼类恢复目标发生冲突的情况下，备选办法似乎是：①将孵化场生产作为独特的繁殖种群（即与自然产卵种群存在基因分离）来管理；②作为自然种群的基因整合组成部分开展孵化场生产管理，通过以保护为导向的途径进行操作（见 9.3.3；详细内容参阅 Flagg and Nash，1999；Flagg et al.，2005；Mobrand et al.，2005）。Mobrand 等人（2005）描述了两种遗传管理备选方案，以补充基因整合策略与分离策略，每一种方案都有一套操作指南［关于整合与分离途径的详细信息可查看 Hatchery Scientific Review Group（HSRG）网站 www.hatcheryreform.us］。

　　在隔离孵化项目中，目标是生产孵化场支持的且与野生群体隔离的独特种群（HSRG，2004a）。隔离项目创造了一个新的、适应孵化场的种群，旨在满足捕获和其他目的（例如，研究和教育），同时有利于濒危物种的恢复。在隔离方案中，亲鱼来源于返回孵化场的鱼类，因此在自然产卵亲鱼（NOS）和孵化场产卵亲鱼（HOS）之间几乎没有基因流发生。随着时间的推移，由于奠基者效应、基因漂变和在养殖环境中的驯化选择，一个具有遗传特色、养殖适应的种群得到发展（Mobrand et al.，2005）。为了防止养殖适应的特征意外地转移到野生群体，HSRG（2004a）建议在产卵场中 HOS 的占比必须少于 NOS 数量的 5%。隔离养殖项目的成功程度显著依赖于如何将遗传和生态对自然种群的风险降至最低。这种策略重要的一个关键方面是完全或接近完全地捕获返回的 HOS，以防止 HOS 与 NOS 在遗传或其他方面发生交互作用。

　　在整合养殖项目中，目标是通过自然环境中的选择压力来驱动野生鱼类和养殖鱼类的遗传组成和平均适应度，从而最大限度地减少驯化的遗传影响（HSRG，2004b）。整合养殖项目旨在从数量上增加自然群体的丰度，同时减少对养殖群体繁殖的遗传影响。对于基因一体化的亲鱼每年必须在亲鱼中加入规定比例的野生鱼类，以保持与自然种群的遗传融合（Mobrand et al.，2005）。对于将任何固定比例的 NOS 加入养殖亲鱼（pNHOB），产卵场中 HOS 的比例（pHOS）越小，自然环境驱动适应的机会就越大（HSRG，2004b）。因此，HSRG（2004b）建议在整合方案中养殖亲鱼的比例要超过孵化场产卵亲鱼的比例，即使在孵化场产卵亲鱼的比例为 0 的情况下，养殖亲鱼的比例的最小值也要超过 10%，以避免养殖群体与自然群体发生分化。此外，对于具有中度或高度生物学意义和生存能力的种群（或为了维持或提高当前种群的生物学意义和生存能力），HSRG（2004b）建议"实际的产卵组成"（养殖亲鱼的比例/孵化场产卵亲鱼的比例＋养殖亲鱼的比例）最好超过 0.7。因此一个成功的整合方案需要足够的 NOS 来补充每年的亲鱼，以及能够维持这种自然种群的自然生境。因此，由整合方案产生的组合种群的规模会被栖息地的可用性和养殖成鱼自然产卵的能力所限制。

　　无论是基因整合还是基因隔离的策略都需要有区分是来自人工孵化场的养殖鱼类还是来自自然产卵场的野生成鱼的能力，以评估遗传风险和基因流动率。这两种策略都需要大多数（最好是全部）鱼类都带有明显的识别标记（如标签或者鳍夹）。这两类方案都需要一些方法来去除优先到达产卵场的养殖鱼类，从而充分控制产卵场中养殖鱼和野生鱼的比率。要实现这些目标，通常需要有定向的选择性渔业和控制结构。例如，堰（鱼梁），以便在抵达产卵地之前消除足够数量的鱼。

9.6　繁殖和放流项目的最佳管理实践

9.6.1　繁殖和放流策略选择

　　孵化条件和操作程序必须反映野生鱼和养殖鱼之间的潜在差异，以及这些差异（见 9.5）是否会对野生种群构成相当大的风险。决定孵化场放流类型和管理策略的一个关键因素是放流的生物学意义。生物学意义是种群起源、固有遗传多样性、生物属性和独特性、局部适应性和相对于其他同种类群的遗传结构的综合反映。McEIhany 等（2000）描述了可用于评估鲑种群生存能力和生物学重要性的 4 个关键种群参数：①丰度；②生长率；③空间结构；④多样性。补充群体的生存能力和生物学重要性将在一定程度上决定繁殖策略——越敏感或独特的野生群体越需要保守的繁殖策略。

若干关于应用繁殖项目进行太平洋鲑放流的一般性指南已经发布，包括那些濒临灭绝的鱼类种群（Hard et al.，1992；Flagg and Nash，1999；Flagg et al.，2005）。然而，这些指南具有广泛的应用性，并没有提供具体的建议来确保放流计划的成功。从本质上说，指南建议的放流和管理策略应取决于鱼类的特定存量、其消耗水平、每个孵化方案的物理和管理限制，以及生态系统的生物多样性。考虑目标种群的特征、接受生态系统的状况和可采用的繁殖策略，对于调整指南以实现具体的管理目标至关重要。我们将在以下各章节重点介绍繁殖和放流策略的细节。然而，有效利用孵化场和养殖鱼类还必须包含对管理和补充策略的相对风险和利益进行评估。

鉴于放流鱼类可能对野生种群产生影响，无论是引进还是补充，加之生产放流鱼类的费用很高，不进行放流应始终被视为一种选择。例如，在修复栖息地会产生期望结果时，将资源用于栖息地改善而不是放流效应，最终可能更具成本效益，在生态上更可持续。不断增加的生物多样性也许不会总实现，因为放流的物种可能会繁荣起来，但牺牲了已经受到渔业公众欢迎的现存物种。补充的养殖群体对群体基因的改变可能也是有问题的。鉴于这些和其他考虑，风险评估方法可能有助于确定最经济和最生态的行动方针。风险评估协助决策者评估拟议活动的负面结果的概率和后果。风险评估还试图描述（如果没有测量）与活动及其影响有关的不确定性。风险评估适用于放流计划，可以用来总结养殖鱼与野生鱼之间的遗传和其他相互作用、对生态系统中其他物种的影响以及与增殖放流生态响应有关的不确定性（Pearsons and Hopley，1999）。虽然这些评估在描述风险方面非常有用，但风险水平是否可以被接受是一个单独的问题，应运用现有的最佳科学、专业经验进行评估以及咨询利益相关者和一般公众的意见。如果决定使用增殖鱼类，那么可采用以下准则改进养殖和放流方法。

9.6.2　饲养技术、孵化操作

Mobrand 等（2005）介绍了孵化操作最佳管理方式的三项基本原则（表 9.2）。

原则一：每一个养殖放流项目都必须在预期效益和目的方面提出明确的目标。明确的孵化操作目标有利于措施实行成功。放流目标必须反映方案的目的和预期利益（例如，捕获、保护、研究或教育）。整合养殖方案应包括短期和长期的生产及产出目标，以及跟踪进展情况的监测计划。孵化场应界定实现这些目标的具体目的。目标和目的应该明确且包括：①计划每年预定捕捞的鱼的数量；②返回孵化场或在流域（即逃逸）自然产卵鱼类个体的数量；③任何相关科学研究的预期结果；④来自教育和外联部分的利益。

原则二：养殖方案必须科学有理有据。放流项目和养殖日常操作的既定目标必须有科学依据。它们必须代表一个合乎逻辑的方法来实现管理目标，并应以对目标生态系统的了解和现有的最佳科学信息为基础。一旦一个项目的目标被确立，则必须明确说明方案设计和运作的科学理由，以便所有人员，最好是公众，都能理解运作和日常活动的科学依据。

与原则相一致，每一个成文的、综合的繁育管理计划方案都应包括亲鱼管理、饲养、放流和捕获管理等方面，是项目接受和成功实施的当务之急。这些准则应包括一个决策程序，用于制定最初的项目目标和实现这些目标的行动过程。在计划实施后，决策指南也能为孵化操作提供合理依据或为突发事件提供处理办法。此外，科学的监督和评审应该是每一个孵化项目的组成部分。

原则三：孵化项目必须回应新的信息。必须对养殖和放流的鱼类进行科学监测和评估，以确保孵化场实现目标。评估应包括幼鱼和成鱼的成活率、返回产卵场的情况、养殖成鱼对捕获和自然繁殖的贡献率，以及鱼类洄游和误入非目标水域的比率。在可能的情况下，评估应包括养殖鱼和野生鱼之间的遗传及生态相互作用（例如，交配、竞争和捕食）。应每年对结果进行评估，以便及时对项目进行调整；并应始终对孵化场进行适应性管理，以回应新的目标、新的科学信息以及自然种群和栖息地状况的变化。

总结以上原则，不断加强监测评估、科学监督和养殖操作的问责都是必要的。养殖需要在科学依据模式下进行操作，同时要有明确的目标以及大幅增加的数据采集和评估。养殖还需要具有灵活性和适应性。也就是说，它们需要根据孵化的生态系统和养殖鱼类依赖的生态过程进行运作和评估。与孵化操作相关的科学不确定性很多，仍然没有十分科学的方法来规避这些不确定性的风险，（见 Currens and Busack，2005）。显然，保持健康的栖息地不仅对可存活且具有自我维持能力的自然种群至关重要，而且对充分控制养殖项目的风险也至关重要，有助于实现养殖利益以恢复种群数量并在日益拥挤的环境中维持良好的收成（Mobrand et al.，2005）。孵化场不能被视为栖息地丧失、环境质量下降或对捕捞渔业进行适当调节和管理的替代内容。相反，孵化场应被看作更广泛的自然资源管理和修复活动的一个补充组成部分（表 9.2）。

表 9.2　太平洋鲑生产性孵化场策略和保护性孵化场策略之间的养殖操作比较

（根据 Fagg 等 2005 年文献修改）

参数和因子	生产性孵化		保护性孵化	
	手段	目标	手段	目标
卵的收集				
产卵时间	定向的（例如，早期或晚期组成）	同步成鱼返回或捕获机会	和野外同步；在整个洄游通道选择具有代表性的	保持野外时间
数量	定向的（可能会取大量卵）	最大化产出	定向的（需要卵的数量相对少）	根据栖息地承载力进行阶段生产
卵的受精				
配对策略	定向的（特征）	选择预期的特征（如返回的大小和年龄）	定向的（保持基因多样性）	维持多样性
卵的孵化				
孵化器类型	使用公认的物种指南	最大化产出	包括产卵基质	大致相同的野外环境和最大化的孵化规模
温度	表层或深层	根据生产需要决定孵化时间	根据周边环境进行控制	同步野外孵化时间

（续）

参数和因子	生产性孵化		保护性孵化	
	手段	目标	手段	目标
鱼的饲养				
容器类型	标准的（典型的光滑的没有内部结构）	最大化产出	改进增加顶盖、结构、底质或者其他半自然生境	减少驯化条件
温度	表层或深层	根据生产需要决定饲养时间	根据周边环境进行控制	同步野外饲养时间
养殖技术	标准的（根据最大产出设计）	最大化产出	创新（旨在最大限度提高鱼的质量）	减少驯化条件和提高适应度
下塘时间	可变	最大化养殖机会	和野外同步	和野外饲养情景大致相同
光周期	自然	提供周边环境条件	自然	提供周边环境条件
密度	取决于最大化安全水平	最大化空间利用	使用较低的饲养密度	尽量减少行为和健康问题

　　在近期的一篇综述里，Brown 和 Day（2002）强调渔业管理目标和保护生物学目标之间的相似性。

　　从保护生物学中获得的教训。虽然保护生物学家可能注意到保护种群的特殊属性，而管理者更感兴趣的可能是维持商业渔业或休闲渔业，但无论哪种情况，目的都是建立（或重建）自我维持的种群。养殖鱼类要想为这一共同目标做出贡献，至少必须存活足够长的时间，才能达到捕获规格和性成熟。Brown 和 Day（2002）概述了一系列饲养方法的变化，这些方法可能会提高养殖鱼类放流后的成功率。尽管这些建议是从保护生物学的角度出发的，在保护孵化场的环境中可能是最适用或最可行的，但重要的是要认识到，任何养殖和放流项目都会从放流后鱼类的成活率提高中受益。

　　Brown 和 Day（2002）承认亲鱼选择和维护的重要性，以避免近亲交配和驯化等问题（见 9.4），但关注的重点是：形态差异和学习行为（见 9.5）是养殖鱼类放流后死亡率的主要影响因素。在某种程度上，可以通过提供天然或半天然的食物、降低生产密度或使用半自然的灯光来纠正形态改变（例如，颜色、鳍的形态，生长率和鱼体大小，组织组成）（Maynard et al.，1995）。然而，使用自然或半自然的饲养环境似乎导致野生形态和行为的最全面的恢复。作者指出了放流鱼类的成功至关重要的几种行为：对捕食者的识别和逃避、食物的识别和获取、同种之间适当的社群交流、辨识或构建所需的栖息地（如巢穴），以及在复杂环境中的巡航和游泳运动。在放流前将鱼暴露在复杂的环境中（半天然的河床、水下结构、顶盖或使用土池取代水箱和水道），特别是与天然或者半天然的觅食机会结合在一起，似乎提供了某种行为上的"生存技能训练"，并提高了养殖鱼类放流后的成活率（Brown and Day，2002）。虽然与传统的繁殖方法相比，这些技术必定会增加人力和资源强度，但如果实现更高的放流后成活率，它们可能更具成本效益（表框 9.2）。

表框 9.2 在切萨皮克湾养殖和恢复条纹鲈

历史上，美国大西洋沿岸条纹鲈种群支撑着利润丰厚的商业渔业和流行的休闲渔业。年渔获量在1973 年达到顶峰，为 6 700 t，但是在接下来的 10 年由于狂热的捕捞、栖息地改变和水质下降的压力，渔获量下降得非常快（Richards and Rago，1999）。到 1983 年，条纹鲈的捕获量已减少到高峰时的大约 15%。作为回应，大西洋海洋渔业委员会为条纹鲈制定了一项州际渔业管理计划，这些管理建议后来被 1984 年的《大西洋条纹鲈保护法》赋予监管权力（公法 98‐613）。有了切萨皮克湾鱼产卵场和育幼场的支撑，生物学家将目标对准海湾进行密集的恢复工作。尽管从 19 世纪后期起就在大西洋沿岸进行条纹鲈放流（Rulifson and Laney，1999），但切萨皮克湾的密集放流始于 1985 年。到 1993 年，共有750 万尾条纹鲈被放流到这个海湾（Richards and Rago，1999）。鉴于时间和随机效应对条纹鲈幼鱼存活率的强烈影响，鱼苗也被放流到切萨皮克湾，以补偿自然产卵的高死亡率（Secor and Houde，1998）。

切萨皮克湾条纹鲈渔业在 1995 年宣布已恢复，目前大西洋条纹鲈的所有洄游种群都被认为恢复到了历史水平（Rulifson and Laney，1999）。一些人认为，美国东部水域条纹鲈的恢复主要是由于捕捞压力得到控制，放流对切萨皮克湾条纹鲈的恢复作用很小（Richards and Rogo，1999）。然而，养殖来源的鱼在成长的亚成鱼和生殖成熟的年龄世代中被发现，尤其是在帕图森特河（Patuxent River）（Rulifson and Laney，1999）。捕鱼压力的降低加上生境的改善，无疑增加了野生鱼和养殖鱼恢复的可能性。

有学者认为，仅靠孵化场补充放流无法恢复过度开发的种群（Lorenzen，2008）。相反，成功的渔业增殖一般以"渔业系统的重大换变"为特点，包括养殖鱼类的繁殖和放流、实施更严格的捕捞限制、增加种群监测和权力监督，以及利益有关方的更多参与，以加快接受和遵守新条例（Lorenzen，2008）。就切萨皮克湾条纹鲈而言，仅仅依靠放流不可能达到同样快速而有力的恢复效果。然而，大西洋条纹鲈种群的恢复是一个很好的例子，说明了如何将养殖鱼类作为渔业修复和增殖的全方位措施的一部分加以实施。

9.6.3 放流技术

9.6.3.1 鱼类运输

不管鱼来自哪里，将鱼运输到接收系统都要经过一定的旅途。大多数机构都拥有具备车载水箱和曝气装置（例如，搅拌器、鼓风机、气体或液态氧加压气缸）的运鱼拖车。运输过程中适当的护理对于放流项目的成功具有重要意义，因为诱发鱼类死亡的主要原因是搬运、挤压、疾病感染、渗透压和温度的冲击（Carmichael et al.，2001）。在运输前24～48 h对鱼进行禁食，以减少鱼类排泄物对运输罐内水体造成的污染。在运输前或在运输过程中使用抗生素或者其他药物对鱼进行预防性治疗，虽然预防性治疗可以降低发病率，但是通常不采用，因为对许多允许使用的药物来说，停药时间通常是 7～21 d。如果使用药物，无论是在孵化场还是在运输阶段，必须使用被批准的药物，并且严格按照水产养殖药物使用准则的要求使用（最新的《美国水产养殖》中批准使用的药物信息可以从美国鱼类和野生动物管理局水生动物药物批准合作计划项目网站获取 www. fws. gov/fisheries/aadaplhome. htm）。

运输水箱可以用次氯酸钙进行消毒，并在灌装养殖水之前彻底冲洗干净。必要时，水可以冷却到理想的运输温度（15～20 ℃适合温水性和暖水性鱼；10～15 ℃适合冷水性鱼），但必须注意使鱼慢慢适应新的温度。一个好的经验方法是，超过 2 ℃ 以上的温度变化时每 30 min 上升 1 ℃。如果养殖场和接收水体之间的水化学差异很小，同时温差（更冷或更热）小于 2 ℃，通常没有必要进行驯化。运输水一开始就应该是氧气过饱和，并进行调节，以保持在整个运输过程中溶解氧含量超过 5 mg/L。根据物种的不同，在运输水中经常添加盐（NaCl），以达到 3～7 的盐度水平，协助鱼体维持渗透压的平衡。长途运输过程中有时需要换水，上述所有预防措施在换水时也都应采用。装载率（按质量大小计）将取决于放流地点的距离、鱼的种类和大小（较小的鱼 ＝ 较小的装载量）、温度、水的硬度（较低的二价阳离子水平 ＝ 较低装载率）和曝气效率。装载量和距离的示例见表 9.3。

至关重要的是，要确保运输和放流活动不会无意中助长水生动物疾病传染或入侵物种的传播。这包含遵守其他的一些推荐规范，来防止有害水生生物的转移（例如，在前往另一地点之前清除车辆和船舶中的生物及其残渣，并对设备进行消毒）和运输限制或禁止（例如，联邦政府限制州际运输易感物种，用以控制病毒性出血症在大湖地区的传播）。

表 9.3 在 18 ℃（65 ℉）水温下每加仑*水可以运输的鲑质量

(Piper et al.，1982)

每磅**鱼的数量（尾）	转运时间（h）		
	8	12	16
1	6.30	5.55	4.80
2	5.90	4.80	3.45
4	5.00	4.10	2.95
50	3.45	2.50	2.05
125	2.95	2.20	1.80
250	2.20	1.75	1.25
500	1.75	1.65	1.25
1 000	1.25	1.99	0.70
100 000	0.20	0.20	0.20

9.6.3.2 放流类群的选择

考虑到放流的诸多合理性，北美放流了多种类群的鱼类也不足为奇，这些类群几乎包括了所有营养级和生物学特征的鱼类（Heidinger，1999）。2004 年，政府机构在美国水域放流了 104 种类群（种、亚种或杂交种）（Haivemon，2008）。2004 年放流的 1.75×10^9 尾鱼中，大部分（82%）放流鱼是为了垂钓休闲渔业或作为休闲渔业的饵料生物。就数量和生物量而言，濒危或稀有物种的放流较少。然而这些物种约占 2004 年繁殖种类的一半。ESA 所列鱼类或其他面临风险鱼类的生产量不断增加反映了"保护水产养殖"和

---

* 1 gal（加仑）＝3.785 4 L。

** 1 lb（磅）＝0.454 kg。

濒危物种恢复在水生态保护中越来越重要（见 9.8）。表 9.4 提供了影响放流决策的代表性物种和相关特征的基本信息。

表 9.4　选择放流种群的列表以及在选择放流鱼时需要考虑的相关生物学特征

（修改自 Herdinger，1999）

类群	特征
银汉鱼科（Atherinidae）	
内陆银汉鱼（inland silverside）	饵料鱼；冬季死亡，但是比马鲅能忍受更低的温度；在一年的较早时候繁殖，在美国中西部
太阳鱼科（Centrarchidae）	
黑斑刺盖太阳鱼（black crappie）	比白刺盖太阳鱼更容易处理和运输；在美国的南部和北部有超过白刺太阳鱼的趋势；不轻易接受配合饲料
蓝鳃太阳鱼（bluegill）	在小型池塘发育受阻碍，限制大口鲈的补充；容易接受配合饲料
蓝绿鳞鳃太阳鱼（green sunfish）	很易被大口黑鲈捕食
杂交太阳鱼（hybrid sunfishes）	比亲代生长得快，F_{1s} 主要是雄鱼，F_{1s} 倾向于多产
大口黑鲈（largemouth bass）	游钓鱼类；佛罗里达州的大口黑鲈不能在冷水中生存，北部的大口黑鲈能够在冷水中生存
小冠太阳鱼（reader sunfish）	比蓝鳃太阳鱼要难捕获；可以吃软体动物；不轻易接受配合饲料
小口黑鲈（smallmouth bass）	以昆虫和淡水螯虾为饵料生物长得好；在温水中生得好，但是在南部一些州的含有大口鲈和太阳鱼的池塘里种群数量不易补充；在其分布的南部区域的溪流中进行补充
白刺盖太阳鱼（white crappie）	在小型池塘和湖泊中趋于种群过多或不补充，在混浊的水流中趋于超过黑斑刺盖太阳鱼数量；不轻易接受配合饲料
鲱科（clupeidae）	
斑鰶（gizzard shad）	生殖力非常强的饵料种类；在小型池塘和湖泊中养殖太阳鱼时不希望有此种类，2 龄开始产卵
鲥鰶（threadfin shad）	生殖力非常强的饵料种类；产卵较早；−8 ℃时被冻死
鲤科（cyprinidae）	
鲤（common carp）	商品鱼，能够摄食底栖生物，具有很高的繁殖力，寿命长，广温性鱼类
胖头鲹（fathead minnow）	饵料鱼；非常脆弱，易被大口黑鲈清除
金体美洲鳊（golden shiner）	在小型湖泊和池塘中被放流作为大口黑鲈的饵料鱼。在大口黑鲈分布的北部地区趋向于更成功，在中西部地区可能种群过多并限制大口黑鲈的补充
草鱼（grass carp）	用于水生植被的生物控制，每公顷放流 5～15 尾；有三倍体，不是所有州都允许养殖，常常长到 14 kg，20 cm 以下的草鱼非常脆弱，易遭受大口黑鲈捕食
狗鱼科（Esocidae）	
北美狗鱼（muskellunge）	奖励性游钓用鱼；鱼苗非常脆弱，易被捕食
杂交北美狗鱼（tiger muskellunge）	被大多数狗鱼垂钓者接受作为奖励性用鱼；投喂配合饲料时，相对于其亲代，较易养至大规格鱼种；不可育

（续）

类群	特　　征
鮰科（Ictaluridae）	
黑黄牛头鮰（black and yellow bullheads）	被应用在城市渔业中；趋向于在小个体时（15 cm）开始繁殖；密集种群可以把池塘淤泥保存在胶质黏十区域
斑点叉尾鮰（channel catfish）	需在洞穴内产卵。15～20 cm 的个体易被大口黑鲈捕食，在小型池塘可能不补充，容易接受配合饵料
鲈科（Moronidae）	
杂交条纹鲈（hybrid striped bass）	条纹鲈雌鱼和白鲈雄鱼的杂交后代比条纹鲈雄鱼和白鲈雌鱼的杂交后代长得大；比其亲本更易训练摄食配合饵料；可以回交繁殖
条纹鲈（striped bass）	上层水面休闲垂钓鱼，能捕食其他食鱼性鱼类不能捕食的大型饵料鱼；漂浮型卵，需要在大的源头溪流进行繁殖补充；一些种群数量通过放流鱼类得以维持

9.6.3.3　放流规格和数量

根据种类和放流目标不同，放流鱼类可以是鱼苗（幼鱼）、鱼种，或者成鱼（这里指达到渔获规格的）。假设放流的大量鱼苗仅部分成活，则可以放流相对较少的大个体鱼来代替。一般情况下，成鱼越大，存活率越高，因为它们更容易承受与运输和放流有关的压力（Pitman and Gutreutcr，1993），更不易被捕食者捕食。然而，越大的鱼生产起来越困难，成本也更高。在鱼类生活史的不同阶段和鱼体不同规格时进行放流的决定是基于生物学、饲养难易程度、管理目标、经济、政治或其他组合因素（Hartman and Preston，2001）。例如，大眼梭鲈（Mitchill，1818）通常在个体较小时进行放流，这是因为在圈养中饲养大量的大规格鱼种受到限制（即摄食训练困难、自相残杀和经济因素）。2004 年，大眼梭鲈的放流量占美国州和联邦政府机构所放流总数量的 60%，但不到放流总生物量的 1%（Halverson，2008）。相反，虹鳟等种类对养殖过程非常耐受，因此常常在可捕捞规格进行放流。虹鳟约占 2004 年美国鱼类放流数量的 5%，但约占生物量的 50%（Halverson，2008）。放流可捕捞规格的鱼，像"投入-产出"型鲑鳟渔业，因为养殖的鱼很容易被捕获。可以导致一个即时的利好公共关系。超过 90% 的养殖虹鳟在"投入-产出"型放流的数周内被捕获，这种情况并不少见（见 9.6.3.4）。城市的游钓项目也依赖于放流可捕获规格的鱼，其中的鲇、太阳鱼和鲤非常受欢迎。

放流鱼的规格和数量通常据情况而定，而不是基于详细的成本效益分析。然而，成本效益分析对于确定最有效手段以实现管理目标（放流鱼苗、鱼种或可捕捞规格）非常有帮助，并可能越来越多地被面临预算削减的自然资源机构所使用。理想状态下，放流率也应该考虑到密度对存活率的影响，也就是说低放流率也许不会得到理想的效果，非常高的放流率也可能导致低的存活率和补充率，这是因为种内资源竞争增加（Fayram et al.，2005）。在确定放流率和放流规格时，都应考虑捕食者的存在、饵料生物丰度和接收水域的承载力等因素。

9.6.3.4　放流时间和地点

大部分北美鱼在春季产卵，因此鱼苗在春季放流，鱼种在春末夏初放流，鱼种后期在秋季放流。这个时间放流鱼苗和小型鱼种是有利的，因为此时浮游动物种群数量达到了顶峰，但是在生产实践中，这个时间比计划的更具偶然性（Heidinger，1999；Hartman and Preston，2001）。随着温度升高，放流后出现压力和疾病暴发的风险都增加，因此除了北部区域，鱼类一般不会在夏季放流。冬天同样会出现一系列问题，在低温条件下处理鱼（尤其是暖水性和温水性种类）更加容易被真菌感染。有冰层覆盖的接收水域也会威胁放养鱼类。

强光会对幼鱼产生伤害，因此一般推荐在夜晚或早晨进行鱼类放流。在自然环境中，上层鱼类或生命某些阶段在上层的鱼类应该在开阔水域进行放流，而不是在方便的近船水坡道放流。还应注意对于沿岸带鱼类或生命某些阶段在沿岸生活的鱼类，应沿着具有水生植被或木质残体等结构生境的岸线水域放流。对于溯河洄游产卵性鱼类，稚鱼通常在驯化地点进行放流，以促使它们返回目标流域。在所有情况下，放流之前应测量放流点的水质以避免不合时宜的水域（例如，低溶解氧），并确定所需的驯化量，以补偿运输水体和接收水体之间的水化学差异（Pitman and Gutreuter，1993）。

还可以通过在接收水体的多个地点进行放流，并在几天或几周内扩大放流工作，最大限度地降低放流后即时的死亡风险。在不同的地点和时间进行放流，可最大限度地减少完全失败的风险，但是通常不会这样做，原因是多点放流需要额外的人员以及与多次放流相关的其他后勤问题。同样，所谓的"软放流"可以提高放流后鱼的存活率，但是这往往不切实际。虽然"硬放流"只涉及放流前的调节步骤，但"软放流"包括放流前的延长驯化阶段，在一些情况下，可能涉及在完全放流前先暂养在受保护的禁锢区域里（即笼子或网箱）（Brown and Day，2002）。与陆地动物的再引入常规化相比，"软放流"在渔业增殖和恢复中相对少见。

"投入-产出"型放流模式与上面描述的不同，因为该模式的管理目标往往是最大限度地回报垂钓者。因此，鱼类经常被放流到开放视野的区域，有利于捕鱼船的靠近和公众进行垂钓。即将到来的放流活动也可能被当地媒体报道，吸引更多垂钓者来到放流地点，这个过程常常会导致"卡车跟随"，垂钓者甚至在卡车开走前就开始投钓了。

9.6.3.5　放流项目的评估

任何一个涉及放流项目的管理计划都应包括对其成功、失败或意外后果的评估这一关键部分（Murphy and Kelso，1986；Wahl et al.，1995）。管理计划应清晰地陈述放流的理由和预期结果。引入的放流可以很容易地通过取样评估是否有来自放流鱼的后代，并最终评判其后代能否自我维持种群的发展。同样，补充放流可以根据它们加强特定世代的程度来评估，但是需要一些标记项目（基因标记、化学标记或标签，见 Guy 等1996年文献）来确认放流鱼类和养殖鱼类的相对贡献率。一方面，鱼篓调查是一种简单而有效的方法，用来评估放流是否从数量方面改善了渔获状况；另一方面，通过放流创建奖励渔业可以提高垂钓体验的品质，但是为了收集这类信息，需要更多垂钓者的访谈细节（Knuth and McMullin，1996）。放流的意外后果（例如，基因污染、种间竞争或栖息地破坏）更难以评估，因为它们往往不容易显现或多年内不会发生。除非以前进行了长时间的放流，否则管理计划应该包括一个研究部分，以评估生态因素方面的内容以及对渔民更直接的影响。

9.7 对鱼类养殖和人工孵化的批评

许多渔业专业人员和外行人对鱼类养殖及其在渔业管理和恢复中的使用有着过时的看法。许多人错误地将鱼类养殖等同于大型工厂化农场，否认了孵化场在渔业管理中的作用，原因是假定"要产量不要质量"的驱动方法。例如，下面 Helfman（2007）的陈述。

目前实行的水产养殖可能会对野生种群造成额外的压力，因为存在以下竞争：①幼鱼和其他鱼被当成放流鱼的饵料；②沿海生态系统及其服务；③销售产品的世界市场。此外，捕捞渔业和海洋生态系统可能会遭受废弃物产品、化学污染、外来物种入侵和病原体传播等问题的影响。因此，种群补充计划的效果与其目标相反，由于野生种群不能抵抗额外的压力，野生鱼类的丰度降低，种群数量也达到历史最低水平。无论现在还是将来，都不能以保护野生种群为由，为孵化活动和种群数量补充计划辩护。

Helfman（2007）得出"孵化场加速灭绝"的结论。这种对鱼类养殖的控诉没有科学信息的支持，也没有反映大多数渔业专家的观点。绝大多数渔业管理者认为，鱼类养殖是渔业资源保护和恢复的组成部分，管理策略不能脱离它们所依赖的养殖实践。单靠鱼类养殖不能补偿过度捕捞、栖息地退化和其他压力造成的不利影响的观点是正确的，然而许多渔业的存在却完全是由于鱼类养殖人员的努力。在全球范围内，增殖放流和基于养殖的渔业活动所带来的产量大约占淡水和洄游性捕捞渔业的 20%（Lorcnzen et al.，2001）。在太平洋西北部，据估计 70%～80% 的沿海渔业来自人工孵化鱼苗的放流（Mahnken et al.，1998；Naish et al.，2007）。此外，商业养殖海产品降低了对野生种群的捕捞压力。相反的观点也凸显出来，主要是社会经济文化与传统捕捞渔业的关系。

就增殖放流项目而言，必须认识到，传统养殖并不是为了渔业资源补充或修复的现代目标。在公共利益要求下，人工孵化场已经运行多年，并继续实行下去。当把放流率作为成功的唯一指标时，养殖人员则只关注产量自身。由于遗传多样性的维持和局部适应的作用已经成为突出的范式，养殖管理者已经将他们的关注重点从数量转移到遗传和表型特征（数量和质量是当代养殖的目标），这是美国渔业学会关于繁殖鱼类使用问题的专题研讨会的一个中心主题（Stroud，1986；Schramm and Piper，1995；Nickum et al.，2005），也是本章（第9章）修订期间不断强调的一个议题（Kohler and Hubert，1993，1999）。在过去一段时间，科学上的不确定性和增殖放流效果的难以预料可能限制了对孵化鱼类的积极影响分析。然而，传统增殖放流的负面后果目前正被应用于适应性管理策略，为孵化场改革进程提供信息。

一些外来物种可能是随着渔业放流设备意外被引入的，大规模的鱼类引入则归咎于鱼类养殖者在自然资源机构指导下开展的增殖放流活动（Mitchell and Kelly，2006）。虽然一些引进和增殖放流项目产生了意想不到的负面结果（如栖息地退化和增殖放流鱼类与本地物种存在竞争），但是鱼类养殖和增殖放流作为一种工具不能被取消，因为取消增殖放流被证明是不明智的决定。所有外来物种都具有巨大的破坏性的假设非常流行，大多数报道都集中于观察到消极后果的案例（Gozlan，2008）。事实上，许多引进种具有积极的经济影响，并在没有负面生态影响的情况下增加了生物多样性。在回顾非本土物种的经济和生态成本时，Pimentel（2005）对美国特有种群的负面影响表示遗憾，但也承认引进非本土种对休闲渔业资源的恢复具有很大的经济利益。此外，在一些情况下，外来种（如草鱼和食蚊鱼）作为生物控制手段，已被证明对提高环境质量和修复生态功能非常有用。对于大多数已被引入其本地分布以外水系的淡水物种来说，伴随引进物种而来的负面生态影响风险只有10％（Gozlan，2008）。当然，相对的生态风险因物种而异，同时可以通过实施额外的预防措施来避免偶然引进高风险物种。关于引进鱼类的积极和消极影响的进一步讨论内容，请读者参阅第8章。

病原体从养殖设备传播到野生种群是一个激烈争论的问题，矛盾的数据加剧了争论的激烈程度。由于鱼类及其病原体的自然属性，基本上不可能阻止病原体随着鱼从一个地点转移到另一个地点。当病原体通过迁移或引进鱼类传播到本地鱼群时，引进的病原体将会造成问题。除了与引进外来物种相关的常见问题，外来养殖鱼还可能成为野生群体得病或感染的载体，在太平洋西北部虹鳟之间与转移有关的眩转病大规模暴发和挪威大西洋鲑的海虱感染都证实了这个观点（Wales，1999）。然而，当繁殖和放流工作仅限于固定区域来源的本地物种时，养殖鱼和野生鱼之间病原体转移的可能性较小。无论如何，病原体从养殖群体到野生群体的传播事件在美国基本上没有得到证实，当前控制病原体传播的措施似乎是有效的（LaPatra，2003）。

许多其他关于鱼类养殖的批评意见都可以追溯到公众对商业活动的看法，尤其是那些饲养海洋肉食性鱼类的活动。养殖这类鱼的各个方面仍会存在争议，但该行业的长期成功依赖于增加可持续性和减少不利影响。对幼鱼的竞争问题，即捕获野生产卵的幼鱼并饲养在特定区域内，主要限于海洋食用鱼的商业养殖，比如金枪鱼，因为至今还缺乏这些鱼的人工繁育技术。使用杂鱼作为大型肉食动物的食物主要限于商业经营，随着配方饲料的开发，这种情况正在减少。

鱼饲料也存在争议，因为渔业产品在饲料中的使用减少，也就是鱼粉（FM）和鱼油（FO）在饲料配方中使用量的减少。对以鱼粉和鱼油为基础的饲料的关注是一个广泛的问题，这正影响着私营和公共的鱼类养殖业务。在对饲料成本、产品供应以及永久有机污染物转移的担忧的推动下，联合国粮食及农业组织（FAO）已经将不使用鱼粉和鱼油的动物饲料研发描述为"国际研究的优先方向"（FAO，2005）。许多人反对将小型中上层鱼做成鱼油和鱼粉，认为这些鱼类可以被人类直接利用（Naylor et al.，2000）。在亚太地区，大部分"杂鱼"上岸后被人类直接消费；只有25％的上岸量被作为水产饲料原料（FAO，2005）。然而，大部分西方消费者不愿意把"杂鱼"作为食品，对野生食品级鱼类的捕获量满足不了消费需求（FAO，2009）。已有研究探讨减少或取消将渔业产品作为水产饲料原料（New and Wijkstrom，2002）。在鲑饲料中，鱼粉的比例从1985年的60％下降到目前的平均约35％（Tacon，2005）。为草食性鱼类或杂食性鱼类配制的现代生长饲料一般含有2％～15％的鱼粉，为肉食性鱼配制的饲料通常含有20％～50％的鱼粉（Tacon，2005）。营养学家持续改进配方，取得了不断的成功，在不影响生产性能的情况下，部分或全部取代了鱼粉和鱼油（Hardy and Tacon，2002；Sargent et al.，2002；Trushenskil et al.，2006；Gatlin et al，2007的综述）。配方也在不断修改，以提高消化率和营养保留率，从而降低生产成本和废物生产（Cho and Bureau，2001）。随着时间的推移，这些实验配方将被商业饲料制造商采用，进而用于鱼类养殖。

9.8　把鱼类养殖作为管理工具的前景

有效利用养殖鱼类和放流使其作为一种管理工具，需要科学的指导，同时受政治、社会和经济的影响。做出是否使用养殖鱼类的决定的过程是复杂的，不可能确切地评估鱼类增殖放流和增殖放养计划的未来。然而，通过分析养殖鱼使用的当前趋势，我们可以对鱼类繁殖和增殖放流的演变方式有一些了解。为了从历史记录的角度评估当前的增殖放流实践，Halverson（2008）回顾美国联邦和州机构在 1931—2004 年开展的增殖放流活动。这个回顾揭示了增殖放流的发展趋势，并且有利于我们对未来做出合理的预测：①联邦机构对于放流项目的投入减少；②放流的个体更大、生物量总量更高；③放流的种类多样性更高，尤其是稀有或濒危鱼类。

联邦政府对放流项目投入的减少反映一个在自然资源管理中的更广泛的趋势，特别是权力下放和将联邦责任移交给各州或社区。将责任划分到地区或当地政府已经被标榜一种能为管理工作提供更具弹性和更高效的一种手段，由于监管权力掌握在利益相关方的手中，利益相关者则会更有动力去执行项目并保证其成功（Andersson et al，2004）。美国和加拿大的许多联邦孵化场已转移到各州或各省，大多数仍由联邦经营的孵化场也过渡到以恢复和缓解当地种及濒危种为主的繁殖（Edwards and Nickum，1993；Jackson et al.，2005）。联邦政府对美国水域鱼类放流数量的贡献从 1930 年的 70% 下降到 2004 年的不到 8%（根据有数据的 33 个州的保守估计，Halverson，2008）。反过来，州政府机构越来越多地参与养殖和放流工作：在全国范围内，约有 1/3 的州级全职人员投入放流鱼的生产中（Gabellhous，2005），州渔业支出的 1/3 用于增殖放流项目（Ross and Loomis，1999）。

从历史上看，繁殖和放流技术只涉及与受精卵相关的培育系统。当这些策略的限制变得明显，养殖者越来越注重生产更大的个体，因为这些个体在野外具有更高的成活可能性。20 世纪 40 年代，大中型鱼类（>15.2 cm）约占美国水域所有鱼类的 20%。近些年，大型个体的贡献率已经增长到 50% 以上。尽管生产可捕获规格鱼种需要更多的投入，但假定这些成本将被目标种群和渔业公众获得的利益所抵消，事实证明，选取大个体鱼类进行增殖放流，成功地提高了垂钓者鱼篓回报率，这一方法将持续作为增殖放流的标准。在同一时期，内陆商业渔业与美国粮食供给和经济的相关性越来越小，管理的优先事项正在从增强商业渔业转移到垂钓渔业和休闲渔业。在很多情况下，这种转变意味着大力扩大垂钓型鱼类的范围，往往没有期望建立自我维持的鱼类种群（见 9.2）。目前放流的主要是垂钓型鱼类，占放流总数量的 72%，占总生物量的 82%。由于游钓渔业的需求，垂钓型鱼类资源增殖规模不会在不久的将来大幅减少。然而，人们普遍认识到生态系统的重要性，而不是个别物种的重要性，因此人们更重视基于生态系统的水生资源管理办法。美国和加拿大的渔业机构开始在更广泛的管理战略背景下看待放流问题，管理计划不太可能仅仅依靠繁殖的鱼类（Jacksoll et al.，2005）。放流项目将越来越多地与栖息地修复、污染物和压力源缓解、渔获限制和其他方法相结合，以更全面的方式恢复水生生态系统和内陆渔业。此外，根据哲学和法律层面规定，需要对濒危动物进行保护，这在渔业专业人员和非专业人员的工作中变得更加突出，即增加受威胁和濒危鱼类的繁殖量。

9.9 总结

在内陆渔业管理中使用繁殖鱼类在北美有着悠久但有争议的历史。由于缺乏完整的饲养和放流技术，早期的努力受到阻碍。随着野生鱼和养殖鱼之间的差异以及放流的影响变得明显，后来的努力则被已取得的成功所限制。然而，不能否认放流的有用性和养殖鱼类对实现管理计划的重要性。人工孵化项目的改革、风险管理和决策工具的采用，以及更加重视保护水产养殖和基于生态系统的方法，将确保养殖鱼类持续适应水生资源的管理。

9.10 参考文献

Anders, P. J. 1998. Conservation aquaculture and endangered species. Fisheries 23 (11): 28 – 31.

Andersson, K. P. , C. C. Gibson, and F. Lehoucq. 2004. The politics of decentralized natural resource governance. PS: Political Science & Politics 37: 421 – 426.

Araki, H. , B. Cooper, and M. S. Blouin. 2007. Genetic effects of captive breeding cause a rapid, cumulative fitness decline in the wild. Science 318: 100 – 103.

Avise, J. C. , and M. J. Van Den Avyle. 1984. Genetic analysis of reproduction of hybrid white bass $\times$ striped bass in the Savannah River. Transactions of the American Fisheries Society 113: 563 – 570.

Bachman, R. A. 1984. Foraging behavior of free – ranging wild and hatchery brown trout in a stream. Transactions of the American Fisheries Society 113: 1 – 32.

Beckman, B. R. , D. A. Larsen, B. Lee – Pawlak, and W. W. Dickhoff. 1998. The relationship of fish size and growth to migratory tendencies of spring Chinook salmon (Oncorhynchus tshawytscha) smolts. North American Journal of Fisheries Management 18: 537 – 546.

Beckman, B. R. , W. W. Dickhoff, W. S. Zaugg, C. Sharpe, S. Hirtzel, R. Schrock, D. A. Larsen, R. D. Ewing, A. Palmisano, C. B. Schreck, and C. V. W. Mahnken. 1999. Growth, smoltification, and smolt – to –adult return of spring Chinook salmon (*Oncorhynchus tshawytscha*) from hatcheries on the Deschutes River, Oregon. Transactions of the American Fisheries Society 128: 1125 – 1150.

Berejikian, B. A. 1995. The effects of hatchery and wild ancestry and experience on the relative ability of steelhead trout fry (*Oncorhynchus mykiss*) to avoid a benthic predator. Canadian Journal of Fisheries and Aquatic Sciences 52: 2076 – 2082.

Berejikian, B. A. , and M. J. Ford. 2004. Review of relative fitness of hatchery and natural salmon. NOAA (National Oceanic and Atmospheric Administration) Technical Memorandum NMFS (National Marine Fisheries Service) NWFSC – 61, Northwest Fisheries Science Center, Seattle. Available: www. nwfsc. noaa. gov/publications. (December 2009).

Berejikian, B. A. , E. P. Tezak, S. Riley, and A. LaRae. 2001. Social behavior and competitive ability of juvenile steelhead (*Oncorhynchus mykiss*) reared in enriched and conventional hatchery tanks and a stream environment. Journal of Fish Biology 59: 1600 – 1613.

Berejikian, B. A. , E. P. Tezak, S. L. Schroder, T. A. Flagg, and C. M. Knudsen. 1999. Competitive differences between newly emerged offspring of captive - reared and wild coho salmon. Transactions of the American Fisheries Society 128: 832 – 839.

Brown, C., and R. L. Day. 2002. The future of stock enhancements: lessons for hatchery practice from conservation biology. Fish and Fisheries 3: 79 – 94.

Bryant, P. J. 2003. Captive breeding and reintroduction. In Biodiversity and conservation, a hypertext book. Available: http://darwin. bio. uci. edu/~sustain/bio65/Titlpage. htm.

Busack, C. A., and K. P. Currens. 1995. Genetic risks and hazards in hatchery operations: fundamental concepts and issues. Pages 71 – 80 *in* H. L. Schramm and R. G. Piper, editors. Uses and effects of cultured fishes in aquatic ecosystems. American Fisheries Society, Symposium 15, Bethesda, Maryland.

Campton, D. E. 1995. What do we really know? Pages 337 – 353 *in* H. L. Schramm and R. G. Piper, editors. Uses and effects of cultured fishes in aquatic ecosystems. American Fisheries Society, Symposium 15, Bethesda, Maryland.

Carmichael, G. J., J. R. Tomasso, and T. E. Schwedler. 2001. Fish transportation. Pages 641 – 660 *in* G. A. Wedemeyer, editor. Fish hatchery management, 2nd edition. American Fisheries Society, Bethesda, Maryland.

Chilcote, M. W., S. A. Leider, and J. J. Loch. 1986. Differential reproductive success of hatchery and wild - run steelhead under natural conditions. Transactions of the American Fisheries Society 115: 726 – 735.

Cho, C. Y., and D. P. Bureau. 2001. A review of diet formulation strategies and feeding systems to reduce excretory and feed wastes in aquaculture. Aquaculture Research 32: 349 – 360.

Currens, K. P., and C. A. Busack. 2005. Practical approaches for assessing risks of hatchery programs. Pages 277 – 290 *in* M. J. Nickum, P. M. Mazik, J. G. Nickum, and D. D. MacKinlay, editors. Propagated fish in resource management. American Fisheries Society, Symposium 44, Bethesda, Maryland.

Davis, H. S. 1936. Hatchery trout versus wild trout. The Progressive Fish - Culturist 3: 31 – 35. DeBlieu, J. 1993. Meant to be wild: the struggle to save endangered species through captive breeding. Fulcrum Publishing, Golden, Colorado.

Deverill, J. I., C. E. Adams, and C. W. Bean. 1999. Prior residence, aggression and territory acquisition in hatchery - reared and wild brown trout. Journal of Fish Biology 55: 868 – 875.

Edwards, G. B., and J. G. Nickum. 1993. Use of propagated fishes in Fish and Wildlife Service pro - grams. Pages 41 – 44 *in* M. R. Collie and J. P. McVey, editors. Interactions between cultured species and naturally occurring species in the environment. Alaska Sea Grant UJNR (U. S. – Japan Cooperative Program in Natural Resources) Technical Report 22, Fairbanks.

FAO (Food and Agriculture Organization of the United Nations). 2005. FAO Aquaculture Newsletter 34. Available: www. fao. org/docrep/009/a0435e/a0435e00. htm. (December 2009).

FAO (Food and Agriculture Organization of the United Nations). 2009. State of world fisheries and aquaculture 2008. FAO Fisheries and Aquaculture Department, Rome.

Fayram, A. H., M. J. Hansen, and N. A. Nate. 2005. Determining optimal stocking rates using a stock - recruitment model: an example using walleye in northern Wisconsin. North American Journal of Fisheries Management 25: 1215 – 1225.

Flagg, T. A., F. W. Waknitz, D. J. Maynard, G. B. Milner, and C. V. W. Mahnken. 1995. The effects of hatcheries on native coho salmon populations in the lower Columbia River. Pages 366 – 375 *in* H. L. Schramm and R. G. Piper, editors. Uses and effects of cultured fishes in aquatic ecosystems. American Fisheries Society, Symposium 15, Bethesda, Maryland.

Flagg, T., and C. Nash. 1999. A conceptual framework for conservation hatchery strategies for Pacific salmonids. NOAA (National Oceanic and Atmospheric Administration) Technical Memorandum 38. Available: www. nwfsc. noaa. gov/publications. (December 2009).

Flagg, T., C. Mahnken, and R. Iwamoto. 2005. Conservation hatchery protocols for Pacific salmon. Pages 603 - 620 *in* M. J. Nickum, P. M. Mazik, J. G. Nickum, and D. D. MacKinlay, editors. Propagated fish in resource management. American Fisheries Society, Symposium 44, Bethesda, Maryland.

Ford, M. J., H. Fuss, B. Boelts, E. LaHood, J. Hard, and J. Miller. 2006. Changes in run timing and natural smolt production in a naturally spawning coho salmon (*Oncorhynchus kisutch*) population after 60 years of intensive hatchery supplementation. Canadian Journal of Fisheries and Aquatic Sciences 63: 2343 - 2355.

Fuss, H. J., and C. Johnson. 1988. Effects of artificial substrate and covering on growth and survival of hatchery - reared coho salmon. Progressive Fish Culturist 50: 232 - 237.

Gablehouse, D. W. 2005. Staffing, spending, and funding of state inland fisheries programs. Fisheries 30 (2): 10 - 17.

Gatlin, D. M., F. T. Barrows, P. Brown, K. Dabrowski, T. G. Gaylord, R. W. Hardy, E. Herman, G. Hu, Å. Krogdahl, R. Nelson, K. Overturf, M. Rust, W. Sealey, D. Skonberg, E. J. Souza, D. Stone, R. Wilson, and E. Wurtele. 2007. Expanding the utilization of sustainable plant products in aquafeeds: a review. Aquaculture Research 38: 551 - 579.

Gozlan, R. E. 2008. Introduction of nonnative freshwater fish: is it all bad? Fish and Fisheries 9: 106 - 115.

Guy, C. S., H. L. Blankenship, and L. A. Nielsen. 1996. Tagging and marking. Pages 353 - 383 *in* B. R. Murphy and D. W. Willis, editors. Fisheries techniques, 2nd edition. American Fisheries Society, Bethesda, Maryland.

Halverson, M. A. 2008. Stocking trends: a quantitative review of governmental fish stocking in theUnited States, 1931 to 2004. Fisheries 33 (2): 69 - 75.

Hard, J. J., R. P. Jones Jr., M. R. Delarm, and R. S. Waples. 1992. Pacific salmon and artificial propagation under the Endangered Species Act. NOAA (National Oceanic and Atmospheric Administration) Technical Memorandum NMFS (National Marine Fisheries Service) NWFSC - 2, Northwest Fisheries Science Center, Seattle.

Hardy, R. W., and A. G. J. Tacon. 2002. Fish meal: historical uses, production trends and future outlook for sustainable supplies. Pages 311 - 325 *in* R. R. Stickney and J. P. McVey, editors. Responsible marine aquaculture. CABI, Wallingford, UK.

Hartman, K. J., and B. Preston. 2001. Stocking. Pages 661 - 686 *in* G. A. Wedemeyer, editor. Fish hatchery management, 2nd edition. American Fisheries Society, Bethesda, Maryland.

Heard, W. R. 2003. Alaska salmon enhancement: a successful program for hatchery and wild stocks. Pages 149 - 169 *in* Y. Nakamura, J. P. McVey, K. Leber, C. Neidig, S. Fox, and K. Churchill, editors. Ecology of aquaculture species and enhancement of stocks: proceedings of the thirtieth U. S. - Japan meeting on aquaculture, Sarasota, Florida, Dec. 3 - 4. UJNR (U. S. - Japan Cooperative Program in Natural Resources) Technical Report 30, Mote Marine Laboratory, Sarasota, Florida.)

Hebdon, J. L., P. A. Kline., D. Taki, and T. A. Flagg. 2005. Evaluating reintroduction strategies for Redfish Lake sockeye salmon captive broodstock progeny. Pages 401 - 413 *in* M. J. Nickum, P. M. Mazik, J. G. Nickum, and D. D. MacKinlay, editors. Propagated fish in resource management. American Fisheries Society, Symposium 44, Bethesda, Maryland.

Heidinger, R. C. 1999. Stocking for sport fisheries enhancement. Pages 375 – 401 *in* C. C. Kohler and W. A. Hubert, editors. Inland fisheries management in North America, 2nd edition. American Fisheries Society, Bethesda, Maryland.

Helfman, G. S. 2007. Fish conservation—a guide to understanding and restoring global aquatic biodiversity and fishery resources. Island Press, Washington, D. C.

HSRG (Hatchery Scientific Review Group) . 2004a. Segregated Hatchery Programs, June 21, 2004. Hatchery Scientific Review Group, Washington Department of Fish and Wildlife, and the Northwest Indian Fisheries Commission Technical Discussion Paper 2. Available: http://hatcheryreform. us.

HSRG (Hatchery Scientific Review Group) . 2004b. Integrated Hatchery Programs, June 21, 2004. Hatch – ery Scientific Review Group, Washington Department of Fish and Wildlife, and the Northwest Indian Fisheries Commission Technical Discussion Paper 1. Available: http://hatcheryreform. us.

Jackson, J. R. , J. C. Boxrucker, and D. W. Willis. 2005. Trends in agency use of propagated fishes as a management tool in inland fisheries. Pages 121 – 138 *in* M. J. Nickum, P. M. Mazik, J. G. Nickum, and D. D. Mackinlay, editors. Propagated fish in resource management. American Fisheries Society, Symposium 44, Bethesda, Maryland.

Johnson, J. E. , and B. L. Jensen. 1991. Hatcheries for endangered freshwater fishes. Pages 199 – 217 *in* W. L. Minckley and J. E. Deacon, editors. Battle against extinction—native fish management in the American West. University of Arizona Press, Tucson.

Knuth, B. A. , and S. L. McMullin. 1996. Measuring the human dimensions of recreational fisheries. Pages 651 – 684 *in* B. R. Murphy and D. W. Willis, editors. Fisheries techniques, 2nd edition. American Fisheries Society, Bethesda, Maryland.

Kohler, C. C. 1995. Captive conservation of endangered fishes. Pages 77 – 85 *in* E. F. Gibbons Jr. , B. S. Durrant, and J. Demarest, editors. Conservation of endangered species in captivity. State University of New York Press, Albany.

Kohler, C. C. , and W. A. Hubert, editors. 1993. Inland fisheries management in North America. American Fisheries Society, Bethesda, Maryland.

Kohler, C. C. , and W. A. Hubert, editors. 1999. Inland fisheries management in North America, 2nd edition. American Fisheries Society, Bethesda, Maryland.

Kostow, K. 2004. Differences in juvenile phenotypes and survival between hatchery stocks and a natu – ral population provide evidence for modified selection due to captive breeding. Canadian Journal of Fisheries and Aquatic Sciences 61: 577 – 589.

LaPatra, S. E. 2003. The lack of scientific evidence to support the development of effluent limitations guidelines for aquatic animal pathogens. Aquaculture 226: 191 – 199.

Larsen, D. A. , B. R. Beckman, and W. W. Dickhoff. 2001. The effect of low temperature and fasting during the winter on growth and smoltification of coho salmon. North American Journal of Aquaculture 63: 1 – 10.

Lathrop, R. C. , B. M. Johnson, T. B. Johnson, M. T. Vogelsang, S. R. Carpenter, T. R. Hrabik, J. F. Kitchell, J. J. Magnuson, L. G. Rudstam, and R. S. Stewart. 2002. Stocking piscivores to improve fishing and water clarity: a synthesis of the Lake Mendota biomanipulation project. Freshwater Biology 47: 2410 – 2424.

Leber, K. M. , R. N. Cantrell, and P. Leung. 2005. Optimizing cost – effectiveness of size at release in stock enhancement programs. North American Journal of Fisheries Management 25: 1596 – 1608.

Leitritz, E. , and R. C. Lewis. 1976. Trout and salmon culture. California Fish and Game Bulletin 164. Levin, P. S. , R. W. Zabel, and J. G. Williams. 2001. The road to extinction is paved with good intentions: negative association of fish hatcheries with threatened salmon. Proceedings of the Royal Society ofLondon B 268: 1153 – 1158.

Lichatowich, J. 1999. Salmon without rivers: a history of the Pacific salmon crisis. Island Press, Washington, D. C.

Lorenzen, K. 2008. Understanding and managing enhancement fisheries systems. Reviews in Fisheries Science 16: 10 – 23.

Lorenzen, K. , U. S. Amarasinghe, D. M. Bartley, J. D. Bell, M. Bilio, S. S. de Silva, C. J. Garaway, W. D. Hartmann, J. M Kapetsky, P. Laleye, J. Moreau, V. V. Sugunan, and D. B. Swar. 2001. Strategic review of enhancements and culture – based fisheries. Pages 221 – 237 in R. P. Subasinghe, P. B. Bueno, M. J. Phillips, C. Hough, S. E. McGladdery, and J. R. Arthur, editors. Report of the conference on aquaculture in the third millennium. FAO (Food and Agriculture Organization of the United Nation) Fisheries Report 661, Rome.

MacKinlay, D. , S. Lehmann, J. Bateman, and R. Cook. 2005. Pacific salmon hatcheries in British Columbia. Pages 57 – 75 in M. J. Nickum, P. M. Mazik, J. G. Nickum, and D. D. MacKinlay, editors. Propagated fish in resource management. American Fisheries Society, Symposium 44, Bethesda, Maryland.

Mahnken, C. , G. Ruggerone, W. Waknitz, and T. Flagg. 1998. A historical perspective on salmonid production from Pacific rim hatcheries. North Pacific Anadromous Fish Commission Bulletin 1: 38 – 53.

Maynard, D. J. , T. A. Flagg, and C. V. W. Mahnken. 1995. A review of innovative culture strategies for enhancing the postrelease survival of anadromous salmonids. Pages 307 – 314 in H. L. Schramm and R. G. Piper, editors. Uses and effects of cultured fishes in aquatic ecosystems. American Fisheries Society, Symposium 15, Bethesda, Maryland.

Maynard, D. J. , T. A. Flagg, R. N. Iwamoto, and C. V. W. Mahnken. 2005. A review of recent studies investigating seminatural rearing strategies as a tool for increasing Pacific salmon postrelease survival. Pages 573 – 584 in M. J. Nickum, P. M. Mazik, J. G. Nickum, and D. D. MacKinlay, editors. Propagated fish in resource management. American Fisheries Society, Symposium 44, Bethesda, Maryland.

McElhany, P. , M. H. Ruckelshaus, M. J. Ford, T. C. Wainwright, and E. P. Bjorkstedt. 2000. Viable salmon populations and the recovery of evolutionarily significant units. NOAA (National Oceanic and Atmospheric Administration) Technical Memorandum NMFS (National Marine Fisheries Service) NWFSC – 42, Northwest Fisheries Science Center, Seattle.

Mehner, T. , J. Benndorf, P. Kasprzak, and R. Koschel. 2002. Biomanipulation of lake ecosystems: successful applications and expanding complexity in the underlying science. Freshwater Biology 47: 2453 – 2465.

Mitchell, A. J. , and A. M. Kelly. 2006. The public sector role in the establishment of grass carp in theUnited States. Fisheries 31 (3): 113 – 121.

Mobrand, L. , J. Barr, D. Campton, T. Evelyn, T. Flagg, C. Mahnken, L. Seeb, P. Seidel, and W. Smoker. 2005. Hatchery reform in Washington State: principles and emerging issues. Fisheries 30 (6): 11 – 23.

Murphy, B. R. , and W. E. Kelso. 1986. Strategies for evaluating freshwater stocking programs: past practices and future needs. Pages 306 – 313 in R. H. Stroud, editor. Fish culture in fisheries management. American Fisheries Society, Bethesda, Maryland.

Murray, C. B. , and T. D. Beacham. 1986. Effect of incubation density and substrate on the development of chum salmon eggs and alevins. Progressive Fish Culturist 48: 242 – 249.

Naish, K. A. , J. E. Taylor III, P. S. Levin, T. P. Quinn, J. R. Winton. D. Huppert, and R. Hilborn.

2007. An evaluation of the effects of conservation and fishery enhancement hatcheries on wild populations of salmon. Advances in Marine Biology 53: 61 – 194.

Naylor, R. L, R. J. Goldburg, J. H. Primavera, N. Kautsky, M. C. M. Beveridge, J. Clay, C. Folke, J. Lubchenco, H. Mooney, and M. Troell. 2000. Effect of aquaculture on world fish supplies. Nature 405: 1017 – 1024.

Neal, J. W. , R. L. Noble, and J. A. Rice. 1999. Fish community response to hybrid striped bass introduction in small warmwater impoundments. North American Journal of Fisheries Management 19: 1044 – 1053.

New, M. B. , and U. N. Wijkström. 2002. Use of fish meal and fish oil in aquafeeds: further thoughts on the fish meal trap. FAO (Food and Agriculture Organization of the United Nations) Fisheries Circular 975, Rome.

Nickelson, T. E. , M. F. Solazzi, and S. L. Johnson. 1986. Use of hatchery coho salmon (*Oncorhynchus kisutch*) presmolts to rebuild wild populations in Oregon coastal streams. Canadian Journal of Fisheries and Aquatic Sciences 43: 2443 – 2449.

Nickum, M. J. , P. M. Mazik, J. G. Nickum, and D. D. MacKinlay, editors. 2005. Propagated fish in resource management. American Fisheries Society, Symposium 44, Bethesda, Maryland.

Noble, R. L. 1986. Stocking criteria and goals for restoration and enhancement of warmwater and coolwater fisheries. Pages 139 – 159 *in* R. H. Stroud, editor. Fish culture in fisheries management. American Fisheries Society, Bethesda, Maryland.

Olla, B. L. , M. W. Davis, and C. H. Ryer. 1998. Understanding how the hatchery environment represses or promotes the development of behavioral survival skills. Bulletin of Marine Science 62 (2): 531 – 550.

Olney, P. J. S. , G. M. Mace, and A. T. C. Feistner. 1994. Creative conservation: interactive management of wild and captive animals. Chapman and Hall, London.

Pascual, M. A. , and J. A. Ciancio. 2007. Introduced anadromous salmonids in Patagonia: risks, uses, and a conservation paradox. Pages 333 – 353 *in* T. Bert, editor. Ecological and genetic implications of aquaculture activities. Kluwer Academic Publishers, Netherlands.

Pearsons, T. N. , and C. W. Hopley. 1999. A practical approach for assessing ecological risks associated with fish stocking programs. Fisheries 24 (9): 16 – 23.

Pennell W. , and B. A. Barton, editors. 1996. Principles of salmonid culture. Elsevier, Amsterdam.

Pimentel, D. , R. Zuniga, and D. Morrison. 2005. Update on the environmental and economic costs associated with alien – invasive species in theUnited States. Ecological Economics 52: 273 – 288.

Piper, R. G. , I. B. McElwain, L. E. Orme, J. P. McCraren, L. G. Fowler, and J. R. Leonard. 1982. Fish hatchery management. U. S. Fish and Wildlife Service, Washington, D. C.

Pitman, V. M. , and S. Gutreuter. 1993. Initial poststocking survival of hatchery – reared fishes. North American Journal of Fisheries Management 13: 151 – 159.

Poon, D. C. 1977. Quality of salmon fry from gravel incubators. Doctoral dissertation, Oregon State University, Corvallis.

Richards, R. A. , and P. J. Rago. 1999. A case history of effective fishery management: Chesapeake Bay striped bass. North American Journal of Fisheries Management 19: 356 – 375.

Rinne, J. N. , J. E. Johnson, B. L. Jensen, A. W. Ruger, and R. Soreson. 1986. The role of hatcheries in the management and recovery of threatened and endangered fishes. Pages 271 – 285 *in* R. H. Stroud, editor. Fish culture in fisheries management. American Fisheries Society, Bethesda, Maryland.

Ross, M. R. , and D. K. Loomis. 1999. State management of freshwater fisheries resources: its organi –

zational structure, funding, and programmatic emphases. Fisheries 24 (7): 8 - 14.

Rulifson, R. A., and R. W. Laney. 1999. Striped bass stocking programs in the United States: ecological and resource management issues. Department of Fisheries and Oceans Canadian Stock Assessment Secretariat Resource Document 99 - 07, Ottawa.

Sargent, J. R. . D. R. Tocher, and J. G. Bell. 2002. The lipids. Pages 182 - 246 *in* J. E. Halver and R. W. Hardy, editors. Fish Nutrition, 3rd edition. Academic Press, San Diego, California.

Schramm, H. L., and R. G. Piper, editors. 1995. Uses and effects of cultured fishes in aquatic ecosystems. American Fisheries Society, Symposium 15, Bethesda, Maryland.

Secor, D. H., and E. D. Houde. 1998. Use of larval stocking in restoration of Chesapeake Bay striped bass. ICES Journal of Marine Science 55: 228 - 239.

Stevens, D. E., D. W. Kohlhorst, and L. W. Miller. 1985. The decline of striped bass in the Sacramento - San Joaquin Estuary, California. Transactions of the American Fisheries Society 114: 12 - 30.

Stroud, R. H., editor. 1986. Fish culture in fisheries management. American Fisheries Society, Bethesda, Maryland.

Tacon, A. G. J. 2005. State of information on salmon aquaculture feed and the environment. World Wildlife Fund Salmon Aquaculture Dialogue, Washington, D. C. Available: www. worldwildlife. org/cci/pubs/Feed _ final _ resavedwithdate. pdf. (December 2009).

Tave, D. 1986. Genetics for fish hatchery managers. AVI Publishing, Westport, Connecticut.

Trushenski, J. T., C. S. Kasper, and C. C. Kohler. 2006. Challenges and opportunities in finfish nutrition. North American Journal of Aquaculture 68: 122 - 140.

Wahl, D. H., R. A. Stein, and D. R. DeVries. 1995. An ecological framework for evaluating the success and effects of stocked fishes. Pages 176 - 189 *in* H. L. Schramm and R. G. Piper, editors. Uses and effects of cultured fishes in aquatic ecosystems. American Fisheries Society, Symposium 15, Bethesda, Maryland.

Wang, S., J. J. Hard, and F. Utter. 2002. Salmonid inbreeding: a review. Reviews in Fish Biology and Fisheries 11: 301 - 319.

Waples, R. S. 1991. Genetic interactions between hatchery and wild salmonids: lessons from the Pacific Northwest. Canadian Journal of Fisheries and Aquatic Sciences 48: 124 - 133.

Waples, R. S. 1999. Dispelling some myths about hatcheries. Fisheries 24 (2): 12 - 21.

Waples, R. S., and D. J. Teel. 1990. Conservation genetics of Pacific salmon, I. Temporal changes in allele frequency. Conservation Biology 4: 144 - 156.

Williamson, J. H. 2001. Broodstock management for imperiled and other fishes. Pages 397 - 482 *in* G. A. Wedemeyer, editor. Fish hatchery management, 2nd edition. American Fisheries Society, Bethesda, Maryland.

第 10 章　变化系统中的栖息地改善

Mark A. Pegg　John H. Chick

10.1　引言

大多数淡水生态系统都受到了人类活动的扰动，如渠道化、营养盐的过度输入和岸线的开发。人类活动通过改变鱼类的栖息地影响现有渔业资源管理的目标，这促使改善鱼类栖息地质量成为管理的重要任务。栖息地数量和质量的改变被认为是北美洲鱼类种群下降的主要原因（Ricciardi and Rasmussen，1999；Venter et al.，2006）。近年来，渔业资源管理者和公众支持改善鱼类栖息地的活动开始显著增加。例如，国家河流修复科学综合数据库报告的栖息地改善项目的数量已经从 1985 年的几十个增加到 2005 年的近 6 000 个（Bernhardt et al.，2005）。考虑到北美地区不同类型生态系统之间的显著差异，以及造成生态系统退化的原因千差万别，采用标准化的方法来协调、规划和实施栖息地改善的项目将面临重重困难。因而，一套系统全面、逻辑合理而且过程更加合理的管理方法是非常必要的，该方法可以有效减缓栖息地丧失或恢复栖息地，从而满足渔业管理目标。

独立地讨论栖息地改善的概念是十分复杂的，因为这一概念随着时间和空间改变也在不停地发生变化（Bohn and Kershner，2002；Feist et al.，2003）。例如，通常选择河流的一段在一年中通过放置营造栖息地生境的设施和装置实施改善局域尺度的栖息地。而流域尺度的栖息地改善，则需要全面考虑整个系统而且分多年实施。在小空间尺度上，栖息地改善可以在单一的湖泊、流段或水库中实施，通常很少需要与其他渔业管理人员进行协调，配备相对有限的人力和财力就能实施。而在较大空间尺度上进行的栖息地改善，如涉及整个流段或整个流域，则通常需要进行详细的规划和协调，统筹不同系统和部门之间的利益关系，并受到许多制约因素的影响而进行调整和妥协。

在淡水生态系统中实施栖息地改善，综合考虑物理、化学和（或）生物的改变及其对渔业资源的影响，是本章讨论的主要内容。具体而言，就是对"栖息地"的定义进行详细阐述，进而对改善栖息地的过程进行论述，并阐明管理机构在改善栖息地过程中应该发挥的作用和扮演的角色。此外，也对河流、溪流、自然湖泊和水库的栖息地改善进行了一定的讨论。更多的信息集中在本书的其他章节，如自然湖泊（第 15 章）、养殖池塘与小型蓄水池（第 16 章）、大型水库（第 17 章）和流水系统（第 18 至第 21 章）。

10.2　栖息地概念

栖息地的概念虽然简单但却又难以把握。栖息地的定义可以在许多参考文献中找到，它通常被定义为环境中有机体、种群或群落所处的特定区域（Ricklefs，1973）。特定物种的栖息地不能与这一物种广义的生态位（Hutchinson，1957）相混淆，生态位包括了栖息地的需求，也包括了物理和化学的耐受性，以及物种在生态系统中所扮演的角色。理解"什么是栖息地"通常会与"什么是生态系统"相混淆。生态系统中包括许多栖息地，但栖息地和生态系统的定义必须被缩放到特定研究兴趣的生物体和过程的尺度（Allen and Hoekstra，1992）。在阐述诸如溯河产卵的太平洋鲑等一些鱼类的栖息地改善问题时，实际上很难严格区别其所处的"栖息地"与其所处的"生态系统"之间的差异。尽管成年鲑生活在溪流的时期相对较短，但太平洋鲑需要特定的溪流与特定的栖息地才能成功繁殖。

在变化系统中描述栖息地的多种复杂性通常是非常困难的。例如，既可以争辩说太平洋鲑在产卵期间、产卵之后和幼鱼向下游移动时都需要合适的时间和溪流栖息地，因此栖息地的重要性无处不在；也可以争辩说，水坝修建已经阻碍了太平洋鲑的洄游，它们已经无法到达天然的产卵场，因此针对该区域的栖息地改善是完全没有必要的。相反，从地质年代上来看，溪流及其底质的结构需要不断流动的天然水流，以维持太平洋鲑产卵的适宜度。如果太平洋鲑不再洄游到这些溪流，那么这些溪流还仍然是它们的栖息地吗？答案或许是肯定的，否定的，或者是不确定的。

理解栖息地和改善栖息地的术语本身也很容易造成困惑。因为随着学科的发展，同类型的词语使用得太广泛了。比如，恢复（restoration）、生境重建（rehabilitation）、缓解（mitigation）和增强（enhancement）等都被用来描述退化生态系统的栖息地改善。然而，这些术语的准确定义在不同的学者之间也有相当大的分歧。分歧主要来自改善栖息地应用程度的差异。栖息地的改善既可以是一个完整的生态系统恢复到栖息地先前的初始状态（例如，欧洲殖民前），也可以是一些目标不太广泛的栖息地改善，如仅仅是吸引适宜垂钓的鱼类。因此，界定一套标准的术语用法是保持术语清晰的关键（表10.1）。在本章中，我们统一使用术语"改善栖息地"，包括表10.1中所表述的全部人类活动。

表 10.1　用于阐述变化系统水生栖息地改善术语定义

（术语根据 Roni，2005 修改）

术语	定义
恢复	生态系统恢复到原始的、未受扰动前的状态（例如，欧洲移民前的美洲大陆，水库蓄水前，或一些其他重大干扰事件发生前）
修复	修复和（或）改善某一生态系统的组成部分或其功能，但并不需要将生态系统修复到未受扰动前的状况
复原	使一个地区的栖息地修复到受干扰之前的状态，功能并不总是完全恢复到开发之前的状态（例如，湖泊的沉积物去除）
缓解	缓解人类活动对栖息地的负面影响（例如，创建新的溪流栖息地，以缓解因道路建设而丧失的栖息地）
优化	通过操控直接优化栖息地（例如，设置鱼类求偶或受精场所）

改善栖息地的需求和改善程度在很大程度上取决于确定的目标和宗旨，以解决特定的管理需求。最终，人类活动导致的栖息地退化将渔业管理者推到了重要位置，他们不仅要掌握有多少和什么样的栖息地，同时也要了解有多少和什么样的需要，才能及时做出改善

栖息地的决策，从而实现渔业管理目标。

10.3　鱼类栖息地评估

改善鱼类栖息地的原因包括：①履行公共义务，如《清洁水法》（1972 年）和《水资源开发法》；②承担修复退化的生态系统的责任，如遭受煤矿渗滤液酸化污染的自然湖泊和河流（Geremias et al.，2003）；③改善人类的居住条件（Golet et al.，2006）；④提高或维持水生生物多样性；⑤保护濒危物种（Moser，2000）；⑥提供优质的渔业资源。对于管理者认为某些生态系统的功能已经与其要求不相符合时，所有这些原因都可能涉及水生生态系统的修复。因此，内在含义是提高和恢复某个特定生态系统的栖息地，其已经不能够提供"商品和服务"（Dobson et al.，2006；Kumar and Kumar，2008）。从渔业管理的角度来看，商品和服务主要集中表现为能够提供可持续的服务，包括垂钓、保护土著鱼类或濒危物种。

栖息地的改变、退化和损失一般可分为 3 种主要类型：①栖息地数量的损失；②栖息地质量的降低；③鱼类生活史阶段中的重要栖息地丧失。所有这些类型在鱼类的生存、生长和繁殖中起着不可或缺的作用。当人类活动改变水生生态系统时，通常会实施栖息地改善监测来评估栖息地修复的成效。

自然资源管理局和其他利益相关者往往赞同改善栖息地的措施，但就应该执行什么，以及如何实现却很难达成一致。适应于人类健康评估的风险评估技术是新兴的泛生境改善计划，并被用于促进各种生境改善技术相关的风险识别（Mattson and Angermeier，2007）。

实施栖息地改善计划过程中的风险是不可避免的，而风险评估可以帮助管理者确定栖息地改善计划中出现的问题的根源（Wissmar and Bisson，2003）。风险评估还可以帮助管理者将栖息地改善项目实施中面临的各类问题呈现出来（Wissmar and Bisson，2003；Mattson and Angermeier，2007）。例如，为了恢复河流的纵向连通性，拆除河流中的水坝通常可以促进栖息地改善措施的实施（Bednarek，2001；Stanley et al.，2007）。但是，河流中水坝的拆除与鱼类多样性恢复之间的内在相关性研究还没有普遍模式（Catalano et al.，2007；Stanley et al.，2007）。与水坝拆除相关的风险中，最常见的就是水坝库内沉积物中污染物的快速释放，可能会改变河流的自然生产力和污染河流下游（Frissell and Ralph，1998）。另外普遍面临的一种风险是入侵物种向先前受大坝保护的上游地区迁移。了解这些风险对深入讨论或反对大坝的拆除都有帮助，也有助于基于案例研究做出最佳的决策。许多情况下，改善某一目标物种的栖息地，可能会造成其他物种栖息地的消失或减少。而风险评估技术可以有效地为渔业管理人员在改善栖息地时进行规划提供有效的援助。

10.4　栖息地改善过程

从渔业资源管理的角度来看，栖息地改善所期望的结果是恢复生态系统已经丧失的生态系统产品生产功能和服务功能，进而能够满足可持续的渔业资源管理需求。造成生态系统产品生产功能和服务功能退化的原因通常是人类活动改变了原有生态系统的结构，造成其功能受损。因此，栖息地改善的首要目标是生态系统的结构重建和功能恢复（Cairns，1988；Downes et al.，2002）。从概念上讲，生态系统的结构涉及生物和非生物的多样性，而功能涉及驱动生态系统的过程，如泥沙沉积速率，营养物质输送和营养负载过程。因此，鱼类栖息地改善的工作，往往包含在更宏观的生态系统恢复和改善项目的目标之中，这些宏观目标主要是对受扰动生态系统重新定位和梳理，使其向更理想的方向发展。改善栖息地通常以历史上的某一时期存在的状态为参照条件或理想状况进行定位（如水坝建设蓄水前或欧洲殖民活动前），但也可以考虑定位为另一种管理上可以接受的状态，其核心目标并不是要完全恢复到历史状况，而是一种社会发展及生态系统都可以接受的状态。例如，水库的栖息地改善计划，可以以提升垂钓鱼类栖息地改善和提高渔业产品资源为目标。水库栖息地改善的目标并不是恢复其历史状态，而是展示出合理的栖息地改善管理目标。

广义的渔业管理过程已经在第 5 章进行了讨论，改善栖息地就是该过程的核心组成部分，改善水生生态系统栖息地的目标也包括在 3 个重要的渔业管理要素中（即鱼类种群、栖息地和人类）。改善栖息地的过程应该是相对长期而彻底的过程，并不断吸收新理论、新技术和新方法，使其在适应性管理过程中不断得到更新和应用（Williams et al.，1997）。无论改善栖息地的项目是嵌套在宏观的生态系统项目中，还是包含在独立的渔业管理项目中，项目的开发、实施和评估都应该使用相同的框架（图 10.1）。同时也必须明确，改善栖息地是一个反复的过程，就像在渔业管理过程中，需要监测目标是否成功和不断对目标进行再评估。

改善栖息地过程中，第 1 步是需要了解导致栖息地退化的机理（图 10.1）。该机理研究将有助于明确界定保护目标的正确性，从而有利于做出明智的决定（Smith and Jones，2007）。确定合理的保护目标是必要的，像为冷水性虹鳟物种创建暖水性溪流的栖息地就非常不切实际。但是大多数改善栖息地的目标并不那么简单，所以应该依据类似的项目和历史经验，设定一些合理的改善目标。

设定目标并执行改善栖息地的计划一般都需要建立合作伙伴关系，以及保障项目经费。受雇于政府部门的渔业管理人员参与改善公有水体的栖息地项目时，通常涉及多用户和利益相关者的协调工作，需要确保所有用户和利益相关者的相关问题都能集成到这一过程中去。

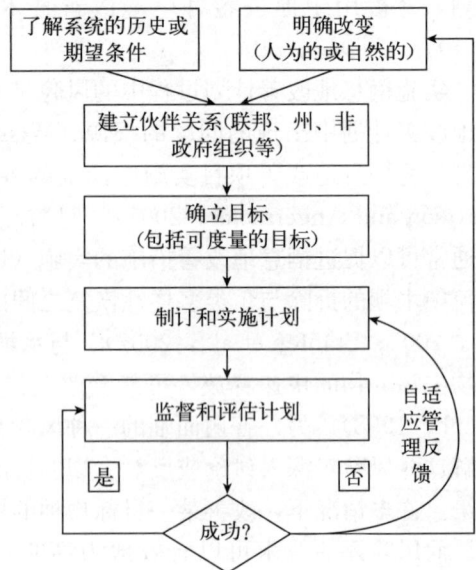

图 10.1 改善栖息地的规程。适应性管理被用于收集信息并评估目标的达成性，尤其是预定目标没有实现时，需要对计划进行调整。非政府组织可能包括游钓俱乐部、环保组织或民间社团

例如，当计划要改善水库中鱼类的栖息地时，需要考虑对水库其他用途的影响，需要考虑对防洪、灌溉、市政供水和各种休闲娱乐活动的影响。大多数改善栖息地的项目通常需要高昂的经济代价，从单一机构获取连续的资金支持通常是难以持续的。因此，要让所有的利益相关者明确其预期是什么，以及为什么要减少对公共关系的投入，以及未来潜在的冲突有哪些。合作结构往往包括国家政府部门，省、市地方政府机构，原住民政府，非政府组织（NGO），企业以及私人利益相关者。通常有 1～2 个领导机构来负责行政和后勤事务，其他利益相关者则主要作为参与者。对于由联邦、州或省级机构资助的规模较大的栖息地改善项目来看，其资助支持的变化也比较大，而且还需要协调志愿者的工作时间或参与规划工作。所有这些活动对改善栖息地计划的实施都是非常重要的。

恢复目标提供了改善栖息地项目的总体概念框架和未来实施过程的具体步骤方向。例如，界定恢复目标的可测量性和恢复的意义。改善栖息地行动的生态监测是改善项目的扩展部分。因此，明确改善栖息地项目的目标是项目成败的关键。量化栖息地改善项目目标的例子很多，如采用标准化监测规程进行目标鱼类的物种数量或生物量的监测，或增加垂钓者垂钓物种的捕获率。无论其量化目标如何界定，重要的是要确定可量化的目标。因此，确立衡量改善栖息地工作成功或失败的方法应在实施改善栖息地活动之前就明确。随后的监测工作则是衡量成功的关键（见 10.7）。表框 10.1 提供了当前改善栖息地流程的案例。

表框 10.1　改善栖息地的流程

五大湖区域协作组织（The Great Lakes Regional Collaboration，GLRC）是负责协调北美五大湖生态系统改善和恢复栖息地的组织。五大湖区域协作组织利用新的理论和方法，不断努力改善五大湖区的现有物种和生态系统状况。改善栖息地的规划还在实施过程中。迄今为止，整个过程中的关键工作都在图 10.1 中进行了描述。五大湖区域协作组织改善栖息地过程的更多细节可以从网站（www.glrc.com）获取。

自 19 世纪初以来，五大湖区的水生态系统受到了多种压力，包括污染、生境退化、水资源竞争导致的水文变动、过度捕捞和外来物种入侵。与 19 世纪前区域生态系统的状况相比，五大湖区的湖泊功能发生了较大变化。许多州政府、省和联邦机构，美洲土著和第一民族人民（印第安人）组织，非政府组织（NGO）和其他私营组织已经在整个五大湖生态系统实施了许多改善栖息地的项目。国际水道委员会早在 1905 年就开展了栖息地恢复行动，针对美国和加拿大之间的水资源管理问题成立了联合委员会。此外，还有一些致力于改善生态系统的举措，但并没有形成一个完整的观点。到 20 世纪末，为了维持五大湖区每年约 40 亿美元的渔业资源和生态系统服务费用，明显需要更统一的方法。

2004 年，美国政府签署总统行政令，号召创建一个内阁级的跨部门工作小组，最终促成了五大湖区域协作组织的创立。这一合作组织得到了来自加拿大和美国联邦政府超过 1 500 名代表的支持，包括美国土著和第一民族人民（印第安人）、五大湖周边的 8 个州和两个省、各级委员会、城市、大学和其他五大湖相关利益者。参与的工作包括 8 个重点战略领域：①生境和物种问题；②水生入侵物种；③岸线健康；④非点源污染；⑤沉积物；⑥有毒污染物；⑦指示剂和信息；⑧可持续发展。这些重点领域是五大湖区域协作组织的战略团队实施恢复规划的基础。

每个战略团队都列出了一张问题清单，从而以解决其各自面临的问题为目标导向。例如，栖息地战略团队确定了几个长期（10 年以上）目标和相关活动，以及可以在短期内实现的目标以促进开放

（续）

水域和近岸水域、湿地、河流栖息地、河岸地区、沿海和上游区域栖息地的恢复。改善栖息地活动的项目目标包括可持续的鱼类种群、湿地功能的保障，以及帮助维持整个五大湖区生态系统提供产品和服务的功能。

每个策略团队概述的目标也对需要尽快采取的行动提供了指导。栖息地策略团队建议的行动，包括重新恢复或保护约 22.5 万 hm^2 的湿地生境，对湖鲟和白鲑属鱼类已经消失的地区实施再引入措施，识别并优先保护和改善滨海湿地。

五大湖区域协作组织同时也创立了识别生物、物理、化学、社会信息需求的策略团队，以确保资源管理者、利益相关者、决策者和公众尽可能获得最佳信息。在改善栖息地的规划中，同步对鱼类种群或其他期望目标的变化进行监测和评估是至关重要的。

10.5　机构作用

按照法律法规，联邦、州和省级自然资源管理机构负责管理公共自然资源（见第 4 章）。这些公共任务的授权往往把改善栖息地项目机构的领导地位和财政责任委托给公众。其他如非政府组织、公司或私人可能拥有被用作改善栖息地的土地。无论管理者是政府机构或其他组织，领导结构必须在公共管理者和私人合作伙伴之间建立联系，以实现改善栖息地项目的目标。

10.5.1　领导力

负责管理水生生境的机构应在改善栖息地方面发挥核心领导作用。例如，项目涉及需要让河流流经道路下方以便在其成为上游鱼类通道，此时机构的渔业管理者更适合作为项目的领导者。涵洞、桥梁和浅滩的设计施工，对过鱼通道是至关重要的（Warren and Pardew，1998；MacDonald and Davies，2007）。因此，渔业管理人员必须积极参与规划过程，以确保满足鱼类需求。

多数情况下，涉及地区层面或者流域层面的恢复项目，其领导者都来自政府机构。国家层面的栖息地修复倡议可以为渔业栖息地管理提供广泛而重要的领导作用，但国家层面的栖息地修复倡议在区域或地方各级政府层面能够提供的具体指导相对较少。国家层面的项目，如美国国家鱼类栖息地行动计划，更多时候是促进建立伙伴关系，解决栖息地管理需求（表框 10.2）。同样，加拿大有《渔业法》（R. S. C. 1985，c. F‐14）授权的国家鱼类栖息地大纲。《渔业法》规范了改善鱼类栖息地和鼓励渔业及海洋工作人员参与改善栖息地的活动。

表框 10.2　国家鱼类栖息地行动计划：引领美国鱼类栖息地恢复的途径

CRAIG P. P AUKERT

密苏里堪萨斯大学，密苏里鱼类与野生动物合作研究组，哥伦比亚

美国约 20％的水生物种受到严重威胁（Heinz，2002）。人类通过渠道建设、蓄水池建设、城市化、农业耕作、污染和其他活动破坏了水生生物栖息地。Miller 等（1989）研究表明，栖息地改变

（续）

是淡水鱼类灭绝的最常见的原因。虽然水生生物栖息地的破坏和损失已经明确，但大尺度评估鱼类栖息地的工作仍然十分有限。国家鱼类栖息地行动计划（以下简称行动计划）是为了帮助恢复美国的鱼类栖息地，使其维持健康和可持续的标准。该行动计划的任务是通过伙伴关系来保护、恢复、提高国家的鱼类和水生生物群落，从而促进鱼类栖息地的保护，进而提高美国人民的生活质量。行动计划是非正规和自愿的，利用当地合作伙伴支持实施的当地项目来帮助鱼类栖息地的改善。仅仅 2008 年，来自州和联邦机构、非政府组织、美洲土著部落、基金会和公司的合作伙伴就超过了 450 个。

该行动计划的目标是：①保护和维持水生生态系统的完整和健康；②防止鱼类栖息地受到不利影响而进一步退化；③扭转水生生物栖息地数量和质量下降的趋势，提高鱼类和其他水生生物的整体健康；④提高鱼类栖息地质量和数量，广泛支持鱼类和其他水生物种天然的生物多样性。

该行动计划的实施得到了鱼类栖息地合作伙伴的支持，同时不断培育新的伙伴关系。这些伙伴关系通过当地工作来恢复和提高鱼类栖息地数量和质量。第一，该行动计划帮助合作伙伴确定需要保护的优先栖息地，并提供科学的工具来衡量各种项目的成功与否。第二，该行动计划有助于使公众意识到工作的重要性。第三，该行动计划有助于完善衡量国家鱼类栖息地现状的指标。该行动计划还包括制订一份关于国家鱼类栖息地状况的报告，以及为合作伙伴提供可用于衡量鱼类栖息地项目成功与否的基准条件。最后，该行动计划提供国家层面的领导以协调伙伴关系和实地工作。

国家鱼类栖息地的行动计划需要开展大量工作。例如，项目的游说，发展全国性合作伙伴，按优先顺序提供项目资金，建立合作伙伴关系成功与否的对策，向美国国会和其他合作伙伴报告国家鱼类栖息地现状。国家委员会发展了 20 名成员，分别代表鱼类和野生动物协会机构、联邦政府机构（包括农业部、商务部、内政部、国防部和环境保护署）、生物保护科学的学术代表，以及部落联盟的州代表、州际管理机构、行业和民选官员的代表。

行动计划的合作伙伴将会是行动计划成功与否的关键。合作伙伴包括各种国家和联邦机构，部落政府，非政府组织和其他利益相关者，通常集中在一个地区或一个物种（见下表）。合作伙伴必须得到国家委员会的批准。我们的目标是到 2010 年至少增加 12 个合作伙伴。合作伙伴制度的实施，有利于当地或区域一级的利益相关者与保护组织在当地开展保护和恢复工作，并利用地方经费资助行动计划。

表　2008 年 12 月国家鱼类栖息地倡议批准的合作伙伴

合作伙伴	网址
东部鳟合资企业	www. easternbrooktrout. org
东南水资源合作伙伴	www. sarpaquatic. org
西部土著鳟首创组织	www. WesternNativeTrout. org
中西部无流域地区恢复工作组	www. fws. gov/Midwest/LaCrosseFisheries
马塔努斯卡-苏西特纳河流域	www. nature. org/wherewework/northamerica/
鲑保护合作伙伴	state/alask/preserves/art18561. html
西南阿拉斯加鲑栖息地合作伙伴	www. swakcc. org

国家鱼类栖息地行动计划的愿景是保护和恢复整个美国的水生生物栖息地。这一工作的挑战是寻找利用有限的全国性经费服务当地和区域项目的方法。此外，需要着重指出的是，行动计划的目的是提高所有适宜的水生生物栖息地质量。该行动计划的目标是不仅要改善溪流和河流的鱼类栖息地，而且还要改善水库的生境。因此，这一全国性工作将为评估未来水生栖息地的保护和恢复情况提供一个框架。有关更多信息，请参见 www. fishhabitat. org。

　　跨区域、大尺度的改善栖息地项目的实施需要进行持续的协调工作。这些项目通常试图阐明栖息地退化的主要原因，如沉积物的增加，水质的恶化或城市的开发。领导层中通常会形成一个工作委员会为其他工作小组和分委员会提供纲领性监督。项目的监督委员会不尽相同，但一般包括主要的资助组织和机构、研究人员和其他利益相关的团体或个人（图10.2）。根据不同的目标，一个或几个下属委员会可以阐明特定问题或特定生物分类群的需求。尽管整个组织错综复杂，但委员会的结构提供了将大型栖息地改善项目的责任分解成可管理单元的方法。

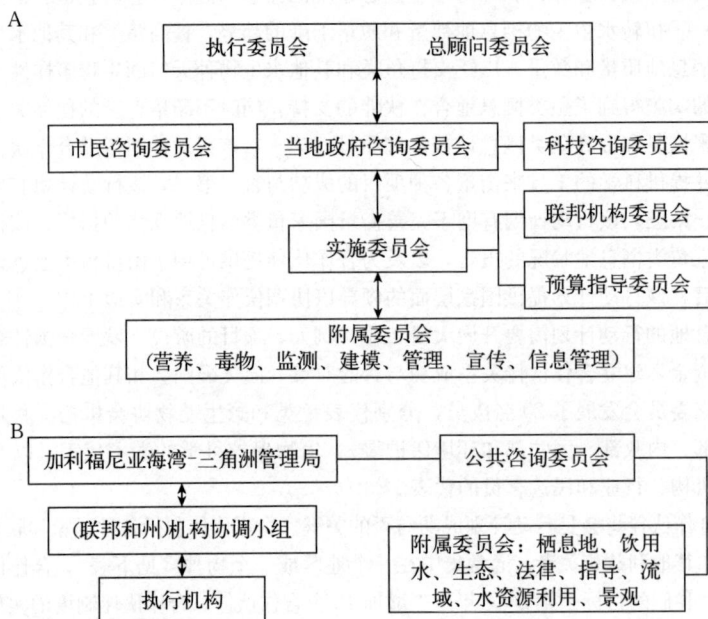

图10.2　切萨皮克湾（A）（Chesapeake Bay Program，www.chesapeakebay.net）和
　　　　加利福尼亚湾（B）（CALFED Bay—Delta Program，www.calwater.ca.gov）
　　　　栖息地改善项目的行政工作组结构（流程图根据每个项目修改）

　　项目资金一直是规划改善栖息地时的核心议题，因为栖息地改善不仅费用高昂，而且耗时耗力。长时间跨度也可能需要监测鱼类种群有意义的变化。因此，实施改善栖息地规划时，适当的财政支持是必要的，可以确保项目目标的实现。许多机构采用创新的途径去资助改善栖息地项目，如一定比例的营业税收益资助机构活动（例如，密苏里州、阿肯色州和明尼苏达州），要求购买捕捞高产值鱼类的特许证或许可证（如鳟的特许捕捞证），要求购买栖息地使用许可证（内布拉斯加州）（表框10.3），或通过所得税返还的捐赠。国家机构筹集的资金通常与联邦、非政府组织、公司或私人基金相配套，以实施单个改善栖息地项目。成功的伙伴关系可以通过合作努力提供进一步援助，以保障获得资助和申请政府奖励。

表框10.3　成熟水域的新生命：内布拉斯加州水生生物栖息地规划

　　资源管理机构正在北美各地实施栖息地改善项目，试图保护、维持、改善和为公众创造新的渔业资源。这些项目的资金来源有多种形式，如联邦和非联邦经费的资本分担，非政府组织的支持，捐赠

（续）

和部分垂钓许可证费，以及许多其他经费项目。然而不幸的是，栖息地改善项目的财政需求就像一个无底洞，而财政支持和规划实施人员非常有限，这迫使机构不得不去寻求替代资金的办法。内布拉斯加州的水生栖息地规划就是这样一个规划，自 1996 年成立以来取得了巨大成功。

内布拉斯加州约有 80% 的垂钓集中在水库，但内布拉斯加州的水库都在迅速老龄化。许多垂钓者发现鱼类已经从大口黑鲈、美洲大鳃鲈、玻璃梭鲈等垂钓鱼类，转变为像鲤这样垂钓价值不高的鱼类。其他的变化包括水生植被丧失和频繁的藻类水华等影响垂钓的情况也经常发生。随着水库老龄化和环境条件日益恶化，许多内布拉斯加州的垂钓者、游乐场和公园委员会都开始关注改善未来的垂钓状况。其最终结果是通过立法使水生生物栖息地项目改善的资金能够得到保障。这一计划通过协调垂钓者和政府官员，要求垂钓者购买垂钓许可证以为改善水生栖息地提供资金。这一规划令人赞叹的方面在于它是普通公民和国家机构之间的协同合作。

大多数从栖息地使用许可证发展而来的栖息地改善规划采取的治理措施包括：清除沉积物、减少沉积物和营养物的排放，稳定水域岸线，水位管控，曝气，采用明矾来降低悬浮的营养盐浓度，以及去除或隔离水库中低垂钓价值的鱼类。河流与溪流栖息地项目通常集中在稳定水域岸线，改进河岸缓冲带，增加溪流栖息地的多样性，以及建造小型水坝的鱼类迁徙通道。每个栖息地改善项目还包含评价要素。

该规划在 1996—2006 年的第 1 个 10 年里，通过 190 多万张垂钓许可证的出让得到了 950 万美元的资金。来自 70 多个机构和组织通过垂钓许可证出让筹集资金的方式，为内布拉斯加州改善水生生物栖息地筹集了总额为 2 600 万美元的经费。最终的结果是实施和完成了 43 个栖息地改善规划。内布拉斯加州的水生栖息地许可证规划将继续引导整个国家实施新的栖息地改善规划。该规划已被广泛接受，并将在可预见的未来继续修复整个国家的鱼类栖息地。

10.5.2 公众接受度

公众和受规划影响的利益相关者对栖息地改善规划活动的接受程度是栖息地改善的关键。如果达不到一般的接受程度，规划就可能得不到支持。这凸显了需要提供公众参与的途径，如公众会议和可以给出书面意见的互联网网站。在处理有争议的问题时，提供公众参与的机会不仅费时，而且还不容易实现，因为不可能获得一致支持某一栖息地管理规划的意见。然而，提供公众参与的机会可以减少矛盾冲突，并增强项目的公有制意识。有关这个主题的其他信息，请参见第 6 章。

10.6 独特的系统和问题

流域被定义为对一条特定的溪流、河流、湖泊的地表水和地下水形成的汇水区域内所含的整个土地面积（Williams et al.，1997）。流域的自然属性就是小流域嵌套在较大的流域，这使得流域的大小变化很大，难以标准化。所有水生态系统都是与流域相适应的，随着空间尺度的增加，可能会适应更多的流域（图 10.3），所以改善栖息地的大部分工作适合在流域层次上进行组织。流域方法很有吸引力，因为它包含了在相对容易定义的区域对气候、地质、水质和生物条件进行评估。然而，识别影响流域（或子流域）的因素通常是很困难的，因为影响一个流域生态系统状况的因素通常是一系列复杂的人为活动。这种复杂性可以促使管理者发展涵盖大流域尺度的更加宏观的规划来简化栖息地恢复的方法

(Mattson and Angermeier，2007)，而不再仅仅是通过个别栖息地改善项目来解决特定流域的问题（例如，特定的湖泊、溪流或水库）的要素。其目的是通过阐明流域整体的需要，在更小和更易于管理的空间尺度来修复栖息地问题。某些栖息地问题，如水文过程的变异或非点源污染问题，都是在流域尺度上造成影响的，因此必须通过整个流域来进行阐述。所以管理人员必须具有灵活性和洞察力，确定何时何地，以及以何种规模来开展修复项目。因此，栖息地改善是有尺度依赖性的，可能发生的尺度是基于栖息地改善规划的目标确定的。

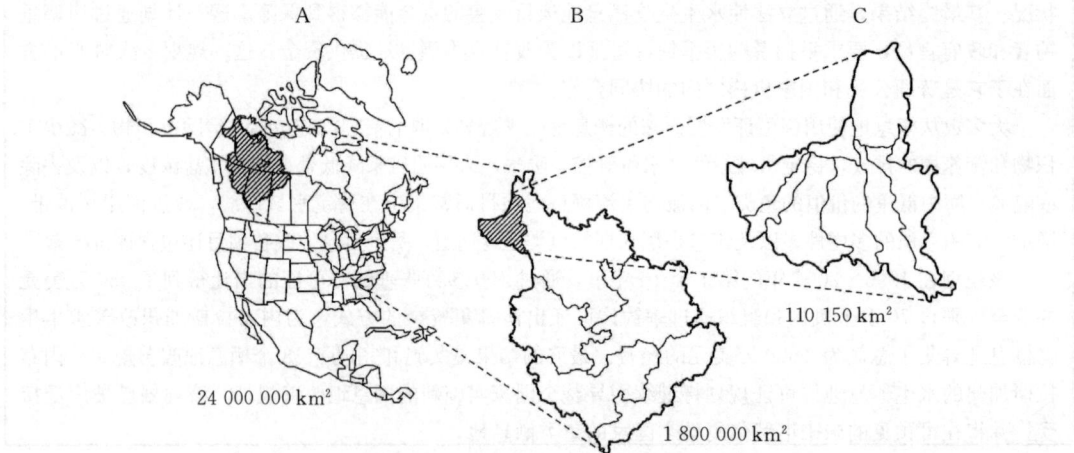

图 10.3　空间尺度上从最大流域（左）到最小流域（右）嵌套的例子
A. 在美国北部的麦肯齐河（Mackenzie River）流域　B. 在麦肯齐河流域中的子流域
C. 作为麦肯齐河系统一部分的皮尔河（Peel River）流域的子流域

　　北美洲的主要淡水系统（溪流、河流、湖泊、水库），由人类活动造成的栖息地损失或退化将在以下章节进行讨论。同时发生的许多人类活动导致一系列不同的问题，是难以从系统内分解开的。多种因素造成的栖息地退化增加了栖息地改善规划的复杂性。因此，渔业管理人员应认识到需要确定栖息地退化的所有潜在机制和根源及其对生态系统的影响。

10.6.1　流水生态系统

　　河流和溪流是北美洲各个生态区的主要组成部分，其受到人为活动影响有着悠久而多样的历史。许多影响，如防洪、发电、航行、灌溉或休闲娱乐，是水资源管理的直接结果。河流管理措施通过蓄水、渠道化、堤防建设和分流改变了河流的径流和栖息地状况（Søndergaard and Jeppesen，2007），这些措施往往会隔绝或孤立鱼类种群，减少河流生态系统纵向和横向的连通性，对特定流域内的流水生态系统的物理过程和生物过程具有深远而广泛的影响。例如，世界上地表水资源年径流量的大约 14％储存在水库中，结果使流水生态系统的功能因为滞留而逐渐转变为更趋向于静水生态系统，生物和非生物环境特征都产生了深刻变化（Downes et al.，2002）。生物变化包括鱼类群落结构的变化、物种灭绝或生态系统的营养循环过程等的变化。

改善河流和溪流栖息地是一门相对新兴的学科，但相关方法学正在逐步发展，尝试改善受损的流水生态系统（例如，Roni et al.，2002；Palmer et al.，2005；Rosgen，2006）。用来解决流水生态系统受损的常见技术包括保护生态基流来保障基本栖息地面积，消除污染源来改善水质，拆除水坝保持平原与河道的纵向连通性，恢复自然水文节律和增加河流的蜿蜒度。目前，大多数改善流水系统栖息地的工作都局限于小型的河流和溪流，或大型河流的局部河段（Lake，2001）。只有少数项目是以更加整体全面的方法来改善河流栖息地。例如，佛罗里达州基西米河（Kissimmee River）的复原工作，自 20 世纪 70 年代初就开始推动栖息地改善活动，旨在修复河流流态，改善水质，提高生境多样性（Toth et al.，1997）。同样，密西西比河上游环境管理规划（the Upper Mississippi River Environmental Management Plan）的目标是维护和改善河流结构与功能（表框 10.4）。虽然不同项目间的空间和时间尺度以及具体的目标各不相同，但这些项目的首要目标都是改善鱼类和其他水生生物的栖息地。

表框 10.4　密西西比河上游水系栖息地改善范例：
天鹅湖栖息地恢复与重建项目

密西西比河上游水系（the Upper Mississippi River System，UMRS）绝大多数的主要河流已被人类活动广泛地改变。主要影响和环境压力包括：①为商业航行而建立的 26 座船闸和大坝；②防洪堤造成河流横向连通性降低，隔离了河流与河漫滩栖息地；③河漫滩栖息地被用于农业或市政建设；④流域尺度的土地利用变化，自然植被转变为农田和城市；⑤外来物种入侵。这些变化对鱼类栖息地造成了极其严重的不利影响，包括：①纵向破碎化和洄游模式的破坏；②年内自然水文节律丧失；③重要的河漫滩栖息地的通道减少和丧失；④流域内泥沙和营养物负荷的增加；⑤栖息地结构的变化，如水生植被的丰度和组成发生变化。这些改变和影响因素之间还存在许多联系。例如，一些地区通往回水湖泊等河漫滩栖息地的途径已大大减少。同时，由于泥沙沉降导致水深变浅，水生植被的丧失导致水体透明度的改变，底质质量的下降，入侵物种如鲤和草鱼等造成的负面影响，都使得回水湖泊栖息地质量退化。天鹅湖栖息地改善和修复项目是对密西西比河上游水系管理的挑战，并为应对这些挑战的尝试提供了很好的经验。

天鹅湖是伊利诺斯河回水湖，面积 1 200 hm²，位于靠近密西西比河和伊利诺斯河的汇合处。该湖泊建造于 1938 年，随着密西西比河的 26 个水闸和大坝之一 [梅尔·普赖斯（Mel Price）水闸和大坝] 的建设而建设。在其建成后的几年中，天鹅湖输出了大量水生植物和鱼类种群，为野生动物提供了重要的栖息地 [美国陆军工程兵团，1993；Theiling et al.，2000]。然而，几十年后，由于泥沙积累，天鹅湖栖息地质量开始下降。大部分输入的沉积物由于夏季缺乏枯水期而呈现松散状态，保持高水位运行也是因为要维持伊利诺斯和密西西比河航行的合适水位。这些影响对水生植被特别不利，因为松散的沉积物会增加浊度，进而减少水体的透光率，这不利于底层植被生根。随着时间推移，天鹅湖的生根性水生植被退化，并伴随 1993 年的洪水而彻底丧失。最终，天鹅湖的垂钓价值随着水生植被减少而下降。

天鹅湖栖息地改善和修复项目的设计、建设、管理和评估的主要合作伙伴包括两个联邦机构、两个国家机构和一所大学。天鹅湖是美国鱼类和野生动物管理局下属的两河国家野生动物保护区（Two Rivers National Wildlife Refuge）的一部分，其中美国鱼类和野生动物管理局是天鹅湖的主要管理机构。

该项目的目标是由美国陆军工程兵团和美国鱼类和野生动物管理局与伊利诺伊州自然资源部、非

（续）

政府组织及普通公众共同协商而达成的。美国陆军工程兵团主要负责项目资金、工程设计和建设。来自伊利诺伊州自然历史调查部和位于卡本代尔（Carbondale）的南伊利诺伊州大学的研究人员共同进行栖息地项目的生态评估工作，并协助完善项目的预期目标。

天鹅湖栖息地重建和提升项目属于宏观尺度的生境重建项目及管理项目，其目标是恢复回水湖栖息地中的水禽、野生动物、鱼类和其他河岸带生物。该项目的主要目标是减少沉积物输入，同时通过水位管理和调控，利用水生植物稳定底层沉积物，进而改善鱼类和野生动物的栖息地。

为了实现这些目标，天鹅湖被隔离为3个不同类型的单元。利用适应性管理措施，每个单元都可以通过实验确定正确的工作模式（例如，每个单元可以根据不同的假设条件进行管理），鱼类和野生动物对栖息地的需求有时会出现冲突，采用这种模式可以筛选特定的修复策略。分割单元确定如下：

上游单元（Upper Unit）。项目实施之前，利用堤防建设将上游单元从主湖中隔离出来，通过每年主动管理降低隔离单元中的水位，促进湿地植被的发育和生长，为水鸟提供有益的栖息地。由于这个单元的建设早于栖息地改善工程，上游单元需要开展监测获取控制性数据。

中游单元（Middle Unit）。该单元是通过建造围堰将其从天鹅湖下部和伊利诺斯河之间分离出来。该单元通过管理促进先锋植被生长。通过闸门调控限制水流的进出，利用水泵抽水控制该单元淹水程度。中游单元在2002年和2005年时曾出现过完全的水位见底，而2003年和2004年则是部分水位下降。

下游单元（Lower Unit）。这个单元是通过围堰建设将其从伊利诺斯河中分割出来。利用闸门的闸板控制伊利诺斯河和下游单元之间的联系，利用水泵控制和管理水位。这个单元在2002年时水位基本见底，2003年以来通过闸板控制与河流的连接，直到2006年夏天。

上述改变大大降低了伊利诺斯河与天鹅湖的连通性，从而减少了河流携带的泥沙输入，并实现水位管理。在密西西比河上游水系河漫滩系统的大多数回水湖泊中，水位下降过程通常属于自然过程，春季和秋季的洪水增加了湖泊的水深，干燥的夏季由于沉积物的沉积作用而使湖泊的水深下降。

项目实施前后的监测旨在评估项目成功与否。浊度数据和利用赛氏盘（Secchi disk）测定的透明度数据表明，中游单元的栖息地项目和管理策略似乎能促进水体透明度增加，而下游单元却没有观测到类似的改善。中游单元的浊度经常处于足够低的水平，可以满足沉水植被的生长（例如，浊度为40个浊度单位）。然而直到2008年，中游单元和下游单元的沉水植物和浮水植物都没有得到恢复。进一步比较项目实施前后的监测数据表明，大多数预期为鱼类设计的栖息地都没有实现。在植被重建之前，下游单元可能需要进一步降低浊度和固化沉积物。植物的种子和块茎引种前，还要考虑草食动物的保护问题。中游单元的实验表明，如果能免受外来入侵鱼类（鲤、草鱼）和本地食草龟（红耳龟）的影响，引种的西米眼子菜（sago pondweed）就能生长。基于这些发现，美国鱼类和野生动物管理局的管理人员通过改进水管理计划，进一步改善了天鹅湖中游单元和下游单元的条件。

10.6.2　静水生态系统

富营养化是造成静水生态系统中鱼类栖息地丧失的主要根源（Cooke et al.，2005；Schindler，2006）。然而，岸线开发（Søndergaard and Jeppesen，2007），流域内人类活动增加导致的入湖泥沙沉积（Marburg et al.，2006），栖息地的退化或丧失（Sass et al.，2006），以及取用水（Havens and Gawlik，2005），这些人为活动也都或多或少地造成天然湖泊中鱼类栖息地的丧失。

减缓水体富营养化的工作重点是减少营养物质输入，主要是磷（Schindler，2006）。例如，采用流域保护，处理入湖污水，冲刷湖泊，深层水体增氧，调节营养物比例，食物网操控等技术都被尝试用于减少营养物质输入（Cooke et al.，2005），并取得了一定的成功。在系统内部负载的营养物质（例如，自然和历史的人为负荷过程）能够维持变化状态多年的系统中，生物反应可能会大大延迟（Jeppesen et al.，2007）。

10.6.3　水库

水库被定义为因大坝建设造成原来的流水生态系统改变为相对静水的生态系统。北美地区的水库对渔业管理有显著影响（Graf，1999）。水库建设的首要目的是为了实现许多人类社会发展的需求，包括供水、防洪、航运、灌溉、休闲娱乐和发电（Ligon et al.，1995；Graf，2006）。蓄水前流水生态系统中的鱼类种群会消失或造成群落在水库中发生显著的变化。水库中渔业资源的维持，需要开展大量的管理工作，包括增殖放流，引进新品种，制定产量管理条例，改善栖息地，或者同时需要所有这些管理措施的组合。蓄水后影响鱼类及其栖息地的变化包括：①水温和溶解氧的变化（Wetzel，2001）；②营养盐的输入和输出（Matzinger et al.，2007）；③物理结构的变化（Ligon et al.，1995）；④泥沙淤积（Hayes et al.，1999）。水库调度运行影响水位变化也会对水库中的鱼类种群造成巨大影响（Jones and Rogers，1998）。

水库老化过程也会影响到鱼类栖息地（Thornton，1990）。水库蓄水后的最初几年鱼产量很高，因为营养物质会从淹水土壤层中释放出来。随着水库老化，初级和次级生产力会缓慢下降，同时栖息地多样性开始丧失。因此，水库老化过程中通常需要持续改善鱼类栖息地，以满足渔业管理的目标。

水库栖息地改善措施的目标一般可分为两大类：流域管理或者水库内部管理。流域上游管理主要涉及与土地利用和土地覆盖相关的问题。流域管理问题的核心是土壤侵蚀的管理。水库的使用期限通常是有限的，其重要原因就是流域土壤侵蚀造成的水库淤积（Schilling and Wolter，2005）。水库建设之前会严格计算流域泥沙输入和沉积速率，计算水库淤满的时间，从而大致估算水库的寿命（Dendy et al.，1973）。然而，流域内土地利用方式的变化，如快速城市化过程和粗放的农业生产管理，可能会造成更大规模的流域侵蚀，进而导致水库泥沙沉降加快，缩短水库的寿命，使鱼类可利用栖息地的损失速率更快（Kimmel and Groeger，1986）。细颗粒沉积物可以同时携带营养物质（如氮和磷）和污染物进入水库，对水库生态系统造成长期影响。为应对流域内泥沙侵蚀，还可以通过奖励政策或主动修建其他应对性工程措施尽力控制土壤侵蚀，如可以在水库上游私人或公共的土地上建立前置库（Columbo et al.，2006；Luo et al.，2006）。

目前水库中鱼类栖息地管理主要关注的是水位调控。剧烈的水位波动会减少栖息地中可用作产卵和育幼的区域（Baldwin and Mitchell，2000）。通过水位管理可以降低水位波动的幅度和控制波动的时间，从而能对一些鱼类的产卵场和育幼场产生积极作用（Miranda and Lowery，2007）。改善水库栖息地的其他措施还包括在水库设置天然或人工材料增加鱼类栖息地的多样性，以及在沿岸带建立抵消水位变化的植被（Naselli - FIores and Barone，2005）。

10.7　栖息地改善的评价

　　评估栖息地改善的关键是分解生物恢复对自然变动、人类活动影响和栖息地改善响应之间复杂的相互作用（Bryce and Hughes，2003）。因为影响生态系统的因素贯穿许多不同的环境梯度和景观梯度，这些问题就会被放大。许多需要恢复的水生态系统是独一无二的，无法提供重复性的实验研究。此外，生物对栖息地改善的响应可能会有明显的时间尺度效应，不仅与驱动生态系统的环境过程密切相关，而且与栖息地改善工作的程度有关。这些复杂的相互作用在评估栖息地改善项目时造成了特殊的挑战。诸如衡量响应的适当尺度、逻辑上的限制和财务上的约束等问题也会对评估构成重大影响（表框10.5）。近年来，相关技术的进步，对于克服这些障碍起到了一定的帮助作用，如遥感和地理信息系统技术的发展，但仍需要通过时间和不同空间尺度来评估响应的效应。因此，建立"先验"方法，以及建立科学严谨和时空界限明确的评估计划至关重要，可以确保时间不被浪费，投资得到有效利用。根据前期工作数据建立参照基准，对评估栖息地条件和鱼类种群随着栖息地修复项目实施所带来的变化也同样重要。已有的其他来源的数据在少数情况下也可以提供参照基准，但有针对性地收集前期基础数据可能是最有必要的。前期基础数据通常需要对一定范围内的水位、水温和其他来源的变异进行多年测量。前期工作评价往往会被忽视或敷衍了事，但为修复目标成败的评估却提供了关键数据。

表框10.5　用什么来衡量栖息地改善与生态系统恢复：以大沼泽地为例

John H. Chick[1]　Joel C. Trexler[2]

[1] 伊利诺伊州自然历史调查局，奥尔顿

[2] 佛罗里达国际大学生物科学系，迈阿密

　　今天，大多数人认为大沼泽地是美国珍贵的自然资源。然而纵观历史，美国公民和大沼泽地之间可以认为是处于"两个极端"。大沼泽地被改造为排水渠道，进而被人类利用的历史非常悠久，最早可以追溯到19世纪后期汉密尔顿·特世途（Hamilton Disston）的工作。为保护大沼泽地作为独特的、有价值的生态系统，至少可以追溯到20世纪20年代欧内斯特·科（Ernest Coe）的国家公园保护工作，并贯穿于整个20世纪，国家和联邦管理者都曾努力维持大沼泽地的开发利用与大沼泽地自然资源和生态完整性之间的平衡。到了20世纪末，社会公众开始倾向于拯救大沼泽地生态系统的完整性，恢复大沼泽地生态系统完整性的意愿非常大。修复工作包括基西米河（Kissimmee River）和奥基乔比湖（Lake Okeechobee）流域内的大沼泽地。

　　人为强加的环境压力对大沼泽地生态完整性产生了负面影响，包括以下几方面内容（Porter and Porter，2001；Frederick and Ogden，2003）：

　　1. 生态系统规模的减小　大沼泽地最初是占地面积为120万 hm² 的湿地，由于这一地区构建排水系统转换为农业和城市土地用途，现在面积已经减少了一半。

　　2. 供水变化　人类的各种需要，包括防洪、农业用地和饮用水源地，导致输送到大沼泽地的水量显著减少。随着堤坝和运河的广泛建设，从奥基乔比湖（Lake Okeechobee）向佛罗里达州东海岸和西海岸的分水口改道，打乱了这一区域水流经的湿地栖息地。在许多地区，由于农业和城市用水需求的增长，大沼泽地北部和中部水资源保护区的蓄水管理，使泛洪周期或水文周期产生变化。

（续）

3. 大沼泽地的富营养化 大沼泽地北部超过 27.5 万 hm² 湿地转化为农业用地，这使大沼泽地增加的磷向大沼泽地其他区域的栖息地输送。这种富营养化会导致生态系统结构和功能产生明显变化，因为这些栖息地以前由于土壤磷含量低和可溶性磷含量低，初级生产力受到了磷限制的制约。

4. 入侵物种的引入 动物和植物等外来入侵种在大沼泽地的定植定居数量似乎在不断增长，这对土著种造成了损害。

大沼泽地的这些环境压力与其他压力的综合效应已显现出来。以前大沼泽地多样化的湿地生境镶嵌分布，但由于水文周期和输水过程的改变而造成了栖息地同质化，典型代表就是大面积的锯齿草植被（saw grass），这给人的印象极深。磷输入的增加和水文周期的改变导致一些地区形成广袤均一的香蒲植株。水文周期的变化和营养物质的增加也影响着外来入侵物种的建群，磷含量的适度增加甚至会导致特有附生藻类群落的丧失。或许公众视线里最显著的变化是涉禽丰度的下降，这可能与作为涉禽重要捕食对象的鱼类丰度大幅下降相类似（Frederick and Ogden，2003；Trexler et al.，2003）。

大沼泽地恢复规划的细节可查阅其他文献（Porter and Porter，2001），文献中涉及的范围甚至超出了案例本身。总而言之，大沼泽地恢复的主要目标是通过系统恢复水在大沼泽地中的天然流动性，使大沼泽地生境的水文周期史自然化，同时降低磷的输入。水文周期的改变和输水的变化，一方面意味着在大沼泽地的某些地区，尤其是在大沼泽地南部需要延长水文期；另一方面在其他地区特别是在中部和北部堤坝后水库的水源保护区，则要缩短水文期。这些工作的总体目标是改善大沼泽地的生态完整性和生态功能。

与本章其他的案例不同，大沼泽地生境恢复的目标主要不是改善休闲渔业或商业渔业，而是立足于整体生态系统的恢复。在这种情况下，鱼类在大沼泽地食物网中的作用成了关注的焦点。因此，设置鱼类的恢复和监测目标就不那么简单了。大沼泽地恢复的目标是使鱼类群落回归到更自然的状况，而不是专注于改善特定物种或鱼类群落的特定栖息地（例如，产卵基质或育幼场）。因此，需要通过群落尺度的方法来设定目标，但由于缺乏历史数据而导致恢复目标的复杂化（Trexler et al.，2003）。

大沼泽地鱼类种群根据生态原理和逻辑关系（即抽样方法）的不同，而将鱼类分为两类：①小型鱼类［成鱼长度通常小于 8 cm 标准长度（standard length，SL）］；②大型鱼类（成鱼长度一般大于 8 cm 标准长度）。在大沼泽地的沼泽湿地中，密度和生物量方面占优势的是小型鱼类，这对作为涉禽和其他生物的食物来源至关重要。针对小型鱼类的监测，采用随机监测方法如随机投掷面积为 1 m² 的采样框，可以估算渔获量密度和单位面积的生物量。

水生肉食性大型鱼类的监测手段，主要是采用汽船电捕法，通过针对单位努力量捕捞量获取数据计算密度。这些监测方法产生了可用于评估鱼类群落的几项测量指标，包括：①鱼类密度和生物量；②鱼类大小分布；③相对丰度；④土著种与外来种的比例。

由于缺乏大沼泽地鱼类的历史资料，到底什么样的恢复目标才是合理的呢？虽然缺乏干扰前的数据，但结合实证分析和仿真建模，根据近年来的监测数据可以预测与修复工作相关的响应，特别是水文周期的变化（Trexler et al.，2003）。在水文周期延长的地区，包括小型鱼类和大型鱼类（所有物种）的丰度预计将升高；而在水文周期缩短的地区，丰度预计将下降，尤其是大型鱼类。同样，鱼类的长度分布应随着水文周期的延长而增加，作为较大型鱼类和年龄较大的个体比例预计将会增加。但并不是所有物种对水文周期操控的响应都是一样的。一些物种喜欢在水文周期较短的沼泽中，而另外一些物种则更喜欢在水文周期较长的栖息地。实证数据分析表明，物种相对丰度的预测变化会随着恢复工作对水文周期的改变而出现（Trexler et al.，2001；Chick et al.，2004）。通过转变到更自然的水文周期和养分状况，外来物种丰富度不太可能会增加的预期就是合乎情理的。

（续）

随着对大沼泽地湿地鱼类种群了解的增加，精炼恢复目标将成为可能。例如，近期实验能够对减少磷输入如何影响鱼类丰度和种群结构做出预测。此外，恢复目标需要对区域和栖息地类型进行明确定义。鱼类群落结构的可预测性随着当地和区域尺度而变化，恢复目标也需要相应地调整。正如本章中的许多其他案例一样，缺乏全面的认识就意味着在评估栖息地改善工作中需要采用适应性方法。

栖息地改善项目的制定和实施可能需要相当长的时间，但却往往又有潜在的政治紧迫性，需要在短期内评估渔业资源或生态系统的响应。虽然项目的实施可能会出现一些短期的响应，但多数响应是渐进的，需要很多年甚至几十年的监测才能发现（Pegg and McClelland，2004），从而要求现场工作人员做到长期监测，同时为栖息地改善项目的评估提供经费。然而，这种长期工作的保障往往与机构和组织的时间表相冲突，因为长期的监测和评估工作与经费周期和项目优先顺序不符。资源管理者和政策制定者在确保栖息地改善项目开展适当的监测和评估方面往往做得并不理想。Bernhardt 等（2005）的研究报告指出，在美国改善河流栖息地的项目中，大约只有 10％的项目开展了相关的监测计划。

选择适当的变量是监测栖息地改善措施有效性的重要措施。广泛开展或收集各种生物、非生物数据在逻辑上和经济上都是行不通的。然而，针对典型变量开展的监测，就可以获得指示生态系统响应的有效信息（Karr，1992）。有用的典型变量可以评估生物（表10.2）、物理和化学（表10.3）的变化。虽然表10.2和表10.3并未完全涵盖，但提供了可以推断有关栖息地管理项目变化的常规变量。这些信息在多数情况下可以分为渔业信息汇总的子分类或其他变化的测量指标，如种群指标（Karr，1992）。然而，需要注意的是，在这些类别中收集到的信息都应该是有生态学意义的，并且与测量的时空尺度相关，是对栖息地改善实践应用后的响应，并容易被资源管理者和决策者所理解。

表 10.2　常规生物监测参数及每个参数所反映的信息

（许多其他有助于监测栖息地改善成功与否的参数在适当的时候也应充分调查）

参数	监测与评估信息
水生植物	水生植被是许多水生生态系统的重要组成部分，因为它具有降低营养盐浓度、稳定沉积物，以及为许多水生生物提供栖息地和食物的作用。因此，要高度重视水生植被，建立、重建或维持水生植被一直是许多栖息地修复工作的关键
鱼类	鱼类过去被广泛用于记录各种系统的变化，其价值在于它们能反映许多营养水平环境变化的累积效应
淡水贝类	淡水贝类是北美洲濒危的生物种群之一。淡水贝类可能也是有机体对环境变化敏感的种群之一，因为它们依赖于其他水生动物完成其相对复杂的生活史
无脊椎动物	无脊椎动物作为重要的生物类群之一（不包括淡水贝类），是由于其能快速识别环境的局部变化。这一类群的重要性不仅因为它们能对环境变化做出快速反应，而且它们在食物网动态中也发挥着重要作用，通过分解有机物质为自己和其他低营养级生物提供可用的营养，还为更高营养级，如鱼类、鸟类、爬行动物和两栖动物提供食物来源
浮游生物	浮游生物包括浮游动物和浮游植物，是食物网的基础，也是生态系统生产力的重要指标。以浮游生物作为监测参数的主要缺点是其鉴别过程很漫长，需要相对较高的培训水平

表 10.3　常规非生物监测参数及每个参数反映的信息

（许多其他有助于监测栖息地改善成功与否的参数在适当的时候也应充分调查）

参数	监测与评估信息
地貌	流域的地貌有助于确定哪些栖息地改善技术是可行的。测量参数包括河槽刷深、沉淀率和其他用于了解水体当前和未来属性的过程
水文	测量静水和流水系统地表水及地下水的价值在于确定人类对该系统的影响。水文状况的改变会导致湖泊、水库和极端流量的水位变化，会影响水在流域的各个部分中运动，这些对于理解系统随着时间的变化和改善是至关重要的
土地利用	监测陆地栖息地利用中人类需求（例如，城市化和农业）的变化，不仅可以提供存在问题的信息，还可以监测长期以来的改善情况
水质	水质对于监测生物对新建环境条件的关联和反应非常有用。监测水质的物理属性（如浊度、电导率和流量）及其变化可知道其提供的养分的可利用性（如氮和磷）。在水质相关的监测中用于评估一般生境特征（如水下结构的底质类型和数量）的数据也是有用的

10.8　总结

栖息地改善过程的框架应该适应于可能需要的变化，体现为使管理人员从系统中了解更多改善栖息地的信息。重要的是要牢记，栖息地改善的过程要与渔业管理过程相协调（见第 5 章）。为了满足管理目标，这两个过程需要协同运作。

渔业管理者也必须认识到，能改善鱼类栖息地的活动也不一定能促使渔业的改善。这很容易陷入解决渔业失败的表面问题，而不是解决问题的根本所在。例如，医生不会给腿骨折的病人只开阿司匹林。相反，医生会将骨折的肢体固定到一个铸件里，使它正常愈合。同样，如果水库幼鱼的补充量不足是由于细泥沙输入导致产卵栖息地丧失，这时仅仅添加产卵基质，而不减少泥沙淤积量是无法解决问题的。需要首先考虑泥沙淤积造成的鱼类产卵场和栖息地丧失的问题，要保障栖息地处于长期可用的状态，然后评估修复是否达到了预期的效果。表框 10.6 提供了在识别和实施栖息地改善项目的目标时的一些指导原则，从而尽量减少出现各种危及项目成功的可能性。

渔业管理中另一个改善栖息地的关注点是栖息地的改善，可能无法提供使目标鱼类恢复所需全部生活史的栖息地。尽管不一定能满足目标物种生活史每一个阶段的需要，但其仍然可以从栖息地改善项目中受益。例如，如果栖息地改善项目的目标是吸引鱼类进入更接近垂钓者的位置，那么通过在垂钓点设置聚鱼装置来构建栖息地可能就是合适的。然而，如果目标是为一个或几个物种建立或维持可持续渔业提供栖息地，那么将栖息地改善的工作目标和内容调整到设置聚鱼装置以外，或许才能保证目标的实现。变化生态系统的栖息地改善是困难而又复杂的过程，依赖于专业技术与知识、体制机制以及公众的接受程度。管理部门的大力支持和普通大众对生境改善的接受程度正在呈现井喷态势（Bernhardt et al.，2005），这将使得在当前和未来的渔业管理之中，栖息地改善工作将成为重中之重。

表框 10.6　栖息地改善的生态学指导原则

Charles "Si" Simenstad[1]　　Daniel L. Bottom[2]
[1]华盛顿大学水产和渔业科学学院，西雅图
[2]国家海洋和大气管理局，西北渔业科学中心，鱼类生态部门，西雅图

作为恢复面临风险的渔业资源和重建河流生态系统的自然过程工作的一部分，人们对改善鱼类栖息地的兴趣大大提高了，但对于保障多个物种的特定栖息地需求，并确保生境修复措施发挥了有效的生态效益的实证数据仍然非常缺乏。因此，改善水生生物栖息地的工作必须依赖于案例区域获得的经验，然后谨慎行事，以尽量减少风险，并利用适应性管理措施从实际监测结果中获得新的启示。在缺乏详尽认识的情况下，我们建议在客观科学的生态学指导原则的基础上制订目标，来指引规划、实施和评估栖息地改善工作。

以下是利用生态学基本原理确定和实施项目的恢复、复原和优化的指导原则，以促进渔业及生态系统恢复其中需要着重强调以下几点：①从生态系统的视角考虑问题；②渔业资源的恢复；③自我维持的终极目标；④适应性管理。通过严格的考核和评价科学认识栖息地改善的问题。无论是概念还是许多具体原则都是独一无二的。在借鉴哥伦比亚河河口和溯河产卵鲑幼鱼生态学的具体经验和知识的同时，我们还参考了世界各地对鱼类恢复、优化和创新活动的各种科学及技术评估。

1. 优质栖息地优先保护原则　保护现有的优质栖息地至关重要。任何缺乏涵盖现有优质栖息地保护的规划只会适得其反，因为景观单元中的生态完整性将持续退化，并危害栖息地改善所依赖的生态资源。所有栖息地的改善地区应明确纳入广泛的保护框架之中，既要保证恢复地区的长期保护，也要谋求对邻近栖息地的保护。这一框架应该保障优质栖息地之间的连通性，使其作为种群的避难所和种群重建的中心。

2. 不伤害原则　确保栖息地面积和功能不出现负增长，并保护它们所依赖的自然过程畅通无阻。栖息地改善工作应在不降低自然栖息地或更广泛的生态系统的其他生态功能的条件下达到规划提议的效益。

3. 充分利用生态系统自然过程改善栖息地原则　栖息地改善措施需要重新建立水文、泥沙、地貌和其他栖息地形成过程，并利用自然水文过程、泥沙过程创建和维持栖息地的动态稳定性，而不是简单粗暴地恢复栖息场所的物理结构。要明确和认识到，自然生态系统的形成和维持过程是保障鱼类物种及其栖息地都能得到长效恢复的原始动力，而不是简单地找个短期的、静态的替代品。

4. 自然恢复原则　过去的经验表明，直接强化（是指强化退化栖息地某个或多个特定功能）或新建栖息地是有问题的，因为这些措施很难诱导自然生态系统形成和自我维持过程。自然生态系统形成和维持过程的影响力往往要强于人为活动和永久构筑物（见原则7），高度人工化的景观格局会与自然生态系统过程形成巨大的冲突，维持人工构筑物或景观单元的安全和稳定，需要大量的资金、维护和应急管理措施。

5. 整合鱼类生活史原则　栖息地改善活动的程度必须是实质性的，而且实施改善的地点需要与景观单元相适应，以便能够为目标鱼类物种显著提高生态系统的健康状况。例如，对于溯河产卵的鱼类，不仅需要保持从河流源头到海洋的连续栖息地，而且需要从淡水到河口生态系统之间适宜的环境梯度，以满足幼鱼育肥和洄游。栖息地改善的工作必须考虑鱼类通道，以及沿着这一环境梯度的所有栖息地要素的初级生产力。

6. 基于景观尺度的生态概念去重建生态系统连通性和复杂性的综合规划原则　错误的栖息地改善方法，既无法有效恢复鱼类种群恢复所需的栖息地连通性，也无法维持栖息地中自然生态系统形成和维持过程。因此，战略规划必须横跨多个尺度，建立广阔的视野和明确的目标，并把当地的栖息地

（续）

改善活动置于健康的生态系统环境之中。

7. 以史为鉴原则　在现阶段的景观格局中，要充分了解历史上景观格局的演变过程和趋势，进而充分评估栖息地改善的可能性和有效性，以实现重要栖息地的自然恢复与维持。然而，大多数的历史重构都是针对动态变化的生态系统的一种静态表现，因此栖息地结构变化可能比景观位置更重要。许多系统已被高度改变，承载历史条件的基本过程也已发生明显变化，这个过程是不可逆的。至少，必须充分了解在当前条件下维持栖息地改善的自然过程的改进能力，从而制订更加切合实际的目标。

8. 基于目标的绩效评估原则　监测和适应性管理是栖息地改善和管理的重要组成部分。没有指南规定管理人员需要知道如何改善特定鱼类赖以生存的栖息地和生态系统。意外结果的不可避免性，就需要有自适应的管理计划，以促进有效的调整。目标应可以明确表述并可长期监测（某些监测可能要超过 20 年）。绩效标准要源于这些目标，包括功能要素和结构要素，并与相匹配的本地区参照栖息地（目标）建立联系。栖息地改善要在具体点位进行统一评估，并在景观和生态系统尺度上进行综合评估，进而评估当地一系列改善行动的最终结果是否达到总休恢复目标。

9. 建立跨学科理论和技术融合制度，以及同行评议原则　所有可用的不同专业的科技知识要通过跨学科的规划、设计、实施和监测，进而应用于栖息地改善的复杂问题，而不仅仅是形成一个多学科的专家组。除了必要的生物学（如鱼类生态学和管理）以外，物理（例如，水文学、地貌学、地球物理学和沉积学）、化学（如沉积物的地球化学）、数学（例如，生物统计）和工程科学都应该有代表参与。建立独立的同行评议小组评价整个过程的科学假设和绩效，确保实现目标。

虽然有些内容并没有编入本书，但我们也呼吁需要定义和同步讨论诸如社会、文化和经济的一系列原则，从而根据这些原则来指导改善计划的实施。

显然，在整个北美洲地区发现的水生态系统的问题和变化，促成了栖息地改善的一些具体原则，有些是直截了当的，有些是循序渐进的。这些原则约束了渔业管理人员需要以标准化的模式去关注栖息地退化和丧失问题，但也允许采用灵活的方式解决特殊需求。管理人员经常面临的问题，包括："是特定指示物种好？还是群落方法好？""应该采用哪种技术或工具来改善栖息地？""确定栖息地改善成败的度量标准是什么？"所有这些问题都需要考虑，但其中任何一个问题都没有普适的标准答案。然而，渔业管理人员应该在本章提出的结构化框架下开展具体工作，以确保在栖息地改善过程中所肩负的责任。结构化框架也要求管理人员要适应目前和未来栖息地改善计划，从而确保实施有意义的方法。

10.9　参考文献

Allen, T. F. H. , and T. W. Hoekstra. 1992. Toward a unified ecology. Complexity in ecological systems series. Columbia University Press, New York.

Baldwin, D. S. , and A. M. Mitchell. 2000. The effects of drying and re – flooding on the sediment and soil nutrient dynamics of lowland river – floodplain systems: a synthesis. Regulated Rivers: Research and Management 16: 457 – 467.

Bednarek, A. T. 2001. Undamming rivers: a review of the ecological impacts of dam removal. Environ – mental Management 27: 803 – 814.

Bernhardt, E. S. , M. A. Palmer, J. D. Allen, G. Alexander, K. Barnas, S. Brooks, J. Carr, S. Clayton,

C. Dahm，J. Follstad－Shah，D. Galat，S. Gloss，P. Goodwin，D. Hart，B. Hassett，R. Jenkinson，S. Katz，G. M. Kondolf，P. S. Lake，R. Lave，J. L. Meyer，T. K. O'Donnell，L. Pagano，B. Powell，and E. Sudduth. 2005. Synthesizing U. S. river restoration efforts. Science 308：636－637.

Bohn, B. A. , and J. L. Kershner. 2002. Establishing aquatic restoration priorities using a watershed ap－proach. Journal of Environmental Management 64：355－363.

Bryce, S. A. , and R. M. Hughes. 2003. Variable assemblage responses to multiple disturbance gradients：case studies in Oregon and Appalachia, USA. Pages 539－560 *in* T. P. Simon, editor. Biological response signatures：indicator patterns using aquatic communities. CRC Press, Boca Raton, Florida.

Cairns, J. , Jr. 1988. Increasing diversity by restoring damaged ecosystems. Pages 333－343 *in* E. O. Wilson, editor. Biodiversity. National Academy Press, Washington, D. C.

Catalano, M. J. , M. A. Bozek, and T. D. Pellett. 2007. Effects of dam removal on fish assemblage struc－ture and spatial distributions in the Baraboo River, Wisconsin. North American Journal of Fisheries Man－agement 27：519－530.

Chick, J. H. , C. R. Ruetz III, and J. C. Trexler. 2004. Spatial scale and abundance patterns of large fish communities in freshwater marshes of the Florida Everglades. Wetlands 24：652－664.

Columbo, S. , J. Calatrava－Requena, and N. Hanley. 2006. Analyzing the social benefits of soil conserva－tion measures using stated preference methods. Ecological Economics 58：850－861.

Cooke, G. D. , E. B. Welch, S. A. Petereson, and S. A. Nichols. 2005. Restoration and management of lakes and reservoirs, 3rd edition. CRC Press, Boca Raton, Florida.

Dendy, F. E. , W. A. Champion, and R. B. Wilson. 1973. Reservoir sedimentation surveys in the United States. Pages 349－357 in W. C. Ackermann, G. F. White, and E. B. Worthington, editors. Manmade lakes：their problems and environmental effects. Geophysical Monograph 7, American Geophysical Union, Washington, D. C.

Dobson, A. , D. Lodge, J. Alder, G. S. Cumming, J. Keymer, J. McGlade, H. Mooney, J. A. Rusak, O. Sala, V. Wolters, D. Wall, R. Winfree, and M. A. Xenopoulos. 2006. Habitat loss, trophic collapse, and the decline of ecosystem services. Ecology 87：1915－1924.

Downes, B. J. , L. A. Barmuta, P. G. Fairweather, D. P. Faith, M. J. Keough, P. S. Lake, B. D. Mapstone, and G. P. Quinn. 2002. Monitoring ecological impacts：concepts and practice in flowing water. Cambridge University Press, Cambridge, UK.

Feist, B. E. , E. A. Steel, G. R. Pess, and R. E. Bilby. 2003. The influence of scale on salmon habitat resto－ration priorities. Animal Conservation 2003：6：271－282.

Frederick，P. , and J. C. Ogden. 2003. Monitoring wetland ecosystems using avian populations：seventy years of surveys in the Everglades. Pages 321－350 in D. E. Busch and J. C. Trexler, editors. Monitoring ecosystems：interdisciplinary approaches for evaluating ecoregional initiatives. Island Press, Washington, D. C.

Frissell, C. A. , and S. C. Ralph. 1998. Stream and watershed restoration. Pages 599－624 *in* R. J. Naiman and R. E. Bilby, editors. River ecology and management. Springer－Verlag, New York.

Geremias, R. , R. C. Pedrosa, J. C. Benassi, V. T. Favere, J. Stolberg, C. T. B. Menezes, and M. C. M. Laranjeira. 2003. Remediation of coal mining wastewaters using chitosan microspheres. Environmental Technology 24：1509－1515.

Golet, G. H. , M. D. Roberts, R. A. Luster, G. Werner, E. W. Larsen, R. Unger, and G. G. White. 2006. Assessing societal impacts when planning restoration of large alluvial rivers：a case study of the Sacra－mento River Project, California. Environmental Management 37：862－879.

Graf, W. L. 1999. Dam nation: a geographic census of American dams and their large - scale hydrologic impacts. Water Resources Research 35: 1305 - 1311.

Graf, W. L. 2006. Downstream hydrologic and geomorphic effects of large dams on American rivers. Geomorphology 79: 336 - 360.

Havens, K. E., and D. E. Gawlik. 2005. Lake Okeechobee conceptual ecological model. Wetlands 25: 908 - 925.

Hayes, D. B., W. W. Taylor, and P. A. Soranno. 1999. Natural lakes and large impoundments. Pages 589 - 621 in C. C. Kohler and W. A. Hubert, editors. Inland fisheries management in North America, 2nd edition. American Fisheries Society, Bethesda, Maryland.

Heinz (H. John Heinz III Center for Science, Economics, and the Environment). 2002. The state of the nation's ecosystems: measuring the lands, waters, and living resources of the United States. Cambridge University Press, New York.

Hutchinson, G. E. 1957. Concluding remarks. Cold Spring Harbor Symposia on Quantitative Biology 22: 415 - 427.

Jeppesen, E., M. Meerhoff, B. A. Jacobsen, R. S. Hansen, M. Søndergaard, J. P. Jensen, T. L. Lauridsen, N. Mazzeo, and C. W. C. Branco. 2007. Restoration of shallow lakes by nutrient control and biomanipulation—the successful strategy varies with lake size and climate. Hydrobiologia 581: 269 - 285.

Jones, M. S., and K. B. Rogers. 1998. Palmetto bass movements and habitat use in a fluctuating Colorado irrigation reservoir. North American Journal of Fisheries Management 18: 640 - 648.

Karr, J. R. 1992. Ecological integrity: protecting earth's life support systems. Pages 223 - 228 in R. Costanza, B. G. Norton, and B. D. Haskell, editors. Ecosystem health: new goals for environmental management. Island Press, Washington, D. C.

Kimmel, B. L., and A. W. Groeger. 1986. Limnological and ecological changes associated with reservoir aging. Pages 103 - 109 in G. E. Hall and M. J. Van Den Avyle, editors. Reservoir fisheries management: strategies for the 80's. American Fisheries Society, Southern Division, Reservoir Committee, Bethesda, Maryland.

Kumar, M., and P. Kumar. 2008. Valuation of the ecosystem services: a psycho - cultural perspective. Ecological Economics 64: 808 - 819.

Lake, P. S. 2001. On the maturing of restoration: linking ecological research and restoration. Ecological Management & Restoration 2: 110 - 115.

Ligon, F. K., W. E. Dietrich, and W. J. Trush. 1995. Downstream ecological effects of dams: a geomorphic perspective. BioScience 45: 183 - 192.

Luo, B., J. B. Li, G. H. Huang, and H. L. Li. 2006. A simulation - based interval stochastic model for agricultural nonpoint source pollution control through land retirement. Science of the Total Environment 36: 38 - 56.

MacDonald, J. I., and P. E. Davies. 2007. Improving the upstream passage of two galaxiid fish species through a pipe culvert. Fisheries Management and Ecology 14: 221 - 230.

Marburg, A. E., M. G. Turner, and T. K. Kratz. 2006. Natural and anthropogenic variation in coarse wood among and within lakes. Journal of Ecology 94: 558 - 568.

Mattson, K. M., and P. L. Angermeier. 2007. Integrating human impacts and ecological integrity into a risk - based protocol for conservation planning. Environmental Management 39: 125 - 138.

Matzinger, A., R. Pieters, K. Ashley, G. A. Lawrence, and A. Wuest. 2007. Effects of impoundment on nutrient availability and productivity in lakes. Limnology and Oceanography 52: 2629 – 2640.

Miller, R. R., J. D. Williams, and J. E. Williams. 1989. Extinctions of North American fishes during the past century. Fisheries 14 (6): 22 – 38.

Miranda, L. E., and D. R. Lowery. 2007. Juvenile densities relative to water regime in mainstem reser – voirs of the Tennessee River, USA. Lakes and Reservoirs: Research and Management 12: 87 – 96.

Moser, D. E. 2000. Habitat conservation plans under the U. S. Endangered Species Act: the legal perspec– tive. Environmental Management 26: S7 – S13.

Naselli – Flores, L., and R. Barone. 2005. Water – level fluctuations in Mediterranean reservoirs: setting a dewatering threshold as a management tool to improve water quality. Hydrobiologia 548: 85 – 99.

Palmer, M. A., E. S. Bernhardt, J. D. Allan, P. S. Lake, G. Alexander, S. Brooks, J. Carr, S. Clayton, C. N. Dahm, J. Follstad Shah, D. L. Galat, S. G. Loss, P. Goodwin, D. D. Hart, B. Hassett, R. Jenkinson, G. M. Kondolf, R. Lave, J. L. Meyer, T. K. O'Donnell, L. Pagano, and E. Sud – duth. 2005. Standards for ecologically successful river restoration. Journal of Applied Ecology 42: 208 –217.

Pegg, M. A., and M. A. McClelland. 2004. Assessment of spatial and temporal fish community patterns in the Illinois River. Ecology of Freshwater Fish 13: 125 – 135.

Porter, J. W., and K. G. Porter. 2001. The Everglades, Florida Bay, and coral reefs of the Florida Keys: an ecosystem sourcebook. CRC Press, Boca Raton, Florida.

Ricciardi, A., and J. B. Rasmussen. 1999. Extinction rates of North American freshwater fau– na. Conservation Biology 13: 1220 – 1222.

Ricklefs, R. E. 1973. Ecology. Chiron Press, Portland, Oregon.

Roni, P., editor. 2005. Monitoring stream and watershed restoration. American Fisheries Society, Bethes– da, Maryland.

Roni, P., T. J. Beechie, R. E. Bilby, F. E. Leonetti, M. M. Pollock, and G. R. Pess. 2002. A review of stream restoration techniques and a hierarchical strategy for prioritizing restoration in Pacific Northwest watersheds. North American Journal of Fisheries Management 22: 1 – 20.

Rosgen, D. L. 2006. River restoration using a geomorphic approach for natural channel design. Proceedings of the Eighth Federal Interagency Sedimentation Conference 8: 394 – 401.

Sass, G. G., J. F. Kitchell, S. R. Carpenter, T. R. Hrabik, A. E. Marburg, and M. G. Turner. 2006. Fish community and food web responses to a whole – lake removal of coarse woody habitat. Fisheries 31 (7): 321 – 330.

Schilling, K. E., and C. F. Wolter. 2005. Estimation of streamflow, base flow, and nitrate – nitrogen loads in Iowa using multiple linear regression models. Journal of the American Water Resources Association 41: 1333 – 1346.

Schindler, D. W. 2006. Recent advances in the understanding and management of eutrophication. Limnology and Oceanography 51: 356 – 363.

Smith, K. L., and M. L. Jones. 2007. When are historical data sufficient for making watershed – level stream fish management and conservation decisions? Environmental Monitoring and Assessment 135: 291 – 311.

Søndergaard, M., and E. Jeppesen. 2007. Anthropogenic impacts on lake and stream ecosystems, and ap– proaches to restoration. Journal of Applied Ecology 44: 1089 – 1094.

Stanley, E. H., M. J. Catalano, N. Mercado – Silva, and C. H. Orr. 2007. Effects of dam removal on brook trout inWisconsin. River Research and Applications 23: 792 – 798.

Theiling, C. H. , R. J. Maher, and J. K. Tucker. 2000. Swan Lake rehabilitation and enhancement project: preproject biological and physical response monitoring. Illinois Natural History Survey Technical Report prepared for U. S. Army Corps of Engineers St. Louis District, Illinois Natural History Survey, Urbana - Champaign.

Thornton, K. W. 1990. Perspectives on reservoir limnology. Pages 1 - 13 *in* K. W. Thornton, B. L. Kimmel, and F. E. Payne, editors. Reservoir limnology: ecological perspectives. Wiley - Interscience, New York.

Toth, L. A. , D. A. Arrington, and G. Begue. 1997. Headwater restoration and reestablishment of natural flow regimes: Kissimmee River of Florida. Pages 425 - 444 *in* J. E. Williams, C. A. Wood, and M. P. Dombeck, editors. Watershed restoration: principles and practices. American Fisheries Society, Bethesda, Maryland.

Trexler, J. C. , W. F. Loftus, and J. H. Chick. 2003. Setting and monitoring restoration goals in the absence of historical data: the case of fishes in the Florida Everglades. Pages 351 - 376 *in* D. E. Busch and J. C. Trexler, editors. Monitoring ecosystems: interdisciplinary approaches for evaluating ecoregional initiatives. Island Press, Washington, D. C.

Trexler, J. C. , W. F. Loftus, F. Jordan, J. H. Chick, K. J. Kandl, T. C. McElroy, and O. Bass. 2001. Ecological scale and its implications for freshwater fishes in the Florida Everglades. Pages 153 - 181 *in* J. W. Porter and K. G. Porter, editors. The Everglades, Florida Bay, and coral reefs of the Florida Keys: an ecosystem sourcebook. CRC Press, Boca Raton, Florida.

USACE (U. S. Army Corps of Engineers) . 1993. Upper Mississippi River System—Environmental Management Program Final Definite Project Report (SL - 5) with Integrated Environmental Assessment—Swan Lake Rehabilitation and Enhancement, Main Report, Pool 26, Illinois River, Calhoun County, Illinois. U. S. Army Corps of Engineers, St. Louis District, Missouri.

Venter, O. , N. N. Brodeur, L. Nemioff, B. Belland, I. J. Dolinsek, and J. W. A. Grant. 2006. Threats to endangered species in Canada. BioScience 56: 903 - 910.

Warren, M. L. , Jr. , and M. G. Pardew. 1998. Road crossings as barriers to small - stream fish movement. Transactions of the American Fisheries Society 127: 637 - 644.

Wetzel, R. G. 2001. Limnology: lake and river ecosystems, 3rd edition. Academic Press, San Diego, California.

Williams, J. E. , C. A. Wood, and M. P. Dombeck. 1997. Understanding watershed - scale restoration. Pages 1 - 16 *in* J. E. Williams, C. A. Wood, and M. P. Dombeck, editors. Watershed restoration: principles and practices. American Fisheries Society, Bethesda, Maryland.

Wissmar, R. C. , and P. A. Bisson. 2003. Strategies for restoring river systems: sources of variability and uncertainty. Pages 3 - 7 *in* R. C. Wissmar and P. A. Bisson, editors. Strategies for restoring river ecosystems: sources of variability and uncertainty in natural and managed systems. American Fisheries Society, Bethesda, Maryland.

第11章 鱼类种群评估方法

Kevin L. Pope   Steve E. Lochmann   Michael K. Young

11.1 引言

在渔业管理过程中，渔业管理人员通常需要对某些特定时刻的鱼类种群现状进行评估。管理者按照渔业管理程序（见第5章）查明问题或采取管理行动时，可能会发现其缺乏相关基础知识，因此在实施合理的行动前必须进行种群评估。作为与目标相关的行动手段，管理人员在评估过程中将实施某种类型的资源评估。选择如何进行资源评估是非常重要的决策，因为管理者试图使用最少的时间和金钱来极尽可能地了解种群。

"鱼类种群"定义为同一物种或亚种的一组个体，它们在空间、遗传、数量统计方面区别于其他种群（Wells and Richmond，1995）。一个种群自有一套影响该种群目前和未来状态的种群动态指标（如补充、增长和死亡）。一些渔业管理者常将交换使用两种术语——种群评估和群体评估。通常说的群体即为一个种群或亚种群的一部分。而群体评估一般指鱼群中可被渔业利用的部分，但本章中我们使用更广义的种群评估。鱼类种群和种群样本也有区别。生物学家不会调查一个种群中所有的鱼类，但会通过样本中的个体对该种群进行基本推断。样本取材的方式、地点、时间都会对数据质量及推断的有效性产生巨大影响。

本章提出一些支持渔业管理决策的内陆渔业资源评估方法。考虑偏差（总体中抽样的不均匀概率）、精度（结果的可重复性程度）及标准化采样方法的益处非常重要。本章将讨论一系列目前用于评估鱼类种群的参数和指标，以及它们的优势和限制因素。并将帮助学生理解为什么说科学设计、分析和解译评估数据是最适管理决策的基础。

11.2 评估需求

最适管理决策的基础是对管理行为（如捕捞规则）与鱼类种群间的因果关系（Radomski and Goeman，1996）具有完备的知识。要想获取完整的知识较为困难，甚至是不可能的，所以管理者试图在资源允许的情况下获取足够多的种群信息。因为种群大小、结构及分布受环境变化影响而波动，因此需要经常进行评估（Lett and Doubleday，1976；MC Rae and Diana，2005）。自然界的干扰，如洪水、干旱、火灾或人为活动的改变，如新的捕捞技术、规则的改变，或外来鱼种入侵，都会改变鱼类种群。因此，鱼群丰度，大小或年龄组成，成熟周期，或繁殖力的状况和趋势是制定决策时要考虑的重点（Ault and Olson，1996；Post et al.，2003）。

尽管渔业管理者仍在花时间了解垂钓鱼类的生态及种群动态（Francis et al.，2007），采用生态系统管理的趋势（Cowx and Gerdeaux，2004）导致管理者更多地关注非垂钓鱼种（Angermeier et al.，1991）。垂钓鱼类和非垂钓鱼类的评估较为相似，但由不同的动机驱使。比如，评估垂钓鱼类种群通常会受到娱乐或钓鱼爱好者渔获需求的影响，而对非垂钓鱼类的评估则主要用于保持或增加这些种类的分布和丰度。渔业专家欲使生态系统管理更为有效，则必须综合评估这两类鱼的种群情况。

最终，公众参与资源管理决策程度提高（Caddy 1999；Bettoli et al.，2007）促使了解鱼类种群的需求与日俱增。鱼类种群的常规信息可被广泛获取（Froese and Pauly，2008；Nature Serve，2008），经验丰富的用户群体可以获得技术数据，进行分析，并得出有关特定鱼类种群的独立结论（Beierle，2002）。管理者可以以提供种群评估结果的方式与这些用户群相互协作，此结果在全面的科学实践基础上进行了综合分析及诠释，还与其他已发表的研究结果进行了对比。

11.3 采样考虑

11.3.1 偏差及精度

选择如何采样和如何描绘一个种群是评估过程中的重要工作。确定采样偏差及精度也同样重要，因为很难在有偏差和低精度的情况下确认种群状况。比如，在河区使用电鱼法和移除法来估计溪流里鳟的数量时，通常会过少估计总资源量，因为采用短采样间隔（如少于 1 h）电捕次数的增加，会使鱼对电刺激的敏感性降低（Riley and Fausch，1992）。此外，电捕鱼的概率也与鱼类长度、栖息地复杂性、河流大小、水深、水电导率、采样种类、鱼类密度有关。遵守一贯的采样规则并不能修正偏差，但如果在采样中努力量和可捕率保持恒定，偏差的大小和方向趋向于一个常量，则可能对种群做出有意义的推论。测试这个常量非常重要（表框 11.1）。或者说，缺少精度说明采样效率不稳定或采集样本数量太小。更加密集的采样可能会提高精度和减少偏差（White et al.，1982），但是识别和考虑那些影响采样效率的生态学、数量统计学以及和栖息地相关的因素，对于获得可靠的种群参数估计更重要。

当决定直接评估还是借助指标来评估种群参数时，理解偏差和精度变得非常重要。指标被定义为与种群参数相关的数量或属性。指标需要耗费的精力或资源比种群参数少，但仍能提供有用的信息。比如，在某湖中进行蓝鳃太阳鱼统计调查比较困难，但如果从设置的网具中计量昼夜捕获的鱼数，就可以反映该湖中蓝鳃太阳鱼资源的丰度。尽管使用指标较为普及，但仍需谨慎。通常人们对指标和感兴趣的种群参数之间的关系的形式不很理解，或随时间和空间变化，或基于未经检验的假设（Anderson，2003）。然而，如果这些关系可以被明确定义，指标可作为一个了解种群状况和趋势的有力工具（McKelvey and Pearson，2001；Hopkins and Kennedy，2004）。

11.3.2 标准化采样

如果采样渔具的偏差和精度未知，尤其是在变化的环境中，标准化采样可以作为一种评估趋势的手段（Bonar et al.，2009）。标准化采样定义为，在同样的季节（或同样的环境状况）下使用相同的网具，以同样的方式在鱼群中进行采样。这样做并不能消除偏差，但理论上会使偏差恒定，因此从一个种群若干年的采样或不同种群间采样计算出的指数差异，可以归因于种群内的相关变化，或种群间的相关差异。标准化采样的其他优势包括增进渔业专家间的联系，其产生的大量数据有益于当前和未来的评估（Bonar and Hubert，2002）。

不采用标准化采样方法会使管理者无法探测种群变化趋势或评估种群现状。比如，使用电鱼法捕捞小口鲈时，夜间的渔获率要高于日间（Paragamian，1989）。如果采用电鱼法采样，有的年份在日间进行，有的年份在夜间进行，且日夜之间的捕捞率差异不予说明，监测结果将会推断出错误的结论，即小口鲈种群不稳定。

标准化采样方案不能替代对鱼类生物种群动态以及网具选择的理解。比如，通常在秋天使用具有确定网目尺寸及总尺寸的长袋网来捕获水库内 0 龄的黑莓鲈（black crappie）用以作为补充量指标，但小鱼比大鱼被捕获的概率小（Mclnerny and Cross，2006）。有几年性成熟的黑莓鲈产卵早，在秋季采样时捕获许多较大的 0 龄鱼，这会产生当年产卵量和早期存活率都较高的印象。与之相反的是，产卵推迟的年份可能导致秋季捕获量下降，因为那时 0 龄的黑莓鲈较小，这会给人当年产卵量和早期存活率不足的印象。渔业科学中进行严格的关于采样理论和鱼类生态学方面的教育，是执行标准鱼类采样协议和分析相关数据的先决条件。

表框 11.1　用移除模型评估丰度：错误但是有效？

Amanda E. Rosenberger

阿拉斯加大学费尔班克斯校区，渔业与海洋科学学院，渔业部

所有的模型都是错误的，但一些模型是可用的，这是渔业管理者皆知的真理。在考虑移除模型（removal model）时，它使用了标准损耗方法来估算鱼群丰度。该模型最基本的假设是，采样效率或每次捕捞中的移除鱼的比例，在所有损耗捕捞事件中是相同的。但在第 1 次采样后，随后的采捕越来越难捕到鱼，因为剩余的鱼尺寸比较小，它们更会隐蔽。当采样效率通过一次又一次的移除事件不断下降，移除模型会产生有偏差的结果：低估种群大小且高估采样效率（Riley and Fausch，1992，Peterson et al.，2004）。

这里有一个在爱达荷州博伊西河（Boise River）上游源头的小溪流内进行虹鳟调查的实例（Rosenberger and Dunham，2005）。被标记的虹鳟在两个封网之间（约 100 m 长）的 31 个位点进行放流，形成一个"已知大小的种群"（Peterson et al.，2004）。首次捕捞并标记之后，经过一昼夜恢复，再使用标准背包式电捕程序来采样。通过耗减数据建立移除模型来计算虹鳟丰度，通常总是会低估实际标记的鱼的数量，计算出的结果大概只有实际标记鱼数量的 75%。

移除模型给出有偏差的结果。但此模型仍为可用的吗？管理者面对这种偏差时会坚持认为，尽管估算结果并不准确，但移除模型仍可作为一个时空上评估鱼类丰度的相对指标。方法只要标准化且始终保持一致即可，能够得到高精度的结果，哪怕结果并不正确。之后估算出的结果将通过已知数值和一个校正因子校正后得到鱼的实际数量。此实践假设偏差是始终一致的并且主要取决于采样方法。它不会受到其他随时空变化的变量影响。

在爱达荷州一个研究推翻了恒定采样效率的假设（Rosenberger and Dunham，2005）。不仅是使用

（续）

移除模型评估虹鳟数量有偏差，而且偏差不恒定，且受溪流生境影响。大型溪流以及带有较多诸如枯木之类流入物的溪流，比起没有流入物的小溪流会产生较高的偏差。这类溪流特征会对电鱼法的采样效率产生负面影响，意味着那些降低采样效率的因素就是增加移除模型评估的偏差的因素（Peterson et al.，2004）。不同位点间时空上的差异包括栖息地大小、有无流入溪流的物体、鱼体大小、水温、鱼群密度，都会影响电鱼法采样的效率（Bayley and Dowling，1993；Dolan and Miranda，2003；Peterson et al.，2004）。爱达荷州的研究表明，使用移除模型评估鱼群的绝对或相对丰度前，必须要经过彻底的验证。因此，新的格言是：任何模型都有误差，使用需谨慎。

11.3.3 概率抽样

统计学家通常根据是使用概率抽样或非概率抽样程序来分离抽样设计（Levy and Lemeshow，1991）。概率抽样是指当选择过程中包含了所有可能的样本，选择的概率是已知的，选择过程是随机的（或近似随机）。鱼类种群采样中最基本的概率抽样过程就是简单的随机抽样，先在所有可能的采样点中设定好采样点数量，保证潜在的样点都有被选择到的机会（Hansen et al.，2007）。概率抽样中得到的估计种群参数可以推算到整个种群。此外，估计精度（如标准误）可以通过概率抽样确定（Wilde and Fisher，1996）。

概率抽样在一些情况中不太实用。如对小范围的评估，如池塘或珍稀生物的特定生境，或缺乏设计概率抽样步骤的信息。非概率抽样可为管理者提供感兴趣的种群参数指标的动态趋势信息（如捕获率或体长结构）（Wilde and Fisher，1996）。非概率抽样通常会涉及非随机选取抽样点，通常基于调查者的判断和便利条件，限制在所推断的鱼群范围内。比如，主观选取固定抽样点时，调查中采用非概率抽样（King et al.，1981），结果只适用于那些实际抽样的个体或实际抽样位置（Wilde and Fisher，1996），意味着调查结果并不能推测整个种群。

11.3.4 鱼类种群的地理边界

鱼类种群评估需要管理者描述种群范围。简单的水生系统中地理边界明显可见（如未连通的湖泊或者有移动的障碍物的溪流源头）。简单的水生系统中几乎没有异种繁殖障碍，某已知种的所有个体的种群参数是共用的。大型复杂的水生系统中，描绘种群地理边界具有挑战性。比如，年际春季的洪水会给河漫滩湖泊中的鱼类与来自其他湖泊中的鱼类制造交配的机会。同理，出于个体迁移，大型河流不同支流中的鱼类不会形成不同的种群。或者说，大型湖泊或复杂河道网会成为一些鱼群聚集的区域，这些种类因为部分季节或生活史阶段重叠而在统计上较为独特（Dunham et al.，2002）。

11.4 特征、统计、参数、指标

鱼类种群评估通常基于种群内鱼类个体的特征。典型数据包括鱼类个体长度及体重（Anderson and Neumann，1996），有时还包括性别、成熟度、性腺重以及肝重（Strange，1996）。同样，较为坚硬的结构（鳞片、鳍条或骨骼）可用于鉴定鱼类年龄

（DeVries and Frie，1996）。胃中食物的数量和类型也可被描述（Bowen，1996）。可记录病变、寄生或畸形的数量，也可采集血液和组织样本用于遗传或化学分析（Strange，1996）。

整合所采样的个体鱼的数据并用统计方法估算种群参数。这些参数代表了占种群主要成分的不同大小和年龄的鱼。将这些参数结合起来可用于评估生长率（Isely and Grabowski，2007）。此外，体长体重数据可以合并计量种群中鱼的丰度（Pope and Kruse，2007）。使用单次采样的数据来估计种群参数可能劣于多次采样的数据，但在渔业管理实践中使用单次采样数据比较常见。

鱼类种群评估还包括一些并不是由汇总个体特征得到的种群参数。比如，补充率和死亡率并不是鱼群内个体特征的平均值，而是由年际间或年龄组的丰度趋势估计得到的。

对鱼类种群的评估可能涉及对当前抽样中种群参数的估计值与其他种群参数估计值，或管理目标进行比较。分析和解释也可能包括将相关的估计合并到一个产量模型中（Power，2007）。一些基于计算机的产量（或收获）模型［如 GIFSIM（Taylor，1981）和 FAST（Slipke and Maceina，2001）］为渔业管理者简化了评估过程。这些模型可以预测因限制鱼类捕捞死亡率的管理行为产生的种群数量和渔获量的变化（见第 2 章、第 7 章）。管理者必须意识到并且承认的是，模型预测及种群参数估计中固有的不确定性，因为在使用产量模型时假设、偏差和不确定性是并存的。

本章包括一些内陆渔业管理者常使用的参数和指标（表 11.1）的讲义（由 Gibbons and Munkittrick 在 1994 年的文献中扩展而来）。每个参数或指标都各具优劣，因为与使用时的内在假设与参数使用，实际数据集的限制因素，以及研究者的选择都有关系。因此，鱼类种群评估时需要谨慎使用多种工具（表框 11.2）。

11.4.1 种群动态

种群动态是种群丰度或生物量随时间的变化过程，也可能是种群参数的子集。相比那些静态描述种群的指数，评估种群动态能够更好地理解鱼类种群。评估种群动态可以预测一个种群是怎样到达现在的状态的，以及未来它将如何变化。

种群评估着眼于确定种群大小是相对恒定，增长还是减少，为此需要种群丰度数据以及年龄数据来计算出生率及死亡率。如果对种群生物量感兴趣，则需要其他数据，包括个体质量。对于内陆渔业，如天然湖泊和小型水库，倾向于认为出生及死亡率比迁入和迁出率更重要，然而在洄游鱼类中运动速率具有更广泛的影响。因此需要多花时间设法确定迁入和迁出率，并且如果水域系统中没有障碍物来限制鱼类运动，这项工作将有很大难度。

表 11.1　渔业科学家通常用于评估或监测种群特征的指标分类表，包含定量特性所需数据类型的简明描述

［表中给出 Gibbons 和 Munkittrick（1994）提出的种群参数目录的扩展分类信息］

类别、参数或指标	数据类型
种群动态	
仔稚鱼丰度	相对丰度和年龄

（续）

类别、参数或指标	数据类型
补充	相对丰度和年龄
生长	年龄、体重或体长数据
死亡率	相对丰度和年龄
开发	绝对丰度和渔获量（游钓数据）或标记报告-奖励（tag‑reward）数据
遗传	
遗传组成	组织和血液样本
丰度，密度和分布	
绝对丰度	区域子样品，标记重捕，耗减
相对丰度	单位努力量捕捞量
密度	种群估计和系统大小
分布	出现-消失数据
种群结构	
平均体长	体长
成比例的体长分布	体长
平均年龄	年龄
样本年龄组	年龄
年龄体长	年龄和体长
稚鱼和成鱼比例	成熟度
性比	性别
成熟年龄	年龄，性别和成熟度
成熟体重	体重，性别和成熟度
能量获取，储存和利用	
摄食百分比	胃情况与相对丰度
相对体重	体长和体重
肝指标	体重和肝重
组织脂质水平	组织样本
性腺指标	体重和性腺重
特定体长或体重繁殖力	体长或体重和繁殖力
污染和疾病	
种群中异常比	病变检查
种群中寄生比	寄生检查
毒素、污染或重金属表现	组织和血液样本
病毒、细菌情况	组织和血液样本

表框 11.2　仅仅依赖体长结构指标和单位努力量捕捞量的管理决策的缺陷

C. Craig Bonds[1]　Brian Van Zee[2]
[1]得克萨斯公园和野生动物部，泰勒
[2]得克萨斯公园和野生动物部，韦科

渔业管理者通常用体长结构指标和单位努力量捕捞量（catch per unit effort, CPUE）（C/f）推测鱼类种群动态。比例体长分布和C/f分别是体长频率和相对丰度的数值描述。然而，如果决策只依赖于这一两个指标的计算结果，渔业管理者则需谨慎使用这些指标。这些指标最好结合一系列特征信息来使用，包括鱼类生长、状况（相对体重；W_r, relative weight），还有补充和游钓数据。举一个得克萨斯州西部水库中的大口鲈数据来描述这一原则。

欧艾维（O. H. Ivie）水库位于科罗拉多（Colorado）和康楚河（Concho River），水域面积7 770 hm²。该水库用于蓄水以及为周围两个城市及数十个小社区提供城市用水。因为它所处的位置较为干旱，长期处于低水位，偶尔有洪水能局部缓解一下。开始的 11 年间水库内用于休闲渔业的限制条件为，可捕大嘴鲈的最小体长为 457 mm，每天允许的最大渔获量为 5 尾（five - fish - daily bag）。秋天需使用船载电鱼器通过标准程序来评估大口鲈、太阳鱼和斑鲦的种群。1991—2000 年，共进行了7 次调查。为了简单说明，本框中例子的数据来源于 1999—2000 年。此外，1999 年以垂钓的形式进行补充采样来增加采样尺寸和大口鲈的体长分布，用于年龄和生长的分析。

1999 年和 2000 年，大口鲈种群数据显示，船载电鱼器平均捕捞率分别为 94 尾/h 和 72 尾/h（见下图），成比例大小分布（质量长度，quality length）分别为 69 和 64，PSD - P（优先体长，preferred length）为 32 和 30（见下表）。质量长度和优先体长值低于 Gabelhouse（1984）提出的"平衡""大鲈"的管理策略中的值（见第 16 章），大口鲈的C/f数据显示它们的相对丰度与其他相关水库相比较充足。单纯依赖这两个参数，渔业管理者可以推断大嘴鲈种群处于满足需要的状态。

最基本的种群动态（通常被称为速率函数，rate function），包括补充率、生长率和死亡率，影响着鱼类种群的可捕部分（Brown and Guy，2007）。通过使用标准化方法和长期观测的数据来评估鱼类种群动态，能够达到最优效果，因为影响种群动态的生物与非生物因素每年都在变化。遗憾的是，这类数据因费用很高很难获得。目前，代替长期数据的评估种群动态的方法已被开发出来。

表框 11.2 续

表　1999 年、2000 年欧艾维（O. H. Ivie）水库内大口鲈 PSD 与 PSD - P（优先体长）的大小分布比例

［括号中给出标准误和采样大小（大口鲈群体长度的数量）］

年份	PSD（SE, N）	PSD - P（SE, N）
1999	69（5, 71）	32（7, 71）
2000	64（7, 77）	30（6, 77）

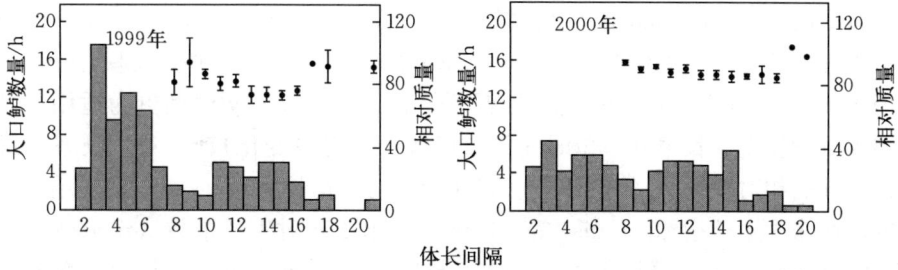

图 A　得克萨斯州欧艾维（O. H. Ivie）水库，1999 年及 2000 年秋季使用船载电鱼器调查，每小时捕获大口鲈数（C/f）以及平均相对体重±标准误（W_r；圆圈代表）。长度组以 25.3 mm 为间隔（如 2 为 50.8～76.1 mm，3 为 76.2～101.5 mm）。1999 年，总 C/f = 94.5（16；189）

［相对标准误（$RSE = SE \sqrt{x} \times 100$；$N$ = 24 个站）捕获鱼总数在括号内给出］。2000 年，总 C/f = 72.5（19；139）。

（未完待续）

年补充量是影响鱼类种群动态最可变的因素，但可充分解释鱼类种群在大小及结构上为什么会发生变化（Gulland，1982；Allen and Pine，2000；Maceina and Pereira，2007）。仔鱼或稚鱼丰度是一年龄组数量丰度和未来渔业补充的一个早期指示特征（Sammons and Bettoli，1998）。相反，年龄组大小与非生物因素比仔鱼或稚鱼丰度更为相关（Kernehan et al.，1981）。补充到可捕种群内的补充变异性可使用补充变异指数来估计（Guy and Willis，1995），或通过捕获时年龄对数（$\log_e$）的简单线性回归的确定系数（r^2）来估计（Isermann et al.，2002）。

表框 11.2 续

斑鳉的相对丰度和体长分布（见下图）表明有充足的饵料可用，相当于鱼体情况和生长率良好。1999 年和 2000 年的斑鳉电鱼量 C/f 分别是每小时 242 和 292，易损性指数（Index of vulnerability，IOV；DiCenzo et al.，1996）表明这两年分别有 75% 和 85% 的斑鳉种群可被其他捕食者使用。IOV 是指体长小于等于 200 mm 的斑鳉的比例，且为斑鳉种群可被大部分捕食者食用的比例指数。

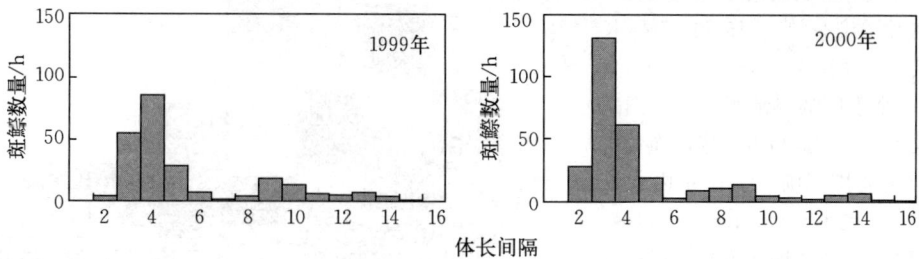

图 B　1999 年、2000 年得克萨斯州欧艾维（O. H. Ivie）水库秋季斑鳉电鱼调查每小时捕获数（C/f）。长度组以 25.3 mm 为间隔（如 2 = 50.8～76.1 mm，3 = 76.2～101.5 mm）。1999 年，总 C/f = 242.0（34；484）（插入的数值上文已解释过）。1999 年的 IOV = 75.21（$SE = 8.7$；N = 484）。

2000 年总 C/f = 292.2（24；560），IOV = 84.82（4.6；560）。

（未完待续）

种群内鱼的生长率与死亡率和补充率有复杂的关系。生长率影响存活和性成熟年龄。鱼类生长通常用 Von Bertalanffy 生长模型的多方面系数来表示（见第 2 章），该模型被广泛用于描述无限生长生物体的生长模式（Ricker，1975）。其他生长模型（Gompertz，1825，Richards，1959），可能在一些情况下较 Von Bertalanffy 模型更为适用。另外，在捕获时同步测量特定生长率（单位时间体重或体长的对数变化）、相对生长率（每单位时间体重或体长的相对变化）、年龄体长（如 3 龄鱼的平均长度），或通过硬质结构如耳石来推算年龄，均作为生长指标。Quist 等（2003）提出了相对生长指数（relative growth index，RGI）的概念，即种群样本内年龄体长与用 Von Bertalanffy 生长模型在整个地理分布范围内该鱼种的数据所预测的特定年龄标准长进行对比。RGI 用百分比表示采样种群中特定年龄标准长的比例，当此值大于 100 时表明生长超过平均水平。不管怎样表达生长，它都是资源评估时最重要的比率之一。此外，种群中雌性雄性的性成熟时间不同（Brown et al.，2006；Coelho and Erzini，2006），或生长率具有性别差异性。了解不同性别间的生长率差异可帮助管理者制订出更为合适的管理策略。

种群评估可能包含年总死亡率估计（即一年中种群内死亡的比例）。年总死亡率与总瞬时死亡率相关。总瞬时死亡率可使用捕捞曲线来预测，年龄组间 $\log_e$（频率）回归曲线的斜率等于负的瞬时死亡率（Ricker，1975，Miranda and Bettoli，2007）。渔业管理者经常将休闲或商业种类的总年死亡率划分为两个部分：①自然死亡，自然死亡过程（如老龄化、被捕食、竞争、饥饿或疾病等致死），或受人类活动影响（如栖息地退化或丧失，或种群隔离）而死亡；②由休闲或商业捕鱼者捕捞的死亡率（见第 2 章）。管理部门试图通过限制网具、捕捞季节、可捕体长以及可捕数量（Radomski，2003），或监控虾笼网调查结果（Clovin，1991）以及标记重捕研究（Reed and Davies，1991）来限制捕捞活动从而调节鱼类死亡率。

表框 11.2 续

检验其他数据显示不同结果。大口鲈的生长率和情况不好，这可以从许多采样组（尤其是在 13～18 体长组间，图 A）的 W_r 平均值小于 90。此外，年龄和生长数据显示出大口鲈体长集中在 14、15、16 和 17 体长组，代表总体长为 356～457 mm，共有 5～7 个不同的年龄组（见下图）。为了缓解集中和提高生长率，渔业管理者改变捕捞规则，2001 年内允许每天捕捞 2 尾小于 457 mm 的大口鲈。大口鲈种群发生了明显变化，但是其 C/f 和 PSD 指数却保持恒定不变，因此渔业管理人员无法仅通过 C/f 和 PSD 指数来改变 2001 年的捕捞规则。

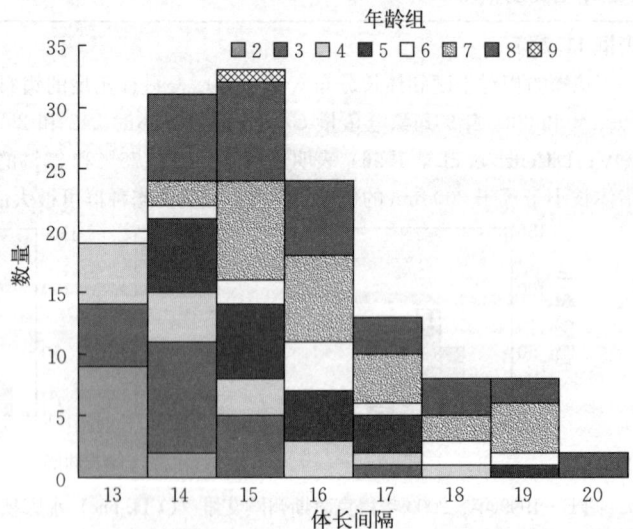

图 C　1999 年得克萨斯州欧艾维（O. H. Ivie）水库内大嘴鲈的年龄组成，体长为 330.2～530.8 mm。体长组以 25.3 mm 为间隔（如 13 组为 330.2～355.5 mm，14 组为 355.6～380.9 mm）

捕捞是渔民捕捞渔获物造成的捕捞死亡率的一部分。通常被认为与捕捞死亡率同义，因为评估其他形式的鱼类死亡率，如副渔获或放流后（postrelease）的死亡率较为困难。绝对丰度估计和渔获量调查评估可用于计算开发利用程度（Malvestuto，1996）。每单位努力量捕捞量乘以年努力量可以得到年总渔获量的估算值。年开发量由标记重捕研究决定，由一年间捕捞到的标记过的鱼类占同年间总标记鱼类数量的比例确定（Miranda and Bettoli，2007）。开发量是对被捕捞种群评估的非常重要的部分，因为捕捞压力会在其他的种群参数上产生影响。

11.4.2　遗传

评估鱼类种群最明了的形式是计数及对个体参数的测量，但另一系列个体特征也包含大量信息，即基因。遗传学鉴定法可以用来鉴定隐蔽种，确定个体当前或过去是否在种群间迁移，显示典型种群大小，预测种群未来进化趋势。为了评估上述这些属性和其他特性，需要对遗传标记物进行识别，包括不同基因表达的蛋白质，不同大小的 DNA 片段，或单个碱基对序列的变异（White et al.，2005；DeHaan et al.，2006）。一个种或种群的特别标记被称为诊断标记，并由它们的存在或缺失来进行组间区分。即使没有诊断标记，共享标记的相对丰度也可以表明种群之间的相似性。共享标记的相对丰度也可用于将单个鱼归属到特定来源的群体。

对于保护种，如被列入美国《濒危物种法》《加拿大危险物种》、美国墨西哥官方生态标准清单上的鱼种，这些种群甚至整个鱼种的遗传特征都与管理相关。部分原因是，对于短期内可以避免的问题［如近亲繁殖（由于有亲缘关系的个体交配导致有害的等位基因表达，Allendorf and Ryman，2002）］，以及长期在变化的环境（气候改变）中可能的持续进化来说，保留遗传变异至关重要。遗传变异的表达方式有很多种。通常使用的参数包括杂合度，有时杂合度是以基因座（一个种群中包含一个以上等位基因）和等位基因多样性（从种群样本个体中观察到的等位基因数量）的比例来度量。一个相关的概念称作有效种群大小（effective population size），即一个理想化种群大小，它会表现出与目标种群相同的遗传变异损耗率（Frankham et al.，2002）。遗传变异保留与有效种群大小（一般比现存的成鱼数量小得多）直接相关。除多样性之外，其他遗传特征还包括种群遗传结构（Nielsen and Sage，2002），种内和种间的遗传变异的地理分布（Wenburg and Bentzen，2001），或历史和现存的基因流（Neville et al.，2006a；表框 11.3）。

遗传标记可用于确定本地物种是否与其他鱼种（通常是非本地物种）发生杂交。这在土生的切喉鳟亚种（cutthroat trout subspecies）和洛基山区域引进的虹鳟之间，以及得克萨斯州的爱德华兹高原（Edwards Plateau）的特氏黑鲈（guadalupe bass）及小口鲈之间很常见。遗传分析可确定杂交后代能否存活，以及外来基因是否渗入本地种基因库。反之，遗传分析还可确定杂交是否会仅限于子一代。这些信息非常重要，它们会告诉管理者杂交种的存活率是否较低或不能繁殖，如对欧鳟（bull trout）和河鳟杂交种的研究（Allendorf et al.，2001）。有时候评估杂交种群的盛行程度（prevalence）是保护行动的基础（Allendorf et al.，2005）。

迄今为止，鱼类的遗传分析耗资较高，且难以及时进行，不过技术的不断进步正在解决这些问题。比如，育空河（Yukon River）的大鳞大麻哈鱼可能源于美国或加拿大，且通过《太平洋鲑鱼条约》（Pacific Salmon Treaty）在两国内均维持着可捕种群。目前，当鱼进入溪流时使用遗传监测确定鱼的来源，从而使管理者通过调节两个种群的捕获量来确保能有足够的鱼回到它们出生的河流（Smith et al.，2005）。因为遗传分析能够提供其他方法不能给予的信息，且此分析的有效性不断提高，所以遗传分析将在评估及监测那些具有商业或保护价值的鱼种上起到重要作用（Schwartz et al.，2007）。

表框 11.3　使用遗传数据来了解鲑鳟种群的生物学及保护现状

H Elen Neville

鲑鳟保护协会，博伊西，爱达荷

　　面对空前的环境变化，了解鱼类种群的生态、进化及保护现状越来越重要。然而为评估鱼类的种群特征（如有效群体大小、繁殖成功率、扩散率）需要采集数据，所使用的传统统计学方法（如调查统计、标记重捕或遥测技术）通常在后勤保障上有一定难度，且有时难以实施。分子遗传数据为测量各种种群特征和监测此类特征随时间变化情况提供了一种很好的工具。渔业管理的其他问题中，遗传数据用来监测孵化场或养殖场生产的鱼对原生种群的影响（Hansen，2002；Coughlan et al.，2006），评估土著与外来种杂交情况（Hitt et al.，2003；Rubidge and Taylor，2005），评估人工繁殖、易位或再引入的成功率（Dowling et al.，2005；Yamamoto et al.，2006），评估种群随时间变化而变化的趋势（Nielsen et al.，1999；Hansen et al.，2006），了解捕捞对特定种群的影响（Beacham et al.，2004），还可用于法医学调查（Withler et al.，2004）。同时对于监测气候变化对今后鱼类产生的影响也极有价值（Schwartz et al.，2007）。遗传数据优势包括采集数据成本低效益高，且能够在生态的（现在）和进化的（历史的）时间架构上实现大空间尺度（几万千米）的评估，并且只需对微量 DNA 放大，所以采样对被采样者的影响很小。可从活体的鳞片和鳍条采集 DNA 样本，甚至产卵后的尸体或博物馆标本也可以。

　　如 Neville 等（2006b）使用遗传数据来了解郎唐割喉鳟（lahontan cutthroat trout，LCT）的生态和保护情况。历史上 LCT 这个割喉鳟亚种进入内华达州北部与洪堡河（Humboldt River）相连的源头和干流栖息地，这些大型复杂的栖息地可以支持此亚种完成其居住和洄游生活史。内陆当地的割喉鳟可以在小型的源头区域完成它们整个生活周期（几十到几百米间），洄游鱼类可能会在源头产卵场和河道干流或湖泊间进行长距离移动（几十到几百千米）。然而，当前大部分 LCT（和其他割喉鳟亚种）以一种隔离的地方种群形式存活在小型、碎片化的源头溪流里，并且现在几乎没有相连水域可以让 LCT 在源头溪流的产卵区和河道干流栖息地之间洄游。

　　在 Neville 等（2006b）的研究中，作者采集了 1 100 尾鱼的鳍条做 DNA 微卫星标记，来评估种群的连通性、大小和稳定性，以及在某一个连通水域内潜在的洄游生活史多样性。

　　他们发现一些在源头生活的种群，在遗传上与同一支流下游几千米处采集到的鱼类有所不同，尽管两个采样点之间不存在地理隔离阻止鱼类的迁移。这表明此区域的鱼类行为独立且表现出定居的生活史。源头种群的有效大小非常小（N_e 介于 2～36），很多种群在经历基因瓶颈效应（特别是那些栖息地质量较差或被隔离的种群），表明这些 LCT 种群在波动，经历偶然性的极端变化减少，甚至是当地灭绝的情况。干流捕获的鱼基因是混合的，并且基因显示这些鱼源于整个流域。这印证了不同种群均使用干流作为洄游通道的想法。总的来说，遗传数据非常有效，且作为一种获得鱼类生活史多样性的有效途径，能提供保护 LCT 所需的重要信息。为管理提出的启示是，较差的栖息地质量会对种群统计和遗传产生负面影响，栖息地的连通性以及种群间移动，对于保证 LCT 在水文条件多变的流域

（续）

中长期生活十分重要。

在其他研究中，Neville 等（2006a）使用产卵后大鳞大麻哈鱼尸体的 DNA 来了解其洄游回出生地的行为。很久以前就了解到大鳞大麻哈鱼和其他大麻哈鱼会在海洋中摄食生长数年直至成熟，然后返回它们出生的河流，但并不十分了解它们是如何做到这一点的。通过遗传的角度，如果某个体有特定的出生地，周围应当有与其有亲缘关系的其他个体。通过观察爱达荷州的鲑河（Middle Fork Salmon River）里的个体基因型的亲缘模式，能够发现小到 2 km 内的个体间的亲缘模式。有趣的是，这个遗传聚类仅在雌性个体中发现，雄性在流域内的任意空间尺度上并没有此类亲缘模式。这类性别偏差在物种生态中是可以理解的：怀卵的雌性对于在哪里产卵具有较强的选择性，会回归它们熟悉的环境（如它们出生的地方），而为竞争配偶的雄性，则会从原生河流中广泛寻找更多它们可匹配的雌性，不管它们出生在河流的哪个地方。

11.4.3　丰度、密度和分布

鱼群的绝对丰度是渔业管理者最基本的兴趣点。然而，确定绝对丰度需要收集大规模数据，如在采样点的精确的密度估计，和这些采样点基于概率的数组（Hayes et al.，2007；Schwartz et al.，2007）。估计绝对丰度耗时费力，但对于价值很高的种群（如具有经济价值种或重点保护种）还是需要的。对于很多种群，用相对丰度指标来评估已经足够。单位努力量捕捞量是一个相对丰度指标，与绝对丰度直接相关，虽然并不总以线性方式相关（Rose and Kulka，1999；Hubert and Fabrizio，2007）。评估 C/f 比评估绝对丰度容易。如同绝对丰度，在不同鱼种和系统中相对丰度是不同的。如每小时电捕 200 尾体长为群体体长的鱼（如长度 ≥200 mm 的大口鲈或长度 ≥80 mm 的蓝鳃太阳鱼；Anderson and Neumann，1996）对大口鲈来说是一个高的捕捞率，而对蓝鳃太阳鱼则是适度的捕捞率（Brouder et al.，2009）。类似的，每小时电捕 300 尾体长为群体体长的蓝鳃太阳鱼对于位于北美的平原生态区域的小型水库（<200 hm²）来说是一个较高的捕捞率，而对东部温带森林生态区域的小型水库来说，此捕捞率较为适中（Brouder et al.，2009）。鱼类密度的估计值（每单位面积或体积的生物量或数量）与 C/f 相关，但努力量是采样水体长度、面积或体积的标准化结果。为了获得精确的相对丰度估计值，就要选择一个或几个能够代表整个系统的地区进行采样，非随机分布采样可以解释鱼类丰度的区域性差异，但是却限制了这种方法的价值（Williams et al.，2004）。尽管如此，这种采样策略仍能提供种群参数指标的趋势信息（见 11.3.3，非概率抽样）。

在着手估计某些鱼种的相对丰度前有必要了解它们的分布，特别是那些稀有的或者采样很少的种类。评估某种群或种类的分布仅取决于在特定站点此种是否出现。这放宽了一些与相对丰度估计有关的需求，但再次强调了生物学家必须了解不同鱼类的捕捞易损性。另外一个问题是在哪里采样以确定物种的分布。随机分布的采样点可能预测到较为可靠的鱼类分布，但关注潜在适宜栖息地水域能使采样更为有效（Peterson and Dunham，2003）。

11.4.4　种群结构

鱼类体长和年龄结构指标依赖于对随机采样个体的体长、体重及年龄的评估（Anderson and Neumann，1996；DeVries and Frie，1996）。这些指标倾向于绘制一个种群的静态图像，尽管从种群结构中或许也可以推断出种群动态。例如，假设用标准化采样中鱼类的平均体长作为种群结构的指标，那么样本平均体长变小则表明开发程度变高了。比例体长分布这个种群结构指标对于被开发种群特别适用（Guy et al.，2007），过去称作比例群体密度（proportional stock density）（Anderson，1978）和相对群体密度（relative stock density）（Wege and Anderson，1978）。将样本鱼分配到不同体长组（许多个体被分配到不同体长组），该指标为体长在群体体长的体长组内，鱼的数量和体长在感兴趣的体长组内鱼数量的比例。比如，分别计算大口鲈质量体长群体的比例大小分布与优先体长群体的比例大小分布为各自数量与大口鲈群体长度（全长 ≥ 200 mm）数量的比例（质量长度≥300 mm，优先体长≥380 mm）。PSD 的指标超过 70 的表明可能生长迅速，或者开发率较低，或者二者皆有。如果 PSD 的指标小于 30 则代表高补充量导致发育迟缓，或者开发特定体长会系统地将老龄或个体较大的鱼类移除，或栖息地质量较差。体长限制的有效性通常根据体长比例分布的变化来评估。因为开发特定体长而导致下降得过低的 PSD - P 值，可能通过实施最小体长限制而升高（见第 7 章）。最小体长限制的目的可能是在规定的时间内达到 PSD - P 值的特定增长。当钓鱼者被限制捕获年龄较大、个体大的鱼类时，这类鱼在种群中的比例会增加，从而 PSD - P 值变大。这个例子进一步说明，阐述和使用一个指标来做管理决策所具有的挑战性。如果 PSD - P 值因为鱼类发育迟缓而较小，实施最小体长限制将导致发育迟缓的机制增强。因为通常指标不能识别其潜在的调节机制，所以要小心使用这些指标。

年龄结构通常用于评估种群动态（Everhart and Youngs，1981；Isely and Grabowski，2007）。生物学家必须进行随机采样来实现对年龄结构的精确估计。北美一些重要垂钓渔业的年龄鉴定技术已经被验证过（DeVries and Frie，1996），使用标准的技术非常重要（Beamish and McFariane，1983）。正确鉴定鱼类年龄，能够准确地评估种群动态（Marzolf，1955），并能帮助制定正确的管理和资源分配决策（Isely and Grabowski，2007）。进行种群评估时，确定鱼类年龄比测量体长体重要做较多工作，但是这些是需要做的。

种群采样中鱼类的平均年龄和每年龄级数量是有用的指标，因为许多种群表现出变化的补充量（如弱年龄组穿插着强年龄组）。比如，一个长寿的种类在随机采样中仅出现年轻的年龄组，则此种群可被认为开发量高或承受着环境压力。类似的，其他随机采样时缺失若干年龄组的种群可被认为是种群补充量不足或缺失（Guy and Willis，1995）。

有时将一些指标结合年龄与其他类型的数据一起使用。种群评估中偶尔使用年龄体长指数来代表鱼类生长率（Purchase et al.，2005）。通过鉴定一个样本子集内体长组（那些个体的体长都接近某个特定年龄）内的鱼类年龄，能够帮助管理者估算该年龄组的平均体长。年龄体长指数大，表明鱼类生长快，小则表明鱼类生长慢。比如，溪流中 3 龄的溪红点鲑，长度为 160 mm，表明生长较慢；而在另一个类似的水系中快速生长的 3 龄鱼可长到 260 mm（Brouder et al.，2009）。这个指数的优势是仅需要鉴定少量长度组的年龄。

需重点注意的是，当使用一个包括若干体长组并已经进行年龄鉴定的样本子集来计算年龄长度指数时，要进行分层采样，而不是随机采样。依据样本子集数据计算年龄组的平均长度和方差可能会引入偏差，除非将样本子集外推到整个样本，并且统计数据是基于整个样本计算得来的（Bettoli and Miranda，2001）。

成熟度和性别鉴定可以用于计算一些有用的指数。稚鱼与成鱼的比例是表示鱼类种群动态的重要部分（Reynolds and Babb，1978）。比值大则说明开发量大，或某些特定年份达到最佳的产卵状况，或补充量一直较好。当一个种群补充困难时，会出现稚鱼少于成鱼的特征。种群中的雌雄比也很重要，因为在性别二态的种群中，性比可能会因有大小选择性的捕获而改变。性比也可提供种群受人类活动影响的信息。城市污水中的雌性激素，造纸厂及生物转化纸浆带来的雄性激素会使健康种群内的性比偏离 1：1（Larsson et al.，2000）。确定性别二态的鱼类的性别及成熟度较为简单，但有些种类只在产卵季节可以确定。

性成熟年龄可以在种群评估时确定。对一个种群的选择压力（如捕捞对象为体大、年龄较大个体）会导致平均成熟年龄低龄化。丰富的食物资源也会导致性成熟低龄化。性成熟年龄这个指标需要一个年龄级鱼类的年龄、性别，以及若干年（直至这个年龄级鱼类完全达到性成熟）的性成熟数据。假设不同世代间成熟的时间恒定不变，那成熟年龄也可以作为单独评估的指标（Purchase et al.，2005）。通常雌雄个体成熟时间不同（Diana，1983）。因此，成熟年龄通常分性别计算。成熟时体重变化也可表明种群变化。因为年龄与体重间的强相关，成熟年龄下降与成熟体重下降典型相关。当个体成熟低龄化或小型化时，繁殖产出会发生变化（Quince et al.，2008），因为个体大小和繁殖力密切相关（Wydoski，2008）。采集鱼类个体的大小、年龄、性别及成熟信息具有挑战性，但这些指标能够帮助人们了解种群的繁殖压力表现。

11.4.5　能量摄取、储存和利用

一些种群指标描述了能量摄取和储存的过程。一个简单指标为胃充塞度为空的鱼类百分比。高比例的空胃表明种群捕食可能出现问题，上次摄食后内脏排泄迅速，或采样方法导致反刍。相对的，空胃个体比例低，表明有足够的食物。空胃比例也会受采样时间影响，尤其对于非连续摄食的鱼类。如果食物不是限制因素，那么鱼类应充分生长。确定鱼胃内是否有食物相当简单，且很多情况下不需要杀鱼（Kamler and Pope，2001）。

常用的能量摄取和储存的指标为相对质量。相对质量是所研究种群（相对该鱼种来说的标准种群）样本中特定体长鱼的体重。这个指标较容易计算。一些鱼种中的许多种群的体长和质量数据已被采集，并用于确定这些种的特定体长标准（Blackwell et al.，2000；见第 2 章对体长-体重方程的描述）。如果一个种群或亚群的平均相对质量超过 100，则这个种群或亚群的大部分个体比所属鱼种的标准体重重。表明此种群或亚群内个体状况良好。如果平均相对质量小于 80，则表示捕食受限。因为此类指标受季节影响显著，评估时应当谨慎（Pope and Willis，1996）。

另外一个能量储存的指标为肝体指数，即肝重占鱼体重的百分比。当鱼类摄取了多于

满足基本新陈代谢和生长需求的能量时，多余的部分会以糖原形式储存在肝里。大量能量储存在肝内，肝占整个鱼体的比例较大，则肝体指数较高，表明鱼类摄食良好（Plante et al.，2005）。这个指标容易计算，但是需要将鱼杀掉。

鱼类也将多余的能量以脂肪形式储存。脂肪的能量密度是蛋白质或碳水化合物的两倍，肌肉组织中的脂肪水平可作为能量储存的指标（Kaufman et al.，2007）。如果鱼类摄取了多于新陈代谢和生长所必需的能量，大量脂肪将储存在肌肉组织中。确定鱼体组织中的脂肪水平较为费时，并且需要特殊的实验设备。

另一个不同类的种群指标表达或反应能量在种群中如何分配。最简单的描述能量分配的指标是性腺指标（gonadosomatic index，GSI）。GSI为性腺重与体重的比值，通常用百分比表示。如果鱼类种群没有受到营养限制，一大部分能量将会直接用于性腺发育。这种情况下，GSI值会相对大。较大的GSI平均值通常表示鱼群处于良好状况。

一个描述能量利用的重要指标是特定体长或特定体重繁殖力。在种群水平内，鱼类大小和繁殖力有密切关系。但在同一种群中相似大小个体的繁殖力不尽相同（Taube，1976）。在鱼类性成熟前，除了维持基本的新陈代谢，大部分能量用于生长。当鱼类性成熟后，多余的能量将用于生长和繁殖。当种群内具有变化的特定体长繁殖力时，可能会通过控制繁殖数量来影响生长（Leaman，1991），或响应特定环境状况（Scoppettone et al.，2000）。特定体长繁殖力较低的种群，表明可能正在经历缺乏充足的食物或承受着环境压力。此指标计算较为复杂，因为它需要解剖大量个体来评估卵巢中的怀卵量。

11.4.6 污染、疾病和寄生

有时通过健康状况来表征鱼类种群。通过检查随机采样的鱼类个体可提供种群内病变、寄生或其他异常比例的数据（Wilson et al.，1996）。确定健康异常样本的比例可以很快完成，通常只需要目测就可辨别。样本中个体病变或寄生比例高说明种群正在承受疾病或环境压力。承受这些压力的个体可能摄食较少（Hoffnagle et al.，2006），生长缓慢（Szalai and Dick，1991；Koehle and Adelman，2007），繁殖成功率低（Carter et al.，2005），死亡率较高（Szalai and Dick，1991）。

还有其他一些反映种群中鱼类总体健康情况的方法，鱼体组织或血液样本可用来筛查毒物或重金属。检测污染物存在的技术较为直接，大部分州或省有环境质量监管部门，会定期监测鱼类和环境污染。此类检测费用相对比较高，采集样本时需小心操作避免污染。通常只有当怀疑鱼群受到污染物影响时进行毒物筛查。鱼群通常也要进行病毒或细菌感染筛查。死亡率、生长率和补充率会受到较高的病毒量和菌载量的负面影响。在鱼类病理实验室可以使用仪器和标准方法来检测和诊断感染。这些实验室通常需要使用活体样本进行完整的健康评估。如果此类健康检查作为种群评估的一部分，在采集鱼类样本之前应从病理实验中获得具体的规程（American Fisheries Society，2007）。

11.5 评估与监测的差别

典型地说，种群评估是对种群状况的一次性评估。评估需要对比种群特征与基于环境特征和种群响应间潜在关系的参考值。比如，将种群密度或年龄结构与区域平均值或文献数据进行对比。

　　适应性资源管理（Holling，1978；Walters，1986）需要监测原有管理行动下的种群情况，来确定管理行为变更的必要性。那些对鱼类种群有远见的管理者更有可能致力于监督实现管理目标的进展。与种群评估对比，种群监测是通过使用标准方法采集数据，进行连续性或重复性的观察、测量和评价鱼群的参数或指标。对比种群参数与区域平均值或文献参考值在探测种群趋势中不再被重视。与评估相比，监测采集数据类型较少。通常监测可以用于评估种群动态和变化。比如，一个年龄级相对丰度随时间的变化，能够反映出年死亡率，且通过几年评估出的补充指标可监测补充的变化性（Quist，2007）。通常会在种群监测项目中设置一个阈值，当关键属性值低于或高于阈值时，需要进行更为全面的评估。

11.6　总结

　　众多参数、指标和模型都可用于评估或监测鱼类种群。每项内容均可为评估或监测鱼类种群提供信息，而在评估中使用哪些内容则要由可获得的资源、评估目标和管理目的来决定。评估和监测鱼类种群较为费时费力，但这不是放弃种群评估的理由，反而说明以科学为基础的渔业管理需要投入大量的资源。对管理者来说，必须要获取最佳信息及科学的管理决策。因此，种群评估将是渔业管理的重要部分，合理使用恰当的指标则是鱼类种群评估的重要组成部分。

11.7　参考文献

Allen, M. S. , and W. E. Pine III. 2000. Detecting fish population responses to a minimum length limit: effects of variable recruitment and duration of evaluation. North American Journal of Fisheries Management 20: 672 - 682.

Allendorf, F. W. , R. F. Leary, N. P. Hitt, K. L. Knudsen, M. C. Boyer, and P. Spruell. 2005. Cutthroat trout hybridization and the U. S. Endangered Species Act: one species, two policies. Conservation Biology 19: 1326 - 1328.

Allendorf, F. W. , R. F. Leary, P. Spruell, and J. K. Wenburg. 2001. The problems with hybrids: setting conservation guidelines. Trends in Ecology & Evolution 16: 613 - 620.

Allendorf, F. W. , and N. Ryman. 2002. The role of genetics in population viability analysis. Pages 50 - 85 in S. R. Beissinger and D. R. McCullough, editors. Population viability analysis. University of Chicago Press, Chicago.

American Fisheries Society. 2007. Suggested procedures for the detection and identification of certain finfish and shellfish pathogens (blue book edition 2007). American Fisheries Society, Fish Health Section, Bethesda, Maryland.

Anderson, D. R. 2003. Response to Engeman: index values rarely constitute reliable information. Wildlife Society Bulletin 31: 288 - 291.

Anderson, R. O. 1978. New approaches to recreational fishery management. Pages 73 - 78 *in* G. D. Novinger and J. G. Dillard, editors. New approaches to the management of small impoundments. American Fisheries Society, North Central Division, Special Publication 5, Bethesda, Maryland.

Anderson, R. O. , and R. M. Neumann. 1996. Length, weight, and associated structural indices. Pages 447 - 482 *in* B. R. Murphy and D. W. Willis, editors. Fisheries techniques, 2nd edition. American Fisheries Society, Bethesda, Maryland.

Angermeier, P. L. , R. J. Neves, and L. A. Nielsen. 1991. Assessing stream values: perspectives of aquatic resource professionals. North American Journal of Fisheries Management 11: 1 - 10.

Ault, J. S. , and D. B. Olson. 1996. A multicohort stock production model. Transactions of the American Fisheries Society 125: 343 - 363.

Bayley, P. B. , and D. C. Dowling. 1993. The effects of habitat in biasing fish abundance and species richness estimates when using various sampling methods in streams. Polskie Archiwum Hydrobiologii 40: 5 - 14.

Beacham, T. D. , M. Lapointe, J. R. Candy, K. M. Miller, and R. E. Withler. 2004. DNA in action: rapid application of DNA variation to sockeye salmon fisheries management. Conservation Genetics 5: 411 - 416.

Beamish, R. J. , and G. A. McFarlane. 1983. The forgotten requirements for age validation in fisheries biology. Transactions of the American Fisheries Society 112: 735 - 743.

Beierle, T. C. 2002. The quality of stakeholder - based decisions. Risk Analysis 22: 739 - 749.

Bettoli, P. W. , and L. E. Miranda. 2001. Cautionary note about estimating mean length at age with sub - sampled data. North American Journal of Fisheries Management 21: 425 - 428.

Bettoli, P. W. , G. D. Scholten, and W. C. Reeves. 2007. Protecting paddlefish from overfishing: a case history of the research and regulatory process. Fisheries 32 (8): 390 - 397.

Blackwell, B. G. , M. L. Brown, and D. W. Willis. 2000. Relative weight (Wr) status and current use in fisheries assessment and management. Reviews in Fisheries Science 8: 1 - 44.

Bonar, S. A. , and W. A. Hubert. 2002. Standard sampling of inland fish: benefits, challenges, and a call for action. Fisheries 27 (3): 10 - 16.

Bonar, S. A. , W. A. Hubert, and D. W. Willis, editors. 2009. Standard methods for sampling North American freshwater fishes. American Fisheries Society, Bethesda, Maryland.

Bowen, S. H. 1996. Quantitative description of diet. Pages 513 - 532 *in* B. R. Murphy and D. W. Willis, editors. Fisheries techniques, 2nd edition. American Fisheries Society, Bethesda, Maryland.

Brouder, M. J. , A. C. Iles, and S. A. Bonar. 2009. Length frequency, condition, growth, and catch per effort indices for common North American fishes. Pages 231 - 282 *in* S. A. Bonar, W. A. Hubert, and D. W. Willis, editors. Standard methods for sampling North American freshwater fishes. American Fisheries Society, Bethesda, Maryland.

Brown, M. L. , and C. S. Guy. 2007. Science and statistics in fisheries research. Pages 1 - 29 *in* C. S. Guy and M. L. Brown, editors. Analysis and interpretation of freshwater fisheries data. American Fisheries Society, Bethesda, Maryland.

Brown, P. , K. P. Sivakumaran, D. Stoessel, and A. Giles. 2006. Population biology of carp (*Cyprinus carpio L.*) in the mid - Murray River and Barmah Forest Wetlands, Australia. Marine and Freshwater Research 56: 1151 - 1164.

Caddy, J. F. 1999. Fisheries management in the twenty - first century: will new paradigms apply? Reviews in Fish Biology and Fisheries 9: 1 - 43.

Carter, V. , R. Pierce, S. Dufour, C. Arme, and D. Hoole. 2005. The tapeworm *Ligula intestinalus* (Cestoda: Pseudophyllidae) inhibits LH - expression and puberty in its teleost host, *Rutilus rutilus*. Reproduction 130: 939 - 945.

Coelho, R. , and K. Erzini. 2006. Reproductive aspects of the undulate ray, *Raja undulata* , from the south coast of Portugal. Fisheries Research 81: 80 - 85.

Colvin, M. A. 1991. Population characteristics and angler harvest of white crappies in four large Missouri reservoirs. North American Journal of Fisheries Management 11: 572 - 584.

Coughlan, J. , P. McGinnity, B. O'Farrell, E. Dillane, O. Diserud, E. de Eyto, K. Farrell, K. Whelan, R. J. M. Stet, and T. F. Cross. 2006. Temporal variation in an immune response gene (MHC I) in anadromous *Salmo trutta* in an Irish river before and during aquaculture activities. ICES Journal of Marine Science 63: 1248 - 1255.

Cowx, I. G. , and D. Gerdeaux. 2004. The effects of fisheries management practices on freshwater ecosystems. Fisheries Management and Ecology 11: 145 - 151.

DeHaan, P. W. , S. V. Libants, R. F. Elliott, and K. T. Scribner. 2006. Genetic population structure of remnant lake sturgeon populations in the upper Great Lakes basin. Transactions of the American Fisheries Society 135: 1478 - 1492.

DeVries, D. R. , and R. V. Frie. 1996. Determination of age and growth. Pages 483 - 512 *in* B. R. Murphy and D. W. Willis, editors. Fisheries techniques, 2nd edition. American Fisheries Society, Bethesda, Maryland.

Diana, J. S. 1983. Growth, maturation, and production of northern pike in three Michigan Lakes. Transactions of the American Fisheries Society 112: 38 - 46.

DiCenzo, V. J. , M. J. Maceina, and M. R. Stimpert. 1996. Relations between reservoir trophic state and gizzard shad population characteristics inAlabama reservoirs. North American Journal of Fisheries Management 16: 888 - 895.

Dolan, C. R. , and L. E. Miranda. 2003. Immobilization thresholds of electrofishing relative to fish size. Transactions of the American Fisheries Society 132: 969 - 976.

Dowling, T. E. , P. C. Marsh, A. T. Kelsen, and C. A. Tibbets. 2005. Genetic monitoring of wild and repatriated populations of endangered razorback sucker (*Xyrauchen texanus*, Catostomidae, Teleostei) in Lake Mohave, Arizona - Nevada. Molecular Ecology 14: 123 - 135.

Dunham, J. B. , B. E. Rieman, and J. T. Peterson. 2002. Patch - based models to predict species occurrence: lessons from salmonid fishes in streams. Pages 327 - 334 *in* J. M. Scott, P. J. Heglund, M. Morrison, M. Raphael, J. Haufler, and B. Wall, editors. Predicting species occurrences: issues of scale and accuracy. Island Press, Covelo, California.

Everhart, W. H. , and W. D. Youngs. 1981. Principles of fishery science, 2nd edition. Cornell University Press, Ithaca, New York.

Francis, R. C. , M. A. Hixon, M. E. Clarke, S. A. Murawski, and S. Ralston. 2007. Ten commandments for ecosystem - based fisheries scientists. Fisheries 32 (5): 219 - 233.

Frankham, R. , J. D. Ballou, and D. A. Briscoe. 2002. Introduction to conservation genetics. Cambridge University Press, Cambridge, UK.

Froese, R. , and D. Pauly, editors. 2008. FishBase. Available: www. fishbase. org. (April 2008) .

Gabelhouse, D. W. , Jr. 1984. A length - categorization system to assess fish stocks. North American Journal of Fisheries Management 4: 273 - 285.

Gibbons, W. N. , and K. R. Munkittrick. 1994. A sentinel monitoring framework for identifying fish popula-
tion responses to industrial discharges. Journal of Aquatic Ecology and Health 3: 227 – 237.

Gompertz, B. 1825. On the nature of the function expressive of the law of human mortality, and on a new
mode of determining the value of life contingencies. Philosophical Transactions of the Royal Society
ofLondon 115: 513 – 585.

Gulland, J. A. 1982. Why do fish numbers vary? Journal of Theoretical Biology 97: 69 – 75.

Guy, C. S. , R. M. Neumann, D. W. Willis, and R. O. Anderson. 2007. Proportional size distribution (PSD):
a further refinement of population size structure index terminology. Fisheries 32 (7): 348.

Guy, C. S. , and D. W. Willis. 1995. Population characteristics of black crappies inSouth Dakota waters: a
case for ecosystem – specific management. North American Journal of Fisheries Management 15:
754 – 765.

Hansen, M. J. , T. D. Beard Jr. , and D. B. Hayes. 2007. Sampling and experimental design. Pages 51 – 120
in C. S. Guy and M. L. Brown, editors. Analysis and interpretation of freshwater fisheries data. American
Fisheries Society, Bethesda, Maryland.

Hansen, M. M. 2002. Estimating the long – term effects of stocking domesticated trout into wild brown trout
(Salmo trutta) populations: an approach using microsatellite DNA analysis of historical and contempora-
ry samples. Molecular Ecology 11: 1003 – 1015.

Hansen, M. M. , E. E. Nielsen, and K. L. Mensberg. 2006. Underwater but not out of sight: genetic mon –
itoring of effective population size in the endangeredNorth Sea houting (Coregonus oxyrhynchus) . Cana-
dian Journal of Fisheries and Aquatic Sciences 63: 780 – 787.

Hayes, D. B. , J. R. Bence, T. J. Kwak, and B. E. Thompson. 2007. Abundance, biomass, and produc –
tion. Pages 327 – 374 in C. S. Guy and M. L. Brown, editors. Analysis and interpretation of freshwater
fisheries data. American Fisheries Society, Bethesda, Maryland.

Hitt, N. P. , A. Frissell, C. C. Muhlfeld, and F. W. Allendorf. 2003. Spread of hybridization between native
westslope cutthroat trout, Oncorhynchus clarki lewisi, and nonnative rainbow trout, Onco rhynchus
mykiss. Canadian Journal of Fisheries and Aquatic Sciences 60: 1440 – 1451.

Hoffnagle, T. L. , A. Choudhury, and R. A. Cole. 2006. Parasitism and body condition in humpback chub
from the Colorado and Little Colorado rivers, Grand Canyon, Arizona. Journal of Aquatic Animal Health
18: 184 – 193.

Holling, C. S. 1978. Adaptive environmental assessment and management. John Wiley and Sons, New
York.

Hopkins, H. L. , and M. L. Kennedy. 2004. An assessment of indices of relative and absolute abundance for
monitoring populations of small mammals. Wildlife Society Bulletin 32: 1289 – 1296.

Hubert, W. A. , and M. C. Fabrizio. 2007. Relative abundance and catch per unit effort. Pages 279 – 325 in
C. S. Guy and M. L. Brown, editors. Analysis and interpretation of freshwater fisheries data. American
Fisheries Society, Bethesda, Maryland.

Isely, J. J. , and T. B. Grabowski. 2007. Age and growth. Pages 187 – 228 in C. S. Guy and M. L. Brown, ed-
itors. Analysis and interpretation of freshwater fisheries data. American Fisheries Society, Bethesda,
Maryland.

Isermann, D. A. , W. L. McKibbin, and D. W. Willis. 2002. An analysis of methods for quantifying crappie
recruitment variability. North American Journal of Fisheries Management 22: 1124 – 1135.

Kamler, J. F. , and K. L. Pope. 2001. Nonlethal methods of examining fish stomach contents. Reviews in

Fisheries Science 9: 1 - 11.

Kaufman, S. D. , T. A. Johnston, W. C. Leggett, M. D. Moles, J. M. Casselman, and A. I. Schulte Host-edde. 2007. Relationships between body condition indices and proximate composition in adult wall-eyes. Transactions of the American Fisheries Society 136: 1566 - 1576.

Kernehan, R. J. , M. R. Headrick, and R. E. Smith. 1981. Early life history of striped bass in the Chesa - peake and Delaware Canal vicinity. Transactions of the American Fisheries Society 110: 137   150.

King, T. A. , C. J. Williams, W. D. Davies, and W. J. Shelton. 1981. Fixed versus random sampling of fishes in a large reservoir. Transactions of the American Fisheries Society 110: 563 - 568.

Koehle, J. J. , and I. R. Adelman. 2007. The effect of temperature, dissolved oxygen, and Asian tapeworm infection on growth and survival of the Topeka shiner. Transactions of the American Fisheries Society 136: 1607 - 1613.

Larsson, D. G. , H. Hällman, and L. Förlin. 2000. More male fish embryos near a pulp mill. Environmental Toxicology and Chemistry 19: 2911 - 2917.

Leaman, B. M. 1991. Reproductive styles and life history variables relative to exploitation and management of Sebastes stocks. Environmental Biology of Fishes 30: 253   271.

Lett, P. F. , and W. G. Doubleday. 1976. The influence of fluctuations in recruitment on fisheries manage - ment strategy. International Commission for the Northwest Atlantic Fisheries Selected Papers 1: 171 - 193.

Levy, P. S. , and S. Lemeshow. 1991. Sampling of populations: methods and applications. Wiley, New York.

Maceina, M. J. , and D. L. Pereira. 2007. Recruitment. Pages 121 - 185 in C. S. Guy and M. L. Brown, edi-tors. Analysis and interpretation of freshwater fisheries data. American Fisheries Society, Bethesda, Mar-yland.

Malvestuto, S. P. 1996. Sampling the recreational creel. Pages 591 - 623 in B. R. Murphy and D. W. Willis, editors. Fisheries techniques, 2nd edition. American Fisheries Society, Bethesda, Maryland.

Marzolf, R. C. 1955. Use of pectoral spines and vertebrae for determining age and rate of growth of the channel catfish. Journal of Wildlife Management 19: 243 - 249.

McInerny, M. C. , and T. K. Cross. 2006. Factors affecting trap - net catchability of black crappies in natural Minnesota lakes. North American Journal of Fisheries Management 26: 652 - 664.

McKelvey, K. S. , and D. E. Pearson. 2001. Population estimation with sparse data: the role of indices ver-sus estimators revisited. Canadian Journal of Zoology 79: 1754 - 1765.

McRae, B. J. , and J. S. Diana. 2005. Factors influencing density of age - 0 brown trout and brook trout in the Au Sable River, Michigan. Transactions of the American Fisheries Society 134: 132 - 140.

Miranda, L. E. , and P. W. Bettoli. 2007. Mortality. Pages 229 - 277 in C. S. Guy and M. L. Brown, edi - tors. Analysis and interpretation of freshwater fisheries data. American Fisheries Society, Bethesda, Mar-yland.

NatureServe. 2008. NatureServe explorer: an online encyclopedia of life, version 7. 0. NatureServe, Arling-ton, Virginia. Available: www. natureserve. org/explorer. (April 16, 2008) .

Neville, H. M. , J. B. Dunham, and M. M. Peacock. 2006b. Landscape attributes and life history variability shape genetic structure of trout populations in a stream network. Landscape Ecology 21: 901 - 916.

Neville, H. M. , D. J. Isaak, J. B. Dunham, R. F. Thurow, and B. E. Rieman. 2006a. Fine - scale natal hom-ing and localized movement as shaped by sex and spawning habitat in Chinook salmon: insights from spatial autocorrelation analysis of individual genotypes. Molecular Ecology 15: 4589 – 4602.

Nielsen, E. E. , M. M. Hansen, and V. Loeschcke. 1999. Genetic variation in time and space: microsatellite analysis of extinct and extant populations of Atlantic salmon. Evolution 53: 261 – 268.

Nielsen, J. L. , and G. K. Sage. 2002. Population genetic structure in Lahontan cutthroat trout. Transactions of the American Fisheries Society 131: 376 – 388.

Paragamian, V. L. 1989. A comparison of day and night electrofishing: size structure and catch per unit effort for smallmouth bass. North American Journal of Fisheries Management 9: 500 – 503.

Peterson, J. T. , and J. Dunham. 2003. Combining inferences from models of capture efficiency, detectability, and suitable habitat to classify landscapes for conservation of threatened bull trout. Conservation Biology 17: 1070 – 1077.

Peterson, J. T. , R. F. Thurow, and J. W. Guzevich. 2004. An evaluation of multipass electrofishing for estimating the abundance of stream – dwelling salmonids. Transactions of the American Fisheries Society 133: 462 – 475.

Plante, S. , C. Audet, Y. Lambert, J. de la Noue. 2005. Alternative methods for measuring energy content in winter flounder. North American Journal of Fisheries Management 25: 1 – 6.

Pope, K. L. , and C. G. Kruse. 2007. Condition. Pages 423 – 471 in M. L. Brown and C. S. Guy, editors. Analysis and interpretation of freshwater fisheries data. American Fisheries Society, Bethesda, Maryland.

Pope, K. L. , and D. W. Willis. 1996. Seasonal influences on freshwater fisheries sampling data. Reviews in Fisheries Science 4: 57 – 73.

Post, J. R. , C. Mushens, A. Paul, and M. Sullivan. 2003. Assessment of alternative harvest regulations for sustaining recreational fisheries: model development and application to bull trout. North American Journal of Fisheries Management 23: 22 – 34.

Power, M. 2007. Fish population bioassessment. Pages 561 – 624 in C. S. Guy and M. L. Brown, editors. Analysis and interpretation of freshwater fisheries data. American Fisheries Society, Bethesda, Maryland.

Purchase, C. F. , N. C. Collins, G. E. Morgan, and B. J. Shuter. 2005. Predicting life history traits of yellow perch from environmental characteristics of lakes. Transactions of the American Fisheries Society 134: 1369 – 1381.

Quince, C. , P. A. Abrams, B. J. Shuter, and N. P. Lester. 2008. Biphasic growth in fish II: empirical assessment. Journal of Theoretical Biology 254: 207 – 214.

Quist, M. C. 2007. An evaluation of techniques used to index recruitment variation and year – class strength. North American Journal of Fisheries Management 27: 30 – 42.

Quist, M. C. , C. S. Guy, R. D. Schultz, and J. L. Stephen. 2003. Latitudinal comparisons of walleye growth in North America and factors influencing growth of walleyes in Kansas reservoirs. North American Journal of Fisheries Management 23: 677 – 692.

Radomski, P. 2003. Initial attempts to actively manage recreational fishery harvest in Minnesota. North American Journal of Fisheries Management 23: 1329 – 1342.

Radomski, P. J. , and T. J. Goeman. 1996. Decision making and modeling in freshwater sport – fisheries management. Fisheries 21 (12): 14 – 21.

Reed, J. R. , and W. D. Davies. 1991. Population dynamics of black crappies and white crappies inWeiss Reservoir, Alabama: implications for the implementation of harvest restrictions. North American Journal of

Fisheries Management 11：598 - 603.

Reynolds, J. B. , and L. R. Babb. 1978. Structure and dynamics of largemouth bass populations. Pages 50 - 61 in G. D. Novinger and J. G. Dillard, editors. New approaches to the management of small impoundments. American Fisheries Society, North Central Division, Special Publication 5, Bethesda, Maryland.

Richards, F. J. 1959. A flexible growth function for empirical use. Journal of Experimental Botany 10：290 - 300.

Ricker, W. E. 1975. Computation and interpretation of biological statistics of fish populations. Fisheries Research Board of Canada Bulletin 191.

Riley, S. C. , and K. D. Fausch. 1992. Underestimation of trout population size by maximum - likelihood removal estimates in small streams. North American Journal of Fisheries Management 12：768 - 776.

Rose, G. A. , and D. W. Kulka. 1999. Hyperaggregation of fish and fisheries：how catch - per - unit - effort increased as the northern cod (*Gadus morhua*) declined. Canadian Journal of Fisheries and Aquatic Sciences (Supplement 1)：118 - 127.

Rosenberger, A. E. , and J. B. Dunham. 2005. Validation of abundance estimates from mark - recapture and removal techniques for rainbow trout captured by electrofishing in small streams. North American Journal of Fisheries Management 25：1395 - 1410.

Rubidge, E. M. , and E. B. Taylor. 2005. An analysis of spatial and environmental factors influencing hybridization between native westslope cutthroat trout (*Oncorhynchus clarkii lewisi*) and introduced rainbow trout (*O. mykiss*) in the upper Kootenay River drainage, British Columbia. Conservation Genetics 6：369 - 384.

Sammons, S. E. , and P. W. Bettoli. 1998. Larval sampling as a fisheries management tool：early detection of year - class strength. North American Journal of Fisheries Management 18：137 - 143.

Schwartz, M. K. , G. Luikart, and R. S. Waples. 2007. Genetic monitoring as a promising tool for conservation and management. Trends in Ecology and Evolution 22：25 - 33.

Scoppettone, G. G. , P. H. Rissler, and M. E. Buettner. 2000. Reproductive longevity and fecundity associated with nonannual spawning in cui - ui. Transactions of the American Fisheries Society 129：658 - 669.

Slipke, J. W. , and M. J. Maceina. 2001. Fisheries analysis and simulation tools (FAST) . Auburn University, Auburn, Alabama.

Smith, C. T. , W. D. Templin, J. E. Seeb, and L. W. Seeb. 2005. Single nucleotide polymorphisms provide rapid and accurate estimates of the proportions of U. S. and Canadian Chinook salmon caught in Yukon River fisheries. North American Journal of Fisheries Management 25：944 - 953.

Strange, R. J. 1996. Field examination of fishes. Pages 433 - 446 in B. R. Murphy and D. W. Willis, editors. Fisheries techniques, 2nd edition. American Fisheries Society, Bethesda, Maryland.

Szalai, A. J. , and T. A. Dick. 1991. Role of predation and parasitism in growth and mortality of yellow perch in Dauphin Lake, Manitoba. Transactions of the American Fisheries Society 120：739 - 751.

Taube, C. M. 1976. Sexual maturity and fecundity in brown trout of the Platte River, Michigan. Transactions of the American Fisheries Society 105：529 - 533.

Taylor, C. J. 1981. A generalized inland fishery simulator for management biologists. North American Journal of Fisheries Management 1：60 - 72.

Walters, C. J. 1986. Adaptive management of renewable resources. McGraw Hill, New York.

Wege, G. J. , and R. O. Anderson. 1978. Relative weight (W_r)：a new index of condition for largemouth bass. Pages 79 - 91 in G. D. Novinger and J. G. Dillard, editors. New approaches to the management of small impoundments. American Fisheries Society, North Central Division, Special Publication 5, Bethesda, Maryland.

Wells, J. V. , and M. E. Richmond. 1995. Populations, metapopulations, and species populations: what are they and who should care? Wildlife Society Bulletin 23: 458 – 462.

Wenburg, J. K. , and P. Bentzen. 2001. Genetic and behavioral evidence for restricted gene flow among coastal cutthroat trout populations. Transactions of the American Fisheries Society 130: 1049 – 1069.

White, G. C. , D. R. Anderson, K. P. Burnham, and D. L. Otis. 1982. Capture – recapture and removal methods for sampling closed populations. Los Alamos National Laboratory, Los Alamos, New Mexico.

White, M. M. , T. W. Kassler, D. P. Philipp, and S. A. Schell. 2005. A genetic assessment of Ohio River walleyes. Transactions of the American Fisheries Society 134: 661 – 675.

Wilde, G. R. , and W. L. Fisher. 1996. Reservoir fisheries sampling and experimental design. Pages 397 – 409 in L. E. Miranda and D. R. De Vries, editors. Multidimensional approaches to reservoir fisheries management. American Fisheries Society, Symposium 16, Bethesda, Maryland.

Williams, L. R. , M. L. Warren Jr. , S. B. Adams, J. L. Arvai, and C. M. Taylor. 2004. Basin visual estimation technique (BVET) and representative reach approaches to wadeable stream surveys: methodological limitations and future directions. Fisheries 29 (8): 12 – 22.

Wilson, D. S. , P. M. Muzzall, and T. J. Ehlinger. 1996. Parasites, morphology and habitat use in a bluegill sunfish (Lepomis macrochirus) population. Copeia 1996: 348 – 354.

Withler, R. E. , J. R. Candy, T. D. Beacham, and K. M. Miller. 2004. Forensic DNA analysis of Pacific salmonid samples for species and stock identification. Environmental Biology of Fishes 69: 275 – 285.

Wydoski, R. S. 2001. Life history and fecundity of mountain whitefish from Utah streams. Transactions of the American Fisheries Society 130: 692 – 698.

Yamamoto, S. , K. Maekawa, T. Tamate, I. Koizumi, K. Hasegawa, and H. Kubota. 2006. Genetic evaluation of translocation in artificially isolated populations of white – spotted char (Salvelinus leucomaenis) . Fisheries Research 78: 352 – 358.

第 12 章　生态完整性评估与管理

Thomas J. Kwak　Mary C. Freeman

12.1　引言

　　评估和理解人类活动对水生生态系统的影响是生态学家、水资源管理者和渔业科学家长期关注的焦点。在传统渔业管理关注单个物种管理的同时，通过关注群落和生态系统水平管理来提高鱼类种群数量的管理方式日益受到重视。当然，随着渔业管理者将其注意力从较狭隘的尺度（如种群）拓展到更宽广的尺度（如群落或生态系统），生态过程和管理目标（对象）也变得更为复杂。处于群落水平的渔业管理，应努力关注具有复杂的和可持续能力的，且对干扰具有一定恢复力的鱼类群聚（fish assemblage）。水生态系统水平的管理目标应关注生境质量和生态过程，如营养动态、生产力或营养级互作，但长期的生态系统管理目标应当保持生态完整性。然而，人类作为渔业资源的使用者，对渔业管理的社会、经济和政治需求经常导致生态完整性在管理系统中的下降，这种冲突是现代渔业管理者面临的主要挑战。

　　生物完整性和生态完整性的概念已经被广泛应用于渔业科学、自然资源管理和环境立法领域，但对这些术语的定义却不明晰。生态系统的生物完整性可以被定义为支撑和维护与该地区自然生境相匹配的、拥有完整且有适应能力的、具有特定物种组成、多样性和功能组织的生物群落（Karr and Dudley，1981）。生态完整性应是化学完整性、物理完整性和生物完整性的总和。因此，生态完整性的概念超出鱼类，代表一个生态系统管理的整体方法，该方法尤其适用于水生系统。生态状态，是一个使用更普遍的术语，指环境的物理、化学和生物特征的状态及三者之间联系的过程和相互作用。尽管生态完整性的概念比较清晰，但其评价和应用实践却远没有那么清楚。

　　生态完整性首次提出是在美国 1972 年的《清洁水法》（CWA）中（《联邦水污染控制法》，于 2002 年 11 月 27 日通过《公共法》107 - 303 进行修订），该法案的唯一目标即"恢复和保持国家水体的化学、物理和生物的完整性"。这项立法迫使资源管理者们不仅要关注点污染源的化学污染（如工业和市政排放污染），还要关注面源污染、长期污染、流域污染对生态完整性的影响。CWA 更要求在已退化水体中开展修复项目，促进恢复生态学科学和实践的发展。

　　生态系统健康一词通常与生态完整性讨论时相伴生。这或许因为我们会很自然地将人类个人健康的特质赋予生态系统健康，因此生态系统健康成为理解生态完整性概念的重要比喻。然而，生态系统是否应该被视为一个实体（比如，一个超级生物体）的争论从早期一直持续到今天（Clements，1916；Suter，1993；Simon，1999a）。尽管如此，生态系统的确是一个组织层次和属性均超越其中所有物种的自然单元，并代表着可以评估和研究生态完整性的最佳空间分布和组织尺度。溪流和河流跨越景观尺度，整合了化学、物理和生物的状态，以其研究开发出来的易应用于流水水体、在本章节中着重介绍的与水生系统生态完整性相关的理论和实践，广泛适用于所有水生态系统。

12.1.1 生态完整性的影响因素

人类活动是影响水生生态系统生态完整性的根本因素，生态完整性与人类对生态系统的影响呈反比关系（图 12.1）。人类对地球生态系统的影响巨大，并且这种影响随着人口和经济增长以及技术进步而逐渐增加。人类已经改变了超过 1/3 的地球陆地表面，大气二氧化碳含量增加了近 30%，固定的氮比陆地所有自然来源氮的总和还多，并且已经利用了超过一半的可利用地表水（Vitousek et al.，1997）。这些全球效应对可维持水生生物、鱼类和渔业的局部环境的生物多样性和生态系统功能产生了渐进性和灾难性的影响（Scheffer et al.，2001）。因此，全球和局部地区的水生动物物种多样性均在迅速下降。在北美洲，大约 300 种淡水贝类近 70% 已经灭绝或面临灭绝（Williams et al.，1993），363 种螯虾的 48% 属于濒危、受威胁或易危的物种（Taylor et al.，2007），700 种已知鱼类物种的 39% 受到威胁（Jelks et al.，2008）。

人类活动通过改变流域土地利用、河道改造、点源和面源化学及热污染、蓄水和抽水、物种引进、捕捞和景观开发等对水生生态系统生态完整性产生更直接的影响（图 12.1）。这些人类活动在多重尺度上作用，改变水生生态系统的物理和生物组分，将其从原始状态转变为本土物种丰富度、生物多样性和生态功能降低的受干扰状态。影响水生生态系统生态完整性的因素是渔业科学家优先管控的重点：美国渔业学会通过的 32 项资源政策声明中有 15 项涉及影响水生生态系统生态完整性的人类活动（表 12.1），州和联邦机构正在将生态完整性纳入其管理流程（表框 12.1）。

12.1.1.1 土地利用

早期的环保主义者和现代溪流生态学家早已认识到，溪流、河流以及其他水体类型与

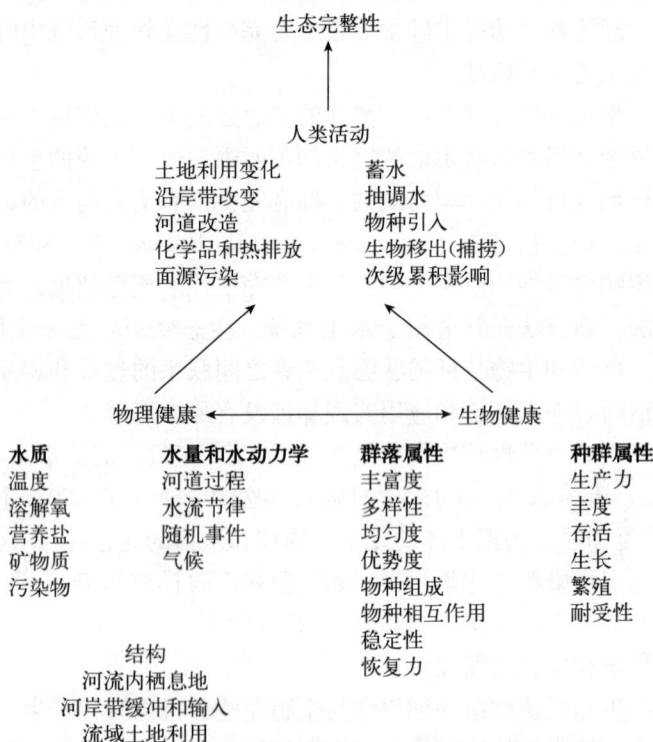

图 12.1 影响水生生态系统生态完整性的物理和生物因素及其如何受人类活动影响而改变的示意图

周围集水区联系密切并受其影响（Marsh，1867；Hynes，1975；Vannote et al.，1980；Junk et al.，1989）。水体深受其沿岸带和流域内植被及土地覆被变化的影响。例如，已有广泛的文献记载农业、伐木和城镇化对水生系统的影响（Allan and Castillo，2007）。由于土著植物逐渐被农作物、牲畜、用材林、种植园或城镇化所取代，溪流物理环境因此从其原始状态发生转变，而水生生物的变化则可以反映出这种变化。土地利用变化影响溪流生态系统的机制包括沉积物沉积、营养盐富集、化学污染、水文变化、河岸带清理和遮阴冠层的破坏以及木质碎屑的损失（Allan，2004）。尽管这些改变无处不在，然而经验数据之间的关联和机制相关的细节依旧未被解释清楚，这可能是由于水土界面存在复杂而动态的过程所致（Fausch et al.，2002；Allan，2004）。虽然精确的机制可能未被完全理解，但水环境和水生生物群落的命运与陆地上人类活动之间的联系却是明确的。

表 12.1　美国渔业学会关于影响水生生态系统生态完整性的人类活动的正式政策声明

（完整的声明和缩减版的总结可见于 WWW. fisheries. org/afs/policy _ statments. html）

政策声明编号（批准年）	对生态完整性的影响	政策声明标题
2（1981）	人口增长	人为生态问题；人口增长和技术
3（1981）	面源水污染	非点源污染
4（1981）	水环境中的淤积作用	淤积作用
5（1981）	次要累积影响	栖息地微改变的累积效应
6（1981）	水体污染物	地表水中有毒物质的影响
7（1981）	面源水污染	两个关注环境的议题政策（酸雨）
8（1981）	点源水污染	点源排放的处理
9（1981）	河道内流量和大坝	河流改变对渔业资源的影响
12（1985）	点源水污染	油气管道的建设与运营
13（1985）	土地利用变化	地表采矿对北美水生资源的影响
14（1986）	土地利用变化	河流沿岸带管理策略
15（1986）	非本地物种	水生生物的引种
23（1990）	土地利用变化	畜牧业对沿岸带和河流生态系统的影响
24（1990）	外来物种	压舱水侵入
25（1991）	河道内流量和大坝	水电开发
29（1996）	多样性丧失	生物多样性
32（2005）	河道内流量和大坝	大坝拆除

12.1.1.2　水污染来源

污染物以温度改变、营养盐或化学物质积累的形式通过点源或陆地面源排放的方式进入地表水。热污染可能来自与工业冷却相关的热水排放或来自蓄水水库大坝的冷水排放。地表水普遍存在富营养化问题，营养盐从来自于农业和城市化的点源及非点源污染源进入水生系统（Carpenter et al.，1998）。超过 10 万种有机和无机化合物被释放到环境中，通过水生生态系统转运，借助化学反应和生物作用进行转化后，对水生生物构成威胁

（Shea，2004）。当化学污染和热污染普遍存在，具有破坏性时，河流蓄积的沉积物无论在数量，还是经济和生态影响方面均被认为是最大的单一水污染物（Waters，1995）。美国近期的联邦政策和法律已经减少了点源污染物的排放，但相对来说非点源污染依然不受控制，问题重重（Karr et al.，2000；Paulsen et al.，2008）。水污染通过改变水生生物生存的水环境和栖息地，引起生物毒性、食物网改变和其他级联效应，影响到水生生态系统的生态完整性。

表框 12.1　生态完整性指数：一个州机构的经验

John Lyons

威斯康星州麦迪逊自然资源部

　　威斯康星州拥有丰富多样的水资源和渔业资源，这些资源对其经济、社会和生态健康至关重要。因为拥有大约 88 000 km 的溪流和河流、超过 15 000 个湖泊、超过 150 多种鱼类和数百种水生植物，以及数不清的水生无脊椎动物，威斯康星州对水资源和生物资源的数量及类型的管理都面临重大的挑战。负责维护水资源和生物资源的威斯康星州自然资源部（WDNR）越来越依赖于利用基于水生生物群落的生态完整性指数来应对这一挑战。

　　WDNR 使用生态完整性指数已经有相当一段历史。威斯康星大学麦迪逊分校的威廉·希尔森霍夫（William Hilsenhoff）在 20 世纪 70 年代和 80 年代在 WDNR 的支持下创建了 Hilsenhoff 生物指数（HBI）（Hilsenhoff，1987），该指数是最先使用的几种水生大型无脊椎动物生物指数之一。HBI 已成为 WDNR 生物学家评价河流水质，尤其是有机污染评价的标准方法。詹姆斯·卡尔（James Karr）开创性地建立了基于鱼类的第 1 个生物完整性指数（IBI；Karr et al.，1986），俄亥俄州环保署和美国环境保护局将 IBI 应用于河流监测、分类和监管。威斯康星州的第 1 个 IBI 适用于可涉水温水性河流（Lyons，1992），但很快就发现不同的 IBI 适用于不同类型的水生生态系统。随后，为冷水河流（Lyons et al.，1996）、不可涉水温水性河流（Lyons et al.，2001）和间歇性河流（Lyons，2006）构建了基于鱼类的 IBI；一个适用于可涉水冷水河流的 IBI 正在构建中。同时，为可涉水溪流（Weigel，2003）和不可涉水河流构建了基于大型无脊椎动物的 IBI。

　　WDNR 将生态完整性指数应用于多种水资源管理中，包括水体分类、生态系统现状评估、生态系统健康趋势监测、保护和恢复活动优先度排序，以及管理行动成功的评估。WDNR 通常使用生态完整性指数进行流域管理、渔业管理、鱼类和栖息地等 3 个项目的研究。流域管理负责维持和改善水质状况及水生生物栖息地质量。管理人员利用 HBI 和 IBI 来阐明与点源和非点源污染有关的水质问题以及河岸栖息地改变对水生生态系统的影响。HBI 和 IBI 通过定量化生物学标准和实施水生生物分层利用的设计作为对《清洁水法》规定的响应。渔业管理人员负责维护和改善游钓及商业渔业资源。渔业质量依赖于整个鱼类群落，因此渔业管理人员利用 IBI 评估鱼类群落健康，并了解影响鱼类群落层面的可能问题。鱼类和栖息地研究者为流域和渔业管理人员提供技术支持及评估服务，帮助构建生态完整性指数，并利用它们评估许多管理活动。

　　尽管生态完整性指数已被 WDNR 广泛使用，但这些生态完整性指数也广受批评。主要的批评意见包括：这些生态完整性指数太不精确，时间尺度或样点间的变异较大而难以检测真实的变化，不具特异性，仅能识别一般常见问题且不能显示成因并提供解决方案。作为回应，WDNR 工作人员专注于构建更好的生态完整性指数，量化其本身变异并提供说明指导。另外，值得注意的问题是野外工作人员应当通过必要的培训，具有充分的专业知识来充分地采集生物群落样本，并准确地鉴定所采集的生物群落样本。为了解决这个问题，WDNR 的工作人员提供培训和质量保障以使数据收集标准化。例如，已经开发的一个全面系统基于照片帮助鉴定鱼类的网站（http://wiscfish.org），并与威斯康

（续）

星大学史蒂文生分校的分类学专家合作鉴定水生大型无脊椎动物。

　　尽管开始持质疑态度，许多 WDNR 生物学家和管理者依旧使用生态完整性指数。WDNR 已经开展或资助了许多研究，以证明这些指数是有价值的，有助于指导管理工作。比如，有关鱼类 IBI 的研究已经表明清除小型低水头坝可以改善河流渔业，以及商业航运影响大型河流的生态完整性。大型无脊椎动物和鱼类的相关指数已经表明了不同农业和城市土地利用对溪流生态系统存在影响，证明在河岸带和流域实行土地管理的相对益处，也有助于制定保护水质的营养物标准。鱼类 IBI 已被用于清查和评估整个河流，以确定值得保护或恢复的区域，以及改善河流健康和渔业的可行性管理行动。鉴于这些多样化的成功应用，生态完整性指数在 WDNR 水资源管理中可能会越来越重要。

12.1.1.3　河道内栖息地和流量改变

　　流水生态系统的流体动力是形成栖息地和生物群落的首要因素。理解河流生态过程的基本概念完全基于在纵向、横向和垂直水流空间下，有机物质处理、能量转移、食物网动态等构成随时间变化而形成的物理模板（physical template）（Vannote et al.，1980；Junk et al.，1989）。因此，地下水、河道内和洪泛区水流量是影响流水系统生态完整性的基本因素。

　　河流流量受到一系列自然和人为因素调节。地质、地貌和气候形成了土地利用变化、蓄水和取水等因素改变水流模式和改变地貌特征的物理阶段。草地、森林或湿地在转变为农业或城市用地的过程中，通过改变蒸发量和地表径流的方式影响河流流速和流量。河流流速和流量及河道内生境有许多间接影响因子，但对流水水体影响最直接的单一因素可能是水坝的存在（Collier et al.，1996；Pringle et al.，2000）。大量而广泛存在的大坝为社会提供了许多重要服务功能（美国超过 2 m 高的水坝多于 79 000 座；USACE，2005）。水坝可以发电、降低洪水危害、为人类提供用水、改善航运、提供休闲娱乐，但同时大坝通过改变水流节律、可用水量、水质、热环境、河流连通性以及上下游生境等改变河流生态功能。因此，在很多情况下，当大坝的经济和生态成本超过其收益时，大坝就会被拆除。其他水文改变，如小规模抽水、地下水开采、河流渠道化、河道内采矿和跨流域调水也会对水生生态完整性产生负面影响。

12.1.1.4　外来物种入侵

　　美国外来物种引入的规模和经济成本巨大，有 5 万种物种被引进，其影响每年超过1 200 亿美元（Pimentel et al.，2005）。外来物种引入水生环境中是改变生物完整性的最直接的途径，可能导致土著种数量下降或灭绝，并对生态系统和渔业产生级联效应。已有至少 536 个分类单元（taxa）的鱼类已被引入美国水域，而 316 个分类单元美国土著种被迫离开原栖息水域（Fuller et al.，1999）；同时，约有 88 个分类单元的软体动物物种被引入美国水域并建群（Pimentel et al.，2005）。尽管因为外来鱼类物种产生的渔业收入可能会在一些地区支持当地经济发展，但每年由于引入鱼类而造成的损失估计在 54 亿美元，与引入斑马贻贝和河蚬相关的损失约为 20 亿美元（Pimentel et al.，2005）。虽然已知加拿大（18 种外来物种和 37 种生境易位物种）和墨西哥（26 种外来物种和 29 生境易位物种）的外来引入物种和生境易位物种较少，但其引种记录并不详细（Contreras and Escalante，1984；Crossman，1984）。物种引入常被认为是继栖息地退化和丧失之后，北美水域生物多样性的最主要的威胁（Wilcove et al.，1998；Lodge et al.，2000；Jelks et al.，2008）。

　　并不是所有的鱼类和水生无脊椎动物的引入都会形成可存活种群——事实上大多数引种都是失败的，但一旦引入物种建立种群，其影响是多变且不可预测的（见第8章）。生物入侵常识法则通常被称为"十分之一法则"，即10%的引入物种会建群，建群的10%会成为有害生物（Williamson，1996）。水生生态学家已经在局部、区域和全球尺度研究了影响外来物种入侵和建群的因素，并得出了一些广泛的观察数据（如Moyle and Light，1996；Ruesink，2005）。物种入侵成功取决于入侵者、入侵场所和现存本地物种之间的相互作用。生物抗性假说表明，具有较多本地物种和较少人为干扰的生态系统不太容易被引入物种入侵，这个假设似乎普遍适用于淡水鱼类的引进，但所有淡水系统是很容易被入侵的，具体依赖于引种时的条件，且根除建群的物种几乎不可行（Jeschke and Strayer，2005；Moyle and Marchetti，2006）。例如，大坝及其蓄水增强了非本地物种的运输机制，并降低了对入侵生物的抵抗力，蓄水区出现引入水生物种的可能性比某一地区天然湖泊高达300倍（Johnson et al.，2008），这也说明了生态完整性的物理和生物组分是相互关联的。

12.1.1.5　次要累积影响

　　人类极小的一些行动通常都可以改变环境，也许这些改变可能不会产生立竿见影的影响，但不断地累积在其后或别的地区会导致严重后果，这种影响被称为次要累积影响（CEQ，2005）。次要累积影响是由人类行为引起的，可以合理预见的，会在将来某个时间或一定距离的其他地点显现的影响。累积影响是一种累加在其他的过去的行为上和可预见的将来的行为上的渐进后果。在被提议的联邦项目的环境审查中必须考虑次要累积影响，这是州、联邦运输和自然资源部共同关注的内容。例如，高速公路影响通常发生在3个阶段：施工初期、建成和最终的景观城市化（Wheeler et al.，2005），次要影响就是高速公路建成（主要影响）后的住宅、商业或工业发展相关的影响，而累积影响则是整个流域的影响总和。在这个案例中，次要影响（城市化）可能比主要影响（建设）更为有害，次要累积影响在河岸带和流域评价中尤为重要；因此，较大尺度的流域变量（如不透水表面百分比或道路密度）或许比与流量和河道形态相关的河段尺度变量更能描述对环境的影响，这对阐明流域影响的趋势或阈值至关重要。当然，次要累积影响是生态完整性评估中最难以量化的，但却很可能是最有影响力的影响因素。

12.1.2　生态完整性和渔业管理

　　为了生态完整性和渔业对水生生态系统进行管理可能是一些系统的共同目标，但这些目标也可能因此产生冲突。渔业管理不仅需要融合其资源的生物学和生态学信息（即科学），还要考虑经济学、美学、人类态度以及管理用户和公众的利益（见第5章）。然而，渔业的直接价值（例如，捕捞量、收获量和鱼类质量）可能会与间接价值或非使用价值（例如，美学、存在价值或生态服务）相冲突。因此，渔业管理目标，如增加或最大限度地增加鱼类丰度、捕捞量或收获量，可能与维持强健的生物群落和自然栖息地的管理目标相违背。

　　多数自然资源管理机构遵从生态系统管理的理念，但渔业管理往往以单一物种为目标，尽管基于生态完整性的管理目标更为全面。一般来说，具有较高生态完整性的功能性水生生态系统可保障可持续的渔业发展，例证就是那些受益于高生态完整性的洄游鱼类、天然湖泊和河流定居的鱼类的渔业。然而，由于水生生态系统的生产力受到地质、地理和水质的限制，因此一些未受干扰的水生栖息地（例如，源头细流和一些高山湖泊）并不能维持鱼类生存。渔业管理的目标可能是通过操纵栖息地（例如，施肥或撒石灰）或通过进行补充放养、引种来提高生产力，所有这些行为都降低了被管理系统的生态完整性。渔业管理者寻求将多个利益相关者和使用途径纳入管理中，当管理鱼类的物理和生物环境时，其主要挑战是将用户和非用户以及消费用户和非消费用户的概念及价值纳入考虑，并考虑生态完整性（见第 1 章）。

12.2　生态完整性评估

评估水生生态系统生态完整性还没有标准化的方法，但在规划和实施生态完整性评估时有一些通则和注意事项。生态完整性评估的典型框架是从区域或流域的代表性点位收集物理和生物方面的数据，综合这些信息，将所获得的信息与一些所列参照点位、历史数据或代表最小干扰健康状况的数据进行比较，在生态完整性背景下解释所获结果的相对分布。该方法要求高强度和高成本的数据收集，所得到的数据集也可能难以编译、分析和解释。定量的评价和监测方法提供了最高级别的推论，但其成本也较高。因此，成本较低但精确度也相对较低的定性方法受到了大量关注，通常被称为快速评估（如 Barbour et al.，1999）。虽然已经提出了开发评价工具的框架，但没有可遵循的标准模板，因此在识别空间和时间尺度、定义最不受干扰的参考状态、定量测量或估计的参数组、比较点位之间的信息以获得可解读的结果和相关结论方面产生许多主观性的决定。

12.2.1　相对测度和尺度

正如没有标准模板一样，涉及生态完整性，几乎没有能够普遍应用于帮助解读野外数据或指标的数据标准或阈值。因此，每次对生态完整性的调查都是独立的评估，以任何定量的方式评估单一站点的完整性都不具生态上的相关性，因为生态完整性的评估是相对于其他位点，特别相对于参考位点的生态状况，才可以产生对管理有意义的结论。因此，采样环境的空间、时间和组织尺度是生态完整性评估的关键考虑因素。

区域间生境和生物群落的变化可能受到大尺度因素（如地质学、河流流域边界、生物地理史、冰川作用和演化）的影响（Matthews，1998）；因此，生态完整性评估应该在一个确定的地理区域内进行。在这种情况下，划定区域的典型空间框架通常是生态区或流域（Omernik，1995；Omernik and Bailey，1997；Angermeier et al.，2000）。

河流水系是物理和生物过程及状态的连续体，以可预测的方式沿纵向梯度从上游源头到下游大型河流而变化。在大多数系统中，物种丰富度和多样性随着河流变大而增加（Horwitz，1978；Wiley et al.，1990），群落和种群的其他属性，如鱼类和无脊椎动物物种组成、密度、生物量、生长、个体大小和营养动态也呈现纵向的变化（Vannote et al.，1980；Matthews，1998）。因此，当比较流域内或流域间不同位点之间的生态数据时，必须考虑河流的大小或纵向的位置。位点分类是为了确保区域内相似类型的位点比较，避免地质学、地理学或其他自然影响的混杂影响，以选择适当参考点的必要步骤。

采样时间可能会严重影响野外评估结果。例如，许多淡水鱼类通过季节性迁移，以满足一个或多个生活史要求（例如，产卵或稚鱼培育），并在恶劣的环境状况下寻求庇护（Peterson and Rabeni，1996；Grossman et al.，1998）。因此，溪流或河流中鱼类群聚的季节差异性会增加样本差异，并导致模糊的评估结果。为降低季节性影响，科学家们应在相似的季节间对鱼类群聚进行对比，如有可能，则限制在鱼类迁移最小的季节。

水生大型无脊椎动物、植物、物理栖息地以及水样采集的时空设计也是生态完整性评估的重要考虑因素。这些生态系统组成部分随着时间的推移可能会发生变化，使用这些组分进行生态完整性评价时，最好通过重复取样的监测计划来实现。在溪流和河流的动态环境中，水生大型无脊椎动物可能极具移动性，通过漂流到下游，或通过游泳、爬行或飞行以及成虫产卵的方式移居到新的区域（Smock，1996）。水生植物群落遵循季节性生长周期，由季节性气候条件引起的水文模式可能会在较短和较长的时间尺度上改变河道内和河岸栖息地条件。水流动力学和化学过程同样使水质的有效表述成为一个挑战，单个站点的走访或水样（随意采样）不太可能检测到影响生态系统的特征。结合时间尺度的水样采集方法可以提高评估结果，也可作为重复取样的替代方法来表征水质动态（Heltsley et al.，2005）。与所有水环境因素采样一样，应广泛对各种大型栖息地类型采样，以确保所有重要的栖息地类型（如无脊椎动物需要的底质、漂流物和木质碎屑；固着生物和植物需要的滞留水及流水；河道内栖息地重要的激滩、水潭和暗流）都可以被采集到，但应注意避免混淆时间效应的影响。

所采生物的鉴定等级可能会引起结果的偏差并改变最终的生态结论。将鱼类鉴定到种级是可行的，但水生无脊椎动物可能很难准确鉴定。如果样本间的鉴别准确性不同，那么群落指数（如物种丰富度、优势度和多样性）的估计将会有所偏差。因此，调查者在站点和样本的比较分析中保持分类精度的一致性至关重要。进一步说，调查者可以通过把幼体或稀有物种从分析中排除的方法降低抽样偏差和简化分析（Kwak and Peterson，2007）。这种方法通常在群聚水平的分析中采用，但它可能降低物种丰富度的估算，模糊稀有物种出现的模式，而这种物种丰富度和稀有物种出现模式有助于对群落组织的认识，并指导制定保护策略。

12.2.2 参照状态的确定

代表不受干扰或受到极少干扰生态状况的参照系统或点位是生态完整性评估的关键组成部分（Hughes，1995；Karr and Chu，1999），参照系统规定了一个地区生态系统的生物潜力，它们是检测和了解人类活动对生态系统的影响并确定生态恢复目标的重要基准。生物标准是使用水域中水生生物群落参照状态的数值描述指定水生生物（USEPA，1990）。因此，选择参照系统或定义参照状态对生态完整性评估至关重要，然而没有明确的标准确定参照系统和参照状态。

空间和时间变化是识别参照系统或参照状态的关键。在确定某一区域的评估指标前，应选择具有合适的生物或物理标准（如流域土地利用或河岸带干扰）的系统或位置作为参照状态。类似的，来自过去、近期或历史的信息可以定性或定量地描述干扰前状态。博物馆文献、论文和学位论文以及机构报告均可以作为特定地区物理状态、植物和动物区系历史数据的宝贵来源。

　　寻找有关干扰前状态的信息可能比较困难，但也许是遭受大规模退化的地区确定参照状态的唯一选择。例如，在美国境内现存只有 42 条高质量、自由流动的河流，其中只有2%的河流具有足以接受联邦保护的特征（Benke，1990）。进一步的说法是 Hynes（1970）的结论，即想要找到没有被人类改变的河流极其困难，也不可能找到任何这样的河流，而且比 40 多年前更为困难。当未受干扰的站点不存在时，通常用"受到最少干扰（least disturbance）"的系统或站点来代替。应当谨慎应用来自另一个区域的参照状态替代本区域的参照状态。某些地区确实缺乏可用的作为备选的参照状态，那就需要运用创新的方法了。在河流中的生态完整性评价中，Radwell 和 Kwak（2005）将最少干扰状态定义为具有理论上最大生态完整性的最佳物理和生物状态复合体。环境过滤模型也被用于估计大型无脊椎动物和鱼类的期望物种丰富度（Chessman and Royal，2004；Chessman，2006）。环境过滤模型通过连续排除区域物种库中的一部分物种，最终形成一个可以占据特定点位的生物类群。某一地点的物种根据其进化历史、扩散能力、生理耐受性、栖息地要求及其与种间互作等作用被过滤掉。当一个地区的所有河流都已经受到人类干扰，这些方法或许是有用的。但在确定参照状态的定义时，最好是基于系统收集的数据，而不是基于专家的主观意见。Hughes（1995）审查了确定区域参照状态的一些方法，推荐运用线性模型和专家判断的方法来反映参照点及历史数据，以确定参照状态。

12.2.3　度量和指标

　　基于现有状态的比较以及生物体与其环境之间各种关系的理论，已经构建了一系列描述水生生态系统物理和生物状态的若干指标。一个有效的生态指标应当具有：①社会相关性；②简单易懂；③有科学依据；④可定量；⑤经济等特征（O'Connor and Dewling，1986）。生态完整性指标可在从简单论（如化学浓度或物种存在）到整体论（如生物多样性或生态过程速率；Jorgensen et al.，2005）的分级框架下考虑。此外，单指示生物或指标、标准群落参数或多变量统计可用来反映环境状态，且可根据参照状态或最小受干扰状态对它们在不同位点或生态系统间进行比较，具体做法如下所述。

12.2.3.1　水质和栖息地指数

　　物理栖息地指数的发展落后于生物指数，可能原因是难以将栖息地特征与生物学上有意义的结果或生态完整性相联系。描述水质、河流特性或湖泊属性的特定参数可以通过相对标准的程序进行测量，针对特定栖息地组分的指数也可以进行计算和比较。虽然已经尝试了许多快速、定性的栖息地评估系统，但这些系统因为观察者不同而存在的误差，也缺乏严格的定量系统。因此，仍旧没有一个单一栖息地指数可用来描述水生生态系统中通常的栖息地状态。

　　美国环境保护局（EPA）为地表水中的营养物、污染物和其他物质的浓度制定了水质标准值，并允许各州在此标准基础上自行制定标准。这些标准旨在确定适当的水体用途（如公共供水、娱乐用水、鱼类和野生动物用水、农业和工业用水），以保护水生生物和人类健康，并制定相应的水质目标（EPA，1994）。例如，EPA 建议保护水生生物的最低溶解氧浓度为 5 mg/L，但许多州采用 4 mg/L 作为最低标准。保护水生生物的水质标准包含两个允许浓度，一个最大浓度，以防止急性（短期）效应，另一种是持续浓度，以防止慢性（长期）效应。除化学水质标准外，EPA 还制定了与物理栖息地和水生生物相关的浊度、悬浮物和沉积物标准。显而易见，普遍适用的水质标准难以在生态评估中应用，因为区域之间的参照健康状态或最小干扰状态是不同的。此外，水质标准提供的阈值浓度或水平是单一参数，而能够描述生态完整性的综合多个水质参数的单一指数还没有开发出来。

在获得物理栖息地评价的设备和程序的基础上，制订出测量参数和描述物理栖息地特征的方案，采用相似的方法来测量和定量河道内及沿岸带的重要栖息地特征（McMahon et al.，1996；Bain and Stevenson，1999）。一般来说，这些方案设计用来描述溪流和河流的河岸、河岸带和流域特征，以及湖泊和水库的形态、水质、水动力学和营养状态。这些栖息地参数通常被定量为测量值的平均值、方差或分布，但存在几种分类方法和指数可以将多个测量值融合到单一指数中。多样性指数是定量特定栖息地组分指标的典型例子，可定量描述栖息地复杂性，用于栖息地变量分类和表征底质颗粒粒径分布，作为溪流中产卵鱼类所需砾石质量的指标（Kondolf，2000）。同样，岸线发育系数（岸线长度与等面积圆周长的比值）是用来描述湖泊或水库形状的一个指数（Bain and Stevenson，1999）。不同州的相关机构针对特定地区制订了多个综合栖息地指数，但没有一个可以被广泛应用。为怀俄明鳟（Wyoming trout）栖息溪流开发的栖息地质量指数就是这类指数的一个例子，将河流宽度、河岸条件、基质、物理覆盖、水流量、流速、温度和氮浓度综合构建一个线性模型以预测鳟的生物量（Binns and Eiserman，1979）。

地理信息系统和相关数据集的出现为多个空间尺度的水生栖息地评估提供了新方法，这些方法特别适用于生态完整性评估。栖息地可以从河段、断面和流域尺度上进行描述，河岸带和流域属性可以从现有数据图层进行定量提取（Fisher and Rahel，2004）。这种景观水平上测度的方法是确定参照状态以评估较大尺度下人类干扰和人为压力的有效方法（Mattson and Angermeier，2007；Wang et al.，2008）。许多影响水生生态系统生态完整性的因素在较大空间尺度起作用，而且还可能是累积性的，因此将流域或河岸带土地覆盖以及相关参数（如道路密度、人口密度以及流域内森林、城镇或不透水表面的比例）等数据定量，在评估水生生态系统的生态状况方面意义重大。

12.2.3.2　生物指数

使用指示生物评估环境健康质量的概念至少比生态完整性概念早一个世纪。在欧洲，1908 年由 Kolkwitz 和 Marsson 提出的"污水系统"（Saprobiensystem）界定了有机污染富集区，并对其中分布的动物进行分类。早期的生物指数后来被应用于河流系统，在随后的发展中对其进行了修订（Chandler，1970），并引领了基于水生无脊椎动物和鱼类等为指示生物的各种生物指数的发展。生物指数广受赞誉（Davis，1995；Simon，1999a；Karr and Chu，1999），但也受到过批判（Suter，1993）。一般来说，批评内容包括在生态意义、可预测性、诊断力和水资源调控的应用等方面缺乏认知，但是这些因素的限制可以通过谨慎的应用技术和理性的解释结果来克服。除了生物指数之外，群落结构参数（如丰度或多样性）也可以作为生态完整性表征信息的生物评估工具（表框 12.2）。

生物指数根据指示生物与其生活环境的已知或疑似关系来描述生态健康状况。指示生物或共位群（guild）被选择出来，是因为它们对环境恶化特别敏感或耐受，而且敏感和耐受的生物均可被融合为一个单一的生物指数。由于动物区系和环境压力在不同区域存在差异性，因此较难制订有效的、能普及使用的生物指数，需要选择合适的指示生物。因此，对特定区域和特定环境胁迫构建的生物指数可能需要根据不同动物区系和环境的关系进行修正。

大型无脊椎动物指数。已经有很多水生大型无脊椎动物的生物指数得到发展和应用（Washington，1984；Resh and Jackson，1993；Rosenberg et al.，2008）。这些指数包括从简单群落指数（包括一系列多样性指数），到基于一个样本或采样点的物种相对比例的指数。物种群丰富度（样本中的物种数）是用于描述大型无脊椎动物群落的最常见的指数，物种多样性通常用于生物评估（表框 12.2）。

许多水生大型无脊椎动物指数是根据对环境退化和水污染耐受性或敏感性程度不同的分类群的相对出现率得出的（Washington，1984；Resh and Jackson，1993；Rosenberg et al.，2008）。EPT 丰度指数，即 Ephemeroptera（蜉蝣目）、Plecoptera（襀翅目）、Trichoptera（毛翅目）的分类单元数量是常见的可应用的指数，应用 EPT 丰富度指数的前提是这 3 个目的生物类群的大多数物种对污染较敏感，应用该指数是绝对可行的，因为鉴定这些昆虫到目等级需要的专业训练较少。一个包含附加信息的相关指数是 EPT 个体数与 Chironomidae（摇蚊科）个体数量比，代表着敏感种和相对耐受种的比率。

检查大型无脊椎动物不同摄食共位群的相对出现率可以提供该群聚有关生态功能的信息，而不是群聚结构的信息。基于多参数的组合指数通过组合分类单元丰富度、丰度、耐受度、摄食共位群以及其他属性的参数来获得总体指标的得分。一般来说，多参数的综合指数的应用仅适用于该指数构建的特定区域。

一种可以综合上述指标多个方面的方法是将一个站点的观测无脊椎动物群聚组成与基于最小干扰状态站点的期望组成进行比较，以此来描述该站点的分类单元完整性［即河流无脊椎动物预测和分类系统（RIVPACS）；Hawkins，2006；Yuan，2006］。分类完整性方法的主要优点是可以在多个区域间比较和应用一个共同的统计学指标，即观察到的与期望的分类单元的比率。

鱼类指数。鱼类是特别适合作为环境质量的指示生物（Karr et al.，1986；Simon，1999a），它们分布广泛，可以在多个尺度上准确反映环境状况，许多鱼类物种的生命史和地理分布信息较完善，并具有有效采样技术。

表框 12.2 用于生物评估的群落结构参数

基于水生无脊椎动物或鱼类群落构建的典型生物指数，包括一些群落结构指标，以及指示生物与其环境的关系。一旦将指示生物纳入生物指标，其适用性通常就会被限制在指数构建的区域。在特定情况下，需要对基于指示生物指数的组成参数进行校准，以定义相对于参照状态的期望值；在其他情况下，当应用其他区域的参数值可能对环境退化不敏感时，应该将其替换掉。然而，当构建和应用

（续）

区域性的生物指数不可行时，应当广泛应用描述群落结构的参数，作为可行的生物评估工具。

群落生态学家已经付出巨大的努力来描述一个群落中物种或其他分类单元的相对丰度程度，作为反映群落状况的单一测定指标。物种多样性是这些测定指标中最常见的一种，包含群落物种数（物种丰富度）和物种相对丰度（均匀度）信息。虽然这种结构性指标应用在物种层次上，但同样适用于任何分类单元或其他层次分类水平的评估。多样性是描述群落结构的有用指标，但不应被理解为生态完整性的指数；多样性高并不一定表示更加完整，因为在自然状态下，许多生态系统支持较少的物种和较低的多样性（例如，在贫瘠环境或恶劣条件下）；物种数的增加反而表明系统受到了人为影响。在应用指标进行生态完整性评估之前，首先应该阐明群落指数与人类影响之间的关系。

物种丰富度

物种丰富度是最早应用的最简单的群落结构参数，其计算了一个群落中现存物种的个体数量。在实际应用中，管理人员很少对一个群落中的每个物种进行完整的计数，因此在一个样本中收集的数量应该被认为是随样本大小、采样面积和采样努力而变化的最小估算量。现在，已有统计方法用来估计样本中未检测到的物种数，但要注意的是，当其通过推算得到的估算值超出经验数据的边界时，应谨慎应用该方法（Kwak and Peterson，2007）。

物种多样性

多样性指数综合了群落中物种数量（丰富度）和相对丰度（均匀度）信息。然而，在这两个组成部分之间没有分配比例权重的"正确"手段，因而有几十个多样性指数已经被构建和应用（Washington，1984）。多样性指数是描述群落结构的参数，但其与生态功能或者生态完整性的关系尚不清晰。多样性指标被广泛应用的同时，也因为缺乏生物相关性而广受批评，只能被认为是可用来描述群落结构的众多工具之一（见下图）。

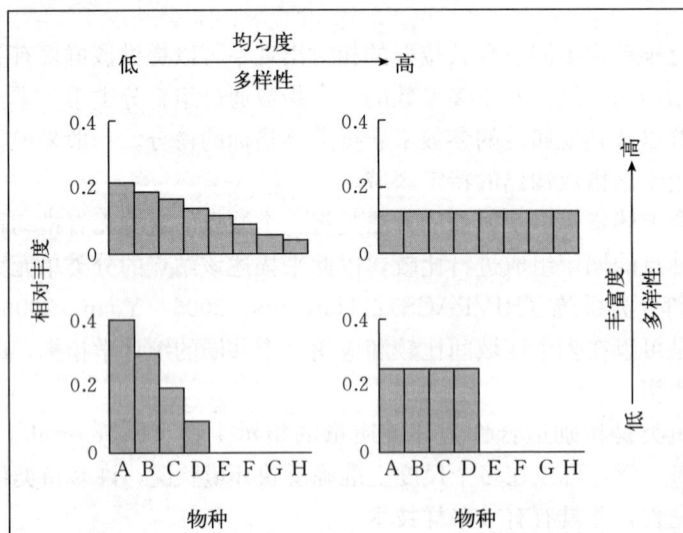

图　用于物种多样性概念阐述的群落间（4个图）的物种相对丰度（柱形图）变化
注：多样性随物种数量（丰富度）和物种分布的均匀性（均匀度）的增加而增加。

香农多样性指数（H'；Shannon and Weaver，1949）虽然持续不断地受到批评，但仍然是水生系统应用最广泛的多样性指数。它是由 Shannon 和 Wiener 几乎同时独立开发的，通常被称为 Shannon - Wiener 指数。香农多样性指数（H'）计算基于信息理论，公式如下：

（续）

$$H' = -\sum_{i=1}^{s}(p_i)(\log_e p_i)$$

式中，s 为物种数；p_i 为第 i 个物种在总样本数中的比例。

物种均匀度

均匀度衡量物种间相对丰度的均匀性。均匀性有许多量化方法，但最常见的是将其表示为估算的多样性相对于特定物种数和样本量对应的最大多样性的比值。对于香农多样性指数（H'），相应的均匀度（J'）计算公式如下：

$$J' = \frac{H'}{H'_{\max}} = \frac{H'}{\log_e s}$$

式中，$H'_{\max} = \log_e s$，香农多样性指数的最大可能值；s 为物种数。

香农多样性指数没有明确的理论上限。但实践中，对生物群聚来说很少超过 5.0。

物种优势度

物种优势度指数是与均匀度相关的另一个简单指数，描述了数量最多的物种组成的子集的相对丰度。例如，由 2 个或 3 个丰度最大的物种组成的组合在群落中的比例，通常与均匀度成反比关系。计算 3 种数量最多物种（D_3）的物种优势度的方程式如下：

$$D_i = \sum_{i=1}^{3} p_i$$

式中，p_i 为第 i 个物种占总样本量的比例。物种优势度可以用来估计数量可变的优势种（通常 2~3 个）。

丰富度、多样性和均匀度是最简单、最易理解的群落生物指数，因此已经被广泛应用。关于鱼类群落的这些指数的计算实例，以及应用于生物完整性评估以比较水生态群落的更为复杂的方法，均可以在 Kwak 和 Peterson（2007）的文献中找到。

此外，相对于其他水生生物，鱼类更易被管理者、政治家和公众认识、理解和珍视。

指示鱼类物种可能对环境退化特别敏感或耐受。应用指示物种共位群更具生物学相关性，因为共位群表明物种生态功能（如摄食或繁殖），当然个别物种的响应可能更为专一。基于摄食和营养关系、繁殖或栖息地喜好性分析的鱼类生物指数就是应用鱼类共位群的例子（Simon，1999b）。此外，可以考虑将较高的鱼类分类单元（如科或属，如鲑科或包含隐鲈属、镖鲈属、小鲈属的镖鲈类）作为指示分类单元。

指示鱼类方法的不足之处主要是其主观性和生态学基础。虽然存在几种划分鱼类共位群的方法（Karr et al.，1986；Halliwell et al.，1999；Simon，1999c），但仍然缺乏共位群界定的标准。另一个问题是与生态完整性无关的机制可能影响鱼类的出现频率或丰度，如动物地理学、生物互作或捕捞（Fausch et al.，1990）。使用鱼类作为生态指示生物更复杂的是，鱼类对环境条件的反应可能随着空间、时间、生活史阶段以及环境胁迫类型或胁迫程度而变化，这可能会使点位或生态系统之间的比较混淆不清。

虽然诸如鲤或鲑的指示分类单元已经在渔业科学中被认可了数十年，但首次被广泛应用基于鱼类构建的正规生物指数是生物完整性指数（IBI；Karr et al.，1986）。自从在美国中西部地区构建了用于可涉水温水型河流评估的鱼类生物完整性指数，美国各地区和其他国家不停地对 IBI 进行修正，用于冷水溪流、大型河流、湖泊、湿地、河口以及高度变化的栖息地，如水库和尾矿（Simon，1999b）的生物完整性评价。如今 IBI 已经被广泛应用，并提供了一个概念性和程序性的框架来评估基于鱼类群聚的生物完整性。

IBI 是一个基于鱼类物种的相对丰度和群聚代表性样本中个体状况、集合群聚、种群和个体属性的指数。IBI 相对于群落结构指数的主要优势在于它是基于鱼类的生态关系来评估生态完整性和人为干扰而发展起来的。最原始的 IBI 框架包括 12 个用来描述鱼类组成、营养结构、丰度和状态等各方面的参数指标（表 12.2）。尽管在将 IBI 应用于其他地区和栖息地时，已经适当增减或修改了参数指标，但是原始框架作为特色保留了下来（Miller et al.，1988）。越来越多的参数指标被系统开发出来应用于特定地区（Hughes et al.，1998；Angermeier et al.，2000）。基于生态期望（即基于参照或最小干扰状态）对每个参数指标按数字等级或得分（5、3 或 1）进行赋值，最后将各参数指标得分相加得到综合指数得分。IBI 得分可以进行比较，或将分数从"非常差"到"优"进行分类。

为任何鱼类生物完整性指数 IBI 开发的参数指标都应遵循共同的生态原理，并能代表人为影响整个鱼类群聚的经验关系。描述物种组成的参数指标通过测量鱼类物种丰富度、相对耐受和不耐受物种的出现率来表征生物完整性。提出营养结构参数基于水质和栖息地质量的变化会造成食物资源和生产力的改变，而鱼类群聚营养结构可以反映其改变。随着栖息地退化，食物资源波动较大，食性较为专一的鱼类可能被杂食性鱼类替代，食鱼鱼类或其他顶级肉食性鱼类的存在表明这是一个更为复杂的食物网。描述鱼类丰度和健康状态的参数指标综合了环境退化对种群和个体的影响。用来描述杂种个体、疾病和畸形的参数属于最难应用的指标，因而这类参数通常被忽略或用其他参数替代（Miller et al.，1988），表示相似生态原理、与引入物种丰度或繁殖共位群相关的参数指标，被用来替代杂种度量指标。

表 12.2　用于河流评估的生物完整性指数（IBI）的通用鱼类群聚参数指标和评分标准

（修订自 Karretal.，1986）

（根据与最小干扰参照系统期望值的偏离程度，赋予每个参数指标分值，其中 5 表示最高完整性，1 表示最低）

属性类别和参数	评分标准		
	5	3	1
物种丰富度和组成			
鱼类物种总数			
镖鲈鱼类物种数			
太阳鱼类物种数	期望值随河流大小、地区和流域而变化		
亚口鱼类物种数			
不耐受鱼类物种数			
耐受鱼类个体百分比	<5%	5%～20%	>20%
营养结构			
杂食鱼类个体百分比	<20%	20%～45%	>45%
食虫鱼类个体百分比	>45%	20%～45%	<20%
食鱼鱼类个体百分比	>5%	1%～5%	<1%

（续）

属性类别和参数	评分标准		
	5	3	1
鱼类丰度和健康状态			
鱼类个体总数		期望值随河流大小、地区和流域而变化	
杂交种个体百分比	0%	>0%～1%	>1%
带病或畸形个体百分比	0%～2%	>2%～5%	>5%
IBI 总分（12 个参数之和）		60 ◄──────► 12	
生态完整性等级		优—良—中—差—很差	

　　IBI 是生物指数发展的重要进步，已经演化为对局域和区域评估有用的评估框架。渔业和水产科学家将他们各自的经验、观点和创造力应用于完善基于鱼类和无脊椎动物，以及水生生境、河岸带和景观物理属性的完整性指数来评估生态完整性。构建 IBI 是一项高强度的工作，需要大量的站点采样，并对参数指标和标准的制定，以及修订完善进行仔细审核和分析。然而，从事更具限制性的评估工作的调查人员可能运用单一的 IBI 参数、单一或综合的相关参数作为定量参数指标用于比较和评估工作。例如，构建的 IBI 用于比较少量站点或监测单个站点随时间变化而变化的趋势时不切实际。这种情况下，管理人员可以应用现有的 IBI，选择与该地区最相关的参数指标，或者选择一些群落指数（表框12.2），在各站点间或不同时间点间进行比较。

12.2.4　定量比较

　　已有多种方法可用于描述、比较或探求生态完整性评估中的关联，许多为群落水平调查而设计的数据及分析方法适用于生态评估（见 Krebs，1998；Kwak and Peterson，2007）。与评估有关的大多数结果都是相对值，在比较的概念下有意义，而在绝对的概念下无意义。因此，许多鱼类科学家习用的绝对概率值（P 值）和统计学意义（α-水平）不太适用，依赖它们反而可能会模糊最终的解释。但这并不是说主观或定性的方法优于定量方法，恰恰相反，大量的数据描述、研究和定量比较是描述和理解生态完整性最客观、最有力和最具科学意义的手段。

　　简单的数据描述统计和图形展示可以有效表达生物评估数据的结果，简单的带有离散度指标（如标准差 SD、标准误 SE 和 95% 置信区间）的样本平均值或中位数值的双标图可以表达生态相关结果发现的程度和方向，尤其是在表述同一位点系列或各位点间的结果时非常实用。更复杂的数据可能需要多变量统计分析（即同时观察和分析多个统计变量），并且通常以图形方式显示，以检测显著性检验可能不明显的趋势（Johnson，1998），这种图形技术有助于检查样本之间大的变化趋势，检测群聚之间的关系以及识别异常值。许多单变量统计方法依赖于有关数据分布（即参数检验）的基本假设，而其他统计分析则不需要分布假设（即非参数检验）的前提。两种类型的单变量方法都可用于比较站点之间或同一站点不同时间的单个变量差异性。然而，许多栖息地指数或生物指数不寻常的统计特性与用于传统统计程序要求的统计特性不一致，因此应仔细说明指数值的统计处理方法（如

Jackson and Somers，1991）。

生态学野外评估和监测结果可用于实验设计中的分析，以检测生态影响。虽然极少计划或设计可操纵的野外实验，但其生态监测数据可以作为时间序列进行分析，也可以在控制影响前后（before‐after‐controlimpact，BACI）设计框架中进行分析（Underwood，1994）。在 BACI 设计中，参照点位或最小受干扰条件可以用作实验对照，以观测作为时间和点位效应交互作用的响应变量随时间变化而发生的相对变化，其结果可能与多重控制或用层次框架分析更为相关。

如果采用多参数指数方法，应用之前应遵循几个重要步骤，参数指标可能需要进行校准，以减少地质学、地理学或与完整性无关的其他因素的影响，并确定鱼类群聚中可能随河流大小、流域或区域变化而变化的期望值（Kan et al.，1986；Barbour et al.，1999）。Fausch 等（1984）提出了一种图形校准技术，以证明河流纵向位置对鱼类物种丰富度的影响，并求得接近 IBI 应用的期望标准值。当用物种丰富度对河流等级或流域面积进行绘图时，点位分布形成了河流系统或区域最大物种丰富度的正斜线，较低的丰富度值分布在最大值斜线以下。在 IBI 实践中使用最大物种丰富度斜线来定义随河流大小而变化的"极优"等级物种丰富度（参数值＝5）；同样，物种丰富度低于最大期望值的点位应根据对应某一河流等级或流域面积线下偏离程度进行评级划分。最大期望值的线也可以通过定量计算 95％的回归（Blackburn et al.，1992）获得，而不是通过视觉上拟合一条主观认定的最大期望值的线。这种方法可以用于描述物种组成的其他参数指标（表 12.2），可能与随河流大小变化较小的度量指标不太相关（Karr et al.，1986）。此外，这种空间和大小效应适用于湖泊和水库的湖心带，也可以考虑在类似静水各站点之间的比较中应用。

多变量统计方法在与生态完整性评估分析中比单变量方法更有优势，许多相关的经验信息可以是群落水平数据或多元共线性变量（即相关的独立变量）的形式，因而可能很难用单变量方法来说明。而且，当检查每个单一参数时，多变量统计方法可以检测到微妙的变化趋势或不明显的影响。然而，大量多变量统计方法的缺点是对结果的生态解释更为抽象和困难（例如，主成分分值在生境适宜性或群落结构方面的意义是什么），但是将参照状态纳入分析时，可以形成状态间比较的依据。一些常用的多变量分析方法包括各种形式的聚类、排序方法（例如，主成分分析和多维排序）、判别分析和时间序列分析（Norris and Georges，1993；Kwak and Peterson，2007）。

12.3　生态完整性管理

12.3.1　确定问题

自然资源管理者通常面临两种类型的管理问题：在第 1 种情况下，管理者管辖的一个或多个水体达不到设定的生态完整性目标，这些水体可能不能满足指定用途的水质标准，也可能在标准化栖息地评估或鱼类 IBI 评估中得分较低，管理者因此将面临挑战——确定生态受到明显损害的可能原因，并确定最合适的补救措施。

第 2 种类型的管理问题涉及避免水生系统完整性的丧失，这是自然和生物资源管理看重的问题。管理者因此必须在区域土地利用、人口增长和水资源需求发生可预见变化的情况下，确定如何维护被认为是高质量（如由 CWA 防退化条款定义指定的著名资源型水体）或维持独特的生物多样性或物种处于威胁状态的河流和湖泊的生态完整性（Master et al.，1998；Moyle and Randall，1998）。

无论是哪种情况，在制订管理计划之前，管理者必须清楚地了解造成生态完整性丧失或可能导致未来生态完整性丧失的原因。当然，做到这一点很困难，因为造成生态完整性丧失的原因很少是单一且易于识别的。使问题复杂的是，过去的土地利用或采取的管理措施都可能限制溪流或河流中生物的状况，土地利用改变的持续遗留影响被称为"过去土地利用的幽灵"（Harding et al.，1998），常见的例子包括以下内容：

• 农业遗留——部分地区历史上的集约化农业在河谷中留下了下切河道和大量沉积物（Jackson et al.，2005），导致的结果是开展再造林地的流域依旧可能继续表现出令人失望的生态完整性（Harding et al.，1998；Wenger et al.，2008a）。

• 伐木遗留——历史利用洪水运输木材的做法造成了对河道的冲刷，对现在的栖息地产生了难以消除的影响（Wohl and Merritts，2007）。

• 采矿和工业排放遗留——即使在流域几乎完全被森林覆盖的情况下，可以确定尾矿中的有毒金属与河流中物种损失有关（Maret and MacCoy，2002）；沉积物中汞含量升高依然是 19 世纪黄金开采所造成的（Leigh，1997），这可能是导致多种贝类物种消失的原因（Burkhead et al.，1997）。

• 大坝遗留——大坝阻碍鱼类通过，造成上游河流和湖泊中洄游及迁徙物种的丧失，改变了当前的动物区系和生态系统状况（Freeman et al.，2003）；在 17 世纪初到 20 世纪初建成的成千上万的小型水坝对溪流地貌结构的影响，或许至今已经不是那么明显（Walter and Merritts，2008）。

• 河流渠道化和障碍清除遗留——在北美河流中，为促进航行和减轻洪灾影响而对河道截弯取直和树木（障碍）进行清除（Wohl and Merritts，2007）；较小的河流在过去一个世纪也被普遍地渠道化，以改善农田排水，这些被认为对当前生态环境和生态系统功能产生了多重影响（NRC，1997）。

认清历史上土地利用和水资源利用的潜在遗留影响非常重要，因为这些遗留影响也可能限制将在目前条件下能获得的成果作为管理目标。

鉴于现代和历史上存在导致物种丧失和生态完整性受损的多种潜在原因，制订保护或恢复完整性的管理方法面临巨大挑战。要想最有效地利用资源并取得最大的成功可能性，需要明确确定管理目标和损害或威胁生态完整性的最有影响力的因素。有效管理的两个基本组成是：①明确的目标；②明确说明系统的运行方式。目标与价值相关联，说明如何在特殊情境下定义价值（Clemen，1996）。目标可以分为基本目标和方法目标两种类型：基本目标是生态完整性的重要组成部分，如维持本地物种丰富度、水质和自然栖息地动态；方法目标有助于取得期望的基本结果（Peterson and Evans，2003）。没有明确的目标，就不可能清晰地衡量成功。通过单独确定方法（措施）目标（如限制过度引水、流域侵蚀、沉积物输入；恢复河流和洪泛区生境连通性），管理者可以清楚解释关于管理行动如何取得期望结果的假设，确定与基本目标相关的方法目标也有助于开发管理选项（Clemen，1996）。

　　一份关于环境驱动因子（例如，流速和流量变化、来自历史土地利用的沉积物负荷，或扩散障碍）如何关联生态完整性（由基本目标和方法目标确定）的说明，可以为评估特定管理行为能否成功提供依据。管理者通常使用概念模型来理解胁迫因子与生态完整性如何相关，以及采取什么行动可以有效保护或恢复完整性。驱动因子如何与目标相联系的假设可用于构建参数化决策模型（Reiman et al.，2001；Peterson and Evans，2003），其中过程模型（如与流量和流速模式相关的种群动态）或专家判断法被用于得到决策所需的定量预测结果。决策模型的灵敏度分析，可以通过改变输入数据来确定对结果的相对影响，阐明最可能影响选择决策的因素（包括未来气候或土地利用等不确定性因素）。

　　制订某一特殊管理情境目标的过程，以及其后根据因素和结果之间的假设因果关系构建和分析决策模型的敏感性，都是决策分析的基础（Peterson and Evans，2003）。决策分析强调，要在生态完整性管理方面取得成功，总是至少需要明确的目标和明确的假设，即不同的生态因素如何与这目标的实现相关。管理者将回到说明上来，即管理试图实现什么，以及为什么管理认为一个特别的行动将是有效的。以此来制订取得成功的措施，并评估某一目标是否实现。

12.3.2　管理选项

　　无论短期还是长期时间尺度成功管理水生生态系统生态完整性的关键是创新的方法和合作关系。短期行动通常在局域尺度下进行，以解决物种减少的近因，行动案例包括栖息地恢复或物种繁殖。长期行动涉及生态过程，其目标是在较大尺度（如流域、水系、大型河流或湖泊）上恢复或维持完整性。

12.3.2.1　近期、局域规模的行动

　　栖息地恢复。栖息地恢复目的在于纠正生境丧失的问题，目标是提高期望水生群落的宜居性。过去都是在所谓"改进"的概念下采取许多行动的。例如，在放养引进的游钓鱼类之前，在河流利用毒杀方法去除"杂鱼"。但在管理生态完整性方面，目的通常是恢复认为可提高土著物种生存力的生态过程（例如，鱼类进出洪泛区）和生境特征。

　　河流恢复尤其在美国是一项主要的活动（Bernhardt et al.，2005；Kondolf，2006；见第 10 章），经常作为减轻其他人类活动引起栖息地丧失的措施（Sudduth et al.，2007）。河流恢复包括一系列活动（表 12.3），这些恢复活动通常针对河段，有时是较长河段，如从水电站大坝到下游的一个较长的河段。湖泊栖息地的恢复面临不同的挑战，湖泊往往会滞留我们输入的投入品。因此，污染物治理与控制入侵物种同样是湖泊恢复的主要问题。然而，湖泊恢复最普遍的问题是营养盐过度输入，特别是通过转移或处理污染物排入和改变流域土地利用引起过度输入（NRC，1992）。

　　恢复活动可以通过减少造成水质差、生境退化或土著物种存活率、繁殖率、定居率低等特殊的因素的影响以实现具体的管理目标，较为重要的是需要从一开始就明确具体管理目标，以及明确这些目标如何被认为需要依赖于正在恢复的过程或生境特征。例如，如果已经在坝下提供了更大的流量或将河道重构为更接近自然的形态，但生态完整性并没有得到期望的改善，那么从管理的角度来看，这些措施刚好检验了一个具体的假设，即在这种情况下是什么原因限制了生态完整性。同样，我们应该清楚的是，在不进行监测的情况下

实施栖息地恢复，往好的方面说是不完全的管理，往坏的方面说就是浪费资源。因此，为保证恢复工作实施良好，监测是必要的（Bernhardt et al.，2007）。生态结果可能是监测一个地区相同项目子项目最为有效的手段（Bernhardt et al.，2007），可以提供所需的反馈信息，从而知道设定的恢复活动是否达到了预期目的（Palmer et al.，2005）。

表 12.3　常见溪流和河流恢复活动以及管理目标和应用案例
（注意选定活动的潜在缺点，突出与恢复相关的生态复杂性）

恢复活动	目标和应用
河岸带植被恢复和保护	目标：减少非点源污染输入以改善水质；维持自然冷水或冷水节律（通过遮阴）；保持树木和木屑输入溪流 •维护或恢复河岸带植被 •围栏以排除牲畜进入牧食
河坡固定	目标：减少河岸带侵蚀和有关沉积物入河 •河岸重塑和强化（如使用石块、木头和活的植被） •河岸硬化增强了洪水输送和下游侵蚀，妨碍自然渠道动力学的形成（Florsheim et al.，2008）
河道重新设计	目标：将河道恢复到自然形态并改善河道内栖息地 •河道重塑：堤岸固定、河曲创造、栖息地特征布置（如卵石和树根）和河道控制（如石堰） •项目失败很常见；典型案例是试图创建单汊型、对称弯曲型河道，即便那里的河道是自然辫状河道或不规则弯曲的河道（Kondolf，2006）
提供过鱼设施	目标：通过移除障碍让动物迁移来恢复生物完整性 •采用桥或者其他不阻碍水生生物运动的跨越式道路代替涵洞 •大坝设置鱼梯或过鱼道 •运行船闸让鱼类通过大坝 •不是所有种类和大小的鱼类都能通过过鱼设施；蓄水依旧对河流鱼类有障碍，阻碍或阻止鱼类繁殖
拆除大坝	目标：恢复自由流动河道的栖息地和上下游鱼类的自由扩散和迁移 •移除设计上已不再安全、不再具有功能和效益的，包括很多最近 100 年建造的小水坝 •沉积于大坝内的沉积物移动可能会造成水生生物死亡，使下游水生生物群落暴露于污染物；大坝拆除可能促进外来种的扩散（Hart et al.，2002；Stanley and Doyle.，2003）
保障河道内流量	目标：保护下游水生群落免受由于筑坝和分流引起的低流量的有害影响；改善大坝下游河道内生境条件和生态功能 •枯水期，流量需求要高于大坝和引水规定的最小流量，来保护下游水生生物群落 •大坝调节性放水来缓解对下游水生生物群落的影响；可伴随着大坝改进来提高从水库温跃层下泄水的温度和溶解氧 •仅仅保障最小流量无法保护生态完整性必需的与流量相关的生态功能（Poff et al.，1997）

物种繁育和重新引入，或将野生捕捞的个体移入以前其占据的生境，为维持自然的生物多样性提供了另外的途径。尽管北美的水产养殖通过引入物种或取代毁灭的渔业（例如，太平洋鲑）支撑渔业发展，但通过圈养增殖方式恢复下降的非游钓性水生物种的做法已经越来越被严格限制（见第 9 章）。这样的例子屡见不鲜。例如，美国东南部（Shute et al.，2005）和西南部以及墨西哥北部（Johnson and Jensen，1991）圈养和重新引进小

型、濒危河流鱼类，以及通过圈养补充现存河流鱼类种群，如强壮吸口鱼（robust red-horse）（Fiumera et al.，2004）和密苏里铲鲟（pallid sturgeon）（Webb et al.，2005）。捕获、转移野生繁殖的刀项亚口鱼（razorback sucker）仔鱼到没有外来捕食者出现的隔离的回水区似乎是避免这种极度濒危的科罗拉多河土著鱼类近期灭绝所必须采取的措施（Marsh et al.，2005）；对于那些由于栖息地丧失而极度濒危鱼类，在圈养条件下保留和饲养"方舟"种群可能是避免灭绝的最佳措施，前提是环境条件最终得到足够改善，允许物种重新引入原栖息地。

通过移居（translocation）方法将野外捕获的个体移入该物种历史上曾经分布的栖息地（Minckley，1995；Harig and Fausch，2002），在环境条件改善后就接着开展物种移居工作。例如，20世纪的大部分时间里，由于造纸厂排出有毒化学物质，造成北卡罗来纳州和田纳西州100 km的Pigeon河河段的软体动物和大多数鱼类消失；20世纪90年代末期，随着造纸厂的现代化，污染大幅减少，一些鱼类开始重新定居Pigeon河，但许多其他物种由于缺乏足够的连通性或流动性而无法自行重建。为了推进生态恢复，生物学家通过从同一流域中附近的河流中采集，重新引入了各种螺类和鱼类（Coombs et al.，2004）。

在人工系统中通过保存和繁殖方法保护土著物种是一种不经济的方法，但对种群数量已经降低至接近灭绝水平的物种来说这种方法最为合适（Helfman，2007）。有些情况下，人工繁殖和再引入［如阿巴拉契亚山脉南部（southern Appalachian Mountain）的贝氏石鮰（smoky madtom）］使物种在其自然分布的部分地区得到恢复，而通过自然定居或恢复却已经不可能（Shute et al.，2005）。其他物种，如科罗拉多河下游的刀项亚口鱼（Minckley et al.，2003）和密苏里河上游的密苏里铲鲟（Webb et al.，2005），所需开支相对较大，导致这些物种的野外恢复作用有限。此外，维持遗传多样性永远是圈养繁育计划的主要关注点。最后，无论目标是特殊的濒危物种保护还是更为广泛的生态完整性管理，关注阻碍自然生态过程的大规模和长期的阻碍物（因子）是取得成功的关键。

12.3.2.2 大规模、长期的行动

当短期行动是长期战略的一部分时，维持或恢复生态完整性的短期行动才最可能成功。长期管理的机会源于重新颁发大坝许可证、栖息地保护规划、局部地区土地利用和流域规划等事件。通常这些活动的目标时间框架超过20年或者更长——这个时间尺度在生态上属于短期，但对于典型管理却已经是长期规划。然而，除了那些更具战略性的行动外，制订长期的、更大规模的行动还需要考虑多种胁迫因素，以及它们与备选框架制订及人类使用和价值整合之间的交互作用。

长期管理生态完整性需要在诸如流域或水系等大空间尺度上进行，由于淡水系统与流域周边的互联，大型空间尺度与长期管理紧密关联。多年来，土地利用和对河流湖泊的相关输入的变化而造成的温度、水文节律或上下游系统连通性上的变化，会抵消在局域尺度维持生态完整性的努力。内陆水体被视为景观组成部分，体现在气候节律上，以及空间上由陆地和水生系统，源头和下游栖息地，地表水和地下蓄水层之间水、沉积物、营养物和能量的传输而得以整合（Ward，1989）。水域景观连通性通过水流和物质运输、鱼类和其他迁徙动物以及其他生物（植物和动物）来实现，因为扩散对于周期性的种群再次定居至

关重要（例如，在干旱或洪涝之后）。因此，引入物种出现的影响必须在景观层面进行管理。

生态完整性的长期管理侧重于避免、改善或缓解流量、营养物和沉积物输入、热和化学节律，以及生物运动等自然模式上的大规模变化。重要的是，长期管理并不意味着"稳定"水生系统使其处于最佳状态，而恰恰要保护其在自然水平下的变化。例如，地理形态学家强调动力学是溪流和河流物理完整性的关键组成部分（Graf，2001），这意味着在这种情况下，河道和河岸带必须经历侵蚀和沉积、储存和运输的自然周期。河流生态学家同样认识到流速和流量的自然变化对生态完整性的至关重要性（Poff et al.，1997），生态群落本身自然也是动态的（Palmer et al.，2005）。

流域和景观尺度改善生态完整性的管理过程如下：

• 水文因素——尽量减少城市和郊区的暴雨径流，最有效的方法是管理源头和减少污染负荷（如渗透）。创新的河道内流量管理包括尽量减少一系列生态上重要的流速和流量变量发生改变的政策，并将水保护纳入人口增长和景观规划的政策中。

• 营养物和沉积物输出——执行农业、城市发展和其他土地干扰活动的最佳管理措施，以尽量减少营养物和沉积物的动用。

• 河岸带管理——保护（如通过当地法令、外来物种控制和自然流量恢复）与河流和湖泊相邻的自然植被缓冲区，包括自然河岸过程，如水渗透、淹水、河道迁移以及树冠层动力学。

• 连通性——利用景观层面的规划，确保新水库建造位置可以尽量减少对高质量河流之间和内部连通性的影响；建造"通行友好的"跨河道路，如桥梁、无底或嵌入式的涵洞；以及在大坝建造有效的过鱼道。

理想情况下，应该在景观层面的规划背景下（如可能发生增长的地方）考虑管理选项：供水和废水管理的选项，以及备选情景对水生生态系统生态完整性的预期影响。对于短期行动，通过特定的可量化目标来确定生态完整性，以评估管理工作是否取得预期的结果。

一个发人深省的事实是全球气候正在变化（Palmer et al.，2008）。我们已经不再能够通过尽量减少人类对自然系统的直接影响就可以实现对一个系统的长期维护，尽管变化的精确率和可能涉及的一些机制仍存在诸多不确定性，但可以确定的是全球温度正在上升、冰川和极地冰正在融化、海平面正在上升、降水模式正在发生变化。至少，如果不采取具体行动来制止人为排放温室气体，在全球任何地方，当地的气候变化将抵消为管理生态完整性而做出的努力。即使尽我们最大努力去减缓这种变化，我们清楚一定程度的气候变化依旧存在，也将对管理方案产生影响（Palmer et al.，2008）。

正在变化的世界意味着，环境管理更加要求将生态完整性的测度与关系人类社会福祉的健康的生态系统紧密结合（Rapport et al.，1998）起来。保持灵活性也是至关重要的，从而可以根据不断变化的环境条件调整管理，也使管理结果变得更好理解。这些是适应性管理（adaptive management）的特征（Williams et al.，2007），适合在管理决策反复制订并能强烈影响结果，但未来状况和系统动态也存在很大不确定性的情形下应用。适应性管理要求监测，以跟踪与管理目标相关的结果（例如，通过生物监测评估生态完整性变化），并建立一个框架，利用从监测中获得的信息来提高对系统的理解（即明确的目标和假设）作为后续管理决策的基础。适应性管理也需要受管理决策影响的多个利益攸关者参与到管理中来，以明确价值、目标以及有关系统如何运作的不同理念。利益攸关者的广泛参与通常是进行有效大规模生态管理的关键因素。

12.4 政治和环境立法

12.4.1 立法的重要性

立法赋予机构管理生态完整性的权力。当然，立法一般反映当时的社会价值和需求，多样化的和不断变化的价值观可能导致目标和指令相冲突。例如，游钓鱼类恢复指令通常会导致放养对生态完整性有害的非土著游钓鱼类；相反，减少对地表水的营养物排放的污染控制指令会降低管理渔业的生产力（见 12.1.2）。参与管理水资源的机构很多（例如，仅在美国就有接近 20 个联邦机构；Graf，2001），增加了政府项目中目标和权利相冲突的复杂性。

评论与淡水系统生态状况相关的所有立法已经超出本章的描述范畴（见第 4 章），然而了解关键的环境立法有助于提出创新性的管理备选方案。为此，以下部分概述了美国内陆水域进行生态完整性管理的两项法令（《清洁水法》和《濒危物种法》），这两项法令为美国内陆水域生态完整性管理开创了机遇，各州在执行这些法令方面也发挥了重要作用，许多州也有类似的州立法。同样，旨在保护水资源和濒危物种的法律及政策也在加拿大（如《联邦水政策和风险物种法》）和墨西哥（如《国家水法》）为生态完整性管理提供了机遇。

12.4.2 联邦和州保护规划及立法

12.4.2.1 《清洁水法》

《清洁水法》（CWA）是管理水生系统生态完整性的主要的美国联邦法令，如前所述（见 12.1），CWA 第 101 条款规定国家优先考虑恢复和维护"国家水域的物理、化学和生物完整性"。应用 CWA 已经从强调规范污染物的点源排放，拓展到涵盖解决非点源或面源污染方面，在同样的时间框架下，对完整性有关的物理和生物组分的考虑取代了较为狭隘的对水质的关注。

CWA 由美国环境保护局管理，EPA 将某些权力授予州和部落（如水质标准制定和排放许可）。美国陆军工程兵团同美国环境保护署一起管理 CWA 的 404 条款，该条款要求进入湿地和其他"管辖"水域排放疏浚的底泥或填充的材料需要提前获得许可证（例如，大坝和通道填筑）。联邦机构管理水质的管辖权范畴一直备受争议，也是法律上的挑战（NRC，1992；Downing et al.，2003）。一般来说，CWA 的规定延伸到所有的州际水域：确实或可能对州际商业（例如，被州际游客用于休闲活动）做出贡献的江、河和湖泊，以及这些水域的支流和相邻湿地。尽管上游和湿地以及下游水域的完整性之间存在着多种生态关系（Nadeau and Rains，2007），法院的质疑已经解决了 CWA 权力对州内隔离的湿地、河源、间歇性和季节性河流的适用性问题。争议可能会继续下去，但是 CWA 仍然是管理淡水水体生态完整性的主要立法基础。

CWA 确立了制定水质标准和法规的责任，这些标准和规定主要由各州实施。在 CWA 框架下，各州有责任为各自水体指定"用途（功能）分类"（如饮用水、休闲渔业、水生生物栖息地或工业用水）和每种用途的水质标准，CWA 的 3 个条款尤其与生态完整性管理相关。

305（b）条款要求每个州每 2 年编写一份报告，汇报指定用途的河流、湖泊和水库的标准建立方面的现状。为了准备 305（b）报告，各州必须实施监测和评估方案，尽管评估工作传统上集中在水质方面，但许多州正在纳入生物评估和标准，特别是利用大型无脊椎动物作为水质评估指标。各州也更多地使用鱼类群落数据，通常用 IBI 指数来评估水生系统的生物学状态（表框 12.1）。

303（d）条款要求各州制订已受损水体清单——在 305（b）清单中未能符合其指定用途标准的清单。一旦水体被列入 303（d）清单，各州有责任制订导致水体受损的有害污染物的总最大日负荷（TMDL）。这需要确定损害的来源（可能是历史性的甚至是自然的，当然也包括点源和非点源的），并制订消除或管理这些污染源以满足 TMDL 要求的策略。

319 条款确立了一个解决非点源污染的方案，要求各州仔细检查其主要非点源污染，并制定减少污染输入计划。联邦政府提供资金，各州匹配资金来支持计划实施，这些资金的一部分被指定用于流域恢复方案，以恢复州 303（d）条款清单上的水体。

诚然，州的评估项目往往受资源限制，TMDL 对污染物的关注使其很难解决多个胁迫因素相互作用（如污染物、水文变化和栖息地干扰）（Karr and Yoder，2004）导致的生态问题。然而，CWA 规定通过加强对生物监测和评估的重视，以及通过促进对 303（d）条款所列水体损害来源的分析，促进对生态联系和相互作用更为深入和全面的考虑（Karr and Yoder，2004），为改进州项目提供了基础。在流域尺度的管理战略上，319 条款为不同利益相关者间的创新合作、执行提供了一条途径（Hardy and Koontz，2008）。

墨西哥的《国家水法》阐明了包括用于生态系统保护的地表水和地下水的用途，各州还颁布供水和环境法。加拿大的《联邦水政策》为支持研究、制定水质指导方针以及与水管理问题有关的公众宣传提供了框架，而省级政府有权立法规定用水和污染治理。2006 年通过的安大略省《清洁水法》等省立法旨在保护饮用水源头，提供一种有利于河流和湖泊生态完整性的流域管理途径（Davies and Mazumder，2003）。

12.4.2.2　《濒危物种法》

1973 年，美国国会通过《濒危物种法》（ESA）。ESA 旨在"提供一种手段以维护濒危物种和受威胁物种所依赖的生态系统"，以及恢复受威胁和濒危的物种。墨西哥还有保护濒危物种类群的法律，并列出了处于危险中的物种的正式名单（Norma official Mexicana NOM-059-ECOL-2001）。2003 年，加拿大通过的《有风险的物种法》，明确了省级和地区部长间的合作，保护和恢复联邦土地上所列物种栖息地的计划。此外，像安大略省的《濒危物种法》（2007），为保护、恢复和管理在非联邦土地上、拥有所列物种的淡水栖息地提供了机会。

在美国，在 ESA 推动下，美国鱼类和野生动物管理局（FWS，管理陆地和淡水物种）和国家海洋渔业管理局（NMFS，管理海洋和洄游性物种）已经将至少 275 种淡水物种（主要为鱼类和蚌类）列入受威胁或濒危物种名单。ESA（第9条款和实施ESA的规定）通过禁止"获取"（定义为杀害、伤害、侵扰等，包括危害物种行为或繁殖的生境退化）以保护所列物种。此外，ESA第7条款要求确保以下内容：由美国政府机构授权执行或由美国政府机构资助的行动不能危及列入名录物种的生存，或者假如已经确定了所列物种的关键栖息地，则对关键栖息地不能进行不利的变动。联邦机构在资助或授权可能影响所列物种的活动时，通过与FWS或NMFS协商来服从第7条款；如果咨询FWS或NMFS，确定活动可能危害物种或对重要栖息地产生不利影响，则FWS或NMFS为拟议的行动指定"合理谨慎的替代方案"；即使没有发现可能对物种造成危害，FWS或NMFS可以推荐合理或谨慎的措施来减少对物种及其栖息地的影响。第9条款避免了对列表物种或其栖息地造成伤害，第7条款提供了一种机制以避免由于联邦行动而导致所列物种灭绝。

作为第7条款咨询的结果，为联邦行动制定的合理审慎的替代方案或措施为调整活动提供了机会，以减缓对庇护ESA所列物种的水生生态系统生态完整性的影响。例如，通过与ACE就"CWA 404条款"磋商，允许在拥有所列物种的河流与道路的交叉点设置一个新的涵洞，FWS可能要求对该项目进行修改（例如，将适当大小的涵洞嵌入河床），结果可以最大限度地减少新涵洞对栖息地和水生物种通过的影响。

ESA第3条款和第10条款可能为创新性的生态管理提供了特别的机会。第10条款适用于个人的合法活动，而不涉及联邦行动（如不需要联邦许可证），但可能导致所列物种的"获取"。在这种情况下，第10条款规定，只要个人准备并且FWS批准一个最小化和减少预期获取的计划，就向个人发放"偶然性获取许可证"，允许预期的获取，这个计划被称为"栖息地保护计划"（HCP）。过去20年已经有许多针对小规模活动造成当地所列物种栖息地破坏的HCP。HCP在流域尺度上的应用为参与长期、大规模的生态完整性保护管理提供了机会。例如，一个HCP准备了解决预期"获取"3种受ESA保护的河流鱼类（是佐治亚Coosa River上游特有鱼类）问题的方案，包括了意在最大限度减少水文变化、侵蚀和河流沉积、河岸干扰和河流系统破碎化的方案（Wenger et al.，2008a，2008）。县、市级政府和规划部门、科研和管理机构的生物学家，以及地方环保组织间的协作是开发可行的、流域规模的HCP的关键。

ESA的第6条款规定了联邦政府和州政府之间的合作，以推动对受威胁和濒危物种的保护。许多州都有将濒危物种列入名录的程序和开展研究与恢复活动方案的立法规定。各州的野生动植物和野生花类保护法案可以补充ESA的规定，例如，阻止在州土地上开展有害于州所列物种的行为。州环境、鱼类和野生动物管理机构是栖息地保护计划中的重要合作伙伴，在第6条款下获得资助，以支持旨在恢复ESA所列物种的研究和其他活动。

12.4.2.3 其它立法

除了CWA和ESA之外，还有其他来自联邦和州的授权以管理生态完整性。突出的例子包括：

• 由联邦能源管理委员会对非联邦项目进行的水电许可和再认证，以及联邦政府所有大坝的运行更新（如由ACE拥有和运行的大坝水控计划的更新），这两种情况都为环境利益攸关方（包括州和联邦机构）提供了就如何运行水坝以减少生态影响，特别是对下游河流系统生态影响提出建议的机会。

- 美国年度农业法案为农业政策做了相应规定，包括为侵蚀和营养盐控制、湿地保护、用水效率、有机农业、野生生物栖息地保护以及其他保护实践提供经济激励的多种方案。
- 州和省级水资源开发及保护计划，包括解决节水与干旱管理、水库开发和河道内流量及流速需求的政策。

显然，联邦、州和省级活动的联合创建了一个庞大而复杂的框架。在此框架下，创新的管理者可以在其中找到多种方法来改进和保护生态系统。一个非常重要的可打包带走（take-home）的建议是，与法律和政策专家进行合作，其重要性可能与任何合作关系一样。

12.4.3　机构、非政府组织和基层的各自作用

自然资源机构是保护淡水系统生态完整性的首要机构，因为这些机构负责贯彻和执行立法要求的许可、监测、汇报以及在诸多方面管理公共自然资源的内容。然而，资源机构间的核心任务（如促进小型蓄水工程建设的方案，这个方案可能对濒危或特殊关注物种的河流栖息地有害）彼此不同，有时分别负责有冲突的任务（例如，开发生产性水库的游钓渔业，同时减少地表水的营养负荷），而且，典型的是拥有的预算资源比完全满足所有管理目标所需要的要少。因此，政府机构只能做这么多，这给其他机构为生态完整性管理做出实质性贡献留下了余地。

非政府组织在为公众参与资源管理创造机会方面发挥了重要作用。国家的和国际的一些非政府组织参与了保护北美淡水水体生态完整性的行动（表 12.4）。表 12.4 中的清单并不详尽，但说明了与环境和栖息地管理有关的各种非政府组织活动。这些组织从事诸如此类活动：

- 公共宣传和教育（例如，关于节约用水和低影响的开发）。
- 倡导与环境有关的立法（例如，CWA 更新）。
- 涉及政策实施的诉讼（例如，挑战 EPA 管理 CWA 的法律诉讼）。
- 在有争议的项目中代表环境利益（例如，大坝拆除运动）。
- 汇总和发放与生态完整性相关的信息（例如，淡水系统的保护状况）。
- 发展伙伴合作关系，以促进创新性的、基于生态的淡水水体的管理（如大自然保护协会的可持续河流计划；Richter et al.，2006）。

表 12.4　对管理淡水系统生态完整性具有重大影响的非政府组织案例

（这个列表并不详尽，但是说明了各种常见的活动）

组织	范围和活动	有关淡水生态完整性的例子
美国河流协会	在美国各地设有办事处的国内组织，倡导恢复和保护自由河流的立法和政策，包括维持和保护水质、鼓励保护水资源、恢复河流自然机制	"美国最濒危河流"，一份年度报告，关注河流正面临的可能影响未来生态完整性的短期政策和管理决定的问题

（续）

组织	范围和活动	有关淡水生态完整性的例子
山峦俱乐部	分部遍及美国的国内组织，环境保护倡导和诉讼	山峦俱乐部支部和合作伙伴在多个州采取实地诉讼，质疑 EPA 对 CWA 的行政管理，以及州机构未成功建立河流 TMDL 以至于水质未达标的情况
自然保育联盟	在美国各地和其他 30 多个国家设有办事处的国际组织，通过土地收购和管理、科学研究、宣传教育、政策制定、与政府及其他机构合作，广泛地参与自然保护	"可持续河流计划"，是一个与 ACE 联合开发的创新管理方案，该方案在可恢复 ACE 大坝下游栖息地和生态功能的同时，实现大坝的其他社会效益
护水者联盟	国际组织，支持本地水保护计划，倡导和建立社区对特定水生系统流域和水质保护的支持	美国、加拿大以及其他国家的护水者联盟参与法律诉讼、社区外联和教育、监测、促进保护特定河流系统的水质、河道内流量和栖息地政策制定的政治宣传
世界自然基金会	涉及 100 多个国家野生动物保护的国际组织，通过科研、自然区保护、社区倡议和公司合作促进可持续发展	"东南河流"计划确定了美国东南部三大河流域为保护生物多样性的优先流域，倡导环境保护，并与企业以及其他基金会合作，资助地方组织维护水生物种和栖息地

　　基层环境组织包括地方的流域联盟、土地信托基金会和类似的以社区为基础的组织，这些组织是围绕保护或恢复人们看重的自然元素这样的共同目标而组织起来的。北美有成千上万个这样的组织，参与的活动包括从清理河流垃圾到采用河流式（adopt‐a‐stream‐type）监测计划，以及宣传保护河流和水质的地方条例及国家立法。钓鱼者组织（例如，游钓俱乐部）也可以成为当地宣传水质和栖息地保护计划的重要盟友。这些当地组织公民团体的作用十分巨大，组织协调努力游说全州范围的立法，以及影响大多数地方各级政府的变革（例如，制定促进低影响开发行为准则）。

　　专业的科学组织也是重要的一分子，其使命就是评论或提供与保护生态完整性或改善地表水生态条件密切相关的解决方案和政策说明。这些组织包括美国渔业学会（表12.1）、北美底栖学会、美国湖沼和海洋学会、北美湖泊管理学会、湿地科学家学会和美国生态学会。这些组织的网站提供了以往和现今行动的案例。

　　Meyer（1997）强调在形成一个河流的"社会流域"的人类态度和机构的背景下研究河流生态学的必要性，尤其是在有助于改善管理和生态条件时。政治、立法，以及从管理者和生物学家到当地的土地所有者和企业主，所有个体都是水生系统"社会流域"的一部分，生态完整性管理显然需要熟练地与这些社会驱动者互动。就如 Meyer 总结所言："在政治不稳定环境中的原始河流，或者没有支持者的原始河流都不是健康的河流，因为它们是不可持续的。"

12.5　总结

　　自 20 世纪 70 年代以来，生态完整性一直是环境科学与政策的主流组成部分，是现代渔业管理的重要内容。全面的生态完整性评估可能超出了常规渔业管理的范围，但渔业生物学家的管理行为可能会对水生生态系统的完整性产生深远的影响。渔业生物学家参与规划和评估生态完整性的范围可以从栖息地、群落或区域生态完整性的参数或指标子集的考查到地区生态完整性的评估。最重要的是，完整性影响应包括在管理规划过程中。

考虑提出的管理行动对生态完整性的影响时，应该同等重要地考虑那些与游钓鱼类种群或选民愿望相关的结果。将生态完整性关注的问题纳入管理过程，迫使采取一个广泛的、集成的、全面的观点。集成管理方法，如适应性管理和结构化决策，在管理过程、结果和公众支持方面正得到支持和改善。在实现资源可持续利用和生态完整性目标上，渔业管理者在教育居民和公众方面的作用对于实现长期变化至关重要。在渔业管理教科书中加入生态完整性的一章清楚地表明，该主题与管理者、资源和社会有关。我们相信，当管理人员寻求将渔业的所有物理、生物和人类纳入其目标时，这个主题的重要性将会继续增长。

12.6 参考文献

Allan, J. D. 2004. Landscapes and riverscapes: the influence of land use on stream ecosystems. Annual Reviews of Ecology, Evolution and Systematics 35: 257 – 284.

Allan, J. D. , and M. M. Castillo. 2007. Stream ecology: structure and function of running waters, second edition. Springer, Dordrecht, Netherlands.

Angermeier, P. L. , R. A. Smogor, and J. R. Stauffer. 2000. Regional frameworks and candidate metrics for assessing biotic integrity in mid – Atlantic highland streams. Transactions of the American Fisheries Society 129: 962 – 981.

Bain, M. B. , and N. J. Stevenson, editors. 1999. Aquatic habitat assessment: common methods. American Fisheries Society, Bethesda, Maryland.

Barbour, M. T. , J. Gerritsen, B. D. Snyder, and J. B. Stribling. 1999. Rapid bioassessment protocols for use in streams and wadeable rivers: periphyton, benthic macroinvertebrates, and fish, second edition. U. S. Environmental Protection Agency, Office of Water, EPA 841 – B – 99 – 002, Washington, D. C.

Benke, A. C. 1990. A perspective on America's vanishing streams. Journal of the North American Benthological Society 9: 77 – 88.

Bernhardt, E. S. , M. A. Palmer, J. D. Allan, G. Alexander, K. Barnas, S. Brooks, J. Carr, S. Clayton, C. Dahm, J. Follstad – Shah, D. Galat, S. Gloss, P. Goodwin, D. Hart, B. Hassett, R. Jenkinson, S. Katz, G. M. Kondolf, P. S. Lake, R. Lave, J. L. Meyer, T. K. O'Donnell, L. Pagano, B. Powell, and E. Sudduth. 2005. Synthesizing U. S. river restoration efforts. Science 308: 636 – 637.

Bernhardt, E. S. , E. B. Sudduth, M. A. Palmer, J. D. Allan, J. L. Meyer, G. Alexander, J. Follstad – Shah, B. Hassett, R. Jenkinson, R. Lave, J. Rumps, and L. Pagano. 2007. Restoring rivers one reach at a time: results from a survey of U. S. river restoration practitioners. Restoration Ecology 15: 482 – 493.

Binns, N. A. , and F. M. Eiserman. 1979. Quantification of fluvial trout habitat inWyoming. Transactions of the American Fisheries Society 108: 215 – 228.

Blackburn, T. M. , J. H. Lawton, and J. N. Perry. 1992. A method for estimating the slope of upper bounds of plots of body size and abundance in natural animal assemblages. Oikos 65: 107 – 112.

Burkhead, N. M. , S. J. Walsh, B. J. Freeman, and J. D. Williams. 1997. Status and restoration of the

Etowah River, an imperiled southern Appalachian ecosystem. Pages 375 - 441 *in* G. W. Benz and D. E. Collins, editors. Aquatic fauna in peril: the southeastern perspective. Lenz Design and Communications, Decatur, Georgia.

Carpenter, S. R. , N. F. Caraco, D. L. Correll, R. W. Howarth, A. N. Sharpley, and V. H. Smith. 1998. Nonpoint pollution of surface waters with phosphorus and nitrogen. Ecological Applications 8: 559 - 568.

CEQ (Council on Environmental Quality) . 2005. Regulations for implementing the procedural provisions of the National Environmental Policy Act. Council on Environmental Quality, Executive Office of the President, Washington, D. C.

Chandler, J. R. 1970. A biological approach to water quality management. Water Pollution Control 69: 415 - 421.

Chessman, B. C. 2006. Prediction of riverine fish assemblages through the concept of environmental filters. Marine and Freshwater Research 57: 601 - 609.

Chessman, B. C. , and M. J. Royal. 2004. Bioassessment without reference sites: use of environmental filters to predict natural assemblages of river macroinvertebrates. Journal of the North American Benthological Society 23: 599 - 615.

Clemen, R. T. 1996. Making hard decisions, second edition. Duxbury Press, Pacific Grove, California.

Clements, F. E. 1916. Plant succession. Carnegie Institution of Washington Publication 242, Washington, D. C.

Collier, M. , R. H. Webb, and J. C. Schmidt. 1996. Dams and rivers: a primer on the downstream effects of dams. U. S. Geological Survey Circular 1126, Denver, Colorado.

Contreras - B. , S. , and M. A. Escalante - C. 1984. Distribution and known impacts of exotic fishes in Mexico. Pages 102 - 130 *in* W. R. Courtenay Jr. and J. R. Stauffer Jr. , editors. Distribution, biology, and management of exotic fishes. Johns Hopkins University Press, Baltimore, Maryland.

Coombs, J. A. , L. Wilson, B. Tracy, and V. Harrison. 2004. Pigeon River revival. Wildlife in North Carolina 68 (12): 26 - 29.

Crossman, E. J. 1984. Introduction of exotic fishes into Canada. Pages 78 - 101 *in* W. R. Courtenay Jr. and J. R. Stauffer Jr. , editors. Distribution, biology, and management of exotic fishes. Johns Hopkins University Press, Baltimore, Maryland.

Davies, J. M. , and A. Mazumder. 2003. Health and environmental policy issues in Canada: the role of watershed management in sustaining clean drinking water quality at surface sources. Journal of Environmental Management 68: 273 - 286.

Davis, W. S. 1995. Biological assessment and criteria: building on the past. Pages 15 - 29 *in* W. S. Davis and T. P. Simon, editors. Biological assessment and criteria: tools for water resource planning and decision making. Lewis Publishers, Boca Raton, Florida.

Downing, D. M. , C. Winer, and L. D. Wood. 2003. Navigating through Clean Water Act jurisdiction: a legal review. Wetlands 23: 475 - 493.

Fausch, K. D. , J. R. Karr, and P. R. Yant. 1984. Regional application of an index of biotic integrity based on stream fish communities. Transactions of the American Fisheries Society 113: 39 - 55.

Fausch, K. D. , J. Lyons, J. R. Karr, and P. L. Angermeier. 1990. Fish communities as indicators of environmental degradation. Pages 123 - 144 *in* S. M. Adams, editor. Biological indicators of stress in fish. American Fisheries Society, Symposium 8, Bethesda, Maryland.

Fausch, K. D. , C. E. Torgersen, C. V. Baxter, and H. W. Li. 2002. Landscapes to riverscapes: bridging the gap between research and conservation of stream fishes. BioScience 52: 483 - 498.

Fisher, W. L. , and F. J. Rahel, editors. 2004. Geographic information systems in fisheries. American Fisheries Society, Bethesda, Maryland.

Fiumera, A. C. , B. A. Porter, G. Looney, M. A. Asmussen, and J. C. Avise. 2004. Maximizing offspring production while maintaining genetic diversity in supplemental breeding programs of highly fecund managed species. Conservation Biology 18: 94 – 101.

Florsheim, J. L. , J. F. Mount, and A. Chin. 2008. Bank erosion as a desirable attribute of rivers. Bioscience 58: 519 – 529.

Freeman, M. C. , C. M. Pringle, E. A. Greathouse, and B. J. Freeman. 2003. Ecosystem – level consequences of migratory faunal depletion caused by dams. Pages 255 – 266 *in* K. E. Limburg and J. R. Waldman, editors. Biodiversity, status and conservation of the world's shads. American Fisheries Society, Symposium 35, Bethesda, Maryland.

Fuller, P. L. , L. G. Nico, and J. D. Williams. 1999. Nonindigenous fishes introduced into inland waters of the United States. American Fisheries Society, Special Publication 27, Bethesda, Maryland.

Graf, W. L. 2001. Damage control: restoring the physical integrity of America's rivers. Annals of the Association of American Geographers 91, 1 – 27.

Grossman, G. D. , R. E. Ratajczak, M. Crawford, and M. C. Freeman. 1998. Assemblage organization in stream fishes: effects of environmental variation and interspecific interactions. Ecological Monographs 68: 395 – 420.

Halliwell, D. B. , R. W. Langdon, R. A. Daniels, J. P. Kurtenbach, and R. A. Jacobson. 1999. Classification of freshwater fish species of the northeastern United States for use in the development of indices of biological integrity, with regional applications. Pages 301 – 337 *in* T. P. Simon, editor. Assessing the sustainability and biological integrity of water resources using fish communities. CRC Press, Boca Raton, Florida.

Harding, J. S. , E. F. Benfield, P. V. Bolstad, G. S. Helfman, and E. B. D. Jones III. 1998. Stream biodiversity: the ghost of land use past. Proceedings of the National Academy of Sciences 95: 14843 – 14847.

Hardy, S. D. , and T. M. Koontz. 2008. Reducing nonpoint source pollution through collaboration: policies and programs across the U. S. states. Environmental Management 41: 301 – 310.

Harig, A. L. , and K. D. Fausch. 2002. Minimum habitat requirements for establishing translocated cutthroat trout populations. Ecological Applications 12: 535 – 555.

Hart, D. D. , T. E. Johnson, K. L. Bushaw – Newton, R. J. Horwitz, A. T. Bednarek, D. F. Charles, D. A. Kreeger, and D. J. Velinsky. 2002. Dam removal: challenges and opportunities for ecological research and river restoration. Bioscience 52: 669 – 681.

Hawkins, C. P. 2006. Quantifying biological integrity by taxonomic completeness: its utility in regional and global assessments. Ecological Applications 16: 1277 – 1294.

Helfman, G. S. 2007. Fish conservation: a guide to understanding and restoring global aquatic biodiversity and fishery resources. Island Press, Washington, D. C.

Heltsley, R. M. , W. G. Cope, D. Shea, R. B. Bringolf, T. J. Kwak, and E. G. Malindzak. 2005. Assessing organic contaminants in fish: comparison of a nonlethal tissue sampling technique to mobile and stationary passive sampling devices. Environmental Science and Technology 39: 7601 – 7608.

Hilsenhoff, W. L. 1987. An improved index of organic stream pollution. The Great Lakes Entomologist 20: 31 – 39.

Horwitz, R. J. 1978. Temporal variability patterns and the distributional patterns of stream fishes. Ecological

Monographs 48：307 - 321.

Hughes, R. M. 1995. Defining acceptable biological status by comparing with reference conditions. Pages 31 -47 in W. S. Davis and T. P. Simon, editors. Biological assessment and criteria: tools for water resource planning and decision making. Lewis Publishers, Boca Raton, Florida.

Hughes, R. M., P. R. Kaufmann, A. T. Herlihy, T. M. Kincaid, L. Reynolds, and D. P. Larsen. 1998. A process for developing and evaluating indices of fish assemblage integrity. Canadian Journal of Fisheries and Aquatic Sciences 55：1618 - 1631.

Hynes, H. B. N. 1970. The ecology of running waters. Liverpool University Press, Liverpool, UK.

Hynes, H. B. N. 1975. The stream and its valley. Verhandlungen der Internationalen Vereinigung fur Theoretische und Angewandte Limnologie 19：1 - 15.

Jackson, C. R., J. K. Martin, D. S. Leigh, and L. T. West. 2005. A southeastern piedmont watershed sediment budget: evidence for a multi - millennial agricultural legacy. Journal of Soil and Water Conservation 60：298 - 310.

Jackson, D. A., and K. M. Somers. 1991. The spectre of 'spurious' correlations. Oecologia 86：147 - 151.

Jelks, H. L., S. J. Walsh, N. M. Burkhead, S. Contreras - Balderas, E. Díaz - Pardo, D. A. Hendrickson, J. Lyons, N. E. Mandrak, F. McCormick, J. S. Nelson, S. P. Platania, B. A. Porter, C. B. Renaud, J. Jacobo Schmitter - Soto, E. B. Taylor, and M. L. Warren Jr. 2008. Conservation status of imperiled North American freshwater and diadromous fishes. Fisheries 33 (8)：372 - 407.

Jeschke, J. M., and D. L. Strayer. 2005. Invasion success of vertebrates in Europe and North America. Proceedings of the National Academy of Sciences 102：7198 - 7202.

Johnson, D. E. 1998. Applied multivariate methods for data analysts. Duxbury Press, Pacific Grove, California.

Johnson, J. E., and B. L. Jensen. 1991. Hatcheries for endangered freshwater fishes. Pages 199 - 217 in W. L. Minckley and J. E. Deacon, editors. Battle against extinction. University of Arizona Press, Tucson.

Johnson, P. T. J., J. D. Olden, and M. J. Vander Zanden. 2008. Dam invaders: impoundments facilitate biological invasions into freshwaters. Frontiers in Ecology and the Environment 6：357 - 363.

Jorgensen, S. E., F. - L. Xu, and J. C. Marques. 2005. Application of indicators for the assessment of ecosystem health. Pages 5 - 66 in S. E. Jorgensen, R. Costanza, and F. - L. Xu, editors. Handbook of ecological indicators for assessment of ecosystem health. CRC Press, Boca Raton, Florida.

Junk, W. L., P. B. Bayley, and R. E. Sparks. 1989. The flood pulse concept in river - floodplain systems. Pages 110 - 127 in D. P. Dodge, editor. Proceedings of the international large river symposium. Canadian Special Publication of Fisheries and Aquatic Sciences 106, Department of Fisheries and Oceans, Ottawa.

Karr, J. R., J. D. Allan, and A. C. Benke. 2000. River conservation in the United States and Canada. Pages 3 - 39 in P. J. Boon, B. R. Davies, and G. E. Petts, editors. Global perspectives on river conservation: science, policy, and practice. John Wiley and Sons, Chichester, UK.

Karr, J. R., and E. W. Chu. 1999. Restoring life in running waters. Island Press, Washington, D. C.

Karr, J. R., and D. R. Dudley. 1981. Ecological perspective on water quality goals. Environmental Management 5：55 - 68.

Karr, J. R., K. D. Fausch, P. L. Angermeier, P. R. Yant, and I. J. Schlosser. 1986. Assessing biological integrity in running waters: a method and its rationale. Illinois Natural History Survey Special Publication 5, Champaign.

Karr, J. R., and C. O. Yoder. 2004. Biological assessment and criteria improve total maximum daily load decision making. Journal of Environmental Engineering 130: 594 – 604.

Kolkwitz, R., and M. Marsson. 1908. Ökologie der pflanzlichen Saprobien. [Ecology of plant saprobia.] Berichte der Deutshcen Botanischen Gesellsschaft 26a: 505 – 519. (In German.) English translation 1967. Pages 47 – 52 in L. E. Keup, W. M. Ingram, and K. M. Mackenthum, editors. Biology of water pollution. U. S. Department of Interior, Federal Water Pollution Control Administration, Washington, D. C.

Kondolf, G. M. 2000. Assessing salmonid spawning gravel quality. Transactions of the American Fisheries Society 129: 262 – 281.

Kondolf, G. M. 2006. River restoration and meanders. Ecology and Society 11: 42. Available: www. ecologyandsociety. org/vol11/iss2/art42/. (December 2008).

Krebs, C. J. 1998. Ecological methodology, second edition. Benjamin/Cummings, Menlo Park, California.

Kwak, T. J., and J. T. Peterson. 2007. Community indices, parameters, and comparisons. Pages 677 – 763 in C. S. Guy and M. L. Brown, editors. Analysis and interpretation of freshwater fisheries data. American Fisheries Society, Bethesda, Maryland.

Leigh, D. S. 1997. Mercury – tainted overbank sediment from past gold mining in north Georgia, USA. Environmental Geology 30: 244 – 251.

Lodge, D. M., C. A. Taylor, D. M. Holdich, and J. Skurdal. 2000. Nonindigenous crayfishes threaten North American freshwater biodiversity: lessons from Europe. Fisheries 25 (8): 7 – 20.

Lyons, J. 1992. Using the index of biotic integrity (IBI) to measure environmental quality in warmwater streams of Wisconsin. U. S. Forest Service, North Central Forest Experiment Station, General Technical Report No. 149, St. Paul, Minnesota.

Lyons, J. 2006. A fish – based index of biotic integrity to assess intermittent headwater streams in Wisconsin, USA. Environmental Monitoring and Assessment 122: 239 – 258.

Lyons, J., R. R. Piette, and K. W. Niermeyer. 2001. Development, validation, and application of a fish – based index of biotic integrity for Wisconsin's large warmwater rivers. Transactions of the American Fisheries Society 130: 1077 – 1094.

Lyons, J., L. Wang, and T. D. Simonson. 1996. Development and validation of an index of biotic integrity for coldwater streams in Wisconsin. North American Journal of Fisheries Management 16: 241 – 256.

Maret, T. R., and D. E. MacCoy. 2002. Fish assemblages and environmental variables associated with hard – rock mining in the Coeur d'Alene River basin, Idaho. Transactions of the American Fisheries Society 131: 865 – 884.

Marsh, G. P. 1867. Man and nature; or, physical geography as modified by human action. Charles Scribner, New York.

Marsh, P. C., B. R. Kesner, and C. A. Pacey. 2005. Repatriation as a management strategy to conserve a critically imperiled fish species. North American Journal of Fisheries Management 25: 547 – 556.

Master, L. L., S. R. Flack, and B. A. Stein. 1998. Rivers of life: critical watersheds for protecting freshwater biodiversity. The Nature Conservancy, Arlington, Virginia.

Matthews, W. J. 1998. Patterns in freshwater fish ecology. Chapman and Hall, New York.

Mattson, K. M., and P. L. Angermeier. 2007. Integrating human impacts and ecological integrity into a risk – based protocol for conservation planning. Environmental Management 39: 125 – 138.

McMahon, T. E., A. V. Zale, and D. J. Orth. 1996. Aquatic habitat measurements. Pages 83 – 120 in B. R. Murphy and D. W. Willis, editors. Fisheries techniques, second edition. American Fisheries Society,

Bethesda, Maryland.

Meyer, J. L. 1997. Stream health: incorporating the human dimension to advance stream ecology. Journal of the North American Benthological Society 16: 439 – 447.

Miller, D. L. , R. M. Hughes, J. R. Karr, P. M. Leonard, P. B. Moyle, L. H. Schrader, B. A. Thompson, R. A. Daniels, K. D. Fausch, G. A. Fitzhugh, J. R. Gammon, D. B. Halliwell, P. L. Angermeier, and D. J. Orth. 1988. Regional applications of an index of biotic integrity for use in water resource management. Fisheries 13 (5): 12 – 20.

Minckley, W. L. 1995. Translocation as a tool for conserving imperiled fishes: experience in western United States. Biological Conservation 72: 297 – 309.

Minckley, W. L. , P. C. Marsh, J. E. Deacon, T. E. Dowling, P. W. Hedrick, W. J. Matthews, and G. Mueller. 2003. A conservation plan for native fishes of the lower Colorado River. Bioscience 53: 219 – 234.

Moyle, P. B. , and M. P. Marchetti. 2006. Predicting invasion success: freshwater fishes in California as a model. BioScience 56: 515 – 524.

Moyle, P. B. , and T. Light. 1996. Biological invasions of freshwater: empirical rules and assembly theory. Biological Conservation 78: 149 – 161.

Moyle, P. B. , and P. J. Randall. 1998. Evaluating the biotic integrity of watersheds in the Sierra Nevada, California. Conservation Biology 12: 1318 – 1326.

Nadeau, T. - L. , and M. C. Rains. 2007. Hydrological connectivity of headwaters to downstream waters: introduction to the featured collection. Journal of the American Water Resources Association 43: 1 – 4.

Norris, R. H. , and A. Georges. 1993. Analysis and interpretation of benthic macroinvertebrate surveys. Pages 234 – 286 in D. M. Rosenberg and V. H. Resh, editors. Freshwater biomonitoring and benthic macroinvertebrates. Chapman and Hall, New York.

NRC (National Research Council) . 1992. Restoration of aquatic ecosystems: science, technology, and public policy. National Academy Press, Washington, D. C.

O'Connor, J. S. , and R. T. Dewling. 1986. Indices of marine degradation: their utility. Environmental Management 10: 335 – 343.

Omernik, J. M. 1995. Ecoregions: a spatial framework for environmental management. Pages 49 – 62 in W. S. Davis and T. P. Simon, editors. Biological assessment and criteria: tools for water resource planning and decision making. Lewis Publishers, Boca Raton, Florida.

Omernik, J. M. , and R. G. Bailey. 1997. Distinguishing between watersheds and ecoregions. Journal of the American Water Resources Association 33: 935 – 949.

Palmer, M. A. , E. S. Bernhardt, J. D. Allan, P. S. Lake, G. Alexander, S. Brooks, J. Carr, S. Clayton, C. N. Dahm, J. Follstad - Shah, D. L. Galat, S. G. Loss, P. Goodwin, D. D. Hart, B. Hassett, R. Jenkinson, G. M. Kondolf, R. Lave, J. L. Meyer, T. K. O'Donnell, L. Pagano, and E. Sudduth. 2005. Standards for ecologically successful river restoration. Journal of Applied Ecology 42: 208 – 217.

Palmer, M. A. , C. A. R. Liermann, C. Nilsson, M. Florke, J. Alcamo, P. S. Lake, and N. Bond. 2008. Climate change and the world's river basins: anticipating management options. Frontiers in Ecology and the Environment 6: 81 – 89.

Paulsen, S. G. , A. Mayio, D. V. Peck, J. L. Stoddard, E. Tarquinio, S. M. Holdsworth, J. Van Sickle, L. L. Yuan, C. P. Hawkins, A. T. Herlihy, P. R. Kaufmann, M. T. Barbour, D. P. Larsen, and A. R. Olsen. 2008. Condition of stream ecosystems in the U. S. : an overview of the first national assess -

ment. Journal of the North American Benthological Society 27：812 - 821.

Peterson, J. T. , and J. W. Evans. 2003. Quantitative decision analysis for sport fisheries management. Fisheries 28 (1)：10 - 21.

Peterson, J. T. , and C. F. Rabeni. 1996. Natural thermal refugia for temperate warmwater stream fishes. North American Journal of Fisheries Management 16：738 - 746.

Pimentel, D. , R. Zuniga, and D. Morrison. 2005. Update on the environmental and economic costs associated with alien - invasive species in the United States. Ecological Economics 52：273 - 288.

Poff, N. L. , J. D. Allan, M. B. Bain, J. R. Karr, K. L. Prestegaard, B. D. Richter, R. E. Sparks, and J. C. Stromberg. 1997. The natural flow regime: a paradigm for river conservation and restoration. BioScience 47：769 - 784.

Pringle, C. M. , M. C. Freeman, and B. J. Freeman. 2000. Regional effects of hydrologic alterations on riverine macrobiota in the New World: tropical - temperate comparisons. BioScience 50：807 - 823.

Radwell A. J. , and T. J. Kwak. 2005. Assessing ecological integrity of Ozark rivers to determine suitability for protective status. Environmental Management 35：799 - 810.

Rapport, D. J. , R. Costanza, and A. J. McMichael. 1998. Assessing ecosystem health. Trends in Ecology and Evolution 13：397 - 402.

Reiman, B. , J. T. Peterson, J. Clayton, P. Howell, R. Thurow, W. Thompson, and D. Lee. 2001. Evaluation of potential effects of federal land management alternatives on trends of salmonids and their habitats in the interior Columbia River basin. Forest Ecology and Management 153：43 - 62.

Resh, V. H. , and J. K. Jackson. 1993. Rapid assessment approaches to biomonitoring using benthic macroinvertebrates. Pages 195 - 233 in D. M. Rosenberg and V. H. Resh, editors. Freshwater biomonitoring and benthic macroinvertebrates. Chapman and Hall, New York.

Richter, B. D. , A. T. Warner, J. L. Meyer, and K. Lutz. 2006. A collaborative and adaptive process for developing environmental flow recommendations. River Research and Applications 22：297 - 318.

Rosenberg, D. M. , V. H. Resh, and R. S. King. 2008. Use of aquatic insects in biomonitoring. Pages 123 - 137 in R. W. Merritt, K. W. Cummins, and M. B. Berg, editors. An introduction to the aquatic insects of North America, fourth edition. Kendall/Hunt, Dubuque, Iowa.

Ruesink, J. L. 2005. Global analysis of factors affecting the outcome of freshwater fish introductions. Conservation Biology 19：1883 - 1893.

Scheffer, M. , S. Carpenter, J. A. Foley, C. Folke, and B. Walker. 2001. Catastrophic shifts in ecosystems. Nature 413：591 - 596.

Shannon, C. E. , and W. Weaver. 1949. The mathematical theory of communication. University of Illinois Press, Urbana.

Shea, D. 2004. Transport and fate of toxicants in the environment. Pages 479 - 499 in E. Hodgson, editor. A textbook of modern toxicology, third edition. John Wiley and Sons, Hoboken, New Jersey.

Shute, J. R. , P. L. Rakes, and P. W. Shute. 2005. Reintroduction of four imperiled fishes in Abrams Creek, Tennessee. Southeastern Naturalist 4：93 - 110.

Simon, T. P. 1999a. Introduction: biological integrity and use of ecological health concepts for application to water resource characterization. Pages 3 - 16 in T. P. Simon, editor. Assessing the sustainability and biological integrity of water resources using fish communities. CRC Press, Boca Raton, Florida.

Simon, T. P. , editor. 1999b. Assessing the sustainability and biological integrity of water resources using fish communities. CRC Press, Boca Raton, Florida.

Simon, T. P. 1999c. Assessment of Balon's reproductive guilds with application to midwestern North American freshwater fishes. Pages 97 – 121 *in* T. P. Simon, editor. Assessing the sustainability and biological integrity of water resources using fish communities. CRC Press, Boca Raton, Florida.

Smock, L. A. 1996. Macroinvertebrate movements: drift, colonization, and emergence. Pages 371 – 390 inF. R. Hauer and G. A. Lamberti, editors. Methods in stream ecology. Academic Press, San Diego, California.

Stanley, E. H. , and M. W. Doyle. 2003. Trading off: the ecological effects of dam removal. Frontiers in Ecology and the Environment 1: 15 – 30.

Sudduth, E. B. , J. L. Meyer, and E. S. Bernhardt. 2007. Stream restoration practices in the southeastern United States. Restoration Ecology 15: 573 – 583.

Suter, G. W. , II. 1993. A critique of ecosystem health concepts and indexes. Environmental Toxicology and Chemistry 12: 1533 – 1539.

Taylor, C. A. , G. A. Schuster, J. E. Cooper, R. J. DiStefano, A. G. Eversole, P. Hamr, H. H. Hobbs III, H. W. Robison, C. E. Skelton, and R. F. Thoma. 2007. A reassessment of the conservation status of crayfishes of the United States and Canada after 10 + years of increased awareness. Fisheries 32 (8): 372 – 389.

Underwood, A. J. 1994. On beyond BACI: sampling designs that might reliably detect environmental disturbances. Ecological Applications 4: 3 – 15.

USACE (U. S. Army Corps of Engineers) . 2005. National inventory of dams methodology: state and federal manual, version 3. 0. U. S. Army Corps of Engineers, Civil Works Engineering Division, Washington, D. C. ; Association of State Dam Safety Officials, Lexington, Kentucky; and U. S. Army Topographic Engineering Center, Alexandria, Virginia.

USEPA (U. S. Environmental Protection Agency) . 1990. Biological criteria: national program guidance for surface waters. U. S. Environmental Protection Agency, Office of Water Regulations and Standards, EPA 440 – 5 – 90 – 04, Washington, D. C.

USEPA (U. S. Environmental Protection Agency) . 1994. Water quality standards handbook, second edition. U. S. Environmental Protection Agency, Water Quality Standards Branch, Office of Science and Technology, EPA 823 – B – 94 – 005, Washington, D. C.

Vannote, R. L. , G. W. Minshall, K. W. Cummins, J. R. Sedell, and C. E. Cushing. 1980. The river continuum concept. Canadian Journal of Fisheries and Aquatic Sciences 37: 130 – 137.

Vitousek, P. M. , H. A. Mooney, J. Lubchenco, and J. M. Melillo. 1997. Human domination of earth's ecosystems. Science 277: 494 – 499.

Walter, R. C. , and D. J. Merritts. 2008. Natural streams and the legacy of water – powered mills. Science 319: 299 – 304.

Wang, L. , T. Brenden, P. Seelbach, A. Cooper, D. Allan, R. Clark Jr. , and M. Wiley. 2008. Landscape based identification of human disturbance gradients and reference conditions for Michigan streams. Environmental Monitoring and Assessment 141: 1 – 17.

Ward, J. V. 1989. The four – dimensional nature of lotic ecosystems. Journal of the North American Benthological Society 8: 2 – 8.

Washington, H. G. 1984. Diversity, biotic and similarity indices: a review with special relevance to aquatic ecosystems. Water Research (Great Britain) 18: 653 – 694.

Waters, T. F. 1995. Sediment in streams: sources, biological effects, and control. American Fisheries Society，Monograph 7，Bethesda，Maryland.

Webb，M. A. H.，J. E. Williams，and L. R. Hildebrand. 2005. Recovery program review for endangered pallid sturgeon in the upper Missouri River basin. Reviews in Fisheries Science 13：165 - 176.

Weigel，B. M. 2003. Development of stream macroinvertebrate models that predict watershed and local stressors in Wisconsin. Journal of the North American Benthological Society 22：123 - 142.

Wenger，S. J.，T. L. Carter，L. A. Fowler，and R. A. Vick. 2008b. Runoff limits：an ecologically - based stormwater management program. Stormwater 9：45 - 58.

Wenger，S. J.，J. T. Peterson，M. C. Freeman，B. J. Freeman，and D. D. Homans. 2008a. Stream fish occurrence in response to impervious cover，historic land use，and hydrogeomorphic factors. Canadian Journal of Fisheries and Aquatic Sciences 65：1250 - 1264.

Wheeler，A. P.，P. L. Angermeier，and A. E. Rosenberger. 2005. Impacts of new highways and subsequent landscape urbanization on stream habitat and biota. Reviews in Fisheries Science 13：141 - 164.

Wilcove，D. S.，D. Rothstein，J. Dubow，A. Phillips，and E. Losos. 1998. Quantifying threats to imperiled species in theUnited States：assessing the relative importance of habitat destruction，alien species，pollution，over exploitation，and disease. BioScience 48：607 - 615.

Wiley，M. J.，L. L. Osborne，and R. W. Larimore. 1990. Longitudinal structure of an agricultural prairie river system and its relationship to current stream ecosystem theory. Canadian Journal of Fisheries and Aquatic Sciences 47：373 - 384.

Williams，B. K.，R. C. Szaro，and C. D. Shapiro. 2007. Adaptive management：the U. S. Department of the Interior technical guide. U. S. Department of the Interior，Adaptive Management Working Group，Washington，D. C.

Williams J. D.，M. L. Warren Jr.，K. S. Cummings，J. L. Harris，and R. J. Neves，1993. Conservation status of freshwater mussels of the United States and Canada. Fisheries 18 (9)：6 - 22.

Williamson，M. 1996. Biological invasions. Chapman and Hall，New York.

Wohl，E.，and D. J. Merritts. 2007. What is a natural river? Geography Compass 1 (4)：871 - 900.

Yuan，L. L. 2006. Theoretical predictions of observed to expected ratios in RIVPACS - type predictive model assessments of stream biological condition. Journal of the North American Benthological Society 25：841 - 850.

第 13 章　湖泊食物网的生态与管理

Steven R. Chipps　Brian D. S. Graeb

13.1　引言

　　近半个世纪以来，人们对于湖泊生产力、物种间相互作用和影响水生食物网能量流动因素的认知水平有了明显提升。同时，渔业科学和湖沼学领域的发展，以及分析技术的进步，为渔业管理者评估鱼类种群提供了新的思路和手段。如今，渔业资源管理者已经意识到，放养或移除某些鱼类（即生物调控）会对食物网结构和水质产生重要影响。与此同时，基于能量的分析技术，如稳定同位素等也越来越多地被用于补充传统食性研究。

　　从多方面来说，遵循基于食物网的研究方向和管理策略，说明渔业生物学家和湖沼学家在传统研究范式上的转变。不久前，渔业管理和湖沼学还存在多种指导模式（Rigler，1982）。渔业管理者重视种群-补充关系、成体存活率和捕捞压力，往往忽视诸如湖泊生产力或物种相互作用等因素。在许多情况下，捕捞死亡率是预测模型的驱动变量；与此同时，湖沼学家认为全湖乃至全流域尺度的研究更合适。在他们看来，有效预测鱼产量的理论需囊括水生生态系统中的物理、化学和生物组分。相较于渔业管理者使用的定量模型，湖沼学观点更加概念化，因为量化食物网相互作用需要密集的全湖尺度研究（Rigler，1982），而渔业科学普遍缺乏类似的研究。

　　幸运的是，我们在过去 50 年中取得了很大进展。湖沼学家和渔业生物学家意识到他们有着共同的研究目标，即探明水生生态系统的结构与功能。事实上，渔业管理面临的挑战往往与水质问题和（或）鱼类的生长缓慢和存活率低有关。因此，了解食物网相互作用有助于指导水质改善、鱼类放养、水生植物管理、物种引进或其他食物网组分等方面的管理决策。本章讨论影响水生食物网结构和功能的因素并探索食物网关系对渔业管理的启示。

13.2　营养盐与生产力

　　长期以来，湖泊中营养盐的有效性一直是渔业管理者所面临的一个重要问题。据估计，美国政府每年需要花费 22 亿美元来处理由营养盐富集所引起的诸多环境问题，如水体价值降低、休闲水域缩减、污水处理成本过高以及生物多样性丧失等（Dodds et al.，2009）；另一方面，营养盐含量过低或过贫则会限制鱼产量，届时可能需要如全湖施肥等管理措施。20 世纪 70 年代初期，尚有很多关于水环境中哪些营养成分能限制水体生产力的争论。早期的研究者们大多认为碳（C）是一种限制性营养元素。而现在，渔业生物学家们认识到，磷（P）和氮（N）才是限制水体生产力和导致湖泊、河流富营养化的主要营养物质（Schindler，1978）。自 20 世纪 70 年代末以来，研究人员将大量精力投入水体营养盐溯源及营养盐动态的研究中。

13.2.1　磷

磷（P）作为水生生态系统中的一种限制性营养元素已得到广泛关注。磷的存在形式有很多种，弄清可用性磷"库"的构成以及不同形态磷与初级生产力的关系至关重要。溶解态可反应性磷（SRP）被认为是最具生物可用性的磷形态，可通过过滤水样进行测定。然而，由于 SRP 在水体中含量较低且具有时空变化特点，因此难以精确地检测其浓度。从未经过滤的水样测出的总磷（TP），包含 SRP 和储存在动植物组织内的颗粒态磷（PP）。TP 主要存在于藻类中，因此藻类生物量（即以叶绿素 a 测量）常与 TP 浓度呈正相关（Scheffer，1998）。由于 TP 与湖泊生产力相关，所以关于可用性 P 报告值最为常见的还是 TP。

可用性磷的主要来源途径有 3 种：外源输入、内部含量、生物活动及循环。其中，外源输入是指流入水体、径流以及岩石和土壤风化的磷输入；内源负荷主要指地球化学循环过程中从湖泊沉积物中产生的磷；无脊椎动物和鱼类也可以通过活动（如扰动沉积物）或代谢过程（如排泄）影响磷的可用性。所有这些来源均可影响磷的可用性，进而影响湖泊和溪流的生产力。

抑制淡水富营养化往往依赖于减少外部营养物质的输入。通过改变流域土地利用方式，如建立沿岸缓冲区、限制放牧或饲养活动、减少对草坪或作物的施肥、建造暴雨蓄水池等改变流域土地利用的措施（Roni，2005），流域管理者已成功地减少营养盐的输入并改变了湖泊富营养化的影响。由于沉积物作为磷的缓冲区，且控制着其中磷的释放这一机制，虽然减少外源磷输入能够改善水质，但过程漫长，需多年才能达到效果。内部磷含量受溶解氧（DO）浓度、铁（Fe）的可用性、水温和 pH 等多种因素影响。溶解氧浓度是沉积物磷释放调控机制中最重要的因素，在有氧条件下，铁的主要功能是与 SRP 结合形成络合物。由于铁可以络合自重 10% 左右的磷，因而铁的可用性会影响内部营养物质含量（Jensen et al.，1992）。在有氧条件下，沉积物对磷的释放起缓冲作用，但在厌氧条件下，铁结合 SRP 的能力则会降低，并将磷释放到水体中。在缺氧的湖泊中，水-沉积物界面容易受到内部磷含量的影响，因此外源磷输入减少的效果将会需要很多年才能体现（图 13.1）。丹麦的索比嘉德湖 (Lake Søbygaard)，在外源磷输入持续 8 年减少的情况下，磷浓度仍不断上升。外源磷经年累月输入，聚集在沉积物中形成大型"磷库"，即便在外源输入减少了 80%～90%

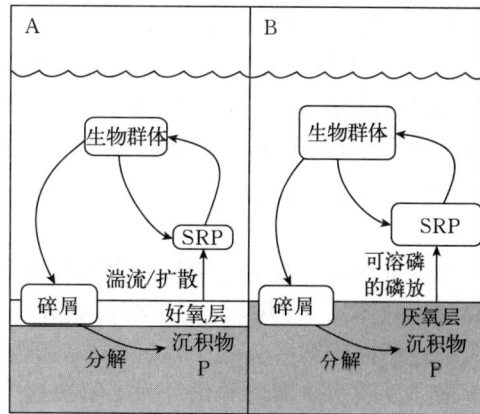

图 13.1　湖泊内源磷（P）输入

A. 在有氧条件下，铁（Fe）与有氧层沉积物磷结合，防止其向上覆水中释放。部分沉积物磷（溶解态可反应性磷，SRP）可以通过湍流和（或）扩散释放

B. 在厌氧条件下，铁失去了结合磷的能力，SRP 被释放至上覆水，从而有助于提高营养盐的可用性

（改编自 Scheffer，1998）

的情况下，"P 库"仍继续续影响磷的有效性和湖泊生产力（Søndergaard et al.，1993）。

水中的磷浓度也会受到水生生物组成和丰度的影响。底栖动物的捕食和掘穴行为能够将沉积物中的络合磷释放至上覆水，这一过程被称为"易位"。一般来说，磷的释放速率随底栖动物密度的增加而增加（Wisniewski and Planter，1985），鱼类和无脊椎动物排泄的可溶性营养物质也有助于增加湖泊水体营养成分的有效性。

13.2.2 氮

控制氮循环的过程不同于控制磷（P）循环。与磷不同的是，氮不会在湖泊沉积物中大量沉积，在还原（即厌氧）条件下，会以氮气（N_2）的形式释放至空气中，并作为气态形式的营养成分（N）被蓝藻利用（Scheffer，1998；图 13.2）。沉积物-水界面有机物分解产生氨（NH_4^+），扩散到水中，很容易被藻类利用。有氧沉积物界面，氨通过微生物活动转化为硝态氮（NO_3^-），这一过程被称为硝化作用。在厌氧条件下，硝酸盐转化为亚硝态氮（NO_2^-；反硝化），并最终转化为不易被绿藻利用的 N_2。由于反硝化过程发生在厌氧条件下，这个过程在好氧和厌氧条件之间交替的环境（例如，沉积物）中比较常见。因此，溶解

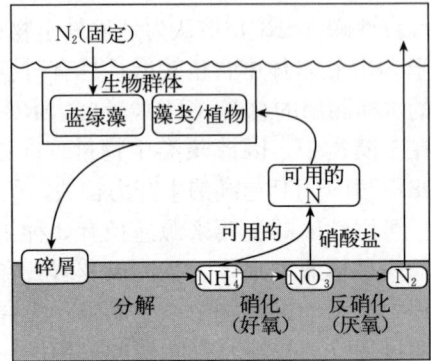

图 13.2　湖泊中的广义氮（N）循环。蓝藻（蓝绿藻）能通过被称为异形细胞的特殊细胞固定大气中的氮
（改编自 Scheffer，1998）

氧在反硝化过程中起着至关重要的作用，很像它在磷的可用性中起的作用。

无论是浅水湿地还是大型贫营养湖泊，氮在所有类型的湖泊环境中均作为初级生产的一个限制性营养因子。由于浮游植物细胞中氮含量约是磷的 10 倍，因此水体氮磷比可作为潜在营养限制指数（Schemer，1998）。一般来说，当氮磷比小于 10 时，氮更有可能成为一个限制性营养因子（Smith，1982）。相反，氮磷比大于 20 的水体通常被认为是磷限制的。

13.2.3　生产力指数

水生资源管理机构定期监测营养盐浓度以及其他水质属性，如透明度（即黑白盘深度或总悬浮固体）、藻类生物量和溶解氧浓度等。由于营养盐浓度会影响水质，因此水质状况应通过精简归纳后公之于众。例如，很多非专业人员可能不会认识到 125 $\mu g/L$ 的 TP 浓度即能反映水体富营养化。为了解决这个问题，Carlson（1977）开发了基于 0～100 的营养状态指数（TSI），其中每 10 单位代表藻类生物量增加 1 倍。该指数依据 TP 浓度（TSI_{TP}）、藻类生物量（叶绿素 a，TSI_{Chla}）或透明度（TSI_{Secchi}）进行计算，公式如下：

$$TSI_{TP} = 10 \left| 6 - \frac{\log_e \frac{48}{TP}}{\log_e 2} \right| \tag{13.1}$$

$$TSI_{Chla} = 10 \left| 6 - \frac{2.04 - 0.68\log_e Chla}{\log_e 2} \right| \tag{13.2}$$

$$TSI_{Secchi} = 10 \left| 6 - \frac{\log_e Secchi}{\log_e 2} \right| \tag{13.3}$$

式中，TP 取表层水进行测定，单位为微克/升（$\mu g/L$），叶绿素单位为微克/升（$\mu g/L$），透明度单位为米（m）（Carlson，1977）。Carlson（1977）建议夏季采样时使用 TSI_{Chla}；在冬季和春季采样时，藻类丰度可能受到除营养盐外其他因素限制，因而推荐使用 TSI_{TP}。TSI 值小于 30 是贫营养特征，TSI 值为 50～70 表明水体富营养化，大于 70 表明重度富营养化。当获得透明度、藻类生物量和 TP 浓度后，可以通过图形方式检查 TSI 值间的偏差，以确定影响水质的因素（图13.3）。

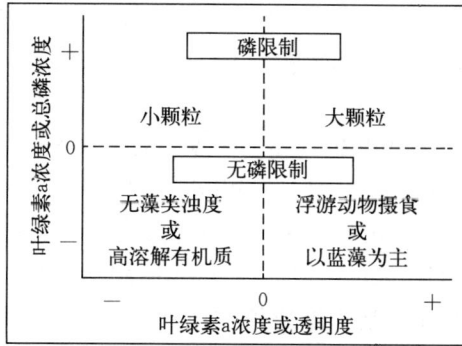

图 13.3　营养状态指数通常依据叶绿素 a 浓度、总磷（TSI_{TP}）或透明度（TSI_{Secchi}）计算。在一些湖泊中，由于植食性浮游动物的摄食压力、营养盐有效性或非藻源性浊度等因素的影响，TSI 值常呈现明显的季节性变化（Wetzel，2001）。通过图形化方式检查 TSI 值间的偏差，可以探索营养限制和非营养限制产生偏差的原因。X 轴上方的值（定位于零）表示磷限制，而 X 轴以下的值则表示营养状况由磷有效性以外的其他因子调节。左下象限的点意味着水体透明度受非藻源性浊度影响更大。例如，高浓度的溶解有机质或小型非藻类颗粒物（如黏土）。右下象限的点意味着水体透明度值高于通过叶绿素 a 浓度得到的预测值，原因在于大型蓝藻或浮游动物和小粒径颗粒物会相对减少

（改编自 Carlson，1992）

13.3　湖泊食物网

13.3.1　鱼产量

在绝大多数水生食物网中，支撑高营养级生物的能量主要来自初级生产者所固定的能量。因此，渔业管理者往往关注于预测鱼产量（或生物量）与湖泊生产力的关系（图 13.4）。Morphoedaphic 指数（MEI）就是这样一个基于湖泊形态（平均水深，z）和生产力（以总溶解固体表示，TDS）来预测鱼产量的模型：

$$MEI = TDS/z \tag{13.4}$$

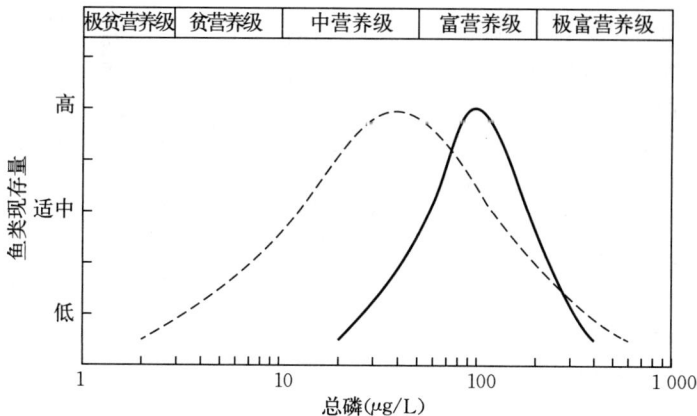

图 13.4　湖泊（点线）与水库（实线）垂钓鱼类生物量与营养盐浓度的普遍关系

（改编自 Ney，1996；Stockner et al.，2000）

鱼产量 $[kg/(hm^2 \cdot 年)] = \sqrt[K]{MEI}$（Ryder，1982）。MEI 已成功地被用于关联水库生产力与渔获物和现存量（Oglesby and Jenkins，1982）。通过对美国 290 个水库的调查，结果显示，当 MEI 值为 50～200 时，鱼类现存量的预测值为最大（Oglesby and Jenkins，1982）。同样，亚拉巴马州和得克萨斯州水库钓获鱼的生长和身体状况也与水库 MEI 值有关（DiCenzo et al.，1995；Wilde and Muoneke，2001）。部分研究证明，MEI 值与渔产特性无关或仅弱相关，这促使研究人员进一步完善指数或使用其他参数开发模型。例如，Youngs 和 Heimbuch（1982）认为用湖面面积预测鱼产量比用平均水深更好；同样在预测鱼产量方面，基于浮游植物生产力或生物量的模型（如叶绿素 a）似乎比基于 morphoedaphic 指数的模型更为准确（Oglesby，1977）。

13.3.2 食物网的概念化

描述和量化食物网的相互作用可为渔业管理提供重要信息。从概念上讲，食物网可以通过 3 种方式进行表征（表框 13.1）：描述性食物网是最为简单的方法，即观察"谁吃什么"，通过基本摄食信息（例如，有-无）来构建一个简略的食物网，以此将捕食者与其猎物联系起来。尽管描述性的食物网有助于识别食物网联系，但很少传递关于食物网各组分间相对能量流动或相互作用强度的信息。能量食物网是被用来描述从生产者到消费者的相对能量流动。为了评估能量流动特征，需要采取定量方法，包括详细的摄食信息、生物能量学模型、稳定同位素分析和实验数据。通过量化不同饵料生物对消费者食物组成的相对能量贡献，我们对重要的能量传递途径有了了解（表框 13.2）。最后，交互网络是基于物种间的相互作用而制成的，并强调这种会对食物网结构和功能动态产生很大影响的关系（Paine，1980）。该结构中，关键点在于是移除（或添加）某一物种对食物网其余组分产生的影响，这种方法为关键种概念的形成奠定了基础（Paine，1980），并随之成为营养级联假说的基石（Carpenter and Kitchell，1993）。

表框 13.1　水生食物网

一个大型贫营养湖泊引入糠虾后的典型食物网结构。图 A 描绘了一个概念性的食物网，显示常规的摄食关系。图 B 描绘了能量流动图，显示了不同饵料生物对消费者食物的相对能量贡献；箭头宽度与能量传递成正比。图 C 描述了食物网各组分间的相互作用强度。此例中，糠虾对枝角类浮游动物（cladocera）产生消极影响，但对湖鳟产生积极影响，最终降低了红鲑丰度，进而对鱼类和鸟类等捕食者造成影响（Spencer et al.，1991；Martinez et al.，2009）。

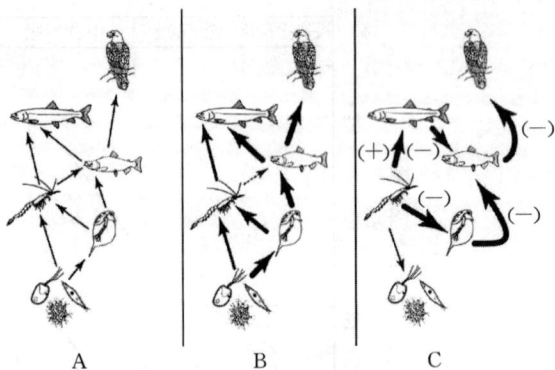

13.3.3　食物网组成要素

13.3.3.1　植物

浮游植物。浮游植物是浮游食物网生产力的主要来源。浮游植物将阳光和营养物转化为可利用（即可食用）的能量形式，为大多数水生食物网提供食物基础。作为一个群体，浮游植物由多种类群组成，环境耐受性较广。尽管不同湖泊中浮游植物的群落组成差异极大，但是在不同营养成分的湖泊中，浮游植物群落的构成仍存在一定的普遍性。

表框 13.2　生物能量学模型

生物能量学模型常用于估算鱼类摄食量。广义生物能量模型可以表示为 $C = M + SDA + F + U + G$；其中食物消耗（C）等于标准代谢（M）、生长能（A）、特殊动力作用能（SDA）、排粪能（F）、排泄能（U）和肌体及性腺生长能（G）之和。Fish Bioenergetics 3.0 是一个流行的软件包，可以用于模拟鱼类的摄食量，叫从威斯康星大学海洋项目（University of Wisconsin Sea Grant College Program）处获得（见 Hanson et al.，1997）。

估算饵料生物的贡献

当食物消耗以焦耳（J）或卡路里（cal）等能量单位表示时，就可对不同被捕食者的相对能量贡献进行评估。下表显示的是在 0 龄和 1 龄西方食蚊鱼的食物中发现的饵料类群（改编自 Chipps and Wahl，2004）。基于观察到的生长率，可利用 Fish Bioenergetics 3.0 软件对摄食量进行估算（Hanson et al.，1997）。由特定被捕食者的摄食量（kJ）、被捕食者的能量密度［kJ/g，以干重计］与消耗量［g，以干重计］的乘积获得。然后，可以计算单个被捕食者（P_i）的能量贡献为［猎物消耗（kJ）/总消耗（kJ）］×100，以此估算不同被捕食者对鱼类生长的相对贡献。

表　伊利诺伊州南部湿地的 0 龄和 1 龄西方食蚊鱼的特定食物消耗评估

［利用生物能量学模型估计 0 龄（8—10 月）或 1 龄（3—5 月）鱼类的摄食量。单个被捕食者的相对能量贡献（P，%）可通过特定被捕食者的消耗（kJ）除以消耗总能量（kJ）计算得出］

被捕食者类群	能量密度 (kJ/g，以干重计)	0 龄			1 龄		
		耗能 (g，以干重计)	能量贡献 (kJ)*	(P_i，%)	耗能 (g，以干重计)	能量贡献 (kJ)	(P_i，%)
端足目	18.5	0.002	0.004	1	0.01	0.18	3
摇蚊科	22.8	0.13	2.96	61	0	0	0
枝角类	25.1	0.016	0.4	8	0.09	2.26	33
桡足类	23.2	0.01	0.23	5	0.16	3.71	53
蚊科	20.4	0.047	0.96	20	0	0	0
蜉蝣目	16.8	0	0	0	0.046	0.77	10
腹足纲	4.7	0.021	0.1	2	0.003	0.01	1
仰泳蝽科	17.9	0.007	0.12	3	0	0	0
总计		0.233	4.81	100	0.309	6.93	100

*　在所有版本的 Fish Bioenergetics 软件中，不论以焦耳还是以卡路里作为单位，计算出的被捕食者消耗量都是错误的。为了获得正确的值，可以通过被捕食者的能量密度（J/g，以湿重计）乘以被捕食者的消耗（g），或通过被捕食者能量密度的平方乘以模型输出值（消耗的能量）得出。

可用性。在温带的贫营养湖泊，金藻（金棕色藻类）、硅藻（尤其是小环藻属和平板藻属）和较少种类的绿藻是浮游植物群落中的优势类群，但随着营养元素的增加（中营养状态），鞭毛藻类则逐渐成为浮游植物群落中的优势类群。在富营养化湖泊中，硅藻（尤其是矽藻属和脆杆藻属）全年大部分时间是和许多其他藻类共存。在温暖的月份，绿藻和蓝藻（原名蓝绿藻）可以成为富营养化湖泊浮游植物群落的优势种（Wetzel，2001）。特别是蓝藻可以通过减少阳光穿透从而导致水质问题，并影响水的可饮用性。

湖泊浮游植物群落组成不仅在不同湖泊间差异明显，而且在季节演替中发生急剧变化。温带湖泊中，小型鞭毛藻（如隐藻和甲藻）能适应较少的光照和较低的水温，其生物量一般在冬季占优势。春季，硅藻生物量急剧增加，初夏绿藻群落开始壮大。根据湖泊营养状态，硅藻可能会在夏末秋初出现二次增加（生产力较低的湖泊），在生产力更高的湖泊中，蓝藻夏季开始生长并主导浮游植物生物量（Wetzel，2001）。从春季到夏季，浮游植物种类组成和丰度的季节性变化与可用性营养盐变化、光照变化以及浮游动物的摄食压力等因素有关。

大型水生植物。大型水生植物及相关的附着藻类是沿岸带能量的重要来源。与浮游植物一样，大型水生植物将太阳能和可用性营养盐转化为初级生产力。不同的是，水生植物是大型固着植物，是水生环境重要的结构成分。大型水生植物为多种鱼类提供食物、避难所和产卵生境，还能以减少水土流失的方式增加水体透明度。

大型水生植物对湖泊和河流的环境条件也有着重要影响（Carpenter and Lodge，1986）。大型水生植物群可以影响其所在地的水温、溶解氧浓度等环境因子。在大型水生植物密集的河床中，垂直梯度的水温可有 10 ℃ 的差异，溶解氧浓度昼夜变化幅度可高达 8 mg/L。与漂浮植物相比，沉水植物能更有效地产生氧气。大型水生植物对营养盐含量的变动也有重要的影响。生长旺盛的植物从周围的水中除去无机碳，并且可以将其转化为自身的有机物质（生物量）中或以碳酸盐形式积累在叶表面。植物将光合作用固定的碳以可溶的有机碳形式释放至水体，其中大部分会被附着生物群落（如微生物和藻类）所利用。大量的水生植物可以通过增加沉积物的沉积能力来影响沉积作用，减少沉积物所受的侵蚀。反过来，也会明显提升水体透明度，从而有利于大型水生植物获得生长所需的光照（见稳定交替状态，13.4.3）。相反，浮游植物丰度的下降可以导致水体透明度增加，并有助于改善水生植物生长和覆盖率。

大型水生植物可以代表溶解营养物质（如磷和有机碳）的源或汇，这取决于它们是处于旺盛地生长状态还是处于衰老状态。在生长季，大型水生植物与其附着生物通常表现为可溶性磷的"汇"。当大型水生植物衰老并开始分解时，它们表现为沉积物和表面水层中可溶性磷的净"源"。有机物（即植物）的分解也导致氮（通常为铵）的释放，可以被藻类和植物快速利用。然而，与磷往往在湖泊沉积物中积聚不同，在以大型水生植物为主的浅水湖泊中，经过反硝化反应，可能会散失大量的氮。在丹麦的浅水湖泊中，超过75％的氮在反硝化过程中流失（Jensen et al.，1991；Scheffer，1998）。

由于藻类和大型水生植物所竞争的营养物往往相同（例如，磷和氮），所以出现一种生物丰度过高而抑制另一种的现象就不足为奇。研究人员怀疑大型水生植物通过分泌化学物质抑制绿藻和蓝藻的生长，这个过程被称为"植化相克"（Scheffer，1998）。尽管参与植化相克的化学物质仍鲜为人知，但经验研究表明，密集的大型水生植物群能够抑制浮游植物丰度，尤其是蓝藻。关于金鱼藻（ceratophyllum）和狐尾藻（myriophyllum）的研究表明，蓝藻密度在大型水生植物存在的情况下下降近 90%（Kogan and Chinnova，1972）。

大型水生植物为各类消费者提供重要的生境，包括微生物（如细菌）、着生藻类、无脊椎动物消费者（如食草动物）和脊椎捕食动物捕食者（如鱼和水禽）。附着生物依赖于大型水生植物提供基质、营养物、避难所、产卵栖息地和其他能有利于其增殖的生存条件；反过来，许多大型水生植物也进化为利用附着生物来开枝散叶。附着生物可以为大型水生植物分担来自食草动物的摄食压力，大型水生植物则通过为附着生物提供基质和营养物来达到双赢目的（Hutchinson，1975）。然而，密集的附着生物会抑制大型水生植物的光合作用（Carpenter and Lodge，1986）。例如，在有草食性螺存在的情况下，金鱼藻生长状况更好（Brönmark，1985）。尽管附着生物是大多数草食类生物的重要能量来源，但也有不少还是会直接摄食大型水生植物，如赤眼鳟（squaliobarbus curriculus）和草鱼（ctenopharyngodon idellus）等鱼类，并且对湖中的大型水生植物丰度会产生重要影响（Carpenter and Lodge，1986）。同样，一些种类的水禽和小龙虾（procambarus clarki）也将大型水生植物作为食物来源。

13.3.3.2　大型无脊椎动物

在水生生态系统中，大型底栖无脊椎动物在影响能量流动和食物网结构方面起到各种重要作用（Palmer et al.，1997；Covich et al.，1999）。底栖无脊椎动物的掘穴和摄食行为将沉积物中的营养物质释放至上覆水中，通常是能被藻类迅速吸收的 SRP（Gallepp，1979）。此外，底栖无脊椎动物通过排泄可溶性营养物质来帮助营养盐循环，通过将死亡有机物质转变成次级生产力，加速碎屑分解。最后，由于许多底栖无脊椎动物是捕食者，它们通过调节摄食对象的丰度、分布和大小而影响食物网结构（图 13.5）。

近年来，许多外来和非本地的底栖无脊椎动物的扩散，提高了我们对底栖无脊椎动物如何影响营养物质相互作用的认识。例如，锈色小龙虾（*Orconectes rusticus*）扩散到了威斯康星州北部，诠释了小龙虾摄食是如何影响鱼类种群数量的。浅水湖泊中锈色小龙虾种群的建立，导致本地的北部小龙虾

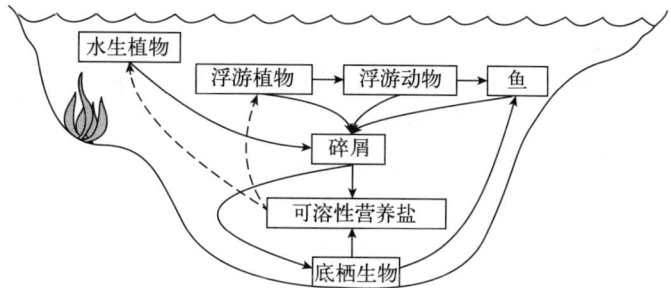

图 13.5　底栖无脊椎动物对湖泊食物网中碎屑处理、营养盐循环和食物可利用性（鱼类）的影响

（*Orconectes virilis*）种群数量下降。锈色小龙虾通过将北部小龙虾驱逐出隐蔽地并在争夺有限食物资源中胜出，取代了北部小龙虾（Garvey et al.，1994；Hill and Lodge，1994）。锈色小龙虾也可以通过将北部小龙虾赶出其巢穴，使其暴露在捕食鱼群中，以此增加其捕食死亡率（Garvey et al.，1994）。锈色小龙虾以碎屑和大型水生植物为食，一旦其建立种群，就会导致大型沉水植物显著减少，最终导致腹足类和鱼类丰度降低

(Lodge et al. , 1994; Covich et al. , 1999)。

规划引种经验告诉我们，无脊椎动物行为和生活史特性是如何影响食物网动态的。北美西部湖泊大规模的糠虾引进，旨在为大麻哈鱼提供更多的饵料（Nesler and Bergersen, 1991）。但当糠虾种群建立起来后，渔业生物学家们就认识到食物网结构发生了变化，最明显的是枝角类浮游动物丰度降低，以及大麻哈鱼丰度和生长速率的下降。因为糠虾在水体中进行了大范围的昼夜垂直迁移，大部分时间都栖息于湖底，导致依靠视觉捕食的中上层鱼类无法将其捕食。糠虾的活动规律和杂食习性使其占据独特的生态位，并最终导致其在引进的湖泊中大量繁殖（Chipps and Bennett，2000）。在蒙大拿州的弗拉特黑德湖，OPOS 总结到虾的引进导致红大麻哈鱼和土著鱼类丰度急剧下降，而外来湖鳟丰度却增加。这些变化通过切断与陆地-河岸食物网的联系而"级联"到食物网中，导致该流域内极少出现秃鹰和熊（Spencer et al. , 1991）。

13.3.3.3 浮游动物

植食性浮游动物（如大型枝角类）通常被认为是浮游食物网的纽带，因为它们在初级生产和高营养级间起到关键的连接作用。它们还可以在调节藻类生物量方面发挥重要作用，尤其是对可食用的绿藻。在许多温带湖中出现的清澈水相就是浮游动物抑制藻类密度的一个很好的例子。在春末，大量大型枝角类浮游动物的摄食压力可以降低藻类生物量，并明显增加水体透明度。浮游植物组成的季节演替（即食物质量），以及幼鱼捕食压力的增加，往往造成盛夏时大型枝角类丰度的降低。

中上层浮游动物的组成、形态和行为能够反映出湖泊和水库鱼类群落的重要信息（Mills and Schiavone, 1982）。在浮游生物食性鱼类（即以浮游生物为食的鱼类）主导的湖泊中，由于鱼类对饵料规格有选择性，因而小型枝角类通常占主导地位（Brooks and Dodson，1965）。大型浮游动物，如大型枝角类，通常比小型类群（如长额象鼻溞）更容易被捕食。小型浮游动物也往往比大型浮游动物更少被滤食，因此对藻类生物量的调节效率也更低。

由于鱼类的捕食，枝角类浮游动物的形态特征可能因种群而异。当种群暴露在较高的捕食压力下时，长尾刺和扩大的"头盔"等形态特征变得更加明显，这被认为是减少被捕食而做出的一种适应。实验研究表明，长尾刺和扩大的"头盔"增加了小型捕食性鱼类和无脊椎动物的猎捕时间，并降低捕获成功率（Kolar and Wahl，1998）。在北方大平原冰川湖中，发现了一些有趣的现象，通过对这些湖泊中水蚤种群的比较发现，在经历了冬季鱼类频繁捕杀的湖泊中，其种群脊椎长度将变短，这可能是为了降低鱼类对其捕食的压力（Isermann et al. , 2004）。

许多浮游动物种群会昼夜垂直迁移，晚上升至表层摄食，白天降到较深水域，这种迁移模式与鱼类的捕食压力有关（Gliwicz，1986）。在有摄食浮游动物鱼类的湖泊和水库中，浮游动物昼夜垂直迁移的幅度比捕食压力较小或者没有捕食压力的湖泊更为明显，这种行为被认为是对捕食压力的一种适应。通过在白天迁移到更深水域，以躲避依靠视觉捕食的鱼类。尽管没有被详细地记录，但这种鱼类诱导的行为可能通过降低植食性浮游动物的捕食压力而对浮游植物丰度产生间接影响。

13. 3. 3. 4　鱼类

鱼类是水生食物网的重要组成部分。作为一个群体，鱼类跨越了从草食性到顶级捕食者间的大幅营养级。然而，多数鱼类会随着成长而改变捕食类型，从而发生食性转变。很多鱼孵化时个体较小，首选食物往往是浮游动物，这是因为浮游动物更易捕捉，也适应仔稚鱼的口裂宽度。多数鱼类在仔稚鱼期间对浮游动物的利用，关系其资源能否得到充分补充。室内研究和野外调查的结果表明，当小型桡足类特别丰富时，黄鲈幼鱼（体长<12 mm）长得更快，存活率更高（Graeb et al.，2004）。此外，当较大的枝角类（如大型枝角类）丰富时，黄鲈幼鱼生长、存活和补充情况也会更好。虽然鱼类资源的补充受多种因素影响，但食物的丰富与否仍是影响幼鱼存活的关键因素。如果进入仔鱼期时首选的浮游动物适口饵料丰富，那么其存活率一般高于适口浮游动物繁盛期前后。浮游动物对仔鱼生长和存活至关重要，许多渔业生物学家通过监测浮游动物的丰度和物种组成，来评估鱼类的潜在生长和资源补充。

随着鱼类生长，其体型会变得更大，口裂更宽，游泳能力更强，这也使它们能摄食的食物类型更为广泛。例如，大口黑鲈、黄鲈和大眼梭鲈通常由仔稚鱼期以摄食浮游动物为主转为捕食大型底栖动物。大型无脊椎底栖动物是鱼类重要的食物来源，这些生物能将有机物（如植物和碎屑）转化成可用的能量。鱼类通常摄食的大型无脊椎动物包括水生昆虫（蚊、蛾、蜻蜓和蜉蝣）、软体动物（蚌类和腹足类）和甲壳类动物（端足目动物和小龙虾）。对于鱼食性鱼类而言，食物从无脊椎动物向鱼类转变是一个重要的过程，摄食鱼类能使这些鱼食性鱼类获得更快的增长率，并可能提高其存活率（Ludsin and DeVries，1997）。一些食性较广的鱼类（如黄鲈）在无脊椎动物食物源充足的条件下，其食性在其生活史大部分时间里会保持不变，但当鱼类饵料丰度变得丰富时则容易转为鱼食性。

浮游动物食性。有些鱼类在整个生命周期中几乎完全摄食浮游动物。红大麻哈鱼、胡瓜鱼（rainbow smelt）和大肚鲱（alewife）就是如此，无论是幼鱼期还是成鱼期均以浮游动物为主。对于这些物种，监测浮游动物群落至关重要，因为浮游动物种类组成和（或）大小结构变化可预示食物网结构变化（如滤食性鱼类的丰度）。Johnson 和 Goettl（1999）认为，通过监测科罗拉多州豪斯图茨（Horsetooth）水库中浮游动物的丰度和物种组成，可以跟踪胡瓜鱼的丰度。胡瓜鱼种群在豪斯图茨水库建立后，浮游动物特别是大型枝角类丰度下降，并且连续几年保持较低水平。随后的浮游动物监测数据表明，浮游动物群落发生另一次转变，大型浮游动物的丰度开始提高。事实上，管理人员后来了解到，胡瓜鱼丰度在此期间有所下降，因此缓解了浮游动物被捕食的压力，因而浮游动物群落有所恢复。对浮游动物的常规监测使管理人员可以检测到胡瓜鱼的丰度下降。

杂食性。杂食性鱼类通过摄食各种植物和动物来获取能量。众所周知，鲤是杂食性鱼类，其咽齿有类似磨牙的表面，可以在摄入之前磨碎植物。鲤底栖摄食行为的特点是吸入湖泊沉积物，将其排入水中，然后滤食食物组分（Scott and Crossman，1973）。据报道，鲤摄食各类水生动物，包括水生昆虫、软体动物、环节动物和甲壳动物。鲤造成的沉积物再悬浮、营养盐循环和杂食性摄食活动均会对湖泊水质产生深远影响。鲤密度过高与水体透明度降低和沉水植被减少有关，这对渔业管理人员而言是个重大挑战（Weber and Brown，2009）。另一种杂食性鱼类斑点叉尾鮰也会摄食水果和某些植物浆果（即果实食性）。在研究密西西比河时曾发现，斑点叉尾鮰能摄食红桑葚和东部沼泽女贞的果实（Chick et al.，2003）。斑点叉尾鮰摄食果实提高了种子的萌发成功率，这意味着斑点叉尾鮰摄食引起的种子扩散可能会对沿岸植被种群的补充具有积极的影响。

鱼食性。鱼食性鱼类是通过摄食其他鱼类获得大部分能量的一类鱼。鱼食性鱼类在水生生态系统中往往是顶级捕食者，可以影响整个食物网。例如，当鱼食性鱼类数量较多时，可降低较低级营养级鱼类的丰度（浮游生物食性鱼类或大型无脊椎动物捕食者）。在北美洲，最受欢迎的垂钓鱼类大多为鱼食性鱼类（如大口黑鲈、大鳞大麻哈鱼、北美狗鱼、梭鱼、条纹鲈和平头鲇）。在管理大多数鱼食性鱼类时需要维持捕食者需求（鱼食性鱼类丰度）与饵料供应（浮游生物食性鱼类或大型无脊椎动物捕食者）间的平衡。

刚孵化出的仔鱼极易受到多种生物的捕食，原因是仔稚鱼孵化后体型较小，且通常游泳能力较弱，被捕食过程中逃脱的能力较差。因此，即使是顶级鱼食性鱼类在其仔稚鱼阶段也可能成为其他鱼类的食物，导致的结果是，潜在的食物竞争者也可以互相捕食。潜在竞争者即能充当捕食者，又能被当作猎物，这种关系被称为同物类捕食（Gotelli，2001）。白斑狗鱼和梭鱼是美国北部和加拿大常见的顶级食鱼性鱼类，它们就是同物类捕食的一个很好的例子。白斑狗鱼的繁殖季节比梭鱼要早，因此白斑狗鱼的幼鱼能够比较容易地捕食梭鱼的仔稚鱼，这可能会影响梭鱼群体数量的补充（Inskip，1986）。因此，我们应该认识到潜在竞争对手的相对孵化时间可以影响一个物种对另一个物种的捕食。

一个物种的丰度也可能间接影响另一物种的捕食情况。在之前的例子里（见13.3.3.2），糠虾的引入以及随之而来的红大麻哈鱼种群降低，最早被认为是由于竞争浮游动物而导致的。然而，湖泊中引入的糠虾是湖鳟幼鱼的重要食物，这也促使了湖鳟这类顶级食鱼性鱼类的生长和群体补充。反过来，湖鳟捕食红大麻哈鱼导致了后者种群数量显著下降，这样的例子被称为"似然竞争（apparent competition）"（Holt，1977）。与糠虾竞争看似是影响红大麻哈鱼丰度的因素，而事实上湖鳟对红大麻哈鱼的捕食影响更大。

13.4 食物网理论

13.4.1 营养级联假说

捕食的直接影响是可预见的，即随着捕食强度增加，被捕食者的密度会降低，这通常又会对其他营养级产生影响。Hrbacek等（1961）最早探讨了关于鱼类捕食会对浮游动物和藻类产生间接影响的原因。该研究结果显示，当鱼类密度较低时，大型浮游动物（例如，水蚤属）主导了浮游生物群落，导致池塘中的藻类较少。后来的研究量化了这些相互作用，并提出了营养级联假说（Paine，1980），以此来解释较高营养级的捕食作用如何级联到较低营养级（Brooks and Dodson，1965；Carpenter et al.，1985）。营养级联假说中的一个简易模型预测，鱼食性鱼类丰度的升高会通过直接摄食来降低浮游生物食性鱼类丰度。捕食会对低营养级生物产生级联效应：鱼类捕食导致滤食性鱼类减少，降低了对浮游动物的摄食压力，使浮游动物密度增加或种类组成趋向个体更大、滤食效率更高的类型转化。浮游动物摄食强度增加，降低了浮游植物密度，导致藻类生物量下降，水体透明度提高。

营养级联效应可以影响鱼类和浮游动物种群的组成及大小结构，进而影响藻类生物量。由于质量特异性代谢随着体型的增大而减少，所以营养循环（即排泄）会受到水生生物个体规格的强烈影响（图 13.6）。因此，高密度的小型鱼类（即浮游生物食性鱼类）和浮游动物可通过排出可溶性营养盐来增强营养物质的有效性。在以浮游生物食性鱼类和小型浮游动物为优势类群的湖泊中，随着摄食强度减弱和可利用性营养盐增多，藻类的丰度会得到上升（Vanni and Layne，1997）。

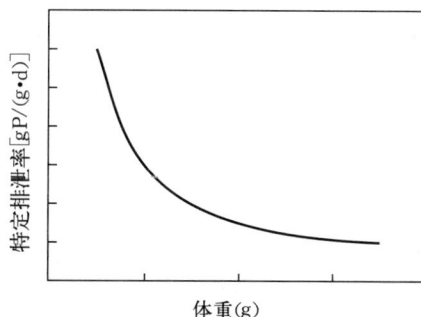

图 13.6　水生生物特定排泄率与体重之间的一般关系。生物量相同时，与体型较大的种群相比，体型较小的鱼类或无脊椎动物排出更多的可溶性营养物质

以往经验和全湖操控的结果表明，尽管食物网效应是真实存在的，但由于生态系统复杂多样，结果往往与理论上预测的情况有出入（Carpenter and Kitchell，1992；DeMelo et al.，1992）。许多变化可能会降低营养级联的有效性，特别是较低的营养级。举个例子，美国中西部水库中的**鲹**就能瓦解营养级联效应。**鲹**在富营养化系统中能达到很高的密度，许多研究和管理工作都致力于通过营养相互作用的手段来降低**鲹**的种群密度（Stein et al.，1995）。

例如，研究人员试图通过放养大口黑鲈和杂交条纹鲈来降低**鲹**的种群密度，但很快发现它们不是鱼食性鱼类，无法对食物网造成影响。**鲹**的生长速度特别快，体长很快就超过了许多肉食性鱼类的口裂宽，因此通常只会在**鲹**孵化后的前几个月出现短暂的捕食压力。当**鲹**和大口黑鲈都以浮游动物为主要食物（仔稚幼鱼）时，它们之间会发生激烈竞争，而当浮游动物密度下降后，**鲹**又能够迅速转换到碎屑食性，这种能力使其比其他捕食者具有更强的竞争优势。因此，为了通过营养级联控制**鲹**，我们了解到**鲹**实际上是从"中间"构建食物网，管理者们需要预测管理工作对多个营养层级的直接和间接影响。

13.4.2　底栖动物-浮游生物联系

尽管底栖动物是许多鱼类重要的饵料生物，但在湖泊食物网的研究中，底栖动物生产力的影响往往被忽视。底栖饵料生物对大眼狮鲈、北方狗鱼和大口黑鲈等鱼食性鱼类的饵料贡献率很大（>50%）（Vander Zanden et al.，1997；Vadeboncoeur et al.，2002）。鱼类利用底栖饵料生物的情况可能因种群而异，往往受湖泊大小的影响。底栖动物的生产力和对鱼类食物的贡献在小型浅水湖泊中普遍更明显，并随着平均水深和湖泊面积的增加而降低（Lindegaard，1994）。因此，浮游生物群落和底栖动物群落之间的相互作用受湖泊面积大小和水深的影响。

水域中上层与底栖环境之间能量的流动和方向受水柱中营养盐浓度的影响较大（Vadeboncoeur et al.，2002）。贫营养湖泊的初级生产力可以由底栖植物（如周丛生物和沉水植被）主导；随着营养物质浓度增加，浮游植物生物量上升，导致着生藻类和沉水植物的光照可利用率下降，因而生产力由底层向表层迁移。在中等营养水平的浅水湖泊中，底栖生物或浮游生物生产力的相对影响程度可交替占据优势，导致水质和能量流动发生剧烈变化。生态系统内的这种非线性变化被称为多稳态，这对生境管理和渔业生产具有重要的指导意义。

13.4.3　多稳态假说

许多生态系统的状态能在多稳态之间进行交替。最常见的例子就是在许多浅水湖泊中清水态和浊水态的相互交替（Scheffer et al.，1993；Scheffer，1998）。清水态的特点是水体透明度高且以沉水植物为主要初级生产力，当营养物质或鱼类扰动引起的浊度低于某一阈值时，该状态趋于保持稳定。相反，浊水态湖泊水体透明度低，初级生产力以浮游植物（如绿藻或蓝藻）为主。尽管营养物质浓度对水体透明度有重要影响，但通常仅靠减少营养物质浓度难以将浊水系统转变为清水系统，重点在于营养级间相互作用和沉积物再悬浮影响了沉水植物所需的光环境。通过控制鱼类资源量，管理者们已经成功地将湖泊从浊水状态"切换"到清水状态。降低鱼类生物量可以通过两种重要方式影响水的浊度：首先，如前面所讨论的，降低摄食浮游生物的鱼类丰度可以通过下调级联来影响食物网，使得水体透明度提高，其原因在于降低了植食性浮游动物的被捕食压力；其次，在底层鱼类（如鲤）占优势的湖泊里，鱼类生物量的减少往往会提高水体透明度，这是由于底层鱼类的摄食行为会引起底部沉积物的悬浮，从而导致水体浊度增加（Scheffer，1998）。

13.5　食物网管理

13.5.1　营养盐管理

夏季，许多湖泊和水库都会出现藻华现象。藻华不仅会影响水质，污染饮用水，还会影响休闲需求（Welch and Cooke，1999）。这些问题往往与营养盐浓度过高有关，这是对资源管理者实际操作的巨大挑战。降低外源营养盐输入是湖泊生态修复工作的首要目标，但是不同湖泊对于降低营养物质输入的反应不尽相同。一些湖泊中由于时间的推移而形成大量含磷沉积物，外源磷负荷的显著减少在短期内对水质几乎没有改善，而来自沉积物的内部营养物质的含量会导致高磷浓度，并使藻类大量繁殖。

施加如硫酸铝 $[Al_2(SO_4)_3]$ 等铝盐，是减少内源性营养盐负荷的方法之一。硫酸铝俗称明矾，通常以水溶液的形式使用，使用量取决于磷的释放速率、水体碱度等诸多因素（图 13.7），通过与无机磷结合，硫酸铝可有效降低营养盐浓度并改善水质。这样处理 5～18 年后，叶绿素 a 含量减少了约 40%（Welch and Cooke，1999），蓝藻含量显著下降，水体透明度提高，湖泊植被覆盖率也有所增加。用硫酸铝将浊水湖泊变为清水大型植物覆盖的湖泊的效果，或许与移除不良鱼类（如鲤）一样有效。然而，在硫酸铝治理湖泊的案例中，当鱼类密度较高时，可能需要移除鱼类以实现对内源性营养盐的适当控制（Welch and Cooke，1999）。

硫酸铝处理的维持时间和效果因湖泊类型而异。由于浅水湖泊水体混合性良好（即多

图 13.7　南达科他州米切尔湖内施用硫酸铝以减少内源磷负荷
（照片由南达科他州渔业部 T. St. Sauver 提供）

循环），因此水温和溶解氧量的垂直梯度不会很大。相反，深水湖泊会在夏季产生温度分层（例如，双季循环），下层滞水带缺氧，这对于沉积物磷的释放是有利的。研究表明，多循环湖对硫酸铝的响应通常低于双季循环湖泊。此外，大型植物过于茂密，或者在许多浅水型湖泊中在风力驱动下出现的沉积物再悬浮现象，都会降低硫酸铝处理的效果。根据对成功案例的跟踪调查显示，硫酸铝处理的效果在全循环湖中维持时间约为 10 年，而在大多数双季循环湖泊中约为 15 年（Welch and Cooke，1999）。

　　与富营养湖泊不同，贫营养湖泊的特点是营养物质浓度低。尽管水质状态良好，但贫营养湖泊顾名思义就是生产力低的系统。初级生产力过低导致鱼类生长缓慢，这也给渔业管理者带来挑战。这种情况，有时需要通过增加营养供应以促进鱼类生长。添加无机肥（如磷酸铵和尿素）可以提高贫营养湖泊和溪流中垂钓鱼类的生长率（Stockner and Maclsaac，1996；Bradford et al.，2000），这是一个重要的管理方法。鉴于人们对富营养化的普遍关注，应在"一湖一策"的管理基础上谨慎施肥。在施肥之前，需要详细地了解湖泊情况，尤其是营养物质浓度（氮和磷）和氮磷比（Stockner et al.，2000）。维持较高的氮磷比（＞20）尤其关键，因为磷含量的增加，氮磷比率会下降，浮游植物产量成为由氮限制，届时有可能导致蓝藻水华产生。因此，均衡的氮磷比对于无机肥料的开发和应用至关重要。

13.5.2　大型水生植物管理

　　沉水植被为鱼类提供了重要的育幼场和避难所，并且往往与许多浅水型湖泊的清水态有关。虽然清水态通常为湖泊的理想状态，但高密度的沉水植物也可能会带来不少问题。外来植物，如穗花狐尾藻的扩散就是一个典型例子（Olson et al.，1998）。高密度的沉水植物会妨碍涉水休闲活动，并对渔业产生负面影响。

　　茂密的植被会对鱼类生长产生多方面的影响。首先，茂密植被通过为幼鱼提供避难所，阻碍了食鱼性鱼类的觅食效率，致使食鱼性鱼类的生长速率降低（Savino and Stein，1982；Savino et al.，1992）。其次，茂密植被提高了小鱼尤其是可食用小鱼的存活率，导致过度拥挤、生长减缓。最后，致密的大型植物可导致水质下降，最为显著的是溶解氧含量的昼夜波动。减少浅水湖泊大型水生植物丰度的方法有很多，如施用除草剂和机械收割等。对多个湖泊中的大口黑鲈和蓝鳃太阳鱼的种群研究表明，沿岸植被去除20%后，部分年龄组鱼类生长速率加快（Olson et al.，1998）。同样，对植被清除模式的模拟研究表明，在沿岸植被移除20%～40%后，蓝鳃太阳鱼的生长将加快（Trebitz and Nibbelink，1996）。在后一项研究中，作者建议通过覆盖植被的方式条带状清除植被，而不是通过大面积植被的清除将边缘栖息地最大化。

13.5.3　生物操纵

　　如今，渔业管理者认识到放养或移除某种特定鱼类（即生物操纵）可对食物网结构和水质产生重要影响。生物操纵技术被越来越多地应用于湖泊修复当中，原因在于改善水质和丰富垂钓鱼类种群资源量能吸引各类湖泊管理者（Mehner et al.，2002）。虽然生物操纵研究极大地增加了我们对湖泊食物网的理解，但是这些技术的成功应用不是"一刀切"的方法。在生物操纵研究的回顾中，Mehner等（2002）探讨了食物网的复杂性和生物操纵的成功因素，提出了以下观点：①水生生物导致的营养盐循环对湖泊生产力产生自下而上的影响，但不同湖泊之间的影响程度存在较大差异；②食物网相互作用的复杂性会因不同规格的鱼的相互作用而增加，并可能会干扰我们对生物操纵的预测效果；③考虑生物操纵研究的时间和空间尺度很重要——可能需要重复干预，以保持湖泊中的预期效果；④为实现生物操纵的预期效果，需要在鱼食性、浮游生物食性和底栖动物食性鱼类之间取得适当的平衡，但目前由于普遍缺乏定量评估，因而仍会面临一定的挑战。

　　当实际操作时，移除不需要的鱼似乎比放养鱼食性鱼类对水质的影响更大。有个关于生物操纵的综合性研究案例，涉及39个湖泊，湖泊面积为0.18～2 650 hm²（平均水深1～23 m），结果表明，小型浅水湖泊中的生物操纵对于控制浮游植物生物量和提高水体透明度最为有效（<25 hm²，平均水深<3 m）（Drenner and Hambright，1999）。水质变化也受到生物操纵类型的影响，其中90%的研究使用了去鱼方法而成功地改善了水质，主要有：①鱼类的去除和补充（67%）；②去除部分鱼并放养食鱼性鱼类（60%）；③清除鱼（40%）；④放养鱼食性鱼类（27%）。

　　此外，仅有约15%使用生物操纵技术的研究中，水质在一年内没有明显改善（Drenner and Hambright，1999）。虽然造成这些变化的机制多种多样，但仍有证据证明，在以底层鱼类（如鲤）为主的湖泊，超过 50％的浊度可能是由沉积物再悬浮造成的（Meijer et al.，1994）。减少底栖鱼类（的数量）可以推动浅湖转向清水、大型植物为主的状态，从而间接减少藻类生物量。

13.6　历史案例：食物网动态

13.6.1　捕食者——食饵平衡

平衡捕食者的消耗需求与猎物种群的动态对于管理游钓渔业至关重要（Swingle，1950；Ney，1990）。该方法多种多样，包括比例大小分布或相对质量等传统指数。因为"平衡"意味着一种均衡状态，这种状态在捕食者和猎物之间很少发生（Ney，1990），因此诞生了一个更合适的名词"营养经济学"，来反映捕食者与猎物之间的动态。了解食物网联系有助于解释渔业资源状况（例如，生长、身体状况和大小结构），这对于生物学家而言责任重大。

在科罗拉多州，有一个强调营养经济学重要性的例子，管理人员试图在几个高海拔水库打造品牌湖鳟渔业（Johnson and Martinez，2000；Martinez et al.，2009）。由于湖鳟是典型的长寿物种，通常需要维持较低的养殖密度，管理人员试图通过限制捕捞规范（如体长限制和最低网袋孔径）来优化体长结构，以此降低鱼类的开发力度，让湖鳟高品质生长。

捕捞法规的成功实施保证了湖鳟种群数量的增加，然而种群扩张的代价很快凸显。湖鳟是水库中的顶级食鱼性鱼类，并且能够自然繁殖，然而在科罗拉多州水库，湖鳟的主要食物是红大麻哈鱼和虹鳟，但这两种鱼都不自然繁殖，需进行放流才能保持种群数量稳定。随着相关限制捕捞法规的颁布，管理人员需要通过各种手段来对食物网动态进行监测，用水声学调查来确定湖鳟和虹鳟的现存量，通过标准化的刺网和年龄估计来确定鱼的生长速率和种群结构，最后用食物鉴定和稳定同位素示踪技术来确定湖鳟的食物组成。这些数据被纳入生物能量学模型，以评估湖鳟的总消费需求。在一些水库中，捕食者的消费需求在一些月份中超过了被捕食者的现存量。湖鳟的消费需求超出了它们的被捕食者供应量。

该法规旨在改善食物网中湖鳟的体长结构，由此也导致食物网严重不平衡，更加棘手的是湖鳟需要与垂钓者争夺红大麻哈鱼与虹鳟资源。此外，需要耗费大量资金进行鱼苗孵化，对捕食者消费需求的分析表明，生产 1 尾品牌湖鳟花费可能超过 1 000 美元。最后，随着种群扩张和食物资源变少，湖鳟的生长速率大幅度减慢，否定了捕捞法规的有效性。

随着食物网越发失衡，管理人员通过自由化法规（例如，每天收获 4 尾或 8 尾鱼的限制和无长度限制）将重点转移至限制湖鳟种群数量。这种方法不仅降低了湖鳟对红大麻哈鱼和虹鳟的捕食压力，并且一些水域中的湖鳟生长状况也将得到大幅改善。事实上，布鲁梅萨（Blue Mesa）水库的捕捞法规约束性最小，每天可以对 8 种鱼进行无长度限制的捕捞，水库中的湖鳟 10 年增长至 760 mm。因此，通过了解食物网动态，管理人员能够确定使品牌湖鳟获得良好生长的最佳方式，就是在这些水域中通过不断调整的管理手段来维持较低的种群密度。

13.6.2　鲑生态系统中的营养循环

稳定同位素分析正越来越多地被用于跟踪能量流动以及确定水生和陆地环境的营养关系（King et al.，1992；Cabana and Rasmussen，1994；Fry，2006）。这种方法已经被用于开展各种研究，包括定量研究食性从中上层到底栖饵料生物的转变（Vander Zanden et al.，1998），模拟食鱼性鱼类对污染物的吸收过程（Kidd et al.，1996），以及监测水体富营养化对水生食物网的影响（Cabana and Rasmussen，1996）。与肠道内含物鉴定不同的是，前者只能提供生物近期的摄食情况，而稳定同位素分析可提供生物长时间的摄食信息和摄食历史。稳定同位素方法作为量化能量流动的方法有几个优点：①经济性。与传统食性研究相比，所需时间更短和鱼类样本更少（每个物种或每个生命阶段的样本数少于10尾）。②反映鱼类实际吸收的物质。③更有效地利用鱼类样本，即使空胃时，稳定同位素分析也不会有信息丢失。④可用于评估种群内摄食模式的变化。

碳（$\delta^{13}C$）和氮（$\delta^{15}N$）是水生食物网研究中最常用的同位素。一般来说，消费者的同位素特征值与其饵料生物相近，可以用来识别食物链底部的碳源。相反地，氮稳定同位素从饵料生物到捕食者逐步增加。重 N 同位素（$\delta^{15}N$）的 3.4‰富集度通常被用来表示一个营养级水平的增量。例如，从浮游动物到鱼（Post，2002）。

稳定同位素分析尤其有利于在溪流中溯河洄游的鲑的能量流动途径进行示踪。溯河洄游的鲑在回到淡水河流产卵地之前，绝大部分时间生活在海洋环境中。鲑产卵后死亡，它们的尸体腐烂分解，为淡水环境提供了重要的营养补给。由于海洋来源氮（MDN）的同位素特征值通常与淡水系统的氮同位素特征值差别很大，故可被用来追踪 MDN 对水生和陆生生物的贡献。

在对阿拉斯加的印度河和卡达山河中对有和没有鲑产卵的河段进行比较后发现，鲑尸体腐烂释放的营养物质对河岸植被有显著影响（Helfield and Naiman，2001）。在产卵地点，沿岸带树叶中 MDN 的百分比从蕨类植物中的 22%［例如，鳞毛蕨属（*Dryopteris*）和蹄盖蕨属（*Athyrium*）］到阿拉斯加云杉中的 24%不等（表框 13.3）。此外，产卵场附近区域的阿拉斯加云杉基底面积增长速度（约 2 250 mm²/年）明显高于非产卵区（约 660 mm²/年）（Helfield and Naiman，2001）。通过稳定同位素分析，研究人员已经证明鲑尸体所提供的养分补给有利于沿岸生产力的提高，从而增大水体遮蔽面积、提高沉积物过滤能力和大型木质碎屑生产量。沿岸植被面积增加改善了鲑的产卵和育幼栖息地，并提供了一个良好的反馈机制（Helfield and Naiman，2001）。

13.6.3　鱼类的移除

克里斯汀纳湖（Lake Christina）是明尼苏达州中部的一个大型浅水湖泊，狩猎水禽的历史悠久。长时间的高水位和大量的浮游生物食性鱼类导致克里斯汀湖水体混浊，水生植物密度较低。水体混浊、水生植被缺乏的克里斯汀纳湖对喜爱筑巢和迁徙的水禽没有吸引力。为将水禽吸引回来，管理者决定通过改变食物网结构，将克里斯汀纳湖变回以前的清水状态。他们曾 3 次用鱼藤酮试图将所有鱼类（主要为鲤和黑鲴）从湖中去除。前两次施用鱼藤酮处理很成功，每次处理后水生植被密度均增加，水禽对水生植物的摄食量也增加（Hanson and Butler，1994；Hansel‐Welch et al.，2003）。然而，每次处理后，克里斯汀纳湖都会逐渐变回混浊状态。改造后接下来的几年内，水生植被和水禽摄食量都大幅增加，改造效果良好。需要通过实践来证实克里斯汀纳湖是否能够保持清水状态。

13.6.4　湖泊施肥

与富营养化不同，贫营养化过程是指湖泊和水库生产力随时间推移而下降。有多种因素可导致淡水湖泊贫营养化，包括营养流失、蓄水（例如，水库老化）、湿地排水、鱼类减少、水体酸化、泼洒石灰、伐木和气候变化等（Ney，1996；Stockner et al.，2000）。特别是水库，可以起到"汇"的作用，随着水库老化，其生产力逐渐降低（见第 17 章）。在美国东南部，水库贫营养化一直与浮游生物食性鱼类生物量降低、生长速率减缓以及垂钓渔业有关（Ney，1996）。

表框 13.3　稳定同位素分析

在对森林滨河地区的详细研究中，Helfield 和 Naiman（2001）在有和没有鲑产卵的地点分别测定了太平洋鲑尸体和河岸植被（阿拉斯加云杉）的稳定氮同位素值（$\delta^{13}N$）。

表　太平洋鲑和阿拉斯加云杉的平均氮同位素值（$\delta^{15}N$）。

分类	$\delta^{15}N$	
	参考点（无鲑分布）	鲑产卵场
阿拉斯加云杉	−3.3	0.63
太平洋鲑	—	13.39

利用一个双源混合模型，Helfield 和 Naiman（2001）计算了海洋来源氮（MDN）对沿河树木的贡献百分比：

$$MDN = [(SAMPLE−REF)/(FISH−REF)] \times 100\%$$

式中，SAMPLE 是来自产卵区的阿拉斯加云杉的 $\delta^{15}N$ 平均值；REF 是来自参照地点的阿拉斯加云杉的 $\delta^{15}N$ 平均测量值，此处作为陆地端值（即 0%MDN）；FISH 是鲑尸体组织的 $\delta^{15}N$ 平均测量值，此处作为海洋端值（100%MDN）。利用这个方程，我们得到：

$$MDN = [(0.63+3.3)/(13.39+3.3)] \times 100\%$$
$$= [3.93/16.69] \times 100\%$$
$$= 0.235 \times 100\%$$
$$= 24\%$$

因此，产卵场附近的阿拉斯加云杉大约 24% 的叶片氮是从太平洋鲑尸体获得的。

向营养限制的水生生态系统中施肥是增加鱼产量的一种有效手段。不列颠哥伦比亚东部的奇尔科湖（Lake Chilko）是一个大型贫营养型湖泊，是红大麻哈鱼的重要饲养水域代表。由于磷浓度较低（$<3\mu g/L$），20 世纪 80 年代末和 90 年代初开始进行试验性施肥，以增加红大麻哈鱼的生产量（Bradford et al.，2000）。自 6—9 月，每周从空中向湖泊施用 $4\ mg/m^2$ 磷的无机肥（N：P=5）一次，为期 5 年。Bradford 等（2000）利用 39 年的预处理数据加上来自其他地方的种群数据，发现施肥后平均生产力（每个产卵者的补充量）增加了 73%。同样，施肥后初级生产力和浮游动物生物量也得以提升，致使 1 龄和 2

龄红大麻哈鱼的生长速率分别提高了 34％和 58％。奇尔科湖施肥似乎是通过提高红大麻哈幼鱼的生长速率和存活率以增加成鱼产量的 (Bradford et al., 2000)。

13.7 总结

1 个多世纪前，Forbes (1887) 在他的经典作品中强调了食物网的重要性，他将湖泊看成一个微宇宙。自此以后，来自全湖研究的结果，加上理论和分析进展，表明营养级相互关系对淡水系统中的能量流动和由此产生的鱼类生产量具有重要影响。渔业管理员越来越认识到，将从营养级联、底层-中上层耦合和多稳态研究中获得的知识用于管理水生生态系统，挑战不在于应用多少知识，而是如何在有限的时间和资源情况下，决定何时何地使用这些知识。与传统的管理活动（例如，放养鱼类、评价条例和监测种群动态）相比，移除鱼、减少营养盐输入或对湖泊施肥都需要更多的时间和资金。然而，我们通过操纵整个湖泊，可以深入了解水生系统是如何运转的。由于我们大多数人都是通过实践来学习的，因而这些技术适合于适应性管理方法。只有遵循这些原理、监测其产出并报告结果，我们才能开始充分认识到它们在当代管理应用中的作用。

13.8 参考文献

Bradford, M. J., B. J. Pyper, and K. S. Shortreed. 2000. Biological responses of sockeye salmon to the fertilization of Chilko Lake, a large lake in the interior of British Columbia. North American Journal of Fisheries Management 20: 661 - 671.

Brönmark, C. 1985. Interactions between macrophytes, epiphytes and herbivores: an experimental approach. Oikos 45: 26 - 30.

Brooks, J. L., and S. I. Dodson. 1965. Predation, body size, and composition of plankton. Science 150: 28 - 35.

Cabana, G., and J. B. Rasmussen. 1994. Modeling food chain structure and contaminant bioaccumula - tion using stable nitrogen isotopes. Nature 372: 255 - 257.

Cabana, G., and J. B. Rasmussen. 1996. Comparison of aquatic food chains using nitrogen isotopes. Proceedings of the National Academy of Sciences 93: 10844 - 10847.

Carlson, R. E. 1977. A trophic state index for lakes. Limnology and Oceanography 22: 361 - 369.

Carlson, R. E. 1992. Expanding the trophic state concept to identify non - nutrient limited lakes and reservoirs. Pages 59 - 71 *in* Proceedings of a National Conference on enhancing the states' lake management programs, monitoring and lake impact assessment. Chicago.

Carpenter, S. R., and J. F. Kitchell. 1992. Trophic cascade and biomanipulation: interface of research and management—a reply to the comment by DeMelo et al. Limnology and Oceanograhpy 37: 208 - 213.

Carpenter, S. R., and J. F. Kitchell. 1993. The trophic cascade in lakes. Cambridge University Press, New York.

Carpenter, S. R., J. F. Kitchell, and J. R. Hodgson. 1985. Cascading trophic interactions and lake productivity. BioScience 35: 634 - 639.

Carpenter, S. R., and D. M. Lodge. 1986. Effects of submersed macrophytes on ecosystem processes. Aquatic Botany 26: 341 - 370.

Chick, J. H. , R. J. Cosgriff, and L. S. Gittinger. 2003. Fish as potential dispersal agents for floodplain plants: first evidence inNorth America. Canadian Journal of Fisheries and Aquatic Sciences 60: 1437 - 1439.

Chipps S. R. , and D. H. Bennett. 2000. Zooplanktivory and nutrient regeneration by invertebrate and vertebrate planktivores: implications for trophic interactions in oligotrophic lakes. Transactions of the American Fisheries Society 129: 569 - 583.

Chipps, S. R. and D. H. Wahl. 2004. Development and evaluation of a western mosquitofish bioenergetics model. Transactions of the American Fisheries Society 133: 1150 - 1162.

Covich, A. P. , M. A. Palmer, and T. A. Crowl. 1999. The role of benthic invertebrate species in freshwater ecosystems. BioScience 49: 119 - 127.

DeMelo, R. , R. France, and D. J. McQueen. 1992. Biomanipulation: hit or myth? Limnology and Oceanography 37: 192 - 207.

DiCenzo, V. J. , M. J. Maceina, and W. C. Reeves. 1995. Factors related to growth and condition of the Alabama subspecies of spotted bass in reservoirs. North American Journal of Fisheries Management 15: 794 - 798.

Dodds, W. K. , W. W. Bouska, J. L. Eitzmann, T. J. Pilger, K. L. Pitts, A. J. Riley, J. T. Schloesser, and D. J. Thornbrugh. 2009. Eutrophication of U. S. freshwaters: analysis of potential economic damages. Environmental Science and Technology 43: 12 - 19.

Drenner, R. W. , and K. D. Hambright. 1999. Biomanipulation of fish assemblages as a lake restoration technique. Archiv für Hydrobiologie 146: 129 - 165.

Forbes, S. A. 1887. The lake as a microcosm. Bulletin of the Scientific Association (Peoria, IL) 1887: 77 - 87. Reprinted 1925, Bulletin of the Illinois Natural History Survey 15: 537 - 550.

Frodge, J. , G. L. Thomas, and G. Pauley. 1990. Effects of canopy formation by floating and submergent aquatic macrophytes on the water quality of two shallow Pacific Northwest lakes. Aquatic Botany 38: 231 - 248.

Fry, B. 2006. Stable isotope ecology. Springer, New York.

Gallepp, G. W. 1979. Chironomid influence on phosphorus release in sediment - water microcosms. Ecology 60: 547 - 556.

Garvey, J. E. , R. A. Stein, and H. M. Thomas. 1994. Assessing how fish predation and interspecific prey competition influence a crayfish assemblage. Ecology 75: 532 - 547.

Gliwicz, M. Z. 1986. Predation and the evolution of vertical migration in zooplankton. Nature 320: 746 - 748.

Gotelli, N. J. 2001. A primer of ecology. Sinauer Associates, Sunderland, Massachusetts.

Graeb, B. D. S. , J. M. Dettmers, D. H. Wahl, and C. E. Cáceres. 2004. Fish size and prey availability affect growth, survival, and foraging behavior of larval yellow perch. Transactions of the American Fisheries Society 113: 504 - 514.

Hansel - Welch, N. , M. G. Butler, T. J. Carlson, and M. A. Hanson. 2003. Changes in macrophyte community structure in Lake Christina (Minnesota), a large shallow lake, following biomanipulation. Aquatic Botany 75: 323 - 337.

Hanson, M. A. , and M. G. Butler. 1994. Responses of plankton, turbidity, and macrophytes to biomanipulation in a shallow prairie lake. Canadian Journal of Fisheries and Aquatic Sciences 51: 1180 - 1188.

Hanson, P. C. , T. B. Johnson, D. E. Schindler, and J. F. Kitchell. 1997. Fish bioenergetics 3. 0. University

of Wisconsin System, Sea Grant Institute, WISCU－T－97－001, Madison. Available: http://limnol-
ogy. wisc. edu/research/bioenergetics/bioenergetics. html (June 2010).

Helfield, J. M. , and R. J. Naiman. 2001. Effects of salmon－derived nitrogen on riparian forest growth and
implications for stream productivity. Ecology 82: 2403－2409.

Hill, A. M. and D. M. Lodge. 1994. Diel changes in resource demand: competition and predation in species
replacement among crayfishes. Ecology 75: 2118－2126.

Holt, R. D. 1977. Predation, apparent competition, and the structure of prey communities. Theoretical Pop-
ulation Biology 12: 197－229.

Hrbacek, J. , M. Dvorakova, V. Korinek, and L. Prochazkova. 1961. Demonstration of the effect of the fish
stock on the species composition of zooplankton and the intensity of metabolism of the whole lake plank-
ton assemblage. Mitteilungen Internationale Vereinigung für theoretische und angewandte Limnologie 14:
192－195.

Hutchinson, G. E. 1975. A treatise on limnology. Volume III: limnological botany. Wiley, New York.

Inskip, P. D. 1986. Negative associations between abundances of muskellunge and northern pike: evidence
and possible explanations. Pages 135－150in G. E. Hall, editor. Managing muskies: a treatise on the biolo-
gy and propagation of muskellunge in North America. American Fisheries Society, Special Publication 15,
Bethesda, Maryland.

Isermann, D. A. , S. R. Chipps, and M. L. Brown. 2004. Seasonal Daphnia biomass in winterkill and non-
winterkill glacial lakes of South Dakota. North American Journal of Fisheries Management 24: 287－292.

Jensen, J. P. , P. Kristensen, and E. Jeppesen. 1991. Relationships between N loading and in－lake N con-
centrations in shallow Danish lakes. Verhandlungen Internationale Vereinigung für theoretisch und ange-
wandte Limnologie 24: 201－204.

Jensen, J. P. , P. Kristensen, E. Jeppesen, and A. Skythe. 1992. Iron : phosphorus ratio in surface sedi-
ment as an indicator of phosphate release from aerobic sediments in shallow lakes. Hydrobiologia 235－
236: 731－743.

Johnson, B. M. , and J. P. Goettl Jr. 1999. Food web changes over fourteen years following introduction of
rainbow smelt into a Colorado reservoir. North American Journal of Fisheries Management 19: 629－642.

Johnson, B. M. , and P. J. Martinez. 2000. Trophic economics of lake trout management in reservoirs of dif-
fering productivity. North American Journal of Fisheries Management 20: 127－143.

Kidd, K. A. , R. H. Hesslein, B. J. Ross, K. Koczanski, G. R. Stephens, and D. C. G. Muir
1996. Bioaccumulation of organochlorines through a remote freshwater food web in the Canadian Arc-
tic. Environmental Pollution 102: 91－103.

Kling, G. W. , B. Fry, and W. J. O'Brien. 1992. Stable isotopes and planktonic trophic structure in arctic
lakes. Ecology 73: 561－566.

Kogan, S. I. , and G. A. Chinnova. 1972. Relations between Ceratophyllum demersum and some bluegreen
algae. Hydrobiological Journal 5: 14－19. Translation of Gidrobiol. Zh. 8: 21－27.

Kolar, C. S. , and D. H. Wahl. 1998. Daphnid morphology deters fish predators. Oecologia 116: 556－
564. Lindegaard, C. 1994. The role of zoobenthos in energy flow in two shallow lakes. Hydrobiologia
275/276: 313－322.

Lodge, D. M. , M. W. Kershner, J. E. Aloi, and P. A. Covich. 1994. Effects of an omnivorous crayfish (Or-
conectes rusticus) on a freshwater littoral food web. Ecology 75: 1265－1281.

Ludsin, S. A. , and D. R. DeVries. 1997. First－year recruitment of largemouth bass: the interdependency of early life stages. Ecological Applications 7: 1024 - 1038.

Martinez, P. J. , P. E. Bigelow, M. A. Deleray, W. A. Fredenberg, B. S. Hansen, N. J. Horner, S. K. Lehr, R. W. Schneidervin, S. A. Tolentino, and A. E. Viola. 2009. Western lake trout woes. Fisheries 34: 424 - 442.

Mehner, T. , J. Benndorf, P. Kasprzak, and R. Koschel. 2002. Biomanipulation of lake ecosystems: successful applications and expanding complexity in the underlying science. Freshwater Biology 47: 2453 - 2465.

Meijer, M. L. , E. Jeppesen, E. Van Donk, and B. Moss. 1994. Long term responses to fish - stock reduction in small shallow lakes—interpretation of five year results of four biomanipulation cases in the Netherlands and Denmark. Hydrobiologia 276: 457 - 466.

Mills, E. L. , and A. Schiavone Jr. 1982. Evaluation of fish communities through assessment of zooplankton populations and measures of lake productivity. North American Journal of Fisheries Management 2: 14 - 27.

Nesler, T. P. , and E. P. Bergersen. 1991. Mysids in fisheries: hard lessons in headlong introductions. American Fisheries Society, Symposium 9, Bethesda, Maryland.

Ney, J. J. 1990. Trophic economics in fisheries: assessment of demand - supply relationships between predators and prey. Reviews in Aquatic Sciences 2: 55 81.

Ney, J. J. 1996. Oligotrophication and its discontents: effects of reduced nutrient loading on reservoir fisheries. Pages 285 - 295 in L. E. Miranda and D. R. DeVries, editors. Multidimensional approaches to reservoir fisheries management. American Fisheries Society, Symposium 16, Bethesda, Maryland.

Oglesby, R. T. 1977. Relationships of fish yield to lake phytoplankton standing crop, production and morphoedaphic factors. Journal of the Fisheries Research Board of Canada 34: 2271 - 2279.

Oglesby, R. T. , and R. M. Jenkins. 1982. The morphoedaphic index and reservoir fish production. Transactions of the American Fisheries Society 111: 133 - 140.

Olson, M. H. , S. R. Carpenter, P. Cunningham, S. Gafny, B. R. Herwig, N. P. Nibbelink, T. Pellett, C. Storlie, A. S. Trebitz, and K. A. Wilson. 1998. Managing macrophytes to improve fish growth: a multi - lake experiment. Fisheries 23 (2): 6 - 11.

Paine, R. T. 1980. Food webs: linkage, interaction strength, and community infrastructure. Journal of Animal Ecology 49: 667 - 685.

Palmer, M. , A. P. Covich, B. J. Finlay, J. Gibert, K. D. Hyde, R. K. Johnson, T. Kairesalo, P. S. Lake, C. R. Lovell, R. J. Naiman, C. Ricci, F. Sabater, and D. Strayer. 1997. Biodiversity and ecosystem processes in freshwater sediments. Ambio 26: 571 - 577.

Post, D. M. 2002. Using stable isotopes to estimate trophic position: models, methods, and assumptions. Ecology 83: 703 - 718.

Rigler, F. H. 1982. The relation between fisheries management and limnology. Transactions of the American Fisheries Society 111: 121 - 132.

Roni, P. 2005. Monitoring stream and watershed restoration. American Fisheries Society, Bethesda, Maryland.

Ryder, R. A. 1982. The morphoredaphic index—use, abuse, and fundamental concepts. Transactions of the American Fisheries Society 111: 154 - 164.

Savino, J. F. , E. A. Marschall, and R. A. Stein. 1992. Bluegill growth as modified by plant density: an exploration of underlying mechanisms. Oecologia 89: 153 - 160.

Savino, J. F. , and R. A. Stein. 1982. Predator - prey interactions between largemouth bass and bluegills as influenced by simulated, submersed, vegetation. Transactions of the American Fisheries Society 111:

255 - 266.

Scheffer, M. H. 1998. Ecology of shallow lakes. Chapman and Hall, London, UK.

Scheffer, M. H. , S. H. Hosper, M. - L. Meijer, B. Moss, and E. Jeppeson. 1993. Alternative equilibria in shallow lakes. Trends in Ecology and Evolution 8: 275 - 279.

Schindler, D. W. 1978. Factors regulating phytoplankton production and standing crop in the world's freshwaters. Limnology and Oceanography 23: 478 - 486.

Scott, W. B. , and E. J. Crossman. 1973. Freshwater fishes of Canada. Fisheries Research Board of Canada Bulletin 183.

Smith, V. H. 1982. The nitrogen and phosphorus dependence of algal biomass in lakes: an empirical and theoretical analysis. Limnology and Oceanography 27: 1101 - 1112.

Søndergaard, M. , P. Kristensen, and E. Jeppesen. 1993. Eight years of internal phosphorus loading and changes in the sediment phosphorus profile in Lake Søbygaard Denmark. Hydrobiologia 253: 345 - 356.

Spencer, C. N. , B. R. McClelland, and J. A. Stanford. 1991. Shrimp stocking, salmon collapse, and eagle displacement. Bioscience 41: 14 - 21.

Stein, R. A. , D. R. DeVries, and J. M. Dettmers. 1995. Food - web regulation by a planktivore: exploring the generality of the trophic cascade hypothesis. Canadian Journal of Fisheries and Aquatic Sciences 52: 2518 - 2526.

Stockner, J. G. , and E. A. MacIsaac. 1996. British Columbia lake enrichment programme: two decades of habitat enhancement for sockeye salmon. Regulated Rivers: Research and Management 12: 547 - 561.

Stockner, J. G. , E. Rydin, and P. Hyenstrand. 2000. Cultural oligotrophication: causes and consequences for fisheries resources. Fisheries 25 (5): 7 - 14.

Swingle, H. S. 1950. Relationships and dynamics of balanced and unbalanced fish populations. Alabama Agricultural Experiment Station, Auburn University, Bulletin 274.

Trebitz, A. S. , and N. Nibbelink. 1996. Effect of pattern of vegetation removal on growth of bluegill: a simple model. Canadian Journal of Fisheries and Aquatic Sciences 53: 1844 - 1851.

Vadeboncoeur, Y. , M. J. Vander Zanden, and D. M. Lodge. 2002. Putting the lake back together: reintegrating benthic pathways into lake food web models. Bioscience 52: 44 - 54.

Vander Zanden, M. J. , G. Cabana, and J. B. Rasmussen. 1997. Comparing trophic position of freshwater fish calculated using stable nitrogen isotope ratios and literature dietary data. Canadian Journal of Fisheries and Aquatic Sciences 54: 1142 - 1158.

Vander Zanden, M. J. , M. Hulshof, M. S. Ridgway, and J. B. Rasmussen. 1998. Application of stable isotope techniques to trophic studies of age - 0 smallmouth bass. Transactions of the American Fisheries Society 127: 729 - 739.

Vanni, M. J. , and C. D. Layne. 1997. Nutrient recycling and herbivory as mechanisms in the "top - down" effect of fish on algae in lakes. Ecology 78: 21 - 40.

Weber, M. J. , and M. L. Brown. 2009. Effects of common carp on aquatic ecosystems 80 years after "Carp as a Dominant": ecological insights for fisheries management. Reviews in Fisheries Science 17: 524 - 537.

Welch, E. B. , and D. C. Cooke. 1999. Effectiveness and longevity of phosphorus inactivation with alum. Journal of Lake and Reservoir Management 15: 5 - 27.

Wetzel, R. G. 2001. Limnology, 3rd edition. Academic Press, New York.

Wilde, G. R. , and M. I. Muoneke. 2001. Climate - related and morphoedaphic correlates of growth in white bass. Journal of Fish Biology 58: 453 - 461.

Wisniewski，R.，and M. Planter. 1985. Exchange of phosphorus across the sediment - water interface in several lakes of different trophic status. Verhandlungen Internationale Vereinigung für theoretisch und angewandte Limnologie 22：3345 - 3349.

Youngs，W. D.，and D. G. Heimbuch. 1982. Another consideration of the morphoedaphic index. Transactions of the American Fisheries Society 111：151 - 153.

第14章 社会和经济学信息在渔业评估中的应用

Kevin M. Hunt   Stephen C. Grado

14.1 引言

渔业管理可以定义为为了便于人们享受休闲或者商业价值对一个指定的水生生境和生物群落的管理过程（Weithman，1999）。这个过程依赖大量制定的决策，尤其是重要的科学调研的信息（Decker et al.，2001）。许多年来，渔业管理者收集生物和生态信息来支持管理决策，但有关资源利用者及相关机构的信息则主要是通过不正式的方式，如听证会或者公告的反馈来获得。尽管这样，人们常说任何政策或者规定，不管其有多么科学，如果与公众根本观点不一致的话，终将失败。许多季节性的渔业管理者不得不承认，尽管他们不愿意，渔业管理更多的是人的管理，因为要管理鱼类资源而且有效，他们就必须有与水生资源命运相关的人的信息。这些个体或者群体常常被称为利益相关者（见第5章）。因此，与调查鱼类和它们的栖息地信息一样，渔业管理者也要调查利益相关者的科学信息。

需要从利益相关者获得的信息是多样的，涉及与人文研究相关的许多领域，如心理学、社会学、人口学、人文学、公共管理和政策、地理学和经济学。每个学科的视角考量渔业管理这一社会现象复杂性的一个不同维度（或同一维度的不同视角）。总的来说，这些学科常常称为是渔业管理的"人文科学"研究，而且这些研究对于渔业行政和管理者采取科学渔业管理决策是非常重要的。与湖泊、水库、大河和溪流的生物学及生态学研究相比，人文科学研究是内陆渔业管理过程中相对较新的研究，主要在过去40年中扎根。但是，研究人文科学问题变得非常重要，随着公众游钓（和非游钓）不断要求渔业管理过程要公开和透明，因此管理决策应该基于公平，并且应用最佳的科学研究成果来做出。

本章的目的是介绍内陆渔业管理的利益相关者和在管理过程有关社会和经济学信息的应用。讨论了对于渔业评估中休闲游钓者的社会和经济学信息的类型及使用，阐述了对于渔业管理相关的人文科学研究内容。介绍了多种有关渔业评估中所需的各种社会和经济学信息调查的方法：个人采访、电话采访、自填邮件问卷调查、基于互联网的调查，或者对于已有资料的分析等。特殊的调查研究目的和技巧并没有在本章进行阐述，感兴趣的读者可以阅读 Knuth 等人的出版物，以获得渔业管理更深层次的研究方法和应用。

14.2 社会和经济学研究

在一个渔业管理者的日常工作中，被提及的非常重要的问题是关于利益相关者和围绕内陆休闲渔业的基础设施。若非管理是依赖传闻信息，那么拥有有效和可信的数据是非常必要的。对于一个中长期规划来说，从利益相关者收集的信息可以是非常"宽泛"的；对于短期规划决策则需要相对集中有效、对资源负责、符合项目目标和目的的信息；或者对于即将实施的行动决策和活动更加精准的信息（Brown，1987）。社会学研究包括利益相关者的识别，旅行的出发地，鱼类品种和体验表现，以及他们对于渔业资源和管理的态度（Decker et al.，2001）。社会学研究可以为指导长期规划决策提供信息，评估哪些是满足游钓体验的环节，帮助管理者开发出尽可能好的产品、服务、营销策略和教育项目。经济学研究能够提供利益相关者在与渔业资源相关的垂钓活动中的支出，由此给当地和区域经济带来的影响，以及哪些水生资源和游钓方式对于个体和社会是"有价值的"。社会学和经济学信息被用作渔业管理过程不同的层次判断依据，政策和项目的指导，提高管理机构多学科解决问题的能力。社会学和经济学两者的信息非常重要也是必需的，却常常在渔业资源评估中缺失。

14.2.1　渔业管理的利益相关者

一项渔业可以认为是一个社会系统，包括鱼、捕捞者和依赖可持续渔业资源才能保持长久成功的整个支持产业（Ditton，1997）。因此，作为人文科学研究的第 1 步就是识别利益相关者，他们是在渔业管理实践发生可能变化中受到影响的群体。利益相关者是可能受到影响的个体或团体，也是可能影响渔业管理决策和行动的个体和群体，在决策过程中有利害关系的重要利益相关者。比如，在内陆渔业管理决策中的利益相关者包括有许可证的休闲游钓者、无许可证的休闲游钓者（如不需要证的青年人和老人），休闲游钓导游、游艇和快船驾驶员、商业渔民、私人地主、渔具生产者、当地为游钓者提供餐饮的店老板、受相关条例保护的有捕捞权的土著美国人、非政府组织、其他州或联邦管理机构和普通民众。

尽管大部分普通民众目前并没有使用很多渔业资源，他们仍被认为是利益相关者，因为他们能够决定渔业资源的价值和拥有内在或潜在的使用机会。这个可认为是"期权价值"，意思是如果他们想做的话，他们有使用水生资源的机会和权利。除休闲渔业外，有些利益相关者还考虑其教育和研究价值（即科学价值）。"存在价值"指的是事实上人们目前并不使用水生资源，或者计划在未来使用的情况下来评估的渔业价值（Weithman，1999）。当资源失去时，其提供的重要生态功能（即生态价值），为将来后代提供利益的资源价值（即遗赠价值）和种质资源存活的价值（即利他价值）等都是存在价值的例子（Loomis and White，1996）。

在识别利益相关者之外，渔业管理者还必须做好准备权衡他们决策过程中的不同观点，因为利益相关者的多样性和数量可能会非常大（Krueger and Decker，1999）。在决策过程中，那些与渔业资源有社会或经济既得利益者往往得到最大程度的考虑。当然，在决策前，渔业管理者可以从收集尽可能多的各利益相关者的信息来获得益处。如果渔业管理者只是从一个团体中收集信息，那么他们关于人们如何会受到管理决定的影响的意见是局限或有偏见的。通常，关于潜在渔业管理目标、投资机制、对人文的影响和对其他资源的影响的争论可能不只是由游钓和商业捕捞者引起。一个特定的决策缺乏对全体相关利益团体的考虑，可能导致未被充分代表和不满意的利益相关团体质疑最终决策的合法性（如提起诉讼），从而导致推行管理条例和实施改变的推迟，有时还会使两者背道而驰。

内陆渔业管理中一个重要的利益相关团体是持有许可证的休闲游钓者。休闲游钓对于国家经济非常重要。在美国，2006 年，在淡水休闲游钓活动中休闲游钓者消费了近 453 亿美元（Southwick Associates，2007）。2005 年，加拿大游钓者花费了近 25 亿加元的游钓相关支出（Fisheries and Oceans Canada，2007）。这些支出对于国家经济有着重要的影响。例如，2006 年，美国 453 亿美元的游钓业支出关联出了 1 250 亿美元的总体经济产出，并且支撑了 100 多万个工作岗位（Southwick Associates，2007）。在地方和区域经济中的相当部分比重、水生资源保护计划、众多的非政府组织和渔具渔船制造商依赖休闲渔业产业，并保持户外休闲活动的活力。此外，许多美国水生资源保护计划是由游钓收费来资助的，如根据《联邦援助游钓业恢复法》收取的许可证费用和对渔用装备及机动船燃料的税收。1950—2000 年，在用于州层次的渔业保护方面，美国游钓业者贡献了超过 120 亿美元（Bohnsack and Sousa，2000）。平均来说，州鱼类和野生动物保护机构的水生资源管理预算的 83％是由游钓者支付的（Southwick Associates，2002）。因此，相当多的社会和经济学研究开展的内陆渔业评估主要集中在这个利益相关团体，本章的后面一部分使用游钓业研究作为中心案例来阐述社会和经济学研究在内陆渔业管理中的应用。

尽管本章主要聚焦在休闲游钓者，这并不能说明在决策过程中可以减少对其他利益相关团体需求的考虑。渔业利益相关者团体是多样的，还包括鱼类观察者（如三文鱼洄游观察）、水下摄影者、科学家、动物保护组织成员、水资源依赖产业和私人财产权组织。对于渔业资源合理利用的不同观点同样会影响渔业产业（Muth et al.，1998）。作为一个通用原则，随着内陆资源越来越多的功能用途的开发，渔业管理者会遇到越来越多的关于合理利用资源要素的不同团体的不同观点。因此，渔业管理者需要寻求那些休闲垂钓者以外的相关者的信息反馈。

14.2.2 社会和经济信息的通常用法

为了了解美国渔业管理机构如何运用人文科学研究，Simoes（2009）从各州和哥伦比亚特区对机构联系人就人文因素进行了电话采访。当要求受访者列出人文学研究成果应用的 5 个选项时，回答最多的选项是用于制定渔业法规（89％）；本地资源管理计划（84％）；全州资源管理计划（82％）；游钓者教育和宣传计划及材料（69％）；其他用途（38％；见表框 14.1）。在"其他"类别中受访者提供的建议主要可以分为两大类：财务说明或宣传（例如，立法信息、公共关系、经济影响或其他财政的理由），其次是增加和减少游钓者数量（例如，游钓营销或钓鱼者激励）。这些结果表明，用钓鱼者的信息数据来说明渔业管理机构的使命和游钓业对经济及其他社会的贡献。

渔业评估需要经济信息有以下几个原因。第一，垂钓者的费用支出为当地社区、州、省和国家提供了重要的收入和就业机会。第二，许多社区和他们的商业，特别是那些农村地区，依赖于使用当地资源的用户所缴的税收以及零售销售收入。第三，因为这些利益，经济信息成了渔业立法和管理决策可能的经济考量。第四，经济上的依赖性有助于说明保护或养护渔业资源的必要性。第五，经济信息可以显示随时间而改变的资源价值，反映出渔业资源的质量变化和（或）垂钓体验变化。第六，经济信息可以帮助确定环境对渔业资源破坏的赔偿水平，如不负责任的土地使用或公然的犯罪活动（例如，随意倾倒）。第七，经济信息可以帮助明确许可证和许可收费的构成。

14.2.3　社会信息的具体类型和用途

各种用途所需的社会信息可分为六大类：①垂钓者的特征；②参与模式；③观点和偏好；④观念、信仰和态度；⑤动机、期望和满意度；⑥文化和价值取向。随着自然资源管理机构持续的人文活动研究，可以获得以上任何信息的发展趋势。连同生物学、经济学和政策信息，帮助渔业管理人员能够更好地开发出综合管理模式，给渔业决策者提出更合理的建议（Brown，1987）。例如，在采集社会信息时，同时采集生物数据，可以更好地理解人类福祉和生态系统健康及服务的相互依存关系，并传达给渔业管理人员。而且这样的综合研究可以帮助解释有关物种管理和调控的模式。例如，社会学研究可以说明公众垂钓满足目前垂钓的愿望需求、鱼类种群、渔获物组成或垂钓管理规定是否与鱼类资源评估相适应，是否需要采取不同的管理模式，或者需要其他可能的管理方式，如种群生物量管理（如放流）或栖息地管理（如集鱼装置）。如果管理的目标可以通过不同的法规、生物量或栖息地管理来实现，那么垂钓者调查可以帮助渔业管理者了解垂钓者对管理过程的期望（表框 14.1）。

表框 14.1　游钓者人文信息的采集、使用和意义：美国渔业管理机构的调查

表 A　美国渔业管理机构（55 家）关于对人文学信息用途的反馈和百分比

人文信息使用	数量 N	百分比（%）
渔业管理规定设计	49	89
本地资源管理规划	46	84
州资源管理战略规划	44	81
垂钓教育和宣传项目及材料的开发	38	60
其它	19	35

那些对应"其他"类别是指相关机构使用人文信息的其他方式。受访者说明了除了上述 4 个选项外还有其他用途。19 个受访者补充说明了垂钓者的信息还用于资源管理计划的制定；还有少于一半的受访者表示这些数据还被用来进行公关和宣传，立法说明或验证项目和制定规定等。

表 B　美国渔业管理机构对于使用人文信息"其他"开放式选项的频度统计（N＝19）

人文活动信息使用	频率
开发资源管理规划	14
开展公共关系和宣传	9
立法和验证项目信息	8

（续）

人文活动信息使用	频率
制订管理规定	7
研究垂钓者动机、行为和基本信息	7
获得经济学信息、效果评估及评价	6
游钓营销和增加游钓保留量	5
项目和服务评价	3
财务评估（州和联邦资金）	3

14.2.3.1 垂钓者特征

收集有关描述垂钓者群体的信息与一个生物学家每次到湖区采集水温、溶解氧、pH数据是类似的。垂钓者群体的信息是渔业管理者将其他研究结果一起分析时所需的背景资料。通过了解人与其他社会经济信息的关系，渔业管理者可以制定管理计划，从而与各种游钓团体或利益相关者的各种需求和能力相适应。有关参与者的信息包括人口和社会学信息。

人口信息包括垂钓者是谁、从哪儿来，还包括年龄、收入水平、教育程度、种族、民族、性别等信息。有关美国总人口的变化预测，特别是人口老龄化和移民的增加，少数民族人口比例的增加等，将可能对未来的渔业管理产生影响（Murdock et al.，1996）。例如，在美国的一些州，如加利福尼亚州、佛罗里达州、亚利桑那州、新墨西哥和得克萨斯州，目前拉美裔人口正在急剧增加。跟踪垂钓者的人口构成的变化，对于确定与全社会利益相关的休闲渔业管理策略是很重要的。此外，多元化的人口将需要更多样的渔业资源便利设施，以满足他们的需求和期望。

配合人口信息和垂钓者的旅途起始地，垂钓者的社会特征能让管理者进一步了解这个利益相关群体。例如，垂钓者中归属于钓鱼俱乐部或组织的比例（如鳟无限俱乐部或鲈游钓爱好者协会），参加钓鱼联赛的比例，或订阅钓鱼杂志的比例，以及他们隶属于哪些组织、联赛或杂志，能协助渔业管理者确定访问某种特定资源的客户类型。这也可以帮助渔业管理者确定在哪里传递渔业和营销信息机构的方案及提供服务。结合地理信息系统工具的社会学研究，因为收集了邮政编码、市或县等居住地信息，可使渔业管理者能够直观地了解钓鱼者来源。

14.2.3.2 参加模式

许多渔业管理的目标是确定在指定钓鱼时间段达到的水平，增加在指定渔业资源、州或省整体休闲垂钓的参与度。因此，收集捕鱼频率和休闲渔业参与率等信息是非常重要的。例如，渔业管理机构通过跟踪钓鱼参与率（公众参与钓鱼的比例）来确定对于渔业资源的短期和长期的需求。机构和研究人员也认识到，每年的钓鱼人群并不是同一批人，因此根据购买或不购买钓鱼许可证的信息，可以调查进入或退出客户的频度。这也称为垂钓者的"流失率"（Strouse，1999）。了解参与度对于渔业管理的财务收入至关重要。出售钓鱼许可证的数目是确定每个州从联邦援助的休闲游钓恢复计划获得拨款份额的重要指标（表框4.3），然后制订相应的配套资金方案。这些数据使渔业机构能够体现出渔业管理对于政策制定者和公众的价值。

　　尽管美国钓鱼者的数量似乎是相对稳定的，但过去的 25 年间全国垂钓参与率却下降了（USDI，2007）。同样，自 1995 年以来，在加拿大大多数省份和地区居民垂钓参与率也呈下降趋势（Fisheries and Oceans Canada，2007）。需要指出的是，钓鱼者数量的上升并不一定会使参与率也上升。事实上，如果新加入的垂钓者数量增长没有和人口增长率保持一致的话，其参与率仍是下降的。当然，大量的垂钓者数量告诉立法者，垂钓对于许多人来说是非常重要的，如果垂钓参与人口比例也在增加，那么管理机构的运行也是非常高效的。

　　许多渔业管理机构，意识到下降的参与率，通过提供更令人满意的休闲体验和正在制定的吸引青年人参与垂钓的制度，试图吸引垂钓者的回头客。然而，美国人口增加的大部分，以及未来休闲垂钓的新参与者，预计主要来自非传统群体（例如，除了高加索男性以外的人）（Murdock et al.，1996）。了解非传统的垂钓群体是否具有对资源使用和社会化模式的不同要求是非常重要的，能够帮助管理机构获得财政和政治支持。例如，Hunt 和 Ditton（2002）发现，在得克萨斯州的非洲裔美国人男性垂钓者开始钓鱼的平均年龄是十几岁，而拉美裔男性垂钓者开始钓鱼的平均年龄要到 20 岁出头。目前，在日益多样化的文化人群中，管理机构只对青年群体进行努力宣传可能不会有效地吸引新的参与者。渔业管理者需要能够跟踪和识别各阶层的人群的参与趋势，使他们可以积极主动地开发发展战略来适应这些新环境。在未来，如果他们不能为多样化的市民提供公平的福利和服务，将很难从日益多样化的州立法机构得到支持。

14.2.3.3　观点和偏好

　　社会学研究帮助管理者评估管理决策对人们的可能影响。了解对于管理方法改变的意见和喜好，可使管理者判断出对于各种管理方案可能的政治和社会接受度。管理者能够选择出接受程度高、有效性高并在受影响的群体中受欢迎的管理方案，同时增强其社会可接受性。那些和渔业资源互动的人们也常常有新的想法，这些想法也可以帮助管理者提供优质的休闲体验（Ditton，2004）。

　　从垂钓者获取偏好信息的 3 种常见方法是：①传统的单项提问法；②显示性偏好模型；③陈述性偏好模型（Louviere and Timmermans，1990）。传统的单项提问法包括询问垂钓者对于几个管理选项是支持或反对的表态，通常作为独立的项目进行询问（例如，对于虹鳟把 305 mm 作为最小体长的建议，或每人每天只能钓 5 尾鱼的限制）。尽管这已经是渔业评估的传统方法，它不能阐述各个管理方案对垂钓者的相对重要性，和联合实施不同管理限制的平衡考虑（Ditton，2004）。显性偏好模型根据实际行为来确定垂钓者对于规定的偏好。它是假定垂钓者会按照偏好的规定来选择钓鱼地点。为了确定偏好，询问垂钓者垂钓点的位置和出现频率，这些垂钓点有哪些规定（和其他特点）。陈述偏好模型利用假设的前提下，通过比较他们选择的首选方案，以获得个人的偏好信息。这种方法表明一个复杂的决定不是只考虑一个因素，而是同时考虑了多个因素。这样得到的结果帮助管理者了解钓鱼者如何综合考虑各项管理措施和他们的偏好，以及各项管理措施的相对影响力（例如，把虹鳟最小体长 305 mm 的规定和每人每天 5 尾鱼的限制相结合，成了钓鱼者支持率最高的条款）。由于它的假设情景的应用能力，陈述偏好模型已经被越来越多地用于垂钓者调查，越来越多的研究人员和机构也认识到它的优势（Aas et al.，2000；Gillis and Ditton，2002；Oh et al.，2006）。

14.2.3.4　观念、信仰和态度

对于参与模式和偏好的完整理解往往需要了解钓鱼者的观念、信仰和态度。人们的观念、信仰和态度的信息，能够帮助管理者了解人们对于渔业资源的认知，它的重要性，以及利益相关者如何利用资源等。个体对于真实的观念（不管是否存在）常常影响他们的信仰（例如，事物是好是坏），同时影响其对特定行为和管理规定的态度（例如，正面或负面的评价）。例如，在大多数个体不再依赖鱼类和野生动物资源作为生存目的的地方（即，直接脱离土地生活），许多个体仍利用渔业资源作为食物（即作为食物营养补充）。那些把渔业资源作为主要食物的人群是低收入的垂钓者和一些少数民族，他们保持着对鱼类较高的消费量（Burger，2000；Hunt et al.，2007）。我们想这些群体肯定不喜欢限制垂钓渔获量的规定，尤其是减少垂钓渔获量能够保护那些在不断被发现有高浓度有毒物质的内陆水域垂钓的垂钓者。我们希望出现上述现象是因为人们认为鱼是一种健康和廉价的蛋白来源。结果是他们偏好食用鱼类，尤其是他们没有看到任何有关对健康的负面影响时。当污染风险和这些爱吃鱼人群刚好同时出现，偏爱吃鱼的倾向会使他们具有比其他人更高的健康风险（Burger，2000）。在这种情况下，事先了解垂钓者在鱼类消费的认知、信念和态度，能帮助管理机构开发出能够让垂钓者自发改变行为的宣传和教育项目，从而减少他们的风险和（或）制定更符合实际情况的、合理的规定。

14.2.3.5　动机、期望和满意度

人们参与休闲渔业的原因已被人文科学研究者广泛研究。这方面的研究始于 Bultena 和 Taves（1961）观察到钓鱼者从明尼苏达州的 Quetico Superior 区域钓鱼返回时，并没有对他们鱼篮子里没有鱼而表现出不满意。Bultena 和 Taves 认为，钓鱼活动一定有多种动机，因而从此研究人员开始试图探讨钓鱼者除了获取渔获物之外的动机。多数不在乎渔获物的钓鱼活动的动机是休闲放松，体验自然环境，探索和发现，暂时逃避循规蹈矩的生活，与家人和朋友聚会，或远离家人和朋友（Fedler and Ditton，1994）。尽管许多人认为实现这些动机与渔业管理并不相关，但它有助于使渔业管理者认识到，钓鱼的体验不仅仅是获得渔获物，而且引导管理者寻找方法来提高渔业资源周边的文化和社会环境条件。

在社会科学研究中，满意度被定义为期望（或动机）的实现，在理论上用旅行前或季节前的某个期望值减去旅行后或季节后的某个表现值来衡量（Brunke and Hunt，2007）。尽管这样，只有旅行后或季节后的满意度测评被发现可以为管理者提供关于钓鱼之旅的有用信息（Arlinghaus，2006）。对满意度的测评，使渔业管理者能够确定通过渔业资源和钓鱼体验，在某种程度上满足了人们的需求和愿望。渔业管理措施的改进可以提高人们的满意度，如通过增加生物量（例如，放养不同的鱼类），改变物理性环境（例如，提供更多的观察或钓鱼点），引导或监管钓鱼人行为（例如，通过提供真实的信息来设定切合实际的期望，或通过规范钓鱼行为来调节捕捞压力）。设定只能飞钓、即捕即放、限制性开放，或只对家庭开放的地区，这些措施只是资源管理常用的几个例子，并可以吸引具有同样动机的垂钓者。这样，多用途管理方式可以最大限度地提高整体满意度。

定义什么是令人满意的钓鱼体验是高度主观的。每个钓鱼者从渔业资源获得的利益不同，对渔业管理的喜好和观点也不同。由于钓鱼者的喜好变化很大，根据指定钓鱼人群的

愿望来采取资源管理的方式只是处于起步阶段，而且有些人甚至认为这是不切实际的。因此，大多数机构专注于提供多元化的休闲垂钓体验，希望每个垂钓者都能够找到满足他或她所期望的钓鱼体验的机会。根据 Weithman（1999）报道，渔业管理者能够成功地满足钓鱼者的期望，如果他们能够：①仔细考虑渔业资源能够提供的全部项目；②努力确定什么是钓鱼者想要得到的；③建立一套向垂钓者解释沟通的机制，缩小渔业管理能够改变特定资源的能力与垂钓者期望之间的差距。还应该在 Weithman 的选项中增加第 4 项：宣传可用资源的项目类型，从而让钓鱼者能够在众多项目中做出更明智的决定。

14.2.3.6　文化和价值取向

文化体现了一个共同的信仰、价值观、习俗、标志和行为体系，是社会成员对待世界和其他成员的基本态度（Bates and Fratk，2002）。价值取向或文化模式决定了人们思考世界的方式和行为方式。描述休闲渔业和环境资源的主要有 4 种文化模式：①人类本性取向（功利、和谐或宿命）；②时间取向（过去、现在或将来）；③活动取向（正在做或要成为）；④关系取向（个人主义或集体主义；Simcox，1993）。传统上，美国社会一直被白人或欧洲文化所支配，这种文化起源于功利主义和个人主义，人们都以未来和目标为导向，以达到理想的最终状态。其他世界各地的文化和在美国的亚文化已发现有着不同的价值取向（Bates and Fratkin，2002）。研究价值取向非常重要，因为价值取向确定了对鱼类和野生动物的情感，以及休闲项目的机会（Weithman，1999）。

近期研究表明，随着美国成为一个更多元化的社会，对于野生动物和渔业的价值取向也正在改变（Teel et al.，2007），一些美国的亚文化表现出对于垂钓行为、动机和态度的不同看法（Toth and Brown，1997；Hunt and Ditton，2001，2002；Hunt et al.，2007）。此外，最近参与垂钓人数的下降、动物权利组织的行动关注度上升、与野生动物和渔业相关的多用途冲突，都是价值取向变化的迹象。例如，钓后放回变得越来越受传统垂钓者的欢迎。然而，某些人认为鱼主要是作为食物来源，并认为这种做法就是在玩鱼并造成资源浪费。文化和价值观的研究可以帮助管理者理解为什么人们只采用某些方法来利用渔业资源。

有关围绕某项渔业中人文元素的社会各界或文化的信息，也为管理者提供了一个背景，使管理者了解人类对渔业的信仰来源及渔业对当地或区域社区的重要性。例如，在美国户外休闲参与者中许多拉美裔社区经常是由家族或扩展家族组成的大群体（Hunt and Ditton，2002）。因此，他们选择的资源将最有可能是可以支持较大的群体的地方，而与当前有些区域的管理措施可能不相符，因为这些区域现行的管理措施是要尽量减少垂钓者让垂钓者"远离"的。后者的逻辑基础主要是传统钓鱼者的愿望和需要，不一定是渔业管理者今后面临的情况。因此，了解文化价值取向的差异，以及它们如何与渔业资源的利用相关联，将成为渔业管理日益重要的组成部分。

14.2.4　经济学信息的类型和应用

为了收集与渔业评估有关的经济学信息，经济学研究主要集中在以下两个方面：①经济效益，通常被称为投入产出分析；②经济评价。

14.2.4.1　投入产出分析

经济效益分析是对游钓活动和经济学研究，对经济利益相关方（通常是一个县或联合县、教区、州、联邦或省）和对游钓活动贡献的评估。对于单个或几个县、州或省的经济影响评估越来越多地使用由美国林业部开发的规划影响分析（IMPLAN）软件来进行模型化评估，这个软件是研究林业管理规划对当地经济影响而开发的。该软件使用指定地区（如个别县或特定的州或省）的经济数据，以建立一个经济模型。钓鱼旅游参与者的支出情况，再加上垂钓者活动时间，都是进行经济影响分析所需要的数据。从县或州的 IMP-LAN 模型可以获得钓鱼活动（例如，钓鱼渔具）和与旅行相关的活动（例如，汽油和食物）支出的经济影响。

在调查过程中（例如，通过邮件或实地调查），费用支出可以是在指定地点与钓鱼相关的购买支出，或者是钓鱼活动全部的相关费用。这些支出可以作为县、州或省的最终的行业和商业需求。活动日是指某天中的一段时间垂钓者在渔业资源点进行了钓鱼活动。作为一个参与者支出情况（美元/参与者/活动日）经常被用作 IMPLAN 模型的投入变量，每一项支出分别输入到相应的经济指标中。一旦所有费用成功输入，它们都与活动天数和活动地点相匹配。

对于每一个县、市或州（或省）投入产出经济模型，根据经济支出和相应的活动天数，可以评估其直接和间接的经济影响。表 14.1 是一张阐述当地的投入产出分析的典型经济效益表，这也是渔业管理者很可能会在他们的职业生涯中看得到的经济效益。直接经济效益包括销售额、人员工资、临时工报酬和创造的就业岗位，包括初始加入休闲垂钓者和提供服务的当地商业服务者。间接效益包括间接和衍生的效益。间接经济效益是指当地的商业服务者向那些直接销售者提供产品销售的过程。间接效益是通过当地经济中支持业者与直接参与的企业或个人之间的买卖行为来实现的。间接效益包括了与直接效益相同的投入类别，因为行业和商业需要从其他经济行业中购买额外的原材料和劳动力等投入品（Grado et al.，2001）。衍生的效益是指由于从业者的家庭消费所产生的与直接和间接的经济效益紧密联系的销售、员工工资、临时工费用和工作岗位。一个例子是由酒店和餐厅支付给员工薪酬从而对当地经济产生了贡献，他们为当地垂钓者提供了住宿和餐饮服务。基于垂钓者的支出带来的直接和间接效益的总和就是总经济效益。

表 14.1　2007 年密西西比 Sardi 湖休闲渔船游钓产业对于三县库区经济效益

产业	直接效益（美元）	间接效益（美元）	总经济效益（美元）	增加值（美元）	就业人数（人）
农林渔业	1 198	110 763	111 961	49 785	1
采矿业	0	499 059	499 059	307 711	3
建筑业	0	703	703	92	0
制造业	9 333 182	4 397 459	13 730 641	6 245 044	163
交通通信业	0	434 824	434 824	216 956	4
贸易	0	382 833	382 833	197 448	5
财政保险和房地产	0	129 123	129 123	63 286	3
服务业	6 052 332	2 027 145	8 079 477	4 242 441	105
合计	15 386 712	7 981 909	23 368 621	11 322 763	284

　　除了就业和收入产生的总经济效应外，增加附加值和全职或兼职工作也经常出现在经济效益表格中。作为价值增加的一个重要部分就是当地劳动力获得的薪酬收入。这个效益是以每年支持的全职和兼职工作数量为基础进行测算的。此外，根据对钓鱼和旅行相关活动商品最终需求的变化，可以推导出经济乘数并用于评估对每个经济增量的贡献。这种结果可以使研究人员能够确定当地其他经济产业（如制造业、政府和服务业）对资源依赖的程度，和（或）当地设施缺乏或配套服务不足的情况。直接和间接购买流出（即由于当地经济缺乏提供商品或服务的能力，购买费用支出不在当地发生）作为真实发生事件也在IMPLAN 模型中考虑到了。

　　从投入产出分析中得到的经济乘数被用来解释各级经济（例如，当地、地区、州或省）在吸收和利用区域内捕鱼相关支出的能力。对于每个资源依赖型活动的几个关键的比值或乘数都是由 IMPLAN 模型测算出来的。社会核算矩阵（SAM）乘数是用来评估山以活动为基础的单位费用支出变化，而引起的经济增量的贡献。社会核算矩阵乘数（通常称为 TYPE SAM）是用总的经济效益除以直接经济效益而得到的（Olson and Lindall，2000）。图 14.1 显示了直接经济和总经济影响之间的关系。从图 14.1 中可以看

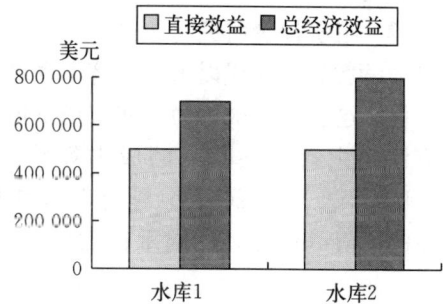

图 14.1　两个水库的直接效益与总经济效益关系及经济效益示意图。水库 1 从当地经济中"流出"的支出比水库 2 要快

出，两个水库对垂钓者支出的直接影响相同，但其总经济效益却不同。通过用总经济效益除以直接经济影响得到的社会核算矩阵乘数，水库 2 的乘数为 1.6，而水库 1 是 14。因此，在水库 1 的费用支出的钱从当地经济"流出"的速度比在水库 2 要快。乘数的大小可能与一个经济区域的大小有关，因为一个区域内的价值增加具有随着其地理面积的增加而增加的趋势：有可能只是一小部分费用支出是在地区外发生的（Loomis and Walsh，1997）。此外，一个经济体发展的程度也是决定乘数大小的一个因素。在美国，一般休闲费用支出的乘数变化在 1.5～2.7（Loomis and Walsh，1997）。

　　上述关于经济效应分析的讨论未对投入产出模型中使用的垂钓者费用来源做出区分。对于没有生活在资源周围的非居民来说，他们的费用支出代表着新资金流入县、州或省工业和商业活动中，而且也用于总经济效益的分析中。经济学家围绕着如何处理居民费用支出进行了探讨。一些研究人员通过计算居民支出的贴现值来估计对本地经济的贡献，因为他们把支出当作在指定经济领域的货币再分配。具体来说，有人认为，如果居民没有在县、州或省指定的资源点去钓鱼，他们可能会把钱花在同一地区其他东西上。然而，这也可能出现一些本地居民到其他地方（例如，另一个县、州或省）去钓鱼，而且他们的一些支出也会流出本地经济。这就需要由研究人员来决定如何解析这个问题，并确定本地居民费用支出的合理渠道。这个决定需要在调查过程中询问有针对性的问题来获得。

　　从前面的关于经济效益讨论中可以看到，单从货币角度来看，休闲渔业支出对于一个指定的经济体有着显著的影响（Johnson and Moore，1993）。就地区性费用支出可以产生

数百万美元的销售和税收收入，与公共部门和私营行业支持就业的人数密切相关（Burger et al.，1999；Steinback，1999）。休闲渔业支出对于自然资源渔业开发的条件改善有积极影响，因为渔业、渔业生境和相应的住宿条件（例如，住宿和餐饮）是直接影响垂钓者的兴趣和参与度的，如果没有很好地组织和管理会影响其经济收入。而且经济效益分析所获得的信息可以提高渔业管理者的决策能力，从而得到政治人物和商界的支持。必须强调的是，由这个方法得到的货币价值增加是对一个地方或区域经济的贡献，而不是针对休闲垂钓者或社会的，也不是现场活动的价值。费用支出数据经常被误认为是垂钓者为休闲垂钓活动带来的价值（Pollock et al.，1994）。钓鱼旅行对于垂钓者个人和社会的经济价值将在下一节进行介绍。

14.2.4.2 经济评价研究

自 20 世纪 70 年代以来，经济学家越来越热衷于评估不在市场上交换的商品和服务的货币价值。这些价值被称为"非市场价值"，包括休闲渔业游钓的价值。研究适当的价值评估方法是由对公共物品的成本效益评估的必要性来决定的（Swanson and Loomis，1996；Davis et al.，2001）。综合市场和非市场商品的经济效益是可以进行估算的，如公共利益的价值（例如，休闲垂钓的机会），可以通过直接比较相类似活动的市场价值来计算。

尽管 14.2.4.1 中讨论到费用支出和引起的经济效益是休闲捕鱼对于地方、州、省和国家经济重要性的有效指标，它们并未衡量对于各参与者或社会的经济收益（超出经济上的影响；Boyle et al.，1998；Aiken and Pullis La Rouche，2003）。费用支出和净经济价值是两种被广泛使用但却截然不同的评估休闲渔业经济价值的方法。净支付意愿（WTP）通常被称为"消费者剩余"，代表一个人的钓鱼净支付意愿超过或超出他们实际参与钓鱼活动的花费。例如，所有休闲垂钓者的消费者剩余总和，代表了休闲垂钓对于社会的利益贡献，简化了经济评价的概念及其与费用支出和经济效益的关系。图 14.2 是从 1996 年全国捕鱼狩猎和野生动物调查经济评价附录中摘录而来的（Boyle et al.，1998）

如图 14.2 所示，14.2.4.1 对经济的影响只涉及费用支出（矩形区域 a - b - d - e）。净经济价值则测量了参与者参与休闲钓鱼超过或超出实际花费的支付意愿（三角形区域 b - c - d）。社会利益是所有个人支付意愿的总和。然而，支出与净经济价值之间存在着直接关系。代表典型垂钓者的需求曲线如图中所示。一个个体垂钓者需求曲线提供了垂

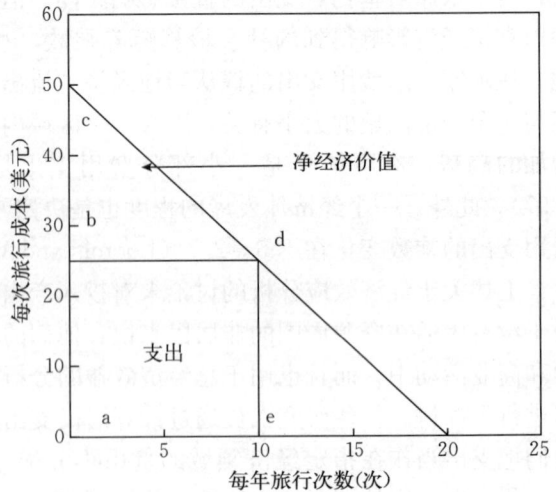

图 14.2 个体垂钓者钓鱼旅行的需求曲线。该曲线代表了每次旅行的边际或额外支出意愿，表明垂钓者每增加一次旅行，其评价价值比前一次旅行要低。垂钓者愿意支付和实际支付的差值即净经济价值

（改编自 Boyle et al.，1998）

钓者每年不同支出的钓鱼旅行的次数。向下倾斜的需求曲线代表边际或每次旅行的额外净支付意愿，表明垂钓者对每增加一次的旅行的价值评估会低于前面的旅行。在所有其他因素相同的情况下，每次旅行费用越低（垂直轴）则垂钓者旅行的次数会越多（水平轴）。钓鱼的花费可以作为一个潜在价格，因为并不存在此类活动的市场价格。当旅行花费是每次 60 美元，垂钓者将不选择钓鱼，但当钓旅行花费是免费的，垂钓者将愿意去 20 次。而每次旅行花费为 25 美元时，垂钓者则愿意去 10 次，因此总的支付意愿是 375 美元（图形区域 a-c-d-e）。总的支付意愿是体现垂钓者参与钓鱼过程的总价值。钓鱼者不会参加超过 10 次的钓鱼旅行，因为每次旅行的成本（25 美元）超过了他们增加旅行的支付意愿。对于每次旅行花费为 0～10 美元，垂钓者实际上愿意支付超过 25 美元的支出（即需求曲线，显示出边际支付意愿高于 25 美元；Boyle et al.，1998）

净经济价值就是垂钓者愿意支付和实际支付的差值。在这个简单的例子中，净经济价值是 125 美元（［50 美元－25 美元］×10÷2；如图 14.2 中的三角形区域 b-c-d）和垂钓者的实际支出是 250 美元（25 美元×10；图 14.2 矩形区域 a-b-d-e）。因此，钓鱼者的总支付意愿是净经济价值和总支出的总和。净经济价值是用总支付意愿减去实际支出所得。

净经济价值和实际支出之间的关系表明净经济价值是一个适合评价个体参与活动获得利益的衡量方法，而实际支出并不是适合的方法。实际支出是垂钓者为了钓鱼而从自己腰包支出购买物品的费用。而剩下的价值，净支付意愿（净经济价值）是个体在支付了参与活动的费用后的满意度经济学评价。所有参与休闲垂钓的个体的净经济价值总和即是对社会的经济价值。在我们的例子中，让我们假设有 100 个钓鱼者在一个指定的水库钓鱼，所有人都有与图 14.2 显示相同的典型垂钓者的需求曲线。那么，这个水库每年对社会的总价值就是 12 500 美元（125 美元×100；Boyle et al.，1998）。

用来估计净经济价值的数据收集费用很高，分析也具有挑战性，而且整理成对管理决策有用的形式也比较困难。他们在试图对异议作出解释和进行数据验证时也会遇到困难。许多方法［如旅行费用法、特征价格法和意愿调查法（CVM）］可以用来得到与市场价值比较类同的净经济价值估计值，但这里我们并不想深入讨论这些方法。接下来简要介绍意愿调查法，这是美国鱼类和野生动物管理局（FWS）常用的方法，正越来越多地被渔业经济学家用来确定垂钓者支付意愿。为了全面了解经济评估方法，读者可以参考 Weithman（1999）、Haab 和 McConnell（2002）的文献。

意愿调查法已成为一种常用的自然资源（例如，水生生境与空气和水的质量）和其他不在市场上交易的公共产品的估价工具（如休闲渔业；Loomis and Walsh，1997；Groothuis，2005；Oh，2005）。意愿调查法主要用于公共产品，如休闲产业的成本效益分析，而且被当作基于个体对于人为结构化的市场临时情况的估价方法。它通常使用招投标的方式（Swanson and Loomis，1996）。意愿调查法通过在访谈过程中使用模拟市场来估计对资源的支付意愿，通常是通过可能的现场调查的口头描述，或是通过自己填写的邮件调查，附上资源介绍、照片、绘画来描述，如水体、钓鱼或栖息地质量变化等特征（Klemperer，1996）。意愿调查法，对受影响的群体进行询问，了解他们对于假设的环境质量、条件情况或休闲游钓机会发生变化后的支付意愿。此外，根据前面的讨论，意愿调查法问卷也可以是愿意支付体验休闲渔业资源或机会的最大支出金额。这些问卷可以是专门设计的开放式的问题，也可以是封闭式的问题。不管怎样，在意愿调查法中最为关键的前提是消费者能够并愿意真实回答这些问题，而且他们能够凭知识能力进行比较准确的回答。对于意愿调查法结果的有效性研究证明了这种方法是评估一种比较合理有效的估值方法，特别是在自然资源估价领域（Loomis and Walsh，1997）。

除了运用支付意愿法来评估休闲垂钓机会外，渔业管理机构也利用意愿调查法对许可证收费进行管理评估（Ench et al.，2000）。一般来说，许可证收费一直保持在低水平，并未与生活成本按相同速率增长（Sutton et al.，2001）。随着美国目前钓鱼和狩猎的参与程度的减少（Mehmood et al.，2003；Miller and Vaske，2003），渔业管理机构被迫增加许可证费或执行新的收费政策来维持目前的管理、项目和资金投入水平。然而，增加许可证费或执行新的收费政策可能给鱼类和野生生物保护机构带来长期的负面影响，降低了参与者的满意度以及导致爱好者不再去垂钓（Sutton et al.，2001）。Sutton 等（2001）用意愿调查法评估了得克萨斯胡德堡附近的垂钓者对许可证费的支付意愿，并评估了如何定价才可以达到"减少访问""利润最大化"或"最大的访问量"的目的。当然这个研究需要进行更全面深入的描述。在表框 14.2 中列举了垂钓者对于水库钓鱼证的支付意愿的一个假设案例。随着参与率的下降，表框 14.2 说明了意愿调查问卷如何帮助找到最小垂钓者数量流失并实现资金收取目标，而不是收益最大化的平衡点。

表框 14.2　提高许可证费用来满足管理成本增加与最大化保留垂钓者的经济分析

想象一下你在一个有着 26 500 个购买年度捕捞许可证的垂钓者的湖区工作，每张许可证每年费用为 10 美元。这些许可证取得的费用能够满足你的薪水、技术员的工资和管理费用。经过几年的实践，一切都很顺利，垂钓者也对垂钓和相关设施表示满意。然而，几年后，你亲眼看见了外来植物的涌入，相关设施和船坡道急需进行维修。你需要更多的钱来清除这些植物，也需要建筑材料来维修设施。唯一增加收入的途径就是提高捕捞许可证的费用，同时你又不想失去很多垂钓者。要做到这一点，你需要确定如何涨价才能既满足你的经费需求，同时最大限度地减少垂钓者流失。从意愿调查法的问卷中，

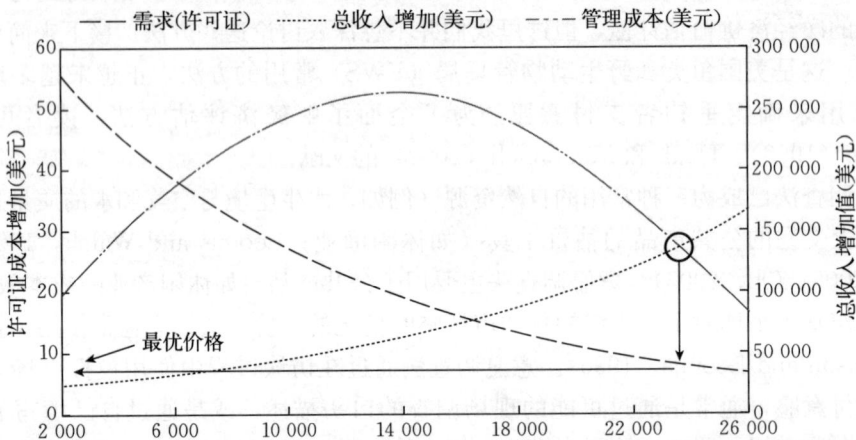

图　应用支付意愿分析如何把提高到 10 美元许可证费用的建议确定到合理价格水平的示意图。最优的价格可以在保证参与率最大化的情况下使资金收入充分满足管理费用的需求

（续）

你抽样调查访谈了一些在该湖垂钓的垂钓者，通过 Logistic 回归分析可知，中间意愿是可以增加支付许可证 20 美元。将许可费增加到 30 美元时，可以得到超过 250 000 美元的经费收入，足以满足你管理的需要，但这样做的话，你将失去 13 250 个（即一半）垂钓者，而且还可能得不到当地社区的支持。因为你真正需要的资金只有 150 000 美元，谨慎的做法是确定需要增加的总收入（即管理费用）与总收入曲线（上图中的圆圈所示）相交的位置，然后下降到需求曲线。直线画出许可证费用的增加，即许可证上涨的价格，大约是 8.00 美元，符合你的经费需求和最大限度地减少垂钓者的流失，即只减少几千人的水平。

14.2.5　人文科学研究分析的层次

评估是渔业管理过程的重要组成部分（Krueger and Decker，1999）。大多数社会和经济学研究的出发点是为渔业管理的大政策和目标实现的宣传、评估和提供良好的科学基础。许多渔业管理的目标集中在与人相关的结果上（例如，钓鱼时间的长短、垂钓者满意度、垂钓许可或产生经济效益），这些都需要社会经济学数据来评估是否达到目标。如果管理渔业的目标没有达到，人类学研究分析可以帮助管理者理解为什么目标没有实现。在制订和评估管理计划中，人文学信息可以帮助确定目前的管理周期目标是否适宜在下一管理周期继续实施，或者是否需要调整及更多关于调整理由的讨论。

社会和经济学评估往往是与许多渔业管理机构协作的渐进式尝试。无论收集社会经济信息的方法如何，对于垂钓者的规范的社会和经济学研究通常从国家层面开始，然后进入全州或全省的层面、品种和资源层面的研究。

14.2.5.1　国家层面

自 1955 年以来，由美国鱼类和野生动物管理局每 5 年进行一次关于狩猎、游钓和与野生动物相关的休闲活动的国家普查活动（USDI，2007），这往往也是美国管理机构了解游钓业者的基础。加拿大渔业和海洋部（2007）自 1995 年开展了加拿大休闲渔业调查工作。美国鱼类和野生动物管理局开展的普查是由联邦资助钓鱼运动恢复计划款项资助的，这些资金在分配到各州之前就立项了，因为每个州都从这些调查结果中受益。这项国家调查以所有垂钓参与者作为调查对象，而不仅仅是拥有钓鱼许可证的垂钓者。这项研究给出每个州的钓鱼人群数量（在州内的和到州外去钓鱼的），他们参与垂钓的模式、偏好的品种和支出水平。类似的省级信息是加拿大相关研究获得的。一些州和省只是依赖于这些报告中的数据和公共听证会来获取社会和经济学信息。而还有许多州和地区则只把这些数据作为参考，同时进行更深入的州或省级的研究来获得更精确的有许可证的垂钓者和其他人文学信息，这些在国家研究中没有收集（Wilde et al.，1996）。

14.2.5.2　全州或全省层面

对全州或全省层面的垂钓者研究的目的是提供一个各自管辖权内的许可游钓业人口信息。这些调查是由州或省每年或 3～5 年间隔开展的（Wilde et al.，1996）。各州的调查收集了各种领域的信息：人口信息、使用模式、偏好品种、参与的俱乐部和比赛、钓鱼的原因，对钓鱼、渔业资源、一般的管理措施的看法（例如，是否支持增殖和对钓鱼数量限制的想法）。此信息提供了支撑目前的渔业政策和管理目标的理由，也可以对未来的修订进行指导。例如，州层面的垂钓者调查显示了偏好的品种和淡水垂钓者在指定的州希望获得许可的品种。确定偏好的品种可以帮助管理机构识别品种管理的努力方向。例如，如果调查结果显示，水库游钓天数的 60％以上都是针对大口黑鲈，那么这些结果再次让决策者确认了大口黑鲈应该是渔业管理的首要重点，需要把提供满意的水库大口黑鲈垂钓体验作为管理目标。

14.2.5.3　物种层面

州或省层面的调查目的是评估游钓业的总体情况，因此他们就垂钓者对于某一物种的垂钓行为进行深入研究的就非常少。因为有些机构更愿意了解垂钓者对于本州或省的某一个特定垂钓物种的意愿（例如，小口黑鲈），可以根据垂钓者对于物种偏好问题的回答列出喜欢不同物种的垂钓者名单，从而可以对这些名单的垂钓者行为进行跟踪。因为这些在州或省层面调查的垂钓者是从垂钓许可证文件中随机选取的，所以这组数据也能充分代表该区域小口黑鲈垂钓者信息。目前，对于没有品种标签或对某一个特定物种的许可证的情况下，这个方法是对于某一特定物种垂钓者进行调查研究的最经济的方法。目前，美国许多州都要求颁发特定物种的垂钓许可证（如鳟许可证、人工捕鱼许可证、鲟许可证），因此，从这些许可证相关的数据库里随机抽样调查许可证持有人是可行的。

尽管州和省级的调查信息有助于解释和指导政策及目标的制定，而物种层面的研究能够让管理计划更精确，并可以提供指定物种的经济效益和评估。例如，一份关于小口黑鲈垂钓者的研究表明，能够让决策者了解制定的小口黑鲈垂钓规定与统一的州或省垂钓规定哪个更受欢迎；在指定边界区域里，哪种管理措施更符合垂钓者的要求；以及在制定规定下支出水平如何变化。这类信息在指导基于提供多种多样的机会的管理方法上是非常重要的，不仅是对钓鱼者和当地企业，而且对执法人员也非常重要。对于一个水库或河流支流来说，制定规定会使执法变得更加困难。在这些问题中，品种层面的调查反馈给决策者在对水体的全州和全省混合规定执法上给出了更好的解决方案，能够更好地与垂钓者分布和偏好相适应。

14.2.5.4　资源层面

资源层面的研究是针对那些使用一种指定资源的垂钓者的研究（例如，湖泊、水库、溪流或河段）。他们收集有关资源利用成功的垂钓方式，对资源管理的态度和地方关注、支出水平，对可能出台的管理方案的支持程度等。资源层面的垂钓者研究通常是对垂钓者进行随访，旨在估计渔获量和捕捞强度。这些被称为人文学研究调查的"补充"调查（Pollock et al.，1994）。资源水平的研究为渔业管理者提供了大量的便利。他们评估管理目标和目的，为当地管理者更有效的管理提供所需的信息，并提供反馈以改善钓鱼体验。

资源层面的研究使渔业管理者能够判定多样的产品是否确实满足了客户的预期以及其经济效益。他们也给当地渔业管理者提出更有效的管理建议。首先，他们对管理者通过观察和日常的互动获得的信息进行量化，使管理者更明智地处理与公众的关系。其次，从主动反馈的意见可以关注到潜在的问题，有利于管理者去反馈问题的地点进行实地调查。管理机构和当地的管理者根据垂钓者反馈的意见来进行改变和调整也是极为重要的，因为这表明机构正在积极回应。这可以提高管理机构的信誉，增加了管理决策和行动的合法性，建立管理机构和管理者的公信力，并转化为更令人满意的钓鱼体验。

14.3 总结

无论在渔业管理中开展哪个层面的社会和经济学评估，本章希望读者认识到它们在内陆渔业评估中的运用及其重要性。尽管如此，社会和经济学信息的运用仍处于起步阶段。渔业行业一直依靠传统的父传子的社会化过程来创建新的客户群，并通过口口相传和渔具及户外媒体行业来指导垂钓者获得所需的资源。直到最近，市场营销和自然资源机构中的渔业部门之间也没有太多的合作。然而，随着美国和加拿大出现的广大游钓业大众和停滞不前甚至下降的参与率的大反差，渔业和市场营销部门开始认识到必须共同合作，以便他们可以与为公众提供其他休闲方式的供应商进行竞争。随着社会和经济数据越来越普遍，有价值的信息可用于制订营销策略，并指导垂钓者获得想要的资源和（或）将市场产品推广到指定的目标客户。引导和吸引垂钓者获得想要的资源将创造更加令人满意的钓鱼之旅。反过来，这将有助于吸引更多的垂钓者参加活动。尽管把社会和经济信息完全纳入渔业管理计划这个过程需要一定的时间，但已出现努力将社会和经济信息更好地纳入渔业机构的决策过程。

14.4 参考文献

Aas, O., W. Haider, and L. Hunt. 2000. Angler responses to harvest regulations in Engerdal, Norway: a conjoint - based choice modeling approach. North American Journal of Fisheries Management 20: 940 - 950.

Aiken, R., and G. Pullis La Rouche. 2003. Net economic values for wildlife - related recreation in 2001: addendum to the 2001 national survey of fishing, hunting, and wildlife - associated recreation. U. S. Fish and Wildlife Service, Report 2001 - 3, Washington, D. C.

Arlinghaus, R. 2006. On the apparently striking disconnect between motivation and satisfaction in recreational fishing: the case of catch orientation of German anglers. North American Journal of Fisheries Management 26: 592 - 605.

Bates, D. G., and E. M. Fratkin. 2002. Cultural anthropology, 3rd edition. Allyn and Bacon, New York.

Bohnsack, B. L., and R. J. Sousa. 2000. Sport fish restoration: a conservation funding success story. Fisheries 25 (7): 54 - 56.

Boyle, K. J., B. Roach, and D. J. Waddington. 1998. 1996 net economic values for bass, trout, and walleye fishing, deer, elk and moose hunting, and wildlife watching. Addendum to the 1996 national survey of fishing, hunting, and wildlife - associated recreation. U. S. Fish and Wildlife Service, Report 96 - 2, Washington, D. C.

Brown, T. L. 1987. Typology of human dimensions information needed for Great Lakes sport - fisheries management. Transactions of the American Fisheries Society 116: 320 - 324.

Brunke, K. D., and K. M. Hunt. 2007. Comparison of two approaches for the measurement of waterfowl hunter satisfaction. Human Dimensions of Wildlife 12: 1 - 15.

Bultena, G., and M. J. Taves. 1961. Changing wilderness images and forest policy. Journal of Forestry 59: 167 - 171.

Burger, J. 2000. Consumption advisories and compliance: the fishing public and the deamplification of risk. Journal of Environmental Planning and Management 43: 471 - 488.

Burger, L. W. , D. A. Miller, and R. L. Southwick. 1999. Economic impact of northern bobwhite hunting in the southeastern United States. Wildlife Society Bulletin 27: 1010 - 1018.

Davis L. S. , K. N. Johnson, P. Bettinger, and T . E. Howard. 2001. Forest management, 4th edition. McGraw - Hill, New York.

Decker, D. J. , T. L. Brown, and W. F. Siemer. 2001. Human dimensions of wildlife management in North America. The Wildlife Society, Bethesda, Maryland.

Ditton, R. B. 1997. Choosing our words more carefully. Fisheries 4 (10): 4.

Ditton, R. B. 2004. Human dimensions of fisheries. Pages 199 - 208 in M. J. Manfredo, J. J. Vaske, B. L. Bruyere, D. R. Field, and P. J. Brown, editors. Society and natural resources: a summary of knowledge prepared for the 10th international symposium on society and resource management. Modern Litho, Jefferson City, Missouri.

Enck, J. W. , D. J. Decker, and T. L. Brown. 2000. Status of hunter recruitment and retention in the United States. Wildlife Society Bulletin 28: 817 - 824.

Fedler, A. J. , and R. D. Ditton. 1994. Understanding angler motivations in fisheries management. Fisheries 19 (4): 6 - 13.

Fisheries and Oceans Canada. 2007. Survey of recreational fishing in Canada 2005. Fisheries and Oceans Canada, Economic Analysis and Statistics Policy Sector, Ottawa.

Gillis, K. S. , and R. B. Ditton. 2002. A conjoint analysis of the U. S. Atlantic billfish fishery management alternatives. North American Journal of Fisheries Management 22: 1218 - 1228.

Grado, S. C. , R. M. Kaminski, I. A. Munn, and T. A. Tullos. 2001. Economic impacts of waterfowl hunting on public lands and at private lodges in the Mississippi Delta. Wildlife Society Bulletin 29: 846 - 855.

Groothuis, P. A. 2005. Benefit transfer: a comparison of approaches. Growth and Change 36: 551 - 564.

Haab, T. , and K. McConnell. 2002. Valuing environmental and natural resources: the econometrics of nonmarket valuation. Edward Elgar, North Hampton, Massachusetts.

Hunt, K. M. , and R. B. Ditton. 2001. Perceived benefits of recreational fishing to Hispanic - American and Anglo anglers. Human Dimensions of Wildlife 6: 153 - 172.

Hunt, K. M. , and R. B. Ditton. 2002. Freshwater fishing participation patterns of racial and ethnic groups in Texas. North American Journal of Fisheries Management 22: 52 - 65.

Hunt, K. M. , M. F. Floyd, and R. B. Ditton. 2007. African - American and Anglo anglers' attitudes toward the catch - related aspects of fishing. Human Dimensions of Wildlife 12: 227 - 239.

Johnson, R. L. , andE. Moore. 1993. Tourism impact estimation. Annals of Tourism Research 20: 279 - 288.

Klemperer, W. D. 1996. Forest resource economics and finance. McGraw - Hill, New York.

Knuth, B. A. , T. L. Brown, and K. M. Hunt. In press. Measuring the human dimensions of recreational fisheries. In A. V. Zale, D. L. Parrish, and T. M. Sutton, editors. Fisheries techniques, 3rd edition. American Fisheries Society, Bethesda, Maryland.

Krueger, C. C. , and D. J. Decker. 1999. The process of fisheries management. Pages 31 - 59 in C. C. Kohler and W. A. Hubert, editors. Inland fisheries management in North America, 2nd edition. American Fisheries Society, Bethesda, Maryland.

Loomis J. B. , and R. G. Walsh. 1997. Recreation economic decisions: comparing benefits and costs, 2nd edition. Venture Publishing, State College, Pennsylvania.

Loomis, J. B. , and D. S. White. 1996. Economic values of increasingly rare and endangered fish. Fisheries 21 (11)：6 - 11.

Louviere, J. J. , and H. Timmermans. 1990. Stated preference and choice models applied to recreation research：a review. Leisure Sciences 12：9 - 12.

Mehmood, S. , D. Zhang, and J. Armstrong. 2003. Factors associated with declining hunting license sales in Alabama. Human Dimensions of Wildlife 8：243 - 262.

Miller, C. A. , and J. J. Vaske. 2003. Individual and situational influences on declining hunter effort in Illinois. Human Dimensions of Wildlife 8：263 - 276.

Murdock, S. H. , D. K. Loomis, R. B. Ditton, and M. N. Hoque. 1996. The implications of demographic change for recreational fisheries management in the United States. Human Dimensions of Wildlife 1：14 - 37.

Muth, R. M. , D. A. Hamilton, J. F. Ogden, D. J. Witter, M. E. Mather, and J. J. Daigle. 1998. The future of wildlife and fisheries policy and management：assessing the attitudes and values of wildlife and fisheries professionals. Transactions of the North American Wildlife and Natural Resources Conference 63：604 - 627.

Oh, C. O. 2005. Understanding differences in nonmarket valuation by angler specialization level. Leisure Sciences 27：263 - 277.

Oh, C. O. , R. B. Ditton, B. Genter, and R. Riechers. 2006. A stated discrete choice approach to under standing angler preferences for management options. Human Dimensions of Wildlife 10：173 - 186.

Olson, D. , and S. Lindall. 2000. IMPLAN professional, 2nd edition. Minnesota IMPLAN Group, Stillwater.

Pollock, K. H. , C. M. Jones, and T. L. Brown. 1994. Angler survey methods and their applications in fisheries management. American Fisheries Society, Special Publication 25, Bethesda, Maryland.

Simcox, D. E. 1993. Cultural foundations for leisure preferences, behavior, and environmental orientation. Pages 267 - 280 *in* A. W. Ewert, D. Chavez, and A. W. Magill, editors. Culture, conflict, and communication in the wildland - urban interface. Westview Press, Boulder, Colorado.

Simoes, J. C. 2009. Recreational angler surveys：their role and importance national and the 2008 Michigan angler survey. Master's thesis, Michigan State University, East Lansing.

Steinback, S. R. 1999. Regional economic impact assessments of recreational fisheries：an application of the IMPLAN modeling system to marine party and charter boat fishing in Maine. North American Journal of Fisheries Management 19：724 - 736.

Strouse, K. G. 1999. Marketing telecommunications services：new approaches for a changing environ - ment. Artech House, Norwood, Massachusetts.

Southwick Associates. 2002. Sportfishing in America：values of our traditional pastime. Produced for the American Sportfishing Association with funding from the Multistate Conservation Grant Program, Alexandria, Virginia.

Southwick Associates. 2007. Sportfishing in America：an economic engine and conservation power - house. Produced for the American Sportfishing Association with funding from the Multistate Conservation Grant Program, Alexandria, Virginia.

Sutton, S. G. , J. R. Stoll, and R. B. Ditton. 2001. Understanding anglers' willingness to pay increased fishing license fees. Human Dimensions of Wildlife 6：115 - 130.

Swanson, C. S. , and J. B. Loomis. 1996. Role of nonmarket economic values in benefit - cost analysis of public forest management options. U. S. Department of Agriculture, Forest Service, Pacific Northwest

Research Station, General Technical Report PNW - GTR - 361, Portland, Oregon.

Teel T. L, M. J. Manfredo, and H. M. Stinchfield. 2007. The need and theoretical basis for exploring wildlife value orientations cross - culturally. Human Dimensions of Wildlife 12: 297 - 305.

Toth, J. F. , and R. B. Brown. 1997. Racial and gender meanings of why people participate in recreational fishing. Leisure Sciences 19: 129 - 146.

USDI (U. S. Department of the Interior) . 2007. 2006 national survey of fishing, hunting, and wildlifeassociated recreation. U. S. Department of the Interior, Fish and Wildlife Service, and U. S. Department of Commerce, Census Bureau, Washington, D. C.

Weithman, S. A. 1999. Socioeconomic benefits of fisheries. Pages 193 - 213 in C. C. Kohler and W. A. Hubert, editors. Inland fisheries management in North America, 2nd edition. American Fisheries Society, Bethesda, Maryland.

Wilde, G. R. , R. B. Ditton, S. R. Grimes, and R. K Riechers. 1996. Status of human dimensions surveys sponsored by state and provincial fisheries management agencies in North America. Fisheries 21 (11): 12 - 23.

第 15 章　自然湖泊

Michael J. Hansen　Nigel P. Lester　Charles C. Krueger

15.1　引言

遍及北美洲的自然湖泊是重要的自然资源，并通过捕鱼、游船、游泳以及其他休闲途径为人类提供可持续的经济收益。其中，休闲渔业、商业性渔业开发和生计性渔业是最重要的利用方式，尽管这些方式很少考虑到自然湖泊独特的社会和经济价值。因此，自然湖泊的渔业管理者必须平衡渔业需求与游船、游泳或者其他利用方式间的关系。这就要求管理者精通渔业科学、自然经济学和公共政策。

本章聚焦于渔业管理大环境下自然湖泊的独特价值给管理者提出的挑战。首先概述北美洲自然湖泊的基本情况，然后介绍自然湖泊中渔业的类型（见 15.2），作为预测湖泊渔业发展方法（见 15.3）和不同类型渔业管理目标（见 15.4）的背景材料；接下来论述评估湖泊渔业发展前景的方法（见 15.5）和湖泊渔业管理的策略（见 15.6）。

15.1.1　北美洲的自然湖泊

自然湖泊是在气候和地质力量的相互作用下形成的（Wetzel，2001）。首先，在地质运动的力量下形成储存大量水的盆地；其次，充沛的降水在抵消水分蒸发、渗漏和径流损失后为湖盆提供全年持续的充足水源。由于地质运动和水源与湖盆间相互作用，北美洲的大部分自然湖泊位于其北部和东部，那里年降水量充沛，而且冰川遗留下大量可以储存地面水源的盆地。与此相反，湖泊在北美洲的西部和南部并不常见，因为那里湖盆很少，且降水量不足以抵消水分蒸发或渗漏的损失。

不论如何形成，自然湖泊可依据入水口或出水口的存在与否进行分类，而这种分类与湖泊的地形位置（按海拔从高往低）以及与其他湖泊河流的连通性（按连通性从低往高）密切相关。渗漏湖既没有入水口也没有出水口，通常位于海拔最高的位置，集水区面积较小。流通湖有一个或多个出水口，通常位于海拔中段的位置，集水区面积适中。出流湖有至少一个进水口和一个出水口，位于海拔最低的位置，集水区面积较大。地形位置的梯度和集水区面积大小是此种湖泊分类的依据，也直接影响到集水区对湖泊生产力影响的重要程度。

15.1.2　北美洲自然湖泊的分布

最后一次的大陆冰川给北美洲留下了大量淡水自然湖泊，这些湖泊分布在北纬 40° 以北的北美大陆（Cole，1994）。因为难以估计小型湖泊的数目，所以在北美洲受到冰川作用的地区的湖泊数量并不确定 (Downing et al., 2006)。例如, 据 Meybeck (1995) 估计, 加拿大有 49 000 个湖泊 (总面积 725 000 km²), 美国有 4 000 个湖泊 (总面积 106 000 km²), 而这些湖泊的湖面面积都大于 1 km²。而据 Lehner 和 Döll (2004) 估计, 加拿大有 90 000 个湖泊 (总面积 868 000 km²), 美国有 13 000 个湖泊 (总面积 160 000 km²)。不论何种估计方法, 由于加拿大有更多地区受到冰川影响, 因此自然湖泊在加拿大比在美国分布更密集 (Meybeck, 1995)。加拿大的湖泊在数量上是美国的 12.5 倍, 在湖面总面积上是美国的 7.3 倍, 在分布密度上是美国的 11.7 倍 (表 15.1)。从世界范围看, 加拿大的湖泊面积所占国土面积百分比 (8%, Meybeck, 1995; 9%, Lehner and Döll, 2004) 仅次于斯堪的纳维亚半岛 (9%, Meybeck, 1995; 6%, Lehner and Döll, 2004), 高于美国 (1%, Meybeck, 1995; 2%, Lehner and Döll, 2004) 和苏联 (2%, Meybeck, 1995; 2%, Lehner and Döll, 2004)。

表 15.1 北美洲加拿大和美国自然湖泊的数量、总面积和密度

(源自 Meybeck, 1995)

湖泊面积 (km²)	数量		总面积 (km²)		密度 (个/km²)	
	加拿大	美国	加拿大	美国	加拿大	美国
0.1	440 000	35 000	114 000	9 100	44 000	3 750
1	44 000	3 500	114 000	9 100	4 400	375
10	4 500	450	117 000	11 700	450	48
100	523	55	136 000	14 219	52	5.9
1000	31	7	88 000	13 064	3.1	0.75
10 000[a]	7	1	270 000	57 750	0.7	0.11
合计	489 061	39 013	839 000	114 933	48 906	4 180

注: [a] 苏必利尔湖、休伦湖、伊利湖和安大略湖计算在加拿大境内。

世界上总面积超过 10 000 km² 的 20 个最大湖泊中有 8 个在北美洲, 而这 8 个湖泊都是在冰川作用下形成的 (Kalff, 2002)。在北美洲的这些"大湖"中, 5 个位于劳伦水系, 即圣劳伦斯河 (St. Laurentian River) 集水区 [苏必利尔湖 (Lake Superior)、休伦湖 (Lake Huron)、密歇根湖 (Lake Michigan)、伊利湖 (Lake Erie) 和安大略湖 (Lake Ontario)], 另外 3 个完全在加拿大境内 [大熊湖 (Lake Great Bear)、大奴湖 (Lake Great Slave) 和温尼伯湖 (Lake Winnipeg), 表 15.2]。但基于水体容量, 北美洲的 8 大湖泊由于巨大的水深差异改变了规模大小的顺序。

劳伦水系包含有比世界其他地方更多的表层淡水, 而苏必利尔湖包含了劳伦水系超过一半的总水量。苏必利尔湖在水面面积上仅次于里海 (Caspian Sea), 在总体水量上排名第 4 [里海第 1, 贝加尔湖 (Lake Baikal) 第 2, 坦葛尼喀湖 (Lake Tanganyika) 第 3; Kalff, 2002]。其他著名的冰川湖泊包括伦迪尔湖 (Lake Reindeer)、萨斯喀彻温省的马尼托巴湖 (Lake Manitoba) (世界第 17 水量湖, 585 km³) 和不列颠哥伦比亚省的克内尔湖 (Lake Quesnel) (世界第 13 深湖, 475 m; Kalff, 2002)。

在北美洲的其他地方，自然湖泊形成于地质运动而不是冰川作用。例如，由于火山运动形成的著名湖泊——美国俄勒冈州的火山口湖是世界第 8 深湖（589 m；Kalff，2002）。由于地质构造活动形成的著名湖泊有美国加利福尼亚州和内华达州交界的太浩湖（Lake Tahoe）（世界第 11 深湖，501 m）、华盛顿州的奇兰湖（Lake Chelan）（世界第 13 深湖，489 m）和加拿大不列颠哥伦比亚省的亚当斯湖（Lake Adams）（世界第 16 深湖，457 m；Kalff，2002）。溶解（喀斯特地形）湖［Solution（karst）lakes］形成在有高度溶解性岩石（大部分为石灰岩）的地区，更经常见于肯塔基州、印第安纳州、田纳西州和佛罗里达州（Kalff，2002）。

表 15.2　北美洲 8 个大湖的湖面面积、水体容量、海拔高度、平均水深、最大水深、湖岸长度和排水面积。排名代表在世界 20 大湖泊（包括里海）中的位置

（源自 Kalff，2002）

指标	湖泊							
	苏必利尔湖	休伦湖	密歇根湖	大熊湖	大奴湖	伊利湖	温尼伯湖	安大略湖
湖面面积（km²）	82 400	59 596	58 000	31 153	27 200	25 741	24 514	19 500
排名	2	5	6	9	11	13	14	17
水体容量（km³）	12 000	3 540	4 900	2 236	1 580	480	294	1 640
排名	4	7	6	9	10	18	20	12
海拔高度（m）	186	176	176	186	156	174	217	75
平均水深（m）	147	59	85	72	41	19	12	86
最大水深（m）	406	229	281	446	614	64	36	246
湖岸长度（m）	2 725	6 157	2 636	2 719	3 057	1 370	1 858	1 146
排水面积（km²）	127 700	118 100	133 900	114 717	971 000	58 800	984 200	70 000

15.1.3　湖泊类型和生态区

由于湖泊类型与其营养物聚集地、初级生产、二次生产及水生生物群落间存在着紧密联系，因此渔业管理者在做出相关决定时必须考虑到湖泊类型的种种限制条件。Naumann（1919，Kalff 2002 年引用）曾经基于营养物质（磷、氮、钙元素）相对应比例产出和浮游植物生成数量对湖泊类型进行分类。寡营养湖没有产出（极少营养），富营养湖产出多（富含营养），中营养湖产出适量［营养适中；Kalff 2002 年引用 Naumann（1919）；表 15.3］。湖泊众多的属性特质与其营养状态过程（寡营养→富营养）相互关联，包括水深（深→浅）、岸斜率（陡→缓）、表水层：深水层比率（小→大）、透明度（深→浅）、有机沉淀物（低→高）、深水层氧气量（高→低）、水生植物数量（稀疏→丰富）、浮游植物数量（低→高）、深层无脊椎动物数量（低→高）和鱼类产出量（低→高；Cole，1994；Wetzel，2001）。在不同类型的湖泊营养状态过程中的有机物聚集也有所差异：寡营养湖以硅藻、长附摇蚊类蚊虫、coregonid 鱼和鲑科鱼类为代表，中营养湖以绿藻、混合蚊虫和鲈科鱼为特征，富营养湖以蓝绿藻、摇蚊类蚊虫和淡水幼鱼为典型代表

(Cole，1994；Wetzel，2001)。

表 15.3 寡营养、中营养和富营养湖泊的化学、生物特质

(依据 1992 年 Busch 和 Sly 创立的分类体系)

参数	湖泊类型		
	寡营养	中营养	富营养
溶解氧缺乏 [mg O_2/(cm² · 月)]	<0.75	0.75~1.65	>1.65
初级生产力（g C/m²）	<25	25~75	>75
总磷（mg/m³）	<8	8~23	>23
总氮（mg/m³）	<300	300~650	>650
叶绿素 a（mg/m³）	<2.9	2.9~5.6	>5.6
透明度（m）	>4.0	2.5~4.0	<2.5
形态指数（总溶解固体物/平均深度）	<6.0	6.0~7.0	>7.0

湖泊近岸和离岸地区相对生产力及透光层水体量很大程度上决定了管理方案，无论湖泊营养状态如何，渔业管理者都必须认识到单个湖泊呈现出的混合生态。依据夏季温度层级划分的生态区包括因夏风扰动的表面温水层、湖水温度由热转冷的变温层（温跃层）和深冷湖水保持一致低温的均温层（Kalff，2002）。阳光穿透的深度界定了初级生产基础之上的生态区的范围，而这一生产是与导致氧气分层的温度层级变化同时进行的（Cole，1994）。透光层通常与湖上层一致，涵盖浅于光线穿透最大深度的所有水域，并被分为包括光线能够抵达湖底水域的近岸湖滨带，以及光线不能抵达湖底水域的离岸湖沼带。水生植物是近岸湖滨带初级生产的重要来源，而浮游植物为离岸湖沼带提供初级生产的原料。大部分湖面为湖滨带和大部分湖体为透光层的湖泊是典型的富营养湖，而有着较小湖滨带和透光层的湖泊是典型的寡营养湖。深水（无光）层通常与均温层一致，其水域都深于光线可穿透的最大深度，那里没有初级生产，只有呼吸和分解作用。均温层较小的湖泊是典型的富营养湖，而均温层较大的湖泊是典型的寡营养湖。水底带涵盖接触湖底的湖滨和湖底区域的全部水域。

15.1.4 集水区的影响

大气中营养物产出和集水区源头间的相互影响最终限制了渔业产量，而这种影响依赖于集水区与湖泊面积的比率（径流系数）、地质环境和土地使用情况（Kalff，2002）。那些径流系数较小、海拔位置较高的湖泊受大气影响通常较受集水影响更大。与此相反，那些海拔位置较低、径流系数较大的湖泊则受集水影响较受大气影响大。集水区面积、营养物负载下的土地使用以及湖泊初级生产和二次生产的共同影响是可预见的：①陆上营养物负载随着排水增加而增加；②农业排水比自然排水带来更多的营养物负载；③来自大气层源头的营养物负载仅在较少自然排水的湖泊中大量存在；④藻类养殖和渔业收获随着排水规模增大而增长，而且在农业生产中要比在自然集水区中收获更多（Kalff，2002）。

地形位置和连通性影响包括鱼群构成在内的许多湖泊属性。湖泊的地形位置限制其物理、化学和生物的属性（Webster et al.，1996；Kratz et al.，1997；Soranno et al.，1999；Riera et al.，2000；Webster et al.，2000）。例如，依据威斯康星州北部湖泊

（Wisconsin lakes）的地形位置，可以预测湖面面积、离子浓度和鱼类丰富度的变化情况：水网发达的湖泊比水网简单的湖泊面积更小，离子浓度和鱼类丰富度也更低（Webster et al.，1996；Kratz et al.，1997；Soranno et al.，1999；Riera et al.，2000；Webster et al.，2000）。连通性也可以解释不同湖泊中鱼类群聚结构的变化情况。例如，在威斯康星州北部 18 个湖泊中，2 个湖泊的鱼类群聚结构因为连通性和最低溶解氧量不同而存在着根本差异（Tonn and Magnuson，1982）。另外，入水口或出水口为生物种群提供了从其他系统进入湖泊的迁移通道，也提供了避开低氧或捕食者的冬季避难所，从而有助于支持更丰富的生物多样性。

15.1.5　鱼群构成

自然湖泊中的鱼类种类数（物种丰富度）随着湖泊面积增大而增长很可能是因为湖泊面积与生境多样性相关联（Matuszek and Beggs，1988；Kalff，2002）。自然湖泊的物种丰富度也受到湖泊本身的物理（纬度和海拔）与化学（如酸碱度 pH）特征的影响（Matuszek and Beggs，1988）。湖泊中土著种由顺序降低空间尺度的"分层筛选"机制而产生，其空间尺度包括洲际、区域、湖泊类型和局域尺度（Tonn，1990）。因此，每个湖泊中产生特定的鱼类群落，是该湖泊形成时或者通过其他湖泊河流与当前湖泊相连时，鱼类区系能适应该湖泊生境的结果（如对环境温度的适应；Tonn，1990）。经过这种空间和时间上的顺序筛选，北美洲自然湖泊中的鱼类群落已经具有明显的特征，如适应冷水环境的白鲑（cisco）和湖鳟、适应冷水环境的黄鲈和梭鲈以及适应温水环境的蓝鳃太阳鱼和大口鲈。大型湖泊由于生境足够复杂可以容纳更丰富的鱼类群落，如在同一个湖中，白鲑和湖鳟生活在较深的均温层冰冷湖盆，黄鲈和梭鲈生活在较浅凉的变温层湖盆边缘，而蓝鳃太阳鱼和大口鲈生活在湖上层周边的湖湾。

由于鱼类对温度的适应程度，北美洲自然湖泊中的鱼类群落组成随着纬度和海拔的变化而变化。沿着从南到北的纬度梯线，鱼类群落趋向于从南部省份的温水鱼类［黑鲈、淡水幼鱼（centrarchid panfishes）和鲇］为优势，到中南部省份的冷水鱼类（梭鲈、黄鲈、小口鲈和白斑狗鱼）占优势，再到加拿大北部冷水鱼类［湖鳟、北极茴鱼（arctic grayling）和白鲑］占优势。在自然湖泊较少且大多位于高海拔位置的北美洲西部，尽管温水鱼类和冷水鱼类已经从北美洲东部被广泛引进，但鱼类种群还是以冷水鱼［湖鳟、大麻哈鱼和杜父鱼］占优势。由于地质演变进程不同和山脉造成的鱼类种群长期隔离，北美洲东部和西部的冷水鱼类在种群上有差异，而这种差异出现在相同的分类群体内而不是分类群体间（如北美洲西部的公牛斑鳟和东部的湖鳟）。

15.2　渔业类型

休闲渔业在北美洲自然湖泊中占据主导地位，但是商业和生计性渔业在一些环境中也还存在。休闲渔业把垂钓作为主要的捕获方式，然而商业和生计性渔业则依靠多样性的捕获方法，包括刺网、陷阱网、垂钓、延绳钓和鱼叉捕。对于渔业管理者而言，北美自然湖泊中的每种捕鱼方式都是很有意义的。加拿大（FOC，2007）和美国（USDI，2006）分别在 2005 年、2006 年对休闲渔业信息进行了全国范围的调查。由于调查问卷设计的差异，加拿大休闲渔业的情况并没有计入自然湖泊。尽管如此，加拿大自然湖泊的数量和分布情况表明，加拿大大部分淡水休闲渔业活动发生在自然湖泊。

15.2.1　休闲渔业

在加拿大，3 980 万个垂钓日在淡水水域（FOC，2007；NRC，2008）。排名前 5 位的垂钓鱼类种类贡献了捕获总量的 84%，其中包括梭鲈（24%）、鳟（20%）、黄鲈（16%）、黑鲈（13%）和白斑狗鱼（11%），以上鱼类都是自然湖泊常见种类。

2006 年，美国有 83% 的淡水水域钓鱼者（约 2 540 万个淡水钓鱼者）在湖泊和水库钓鱼（USDI，2006）。在从事淡水垂钓的全部时间（共计 4.333 亿 d）中，花在湖泊和水库的垂钓时间占 70%。有 140 万个钓鱼者约 1 800 万 d 在五大湖区。梭鲈和大眼狮鲈是五大湖区最受钓鱼者欢迎的鱼类，此外还有黄鲈、大麻哈鱼、湖鳟、黑鲈和虹鳟。除却五大湖区以外的淡水水域中，黑鲈是最受欢迎的鱼类，还有平底锅鱼（panfishes）、鲇、大头鱼（bullheads）、鳟和花鲖。

自然湖泊中的休闲渔业在墨西哥很受欢迎，特别是在其北部湖泊中的大口鲈垂钓更是如此。因垂钓而著称的自然湖泊包括格雷罗湖（Lake Guerrero）、惠特斯湖（Lake Huites）、水手湖（Lake Materos）、埃尔萨尔托湖（Lake El Salto）和贝克罗斯湖（Lake Baccarac）。

15.2.2　商业渔业

商业渔业存在于北美洲很多自然湖泊中，有时还成为当地重要的产业。最为著名的商业捕鱼区位于劳伦水系的五大湖区和加拿大西北部的湖泊群。coregonids 鱼类（白鲑）的商业捕捞存在于五大湖区。其他具有重要商业价值的鱼类还包括苏必利尔湖的湖鳟、密歇根湖的黄鲈以及伊利湖的黄鲈和梭鲈（Kinnunen，2003）。根据美国和加拿大对五大湖区商业渔业产量统计，最有商业价值的鱼类是白鲑、黄鲈和梭鲈（表 15.4）。

表 15.4　2000 年加拿大和美国从五大湖区捕获鱼类总产量（kg）和产值（美元）

（源自 Kinnunen，2003）

种类	美国		加拿大		总计	
	产量	产值	产量	产值	产量	产值
湖白鲑	4 484 355	10 256 122	5 065 266	8 379 717	9 549 621	18 635 839
黄鲈	530 441	3 034 896	1 816 184	7 887 079	2 346 625	10 921 975
梭鲈	10 383	38 851	3 297 163	10 081 376	3 307 546	10 120 227
白鲑	737 366	1 588 906	136 078	301 500	873 444	1 890 406
虹鳟	209 034	751 793	3 261 329	1 107 979	3 470 364	1 859 772
湖鳟	450 910	531 462	255 373	230 098	706 283	761 560
斑点叉尾鲴	230 105	299 270	14 061	9 762	244 166	309 032
鲤科鱼类	591 506	140 837	89 358	19 799	680 864	160 636

温尼伯湖、马尼托巴湖（Lake Manitoba）和大奴湖是加拿大自然湖泊中三大集中从事商业渔业的湖泊。这三大湖泊出产的鱼通过位于马尼托巴省温尼伯市的"淡水鱼类销售

集团（FFMC）"进行收购、加工和销售。这一集团是创立于 1969 年的一家自负盈亏的加拿大皇家公司，主要经营从马尼托巴省、萨斯喀彻温省、阿尔伯塔省西北地区和安大略西北部地区捕获的鱼类产品。产品收益以尾款方式每年支付给参与捕捞加工的渔民。FFMC集团处理和销售加拿大西部大部分内陆野生捕获的商业鱼类，并将这些鱼类产品分销到加拿大、美国和其他 13 个国家。所销售的鱼类包括梭鲈、大眼狮鲈、白鲑、白斑狗鱼、湖鳟、鲤、黄鲈、白北鲑、白鲈和加拿大白鲑。产品类型包括新鲜和冷冻的整鱼、鱼片、鱼块和鱼子酱，每年总产值超过 5 000 万加元（FFMC，2008）。

在美国，较小规模的商业捕鱼也存在于一些小型湖泊中，而这类捕捞经常与原住民条约规定的权利相关联，或者依照法规被定向于非休闲鱼类 [例如，明尼苏达州法令（97C.827）和堪萨斯州商业捕获规则（115 - 17 - 12）规定的亚口鱼和鲤]。在明尼苏达州利奇湖（Lake Leech）可以对白鲑、亚口鱼和大头鱼（bullheads）进行商业捕捞（Leech Lake Band of Ojibwe，2008）；2007 年明尼苏达州红湖（Lake Red）重新开放了对梭鲈的商业捕捞（Melmer，2007）。在蒙大拿州的弗拉特黑德湖（Lake Flathead），可以对白鲑进行商业钓捕（Flathead Lakers，2001）。

墨西哥湖泊中的小规模商业渔业主要是向当地市场提供鲜活的、去除内脏的和切成片的鱼以及晒好的鱼干。如位于墨西哥中西部该国最大的自然湖泊——查帕拉湖（Lake Chapala）（面积 1 100 km²）可开展重要的商业捕鱼活动。这一活动涉及大约 2 500 名渔民，其中 2/3 的渔民组成 59 个工会和 8 个合作社，剩余的部分包括未注册的钓鱼者或"自由渔民"（Pomeroy，1994）。查帕拉湖的商业渔业产出 300~8 900 t 的原生 charal 鱼 [5 种相似大小的银河鱼（silverside），长度小于 125 mm]、外来的鲤以及罗非鱼（Lyons et al.，1998）。

15.2.3 生计性渔业

生计性渔业这一词语指的是当地从事非商业化和休闲化的捕鱼活动，而这一获取鱼类行为是为了渔民及其家庭和社区的自身消费（Berkes，1988）。在阿拉斯加州，相关法规对维持生计做出以下解释：

开发野生资源维持生活之用，被定义为出于多种目的而从事的"非商业的习惯和传统利用"。这些用途包括个人直接或家庭为了获取食物、住所、燃料、衣物和工具的消费，或者为了生产和出售来自鱼类非食用副产品原料的手工艺品与个人或家庭消费的野生资源的运输，以及为了个人或家庭消费而进行的传统贸易、交换或共享。生计性渔业最初出现在北美洲北部（加拿大和阿拉斯加州），并在较小范围内存在于五大湖地区。因为依赖于当地情况，生计性渔业通常由乡村居民开展，或者为原住民的居民所独享。特别在原住民中间，生计性渔业经常具有传承数代的传统，而这一传统已经加入到了当地社区文化和季节性引导活动的社会结构中。

因为涉及庞杂的司法、条约和联邦法律，生计性渔业的管理相当复杂。比如，阿拉斯加州的生计性渔业受到阿拉斯加州和美国联邦政府的双重管理（Bukhs，2002）。生计性渔业经常出现在诸如大奴湖和大熊湖这样偏僻的地方。

15.3　自然湖泊的渔业潜力

　　了解自然湖泊渔产潜力的重要性是显而易见的。渔业管理解决两件十分不同的事情：一是大自然可以生产出什么；二是为了管理获取产出的活动我们能做什么。如果我们理解生产这件事，就很可能在经营方面做得更好（Walters and Martell, 2004）。在这一部分，我们概括出渔业生产力和预期产量的决定因素，并将其与自然湖泊的经营管理关联起来。我们把最大可持续产量的理论作为规划渔业的参考点，而不是作为渔业管理的目标。这是因为 MSY 对于阐述捕鱼质量的目标非常重要。例如，如果 MSY 低，湖泊仅仅能维持很少渔民的有效捕鱼。MSY、捕捞努力量和捕捞质量之间的联系十分明显，并作为了解制定渔业目标的背景资料。

15.3.1　湖泊生产力和潜在鱼产量

　　湖泊渔业的潜力依靠其生产力，即任何营养水平中产生单位体积生物的能力。由于低营养级的生物是高营养级生物的食物基础，所以不同水平中的生产力趋向于正相关。因此，鱼类群落的生产力受到生态系统（如自然湖泊）中限制其初级生产力的因素的制约。

　　湖泊浮游植物的年产量包括 3 个数量级（Brylinsky, 1980；Kalff, 2002）。通常初级生产量随着纬度和海拔的增加而降低，但在一定纬度和海拔的湖泊中也会发生很大的变化（图 15.1）。浮游植物的产量在高纬度和高海拔下低于在低纬度和低海拔的产量，这是因为在高纬度和高海拔地区生长季更短、水温更低。而特定纬度和海拔地区的产量变化主要源于限制性营养物质可获得性的差异。

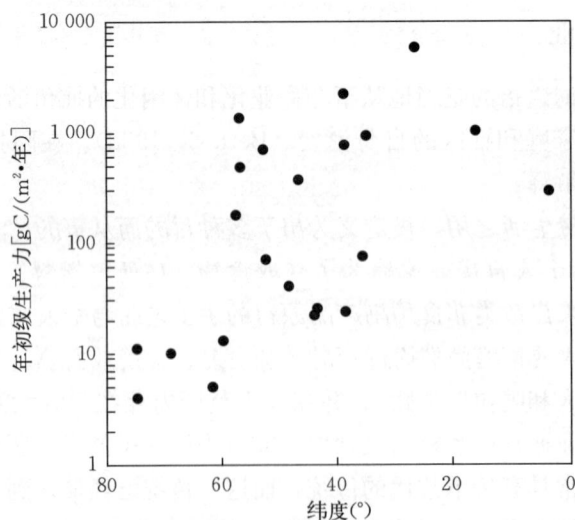

图 15.1　浮游植物年初级生产力［g C/(m² · 年)］与世界各地代表湖泊纬度关系。该图是基于 Kalff（2002）表 21.4 数据进行绘制的。纬度坐标的刻度范围是反向排列的（即从高值到零）以展示从寒冷区域（左边）到温暖区域（右边）

湖泊中的限制性营养物质通常指的是磷（Dillon et al.，2004）。对于湖泊富营养化的关注引发预测营养物聚集后浮游植物单位产量的研究模型的发展（如 Schindler，1978；Kalff，2002）。叶绿素 a 浓度通常被作为单位产量的替代物来衡量，并与总磷（TP）浓度总量的增长成正比。例如，早期的一个研究模型表明，在透光层年均叶绿素 a 浓度（$\mu g/L$）与 77 个温水湖泊中的年均总磷浓度（$\mu g/L$）密切相关（$r^2 = 0.77$；Vollenweider and Kerekes，1982）。

次级生产力指的是消费者的生产力，消费者指利用初级生产力的不同营养层次生物（包括鱼类，如浮游动物、滤食性鱼类和食鱼动物）。如果捕食者的生产力和猎物生产力的比率（即生态效率）在食物链的每一步中保持恒定，次级生产力的每一层级与初级生产力成正比。生态效率经常被假定为 10%（5%～20%），由于初级生产力的变化要比生态效率的变化大得多，经验模型表明初级和次级生产力间相互关联（Lampert and Sommer，1997）。例如，Downing 等（1990）的研究显示湖泊鱼类年均产量涉及 3 个数量级 [1.2～400 kg/(hm^2·年)]，与初级生产力的产量一致。鱼类产量在 14 个湖泊中与总磷浓度显著相关（$r^2 = 0.67$），在 19 个湖泊中甚至与初级生产力的产量关联更为紧密（$r^2 = 0.79$）。

研究鱼类产量的另一种方式就是把鱼产量作为渔业生产的指数 [kg/(hm^2·年)]。鱼产量被定义为最高营养级的消费，也就是渔业捕捞量。从适度到密集捕鱼得出的长期平均产量能大致估计出最大可持续产量（Ryder et al.，1974；Leach et al.，1987）。鱼产量对于渔业生产的总量有所低估，这是因为其排除了以下产量：①尚未达到捕获要求大小的鱼类；②由于自然原因死亡的鱼类；③其他生物组织的损失，如通过产卵产生的配子。因此，渔业预期产量往往要比总生产量低 10%（Morgan，1980；Downing et al.，1990）。

大部分鱼类产量模型都应用持续产量来检验湖泊中的物理和化学因素如何影响鱼类产量。研究人员已经确认很多湖沼学变量与此相关，包括平均水深、溶解固体总量、总磷、藻类生物量、大型底栖生物密度和水温（Leach et al.，1987；Downing et al.，1990；Kalff，2002）。存在如此多的变量并不奇怪，因为许多变量在湖泊中共同发生变化（Duarte and Kalff，1989）。

最为人所熟知的产量模型是 morphoedaphic 指数（morphoedaphic index，MEI；Ryder，1965），即用溶解固体总量（Total Dissolved Solids，TDS）除以湖泊平均水深计算出的数值。这一模型表明渔业预期产量与 MEI 的平方根成正比。MEI 广受欢迎主要是因为其简单明了，但也一直受到质疑（Downing et al.，1990；Jackson et al.，1990；Rempel and Colby，1991）。虽然 MEI 是从经验中推断而来的，但这一模型的概念框架和假定后来已被描述（Ryder et al.，1974；Ryder，1982）。这些假定包括：①基岩地质学很大程度确认了进入湖泊 TDS 的浓度；②TDS 是控制湖泊生产力的基本营养物质（如磷）的替代物；③平均水深涵盖了影响能量物质如何在水体中发生变化的水文学特性，如温度分层、营养物质循环和稀释。Chow-Fraser（1991）研究证明 MEI 可解释加拿大 73 个湖泊中 83% 总磷浓度变化的原因，为上述假定提供了经验支持。

在最初的 MEI 中一个不确定的重要变量就是气候，这是因为模型是建立在大多处于北美洲一个气候区的湖泊群样本上的，而模型应用的一个条件就是数据统计中的湖泊必须处于一致的气候环境中（Ryder et al.，1974；Ryder，1982）。MEI 统计模型随后得到拓展，将温度影响也包括进去了（Schlesinger and Regier，1982）。1982 年，Schlesinger 和 Regier 分析了涵盖多种气候的数据（如平均气温－4.4～25.6 ℃），并得出结论：从全球范围看，在预测持续的渔业产量时温度因素比 MEI 更为重要。

MEI 模型的成功主要依赖其预测总磷浓度的能力。在湖泊评估中，一个标准的程序是在测量总磷浓度之前建立 MEI 模型。基于基岩地质学，MEI 模型成为测量总磷的替代物，但其并未考虑人为活动产生的磷输入。因此，磷元素浓度便成为预测鱼类产量的更好的工具。如果磷元素水平超过 MEI 测量的预期范围（Chow - Fraser，1991），MEI 很可能就不准确了。

受气候影响的 MEI 模型（climatic - MEI model）（Schlesinger and Regier，1982）是气候和营养物如何通过相互影响而决定预期的年鱼产量的一个近似值，同时也说明气候在较大纬度范围内渔业生产中扮演着重要角色（图 15.2）。鉴于北美洲气候多样性，自然湖泊的渔产潜力会有几个数量级的变化。当营养物浓度较高时（MEI＝40），这一模型预测渔产潜力将从北部的 1 kg/(hm² · 年) 到南部的 100 kg/(hm² · 年) 的范围内变化。在某一气候带内，MEI 模型对渔产潜力的预测值有接近 3 倍的变化范围。因此，北方的渔产潜力应该在 0.3～1 kg/(hm² · 年)，南方的应该在 33～100 kg/(hm² · 年)。

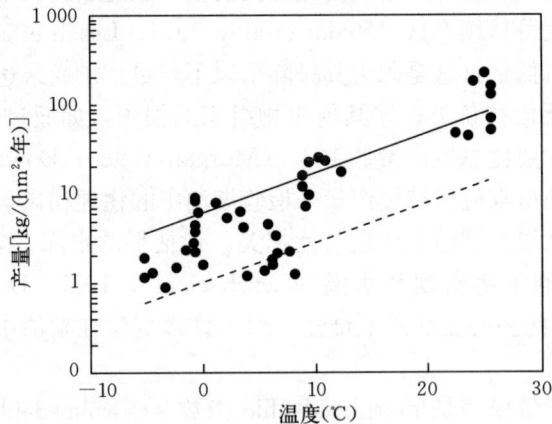

图 15.2　世界 43 个自然湖泊（圆形）鱼产量 [kg/(hm² · 年)] 与年均温度（℃）在两个水平的 morphoedaphic 指数上（MEI＝40，实线；MEI＝1，虚线）对应关系
[绘图数据来源于 Schlesinger 和 Regier（1982）的表格 1 和表格 3（方程 3）]

15.3.2　鱼类种群的生产力和潜在产量

渔业管理一般关注的是渔业目标种类鱼类的潜在产量。北美洲休闲渔业主要针对鱼类群落中的大型鱼类，如湖鳟、梭鲈、黑鲈和白斑狗鱼，尽管诸如黄鲈和翻车鱼等一些达到食用大小的小型鱼类也吸引着钓鱼者。而北美洲湖泊并不多见的商业渔业则没有特别要求，只是关注于市场上存在或易于捕捞的食用鱼类。

经验研究促进我们认识渔业目标鱼类的生产力和潜在产量。用从适度到集中捕鱼过程得出的长期平均收益率评估最大可持续产量（MSY）显示，MSY 在诸如梭鲈、湖鳟、白鲑和白斑狗鱼等几种湖泊鱼类中变化很大（图 15.3）。实证模型表明鱼类栖息地的差异是导致这种变化的主要原因（例如，Christie and Regier，1988；Marshall，1996；Shuter et al.，1998；Lester et al.，2004a）。水温、含氧量和水体透明度是影响鱼类数量和潜在产量的重要栖息地变量。关于生产力的研究显示，生活史特征也是影响潜在产量的重要因素，也表明产量与单位体积的生物量之比（production to biomass，P/B）对于小型鱼类来说更高（如 Downing and Plante，1993；Randall et al.，1995）。Downing 和 Plante（1993）也发现 P/B 随着年均气温升高而增长。鱼类自然死亡率随着鱼体增大而下降，同时随着水温上升而增长（Pauly，1980），均表明 P/B（以及 MSY）随着自然死亡率增长而升高。

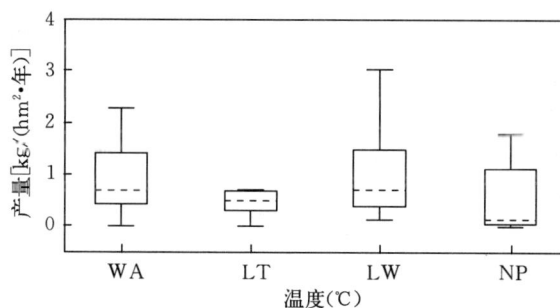

图 15.3 梭鲈（WA）、湖鳟（LT）、白鲑（LW）和白斑狗鱼（NP）持续产量的变化。
虚线代表中间值，方框代表 25% 和 75% 的数值，误差线代表非离群范围
（数据来自 Christie and Regier，1988；Shuter et al.，1998；Lester et al.，2004a）

理解渔产潜力的一个经验公式：

$$MSY = p \times M \times B_{max} \tag{15.1}$$

式中，p 为实证系数；M 为瞬时自然死亡系数；B_{max} 是在种群未捕捞的情况下的生物量（Walters and Martell，2004）。换而言之，MSY 与未被利用的种群生产量成比例，即 $M \times B_{max}$（Dickie et al.，1987；Mertz and Myers，1998）。早期模型中 $p \approx 0.5$，但近期大量实验证明这一数值可能是个上限（参见 Die and Caddy，1997；Quinn and Deriso，1999；Walters and Martell，2002）。适当的 p 值取决于鱼类起捕规格，而起捕规格也与鱼类成熟体长相关。在鱼类种群成熟前捕捞，p 值设定应低一些；但鱼类种群成熟时，p 值刻设定应高一些（如 0.5）。因为鱼类种群的开发利用一般在其成熟之后（Pauly，1984；Leach et al.，1987；Shuter et al.，1998），所以我们建议将 $0.5 \times M \times B_{max}$ 作为估算 MSY 的近似值公式。

产量模型的参数可从特定鱼群的生物量和死亡率中估算出来。偏远湖泊中未利用鱼类种群的参数也应该进行估算，尤其是在那些因道路建设而方便进入湖区的湖泊（Hunt and Lester，2009）。历史上未开发的基准对于规划和评价渔业发展的影响是有价值的（如 Miller，1999）。北美洲很多地方没有这样的湖泊，因此剩余产量参数的估算都是在渔业发展之后很长时间才进行的。

　　自然环境中生物种群死亡率已成为生态进化理论的焦点之一，也是许多实证研究的重要课题。对于大多数动物而言，自然死亡率随着体型大小和温度高低而发生可预见的变化。例如，Pauly（1980）研究显示，鱼类种群的瞬时自然死亡系数随着体型变大而减小，同时随着鱼群生存水域的年均温度增加而增加（图 15.4）。另外，一些模型表明瞬时自然死亡系数与鱼群的生活史特性相关（Hoenig，1983；Peterson and Wroblewski，1984；Chen and Watanabae，1989；Jensen，1996；Quinn and Deriso，1999；Lester et al.，2004b；Shuter et al.，2005；Miranda and Bettoli，2007）。更进一步的研究证明，鱼类的瞬时自然死亡系数与大部分动植物的死亡规律是一致的（Gillooly et al.，2001；McCoy and Gillooly，2008）。

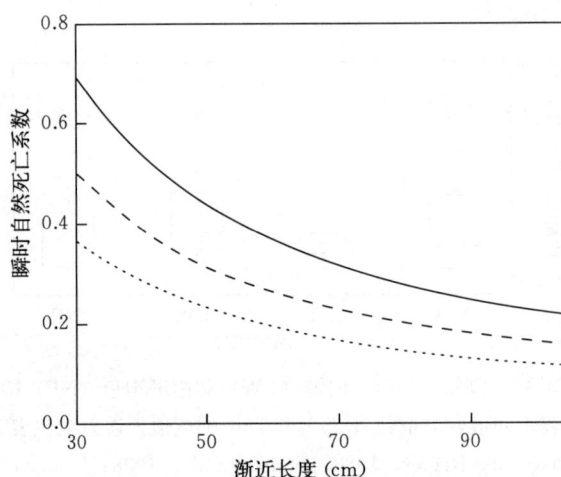

图 15.4　Pauly（1980）提出将瞬时自然死亡系数（M）同鱼群渐近总长度（L_x）以及鱼群所处水域年均温度相关联的实证模型的图示

　　图 15.4 中显示出 3 个温度层级（从上到下分别为 24 ℃、12 ℃和 6 ℃）。曲线采用 Shuter 等（1998）的报道中的表格 2 所注明的 Pauly 所提模型的替代公式：

　　$\log_e(M) = -0.023\,8 - 0.932\,6[\log_e(L_\infty)] + 0.655\,1\,[\log_e(\omega)] + 0.464\,6\,[\log_e(T)]$，公式中的 ω 代表 von Bertalanffy 生长参数的结果（即 $\omega = k \times L_x$）。这一例子中假定 ω 为 8 cm/年。

　　考虑到 MSY 的增长与瞬时自然死亡系数相对应（方程 15.1；Walters and Martell，2004），Pauly 在 1980 年的死亡率模型中对于自然湖泊中的鱼类有两项重要概括：①大体型鱼类比小体型鱼类的预期产量比更低；②冷水鱼类比温水鱼类的预期产量比更低。Pauly 1980 年的死亡率模型在自然湖泊中的应用可以解释预期产量方面的一些变化。首先，对于一种特定鱼类，L（理论上体型最长；Walters and Martell，2004）在不同湖泊中差异很大，因此鱼类生长过程的区别导致不同湖泊间产量的差异。以湖鳟为例，在 L 因素上 3 倍的差异意味着在 M 和 MSY 因素上至少有 2 倍的差异。因为 L 随着湖泊面积变大而增长，小型湖泊比大型湖泊有更高的产量（kg/hm²）。在解释为什么小型湖泊的产量更高时，这种影响一直被忽视了（Marshall，1996；Shuter et al.，1998）。其次，对于生存在湖泊沿岸带并跨越多纬度分布的鱼类而言，其生存的湖水温度在不同湖泊间变化很大。举例来说，南部湖泊的梭鲈拥有更高的 M 值，因此就比北部的同类鱼有更高的潜在产量。

另一个影响 MSY 的种群参数是最大生物量（B_{max}），即在自然未被利用状态下单个鱼群的容纳量。对 B_{max} 相关的测量就是计算一部分被捕获鱼群的单位体积鱼群数量。因为对鱼群的捕捞通常是在鱼类达到性成熟的大小时才开始（Pauly，1984；Leach et al.，1987；Shuter et al.，1998），所以 B_{max} 大致等同于成熟个体的生物量。因此，理解影响未捕捞鱼群（成熟个体容纳量）生物量的湖泊特性非常重要。单位体积成年鱼群数量依赖以下两方面：①成年鱼类生长繁殖合适栖息地的可用程度；②影响鱼类繁育、生长和生存的外部栖息环境因素（如鱼类补充群体）。

理解成年鱼群容纳量的生命周期方法十分重要，这是因为生命早期的各种困难限制了成年鱼类的数量（Shuter，1990）并使得对成年鱼类栖息地的分析没有价值。或者说，当鱼群其他生存阶段所处的环境受限时，通过开创新的产卵栖息地来增加鱼群容量的努力毫无意义（Minns et al.，1996）。2009 年，Hayes 等提出评估栖息地和种群如何在每个生存阶段影响鱼群生长存活的综合方法，虽然实际应用这种方法的例子很少（Minns et al.，1996；Chu et al.，2006）。在这之前的大部分研究鱼群容量的模型都聚焦于成年鱼类栖息地的必要条件，并假定栖息地就是限制种群数量的瓶颈。

Ryder 和 Kerr（1989）提出旨在评估鱼类种群栖息地需求的分层框架。首先，必须关注诸如氧气、温度、光线和营养物质在内的关键性生存因素。其次，要将建构栖息地的限制因素考虑进去。大部分预测鱼群预期产量的模型，都通过聚焦一个或更多关键性生存因素遵循这一理论的指导。Marshall（1996）阐述了这一方法如何用来评估自然湖泊中湖鳟的预期产量。对于湖鳟而言，最佳的栖息地环境是小于 10 ℃的水温和一定的溶解氧量（大于 6 mg O_2/L；Evans et al.，1991）。这些标准意味着许多北美洲的湖泊不适合湖鳟生长，因为夏季湖水温度都超过 10 ℃。湖鳟只能在夏季温度分层制造出冷水区的深湖，以及北极地区气温从不变暖的小型湖泊中繁殖生长。

湖泊水深是一项重要的环境变量，因为其决定着湖泊的热状况和储藏在均温层的氧含量（Cornett and Rigler，1979；Walker，1979）。因为夏季深水层的氧聚集量减少，所以最初的氧供应会影响到夏末深水层氧含量能否支持诸如湖鳟的鱼类生存（Ryan and Marshall，1994；Clark et al.，2004；Dillon et al.，2004；Evans，2007）。由于水温和溶解氧量决定着湖鳟的生存空间，因此要密切关注对这一空间的测量，以获取相应的鱼群数量和预期产量。例如，Christie 和 Regier（1988）研究证明：湖鳟的产量（kg）与栖息地热分层面积（或范围）相关，认定夏季平均热体积（或范围）被界定在 8 ℃和 12 ℃的等温线。白鲑、梭鲈和白斑狗鱼的产量也与栖息地热层面积（或范围）密切相关。

上述"生存空间"的方法承认，湖泊表面区域不是衡量一个物种赖以生存的栖息地的精确尺度。适合栖息的区域经常与湖泊面积相关，但相同面积的湖泊在提供适于不同鱼类生存的栖息地上有很大差异（图 15.5）。因此，鱼类种群的密度（单位体积鱼类数量/湖面表面面积）和预期产量［产量/（湖面面积·年）］在不同湖泊中差异巨大。当用适合栖息的区域来衡量湖面面积时，鱼类种群的密度和预期产量的测量数值就较少发生变化。

鱼群的属性也会导致自然湖泊中鱼类种群的密度和产量的变化，所以栖息地不足以单

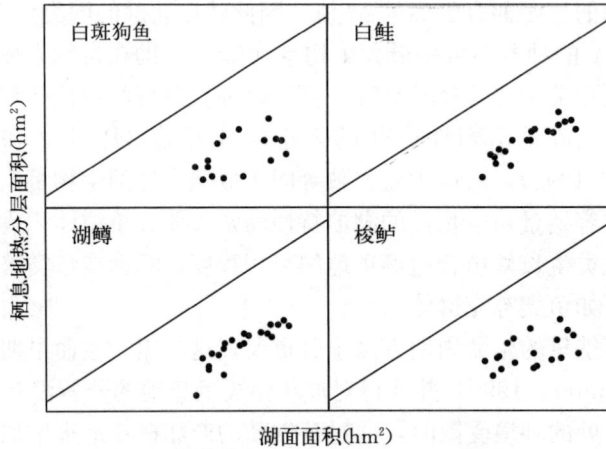

图 15.5　针对 21 个湖泊中白斑狗鱼、白鲑、湖鳟和梭鲈进行的栖息地热分层面积（hm²）对应湖面面积（hm²）分析。横竖坐标轴均采取对数尺度，实线标注出实线以表明湖面面积通常大于适合各个鱼类生存区域的面积

独解释鱼群数量上的变化。举个例子，鱼群中的变化或许影响幼鱼的生存，并将成年鱼数量减少到低于从栖息地适合程度评估的预期的数量。这种影响支持采用完整的生命周期对预测或描述鱼类种群的密度或产量进行评估。

15.4　管理目标

大目标和小目标的差别通常并不明显，因为这两个词看上去都在描述同一个概念。大目标是关于从业者希望长期取得什么的总体描述，并解释经营管理的目的是什么。设定大目标，需要回答的基本问题是："我们在哪?"和"我们想去哪?"另一方面，小目标具体化为可测算的预期结果和达到结果的时间，而这一结果显示出迈向大目标的成就和进展。

举个例子，伊利诺伊州一个温水湖休闲渔业的目标或许是"在大口鲈休闲渔业过程中提供获得大口鲈机会和持续捕捞蓝鳃太阳鱼的机会。"为了达到这个大目标可以设定 3 个小目标：到 2020 年，①把捕获大口鲈的效率从每 4 h 钓 1 尾提高到每小时钓 3 尾；②开辟一处每钓 100 尾至少有 1 尾 61 cm 黑鲈的渔场；③把捕获蓝鳃太阳鱼的效率保持在每 4 h 4 尾且平均大小在 15 cm。这个例子说明大目标是关于经营管理目标的宽泛表述，而小目标准确阐释经营管理意图取得什么成果以及什么时间达到。这种方法会应用在以下对自然湖泊中休闲、商业和生计性渔业大目标、小目标的论述中。

15.4.1　休闲渔业

为休闲渔业设定大目标、小目标的第 1 步是界定渔业。休闲渔业的大目标、小目标依赖于对渔业的准确定义。湖泊休闲渔业这一概念可以通过空间、时间、分类和特殊含义 4 种类型来定义。渔业的空间含义或许体现在国家或省（州）的层级［如佛罗里达州或安大略省（Florida or Ontario）]、地区层级［如卡茨基尔或尤因塔山脉（Catskill or Uinta mountains）]、水域类型（如普通湖泊、农场池塘或五大湖区）或者特定水域［如卡尤加湖（Lake Cayuga）或锡姆科湖（Lake Simcoe）]。特殊水域的名称通常用在具有特殊意义的湖泊。渔业的时间含义大多用在界定特定时机的时间段（如特殊的冬季鳟渔业）。分类界定经常用于为渔业指定单一的鱼类（如梭鲈）或数种鱼类（如大麻哈鱼或平底锅鱼）。渔业的特殊含义是有时用作界定鱼类大小（垂钓比赛）、捕鱼方式（飞蝇钓鱼）或者特殊性质的捕鱼活动（如城市、野外、残疾人或儿童参加的捕鱼活动）。

　　对于从业者和利益相关者而言，界定清晰的渔业将促进既有意义又易于理解的大目标、小目标的实现。带有明确目标的全国或省州范围的计划，对于协调不同的渔业或跨边界司法管辖的管理至关重要。在这些广阔的地理计划中，包括由上述分类方式之一特别界定的渔业经营管理计划的大目标、小目标［如安大略湖的溪红点鲑、明尼苏达州中北部湖泊（north-central Minnesota）的梭鲈或安大略湖的大麻哈鱼]。接下来大部分讨论都聚焦在特定渔业分散界定的大目标、小目标上。

　　自然湖泊休闲渔业的目标经常关注诸如钓鱼者钓鱼机会或满意度的属性，包括持续整年的捕鱼机会、特殊顾客要求的高品质、用户满意度或简单的捕鱼机会。这些目的的每一项都能形成一个具体的目标。为湖泊渔业管理选定正确的目标非常重要，因为渔业目标设定了范围，要在范围内选择实现目标的行动。虽然不会阻止未来一代钓鱼者的机会，但渔业目标应当反映社会大众的兴趣。

　　自然湖泊休闲渔业的小目标聚焦在包括衡量钓鱼者的机会或满意度，或者提供一个衡量好的渔业的标准在内的具体参数上。举例说，因为大部分钓鱼者更希望获得更多的鱼，所以捕获程度与钓鱼者的满意度相关。因涉及生态系统的生产力被贴上"生态现实主义"的标签，每年的总捕获量特别体现在鱼的数量而不是质量上。然而，作为单一衡量渔业成功的尺度，总收获量通常并不充裕。这是因为发育不良的鱼（如个头较小的鱼）占据了捕获总量的很大部分，而钓鱼者并不喜欢这些鱼。因此，总捕获量一般被细化到包括捕获效率和所捕鱼类平均大小在内的更为复杂的目标中。

　　单位努力量捕捞量（C/f）一般指每小时平均捕鱼量，通常在渔业目标中被用来具体衡量休闲渔业的成功率。经营管理计划经常一起使用捕获量和 C/f 平均值，而 C/f 值是成功渔业的因素之一，在钓鱼者中有所差异。举个例子，一年只钓几次鱼的钓鱼者愿意把 C/f 高数值理解为成功或满足的关键因素。或者，一年钓很多次鱼的钓鱼者或许认为 C/f 数值还没有鱼类本身和（或）捕获鱼类的大小重要。因此，C/f 本身并不适合描述成功的休闲渔场，正如发育不良但 C/f 数值高的淡水幼鱼群很可能导致钓鱼者满意度较低。另一个依赖 C/f 作为渔业目标唯一参数的问题是总捕获量只能达到生态系统中生物生产力所规定的最大值。举个例子，如果湖泊年收获量仅为 1 万尾鱼，经营管理的目标具体为每个钓鱼者 0.5 尾/h（每个钓鱼者钓 1 尾鱼需要 2 h），那么总付出每年不超过 2 万个垂钓小时。从业者经营湖泊持续达到年产 1 万尾鱼的水平就是成功的，但北美洲的渔业从业者很少试图控制休闲捕鱼中钓鱼者的行动。因此，C/f 目标假定钓鱼者的付出不会超过最大值的水平。

　　总捕获量和 C/f 一样，捕获鱼类的平均体长经常作为湖泊休闲渔业目标中的变量。

平均体长可以帮助避免出现上面提到的发育不良的淡水幼鱼导致的问题。如果目标明确蓝鳃太阳鱼的平均体长为 20 cm，大部分人会同意这一平均体长，将使渔业令人满意。目标中的平均体长参数应当建立在实际观测到的大小变化上，也要尽量满足当地捕获鱼类的平均体长（或更长），因为钓鱼者的期待和理念往往反映出他们以往的捕鱼经历。

综合全部 3 个度量标准（总捕获量、成功率和平均体长）比使用单一度量标准更有利于界定休闲渔业的经营管理目标。举例说明，今后 5 年总产量的目标是每个钓鱼者平均效率为 0.5 尾/h，每年捕获平均身长 64 cm 的 1 万尾白斑狗鱼。这个目标抓住了捕鱼过程中的几项不同要素。然而，诸如好的伙伴或者壮观的日落等许多其他促成捕鱼成功的变量很难一一测算。

使用平均体长或 C/f 的限制在于休闲捕鱼的全部属性在时间和不同湖泊上有所变化。大部分渔场有着复杂多样的鱼类品种、大小和成功率等吸引众多钓鱼者的因素。如果钓鱼者每次外出都以每个钓鱼者 1 尾/h 的相同效率，钓到相同数目的 64 cm 的白斑狗鱼，这种预测将使钓鱼索然无趣（Borgeson，1978）。然而，如果一旦在某一个捕鱼季，同一个钓鱼者经历了 5 尾/h 或者钓到一尾 114 cm 长的鱼，那如此特别的钓鱼体验将提高整体的满意度。抓住休闲渔业内在变化的最简单的方法，就是将经营管理的小目标具体到平均值范围（如 38～127 cm）而不是单一目标的数值（如 51 cm）。

一种被某些机构使用以获取经营管理目标的更为复杂的方法被称作成比例大小分布〔PSD，之前被称作比例群体密度（proportional stock density）和相对群体密度（relative stock density，RSD）；参见 Guy et al.，2006，2007 关于术语变化的讨论；Gabelhouse，1984；Gabelhouse et al.，1992；Anderson and Neumann，1996，关于指标发展利用的概述〕。通过这种方法，可以通过估算垂钓者渔获中超过某特定长度百分比的鱼群的占比评估湖泊鱼群数量（不是钓鱼捕获数量）。这里的假设是：通过管理鱼群的长度变化，捕获量将反映出这种长度变化，并促进产生公众可接受的渔业。1985—1986 年进行的一项调查中，魁北克省和美国 33 个州都使用 PSD 评估鱼群数量（Gabelhouse et al.，1992）。管理当局继续使用 PSD 概念设定管理目标并评估鱼群数量（伊利诺伊州自然资源部门，2007；Marteney et al.，2007；Stewart et al.，2008）。无论在哪里，人们的预期都是要比另一个长度更好，因此将鱼群长度的概率指标化而反对创造钓鱼中的鱼长世界纪录或许并不合适，这就是 PSD 的一个潜在劣势。在这样的渔业中，将鱼群长度的概率指标化来挑战更有用的长度，而不是将公开长度指标化来挑战世界纪录的长度。将 PSD 作为经营管理目标中具体化的参数推动对鱼群的定期评估来评估它们的长度构成，包括捕获量、C/f 和钓鱼付出在内的依赖渔业的度量标准要靠鱼篓调查，而这种调查要比独立于渔业的度量标准（如 PSD）花费更大。

通过描述休闲渔业的名称通常会推断出其目标，包括夺标捕鱼、钓获放流、城市捕鱼、特殊群体捕鱼或者野外捕鱼。夺标经营的目标依赖于 PSD 或者选择一个当地认可的夺标长度。长度限制是为了采取措施来控制可捕鱼类的长度（见第 7 章）。例如，北美狗鱼经常被作为夺标捕鱼的鱼类，而一些受欢迎的鳟被作为钓获放流的鱼类。在这些情况下，管理目标很可能定为比当地其他水域有更高的 C/f 值和更大的平均长度。夺标捕鱼和钓获放流避免了之前在 C/f 目标中提及的问题（即捕捞或许受限），这是因为捕获并未受到鱼群产出的限制而捕获也可以被忽略不计的（假定鱼群放流后能够生存）。这种循环利用鱼群的经营管理是适应钓鱼者需求的方法之一。城市捕鱼和特殊群体捕鱼（如儿童、老年人和残障人士）的目标应聚焦于易接近的具有 C/f 保证的捕鱼地点的得到和保持上。野外捕鱼的目标应当是最大限度地减少鱼群个体间的互动（Kennedy and Brown，1976）。达到野外捕鱼目标的措施包括不投放鱼群、不做广告宣传或进行任何可增加钓鱼者参与的经营活动。

15.4.2　商业渔业

自然湖泊中商业渔业的大目标、小目标拥有一段从海洋渔业经营管理中衍生出的理论发展的历史。关键性的理论发展出现于 Baranov（1981）所做的实验：在一年期鱼类生长的某个时间，单位体积内数量的顶峰出现在生长率和自然死亡率共同作用的时刻，因此鱼群最佳时期也就存在于收获最大数量之时。在接下去的数十年，各种各样带有目标的经营商业渔业的方式得到发展，主要包括可持续产量（Beverton and Holt，1957；Ricker，1975；Quinn and Deriso，1999；Walters and Martell，2004）、经济收益（Christy and Scott，1965；Clark，1985；Grafton et al.，2006）和（或）预防原则（Garcia，1994；O'Riordan and Cameron，1994；Restrepo et al.，1999；Fisher et al.，2006）。

商业渔业的目标通常包括这样一种想法，即渔业管理应最大限度地增加每年商业捕捞的重量或年经济收益。因此，商业渔业的目标经常明确为具体的最大化收获或可持续的经济收益水平。可持续产量理论适用于"最大质量"，经济产量理论适用于"最大经济收益"，而在预防原则的概念中涉及永久或"可持续"。

自然湖泊中商业渔业的目标具体为单位体积内鱼类数量，即鱼群可持续不断地产出且生存能力并不衰减。如果鱼群保持稳定（即出生替代死亡），那么鱼群产出不应导致数量的减少。渔业产出能够保持是因为收获后通过生长、繁殖和生存等密集增长的鱼群补偿。被捕获的鱼群通过提高繁育（出生或补充）和生存能力加速生长来提高产出率（Tyler and Gallucci，1980）。理论上的均衡收益作为湖泊商业渔业的一个目标，在鱼群数量上比 MSY 更加保守和有预防性，低于那些支持 MSY 模型的理论。然而，MSY 依然经常作为商业渔业的一项目标。

为了 MSY 的渔业管理出现问题有很多原因（Larkin，1977）。MSY 的一个问题是生存者因为环境的变化也随着时间发生变化。自然湖泊的环境容易在物理（如气候变化）和生物（如非本地物种入侵）力量上发生变化，这种力量可以改变捕食关系、竞争、死亡率、补充或繁殖。因此，每当生态系统发生变化时要重新评估 MSY。在五大湖，例如，新物种入侵频繁，这些生态系统没有长期保持足够长的平衡稳定，也无法保证 MSY 的可靠估计。此外，根据若干鱼群数据对 MSY 的估计导致 MSY 反映平均种群的均衡产量。因此，低生产率的鱼群或许被过度捕捞而生产率更高的鱼群或许保持正常捕捞（前述经济效益）。一种比较保守的方法是为商业渔业目标选择一个均衡产量，即小于 MSY，并且种群丰度高于支持 MSY 所需的水平。

湖泊商业渔业的最大经济产量（Maximum economic yield，MEY）或许与最大可持续产量不一致（Christy and Scott，1965；Grafton et al.，2006）。管理经济产量而不是生

物产量是明智的，因为商业渔业以卖鱼获利为目标（Grahm，1943）。举一个假设的休伦湖白鲑的例子（图 15.6）。如果鱼价恒定，且没有供求关系影响，MSY 就是卖鱼的最大总收入。成本随着渔民数量增加而增加，个人和集体付出更多努力捕获更多白鲑。在某一点，总支出与总收入交汇在平均转折点上，商业渔业超出这一点将亏损。因为，渔业总支出低于销售白鲑的总收入，在转折点的左边出现正面经济收益。在这个例子中，两条曲线的最大差别，CD（即最大经济产量，MEY）要小于 MSY。

渔业中的经济力量和渔业市场要比图 15.6 显示出的复杂得多，这是因为支出曲线更加复杂；收入是捕获量和价格相互作用的结果，也受到供求力量的影响。因此，同 MEY 管理相关的问题数量众多。在白鲑的例子中，如果经营管理是成功的，MEY 的目标也得到实现，那么利益会吸引更多渔民，并促使他们使用更多的船和网具，这将在一段时间内降低 MEY。这些力量都在把白鲑捕捞推向平均转折点。为了解决这个问题并取得经济收益，渔业中捕鱼成本必须通过限制参与的方式加以控制（如准入限制的法规）。

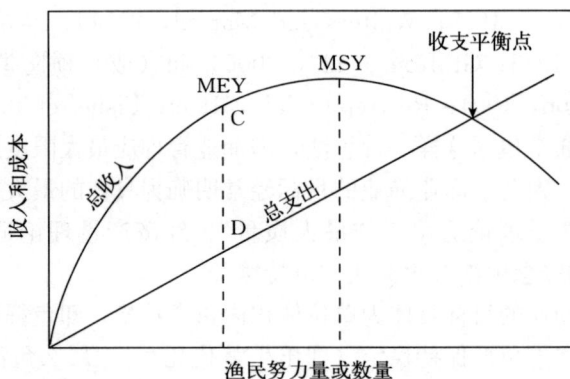

图 15.6　渔民数量与渔业总支出和鱼类销售的总收入之间的关系。总收入和总支出之间的差额定义了一系列渔业经济产量。CD 线代表总收入和总成本之间的最大差异，并定义了最大经济产量（MEY），发生在比最大可持续产量（MSY）更低的努力水平上
（Christy and Scott，1965）

预防原则表述的是当捕鱼可能对资源长期发展造成不可逆转的损害时，从业者应当实施措施将风险降到最低以面对科学发展的不确定性（Garcia，1994）。预防原则表明渔业经营管理应当"不造成伤害"而且要做到"防患于未然"。提倡增加捕捞频次和产量的人应当提供渔业资源可持续发展风险最小的证明。因此，如果渔民或从业者试图增加捕捞休伦湖白鲑的配额限制时，他们必须证明增加的产出和损失不会污染环境。这一方法看起来很常规，但与过去渔业经营管理的现实恰好相反。除非有充足的证据说明高产量的捕鱼会增加鱼群的风险，否则预防管理的目标就要实施。预防原则把举证的责任从那些捍卫预防捕捞水平的人们身上转移到那些企图获取更好的捕鱼收获的人们身上。预防原则把可持续作为最基本的目标，因此收益或生产都必须限定在不给可持续发展增加风险的水平上。

由于商业捕鱼管理受政治、生物因素的影响，经常会造成鱼群数量损耗、迅速下降及

灭绝等后果，因此渔业管理预防性原则应时而生（Ludwig et al.，1993）。湖泊商业捕鱼将长期可持续发展作为其目标之一，不过实际操作中无论是商业捕鱼本身还是在其他活动中，都确实难以实现。首先，安全渔获量限制的确定往往具有很大的不确定性；其次，渔业活动很难将捕鱼量限制在该值范围内。因此，渔业管理必须实现的目标其实是防止鱼群数量下降到无法恢复的水平。渔业管理者必须意识到他们自身在运用鱼群及渔业知识时存在的不确定性，同时在面对风险时必须要采取相应行动。

预防性渔业管理通常需要结合鱼群生物量（B）及瞬时捕捞死亡系数（F），以判断是否过度捕捞，继而建立相关参考点（如限制及目标），当达到参考点时，就得采取相应管理措施。举例说明，当产卵群体生物量或鱼群规模超过 B_{lim} 值时，鱼群繁殖就无法弥补因捕捞而失去的鱼群数量；同理，当瞬时捕捞死亡系数超过 F_{lim} 值时，那么繁殖率也无法跟上因过度捕捞鱼群损耗的速率，因而 B_{lim} 和 F_{lim} 值即为鱼群数量迅速下降的危机边界值（图 15.7）。对于鱼群生物量（B）及瞬时捕捞死亡系数（F）的预防管理水平需要提供一个边界值，在此边界值内，捕鱼活动会威胁到长期的渔业可持续发展。预防性鱼群生物量水平（B_{pa}）的界定需要确保即便每年鱼群生物量会有所变化，但总数必须超过 B_{lim}；同时，预防性瞬时捕捞死亡系数（F_{pa}）需要设定在 F_{lim} 值以下，以降低鱼群生物量迅速下降的可能性。以下 4 个变量能用以确定 3 个渔业区：鱼群生物量急剧下降的危险性、过度捕捞及预防管理。预防性商业捕鱼管理目标则为将鱼群生物量（B）及瞬时捕捞死亡系数（F）分别降至 B_{pa} 及 F_{pa} 值以下。不过由于尚未有具体措施方案给出 F_{lim} 及 F_{pa} 间差距是多大，因此在实际操作时还较为棘手。同样，在实施商业捕鱼管理目标时，需要对鱼群生物量（B）和瞬时捕捞死亡系数（F）进行估量计算，但由于不确定性太大，因此在用估计值得出预防参考点以估计目标是否成功完成时又是难上加难（Essington，2001）。

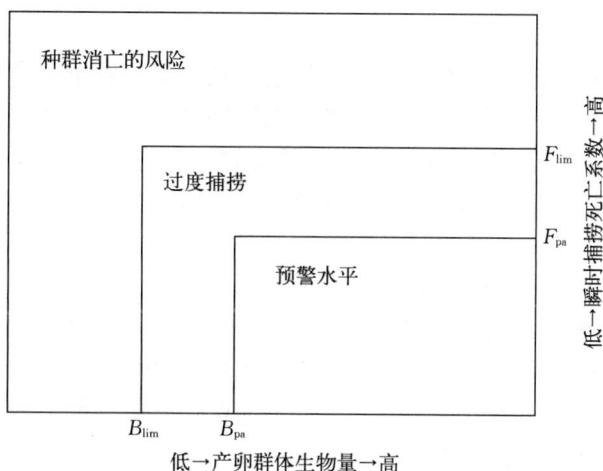

图 15.7　为避免过度捕捞和鱼群消亡的种群数量及鱼群死亡率的预警水平（Restrepo et al.，1999），所捕鱼类超出其产卵群体生物量或种群规模导致其不能繁殖的称为 B_{lim}。如果一个种群的瞬时捕捞死亡系数超过这个水平，繁殖率无法弥补损失（补充过度捕捞），该水平称为 F_{lim}。预防性鱼群生物量（丰度）水平（B_{pa}）可以合理确定，即使其年复一年地波动，种群仍保持在 B_{lim} 水平上。可预防性瞬时捕捞死亡系数（F_{pa}）完全低于 F_{lim}，鱼群消亡的可能性很低

15.4.3　生计性渔业

自然湖泊中生计性渔业经营管理的目标通常聚焦于确保生计性捕鱼的机会。在阿拉斯加州，关于生计性渔业的明确目标表述如下：

如果鱼群中可供捕获的部分对于生计和其他而不是全部的消费之需是充裕的，负责的董事会要通过相关法规为生计捕获那些鱼群提供合理的机会……（阿拉斯加州法令16.05.258）

本例给出了生计性渔业管理目标：为生计性渔业发展提供一个合理的机会，而何为合理机会，则须生计性渔业管理目标进行具体定义。生计性渔业目标之一或许在于将鱼群数量分多层次进行管理，达到每周可任意捕捞6 d以上的水平。在选取目标完成进度具体评估标准时，需要对生计性渔业从业者进行询问。

生计性渔业目标的制定，不可独立于休闲渔业、商业渔业等其他种类的生计活动。在法定优先权方面，相比休闲渔业与商业渔业，生计性渔业或许更具优势。因此，不同种类的渔业目标也千差万别。在阿拉斯加州，如果鱼群数量能达到限定的渔获量，那么若要渔获量能满足生计，生计性渔业就该为此提供合理机会（《阿拉斯加法规》16.05.258，鱼类及其饵料的生计性使用和分配）。假若潜在鱼群数量超过了满足生计所需的渔获量，多出的部分便可用于其他种类的渔业。农村人将鱼类作为食物来源之一。当然，野生动物及植物等其他食物也在其列。生计渔业在生计活动安排表（如在合适的季节将鱼进行干燥保存）、满足当地居民季节性饮食习惯方面，有着举足轻重的作用。不过在选取生计性渔业目标时必须保持谨慎的态度，在制定管理措施的同时，也需要考虑渔业管理带来的文化影响。

15.4.4　种群恢复

在某些方面，渔业管理的工作重心并非渔业发展，反而着重于当地的鱼类种群恢复。比如，部分渔业管理目标为恢复劳伦五大湖中湖鳟的鱼群数量（Hansen，1999；Krueger and Ebener，2004）。为防止鱼种灭绝，美国颁发的《濒危物种法》中相应条款也有所规定，敦促着相关计划的制订与执行（如爱达荷州红鱼湖的红鲑；Flagg et al.，1992；Selbie et al.，2007）。

渔业管理目标需要对鱼种成功恢复的规模进行具体描述。以密歇根湖的湖鳟为例，勃朗特等人于2008年提出的相关渔业目标如下：恢复生活在目标保护区内的湖鳟遗传多样性及其数量，以达到满足维持渔业发展的水平。该目标明确了以下3点：所恢复的鱼种为密歇根湖特定区域的湖鳟；遗传多样性也应列为渔业管理的一部分（Reisenbichler et al.，2003）；湖鳟数量应当足够维持渔业发展。

在制定确定目标完成进度的渔业管理目标时，需考虑目标鱼群的相关属性。同时，用于评价目标完成进度的标准也应当明确什么是自我维持的野生鱼群。密歇根湖湖鳟恢复目标的制定基于以下6个方面：①年总捕捞死亡率（<50%）；②产卵区的成年鱼数量〔秋季评估时，使用标准规格的刺网进行捕捞，所得单位努力量捕捞量（C/f）每305 m（1 000 ft）〕应不少于50尾湖鳟；③产卵流域鱼卵数（每平方米500枚健康鱼卵）；④产

卵年龄组数（>5 个年龄组）；⑤自然繁殖年龄组密度（100 000 尾自然繁殖的 1 龄幼鱼）；⑥形态型不少于一种，形态型即湖鳟的不同形态，不同形态的鱼在同一湖内的活动范围也不尽相同（Krueger and Ihssen，1995；Zimmerman et al.，2009）。

恢复鱼种的渔业管理目标应当设定具体的完成期限。所有评价的日期必须能够反映出该鱼种的生活史，包括成熟年龄、所要求的产卵年龄组数量及最长寿命。对于湖鳟、湖鲟等长寿鱼种，为反映该鱼种寿命长，目标完成期限的设定也得相对较长（10~50 年）。举例说明，针对密歇根湖的湖鳟，Bronte 等人（2008）为此所设立的目标如下：对于 2008 年前于目标保护水域所存的产卵鱼群，到 2024 年，雌性应占 25％以上，且不少于 10 个产卵鱼群已存活不少于 7 年。

15.5　渔业资源评估设计

渔业资源评估用于确定渔业管理目标的完成进度，是渔业管理机构所采用的不可或缺的一项管理活动。渔业资源评估若要发挥效力，需要非独立性渔业调查（fishery - dependent surveys）及独立性渔业调查（fishery - independent surveys）同时展开。非独立性渔业调查着重于报道渔获量及努力量，其重心在渔业从业者；而独立性渔业调查则由渔业管理机构发起，用于研究捕获鱼群特征。非独立性渔业调查所提供的渔业数据由于往往多为主观自述，因而所报道的渔获量、努力量及捕捞地点其实可信度都不高，同时受缴纳收入所得税的义务、渔业管理机构的不信任等外部因素的限制，非独立性渔业调查报道的准确性也会受到相应影响。就例而言，Wiberg 等人（2004）指出，对苏必利尔湖并无捕捞力量及捕捞地点有所变化进行有关报道，这也就恰恰隐藏了湖鳟数量迅速下降期间湖鳟群存湖密度的改变。为减少相应争议，渔业管理机构不得不引入船上监测（通常称为观察足），以保证所提供的数据准确无误。

相较于非独立性渔业调查，独立性渔业调查所提供的鱼群状态数据则更为客观。非独立性渔业调查往往由渔业管理机构借助本身拥有的船只及船员展开；独立性渔业调查则不选取渔获量或捕捞力量较高的流域，反而在固定或随机选择的取样站进行。假若开展独立性渔业调查时客观性能得到保持，那么所得单位努力量捕捞量（C/f）就足以反映出鱼群密度及鱼群数量变化的潜在趋势。举例说明，1929—1999 年，渔业属性历经改变，因此独立性渔业调查得到纠正，并与非独立性渔业调查结合在一起，共同修正了此期间苏必利尔湖中湖鳟群数量急剧下降又得以恢复的历史。

15.5.1　指标及生物学参考点

指标即为评估目标完成进度的标准，用于刺激或引导渔业管理决策的制定，生物学参考点则为指标的具体基准值。最低捕捞死亡率（F_{MSY}）也许是渔业管理最为著名的生物学参考点，当瞬时捕捞死亡系数最低时，可带来最大可持续产量。当捕捞死亡率由 0 增长到 $F_{Extinction}$ 值时，生物量（B）及产量便会发生变化，当 F 值为 $F_{Extinction}$ 时，生物量（B）则降至 0（图 15.8）。因此，如果评估显示，F 小于 F_{MSY} 值，则渔业规模可以扩张；相反，如果 F 大于 F_{MSY} 值，则渔业规模应当进行缩减。该模型同样可以将鱼群生物量设为指标，

由此随着 F 逐渐接近 F_{MSY} 值，平衡生物量（equilibrium biomass）便会相应降低（图 15.8）。若把达到最大可持续产量（MSY）的生物量设为另一参考点（B_{MSY}），再将所测得的鱼群生物量（B）与能达到最大可持续产量的鱼群生物量（B_{MSY}）相互对比，由此可刺激制定科学的渔业管理决策。图 15.7 中所讨论过的预防性最大可持续产量（precautionary MSY）就是从以上概念演化而得的。

虽然最大可持续产量（MSY）不再广泛视为渔业管理的首要目标，但本案例还是展示了某参考点框架的些许最大可持续产量相关特征。第一，指标和生物学参考点与渔业管理目标密切相关，因而与参考点相对应的指标值也就预示了为实现渔业管理目标今后的渔业管理方向。第二，参考点的建立需要某种系统效能模型。捕鱼如何影响鱼群生物量在本例模型中有所体现。第三，一些指标及其对应参考点能用于指导目标一致的渔业管理制定决策。本例中，目标一致的渔业管理决策制定可以通过 F 或 B 实现。而在实际操作中，指标及其对应以模型为基础估计的参考点在评价过程中不免出现取值错误，因此指导渔业管理制定决策的各指标可能会大相径庭。所以制定决策时需要参考多个指标，最终选择时必须注重事实证据的考量。第四，由于决策标准在数据收集之前就已确定，并可向渔业资源使用者进行解释，因此最终参考点的框架也就清晰可见了。

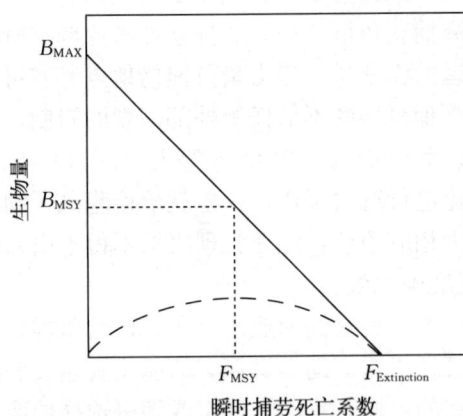

图 15.8　某假设鱼群最大可持续产量（MSY）及相关参考点。x 轴为瞬时捕捞死亡系数；瞬时捕捞死亡系数与平衡生物量的关系用实线表示，瞬时捕捞死亡系数与平衡生物量的关系用虚线表示，最大可持续产量参考水平用点线表示

随着最大可持续产量（MSY）的弃用，渔业管理也进入了一个新的艰难境地（Larkin，1977）。要取得渔业最佳效益，将渔获量最大化只会适得其反，因此对于生态可持续渔业的重视程度需要加强，并增加对鱼群生存水域生态系统受渔业影响的关注度。为最大化短期利益，实现可持续发展，渔获量目标如今愈渐保守。渔业管理目标重心已转向生态可持续渔业，最大可持续产量也被赋予了新的含义，同时渔业管理所需的指标数也有所增加。最大可持续产量如今作为限定参考点，用于明确渔业扩张的限度，以保证鱼群的长期渔获能力（见 NOAA，1998；Mace，2000）。从这里可看出，生物量及瞬时捕捞死亡系数参考点虽然如今仍在使用，不过其运用范围都必须限制在设有渔业管理目标的地域，在规定区域之外要想恢复鱼群生物量、降低瞬时捕捞死亡系数，就应当立即实行强有力的相应

措施。预防性渔业管理的精髓便在于此。

　　渔业管理中有关生态环境的目标要求，除收获鱼群之外的相关指标或参数需要对由渔业施加于生态系统的其他部分的影响做出评估，经渔业造成的鱼群损耗会影响到水生生态系统的结构及活力，故而必须对鱼群结构及收获鱼群长期渔获能力进行评估。近年来，有人提议，也可选用其他一些变量评估海洋捕捞给生态系统所带来的影响（Sainsburg and Sumaila，2001；Rochet and Trenkel，2003；Methratta and Link，2006）。这些变量包括鱼群数、渔业扩张率及捕捞鱼的平均尺寸等，这些变量均适用于单个鱼种的管理，其他变量见表 15.5 及表 15.6。指标过多也许稍显冗杂（Methratta and Link，2006），因此在决定最终变量时则会进行删减。针对鱼群的各个指标，理论上强烈要求设定参考点，但实际操作起来并没有想象得那么简单，要把这些鱼群指标转化为以参考点为基础且与控制规则相关的决策制定标准，仍旧是难上加难。

　　自然湖泊渔业的参考点框架发展不如海洋渔业的先进。之所以对自然湖泊渔业参考点框架设定严格度会降低，也许是因为休闲渔业（非商业渔业）成为大多数自然湖泊渔业扩张的重心。人们通常将休闲渔业与商业渔业区分开来，认为休闲渔业是自给自足的，控制其的社会经济力量与商业渔业有所不同（控制商业渔业的社会经济力量已经造成许多鱼群数量大大减少，相应的商业渔业也分崩瓦解）（Post et al.，2002）。从而，许多北美五大湖的休闲渔业其实都是被动管理，缺少明确的管理计划、目标，或将渔业扩张限制在一定范围内的方法，鱼群可能受渔业、渔业管理目标，或者控制渔业有限扩张方式的影响。除此之外，即便休闲渔业制定了管理目标，那也通常是含糊不清、不具专门性的（Pereira and Hansen，2003）。渔业积极管理具有清晰可见的管理目标、清清楚楚地为实现目标而设立的管理策略及管理措施、明明白白的评估管理目标是否已经完成的方法，并拥有完整的管理步骤，全已落实到位。如今，在北美湖区已采用积极管理模式，帮助维持商业渔业并恢复本地渔业，不过至今在休闲渔业的应用还是相对较少。

表 15.5　用于评估渔业影响的鱼群指标及参考点表

［以下指标可用于评估所有鱼种，但"渔业影响"仅适用于直接受渔业影响的鱼种（等同于收获及捕获鱼群）。下表会用到所示缩写：最大可持续产量（MSY）、可捕系数（q）、von Bertalanffy 增长模型参数（K 及 $L\infty$）、首次成熟鱼长（L_m）及首次捕获鱼长（L_c）］

(after Rochet and Trenkel，2003)

指标	对渔业影响	参考点
生物量（B）	—	B_{MSY}
单位努力量捕捞量（C/f）	—	$q \times B_{MSY}$
瞬时总死亡系数（Z）	＋	$K(L\infty - L_m)/(L_m - L_c)$
瞬时捕捞死亡系数（F）	＋	F_{MSY}
F/Z	＋	0.5
种群平均长度	—	
捕捞长度中位数	—	成熟长度中位数
比例大小分布（PSD）	—	
生长	＋	

表 15.6　可能受渔业影响的鱼群指标表

(after Rochet and Trenkel，2003)

指标	捕捞影响
平均生长率	+
平均最大长度	—
平均成熟年龄	—
平均成熟尺寸	—
平均长度分布	左移
尺寸丰度关系	斜率下降
物种分类特征	小而快的特征
生物量变化	+
食鱼类比例	—
浮游与底栖比	+
平均营养级	—
捕捞平衡	
群落中未捕种比例	+
群落中平均质量	
尺寸谱	少数大鱼 总生物量低

15.5.2　积极管理案例研究

接下来的 3 部分内容，将给出北美五大湖运用积极管理的数个案例，并在每个案例中都对积极管理体系的根本组成要素进行了描述。

15.5.2.1　五大湖中的湖鳟

以下案例使用密集抽样，对苏必利尔湖中湖鳟群数量进行监测（Hansen，1996）。苏必利尔湖湖鳟的恢复目标为鱼群数量达到足以提供 200 万 kg 年渔获量的水平，而这也是 1929—1943 年可持续的平均年渔获量（Busiahn，1999）。自湖鳟群数量在 20 世纪 50 年代迅速下降起，渔业管理机构开始通过限制捕捞、控制七鳃鳗及畜养人工孵化的湖鳟等方式恢复湖鳟群数量（Hansen，1996）。管理措施的效率可以通过年度非独立性渔业调查及年度独立性渔业调查进行监测，因此湖鳟渔获量、鱼群数量、补充量、瞬时捕捞死亡系数及七鳃鳗受伤率皆可测量，并用来与渔业管理目标进行比较参考。

为记录鱼群恢复目标完成的进度、发展管理策略、落实管理措施，渔业管理机构每年都会对湖鳟群数量、瞬时捕捞死亡系数、捕捞受伤率、补充量及渔获量进行监测。数据采集分析及报告都已标准化，并用于每个单独的湖鳟管理区域的报道。养殖成年湖鳟数（剪鳍）及野生成年湖鳟数（未剪鳍）通过从 4 月下旬至 5 月期间单晚（或更改为刺网浸水时间；Hansen et al.，1998）由标准刺网捕捉总鱼数以 C/f 算出；养殖湖鳟及野生湖鳟年总死亡率（A）可以春季刺网调查所获得的抽样鱼群数据为基础，通过渔获量曲线估计而得；由于刺网网格尺寸能筛选捕获鱼的尺寸，因此真实的瞬时捕捞死亡系数可由刺网捕获鱼尺寸估计的瞬时捕捞死亡系数而得（Hansen et al.，1997）；七鳃鳗受伤率可由春季刺网捕捉的湖鳟平均受伤率得出，按百分比计算；野生湖鳟补充量可由 7 月下旬至 8 月中单晚由标准刺网捕获的鱼群单位努力量捕捞量（C/f）估计而得；休闲渔业、商业渔业及生计渔业的湖鳟捕获量估计值可用来与许可渔获量进行比较；对休闲渔业捕捞力量及渔获量的监管可通过对休闲渔业捕捞力量（捕鱼者数及拖船数）的鱼笼调查及捕捞率（对捕鱼者进行采访获得）进行；对商业渔业捕捞力量及渔获量进行监管可通过强制报道和船载监控展开；生计渔业捕鱼量及渔获量则由渔业从业者报道提供。

当期捕获数据模型整合调查数据，估计成年鱼量、补充量，商业渔业和休闲渔业中收获鱼的死亡量以及用大网和小网刺网评估渔业的 C/f（例如，Linton et al.，2007），然后用一个规划模型从当期补充量和鱼量趋势，并结合固定自然死亡率（包括七鳃鳗的死亡率）估计未来渔获量配额。瞬时捕捞死亡系数（F）设定在不会导致鱼量（N）下降的水平，然后利用 Baranov 方程 $C=NFA/Z$（Ricker，1975），根据鱼量和总死亡量（Z＝瞬时总死亡系数；A＝年总死亡率）估计得出渔获量配额（C）。为管理渔业收获量，将生物参考点确定为一项可测量的目标，该目标取自对北美湖鳟的一项元分析。分析显示，年总死亡率（A）超过 50% 的湖鳟数量倾向于下降（Healey，1978）。因此，年捕捞死亡率必须设定在一个水平上。这样，当将其加到年总死亡率和七鳃鳗死亡率上时，年总死亡率就不会超过 50%。

15.5.2.2　威斯康星州的梭鲈

联邦法院 1836 年及 1842 年的条约规定，部族可以进行捕猎、捕鱼及聚集活动。同时，在该条约的保护下，对梭鲈群捕捞及威斯康星州北部 1/3 内经营的其他相关渔业的监管得以展开（Hansen et al.，1991；Beard et al.，1997）。每年均采取随机抽样的方式对湖泊实施监管，抽样的湖泊里不但含有梭鲈，而且经州渔业许可允许进行垂钓捕鱼活动，且经部族渔业许可允许进行鱼叉捕鱼活动（Hansen et al.，1990）。因为性成熟的梭鲈会集中在春季几周内产卵，因此部族鱼叉捕鱼活动都会在这几周进行，而垂钓捕鱼则从 5 月的第 1 个星期六开始，一直持续到翌年 3 月的第 1 个星期六。部族鱼叉捕鱼活动主要目标为产卵的梭鲈。由此，性成熟梭鲈的总数量便可通过在产卵期估计而得；通过垂钓捕获的鱼群中梭鲈成熟度不一，各个年龄层次皆有，故而梭鲈的总数量会在产卵期后 2～3 周进行计算。

湖冰消融不久后，成年梭鲈开始聚集在岸边产卵。这时，撒下长袋网对梭鲈进行标记（Hansen et al.，1991；Beard et al.，1997）。每个湖泊有 10% 的成年梭鲈都需要进行标记。通过对成熟梭鲈的观察可判断所有梭鲈的性别，因为当它们长到 38 cm 以上时，梭鲈也就达到性成熟了。对所有的鱼类切除部分鱼鳍进行标记。为正确估计成熟梭鲈的鱼群数量，在梭鲈仍于近岸产卵时的 1～2 d 后便进行回捕。

按照鱼体长的 4 个类别（≤30 cm，30～38 cm，30～51 cm，以及≥51 cm）对鱼群数量及其变化分别进行估计，然后求和估计出每个湖泊中成年鱼群数、鱼群总数及各相应数量变化。在估计鱼群数量之前，要将已开始标记的梭鲈从回捕季中未捕到的已标记鱼中除去，之后再将在标记期捕到的梭鲈计入数中。

基于每个湖泊的夜间估计配额及相关湖泊的数量，对每晚各湖泊使用茅剌捕鱼获得的捕鱼数量设有限制（USDI，1991）。每晚鱼叉捕鱼数也有限制，通常为每叉 25 尾鱼，并且用鱼叉捕鱼时必须限定是在同一湖泊的同一特定地点。进行鱼叉捕鱼应当在尽可能短的时间内完成分配额度。渔业管理者会记录每次鱼叉捕鱼时间的长短，计算所捕鱼数，并记录每条鱼的身长。通过鱼叉捕鱼获得的梭鲈身长必须为 51~61 cm。

梭鲈渔获量可以从在整个梭鲈捕鱼季节所做的捕鱼调查获得（Beard et al.，1997）。捕鱼调查采用分层随机抽样法（Pollock et al.，1994；Rasmussen et al.，1998）。每天捕鱼完毕后，根据对捕鱼者进行采访获得的捕捞数量及捕捞力度数据估计得出捕获率。分层随机抽样数据包括月度取样及每日取样（周末对工作日）。每个湖泊的年均梭鲈捕获率根据对每月的估计值进行加权平均算得。

通过长期观察埃斯卡纳巴湖中的大眼梭鲈种群，得出了限制茅剌捕鱼和垂钓开发的生物学参考点，即年可捕率保持稳定不超过 0.35。根据联邦法院的规定，茅剌捕鱼和垂钓的年可捕率不能超过 0.35（Beard et al.，2003）。茅剌渔获受到特定湖泊安全渔获水平的限制，这是导致估算总允许捕捞量方法不确定的原因（Hansen et al.，1991）。每年都会根据茅剌的渔获量改变各个湖泊的垂钓限制，以确保茅剌和垂钓的综合开发不超过生物学参考点。茅剌捕鱼开发估计为茅剌渔获量与成年大眼梭鲈丰度的比率，而垂钓开发则为垂钓渔获量与总大眼梭鲈丰度的比率。1980—1998 年，茅剌和垂钓开发率合起来超过了 0.35，总开发平均值为 11.8%，垂钓开发平均值为 8.4%，茅剌开发平均值为 3.5%（Beard et al.，2003）。

15.5.2.3　安大略省的内陆渔业

传统渔业管理方法需要每年或者频繁对渔业进行监管，所以当渔业扩张超过一定限度时，相应管理制度也随之改变。然而，由于湖泊广袤无垠，这种方法便不适用于管理安大略省的内陆渔业。安大略省的湖泊堪称捕鱼的天堂，鱼群种类丰富，有梭鲈、湖鳟、溪红点鲑、白斑狗鱼、小口鲈等。总而言之，尽管这片资源面积大、经济效益好，但鱼群过于分散，因而对每个湖泊做具体的鱼群评估也就不切实际了。因为对湖接湖的管理操作性差，由此便应用了被动的管理模式。除个别湖外，管理其他湖泊时没有具体计划，也没有指导管理措施的评估标准。寻常的管理方案（如捕鱼季节限制、人均捕鱼限制及捕鱼体长限制）（图 15.9）适用于一个地理区域内的全部湖泊。不过在该地进行区域管理的个别湖泊，一旦发现渔业扩张超限，尤其当渔民开始抱怨捕鱼质量日益下降时，管制便无法实行。

通过对此管理措施进行评估，进而检查出一些管理漏洞，从而制定出更为有效的管理措施（Lester et al.，2003）。最严重的漏洞与渔业管理规模相关，而通过此管理规模，管理决策又由单个湖泊管理措施所决定。然而，当各个湖泊的资源过于分散、捕鱼人群可在湖泊间自由移动时，单湖管理措施自然也就站不住脚了。由于对每个湖泊的管理可能会影响捕鱼力量的分配，就需要进行范围更为广泛的渔业管理，并加入以下 4 个要素：①在可实现的保护生态渔业目标上达成共识；②资源状态评估矛盾最小；③对目前渔业管理实践是否符合目标做出周期性评估；④在候选管理措施中选择适合的一个。2008 年，安大略自然资源部发布了管理内陆渔业的新措施（Lester et al.，2003；Lester and Dunlop，2004）。我们已对该管理措施进行总结，阐释了一项严格的管理框架应用到一片湖域的方法。

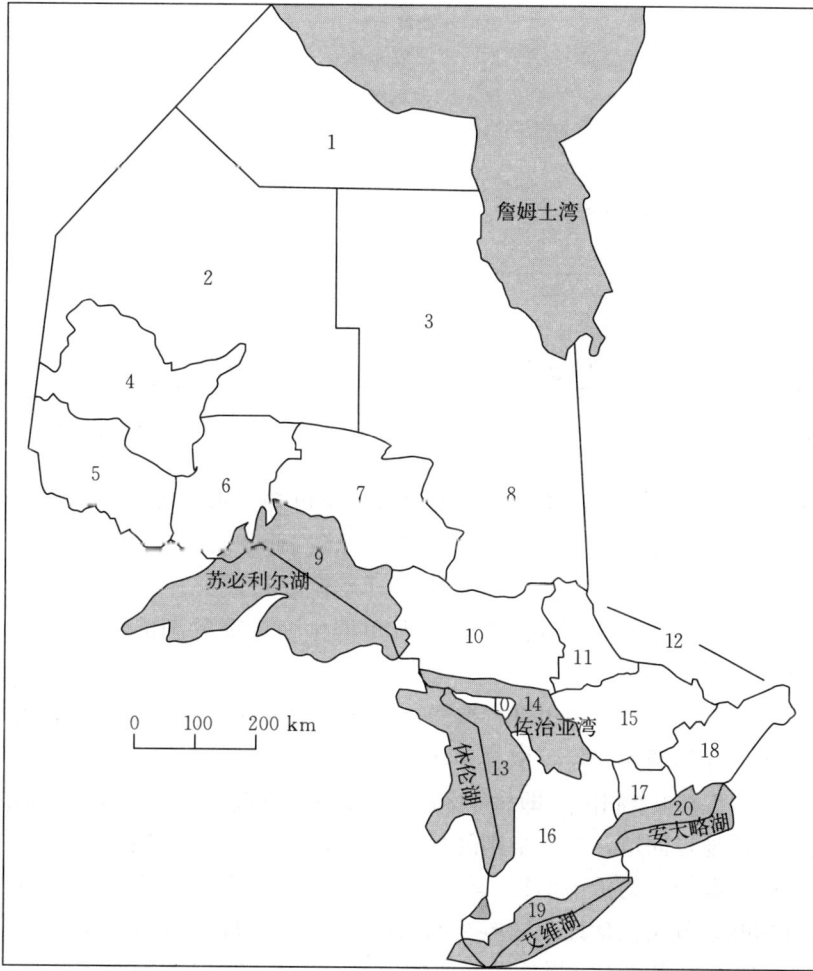

图 15.9　加拿大安大略省渔业管理区域图。每个区域内，通过对湖泊分层随机抽样来监管渔业

地方渔业管理目标得以发展建立在各高水平目标的基础之上。这些高水平目标用来应对各种问题，包括可持续使用、支撑生物多样性的健康水生生态系统、社会经济效益的优化以及提高合作关系。这些目标极为重要，因为正是这些目标向公众阐释了渔业管理者要在安大略湖奋力实现的成果，同样也因为这些目标连接起了高水平战略方向。连接目标与指标分层确定出的一系列变量，需要在各湖泊中测量而得（图 15.10）。一些变量用于评估资源状态（如鱼群数、死亡率及污染水平），也有一些用来计算参考点的指标（如湖泊形态度量）。

用于测量变量的取样法包括大鱼捕捞取样、小鱼捕捞取样、夏季浮游生物取样、春季湖水取样、季节性航空调查渔业努力量（图 15.10；Sandstorm et al.，2008）。大鱼捕捞取样使用的是标准刺网，适用于北美五大湖（Bonar et al.，2001）。由于北美五大湖对于小鱼捕捞取样暂无标准刺网，因此该取样使用的刺网沿用欧洲标准（Appelberg，2000）。

鱼群	栖息地	群落	开发
参数			
丰度	测深	鱼类种类	垂钓努力量
体长结构	温度	浮游动物	
年龄结构	溶解氧		
死亡率	透明度		
生殖细胞	水化学参数		
疾病			
采样方法			
大型渔网	春季水化学调查	小型渔网	航拍调查
	鱼类调查同步记录其他数据	浮游生物拖网	

图 15.10　加拿大安大略省湖泊用于发展渔业的湖区变量图。每一变量的抽样法已在图的下半部分注明

　　这些捕捞标准用于获取鱼群生物量，如果捕获量可知，则鱼群生物量可转化为种群生物量。然而，要测量可捕量，则需要做一系列调查，因此收获鱼种的生物量估计值则可以与生物量参考点相对比。同样，为收获鱼种来开发生物量及死亡率参考点也需要进行调查。这些参考点的取值取决于影响承载能力及鱼群生命周期的湖泊特质（Shuter et al.，1998；Lester et al.，2004a）。

　　由于无法每年都在所有湖泊里进行取样，因此渔业管理评价机制就得囊括取样地点及取样时间。如今取样周期为 5 年，取样范围为面积大于 20 hm² 的全部湖泊的 5%。也就是说，每 5 年取样 1 660 个湖泊（即每年 332 个湖泊），每次取样时，在每 5 年的周期内其中一半湖泊的取样地点固定，另一半则随机。混合地点取样设计是趋势检测（固定取样）及状态报告（随机取样）的折中形式（Urquahart et al.，1998）。根据分层随机抽样原则选择湖泊进行抽样，分层包括地理区域及湖泊面积。尽管取样的湖泊面积大小都有（20～250 000 hm²），但考虑到对于支撑地区渔业的价值，大湖取样还是占绝大部分。

　　在每 5 年取样周期末进行渔业管理评估，包括指标值报告（目标）和基于参考点的业绩评估。例如，如果所有湖鳟群 B/B_{MSY} 的比例大于 1，则现今渔业管理目标系统则满足湖鳟持续性渔获量的目标。这些比率的几何平均数可用来评估各湖泊的捕获量。该评估方法也适用于生物量、死亡率、捕鱼力度等所有指标，同时也应用于评估每一管理区域的每类收获鱼种。每 5 年一周期的取样评估结果可以与之前的评估结果进行比对，以监测鱼群变化趋势，并评估安大略湖各部分的渔业扩张活动。

　　本文下述评估案例基于 20 世纪 80 年代南安大略湖的数据（图 15.11）。垂钓单位努力量捕捞量（C/f）、湖鳟丰度、捕捞量及瞬时捕捞死亡系数的一个参数、最大可持续产量共同使用在 Shuter 等人于 1998 建立的模型中。面板 A 及面板 B 显示每个湖随湖区的变化。每一图表中的实线明确了最大可持续产量参考点。由此可见，湖鳟参考点取决于湖的大小。在小湖中生长的湖鳟体型虽小，但密度较大，而在大湖中生长的湖鳟体型虽大，但密度较低。数据显示，由于在大多数湖泊内，捕鱼力量超限，而鱼群数量低于最大持续产量，故而可判断湖鳟已过度捕捞。安大略湖的渔业管理者有以下降低过限扩张的方式可

进行选择：①通过更变捕鱼季节或限制捕鱼来降低捕鱼量；②通过限制渔网网孔大小来降低捕鱼量；③通过实行年度捕鱼配额限制、更改捕鱼篮网孔的限制及捕鱼鱼长限制，以限制渔获量；④鱼类放流。

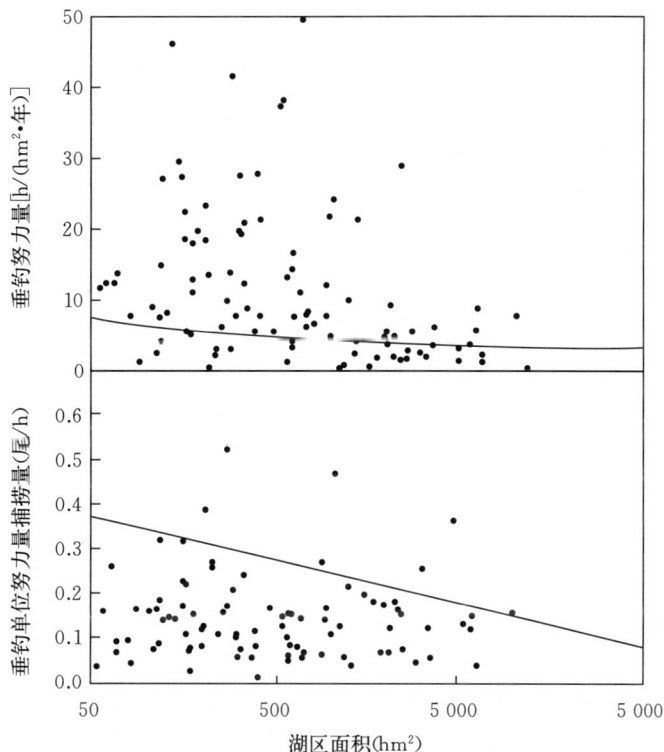

图 15.11　阐释了湖泊鲑资源如何通过垂钓努力量［h/(hm² · 年)］和捕捉率（尾/h）来评估。每个图中的实线为最大可持续产量参考水平。在图中上方（垂钓努力量/湖的面积）高于实线的点或在图中下方（钓鱼捕捉率/湖的面积）低于实线的点即可认定为过度捕捞

（重绘自 Lester and Dunlop, 2004）

15.6　管理决策

基于渔业管理范例，以保护、恢复或增强自然湖泊渔业为目标的管理策略可以归类为栖息地、种群或人类的管理的问题（见第 5 章），这一问题需要我们来解决。自然湖泊中栖息地的问题通常是相关水质或者物理栖息地的改变。自然湖泊中鱼的数量问题通常涉及目标物种的低丰度、外来物种的负面影响或不平衡的捕食者-被捕食者关系。自然湖泊中人类的问题通常涉及过度捕捞或对质量的感知。

渔业的内部都是互相关联的，这往往意味着一个单一的问题，如鱼类结构规模的减少可能是由多种原因造成的，如鱼苗的高放养率会导致高的鱼密度，高的鱼类死亡率会显著减少鱼类种群数量，和（或）差的栖息地质量导致鱼类生长缓慢。判定引起问题的外力是很困难的，但是找到应对措施来补救问题十分必要。

15.6.1 栖息地管理

自然湖泊中栖息地的问题很多，但经常与营养物富集（水体富营养化）、水生植物的侵扰（通常是外来物种）、湖泊岸带改变、酸化或污染物相关。

15.6.1.1 水体富营养化

人为水体富营养化大概是自然湖泊中最常见的栖息地问题（NAS，1969），其发生的条件是营养物质——主要为磷和氮的流入速率超过了湖本身的分解速率，这些营养物质的来源有污水排污口、饲养场排水道、下水道排污口、城市化景观，或施化肥的土地（Kalff，2002）。磷是长久以来大家公认的限制初级生产力的祸源，大多数湖泊都是如此，但氮磷比在大多数湖泊中都是相差无几的，所以这两个营养物质都须添加到湖中才能增加藻类生产（Elser et al.，1990）。藻类生产与营养浓度密切相关（Sakamoto，1966；Kalff，2002），增加的藻类导致了丰富的下层滞水带，在藻类有氧分解过程中溶解在水中的氧气被用尽，发生了氧气短缺现象（Kalff，2002）。湖的大小和形式影响到了物质运输过程，如沉淀、再悬浮和混合；反之，这些运输过程也会影响化学浓度、藻类生产和水清晰度（HÅkanson，2005）。氧气短缺导致夏天鱼类死亡，此时分隔层将下层滞水层与氧源（光合作用和大气中的氧气）隔开；冬季，冰雪阻止光合作用和从大气吸收氧气。夏季湖内分层时，依赖冷水生存的鱼或将死亡，或被迫进入不适合生存生长的热水域中。营养丰富、浅的湖泊夏季冬季鱼类最容易死亡。富营养与用氧过饱和度和消耗、有毒藻类、高pH有关，其中每个因素都可以影响不同生活阶段的鱼类（Mtiller and Stadelmann，2004）。

降低营养水平的方法有：①营养输入（污水处理废水导流，湿地保护或建设，缓冲带）；②湖内的营养负载（通过添加铝亚硫酸盐使磷失活，通过添加石灰使磷氧化，疏浚营养丰富的沉积物，收获水生植物）；③氧气含量低的水（水泵抽的水或使下层滞水带的水曝气；Kalff，2002）。营养减排项目的效果往往难以量化，可能是因为营养负载必须大幅减少，同时湖内的营养物质需要冲刷走。因此，在湖内停留时间过久的营养物质是更难减少的，即使减少了输入量。例如，在华盛顿湖废水导流显著降低磷水平，因为华盛顿湖的湖内营养物质停留时间很短，而且营养物质是从点源输入的。针对减少湖内营养物质的对策抑或效果未知（例如，疏浚沉积物和收获水生植物）；抑或对于总量来说太小，不能产生积极效果。水柱换气是通过泵入空气或水进入下层滞水带补充氧。也可通过夏季期间循环水，并保持水在冬天不结冰，使得氧气能够通过接触空气获得补给。然而，换气仅仅是对症下药，并不解决潜在的问题。换气对于大型湖来说费用太过高昂，但对于小型湖更可行（见第16章）。

15.6.1.2 水生植物的侵扰

密集的水生植被侵扰着许多北美自然湖泊，尤其是外来物种，如欧亚狐尾藻、软水草或卷叶水草的侵入和增殖。水中的水生植物会影响沿海区鱼类生活的物理和化学环境（Crawder and Cooper，1982；Wiley et al.，1984；Carpenter and Lodge，1986）从而影响鱼类丰度（Miranda and Pugh，1997；Trebitz et al.，1997）、生存（Miranda and Pugh，1997）、生长（Crowder and Cooper，1979；Olson et al.，1998）。水生植被通过

改变行为和分布影响鱼生长速率（Savino et al.，1992）。因为食肉动物不太能够捕获高植被密度中的猎物（Savino and Stein，1982），植物茎密度高时，觅食效率低（Crowder and Cooper，1982）；相反，当植物茎密度低时，捕食者可能会过度捕食它们的猎物（Heck and Crowder，1991）。

自然湖泊中水生植物的命运往往是由机械收割、使用除草剂以及鱼类或无脊椎动物的放流决定的（Kalff，2002）。机械收割机或使用除草剂使植物得以从湖中指定区域移除，这往往取决于股东无关渔业的一些需求，如海滩美学和游泳。机械收获具有从湖中除去植物的优势，而用除草剂去除植物则将植物留在湖中做营养物质回收之用。然而，如果通过收割除去的营养物质量对湖中总营养量来说仍是九牛一毛的话，这明显的优势可能就微不足道了。生物剂的使用需要放食草鱼，如草鱼（在许多国家是非法的），它们的食物包括所有植物或吃植物的昆虫，如进食一种或几种特定植物的甲虫。

如果水生植物管理聚焦于渔业收益而不是其他用途，无论采取什么样的控制策略，管理的目标应当是减少水生植物而不是根除。密集的水生植被使得钓鱼者获取大口鲈（大于或等于 2.27 kg；Maceina and Reeves，1996）的可能性降低，从而导致钓鱼者钓鱼次数减少（Colle et al.，1987）。因为在植物密度高的情况下鱼类平均大小通常较小，所以总捕获率与植物密集程度极相关（Maceina and Reeves，1996；Wrenn et al.，1996）。植床边缘的数量对于提高钓鱼成功率特别重要（Smith，1993），因此通过截断密集的植床的通道而不是去除全部植物可提高鱼类生长生存概率和钓鱼成功率（Unmuth et al.，1999，2001）。保持适中的植物密度而不是太高或太低的密度，对于最大化鱼类觅食效率并提高鱼类大小结构都很重要（Crowder and Cooper，1979），也会提高适于捕获大小的鱼类产出（Moxely and Langford，1985）。

15.6.1.3　酸化

酸雨或酸沉降主要是由于人们燃烧含有硫酸和硝酸的煤炭产品引起的，并且它们可以通过大气层传输到湖泊盆地（Haines，1981；Clair and Hindar，2005）。一个湖泊的酸的中和能力，通常用碱度来表示（$mgHCO_3^-/L$），决定着对酸雨的抵抗能力，从田纳西州和肯塔基州的东北部到纽约，还有加拿大的前寒武纪盾湖泊，酸雨的影响最大。这些区域的湖泊，酸的中和能力很低，酸雨的输入量很大。对比之下，在碳岩下的区域，酸化的程度要低一些，即使在酸雨面前。如果湖泊中酸的输入量与水的中和能力相互饱和，会由于酸性太强使鱼儿难以在水中存活，特别是对于卵和幼虫而言（Hulsman et al.，1983；Mc-Cormick and Leino，1999）。物种的丰富程度与酸碱度有很大关系，这表明了酸化会消极地影响湖中的物种数量（Rago and Wiener，1986；Minns，1989；Graham，1993）。

可以直接向湖泊中或流域中添加石灰对酸化进行短期补救，然而长期补救只能通过减少污染的排放进行，石灰快速地提高湖泊酸的中和能力，由此来中和自由的氢离子，但是这种方法效果短暂并且花费高（Kalff，2002；Clair and Hindar，2005）。石灰可以被添加到整个湖面上，并且在特定区域石灰的应用足以提高水中的 pH，使卵和小鱼存活下来（Gunn and Keller，1984；Hasselrot and Hultberg，1984；Booth et al.，1993）。对于酸化唯一的长期解决方法就是减少对在燃烧时会产生酸性成分的化石燃料的使用，或者使燃烧更加清洁（Haines，1981；Kalff，2002）。减少排放物的效果可以从萨德伯里附近的安大略湖看出，减少了冶铜的 80% 的排放物，水中的 pH 上升，湖鳟随后大量繁殖。在北美，联合政府实施的空气质量标准可能不足将表层淡水的 pH 提高到阈值以上（pH5.5～6.0），在该阈值下，鱼类物种多样性可以恢复到原始水平（Doka et al.，2003；Grupert，2003）。

15.6.1.4　污染物

最令人担忧的自然湖泊的污染物有很多，如有机氯、重金属和汞，因为它们都是有毒的、持久性强并且往往都是亲脂性的，因此这些有毒物质会在一定的生物区产生生物放大作用和生物累积作用。长寿的多脂鱼，像湖鳟，处于食物链的顶端，相比其他受影响的水生群落，更容易带动污染物的聚集。鱼类肿瘤和生殖抑制的持续发生可能与污染物有关，但是污染物的严重影响多数体现在吃鱼的鸟类和人类身上。因此，当人类和鸟类吃了被污染的鱼，他（它）们很有可能会得与这种物质的毒性有关的慢性疾病，而这些物质与繁殖有关，吃了被污染的鱼对人体十分有害。天然湖泊的渔业管理者最常面对的问题不是污染物对鱼类健康的直接危害，而是吃了被污染的鱼对人类的危害。例如，鱼类消费报告适用于 30% 的威斯康星湖，90% 的东北明尼苏达湖，90% 的安大略湖和 1 000 多个密歇根湖，唯一的方法就是解决来源问题，但即使是空运也很难解决这个问题。

15.6.1.5　岸线的变化

自然或人为的力量可以改变自然湖泊的岸线，岸线的变化会在很多方面影响鱼类的聚集。岸线的自然侵蚀是在风和海浪的作用下形成的，沿岸线生长的水生和河岸植被，在波浪的作用下稳定了土壤缓冲区，为鱼类提供了一些结构来储存传入的营养（Wetzel，2001）。植被或是碎石的岸线，对于许多物种来说是特别重要的繁殖、饲养和保护区。人类在湖泊的河岸和沿岸地区进行的改造包括水生和陆地植被的去除，对附近岸线的疏浚或填充，泥沙淤积，淹没的木质碎片的清除或海塘建设。这样的改变加速了侵蚀和沉积，增加了富营养化，减少了水生植被、降低了植被多样性，导致了外来物种入侵，垂钓者也难以钓到鱼。总而言之，随着海岸线梯度增长和人类活动影响，鱼类的空间聚集减少（Scheuerell and Schindler，2004），鱼类组合组成发生改变（Jeppesen et al.，2000），营养相互作用发生改变（Jeppesen et al.，1997），鱼类生长速率下降（Schindler et al.，2000）。

对于自然湖泊的岸线，人类要有保护意识，分区规划，每一项都是可行的管理行动。采取自愿或强制的方法来保护自然湖泊的岸线，被改变的岸线可以通过多种方式来恢复，如岸线附近保持较低船速（即以减少尾流的影响），保持宽广的缓冲带建设工程，安装控制腐蚀栅栏，反对植被移除，检查地下渗滤系统，限制污水排放和限制防洪堤的数量等措施。其中，稳固岸线最常用的 3 种方式：种植岸边植物，在被侵蚀的岸线上堆积抛石或者构建湖堤。在岸边地区种植植被可以帮助稳定岸边和缓冲风浪，防风林可以减少砾石的侵蚀，而砾石对鱼产卵至关重要。用大岩石抛石可以帮助稳定波浪地区。

15.6.1.6　管理物理栖息地

管理自然湖泊中鱼类栖息地的方法有待加强，对比于其他水生生态系统，如有鳟的小溪，即使人们已经发现了将鱼类栖息地与鱼类生产联系起来的模式（Hayes et al.，1996；Minns et al.，1996a），这种模式是通过不断地试验、不断地失败最终得来的，可以不断促进自然湖泊管理技术的发展。例如，人类可以通过对大块木质碎片的清理来改变自然湖泊海岸空间栖息地的结构，此举也可以消灭危险的近岸栖息地，因此可能会减少一些鱼类物种的增长和恢复（Sass et al.，2006）。增加灌木堆、原木栅栏、木桩、植树可以减少大片沿岸栖息地的消失，恢复自然湖泊中的粗木质残体，最重要的目的是为垂钓者吸引鱼类和为鱼类提供产卵栖息地（Bassett，1994）。然而，这些对栖息地的管理操作的影响微乎其微，可能是对于栖息地管理的监察能力还是很弱（Lester et al.，1996；Minns et al.，1996b）。

一些物理栖息地的管理，如原木或产卵珊瑚礁，可以充当产卵时的栖息地，增加鱼类的产量。但是其他操作，如原木栅栏，或许只能聚集而不是增加鱼类的产量。以上两种栖息地的管理操作可以用来实现一个渔业管理的目标，一个增加鱼的产量，另一个使渔业丰收。选择适当的栖息地操作需要了解渔业目标方面的知识（容易的部分）和分析限制实现渔业目标的栖息地特征或问题（困难的部分）。例如，在早春提高湖泊水位可以让白斑狗鱼到达产卵的沼泽，如果产卵栖息地没有限制白斑狗鱼的生产，那么上升的湖泊水位会导致鱼种密度上升，最终阻碍鱼种的发展。显然，对于已经在湖泊排水口建造了大坝或其他建筑的自然排水湖泊，管理湖泊水位是唯一可行的方法。

15.6.2 种群和群落管理

自然湖泊中种群和群聚的问题通常包括目标物种的低丰度、外来物种的负面影响或者捕食者-猎物关系的失衡。目标物种的低丰度通常与渔场低恢复或过度捕捞有关。除了对栖息地和当地人的管理，还可以通过放养在一定程度上解决这个问题。消除外来物种的负面影响，直接的方法就是去除这种物种。捕食者-猎物关系失衡的问题比较复杂，但是可以通过放养新的捕食者或猎物和加强对栖息地与当地人的管理来解决。与栖息地问题一样，种群和群聚问题不单单发生在自然湖泊，因此讨论的重点是这些问题如何影响湖泊，特别是资源管理者如何试图减小对自然湖泊的影响。

15.6.2.1 放流

自然湖泊中的鱼类放流常常是为了恢复、维持或提高渔业效益（见第9章）。当自然的重新繁殖不太可能发生时，恢复放流可以加速物种的恢复，为了维持或提高渔业的放养，需要知道如果恢复率很低，无限期的放养也很难解决问题。五大湖的湖鳟恢复，是在过度捕捞、外来物种捕食与由于栖息地退化导致物种近于灭绝的环境下，为了保持关键物种所进行的大规模放养的一个例子（Hansen，1999；Krueger and Ebener，2004）。放流湖鳟的早期尝试缺乏计划，导致了苏必利尔湖东部广泛的繁殖。在马奎特湖和密歇根湖，大量成年鱼被捕捞，岸线附近的放养密度非常高。迄今为止，湖鳟已经恢复到可以自我维持的状态，虽然只在苏必利尔湖和休伦湖的一些偏远地区。然而，在盆地或其他地方的大规模放养现在只能维持现有的数量。在盆地或其他地方，湖鳟很难维持繁殖。这是因为可获得的繁殖栖息地不同，普通的大肚鲱捕食刚孵出的湖鳟、捕捞的死亡率和七鳃鳗的捕食造成的。在五大湖的不同放流效率说明了由于限制因素不同，在生态系统中的放流也会产生不同的结果。

天然湖泊普遍存在维持或增强渔业的放养活动，尽管北美各地放养计划各不相同。通过放养方式支持的渔业不是自然地自给自足，而是依靠持续放养来维持。在美国，虹鳟和红大麻哈鱼（kokanee）主要放养在自然湖泊稀少的西部。大眼梭鲈主要放养在美国湖泊较多的中西部和东北部，而条纹鲈、杂交条纹鲈、大口黑鲈和蓝鳃太阳鱼主要放养在南部，那里湖泊较少，放养主要集中在农场鱼池和水库（Halverson，2008）。在天然湖泊中，为了加强自我维持的种群而放养往往比为了维持非自我维持的种群而放养要差得多。五大湖是成功维持库存的例子，那里冷水鲑种的储存产生了世界级的渔业（Hansen and Holey，2002）。在密歇根湖，大鳞大麻哈鱼的平均洄游率（12%～13%）远高于北美西部种群（通常≤1%）。大眼梭鲈在自然湖泊中的存活率较难预测，特别是尝试通过自然繁殖维持种群（Li et al.，1996a，1996b；Jennings et al.，2005）。大口黑鲈是一个例子，放养它将通过远交衰退的方式破坏本地种群的适应度（Phillip et al.，2002）。在考虑是否实施这一管理行动时，始终应仔细考虑放养鱼类的遗传后果（Reisenbichler et al.，2003）。

15.6.2.2　群落调控

对鱼类群聚的管理通常侧重于去除不良的物种和引进新的物种。去除不良的物种通常针对外来物种。比如，温水湖泊的鲤和在五大湖中的七鳃鳗。鲤是几十年来化学和物理项目的主题。Meronek 等（1996）回顾了有关250尾鱼的控制项目，最成功的项目是针对非食用鱼（通常指鲤）。鱼藤酮和抗霉素的化学实验同样成功，用网、陷阱、捕捞、电气捕鱼和降低水位的物理方法的成功率是33%～57%。物理和化学组合的方法在6个项目中成功了4个（Meronek et al.，1996）。同样，从1950年以来，七鳃鳗就已经成为劳伦大湖强化控制项目的主题。七鳃鳗入侵五大湖证据确凿，并且它的入侵导致原始鱼类群聚的大规模改变（Hansen，1999；Krueger and Ebener，2004）。努力恢复和修复本地鱼类的群聚取决于对七鳃鳗的成功控制。七鳃鳗控制项目开始于一个针对七鳃鳗的具体化学毒物的发现，但随着时间的推移，继而包括物理控制（障碍和陷阱）和生物控制（绝育七鳃鳗的释放）。目前，控制程序对七鳃鳗的抑制的预先控制水平为10%～15%。

过去北美各种物种分布广泛，人们普遍采用在自然湖泊中添加新的物种的方法来操纵鱼类群落。但现在，物种在北美地区分布不再广泛。饲料鱼，如斑鲦和马鲅鲱，被普遍引入水库成为重要鱼类的食物。但在自然湖泊中，这种情况很少见。为了维持捕食者与猎物的平衡，常常通过放养和捕捞来控制捕食者的总体数量，在西部的一些自然湖泊，红大麻哈鱼被引入湖中来供养原始捕食者，如虹鳟和鲑，和非本地的捕食者，如湖鳟。然而，在一些西部湖泊，外来鳟似乎破坏了食物链，它们捕食当地鱼类或者与它们争抢食物（Bowles et al.，1991；Ruzy Ckl et al.，2001；Staft ord et al.，2002；Ruzycki et al.，2003；Vander Zanden et al.，2003；Hansen et al.，2008）。在黄石湖和爱达荷州的庞德雷湖（Lake Pend Oreille），湖鳟是目前控制项目的主题。

15.6.3　人类活动管理

人类在管理自然湖泊时出现的问题往往与过度捕捞有关。捕捞的影响分为3种：第1种是质量的下降（人类在钓鱼上的经验的观念，质量上的捕捞）；第2种是产量（过度捕捞持续上升）；第3种是可持续性（补充性捕捞过度）。质量过度捕捞基于人类观念，因此要解决这个问题，必须制定规则为利益相关者提供更大的观念上的渔业效益。过度捕捞的增长很难将产量最大化，要想解决这个问题，就必须改变捕捉装置的物理属性，使捕获量能够在自然死亡率之上最大化提高生产潜力。补充群体的过度捕捞会导致鱼类种群崩溃。必须通过捕获控制来解决。与栖息地和鱼类问题一样，人类问题不是在自然湖泊中，因此我们将重点讨论这些问题是如何影响自然湖泊的，管理者已经采取什么方法来减轻自然湖泊受到的消极影响。

15.6.3.1 输入控制

捕捞的输入控制是一个术语，用来描述对渔业途径和渔业参与者数量的控制。输入控制并不是常见的用来管理人类使用自然湖泊的方法，但在偏远地区投入点的数量可以用来控制捕获量。例如，加拿大的许多偏远地区自然湖泊很难接近，不是因为对其的管理，而是由于原始道路和飞机，无意中避免了此类湖泊的过度捕捞（Hunt and Lester，2009）。限制开放数量的钓鱼度假村，这类渔业管理只能适度地为收获奖品鱼提供机会，来避免质量上的过度捕捞。美国的一些地方渔业许可证的颁发数量是有限的，因此输入控制非常有效。此类渔业的管理目标与宗旨是在休闲和商业用户之间分配捕鱼机会，进而避免过度捕捞（质量、生长、恢复性过度捕捞）。然而，游钓渔业在北美日逐渐兴起，因此将来对接近或捕捞努力量进行枳极控制十分必要（Pereira and Hansen，2003）。

15.6.3.2 输出控制

输出控制普遍应用于自然湖泊渔业，旨在限制捕获量。例如，数量限制、配额、季节或大小限制（适用于同一渔业普通限制）。当应用于商业渔业，如在五大湖，输出控制的目的是限制数量和渔获大小。应用到休闲渔业，如在大多数自然湖泊，放在被动控制总体捕获量时，输出控制通常用于给钓鱼者分配收获或调节捕获鱼的大小。与输入控制一样，我们怀疑对鱼类捕捞的积极输出控制将成为未来调整北美洲休闲渔业普遍方法，正如Pereira 和 Hansen 在 2003 年所指出的那样。

15.7 总结

自然湖泊是整个北美非常重要的资源，它们支撑着具有社会和经济价值的休闲渔业、商业渔业和生计性渔业。自然湖泊的渔业潜力取决于生产力，这限制了目标种的潜在渔获量。自然湖泊的休闲渔业目标与宗旨往往集中在游钓机会和满足度上。而商业渔业的目标是最大可持续产量或最大经济产量和保证生计性渔业机会。渔业非独立性调查和渔业独立性调查为自然湖泊渔业管理者提供了制定管理目标。评估鱼类种群状况和提供了目标和目的实现情况的信息。自然湖泊依赖于渔业管理决策克服湖泊栖息地问题（水体质量或物理栖息地的改变）、鱼类种群或鱼类群聚（目标物种的低丰度，外来物种的负面影响或不平衡的捕食与被捕食关系）或人类（过度捕捞或对质量的认知）等问题。

15.8 参考文献

Anderson，R. O.，and R. M. Neumann. 1996. Length，weight，and associated structural indices. Pages 447 - 482 *in* B. R. Murphy and D. W. Willis，editors. Fisheries techniques，2nd edition. American Fisheries Society, Bethesda, Maryland.

Appelberg, M. 2000. Swedish standard methods for sampling freshwater fish with multi – mesh gill-nets. Fiskeriverket Information 2000: 1. Fiskeriverket, Göteborg, Sweden.

Baranov, T. I. 1918. On the question of the biological basis of fisheries. Nauchnyi Issledovatelskii Ikhtiologi-cheskii Institut Isvestia 1 (1): 81 – 128. [Reports from the Division of Fish Management and Scientific Study of the Fishing Industry.] (English translation by W. E. Ricker, 1945. Mimeographed.)

Bassett, C. E. 1994. Use and evaluation of fish habitat structures in lakes of the easternUnited States by the USDA Forest Service. Bulletin of Marine Science 55: 2 – 3.

Beard, T. D., Jr., S. P. Cox, and S. R. Carpenter. 2003. Impacts of daily bag limit reductions on angler effort in Wisconsin walleyes lakes. North American Journal of Fisheries Management 23: 1283 – 1293.

Beard, T. D., Jr., S. W. Hewett, Q. Yang, R. M. King, and S. J. Gilbert. 1997. Prediction of angler catch rates based on walleye population density. North American Journal of Fisheries Management 17: 621 – 627.

Beard, T. D., Jr., P. W. Rasmussen, S. Cox, and S. R. Carpenter. 2003. Evaluation of a management system for a mixed walleye spearing and angling fishery inNorthern Wisconsin. North American Journal of Fisheries Management 23: 481 – 491.

Berkes, F. 1988. Subsistence fishing in Canada: a note on terminology. Arctic 41: 319 – 320.

Beverton, R. J. H., and S. J. Holt. 1957. On the dynamics of exploited fish populations. United Kingdom Ministry of Agriculture and Fisheries, Fisheries Investigations (Series 2) 19. Reprint 1993, Chapman and Hall, London.

Bonar, S. A., W. A. Hubert, and D. W. Willis, editors. 2009. Standard methods for sampling North A-merican freshwater fishes. American Fisheries Society, Bethesda, Maryland.

Booth, G. M., C. D. Wren, and J. M. Gunn. 1993. Efficacy of shoal liming for rehabilitation of lake trout populations in acid – stressed lakes. North American Journal of Fisheries Management 13: 766 – 774.

Borgeson, D. P. 1978. The anatomy of wild trout fishing. Pages 61 – 66 in K. Hashagen, editor. A national symposium on wild trout management. California Trout, San Francisco.

Bowles, E. C., B. E. Rieman, G. R. Mauser, and D. H. Bennett. 1991. Effects of introductions of *Mysis relicta* on fisheries in northern Idaho. Pages 65 – 74 in T. P. Nesler and E. P. Bergersen, editors. Mysids in fisheries: hard lessons from headlong introductions. American Fisheries Society Symposium 9, Bethes-da, Maryland.

Bronte, C. R., C. C. Krueger, M. E. Holey, M. L. Toneys, R. L. Eshenroder, and J. L. Jonas. 2008. A guide for the rehabilitation of lake trout in Lake Michigan. Great Lakes Fishery Commission Miscellaneous Publication 2008 – 01. Great Lakes Fishery Commission, Ann Arbor, Michigan.

Brown, R. W., M. Ebener, and T. Gorenflo. 1999. Great Lakes commercial fisheries: historical overview and prognosis for the future. Pages 307 – 354 in W. W. Taylor and C. P. Ferreri, editors. Great Lakes fishery policy and management. Michigan State University Press, East Lansing.

Brylinsky, M. 1980. Estimating the productivity of lakes and reservoirs. Pages 411 – 454 in E. D. Le Cren and R. H. Lowe – McConnell, editors. The functioning of freshwater ecosystems. Cambridge University Press, New York.

Buklis, L. S. 2002. Subsistence fisheries management on federal public lands in Alaska. Fisheries 27 (7): 10 – 18.

Burch, E. S., Jr. 1998. The Inupiaq Eskimo nations of northwest Alaska. University of Alaska Press,

Fairbanks.

Busch, W. D. N., and P. G. Sly. 1992. The development of an aquatic habitat classification system for lakes. CRC Press, Boca Raton, Florida.

Busiahn, T. R. 1990. Fish community objectives for Lake Superior. Great Lakes Fishery Commission Special Publication 90 - 1. Great Lakes Fishery Commission, Ann Arbor, Michigan.

Carpenter, S. R., and D. M. Lodge. 1986. Effects of submersed macrophytes on ecosystem processes. Aquatic Botany 26: 341 - 370.

Chen, S., and S. Watanabae. 1989. Age dependence and natural mortality coefficient in fish population dynamics. Nippon Suisan Gakkaishi 55: 205 - 208.

Christie, G. C., and H. A. Regier. 1988. Measures of optimal thermal habitat and their relationship to yields for four commercial fish species. Canadian Journal of Fisheries and Aquatic Sciences 45: 301 - 314.

Christy, F. T., Jr., and A. Scott. 1965. The common wealth in ocean fisheries. John Hopkins Press, Baltimore, Maryland.

Chow - Fraser, P. 1991. Use of the morphoedaphic index to predict nutrient status and algal biomass in some Canadian lakes. Canadian Journal of Fisheries and Aquatic Sciences 48: 1909 - 1918.

Chu, C., N. C. Collins, N. P. Lester, and B. J. Shuter. 2006. Population dynamics of smallmouth bass in response to habitat supply. Ecological Modeling 195: 349 - 362.

Clair, T. A., and A. Hindar. 2005. Liming for the mitigation of acid rain effects in freshwaters: a review of recent results. Environmental Reviews 13: 91 - 128.

Clark, B. J, P. J. Dillon, and L. A. Molot. 2004. Lake trout (*Salvelinus namaycush*) habitat volumes and boundaries in Canadian Shield lakes. Pages 111 - 117 *in* J. Gunn, R. Steedman and R. Ryder, editors. Boreal shield watersheds: lake trout ecosystems in a changing environment. CRC Press, Boca Raton, Florida.

Clark, C. W. 1985. Bioeconomic modeling and fishery management. John Wiley & Sons, New York. Cleland, C. E. 2001. The place of the pike (Gnoozhekaaning). University of Michigan Press, Ann Arbor.

Cole, G. A. 1994. Textbook of limnology, 4th edition. Waveland Press, Prospect Heights, Illinois. Colle, D. E., J. V. Shireman, W. T. Haller, J. C. Joyce, and D. E. Canfield Jr. 1987. Influence of hydrilla on harvestable sport fish populations, angler use, and angler expenditures at Orange Lake, Florida. North American Journal of Fish Management 7: 410 - 417.

Cornett, R. J., and F. H. Rigler. 1979. Hypolimnetic oxygen deficits—their prediction and interpretation. Science 205: 580 - 581.

Crowder, L. B., and W. E. Cooper. 1979. Structural complexity and fish - prey interactions in ponds: a point of view. Pages 2 - 10 *in* D. L. Johnson and R. A. Stein, editors. Response of fish to habitat structure in standing water. American Fisheries Society, North Central Division, Special Publica - tion 6, Bethesda, Maryland.

Crowder, L. B., and W. E. Cooper. 1982. Habitat structural complexity and the interaction between bluegills and their prey. Ecology 63: 1802 - 1813.

Dickie, L. M., S. R. Kerr, and P. Schwinghamer. 1987. An ecological approach to fisheries assessment. Canadian Journal of Fisheries and Aquatic Sciences 44: 68 - 74.

Die, D. J., and J. F. Caddy. 1997. Sustainable yield indicators from biomass: are there appropriate reference points for use in tropical fisheries? Fisheries Research 32: 69 - 79.

Dillon, P. J. , B. J. Clark, and H. E. Evans. 2004. The effects of phosphorus and nitrogen on lake trout (*Salvelinus namaycush*) production and habitat. Pages 119 - 131 *in* J. Gunn, R. Steedman and R. Ryder, editors. Boreal shield watersheds: lake trout ecosystems in a changing environment. CRC Press, Boca Raton, Florida.

Doka, S. E. , D. K. McNicol, M. L. Mallory, I. Wong, C. K. Minns, and N. D. Yan. 2003. Assessing potential for recovery of biotic richness and indicator species due to changes in acid deposition and lake pH in five areas of southeastern Canada. Environmental Monitoring and Assessment 88: 53 - 101.

Downing, J. A. , and C. Plante. 1993. Production of fish populations in lakes. Canadian Journal of Fisheries and Aquatic Sciences 50: 110 - 120.

Downing, J. A. , C. Plante, and S. Lalonde. 1990. Fish production correlated with primary productivity, not the morphoedaphic index. Canadian Journal of Fisheries and Aquatic Sciences 47: 1929 - 1936.

Downing, J. A. , Y. T. Prairie, J. J. Cole, C. M. Duarte, L. J. Tranvik, R. G. Striegl, W. H. McDowell, P. Kortelainen, N. F. Caraco, J. M. Melack, and J. J. Middelburg. 2006. The global abundance and size distribution of lakes, ponds, and impoundments. Limnology and Oceanography 51: 2388 - 2397.

Duarte, C. M. , and J. Kalff. 1989. The influence of catchment geology and lake depth on phytoplankton biomass. Archives of Hydrobiology 115: 27 - 40.

Elser, J. J. , E. R. Marzolf, and C. R. Goldman. 1990. Phosphorus and nitrogen limitation of phytoplankton growth in the freshwaters of North America: a review and critique of experimental enrichments. Canadian Journal of Fisheries and Aquatic Sciences 47: 1468 - 1477.

Essington, T. E. 2001. The precautionary approach in fisheries management: the devil is in the details. Trends in Ecology & Evolution 16: 121 - 122.

Evans, D. O. 2007. Effects of hypoxia on scope - for - activity and power capacity of lake trout (*Salvelinus namaycush*) . Canadian Journal of Fisheries and Aquatic Sciences 64: 345 - 361.

Evans, D. O. , J. Brisbane, J. M. Casselman, K. E. Coleman, C. A. Lewis, P. G. Sly, D. L. Wales, and C. C. Willox. 1991. Anthropogenic stressors and diagnosis of their effects on lake trout populations in Ontario lakes. Ontario Ministry of Natural Resources, Lake Trout Synthesis, Toronto.

FFMC (Freshwater Fish Marketing Corporation) . 2008. About the freshwater fish marketing corporation. Available: www. freshwaterfish. com/english. htm. (July 2008) .

Fisher, E. , E. C. Fisher, J. S. Jones, and R. von Schomber. 2006. Implementing the precautionary principle: perspectives and prospects. Edward Elgar Publishing, Northampton, Massachusetts.

Flagg, T. , W. McAuley, D. Frost, M. Wastel, W. Fairgrieve, and C. Mahnken. 1992. Redfish Lake sock - eye salmon captive broodstock rearing and research. BPA (Bonneville Power Association) Report DOE (Department of Energy) /BP - 41841 - 4, Portland, Oregon.

Flathead Lakers. 2001. 25 September draft of the Flathead Lake and River fisheries co - management plan released. Available: www. flatheadlakers. org/HOTISSUE/f _ process. htm. (July 2008) .

FOC (Fisheries and Oceans Canada) . 2007. Survey of recreational fishing in Canada 2005. Fisheries and Oceans Canada, Economic Analysis and Statistics Policy Sector, Ottawa.

Gabelhouse, D. W. , Jr. 1984. A length - categorization system to assess fish stocks. North American Journal of Fisheries Management 4: 273 - 285.

Gabelhouse, D. W. , Jr. , R. Anderson, L. Aggus, D. Austen, R. Bruch, J. Dean, F. Doherty, D. Dunning, D. Green, M. Hoeft, B. Hollender, K. Kurzawski, A. LaRoche III, G. Matlock, P. McKeown, B. Schonhoff, D. Stang, G. Tichacek, D. Willis, C. Wooley, and D. Workman. 1992. Fish sampling and data analysis techniques used by conservation agencies in the U. S. and Canada. American Fisheries Society, Fisheries Techniques Standardization Committee, Fisheries Management Section, Bethesda Maryland.

Garcia, S. M. 1994. The precautionary approach to fisheries with reference to straddling fish stocks and highly migratory fish stocks. FAO (Food and Agriculture Organization of the United Nations) Fisheries Circular 871, Rome.

Gillooly, J. F. , J. H. Brown, G. B. West, V. M. Savage, and E. L. Charnov. 2001. Effects of size and temperature on metabolic rate. Science 293: 2248 - 2251.

Grafton, R. Q. , J. Kirkley, T. Kompas, and D. Squires. 2006. Economics for fishery management. Ashgate Publishing, Burlington, Vermont.

Graham, J. H. 1993. Species diversity of fishes in naturally acidic lakes inNew Jersey. Transactions of the American Fisheries Society 122: 1043 - 1057.

Grahm, M. 1943. The fish gate. Faber and Faber, London.

Grupert, J. P. 2003. Acid deposition in the eastern United States and neural network predictions in the future. Journal of Environmental Engineering and Science 2: 99 109.

Gulland, J. A. 1971. Science and fishery management. Journal du Conseil International pour l'Exploration de la Mer 33: 471 - 477.

Gunn, J. M. , and W. Keller. 1984. In situ manipulation of water chemistry using crushed limestone and observed effects on fish. Fisheries 9 (1): 19 - 24.

Guy, C. S. , R. M. Neumann, and D. W. Willis. 2006. New terminology for proportional stock density (PSD) and relative stock density RSD: proportional size structure (PSS) . Fisheries 31 (2): 86 - 87.

Guy, C. S. , R. M. Neumann, D. W. Willis, and R. O. Anderson. 2007. Proportional size distribution (PSD): a further refinement of population size structure index terminology. Fisheries 32 (7): 348.

Haines, T. A. 1981. Acid precipitation and its consequences for aquatic ecosystems: a review. Transactions of the American Fisheries Society 110: 669 - 707.

Håkanson, L. 2005. The importance of lake morphometry for the structure and function of lakes. International Review of Hydrobiology 90 (4): 433 - 461.

Halverson, M. A. 2008. Stocking trends: a quantitative review of governmental fish stocking in the United States, 1931 to 2004. Fisheries 33 (2): 69 - 75.

Hansen, M. J. , editor. 1996. A lake trout restoration plan for Lake Superior. Great Lakes Fishery Commission, Ann Arbor, Michigan.

Hansen, M. J. 1999. Lake trout in the Great Lakes: basin - wide stock collapse and binational restoration. Pages 417 453 in W. W. Taylor and C. P. Ferreri, editors. Great Lakes fishery policy and management: a binational perspective. Michigan State University Press, East Lansing.

Hansen, M. J. , and M. E. Holey. 2002. Ecological factors affecting the sustainability of Chinook and coho salmon populations in the Great Lakes, especially Lake Michigan. Pages 155 - 179 in K. D. Lynch, M. L. Jones, and W. W. Taylor, editors. Sustaining North American salmon: perspectives across regions and disciplines. American Fisheries Society, Bethesda, Maryland.

Hansen, M. J. , N. J. Horner, M. Liter, M. P. Peterson, and M. A. Maiolie. 2008. Dynamics of an increasing lake trout population in Lake Pend Oreille, Idaho, USA. North American Journal of Fisheries Management 28: 1160 - 1171.

Hansen, M. J. , C. P. Madenjian, T. E. Helser, and J. H. Selgeby. 1997. Gillnet selectivity of lake trout

(*Salvelinus namaycush*) in Lake Superior. Canadian Journal of Fisheries and Aquatic Sciences 54: 2483 – 2490.

Hansen, M. J. , R. G. Schorfhaar, and J. H. Selgeby. 1998. Gill – net saturation by lake trout in Michigan waters of Lake Superior. North American Journal of Fisheries Management 18: 847 – 853.

Hansen, M. J. , M. D. Staggs, and M. H. Hoff. 1991. Derivation of safety factors for setting harvest quotas on adult walleye from past estimates of abundance. Transactions of the American Fisheries Society 120: 620 – 628.

Hasselrot, B. , and H Hultberg. 1984. Liming of acidified Swedish lakes and streams and its consequences for aquatic ecosystems. Fisheries 9 (1): 4 – 9.

Hayes, D. B. , C. P. Ferreri, and W. W. Taylor. 1996. Linking fish habitat to their population dynamics. Canadian Journal of Fisheries and Aquatic Sciences 53 (Supplement 1): 383 – 390.

Hayes, D. , M. Jones, N. Lester, C. Chu, S. Doka, J. Netto, J. Stockwell, B. Thompson, C. K. Minns, B. Shuter, and N. Collins. 2009. Linking fish population dynamics to habitat conditions: insights from the application of a process – oriented approach to severalGreat Lakes species. Reviews in Fish Biology and Fisheries 19: 295 – 312.

Healey, M. C. 1978. The dynamics of exploited lake trout populations and implications for management. Journal of Wildlife Management 42: 307 – 328.

Heck, K. L. , Jr. , and L. B. Crowder. 1991. Habitat structure and predator – prey interactions in vegetated aquatic systems. Pages 281 – 299 *in* S. S. Bell, E. D. McCoy, and H. R. Mushinsky, editors. Habitat structure and the physical arrangement of objects in space. Chapman and Hall, New York.

Helm, J. 2000. The people of the Denendeh. Ethnohistory of the Indians of Canada's Northwest Territories. McGill – Queen's University Press, Montreal.

Hoenig, J. M. 1983. Empirical use of longevity data to estimate mortality rates. Fishery Bulletin 82: 898 – 903.

Hulsman, P. F. , P. M. Powles, and J. M. Gunn. 1983. Mortality of walleye eggs and rainbow trout yolk sac larvae in low – pH waters of the LaCloche Mountain area, Ontario. Transactions of the American Fisheries Society 112: 680 – 688.

Hunt, L. M. , and N. P. Lester. 2009. The effect of forestry roads on access to remote fishing lakes in northern Ontario, Canada. North American Journal of Fisheries Management 29: 586 – 597.

Illinois Department of Natural Resources. 2007. Status of the walleye and sauger fishery. Illinois Department of Natural Resources, Springfield.

Jackson, D. A. , H. H. Harvey, and K. M. Somers. 1990. Ratios in aquatic sciences—statistical shortcomings with mean depth and the morphoedaphic index. Canadian Journal of Fisheries and Aquatic Sciences 47: 1788 – 1795.

Jennings, M. J. , J. M. Kampa, G. R. Hatzenbeler, and E. E. Emmons. 2005. Evaluation of supplemental walleye stocking in northern Wisconsin lakes. North American Journal of Fisheries Management 25: 1171 – 1178.

Jensen, A. L. 1996. Beverton and Holt life history invariants result in optimal trade – off of reproduction and survival. Canadian Journal of Fisheries and Aquatic Sciences 53: 820 – 822.

Jeppesen, E. , J. P. Jensen, M. Søndergaard, T. Lauridsen, and F. Landkildehus. 2000. Trophic structure, species richness, and biodiversity in Danish lakes: changes along a phosphorus gradient. Freshwater Biology 45: 201 – 218.

Jeppesen, E. , J. P. Jensen, M. Søndergaard, T. Lauridsen, L. J. Pedersen, and L. Jensen. 1997. Top –

down control of freshwater lakes: the role of nutrient state, submerged macrophytes and water depth. Hydrobiologia 342 – 343: 151 – 164.

Kalff, J. 2002. Limnology: inland water ecosystems. Prentice Hall, Upper Saddle River, New Jersey.

Kennedy, J. J., and P. J. Brown. 1976. Attitudes and behavior of fishermen in Utah's Uinta Primitive Area. Fisheries 1 (6): 15 – 17, 30 – 31.

Kinnunen, R. E. 2003. Great Lakes commercial fisheries. Michigan Sea Grant Extension, Marquette. Available: www. miseagrant. umich. edu/downloads/fisheries/GLCommercialFinal. pdf. (December 2009) .

Kratz, T. K., K. E. Webster, C. J. Bowser, J. J. Magnuson, and B. J. Benson. 1997. The influence of landscape position on lakes in northern Wisconsin. Freshwater Biology 37: 209 – 217.

Krueger, C. C., and M. Ebener. 2004. Rehabilitation of lake trout in theGreat Lakes: past lessons and future challenges. Pages 37 – 56 *in* J. M. Gunn, R. J. Stedman, and R. A. Ryder, editors. Boreal shield watersheds: lake trout ecosystems in a changing environment. CRC Press, Boca Raton, Florida.

Krueger, C. C., and P. E. Ihssen. 1995. Review of genetics of lake trout in theGreat Lakes: history, molecular genetics, physiology, strain comparisons, and restoration management. Journal of Great Lakes Research 21 (Supplement 1). 348 – 363.

Lampert, W., and U. Sommer. 1997. Limnoecology: the ecology of lakes and streams. Oxford University Press, New York.

Larkin, P. A. 1977. An epitaph for the concept of maximum sustained yield. Transactions of the American Fisheries Society 106: 1 – 11.

Leach, J. H., L. M. Dickie, B. J. Shuter, U. Borgmann, J. Hyman, and W. Lysack. 1987. A review of methods for prediction of potential fish production with application to the Great Lakes and Lake Winnipeg. Canadian Journal of Fisheries and Aquatic Sciences 44: 471 – 485.

Leech Lake Band of Ojibwe. 2008. Fisheries program. Leech Lake Division of Resource Management, Fish, Wildlife, and Plant Resources Department, Minnesota. Available: www. lldrm. org/fish. html. (July 2008) .

Lehner, B., and P. Döll. 2004. Development and validation of a global database of lakes, reservoirs and wetlands. Journal of Hydrology 296: 1 – 22.

Lester, N. P., A. J. Dextrase, R. S. Kushneriuk, M. R. Rawson, and P. A. Ryan. 2004a. Light and temperature: key factors affecting walleye abundance and production. Transactions of the American Fisheries Society 133: 588 – 605.

Lester, N. P., and W. I. Dunlop. 2004. Monitoring the state of the lake trout resource: a landscape approach. Pages 293 – 321 *in* J. M. Gunn, R. J. Stedman, and R. A. Ryder, editors. Boreal shield watersheds: lake trout ecosystems in a changing environment. CRC Press, Boca Raton, Florida.

Lester, N. P., W. I. Dunlop, and C. C. Willox. 1996. Detecting changes in the nearshore fish community. Canadian Journal of Fisheries and Aquatic Sciences 53 (Supplement 1): 391 – 402.

Lester, N. P., T. R. Marshall, K. Armstrong, W. I. Dunlop, and B. Ritchie. 2003. A broad – scale approach to management of Ontario's recreational fisheries. North American Journal of Fisheries Management 23: 1312 – 1328.

Lester, N. P., B. J. Shuter, and P. A. Abrams. 2004b. Interpreting the von Bertalanffy model of somatic growth in fish: the cost of reproduction. Proceedings of the Royal Society B 271: 1625 – 1631.

Li, J., Y. Cohen, D. H. Schupp, and I. R. Adelman. 1996a. Effects of walleye stocking on population abundance and fish size. North American Journal of Fisheries Management 16: 830 – 839.

Li，J.，Y. Cohen，D. H. Schupp，and I. R. Adelman. 1996b. Effects of walleye stocking on year – class strength. North American Journal of Fisheries Management 16：840 – 850.

Link，J. S. 2005. Translating ecosystem indicators into decision criteria. ICES Journal of Marine Science 62：569 – 576.

Linton，B. C.，M. J. Hansen，S. T. Schram，and S. P. Sitar. 2007. Dynamics of a recovering lake trout population in eastern Wisconsin waters of Lake Superior，1980 – 2001. North American Journal of Fisheries Management 27：940 – 954.

Ludwig，D.，R. Hilborn，and C. Walters. 1993. Uncertainty，resource exploitation，and conservation：lessons from history. Science 260：17 – 36.

Lyons，J.，G. Gonzalez – Hernandez，E. Soto – Galera，and M. Guzman – Arroyo. 1998. Decline of freshwater fishes and fisheries in selected drainages of west – central Mexico. Fisheries 23（4）：10 – 18.

Mace，P. M. 2001. A new role for MSY in single – species and ecosystem approaches to fisheries stock assessment and management. Fish and Fisheries 2：2 – 32.

Maceina，M. J.，and W. C. Reeves. 1996. Relations between submersed macrophyte abundance and largemouth bass tournament success on two Tennessee River impoundments. Journal of Aquatic Plant Management 34：33 – 38.

Macias，J. G. L.，and O. T. Lind. 1990. The management of Lake Chapala（Mexico）：considerations after significant changes in the water regime. Lake and Reservoir Management 6：61 – 70.

Marshall，T. R. 1996. A hierarchical approach to assessing habitat suitability and yield potential of lake trout. Canadian Journal of Fisheries and Aquatic Sciences 53：332 – 341.

Marteney，R.，L. Aberson，C. Johnson，S. Lynott，R. Sanders，J. Stephen，J. Vajnar，and S. Waters. 2007. Largemouth bass management plan. Kansas Department of Wildlife and Parks，Pratt.

Martin，N. V.，and C. H. Olver. 1980. The lake char，*Salvelinus namycush*. Pages 209 – 277 *in* E. K. Balon，editor. Charrs：salmonid fishes of the genus Salvelinus. Perspectives in vertebrate science，volume 1. Dr. W. Junk Publishers，The Hague，Neatherlands.

Matuszek，J. E.，and G. L. Beggs. 1988. Fish species richness in relation to lake area，pH，and other abiotic factors in Ontario lakes. Canadian Journal of Fisheries and Aquatic Sciences 45：1931 – 1941.

McCormick，J. H.，and R. L. Leino. 1999. Factors contributing to first – year recruitment failure of fishes in acidified waters with some implications for environmental research. Transactions of the American Fisheries Society 128：265 – 277.

McCoy，M. W.，and J. F. Gillooly. 2008. Predicting natural mortality rates of plants and animals. Ecology Letters 11：710 – 716.

Melmer，D. 2007. Red Lake walleye make comeback to retail market. Indian Country Today. Available：www. indiancountry. com/content. cfm? id ＝ 1096415026.（July 2008）.

Meronek，T. G.，P. M. Bouchard，E. R. Buckner，T. M. Burri，K. K. Demmerly，D. C. Hatlelli，R. A. Klumb，S. H. Schmidt，and D. W. Coble. 1996. A review of fish control projects. North American Journal of Fisheries Management 16：63 – 74.

Mertz，G.，and R. A. Myers. 1998. A simplified formulation for fish production. Canadian Journal of Fisheries and Aquatic Sciences 55：478 – 484.

Methratta，E. T.，and J. S. Link. 2006. Evaluation of quantitative indicators for marine fish communities. Ecological Indicators 6：575 – 588.

Meybeck，M. 1995. Global distribution of lakes. Pages 1 – 35 *in* A. Lerman，D. M. Imboden，and J. R. Gat， editors. Physics and chemistry of lakes. Springer – Verlag, Berlin.

Miller, R. J. 1999. Courage and the management of developing fisheries. Canadian Journal of Fisheries and Aquatic Sciences 56: 897 – 905.

Minns, C. K. 1989. Factors affecting fish species richness in Ontario Lakes. Transactions of the American Fisheries Society 118: 533 – 545.

Minns, C. K. , J. R. M. Kelso, and R. G. Randall. 1996b. Detecting the response of fish to habitat altera – tions in freshwater ecosystems. Canadian Journal of Fisheries and Aquatic Sciences 53 (Supple – ment 1): 403 – 414.

Minns, C. K. , R. G. Randall, J. E. Moore, and V. W. Cairns. 1996a. A model simulating the impact of habitat supply limits on northern pike, *Esox lucius*, in Hamilton Harbour, Lake Ontario. Canadian Journal of Fisheries and Aquatic Sciences 53 (Supplement 1): 20 – 34.

Miranda, L. E. , and P. W. Bettoli. 2007. Mortality. Pages 229 – 277 *in* C. S. Guy and M. L. Brown, edi – tors. Analysis and interpretation of freshwater fisheries data. American Fisheries Society, Bethesda, Maryland.

Miranda, L. E. , and L. L. Pugh. 1997. Relationship between vegetation coverage and abundance, size, and diet of juvenile largemouth bass during winter. North American Journal of Fisheries Management 17: 601 – 610.

Mitzner, L. 1978. Evaluation of biological control of nuisance aquatic vegetation by grass carp. Transactions of the American Fisheries Society 107: 135 – 145.

Morgan, N. C. 1980. Secondary production. Pages 247 – 340 *in* E. D. Le Cren and R. H. Lowe – McConnell, editors. The functioning of freshwater ecosystems. International Biological Programme Synthesis Series 22. Cambridge University Press, New York.

Moxely, D. J. , and F. H. Langford. 1985. Beneficial effects of hydrilla on two eutrophic lakes in Central Florida. Proceedings of the Annual Conference Southeastern Association of Fish and Wildlife Agencies 36 (1982): 280 – 286.

Müller, R. , and P. Stadelmann. 2004. Fish habitat requirements as the basis for rehabilitation of eutro – phic lakes by oxygenation. Fisheries Management and Ecology 11: 251 – 260.

NAS (National Academy of Sciences) . 1969. Eutrophication: causes, consequences, correctives. National Academy of Sciences, Washington, D. C.

NOAA (National Oceanic and Atmospheric Administration) . 1998. Technical guidance on the use of pre – cautionary approaches to implementing national standard 1 of the Magnuson – Stevens Fishery Conserva – tion and Management Act. U. S. Department of Commerce, NOAA Technical Memorandum NMFS (Na – tional Marine Fisheries Service) – F/SPO.

NRC (Natural Resources Canada) . 2008. The atlas of Canada: recreational fishing. Natural Resources Can – ada. Available: http://atlas. nrcan. gc. ca/sites/english/maps/freshwater/recreational/fishing. (June 2008) .

Olson, M. H. , S. R. Carpenter, P. Cunningham, S. Gafny, B. R. Herwig, N. P. Nibbelink, T. Pellett, C. Storlie, A. S. Trebitz, and K. A. Wilson. 1998. Managing macrophytes to improve fish growth: a multi – lake experiment. Fisheries 23 (2): 6 – 12.

O'Riordan, T. , and J. Cameron, editors. 1994. Interpreting the precautionary principle. Earthscan Publications Limited, London.

Pauly, D. 1980. On the interrelationships between natural mortality, growth parameters, and mean envi –

ronmental temperature in 175 fish stocks. Journal du Conseil International pour l'Exploration de la Mer 39: 175 – 192.

Pauly, D. 1984. Fish population dynamics in tropical waters: a manual for use with programmable calculators. International Center for Living Aquatic Resources Management, Manila.

Pereira, D. L. , and M. J. Hansen. 2003. A perspective on challenges to recreational fisheries manage – ment: summary of the symposium on active management of recreational fisheries. North American Journal of Fisheries Management 23: 1276 – 1282.

Peterson, I. , and J. S. Wroblewski. 1984. Mortality rate of fishes in the pelagic ecosystem. Canadian Journal of Fisheries and Aquatic Sciences 41: 1117 – 1120.

Phillip, D. P. , J. E. Claussen, T. W. Kassler, and J. M. Epifanio. 2002. Mixing stocks of largemouth bass reduces fitness through outbreeding depression. Pages 349 – 363 in D. P. Phillip and M. S. Ridgway, editors. Black bass: ecology, conservation, and management. American Fisheries Society, Sympo – sium 31, Bethesda, Maryland.

Pollock, K. H. , C. M. Jones, and T. L. Brown. 1994. Angler survey methods and their application in fisheries management. American Fisheries Society, Special Publication 25, Bethesda, Maryland.

Pomeroy, C. 1994. Obstacles to institutional development in the fishery of Lake Chapala, Mexico. Pages 17 – 39 in C. L. Dyer and J. R. McGoodwin, editors. Folk management in the world's fisheries. University Press of Colorado, Niwot.

Post J. R. , M. Sullivan, S. Cox, N. P. Lester, C. J. Walters, E. A. Parkinson, A. J. Paul, L. Jackson, and B. J. Shuter. 2002. Canada's recreational fisheries: the invisible collapse? Fisheries 27 (1): 6 – 17.

Quinn, T. J. , and R. B. Deriso. 1999. Quantitative fish dynamics. Oxford University Press, New York.
Rago, P. J. , and J. G. Wiener. 1986. Does pH affect fish species richness when lake area is considered? Transactions of the American Fisheries Society 115: 438 – 447.

Randall, R. G. , J. R. M. Kelso, and C. K. Minns. 1995. Fish production in fresh waters—are rivers more productive than lakes? Canadian Journal of Fisheries and Aquatic Sciences 52: 631 – 643.

Rasmussen, P. W. , M. D. Staggs, T. D. Beard Jr. , and S. P. Newman. 1998. Bias and confidence interval coverage of creel survey estimators evaluated by simulation. Transactions of the American Fisheries Society 127: 469 – 480.

Reisenbichler, R. R. , F. M. Utter, and C. C. Krueger. 2003. Genetic concepts and uncertainties in restor – ing fish populations and species. Pages 149 – 183 in R. C. Wissmar and P. A. Bisson, editors. Strategies for restoring river ecosystems: sources of variability and uncertainty in natural and managed systems. America Fisheries Society, Bethesda, Maryland.

Rempel, R. S. , and P. J. Colby. 1991. A statistically valid model of the morphoedaphic index. Canadian Journal of Fisheries and Aquatic Sciences 48: 1937 – 1943.

Restrepo, V. R. , P. M. Mace, and F. M. Serchuk. 1999. The precautionary approach: a new paradigm or business as usual? Pages 61 – 70 in Our living oceans. Report on the status of U. S. living marine resources, 1999. U. S. Department of Commerce, NOAA (National Oceanic and Atmospheric Administration) Technical Memorandum NMFS (National Marine Fisheries Service) – F/SPO – 41, Washington, D. C.

Ricker, W. E. 1975. Computation and interpretation of biological statistics of fish populations. Fishery Research Board of Canada Bulletin 191.

Riera, J. L. , J. J. Magnuson, T. K. Kratz, and K. E. Webster. 2000. A geomorphic template for the analysis of lake districts applied to the Northern Highland Lake District, Wisconsin, U. S. A. Freshwater Biology 43: 301 – 318.

Rochet, M. J. , and V. M. Trenkel. 2003. Which community indicators can measure the impact of fishing? A review and proposals. Canadian Journal of Fisheries and Aquatic Sciences 60: 86 – 99.

Ruzycki, J. R. , D. A. Beauchamp, and D. L. Yule. 2003. Effects of introduced lake trout on native cut – throat trout in Yellowstone Lake. Ecological Applications 13: 23 – 37.

Ruzycki, J. R. , W. A. Wurtsbaugh, and C. Luecke. 2001. Salmonine consumption and competition for endemic prey fishes in Bear Lake, Utah – Idaho. Transactions of the American Fisheries Society 130: 1175 – 1189.

Ryan, P. A. , and T. R. Marshall. 1994. A niche definition for lake trout (*Savelinus namaycush*) and its use to identify populations at risk. Canadian Journal of Fisheries and Aquatic Sciences 51: 2513 – 2519.

Ryder, R. A. 1965. A method for estimating potential fish production of north – temperate lakes. Transactions of the American Fisheries Society 94: 214 – 218.

Ryder, R. A. 1982. The morphoedaphic index—use, abuse, and fundamental concepts. Transactions of the American Fisheries Society 111: 154 – 164.

Ryder, R. A. , and S. R. Kerr. 1989. Environmental priorities: placing habitat in hierarchic perspective. Pages 2 – 12 *in* C. D. Levings, L. B. Holtby, and M. A. Henderson, editors. Proceedings of the national workshop of effects of habitat alteration on salmonid stocks. Canadian Special Publication in Fisheries and Aquatic Sciences 105.

Ryder, R. A. , S. R. Kerr, K. H. Loftus, and H. A. Regier. 1974. Morphoedaphic index, a fish yield estimator—review and evaluation. Journal of the Fisheries Research Board of Canada 31: 663 – 688.

Sainsbury, K. , and U. R. Sumaila. 2001. Incorporating ecosystem objectives into management of sustainable marine fisheries including "best practice" reference points and use of marine protected areas. In Summary of the Reykjavik Conference on Responsible Fisheries in the Marine Ecosystem. Available: www. iisd. ca/sd/sdice/sdvol61num1. html. (January 2010).

Sakamoto, M. 1966. Primary production by phytoplankton community in some Japanese lakes and its dependence on lake depth. Archives of Hydrobiology 62: 1 – 28.

Sandstrom, S. , M. Rawson, and N. Lester. 2008. Manual for broad – scale fish community monitoring using large mesh gillnets and small mesh gillnets. Ontario Ministry of Natural Resources, Peterborough, Ontario.

Sass, G. G. , J. F. Kitchell, S. R. Carpenter, T. R. Hrabik, A. E. Marburg, and M. G. Turner. 2006. Fish community and food web responses to a whole – lake removal of coarse woody habitat. Fisheries 31 (7): 321 – 330.

Savino, J. F. , E. A. Marschall, and R. A. Stein. 1992. Bluegill growth as modified by plant density: an exploration of underlying mechanisms. Oecologia 89: 153 – 160.

Savino, J. F. , and R. A. Stein. 1982. Predator – prey interaction between largemouth bass and bluegills as influenced by simulated, submersed vegetation. Transactions of the American Fisheries Society 111: 255 – 265.

Scheuerell, M. D. , and D. E. Schindler. 2004. Changes in the spatial distribution of fishes in lakes along a residential development gradient. Ecosystems 7: 98 – 106.

Schindler, D. W. 1978. Factors regulating phytoplankton production and standing crop in the world's freshwaters. Limnology and Oceanography 23: 478 – 486.

Schindler, D. E. , S. I. Geib, and M. R. Williams. 2000. Patterns of fish growth along a residential devel –

opment gradient in north temperate lakes. Ecosystems 3: 229 - 237.

Schlesinger, D. A. , and H. A. Regier. 1982. Climatic and morphoedaphic indexes of fish yield from natural lakes. Transactions of the American Fisheries Society 111: 141 - 150.

Selbie, D. T. , B. A. Lewis, J. P. Smol, and B. P. Finney. 2007. Long - term population dynamics of the endangered Snake River sockeye salmon: evidence of past influences on stock decline and impediments to recovery. Transactions of the American Fisheries Society 136: 800 - 821.

Shuter, B. J. 1990. Population - level indicators of stress. Pages 145 - 166 *in* S. M. Adams, editor. Biological indicators of stress in fish. American Fisheries Society, Symposium 8, Bethesda, Maryland.

Shuter, B. J. , M. L. Jones, R. M. Korver, and N. P. Lester. 1998. A general, life history based model for regional management of fish stocks: the inland lake trout (*Salvelinus namaycush*) fisheries of Ontario. Canadian Journal of Fisheries and Aquatic Sciences 55: 2161 - 2177.

Shuter, B. J. , N. P. Lester, J. La Rose, C. Purchase, K. Vascotto, G. Morgan, N. Collins, and P. Abrams. 2005. Optimal life histories and food web position: linkages between somatic growth, reproductive investment and mortality. Canadian Journal of Fisheries and Aquatic Sciences 62: 725 - 729.

Smith, K. D. 1993. Vegetation - open water interface and the predator - prey interaction between large - mouth bass and bluegills. Doctoral dissertation, University of Michigan, Ann Arbor.

Soranno, P. A. , K. E. Webster, J. L. Riera, T. R. Kratz, J. S. Baron, P. A. Bukaveckas, G. W. Kling, D. S. White, N. Caine, R. C. Lathrop, and P. R. Leavitt. 1999. Spatial variation among lakes within landscapes: ecological organization along lake chains. Ecosytems 2: 395 - 410.

Stafford, C. P. , J. A. Stanford, F. R. Hauer, and E. B. Brothers. 2002. Changes in lake trout growth associated with *Mysis relicta* establishment: a retrospective analysis using otoliths. Transactions of the American Fisheries Society 131: 994 - 1003.

Stewart, B. , M. Meding, and D. Rogers. 2008. Lake Pleasant striped bass. Arizona Game and Fish Department Technical Guidance Bulletin 11, Phoenix.

Tonn, W. M. 1990. Climate change and fish communities: a conceptual framework. Transactions of the American Fisheries Society 119: 337 - 352

Tonn, W. M. , and J. J. Magnuson. 1982. Patterns in the species composition and richness of fish assemblages in northern Wisconsin lakes. Ecology 63: 1149 - 1166.

Trebitz, A. , S. Carpenter, P. Cunningham, B. Johnson, R. Lillie, D. Marshall, T. Martin, R. Narf, T. Pel - lett, S. Stewart, C. Storlie, and J. Unmuth. 1997. A model of bluegill - largemouth bass interactions in relation to aquatic vegetation and its management. Ecological Modeling 94: 139 - 156.

Tyler, A. V. , and V. F. Gallucci. 1980. Dynamics of fished stocks. Pages 111 - 147in R. T. Lackey and L. A. Nielsen, editors. Fisheries management. Blackwell Scientific Publications, Boston.

Unmuth, J. M. L. , M. J. Hansen, and T. D. Pellett. 1999. Effects of mechanical harvesting of Eurasian watermilfoil on largemouth bass and bluegill populations in Fish Lake, Wisconsin. North American Journal of Fisheries Management 19: 1089 - 1098.

Unmuth, J. M. L. , M. J. Hansen, P. W. Rasmussen, and T. D. Pellett. 2001. Effects of mechanical harvesting of Eurasian watermilfoil on angling in Fish Lake, Wisconsin. North American Journal of Fisheries Management 21: 448 - 454.

Urquhart, N. S. , S. G. Paulsen, and D. P. Larsen. 1998. Monitoring for policy - relevant regional trends over time. Ecological Applications 8: 246 - 257.

USDI (U. S. Department of the Interior) . 1991. Casting light upon the waters: a joint fishery assessment of the Wisconsin ceded territory. U. S. Department of the Interior, Bureau of Indian Affairs, Minneapolis, Minnesota.

USDI (U. S. Department of the Interior), Fish and Wildlife Service, and U. S. Department of Commerce, Census Bureau. 2006. National survey of fishing, hunting, and wildlifeassociated recreation. U. S. Department of the Interior, Fish and Wildlife Service, and U. S. Department of Commerce, Census Bureau, Washington, D. C.

Vander Zanden, M. J. , S. Chandra, B. C. Allen, J. E. Reuter, and C. R. Goldman. 2003. Historical food web structure and restoration of native aquatic communities in the Lake Tahoe basin. Ecosystems 6: 274 - 288.

Vollenweider, R. , and J. Kerekes. 1982. Eutrophication of waters: monitoring, assessment and control. Organisation for Economic Co - operation and Development, Paris.

Walker, W. W. 1979. Use of hypolimnetic oxygen depletion rate as a trophic state index for lakes. Water Resources Research 15: 1463 - 1470.

Walters, C. J. , and S. J. D. Martell. 2002. Stock assessment needs for sustainable fisheries management. Bulletin of Marine Science 70: 629 - 638.

Walters, C. J. , and S. J. D. Martell. 2004. Fisheries ecology and management. Princeton University Press, Princeton, New Jersey.

Webster, K. E. , T. K. Kratz, C. J. Browser, J. J. Magnuson, and W. J. Rose. 1996. The influence of landscape position on lake chemical responses to drought in Northern Wisconsin. Limnology and Oceanography 41: 977 - 984.

Webster, K. E. , P. A. Soranno, S. B. Baines, T. K. Kratz, C. J. Bowser, P. J. Dillon, P. Campbell, E. J. Fee, and R. E. Hecky. 2000. Structuring features of lake districts: landscape controls on lake chemical response to drought. Freshwater Biology 43: 499 - 515.

Wetzel, R. G. 2001. Limnology: lake and river ecosystems, 3rd edition. Academic Press, San Diego, California.

Wilberg, M. J. , C. R. Bronte, and M. J. Hansen. 2004. Fleet dynamics of the commercial lake trout fishery in Michigan waters of Lake Superior during 1929 - 1961. Journal of Great Lakes Research 30: 252 - 266.

Wilberg, M. J. , M. J. Hansen, and C. R. Bronte. 2003. Historic and modern density of wild lean lake trout in Michigan waters of Lake Superior. North American Journal of Fisheries Management 23: 100 - 108.

Wiley, M. J. , R. W. Gorden, S. W. Waite, and T. Powless. 1984. The relationship between aquatic macrophytes and sport fish production inIllinois ponds: a simple model. North American Journal of Fisheries Management 4: 111 - 119.

Wrenn, W. B. , D. R. Lowery, M. J. Maceina, and W. C. Reeves. 1996. Relationships between large - mouth bass and aquatic plants inGuntersville Reservoir, Alabama. Pages 382 - 393 in L. E. Miranda and D. R. DeVries, editors. Multidimensional approaches to reservoir fisheries management. American Fisheries Society, Symposium 16, Bethesda, Maryland.

Zimmerman, M. S, S. N. Schmidt, C. C. Krueger, M. J. Vander Zanden, and R. L. Eshenroder. 2009. Ontogenetic niche shifts and resource partitioning of lake trout morphotypes. Canadian Journal of Fisheries and Aquatic Science 66: 1007 - 1018

第 16 章 养殖池塘与小型蓄水池

David W. Willis   Robert D. Lusk   Jeffrey W. Slipke

16.1 引言

养殖池塘和小型蓄水池很有希望被用来发展休闲渔业，许多垂钓者在这样的小型水域上有了第 1 次钓鱼经历。据估算，在美国至少有 260 万小型人工水体（Smith et al.，2002）。2006 年，进行淡水垂钓的有 2 540 万个垂钓者，其中 84% 在湖泊、水库和池塘（USDI，2007）。最近的一次全国性关于捕捞、狩猎和野生动物的调查在 1991 年，此次调查按照水体的类型分类（USDI，1993），结果发现在当时的 3 010 万个垂钓者中有 35% 是在小于 4.2 hm^2 的池塘中垂钓的。

池塘和小型蓄水池是指表面积小于 40 hm^2 的水域。然而，这样的基于水体大小的定义肯定是武断的，而且其他的研究人员还使用了不同的水体大小的定义。在 1 hm^2 的小型池塘和接近 40 hm^2 的小型蓄水池中，捕食者-被捕食者之间相互作用相似。在更大的水体中栖息地和捕食-被捕食关系有更高的多样性。

与其他类型的栖息地相比，池塘更易通过渔业管理操作达到预期结果。在较大的水库和天然湖泊中，环境条件比渔业管理发挥的作用更大。在大型河流中，由于其系统的开放性，管理措施很难发挥较大的作用。相反，在池塘管理中可以尝试不同的管理策略，并且具有相对较高的成功率。池塘和小型蓄水池有更多发展都市渔业的机会（表框 16.1）。

表框 16.1 城市环境中的渔业管理

Richard T. Eades[1]，Thomas J. Lang[2]

1. 内布拉斯加州狩猎和公园委员会，林肯市

2. 堪萨斯州普拉特县野生动物园与公园管理处

许多国家机构有专门针对城市渔业管理的具体计划（Hunt et al.，2008）。城市渔业管理根植于传统渔业管理，许多在其他水体中使用的技术（如鱼群放养、鱼篓限制以及栖息地改善）和策略同样也可以用于城市渔业。然而，城市渔业需要更高强度的管理才可成功。从生物量角度来看，农村地区私人所有的或者国家公园中一个 2 hm^2 的池塘与芝加哥或者圣路易斯中部的公园非常相似，但在城里的池塘可能需要更高强度的管理来建立和维持类似的鱼类种群。

城市环境中最关心的问题是水质。城市径流可能携带各种危害鱼类和人类健康的污染物。在多年的污染物、沉积物和有机物积累后，城市小型蓄水池可能退化严重，不能支持所需鱼类群体。恢复这些水体以生产鱼类是可能的，但费用很高。

垂钓应用可以在城市地区大量推广。城市池塘可承受 30 000 h/（hm^2·年）的垂钓强度（Alcorn，1981）。虽然这么高的频率不常见，城市水体中的垂钓活动通常比其他湖泊要高很多（Lang et al.，

（续）

2008）。在这种情况下，即使垂钓者只保留一部分捕获物，鱼类群体也可能很快会失去平衡或者某些劣势的鱼类成为优势种。因此，许多州在他们的城市湖泊中定期投放达到可捕捉长度的斑点叉尾鮰或者虹鳟来保证高的渔获率。为垂钓者提供斑点叉尾鮰或者虹鳟收获物也可以成为一种减轻对大口鲈和蓝鳃鱼等物种捕捞压力的方法，这通常是作为具有捕放或者鱼篓限制的自我维持的群体来管理。不幸的是，一些州发现垂钓者不能很好地遵守城市地区的法规，反复的放养和捕捞管理的综合措施甚至也不能发展理想的渔业（Lang，2007；Eades et al.，2008）。

　　大部分城市湖泊是地方政府所有，并由其公园、娱乐部门或类似的城市管理部门进行管理。城市公园管理者通常渴望与渔业机构合作以提高捕鱼机会，但他们也有自己的责任，这与渔业发展目标不吻合。许多公园管理者更关心公园美感，而不是鱼类生产力。比如，他们更愿意在他们的湖泊里布置喷泉，而非曝气系统。许多公园管理者喜欢尽可能多地除草，包括任何以及所有沿湖岸线生长的植物。藻类的生长对城市居民来说很碍眼，许多公园管理者会采用化学方式处理具有不美观绿色的湖泊，并没有对它们进行修复以达到周边游泳池的澄清度。所有这一切导致渔业管理者不得不处理在更多的农村地区或者国家所有的湖泊中并不存在的额外的阻碍。幸运的是，越来越多的人开始意识到本地渔业的价值，并开始在很多地区都开始加强合作和管理。

　　对城市渔业管理人员来说，准入可能是另一个制约因素。出于安全考虑，大多数小型城市蓄水池都不允许划船，因此通常不存在船坡道。湖岸线可能是堆石护坡或者是人造防波堤，这也限制了船只的进入。这就可能使得管理者不能通过电力捕鱼船来评估鱼存量。同样，在船只不能进入的情况下，设置渔网也变得不可行。在这些常用方式中，管理者可能不情愿在湖泊中设网并耗费较长的时间来获取样品。在这些情况下，管理者必须依靠渔获量调查（creel surveys）作为鱼类种群结构的主要指标。如果装载斑点叉尾鮰或虹鳟的大型拖鱼车无法到达水边，车辆出入不便（如景观美化、围栏和高路缘）可能会妨碍鱼类放养工作。同时，不方便进入也可能影响鱼类放养效果，如让鱼类适应池塘新环境。

　　相比其他生物学家，城市渔业管理者应该接受机构代表的作用。他们可能是城市公众遇到的该机构的唯一雇员。他们要愿意暂停取样或者放养鱼，去向围观群众解释他们在做什么及其重要性。城市渔业管理者可以利用这些机会在发展渔业的同时与市民客户建立牢固的关系。

　　城市渔业管理者面临着如何在这些情况下努力维持良好渔业任务的难题，他们已经完成了许多研究，以试图找到城市水域中最具成本效益的放养方法（如考察合理的放养规格、放养密度和放养次数）。其他研究人员已考虑了城市水域中的"新"种类，其放养和管理可能更具有成本效益，且同时也能提供多样化的垂钓机会。最近，杂交条纹鲈已经在几个州的城市湖泊中放养，并有望为城市垂钓者提供令人兴奋的渔业垂钓，还能通过捕食改善食用鱼种群结构大小。

　　城市渔业计划的主要目标通常是增加垂钓机会、吸引钓鱼者，并对公众进行水生资源教育。在过去 25 年中，美国的渔业参与度一直在下降，为了扭转这种形势，许多州已经实施了城市渔业计划（Pajak，1994；Aiken，1999；Hunt et al.，2008）。城市渔业管理者越来越多地采取教育、营销和其他公共宣传方法，以提高渔业参与度。在城市环境中建立和保持好的可垂钓的湖泊是一项真正的挑战，但做到这些只完成了一半。其次，也是通常更困难的部分，是加强公众对渔业的认知，并为他们提供一个可供享受的安全、舒适的环境。城市池塘如果要吸引和募集新的垂钓者，就必须便利且安全。最后，如果这些渔业在未来还要保持社会相关性，渔业机构就必须在城市渔业方面投入时间和资源，并增加这种渔业客户的参与度和多样化。

　　尽管池塘规模较小，池塘管理仍然包括与所有渔业相同的 3 个主要管理要素：栖息地、生物和人类（Nielsen，1999；Willis et al.，2009）。因此，本章将始终强调这 3 个管理要素。此外，无论是开发私人池塘、帮助私人土地所有者，还是管理公共水体，都必须在进行池塘建设、放养、栖息地管理之前确定清晰的管理目标。本章提供了管理选项，管理者或者池塘拥有者需要决定哪些是可行的，以及其中哪些是自己想要的。

池塘管理模式发生了转变，这种转变也适用于公共小型蓄水池管理。首先，对池塘渔业管理的观点正从过去的更简单、便宜的大嘴鲈、蓝鳃鱼和斑点叉尾鮰鱼种放养模式转变为一种创新的、种类和尺寸多样化的模式，以及投资意识。鱼类，特别是捕食者的过度捕捞，是过去几年中私人和公共水体中主要关注的问题。

但捕捞不足或缺乏捕捞可能导致同样甚至更多的问题。传统池塘管理策略在生物学意义上是合理的，但是相比一些私人池塘所有者愿意接受的时间而言，这需要更多时间才能完成。因此，创新技术正被用于增加池塘中的物种多样性、改善目标鱼类的种群结构或物种丰富度，或者加快开发理想鱼群的进程。其次，关于水管理的观念正在发生转变，许多管理哲学中的变动都涉及将重点从鱼类产量转向水体管理。土地所有者正在认识到水是借用的，并应在使用的时候更好地照顾好它。

本章从池塘栖息地开发和管理开始，因为可用的栖息地决定了哪些管理策略是可行的，然后讨论了用于管理生物（即鱼类选择）和人类用户（即收获调节）的池塘管理策略。许多例子和信息集中在温水系统中，因为在冷水栖息地进行的研究较少。

16.2 栖息地开发

池塘栖息地的质量决定着可以使用哪些管理备选方案；没有清洁的水和优质的栖息地，管理的选择就十分有限。冷水鱼不能在温水栖息地放养。视觉捕食者在具有高胶质黏土浊度的池塘中无法生存。只有通过构建新的池塘栖息地或者评估现有池塘栖息地才能制定合理的诸如物种组合及收获规则等的管理策略。

16.2.1 池塘构建

大多数池塘是堤岸型（图 16.1），也称山塘，意味着要构建水坝以便从集水区蓄水。然而，一些池塘采用挖掘的方式建造，这让它们可在几乎任何位置建造，并可通过诸如水泵抽吸之类的方式进行充水。挖掘池底部通常具有较好的蓄水能力（例如，衬垫或黏土）以保持水位。然而，一些挖掘的池塘足够深，可以到达地下水位。常见的例子包括沙石坑（例如，沿州际高速公路的采石坑）或采石场。

构建池塘是一个有序、分步进行的过程，在规划和执行中要考虑几个问题：许可、场址选择，包括集水区大小的评估，以及土壤类型和量的评估等。这些工作通常最适合有经验的工程师和承包商来完成。这里仅介绍了建造过程及需要考虑的几个要点，更多细节可以参考 Deal 等 1997 年的报道。

建造池塘时选址要考虑的一个关键要素是美学。美学对于私人池塘业主来说尤其重要，因为大多数池塘是具有娱乐价值的。然而，类似的问题显然也适用于由公共基金建造和管理的池塘。Lusk 等 （2007） 为潜在池塘业主购买土地提供了建议。

无论池塘是私人开发，还是用公共资金建造和管理，选址的最初步骤都是要了解适用

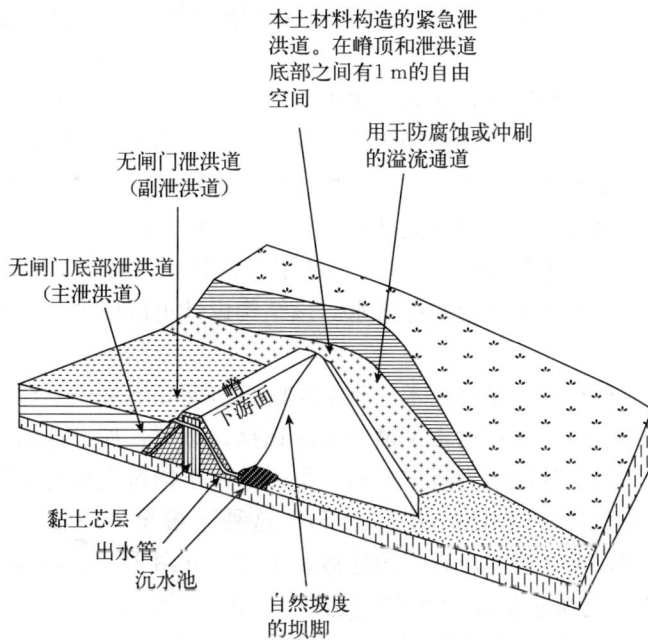

图 16.1　池塘建造中常用的筑堤式池塘大坝及紧急泄洪道设计的剖面图

（来自 Blaser and Eades，2006；由 Chris Lemke 提供）

于其地理位置的池塘建造法规。可能影响水域下游其他人的水权和蓄水相关的法律是什么？该州或省需要什么许可？可能涉及什么样的县区法律？是否需要环境影响报告？在开始建造池塘之前，了解所有这些问题是很重要的。

　　了解给定土壤类型地理位置的排水面积和预期的年均降水量及径流量有助于确定潜在池塘的面积和深度。例如，假设一个池塘表面积为 1 hm²，最大深度为 4 m，平均深度为 2 m。这样的池塘将具有 20 000 m³ 的容积。在降水量充足的密西西比南部，需要大约 13.4 hm² 的集水区来维持池塘水位（Deal et al.，1997）。而在怀俄明州东部，因为年降水量和径流量较低，同样大小的池塘则需要大约 234 hm² 的集水区。

　　池塘应在允许有足够水深的位置建造。两个主要因素会影响到预期的水深。首先，池塘应该足够深以考虑渗漏（受土壤类型的影响）和蒸发（受局部气候的影响），并同时能满足鱼类生产或土地所有者的其他目标。因此，在更干旱的位置的池塘通常比年均降水量更高的位置设计的更深。其次，北纬地区通常规划的更深，因为在冰封期间需要更多的水量来防止冬死（见 16.3.2）。因此，北美北部或干旱西部地区的池塘应建造至 3.7～6.1 m 的深度。然而，在北美南部，不超过 1.8～2.4 m 的深度就足够了，因为大多数生物生产力发生于水面以下 2 m 内。

　　在池塘建造开始之前，现场勘测将确定池塘特征和池水预期的最终深度。这种调查允许规划和设计大坝及泄洪道，并可以确定水位和预计湖岸线。现场调查需要使用测量设备，应由有经验的专业人员进行。现场调查还必须包括对土壤的全面评估。承建商通常会在拟建池塘位置周围挖一系列测试孔。高度多孔的土壤可能表明该地点不是一个好位置或需要某种类型的密封层，以防止水的过度渗漏。类似地，在具有断裂岩石的地下接缝的位置上建造池塘也可能导致渗漏。而具有地下石灰岩地层的地点也会出现池塘水体严重的泄漏。

为保持池塘深度的长期稳定，注入的水中不应携带过多的沉积物。因此，集水区的保护在池塘建设中很重要。来自草地的径流沉积物含量低，而来自农作物种植区的径流则带有大量沉积物。如果集水区不能通过适当的植被种植来保护，则可以在池塘的上游构建小型拦沙坝以使沉积物沉降，从而减少池塘的沉积量。每隔一段时间可从沉积坝中移除沉积物以保持其容量。Blaser 和 Eades（2006）描述了一种替代方法，其中池塘的出口结构是一个底部排泥溢流道，可以从池塘底部排水。该结构设计可以使携带大量泥浆的水通过池塘和坝，最终将其释放到下游。

建筑水坝既是一种科学也是种艺术。有经验的承包商知道可用于建造大坝的最好的填充材料。从池塘本身取得的材料通常是最经济的选择。然而，如果池塘的土壤类型不适合建造大坝，则可能需要从其他地方运送材料。最好的用于构筑土坝的土壤是含有从小沙砾到细沙和黏土颗粒的土壤（Deal et al.，1997）。这种土壤至少应含有 20% 的黏土颗粒。如果没有理想的土壤，那么通常应在坝内建造黏土芯层（图 16.1、图 16.2）。黏土芯层充当水流的地下屏障。土坝通常在上游侧建造 3：1 的坡度，在下游侧建造 2：1 的坡度（Deal et al.，1997）。坝顶的宽度随坝高度的增加而增加。例如，3.1 m 高的坝应具有 1.8 m 的顶部宽度，而 6.1～7.3 m 的坝应具有 3.7 m 的顶部宽度。

图 16.2　该核心沟槽是在田纳西州西部的沙质土壤中挖掘的。在沟槽填充黏土之后，
　　　　它将防止通过池塘坝渗漏

（图片由 Robert Lusk 提供）

选择池塘位置时，应留有足够的空间用于构建紧急泄洪道。紧急泄洪道设计成能够允许地表径流从池塘安全地溢出，并防止溃堤或侵蚀堤坝（图 16.1）。来自集水区的水量与地理位置（即降雨峰值事件）和流域的水文特征有关。一些土壤类型（例如，砂或砾石）具有高渗透速率，而其他土壤类型（例如，黏土或不渗透材料）具有低渗透速率。因此，与当地美国自然资源保护服务人员或经验丰富的池塘建筑工程师协商是可取的。

池塘出口，也称为主溢流道，通常构造成能够允许来自正常径流的水通过该坝。滴式出口结构（图 16.3）通常用于保持池塘中的水位。铁丝栏，也称拦污栅，通常被安装用于防止物体堵塞出水口（图 16.4）。另一种类型的出口结构是涓流管（图 16.4）。此外，还可以使用虹吸系统或底部出口。无论出口类型如何，都应增加防渗漏圈以防止渗漏（图16.4、图 16.5）。

图 16.3　一个滴式进水口结构，用于保持该池塘得克萨斯州的水位
（图片由 Mike Otto 提供）

在构建池塘之前，应当从坝区和紧急泄洪道移除所有的树木，并防止其再次生长。如果有些树需要推倒的话，一定要保证根系没有扎入易渗水的土壤或岩石层中，以防漏水。

了解当地的地下水位深度后再挖掘池塘。一种策略是在平地上挖池塘，然后使用天然黏土或者其他类型的密封材料（如不透水内衬）来防止渗漏。这类池塘的用水通常通过水泵之类的设备提供。如果在上面有集水区的地方开挖池塘，那就应该建造紧急泄洪系统。一些池塘开挖至地下水位，如采用挖掘机开挖的砂石坑。这些池塘的水位会随着地下水位波动。因此，在降水多的年份看起来适合养鱼的池塘可能在干旱天气并不适合养殖。

池塘的保水密闭性能主要取决于土壤类型。大多数池塘建造地含有各种类型的土壤。

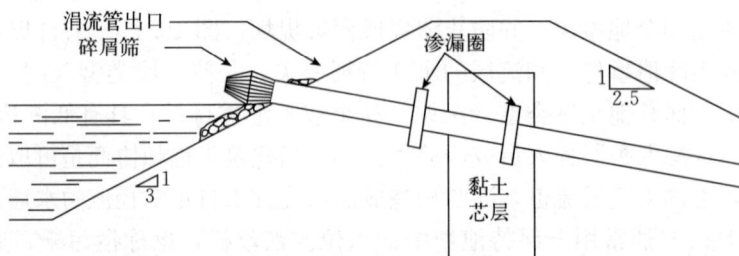

图 16.4　施工期间建造的通过大坝的涓流管出口系统。注意添加的防渗漏圈，其防止水流动和随之出现的出口管周围的腐蚀。还要注意碎屑筛或垃圾架，用于防止树枝或其他大碎屑堵塞出口管

（来自 Blaser and Eades，2006；由 Chris Lemke 提供）

图 16.5　安装具有防渗漏圈的管道，防止以后该池塘渗漏

（图片由 Mike Otto 提供）

黏土最适合修建大坝和铺设池底。像沙土和岩土这样的多孔土可用于修建大坝的背面坡面，但应当避免在池底使用，池底必须使用黏土来密封。池塘漏水最常见的原因有以下几点：选址不当；建造方法不对；渗漏土壤，如砂子和砾石；基岩有裂缝；池塘结构完整性不好、排水口设置不当，或被树根、麝鼠或海狸鼠洞穴等破坏。

在池塘建造过程中，压实土壤有助于防止渗漏或将渗漏减至最小，特别是当土壤中含有足够的黏土时。如果黏土含量不高，可以从附近运送黏土并用作覆盖层。如果运送过来的黏土含量在 20% 以上，那么对于比 3.1 m 更深或者更浅的池塘，应当添加约 30 cm 厚的黏土覆盖层。更深的池塘则需要更厚的黏土覆盖层。膨润土是一种与水接触后能膨胀的胶质黏土，可将池塘渗漏减至最小。膨润土需要与现有土壤进行充分混合，厚度至少为

30 cm。使用羊角碾压机就可以进行这项操作（图 16.6）。另外，可以使用防水内衬来密封池塘底部。这样的内衬由聚乙烯、聚氯乙烯或橡胶制成。内衬价格很高且需要由经验丰富的人员安装，以避免割破或撕裂。

图 16.6　使用羊角碾机对具多孔地点的池塘底部进行膨润土密封
（图片由 Robert Lusk 提供）

16.2.2　鱼类栖息地开发

规划鱼类栖息地的理想时间是在池塘建造之前，因为栖息地的选择因池塘中放养鱼类种类不同而异。有些鱼喜欢岩石地，有些鱼适合大型木本植物栖息地，而另一些鱼则喜欢沉水或挺水水生植物。因此，栖息地的选择依赖于特定的养殖鱼群。

在池塘建造期间，应该在池塘周边或底部轮廓设置一些不规则形状。可以开挖水湾，且在运土期间可以构建小岛（图 16.7）或半岛。大多数鱼类喜欢峭壁、驼峰或凹凸不平的底部，而不是平坦光滑的池底。如果在建造过程中碰到了岩石，可以将它们放在一边，随后放置以改善鱼类的栖息地。例如，可以在池塘的一个或多个地点从岸边至深水处布置一列岩石。另外，可以使用岩石制作这样的地点。在大型池塘施工期间，常常需要用岩石对坝面加固以防止侵蚀，而这些岩石也可以给鱼类提供栖息地。

尽管水坝和泄洪道中应该移除树木，但可以在池塘的注水口预留少量的树为鱼类提供栖息地。如果大坝附近的树被砍掉了，可以用它们在池塘的其他位置制造沉水枝丫堆。小的树木可以用混凝土来加重并使之沉入水底，或者在池塘灌水前用钢丝绳沉入池塘底部。一旦树木被水淹没，它们将不再漂浮并保持原位。如果树木和枝丫堆在水中持续淹没而不是随水位变化间断地暴露和淹没在水中，它们就能够保持更久（图 16.8）。设置栖息地

图 16.7　池塘建造阶段应当考虑鱼类栖息地。这里利用运土设备制造了一个驼峰或小岛，在驼峰之上还构建了木本植物结构

（图片由 Robert Lusk 提供）

图 16.8　固定在混凝土基座上的圣诞树可以在池塘中为鱼类提供栖息地。当它们被持续淹没时，这种结构的寿命是最长的。左边的树被淹水 3 年，中间的被淹水 5 年，而最右边的被淹水了 10 年

（图片由 Todd St. Sauver，South Dakota Department of Game，Fish and Parks 提供）

时，必须注意不要破坏池塘的内衬。90％的鱼生活于 10％～15％的池塘面积中，因此合理规划的栖息地不仅能为鱼类提供良好的生境结构和隐蔽场所，还能为垂钓者提供高效的垂钓区域。

在建造池塘时应当考虑水生植物。大多数池塘的浅水区（1～2 m）最终会出现水生植物。虽然一些植物对许多鱼群是有利的（例如，Wiley et al. 1984；Engel 1988；Bettoli et al.，1993），但水生植物覆盖率过高会干扰娱乐活动（如钓鱼和游泳）和捕食者-被捕食者的相互作用。因此，运土过程中建立一个适当的池塘斜坡能够减少后期有根水生植物的丰度。

16.2.3　集水区影响

池塘生态学的概念并不仅仅考虑鱼类。池塘上游集水区中的所有物质最终都会流入池塘。因此，管理目标应涵盖池塘上游的整个流域（Schramm and Hubert，1999；Iowa Department of Natural Resources，2007）。当有人想修建池塘时，任务通常非常集中。但是，当他们在考虑计划时，大多数人并不考虑池塘对上下游生态系统的影响。当池塘存在时，其会通过其鱼群、营养化程度和深度影响周围环境。不仅池塘本身形成了一个生态系统，它也会影响其周围的系统。

池塘建造期间做出的决定对池塘环境具有深远影响，至少可持续影响未来四代人。因此，在重型设备到达前需要结合最终的池塘管理目标进行明智的规划。

16.3　常用的栖息地管理技术

在建造的池塘中，栖息地决定了哪些鱼类管理策略是可行的。因此，本部分内容讲述常用的栖息地管理技术。

16.3.1　施肥、施用石灰

在土壤肥力低的许多地方，会向池塘中施肥，以通过刺激浮游植物生长来增加鱼产量。在养分充沛的集水区、管理良好的集约化养殖的牧场、存在冬死问题的北纬地区，或者持续存在黏土浊度问题地区的池塘，以及接受非常少捕捞力的池塘通常不应当施肥。在亚拉巴马州、阿肯色州、佛罗里达州北部的一些地区，佐治亚州、肯塔基州、密西西比州、北卡罗来纳州、南卡罗来纳州、田纳西州、得克萨斯州和弗吉尼亚州，施用肥料比较常见。除了少数例外，其他地区一般不推荐施肥。

Swingle 和 Smith（1938）发现，亚拉巴马州施肥池塘相比未施肥池塘，能够容纳的大口黑鲈和蓝鳃太阳鱼的量是原来的4～5倍。浮游植物暴发水华产生的遮阴效果有助于沉水水生植物的控制，这种有益的浊度能增加渔业成功率。然而，大多数肥料价格都很高，池塘所有者应当确定经济收支是否平衡。Bennett（1971）提醒养殖者注意，富营养化使植物疯狂生长这可能存在着危险，有可能造成各地区鱼类在夏季死亡，而在北纬地区可能会出现冬死。

在美国，无机肥料是最常用的池塘肥料。常见肥料为颗粒型为 20 - 20 - 5：20％的氮

（N），20％的磷（P_2O_5），5％的钾（K_2O，也称为碳酸钾）。肥料中的次要营养素包括钙、镁和硫。微量营养素如铜和锌也可能存在。近年来，因使用方便，粉末或结晶状肥料以及液体制剂深受池塘养殖户喜爱。美国东南部地区的标准施肥操作流程可以参见 Boyd 1979 年的研究报道。

Swingle 等（1965）发现，已施肥多年的老池塘，通过细菌或藻类的固氮作用，以及底部有机物的分解，氮和钾含量丰富。对于这样的池塘，他们推荐了仅使用磷肥的标准施肥量：45 kg/hm^2 的过磷酸盐（16％～20％）或者 20 kg/hm^2 的三（或二）过磷酸盐（44％～54％）。如果不能维持令人满意的浮游植物生物量，则可以改施完全肥料。

向水深超过 1 m 的水域施用颗粒肥料可能会沉入底部沉积物中、被锁定在底层水和沉积物中，且不能被浮游植物利用。因此，颗粒肥料应该施用于浅水水域，或者置于位于透光层（有足够光渗透从而能够支持植物生长的区域）中的水下平台上。对于 2～4 hm^2 的池塘面积，深约 0.3 m，面积约为 4 m^2 的平台就已足够。在船马达的螺旋桨涡流中混合液态肥料（即，在首次稀释后）是分配肥料的另一种方法。后来，粉末和结晶制剂的出现几乎淘汰了多数的平台或混合的液态肥料。

在某些地区，池塘水的碱度偏低，甚至可能是酸性的。施肥可能对这些水体并无影响，除非向水中加入石灰使碱度增加。在天然钙含量低而导致低 pH 和低缓冲能力的池塘中，常使用石灰来增加池塘鱼产量。石灰对水质和生产力的影响有以下几个方面，包括：①使底部沉积质的 pH 升高，从而增加磷的有效性；②通过增加营养物质来增加底栖无脊椎动物生产量；③提高碱度，从而提供光合作用所需的二氧化碳；④通过提高 pH 的方式来增加微生物活动；⑤改善针对软水池塘中常见的 pH 波动的缓冲能力；⑥减少植物来源的腐殖质污渍，并提供较清洁的水体以增加光投射。净效果就是提高浮游植物生产力，从而增加鱼类的食物生产。

石灰的需要量由水体的总碱度测量值决定。Boyd（1979）描述了通过分析农用土壤和池塘沉积物从而确定石灰需要量的方法。农用石灰岩、$CaCO_3$ 或者 CaMg$(CO_3)_2$ 是池塘中最常用的物质。对于新修池塘，可以通过在池底铺石灰岩，并用农用设备翻耕来施用石灰。对于已建池塘，可以通过向整个池塘水体播撒石灰石以达到施用石灰的目的（图 16.9）。对于具有天然低碱度土壤的池塘，过量施用石灰实际上是不可行的。对于这种池塘，每公顷 11.2～22.4 t，甚至更高的石灰施用量，很少能将总碱度增加到与天然高碱度池塘中类似的水平（>50 mg/L $CaCO_3$）。较高的施用量能够减少石灰重施的频率。最好在施肥季节之前，于冬季完成石灰岩或其他石灰材料的施加。石灰起作用的时间长短取决于池塘溢水和渗漏造成的失水量。

16.3.2　水质保持

夏季曝气可以用来改善池塘水质，尤其是对于热分层的水体。分层的肥沃池塘会在均温层（分层水体中的最下层水体）中积累分解的有机质，而且细菌呼吸通常会造成缺氧底层区域中的溶解氧（DO）下降。由于有机质分解产生的氮和磷被沉积在底层水体中而不能被藻类或高等维管束植物利用，该底层水体就成了一个营养集聚槽。曝气可以使整个池塘循环，并保持营养物质被水生食物网所利用。循环系统应该在夏季热分层发生之前或刚

图 16.9　施用于池塘的农用石灰岩。石灰增加了具有酸性底质和软水［总碱度小于 20 mg/L CaCO₃（20 mg/kg）］的积水水域的生产力。石灰对于制造更多可用于浮游植物繁殖的磷来说尤其重要

（图片由 Jeffrey Slipke 提供）

发生分层时启动。如果在热分层之后才开始循环，缺氧水体的混合可能导致 DO 水平大幅降低而导致鱼类死亡。

　　曝气还有助于减少北方池塘中冬死（表框 16.2）发生的可能性（图 16.10）。传统上，会将气泡石或空气扩散器放置在池塘底部水深最深处。气泡可以将 4 ℃的底层水提升到表层，在冰中融化出小洞。阳光透射使浮游植物和水生植物保持光合作用，并增加 DO 水平。最近的证据表明，空气扩散器应该放置在浅水区域中，因为从池塘底部（4 ℃）到顶部（0 ℃）对整个池塘进行循环，可能会导致整个池塘水温下降，导致缺少鱼类的 4 ℃的避难空间。虽然这一过程还未完全理解，在其他环境胁迫时，长时间缺少 4 ℃水体可能会对鱼类形成胁迫。此外，在这样的低温下，鱼类可能不会进食，从而限制了冬季垂钓。在一开始结冰后就应当开始冬季曝气。如果在氧气耗尽后（冬季池塘中自下而上发生）再开始曝气，那么循环系统开启可能会使整个水体混合，导致整体 DO 下降而引起鱼类死亡。

　　市面上曝气设备的种类很多，其中最常用的类型是安装在岸边的电动压缩机，其将空气泵入池塘中的扩散器。当停电时，可以使用风车来制造空气泵送系统；然而，显然只能在有风时才能使用风车。另一种曝气选择为压缩空气气缸，它可以通过配重而沉入水中，其阀门开一个小口以产生气泡流来提升水体，并在上方冰面制造小孔；气缸的大小取决于给定位置的冰封长度。最后，一些曝气单元为天然机械力而非空气压缩装置。例如，一种

表框 16.2　冬死

　　冬死是指冬季湖泊中发生在冰层下由于缺氧造成鱼类死亡的现象。如果严重缺氧，就会导致鱼类死亡。其他的水生生物如浮游动物，对冬死也很敏感。

　　北纬地区的浅水、富营养化湖泊对冬死最为敏感。冰雪覆盖的持续时间越长，冬死发生的可能性就越大。水体的生产力越高，诸如死亡藻类和其他植物等有机物质的分解就越彻底。水体有机负荷越高，分解有机质的细菌呼吸所消耗的 DO 就越多。湖泊中的溶解氧通过藻类和其他水生植物的光合作用进行补充。当雪阻止阳光透过冰层时，光合作用的速率最小。当分解消耗的氧气量大于光合作用补充的氧气量时，水体的 DO 水平就会下降。如果水中 DO 含量非常低，鱼类就开始死亡。最后，诸如硫化氢和甲烷等气体可在分解时积累，并可能加剧冬死，这是因为这些高浓度的气体对鱼体有毒。

　　不同的鱼类对水中 DO 的敏感度不同。一些鱼类，如鲑对低 DO 浓度高度敏感，在 DO 水平低于 2 mg/L 就会死亡。其他鱼类，如大口黑鲈和沃莱鱼对低 DO 水平有中度耐受性，通常在 DO 水平为 1～2 mg/L 时会出现死亡。高耐受性的鱼类，如白斑狗鱼、黄鲈、黑头呆鱼在 DO 水平下降到 1 mg/L 以下时才开始死亡。

图 16.10　冬季曝气可以降低北方池塘中冰下冬死发生的可能性

(图片由 Ted Lea，ForeverGreen，Inc. 提供)

在冬季保持池塘冰面开放区域的方法是通过表面附近的水体水平流动，通常还会使用能够机械推动水体流动的螺旋桨系统。当底层水温过低时，这样的系统使用效果更好。

16.3.3　补充投饵

当收获量较高或者需要收获大型鱼类时，补充投饵是有用的。斑点叉尾鮰和虹鳟是最常使用配合饲料的鱼类，它们的营养需求已有很多研究（National Research Council，1993）。此外，蓝鳃太阳鱼、杂交太阳鱼、杂交条纹鲈和大口黑鲈的饲料研究备受关注（Lewis and Heidinger，1971；Nail and Powell，1975；Brown et al.，1993；Kerby et al.，2002；Lane and Morris，2002；Porath and Hurley，2005）。使用膨化饲料是可取的，因为可以通过对鱼类摄食活动的观察适当调整投饵率。由于不同种类的鱼类对营养的要求不同，应该根据选定的目标种类选择适当的饲料。

投喂的季节时间、量和频率随鱼类种类、鱼类大小、水温、水质、天气条件以及饲料质量不同而异。例如，对于斑点叉尾鮰，通常在水温高于 15 ℃时才开始季节投喂。其每天的投喂量为其体重的 3%。大量的饲料添加会增加氧气的消耗，并且在表层 DO 水平降至低于 5.0 mg/L 时应当中断投喂。可参见 Barrows 和 Hardy（2001）有关不同鱼类摄食率和摄食频率的更详细的信息。

16.3.4　浊度

池塘水体需要适当净化水质，从而利于靠视觉捕食的鱼类生存。水体浊度较高除了不利于食物生产外，还会降低鱼类摄食和繁殖的成功率。许多池塘在大量降雨后会变得混浊，但泥沙通常在 1 周内会沉降。要解决池塘水体澄清问题，需要从源头开始。一种简单的方法是从池塘中采集一罐水，将其放在架子上。如果悬浮的泥沙在 1 周内沉降下来，且水变得相对透明，则混浊可能是由于风的作用或家畜、诸如鲤等鱼类，或小龙虾等的活动造成的。如果 1 周后罐子里的水仍混浊，则问题是悬浮在水中的土壤的化学作用造成的。

由土壤类型造成的混浊是水体净化过程中最难解决的问题。这种混浊是由悬浮的带负电荷的胶体黏土粒子造成的，其电荷相互排斥而不能聚集到一起从而形成足够大的可沉降粒子。这一问题可以通过添加能够使这些粒子聚集到一起而沉降的物质来解决。从大多数化肥经销商处均可购买的农业级石膏（水合硫酸钙）可以暂时清除胶体黏土问题。在池塘表面每公顷水面均匀泼洒 1 930 kg 的石膏粉。如果池塘在 4 周内没有变清澈，并且没有其他因素导致水体混浊度升高，则可以添加原石膏量的 1/4。

可用于清除黏土混浊的另一种物质是硫酸铝（明矾）。这种物质能够使黏土粒子絮凝沉淀。每公顷水面施用约 185 kg 可以使大多数池塘水体在 1 周内变得清澈。将明矾溶解在水中，然后迅速喷洒在整个池塘表面。这应该选择一个无风的天气进行，因为波浪作用会打破絮状物而使得它不能沉降。明矾与水发生酸性反应。如果池塘水是酸性的或水体很软，每公顷水面应该先添加约 73 kg 的水合石灰（氢氧化钙）。有时候石灰本身也会使混浊物沉降下来。

也可以向水中添加有机质来沉淀黏粒。有机质为有益细菌提供食物来源。随着细菌降解有机质，代谢副产品允许黏粒聚集并沉淀。粪肥、干草和棉籽粉均可起作用。然而，有机质过多会造成池塘缺氧。如果要添加有机质，最好使用降解比较慢的物质（例如，干草）。

这些方法是临时的，并且可能需要每年重复进行（通常以较低的应用水平），而且是在大量进水期之后采用。具有长时间黏土浊度的池塘最好养殖斑点叉尾鮰（见16.4.1.5），在这种情况下可以不用处理浊度问题。

强风会造成沿岸侵蚀，并且波浪作用会保持土粒悬浮。可以通过使用防风林及沿岸保护将风的影响减至最小。可以在池塘的上风侧种植防风林来减弱盛行型夏季风。如果水坝侵蚀严重，应当通过岩石石基进行防护。可以通过在施工期间加深沿岸线（或者通过排水及池塘重塑）来清除泥滩，以减少对沿岸其余部分的侵蚀。

家畜会将沿岸植被踩踏进池塘水体，特别是在夏季。家畜活动带来的粪便，会对池塘水质造成不利影响，并搅起沉积物，且会通过风和波浪作用而混入整个池塘。如果鱼产量比较重要的话，应当将家畜与池塘隔开。如果家畜需要用水，可以用一条管子将坝与坝下的容器连接。如果不可行，可以将池塘都围上隔栏，只留出一个小角落。尽管家畜进入有限的区域可能造成水体透明度的下降，但这种影响比家畜进入整个池塘时要小。

由于摄食行为，一些鱼类（例如，鲤）的高密度养殖会造成水体混浊。改造，即从池塘中有计划地部分或完全去除鱼类的管理策略（见16.3.6）。由于掘穴及底部觅食行为而搅起沉积物，高密度小龙虾种群也可造成池塘水体混浊。引入掠食性鱼类如大口黑鲈或斑点叉尾鮰通常可以解决这一问题。另外，小龙虾容易捕获并作为人类食物来源。

16.3.5 水生植物

水生植物特别是浮游植物的初级生产力，是将部分太阳能固定为可供其他水生生物利用能量。多种无脊椎动物和一些脊椎动物以活的和死的水生植物为食。许多水生生物利用植物作为庇护和附着场所。单独的植床吸引鱼类。然而，过度繁茂的植物会为垂钓、游泳和乘船人员带来不便。水生植物呼吸和降解消耗氧气并造成鱼类死亡。

植物丰度可能需要降低但不必清除植物。Durocher 等（1984）发现得克萨斯州水库中沉水植物（超过湖面总覆盖的 20%）与大口黑鲈现存量及符合可收获规格数目之间存在正相关关系。沉水植物覆盖率低于 20% 时会引起大口黑鲈补充和现存量均减少。伊利诺伊州池塘中大口黑鲈生产的最佳植物覆盖范围约为 36%（Wiley et al. , 1984）。

为了控制水生植物，需要知道是哪种类型的植物导致了问题的发生。水生植物可以分为 4 大类：藻、浮水植物、沉水植物或挺水植物。

浮游植物是微型、单细胞、自由漂浮性的藻类。丝状藻通常被池塘所有人称为"苔藓"，且由漂浮于水面上部或由邻近水面的大量的长纤维状丝状体组成。丝状体的两个常见属为刚毛藻属（*Cladophora*）和水绵属（*Spirogyra*）。一些类型的藻类如轮藻（*Chara* spp. 或 muskgrass）和丽藻（*Nitella* spp. 或 stonewort），看起来非常像维管束沉水植物，这表明物种鉴定是有必要的。大型植物可以是挺水、沉水或浮水植物。浮水植物的叶子浮于水面但其根部没有植入水底。一种常见的浮水植物是浮萍。沉水植物在水下生长，且植根于底部，具有茎和叶，且产生种子。一些种类的叶子在水面且与水下的叶子形状不同。常见的沉水植物为各种水池草和蓍草。挺水植物通常沿池塘的边缘生长，根植于底部，且露出水面。这类植物通常为香蒲和芦苇。

水生植物的控制方法一般有机械、化学和生物方法 3 种。机械方法，如耙和剪切为高劳动强度型，且产生短期效果。适时降低水位可临时减少大型水生植物，但也存在风险，如这将使一些大型水生植物占据先前水太深而不能生长的区域。使用除草剂需要针对目标植物选用合适的化学药物（Masser et al.，2006）。检查除草剂容器上的标签以确保化学药物能按照预期清除水生植物（Avery，2003）；美国环境保护局（EPA）和美国食品和药物管理局（FDA）均控制施用化学药物的注册。另外，大多数州现在要求施用化学药物需按照相关标准执行。除草剂在不同季节的效用可能存在差异，许多化学药物价格很高，并且死的植物降解会消耗溶解氧。因此，施用任何类型化学药物都需要按照标准。

水生植物的生物控制备受关注，这主要是因为化学药物会产生环境问题。然而，生物控制，特别是使用草鱼，也会引发其他的环境问题。这些问题中的一些包括非目标作用、草鱼的下游迁移，以及大型水生植物为优势种的植物群落演变为通常从蓝绿藻为优势种的浮游植物群落。使用草鱼在一些州是非法的，并且其他州需要使用三倍体（不育的）草鱼或者有其他限制。草鱼寿命较长（Hill，1986），这一点在任何引种前均应予以考虑。草鱼在大多数情况下非常有效并能将植物完全清除；然而，Blackwell 和 Murphy（1996）报道，部分植物控制在得克萨斯州取得了成功。

预防总是最好的控制方法。水生植物在清水、高肥和广阔的浅水池塘中很常见。水生植物问题可以通过合适的池塘建造减至最小。应当通过将近岸区域挖至至少 1 m 深，坡比设定为 3∶1 来清除任何浅水泥滩。具有广阔浅水区域的现有池塘可以在低水位期间挖深。

16.3.6　整修

有时，非预期的鱼群可能在池塘中繁殖。例如，在没有诸如大口黑鲈的捕食者存在时，鲇和鲤有时会大量繁殖，其高密度种群使得它们的捕食行为增加水体的混浊度。其捕食行为还可能将营养物质重悬而导致藻华，并因此进一步降低水体透明度。即使在这样的池塘中养殖大口黑鲈，它们看不到食物，使得它们对鲇和鲤的影响可忽略不计。将池塘排干水是去除非预期鱼类最经济的选择。在将池塘水排干之前，需要考虑下游的私有和公共水体可能被池塘排出的鱼类破坏。在许多州，不经允许在公共或私有水体养殖是非法的。

如果池塘水无法排干，可以通过化学方法去除鱼类。液态鱼藤酮，过去常配置为 5% 液态制剂或 2.5% 综合制剂，是常用的化学药物。在不远的将来，EPA 的重新标注可能会导致不能使用 2.5% 综合制剂。5% 鱼藤酮制剂（CFT Legumine）含有乳化剂和溶剂包，从而减少了石油溶剂的存在，使得其基本没有气味又能保持好的效果。鱼藤酮仅杀灭具鳃动物，且对除猪外的任何恒温动物无害。5% 鱼藤酮制剂通常以 30.7 L/hm² 水的比例施用，以达到约 3 mg/L 的浓度。淡水温泉或繁茂的水生植物可能需要更高的剂量。如果可以通过虹吸或泵抽减少池塘的水量，需要的鱼藤酮总量可以减少，这是可取的，因为该化学药物价格很好。

通常在水温为 16 ℃ 或更高时进行处理。在面积小于 1 hm² 的池塘中，可以使用固定舷外发动机的螺旋桨涡流将该化学药物混入水体中。为了安全起见，应当将小船的前端牢牢固定到池塘岸边，通常将船首固定到钉入沿岸的丁字架篱笆桩，并以前进挡方式运行发动机。然后将鱼藤酮缓慢倒入螺旋桨涡流中。最好在倒入池塘前用水稀释，从而使处理缓慢进行。螺旋桨涡流将该化学药物循环至池塘的所有深层。多次改变船的位置，以确保鱼藤酮在池塘的所有区域混合作用良好。对于浅水区域的处理，应当使用手动式喷雾器或通过水桶施用该化学药物。

当利用舷外发动机来混合该化学药物，特别是在温暖天气时，鱼藤酮可能无法到达大型池塘或水深超过 3 m 的池塘的所有区域。在这种情况下，应当用泵抽送至通过发动机混合不能达到的区域，并进入最深的水域。在存在热分层的池塘中，如果需要在夏季处理池塘，应当将鱼藤酮用泵抽送至较冷的底层水。在夏季，施用鱼藤酮后 2~3 周可以放鱼。最好在秋季处理池塘后，翌年春季再放鱼。可以通过在笼子中放几条鱼来检测池塘的毒性。

也可以通过冰下施用鱼藤酮来清除鱼类。因为在低温下鱼藤酮降解缓慢，可以 0.5 mg/L 的浓度使用鱼藤酮，只要冰层存在，该化学药物就能保持毒性。这一技术应当通过实验论证，因为相关的评估还很少。

16.4 传统管理策略

历史上，最常见的池塘管理问题之一即为大口黑鲈的过量捕获（Funk，1974）。在新的池塘中，在几天的垂钓时间内即可捕捉并收获多达 70% 的大口黑鲈成鱼（Redmond，1974）。如果收获这么多大口黑鲈，捕食者-被捕食者的平衡关系将会受到损害。一旦大口黑鲈被大量捕获，其他食用鱼类群可能会过度繁殖，而使种群质量相应下降（即食用鱼长度结构下降）。因此，传统的池塘管理策略力争保护大口黑鲈，包括采用最小捕捞长度限制，并要求立即释放小于特定长度（例如，38 cm）的所有大口黑鲈。如果遵守，该管理策略能够保护大口黑鲈和其他鱼类不被过度捕捞。然而，如果生境适合大量的大口黑鲈补充和由此产生的高种群密度，最小捕捞长度限制可能导致大口黑鲈的过度繁殖和生长及长度结构下降。这一情况在一些池塘管理选择中是有利的，但在其他情况下则并非如此。当需要较大的大口黑鲈时，受保护的空隙（slot）长度限制是更佳的管理选择（Novinger，1990）。然而，垂钓者必须捕获小于该空隙值的较小的大口黑鲈；要不然该管理策略作用就如同最小捕捞长度限制一样（见第 7 章）。

现今，捕获-放生道德规范在垂钓者中已经根深蒂固，以致池塘中大口黑鲈的过度繁殖相比食用鱼的过度繁殖要常见。因此，对于池塘管理来说，大口黑鲈的选择性捕获常常是必要的。选择性捕获是指适当地捕获目标鱼群。在一些情况下，可能捕获丰度较高的小鱼。在其他情况下，低补充率需要保护小和中等尺寸的鱼类，仅捕获大型鱼类。结合选择性捕获，传统池塘管理策略在今天仍然适用。

16.4.1 传统放养和管理策略

结合放养策略，已有人提出了几种鱼类组合和管理的策略。暖水鱼类包括大口黑鲈、蓝鳃太阳鱼和斑点叉尾鮰，冷水鱼类包括沃莱鱼、黄鲈、小口黑鲈和白斑狗鱼。冷水鱼主要为不同种类的大麻哈鱼。

管理目标和地理位置不同，鱼类组合也不同。传统的暖水大口黑鲈-蓝鳃太阳鱼放养组合（Dillard and Novinger，1975；Modde，1980）在美国南部广泛应用，并且在更北方的一些地方得到一定程度的应用。虹鳟在冷水池塘中最常使用，尽管在一些地方也可使用其他鲑科鱼类。在当今的冷水池塘管理中本土种类使用越来越多。实例包括美国东部和加拿大的溪红点鲑、北美西部的切喉鳟本土亚种。

Gabelhouse 等（1982）提供了暖水池塘中用于满足特定目标的 5 种放养和管理策略选择（通用选择、收获定额选择、食用鱼选择、大鲈选择和仅鮰选择）。我们将从这 5 种选择开始，然后讨论另外的 2 种选择，包括冷水池塘选择。

16.4.1.1　通用选择

该选择允许收获多种规格的大口黑鲈、蓝鳃太阳鱼和斑点叉尾鮰。一旦大口黑鲈种群有足够的时间建立起来，它对大口黑鲈的保护槽限制为 30～38 cm（可能在放养后 3～4 年，在南方时间较短，而在北方时间较长）。为了减少竞争并允许大口黑鲈生长至 38 cm 以上，在平均肥度的池塘中，应当在放养大口黑鲈苗后 4 年，每年每公顷收获约 75 尾大口黑鲈（长度为 20～30 cm）（Gabelhouse et al.，1982）。基于任何特定地理位置的生长速率，可以更早或更晚开始收获。释放所有 30～38 cm 的大口黑鲈确保了一些可捕获规格的大口黑鲈生长至 38 cm 和更长的长度。维持合适的大口黑鲈密度确保了对小型蓝鳃太阳鱼的捕获，并允许一些蓝鳃太阳鱼生长至超过 20 cm。

蓝鳃太阳鱼和斑点叉尾鮰可以根据需要进行收获，但随后放养的鮰必须为 20 cm 或更长，以减少大口黑鲈的捕食（Storck and Newman，1988；Shaner et al.，1996）。通用选择，一方面，如果垂钓者不遵守空隙限制，大口黑鲈的过度捕获会引起蓝鳃太阳鱼的过度繁殖。另一方面，如果垂钓者以空隙限制释放大口黑鲈，但不收获小于该空隙值的 20～30 cm 大口黑鲈，可能发生大口黑鲈的过度繁殖和发育不良的情况。选择性收获正确长度和数量的鱼类对于合适的池塘管理是必要的，并且确定收获比例具有挑战性。根据通用选择管理的池塘也可以认为是一种"追求平衡"的策略（见 16.6）。

16.4.1.2　收获定额选择

定额被认为是用于调控大口黑鲈收获的长度限制的一种替代选择。这一选择包括每年收获给定数量或质量的大口黑鲈，而不论大小。在达到定额后进行捕获-放生性渔业是可能的。放养后前几年应当少收获或不收获大口黑鲈，然后每年每公顷收获约 125 尾或 22 kg 的大口黑鲈，而无须注意长度。这是通用的原则，特定池塘的肥度应当根据它进行调整。例如，美国东南部的池塘由于高淋溶土的存在往往比较贫瘠。在未进行施肥方案的水体中大口黑鲈的现存量可以仅为 20 kg/hm² （见 16.3.1）。相反，在肥沃的中西部土壤上建成的池塘中大口黑鲈现存量可以为 70～100 kg/hm²（Hackney，1978；Hill and Willis，1993）。

这一选择倾向于过度捕获大型大口黑鲈，而对较小体型则捕获较少。斑点叉尾鮰收获不受限制，但应当捕捞 20 cm 或更大的个体。为了成功应用收获定额选择，需要对收获量进行非常准确的记录。

16.4.1.3 食用鱼选择

这一选择更注重大口黑鲈的产量而不是对大口黑鲈进行 38 cm 的最小捕捞长度限制。很少有大口黑鲈会因数量过多而长至超过 38 cm。高密度的 20～38 cm 大口黑鲈将降低蓝鳃太阳鱼密度，使蓝鳃太阳鱼更快生长至 20 cm 或更长。这一策略下使用的其他食用鱼类群包括黑刺盖太阳鱼、白刺盖太阳鱼、黑鮰和黄鲈（Gabelhouse，1984a；Boxrucker，1987；Saffel et al.，1990；Guy and Willis，1991）。因为美洲大鳃鲈、黑鮰和黄鲈倾向于过度繁殖，放养这些种类需要释放几乎所有的大口黑鲈，并维持水体透明度大于46 cm 的深度，以提高依靠视觉捕食的大口黑鲈的捕食量。在池塘管理中使用美洲大鳃鲈在同行中还没有达成一致，并且由于其容易过度繁殖，一些管理者未将它们纳入池塘放养选择。

遵守大口黑鲈收获的长度限制，食用鱼的选择不可能失败，并且事实上提供了一种相对安全的管理策略。然而，一些池塘养殖户可能会对小规格的大口黑鲈捕获感到失望。还有可能会产生过多的小型大口黑鲈，其随后会与蓝鳃太阳鱼竞争（Gabelhouse，1987）。在这样的情况下，需要定期去除一些小型大口黑鲈或者临时施加 30～38 cm 的空隙限制（Gabelhouse，1987；Novinger，1990；Neumann et al.，1994）。由于池塘之间生产力和现存量的差异，寻找捕获与足够的剩余数量以进行有效捕食之间的合适的平衡可能具有挑战性。大多数私有池塘管理者会监测鱼体状况变化（例如，相对质量；见 16.6.3），以帮助确定何时适合大量捕获。

食用鱼渔业的一种替代方法为放养杂交太阳鱼和大口黑鲈。几种太阳鱼杂交（蓝鳃太阳鱼×蓝太阳鱼和红耳太阳鱼×蓝太阳鱼）产生主要为雄性的后代（Childers，1967；Lewis and Heidinger，1978）。由于有限的生殖潜力，杂交太阳鱼会过度繁殖的可能性很小，从而达到较大的规格。杂交太阳鱼的 F1 代呈现杂种优势和易于垂钓。杂交太阳鱼随后的世代倾向于呈现介于两个亲本物种之间的特征，且通常达不到 F1 代所呈现的较大的规格，并且杂交太阳会与亲本回交。由于生殖力下降，杂交太阳不能为捕食者提供与亲本物种相同的捕获物；因此，许多池塘管理者不喜欢采用杂交太阳。

可以在池塘中使用小口黑鲈（例如，Bennett and Childers，1972）。传统的建议是在池塘渔业中不要依赖小口黑鲈作为捕食者。例如，小口黑鲈-蓝鳃太阳鱼组合通常引起蓝鳃太阳鱼过度繁殖，这是因为在含有沉水植物的池塘中小口黑鲈捕食能力较差。然而，小口黑鲈-红耳太阳鱼组合被建议用于池塘管理（Gabelhouse，1978），因为相比蓝鳃太阳鱼，红耳太阳鱼的生殖潜力有限。

16.4.1.4 大鲈选择

这一选择的目的是生产更多的大口黑鲈，而不管蓝鳃太阳鱼大小。这一选择下大口黑鲈的捕捉率将会较低，但大口黑鲈的捕获率比较高。4 年后，20～38 cm 大口黑鲈的密度应当大幅度减小，以允许剩余大口黑鲈快速生长。在平均肥度的池塘中，每年每公顷应当收获 75 尾 20～30 cm 长的大口黑鲈和 12 条 30～38 cm 长的大口黑鲈。应当继续释放超过 38 cm 的所有大口黑鲈，而非偶尔的奖励性大口黑鲈。在这一选择下，诸如蓝鳃太阳鱼的食用鱼的密度预期将会较高，同时伴随着食用鱼生长、体长结构和最大体长的降低。

建立大鲈选择的关键在于拥有不同丰富的捕获基础。大型饵料，如斑鲦对生产大口黑鲈至关重要。然而，因为斑鲦生长太快，其大小仅适合池塘中最大的大口黑鲈捕食，除非大口黑鲈群体主要为大于 41 cm 的个体，否则不应当将它们引入至池塘中。斑鲦的生长通常与密度呈负相关；因此，适宜于长期生产 0 龄斑鲦的较肥的环境将有助于减缓其生长，并使它们在更长的时间内保持易捕食性（DiCenzo et al.，1996）。如果池塘中大型斑鲦成鱼过多，由于密度依赖性机制的存在，斑鲦的生殖潜能将会降低（Kim and DeVries，2000）。每隔几年进行部分鱼藤酮处理以选择性降低斑鲦密度，这可以维持斑鲦种群的生殖活性（Irwin et al.，2003）。在南纬地区，可将鲅鲫用作大口黑鲈的捕获物种。由于其最大尺寸较小，而易被大口黑鲈成鱼捕食。

可用虹鳟代替斑鲦来放养，以提供大口黑鲈较大的捕获量。在较温暖的气候下，虹鳟仅在一年中水温低于约 22 ℃ 的时间段进行池塘养殖。虹鳟的优势在于其密度可控，因为它们在池塘中不繁殖，并且所有生物量均可用于大口黑鲈生长。另外，虹鳟还提供了其他垂钓的机会。

16.4.1.5　仅鲇选择

仅鲇选择特别适合于混浊池塘，在这样的池塘中依靠视觉捕食的大口黑鲈和蓝鳃太阳鱼表现较差。池塘应当提供任何的结构体如中空原木和岩架，从而为斑点叉尾鲴提供产卵所需的隐蔽场所和空腔。没有捕食者的小池塘中天然补充的斑点叉尾鲴会引起过度繁殖及生长速率和长度结构下降。可以放养黑头呆鱼作为被捕食对象，并且斑点叉尾鲴的收获通常不受限制。在春天或秋天的较冷天气时应当放养超过 20 cm 的斑点叉尾鲴；放养量应当为捕获的数量再加额外的 10% 以补充自然死亡数。在不接受补充性饲料投喂的池塘中，应当维持每公顷 250～500 尾斑点叉尾鲴的密度。如果计划补充饲料投喂，每公顷放养 500～1 500 尾，但在其达到 45 cm 时应当收获斑点叉尾鲴。补充饲料时，只要采用充足的充气来维持水质，可以维持每公顷超过 2 540 尾斑点叉尾鲴的密度。

16.4.1.6　仅黑鲈选择

在养殖户对小型食用鱼不感兴趣或者过量的水生植物为蓝鳃太阳鱼提供了太多覆盖物的非常浅的池塘中，仅放养黑鲈是明智的选择。Bennett（1952）发现，在伊利诺伊州池塘中，仅放养斑点黑鲈、小口黑鲈或大口黑鲈时，它们能够依靠捕食小龙虾、大型水生昆虫及其自己的幼体而存活。Swingle（1952）进行了仅放养大口黑鲈的实验，但认为这一策略不能有效利用池塘的可用食物资源。仅放养大口黑鲈的池塘通常被认为是"安全的"管理选择，因为在过量捕获大口黑鲈时，小型食用鱼种类不会过度繁殖。因此，当私有池塘所有者不感兴趣并且不太可能花时间经营池塘时，一些池塘管理者会使用这一策略。

采用仅黑鲈选择时过度繁殖非常常见，但在保护槽长度限制下进行捕获可以对此进行校正（Gabelhouse，1987；Neumann et al.，1994）。虽然一些生物学家相信较大的大口黑鲈能够控制较小的大口黑鲈的数量，但经验表明在适合大口黑鲈繁殖和补充的栖息地的池塘中，过度繁殖是可能的。

大口黑鲈和金体美鳊组合与仅黑鲈选择有些许不同，它可以用于含有足够植物以保护一些金体美鳊成鱼的池塘中。Regier（1963）推荐处于北方气候的池塘所有者使用这一组合，这些池塘所有者对蓝鳃太阳鱼不感兴趣，并且其池塘小而浅，且表层水温在夏季超过22℃。金体美鳊也可用作池塘中小口黑鲈的捕食来源。

16.4.1.7　虹鳟选择

历史上，大多数冷水池塘管理都包括虹鳟。由于虹鳟不能在静水中产卵，可以通过放养率来控制其生长率和最大长度。另外，如果需要补充喂食，虹鳟容易接受配合饲料。但是，许多孵化场饲养的虹鳟品系由于被驯化得太好，导致放养的虹鳟活不过 2～3 年，但它们在池塘环境中生长很快。

高海拔或者高纬度地区的小池塘通常用于鳟的管理。通常来讲，如果池塘是用来养虹鳟，水温不能长时间超过 22℃。褐鳟能耐受稍微更高的温度，而溪红点鲑通常需要较低的温度。在美国和加拿大的北部地区，一些在夏季热分层的池塘可以养殖鳟。虽然表层水温可能超过 22℃，鳟显然会回避到温跃层以逃避高温，但会在日出和日落时来到表面捕食昆虫。

对于一些垂钓者，知道哪些种类和合适大小的鳟能被捕到，会减少钓鱼的体验质量。可以通过增加一些大型鱼或放养一种以上或多种颜色的鱼来改善这种体验。有时可从私人经销商获取孵化亲鱼用于放养。几个州立和私人鳟孵化场有金色品种的虹鳟，其在以放养数量较低时能够获得较高的捕获率。褐鳟通常比虹鳟活得更长且长得更大，但它们会自相残杀且难以捕捞。随着对本土鳟分布的了解变得越来越普遍，人们对西部各州的割喉鳟和东部各州的褐鳟的兴趣正在增加。

16.4.2　放养密度

最初的放养方案应当设计为在最短的时间和可能的物理和财政限制下，提供合理的池塘渔业资源（Dillard and Novinger，1975）。这一要求决定了要采用多元化的放养策略，而不是某一标准策略。渔业管理人员有时变得过分担心放养密度的调整是否能实现预期结果。实际上，相比放养量，相比放养密度，收获与长期的池塘渔业发展更为相关。

池塘不能放养由垂钓者从其他地方捕捞而来的鱼类。在一些州，垂钓者运输活鱼是非法的。另外，放养一些有时被错误鉴定的鱼类对预期的鱼类群体生长不利，并且有可能携带疾病和寄生虫。同样，在放养之前应检查转运过来的鱼类以去除野杂鱼。大多数温水鱼类养殖设施适合养殖多种鱼类，因此一些杂鱼混入其他鱼类的运输中也并非罕见。有时，运输中包含有目标鱼类，如黑头呆鱼与大口黑鲈，但也可能混入不需要的种类，如金鱼与斑点叉尾鮰。此外，大多数州现在针对放养池塘鱼类的州际运输，要求具有健康许可证，这是出于对诸如病毒性出血性败血症等疾病的担忧而做出的决定（Elsayed et al.，2006；Jones and Dettmers，2007）。

16.4.2.1　暖水池塘

起始性放养率因地域不同而存在差异，但每公顷 125～250 尾大口黑鲈鱼苗和 1 250～2 500 尾太阳鱼鱼苗（在南纬地区全部为蓝鳃或者蓝鳃与红耳太阳鱼的组合）仍是最常见的初始放养密度。较低的大口黑鲈初始放养密度可以提高它们的生长率。在已经有鱼的池塘中放养鱼苗是无效的，因为存塘中现存鱼的捕食会大大降低鱼苗的存活率。

连续或分阶段放养包括在秋季放养太阳鱼鱼苗和在春季放养大口黑鲈鱼苗。在放养大口黑鲈之前放养蓝鳃太阳鱼，蓝鳃太阳鱼有机会在放养大口黑鲈之前达到性成熟。蓝鳃太阳鱼产卵则会为放养的大口黑鲈鱼苗提供适合的饵料生物。在北方地区，这一顺序是颠倒的，或者两者同时放养。由于在北纬地区大口黑鲈生长缓慢，大口黑鲈直至 2 龄才开始繁殖，而蓝鳃太阳鱼通常在 1 龄繁殖。因此，一些生物学家会在大口黑鲈和蓝鳃太阳鱼初次放养后，添加二次放养的大口黑鲈鱼苗。

当需要斑点叉尾鮰时，并与其他鱼类一起放养时，其最初应当以每公顷 250 尾鱼的密度放养，而在单独放养且不提供补充性投喂时，应当以每公顷多达 500 尾鱼的密度放养。在大多数池塘中为保证该物种永存，周期性重放是必要的。隔年放养确保了用于收获的稳定的斑点叉尾鮰供应。如果存在大口黑鲈成鱼，应当放养长于 20 cm 的斑点叉尾鮰鱼苗以将捕食风险降至最小。

在过去 10 年中，私人池塘管理者，特别是在美国南部，已经开始在新池塘中尝试创新性的放养密度。这通常包括放养较高密度的太阳鱼鱼苗（例如，每公顷 5 000 尾）和较低密度的大口黑鲈鱼苗（例如，每公顷 125 尾）。此外，引入诸如鲅鲥和金体美鳊等替代性被捕食鱼，结合传统的太阳鱼混养已变得更为普遍。这一创新性策略的目的是在引入大口黑鲈鱼苗前，在池塘中增加饵料生物的密度和多样性。最终的目标是最大限度地促进早期生长和尽量减少随后的大口黑鲈补充量，从而防止或至少延迟常见的大口黑鲈过度繁殖问题。采用这一策略放养的南方池塘，在最初放养鱼苗后，在幼鱼出生后的 1～5 年通常能产出体重分别超过 0.6 kg、1.3 kg、2.7 kg、3.6 kg 和 4.5 kg 的大口黑鲈。在许多新池塘中，前 5 年还观察到了大口黑鲈的增长量有所减少，从而降低了在这些池塘中维持平衡所需的大口黑鲈收获水平。

16.4.2.2　冷水池塘

关于池塘中冷水鱼类放养的研究多集中在虹鳟。西部各州推荐的 5～10 cm 虹鳟的放养密度为每公顷 600 尾，而东部各州推荐的为每公顷 1 500 尾（Marriage et al.，1971）。如果使用较大的虹鳟，放养密度应当降低。小于 10 cm 的虹鳟鱼苗足以用于初始放养，但随后应该以大于 10 cm 的鱼种进行放养。推荐的北部平原各州和地区的虹鳟初始放养密度为每公顷 375～600 尾（Willis et al.，1990；Blaser and Eades，2006），且每 2 年或 3 年进行计划性重放。保存记录有助于确定在随后的放养中是否需要更多或更少的虹鳟。这些虹鳟放养密度应当只用于溪红点鲑和割喉鳟的放养，直到物种特异性评估完成。割喉鳟鱼苗目前尚未较多地应用到池塘放养计划中，但随着本土物种保护兴趣的持续增加，这一情况可能发生改变。因为其食鱼特性，褐鳟还未广泛应用于池塘管理中。

16.5　创新性管理策略

许多池塘所有者的期望在过去的 10 年或 20 年中已经发生转变，池塘管理策略也产生了相应变化。相比其他，高品质的渔业可能是现在预期的形式。许多池塘所有者现在愿意大量投资他们的池塘，他们预期通过其投资获得高捕获率、高于平均水平的鱼长度和令人印象深刻的钓鱼体验等获得较高的回报。

本部分内容包括一些创新性的实现高品质渔业的池塘管理方法。然而，由于自20世纪70年代以来，针对池塘管理方法进行了相对很少的研究，本部分内容中支持这些方法的大部分信息都是轶事性质的。

16.5.1 红鼻蓝鳃太阳鱼

可能在池塘管理中变化最大的，至少在美国的东南部，是红鼻蓝鳃太阳鱼的广泛使用。红鼻蓝鳃太阳鱼是蓝鳃太阳鱼的一个亚种，原产于佛罗里达州中部和南部地区（Hubbs and Allen，1943），由于其快速增长和攻击性，许多渔业管理者和池塘爱好者认为其优于本土蓝鳃太阳鱼。然而，很少有研究支持这一说法。其中，比较著名的例外是Prentice 和 Schlechte（2000），他们发现在得克萨斯州的池塘中，红鼻蓝鳃太阳鱼在其养殖的翌年的生长速率高于本土的蓝鳃太阳鱼。红鼻蓝鳃太阳鱼是美国东南部优选的亚种。红鼻蓝鳃太阳鱼养殖起始于在20世纪80年代末和90年代初的阿肯色州。此后，其群体壮大并广泛养殖于整个美国东南部，且向北远至密苏里州、肯塔基州、西弗吉尼亚州和俄亥俄州的池塘中。

补充性饲喂已在东南部各州成为一种常见的做法，且与本土蓝鳃太阳鱼相比，红鼻蓝鳃太阳鱼更容易摄食人工饲料，这是其广受欢迎的原因。当饵料补充有人工饲料时，红鼻蓝鳃太阳鱼的生长可以大幅增加。例如，当提供补充饵料时，以5g放养的鱼可以在1年内生长至225g。这种快速增长使得池塘可以在第1年的初始放养内能够生产可收获的红鼻蓝鳃太阳鱼群体。此外，快速增长使得该蓝鳃太阳鱼亚种能够更早开始产卵，从而为大口黑鲈提供饵料生物。

无论定居池塘的蓝鳃太阳鱼亚种如何，均可调整蓝鳃太阳鱼收获策略以将长度结构最大化。例如，收获全雌蓝鳃太阳鱼可以在池塘中保持较大的雄性亲本（Drake et al.，1997；Jennings et al.，1997；Jacobson，2005）。由于行为可塑性，体型较小的、年龄较小的雄性个体将继续成长而不是达到性成熟，并且在性成熟及相关的能量转移至性腺而非身体生长时发生的生长减缓之前再另外生长几厘米。全雌捕获策略具有产生包含最大可能性的雄性蓝鳃太阳鱼鱼群的潜力。

16.5.2 饲料驯化的大口黑鲈

池塘所有者越来越关心他们养殖的大口黑鲈的遗传组成。广泛宣传的加利福尼亚州南部和得克萨斯州水库中生产的大型大口黑鲈记录，增加了对具有相似遗传组成的大口黑鲈的需求。这往往导致池塘所有者在池塘中放养远远偏离其本土范围的佛罗里达大口黑鲈。20世纪70年代至90年代，佛罗里达大口黑鲈被放养到美国的南部和西南部池塘，来最大化地生产鱼类。然而，随着这些群体年龄老化，许多池塘所有者开始对佛罗里达大口黑鲈表现出的低垂钓能力表示不满。垂钓者开始质疑养殖难以捕获的大口黑鲈的实用性。

此外，许多池塘所有者观察到随着其池塘老化，大口黑鲈捕获率开始下降，甚至在未放养佛罗里达大口黑鲈的情况下也如此。推测依赖垂钓作为获得年收获配额的唯一方式

（见 16.4），导致了从群体中选择性去除最具攻击性的鱼类。因为易垂钓性已被证明是一项遗传性状（Garrett，2002），这样的实践是对小型集水池中随着时间出现的易垂钓性降低的一种有利的解释，这可以从捕获-释放性垂钓行为中了解到。

为了满足增加的对易垂钓性的需求，私人鱼类养殖产业已驯化出摄食人工饲料的大口黑鲈品系。这些饲料驯化的大口黑鲈通过以下方式在孵化场中驯化，即在孵化后不久用饲料饲喂大口黑鲈幼鱼。不是所有的大口黑鲈都接受人工饲料，但接受人工饲料的那些个体会被分开并单独饲喂高蛋白饲料直至成鱼，其后将它们放养在池塘内。结果是形成了易垂钓的攻击性鱼类。很多池塘所有者认为，在他们的池塘中放养这些鱼已经彻底改变了他们的垂钓体验，因为一天的捕鱼变成了一天的捕捞。饲料驯化过的大口黑鲈已经变得如此受欢迎，以致该鱼供不应求。

放养饲料驯化过的大口黑鲈也有弊端。即使在大量的天然捕获物存在的情况下，鱼类也倾向于喜欢人工饲料。虽然饲料驯化后的大口黑鲈通常能保持相对质量值超过 100（见16.6.3），轶事性报告表明它们在池塘中很少能达到最大极端长度。这是由于它们一直采食人工饲料长至成鱼的，还是由于它们在放养至池塘后依赖于人工饲料所致还不得而知。放养饲料驯化过的大口黑鲈的另外一个弊端是它们可能变得太具攻击性。一些池塘所有者报告了放养它们后的复杂情绪，最开始由于垂钓捕获率提高而兴奋不已，随后又因易于捕获饲料驯化过的大口黑鲈而失望。

16.5.3　全雌大口黑鲈

在管理目标是养成尽可能大的大口黑鲈，甚至不惜牺牲垂钓捕获率的池塘中，放养全雌大口黑鲈可以作为一种选择。雌性个体生长快且比雄性个体大，且在无雄性存在而杜绝生殖的放养情况下，在生殖情况下由于产生性腺和产卵过程中而流失的能量将直接用于躯体生长。此外，放养单一性别的鱼类可以消除大口黑鲈过度繁殖的常见问题，这是因为管理者可以精确地控制鱼群数量。

这种放养选择具有改革池塘管理的潜力，但其使用目前受放养用全雌大口黑鲈供应限制。利用甲睾酮来大量生产单性别鱼类（Garrett，1989）是被 FDA 禁止的，目测鉴定性别是目前获得全雌大口黑鲈的唯一的商业可行的方法。目测鉴定性别耗时长且劳动强度大，甚至对于中等大小的池塘来说，因其放养成本都过高而难以实行。

16.5.4　杂交条纹鲈

杂交条纹鲈，有时被称为 wipers，是条纹鲈和白鲈的杂交种。美国渔业学会（Nelson et al.，2004）将雄性白鲈和雌性条纹鲈的杂交种定名为 palmetto bass，而将雌性白鲈和雄性条纹鲈的杂交种称为 sunshine bass。在本章中使用的这两种杂交种均被称作 wipers 或杂交条纹鲈。

杂交条纹鲈在许多不同的地方被广泛用作不同池塘渔业的替代捕食者。杂交条纹鲈被池塘所有者广为接受的特征包括它们的攻击性和乐于接受人工鱼饵、生长速率快、能被驯化而摄食人工饲料，以及在池塘中无繁殖现象。虽然杂交条纹鲈在池塘内不会产生 F2代，当它们逃离池塘并迁移至亲本存在的环境中，它们可以与亲本回交，这是一个潜在的问题。因此，不应该将它们放养在水交换率高的池塘内，因为它们很喜欢水流，且容易通过紧急溢洪道和其他类型的出口外逃。

杂交条纹鲈在小池塘中能作为有效的捕食者从而控制美洲大鳗鲈的补充量。虽然美洲大鳗鲈相当受池塘所有者的欢迎，在一些地区过量补充引起的问题促使许多管理者拒绝使用。然而，美洲大鳗鲈的仔鱼和幼鱼的淡水性质使得它们易于被淡水捕食者——杂交条纹鲈捕食（Neal et al.，1999）。例如，在由作者之一实施的正在进行中的一项研究中，亚拉巴马州放养杂交条纹鲈、黑莓鲈、鲅鲥和金体美鳊的池塘中成功生产出杂交条纹鲈和美洲大鳗鲈，同时在最初放养后 4 年的每年中避免了补充美洲大鳗鲈。

16.5.5　白斑狗鱼

通常不建议将白斑狗鱼用于池塘管理，因为它们可以通过捕食相对较大的捕获物而对鱼群产生重大影响。与大口黑鲈通过捕食小型蓝鳃太阳鱼而控制蓝鳃太阳鱼的补充量相反，白斑狗鱼倾向于捕食较大的捕获物，并且甚至可能直接与垂钓者竞争收获大小的食用鱼（例如，Johnson，1966；Anderson and Schupp，1986；DeBates et al.，2003；Jolley et al.，2008）。因此，高生物量的白斑狗鱼当然不利于池塘渔业管理。然而，Gurtin 等（1996）和 DeBates 等（2003）都报道了在小水体（4~25 hm²）中，由于白斑狗鱼对小型大口黑鲈的捕食，使得大口黑鲈的密度下降，而长度结构增加。因此，在池塘中放养较少量的全雌白斑狗鱼来避免繁殖和后续密度过高的创新性策略，能够提高高密度大口黑鲈群体的结构大小，并且很可能不会降低蓝鳃太阳鱼质量（即长度结构）（Gurtin et al.，1996）。这种策略现还处于实验性阶段。

16.5.6　小口黑鲈

小口黑鲈用于池塘管理已有数十年（例如，Bennett and Childers，1972）。传统上不建议依靠小口黑鲈作为池塘鱼群中的主要捕食者。例如，小口黑鲈-蓝鳃太阳鱼混养通常会因为小口黑鲈的捕食不足而导致蓝鳃太阳鱼过度繁殖。然而，在沉水植物覆盖有限的池塘中，小口黑鲈可以成为有效的捕食者，尽管还需要进一步研究来证实。

在美国南部，小口黑鲈通常表现出补充不稳定。因此，通过自然繁殖维持群体可能存在问题。然而，不稳定的补充与发展高密度、缓慢增长的群体正相关。在北部各州，小口黑鲈在池塘单独使用时通常过度繁殖，并且需要选择性捕捞大量小个体来维持高品质的群体（见 16.4.1.6）。

16.5.7　沃莱鱼

沃莱鱼是一种在美国北部和加拿大非常受欢迎的垂钓鱼类，因此许多池塘所有者想要将其纳入鱼群的一部分。传统上不建议在小池塘中使用沃莱鱼，因为它们在这种栖息地中通常不会繁殖。然而，在一些情况下可能会繁殖，尤其是在面积超过 6 hm² 的池塘或者砂石坑中。繁殖可能不足以支持可收获的群体，但能够保持物种的存在。

在池塘中使用沃莱鱼的最佳方式可能是将其作为"额外收获"的鱼类。例如，在采用大口黑鲈-蓝鳃太阳鱼混养方式管理的北方池塘中，尽管可能需要沃莱鱼的维持放养鱼类。

在已养有鱼群的池塘中，还需要放养较大尺寸的沃莱鱼鱼苗。北部各州的许多供应商可以提供首个秋季寿命时长度为 15～20 cm 的沃莱鱼。初始放养密度可能是每年每公顷 25 尾，这一数据可根据成活率和收获量进行调整。

16.6　种群和集群分析

平衡鱼群的概念由 Swingle（1950）提出的，并由 Anderson（1973）进一步发展。历史上，池塘通常放养多个物种组合以达到平衡。平衡系统是动态的，特征为捕食者和被捕食物种的不断繁殖，被捕食物种的不同长度组成使得所有长度的捕食者均能获得食物。捕食者和被捕食者的高增长率，以及可收获大小的鱼类的年产量与基本生育率成比例。

Bennett（1971）驳斥了平衡的概念，主要是基于池塘代表人工生态系统，不能预期其显示稳定性。Gabelhouse 等（1982）和 Gabelhouse（1984b）接着提出了食用鱼（见 16.4.1.3）和大鲈（见 16.4.1.4）管理选择，这一选择被一些生物学家认为是不平衡的。通用选择（见 16.4.1.1）确实符合平衡的概念，并且是 Swingle 和 Anderson 最初想到的管理策略。现在应用的许多创新性池塘管理策略，寻求提供更多和更大的鱼类，并似乎越过了传统上认为处于平衡的界限（见 16.4）。

还没有人将平衡的概念应用于冷水池塘。可以肯定的是，缺乏繁殖和缺少被捕食性鱼类与 Swingle（1950）定义的平衡存在很大差异。然而，持续收获与池塘肥力成比例的可捕获大小的鱼类的目标对于冷水系统同样有效。

16.6.1　生物量指数

在描述平衡和不平衡群体的尝试中，Swingle（1950）分析了 55 个平衡和 34 不平衡池塘的生物量数据，并计算了相应的生物量比例或指数。他最常用的生物量指数是 $F:C$ 比和 $Y:C$ 比，以及 A_T 值。$F:C$ 比是指所有饵料鱼的总质量（F）除以所有肉食性鱼类的总质量（C）。3～6 的比例被认为是最合理的平衡范围（图 6.11）。$Y:C$ 比是指 C 群体中平均大小个体能够摄食的足够小的所有饵料鱼的总质量除以 C 值。平衡群体中最合理的 $Y:C$ 比范围为 1～3。A_T 值（总有效值）是指由可收获大小鱼类组成的鱼群的总质量所占的百分比。在计算 A_T 值之前，必须先确定适合收获的最小质量，Swingle（1950）对常见池塘鱼种的值进行了界定（例如，太阳鱼为 45 g，大口黑鲈为 180 g，而斑点叉尾鮰为 230 g）。Swingle 建议将 60%～85% 的 A_T 值范围作为平衡群体的最合理值。

Swingle（1956）还提供了一种分析方法，这一方法基于使用密眼围网采集繁殖证据，而用大围网来采集中间和可收获大小的鱼类。他描述的可能捕获和可以采用的解释见表框 16.3。因为该分析的大部分是基于幼鱼的存在与否的基础上进行的，采样应在产卵发生后进行。然而，Swingle（1956）报道其方法在亚拉巴马州的池塘中从 6—10 月是有效的。

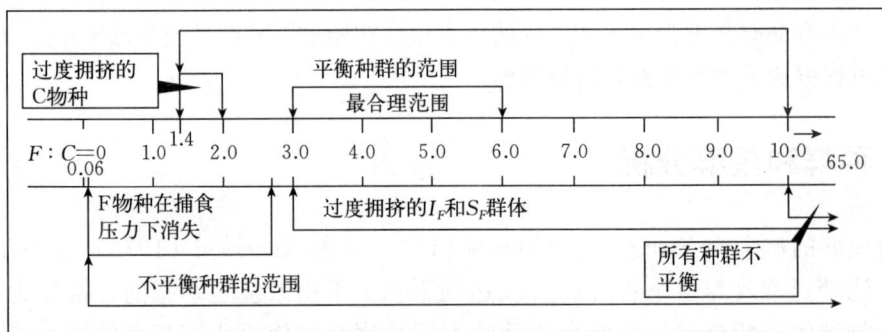

通过 $F：C$ 值指示的种群状况

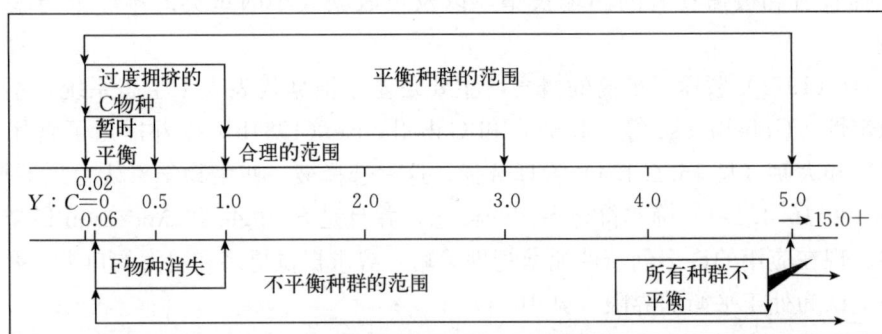

通过 $Y：C$ 值指示的种群状况

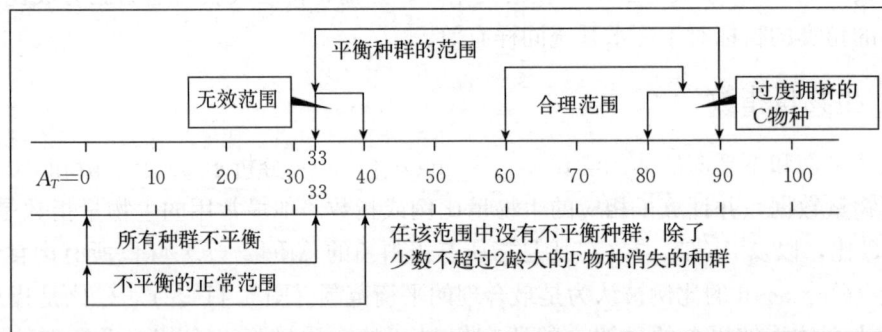

通过不同 A_T 值指示的种群状况

图 16.11　通过 $F：C$ 比、$Y：C$ 比和 A_T 值（见 16.6.1）指示的鱼类种群的状态。其他缩写是 I_F（中等饵料）和 S_F（小型饵料）组

(图取自 Swingle，1950)

表框 16.3　基于网围进行池塘分析的 Swingle（1956）方法

1. 没有大口黑鲈幼鱼存在

A. 许多最近孵化的蓝鳃太阳鱼；没有或有非常少的中等大小的蓝鳃太阳鱼（暂时平衡但鲈生物量过大）。

（续）

> B. 没有最近孵化的蓝鳃太阳鱼；许多中等大小的蓝鳃太阳鱼（种群不平衡，蓝鳃太阳鱼生物量过大而鲈不足）。
>
> C. 没有最近孵化的蓝鳃太阳鱼；许多中等大小的蓝鳃太阳鱼；许多蝌蚪、米诺鱼或小龙虾（种群不平衡，蓝鳃太阳鱼过多而鲈非常少）。
>
> D. 没有最近孵化的蓝鳃太阳鱼；很少的中等大小的蓝鳃太阳鱼（种群不平衡，由与蓝鳃太阳鱼竞争的物种造成的拥挤）。
>
> E. 没有最近孵化的蓝鳃太阳鱼；很少的中等大小的蓝鳃太阳鱼；许多中等大小的与蓝鳃太阳鱼竞争的鱼类物种（由于竞争性物种产生的拥挤而造成的种群不平衡）。
>
> F. 没有最近孵化的蓝鳃太阳鱼；没有中等大小的蓝鳃太阳鱼（种群不平衡；可能没有鱼存在或者水不适合鲈-蓝鳃太阳鱼繁殖）。
>
> 2. 有大口黑鲈幼鱼存在
>
> A. 许多最近孵化的蓝鳃太阳鱼；很少中等大小的蓝鳃太阳鱼（种群平衡）。
>
> B. 许多最近孵化的蓝鳃太阳鱼；非常少或没有中等大小的蓝鳃太阳鱼（种群平衡，但鲈稍多）。
>
> C. 没有最近孵化的蓝鳃太阳鱼；没有中等大小的蓝鳃太阳鱼（种群不平衡；一些外在因素，如温度或水体盐度等阻止蓝鳃太阳鱼产卵）。
>
> D. 没有最近孵化的蓝鳃太阳鱼；很少中等大小的蓝鳃太阳鱼（暂时平衡，但由于蓝鳃太阳鱼可摄食食物的减少或者生长至竞争性大小的物种的过多，存在发展为不平衡的可能性）。
>
> E. 没有最近孵化的蓝鳃太阳鱼；许多中等大小的蓝鳃太阳鱼（种群不平衡，类似于1B，但拥挤程度较轻）。

16.6.2　长度结构指数

很难以同等水平采集获得 Swingle（1950）池塘分析系统要求的生物量数据所需的不同的鱼类物种和长度。因此，Anderson（1976）认为相比生物量信息，获得长度-频率样本要更为容易。他引入了一种基于鱼群长度结构的分析方法，该方法最初称为比例群体密度，而现在称为比例大小分布（PSD；Guy et al.，2007）。PSD 的主要优点是，它可以基于池塘鱼群样本进行计算（Anderson and Neumann，1996），而不是像 Swingle 指数那样，要求将整个池塘抽干或用鱼藤酮处理。长度结构指数反映了种群中存在的年龄组的补充率、生长率和死亡率的相互作用（Anderson and Weithman，1978；Gabelhouse，1984a）。

PSD 指数通过以下方式计算，即将大于或等于质量长度的给定鱼种的数目除以大于或等于放养长度的数目，然后乘以 100（Neumann et al.，在出版中）。放养和质量长度分类是基于不同鱼类在世界各地记录的长度百分比来进行的（Gabelhouse，1984b），并且该长度对任何使用者都是标准化的（表 16.1）。相反，Swingle（1950）关于小（S）、中（I）和大（A）的记法具有足够大的纬度范围，不同的生物学家可以将不同长度的给定物种放入该分类中。这种没有标准的实施方法可能阻碍生物学家之间的比较和交流（Bonar et al.，2009）。

比例大小分布类似于 A_T（Swingle，1950），体现在两种指数均表示达到能够让垂钓者感兴趣大小的鱼类的百分比。然而，PSD 是基于长度频率而不是基于总质量。另外，小于放养长度的鱼类不包括在 PSD 中；因此，不需要特别地采集小型鱼类。对于平衡的池塘，大口黑鲈 PSD 应当为 40～70（Gabelhouse，1984b），且蓝鳃太阳鱼 PSD 应当为 20～60（Anderson，1985）。依顺序采集 PSD 可减少采样所花费的时间（Weithman et al.，1980）。计算 PSD 预估值的置信区间的方法可以参见 Gustafson（1988）。

比例大小分布对于鱼群样本而言，是长度频率的一个相对粗糙的指数。因此，PSD 也可进一步细分为另外的长度类别（表 16.1），诸如 PSD‑P，超过放养长度（而后）达到优选长度的鱼的百分比，以及 PSD‑M，超过放养长度（而后）达到显著长度（M）的鱼的百分比（Guy et al.，2007）。关于不同 PSD 指数计算的进一步信息可以参见 Neumann 等（在出版中）的报道，而关于鱼长度五单元分析的基础可以参见 Gabelhouse（1984b）。PSD 指数允许生物学家或池塘所有者设定用于不同管理策略的可测量目标（表 16.2）。

表 16.1　建议的基于世界纪录长度百分比，针对选定鱼种的最小放养、质量、优选、显著和奖励性长度的最大总长度〔分别为英制（E；in）和公制（M；cm）单位〕

（Gabelhouse，1984b；Neumann et al.，在出版中）

物种	长度									
	放养		质量		优选的		显著的		奖励性的	
	E	M	E	M	E	M	E	M	E	M
黑鲴	6	15	9	23	12	30	15	39	18	46
黑莓鲈	5	13	8	20	10	25	12	30	15	38
蓝鳃太阳鱼	3	8	6	15	8	20	10	25	12	30
褐鳟，静水性的	8	20	12	30	16	40	20	50	24	60
斑点叉尾鲴	11	28	16	41	24	61	28	71	36	91
扁头鲢	14	35	20	51	28	71	34	86	40	102
蓝太阳鱼	3	8	6	15	8	20	10	25	12	30
大口黑鲈	8	20	12	30	15	38	20	51	25	63
瓜仁太阳鱼	3	8	6	15	8	20	10	25	12	30
虹鳟	10	25	16	40	20	50	26	65	31	80
红耳太阳鱼	4	10	7	18	9	23	11	28	13	33
岩鲈	4	10	7	18	9	23	11	28	13	33
小口黑鲈	7	18	11	28	14	35	17	43	20	51
斑点鲈	7	18	11	28	14	35	17	43	20	51
玻璃梭鲈	10	25	15	38	20	51	25	63	30	76
白鲈×条纹鲈	8	20	12	30	15	38	20	51	25	63
白刺盖太阳鱼	5	13	8	20	10	25	12	30	15	38
黄鲈	5	13	8	20	10	25	12	30	15	38

表 16.2　3 种不同的管理策略下，大口鲈和蓝鳃太阳鱼的比例大小分布

（PSD；Q＝质量长度，P＝优选长度，M＝显著长度）值

管理策略	大口黑鲈		蓝鳃太阳鱼		
	PSD	PSD‑P	PSD‑M	PSD	PSD‑P
食用鱼	20～40	0～10		50～80	10‑‑30
平衡	40～70	10～40	0～10	20～60	5～20
大鲈	50～80	30～60	10～25	10～50	0～10

16.6.3　丰度和质量指数

目前提供的指数不能显示鱼类丰度。丰度非常低时可能存在合理的比例。给人的印象是，当捕获量较低时可进行良好的捕捞，有时使用的一种鱼类丰度测量方法是每小时电力捕鱼捕获的鱼类的数目。例如，大多数渔业生物学家普遍认可的一个观念是在合理的采样条件下进行电力捕鱼，每小时电力捕鱼抓获 100 尾（20 cm）和更长大口黑鲈反映出大口黑鲈种群产量的大小。其他单位努力量捕捞量的方法，如每垂钓小时的目标物种数目，可以用作种群密度的指标，只要工具、方法和采样设计是标准化的（Hubert，1996；Malvestuto，1996；Bonar et al.，2009）。

相对质量（W_r）是鱼的实际质量除以相同长度该物种的标准质量（W_s）再乘以 100（Wege and Anderson，1978；Anderson and Neumann，1996）。目前已针对选定物种开发了计算 W_s 的方程式（表 16.3）。适当使用 W_r 作为评估工具的关键在于提供适当的标准。最近的研究（Gerow et al.，2004，2005；Rennie and Verdon，2008）指出了对使用当前接受标准的担忧；然而，我们建议继续使用表 16.3 中的标准，直到制定出改进的标准（进一步的信息可参见 Neumann 等的报道）。

W_r＝100 不是平均值，但对于大多数 W_s 方程式来说，其表示在该物种体重范围内获得 75％ 的权重。由于 W_r 值为 100 的池塘占 75％，所以一个典型的结论是食物或者食物的获取并不是限制种群的因素。相反，值小于 85 的鱼类可能接近 25％，它们的食物（相对于鱼群来说）可能是不够的。低 W_r 值不能仅仅归因于食物的供给，也可能是其他因素造成的，诸如近期的产卵、环境问题引发的压力、寄生虫或者疾病，以及水体过度混浊。

不应该计算整个种群的 W_r 平均值，因为这样的平均值可能会掩盖整个鱼群的重要情况。同一物种但不同长度的个体通常具有不同的摄食习惯，这可能影响其消费和饵料生物的获取。因此，不同长度的鱼类可能具有明显不同的 W_r 值。W_r 对长度函数的图可以指示食物是丰富还是不足。另一项有用的技术是通过计算鱼的平均 W_r 值，这些鱼按 Gabelhouse（1984b）提出的五单元长度分类。

这里介绍的材料的进展可能会导致读者得出结论，认为 Swingle 的平衡概念已经过时。这是完全错误的，没有比 Swingle（1950）更好的关于温水池塘鱼群的结构和动态的论述了。此外，Swingle 从生物量角度而不是相对数量的角度来理解池塘分析，提供了池塘鱼类相互作用的生态学观点。

表 16.3　推荐的计算给定长度的标准质量（W_s）的方程式。然后将标准质量用于相对质量（W_r）计算

[自 Blackwell et al. 2000，Neumann et al.，（在出版中）]

物种	截距（a）		斜率（b）	最小适用长度（mm）
	M	E		
黑鮰	−4.974	−3.297	3.085	130
黑刺盖太阳鱼	−5.618	−3.576	3.345	100
蓝鳃太阳鱼	−5.374	−3.371	3.316	80
褐鳟，静水性的	−5.422	−3.592	3.194	140
斑点叉尾鮰	−5.800	−3.829	3.294	70
扁头鲶	−5.542	−3.661	3.230	130
斑鲦	−5.376	−3.580	3.170	180
金体美鳊	−5.593	−3.611	3.302	50
蓝太阳鱼	−4.915	−3.216	3.101	60
大口黑鲈	−5.528	−3.587	3.273	150
瓜仁太阳鱼	−5.179	−3.289	3.237	50
虹鳟，静水性的	−4.898	−3.354	2.990	120
红耳太阳鱼	−4.968	−3.263	3.119	70
岩鲈	−4.827	−3.166	3.074	80
小口黑鲈	−5.329	−3.491	3.200	150
斑点鲈	−5.392	−3.533	3.215	100
玻璃梭鲈	−5.453	−3.642	3.180	150
白鲈×条纹鲈	−5.201	−3.448	3.139	115
白刺盖太阳鱼	−5.642	−3.618	3.332	100
黄鲈	−5.386	−3.506	3.230	100

注：截距以公制（M；mm，g）和英制（E；in，lb）测量，所有长度都是指最大总长度。

16.6.4　垂钓者收集的数据

Swingle（1956）从垂钓者的捕获中也开发了一种区分池塘平衡和不平衡的方法。假设垂钓者在捕获大口黑鲈和蓝鳃太阳鱼，可以做出以下解释：①在平衡池塘中，捕获的大多数蓝鳃太阳鱼将大于 15 cm，而大口黑鲈均重为 500～1 000 g，尽管也将捕获更小和更大的鱼类；②在不平衡池塘中，捕获物基本上是 7.5～12.5 cm 的蓝鳃太阳鱼，而且捕获的大于 1 000 g 的大口黑鲈很少（注意与大鲈选择的相似性，见 16.4.1.4）；③在有大口黑鲈聚集的池塘中（不平衡条件），蓝鳃太阳鱼的平均质量将超过 150 g，且在较差的环境下，大口黑鲈个体将小于 500 g（注意与食用鱼选择的相似性，见 16.4.1.3）。纽约生物学家使用垂钓者收集的数据向私人池塘所有者提供建议（Green et al.，1993）。事实上，纽约的一项池塘管理公告（Eipper et al.，1997）建议池塘所有者使用垂钓捕捞率和捕获的鱼类的大小结构来评估他们的池塘渔业。

当将垂钓者收集的数据用于评估种群时，管理者应该考虑垂钓者对捕获物大小的选择。所使用的诱饵或鱼饵的类型（例如，Payer et al.，1989）以及所使用的诱饵的大小（例如，Gabelhouse and Willis，1986）可能影响样本的长度结构结果，并且可能导致错误的建议。例如，使用大型诱饵捕获大口黑鲈可能导致样本中较多大型（例如，>30 cm）个体，即使是在种群是较小个体占优势时。管理者可以自己选择性地使用垂钓装置从池塘中获取有用的样本。Isaak 等（1992）故意改变了用于在小型集水池中收集大口黑鲈的诱饵大小，并且发现在垂钓和电力捕鱼样本之间，单位努力量捕捞量与大小结构高度相关。

许多地方的私人池塘所有者使用 W_r 来评估他们的池塘鱼类数量。例如，物种丰富度较高的大口黑鲈种群可以通过高垂钓捕获率、鱼类较小的长度结构和低 W_r 值进行识别。池塘所有者可以购买天秤来称量鱼体质量，并且在池塘所有者、私营部门生物学家和许多网站之间通常会共享 W_r 方程式。鉴于小水域和简单鱼群中的鱼类状况也能反映了种群动态（即补充、生长和死亡）（Blackwell et al.，2000），这种分析是适当的。

16.7　总结

在互联网上已经有关于池塘鱼类管理和水产养殖的一系列可用信息。本章中的许多主题在其他来源中有更深入的讨论。此外，池塘管理策略中的区域差异通常是存在的，因此使用当地信息源可能是相当重要的。由于网址不断变化，这些网站的列表未纳入本章中。然而，涉及 5 个区域（东北、中北部、南部、热带-亚热带和西部）水产养殖中心的互联网搜索能够提供良好的起点位置。这些中心由美国国会建立，并由美国农业部食品和农业国家研究所管理。大多数州的保护机构在其网站上有池塘管理的信息，私人池塘管理组织和许多大学也是如此。

16.8　参考文献

Aiken，R. 1999. 1980—1995 participation in fishing，hunting，and wildlife watching：national and regional demographic trends. U. S. Fish and Wildlife Service，Division of Federal Aid，Washington，D. C.

Alcorn，S. R. 1981. Fishing quality in two urban fishing lakes，St. Louis，Missouri. North American Journal of Fisheries Management 1：80 - 84.

Anderson，D. W.，and D. H. Schupp. 1986. Fish community responses to northern pike stocking in Horseshoe Lake，Minnesota. Minnesota Department of Natural Resources，Division of Fish and Wildlife，Investigational Report 387，St. Paul.

Anderson，R. O. 1973. Application of theory and research to management of warmwater fish populations. Transactions of the American Fisheries Society 102：164 - 171.

Anderson，R. O. 1976. Management of small warmwater impoundments. Fisheries 1 (6)：5 - 7，26 - 28.

Anderson，R. O. 1985. Managing ponds for good fishing. University of Missouri Extension Division，Agricultural Guide 9410，Columbia.

Anderson，R. O.，and R. M. Neumann. 1996. Length，weight，and associated structural indices. Pages 447 - 482 in B. R. Murphy and D. W. Willis，editors. Fisheries techniques，2nd edition. American Fisheries Society, Bethesda, Maryland.

Anderson, R. O. , and A. S. Weithman. 1978. The concept of balance for coolwater fish populations. Pages 371 – 381 *in* R. L. Kendall, editor. Selected coolwater fishes of North America. American Fisheries Society, Special Publication 11, Bethesda, Maryland.

Avery, J. L. 2003. Aquatic vegetation management: herbicide safety, technology, and application techniques. Texas A&M University, Southern Regional Aquaculture Center Publication 3601, College Station.

Barrows, F. T. , and R. W. Hardy. 2001. Nutrition and feeding. Pages 483 – 558 *in* G. A. Wedemeyer, editor. Fish hatchery management, 2nd edition. American Fisheries Society, Bethesda, Maryland.

Bennett, G. W. 1952. Pond management in Illinois. Journal of Wildlife Management 16: 249 – 253.

Bennett, G. W. 1971. Management of lakes and ponds. Van Nostrand Reinhold, New York.

Bennett, G. W. , and W. F. Childers. 1972. Thirteen – year yield of smallmouth bass from a gravel pit pond. Journal of Wildlife Management 36: 1249 – 1253.

Bettoli, P. W. , M. J. Maceina, R. L. Noble, and R. K. Betsill. 1993. Response of a reservoir fish community to aquatic vegetation control. North American Journal of Fisheries Management 13: 110 – 124.

Blackwell, B. G. , M. L. Brown, and D. W. Willis. 2000. Relative weight (W_r) status and current use in fisheries assessment and management. Reviews in Fisheries Science 8: 1 – 44.

Blackwell, B. G. , and B. R. Murphy. 1996. Low – density triploid grass carp stockings for submersed vegetation control in small impoundments. Journal of Freshwater Ecology 11: 475 – 484.

Blaser, J. , and R. Eades. 2006. Nebraska pond management. Nebraska Game and Parks Commission, Lincoln.

Bonar, S. A. , W. A. Hubert, and D. W. Willis, editors. 2009. Standard methods for sampling North American freshwater fishes. American Fisheries Society, Bethesda, Maryland.

Boxrucker, J. 1987. Largemouth bass influence on size structure of crappie populations in small Oklahoma impoundments. North American Journal of Fisheries Management 7: 273 – 278.

Boyd, C. E. 1979. Water quality in warmwater fish ponds. Alabama Agricultural Experiment Station, Auburn University, Auburn.

Brown, P. B. , M. E. Griffin, and M. R. White. 1993. Experimental and practical diet evaluations with juvenile hybrid striped bass. Journal of the World Aquaculture Society 24: 80 – 89.

Childers, W. F. 1967. Hybridization of four species of sunfishes (Centrarchidae) . Illinois Natural History Survey Bulletin 29: 159 – 214.

Dauwalter, D. C. , and J. R. Jackson. 2005. A re – evaluation of U. S. state fish – stocking recommendations for small, private warmwater impoundments. Fisheries 30 (8): 18 – 27.

Deal, C. , J. Edwards, N. Pellmann, R. W. Tuttle, and D. Woodward. 1997. Ponds – planning, design, construction. U. S. Department of Agriculture, Natural Resources Conservation Service, Agriculture Handbook 590, Washington, D. C.

DeBates, T. J. , C. P. Paukert, and D. W. Willis. 2003. Fish community responses to the establishment of a piscivore, northern pike (*Esox lucius*) in a Nebraska Sandhill lake. Journal of Freshwater Ecology 18: 353 – 359.

DiCenzo, V. J. , M. J. Maceina, and M. R. Stimpert. 1996. Relations between reservoir trophic state and gizzard shad population characteristics in Alabama reservoirs. North American Journal of Fisheries Management 16: 888 – 895.

Dillard，J. G.，and G. D. Novinger. 1975. Stocking largemouth bass in small impoundments. Pages 459 - 474 *in* H. Clepper，editor. Black bass biology and management. Sport Fishing Institute，Washington，D. C.

Drake，M. T.，J. E. Claussen，D. P. Philipp，and D. L. Pereira. 1997. A comparison of bluegill reproductive strategies and growth among lakes with different fishing intensities. North American Journal of Fisheries Management 17：496 - 507.

Durocher，P. P.，and J. E. Kraai. 1984. Relationship between abundance of largemouth bass and submerged vegetation in Texas reservoirs. North American Journal of Fisheries Management 4：84 - 88.

Eades，R. T.，L. D. Pape，and K. M. Hunt. 2008. The role of law enforcement in urban fisheries. Pages 41 - 51 *in* R. T. Eades，J. W. Neal，T. J. Lang，K. M. Hunt，and P. Pajak，editors. Urban and community fisheries programs：development，management，and evaluation. American Fisheries Society，Symposium 67，Bethesda，Maryland.

Eipper，A. W.，H. A. Reiger，and D. M. Green. 1997. Fish management in New York ponds. Cornell Cooperative Extension Information Bulletin 116，Ithaca，New York.

Elsayed，E.，M. Faisal，M. Thomas，G. Whelan，W. Batts，and J. Winton. 2006. Isolation of viral hemorrhagic septicaemia virus from muskellunge，*Esox masquinongy*（Mitchill），in Lake St. Clair，Michigan，USA reveals a new sublineage of the North American genotype. Journal of Fish Diseases 29：611 - 619.

Engel，S. 1988. The role and interactions of submersed macrophytes in a shallow Wisconsin lake. Journal of Freshwater Ecology 4：329 - 341.

Flickinger，S. A.，and F. J. Bulow. 1993. Small impoundments. Pages 469 - 492，587 *in* C. C. Kohler and W. A. Hubert，editors. Inland fisheries management in North America. American Fisheries Society，Bethesda，Maryland.

Flickinger，S. A.，F. J. Bulow，and D. W. Willis. 1999. Small impoundments. Pages 561 - 587 *in* C. C. Kohler and W. A. Hubert，editors. Inland fisheries management in North America，2nd edition. American Fisheries Society，Bethesda，Maryland.

Funk，J. L. 1974. Symposium on overharvest and management of largemouth bass in small impoundments. American Fisheries Society，North Central Division，Special Publication 3，Bethesda，Maryland.

Gabelhouse，D. W.，Jr. 1978. Redear sunfish for small impoundments？ Pages 109 - 123 *in* G. D. Novinger and J. D. Dillard，editors. New approaches to the management of small impoundments. American Fisheries Society，North Central Division，Special Publication 5，Bethesda，Maryland.

Gabelhouse，D. W.，Jr. 1984a. An assessment of crappie stocks in small Midwestern private impoundments. North American Journal of Fisheries Management 4：371 - 384.

Gabelhouse，D. W.，Jr. 1984b. A length - categorization system to assess fish stocks. North American Journal of Fisheries Management 4：273 - 285.

Gabelhouse，D. W.，Jr. 1987. Responses of largemouth bass and bluegills to removal of surplus largemouth bass from a Kansas pond. North American Journal of Fisheries Management 7：81 - 90.

Gabelhouse，D. W.，Jr.，R. . Hager，and H. E. Klaassen. 1982. Producing fish and wildlife from Kansas ponds. Kansas Fish and Game Commission，Pratt.

Gabelhouse，D. W.，Jr.，and D. W. Willis. 1986. Biases and utility of angler catch data for assessing size structure and density of largemouth bass. North American Journal of Fisheries Management 6：481 - 489.

Garrett，G. P. 1989. Hormonal sex control of largemouth bass. The Progressive Fish - Culturist 51：146 - 148.

Garrett，G. P. 2002. Behavioral modification of angling vulnerability in largemouth bass through selective breeding. Pages 387 - 392 *in* D. P. Philipp and M. S. Ridgway，editors. Black bass：ecology，conservation, and management. American Fisheries Society, Symposium 31, Bethesda, Maryland.

Gerow, K. G. , R. C. Anderson‐Sprecher, and W. A. Hubert. 2005. A new method to compute standard-weight equations that reduces length‐related bias. North American Journal of Fisheries Management 25: 1288‐1300.

Gerow, K. G. , W. A. Hubert, and R. C. Anderson‐Sprecher. 2004. An alternative approach to detection of length‐related biases in standard weight equations. North American Journal of Fisheries Management 24: 903‐910.

Green, D. M. , E. L. Mills, and D. J. Decker. 1993. Participatory learning in natural resource education: a pilot study in private fishery management. Journal of Extension 31: 13‐15.

Gurtin, S. D. , M. L. Brown, and C. G. Scalet. 1996. Dynamics of sympatric northern pike and largemouth bass populations in small prairie impoundments. Pages 64‐72 in R. Soderberg, editor. Warmwater workshop proceedings: esocid management and culture. American Fisheries Society, Northeast Division, Bethesda, Maryland.

Gustafson, K. A. 1988. Approximating confidence intervals for indices of fish population size structure. North American Journal of Fisheries Management 8: 139‐141.

Guy, C. S. , R. M. Neumann, D. W. Willis, and R. O. Anderson. 2007. Proportional size distribution (PSD): a further refinement of population size structure index terminology. Fisheries 32 (7): 348.

Guy, C. S. , and D. W. Willis. 1991. Evaluation of largemouth bass‐yellow perch communities in small South Dakota impoundments. North American Journal of Fisheries Management 11: 43‐49.

Hackney, P. A. 1978. Fish community biomass relationships. Pages 25‐36 in G. D. Novinger and J. D. Dillard, editors. New approaches to the management of small impoundments. American Fisheries Society, North Central Division, Special Publication 5, Bethesda, Maryland.

Hill, K. R. 1986. Mortality and standing stocks of grass carp planted in two Iowa lakes. North American Journal of Fisheries Management 6: 449‐451.

Hill, T. D. , and D. W. Willis. 1993. Largemouth bass biomass, density, and size structure in small South Dakota impoundments. Proceedings of the South Dakota Academy of Science 72: 31‐39.

Hubbs, C. L. , and E. R. Allen. 1943. Fishes of Silver Springs, Florida. Proceedings of the Florida Academy of Science 6: 110‐130.

Hubert, W. A. 1996. Passive capture techniques. Pages 157‐181 in B. R. Murphy and D. W. Willis, editors. Fisheries techniques, 2nd edition. American Fisheries Society, Bethesda, Maryland.

Hunt, K. M. , H. L. Schramm Jr. , T. J. Lang, J. W. Neal, and C. P. Hutt. 2008. Status of urban and community fishing programs nationwide. Pages 177‐202 in R. T. Eades, J. W. Neal, T. J. Lang, K. M. Hunt, and P. Pajak, editors. Urban and community fisheries programs: development, management, and evaluation. American Fisheries Society, Symposium 67, Bethesda, Maryland.

Iowa Department of Natural Resources. 2007. Working for clean water: 2007 watershed improvement successes in Iowa. Iowa Department of Natural Resources, Des Moines.

Irwin, B. J. , D. R. DeVries, and R. A. Wright. 2003. Evaluating the potential for predatory control of gizzard shad by largemouth bass in small impoundments: a bioenergetics approach. Transactions of the American Fisheries Society 132: 913‐924.

Isaak, D. J. , T. D. Hill, and D. W. Willis. 1992. Comparison of size structure and catch rate for largemouth bass samples collected by electrofishing and angling. Prairie Naturalist 24: 89‐96.

Jacobson, P. C. 2005. Experimental analysis of a reduced daily bluegill limit in Minnesota. North American

Journal of Fisheries Management 25：203 - 210.

Jennings，M. J. ，J. E. Claussen，and D. P. Philipp. 1997. Effect of population size structure on reproductive investment of male bluegill. North American Journal of Fisheries Management 17：5 16 - 525.

Johnson，L. 1966. Consumption of food by the resident population of pike Esox lucius in Lake Windermere. Journal of the Fisheries Research Board of Canada 23：1523 - 1535.

Jolley，J. C. ，D. W. Willis，T. J. DeBates，and D. D. Graham. 2008. The effects of mechanically reducing northern pike density on the sport fish community of West Long Lake，Nebraska，USA. Fisheries Management and Ecology 15：251 - 258.

Jones，M. L. ，and J. M. Dettmers. 2007. Making wise decisions about transferring fish among lakes within the Great Lakes basin. Journal of Great Lakes Research 33：930 - 934.

Kerby，J. H. ，J. M. Everson，R. M. Harrell，J. G. Geiger，C. C. Starling，and H. Revels. 2002. Performance comparisons between diploid and triploid sunshine bass in freshwater ponds. Aquaculture 211：91 - 108.

Kim，G. W. ，and D. R. DeVries. 2000. Effects of a gizzard shad reduction on trophic interactions and age - 0 fishes in Walker County Lake，Alabama. North American Journal of Fisheries Management 20：860 - 872.

Lane，R. L. ，and J. E. Morris. 2002. Comparison of prepared feed versus natural food ingestion between pond - cultured bluegill and hybrid sunfish. Journal of the World Aquaculture Society 33：517 - 519.

Lang，T. J. 2007. Impacts of stocking frequency on fishing quality in the Arkansas urban fishing program and evaluation of Arkansas fishing derby events. Master's thesis，University of Arkansas - Pine Bluff.

Lang，T. J. ，J. W. Neal，and C. P. Hutt. 2008. Stocking frequency and fishing quality in an urban fishing program in Arkansas. Pages 379 - 389 in R. Eades，W. Neal，T. Lang，K. Hunt，and P. Pajak，editors. Urban and community fisheries programs：development，management，and evaluation. American Fisheries Society，Symposium 67，Bethesda，Maryland.

Lewis，W. M. ，and R. C. Heidinger. 1971. Supplemental feeding of hybrid sunfish populations. Transactions of the American Fisheries Society 100：619 - 623.

Lewis，W. M. ，and R. C. Heidinger. 1978. Use of hybrid sunfishes in the management of small impoundments. Pages 104 108 in G. D. Novinger and J. G. Dillard，editors. New approaches to the management of small impoundments. American Fisheries Society，North Central Division，Special Publication 5，Bethesda，Maryland.

Lusk，B. ，M. Otto，and M. McDonald. 2007. Perfect pond... want one? Pond Boss，Sadler，Texas.

Malvestuto，S. P. 1996. Sampling the recreational creel. Pages 591 - 623 in B. R. Murphy and D. W. Willis，editors. Fisheries techniques，2nd edition. American Fisheries Society，Bethesda，Maryland.

Marriage，L. D. ，A. E. Borell，and P. M. Scheffer. 1971. Trout ponds for recreation. U. S. Department of Agriculture，Farmers' Bulletin 2249，Washington，D. C.

Masser，M. P. ，T. R. Murphy，and J. L. Shelton. 2006. Aquatic weed management：herbicides. Texas A&M University，Southern Regional Aquaculture Center Publication 361，College Station.

Modde，T. 1980. State stocking policies for small warmwater impoundments. Fisheries 5 （5）：13 - 17.

Nail，M. L. ，and D. H. Powell. 1975. Observations on supplemental feeding of a 75 - acre lake stocked with largemouth bass，bluegill，redear，and channel catfish. Proceedings of the Annual Conference Southeastern Association of Game and Fish Commissioners 28 （1974）：378 - 384.

National Research Council. 1993. Nutrient requirements of fish. National Academy Press，Washington，D. C.

Neal，J. W. ，R. L. Noble，and J. A. Rice. 1999. Fish community response to hybrid striped bass introduction in small warmwater impoundments. North American Journal of Fisheries Management 19: 1044 – 1053.

Nelson, J. S., E. J. Crossman, H. Espinosa – Perez, L. T. Findley, C. R. Gilbert, R. N. Lea, and J. D. Williams. 2004. Common and scientific names of fishes from the United States, Canada, and Mexico, 6 th edition. American Fisheries Society, Special Publication 29, Bethesda, Maryland.

Neumann, R. M., C. S. Guy, and D. W. Willis. In press. Length, weight, and associated structural indices. Pages 000 – 000 in A. V. Zale, D. L. Parrish, and T. M. Sutton, editors. Fisheries techniques, 3rd edition. American Fisheries Society, Bethesda, Maryland.

Neumann, R. M., D. W. Willis, and D. D. Mann. 1994. Evaluation of largemouth bass slot length limits in two small South Dakota impoundments. Prairie Naturalist 26: 15 – 32.

Nielsen, L. A. 1999. History of inland fisheries management in North America. Pages 3 – 30 in C. C. Kohler and W. A. Hubert, editors. Inland fisheries management in North America, 2nd edition. American Fisheries Society, Bethesda, Maryland.

Novinger, G. D. 1990. Slot length limits for largemouth bass in small private impoundments. North American Journal of Fisheries Management 10: 330 – 337.

Pajak, P. 1994. Urban outreach: fishery management's next frontier? Fisheries 19 (10): 6 – 7.

Payer, R. D., R. B. Pierce, and D. L. Pereira. 1989. Hooking mortality of walleyes caught on live and artificial baits. North American Journal of Fisheries Management 9: 188 – 192.

Porath, M. T., and K. L. Hurley. 2005. Effects of waterbody type and management actions on bluegill growth rates. North American Journal of Fisheries Management 25: 1041 – 1050.

Prentice, J. A., and J. W. Schlechte. 2000. Performance comparisons between coppernose and native Texas bluegill populations. Proceedings of the Annual Conference Southeastern Association of Fish and Wildlife Agencies 54: 196 – 206.

Redmond, L. C. 1974. Prevention of overharvest of largemouth bass in Missouri impoundments. Pages 54 – 68 in J. L. Funk, editor. Symposium on overharvest and management of largemouth bass in small impoundments. American Fisheries Society, North Central Division, Special Publication 3, Bethesda, Maryland.

Regier, H. A. 1963. Ecology and management of largemouth bass and golden shiners in farm ponds in New York. New York Fish and Game Journal 10: 139 – 169.

Rennie, M. D., and R. Verdon. 2008. Development and evaluation of condition indices for the lake whitefish. North American Journal of Fisheries Management 28: 1270 – 1293.

Saffel, P. D., C. S. Guy, and D. W. Willis. 1990. Population structure of largemouth bass and black bullheads in South Dakota ponds. Prairie Naturalist 22: 113 – 118.

Schramm, H. L., Jr., and W. A. Hubert. 1999. Ecosystem management. Pages 111 – 123 in C. C. Kohler and W. A. Hubert, editors. Inland fisheries management in North America, 2nd edition. American Fisheries Society, Bethesda, Maryland.

Shaner, B. L., M. J. Maceina, J J. McHugh, and S. E. Cook. 1996. Assessment of catfish stocking in public fishing lakes in Alabama. North American Journal of Fisheries Management 16: 880 – 887.

Smith, S. V., W. H. Renwick, J. D. Bartley, and R. W. Buddemeier. 2002. Distribution and significance of small, artificial water bodies across the United States landscape. The Science of the Total Environment 299 (1 – 3): 21 – 36.

Storck, T., and D. Newman. 1988. Effects of size at stocking on survival and harvest of channel catfish. North American Journal of Fisheries Management 8: 98 - 101.

Swingle, H. S. 1950. Relationships and dynamics of balanced and unbalanced fish populations. Alabama Polytechnic Institute, Agricultural Experiment Station Bulletin 274, Auburn.

Swingle, H. S. 1952. Farm pond investigations in Alabama. Journal of Wildlife Management 16: 243 - 249.

Swingle, H. S. 1956. Appraisal of methods of fish population study, part 4: determination of balance in farm fish ponds. Transactions of the North American Wildlife Conference 21: 298 - 322.

Swingle, H. S., B. C. Gooch, and H. R. Rabanal. 1965. Phosphate fertilization of ponds. Proceedings of the Annual Conference Southeastern Association of Game and Fish Commissioners 17 (1963): 213 - 218.

Swingle, H. S., and E. V. Smith. 1938. Fertilizers for increasing the natural food for fish in ponds. Transactions of the American Fisheries Society 68: 126 - 135.

USDI (U. S. Department of the Interior). 1993. 1991 national survey of fishing, hunting, and wildlife - associated recreation. U. S. Department of the Interior, Fish and Wildlife Service, and U. S. Department of Commerce, Census Bureau, Washington, D. C.

USDI (U. S. Department of the Interior. 2007. 2006 national survey of fishing, hunting, and wildlifeassociated recreation. U. S. Department of the Interior, Fish and Wildlife Service, and U. S. Department of Commerce, Census Bureau, Washington, D. C.

Wege, G. J., and R. O. Anderson. 1978. Relative weight (W_r): a new index of condition for largemouth bass. Pages 79 - 91 *in* G. D. Novinger and J. G. Dillard, editors. New approaches to the management of small impoundments. American Fisheries Society, North Central Division. Special Publication 5, Bethesda, Maryland.

Weithman, S. A., J. B. Reynolds, and D. E. Simpson. 1980. Assessment of structure of largemouth bass stocks by sequential sampling. Proceedings of the Annual Conference Southeastern Association of Fish and Wildlife Agencies 33 (1979): 415 - 424.

Wiley, M. J., R. W. Gordon, S. W. Waite, and T. Powless. 1984. The relationship between aquatic macrophytes and sport fish production in Illinois ponds: a simple model. North American Journal of Fisheries Management 4: 111 - 119.

Willis, D. W., M. D. Beem, and R. L. Hanten. 1990. Managing South Dakota ponds for fish and wildlife. South Dakota Department of Game, Fish and Parks, Pierre.

Willis, D. W., C. G. Scalet, and L. D. Flake. 2009. Introduction to wildlife and fisheries: an integrated approach, 2nd edition. W. H. Freeman and Company, New York.

第 17 章　大型水库

Leandro E. Miranda　Phillip W. Bettoli

17.1　引言

　　大型水库是指水面面积大于等于 200 hm² 的水库，它们是全球相对较新的水生生态系统。大型水库为防洪、发电、航运、供水、商业休闲渔业及景观等多项服务功能的发挥提供了重要的经济和环境基础。大型水库建设的初衷主要是为满足社会经济方面的需求，而其运行所造成的生态后果一直未受到应有的重视，直到近几十年来才成为社会和公众关注的重点。20 世纪末以来，社会对建设水库的认识和观念开始发生转变，尤其在发达国家更为明显。人们不再接受社会发展势必对环境造成破坏的观点，并开始意识到这种导致环境继续退化的发展模式是不可持续的。因此，北美事实上已经停止了大型水库的建设，但在其他国家，尤其是发展中国家大型水库的建设还在继续。

　　相关学者基于自然湖泊管理的概念、标准、方法，在 20 世纪初发展出了系统的水库管理（Miranda，1996）。然而，与湖泊不同的是，建在河川上的水库并非是完全独立的水生态系统，而是与其上、下游的河道、支流及其流域相互连通的系统。流域范围内的水库群在水库内部和水库之间均呈现交错联系的纵向格局。水库群作为流域梯级内相互作用的阻隔单元，以及库区流域范围内水体的收集器及全流域水体的过滤器，逐步形成了一个复杂的组合体，在流域水系图上呈现出类似马赛克的景观斑块。

　　常规的湖泊渔业管理模式，如增殖放流、捕获量调控、内湖栖息地管理等并不能完全满足水库渔业资源的管理需求。由此可能导致管理者在耗费过多资源的情况下，却仍然无法让水库里的鱼类或渔业资源受益。同时，一些区域性的影响因素，如水体浊度、水质、浮游动物密度及组成、鱼类生长速率和群落组成，均为受流域大尺度范围内环境因素综合作用的结果，但是这些因素并不在水库管理的直接控制范围之内。实际上，水库的生物和非生物条件由水库内外多因素综合形成，其中外在因素相对于内在因素更为重要，但也会因水库而异。

　　基于此，大型水库可从栖息地的视角来分析。从其架构的概念性模型可以看出，单个水库特征受本地条件和景观尺度双重因素的影响（图 17.1）。因此，水库管理既要论述水库内在因素问题（如生境等本地条件），更要从水库作为流域水系连通的结构单元的外在因素（景观尺度）去寻找解决方案。接下来的章节将逐次阐述这个概念模型中的每个单元对水库的栖息地和鱼类群落的影响。

17.2　水库类型与多样性

　　水库的地理分布反映了地形、气候和控制流域内水流通道的经济需求之间复杂的相互作用。一些大型河流系统已经转变为梯级开发的水库群。美国目前共建有超过 2 000 座大型水库，其中大部分为多目标用途（NID，2008）。这些用途主要是水力发电（26.9%）、灌溉（16.4%）、供水（16.0%）、娱乐（15.7%）、防洪（13.0%）、航运（16.3%），或其他方面（5.4%）。加拿大拥有世界上比较大的几个水库，尤其是在魁北克东部省份［例如，马尼夸根水库（Manicouagan Reservoir）；195 000 hm²］，纽芬兰岛和拉布拉多［例如，斯莫尔伍德水库（Smallwood Reservoir）；652 700 hm²］。加拿大 78% 的大坝建设用于水力发电（Prowse et al.，2004），而用于航运或防洪的比美国少得多。魁北克西北部的杰姆斯湾项目（James Bay Project）是世界上最大的水力发电项目之一。事实上，加拿大水电大坝不仅可以满足整个魁北克地区的电力需求，而且还经常向美国出口电力。墨

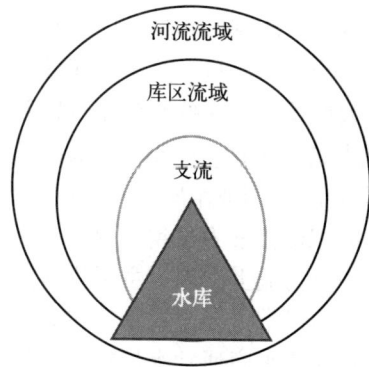

图 17.1　水库生物和非生物条件的形成及其在水库中的相对差异性。内在因素，见 17.3；外在因素，支流见 17.4；库区流域见 17.5；河流流域见 17.6

西哥政府也建立了覆盖干旱的北方以及亚热带南方的大坝体系，主要用于灌溉和发电，供应整个国家电网近 30% 的电力能源（Robinson，2000）。

　　北美洲大型水库具有明显的地理分布特点。一般而言，用于发电的水库位于山区（例如，落基山脉西坡、喀斯喀特山脉和内华达山脉）和劳伦高原边缘［例如，加拿大地盾（Canadian Shield）］。这些地区的降水和地形为水力发电提供了理想的入库流量和所需的水头条件。美国用于灌溉的水库普遍存在于中原干旱地区和西部沿海地区。中部平原用于灌溉的水库通常地形起伏较小，且由于易受风力和土壤侵蚀的影响，往往地势较低，水体混浊。饮用水和工业用水的需求促进了美国中部干旱地区、东部人口稠密地区和西部沿海城市中心地区的供水型水库的发展。防洪水库多位于具有强大短时降雨和联合径流的地区，尤其在美国中部。在美国西部（例如，哥伦比亚和蛇河）和中部（例如，密西西比州、密苏里和田纳西河），维护河道航运功能促进了低梯度河流蓄水，以确保每年的大部分时间内可以保持航运条件。在美国，基于航运和水力发电需求而建设的水库通常位于大型河流上，规模也很大。加拿大的一些大型水电站水库不单是由在大型河流上的大坝阻隔形成，也有采用筑坝方式拦截天然湖泊的水流出口，通过水位的抬升淹没流域内的其他湖泊而成（例如，魁北克的卡尼亚皮斯科水库）。加拿大用于水力发电的其他大型水库，通过建立堤坝淹没流域内众多湖泊来产生一个大型水库［例如，拉布拉多（Labrador）的斯莫尔伍德水库（Smallwood Reservoir）横跨 64 km，建有 88 座堤坝］。

　　水库或大坝的调度规程与水库的用途密切相关（Kennedy，1999）。满足水力发电和航运需求的水库需要维持近 100% 的库容，最小库容一般不低于 70%。水力发电只有在最大水头条件下才能获得最高的发电效益。满足航运需求的水库需要维持坝下水道水位相对稳定，保证水位波动最小，也可能表现出昼夜模式。满足农业灌溉需求的水库，其库容虽然有很大的可变性，但一般保持在最大库容的 40%～80%。这些水库调度的主要目的是

用丰水年储蓄的水来补偿枯水年的不足，因而水位通常以年度为变化单位。然而防洪水库的调度规程却刚好相反，防洪水库需在洪水季节来临前腾出 $10\%\sim30\%$ 的库容，用于储存洪水季节的流量。防洪水库的水位一般遵循严格的年度调度模式。

大型蓄水水库按照分布位置及淹没面积可分为支流蓄能式（tributary storage）、主干流蓄能式（main-stem storage）以及径流式（run-of-river）* （表 17.1）。支流蓄能式水库（年/月调节水库）一般位于高坡度、低阶的河流上，由于其流域面积相对较小，因此表面积也通常为小到中等。主干流储蓄能式（周调节）水库提供中等到较大库容，通常位于中阶河流上。因为主干流蓄能式水库比支流蓄能式水库淹没更多的河漫滩，往往具有较浅的沿岸带。径流式水库在大型河流中最常见，通常数百千米会按照一定顺序设有若干个。径流式水库通常水量较浅且保留时间短。这些水库往往狭长，几乎不向横向扩展。支流蓄能式水库水深相对于面积来说较大，呈现垂直的非生物和生物多样性。相比之下，径流式水库表面积会大得多（尽管不代表库容），但水深较浅，并且表现出纵向梯度的多样性。主干流蓄能式水库多样性适中，与垂直和纵向梯度均有关。了解一个水库建造的目的和调度方式非常重要，因为鱼类栖息地和水体初级生产均受水库调度的影响。此外，很重要的一点是，促进休闲渔业或商业渔业通常不是大型水库项目被提议、资助和建造的原因。这一事实意味着，水库渔业管理通常受到优先于渔业发展的其他用途的制约。

表 17.1　基于分布位置和淹没面积等的水库类型划分

属性	水库类型		
	支流蓄能式（月/年调节水库）	主干流蓄能式（周调节水库）	径流式（径流式）
主要用途	调峰	航运	航运
	水力发电	水力发电	水力发电
	防洪	防洪	防洪
河床形态	陡峭河床	辽阔河岸带（沿海地区）	河道长且河宽较窄
	较深河床	相对较浅	
	小河岸带		
水量保持时间	数月/或数年	数周	天
水位波动	大	中	小

注：调峰水电不同于基准水力发电，因为在区域电网短期需求高峰时（通常是在上午和傍晚），通过削峰进行发电。在基准电力生产设施（如燃煤电厂或核设施）出现问题或紧急关闭时，调峰水电也可迅速向电网提供电力。

考虑到降水变化无常，水库运营者需遵循预先建立的水库调度引导曲线（Guide curves）（等同于国内的水库调度规程，译者注）。该曲线指示出一年中每一天的水位值数（图 17.2）。水库调度引导曲线是对特定水库在全年每天所需水位的官方说明（通常是法定的），以满足水库的主要功能，如防洪、发电或航运等不受干旱、洪水和其他不可预见因素的影响。地方当局或监管机构，如美国陆军工程兵团、美国垦务局和田纳西州流域管理局，通过制定调度

＊ 该分类与国内按照水库调节系数进行分类的方式不同，但是其分类指标定义和解释基本与国内的年/月调节、周调节以及日调节水库（也称径流式）基本对应，为保持原文的一致性，后续涉及有关水库的分类遵循原文的释义，并辅以国内分类方式进行补充说明。

引导曲线来优化流域中的水库蓄水效益。例如，田纳西州流域管理局负责管理田纳西河干流及其众多支流的 41 个水库，而每座大坝的调度都影响着该系统中的其他大坝的调度。

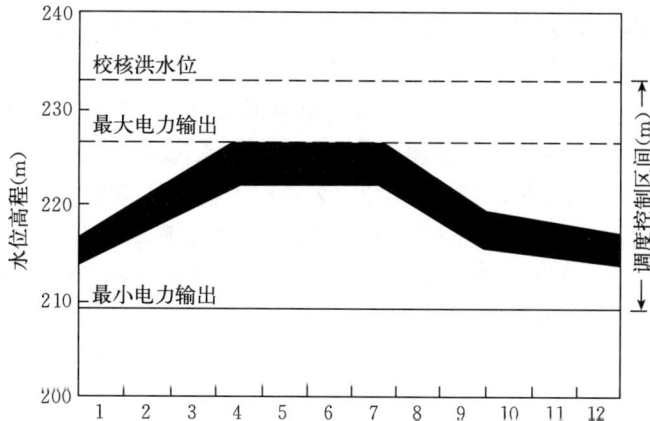

图 17.2　一个假定支流蓄能式水库蓄水的引导曲线。阴影多边形是引导曲线，它表示了全面每天的水位范围。根据当地的发电、防洪、航运以及娱乐等多方面的需求制定曲线。极端洪旱年的水位可能超出引导曲线

　　水库的地理分布、水文和形态多样性造就了鱼类群落和渔业资源的多样性。大多数生长在水库的鱼类是广布种，具有广泛的天然分布。鲑科鱼类是美国西部的土著品种，也是西部水库的重要物种（主要是银大麻哈鱼，红大麻哈鱼和大鳞大麻哈鱼）。鳟科鱼类也是美国西部水库的重要种类，并且已经被引入部分东部水深较深的水库。西部水库土著的鳟主要包括克氏鳟（cutthroat trout）和虹鳟；引进鳟包括河鳟（原产于美国中部和东部）、湖鳟（原产于北美北部）和褐鳟（原产于欧洲）。水库中的其他主要鱼类原产于北美洲中部和东部，但已被引入西部许多水库。

　　事实上，西南部水库的渔业主要或者说几乎全部都是由来自洛基山脉东部的物种来维持。白斑狗鱼、北美狗鱼及其杂交狗鱼支撑了大部分水库的狗鱼渔业，但南部的水库通常没有这些物种。河鲈科（percids），包括大眼梭鲈、大眼鲥鲈，原产于美国中部，阿巴拉契亚山脉以西，它们的杂交种杂交鲈已被引入许多中西部水库。另一种鲈是黄金鲈，原产于北美洲北部地区，但在阿巴拉契亚山脉以东和一些南部水库中也发现了该种群。一些鲇形目鱼类，包括原产于落基山脉以东的鲴属（Ameiurus），以及原产于中美洲中部阿巴拉契亚山脉以西和落基山脉以东的真鲴属（Ictalurus）和叉尾鲴属（Ictaluridae），目前已被引进到各地。在 4 种狼鲈属鱼类中，有两种［白鲈和密西西比狼鲈（yellow bass）］分布于中部流域，一种［美洲狼鲈（white perch）］分布于大西洋流域，还有一种（条纹狼鲈）分布于大西洋流域和墨西哥流域密西西比河以东的海湾，其中条纹狼鲈和白鲈已被引种到西海岸。条纹狼鲈和白鲈的两个杂交种［棕榈鲈（palmetto bass）和阳光鲈（sunshine bass）］被普遍引种到南方水库。在太阳鱼科（centrarchids）中，几种太阳鱼、3 种黑鲈和两种莓鲈是北美水库渔业的组成部分。太阳鱼科物种分布似乎很大程度上受到了纬度、落基山脉和阿巴拉契亚山脉的影响。这些具有水库渔业代表性的主要种群具有区域性特征

和差异。同时，不同类型水库具有的内在特性差异也导致了这些种群呈现出了区域内的差异特征（Miranda，1999）。

按照鱼类食性划分水库鱼类群落结构，北美水库鱼类通常可分为草食性、碎屑性、浮游生物食性、无脊椎动物食性和肉食性功能群等。由于不同生活史阶段生态位的变化，或者因捕食饵料可获得性的差异而导致的食性改变，许多物种处于食物链的多个营养级之中。这些群体在水库内的表现形式因水库非生物特征的不同而产生极大的差异（Miranda et al.，2008）。在温水水库，生物量最丰富的物种通常是滤食性草食性兼碎屑性鱼类（如美洲真鰶）和浮游生物食性鱼类（如佩坦真鰶）。温水水库常见的其他物种包括无脊椎动物食性兼肉食性鱼类（如黑鲈，莓鲈和鲇），无脊椎动物食性鱼类（如太阳鱼和鲤科），无脊椎动物食性兼腐食性鱼类（如鲤），无脊椎动物食性兼草食性鱼类［如牛胭脂鱼科（buffaloes）］，浮游生物食性鱼类，肉食性鱼类［如雀鳝科（gars）］，食腐性兼滤食性鱼类［如鲤形目吸口鱼（carpsuckers）］。

17.3 水库特征

水库的湖泊特征对鱼类群落和渔业产生重要影响。水库的化学、物理和生物因素各异，地理位置差异也导致其重要性各不相同。一些最普遍的影响来源于悬移质与底质、营养与水质、水量保持与水位波动、水下构筑物和植被等。此外，这些因子会随着水库长度的变化呈现出显著的纵向变化。

17.3.1 悬移质与底质

进入水库的悬移质主要来源于与水库水系连通的支流以及库区流域范围内的地表径流。自然湖泊沉积通常需要长时间的积累，但是水库底质沉积的产生相比要快很多（通常也就几十年）。流域面积汇、流水体体积的差异造成了湖泊和水库悬移质泥沙及沉积的差异。对于水面面积相同的湖泊和水库而言，水库的流域面积相对于湖泊而言一般都更大。因为水库设计目标就是通过尽可能小的水坝拦截来获取尽可能多的水量，因此水库的流域面积与水面面积的比值通常会比湖泊的更高（有时高出数倍）。此外，水库是有效的沉积物捕获器。泥沙的沉积将水库原有的粗糙岩石基质表面变成均匀的淤泥和黏土颗粒。事实上，根据流域的地质学和形态学推算，由于泥沙沉积的累积影响，支流蓄能式水库的有效使用期限大约为几十年或几个世纪。人们在非洲、澳大利亚和波多黎各等地的水库发现了一些极端的例子。潮湿的热带环境以及极易受侵蚀的土壤环境导致较高的沉积率，水库的库容也随之以每年1%的速度减少。渔业管理对水库沉积极为关注，因为亲岩性的鱼类（那些喜欢在岩石中产卵或觅食的鱼类）丰度会降低，被对栖息地需求更宽泛的种类取代。水库底质因泥沙淤积套上一层"地毯"，致使水库食物链结构中的重要生物元素（如无脊椎动物和藻类）的生存基质遭到破坏。处理泥沙淤积问题是调节水库老化过程中的一个重要环节。

随着水库的老化，泥沙淤积和河岸侵蚀会造成沿岸带栖息地丧失。在水库蓄水的几年后，水库周围河岸带明显老化（Agostinho et al.，1999）。但20世纪70年代以前，水库老化问题很少得到渔业管理者的关注。这可能是因为20世纪20—60年代水库处在快速建设进程中，特别是 20 世纪 50—60 年代是美国大坝建设的"黄金时代"，渔业资源随新水库的不断建成而呈现激增趋势（Doyle et al.，2003）。

然而，水库生态学研究的开拓者（Robert Jenkins）首次提出了水库的渔业资源产量，在经历蓄水初期的激增后，将随库龄增加而锐减。在北美许多地方，垂钓者发现营养退化的"老"水库难以满足钓鱼需求后，转而前往附近的新水库，并形成一种转移盛况（见17.3.2）。自 20 世纪 70 年代后，由于大多数水坝规划建设基本完成，美国大型水库的建设数量便悄然下降。尽管新的大型水库工程在美国已经相对少见，但是这种大坝和水库建设现象在世界范围的其他国家，主要为发展中国家（例如，中国和土耳其）正在蓬勃兴起（World Wildlife Fund，2004）。同时在加拿大一些偏远地区（如北魁北克、曼尼托巴省等地区）也正在经历一个大型水库建设的黄金时代（Prowse et al.，2004）。墨西哥大坝修建始于 20 世纪 30 年代末，直至 80 年代仍保持快速增长。即便当局当时已经了解了美国已建成水库持续老化所导致的负面后果，但并未阻止相关建设的步伐。渔业管理者不应再继续开发新的水库来满足游钓需求，而是应以创新的方式来管理老化水库的栖息地、鱼类群落和渔业。

底质和悬移质对水库及其独立库湾的鱼类群落具有重要影响。悬移质阻碍了水体光照透明度，降低了能见度，减少了植物的光合作用，进而导致植物的生物量减少，浮游动物群落结构改变，鱼类生长速率降低，鱼类性成熟提前，限制鱼类生长的最大规格，并导致鱼类在栖息地选择方面发生变化（Bruton，1985）。泥沙淤积对鱼类群落的影响由于淤积导致的水库深度减小而加剧扩大。水库深度的减小加剧了波浪运动造成的再沉积（Hamilton and Lewis，1990），以及底层鱼类（benthivorous fish）觅食过程中搅动带来的再沉积（Scheffer，2001）。因悬移质导致的水体透明度下降妨碍大型浮游动物摄食，但对轮虫等小型浮游动物影响不大（Kirk and Gilbert，1990），更有利于小型浮游动物和以小型浮游动物为食的鱼类生长。底质过度淤积同时降低了底栖生物的生产力，这反映在以底栖植物或无脊椎动物为食的鱼类数量减少方面。水库水体混浊导致依靠视觉捕食的肉食性鱼类摄食受限，从而导致种群数量下降。然而，一些基于触觉或非视觉捕食的鱼类数量反而上升（例如，鲤、美洲真鳊、鲇等）。混浊的水下环境也可能使一些受捕鱼类种群壮大，因为水体混浊增加了受捕者提前判断和逃逸的机会。在底质沉积的晚期，水库中的鱼类群落通常仅包括很少的几种受捕鱼类以及许多在混浊、浅水系统中繁殖的鱼类。

17.3.2 营养与水质

营养负荷（即进入水体的营养源总量）是影响水库功能的另一个重要因素。渔业管理者早就知道，休闲渔业和渔业产量在大坝截流和水库蓄水初期呈现增长趋势，在十几年后逐渐下降。Kimmel 和 Groeger（1986）是最早用湖沼术语来解释这一规律的。渔业产量下降的部分原因是底质淤积而导致优质栖息地丧失，但也归因于内源营养负荷的变化。内源营养负荷是指内部土壤和陆地植被掩埋后释放出的有机碎屑和无机营养成分；外源营养负荷指源自水库外部（主要是地表径流），输入水库中的营养物质。虽然内外两种形式的营养负荷都重要，但内源营养负荷变化对于促进新建水库渔业资源量增加作用更大。如图17.3 所示，在没有人类干预的水域，外源营养负荷率基本上保持不变。然而，由于营盐浓度（主要是氮和磷）、鱼类生物量和生产力之间存在紧密联系，内源营养负荷的改变对渔业管理具有重要意义。

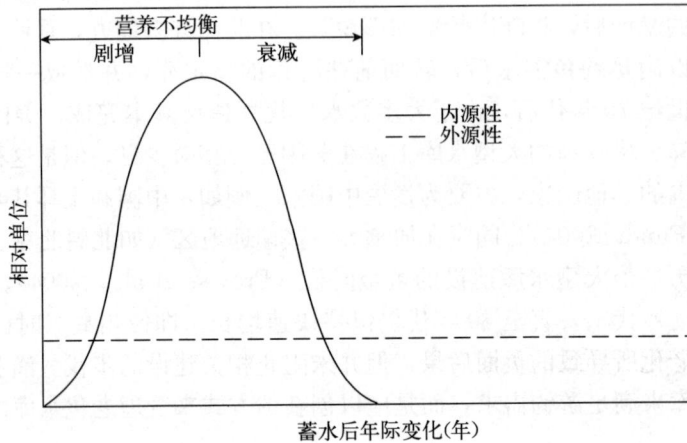

图 17.3　大多数水库渔业的"兴衰"在很大程度上是由营养负荷的通量驱动的，特别是内源营养负荷。初级生产力和鱼类生产力变化趋势稍滞后于内源营养负荷变化趋势。在没有任何人类富营养化活动的情况下，外源营养负荷率将保持不变

（引自 Kimmel and Groeger，1986）

水库的湖沼特征受到水库营养状态的影响，这种影响在一定时期内（尤其是夏季）最终影响到水库的初级生产力。初级产量由底生和浮游藻类及水草构成，但浮游植物通常是主要的一环。根据水库营养状态可划分为无生产力［贫营养型（oligotrophic）］、适度生产力［中营养型（mesotrophic）］、过度生产力［富营养型或重污染（eutrophic or hypereutrophic）］。营养状态不但涉及初级生产力，也关系到特定水体的鱼产量。水库与湖泊的营养状态分类的不同，主要体现在各自深水层是否存在溶解氧的差异。例如，由于高营养和沉积物负荷导致水库底部溶解氧的缺乏，而在天然湖泊中，此处溶解氧丰富，则表现为富营养化特征。

我们可以利用几种基于易得水质数据的营养状态指标来描述水库的营养状态。其中两个最为广泛应用的指标体系分别由 Carlson（1977）、Forsberg 和 Ryding（1980）建立。两个指标体系均是根据夏季的藻类生物量（叶绿素 a），关键营养物质的浓度（氮、磷）以及采用塞克盘［透明度盘（Secchi disk）］测量的水体透明度，来判定营养状态（表 17.2）。叶绿素是淡水中所有光合生物（如绿藻、硅藻和蓝藻）常见的光合色素。因此，水样本中叶绿素 a（最常见的叶绿素）的含量通常就等同于高水位的藻类作物量。

表 17.2　Forsberg 和 Ryding（1980）提出的有关营养等级划分标准

营养分级	氮总量（mg/m³）	磷总量（mg/m³）	叶绿素 a*	透明度（m）
贫营养型	<400	<15	<3	>4.0
中营养型	400~600	12~25	3~7	2.5~4.0
富营养型	600~1500	25~100	7~40	1.0~2.5

注：* 水生植物中涉及叶绿素和营养物质的计算见 Canfield 等 1983 年的报道。

　　虽然水库深水滞水带（深层缺氧层）的溶解氧浓度并不能作为水库营养等级的分类标准，但是溶解氧和水温的纵向分布可显示水库的营养状态，尤其是溶解氧-水温垂向剖面分布，可直接用来表明在不同溶解氧和水温偏好条件下，栖息地（特别是近岸栖息地）与鱼类的选择关系。氧跃层-溶解氧类型是富营养化水库的常见类型（图 17.4A），由于水库深水层的生物需氧量（藻类呼吸和有机质分解）、化学需氧量（化学元素的氧化作用，如 Fe^{2+} 的氧化作用）等对溶解氧的过度需求，直接导致了水库深水层溶解氧的高消耗。异向等级曲线（positive heterograde curves）可以是正向或反向的变化，取决于高浓度的浮游植物是否与温跃层（metalimnion 或 thermocline）均处于水体的透光层。温跃层/变温层是在湖面温水层和较冷的冷深水层之间的混合的屏障。不同温度下的水密度的差异减缓了浮游植物的沉降，导致它们在水体变温层的积累。光区是指光合作用可能发生的水层；它从表面向下延伸到光强度大约是水体表层的 1％ 的深度。戴尔霍洛水库（Dale Hollow-eservoir）（图 17.4B）的透明度足以允许光合作用在深度达 10 m 水深处发生（氧气是由变温层中的光合活性产生的）。然而，在森特希尔水库（Center Hill）（图 17.4C），在变温层中枳集的浮游植物不能进行光合作用，因为在该深度能获得的光照度非常有限。因此，氧气通过细菌分解和藻类呼吸被消耗。

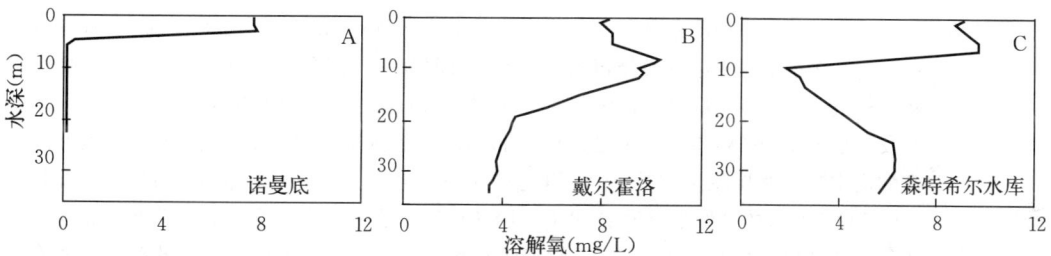

图 17.4　田纳西河中游流域的 3 个水库在仲夏季节溶解氧垂向梯度变化。图 A 为 clinograde 变化曲线（clinograde curve）；图 B 为正向的异向等级曲线（positive heterograde curve）；图 C 为负向的异向等级曲线（negative heterograde curve）。同时图 B 和图 C 同样反映了深水滞水带（hypo-limnion）的耗氧过程

　　低氧带在中营养型水库中普遍存在，从底部向上延伸，并在夏末和初秋有缺氧的温跃层，造成氧跃层剖面。在水力滞留时间短的河流型水库中，湍流的流动防止了水库的强烈分层。短时滞留期湍流可防止底层强烈分层。水体在全年都是混合的，所以水几乎是恒温的，溶解氧的浓度通常变化很小。

　　水体中溶解氧量并不能完全描述水库鱼类需要多少栖息地（或什么地方）。所有鱼类都表现出对特定水域温度的偏好，这种偏好是由许多因素决定，如鱼类规格、基因和驯化状态等。鱼类对温度的适应状态是指鱼类对其所栖息的水温环境所发生的生理反应。环境结构也可以介导不同鱼类对水温适应的选择性（Bevelhimer，1996）。广温种（例如，太阳鱼科）相对于狭温种〔如日本鲑科（Salmonidae）等〕而言，对水温的适应更强。尽管如此，所有的鱼类会在特定的温度和很低的溶解氧条件下，调节出最佳生物能量。在温度和溶解氧最佳组合的栖息地不存在时或者受到限制的条件下，鱼类将会经历一个"温度-溶解氧胁迫"（temperature-DO squeeze）过程。这是水库渔业管理中一个长期公认的

概念（Coutant，1985）。冷水性鱼类（如条纹狼鲈），夏季在水库栖息需同时满足其对水温和溶解氧的双重需求。水温和溶解氧双垂向梯度曲线适宜范围的重叠区，为该鱼类的垂向栖息地适宜面积（最大适宜水深区间）（图 17.5）。例如，Zale 等（1990）注意到在俄克拉荷水库中，当水体中的溶解氧浓度在仅为 2 mg/L 的条件下，条纹狼鲈选择在最冷的水体中栖息；如果该水层的温度上升至 27～28 ℃，并维持超过 1 个月的时间，这些鱼类将死亡（随着水温的进一步升高，这些鱼类的死亡速率会更快）。

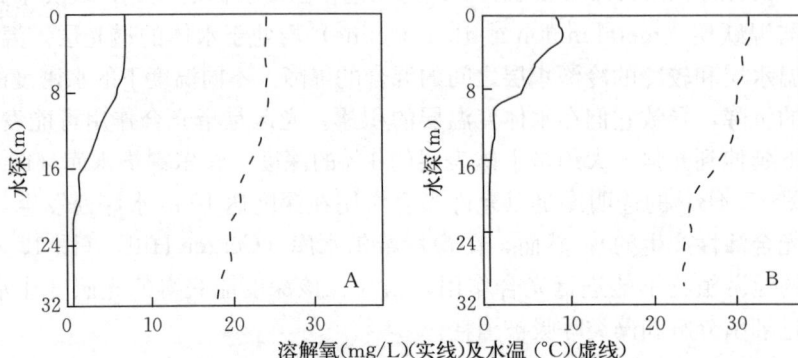

图 17.5 位于俄克拉荷马州和得克萨斯州内特克索马水库（Texoma Reservoir）坝前（reservoir forebay）溶解氧及水温剖面分布图。该水库目前为一个富营养型湖泊，湖内有条纹狼鲈自然繁殖群体。大规格（体重大于 5 g）的条纹狼鲈水温和溶解氧需求分别为低于 25 ℃及不小于 2 mg DO/L，按照此标准进行该种类"优质栖息地"的筛选。6 月，这种鱼类的优质栖息地局限于水层 15 m 以上的水域；至 8 月，湖区内拥有溶解氧不低于 2 mg DO/L 水体的最低水温为 27.8 ℃，因此在该季节内水库坝没有适宜于该鱼类栖息的优质栖息地。然而，由于小型条纹狼鲈对水温的要求没有大规格个体的严格，坝前位置这一水文条件（水温和溶解氧）可以满足小型条纹狼鲈的栖息要求。坝前位置缺乏低温、含氧量充足的水体将会直接限制成鱼的资源丰度

（数据由俄克拉荷马州的野生动物保护局的 Matt Mauck 提供）

"温度-溶解氧胁迫"现象不局限于冷水或冷水性鱼类种。Hale（1999）观察到在肯塔基水库（Kentucky reservoir）内，由于夏末莓鲈的栖息水层溶解氧量受到抑制，同时伴随有过高的水温，这一时期鱼类的生长受到抑制。我们经常可以见到的莓鲈等物似乎被"强制"栖息在水温不能过高或者过低的水体内，这个可以用生物能力学（bioenergetics principles）原理来解释（如 Hayward and Arnold，1996）。这些文献对大部分生活在水库内的淡水鱼类对水温偏好及耐受性进行了详细描述。相反的是，鱼类对特定溶解氧的需求并没有像水温需求研究的那样透彻。从保护水质的角度出发，美国环境保护局和各省州的法律条款对水体溶解氧要求提出了一个标准（5～6 mg/L）。几乎所有鱼类具有短期忍耐低溶解氧的能力。相比较而言，热水鱼类的耐受性相对较弱。但是，如果鱼类栖息水体内的溶解氧浓度低于最小代谢需求（minimum metabolic needs），鱼类的生理及健康状态均会受到损害。当然，这种需求会因鱼类种类及习性的差异而不同。

在一个含氧量充足的冷水性（水温＜20 ℃）水库，渔业管理者能够基于水温温跃层差异发展并维持双层渔业（"two-story"fishery）模式，尤其是在水库跃温层以下的深

水层。例如，在北美的低纬度地区，双层渔业的一个经典例子便是由栖息于跃温层中表层的温水带的温水性鱼类（如太阳鱼科和叉尾鮰属）和栖息于跃温层以下的冷水带的冷水性鱼类（如鲑科类）组成。由于水库环境缺乏鳟鲑科鱼类繁殖的产卵场条件，其无法在水库中完成生活史（见第 9 章），因此这一物种种群在水库中的维持还需完全依靠人工增殖放流。黑鲈、莓鲈和太阳鱼等的种群可以在双层渔业中完成自我维持，因为这些鱼类可以在水库中完成生活史。实际上，双层渔业的管理通常以"三层渔业"（three‐story fisher-ies）方式进行，因为具有跃温层的水库通常也为其他一些冷水性鱼类，如大眼梭鲈、北美狗鱼和条纹狼鲈提供了完成生活史的水温和溶解氧条件。

　　双层渔业的出现始于 20 世纪 50—60 年代，其最初目的是为了在水库中放养一些作为饵料鱼的冷水性鱼类用于调控水库食物链的结构。然而，这一举动因会对原有生态系统产生不良后果而存在很大争议。例如，美国东部水库曾引入鲱（alewife）作为鲑科（Salmonids）和鲈科（Percidae）鱼类的饵料鱼，最终因为这些外来种通过竞争（抢占食物链）（Brooking et al.，1998）、捕食（土著种的早期资源，如卵和幼鱼）（Honeyfield et al.，2005）等方式占领土著鱼类生态位，导致土著鱼类种群崩溃。此外，在美国科罗拉多州水库（Colorado reser-voir）也存在相同的问题。为了提高大眼梭鲈和小口黑鲈的生长速率，特引入亚洲胡瓜鱼作为饵料鱼，最终导致了大眼梭鲈补充群体的丧失（Johnson and Goettl，1999）。为此，当意识到这些严重后果后，渔业管理者目前不再热衷于通过放养冷水性的饵料鱼来提高捕食者的生长速率。然而，不幸的是，对于一些特定的水库，20 世纪 90 年代放养在水库中作为被捕食的鱼类，其种群数量的繁衍和结构变动已经超出了管理者的控制范围。

　　由于一个水体可支撑的渔业产量与水库的初级生产力（即营养等级）直接相关，因此水库的渔业管理非常重视水库的营养等级。相关研究阐述了水库鱼类生物量及渔业产量与营养等级的替代测量指标（磷和叶绿素 a 浓度）的关系。加拿大早期的一些工作聚焦于预测渔业产量的湖泊形态指数模型（morphoedaphic index，MEI），湖泊形态指数模型是一个包含了系统内营养的可获得性及其处理这些营养物质的能力的度量指标（Ryder，1965）。其为水体内总溶解固体（mg/L）与平均深度（m）的比值。尽管在许多野外调查和研究文献中提及，但由于形态指数模型在统计学上其比值和分母之间相关性可能会造成假象，该研究方法最终不再被青睐（Jackson et al.，1990）。尽管如此，早期基于湖泊形态指数模型的工作还是有力地促进了初级生产力指标与鱼类资源量及捕捞产量之间统计关系的研究。例如，Jones 和 Hoyer（1982）基于 MEI 指数将美国中西部湖泊和水库中游钓鱼类生物量 80% 以上的变化归因为叶绿素 a 浓度的变化。Yurk 和 Ney（1989）基于 MEI 指数将东南部水库鱼类种群现存量 75% 的增量归因为磷的富集。20 世纪 80 年代为渔业管理模式（尤其是水库渔业）的转变期（Rigler，1982）。在此之后，鱼类种群不再被视为水生生态系统中独立的部分，而是作为复杂生态系统的重要组成部分，这种认识目前已被全球范围所接受（例如，Gomes et al.，2002）。由于水库在一定时间和人类活动空间尺度范围内将会经历一个营养等级的转变，因此针对水库的渔业管理，渔业生物学家需要了解湖沼学、营养等级和渔业的关系。这些扎实的研究也成为生物学家同环境工程人员、以前那些从事确保生活用水和水质控制的管理人员开展交流的基础。

　　人们担心所有淡水系统将面临人为富营养化（即由于人类的直接活动而向水体中添加

营养物质）的考验，这是促进美国 1972 年《清洁水法》颁布的主要诱因之一。尽管早期的富营养化可以促进鱼类生长，增加鱼类生物量，从渔业的角度看貌似前景不错（多营养＝鱼类增产），但是由于鱼类食性、空间分布和种群组成的变化，与高营养状态相关联的水质变化（如缺氧、水华爆发、水体透明度降低、鱼类区系改变）并不支持提高水体的营养状态。过度营养化会导致水库中的浮游植物群落由绿藻逐步向有毒蓝藻转变，导致有毒藻类的密集生长及水华爆发，在污染水质的同时导致鱼类死亡。然而，水库的营养状态通常会随季节变化。蓝藻作为水体富营养化的指示物种（Stockner et al.，2000），会长期在富营养化和极度富营养化水库作为优势种存在（Smith，1998）。相应地，浮游植物的数量会影响到浮游动物的构成。随着营养物质的增加，在贫营养化水库内更为丰富的巨型过滤者（大型浮游动物）逐渐被低效率、小规格的吞噬藻类和细菌的浮游动物（bacterial feeders）取代。大型滤食性浮游动物（macrofiltrators）资源丰度更丰富（Taylor and Carter，1998）。在极度富营养化水库，由于蓝藻的剧增，浮游动物的食物供给实际上会下降。由于水库是立体的，水体体积远大于其水面面积，相应的会有更多的泥沙和营养物输入，因此水库更容易出现富营养化的问题。

随着《清洁水法》的实施，美国已经全面启动了减少营养源输入及阻止淡水系统富营养化的基础设施的建设。1970 年，加拿大通过了《加拿大水法》，其中关键的条款之一就是调节水体营养源输入及防控水体富营养化。尽管目前尚未被废止，各省纷纷制定了旨在保护河流、湖泊和水库水质的法律条款，如 2005 年马尼托巴省颁布的《水质保护法》（*Water protection Act of Manitoba*）和 2006 年安大略省的《清洁水法》（*Clean Water Act of Ontario*）。为了充分保障生活用水及水资源的质量，墨西哥国家委员会于 1991 年也出台了类似的项目计划（the Programa Agua Limpia，西班牙语，译者注）。在政府机构与市民的共同努力下，通过推广及要求使用无磷洗涤产品以及兴建污水处理场的方式，应对水体富营养化的工作取得了出乎意料的效果。尤其是随着进入水库的营养负荷减少，许多水库正在经历或已经经历了一个内源性营养负荷衰减的过程。

随着营养负荷率和营养状态发生了突变，一个新的名词——贫营养化进入了水库和湖泊管理者的视野。随着浮游植物生物量的降低（人们把这个等同于更干净的水）各水库从富营养化转向中营养化或从中营养化转向贫营养化，水体也更加清洁。然而，几十年来，水库的渔业成本未受到重视，渔业生物学家开始讨论"清洁水"和商业渔业之间的关系（例如，Ney，1996；Stockner et al.，2000），这种讨论一直延续至今（Anders and Ashley，2007）。藻类生物量、磷的浓度、鱼类生物量和休闲渔业产量之间关系紧密。如果水库转向低营养级，水库渔业产量也会降低。营养级的这种转变对美国南部和西部的水库尤为重要。同时，加拿大也很重视贫营养化问题，因为水库的营养级很低，即便在营养盐陡增的时期，水库仍处于贫营养化状态。随着水库的老化，甚至出现极端贫营养化状态（Stockner et al.，2000）。我们同样关注并权衡休闲渔业和清洁水资源之间的关系。Maceina 等（1996）的研究结果显示，水库营养状态的适度转变在获得了更清洁的水资源的同时，也保持了良好的渔业产量（如黑鲈产量）。

水库下泄水的溶解氧量低是一个长期的、普遍存在的问题。20 世纪 90 年代中期，美国田纳西州河流流域管理局开始尝试改善其 41 个水库下泄水的溶解氧问题。他们采用浸没、穿透和水下扩散等方法加注液态氧，以提高 41 个水库下泄水的含氧量。位于田纳西州东部切罗基湖（Lake Cherokee），实为田纳西州流域内一个面积约 11 000 hm^2 的水库。1995 年将长约 15km 的输氧软管以多孔垂线方式悬挂至库底，通过增压方式将压缩空气（氧气）泵入水体，希望通过这种方式提高下泄水的含氧量。然而，由于输入的空气或氧气在库底的低温和缺氧环境中曝气或扩散具有分层效应，难以到达大坝前池的水轮机附近。同时，少量到达大坝水轮机水域的空气或氧气经过水轮机后会分层并散发。因此，这种增氧方式对下泄水含氧量的增加有限，然而对库区坝前水域的含氧量影响显著。

采用该方式对切诺基大坝（Cherokee Dam）坝前的曝气，有效提高了库区缺氧层水体的含氧量，为坝前曾经遭受夏季低温和低溶解氧的鱼类，如花条鲈，提供了庇护条件。由于获得了合适的栖息和庇护条件，花条鲈一度大量地聚集于水库坝前水域，从而引来了大量的垂钓者。为此，当局不得不通过紧急立法禁止夏季在水库坝前过度垂钓，以避免因垂钓者数量的激增而导致鱼类大量死亡（Bettoli and Osborne，1998）。该方式成功解决了库区深层水体低含氧量的问题，并被美国田纳西河流流域管理局推广至其管辖范围的其他 8 个水库，同样获得了意外的成功，如对这些水库底层栖息地的改善。

17.3.3 水量保持与水位波动

水力滞留时间（Hydraulic retention time，HRT）直接影响水库的营养等级。水库中浮游植物群落在高 HRT 条件下具有更充分的生产潜力，其表现更像湖泊，而像不河流。Soballe 和 Kimmel（1987）通过对美国湖泊和水库的调查及研究指出，在任何营养等级和水平的水体，藻类群落需要 60～100 d 的水量保持时间才能实现充分的生产潜力。在亚拉巴马州水库（Alabama reservoirs），人们研究确定了水力滞留时间和藻类生产力以及水库营养等级之间的关系，水力滞留时间的阈值约为 35 d（Maceina and Bayne，2003）。任何水库的水力滞留时间都是由所在流域的降水量和区域的季节性及年降水量决定的。因此，水库的营养等级会存在年际和年内不同季节间的变化。

尽管无法控制水库流域范围内的降水量，但是水库管理者可以通过调度来控制水库的水力滞留时间和水位，这两个水文条件可直接影响水库渔业发展。

虽然目前尚不清楚水力滞留时间与渔业之间的复杂关系，但水位对鱼类种群的影响是直接而显著的。例如，水位的剧烈变化将直接影响或破坏一些产卵场，如沿岸产卵的鱼类。目前的研究也证实水位变化影响着鱼类种群补充。例如，美洲真鰶（Michaletz，1997）、大口黑鲈（Sammons et al.，1999）、白鲈（DiCenzo and Duval，2002）、莓鲈（Maceina，2003）等。尽管生态机理尚不清楚，大多数研究都明确了鱼类对水文条件的响应关系。然而，即使明确了影响鱼类种群的水文条件，但是仍然难以改变水库的调度模式，以适应鱼类的需求。

调节区的水位波动（如防洪控制水位和正常蓄水位的波动）会部分或全部影响原有靠近入口的漫滩或泛滥平原，可能导致在靠近大坝水域或地区完全被高地植被所占领。水库蓄水运行后，标准化的单一水文变化模式将替代原有的自然水文节律和洪水节律。这种干-湿交替循环规律的丧失具有长久的生态效应。水库沿岸地区生物群落将逐步演替为适应于湖泊或水库死水位的种类，与原有漫滩的滞水带相比，多样性及丰度均丧失。蓄水导致漫滩淹没时间延长，滩地植被死亡。滩地植被是调节该区域水域生态系统的重要组成部分，淹没区内的陆生植物为近河岸带栖息的鱼类创造了多样性的栖息地及庇护所，为这些鱼类的生存提供了良好的环境。尽管如此，随着时间的推移，基于工程水文学（engineered hydrograph）标准化的水位波动将限制植物生长，从而使得大部分坡梯和沼泽变得寸草不生。在入水口位于调节区域且横跨原有的漫滩时，情况可能不同。人们通常误认为，这种保持了固定的水位调度曲线的水库调度方式有利于休闲渔业的发展（Miranda and Lowery，2007）。

调节水域内的洪水经常用来模拟自然的洪水脉冲过程，并用来维持与随机洪水相类似的生态过程。在未受阻隔的自然流动河流的高水位期，河流及其漫滩内的营养物质交换会增加漫滩的营养净值。在水库内，营养物质一般来源于入库水体。由于上游梯级水库的截留作用，许多营养物质已沉积在上游水库，导致下游水库内颗粒有机物及营养沉积物减少。事实上，由于营养物质来自营养贫乏的调节区水源，营养物质会出现净减少现象（Thomaz et al.，2004）。

调节水域内重建洪泛区是水库栖息地管理的核心。标准化的水库调度指导曲线导致调节水域植被消失，对漫滩物种的生态价值功能有限，而且无法提供维持鱼类群落多样性所需的洪水过程（Miranda and Lowery，2007）。洪水节律的年际变化是维持物种的必要条件，可以保持物种的多样性，周期性增加所有物种的数量，并在极端情况下连接流域和远距离的回水区，实现原有生态功能的再恢复。采用灵活多变的水位调控操作可以制造人造洪峰（artificial floods），也可以满足洪峰时间和范围的需求。但是，最大的挑战是，如何将这一随机变化的水文节律纳入高度标准化的水库调度指导曲线（也即国内的水库调度规程，译者注）之中。在制定水资源管理发展计划时，监管机构可以考虑在一定范围内，将管理的随机性纳入标准化的水库调度指导曲线。

美国的许多水电站需获取联邦能源管理委员会（Federal Energy Regulatory Commission）颁发的水电经营许可证才能运行，这些许可证经营年限最高为50年，到期后需进行更新（见第4章）。因此，可通过授权水库渔业管理机构一定权利的方式，让其参与到水电经营许可证更新和再次授权过程中，从而可从基于渔业需求的角度提出再次授权的要求。如果这种前提成立的条件，在一定程度上可以保证水库鱼类资源保护需求，与发电、防洪和航运等的需求处于同等的位置。水电经营许可证的再次授权过程是复杂和耗时的一项工作，但是现在也提供了一个可改变水库未来运行模式的罕见机会，因为下次授权主要考虑的问题是环境灾难。但也正因为如此，也为未来几十年水库的良性运行奠定了坚实基础。根据《美国环境保护法》，任何可能对环境产生重大影响的重大联邦行动都需要环境影响声明。可以采取多种措施缓解水库对环境的破坏，包括改变水库调度指导曲线以促进水库鱼类自然繁殖，改善大坝下泄水的水质和（或）水量，制定保护沿岸栖息地和河岸带的管理计划。加拿大环境评估署（The Canadian Environmental Assessment Agency）在1995年制定的《加拿大环境评估法》没有涉及水库调度运行的内容。但是，随着加拿大水电设施的升级，以及水库调度方式改进和优化方案的制定，联邦政府将对相关工作环境影响进行重新评估，渔业管理部门将有充分的机会参与到这一评估过程中。

17.3.4　水下构筑物和植被

在一些水库，尤其是那些老水库或在冬季经历明显水位下降的水库，明显缺乏水下木质体或植被。就如何解决水库水下木质体或植被数量缺乏这一问题，许多机构和社会团体开展了相互合作。根据最近的一项调查（Tugend et al.，2002），美国大多数与鱼类和游钓相关的机构已投入资金和人员来增加水库中水下植物构筑物的数量，并评估其对贫瘠河岸带的影响（barren littoral zones）。在热带水库［如巴西的拉日什水库（Lajes Reservoir），其为主要用来发电的贫营养水库］，调查内容也涉及了鱼类群落结构对放置在河岸带的人工构筑物的响应（Santos et al.，2008）。

水下构筑物（submerged structure）通常由自然材料（如刷子或废弃的树木）或汽车轮胎等人工制造的产品搭建（图 17.6）。由人造材料制成的构筑物在给鱼类提供庇护所或吸引鱼类栖息方面，效果不如那些由原木材料构建的构筑物（Roni et al.，2005）。通常采用桩床（即由一定长度的细长木材打入软基板创建的一个垂直结构矩阵）来支持水库渔业。这样的管理措施被纳入强化栖息地范畴，其主要目的通常是吸引鱼类聚集而提高垂钓捕获率，而不是增加水体中鱼类的种群密度。在有些地方，常放置一些半木结构（Hoff，1991），用以吸引黑鲈前来产卵，特别是小嘴鲈（图 17.6）。大多数情况下，只有栖息于底层或具有对水下构筑物偏好的物种［例如，太阳鱼科和慈鲷（cichlids）］才使用放置在贫瘠河岸区的水下构筑物；放置这些构筑物并不会使栖息在开放水体的表层的鱼类受益（Santos et al.，2008）。

图 17.6　生物学家和垂钓者常在光秃秃的沿岸区开展合作。放置在水库水下的圣诞树和木制托盘（左图）能够吸引各种各样的物种前来栖息和定居，沿着暴露的河岸线放置的产卵台（通常为半圆木低台，右图）为黑鲈特别是小口黑鲈提供产卵生境。桩型坐床（对美洲大鳃鲈特别有吸引力）和倒下的树木（图上未显示）都能够形成良好的鱼类栖息地

（例如，Quinn，1992）

Brown（1986）曾指出，针对这类吸引鱼类而构筑的设施以及其他旨在加强栖息地保护措施的效果评估仍很少，也鲜有成果发表。20 年过后，这方面的进展仍很缓慢（Roni et al.，2005）。同样，尽管栖息地增殖设施构建被广泛运用在水库管理中，但是这些增殖

设施对垂钓捕获率的促进作用鲜有研究成果发表。Wills 等（2004）的一篇综述性论文回顾了水库栖息地增殖技术的基本原理，并指出栖息地变量（例如，底质）在决定鱼类是否使用人工构筑物方面发挥的普适作用。例如，接近自然栖息地复杂物理结构的人工构筑物在大口黑鲈繁殖的栖息地增殖方面发挥了积极作用（Hunt et al.，2002）。

　　栖息地增殖措施的效果评估尚未明确，仍需要更全面地研究去判别鱼类在种群水平上对栖息地增殖措施的响应（Roni et al.，2005）。毫无疑问，水库管理者更愿意加强这方面的工作，因为他们需要满足垂钓爱好者的垂钓需要，而无关公众对鱼类种类的偏好。例如，在田纳西州诺里斯湖（Lake Norris），从 1992 年开始，垂钓者和生物学家一起开展鱼类栖息地增殖合作，在水库沿岸带放置了超过 21 000 个水下构筑物。这项花费了几十年时间的工作的主要目的是为了让垂钓者接受一个观点，即孵化车间（hatchery truck）不能解决所有问题，通过增设天然和人造构筑物去增加栖息地的复杂性，是获得健康的鱼类种群和良好的渔业资源的关键措施。圣诞树和木制托盘（图 17.6）吸引了不同物种。沿着暴露的河岸带放置的产卵台（也称为半圆木）为黑鲈尤其是小口黑鲈提供产卵栖息地。在图 17.6 背景中，人们可以看到倒下的树木也是良好的栖息地（例如，Quinn，1992）。随着在水域沿岸带种植植被或播种，栖息地增殖项目为利益相关者和生物学家之间建立了沟通渠道和机会，并形成了紧密的关系，从而增强了互信，为解决冲突提供了帮助（表框 17.1、表框 5.2）。如果水库内栖息地增殖技术的生态影响随后被证明是适度的（或无影响的），那么生物学家的信誉也不会丧失。前提是生物学家必须承认在早期的栖息地增殖过程中，相关技术理论还不成熟，且采取这样的栖息地增殖措施也可能不会为渔业带来增产。

表框 17.1　水库渔业管理忽视人文尺度的代价：诺里斯湖故事

（改编自 Churchill 等，2002）

　　诺里斯水库于 1936 年始蓄水。在蓄水的前 20 年中，被淹没区域释放出的营养盐，以及库区中大量未被利用的栖息地的形成，使得加拿大梭鲈、大眼梭鲈、小口黑鲈等土著鱼类在湖中繁盛起来。那时，研究水库的生物学家们鼓励居民使用刺网来进行渔业捕捞，以避免资源浪费。但紧随富营养阶段其后的营养物衰减（如内源营养负荷率的下降）和高品质栖息地的丧失，这样的盛景没能持续。20世纪 60 年代，生物学家引入了条纹狼鲈，休闲渔业也随之蓬勃发展起来，然而喜欢垂钓土著鱼类的垂钓者并不喜欢这种方式。这些垂钓者担心引入的条纹狼鲈会导致土著鱼类（如梭鲈、黑鲈和太阳鱼）灭绝。60 年代末期，与水库蓄水后的前 20 年相比，这些土著鱼类的丰度显著下降。而 70 年代当地渔业管理部门对垂钓者的回应是继续扩大条纹狼鲈的种群引进规模。管理部门也进行了野外调查，用以证明条纹狼鲈既不会与土著鱼类进行竞争，也不会捕食土著鱼类。生物学家对不断聚集的不满的反映则是开展他们熟悉的工作——开发新的渔业资源以利用水库中上层栖息地和丰富的饵料资源，收集生物学资料并为管理部门提供支撑。

　　为了平息诺里斯湖地区日益增长的、有组织的反对声音，1992 年在当地政府赞助下，成立了一个工作组。然而，工作组所取得的成果和提出的建议，并不能够让反对者信服。于是，反对者转向通过立法授权来寻求解决方案。代表这些地区的立法委员提出了 5 个草案，但均被否决。垂钓者内部关于条纹狼鲈引进计划的意见也不统一，各方寸步不让，这也让问题变得更加难以解决。

　　成千上万的经费投入研究中（如，Raborn et al.，2002），一个顾问委员会也于 1998 年应运而生，

（续）

以弥合各方关于库区多样化渔业管理的分歧。诺里斯湖顾问委员会关注各利益相关方的诉求，并在平衡各方诉求和达成共识方面起到重要作用，如放流多品种（包括土著物种，如太阳鱼、大眼梭鲈等）。到了 2008 年（10 年后），来自不同背景、持各种观点的垂钓者与州里的生物学家定期互动，通力合作，互利共赢（图 17.6）。

忽视了"人性化"的重要性（21 世纪渔业教育中的常规组成部分），其结果是引发并助长了诺里斯湖的争议，甚至在某一时期威胁到了田纳西州野生生物资源管理局的组织结构。进入 21 世纪后，随着人口的增长，公众越来越关注水资源和捕捞鱼类的质量，水库生物学家在今后的日常管理工作中也将会发现有越来越多的机会和需要来考虑人文尺度这一范畴。

如果水库沿岸带的土壤基质存在且水位波动不太严重，水生植物必然会在水库沿岸带拓殖。对水生植物的管理争论已经持续了几十年，而且水库生态系统对河岸带植被定殖和植被恢复的响应也已被广泛接受（例如，Bettoli et al.，1993）。大多数生物学家认为种植一些水生植被有益处。因为研究表明，中等水平的植被密度有利于休闲渔业产量最大化（例如，Wiley et al.，1984；Miranda and Pugh，1997）。尽管如此，关于植被管理的争论经常困扰着渔业专业人员，因为不同的利益相关者对什么是理想的植被水平有不同的看法（Wilde et al.，1992；Henderson，1996）。随着水库的河岸带城镇化，岸线房屋拥有者和开发商的加入也使得冲突的可能性进一步增加。特别是当水库被外来物种，如黑藻（hydrilla）或水葫芦（water hyacinth）占据时，这种冲突可能会进一步升级。在天然的病原体或草食动物缺乏的情况下，黑藻、水葫芦和其他外来物种更容易达到有害水平。以我们的经验来看，如果植被覆盖率达到水库水面面积的 40%～50%，水库管理植被的能力将受到影响，对植被进行根除可能成为唯一的选择（即使在大型水库中也是如此）。理想情况下，水库应尽早对植被管理做出决断，决断越早，可采取的应对措施相对会更多。

目前，处理水库有害水生植物的主要方法有 3 种：化学法、生物法、机械法或水位控制法。水库管理者在管理有害的水生植物时常常会权衡化学控制方法和生物控制方法的利弊。除了少数例外情况，水生植被的生物控制通常就是放养草鱼（自然界的二倍体鱼或人工诱导的不育三倍体鱼）。利用草鱼来控制水生植被的研究已有 30 多年的历史。草鱼是一种寿命长、食草性鱼类。如果放养规格（全长大于 30 cm）足够大的草鱼，以及拥有足够的放养密度（20～70 条/hm²，Martyn et al.，1986；Bonar et al.，2002），将有能力消耗所有的沉水植物和浮游植物。草鱼对植物物种的控制能力是没有争议的，其在水库和小型蓄水池中对植物物种的控制能力也不会受到质疑。生物操纵面临的问题是如何设计策略，用草鱼控制植被，而不是消除水库中的植被。曾经有人认为，通过逐渐增加草鱼的放养密度以及密切的监测，可能会达到理想的中等植物密度（例如，Bain，1993）。然而，不同水库生态系统对草鱼放养的响应有很大的不同。现在已经达成了一个共识，即草鱼只能放流在沉水植物可以被完全消除的水体中（Bonar et al.，2002）。

一旦放养草鱼，将很难控制其摄入的植物生物量。但是，可以利用除草剂控制水库生态系统中的植被。已有大量文献报道了采取化学法来控制有害水生植被的情况，并且关于除草剂的使用信息很容易从互联网获取。在大多数地区，除草剂和杀虫剂的使用只限于拥有使用执照的人群。采取化学法控制水生植被比引入草鱼的成本更高，但其可以在目标地点和目标时间内消除植被，使得其使用广泛。

近年来，随着除草剂配方和喷洒系统的进步，大规模使用化学药品控制植被变得更具成本效益。例如，一个在格鲁吉亚塞米诺尔湖一个海湾的太阳能 TM 滴水输送系统（使用能够抑制类胡萝卜素光合作用的氟啶酮除草剂），清除了 1 200 hm² 的轮叶黑藻（Sammons et al.，2003）。氟啶酮（fluridone，分子式 $C_{19}H_{14}F_3NO$）除草剂被认为是近 20 年来一种有效去除黑藻的优秀除草剂。使用它杀死黑藻的剂量对本地浮游植物和沉水植物，如苦草属、眼子菜属和海三棱蔍属植物造成的影响非常小（Hoyer et al.，2005）。尽管如此，2000 年在佛罗里达州发现了对氟啶酮具有强抵抗力的黑藻属黑藻。对抵抗性强的黑藻只能使用更高剂量的氟啶酮，并使其暴露在氟啶酮中更长的时间，这种除藻方式严重影响了当地的土著植物物种。目前，正在开发和获取认证新的除草剂，以便更经济、更安全地控制黑藻（和其他有毒植物）。同时，也在进行关于在氟啶酮的选择性压力缺失的条件下，轮叶黑藻类生物是否仍对氟啶酮具有耐药性方面的研究（Puri et al.，2007）。水库管理者担心轮叶黑藻对氟啶酮的耐药性蔓延到新的水库，在维护该水库的生态功能和栖息地多样性方面将面临的严重挑战。

与植被控制相比，土著植被拓植受到的关注较少，但近年来人们对其的兴趣有所增加。野外研究通常需要在围隔中种植本土植物（例如，美国马尾草、野芹菜）作为扩殖地基础（Smart et al.，1996）。修建围栏在植被种植过程中非常重要。如果不修建围栏，沿光秃岸线分布的小块移植植物或繁殖体，将很快被陆生、水生、两栖动物或鸟类中的草食动物啃食（Smart et al.，1998）。虽然建立本土植物种群的前景吸引了许多利益相关者的投资，但这类项目的效果并没有得到很好的证明。当海龟和其他食草动物强行进入围栏时，修建的围栏也会导致植物种植失败（Bettoli and Gordon，1990），而且，暴露在围栏外面的植被也往往容易被食草动物啃食。尽管如此，在选定的水库成功建立本土水生大型植物种群也是很有可能实现的（Smart et al.，1996）。无论修建围栏与否，在缺乏合适基质或水位波动剧烈的水库建立水生植物种群都存在很多障碍。这个事实敦促生物学家冬季在水库（这些水库在冬季通常会经历水位下降）的沿岸带上，播种一年生陆地草本植物（如冬小麦、谷子、黑麦草），并观测这些植物经历冬季水位降低后的存活率。大量调查得出一个普遍共识，即水库岸线植物的播种对渔业的益处是有限且短暂的（Strange et al.，1982）。在低纬度地区，一年生草本植物容易在裸露的沿岸带上生长，几乎不需要或仅需要少量土壤，并在秋季和冬季长成茂盛的植被丛。然而，一旦这些植被被春季上升的水位淹没，往往不会再继续存活下去。因此，在春天和初夏之后，没有植被可以作为幼鱼的栖息地。在水库沿岸线种植植物的一个好处是，当土壤暴露在雨水中时，沿岸线生长茂盛的青草可以防止雨水对土壤的侵蚀。

美国水杨柳是一种新兴的植物，几十年来广泛种植于北美洲的水库沿岸带，其种植的成效也是成败参半。这种植物有一种半刚性纤维状的茎，通过根状茎的生长能够迅速定殖新的栖息地。虽然美国水杨柳不容易被食草动物啃食（例如，Dick et al.，2004），但是如果它们遭遇长时间的洪水或干旱，那它们的移植苗和成熟苗都不可能存活（strakosh et al.，2005），它们对洪水的耐受性优于对干旱的耐受性。当前的研究正在寻求在水位波动情况下，维护水库岸线、栖息地特征的方法，美国水杨柳和其他移植物种可能有机会在水库岸线定居。

木本植被对水库生态系统的重要性促使人们对在水库消落区种植柳树、杨树等河岸先锋树种和秃杉等耐水树种的可行性进行了许多研究。当沿着水库岸线种植树苗或幼苗时，同样的环境障碍也会限制草本植被的重建（例如，食草动物、干燥和冻结期以及淹没期）。人们普遍认为，如果改变水位波动模式（如改变调度指导曲线）能够促进消落区植物的生存，那么木本植物（以及草本植物）很可能也会在消落区建立种群。然而，改变水库发电的指导曲线（调度规程）虽然有利于水库岸线植被生长，但是也很可能会导致高昂的成本代价（Chydro，2007）。

尽管如此，水库岸线种植和构建水生植被或河岸树木带的努力仍获得公众及时和热烈的支持。这些项目有助于告知利益攸关者，他们的渔业活动在很大程度上受栖息地质量的影响。以下摘自一个受欢迎的垂钓杂志《巴斯时报》（*BASS Times*）（2004 年 12 月）的一篇文章，该文章认为即使植被种植不成功，其也会深受钓鱼公众认可。

"岸线上植被的种植，一方面加强了西弗吉尼亚鲈联盟和西弗吉尼亚州自然资源局的关系，另一方面也有助于对正在执行的项目产生极大的关注。在岸线上种植植物受到的挫折不可避免，在西弗吉尼亚州建立一个成功的水生植被项目也需要时间和精力。尽管如此，西弗吉尼亚州自然资源局仍向垂钓者做出了一个坚定的承诺，为鱼类提供优质的栖息地是这个山区州的优先事项。"

尽管关于岸线播种和本地水生植物种群建立项目的生态价值、成本效益和程序过程仍处在争议之中，但公共关系对这些项目的影响巨大，不能忽略。因此，管理者应积极看待任何对资源无害的活动。促进渔业生物学家和利益相关者群体之间的相互沟通，并在未来通过各方面的突破，获得重要的潜在利益。如前所述，生物学家应清楚，在这些栖息地增殖项目在短期内不能提供实际可见的效果的情况下，需对这些项目有切合实际的预期，以维持其可信度。

17.3.5　水库纵向格局

水库形态、流量、流速、悬浮物、透明度和营养盐的空间分布会随着水库的纵向变化而相应发生改变（Kimmel et al.，1990）。水库库尾区域和河湾通常为流水栖息地，水深和河段宽度通常比水库库首的区域小，且受到河流原地质地貌和流域形态的影响（图17.7）。水库上游的激流区，流速大、水体滞留时间短、营养水平较高、透明度低、沉积物含量高。与库区库首江段相似，该区域水流混合均匀、溶解氧丰富，通常较为混浊。

虽然该区域的营养物质丰富，但由于透明度低、流速大，水体的初级生产力受到限制（Bernot et al.，2004）。在库区的下游河段，水面变宽、水深加大、流速变缓、悬浮物减少、混浊度下降和光可用性增加。与上游流水区域相比，过渡带的营养物浓度虽然低，但由于沉淀作用，水体透明度高，藻类光合作用强度增加（甚至是整个库区最高的区域）。缓冲区的水体生产力依靠内源性营养物质而非外源性输入。在临坝区，水库通常最宽，水深也最大，流速基本为零（泄洪时段除外），水体透明度最高。虽然该区域营养物浓度比上游河段低，单位初级生产力低，但是该区域有较深的透光层，其总生产力水平并不低。由于营养物浓度、输沙量和水深的不同，上述 3 个区域通常会被

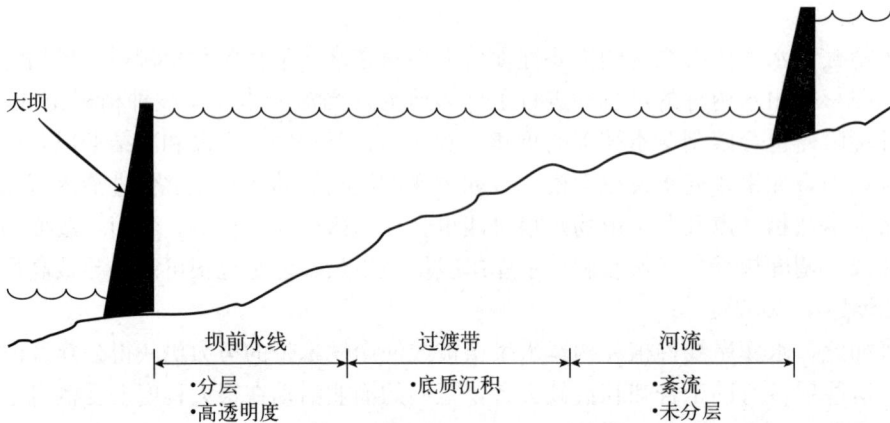

图 17.7　物理栖息地和水体透明度沿水库纵向梯度变化图。对不同水库而言，库区三块区域的相对长度是不同的。比如，大型支流上的水库，其过渡带通常很短；而干流径流式大坝的临坝区域很短或者不存在。库区的流水河段通常是最混浊的区域，但是如果水库的上游还有梯级，库区流水河段的透明度通常会较高。过渡带的末端由于水体流速突降，通常是悬浮物沉积最严重的区域

归类为 3 种不同的营养状况。例如，田纳西州的森特希尔湖（水库面积 7 400 hm²），其过渡带和河湾被归类为富营养化区域，近坝的湖泊区则被归类为中营养水平区域。尽管如此，水库纵向梯度的效果能否显现出来，还取决于支流的大小和布局、水库区域的形态以及水库的沿河方位。

　　鱼类群落和渔业通常也会表现出纵向变化。例如，在伊泰普水库，鱼类物种多样性水平随着临近大坝而下降（De Oliveira et al.，2005）。美国东南部的美洲西鲱等主要物种的丰富度通常在临近大坝区域最低，而在水库流水区域丰度有所回升（Michaletz and Gale，1999）。在俄勒冈州的约翰迪水库，引进物种大眼梭鲈主要集中在水库上游的 1/3 处，而同为引入物种的小口黑鲈则聚集在水库的下游湖区（Beamesderfer and Rieman，1991）。在泰克瑟马湖 Gido 等（2002）发现，基于水库的长度和支流的长度，沿岸带的鱼类群落具有高度可预测性。这种可预测性的基础是不同鱼类物种对水库理化梯度的响应有所不同。

　　简而言之，许多在水库上游河段生活的种类，在其生活史的部分阶段有流水栖息地需求，这些种类适应于近岸或底层生活，或者偏好沙和砾石底质。许多具有洄游习性的物种（例如，溯河洄游型鱼类），其产卵场位于库区支流或者水库上游的河漫滩。在近坝区域，适应于湖泊栖息地的中上层鱼类则更为常见，由于水温和水体的分层，深水区通常没有鱼类生存。在水库的过渡带，静水缓流性和流水性鱼类能共存，该区域的物种丰富度和多样性水平通常最高（Agostinho et al.，1999）。

　　许多水库显现出来的纵向模式会影响到水库的管理。例如，渐变群的概念为解答什么是影响纵向微生物群落组成、繁殖、新陈代谢和生物量积累的关键因子提供了必要的基础，以及使我们能够从更深层次探讨水体富营养化的进程（Lind，2002）。可以采取纵向模式的框架指导采样工作，如评价水质（Davis and Reeder，2001）、泥沙沉积（Pagioro and Thomaz，2002）、最大日负荷总量和鱼类种群等。例如，伊泰普水库的纵向模式研究表明，需要在渔业管理上充分考虑不同区域鱼类优势种和渔业产量存在差异（Okada et al.，2005）。在凯夫湖（位于肯塔基州），湖内 3 种黑鲈的梯度分布模式与栖息地和营养物质的渐变趋势相关，表明需要根据区域分别对采样和种群特征进行评估（Buynak et al.，1989）。对于库区较长，纵向效果显著的水库而言，渔业管理可以按照区域划分，每个区域的栖息地恢复措施、渔获法规和基础设施建设策略均会有所不同。不同环境条件的水库，其管理措施并不具有普遍适应性。

17.4 入库支流

支流是水库的组成部分之一，包括水库蓄水主干流、分支流、进水口等。支流的径流量及河道的宽度和长度通常差异很大，按照河流规模可分为大型河流及小型溪流。不同规模的支流对库区鱼类群落的影响不同。一般而言，大型支流（如河流）对库区鱼类的影响要比小型支流（如溪流）大。这些支流规模的差异及变化可直接导致库区鱼类群落生态类型发生变化，如静水型鱼类、喜缓流性鱼类和喜流水性鱼类群落结构的相互变化。

17.4.1 支流规模和库区鱼类群落

栖息于库区的大部分鱼类种群源于河流，具有支流产卵习性（Fernando and Holčik，1982），但也有很多广适性鱼类，它们在库区和支流均能繁殖，尽管它们在水库中的丰度往往通过进入支流而得到提高。许多暖水性鱼类，如长吻雀鳝、匙吻鲟、白鲈和部分吸口鲤科鱼类，会在繁殖季节从库区洄游到支流中产卵（Colvin，1993；Johnson and Noltie，1996；Hoxmeier and DeVries，1997）。此外，由于支流具有繁殖需要的适宜底质、流速和水温条件，因此大部分鲑科鱼类会进入其中繁殖（Parsons and Hubert，1988；Crisp et al.，1990；Stables et al.，1990）。大部分鱼类偏好的产卵场底质类型为砾石，而繁殖准备活动往往在产卵场附近的浅潭中进行。砾石浅滩为多种鱼类的繁殖场所，鱼卵孵化出膜后，幼鱼会立即进入库区（如红大麻哈鱼）或者在支流（如部分鲑科鱼类）或者在回水区（如雀鳝科、匙吻鲟和部分鲤科吸口鱼类）停留数月至数年而后再返回库区。对于上游河道较长的水库、大型支流或者广阔河漫滩（floodplains）的水库来说，其鱼类组成中有大量的河道洄游型鱼类物种。例如，位于伊泰普水库上游的巴拉南河及其相连的河漫滩为多种鱼类提供了繁殖和庇护场所（Agostinho et al.，2001）。当地 10 种鱼类中，有 6 种鱼类与伊泰普地区的生活和渔业息息相关（Okada et al.，2005）。在自然资源保护者和渔民的呼吁下，巴西政府在库区上游设立了国家公园来保护库区的鱼类资源。密西西比流域的众多水库中，产出优质的美洲大腮鲈，库区上游的沼泽区、回水区和牛轭湖中的幼鱼密度通常比库区要高出 1～2 个数量级（Meals and Miranda，1991）。

这些水库的回水区，常年或间歇性地被淹没，生长在这种河流-河漫滩模式下的美洲大腮鲈为下游库区的鱼类提供了补充种群。水库回水区是许多种类的幼鱼的育苗场所，这些鱼类在河流中产卵，幼鱼在静水浅塘内成长。恢复和保护这些上游的河流-河漫滩栖息地应是水库管理的优先事项。

尽管部分短距离洄游型鱼类能够利用水库及其相邻的支流，来应对因蓄水而引起的流水栖息地丧失。然而，大坝和水库的阻隔，会对长距离洄游型鱼类造成巨大的影响（Larinier，2001），如水库造成产卵场的丧失或减少，以及鱼类繁殖场时间推迟。大坝和水库会阻隔鱼类上下游间的洄游通道。溯河洄游鱼类（如鲑）和降河洄游鱼类（如鳗鲡），其生活史的部分阶段需要在河流或海洋或其他大型水体中度过；河道洄游型鱼类在其生活史的特定阶段需要在江河系统中进行长距离洄游（如白鲟和大眼狮鲈），这些鱼类上行和下行活动均会被大坝阻隔所影响。对于具有上行产卵需求的成鱼，大坝及其相邻的水库将会是难以逾越的障碍，除非修建有过鱼设施。对于具有下行索饵或越冬需求的幼鱼或成鱼，被卷入水轮机伤亡或在静水区被捕食的风险增加（Lucas and Baras，2001）。哥伦比亚河和斯内克河流域大西洋鲑的现状已经阐明大坝和水库给洄游鱼类带来的负面影响，流域干流上修建的18座大坝（以及小型支流上的坝）阻碍了成鱼的上行和幼鱼的下行。许多大坝（尤其是西北太平洋区域）已经配备了过鱼设施，在这些区域，洄游种类在鱼类组成中占有相当高的比例。然而，北美洲东部许多大坝缺少过鱼设施。

17.4.2　基于库区鱼类保护的支流管理

是否需要通过管理支流来增加库区鱼类的种类，取决于水库鱼类的组成。简而言之，一般采用的措施有保护砾石浅滩、保持河岸稳定、保持相连接的沼泽和牛轭湖通道的畅通、制造人工回水区、在鱼类生活史关键期提供合适的流量和水位等。河流管理的第1步是清查支流栖息地，并根据鱼类生态习性开展评级。目前，有大量关于河流栖息地保护和修复的文献（如，FISRWG，1998；见第10章）。该文侧重于河流修复，以使河流鱼类受益，而不是使得部分生命周期在河流里的库区鱼类受益，虽然这两个目标有所重叠。水库的纵向梯度（见17.6）决定了鱼类种群管理需要注意支流的保护和修复。

17.5　库区流域

我们把涉及水库的库区流域定义为一个流入水库的集水面积，包括水库及其支流所覆盖的所有地表集水区（简称库区流域）。库区流域的土地覆盖是决定水质特征和鱼类群落组成的重要因素。如前所述，库区流域对水库的营养输入影响水库的初级生产力。营养物质通常嵌入有机和无机颗粒中，通过河流、地下水和地表径流从库区流域流入水库。库区流域通常经历不同程度的森林砍伐、农业发展、工业增长、城市扩张、地表和地下采矿活动、引水活动和道路建设。这些活动破坏了地表径流，改变了年度流量和空间分布，促进了营养物质、沉积物和碎屑向下游运动，最终被水库截留，并调节了初级生产力、物种组成和食物网相互作用。

悬移质和推移质是从库区流域进入水库的主要物质。其中悬移质在水库中产生悬浮的细小物质，并出现如前面所讨论的沉积现象。在密苏里135个水库中，其平均总悬浮固体物含量为1.2～47 mg/L，并与流域内的耕地占比直接正相关，而与流域内的森林覆盖率呈负相关（Jones and Knowlton，2005）。农业流域内的水库淤积率较高，其受农业土地管理模式的影响较大。悬移质的沉积不仅影响水库的回水区，而且随着回水的注入，沉积作用向上延伸到水库以外的支流。

流域的生产实践与水库富营养化有直接关系（Carpenter et al.，1998）。作物的连作和施肥是库区流域内面临的主要人类干扰（Novotny，2003）。从农田输出的养分要高出草地和林地的数倍（Beaulac and Reckhow，1982）。密苏里河的水库群中，农田周围的水库中氮磷的含量高，而森林环绕的水库中氮磷含量低，两类水库中营养盐含量至少相差 7 倍（Jones et al.，2004）。类似的结果在康涅狄格州（Field et al.，1996）、艾奥瓦州（Arbuckle and Downing，2001）、俄亥俄州（Knoll et al.，2003）的湖泊和水库中也有报道。由于不透水表面对地表径流的增强效应，来源于城市库区流域的单位土地面积营养物质输入往往等于或超过来源于农业库区流域的营养物质输入（Beaulac and Reckhow，1982）。

库区流域的关键部分是陆地紧邻水库的地带，称为河岸带。河岸带开始于岸线并向内陆扩展一段距离。对于支流来说，河岸带的定义是指包括从高水位线高地到植被可能会受到升高的地下水位和洪水影响的陆地景观带（Naiman and Decamps，1997）。对于水库来说，河岸带类似于仅靠近支流入口处的支流。水库的下游区段缺乏真正的河岸带（靠近坝址区域），因为原来的河道已经淹没，且其岸线轮廓由提供缓冲带（尽管不是河岸带）的高地植被组成。

河岸带是调节水陆相互作用的关键生态区（Correll，1997）。在支流中，河岸带的主要功能包括热缓冲、遮光、形成木质碎片、河岸稳定性、沉积物和养分拦截等（Pusey and Arthington，2003）。这些功能在水库中仍是普遍相关的。此外，防止强风也成为水库河岸带的一个重要特征。此外，作为水陆交错的缓冲区，河岸带有助于维持休闲渔业的体验和质量。

17.5.1　库区流域和水库渔业关系

前文已经详细描述了库区沉积物以及从流域输入的营养源对水库的影响。然而，除了氮、磷之外，库区流域还可以为水库提供大量的颗粒有机物。北美洲许多水库的鱼类种群以美洲真鲹为主，这是一种在仔鱼阶段以小型浮游动物为食（Miranda and Gu，1998），但能够在后期仔鱼阶段消耗大量有机碎屑的鲱科鱼类（Mundahl and Wissing，1987）。基于 Vanni 等（2005）的研究结果，美洲真鲹能够作为水库鱼类和库区流域之间的关键联系。农业库区流域往往比森林覆盖库区流域输出更多的颗粒有机物，在农业流域内的水库内，美洲真鲹丰度更高，很可能是库区流域通过对美洲真鲹仔鱼和成鱼阶段进行营养物质输送的结果。因此，对库区流域输出物的依赖使美洲真鲹和牛胭脂鱼等的种群优势超过其他水库鱼类，因为它们可以利用这些外源性的食物资源。

河岸带对鱼类有多重影响。没有合适的河岸过渡带，细小沉积物会从库区流域漂浮到浅水水库，从而影响沿岸鱼类物种。混浊度和沉积物浓度的增加会影响食物的可获得性（如底栖无脊椎动物和藻类，Berkman and Rabeni，1987），并影响鱼类的觅食行为和觅食效率（Bruton，1985），以及改变物种内的相互作用。其他影响还包括产卵栖息地适宜度的降低（Walser and Bart，1999）和鱼卵死亡率的增加，以及仔、幼鱼的生长发育和存活率的降低（Jeric et al.，1995）。由于河岸和沿海栖息地的退化，生活史的全部或部分时期依赖于沿岸带的鱼类密度可能会下降。较少依赖基质资源和能够摄食浮游资源的鱼类可能会成为优势种群。

除了少数研究以外，河岸带对湖泊和重建生态系统的影响研究主要集中在河岸带的过滤效应以及其对水质的积极影响，很少涉及其对鱼类种群结构的直接影响。在美国南部的水库中，由水库周围的森林提供的粗木质栖息地中的物种丰富度和加州鲈丰度普遍较高（Barwick，2004）。在威斯康星州的一个湖中，实验人员从河岸带移去粗木质栖息地导致大口黑鲈摄食鱼类减少，进而影响其生长速率（Sass et al.，2006）。此外，由于缺乏粗木质栖息地，密西西比狼鲈捕食很少或几乎没有补充食物，从而使得其密度下降到极低的程度。

17.5.2 库区流域管理

库区流域管理的目标是维系自给自足的自然过程和促进陆地、河岸和水库环境之间的联系。库区流域管理包括控制从周围地形流入水库或支流的径流的数量构成和流入时间（表框 17.2），首要工作是停止或消除导致水库退化的人类活动，这也是最关键的工作。这项工作涉及对人类活动的大量调整。例如，他们需要增加田地周围缓冲带的宽度，改变放牧策略以尽量减少影响，采取远离河岸系统和水流的耕作方式，改变耕作方法和时间，停止排放造成水污染的工业废水。为此，已经达成很多践行最佳管理的协议，目标就是尽量减少库区流域非点源对水库栖息地的影响。良好的管理实践通常是系统性的工作，因为一种实践很难解决所有问题，一种实践也不可能在所有地方都起作用。水库管理者应熟悉大量关于流域管理的文献。然而，流域管理一般不是渔业管理者的直接责任（见 17.7）。

表框 17.2 艾奥瓦州湖泊和库区流域综合管理项目

（大部分信息由艾奥瓦州自然资源部的 Don Bonneau 提供）

艾奥瓦州的耕地面积占全国耕地面积的比例居美国首位（72%）。另外 10% 的土地是牧场，5% 的耕地是城镇化的。也就是说，艾奥瓦州 87% 的耕地面积直接受到人类活动的影响，结果导致艾奥瓦州的许多天然湖泊和人工湖水质污染、渔业捕捞和娱乐价值受损。多年来，尽管多次人工增殖湖泊的鱼类种群，但是由于泥沙淤积、营养过剩和水质不良等根本问题没有得到解决，因人工修复改善的渔业资源最终还是发生退化。

艾奥瓦州自然资源部在对湖泊水质和库区流域系统评估的基础上，开发了湖泊分类系统。湖泊分类系统综合了社会经济指标，将修复湖泊和库区流域的优先等级进行了排序。一旦获得地方支持以及可行性得到验证，就开始着手全面修复，以解决库区流域和湖区问题。采用流域模型模拟水文过程，并查明沉积物和营养负荷的主要来源。通过土地使用的变化和最佳管理措施的应用，这些负荷降低到可接受的水平。

渔业管理者与政府机构、土地所有者和非政府组织结成伙伴关系，投入 25%～30% 的时间用于与湖泊和河流项目相关的流域管理工作。渔业管理者在合作关系中承担不同的角色，通常作为负责人提出项目具体技术细节要求。尽管这种方法最初可能会让管理者感到不适，但它通过成功的操作获得了公众的支持，从而获得工作所需的资金支持。生态修复费用很高，需要数年才能完成，但也是一个对当地经济、渔业质量和自然资源作为一个整体进行的投资。艾奥瓦州立法机关批准了湖泊计划，并

（续）

在 2007 年拨款 850 万美元，并于 2008—2010 年持续该拨款。这个湖泊保护和改善计划由州自然资源部 IDNR 管理。加上地方和其他配套资金，该计划每年经费预算超过 5 500 万美元。

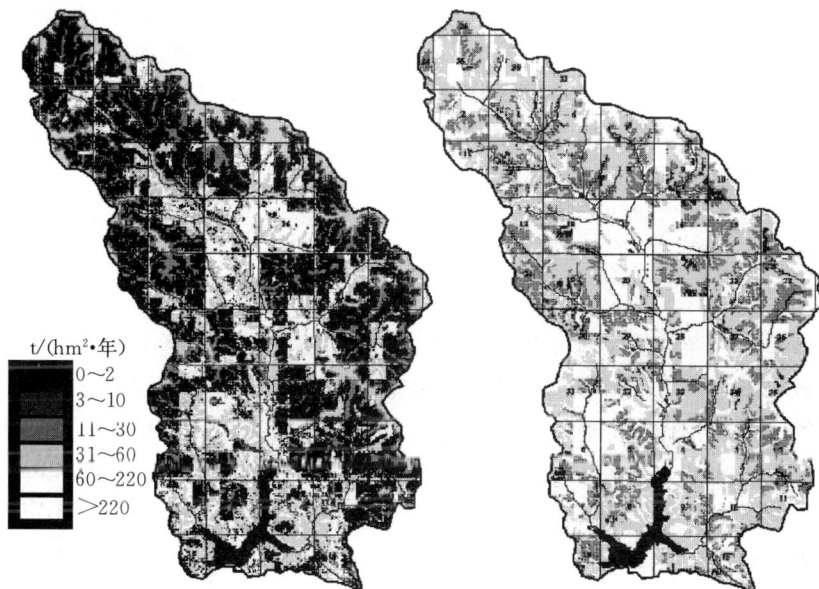

图　艾奥瓦州中部一个水库岩溪湖的地理信息系统示意。左图为假定不采取保护措施情况下，根据修正过的通用土壤流失方程估算得出的土壤侵蚀情况 [（32.3 t/(hm² · 年)]，右图为采取了最佳管理措施后的土壤侵蚀情况 [6.5 t/(hm² · 年)]。灰色的阴影识别一系列的侵蚀率（根据所附的尺度确定）

　　具有多种植被类型的缓冲带可以保护水体免受农业的负面影响。缓冲带是指 3 个从河岸向上排列的互动带：第 1 条带为永久性的森林带，第 2 条带为灌木和树木带，第 3 条带为草本植物带 (Schultz et al.，1995)。缓冲带的宽度和物种组成与陆地植物群落的地理变异和河岸条件相适应。第 1 条带直接影响水生环境（如温度、遮阴、岸坡稳定、防风和粗木质栖息地的来源）。第 2 条带控制地下水流和地表径流中的污染物，并在该带中进行生物和化学转化，同时将木本植被渗透储存和沉积物最大化。前 2 条条带有助于氮、磷和沉积物的去除。在第 3 条条带中的植被则扩展了地表水流，从而促进了沉积物的沉积。当坡面水深小于 5 cm 时，河岸地区截留 50％以上的高地沉积物 (Magette et al.，1989)。在北卡罗来纳州，河岸地区清除了 80％～90％农业区域的沉积物 (Daniels and Gilliam，1997)。河岸缓冲带积累养分并将其吸收到植物生物量中，充当养分过滤器。在佛蒙特州，平均总磷浓度和平均总磷负荷分别减少约 20％和 20％～50％ (Meals and Hopkins，2002)。在新西兰罗托鲁阿湖，河岸带的管理减少了 85％的细颗粒泥沙量，25％的颗粒态磷和可溶性磷、40％的颗粒态氮和 26％的可溶性氮 (Williamson et al.，1996)。入湖（库）营养物的减少降低了该湖泊中的叶绿素浓度，并帮助该湖泊的营养状态从富营养化转变为中营养化状态。

　　首先也是最重要的是，水库周围河岸带的植被有助于稳定河岸带，减少侵蚀和泥沙流入水库。沉积作用是导致水库老化和栖息地退化的最重要的因素，因此需要采取一切措施来保护河岸带。一些水库管理机构，如田纳西流域管理局，已积极建立项目，来保护和加强位于他们水库边上的私人土地上的河岸带功能。该项目特别关注主干流储蓄水库，因为与支流蓄水等类型水库相比，这种类型水库水位波动小，利于建立稳定且辽阔的河岸带。人们普遍认为，挡土墙（即隔板）是最差的稳定岸线工程，因为其会导致沿岸带栖息地和鱼类种群结构丧失（Trial et al.，2001）。从渔业角度来看，安置抛石（在抛石区上种植本地植物）是一个稳定岸线，且使其免于受到严重侵蚀的更好的方式。尽管如此，无论以什么样的形式稳固河岸，都将减少河岸森林（如果存在）对已知有益于淡水渔业的大型木屑分布和丰度的积极影响（Angradi et al.，2004）。

17.6 河流流域

河流流域是由一条河流及其支流流经的水面和陆地组成，包括上游和下游的多个库区流域。在流域尺度上，水库特征的广义模式是显而易见的。在大型河流盆地，不同地理位置江段之间的气候和物理特征影响着河流水文多样性。由于河流的梯级开发，水库群在沿河流域纵向梯度方向的分布特征非常明显。流域的尺度变量一般很少是可控的，但它们限制了小尺度过程的表达。因此，对流域格局的认识有助于确定较小尺度的决定因素，从而有助于管理者了解水库管理的潜力和界限。

17.6.1 流域内水库群的纵向梯度

河流连续体概念（The river continuum concept，RCC）（Vannote et al.，1980）提出了河流呈梯度渐变的观点。根据RCC概念，一条河流的物理特征从源头到河口呈现一个条件梯度，其上游的物理过程影响下游的物理过程。RCC并不直接适用于一个流域中的梯级水库群。尽管如此，沿流域物理生境梯级变化这一概念仍适用于梯级水库群。尽管水库属性的梯度渐变趋势取决于具体的流域特征，但其也表现出广泛的共性。一般来说，大多数流域的上游地区往往是有森林覆盖的，而下游地区往往由于农业开垦等发生更多的改变。在上游水库中，其平均水深、水体透明度（透光层深度）、水力滞留、溶解氧和水温分层深度、底质大小以及水位的波动程度等倾向于增加。相反地，在下游水库中，水库的水体面积、河流带和沿海带的延伸范围，连通到洪泛区和相关的湿地的面积、栖息地多样性和营养及泥沙输入等则倾向于减少。上述的许多变化特征受景观特征决定，在自然湖泊链中也很明显（Martin and Soranno，2006），但鉴于景观的多样性，例外情况很常见。

对于一条河流的水库群而言，上游水库对营养物质的截留将导致下游水库生产力的降低。尽管对有大支流的水库，其下游的营养物质和生产力实际上可能会增加。在鲍威尔湖（Lake Powell）向上游的科罗拉多河蓄水后，米德湖（Lake Mead）的生产力经历了一个急剧下降的过程（Vaux et al.，1995）。类似地，在巴西铁特河由9个水库组成的水库群中，其最上游的水库截流了南美洲最大城市圣保罗排放的大部分营养物质（Barbosa et al.，1999）。尽管如此，对于在大型河流上具有低营养物质截流能力和（或）具有多个能够对水库造成明显影响的支流的水库而言，其上游水库对下游水库的营养物质截流效应可能不会像上述的例子那样明显（Bruns et al.，1984；Agostinho et al.，2004）。比如，在田纳西河，虽然上游水库因具有不同地貌和土地覆盖特征的集水区面积较小而导致其营养物质在库区的净载荷量相对较小，但是上游水库仍然因相较下游水库更多的保水能力而截留了大部分流入水库的营养物质（Voigtlander and Poppe，1989）。因此，营养物质和相关的初级生产力，以及很可能的许多水质变量，将在不同流域内不同水库之间显示一定的空间梯度，从而可以根据水库在流域中的具体空间位置预测这些水库的条件。RCC 认为鱼类群落结构会随着流水系统中物理和营养梯度的变化而变化。类似地，水库群中更上游的水库内倾向于栖息行动迟缓的湖泊鱼类，这些鱼类具有适应大型湖泊栖息地以及其他类型栖息地的能力（McDonough and Barr，1979）。由于大坝上过鱼设施的缺乏或具有过鱼设施的多个大坝的综合干扰效应，导致大型洄游性鱼类的洄游通道被阻断，从而使得河流物种数的减少尤为明显（Agostinho et al.，1999）。从纬度上来看，高海拔的上游水库可能包括温水性和冷水性鱼类种群，低海拔的下游水库中的鱼类种群为暖水性鱼类。河流物种在下游水库中变得更为常见，这一现象在具有长的下游非淹没区、非淹没支流或广泛上游河漫滩的水库中尤为明显。

在山纳西河的水库中，鱼类的物种丰富度、组成和生物量沿流域纵向变化。高海拔淹没区物种数不足 20 种，最下游水库中物种数量可达近 70 种（Miranda et al.，2008）。同样，越往下游，水库中鱼类资源的丰度越高。此外，鱼类的物种组成表现出较强的系统性，类似一个链条上的有机排序。处于流域最上游的水库具有更高比例的蓝鳃太阳鱼、大眼梭鲈、小口黑鲈、大口黑鲈、河川吸口鱼（river redhorse）和白鲈。在流域下游末端，水库中鱼类则包括更多的鲱科（Shads）、蓝鲇（blue catfish）、牛胭脂鱼（buffaloes）、雀鳝科（Gars）、密西西比狼鲈和小冠太阳鱼。两个极端之间存在相对线性的渐变。营养功能团的构成也随着鱼类年龄构成比例的变化而变化，其中碎屑和滤食性鱼类的数量从上游往下游呈增加趋势，而无脊椎动物食性、无脊椎动物-鱼食性和无脊椎动物-碎屑食性的鱼类数量则呈减少趋势（Miranda et al.，2008）。

17.6.2 流域视角

把蓄水淹没区作为河流的某一河段或水库群的一环来看，比单独去考量其价值会获得更多的管理启示。水库群一个明显特点为鱼类种群分布是相对可预测的，可为休闲渔业和商业渔业提供多元化的选择。通过整合水库群自身的属性特征，传统的管理方法也许会变得更有条理。例如，对于河流的下游水库而言，由于水库规模、物种丰富度和鱼类种群稳定性的增加，影响鱼类种群结构的管理有效性很可能会减小。相应地，对河流上游的水库而言，增殖放流、捕捞控制和栖息地管理计划很可能变得更加有效。由于下游水库往往拥有更多样性的栖息地和水文管理制度，大力发展各类商业、生计性渔业或休闲渔业，以及通过建设面向多目标种类的过鱼设施，以实现河流筑坝及水库蓄水导致阻隔的连通性等方式，可能是河流下游水库管理与治理的有效措施与原则。这些原则对拥有一个或多个水库的流域都是适用的。因此，RCC 所揭示的流域角度观点可以作为水库尺度的模板。在纵向空间梯度上，水库既是单一个体的尺度体现，也以河流梯级水库群的尺度体现。

17.7 总结

大型水库的传统管理为局限于库区本身的管理方法，仅强调解决水库层面的问题。如将支流、库区流域和河流流域等都综合考虑进来，有助于管理者提高对水库鱼类种群和鱼类群落结构的管理能力，并能提高库区管理措施（如增殖放流，stocking）的有效性（表框 17.3）。考虑这种综合考量需要更高的管理成本，水库生物学家需要加强与省及联邦机构、地方政府、大学、非政府组织、企业和公众合作。在这种条件下，渔业管理者对资源的管控削弱了，但是由此带来了影响巨大而持久的变化——水库环境的改善和生物量的增加。

表框 17.3 增殖放流增强当地渔业

"不存在水库鱼类这回事"，生物学家在管控水库中的鱼类种群结构时有一定的回旋余地。由于缺乏前期适应的物种来拓殖诸如浮游带等栖息地，因此需要引进物种。年久的水库失去了维持强大的、可利用的鱼类种群的能力，因此对现有种群进行增殖是必要的。第 9 章详细讨论了何时进行这些活动以及如何确定哪些物种（以及有多少种）将被放流，一些具体的针对水库放流方案的评论也是适当的。20 世纪的水库建设创造了数百万公顷的湖泊栖息地，水生生物资源十分匮乏。随着离岸深水栖息地的大量扩张，新的物种被引入这些栖息地。外来的湖鳟被引入美国西部的水库中，以刺激休闲渔业的发展。同样，外来的小口黑鲈和大眼梭鲈被引入哥伦比亚河流域内的蓄水淹没区域以提供休闲渔业。哥伦比亚河流域有超过 24 个以上的大坝，放养幼鲑科鱼类掠食者（其中一些是濒危物种）的计划遭到质疑。20 世纪最成功的水库增殖计划之一是涉及鲈的，这是一种原产于大西洋和北美洲海湾沿岸溯河产卵的鱼类。鲈成鱼个体规格大（20 kg 以上），属于浮游生物食性，所以在美国，鲈不仅是被广泛放流的，而且也是被看作最有价值的鱼类种类。它们大的个体规格和对鲱科食物（这些食物鱼类在水库的鱼类生物量中通常占主导地位）如美洲真鲱的偏好使得鲈特别适合生长在大型水库中。其他被广泛引入和放流到水库的物种包括杂交条纹狼鲈（常见的杂交品种是欧洲鲈）、蓝鲇和鳟鲑科鱼类。外来的条纹狼鲈和其他物种的引入带动了休闲渔业发展。同时，一些水库开展增殖那些随着水库老化而亟须补充群体数量的本地鱼类。例如，在田纳西州支流蓄水水库放流美洲大鳃鲈和北美鲥（Isemann et al.，2002；Vandergoot and Bettoli，2003），在密苏里河主干流的蓄水淹没区放流北美鲥（Fielder，1992），以及在俄亥俄水库放流大梭鱼（Bevelhimer et al.，1985）。保护生物学家在美国西部的水库中放流土著克氏鳟的各亚种（例如，邦纳维尔切喉鳟和格兰德河切喉鳟），目的是保护这些土著鱼类种类和其独特的基因组。在仅有大口黑鲈本地北方亚种的水库中，放流非本地的大口黑鲈佛罗里达亚种以促进种群杂交仍然是常见的，尤其是在得克萨斯州（Buckmeier et al.，2003）。在水库中引入新的饵料鱼类曾经是很普遍的现象，但是现在对它们的引入速率有所放缓，因为大多数候选种类已经被引入水库中了。随着人们意识到引入外来饵料鱼类的生态成本可能远大于其引入所获得的益处，许多引入计划也停滞下来。例如，外来灰西鲱容易被浮游捕食者捕食，但是其能够通过各种机制（例如，捕食垂钓用鱼的幼鱼，引起垂钓用鱼的维生素缺乏等）引发本地鱼类种群结构的崩溃。线鳍鲥在美国南部和西部水库被广泛引入作为饵料鱼类，因为这种鱼类不仅能够作为水库中的一种浮游生物存在（不像许多本地的饵料鱼），而且具有理想的饵料属性（例如，个体规格小）。另一个被广泛引入作为饵料鱼类的是绿鳊，这种鱼类已被广泛放养在加拿大的水库以及美国西部和中西部的水库中，旨在为上层捕食者提供饵料资源。

寻找水库以外的水库渔业问题解决方案的重要性，可能会随着流域内人为干扰程度的增加而增加。对于相对未受干扰流域内的水库，拥有高质量栖息地的支流和河岸带可采用传统管理方式开展库区流域的管理。对高度扰动的水库，首先要考虑和权衡水库自身以外因素的作用和影响后，才会考虑传统管理方法或措施的有效性。对于高度扰动的水库而言，以传统的管理方法，如控制捕捞、增殖放流和沿岸带栖息地改造来进行水库管理和治理可能是目光短浅的。如果采用这些短期、局部措施来治理和解决全局尺度的复杂问题，最终将可能会危害水库中鱼类种群结构。水库管理为一门相对较新的科学。对于已运行数十年的老水库而言，由于原有栖息地的丧失及整体栖息地条件的退化，目前尚不清楚应通过何种手段改善库区流域条件来实现库区渔业资源量的调控（增加或降低）。尽管如此，即使对于这些老水库而言，加强对水库库区流域的保护有助于遏制水库栖息地条件进一步退化，以及防止鱼类群落结构发生意外的、不可控的转变。水库管理者有意愿、有需求加强对水库之外范围的管理和保护，以促进水质、栖息地环境和鱼类种群的改善。然而，当前的水库管理仅局限于水库库区以内，对库区以外的水域缺乏管辖权及相应的专业和管理技能。因此，必须加强和建立全尺度范围内的合作关系。这种合作关系为水库全面修复提供交流平台，从而可实现有序的规划设计和持续的资金保障，同时也赋予了水库管理者在水库流域以外的政治影响力。作为大范围的合作成员，管理者须随时准备好向合作伙伴展示水库和流域之间的紧密联系，并倡导从鱼类受益的角度来改善水库管理。对此，管理者应具备提供水库修复和管理合理计划的能力，尤其是可采取何种行动来改变水库水质及生物群落的能力。全流域和库区流域的存档记录对水库管理者来说显得非常重要。通过对一些关键区域的排查、主要问题的聚焦，很可能可以找到水库问题的源头。这些问题可能包括底质过度沉积导致的大片支流渠道化，拥有支流产卵习性鱼类在支流缺乏足够的栖息地，上游蓄水导致的不合理的下泄流量及过程，湿地主体区与相邻支流或水库形成的分隔，河岸带的农业开垦和森林的采伐作业等。

考虑到水库的传统管理仅局限于库区以内，而对库区鱼类群落和库区流域之间的紧密联系还没有足够重视。因此，需重点研究提高管理者参加至更大范围合作关系的能力。渔业研究人员已经明确了水体富营养化和鱼类种群组成之间的关系，得出了贫营养化水体可以导致渔业产量降低的结论，并在一些库区流域制定了最佳营养水平的范围。然而，库区流域的营养输入和库区鱼类种群的关联关系非常脆弱，这些工作充其量也仅是刚刚开始。虽然河岸带和缓冲带作为河流过滤器的重要性已得到证实，但是它们对水库沿岸栖息地的贡献在很大程度上仍被忽视。尽管水库管理者知道在水库内栖息的一些鱼类需利用支流完成生活史的关键过程，但是仅有很少注意到或根本没有注意到，在库区内生活的鱼类种群和库区的支流、回水区、河流流量之间的关系。此外，在制定区域性或大尺度范围的水库管理计划过程中，应更关注和着重考虑水库非生物和生物特征的自然梯度变化。

17.8　参考文献

Agostinho，A. A.，L. C. Gomes，S. Verissimo，and E. K. Okada. 2004. Flood regime，dam regulation and fish in the upper Paraná River: effects on assemblage attributes, reproduction, and recruitment. Reviews in Fish Biology and Fisheries 14: 11 - 19.

Agostinho, A. A. , L. C. Gomes, and M. Zalewski. 2001. The importance of floodplains for the dynamics of fish communities of the upper River Parana. International Journal of Ecohydrology & Hydrobiology: 209 -217.

Agostinho, A. A. , L. E. Miranda, L. M. Bini, L. C. Gomes, S. M. Thomaz, and H. 1. Susuki. 1999. Patterns of colonization in neotropical reservoirs, and prognoses on aging. Pages 227 - 265 in J. G. Tundisi and M. Straüraba, editors. Theoretical reservoir ecology and its applications. Backhuys Publishers, Leiden, The Netherlands.

Anders, P. J. , and K. I. Ashley. 2007. The clear - water paradox of aquatic ecosystem restoration. Fisheries 32 (3): 125 - 128.

Angradi, T. R. , E. W. Schweiger, D. W. Bolgrien, P. Imert, and T. Selle. 2004. Bank stabilization, riparian land use and the distribution of large woody debris in a regulated reach of the upper Missouri River, North Dakota, USA. River Research and Applications 20: 829 - 846.

Arbuckle, K. E. , and J. A. Downing. 2001. The influence of watershed land use on lake N: P in a predominantly agricultural landscape. Limnology and Oceanography 46: 970 - 975.

Bain, M. B. 1993. Assessing impacts of introduced aquatic species: grass carp in large systems. Environmental Management 17: 211 - 224.

Barbosa, F. A. R. , J. Padisak, E. L. G. Espindola, G. Borics, and O. Rocha. 1999. The cascading reservoir continuum concept (CRCC) and its application to the River Tiete, São Paulo State, Brazil. Pages 425 - 437 in J. G. Tundisi and M. Straüraba, editors. Theoretical reservoir ecology and its applications. Backhuys Publishers, Leiden, The Netherlands.

Barwick, D. H. 2004. Species richness and centrarchid abundance in littoral habitats of three southern U. S. reservoirs. North American Journal of Fisheries Management 24: 76 - 81.

BC (British Columbia) Hydro. 2007. Columbia River Project water use plan, Kinbasket and Arrow Lakes reservoirs revegetation management plan. Unpublished internal report. BC Hydro, Vancouver, British Columbia.

Beamesderfer, R. C. , and B. E. Rieman. 1991. Abundance and distribution of northern squawfish, walleyes, and smallmouth bass in John Day Reservoir, Columbia River. Transactions of the American Fisheries Society 120: 439 - 447.

Beaulac, M. N. , and R. H. Reckhow. 1982. An examination of nutrient export relationships. Water Research Bulletin 18: 1013 - 1024.

Berkman, H. E. , and C. F. Rabeni. 1987. Effect of siltation on stream fish communities. Environmental Biology of Fishes 18: 285 - 294.

Bernot, R. J. , W. K. Dodds, M. C. Quist, and C. S. Guy. 2004. Spatial and temporal variability of zooplankton in a Great Plains reservoir. Hydrobiologia 525: 101 - 112.

Bettoli, P. W. , and J. A. Gordon. 1990. Aquatic macrophyte studies on Woods Reservoir, Tennessee. Journal of the Tennessee Academy of Science 65: 4 - 8.

Bettoli, P. W. , M. J. Maceina, R. L. Noble, and R. K. Betsill. 1993. Response of a reservoir fish community to large - scale aquatic vegetation removal. North American Journal of Fisheries Management 13: 110 -124.

Bettoli, P. W. , and R. S. Osborne. 1998. Hooking mortality and behavior of striped bass following catch and release angling. North American Journal of Fisheries Management 18: 609 - 615.

Bevelhimer, M. S. 1996. Relative importance of temperature, food, and physical structure to habitat choice by smallmouth bass in laboratory experiments. Transactions of the American Fisheries Society 125: 274 - 283.

Bevelhimer, M. S. R. A. Stein, and R. F. Carline. 1985. Assessing significance of physiological differences among three esoclds with a bioenergetics model. Canadian Journal of Fisheries and Aquatic Sciences 42: 57 -69.

Bonar, S. A. , B. Bolding, and M. Divens. 2002. Effects of triploid grass carp on aquatic plants, Water quality, and public satisfaction in Washington State. North American Journal of Fisheries Management.

Brooking, T. E. , L. G. Rudstam, M. H. Olson, and A. J. VanDeValk. 1998. Size - dependent alewife predation on larval walleyes in laboratory experiments. North American Journal of Fisheries Management 18: 960 - 965.

Brown, A. M. 1986. Modifying reservoir fish habitat with artificial structures. Pages 98 - 102 in G. E Hall and M. J. Van Den Avyle, editors. Reservoir fisheries management: strategies for the 80's. American Fisheries Society, Southern Division, Reservoir Committee, Bethesda, Maryland.

Bruns, D. A. , G. W Minshall, C. E. Cushing, K. W. Cummins, I. T. Brock, and R. L. Vannote. 1984. Tributaries as Inodifiers of the river - continuum concept: analysis by polar ordination and regres _ sion models. Archiv fiir Hydrobiologie 99: 208 - 220.

Bruton, M. N. 1985. Effects of suspensoids on fish. Hydrobiologia 125: 221 - 241.

Buckmeier, D. L. , J. W. Schlechte, and R. K. Betsill. 2003. Stocking fingerling largemouth bass to alter genetic composition: efficacy and efficiency of three stocking rates. North American Journal of Fisheries Management 23: 523 - 529.

Buynak, G. L. , L. E. Kornman, A. Surmont, and B. Mitchell. 1989. Longitudinal difTerences in electrofishing catch rates and angler catches of black bass in Cave Run Lake, Kentucky. North American Journal of Fisheries Management 9: 226 - 230.

Canfield, D. E. , Jr. , K. A. Langeland, M. Maceina, W. T. Haller, and J. V. Shireman. 1983. Trophic state classification of lakes with aquatic macrophytes. Canadian Journal of Fisheries and Aquatic Sciences 40: 1713 - 1718.

Carlson, R. E. 1977. A trophic state index for lakes. Limnology and Oceanography 22: 361 - 369.

Carpenter, S. R. , N. F. Caraco, D. L. Correll, R. W. Howarth, A. N. Sharpley, and V. H. Smith. 1998. Nonpoint pollution of surface waters with phosphorous and nitrogen. Ecological Applications 8: 559 -568.

Churchill, T. N. , P. W. Bettoli, D. C. Peterson, W. C. Reeves, and B. Hodges. 2002. Angler conflicts in fisheries management: a case study of the striped bass controversy at Norris Reservoir, Tennessee. Fisheries 27 (2): 10 - 19.

Colvin, M. A. 1993. Ecology and management of white bass: a literature review. Missouri Department of Conservation, Federal Aid in Sport Fish Restoration, Project F - 1 - R - 42, Study 1 - 31, Final Report, Jefferson City.

Correll, D. L. 1997. Buffer zones and water quality protection: general principles. Pages 7 - 20 in N. E. Haycock, T. P. Burt, K. W. T. Goulding, and G. Pinay, editors. Buffer zones: their processes and potential in water protection. Quest Environmental, Harpendon, UK.

Coutant, C. C. 1985. Striped bass, temperature, and dissolved oxygen: a speculative hypothesis for environmental risk. Transactions of the American Fisheries Society 114: 31 – 61.

crisp, D. T. , R. H. K. Mann, P. R. Cubby, and S. Robson. 1990. Effects of impoundment upon trout (Salmo trutta) in the basin of Cow Green Reservoir. Journal of Applied Ecology 27: 1020 – 1041.

Daniels, R. B. , and J. W. Gilliam. 1997. Sediment and chemical load reduction by grass and riparian filters. Soil Sciences Society of America Journal 6: 246 – 251.

Davis, S. E. , Ill, and B. C. Reeder. 2001. Spatial characterization of water quality in seven eastern Kentucky reservoirs using multivariate analyses. Aquatic Ecosystem Health & Management 4: 463 – 477.

De Oliveira, E. F. , C. V. Minte – Vera, and E. Goulart. 2005. Structure of fish assemblages along spatial gradients in a deep subtropical reservoir (Itaipu Reservoir, Brazil—Paraguay border) . Environmental Biology of Fishes 72: 283 – 304.

DiCenzo, V. J. , and M. C. Duval. 2002. Importance of reservoir inflow in determining white bass year – class strength in three Virginia reservoirs. North American Journal of Fisheries Management 22: 620 –626.

Dick, G. 0. , R. M. Smart, and J. R. Snow. 2004. Aquatic vegetation restoration in Drakes Creek, Tennessee. U. S. Army Corps of Engineers, Engineer Research and Development Center, Waterways Experiment Station, Aquatic Plant Control Research Program Bulletin A – 04 – 1, Vicksburg, Mississippl.

Doyle, M. W. , E. H. Stanley, J. M. Harbor, and G. S. Gordon. 2003. Dam removal in the United States: emerging needs for science and policy. Eos 84: (29): 32 – 33.

Fernando, C. H. , and J. Holöfk. 1982. The nature of fish community: a factor influencing the fishery potential and yields of tropical lakes and reservoir. Hydrobiologia 97: 127 – 140.

Field, C. K. , P. A. Siver, and A. M. Lott. 1996. Estimating the effects of changing land use patterns on Connecticut lakes. Journal of Environmental Quality 25: 325 – 333.

Fielder, D. G. 1992. Evaluation of stocking walleye fry and fingerlings and factors affecting their success in lower Lake Oahe, South Dakota. North American Journal of Fisheries Management 12: 336 – 345.

FISRWG (Federal Interagency Stream Restoration Working Group) . 1998. Stream corridor restoration: principles, processes, and practices. Federal Interagency Stream Restoration Working Group, Government Printing Office Item 0120 – A, Washington, D. C.

Forsberg, C. , and S. O. Ryding. 1980. Eutrophication parameters and trophic state indices in 30 Swedish waste – receiving lakes. Archiv für Hydrobiologie 89: 189 – 207.

Gido, K. B. , C. W. Hargrave, W. J. Matthews, G. D. Schnell, D. W. Pogue, and G. W. Sewell. 2002. Structure of littoral – zone fish communities in relation to habitat, physical, and chemical gradients in a southern reservoir. Environmental Biology of Fishes 63: 253 – 263.

Gomes, L. C. , L. E. Miranda, and A. A. Agostinho. 2002. Fishery yield in relation to phytoplankton biomass in reservoirs of the upper Paraná River, Brazil. Fisheries Research 55: 335 – 340.

Hale, R. S. 1999. Growth of white crappies in response to temperature and dissolved oxygen conditions in a Kentucky Reservoir. North American Journal of Fisheries Management 19: 591 – 598.

Hamilton, S. K. , and W. M. Lewis, Jr. 1990. Basin morphology in relation to chemical and ecological characteristics of lakes on the Orinoco River floodplain, Venezuela. Archiv für Hydrobiologie 119: 393 – 425.

Hayward, R. S. , and E. Arnold. 1996. Temperature dependence of maximum daily consumption in white crappie: implications for fisheries management. Transactions of the American Fisheries Society 125: 132 – 138.

Henderson, J. E. 1996. Management of nonnative aquatic vegetation in large impoundments: balancing preferences and economic values of angling and nonangling groups. Pages 373 – 381 in L. E. Miranda and

D. R. DeVries, editors. Multidimensional approaches to reservoir fisheries management. American Fisheries Society, Special Publication 16, Bethesda, Maryland.

Hoff, M. H. 1991. Effects of increased nesting cover on nesting and reproduction of smallmouth bass in northern Wisconsin lakes. Pages 39 – 43 in D. C. Jackson, editor. Proceedings of the first international smallmouth bass symposium. Mississippi State University, Starkville.

Honeyfield, D. C. , J. P. Hinterkopf, J. D. Fitzsimmons, D. F. Tillit, J. L. Zajicek, and S. B. Brown. 2005. Development of thiamine deficiencies and early mortality syndrome in lake trout by feeding experimental and feral fish diets containing thiaminase. Journal of Aquatic Animal Health 17: 4 – 12.

Hoxmeier, R. J. H. , and D. R. DeVries. 1997. Habitat use, diet, and population size of adult and juvenile paddlefish in the lower Alabama River. Transactions of the American Fisheries Society 126: 288 – 301.

Hoyer, M. V. , M. D. Netherland, M. S. Allen, and D E. Canfield Jr. 2005. Hydrilla management in Florida: a summary and discussion of issues identified by professionals with future management recommendations. University of Florida, Institute of Food and Agricultural Sciences, Department of Fisheries and Aquatic Sciences, Florida LAKEWATCH, Gainesville.

Hunt, J. , N. Bacheler, D. Wilson, E. Videan, and C. A. Annett. 2002. Enhancing largemouth bass spawning: behavioral and habitat considerations. Pages 277 – 290 in D. P. Philipp and M. S. Ridgway, editors. Black bass: ecology, conservation, and management. American Fisheries Society, Symposium 31, Bethesda, Maryland.

Isermann, D. A. , P. W. Bettoli, S. M. Sammons, and T. N. Churchill. 2002. Initial poststocking mortality, oxytetracycline marking, and year – class contribution of black – nosed crappies stocked into Tennessee reservoirs. North American Journal of Fisheries Management 22: 1399 – 1408.

Jackson, D. A. , H. H. Harvey, and K. M. Somers. 1990. Ratios in aquatic sciences: statistical shortcomings with mean depth and the morphoedaphic index. Canadian Journal of Fisheries and Aquatic Sciences 47: 1788 – 1795.

Jenkins, R. M. 1967. The influence of some environmental factors on standing crop and harvest of fishes in U. S. reservoirs. Pages 298 – 321 in Reservoir Committee. Reservoir fishery resources symposium. American Fisheries Society, Southern Division, Reservoir Committee, Bethesda, Maryland.

Jeric, R. J. , T. Modde, and J. M. Godfrey. 1995. Evaluation of a method for measuring intragravel dissolved oxygen concentrations and survival to emergence in shore – spawned salmonids. North American Journal of Fisheries Management 15: 185 – 192.

Johnson, B. L. , and D. B. Noltie. 1996. Migratory dynamics of stream – spawning longnose gar (Lepisosteus osseus) . Ecology of Freshwater Fishes 5: 97 – 107.

Johnson, B. M. , and J. P. Goettl Jr. 1999. Food web changes over fourteen years following introduction of rainbow smelt in a Colorado reservoir. North American Journal of Fisheries Management 19: 629 –642.

Jones, J. J. , and M. V. Hoyer. 1982. Sportfish harvest predicted by summer chlorophyll – a concentrations in midwestern lakes and reservoirs. Transactions of the American Fisheries Society 111 : 176 – 179.

Jones, J. R. , and M. F. Knowlton. 2005. Suspended solids in Missouri reservoirs in relation to catchment features and internal processes. Water Research 39: 3629 – 3635.

Jones, J. R. , M. F. Knowlton, D. V. Obrecht, and E. A. Cook. 2004. Importance of landscape variables and morphology on nutrients in Missouri reservoirs. Canadian Journal of Fisheries and Aquatic Sciences 61: 1503 – 1512.

Kennedy, R. H. 1999. Reservoir design and operation: limnological implications and management opportunities. Pages 1 – 28 *in* J. G. Tundisi and M. Strtβkraba, editors. Theoretical reservoir ecology and its applications. Backhuys Publishers, Leiden, The Netherlands.

Kimmel, B. L. , and A. W. Groeger. 1986. Limnological and ecological changes associated with reservoir aging. Pages 103 – 109 *in* G. E. Hall and M. J. Van Den Avyle, editors. Reservoir fisheries management: strategies for the 80's. American Fisheries Society, Southern Division, Reservoir Committee, Bethesda, Maryland.

Kimmel, B. L. , O. T. Lind, and L. J. Paulson. 1990. Reservoir primary production. Pages 133 – 193 *in* K. W. Thornton, B. L. Kimmel, and E. E. Payne, editors. Reservoir limnology: ecological perspectives. Wiley, New York.

Kirk, K. L. , and J. J. Gilbert. 1990. Suspended clay and the population dynamics of planktonic rotifers and cladocerans. Ecology 71: 1741 – 1755.

Knoll, L. B. , M. J. Vanni, and W. H. Renwick. 2003. Phytoplankton primary production and photosyn – thetic parameters in reservoirs along a gradient of watershed land use. Limnology and Oceanography 48: 608 –617.

Larinier, M. 2001. Environmental issues, dams and fish migration. Pages 45 – 90 *in* G. Marmulla, editor. Dams, fish and fisheries: opportunities, challenges and conflict resolution. FAO (Food and Agriculture Organization of the United Nations) Fisheries Technical Paper 419, Rome.

Lind, O. T. 2002. Reservoir zones: microbial production and trophic state. Lake and Reservoir Management 18: 129 – 137.

Lucas, M. C. , and E. Baras, editors. 2001. Migration of freshwater fishes. Blackwell Science, Oxford, UK.

Maceina, M. J. 2003. Verification of the influence of hydrologic factors on crappie recruitment in Alabama reservoirs. North American Journal of Fisheries Management 23: 470 – 480.

Maceina, M. J. , and D. R. Bayne. 2003. The potential impact of water reallocation on retention and chlorophyll a in Weiss Lake, Alabama. Lake and Reservoir Management 19: 200 – 207.

Maceina, M. J. , D. R. Bayne, A. S. Hendricks, W. C. Reeves, W. P. Black, and V. J. DiCenzo. 1996. Compatibility between water clarity and quality black bass and crappie fisheries in Alabama. Pages 296 – 305 *in* L. E. Miranda and D. R. DeVries, editors. Multidimensional approaches to reservoir fisheries management. American Fisheries Society, Symposium 16, Bethesda, Maryland.

Magette, W. L. , R. B. Brinsfield, R. E. Palmer, and J. D. Wood. 1989. Nutrient and sediment removal by vegetated filter strips. Transactions of the American Society of Agricultural Engineering 32: 663 – 667.

Martin, S. , and P. A. Soranno. 2006. Lake landscape position: relationships to hydrologic connectivity and landscape features. Limnology and Oceanography 51: 801 – 814.

Martyn, R. D. , R. L. Noble, P. W. Bettoli, and R. C. Maggio. 1986. Mapping aquatic weeds and evaluating their control by grass carp with aerial infrared photography. Journal of Aquatic Plant Management 24: 45 –56.

McDonough, T. A. , and W. C. Barr. 1979. An analysis of fish associations in Tennessee and Cumberland drainage impoundments. Proceedings of the Annual Conference of the Southeastern Association of Fish and Wildlife Agencies 31 (1977): 555 – 563.

Meals, D. W. , and R. B. Hopkins. 2002. Phosphorus reductions following riparian restoration in two agricultural watersheds in Vermont, USA. Water Science and Technology 45 (9): 51 – 60.

Meals, K. O. , and L. E. Miranda. 1991. Abundance of age – O centrarchids in littoral habitats of flood control reservoirs in Mississippi. North American Journal of Fisheries Management 11: 298 – 304.

Michaletz, P. H. 1997. Factors affecting abundance, growth, and survival of age - 0 gizzard shad. Transactions of the American Fisheries Society 126: 84 - 100.

Michaletz, P. H., and C. M. Gale. 1999. Longitudinal gradients in age - O gizzard shad density in large Missouri reservoirs. North American Journal of Fisheries Management 19: 765 - 773.

Miranda, L. E. 1996. Development of reservoir fisheries management paradigms in the 20th century. Pages 3 - 11 in L. E. Miranda and D. R. DeVries, editors. Multidimensional approaches to reservoir fisheries management. American Fisheries Society, Symposium 16, Bethesda, Maryland.

Miranda, L. E. 1999. A typology of fisheries in large reservoirs of the United States. North American Journal of Fisheries Management 19: 536 - 550.

Miranda, L. E., and H. Gu. 1998. Dietary shifts of a dominant reservoir planktivore during early life stages. Hydrobiologia 377: 73 - 83.

Miranda, L. E, M. D. Habrat, and S. Miyazono. 2008. Longitudinal gradients along a reservoir cascade. Transactions of the American Fisheries Society 137: 1851 - 1865.

Miranda, L. E., and D. R. Lowery. 2007. Juvenile densities relative to water regime in mainstem reservoirs of the Tennessee River. Lakes & Reservoirs: Research and Management 12: 89 - 98.

Miranda, L. E., and L. L. Pugh. 1997. Relationship between vegetation coverage and abundance, size, and diet of juvenile largemouth bass during winter. North American Journal of Fisheries Management 17: 601 - 610.

Mundahl, N. D., and T. E. Wissing. 1987. Nutritional importance of detritivory in the growth and condition of gizzard shad in an Ohio reservoir. Environmental Biology of Fishes 20: 129 - 142.

Naiman R. J., and H. Decamps. 1997. The ecology of interfaces: riparian zones. Annual Review of Ecology and Systematics 28: 621 - 658

Ney, J. J. 1996. Oligotrophication and its discontents: effects of reduced nutrient loading on reservoir fisheries. Pages 285 - 295 in L. E. Miranda and D. R. Devries, editors. Multidimensional approaches to reservoir fisheries management. American Fisheries Society, Special Publication 16 Bethesda, Maryland.

NID (National Inventory on Dams). 2008. National inventory on dams. U. S. Army Corps of Engineers, Alexandria, Virginia. Available: http://crunch. tec. army. mil/ nidpublic/webpages/nid. cfm (January 2010).

Novotny V. 2003. Water quality: diffuse pollution and watershed management. Wiley, Hoboken, New Jersey.

Okada, E. K., A. A. Agostinho, and L. C. Gomes. 2005. Spatial and temporal gradients in artisanal fisheries of a large Neotropical reservoir, the Itaipu Reservoir, Brazil. Canadian Journal of Fisheries and Aquatic Sciences 62: 714 724.

Pagioro, T. A., and S. M. Thomaz. 2002. Longitudinal patterns of sedimentation in a deep, monomictic subtropical reservoir (Itaipu, Brazil - Paraguay). Archiv für Hydrobiologie 154: 515 - 528.

Parsons, B. G. M., and W. A. Hubert. 1988. Influence of habitat availability on spawning site selection by kokanees in streams. North American Journal of Fisheries Management 8: 426 - 431.

Prowse, T. D., F. J. Wrona, and G. Power. 2004. Dams, reservoirs and flow regulation. Pages 9 - 19 in Environment Canada. Threats to water availability in Canada. NW RI (National Water Research Institute) Scientific Assessment Report Series 3 and ACSD (Atmospheric and Climate Science Directorate) Science Assessment Series I, Burlington, Ontario.

Puri, A., G. E. MacDonald, and W. T. Haller. 2007. Stability of fluridone - resistant hydrilla (Hydrilla verticallata) biotypes over time. Weed Science 55: 12 - 15.

Pusey, B., and A. H. Arthington. 2003. Importance of the riparian zone to the conservation and management of freshwater fish: a review. Marine and Freshwater Research 54: 1 - 16.

Quinn, S. P. 1992. Angler perspectives on walleye management. North American Journal of Fisheries Management 12: 367 - 378.

Raborn, S. W., L. E. Miranda, and T. M. Driscoll. 2002. Effects of simulated removal of striped bass from a southeastern reservoir. North American Journal of Fisheries Management 22: 406 - 417.

Rigler, F. H. 1982. The relation between fisheries management and limnology. Transactions of the American Fisheries Society 111: 121 - 132.

Robinson, S. 2000. The experience with dams and resettlement in Mexico. Contributing paper to Displacement, resettlement, rehabilitation, reparation and development. World Commission on Dams Thematic Review Social Issues 1. 3, Cape Town, South Africa.

Roni, P., K. Hanson, T. Beechie, G. Pess, M. Pollock, and D. M. Bartley. 2005. Habitat rehabilitation for inland fisheries: global review of effectiveness and guidance for rehabilitation of freshwater ecosystems. FAO (Food and Agriculture Organization of the United Nations) Fisheries Technical Paper 484, Rome.

Ryder, R. A. 1965. A method for estimating the potential fish production of north temperate lakes. Transactions of the American Fisheries Society 94: 214 - 218.

Sammons, S. M., L. G. Dorsey, P. W. Bettoli, and F. C. Fiss. 1999. Effects of reservoir hydrology on reproduction by largemouth bass and spotted bass in Normandy Reservoir, Tennessee. North American Journal of Fisheries Management 19: 78 - 88.

Sammons, S. M. M. J. Maceina, and D. G. Partridge. 2003. Changes in behavior, movement, and home ranges of largemouth bass following large - scale hydrilla removal in Lake Seminole, Georgia. Journal of Aquatic Plant Management 41: 31 - 38.

Santos, L. N., F. G. Arafijo, and D. S. Brotto. 2008. Artificial structures as tools for fish habitat rehabilitation in a neotropical reservoir. Aquatic conservation: marine and freshwater ecosystems 18 (6): 896 - 908. Available: www. interscience. wiley. com. (February 2008).

Sass, G. G., J. F. Kitchell, S. R. Carpenter, T. R. Hrabik, A. E. Marburg, and M. G. Turner. 2006. Fish community and food web responses to a whole - lake removal of coarse woody habitat. Fisheries scheffer, M. 2001. Ecology of shallow lakes. Kluwer Academic Publishers, London.

Schultz, R. C., J. P. Colletti, T. M. Isenhart, W. W. Simpkins, C. W. Mize, and M. L. Thompson. 1995. Design and placement of a multispecies riparian buffer strip system. Agroforestry Systems 29: 201 -226.

Smart, R. M., G. O. Dick, and R. D. Doyle. 1998. Techniques for establishing native aquatic plants. Journal of Aquatic Plant Management 36: 44 - 49.

Smart, R. M., R. D. Doyle, J. D. Madsen, and G. O. Dick. 1996. Establishing native submersed aquatic plant communities for fish habitat. Pages 347 - 356 in L. E. Miranda and D. R. DeVries, editors. Multidimensional approaches to reservoir fisheries management. American Fisheries Society, Symposium 16, Bethesda, Maryland.

Smith, V. H. 1998. Cultural eutrophication of inland, estuarine and coastal waters. Pages 7 - 49 in M. L. Pace and P. M. Groffman, editors. Successes, limitations and frontiers in ecosystem science. Springer, New York.

Soballe, D. M., and B. L. Kimmel. 1987. A large - scale comparison of factors influencing phytoplankton a-bundance in rivers, lakes, and impoundments. Ecology 68: 1943 - 1954.

Stables, T. B., G. L. Thomas, S. L. Thiesfeld, G. B. Pauley, and M. A. Wert. 1990. Effects of reservoir enlargement and other factors on the yield of wild rainbow and cutthroat trout in Spada Lake, Washington. North American Journal of Fisheries Management 10: 305 - 314.

Strakosh, T. R., J. L. Eitzmann, K. B. Gido, and C. S. Guy. 2005. The response of water willow Justicia americana to different water inundation and desiccation regimes. North American Journal of Fisheries Management 25: 1476 - 1485.

Strange, R. J., W. B. Kittrell, and T. D. Broadbent. 1982. Effects of seeding reservoir fluctuation zones on young - of - the - year black bass and associated species. North American Journal of Fisheries Management 2: 307 - 315.

Stockner, J. G., E. Rydin, and P. Hyenstrand. 2000. Cultural oligotrophication: causes and consequences for fisheries resources. Fisheries 25 (5): 7 - 114.

Taylor, W. D., and J. C. H. Carter. 1998. Zooplankton size and its relationship to trophic status in deep Ontario lakes. Canadian Journal of Fisheries and Aquatic Sciences 54: 2691 - 2699.

Thomaz, S. M., T. A. Pagioro, L. M. Bini, M. D. Roberto, and R. R. de Arafijo Rocha. 2004. Limnological characterization of aquatic environments and the influence of hydrometric levels. Pages 75 - 102 *in* S. M. Thomaz, A. A. Agostinho, and N. S. Hahn, editors. The upper Paran? River and its floodplain: physical aspects, ecology and conservation. Backhuys Publishers, Leiden, The Netherlands.

Trial, P. F., F. P. Gelwick, and M. A. Webb. 2001. Effects of shoreline urbanization on littoral fish assemblages. Lake and Reservoir Management 17: 127 - 138.

Tugend, K. 1., M. S. Allen, and M. A. Webb. 2002. Use of artificial habitat structures in U. S. lakes and reservoirs: a survey from the Southern Division AFS Reservoir Committee. Fisheries 27 (5): 22 - 26.

Vandergoot, C. S., and P. W. Bettoli. 2003. Relative contribution of stocked walleyes in Tennessee reservoirs. North American Journal of Fisheries Management 23: 1036 - 1041.

Vanni, M. J., K. Arend, M. T. Bremigan, D. B. Bunnell, J. E. Garvey, M. J. González, W. H. Renwick, A. Soranno, and R. A. Stein. 2005. Linking landscapes and food webs: effects of omnivorous fish and watersheds on reservoir ecosystems. BioScience 55: 155 - 167.

Vannote, R. L., J. V. Minshall, K. W. Cummins, J. R. Seddell, and C. E. Cushing. 1980. The river continuum concept. Canadian Journal of Fisheries and Aquatic Sciences 37: 130 - 137.

Vaux, P., L. Paulsen, R. Axler, and S. Leavitt. 1995. Water quality implications of artificially fertilizing a large desert reservoir for fisheries enhancement. Water Environment Research 67: 189 - 200.

Voigtlander, C. W., and W. L. Poppe. 1989. The Tennessee River. Pages 372 - 384 *in* C. P. Dodge, editor. Proceedings of the international large river symposium. Canadian Special Publications in Fisheries and Aquatic Sciences 106.

Walser C. A., and H. L. Bart Jr. 1999. Influence of agriculture on in - stream habitat and fish community structure in Piedmont watersheds of the Chattahoochee River system. Ecology of Freshwater Fish 8: 237 -246.

Wilde, G. R., R. K. Reichers, and J. Johnson. 1992. Angler attitudes towards control of freshwater vegetation. Journal of Aquatic Plant Management 30: 77 - 79.

Wiley, M. J., R. W. Gorden, S. W. Waite, and T. Powless. 1984. The relationship between aquatic macrophytes and sport fish production in Illinois ponds: a simple model. North American Journal of Fisheries

Management 4: 111 – 119.

Williamson, R. B. , C. M. Smith, and A. B. Cooper. 1996. Watershed riparian management and its benefits to a eutrophic lake. Journal of Water Resources Planning and Management 122: 24 – 32.

Wills, T. C. , M. T. Bremigan, and D. B. Hayes. 2004. Variable effect of habitat enhancement structures across species and habitats in Michigan reservoirs. Transactions of the American Fisheries Society World Wildlife Fund. 2004. Rivers at risk: dams and the future of freshwater ecosystems. World Wildlife Fund, Surrey, England.

Yurk, J. J. , and J. J. Ney. 1989. Phosphorous – fish community biomass relationships in southern Appalachian reservoirs: can lakes be too clean for fish? Lake and Reservoir Management 5: 83 – 90.

Zale, A. V. , J. D. Wiechman, R. L. Lochmiller, and J. Burroughs. 1990. Limnological conditions associated with summer mortality of striped bass in Keystone Reservoir, Oklahorna. Transactions of the American Fisheries Society 119: 72 – 76.

第 18 章　冷水型溪流

Robert E. Gresswell　Bruce Vondracek

18.1　引言

北美洲的冷水型溪流通常出现在源头区，它们往往具有坡度超过 2％的河道、能促进水体曝气的深潭-浅滩交错区，以及能够缓和温度变化的河岸带植被冠层。环境梯度和过程使得栖息地从源头区到下游产生连续的、可预测的变化，生物群落（如大型底栖动物、两栖动物和鱼类）通常可以反映这种梯度。

冷水型溪流的日平均最高水温通常低于 22 ℃，水温主要受地下水的输入和（或）温带高海拔天气条件的影响。大部分冷水型溪流出现在以融雪为主要水源的流域，但是如果有持续的地下水输入，冷水型溪流也会出现在温暖一些的、以降雨为主要水源的区域。

相较于温水型溪流，冷水型溪流的生产力和动物多样性较低（尤其是在北美洲西部）。例如，在黄石国家公园的近 4 300 km 的冷水型溪流中仅有 13 种土著鱼类。但同时，有鱼类分布的冷水型溪流的比例是非常高的，只有孤立的、被阻隔开的高海拔的冷水型溪流在历史上从未出现过鱼类，这显然是因为它们没有在晚更新世的冰川作用后被鱼类入侵（Smith et al.，2002）。然而，从 19 世纪后期开始，鲑科鱼类被引进北美洲这些之前没有鱼类出过现的溪流中。

鲑科、杜父鱼科（Cottids）、鲤科是冷水型溪流中的优势类群，其中鲑科鱼类支撑着具有高经济价值的休闲渔业。事实上，北美洲的冷水型溪流吸引了来自世界各地的垂钓者，他们寻找着能钓到土著以及外来鲑科鱼类的机会。本章着重讨论冷水型溪流中能影响到渔业管理的生物因素和非生物因素。尽管会涉及过去的方法，但是重点还是新兴管理方法的趋势、概念和途径。我们鼓励读者在本书中前几章以及引用文献中寻找特定主题的详细信息。我们将本章讨论的范围限定在淡水洄游（仅在淡水中洄游）和不洄游的鱼类上；第 19 章会提供海洋洄游性鱼类（在海洋或河流入海口摄食、生长，但回到淡水中繁殖）的信息。

18.2　冷水型溪流的特征

一般情况下，河流连续体的概念（Vannote et al.，1980）解释了冷水型溪流从源头支流到大型干流的组织结构。溪流被视为一个物理特征及其伴生的生物群落从源头到河口发生梯度变化的系统。这种梯度通常反映在河流从上游到下游逐渐增大的规模和复杂性上。冷水型溪流上游部分的生产力一般是外源性驱动的（来自系统外），溪流与宽阔的河岸带及陆地系统联系紧密。这些区域的鱼类通常在溪流的有限河段完成它们的整个生活史，所以它们很容易受到陆地栖息地变化的影响（Allan，1995）。随着河道变宽以及流量增大，河岸带树冠的直接影响作用逐渐变小，而光照的增加和水温的上升带来了较高的自养型（河道内的）生产力。大型底栖无脊椎动物和鱼类的多样性通常会在河流下游方向逐渐增加。

河流连续体概念提供了了解冷水型溪流的视角，但它对涉及特定溪流生物的分布和丰度等更细微尺度上的问题却帮助不大。人们越来越意识到景观格局的空间和时间动态变化对栖息地复杂程度的影响（Frissell et al.，1986；Pickett and Cadenasso，1995），以及对栖息地-鱼类关系的影响（Fausch et al.，2002；Gresswell et al.，2006），因此提出了在流域背景下溪流分级的观点（Frissell et al.，1986；图18.1）。这种集成的多尺度的方法综合了从微生境到流域尺度的空间变化，而这种变化可以持续几分钟到数千年。空间广度与时间持续性之间的联系对于经营鲑科鱼渔业及其赖以生存的河流栖息地尤为重要。

冷水型溪流中鱼类群落的结构和组成受到一系列相关因子之间相互作用的影响。从更广泛的意义上讲，这些因素可以分为两类：①非生物因素，包括会对生物活动产生影响的物理和化学因子；②生物因素，如竞争和捕食。非生物因素通常会决定物种在较大的空间和时间尺度上的分布和丰度（例如，Rieman and McIntyre，1995），而生物因素一般在更小的尺度上对鱼类产生影响（Quist and Hubert，2005）。尽管接下来的章节会对某个因子进行单独阐述，但我们很难在自然界中将具体的影响因子割裂出来（Warren and Liss，1980）。生物过程和非生物过程也很难进行单独的探讨，因为有些好的案例都是两者共同作用的结果。当鱼类丰度较高时，生物间的相互作用最强，这种情况通常发生在相对适宜并可预测的非生物环境中（Allan，1995）。由于这种系统结构上的限制，可以以非生物因素为出发点探讨影响冷水性鱼类群落因素。

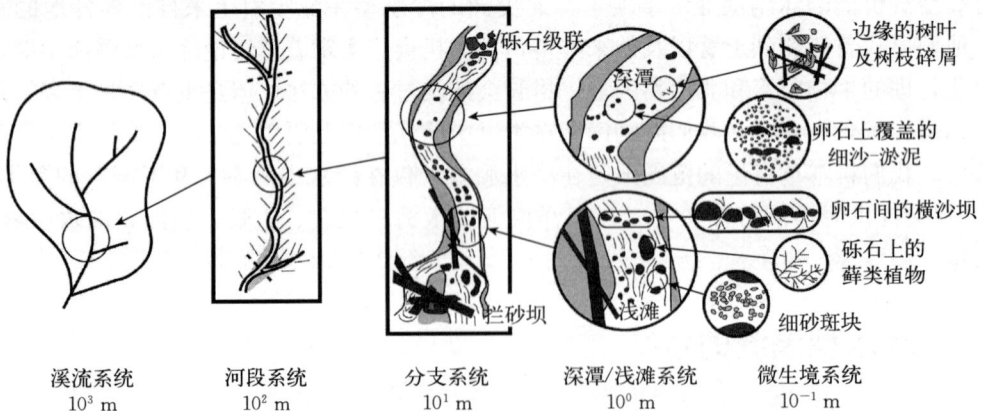

图18.1　溪流系统及其与之关联的栖息地子系统之间的层次结构的概念化

（引自 Frissell et al.，1986）

18.2.1　理化基质

物理因素在冷水型溪流中形成适宜的栖息空间，并以此来影响其中的鱼类群落。气候和地质状况是影响鱼类栖息空间和限制鱼类群落的两个首要物理因素（Montgomery and Buffington，1998）。与气候相关的主要因子是温度和降水。水温可以在景观尺度上预测冷水型溪流中常见的热敏感鱼类的存在（Rieman and McIntyre，1995）。例如，Dunham 等（2003a）发现，当与其他环境变量（河道植被覆盖度、河道形状、河流底质以及土著和外来鲑科鱼的丰度）进行综合分析时，水温是唯一与强壮红点鲑的地理分布密切相关的参数。在同一溪流中，水温也会影响土著鱼类和外来鱼类之间的动态变化（Peterson et al.，2004；Coleman and Fausch，2007）。

降水是溪流系统中水的来源，无论是直接通过地表径流还是间接通过地下水。由此产生的水文节律，特别是洪峰（Montgomery and Buffington，1998），通过泥沙输送以及较大的碎木与基质岩床相互作用，从而塑造并维持河流中以及河岸带的物种栖息地（Frissell et al.，1986；Reeves et al.，1995；Poff et al.，1997）。在流域、溪流和河段尺度上，地质过程塑造的物理栖息地与气候因子相互作用，造成溪流的深度、宽度、底泥的类型和可利用性以及微生境的变化，从而影响栖息空间并影响鱼类群落（sensu Southwood，1977；Poff and Ward，1990）。栖息地单元层面（如独立的深潭、急流、浅滩）以及微生境尺度上的细微特征也会受到地质的影响。

冷水型溪流中地质特征和水文条件的相互作用决定了深潭浅滩的形成和分布，进而影响水深、水体流速以及底质类型。这些因子提高栖息地空间的多样化，最终影响鲑科鱼类群落和分布的变化（Hicks and Hall，2003；Ganio et al.，2005）。栖息地多样性和复杂性的提高通常会增加群落的多样性（Flebbe and Dolloff，1995）。

一般情况下，冷水性鱼类需要足够的岩石基底和足够比例的水潭型栖息地。大多数冷水性鱼类将砾石作为产卵的基质，鱼的类别及其性成熟个体的大小不同，其所选的砾石大小通常也不同（Bateman and Li，2001；Crisp，2000；Mundahl and Sagan，2005）。此外，砾石之间升降的水流对于鱼的胚胎及鱼苗的成活非常重要（Kondolf，2000）。鱼类达到最高觅食效率所需的水流速率因鱼的种类、年龄和生活史阶段不同而不同（Crisp，1993）。由于栖息地受水流节律的影响，人为改变溪流水量会对鱼类产生重大影响。

水潭全年都对鲑科鱼非常重要，它们经常游走在各个水潭之间（Young，1996；Gresswell and Hendricks，2007），游走的线性距离因物种、生活史阶段和栖息地不同而异。例如，成年褐鳟往往对某一个深潭或深潭浅滩组合有很强的偏好性（Northcote，1997；Burrell et al.，2000）。在以雨水为主要水源的水系中，栖息地可能会在水流量较少的夏末和秋季因水潭之间的连通性降低而受到限制。然而在美国东南部地区，褐鳟可能在秋冬季比在春夏季活跃（Burrell et al.，2000）。在北部高纬度地区的冬季，鲑科鱼的行为往往从摄食和保护领地转变为隐藏和结群（hiding and schooling）（Northcote，1978），并减少大范围的活动（Hilderbrand and Kershner，2000；Gresswell and Hendricks，2007）。紧邻河道并与地下水连通的大而深的水潭，通常是鱼类重要的越冬栖息地（Harper and Farag，2004）。这些例子都在强调认识栖息地在时间和空间上变化以及将这种认识融入管理决策中的重要性。

18.2.2 生物因子

18.2.2.1 食物以及摄食

鱼类的丰度和繁殖量与其生长、死亡、繁殖等这些受到各种生物因子、非生物因子及它们之间的相互作用影响的过程直接相关。生物群落依赖的能量来源于自养型附着藻类（主要是硅藻）、被微生物和某些大型底栖无脊椎动物（碎屑腐食生物）分解的粗颗粒有机质（如叶、木、草），以及临近河岸带或上游输送的可溶性的和细颗粒的有机质（Allan，1995）。植食性动物和大型碎屑腐食生物利用这些能量，之后它们又被脊椎和无脊椎食肉动物捕食。冷水型溪流食物网各营养级之间的联系非常复杂，并且在不同的时间因物理环境（如水质、流量）的变化而变化。

在小型冷水型溪流中，鱼类一般以浮游生物（水体中的陆生或水生无脊椎动物）、底栖无脊椎动物和（或）鱼为食。与临近的河岸带之间的联系，使得源头溪流中的浮游生物受到陆地环境的强烈影响（Allan，1995；Romero et al.，2005）。某些鱼类会以较小鱼类为食，在较大的冷水型溪流中，鱼类间的捕食非常普遍。

鱼类往往依赖于固定的觅食区。例如，当幼鱼成长到可以自由游动时，它们就会游到庇护所和觅食区。在一些鲑科鱼类中，它们的仔鱼会建立并保护自己的领地以摄取最大的潜在能量，从而提高生长率和存活率（Grant and Kramer，1990）。鲑科幼鱼大多以浮游生物为食，因此占据浅滩上段最好的位置的鱼通常会首先发现食物。鱼类的个头大小可能直接造成捕食的优势等级（Elliott，1994），多样性较高的栖息地中其觅食区食物种类也很丰富。

对可获取的食物量的适应性在各种鱼类中都很常见，食物匮乏期之后可能接着就是食物丰富期。许多鱼类似乎是机会主义进食者，它们能捕获什么就食用什么（Ronwro et al.，2005）。食鱼性鱼类最初以无脊椎动物为食，但随着生长逐渐从以昆虫为食变为以鱼为食。随着鱼类年龄的增长，它们食物的可选择性也会增加（Grant，1990）。

18.2.2.2 死亡率

鱼类在不同生活史阶段的死亡率是不同的，在孵化期最高。在早期生命阶段，死亡率往往取决于种群密度，并随着的环境承载能力的变化而变化。死亡率在刚破卵时很高，但往往会随着鱼类的生长而降低。冬季鲑科幼鱼的死亡率能降至秋季的50％。鱼苗经常要寻找庇护所来躲避近岸边和（或）河底附近的湍流，因此这个生活史阶段的死亡率可能与河床的变动以及碰撞到河底所造成的物理性损伤有关，也可能与蓄水区冰块累积而导致的搁浅有关（Griffith，1993）。在以降雨为主要水源的河流中，死亡率可能会在秋季的枯水期出现最大值（Berger and Gresswell，2009）。

疾病也会导致鲑科鱼死亡，并对渔业产生负面影响。例如，嗜冷黄杆菌（Flavobacterium psychrophilum）会导致野生鲑科鱼患上"冷水型疾病"（coldwater disease），并能造成50％的幼鱼死亡率（Bratovich et al.，2004）。与此类似，由外来寄生虫——脑黏体虫（Myxobolus cerebralis）所引起的旋转病（whirling disease）已经导致美国西部的河流中的虹鳟增长量的下降（Vincent，1996）。旋转病的影响对不同物种、不同大小的鱼类是不同的。褐鳟对其有一定的抵抗力，而溪红点鲑和克拉克大麻哈鱼则较为敏感（Thompson et al.，1999），幼年鲑科鱼比成年鲑科鱼更容易受到影响（Vincent，1996）。

捕食也是造成冷水型溪流中鱼类死亡的重要因素（Quist and Hubert，2005）。许多情况下，生活史以及栖息地的利用直接受到捕食的影响（Gilliam and Fraser，2001）。例如，Bardonnet 和 Heland（1994）发现，当不存在以食鱼性鱼类（1 岁及以上的鳟和杜父鱼）时，褐鳟普遍会出现在 20~30 cm 水深的卵石底质的区域；但当捕食者出现时，大多数褐鳟会躲藏在水深小于 10 cm 的区域。冷水型溪流中的捕食行为往往随时间而变化，在某些情况下，与鱼类生活史和栖息地可利用性相关的捕食行为会表现出明显的季节性差异（Berger and Gresswell，2009）。

垂钓导致的鱼类死亡可以造成相关鱼类种群数量的下降，这主要与捕捞量有关（Gresswell，1988；Post et al.，2002），甚至在捕捞量较低或适中的情况下，也可能出现较高的死亡率（Gresswell，1995）。因此，大多数国家渔业管理机构试图通过制定垂钓规则来控制其造成的鱼类死亡率（见第 7 章）。这些旨在维持或重建可自然繁殖的鱼类种群的调控措施主要包括：限制鱼篓、限制鱼的尺寸、规范垂钓设备、限定垂钓季节的时间（Gresswell and Harding，1997）。这些调控措施通过单独或联合使用，已经在北美洲许多区域渔业的保护和重建方面起到作用，然而这些措施并非总是有效的。例如，鱼钩导致的死亡率肯定要低。如果垂钓者们的捕获量不占总死亡率的主要部分，或者自然死亡率是补偿性的，那么以降低垂钓者捕获量为目标的调控将收效甚微（Shetter and Alexander，1967）。

当鱼类生长受到环境条件限制时，即便没有垂钓活动，种群的大小结构可能也不会得到改善（Clark and Alexander，1985）。因此，即使鱼类种群得到保护，未受过度垂钓的影响，可能也无法达到预期规模。此外，一些鱼类（或种群中的某一部分）可能并不易受到垂钓的影响，因此即使在鱼类密度很高时，也很少被钓起。不同鱼类被钓起的不同概率可能会影响调控措施的实施效果，特别是在混合鱼种的渔业中（Gresswell and Harding，1997）。

18.2.2.3　生活史特征

鱼类的生活史特征包括许多与个体成熟和繁殖相关的生理及行为特性。例如，鱼类个体成熟的年龄和大小、产卵洄游的特性、繁殖寿命和亲代抚育。鱼类生活史在种间和种内都存在差异。事实上，生活史的差异可以体现在几个不同的水平上，包括物种、亚种、集合种群（一种由种群间的偶发性活动联系起来的种群）、种群或个体（Gresswell et al.，1994）。然而，个体的生活史特征可以出现在多个组织层次中（如局域性的种群组和集合种群可能有相似的生活史）。例如，溯河产卵（anadromy）和河川洄游（potamodromy）可以发生在同一个物种中，并且在一些物种（如褐鳟）中，同一个体可能会在其生活过程中出现这两种生活史（Elliott，1994）。

虽然鲑科鱼的产卵细节多有不同，但是关于产卵迁徙有一个一般特征，即洄游产卵（成年鱼类返回其出生地区产卵）。鲑科鱼的河川洄游行为及其影响因素通常是关于鲑科鱼类运动的研究对象（例如，Northcote，1978；Gresswell et al.，1997）。与产卵洄游相关一些的定义（Varley and Gresswell，1988）也被用于确定广泛的生活史类别（Northcote，

1997）。已经发现黄石克拉克大麻哈鱼（yellowstone cutthroat trout）有 4 种洄游产卵模式：①河流（fluvial）模式（鱼类在其河流中的栖息地附近扩散）；②河流-支流（adfluvial）模式（河流中的鱼类洄游到支流产卵）；③湖泊-支流模式（湖泊中的鱼类洄游到湖泊上游的支流产卵）；④湖泊外徙（allacustrine）模式（湖泊中的鱼类洄游到湖泊下游出口的溪流产卵；Varley and Gresswell，1988）。Northcote（1997）指出，河流模式和河流-支流（fluvial - adfiuvial）模式的洄游是鲑科鱼最常见的洄游形式。同时，湖泊-支流（lacustrine - adfluvial）模式也很普遍，而湖泊外徙模式是这 4 种模式中最少见的。河流模式的生活史类型中还包括那些生活在河流源头、并不会真正洄游的鱼类，它们会到栖息地附近适合繁殖的河流底质区域产卵（Gresswell and Hendricks，2007）。

尽管产卵的细节多有不同，但生命周期的完成要涉及许多复杂的行为。在产卵期间，大多数鲑亚科［鳟、鲑和红点鲑属（*Salvelinus* spp.）］的卵会埋在产卵区的巢穴中，并且通常由雌性来生产、选择和保护产卵区。然而，白鲑亚科（Coregoninae）［白鲑鱼属和加拿大鲦（ciscoes）］和北极茴鱼产卵范围较广，并且由雄鱼保卫雌鱼所在的区域。鲑仔鱼（卵黄囊鲑苗）的孵化期从几周到几个月不等。秋季产卵的鱼类（例如，溪红点鲑和强壮红点鲑）的仔鱼会在春天孵化出来。鱼卵在砾石间的这段时间，依靠卵黄囊获取营养。出苗后，仔鱼会从砾石表面获得食物，然后在扩散的过程中吸收卵黄囊并建立自己的摄食领地。

不同于鲑科鱼，黏杜父鱼的雄鱼会守护巢穴并抚育后代，这些后代通常来自多尾雌鱼。这些雌鱼产的卵大约有 100 个（Keeler and Cunjak，2007）。在繁殖期，雄鱼利用浅水中的砾石底质建造的巢穴对流量的变化十分敏感。斑点杜父鱼的成年鱼拥有固定的活动范围，并且具有领地性，很少与邻近的杜父鱼有重叠的领地（Petty and Grossman，2007）。相比之下，斑点杜父鱼的幼鱼不具有领地性，它们沿溪流边界的活动范围总是相互重叠的。俄勒冈沿海山地中的网纹杜父鱼（reticulate sculpin）非常偏爱半掩埋的鹅卵石底质，即便并不一定在所有溪流都能轻易找到这种栖息地（Bateman and Li，2001）。但是，很显然，鹅卵石能为雄鱼守卫巢穴提供掩护。

冷水性鱼类的生活史特征与生物和非生物因素均相关（Northcote，1978；Gresswell et al.，1997）。因此，人类活动造成的环境变化可能对冷水性鱼类造成负面影响。水坝或引水设施等障碍可以阻碍鱼类洄游或改变作为鱼类洄游产卵信号的流量特征。并且，洄游鱼类的生活史类型会遭到栖息地破碎化的抑制（Rieman and McIntyre，1995）。此外，泥沙输入量的降低或过度掩埋会减少大坝下游的产卵和繁殖栖息地（Van Kirk and Benjamin，2001）。在某些情况下，与鱼类繁殖时间有关的促进生殖隔离物理特性被改变，进而增加与外来鱼类杂交的概率（Henderson et al.，2000）。栖息地破碎化会减弱鱼类的抵抗力，主要通过减少栖息地总量、抑制扩散行为、简化栖息地结构、减弱对随机扰动的恢复力来产生影响。河岸带管理及流量格局改变造成的水温上升会对土著物种产生负面影响，在某些情况下，这种变化有利于对栖息地具有"通吃性"的外来鱼类（例如，褐鳟）扩散，并导致栖息地适应性较窄的鱼类的减少（Dunham et al.，2003b）。

18.2.2.4 种间关系

冷水型溪流种间关系最明显、最常见的例子大概是捕食关系。无论非生物因素如何，当捕食者丰度高时，被捕食者的物种组成和丰度会受其控制（Quist and Hubert，2005）。捕食关系会随着土著鲑科鱼被入侵物种替代而改变（Kruse et al.，2000）。捕食关系还会造成不太明显的间接影响。例如，为了降低捕食风险，被捕食物种可能会躲避到质量较差的栖息地，这会导致种群数量下降（Gilliam and Fraser，2001），仔鱼的增长率也可能受到抑制（Bardonnet and Heland，1994）。

　　竞争关系会影响一些冷水型溪流中鱼类的群落结构，并且在一些适合多种物种生活的栖息地中也会存在一定程度的种间竞争和种内竞争。种间竞争发生在不同物种的个体之间，竞争的结果往往是栖息地分化，而不是竞争排斥（Freeman and Grossman，1992；Jackson et al.，2001）。种间竞争包括土著物种之间的竞争，以及土著物种和外来物种之间的竞争。但在许多情况下，生态位分离可以弱化共同进化的土著物种之间的竞争关系。例如，土著的溪红点鲑和黏杜父鱼可以共存而不产生竞争（Zimmerman and Vondracek，2006）。

　　物种通常居住在满足其特定栖息地需求或没有竞争的区域。一项研究发现，里夫杜父鱼（riffle sculpin）和斑点鲹（speckled dace）分别生活在一段长 12.5 km 的河流两端的相似栖息地中（Baltz et al.，1982），里夫杜父鱼没有出现在该河流中相对温暖的下游河段，斑点鲹没有出现在相对寒冷的上游河段。Taniguchi 等（1998）发现落基山脉河流中呈现纵向替代的 3 个物种［高海拔的溪红点鲑、中-高海拔引进的褐鳟和低海拔的黑斑风鱼（Creek chub）］的竞争能力沿着 3～26 ℃ 的温度梯度呈现变化。在这些例子中，冷水性鱼类个体的最适温度与水温的时空变化相互作用，从而产生了栖息地隔离。种间竞争在土著鱼类和外来鱼类之间往往是最激烈的。比如，Zimmerman 和 Vondracek（2006）发现，土著溪红点鲑和黏杜父鱼之间不存在明显的竞争关系，但外来的褐鳟却与黏杜父鱼发生了竞争关系。确实，具有相似栖息地需求和生活史特征的物种之间的相互作用可能是最强烈的。在一项控制试验中，褐鳟的出现导致与其存在种间竞争的溪红点鲑生长速率降低（Dewald and Wilzbach，1992）。而在野外许多溪流中，种间竞争似乎也使得外来的褐鳟不断增殖，而克拉克大麻哈鱼却最终消失（McHugh and Budy，2005）。

　　同一物种成年和幼体之间的种内竞争可能会因栖息地利用的尺寸分化（size‐structured）或个体发育产生的生态位分离而降低（Heggenes et al.，1999）。尽管竞争可能对某些个体，尤其是小体型的鱼有负面影响（Jenkins et al.，1999），但整个种群最终还是受益的，因为其丰度可以维持在栖息地的承载力之内。事实上，有限的空间和食物资源产生的种内竞争可以影响特定环境所能承载的鱼类个体数量（即承载力；Grant and Kramer，1990）。随着种群密度或鱼体相对尺寸的增加，鱼类种群可能会实行"自管理"（"self‐regulation"）（Keeley，2003），常见的是往外迁徙。

18.3　21 世纪冷水型溪流管理

　　自 20 世纪 70 年代初以来，冷水型溪流渔业管理已经从放养和供应人类消费转向更加注重土著鱼类保护和栖息地恢复。这一转变反映了与垂钓和土著鱼类种群保护相关的价值变化（Gresswell and Liss，1995）。此外，人们越来越认识到，不能将溪流作为独立于其流域的孤立实体来进行管理（Williams et al.，1997）。许多情况下，正是之前的管理活动对土著冷水鱼造成威胁，这包括大量引进非本土物种，尤其是鲑科鱼，如溪红点鲑、褐鳟和虹鳟（Thurow et al.，1997）。

美国冷水渔业的管理在传统上分属于对栖息地和鱼类种群具有主要管辖权的不同组织（主要是洲和联邦，某些情况下也包括非政府土地管理实体）。这种分割源于创立这些实体的立法和行政程序；然而，这也导致了对冷水性鱼和冷水型溪流栖息地管理上的脱节和分散。但是，近几十年来，各机构之间加强了合作与协调，特别是在管理土著鱼类方面。此外，合作管理对于冷水型溪流渔业长久发展的重要性日益明显。

18.3.1　冷水性鱼类面临的威胁

18.3.1.1　扰动

无论人为的或自然的扰动都可分为脉冲扰动（pulse disturbances）、持续扰动（press disturbances）或渐强扰动（ramp disturbances）（Lake，2000）。脉冲扰动是一种发生突然但之后就逐渐消散的变化，而持续扰动则通常发生迅速，并在一定水平上维持一段时间，渐强扰动是一种不太常见的扰动类型，一般会随时间的延长和空间的延伸而增强。持续扰动和渐强扰动会给冷水型溪流管理带来最为严峻的挑战。

脉冲扰动的例子通常是自然事件（例如，火灾、洪水和风暴），但也有一些人为活动可以归为脉冲扰动（例如，化学品溢漏）。尽管脉冲扰动可能会造成一些鱼类个体的死亡或被动迁徙，但在种群尺度上的影响通常很短暂。一旦栖息地恢复正常，鱼类将重新返回栖息地，并再度繁衍。

人为活动，如放牧、机械农业、道路建设和采矿，通常归为持续扰动。道路对侵蚀模式、流域破碎化和水质都具有现时和长期持续的影响（Trombulak and Frissell，2000）。鱼类对持续扰动的反应与扰动的强度、程度及持续时间有关，并且纵使鱼类可以耐受被改变的环境，其种群统计特征在长期来看可能还是会受到抑制。这种被抑制的鱼类种群容易被能更好地适应新环境的鱼类所替代。

长期干旱（降水量长期减少）是渐强扰动的例子。这个术语也适用于人类活动，如城郊发展，而且可能尤其适于描述气候变化的影响。此外，溪流栖息地的持续退化导致鱼类种群丰度相应下降，并提高鱼类群落变化的概率（Grossman et al.，1998）。例如，水温升高、水文节律改变、更加频繁和广泛的野火灾害以及人类发展所产生的累积效应可能会相互作用，从而强化栖息地退化和外来物种的负面效应。虽然这些变化可能不是线性的，但它们却可以持续几十年。因此，长期的管理规划和策略应当预见到这些变化。

实际上，扰动事件通常表现出多种干扰类别的特征。例如，脉冲扰动和持续扰动都被认为是野火扰动的类型，扰动的影响幅度通常与发生的时间和空间尺度相关（Gresswell，1999）。河流附近植被的燃烧使得水温急剧上升是一个在几小时之后就会消失的脉冲扰动，但是伴随河岸带植被消失、遮蔽物减少而来的可能就会是夏季水温升高这种长期的持续扰动。人类活动（例如，木材采伐）也可能表现出多种干扰的特点。在局域尺度上，清场伐木和极端火灾事件的影响大小可能是相似的，因为它们都造成大部分植被消失，但是大多数火灾较小。而在景观尺度上，历史上的采伐活动则有更大的影响面积（即转变为早期演替状态的森林面积）。1972—1995 年，俄勒冈西部的 460 万 hm² 土地中约有 20％遭到过砍伐（Cohen et al.，2002），而受大火灾影响的土地比例要小得多。然而，有证据表明大火灾的影响可能在未来几十年内增加（Westerling et al.，2006）。那些侧重于保护冷水型溪流群落完整性以及恢复栖息地结构和生活史复杂性的管理策略可能会为保护冷水型溪流免受干扰提供最有效的方式（Ebersole et al.，1997）。

18.3.1.2　引进和入侵的外来物种

外来物种可以分为两种，一种是由管理机构有意引进的，如虹鳟；另一种是入侵外来物种，如七鳃鳗，是通过无意引进或非法途径进入的。引进鱼类有可能取代当地的鱼类，但它们对休闲垂钓者来说通常很重要（Quist and Hubert，2004）。与之相反，入侵物种对人类具有负面影响。不论引进方式如何，外来物种通常给当地群落和生态系统带来负面的后果（常常是不可预料的）。

外来鱼类对土著冷水性鱼类的主要威胁与被引进的种类有关（Behnke，1992），无论是异域的（来自北美以外）还是北美本土跨流域迁徙的。自 19 世纪后半叶以来，主要洲际引进非本土鱼类已经非常普遍（经常与政府计划相关）（Rahel，1997）。早期引入外来鱼类的主要理由是本土缺少作为食物和用于垂钓的鱼类。一般而言，外来鲑科鱼在北美的引进模式是自东而西的。不过虹鳟最初源自西海岸，然后被引入整个洲（Nico and Fuller，1999）。

由于种群尺度上的研究较少，所以预测外来鲑科鱼引进与入侵的后果并不容易（Peterson and Fausch，2003）。入侵种与土著种的杂交现象很可能发生，如虹鳟的引入维持了土著克拉克大麻哈鱼种群的发展（Gresswell，1988）。虽然关于单个物种竞争与捕食行为的文献有很多，但物种入侵的结果常常会由于影响入侵物种适应新环境的非生物因素而变化（Dunson and Travis，1991）。

外来鱼类通常从它们被引进的初始位置开始扩散，虽然有限制入侵鱼类迁徙路径的隔离障碍，但仍存在人为的跨流域转移的可能（Rahel and Olden，2008）。洲际主要外来鱼类的引入都与官方政府计划有关（Behnke，1992；Rahel，1997），但非政府行为的引入也时有发生。仅在蒙大拿，截至 20 世纪 90 年代中期，就有 375 种未被授权的鱼类被引入，同时有 45 种鱼类被非法引进 224 个水域（Vashro，1995）。此外，人类活动的后果，如水体富营养化和顶端捕食者的消失，会提高外来鱼类成功建立种群的可能性（Byers，2002）。外来鱼类可能更容易侵入已经退化的栖息地并建立种群，因为该系统的生物和非生物条件可能已经变得更利于被引进的鱼类而非土著鱼类生长（Thurow et al.，1997；Dunham et al.，2003b；Rahel and Olden，2008）。

18.3.1.3　栖息地退化

与地表水调配、建设大坝、放牧、开采矿物、砍伐森林或建设道路相关的栖息地退化在冷水型溪流中非常普遍，这些活动常常对冷水性鱼类的分布和丰度产生负面影响。洄游受阻、流量减少、细颗粒泥沙沉积、河岸不稳定、土壤侵蚀、水温升高以及水体污染都与人类活动有关（McIntosh et al.，1994）。水库改变了鱼类的洄游模式，水力发电导致峰值流量降低和水流快速波动，以及大坝造成下游泥沙沉积突然减少，这些都改变了大坝下游的栖息地。粗颗粒沉积物的减少以及被掩埋限制了大坝下游栖息地中鱼类的产卵和繁殖，而且这些问题还会随着流量的时间变化和幅度变化而加剧（Van Kirk and Benjamin，2001）。

与水力发电、工业和灌溉农业有关的水资源调配影响着冷水流域，并且已经成为许多土著鳟种群数量下降的重要因素（McIntosh et al.，1994）。水质退化和无生物筛选设施的沟渠灌溉是水资源调配造成影响的主要原因。成千上万的鲑科鱼及大量非垂钓鱼类可能被混入设计不当的分水口或者鱼类筛选设施（Post et al.，2006）。当沟渠或隧道穿越流域边界时，河流改道还可能为物种入侵提供新路径。

栖息地破碎化通过减少可利用的栖息地数量、抑制鱼类扩散行为、简化栖息地结构并减弱鱼类对随机干扰的抵抗力从而对冷水性鱼类种群的发展造成负面影响。公路涵洞通常会成为鱼类洄游的障碍，进而加剧栖息地碎片化（Belford and Gould，1989）。Wofford 等（2005）发现沿海地区克拉克大麻哈鱼的基因多样性和等位基因丰度在洄游通道被涵洞阻碍的小支流中最低。

在因大坝建设导致的河网碎片化的大型生态系统中，强壮红点鲑被发现具有相似的遗传效应（Neraas and Spruell，2000）。栖息地碎片化还可以减少鱼类种群之间的扩散途径，抑制局部种群灭绝后的再度恢复（Guy et al.，2008）。对管理者而言，遗传变异与成功产卵者的数量有关，并且无论种群维持的潜在遗传效应如何，如果种群丰度降低，则种群灭绝的可能性增加（Hilderbrand and Kershner，2000；Kruse et al.，2001）。

虽然关于过度放牧影响河岸栖息地（例如，河岸淤积、河道不稳定、侵蚀和淤积）的报道很多（Platts，1991），但这些影响对冷水型溪流中鱼类的分布和丰度影响可能是多样的。通过改变沿河的放牧管理，可以减少河岸的侵蚀与河床中的细颗粒沉积（Platts，1991；Lyons et al.，2000），并且在许多情况下，放牧对土著鲑科鱼的威胁要小于其与引进鱼类的杂交和竞争，或是水位下降的影响（Varley and Gresswell，1988）。

采矿没有显著改变土著冷水鱼类的分布，但在许多冷水型溪流中出现了有毒重金属导致土著克拉克大麻哈鱼和强壮红点鲑的局域灭绝现象（Woodward et al.，1997；Farag et al.，2003）。此外，河道疏浚和水力采矿造成的废料沉积会改变溪流泥沙的动力条件（Nelson et al.，1991）。在许多情况下，尾矿会成为持续排放酸性废水和相关重金属的点污染源，从而抑制局部区域的冷水性鱼类种群增长（Woodward et al.，1989）。河道疏浚能直接导致鱼卵和鱼苗死亡（Griffith and Andrews，1981），但这些活动仍在继续，因为可能开采到贵金属和沙石（Brown et al.，1998；Harvey and Lisle，1998）。

18.3.1.4 气候变化

气候变化可能是冷水型溪流中鱼类种群的最大威胁，因为气候能与水生生物入侵以及栖息地退化协同作用。在过去的100年，全球平均气温上升了大约0.6 ℃，并且预计21世纪会从1.4 ℃升高到5.8 ℃（IPCC，2007）。气温每升高1 ℃，水温会随之升高0.6～0.8 ℃，所以气度升高3～5 ℃意味着水温将上升2～3 ℃（Morrill et al.，2005）。

随着水温升高，冷水型溪流中的鱼类分布范围预计将向高海拔以及北部高纬度地区转移。基于溪红点鲑、克拉克大麻哈鱼和褐鳟可耐受温度阈值的上限为22 ℃，Keleher 和 Rahel（2006）预计如果水温升高1～5 ℃，怀俄明州适宜冷水性鱼类栖息的溪流长度会减少7.5%～43.3%。即使考虑到高海拔地区会随着水温升高出现更多适宜的栖息地，鲑科鱼的总体分布范围仍会缩小（Keleher and Rahel，1996；表框 18.1）。Rieman（2007）等指出，模型预测的结果显示气候变化会导致温度适于强壮红点鲑孵化的栖息地会下降 18%～92%，而面积较大的栖息地（>10 000 acre）则会下降 27%～99%，这表明气候变化会给种群带来超出预料的影响，这可能与单纯的栖息地丧失并不成比例。

在大坝下游，如果泄洪水是从水库下层的滞水带（深水）排出的，则有可能缓冲气候变化对溪流水温的影响，但是如果泄洪水来自变温层（表层），模型预测则表明，这将无益于缓和气候变化的负面效应（冷水栖息地完全丧失）（Sinokrot et al.，1995）。但是，相较于地下水量补给量低的溪流而言，地下水补给量高的冷水型溪流似乎对气候变化更不敏感（Chu et al.，2008）。

水温可以通过改变代谢、食物供给和生长速率对鱼类产生直接影响，也可以通过影响食物来源和缓和竞争关系产生间接影响（Wehrly et al.，2007）。此外，水温还可以影响物种的相互作用（Rahel and Olden，2008）。例如，在实验室 8～20 ℃水温条件下，对比强壮红点鲑与溪红点鲑的生长速率，发现在温度较高的情况下溪红点鲑比强壮红点鲑生长更快，但在温度较低的情况下强壮红点鲑却没有生长优势（McMahon et al.，2007）。

表框 18.1　气候变化对溪流鱼类的影响：探索其对管理的启示

Jack E. Williams[1]，Amy L. Haak[2]

1. 美国鲑鳟鱼类保护协会，梅德福市，俄勒冈州
2. 美国鲑鳟鱼类地理保护协会，博伊西市，爱达荷州

水体变暖、积雪减少、径流峰值提前、扰动频率和强度增加，这些与气候变化相关的一些因子，可能会影响北美西部地区土著鲑科鱼种群（Poff et al.，2002）。目前，因为栖息地退化和外来物种的引入，内陆鲑科鱼中许多物种亚种的分布仅占其历史分布的 10%～30%（Young，1995）。物理障碍（例如，涵洞和大坝）、外来鲑科鱼入侵、栖息地退化以及在河流源头人为隔离土著种群的管理策略，都造成克拉克大麻哈鱼以小数量种群孤立散布在高度碎片化的栖息地中。物种维持所需的数量较大、相互连通的种群现在非常稀少（Colyer et al.，2005）。气候变化增加的压力可能会使现有的问题更加复杂。克拉克大麻哈鱼的孤立种群面临两种日渐严峻的灭绝风险，第一，它们的小溪流栖息地易受诸如野火、洪水或长期干旱的影响；第二，数量较少的孤立种群有更高的灭绝风险，因为日渐萎缩的种群数量及日渐弱化的种间相互作用均威胁着与之相关的种群统计特征和遗传特征（Neville et al.，2006a；Guy et al.，2008）。

更详细地了解气候变化的影响将如何影响管理策略？我们通过模拟与气候变化相关的 3 个因素（即夏季气温升高、冬季洪水泛滥和野火增多）对克拉克大麻哈鱼邦纳维尔亚种（Bonneville cutthroat trout）的种群数量问题进行了研究。在揭示对干扰有更强恢复力的较大集合种群的价值后，气候变化风险的确定就可能会改变管理的优先等级（Dunham et al.，2003b），至少可以在一些区域解决涉及外来物种的问题（Fausch et al.，2006）。4 个管理区内的栖息地数量差异很大，西部沙漠区仅有 94 km 的溪流栖息地，而在熊河排水渠区则多达 1 752 km。数量较多且相互关联的种群仅分布在熊河排水渠和北邦纳维尔区，而南邦纳维尔区和西部沙漠区的种群较小且相互孤立。

我们的模型表明，尽管在熊河排水渠和北邦纳维尔管理区内有数个数量众多且相互关联的种群，它们自身具备对于扰动的恢复能力，但克拉克大麻哈鱼邦纳维尔亚种种群处于气候变化带来的较高风险中。这些风险的一小部分来自夏季温度上升，这主要影响西部沙漠和南邦纳维尔区的种群。而主要

（续）

风险来自冬季发生洪水的可能性增加。根据对克拉克大麻哈鱼邦纳维尔亚种历史分布区中子流域的测量，现今和历史分布区中有近50%的范围面临着较高的冬季洪水风险。虽然野火风险比洪水影响的子流域少，但在熊河排水渠和北邦纳维尔地区野火的风险更高。在同时遭受夏季气温升高、冬季洪水以及野火威胁区域中，有73%的栖息地都处于高风险中（下图）。

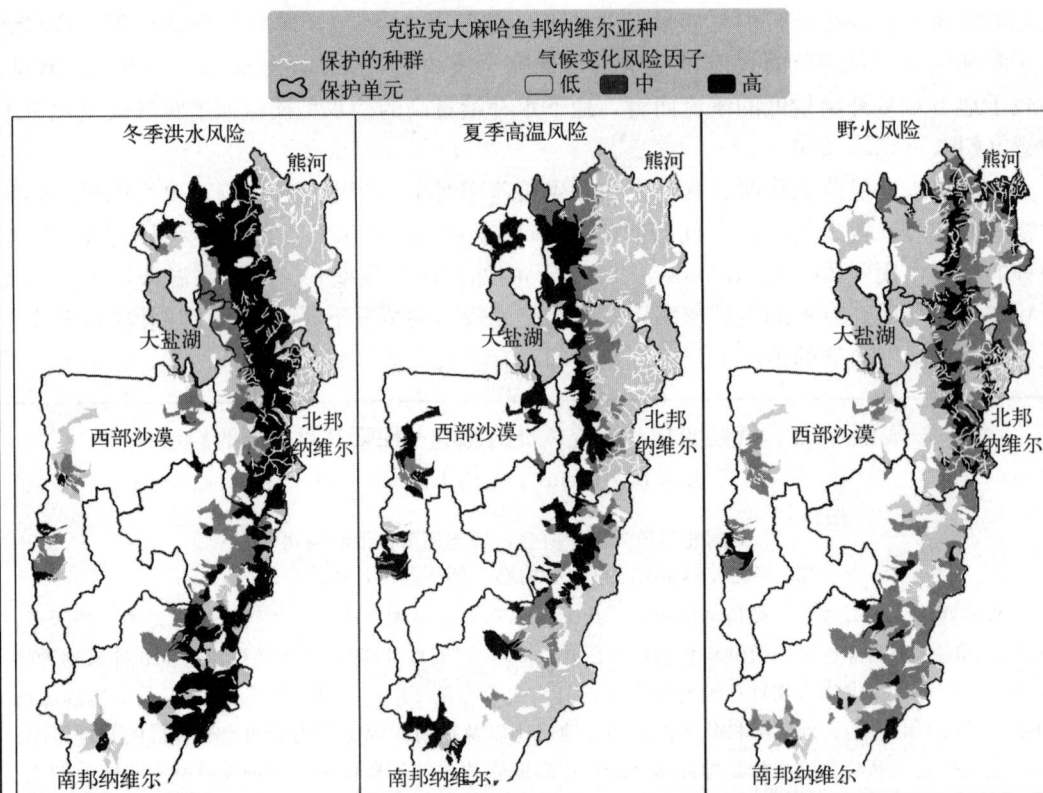

图　克拉克大麻哈鱼邦纳维尔亚种关于冬季洪水增多、夏季温度升高以及野火增多的风险预测。分析单元是子流域［水文单元代码的第四级（代表集水区大小），具体方法参见 Williams et al.，2007］

我们的预测结果表明，西部沙漠和南邦纳维尔地区的其他种群更容易遭受短期损失。这种威胁应该让我们采取行动而不是绝望。我们可以采取很多积极主动的措施来提高种群对气候变化的抵抗力和恢复力，并帮助它们确保未来种群的延续性（Williams et al.，2007）。例如，首先，应侧重于增加下游栖息地和改善现有栖息地质量，以此来扩大个体数量较少的孤立种群。无论是在不同季节，还是在遭受扰动时，如果鲑科鱼有多样的栖息地和庇护所，那它们即使面临日益严峻的环境威胁也将有更好的生存机会。其次，应当保证溪水径流、移除溪流内障碍物以重新连通破碎化的溪流系统，以此来恢复生态多样性和生活史多样性。

那么，如何保护熊河和北邦纳维尔地区的更大、关联性更强的种群呢？最好的方案即保护现有的优良栖息地、修复河谷并开展监测以及时发现变化。虽然气候变化的影响看起来很可怕，但如果我们立刻行动起来解除外部压力、维持现有的遗传和生态多样性，那么溪流种群将在快速变化的环境中获得更好的生存机会。

气候变化对降水模式的影响更加复杂，降水模式的变化最终会影响到流量节律。全球的降水趋势很难精确预测，因为降水在时间和空间上非常多变，并且缺乏可靠的长期记录。一般而言，降水在强度、频率、持续时间以及幅度上的变化造成了气候变化影响的区域性差异（Trenberth et al.，2003）。此外，气温上升可以通过减少积雪和增加蒸发来改变河流流量节律（Field et al.，2007）。最终，流量的变化幅度、频率、持续时间、时机和变化率可能减少冷水性鱼类种群的大小和空间分布（Jager et al，1999）。

气候变化还将通过冷水性鱼类对水温和降水变化的复杂行为响应对其产生影响。在可杂交物种重叠分布的区域，如果鱼类洄游路线被水文格局改变，那么基因渗入的可能性就会增加（Henderson et al.，2000）。其他的种间关系，如竞争和捕食，同样可能会因物理条件的改变而发生变化。了解气候变化对相同或邻近区域内鱼类之间相互作用的影响对于确定未来的管理措施尤为重要。

18.3.2　当前和新兴的管理趋势

18.3.2.1　垂钓捕获

提供优质的垂钓体验仍然是大多数冷水型溪流管理计划的主要组成部分。垂钓是一种社会心理活动，休闲钓鱼的质量取决于个人对休闲体验的动机和偏好（Schroeder et al.，2006；Anderson et al.，2007）。垂钓体验的满意度通常包括社交（如和家人待在一起或远离喧嚣）和收获（如捕获鱼用于食用或一次钓够一定数量的鱼；Kyle et al.，2007）这两方面。测试自己的垂钓技能也有助于提升垂钓者的满意度。相关机构制定的垂钓规则因水域不同而不同，但实际上是对垂钓者各种动机的承认。为了提高适合于冷水物种的文化价值和社会价值，许多州指定了遗产物种或州鱼（state fish），以提高公众意识并创造相关物种的文化价值（Epifanio，2000）。

虽然一些垂钓者很想展现垂钓的本领，但人们普遍认识到，过度捕捞会导致垂钓敏感地区的鱼类种群数量大幅度下降。事实上，在一些地区，垂钓者的数量已经多到即使有限的捕获量也能造成危害的水平。垂钓者通常会被高捕捞率吸引到某个渔场，但当捕捞不受限制时，会造成鱼类丰度大幅下降（Gresswell and Liss，1995）。相较于土著鱼类，外来鱼类通常更不容易受到垂钓的影响，因此造成的不同死亡率会导致土著鱼类减少（Moyle and Vondracek，1985）。

在一些地区，垂钓者从冷水型溪流中捕捞的鱼是由孵化场养殖的鱼维持或补充的；然而，这种管理策略在最近几十年并不常见（见第 9 章）。如果栖息地可以维持自然群体的繁殖，重复放养人工养殖鱼并不会提高整体鱼类种群的丰度或垂钓质量（Benson et al.，1959；Vincent，1987）。此外，人们广泛认识到，外来鱼类的引进已经对土著冷水性鱼类产生了有害的影响。尽管人工孵化放养仍然用来补偿溪流中被捕捞的鱼类，但这种做法通常与水库和湖泊渔业相关。

18.3.2.2　物种和栖息地评估

传统上，鱼类的管理侧重于由单个溪流河段（如湖泊或水库）构成的个体渔业，并常常基于物种组成进行地理划分。自 20 世纪 70 年代初以来，管理手段已经变得更加多样。这些变化与土著物种和栖息地质量的持续下降以及诸如《濒危物种法》《清洁水法》《国有森林管理法》等国家立法有关。为响应《濒危物种法》中关于制定特殊物种清单的呼吁，一些独立的机构和团体组织对许多重要物种的历史分布进行了状况评估。这些工作通常包括确定物种现状、分析生存力和评估风险。

在其他情况下，基于管理的状态评估与社会或生态问题相关，包括种群数量下降以及为扭转下降趋势或恢复种群至存活水平所做的各种努力。人们越来越意识到冷水型溪流中土著和外来鱼类的娱乐及经济重要性，以及各利益团体、管理者和机构之间的合作价值（Gresswell and Liss，1995；Granek et al.，2008）。对管理活动的评估通常偏重于有关种群、栖息地条件及相关威胁的数据汇集。

已经开发出描述土著鲑科鱼丰度和分布信息的标准化方案（例如，May et al.，2007）。之前的方案往往缺少基于统计学的采样设计，进而导致对物种有无、遗传完整性或种群丰度偏颇评估。

目前有多种评估冷水型溪流中鱼类分布的方法（Harig and Fausch，2002；Bateman et al.，2005；Young et al.，2005）。最适宜的方法要与研究目标和资源支持相匹配，但同时能保持不同研究之间的可比性。能够涵盖所有栖息地的系统采样，以及具备可知的个体捕获概率的鱼类采集和观测技术，对于确定流域中鱼类的范围是非常重要的（Bayley and Peterson，2001）。如果在一些情况下还能采集到用于遗传分析的组织样本，那么分析结果就可以应用于不同样点以及不同时间的统计比较（Guy et al.，2008）。

关于栖息地评估和局域尺度上河流栖息地质量评估（即组成河流横断面和河道单元研究的部分小节，见 Bauer 和 Ralph 2001 年的报道及本书第 10 章和第 12 章）的文献有很多。局限于局域尺度是许多历史文献的主要缺点，因为与不同生活史阶段和物种迁移相关的栖息地利用的变化，会在局域尺度上被忽略（但也有例外，见 Petty 等 2005 年的报道）。近期研究表明，可以将多个空间尺度上（即精细空间尺度与大空间尺度的组合。例如，栖息地单元和流域的组合）的数据进行有效的嵌套（Frissell et al.，1986；Hankin and Reeves，1988；Gresswell et al.，2006）。此外，新近的统计决策提供了可以将评估扩展到景观尺度的方法（Urquhart et al.，1998；Larsen et al.，2001；Larsen et al.，2004）。将这些大尺度的技术纳入栖息地评估，可能有助于明晰当前和未来的资源条件（Petty et al.，2005）。

将鱼类栖息地评估结果与鱼类分布相结合，可用于解释观察到的分布状况（Steen et al.，2006）。这些数据有助于确定可能限制鱼类存活（即目标物种是否出现）的因素，并为监测、恢复和管理活动提供依据。综合性的评估需要可靠的统计抽样框架，但需要了解这些框架的更多信息及其预测潜力来决定是否经济可行。新兴的地理信息系统（GIS）工具可通过整合水文、地貌、生物学、连通性和水质等方面的信息，来协助我们理解流域功能（见 Annear 等 2004 的报道）。同时，对任何一种采样类型，认识到数据收集方法和数据管理对于采样质量及一致性的重要性是非常关键的。

18.3.2.3 种群和栖息地监测

针对成熟个体的种群估算对物种评估至关重要，而且它们对于评估种群丰度随时间的变化尤为有效。具备估算精确度的标志-回捕和去除取样技术变得越来越普遍（Budy et al.，2007）。然而，许多估算缺乏推理，因为评算要基于"随机样本"（最初可能出于各种目的选点而并非随机选点）。如果样点设计不具有统计学上的可靠性，则结果可能会产生误导（Larsen et al.，2001）。最近开发的评估栖息地质量变化的方法有助于了解种群随时间变化的趋势（Urquhart et al.，1998；Larsen et al.，2001，2004）。

做种群估算时，单个点位上，需要重点考虑测量误差，但在多年评估方案中，样本点之间的差异应该是主要考虑因素（Olsen et al.，1999；Larsen et al.，2001）。基于概率的抽样方法选择的站点可以确保具有较好的推理性。对 30～50 个样点进行稳定的年度监测，可以发现影响物种分布的栖息地条件的变化（Larsen et al.，2004）。基于概率的样本选择也可用于流域尺度上的采样设计（Gresswell et al.，2004，2006）。

18.3.2.4 栖息地与种群管理

栖息地管理。在栖息地退化导致鱼类丰度下降和（或）灭绝的冷水型溪流中，栖息地改善已经是并将继续是关键的保护措施。在栖息地改善的过程中，关注流域尺度上的生态策略非常重要。生态策略的目标应当包括：①维持多样化的栖息地及其中的土著水生生物；②保存维持原有生态系统功能的现有种群的关键庇护所；③从改善现存栖息地入手，逐渐扩展这些生态系统进程的影响，从而最大可能地改善土著种群状态，最终促进其恢复（Frissell，1997）。

冷水型溪流栖息地恢复的一个重点是要考虑生态系统承载能力和自然发展。人类的决定和行为影响了不同区域的生态系统承载力。减少或消除人类利用土地的压力，可以促使溪流生态系统的结构和功能在自然过程得到恢复。因此，栖息地的恢复涉及识别和去除这些压力，从而使自然过程发挥作用（Ebersole et al.，1997）。

这种措施需要识别全流域中影响栖息地的负面因素以及生态改善的适宜尺度（Kershner，1997）。栖息地改善往往发生在局域因素造成栖息地丧失的区域。例如，放牧导致河岸带滑坡的区域。考虑物理过程和气候过程的关系对规划和实施栖息地改善非常关键。这些活动需要不同机构之间密切合作，尤其是负责景观管理的机构，因为流域植被的改变会影响到溪流生态系统的水文格局。

尽管监测可以提供评估生态修复是否成功的必要信息（Kershner，1997），但这一步骤通常会因为节省开支而省略。因此，尽管每年用于栖息地改善的费用超过 10 亿美元，但很少有关于修复效果的信息（Bernhardt et al.，2005，2007）。Bernhardt 等（2005）总结的 37 000 个工程中，其中仅 10% 有后续的效果评估监测。生态退化促成了大部分修复工程，但仅有不足 50% 的工程具有可量化的目标（Bernhardt et al.，2005，2007）。

种群管离。由于冷水型溪流中外来物种会威胁土著鱼类的生存，因此限制外来物种扩散至关重要。一项策略是隔离基因未被改变的土著现存鱼类。然而，在较小的源头集水区，隔离和碎片化会极大地增加灾难性扰动（如野火或洪水）造成种群数量崩溃的概率（Kruse et al.，2001），而且隔离溪流中移动能力较差的物种可能面临更高的局域性灭绝风险。气候变化更容易导致较小的源头隔离溪流中栖息地适宜度的下降。此外，具有移动生活史类型的鱼类更容易因上游鱼类通道切断而灭绝（表框 18.2）。

维持鱼类种群所需的最小流域面积与具体鱼类的种群数量特征以及移动能力有关。Wofford 等（2005）发现扩散障碍导致的上游种群隔离会降低海岸克拉克大麻哈鱼的基因多样性。区域尺度上，在流域源头区（500～1 000 hm²）海岸克拉克大麻哈鱼种群间的遗传多样性似乎与流域内的复杂性和连通性有关（Guy et al.，2008）。尽管遗传多样性存在变化，海岸克拉克大麻哈鱼仍然在这些流域中存活了上千年。相反的，希拉鳟（gila trout）种群已经因为野火以及火后的洪水而从较小的源头溪流中灭绝（Rinne，1996）。此外，拉洪坦克拉克大麻哈鱼在 47 个网状水系中有 89% 有该物种生存记录，但 72 个破碎化的流域中仅有 32% 有该物种的生存记录（Dunham et al.，1997）。

目前关于栖息地碎片化对非鲑科鱼类（non - salmonid fishes）影响的了解非常少，但是有种假设非常合理，尽管空间尺度可能发生变化，冷水型溪流的连通性对于维持这些鱼类的种群也是非常重要的。例如，在俄勒冈州西部，溯河鱼类隔障上游的小流域（<1 000 hm²）中，杜父鱼的出现与流域复杂性（支流数量）以及连通性有关（R. Gresswell and D. Bateman, unpublished data）。一般而言，流域中的扰动对那些移动能力最弱的土著种群和个体影响最大，同时移动能力较强的物种重新入侵的速度也是最快的（Gresswell，1999）。

涉及溪流网络破碎化的管理决策可能会非常复杂，每一种情况都必须进行单独评估。在一些案例中，需要重新连通因人为活动（如河流改道、大坝建设或道路涵洞）造成破碎化的溪流网络。但在另外一些情况下，也可能要有意隔断鱼类通道从而以防外来鱼类入侵（表框 18.2）。

表框 18.2 冷水型溪流中鲑科鱼的隔离、入侵及保护

Bruce Riema[1]，Michael Young[2]，Kurt Fausch[3]，Jasoh Dunham[4]

Douglas Peterson[5]

1. 美国森林管理局（退休），博伊西市，爱达荷州
2. 美国森林管理局，密苏拉市，蒙大拿州
3. 科罗拉多州立大学，科林斯堡市
4. 美国地理调查局，科瓦利斯市，俄亥俄州
5. 美国鱼类和野生动物管理局，海伦娜市，蒙大拿州

栖息地丧失和破碎化是许多土著鱼类种群的生存威胁，能够影响甚至替代土著鱼类的入侵鱼类也是非常重要的。这两种因素对通常只能生活在冷水型溪流源头残存的栖息地中的土著鲑科鱼尤为重要。表面上，集中资源修复栖息地并控制入侵种就可以直接扭转对鱼类的威胁。但实际上，事物的两面性使得这个问题更加复杂。影响鱼类迁移的障隔物就很好地体现了这一点，因为无论移除或安装都会立即缓解或增加土著鲑科鱼种群所面临的风险。

适宜栖息地的大小、分布以及连通性是土著鲑科鱼种群保护中的常见问题，因为栖息地溪流网络的大小以及栖息地之间的连通性对维持局域种群是非常重要的。丧失连通性会导致遗传多样性丧失（Wofford et al.，2005；Neville et al.，2006b；Guy et al.，2008）、更易受灾害性事件影响、在互补栖息地中完成的洄游的生活史的缺失（Northcote，1997；Rieman and Dunham，2000）、与其他种群（曾协助种群建群、维持种群数量，甚至协助重新入侵的种群）之间连通性的缺失（Rieman and Dunham，2000；Letcher et al.，2007）。栖息地面积缩小和连通性的下降是由栖息地退化（如溪流改道、水温升高、水质恶化）和鱼类通道障碍（如道路涵洞、水利和水电坝）引起的栖息地碎片化造成的。扭转栖息地退化是一个复杂过程，需要保护或修复大面积的流域和河岸带，这可能耗费大量资金、带来争议且见效缓慢。与此相反，许多鱼类障碍阻隔了鱼类向高质量的源头栖息地迁移，简单地移除这些障碍就能修复这种栖息地通道。许多鱼类通道障碍非常小，但会有数千个这样的障碍在土著鲑科鱼的栖息区域中（GAO，2000）。因此，恢复鱼类通道为快速修复鱼类栖息地和恢复种群大小及连通性提供了重要机会。

（续）

然而，尽管修复鱼类通道仅涉及微小通道障碍，在这一看似简单的领域也存在需要深思熟虑的特殊问题。

首先，很明显，现有资源（人口、金钱、时间以及材料）不足以保证在短期内修复绝大部分案例中的鱼类通道（GAO，2001）。在这种情况下，确定具体工程之间的相关性就变得非常重要。管理者必须优先将资源使用在可以确保获得最大利益回报的工程上。有关维持鱼类通道障碍上游鱼类种群的研究（例如，Morita and Yamamoto，2002）也表明，种群的灭绝概率与时间相关。因此，有必要优选出最紧迫且成功概率最高的工程。

其次，需要重点考虑的是修复鱼类通道可能会引起外来鱼类入侵，而这些外来鱼类可能会威胁土著物种和整个生态系统。在美国西部内陆的许多地方，管理者会主动设置各种通道障碍以保护上游土著鱼类种群免遭外来鱼类入侵。部分现存的通道障碍可能确实保护了上游栖息地免受入侵，但从长期来看，被隔离的土著鱼类种群会有更高的灭绝风险。因此，减少外来鱼类威胁与造成栖息地隔离的威胁之间的冲突体现了现实世界的不确定性、识别优先等级以及使用鱼类通道障碍的复杂性。

某些系统的两面性对熟知相关知识的生物学家来说可能是相对清晰的，因而他们的工作也更加专注有效。在其他情况下，这样的两面性可能更为模糊或者数据和经验有限，因而得出的结果可能更多地受到个人认知或者公众压力影响而不是基于专业知识。当这些选择的差异不能得到清晰的支撑和表述时，相关的决策过程对公众或资助者而言就可能显得矛盾且武断。因此，可信的决策过程要包含备选方案的风险比较。

生物学家会通过阐明这些问题所涉及的生物过程以及社会价值来权衡安装或移除这些洄游障碍的风险与益处。Fausch 等（2006）建议这个特殊问题的背景可以通过 3 个关键要素来定义：①了解遭受威胁的事物的保护价值，认识到有些保护价值（如保护基因纯度）可能需要设置河道障碍，而其他保护价值（如重建干流渔业需要保证支流产卵）可能需要移除河道障碍；②了解具体流域中的环境条件如何促进或限制外来鱼类入侵并替代土著鱼类；③如果一个土著种群被隔离，了解其局域灭绝的可能性，并要意识到物种栖息地被隔离的时间、大小和质量，以及物种自身都可能强烈影响这种可能性。通过收集目标区域中溪流和种群的这一类信息，生物学家才能确定优先处理何处的何种问题才是最有效的。在这些基础的生物学问题都已明确后，正式的决策模型才可以发挥促进作用；即使并不熟知这些生物学问题，还可以基于普遍的认知来权衡利弊，进而确定有限的资源用于何处。

种群移除。 如果栖息地能够支撑种群繁殖，那么可以移除外来鱼类并重新引入土著鱼类。这种管理措施的可行性会受到目标集水区的大小和复杂性的限制，但是在物种移除前对流域中大小合适的区域进行隔离可以提高成功率。尽管移除外来物种非常困难并且通常耗费大量资金，但在很多情况下，这可能是恢复冷水性鱼类种群历史分布的最好的选择（Finlayson et al.，2005）。当设置鱼类通道障碍给数量较少的孤立土著鱼类种群带来风险而不可行的时候，物种移除的管理措施可能是一种合适的选择。先使用电鱼的措施捕获土著鱼类再撒放杀鱼剂，是在土著鱼类和外来鱼类分布重叠的区域进行物种移除的可行方法。

两种使用最普遍的灭鱼药是鱼藤酮和抗霉素。因为鱼藤酮价格低廉且容易买到，所以使用较多（Finlayson et al.，2005）。尽管在结构简单且目标区域较小的栖息地中是移除外来鱼类的有效措施，但是这种技术也很难将目标物种完全去除（Thompson and Rahel，1998）。另一方面，在不考虑杂交的情况下，重复使用电鱼的移除方式可能有助于提高土著冷水鲑科鱼的短期存活率（Peterson et al.，2008a）。

种群冗余。当某个土著鲑科鱼物种或者亚种中基因未受改变的大部分遗留种群仅存于小范围、被隔离的源头溪流中时，扩大种群数量就是非常重要的，因为小种群鱼类在任何流域中都无法确保存活。尽管种群冗余对策常常需要移除流域中的一些外来鱼类，但是有时候向流域中引入一些历史上未发现过的土著鲑科鱼类也是可行的。然而，在许多情况下，管理政策支持引入外来鱼类以替代土著鲑科鱼，然而却基本禁止将某种鱼引入其在历史上并未出现过的区域中。

18.3.3 合作管理方法

建立公众和私人的合作伙伴关系对修复冷水型溪流生态系统是至关重要的。在美国，许多修复工程是由州和联邦自然资源机构主持的，但是非政府组织也会捐献数额可观的环保基金。例如，鲑鳟类保护协会（Trout Unlimited）在 2006 年投入超过 1 100 万美元用于环保，其中大部用于栖息地修复工程，并基于环保需要建立起持久的合作伙伴关系。成功的合作需要在平等的伙伴关系上共享工作，提倡非传统型的伙伴关系，在不可预见的挑战中保持合作关系的灵活性（Tilt and Williams，1997）。

冷水型溪流管理中的公众参与反映了社会中意图参与自然资源保护决策制定的广泛意愿（Koontz and Johnson，2004）。许多人都希望参与管理过程，这促成了由传统专家权威方式的管理向培养公众参与的更为广泛的合作方式的转变（见第 5 章和第 6 章）。公众参与有许多选择，如管理者可以鼓励沿河的私人土地所有者种植本土植物以加固河岸带，农民和大农场主可以参与到为促进河岸带修复而设立的研讨小组中，相关利益者可以受邀参加机构指定的修复工程，流域机构、保护组织以及垂钓组织组成一个重要的工作团队，共同致力于修复冷水型溪流河岸廊道。

合作是许多利益相关者共同致力于解决某个冲突或者发展实现某个共同愿景的过程。很多机构通过合作解决环境问题。许多机构通过创造公众参与项目促进与市民的合作关系（Malone，2000）。广泛的公众参与对于确保环境管理的有效性是非常重要的（Koontz and Johnson，2004），并且使这种效果转化为实实在在的结果。社区团体是合作管理组织的一个主要类型，通过提供系统性的支持，管理机构可以促进社区团体向流域组织转变。在这种由利益相关者组成的合作型团体中，志愿者设定流域改善目标，并协助管理机构开展有科学依据的行动计划。实际上，与管理机构互动良好并且得到机构支持的团体通常会存在更长久，也会在每个样点投入更多精力，并更加热情地参与监测工作（Frost - Nerbourne and Nelson，2004）。或许最重要的是，管理过程中的公众参与，使得参加者可以学习了解当地的环境问题。

18.4 总结

冷水型溪流有大有小，尽管鲑科鱼通常是这些系统中最具价值的鱼类，但杜父鱼科、亚口鱼科、鲤科等也有很高的丰度。冷水型溪流中的鱼类群落是由一系列相互作用的非生物因素和生物因素共同塑造的。冷水生物类群依赖的能量来自自养生物和相邻流域的有机质输入，草食性的和肉食性的无脊椎动物以及鱼类获取这些能量，然后又被捕食者食用。

冷水型溪流中营养级之间的相互关联是非常复杂的，并且经常随着时间、物理环境的变化而变化。例如，气候和地质结构通过影响水化学、河道深度、温度、流量和底质等来影响冷水型溪流中鱼类的分布和丰度。尽管捕食通常是冷水型溪流中鱼类种群的最主要的生物关系，但实际上种间和种内竞争共同影响了小尺度上的群落结构。冷水型溪流的管理已经从专注于娱乐性的垂钓转向注重土著鱼类的恢复和保护。基于管理的评估通常关注于种群的丰度和年龄结构、栖息地特征以及种群和栖息地面临的威胁。土著鱼类面临的最主要的威胁就是刻意引入的外来物种及其后续的快速扩散。冷水型溪流中栖息地的退化和碎片化在整个北美是普遍存在的，这是维持冷水性鱼类种群面临的另一个主要威胁。由于气候变化、物种入侵以及栖息地退化的协同作用，我们很难预测气候变化对维持冷水型溪流中鱼类种群的影响。在解决这个复杂的问题上，能够促进鱼类种群适应环境变化的管理措施将是非常重要的。合作性的伙伴关系在为管理措施提供制度上和经济上的支持方面愈加重要，并且可以为各种时空尺度上的问题提供一种创新的解决方案。

18.5　参考文献

Allan, J. D. 1995. Stream ecology: structure and function of running waters. Chapman and Hall, London.

Anderson, D. K., R. B. Ditton, and K. M. Hunt. 2007. Measuring angler attitudes toward catch related aspects of fishing. Human Dimensions of Wildlife 12: 181 – 191.

Annear, T., I. Chisholm, H. Beecher, A. Locke, and 12 other authors. 2004. Instream flows for riverine resource stewardship, revised edition. Instream Flow Council, Cheyenne, Wyoming.

Baltz, D. M., P. B. Moyle, and N. J. Knight. 1982. Competitive interactions between benthic stream fishes, riffle sculpin, *Cottus gulosus*, and speckled dace, *Rhinichthys osculus*. Canadian Journal of Fisheries and Aquatic Sciences 39: 1502 – 1511.

Bardonnet, A. and M. Heland. 1994. The influence of potential predators on the habitat preferenda of emerging brown trout. Journal of Fish Biology 45 (Supplement A): 131 – 142.

Bateman, D. S., R. E. Gresswell, and C. E. Torgersen. 2005. Evaluating single – pass catch as a tool for identifying spatial pattern in fish distribution. Freshwater Ecology 20: 335 – 345.

Bateman, D. S., and H. W. Li. 2001. Nest site selection by reticulate sculpin in two streams of different geologies in the central Coast Range of Oregon. Transactions of the American Fisheries Society 130: 823 – 832.

Bauer, S. B., and S. C. Ralph. 2001. Strengthening the use of aquatic habitat indicators in Clean Water Act programs. Fisheries 26 (6): 14 – 25.

Bayley, P. B., and J. T. Peterson. 2001. An approach to estimate probability of presence and richness of fish species. Transactions of the American Fisheries Society 130: 620 – 633.

Belford, D. A., and W. R. Gould. 1989. An evaluation of trout passage through six highway culverts in Montana. Transactions of the American Fisheries Society 9: 437 – 445.

Behnke, R. J. 1992. Native trout of westernNorth America. American Fisheries Society, Monograph 6, Bethesda, Maryland.

Benson, N. G., O. B. Cope, and R. V. Bulkley. 1959. Fishery management studies on the Madison River system in Yellowstone National Park. U. S. Fish and Wildlife Service, Special Scientific Report: Fisheries

307.

Berger, A. M., and R. E. Gresswell. 2009. Factors influencing coastal cutthroat trout seasonal survival rates: a spatially continuous approach among stream network habitats. Canadian Journal of Fisheries and Aquatic Sciences 66: 613 – 632.

Bernhardt, E. S., M. A. Palmer, J. D. Allan, G. Alexander, K. Barnas, S. Brooks, J. Carr, S. Clayton, C. Dahm, J. Follstad – Shah, D. Galat, S. Gloss, P. Goodwin, D. Hart, B. Hassett, R. Jenkinson, S. Katz, G. M. Kondolf, P. S. Lake, and R. Lave. 2005. Synthesizing U. S. river restoration efforts. Science 308: 636 – 637.

Bernhardt, E. S., E. B. Sudduth, M. A. Palmer, J. D. Allan, J. L. Meyer, G. Alexander, J. Follastad – Shah, B. Hassett, R. Jenkinson, R. Lave, J. Rumps, and L. Pagano. 2007. Restoring rivers one reach at a time: results from a survey of U. S. river restoration practitioners. Restoration Ecology 15: 482 – 493.

Bratovich, P., D. Olson, J. Cornell, A. Pitts, and A. Niggemyer. 2004. Evaluation of potential effects of fisheries management activities on ESA – listed fish species SP – F5/7 Task 1. State ofCalifornia, Department of Water Resources, Final Report FERC (Federal Energy Regulation Commission) Project 2100.

Brown, A. V., M. M. Lyttle, and K. D. Brown. 1998. Impacts of gravel mining on gravel bed streams. Transactions of the American Fisheries Society 127: 979 – 994.

Budy, P., G. P. Thiede, and P. McHugh. 2007. Quantification of the vital rates, abundance, and status of a critical, endemic population of Bonneville cutthroat trout. North American Journal of Fisheries Management 27: 593 – 604.

Burrell, K. H., J. J. Isely, D. B. Bunnell Jr., D. H. Van Lear, and C. A. Dolloff. 2000. Seasonal move – ment of brown trout in a southern Appalachian River. Transactions of the American Fisheries Society 129: 1373 – 1379.

Byers, J. E. 2002. Impact of nonindigenous species on natives enhanced by anthropogenic alteration of selection regimes. Oikos 97: 449 – 458.

Chu, C., N. E. Jones, N. E. Mandrak, A. R. Piggott, and C. K. Minns. 2008. The influence of air temperature, groundwater discharge, and climate change on the thermal diversity of stream fishes in southern Ontario watersheds. Canadian Journal of Fisheries and Aquatic Sciences 65: 297 – 308.

Clark, J. R. D., and G. R. Alexander. 1985. Effects of a slotted size limit on a multispecies trout fishery. Michigan Department of Natural Resources, Fisheries Research Report 1926, Ann Arbor.

Cohen, W. B., T. A. Spies, R. J. Alig, D. R. Oetter, T. K. Maiersperger, and M. Fiorella. 2002. Characterizing 23 years (1972 – 95) of stand replacement disturbance in western Oregon forests with LandSAT imagery. Ecosystems 5: 122 – 137.

Coleman, M. A., and K. D. Fausch. 2007. Cold summer temperature limits recruitment of age – 0 cut – throat trout in high – elevation Colorado streams. Transactions of the American Fisheries Society 136: 1231 – 1244.

Colyer, W. T., R. H. Hilderbrand, and J. L. Kershner. 2005. Movements of fluvial Bonneville cutthroat trout in the Thomas Fork of the Bear River, Idaho – Wyoming. North American Journal of Fisheries Management 25: 954 – 963.

Crisp, D. T. 1993. The environmental requirements of salmon and trout in freshwater. Freshwater Forum 3: 176 – 202.

Crisp, D. T. 2000. Trout and salmon ecology, conservation and rehabilitation. Fishing News Books, Blackwell Science, Malden, Massachusetts.

Dewald, L., and M. A. Wilzbach. 1992. Interactions between native brook trout and hatchery brown trout: effects on habitat use, feeding, and growth. Transactions of the American Fisheries Society 121: 287 -296.

Dunham, J., B. Rieman, and G. Chandler. 2003a. Influences of temperature and environmental variables on the distribution of bull trout within streams at the southern margin of its range. North American Journal of Fisheries Management 23: 894 - 904.

Dunham, J. B., G. L. Vinyard, and B. E. Rieman. 1997. Habitat fragmentation and extinction risk of Lahontan cutthroat trout. North American Journal of Fisheries Management 17: 1126 - 1133.

Dunham, J. B., M. K. Young, R. E Gresswell, and B. E. Rieman. 2003b. Effects of fire on fish popula - tions: landscape perspectives on persistence of native fishes and nonnative fish invasion. Forest Ecology and Management 178: 183 - 196.

Dunson, W. A., and J. Travis. 1991. The role of abiotic factors in community organization. American Natu- ralist 138: 1067 - 1091.

Ebersole, J. L., W. J. Liss, and C. A. Frissell. 1997. Restoration of stream habitats in the western United States: restoration as reexpression of habitat capacity. Environmental Management 21: 1 - 14.

Elliott, J. M. 1994. Quantitative ecology and the brown trout. Oxford University Press, Oxford, UK. Epifanio, J. 2000. The status of coldwater fishery management in the United States: an overview of state programs. Fisheries 25 (7): 13 - 27.

Farag, A. M., D. Skaar, D. A. Nimick, E. MacConnell, and C. Hogstrand. 2003. Characterizing aquatic health using salmonid mortality, physiology, and biomass estimates in streams with elevated concentra- tions of arsenic, cadmium, copper, lead, and zinc in the Boulder River Watershed, Montan- a. Transactions of the American Fisheries Society 132: 450 - 467.

Fausch, K. D., B. E. Rieman, M. K. Young, and J. B. Dunham. 2006. Strategies for conserving native sal- monid populations at risk from nonnative fish invasions: tradeoffs in using barriers to upstream move- ment. U. S. Depatment of Agriculture Forest Service, Rocky Mountain Research Station, General Techni- cal Report RMRS - GTR - 174, Fort Collins, Colorado.

Fausch, K. D., C. E. Torgersen, C. V. Baxter, and H. W. Li. 2002. Landscapes to riverscapes: bridging the gap between research and conservation of stream fishes. BioScience 52: 483 - 498.

Field, B., L. D. Mortsch, M. Brklacich, D. L. Forbes, P. Kovacs, J. A. Patz, S. W. Running, and M. J. Scott. 2007. North America. Pages 617 - 652 in M. L. Parry, O. F. Canziani, J. P. Palutikof, P. J. Van der Linden, and C. E. Hanson, editors. Climate change 2007: impacts, adaptation, and vulner - ability. Contribution of working group II to the fourth assessment report of the Intergovernmental Panel on Climate Change. Cambridge University Press, Cambridge, UK, and New York.

Finlayson, B., W. Somer, D. Duffield, D. Propst, C. Mellison, T. Pettengill, H. Sexauer, T. Nesler, S. Gurtin, J. Elliot, F. Partridge, and D. Skaar. 2005. Native inland trout restoration on national forests in the western United States: time for improvement. Fisheries 30 (3): 10 - 19.

Flebbe, P. A., and A. C. Dolloff. 1995. Trout use of woody debris and habitat in Appalachian wilderness streams of North Carolina. North American Journal of Fisheries Management 15: 579 - 590.

Freeman, M. C., and G. D. Grossman. 1992. A field test for competitive interactions among foraging stream fishes. Copeia 1992: 898 - 902.

Frissell, C. A. 1997. Ecological principles. Pages 96 - 115 in J. E. Williams, C. A. Wood, and M. P. Dom- beck, editors. Watershed restoration: principles and practices. American Fisheries Society, Bethesda,

Maryland.

Frissell, C. A. , W. J. Liss, C. E. Warren, and M. D. Hurley. 1986. A hierarchical framework for stream habi - tat classification: viewing streams in a watershed context. Environmental Management 10: 199 - 214.

Frost - Nerbourne, J. , and K. C. Nelson. 2004. Volunteer macroinvertebrate monitoring in the United States: resource mobilization and comparative state structures. Society and Natural Resources 17: 817 -839.

Ganio, L. M. , C. E. Torgersen, and R. E. Gresswell. 2005. Describing spatial pattern in stream net - works: a practical approach. Frontiers in Ecology and the Environment 3: 138 - 144.

GAO (General Accounting Office) . 2001. Restoring fish passage through culverts on Forest Service and BLM lands in Oregon and Washington could take decades. U. S. General Accounting Office GAO - 02 - 136, Washington, D. C.

Gilliam, J. F. , and D. F. Fraser. 2001. Movement in corridors: enhancement by predation threat, distur - bance, and habitat structure. Ecology 82: 258 - 273.

Granek, E. F. , E. M. P. Madin, M. A. Brown, W. Figueira, D. S. Cameron, Z. Hogan, G. Kristianson, P. de Villiers, J. E. Williams, J. Post, S. Zahn, and R. Arlinghaus. 2008. Engaging recreational fishers in management and conservation: global case studies. Conservation Biology 22: 1125 - 1134.

Grant, J. W. A. 1990. Aggressiveness and the foraging behaviour of young - of - the - year brook char (*Salvelinus fontinalis*) . Canadian Journal of Fisheries and Aquatic Sciences 47: 915 - 920.

Grant, J. W. A. , and D. L. Kramer. 1990. Territory size as a predictor of the upper limit to population density of juvenile salmonids in streams. Canadian Journal of Fisheries and Aquatic Science 47: 1724 -1737.

Gresswell, R. E. , editor. 1988. Status and management of interior stocks of cutthroat trout. American Fisheries Society, Symposium 4, Bethesda, Maryland.

Gresswell, R. E. 1995. Yellowstone cutthroat trout. Pages 36 - 54 *in* M. Young, editor. Conservation assessment for inland cutthroat trout. U. S. Department of Agriculture Forest Service, Rocky Moun - tain Forest and Range Experiment Station, General Technical Report RM - GTR - 256, Fort Collins, Colorado.

Gresswell, R. E. 1999. Fire and aquatic ecosystems in forested biomes of North America. Transactions of the American Fisheries Society 128: 193 - 221.

Gresswell, R. E. , D. S. Bateman, G. W. Lienkaemper, and T. J. Guy. 2004. Geospatial techniques for developing a sampling frame of watersheds across a region. Pages 517 - 530 *in* T. Nishida, P. J. Kailola, and C. E. Hollingworth, editors. GIS/Spatial Analyses in Fishery and Aquatic Sciences, volume 2. Fishery - Aquatic GIS Research Group, Saitama, Japan.

Gresswell, R. E. , and R. D. Harding. 1997. The role of special angling regulations in management of coastal cutthroat trout. Pages 151 - 156 *in* J. D. Hall, P. A. Bisson, and R. E. Gresswell, editors. Searun cutthroat trout: biology, management, and future conservation. American Fisheries Society, Oregon Chapter, Corvallis.

Gresswell, R. E. , and S. R. Hendricks. 2007. Population - scale movement of coastal cutthroat trout in a naturally isolated stream network. Transactions of the American Fisheries Society 136: 238 - 253.

Gresswell, R. E. , and W. J. Liss. 1995. Values associated with management of Yellowstone cutthroat trout in Yellowstone National Park. Conservation Biology 9: 159 - 165.

Gresswell, R. E. , W. J. Liss, and G. L. Larson. 1994. Life history organization of Yellowstone cutthroat trout (*Oncorhynchus clarki bouvieri*) in Yellowstone Lake. Canadian Journal of Fisheries and Aquatic Sciences 51 (Supplement 1): 298 - 309.

Gresswell, R. E. , W. J. Liss, G. L. Larson, and P. J. Bartlein. 1997. Influence of basin - scale physical varia-bles on life history characteristics of cutthroat trout in Yellowstone Lake. North American Journal of Fisheries Management 17: 1046 - 1064.

Gresswell, R. E. , C. E. Torgersen, D. S. Bateman, T. J. Guy, S. R. Hendricks, and J. E. B. Wofford. 2006. A spatially explicit approach for evaluating relationships among coastal cutthroat trout, habitat, and disturbance in headwater streams. Pages 457 - 471 in R. Hughes, L. Wang, and P. Seelbach, edi-tors. Influences of landscapes on stream habitats and biological assemblages. American Fisheries Society, Symposium 48, Bethesda, Maryland.

Griffith, J. S. 1993. Coldwater streams. Pages 481 - 504 in C. C. Kohler and W. A. Hubert, editors. Inland fisheries management in North America, 2nd edition. American Fisheries Society, Bethesda, Maryland.

Griffith, J. S. , and D. A. Andrews. 1981. Effects of a small suction dredge on fishes and aquatic inverte-brates inIdaho streams. North American Journal of Fisheries Management 1: 21 - 28.

Grossman, G. D. , R. E. Ratajczak Jr. , M. Crawford, and M. C. Freeman. 1998. Assemblage organization in stream fishes: effects of environmental variation and interspecific interactions. Ecological Monographs 68: 395 - 420.

Guy, T. J. , R. E. Gresswell, and M. A. Banks. 2008. Landscape - scale evaluation of genetic structure a-mong barrier - isolated populations of coastal cutthroat trout *Oncorhynchus clarkii clarkii*. Canadian Jour-nal of Fisheries and Aquatic Sciences 165: 1749 - 1762.

Hankin, D. G. , and G. H. Reeves. 1988. Estimating total fish abundance and total habitat area in small streams based on visual estimation methods. Canadian Journal of Fisheries and Aquatic Sciences 45: 834 - 844.

Harig, A. L. , and K. D. Fausch. 2002. Minimum habitat requirements for establishing translocated cut - throat trout populations. Ecological Applications 12: 535 - 551.

Harper, D. D. , and A. M. Farag. 2004. Winter habitat use by cutthroat trout in the Snake River near Jack-son, Wyoming. Transactions of the American Fisheries Society 133: 15 - 25.

Harper, M. P. , and B. L. Peckarsky. 2006. Emergence clues of a mayfly in a high - altitude stream ecosys-tem: potential response to climate change. Ecological Applications 16: 612 - 621.

Harvey, B. C. , and T. E. Lisle. 1998. Effects of suction dredging on streams: a review and an evaluation strategy. Fisheries 23 (8): 8 - 17.

Heggenes, J. , J. L. Bagliniere, and R. A. Cunjak. 1999. Spatial niche variability for young Atlantic salmon (*Salmo salar*) and brown trout (*S. trutta*) in heterogeneous streams. Ecology of Freshwater Fish 8: 1 -21.

Henderson, R. , J. L. Kershner, and C. A. Toline. 2000. Timing and location of spawning by nonnative wild rainbow trout and native cutthroat trout in the South Fork Snake River, Idaho, with implica - tions. North American Journal of Fisheries Management 20: 584 - 596.

Hicks, B. J. , and J. D. Hall. 2003. Rock type and channel gradient structure salmonid populations in the Or-egon Coast Range. Transactions of the American Fisheries Society 132: 468 - 482.

Hilderbrand, R. H. , and J. L. Kershner. 2000. Conserving inland cutthroat trout in small streams: how much stream is enough? North American Journal of Fisheries Management 20: 513 - 520.

IPCC (Intergovernmental Panel on Climate Change) . 2007. Climate change 2007: the physical science ba-sis. Contribution of working group 1 to the fourth assessment report of the Intergovernmental Panel on Climate Change. Cambridge University Press, Cambridge, UK, and New York.

Jackson, D. A., P. R. Peres – Neto, and J. D. Olden. 2001. What controls who is where in freshwater fish communities – the roles of biotic, abiotic, and spatial factors. Canadian Journal of Fisheries and Aquatic Sciences 58: 157 – 170.

Jager, H. I., W. Van Winkle, and B. D. Holcomb. 1999. Would hydrologic climate changes in Sierra Nevada streams influence trout persistence? Transactions of the American Fisheries Society 128: 222 – 240.

Jenkins, T. M., S. Diehl, K. W. Kratz, and S. D. Cooper. 1999. Effects of population density on individual growth of brown trout in streams. Ecology 80: 941 – 956.

Keeler, R. A., and R. Cunjak. 2007. Reproductive ecology of slimy sculpin in small New Brunswick streams. Transactions of the American Fisheries Society 136: 1762 – 1768.

Keeley, E. R. 2003. An experimental analysis of self – thinning in juvenile steelhead trout. Oikos 102: 543 – 550.

Keleher, C. J., and F. J. Rahel. 1996. Thermal limits to salmonid distributions in theRocky Mountain region and potential habitat loss due to global warming: a geographic information system (GIS) approach. Transactions of the American Fisheries Society 125: 1 – 13.

Kershner, J. L. 1997. Monitoring and adaptive management. Pages 96 – 115in J. E. Williams, C. A. Wood, and M. P. Dombeck, editors. Watershed restoration: principles and practices. American Fisheries Society, Bethesda, Maryland.

Kondolf, G. M. 2000. Assessing salmonid gravel quality. Transactions of the American Fisheries Society 129: 262 – 281.

Koontz, T. M., and E. M. Johnson. 2004. One size does not fit all: matching breadth of stakeholder participation to watershed group accomplishments. Policy Sciences 37: 185 – 204.

Kruse, C. G., W. A. Hubert, and F. J. Rahel. 2000. Status of Yellowstone cutthroat trout in Wyoming waters. North American Journal of Fisheries Management 20: 693 – 705.

Kruse, C. G., W. A. Hubert, and F. J. Rahel. 2001. An assessment of headwater isolation as a conservation strategy for cutthroat trout in the Absaroka Mountains of Wyoming. Northwest Science 75: 1 – 11.

Kyle, G., W. Norman, L. Jodice, A. Graefe, and A. Marsinko. 2007. Segmenting anglers using their consumptive orientation profile. Human Dimensions of Wildlife 12: 115 – 132.

Lake, P. S. 2000. Disturbance, patchiness, and diversity in streams. Journal of the North American Benthological Society 19: 573 – 592.

Larsen, D. P., P. R. Kaufmann, T. M. Kincaid, and N. S. Urquhart. 2004. Detecting persistent change in the habitat of salmon – bearing streams in the Pacific Northwest. Canadian Journal of Fisheries and Aquatic Sciences 61: 283 – 291.

Larsen, D. P., T. M. Kincaid, S. E. Jacobs, and N. S. Urquhart. 2001. Designs for evaluating local and regional scale trends. BioScience 51: 1069 – 1078.

Letcher B. H., K. H. Nislow, J. A. Coombs, M. J. O' Donnell, and T. L. Dubreuil. 2007. Popula – tion response to habitat fragmentation in a stream – dwelling brook trout population. PLoS ONE 2 (11): 1139.

Lyons, J., B. M. Weigel, L. K. Paine, and D. J. Undersander. 2000. Influence of intensive rotational grazing on bank erosion, fish habitat quality, and fish communities in southwestern Wisconsin trout streams. Journal of Soil and Water Conservation 55: 271 – 276.

Malone, C. R. 2000. State governments, ecosystem management, and the enlibra doctrine in the U. S. Ecological Economics 34: 9 – 17.

May, B. E., S. E. Albeke, and T. Horton. 2007. Range – wide status of Yellowstone cutthroat trout (Onco –

rhynchus clarkii bouvieri）：2006. Montana Department of Fish, Wildlife and Parks, Helena.

McHugh, P. , and P. Budy. 2005. An experimental evaluation of competitive and thermal effects on brown trout (*Salmo trutta*) and Bonneville cutthroat trout (*Oncorhynchus clarkii utah*) performance along an altitudinal gradient. Canadian Journal of Fisheries and Aquatic Science 62：2784 – 2795.

McIntosh, B. A. , J. R. Sedell, J. E. Smith, R. C. Wissmar, S. E. Clarke, G. H. Reeves, and L. A. Brown. 1994. Historical changes in fish habitat for select river basins in eastern Oregon and Washington. Northwest Science 68：36 – 53.

McMahon, T. E. , A. V. Zale, F. T. Barrows, J. H. Selong, and R. J. Danehy. 2007. Temperature and competition between bull trout and brook trout: a test of the elevation refuge hypothesis. Transactions of the American Fisheries Society 136：1313 – 1326.

Montgomery, D. R. , and J. M. Buffington. 1998. Channel processes, classification, and response. Pages 13 – 42 *in* R. J. Naiman and R. E. Bilby, editors. River ecology and management: lessons from the Pacific Coastal Ecoregion. Springer – Verlag, New York.

Morita, K. , and S. Yamamoto. 2002. Effects of habitat fragmentation by damming on the persistence of stream – dwelling char populations. Conservation Biology 16：1318 – 1323.

Morrill, J. C. , R. C. Bales, and M. H. Conklin. 2005. Estimating stream temperature from air temperature: implications for future water quality. Journal of Environmental Engineering 131：139 – 146.

Moyle, P. B. , and B. Vondracek. 1985. Persistence and structure of the fish assemblage in a small California stream. Ecology 66：1 – 13.

Mundahl, N. D. , and R. A. Sagan. 2005. Spawning ecology of the American brook lamprey, *Lampetra appendix*. Environmental Biology of Fishes 73：283 – 292.

Nelson, R. L. , M. L. Mchenry, and W. S. Platts. 1991. Mining. Pages 425 – 457 *in* W. R. Meehan, editor. Influences of forest and rangeland management on salmonid fishes and their habitats. American Fisheries Society, Special Publication 19, Bethesda, Maryland.

Neraas, L. P. , and P. Spruell. 2001. Fragmentation of riverine systems: the genetic effects of dams on bull trout *Salvelinus confluentus* in the Clark Fork River system. Molecular Ecology 10：1153 – 1164.

Neville, H. , J. Dunham, and M. Peacock. 2006a. Assessing connectivity in salmonid fishes with DNA microsatellite markers. Pages 318 – 342 *in* K. Crooks and M. A. Sanjayan, editors. Connectivity conservation. Cambridge University Press, Cambridge, UK.

Neville, H. M. , J. B. Dunham, and M. M. Peacock. 2006b. Landscape attributes and life history variability shape genetic structure of trout populations in a stream network. Landscape Ecology 21：901 – 916.

Nico, L. G. , and P. L. Fuller. 1999. Spatial and temporal patterns of nonindigenous fish introductions in the United States. Fisheries 24（1）：16 – 27.

Northcote, T. G. 1978. Migratory strategies and production in freshwater fishes. Pages 326 – 359 *in* S. D. Gerking, editor. Ecology of freshwater fish populations. John Wiley and Sons, New York.

Northcote, T. G. 1997. Potamodromy in Salmonidae – living and moving in the fast lane. North American Journal of Fisheries Management 17：1029 – 1045.

Olsen, A. R. , J. E. D. Sedransk, C. A. Gotway, W. Liggett, S. Rathbun, K. H. Reckhow, and L. J. Young. 1999. Statistical issues for monitoring ecological and natural resources in the United States. Environmental Monitoring and Assessment 54：1 – 45.

Peterson, D. P. , and K. D. Fausch. 2003. Testing population – level mechanisms of invasion by a mobile vertebrate: a simple conceptual framework for salmonids in streams. Biological Invasions 5：239 – 259.

Peterson, D. P. , K. D. Fausch, J. Watmough, and R. A. Cunjak. 2008a. When eradication is not an option: modeling strategies for electrofishing suppression of nonnative brook trout to foster per – sistence of sympatric native cutthroat trout in small streams. North American Journal of Fisheries Management 28: 1847 –1867.

Peterson, D. P. , K. D. Fausch, and G. C. White. 2004. Population ecology of an invasion: effects of brook trout on native cutthroat trout. Ecological Applications 14: 754 – 772.

Peterson, D. P. , B. E. Rieman, J. B. Dunham, K. D. Fausch, and M. K. Young. 2008b. Analysis of tradeoffs between threats of invasion by nonnative trout and intentional isolation for native westslope cutthroat trout. Canadian Journal of Fisheries and Aquatic Sciences 65: 557 – 573.

Petty, J. T. , and G. D. Grossman. 2007. Size – dependent territoriality of mottled sculpin in a southern Appalachian stream. Transactions of the American Fisheries Society 136: 1750 – 1761.

Petty, J. T. , P. J. Lamothe, and P. M. Mazik. 2005. Spatial and seasonal dynamics of brook trout populations inhabiting a central Appalachian watershed. Transactions of the American Fisheries Society 134: 572 –587.

Pickett, S. T. A. , and M. L. Cadenasso. 1995. Landscape ecology: spatial heterogeneity in ecological systems. Science 269: 331 – 334.

Platts, W. S. 1991. Livestock grazing. Pages 389 – 423 in W. R. Meehan, editor. Influences of forest and rangeland management on salmonid fishes and their habitats. American Fisheries Society, Special Publication 19, Bethesda, Maryland.

Poff, N. L. , J. D. Allan, M. B. Bain, J. R. Karr, K. L. Prestegaard, B. D. Richter, R. E. Sparks, and J. C. Stromberg. 1997. The natural discharge regime: a paradigm for river conservation and restoration. BioScience 47: 769 – 784.

Poff, N. L. , M. M. Brinson, and J. W. Day. 2002. Aquatic ecosystems and global climate change: potential impacts on inland freshwater and coastal wetland ecosystems in the United States. Pew Center on Global Climate Change, Arlington, Virginia.

Poff, N. L. , and J. V. Ward. 1990. Physical habitat template of lotic systems: recovery in the context of historical pattern of spatiotemporal heterogeneity. Environmental Management 14: 629 – 645.

Post, J. R. , T. Rhodes, P. Askey, A. Paul, and B. T. VanPoorten. 2006. Fish entrainment into irrigation canals: an analytical approach and application to the Bow River, Alberta, Canada. North American Journal of Fisheries Management 26: 875 – 887.

Post, J. R. , M. Sullivan, S. Cox, N. P. Lester, C. J. Walters, E. A. Parkinson, A. J. Paul, L. Jackson, and B. J. Shuter. 2002. Canada' s recreational fisheries: the invisible collapse? Fisheries 27 (1): 6 – 17.

Quist, M. C. , and W. A. Hubert. 2004. Bioinvasive species and the preservation of cutthroat trout in the western United States: ecological, social, and economic issues. Environmental Science and Policy 7: 303 –313.

Quist, M. C. , and W. A. Hubert. 2005. Relative effects of biotic and abiotic process: a test of the biotic – abiotic constraining hypothesis as applied to cutthroat trout. Transactions of the American Fisheries Society 134: 676 – 686.

Rahel, F. J. 1997. From Johnny Appleseed to Dr. Frankenstein: changing values and the legacy of fisheries management. Fisheries 22 (8): 8 - 9.

Rahel, F. J. , and J. D. Olden. 2008. Assessing the effects of climate change on aquatic invasive species. Conservation Biology 22: 521 – 533.

Reeves, G. H. , L. E. Benda, K. M. Burnett, P. A. Bisson, and J. R. Sedell. 1995. A disturbance-based ecosystem approach to maintaining and restoring freshwater habitats of evolutionarily significant units of anadromous salmonids in thePacific Northwest. Pages 334-349 *in* J. L. Nielsen, editor. Evolution and the aquatic ecosystem: defining unique units in population conservation. American Fisheries Society, Symposium 17, Bethesda, Maryland.

Rieman, B. E. , and Dunham, J. B. 2000. Metapopulation and salmonids: a synthesis of life history patterns and empirical observations. Ecology of Freshwater Fish 9: 51-64.

Rieman, B. E. , D. Isaak, S. Adams, D. Horan, D. Nagel, C. Luce, and D. Myers. 2007. Anticipated climate warming effects on bull trout habitats and populations across the interior Columbia River Basin. Transactions of the American Fisheries Society 136: 1552-1565.

Rieman, B. E. , and J. D. McIntyre. 1995. Occurrence of bull trout in naturally fragmented habitat patches of varied size. Transactions of the American Fisheries Society 124: 285-296.

Rinne, J. N. 1996. Short-term effects of wildfire on fishes and aquatic macroinvertebrates in the southwestern United States. North American Journal of Fisheries Management 16: 653-658.

Romero, N. R. , R. E. Gresswell, and J. Li. 2005. Changing patterns in coastal cutthroat trout (*Oncorhynchus clarki clarki*) diet and prey in a gradient of deciduous canopies. Canadian Journal of Fisheries and Aquatic Sciences 62: 1797-1807.

Schroeder, S. A. , D. C. Fulton, L. Currie, and T. Goeman. 2006. He said, she said: gender and angling specialization, motivations, ethics, and behaviors. Human Dimensions of Wildlife 11: 301-315.

Shetter, D. S. , and G. R. Alexander. 1967. Angling and trout populations on the North Branch of the Au Sable River, Crawford and Otsego counties, Michigan, under special and normal regulations, 1958-63. Transactions of the American Fisheries Society 96: 85-91.

Sinokrot, B. A. , H. G. Stefan, J. H. McCormick, and J. G. Eaton. 1995. Modeling of climate change effects on stream temperatures and fish habitats below dams and near groundwater inputs. Climatic Change 30: 181-200.

Smith, G. R. , T. E. Dowling, K. W. Gobalet, T. Lugaski, D. K. Shiozawa, and R. P. Evans. 2002. Biogeography and timing of evolutionary events among Great Basin fishes. Pages 175-234 *in* R. Her-shler, D. B. Madsen, and D. R. Currey, editors. Great Basin aquatic systems history. Smithsonian Contributions to the Earth Sciences 33, Washington, D. C.

Southwood, T. R. E. 1977. Habitat, the template for ecological strategies? Journal of Animal Ecology 46: 337-365.

Steen, P. J. , D. R. Passino-Reader, and M. J. Wiley. 2006. Modeling brook trout presence and absence from landscape variables using four different analytical methods. Pages 513-531 *in* R. Hughes, L. Wang, and P. Seelbach, editors. Influences of landscapes on stream habitats and biological assemblages. American Fisheries Society, Symposium 48, Bethesda, Maryland.

Taniguchi, Y. , F. J. Rahel, D. C. Novinger, and K. G. Gerow. 1998. Temperature mediation of competitive interactions among three fish species that replace each other along longitudinal stream gradients. Canadian Journal of Fisheries and Aquatic Sciences 55: 1894-1901.

Thompson, K. G. , R. B. Nehring, D. C. Bowden, and T. Wygant. 1999. Field exposure of seven species or subspecies of salmonids to *Myxobolus cerebralis* in the Colorado River, Middle Park, Colorado. Journal of Aquatic Animal Health 11: 312-329.

Thompson, P. D. , and F. J. Rahel. 1998. Evaluation of artificial barriers in small Rocky Mountain streams for preventing the upstream movement of brook trout. North American Journal of Fisheries Management 18: 206 – 210.

Thurow, R. F. , D. C. Lee, and B. E. Rieman. 1997. Distribution and status of seven native salmonids in the interior Columbia basin and portions of the Klamath River and Great Basins. North American Journal of Fisheries Management 17: 1094 – 1110.

Tilt, W. , and C. A. Williams. 1997. Building public and private partnerships. Pages 145 – 157 *in* J. E. Williams, C. A. Wood, and M. P. Dombeck, editors. Watershed restoration: principles and prac - tices. American Fisheries Society, Bethesda, Maryland.

Trenberth, K. E. , A. Dai, R. M. Rasmussen, and D. B. Parsons. 2003. The changing character of precipita- tion. Bulletin of the American Meteorological Society 84: 1205 – 1217.

Trombulak, S. C. , and C. A. Frissell. 2000. Review of ecological effects of roads on terrestrial and aquatic communities. Conservation Biology 20: 18 – 30.

Urquhart, N. S. , S. G. Paulsen, and D. P. Larsen. 1998. Monitoring for policy – relevant regional trends o- ver time. Ecological Applications 8: 246 – 257.

Van Kirk, R. W. , and L. Benjamin. 2001. Status and conservation of salmonids in relation to hydrologic in- tegrity in the Greater Yellowstone Ecosystem. Western North American Naturalist 61: 359 – 374.

Vannote, R. L. , G. W. Minshall, K. W. Cummins, J. R. Sedell, and C. E. Cushing. 1980. The river con - tinuum concept. Canadian Journal of Fisheries and Aquatic Sciences 37: 130 – 137.

Varley, J. D. , and R. E. Gresswell. 1988. Ecology, status, and management of the Yellowstone cutthroat trout. Pages 13 – 24 *in* R. E. Gresswell, editor. Status and management of interior stockis of cut – throat trout. American Fisheries Society, Symposium 4, Bethesda, Maryland.

Vashro, J. 1995. The "bucket brigade" is ruining our fisheries. Montana Outdoors 26: 34 – 37.

Vincent, E. R. 1987. Effects of stocking catchable – size hatchery rainbow trout on two wild trout species in the Madison River and O' Dell Creek, Montana. North American Journal of Fisheries Manage – ment 7: 91 – 105.

Vincent, E. R. 1996. Whirling disease and wild trout: the Montana experience. Fisheries 21 (6): 32 – 33.

Warren, C. E. , and W. J. Liss. 1980. Adaptation to aquatic environments. Pages 15 – 40 *in* R. T. Lackey, and L. A. Nielsen, editors. Fisheries Management. Blackwell Scientific Publications, Oxford, UK.

Wehrly, K. E. , L. Wang, and M. Mitro. 2007. Field – based estimates of thermal tolerance limits for trout: incorporating exposure time and temperature fluctuation. Transactions of the American Fisheries Society 136: 365 – 374.

Westerling, A. L. , H. G. Hidalgo, D. R. Ryan, and T. W. Swetnam. 2006. Warming and earlier spring in- crease western U. S. wildfire activity. Science 313: 940 – 943.

Williams, J. E. , A. L. Haak, H. M. Neville, W. T. Colyer, and N. G. Gillespie. 2007. Climate change and western trout: strategies for restoring resistance and resilience in native populations. Pages 236 – 246 *in* R. F. Carline and C. LoSapio, editors. Wild trout IX: sustaining wild trout in a changing world. Wild Trout Symposium, Bozeman, Montana.

Williams, J. E. , C. A. Wood, and M. P. Dombeck. 1997. Understanding watershedscale restoration. Pages 1 –13 *in* J. E. Williams, C. A. Wood, and M. P. Dombeck, editors. Watershed restoration: principles and practices. American Fisheries Society, Bethesda, Maryland.

Wofford, J. E. B. , R. E. Gresswell, and M. A. Banks. 2005. Influence of barriers to movement on within - watershed genetic variation of coastal cutthroat trout. Ecological Applications 15: 628 – 637.

Woodward, D. F., A. M. Farag, M. E. Mueller, E. E. Little, and F. A. Vertucci. 1989. Sensitivity of en-demic Snake River cutthroat trout to acidity and elevated aluminum. Transactions of the American Fisher-ies Society 118: 630 – 643.

Woodward, D. F., J. N. Goldstein, A. M. Farag, and W. G. Brumbaugh. 1997. Cutthroat trout avoidance of metals and conditions characteristic of a mining waste site: Coeur d' Alene River, Idaho. Transactions of the American Fisheries Society 126: 699 – 706.

Young, M. K. 1995. Conservation assessment for inland cutthroat trout. U. S. Deparment of Agriculture For-est Service, General Technical Report RM – GTR – 256, Fort Collins, Colorado.

Young, M. K. 1996. Summer movements and habitat use byColorado River cutthroat trout (*Onco-rhynchus clarki pleuriticus*) in small, montane streams. Canadian Journal of Fisheries and Aquatic Sciences 53: 1403 – 1408.

Young, M. K., P. M. Guenther – Gloss, and A. D. Ficke. 2005. Predicting cutthroat trout (*Oncorhynchus clarkii*) abundance in high – elevation streams: revisiting a model of translocation success. Canadian Jour-nal of Fisheries and Aquatic Sciences 62: 2399 – 2408.

Zimmerman, J. K. H., and B. Vondracek. 2006. Interactions of slimy sculpin *Cottus cognatus* with native and nonnative trout: consequences for growth. Canadian Journal of Fisheries and Aquatic Sciences 63: 1526 – 1535.

第 19 章 冷水型河流

Darin G. Simpkins   Jessica L. Mistak

19.1 引言

冷水型河流就是调查采样时需要用到船艇等，并且通常生活着鲑等冷水种的大型溪流。许多冷水型河流都被蓄水坝或调水坝改变了流态。然而，冷水型河流的渔业管理是不应该与冷水型溪流分开考虑的。许多冷水种类有洄游的生活史，需要溪流与河流连通才能实现洄游、生长和特定生活史阶段的存活。冷水型溪流中的物理和生物过程同样影响着冷水型河流，进而影响鱼类组成。因此，冷水型河流渔业管理目标的建立要与河流特定生物和非生物来源相关联，同时也要考虑鱼类生活史需求和整个冷水流域的生态过程及其管理方法。

因北美鲑类的经济重要性，冷水型河流和冷水型溪流的渔业管理已经集中在鲑类上。美国 50 个州中的 47 个州对鲑休闲渔业进行了管理（Epifanio，2000）。2006 年，美国大约 680 万的钓鱼爱好者累计在冷水型河流和溪流中钓鲑长达 7 600 万 d，占据了钓鱼者总人数的 27％和总天数的 18％（USDI，2007）。平均每个淡水钓鱼爱好者在交通、食物、住宿、装备和办许可证上花费 460 美元。2005 年，大约 320 万加拿大人在冷水型河流和溪流中钓鲑超过 4 300 万 d，花费 25 亿加元（DFO，2007）。因此，冷水型河流和溪流中的鲑支撑了重要休闲渔业并创造了大量经济效益。

在历史上，冷水型河流渔业管理主要集中在增殖土著和非土著鲑类上，改善水流和栖息地以促进鲑类的生长和存活，以及创造钓鱼机会。大多数措施集中在小范围内，很少关注流域内的溪流与河流的连通。之后，重点保护冷水环境中土著鱼类资源，已经演变为认识人类活动对物种间生态互作的影响和对鱼类区系组成形成过程的影响。撰写这章的目的是介绍保护、增殖和发展渔业的管理措施。

19.2 冷水型河流生态学

19.2.1 自流态冷水型河流的结构和功能

认识自流态冷水型溪流和河流相互作用的基础生态学经常是基于"河流连续统"概念的（Vannote et al.，1980）。"河流连续统"概念是指下游连接上游，产生资源梯度以构建水生群落（图 19.1）。激流中的物理环境是由水文和地貌相互作用决定的。确切地说，溪流与河流形态是不依赖沉积物转运的，而是由流量、河宽、水深、坡度、河岸和河床的粗糙度、河床形态、沉积物大小和数量以及河岸植被决定的（Montgomery and Buffington，1998）。这些因子中任何一个发生变化都会导致其他因子的补偿性反应，直到河渠发展到一个新的动态平衡。

　　一个级差系统可以用来描述溪流和河流的相对尺寸（Allan，1995）。最低级不断流的溪流定义为一级，2 个同样级别河流汇合后下游增加一级。小溪流（河流级别 1～3；Allan，1995），由于地下水的补给可能提供一个周年相对稳定的环境（见第 18 章）。小溪流的河道坡度和基质粒度要大于大河。因为河岸植被的遮阴，小溪流的初级生产力受限，因此主要能量输入是来源于流域内雨水冲刷或风吹入溪流的外源性有机物。小溪流中水生无脊椎动物群落主要由摄食大型碎屑的磨食者和摄食悬浮颗粒物的集食者组成。这些水生无脊椎动物和落到溪流中的陆生无脊椎动物共同充当了生活在小溪中的冷水性鱼类的初级饵料（Baxter et al.，2004）。适应于冷水狭温环境和特定食物资源的鱼类，主要包括杜父鱼类、一些亚口鱼类和鲤科鱼类，它们能够在湍急的溪流中生活。

　　中等大小的溪流和河流（4～6 级），在水文和水温上变化是最大的，因此在"河流连续统"中表现出最大的物理和生物多样性。当溪流和河流的坡度变缓时，水流减缓，物

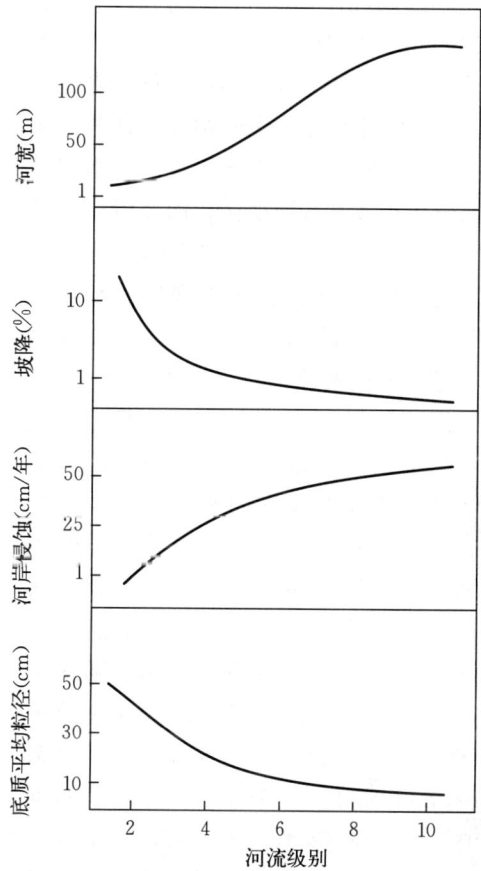

图 19.1　"河流连续统"概念预测的下游河流（级别增加）的物理、生物过程逐渐和连续的趋势变化

理环境特征比小溪更可变。二级河道和岛屿也会在季节性的融雪或降水的洪峰事件时形成。河道宽度的增加打开了树冠的遮盖，使光得以穿透，因此提高了夏季的水温。随着光照和水温增加，溪流底沉积物和陆地外源性营养输入相对贡献增加，河道内的初级生产力成为更主要的能量来源，促使水体从异养向自养转变。由于水体中缺乏粗颗粒有机物，无脊椎动物群落由磨食者变为集食者、藻食者或有根水生植物的草食者，由于支流的水量汇入和转运沉积物，河流汇合处可能出现河道形态的突然变化（图 19.2）。栖息地状况的变化经常导致初级生产力和生物多样性相对高的区域呈补丁状不均匀分布（网络动态假说，Benda et al.，2004）。占据中等河流的鱼类有着适应于动态环境和资源的生活史。

　　级别大于 6 的河流的系统中，水文特征和水温变化因河水量大而减弱（Johnson et al.，1995a），河岸植被遮阴对水温的影响很小。与小溪和小河相比，它们河道更宽，流速更慢，导致细小沉积物积累。主河道由于混浊、水深以及基质不稳定，通常不适合大型植物和周丛生物生长。水体初级生产力主要来源于浮游植物，生产力受水体混浊度和混合

度限制（Allan，1995）。上游和泛滥平原输送的外源性细小有机颗粒物是主要的能量输入，是底栖无脊椎动物即集食者的食物。与小溪流相比，大河中外源性陆生植物的输入物质很少。大河河道的一般特性是重复出现河湾和河汊区，以及没有独特的水潭、浅滩和湍流（Trush et al.，2000）。河道形态依赖于地理特征和水流机制，以及侵蚀和沉积过程，导致河道在泛滥平原内蜿蜒前行（图19.3）。深泓线是河流的最深部分，通常水速是最快的，深泓线在河道中穿过，外侧河湾沉积物被冲刷而沉积在内侧河湾。大河中有回水区、岛屿和泛滥平原等重要的栖息地（Trush et al.，2000），适应于大河的水生物种需要这些唯一的栖息地完成其生活史的特定阶段。例如，回水区通过提供避难所、营养丰富区和鱼苗栖息地（Sheaffer and Nickum，1986；Scott and Nielsen，1989），经常供养河流中 90% 的鱼类（Stalnaker et al.，1989）。冷水型河流泛滥平原内河岸植被淹没后也为幼鱼提供了重要的避难所（Coutant，2004）。洪水脉冲概念强调了大河与其泛滥平原相互作用的重要性，它将河流在泛滥平原上的前进和后退描述为增加生物产量和多样性的主要方式（Bayley，1995）（图19.4）。加拿大和美国北方沿海地区的许多大型冷水型河流具有这些特征（Cushing et al.，2006）。

19.2.2 影响冷水性鱼类分布和丰度的因素

19.2.2.1 温度和水文

　　尽管"河流连续统"概念指示了冷水性鱼类生活在小溪流中而温水性鱼类生活在大河中（Vannote et al.，1980），但是中等河流中的冷水性鱼类的大小和多样性通常是最大的（Platts，1979；Mackay，2006），而大河中的鱼则倾向于密度最大（Gende et al.，2002）。尽管如此，水温仍是限制冷水性鱼类空间分布的主要因素。绝大多数冷水种生活

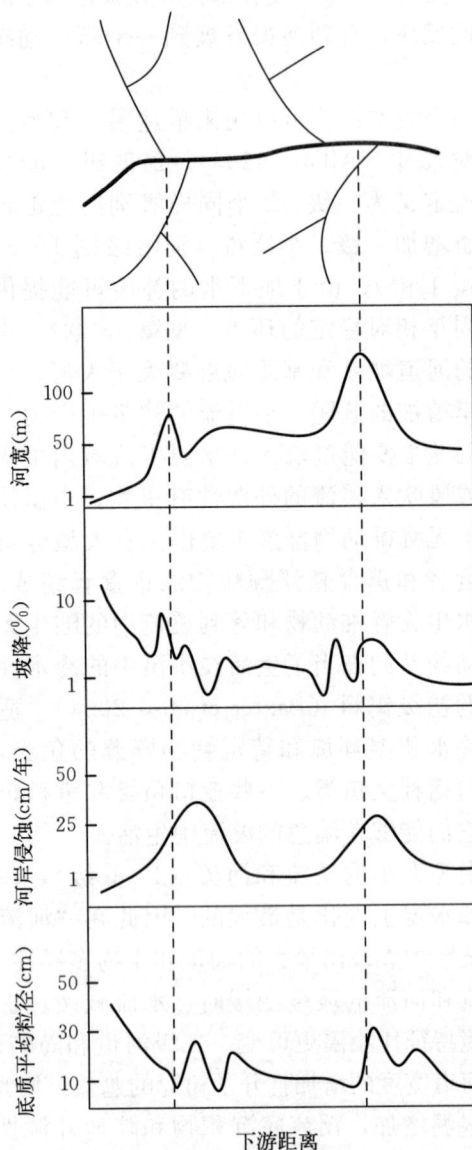

图 19.2　网络动态假说表明了支流水文和沉积物输入导致了"河流连续统"概念预测的冷水河流物理和生物过程的变化趋势的偏移，造就了栖息地多样性

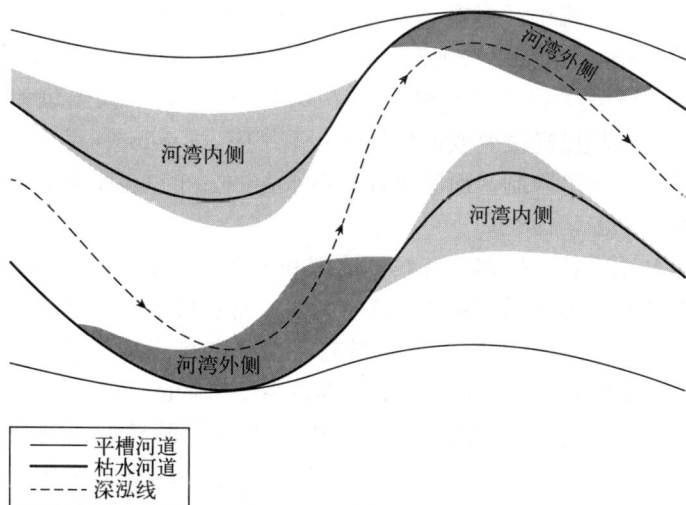

图 19.3 一个高级别河流例子（6 级或更高），理想化的交替频率示意了侵蚀和
沉积过程，造就了河道在泛滥平原中蜿蜒前行

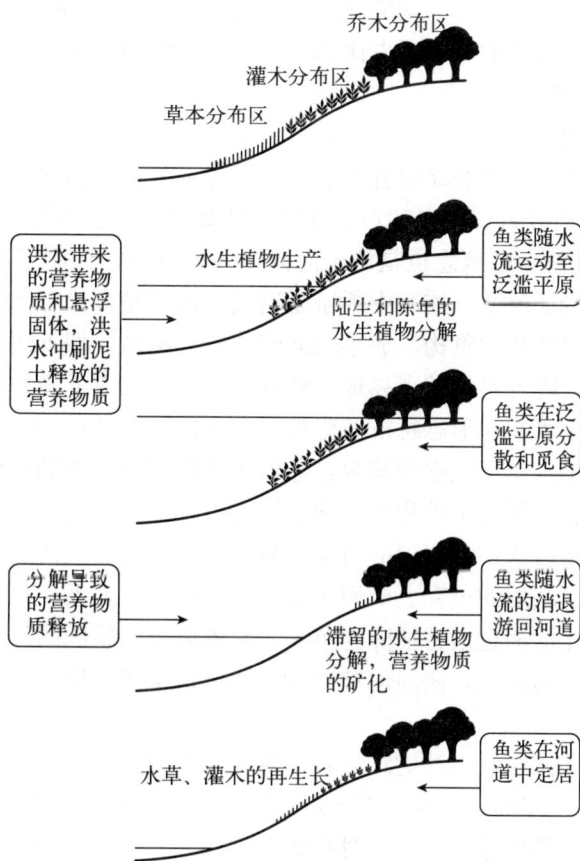

图 19.4 洪水脉冲概念，示意了泛滥平原在 1 年水文周期内的 5 个阶段中的
垂直放大部分。右手边的方框中指示了鱼类对洪水脉冲的典型反应

在水温不超过 22 ℃的河流中,但有一些鲑类能生活在夏季水温为 24~29 ℃的河流中 (Zoellick,1999;Schrank et al.,2003)。因此,冷水种可能往往与凉水种(适宜水温 22~24 ℃,如鲈和狗鱼类)甚至温水种(适宜水温>24 ℃,如太阳鱼和鲴类)共存于同 一河流中,特别是在环境已经改变或退化的生态系统中(Lyons et al.,1996)。尽管河流 中冷水种的空间分布受温度限制,而凉水种和温水种的分布也会受到其他因素,如水流速 度等的影响(Faler et al.,1988)。

季节性的水温和水文特征依赖于气候、地理和水源变化。在地下水大量补给的水系, 水温和水文的季节变化微不足道(图 19.5)。例如,密歇根下湖半岛(Michigan's Lower Peninsula)北部冷水型河流由于地下水的影响,水温和水流是相对稳定的(Wilhelm et al.,2005)。另一个相反的极端是靠支流汇入维持主要流量的河流水温变化幅度很大,这 些支流主要依赖于降水和融雪,如落基山脉和西北部太平洋沿岸的河流(Ziemer and Lisle,1998)。这些河流的水位图描述的洪峰水量可以是平均枯水量几百到上千倍。海岸 河流,如西北太平洋河流的水位图可反映出从夏季到秋季大量的降水。相比地下水补给和 融雪依赖性河流表现出的极端性,海岸河流的水温变化通常是中等的,一般随着气温的季 节变化而变化。水温和水流的变化依赖于陆地径流,它是由地形学和地理特征、植被和土 壤的渗透性决定的(Trush et al.,2000)。因此,陆地或对水利用的变化会导致水温和流 量的变化。在城市,不透水的表面所占比例大,导致陆面的水流更大、洪峰更高和水温更 大的变化(Allan,1995)。

19.2.2.2 筑坝的影响

大量的水坝和水库建设遍及北美各水系。筑坝对下游河流物理和生物属性的影响已被 报道(Allan,1995;Poff et al.,1997),连续中断概念描述了筑坝的影响特征(Stanford and Ward,2001)。连续中断概念也是源于河流连续统概念,预测了蓄水导致的下游水流 的变化和物理、生物特征改变。连续中断概念适用的前提是自流态河流的生态结构、功能 和河流连续统被水库改变或"重构"成小的河流片段。结果,坝下河流起初的物理和生物 特征类似于低级溪流,随着离坝越来越远,外源性物质输入逐渐增加,转变为高级河流。

筑坝引起下游河流水文和形态特征转变是可预测的(Poff et al.,1997)。大河中普遍 出现的季节性洪峰和枯水变化经常会减少,导致了更稳定和一致的水位图(图 19.5)。因 为蓄水改变了自然流态和截留了沉积物,坝下河道特征出现变化。坝下泄水冲走细小沉积 物,引起河岸侵蚀和将河床切割成深的河道。河床切割是水流从河底部选择性地移走小沉 积物时强力作用于底部基质的过程。久而久之,河道长度、宽度、曲度以及岛屿的数量下 降。坝下河流从多样化的栖息地特征变为单一、水流湍急、狭深的河道。主河道的退化导 致了与泛滥平原无法横向连通,侧河道和回水区栖息地干涸,以及河岸植被多样性和丰度 降低。

大型水库热分层和深层水下泄的结果是下游尾水水温在夏季比非筑坝河流水温凉而在 冬季比其暖(图 19.5;Allan,1995;Vinson,2000)。非筑坝河流昼夜温度波动也变弱。 冬季下泄的水的温度一般接近 4 ℃,此时水的密度最大;这些冬季相对暖的水会防止坝下 一定距离河面结冰(Annear et al.,2002)。无冰的河面在极冷天气会形成冰凌。冷空气 使水温降低至 0 ℃以下时形成冰凌。Simpkins 等(2000a)发现夜间气温低于-24 ℃ 时

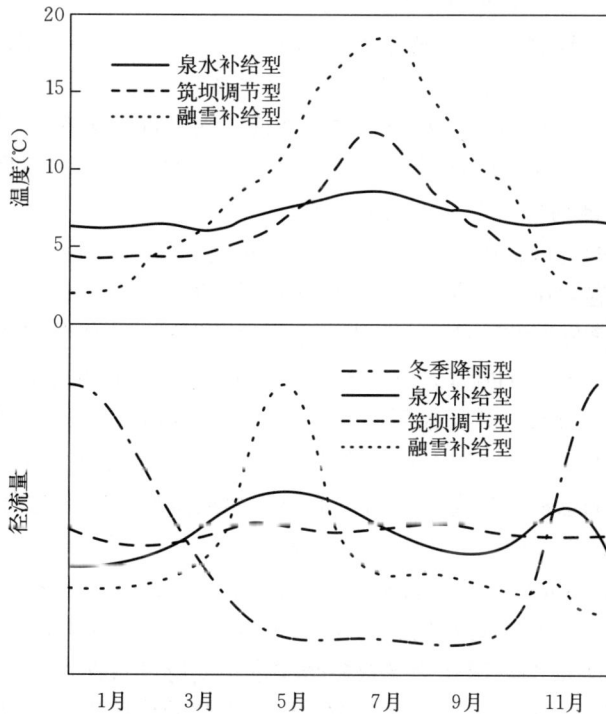

图 19.5　冷水型河流水温和水流的典型季节变动模式图。实线是泉水补给型，是一条没有大坝调节的密歇根冷水型河流；短横虚线是筑坝调节型，是有不用于发电的深层滞水带的蓄水河流；点虚线是融雪补给型，是落基山脉区没有筑坝的冷水型河流；点短横交替虚线是冬季降雨型，是西北地区太平洋海岸的诸河流

会使怀俄明州尾水出现冰凌。超低水温之后，水体中会形成小圆盘形的冰晶（0.1～5.0 mm）。激流使冰凌悬浮于水中，但也可能黏附在水底物体形成冰锚。冰凌在水速低的情况下漂浮在水面，形成河流边缘冰带。结冰会影响冷水型河流中的鱼类。在冰凌和冰锚形成期，发现鳟游至很远的距离（Simpkins et al.，2000a）。同时冬季浅水栖息地表面冰崩塌（Annear et al.，2002）或冰凌进入鱼嘴和鳃（Brown，1999）等产生的物理伤害会导致鱼类死亡。

冷水型河流坝下的水质通常取决于坝上水库的湖沼学过程。因为大坝截留了水流中的沉积物，尾水清洁度普遍会增加。蓄水后尾水的初始反应是营养变丰富，然后随着水库库龄的增加营养会减少（Vinson，2001；见第 17 章）。营养丰富、水清洁度的增加、水流变化的减弱，使得尾水中周从生物和水生植物建群，这对磨食和集食型水生无脊椎动物产出是重要的，其他无大坝的冷水型河流中这些生物是缺乏的（Munn and Brusven，1991）。然而，随着河道退化，水库库龄增加和营养物质的减少，尾水中水生植物的产量会减少。

筑坝初期引起的理化环境改变会导致物种丰富度急剧下降而水生无脊椎动物丰度增加（Blinn and Cole，1991）。尾水中栖息地异质性降低和大型树木碎片会导致无脊椎动物多样性降低，而喜好变化后环境的生物种类丰度会增加。凉水溪流中常见的无脊椎动物包括蜉蝣，例如，四节蜉（*Baelis* spp.）、东方蜉（*Rhithrogena* spp.）、高翔蜉（*Epeorus* spp.）以及黑蝇和墨蚊等（Allan，1995；Vinson，2001）。然而，主河道栖息地的连续丧失，水库截留营养物质、水生植被产量减少，以及缺乏外源性输入导致水生无脊椎动物丰度长期下降。

进一步说，尾水的中性水温特征对底栖动物区系组成有明显影响（Vinson，2001）。尾水水温在冬季暖于无坝调节河流水温，这会使许多无脊椎动物缺少打破卵休眠期所需的热变化（Allan，1995）。凉爽的夏季水温延长了水生无脊椎动物完成发育所需的生长期；因此，尾水中的无脊椎动物通常少于无坝河流。

筑坝和水库引起的物理、化学和生物变化会对鱼类种群产生梯级式影响。多数大坝深层滞水下泄维持的尾水温度在一年中大多数时间接近适合鲑生长和代谢的温度。所以渔业管理经常在尾水中增殖鲑来发展游钓渔业。鲑类由于水生无脊椎动物饵料基础丰富而快速生长和繁盛。春季（4—6月）放养的鲑幼鱼（10～15 cm）能以不寻常的速度生长，在秋季（10—11月）能长到20～25 cm长。并且最后能长成奖杯大小的鱼（Wright，1995）。起初，水流下泄从粗糙的基质（如砾石和鹅卵石）上冲刷细小沉积物，可能产生许多适宜鲑产卵的繁殖场。然而，上游产卵栖息地的数量和质量可能由于河道淤积和割裂过程而发生退化。在下游，由于支流输入、河岸侵蚀以及缺乏春季洪峰（Kondolf and Wilcock，1996），细小沉积物可能在产卵区淤积（图19.1）。洪峰减少与主河道退化会导致侧河道和河岸栖息地干涸，而这些栖息地是重要的育幼场、育肥场和当年生幼鱼的越冬场（Mitro et al.，2003）。

水库深层滞留水下泄的热影响会导致冬季尾水中幼鲑的代谢需求与无脊椎动物生活史不吻合。由于相对暖的水温，冬季的多数时间尾水中鲑的代谢速率会高于无坝河流。与无坝河流中的鲑不同，冬季尾水中的鲑必须摄食以补偿代谢消耗，然而此时漂流性水生昆虫较少（Simpkins and Hilbert，2000）。尽管筑坝河流中幼鲑体重在冬季经常减少较多（Cunjak，1988），饥饿仍不是导致尾水中幼鱼越冬损失的唯一原因（Simpkins et al.，2003）。进一步说，尾水中的越冬损失是由于饥饿和从秋季到冬季水流及栖息地变化导致的长距离消耗性运动，以及极冷期冰凌的出现和捕食者共同作用所致（Mitro et al.，2003. Simpkins et al.，2004）。在极冷期，与在无坝河流中一样，尾水中的鲑从索饵场去往大型基质的缓流区域（Simpkins et al.，2000a）。这些区域提供了缝隙空间和隐蔽遮盖，供鱼类保存能量（Mitro et al.，2003；Roussel et al.，2004）。由于上游河道退化和下游尾水淤泥沉积，减少了隐蔽遮盖的越冬栖息地，使鲑的越冬存活有限。

水流变化影响尾水中生活的冷水鱼的栖息地数量和质量（Bunt et al.，1999）。水流变化能导致尾水的热变化（Krause et al.，2005），水深和流速、边滩、侧河道以及回水区一般随流水减少而减小（Dare et al.，2002）。因为水生无脊椎动物产量在这些栖息地中最高，无脊椎动物丰度下降通常与流量的减少有关（Blinn，1995）。

结果，当流量减少和食物有限时，鲑会移至深潭栖息（Dare et al.，2002）。然而，卵和鱼搁浅在干涸的边滩、侧河道和回水区等栖息地的原因被普遍认为是急流的减少（Saltveit et al.，2001；Pender and Kwak，2002）。

洪水下泄会创造大量和多样的栖息地，重新连通江河与泛滥平原，因此增加了尾水中外源性输入和陆生无脊椎动物（图19.4）。水速的增加把水生无脊椎动物冲入水体中（即漂流），短期内鱼类食物增加（Lagarrigue et al.，2002）。然而，洪水大量持续下泄导致河床的壕沟化和水深、水速、水温不稳定，会减少水生无脊椎动物群体（Shannon et al.，

2001)。尾水中水生无脊椎动物长期减少，鲑食物资源就会受限，致使鲑生长变慢，繁殖力降低，进而死亡（Pender and Kwak，2002）。主要以漂流性无脊椎动物为食的相对小型鱼类（如切喉鳟和虹鳟），似乎比大型食鱼性鱼类（如褐鳟）更易受尾水中物理和生物改变的影响；但时间一长，食鱼性鱼类会因鱼类饵料密度下降而出现生长减慢、种群丰度降低（McHugh et al.，2006）。

筑坝会阻碍冷水型河流中上游和下游鱼类的洄游（Northcote，1998；Lichatowich，1999）。幼鱼游往下游会受水电涡轮和溢洪道伤害或致死（Cada et al.，1997）。水库中水速降低使幼鱼降河洄游时比无坝河流中耗费更多能量。这种洄游困难导致的压力，降低了幼鱼发育速率、增加了死亡率（Congleton et al.，2000）。哥伦比亚河筑坝蓄水已导致食鱼性鱼类丰度增加（例如，白斑狗鱼、大口黑鲈、小口黑鲈和梭鲈），这额外增加了幼鲑的存活风险，包括引水用于灌溉或工业用水的低水头水坝，不但限制了鱼类的活动，在入渠的水流减少时还能引起鱼类搁浅并致死（Schrank and Rahel，2004；Carlson and Rahel，2007）。

19.2.2.3　生物和非生物相互作用关系

在自然河流水系，生物和非生物变量的纵向连续变化构造了冷水鱼类区系分布。例如，爱达荷州的鲑河流域中不同种鲑的分布（Platts，1979；图 19.6）。1 级河流只有牛鳟生活，而 5 级河流中却没有牛鳟。在坡降大于 16％的溪流中只能发现虹鳟。切喉鳟喜好坡降为 8％～14％的河流，而牛鳟喜好坡降为 6％～10％的河流，而溪鳟喜好坡降在 2％～5％的河流。坡降表现出与溪鳟和褐鳟的丰度负相关（Quist and Hubert，2005）。同时，不同种的适宜水温也有区别（Selong et al.，2001），水温也是不同种群空间分布差异的因素（Paul and Post，2001）。多种鱼共存于同一河流依赖于物种避免杂交和在可变的生境条件下特化的能力、食物可得性和捕食风险。即使是在非生物条件适宜的情况下，种类间的生物相互作用，如竞争、捕食、杂交会对鱼类分布产生压倒性的负面影响（Quist and Hubert，2005）。

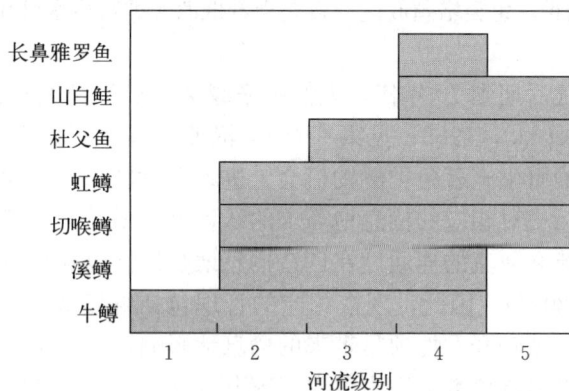

图 19.6　爱达荷州鲑河流域河流级别与鱼种类组成的关系

（数据来源于 Platts，1979）

共存于同一河流中的鱼类，当分享有限的公共资源，如食物或适宜栖息地时，会发生竞争。竞争会使一种或几种鱼生长变慢、变瘦、存活率降低，久而久之会导致一种或几种鱼灭绝。然而，环境状况，如水温的年内或年际变化，可能会适应于一种鱼类而不适应于其他鱼类（Dunham et al.，2002）。多种鱼类共存可能是由于不同种利用不同的栖息地，这反映在种类竞争行为的不同、天生的栖息地偏好、上浮时间的差异、形态特征的不同，或这些因素的综合。非土著鲑类的引进经常导致与土著鲑竞争食物和空间。例如，溪鳟在分布区扩散后导致了土著切喉鳟种群减少（Dunham et al.，2002），虹鳟入侵导致溪鳟在原栖息地的西南部出现了种群数量减少（Flebbe，1994），而褐鳟入侵又导致美国中西部地区溪流中的土著溪鳟被其取代（Zorn et al.，2002）.

冷水型河流中捕食对鱼类种群的影响是很重要的。在密歇根州的奥塞布尔河中，溪鳟和褐鳟稚鱼的捕食者有蓝鹭、秋沙鸭、河獭、美洲水貂和褐鳟成鱼（Alexander，1979）。据估计，这些捕食者已经消耗了79％的1龄溪鳟和45％的1龄褐鳟。Derby 和 Lovvorn（1997）估算了白鹈鹕和鸬鹚消耗了怀俄明州北普拉特河中一段流域中多达80％的放流虹鳟。在太平洋西海岸的哥伦比亚河下游，鲑占里海燕鸥食物的74％、双缨鸬鹚食物的46％和绿翅西鸥食物的11％（Collis et al.，2002）。

19.3　冷水型河流的管理

19.3.1　历史回顾

早期管理的重点集中在鲑的增殖和放流上，以此来促进或者创造冷水型河流捕鱼的机会（见第1章、第9章）。1866年，加拿大首次培育了大西洋鲑放流于入安大略湖的冷水型溪流和河流。早在1872年，在美国西部培育太平洋鲑卵，运输到美国东部的冷水型溪流和河流进行增殖。类似地，到19世纪后期，虹鳟、溪虹点鲑、褐鳟散布到美国各地。在许多存在商业捕捞的冷水型河流都建有孵化场。人们重视往冷水型河流增殖和放流鲑的原因是因为相信只要通过水产养殖便可维持渔业持续发展。过分强调人工增殖也不利于认识鱼类种群间生态关系、栖息地质量和连通性以及土地利用情况。直至20世纪中期，因为评估鱼类种群状况和改善河流栖息地的困难，鱼类增殖放流一直充当着抵消人类对冷水性鱼类种群影响的主要管理手段。

从20世纪60年代后期到70年代，人们越来越关注放流鱼类和栖息地对土著鱼类种群的影响（Wahnken et al.，1988；见第9章）。渔业管理者开始意识到自然资源保护和生境改良能提供独特的野生土著鱼类游钓机会。进入20世纪80年代，人们对冷水型溪流和河流中各种类鲑生活史对相应的栖息地需求的认识迅速增强，在河流生态理论发展的同时，也加深了理解溪流和河流的连通性在创造栖息地多样性以满足鱼类生活史需求方面的意义（Benda et al.，2004）。因此，现在相应的管理包括继续或更加关注土著种或亚种，应用专门的管理规则，减轻开发性项目带来的栖息地影响，以及保护和改善河道内及河岸的栖息地以满足冷水型河流鱼类生活史需求（Williams et al.，1997）。修订管理措施的决策过程需要考虑政治、经济和社会文化实体之间的复杂的相互作用（见第5章），这要求管理者具备沟通和解决矛盾方面的技能（见第6章）。

19.3.2　不同部门的职责和争用资源问题

由于涉及不同的相关部门之间争用自然资源和交叉职责以及采样的困难，冷水型河流的管理是复杂的。流域尺度的生态过程影响冷水型河流的鱼类，所以渔业管理者不能只考虑一条河流中的鱼和生境。相反，他们必须与涉及流域问题的管理实体协调和合作，如城区增加和泛滥平原的减少、建造或拆除水电站，或者发展资源攫取产业（即农业、矿业、林业和牧业）等。水利开发已经成为北美洲西部渔业管理者面临的一个重大问题，那里大多数河流已经建设水坝用来灌溉农田。没有法律规定最小流量的河流在降水量有限的时期会完全干涸。这个问题不只是发生在北美洲西部。河流附近地下水的大量开采能耗尽含水层，使补给溪流、河流和湿地的水减少。水的分流和地下水减少导致的水流量减少会使冷水流域的水温升高。另外，工业和发电厂使用大量的河水来冷却各种设备，包括发电机、泵和反应器，排放时会使水温升高。为了消除影响洄游鱼类和大型无脊椎动物的热屏障，冷却设备温水的排放必须规范。

满足水库蓄水的多种用途，是管理大坝尾水中冷水渔业面临的最大挑战之一。根据1944 年的《河流和港口法》和《斯隆洪水控制法》，水坝主要用于防洪、水力发电和其他市政用途，蓄水的次要用途包括灌溉和休闲。因此，大多数水坝的运行和维护由联邦（例如，联邦能源管理委员会、美国陆军工程兵和美国开垦局）或区域机构（例如，水利委员会或市辖区）负责管理，他们没有责任管理渔业资源。水库和尾水的需求竞争要求水利和渔业管理者合作来平衡各利益主体。在公共水域提供渔业主要是州或地方鱼类与野生动物保护机构的责任（见第 4 章），但水质和水生栖息地的管理可能是其他机构的责任（Epifanio，2000）。例如，当美国联邦能源管理委员会考虑为发展和运行水电大坝颁发许可证时，许多州的相关部门经常参与决策过程（见表框 4.5）。作为颁证工作的一部分，一个机构可能负责监测以确保操作符合水温、溶解氧和最小流量的标准，而另一个机构可能负责确保鱼类群落和鱼类通道不受大坝运行的影响（表框 19.1）。管理水质、农业和渔业的多个部门可能存在利益的竞争，必须共同协作来制定政策。当冷水型河流管理职责被共同承担时，需要密切配合以确保在管理计划中考虑到可能影响到水生资源的所有资源。

对于濒危和易危物种、洄游鱼类，以及美国联邦和加拿大领土的河流或国际渔业的管理，一般由联邦机构来负责（即美国鱼类和野生动物管理局、美国国家公园管理局、美国林业局以及加拿大渔业和海洋部）。在美国，法律要求州级机构服从联邦机构的决定（见第 4 章）。然而，许多项目，如美国鱼类和野生动物管理局发起的国家鱼类过鱼道项目，为机构之间的合作创造了机会。此外，根据《濒危物种法》美国鱼类和野生动物管理局将大多数生物学观点形成文字，要求联邦和州的自然资源局互相协调。着重于单一物种的恢复工作或许不能满足其他濒危的野生鱼类及（或者）植物物种的需要。在流域尺度上恢复生态系统功能和多样性，而不是侧重于单一物种，可以使濒危物种受益，但是这因为受益者之间的利益冲突而很难做到（Williams et al.，1997）。例如，在恢复自然生态系统功能和多样性时，外侧河岸的侵蚀和内侧河岸的沉积是需要重视的，但是可能使土地拥有者和农场主损失财产并能打扰美洲土著人的神圣领地。河流筑坝蓄水和洪峰下泄会增强溪流的侵蚀力并导致财产损失。因此在管理冷水型河流时，自然资源管理部门必须考虑生态、社会和经济因素。

表框 19.1　冷水型河流的水力发电

Kyle Kruger
密歇根自然资源部

在美国，联邦能源管理委员会（FERC）负责批准建设和检查非联邦水电大坝的安全情况以及遵守条款的情况。作为批准工作的一部分，FERC 考虑了州和联邦资源机构、非政府组织和部落提出的建议，以抵消项目的负面环境影响。截至 2007 年 12 月，FERC 已经向全国颁发了 1 018 张水电大坝开发许可证，其中许多都是带有资源部门建议的实质性减少影响的要求。

FERC 批准在冷水型河流建立的水电大坝给资源管理部门带来了特殊问题。这些问题包括水质和水量，就是资源管理机构怎样去处理水质和水量的变化产生的影响。例如，由于大坝蓄水引起的地表水温上升和洪峰调节，已被证实对密歇根州的鳟种群有负面影响，尤其是在夏季。在密歇根州，保护水质和渔业资源的管理机构分为两个部门，即环境质量部和自然资源部（MDNR），取代了保护所有资源的一个管理机构。密歇根州环境质量部负责颁发美国《洁净水法案》第 401 号水质证书，以确保从水电大坝向航道排放的水是保护自然资源的。为确保保护水生栖息地和减少意见冲突，MDNR 在这一过程中扮演着关键的顾问角色，特别是在关于水位与水流监测方面。

为了处理与水质、水量相关的更长远的问题，联邦能源管理委员会经常要求得到水力发电许可证的人采取措施，以确保更接近自然流态及减轻水温问题。通常，大坝蓄水增加了地表水与暖空气和太阳辐射的接触。从水库表层附近排放的水使下游河流的水温比未经蓄水的河流高。正因如此，非洪峰或径流式运行已经成为多数大坝准建的要求。这个标准的目的是为了维持大坝下游的水文尽可能地接近自然水流。这改善了坝下河段的自然河流功能，并且缓和了与库存水水温升高和河岸侵蚀相关的问题，以及与发电高峰放水相关的栖息地干涸等问题。

在某些情况下，联邦能源管理委员会颁发的水力发电许可证规定了要对许可证持有者进行监管，审查下游水温控制设备的安装。例如，在密歇根州的曼尼斯提河，一个水力发电设施的所有者与资源管理部门达成和解协议，这些部门包括美国鱼类和野生动物管理局、美国林业局、密歇根自然资源部和负责研究项目对水温影响的国家公园管理局。水电大坝运营者收集了实地数据，为的是建立蓄水影响模型，并提出了通过水温控制设备能够实现的潜在改善作用。在讨论模型校准会议上，运营者指出，上游测量和尾水测量得出平均蓄水量占总流量的 20%，蓄水量来自与水库水温相同的支流。在这个假设下，结论是发电站没有足够的冷水可处理以引起下游水温的变化。资源管理部门对这一假设提出质疑，声称蓄水很可能是地下水，如果是，就会明显比表层水凉，特别是在夏季。为了验证他们的观点，一个多部门团队测量了支流的水流，以判定蓄水中有多少来自地表水。实地调查结果表明，支流大约占蓄水量的 30%，剩下的 70% 来自地下水。美国地质调查局证实，该项目周边的地下水水温约为 10 ℃，远低于地表水温度。考虑温差后重新校准模型，表明有足够的冷水以引起项目下游水温变化。

一旦冷水潜在的益处确定了，运营者便采用一个水温控制设备，通过气泡系统的方式将水库下层的冷水转运到接近表面的取水口。系统的初次试用表明尾水渠的水温降低超过 2 ℃。密歇根自然资源部的观察报告证实，在延长的温水期水温降低提高了冷水性鱼类特别是鳟的存活率，而在更冷的时期提供更佳的温度条件。

美国土著居民与联邦政府的协议中，保留了土著居民在冷水型河流中狩猎和捕鱼的权利（见第 4 章），包括美国最高法院在内的联邦法院，坚持认为时间不能削弱条约中规定的权益。代表部落利益的机构（如美国印第安事务局和跨部落渔业委员会）可以管理部落地区的渔业并确保条约中的权益得以维护。部落在管理冷水型河流中发挥了重要作用，他们在划定的地区中协助监测和评估工作，并贡献捕获数据以用于制定管理计划。许多冷水型河流渔业的管理必须一贯地努力平衡部落渔业、商业渔业和各种休闲渔业者之间的渔业资源需求。

　　流域内的各团体通常以非政府组织（NGO）的形式组织起来，协助州、联邦和地方机构的管理工作，来收集信息并实施评估和栖息地修复的项目。这些组织能在迅速募集资金和召集人力方面发挥很重要的作用。其中包括 NGO 能够从当地慈善机构获取力量和多样化的支持，提供对当地河流的认识和信息，改善退化的水系，以及促进交易中保护的倡议（von Hagen et al.，1998）。例如，美国河流协会是一个非政府组织，它是通过提倡选择性地拆除水坝和通过在国家和地方媒体强调河流面临的威胁来保护河流栖息地的。这些行动使缅因州肯尼贝克河上爱德华兹水坝得以成功拆除。许多这些组织在渔业管理方面发挥重要作用，他们为退化的冷水型河流及流域的栖息地改善贡献了资金和人力。这些非政府组织在政府部门预算和人力资源受限的情况下是特别可贵的渔业管理合作伙伴。政府机构和资源使用者之间的合作对于有效和高效地管理冷水型河流是很重要的。冷水型河流鱼类种群和栖息地调查采样比较困难且费用很高（Johnson et al.，1995；Bonar et al.，2009）。由于监测和评估方案的效果往往受机构预算的影响，所以集中机构之间的资源和人力常常会提高效率。根据特定的管理目标或者地理位置，监测工作可能在不同的机构中进行分配。然而，应该建立标准的程序以确保合作伙伴能连续地获得和记录数据。在大的河流中，可以采取各种各样的采样技术来评估鱼类种群和物理栖息地特征，但是需要采用常规做法来确保数据的可比性（Bonar et al.，2009）。

19.3.3　管理目标

　　冷水型河流的有效管理应遵循渔业管理的一般过程，在开展监测和评估以及调整渔获量、控制有害物种、放流或改善栖息地等管理措施实施之前要有明确目的和目标（见第 5 章）。目标是指渔业计划要实现的长期主题，而目的是指可衡量的结果，它表示朝着目标怎样或何时能够实现阶段性成果或进步。应针对个别的冷水型河流系统制订专门的目标，一般定义为改善或维持鱼类种群及栖息地，并创造、维持或增加捕捞机会。个别的管理目标需要特定的管理措施。一个相对简单的创造或增加冷水性鱼类捕捞机会的目标需要一系列不同的目的和管理措施，而恢复一个可持续的鱼类种群是更复杂的目标。创造或增加捕鱼机会的管理措施可能包括具体的捕获量规定、增殖放流、控制讨厌物种或特定物种特殊的栖息地改善。然而，改善或恢复鱼类种群的措施可能包括拆除水坝以加强支流与干流之间的连通性、重新建立自然水流以实现其与泛滥平原和侧渠的横向连通性、消除严重的河岸侵蚀、将土著鱼类和非土著鱼类之间的竞争降到最小或者改善水质。在这些情况下，管理目标是提供足够的栖息地来维系冷水性鱼类的自然繁殖和多个生命阶段的存活。制订管理目标可能会很困难，特别是当既得利益者关注冷水型河流资源不同方面价值的时候。然而，渔业管理者应避免在没有非常明确的资源保护目的和目标时，便采取解决短期问题的特别措施或技术。

19.3.4　捕捞制度

大多数州和省为捕鱼者颁发常规的许可证，制定了在冷水型河流捕捞规则，但有些州和省可能要求附加许可证件或印章才能捕捞鲑（见第 7 章）。捕捞许可证的出售为负责管理渔业资源的机构增加了财政收入，许可证申请时提供的信息还可用于设计对钓鱼者进行调查的方案。其他资金来源，如鲑特殊许可证或印章，也可用于管理有关冷水型河流资源的活动，如栖息地改善或孵化场运行。

一些规定的实施是限制冷水型河流资源的使用权，从而减少钓鱼压力、鱼类受捕捞和渔获的影响。通常在冷水河流建立特定种类的禁捕期，以保护产卵鱼类免受捕获或涉水垂钓者对产卵场的破坏。河流准入制度能以防止人满为患来改善钓鱼者等资源利用者的休闲体验。例如，为了减少用户之间使用船只数量、类型以及使用时间之间的矛盾，密歇根州佩雷马凯特河的国家森林野生动物和河流风景区对许可证的使用进行了规定。在游钓盛行的冷水型河流，还可以限制钓鱼教练许可证颁发的数量。

强制实施最小体长制度，禁止捕捞特定体长（通常是特定物种性成熟时的体长）以下的鱼，以降低鱼类种群死亡率和防止过度捕捞。因此，对于性成熟体长偏大或性成熟晚的长寿鱼如牛鳟，设定相对大的最小可捕体长可能是很有必要的（Post et al.，2003）。对于密歇根州的金豹河的溪鳟和褐鳟，Clark 等（1981）证实，随着最小可捕体长的增加，钓鱼者对大鳟的捕获率、放回率和捕获量均增加，而总捕捞产量下降。当与禁用鱼篓相结合时，增加最小可捕体长会增加溪鳟和褐鳟的密度（Shetter and Alexander，1966）。然而，最小捕捞长度限制政策对冷水型河流中鲑种群的长期影响则不甚明了。在一些河流中，尽管存在过度开发，鳟的生长速率长期以来一直保持相对稳定（Clark et al.，1980），而在选择性地除掉了快速增长和较大个体的其他水系中捕捞质量已经下降（Favro et al.，1980）。冷水型河流中鲑的平均大小和年龄可能会在最小体长政策实施后的一段时间内出现大幅度下降，特别是如果小鱼丰度大幅增加而食物或栖息地有限的情况下（Barnhart and Engstrom‐Heg，1984）。较小的鱼体力上可能不足以支撑长距离上溯到产卵场，特别是在高度改变了的水系中（Ricker，1989）。因此，最小体长限制可能会影响鲑的种群丰度和体长结构。渔业管理者的长期监测是必要的，以确保最小体长政策不会对冷水鱼种群产生不利影响（表框 19.2）。

保护体长组的规定禁止捕获中间长度范围的鱼，已被应用于冷水型河流中高繁殖力和种群补充水平的鲑种群。从理论上讲，在夏季降低小鱼的丰度会减少有限资源的竞争、提高生长速率，并使中等大小的鱼补充到成鱼群体中（Clark et al.，1980）。体长组限制政策的成功与否取决于特定河流的捕捞率和生产力，以及目标物种是否易被钓捕。在高捕获率下，从最小捕捞长度限制到体长组限制的转变可以增加鲑的丰度和产量，但是如果河流的生产力很有限，体长组限制与较低的捕获率结合可能导致丰度降低（Nordwall and Lundberg，2000）。为了降低密歇根州的金貂河中小鱼的丰度和增加经济鱼的数量，实施了允许捕捞体长在 33 cm 和 41 cm 之间褐鳟的规定（Clark and Alexander，1985）。虽然小鱼的捕捞量增加，但种群的生长和体长结构并没有改变。Clark 和 Alexander（1985）把对捕捞的不敏感归因于河流的产出有限上，但捕获小鱼或许不足以实现管理目的。对于钓鱼爱好者来说，褐鳟通常比其他鲑更难捕获，如虹鳟、切喉鳟或溪鳟（Anderson and Nehring，1984）。体长组限制可能更适合于捕捞压力大且小鱼相对容易捕获的高产冷水型河流。

表框 19.2　冷水型河流捕捞规则

Andrew Nuhfer　Todd Wills
密歇根自然资源部

密歇根州的冷水型河流支撑了溪鳟渔业产出。与更小的溪流相比，河流中的溪鳟在生命周期的前 2 年增长得相对较快，但死亡率高。溪鳟在 2 龄时全长通常会达到 23 cm，但是在河流中很少见到更大和更高龄的鱼。在种群呈现出快速增长和低的自然死亡率的情况下，更大个体溪鳟的补充不足可归咎于过度捕捞导致的死亡。然而，区分捕捞死亡率与自然死亡率是一个挑战，除非使用鱼篓进行精细调查，而这对于具有激进生活史的鱼类又是困难和昂贵的。因此，可通过评估冷水河流的限制捕捞规定对较长河段溪鳟种群丰度的影响，调查研究大鱼低存活率的原因。

在 20 世纪 90 年代后期，密歇根州自然资源部和高校渔业生物学家与利益相关者集会，为增加钓鱼机会研究可接受的管理方案。在全州的各种冷水型河流中确立了为钓鱼爱好者创造钓到大溪鳟机会的目标。目标来自 2000 年颁布的新的捕鱼条例，在未来 6 年内增加河中溪鳟的密度和体长。根据生长速率的历史记录和专业意见来制定可能实现每条河流所期望的目标的具体限制性条例。现行规定的修改包括减少每天鱼篓数量的限制、提高最小可捕体长以及限制绝户网。在 2000 年，在选择的上游半岛河流中，溪鳟的最小可捕体长实验性地规定从全长 18 cm 增加到 25 cm。试验人员进行了标记放流和种群重捕估算，把最小可捕体长规定改变的 4 年前的溪鳟密度和体长结构与规定改变 6 年后的数据进行比较。在最小可捕体长增加后，被研究的 4 条河流中有 3 条河溪鳟密度和体长结构没有显著变化。在艾恩里弗河流中，规定更改前，全长在 18～25 cm 的溪鳟平均为 138 尾/hm²，增加最小可捕体长后为 280 尾/hm²。然而，全长大于 25 cm 的溪鳟数量没有变化。虽然溪鳟的丰度增加，但大鱼仍然很少。在大多数情况下，新的规定未能达到预期目标或增加溪鳟的密度和体长的目的，因为全长大于 25 cm 的鱼为 3 龄鱼，造成 3 龄鱼补充困难的原因是自然死亡率而不是捕捞死亡率。当自然死亡率高时，捕捞限制对增加体长是无效的。在被研究的其他有捕食性褐鳟分布的河流中，捕获和释放规定在增加溪鳟体长方面是不成功的。虽然新规定偶尔增加了中等体长鱼的丰度，但是没有产生大鱼，渔获也大量减少或消失。

禁止捕捞冷水型河流大鱼的最大体长限制政策可保护最高繁殖力和繁殖潜力的鱼类，以确保钓鱼者在高捕捞压力的情况下有捕到目标鱼类的机会。在新西兰的朗根蒂基河，全长 55 cm 的最大长度限制致使钓鱼者习惯由钓大虹鳟转变到钓小鱼（Barker，2002）。捕获鱼的数量没有变化，但是存活种群的体长和年龄分布变得越来越偏向于高龄的和更大的鱼。在实施最大体长限制后，不但一定规格的鱼存活率提高了，所有鱼类的存活率均有所提高。

除了长度限制外，还强制实施了鱼篓限制以降低冷水性鱼类的捕捞死亡率。鱼篓限制扩大了钓鱼者的可捕捞量，在捕获率低时是很成功的。然而，鱼篓限制仅仅是限制个别钓鱼者的捕获，如果钓鱼力度和捕捞率过高，鱼篓可能不会影响总捕捞死亡率。捕捞-放回规定可用于进一步降低捕捞死亡率，保持高捕捞率，并增加大鱼的捕捞量。实现这些目标取决于垂钓者对规则的遵守情况，但对于长寿命鱼类种群呈现良好的生长和低死亡率的冷水型河流，捕捞-放回的实践已经取得了成功。在科罗拉多州的南普拉特河，在捕捞-放回政策实施地区，游钓规格鳟的捕捞率比每天允许捕捞 8 尾鳟的地区高出 28 倍（Anderson and Nehring，1984）。虹鳟是捕捞-放回政策实施区域的优势鱼类；生物量大约是 500 kg/hm²，50% 的鱼的长度大于 30 cm。在捕捞不放回区，褐鳟是主要鱼类，总鳟生物量约占捕捞-放回区的 1/3，只有 17% 的鱼体长超过 30 cm。管理者在实施捕捞-放回规定之前，应确定钓鱼者是否有足够的收益。捕鱼者通常支持捕捞-放回政策，因为它提供了唯一的用来游钓的鱼、高捕捞率或保护易受过度捕捞影响的物种。此外，管理者应在实施捕捞-放回政策之前考虑降低鱼篓限制。如果大多数钓鱼者已经自愿放鱼，则可能不需要取消捕捞。

19.3.5　利用孵化鱼类

因为相对于其他鱼类鲑更适应孵化场的环境，使它们成为放流工作中最常用的鱼类类群之一。然而，鱼类增殖放流的决定有时是基于管理者能否成功生产和增殖放流鲑的能力，而不是基于明确的目标鱼类。与任何其他管理活动一样，在将鱼放入冷水型河流之前应制定具体目标，并对放流能否达到管理目标进行评估。虽然目标往往因垂钓者对钓鱼体验和自然或土著鱼类种群状况而异，但是向冷水型河流中增殖放流鱼类的主要原因包括以下几个。

缓解。指弥补由人为因素造成的鱼产量减少的增殖放流。例如，在太平洋西北地区进行鲑增殖放流以抵消哥伦比亚河水电开发造成的自然繁殖和种群补充的损失。

恢复。是指在找出自然繁殖的限制因素并消除之后进行的增殖放流。这样一个计划的长期目标是要实现一个可自然持续的种群。例如，在改善水质和栖息地后加拿大 Morrell 河开展了鲑幼鱼恢复性增殖放流（Bielak et al.，1991）。8 年内，鲑洄游数量从每年 4～45 尾增加到每年 360～1 263 尾。

加强。指在由于产卵栖息地受限或早期生命阶段的存活率降低而使鱼产量低于其鱼载力的河流中，增加已存在群体的增殖放流。这样可以补偿各种自然和人为因素对鲑产量的影响。例如，周期性的洪水、洄游的自然障碍或由于城市化、渠道化、酸化或土地利用变化导致的栖息地大范围退化。加强性增殖放流也能用于维持人造的高捕捞率，并在捕捞压力相对较高的冷水型河流中建立"增殖-回捕"型鲑渔业（Johnson et al.，1995b）。

创造新的渔业。指将冷水性鱼类引入以前不存在的河流的增殖放流。例如，从大坝蓄水层释放的冷水为河流中适应凉水和温水的鱼类创造了最佳的热条件。因此，渔业管理者通过将各种鳟（最常见的是虹鳟）引入尾水，创造了受欢迎的冷水渔业。通过在水电站大坝下面的尾水增殖鱼类，在河流中创造了原本不可能的捕鱼机会。

研究。指旨在解决特种鱼的渔业管理问题的增殖放流。例如，通过放流不同密度的鱼类和长期监测种群，增殖放流也可以用来评估一些冷水型河流的渔产潜力（Aprahamian et al.，2003）。各种增殖放流品系的生长和存活、放养密度以及大小也能被调查清楚。

保护。指保护鱼类种群的增殖放流。一些濒危物种计划需要增殖放流以防止灭绝。目前，人们越来越强调通过增殖放流来帮助恢复土著鱼类，并努力通过栖息地保护或修复来维持可持续的冷水型河流渔业（Brannon et al.，2004）。

增殖放流可以通过改善钓鱼体验和增加垂钓者的满意度来使冷水型河流的休闲渔业受益，进而可增加冷水型河流资源的游钓用途和价值。增殖放流还有助于维护、改善或保护令人关注的鱼类种群。然而，在冷水型河流中增殖鲑有内在风险。由于受限于栖息地、低的河流生产力或鸟类、哺乳类、食鱼性鱼类的过度捕食，鱼类增殖放流可能不会获得良好的生长或高存活率（Alexander，1979；Derby and Lovvorn，1997；Walters et al.，1997）。过高的放养密度会减少饵料基础，导致孵化的和野生的鱼竞争有限的饵料资源（Fresh，1997）。由竞争导致的生长减慢会使野生鲑易被捕食和存活率降低，并且使运动与摄食行为或栖息地的利用发生变化（Einum and Fleming，2001）。这些因素已经在美国东部冷水型河流中增殖褐鳟之后土著溪鳟的下降中有所体现（DeWald and Wilzbach，1992）。

由于通常在春天放流可捕规格的鲑，以在生长季节获得最佳的生长率和存活率（Epifanio，2000），增殖放流的鱼通常比同种野生鱼大，可能在食物和空间竞争中胜出（McMichael et al.，1999）。在蒙大拿州麦迪逊河上增殖放流了可捕体长的虹鳟后，Vincent（1987）观察到野生褐鳟和虹鳟的生长速率和丰度的下降。停止增殖放流后，野牛鳟的丰度和生物量增加了近 3 倍。相反，在科罗拉多州的拉普拉德里河（Cache la Poudre River）增殖放流了孵化场鳟后，Marshall（1973）观察到野生棕鳟和虹鳟的大小或丰度均没有改变。同样增殖放流孵化场虹鳟对爱达荷州 2 条河的野生虹鳟或切喉鳟的扩散、丰度、生长或存活均没有影响（Petrosky and Bjornn，1988）。增殖放流对种群影响的差异，归因于河流中不同的栖息地特征、流量、放流密度和捕捞率。如果对增殖放流鱼的捕获量很低，增殖放流可能会对野生种群造成不利影响。因此，如果自然存在的种群是可持续的，并且垂钓者对其游钓体验一般满意，则不应进行增殖放流。

增殖放流的另一个风险是孵化鱼与野生鱼的杂交，可能会降低已适应当地环境的土著鱼类的适应度（Utter et al.，1993）。孵化场和野生鲑的杂交可能会改变适应当地环境鱼类的形态特征、洄游模式或摄食行为（Brannon et al.，2004）。因此，使用增殖放流作为管理工具来恢复易危和濒危的鲑种群是有争议的。通过维持种群结构平衡，增殖放流在保护一些易危物种中发挥了作用。例如，萨克拉门托河的冬季洄游的大鳞大麻哈鱼（Hedrick et al.，2000）。尽管如此，除非找到和解决限制因素，否则增殖放流对恢复野生鲑种群可能是无效的。利用增殖放流去维持可变的种群，掩盖了长期存在的造成自然繁殖和种群补充不足的问题，导致加拿大东部冷水型河流中一些野生大西洋鲑种群几乎灭绝（Myers et al.，2004）。将非土著鲑放入冷水型河流可能导致野生种群的遗传改变。土著切喉鳟可以与虹鳟杂交，牛鳟可以与溪鳟杂交。这种杂交繁殖与土著鱼类的减少有关（Rieman and McIntyre，1993）。增殖放流计划应在实施前进行评估，以尽量减少通过繁殖杂交给土著鲑带来的风险，并设计保护适应当地环境的野生种群的遗传完整性。一种方法是使用包含群体遗传变异性的本地亲本，孵化放流鱼苗，以使其在野生鱼栖息地附近繁殖或产卵（Reisenbichler and McIntyre，1986）。

增殖放流也会导致各种寄生虫和疾病的扩散。因此，管理人员需要在增殖放流之前考虑潜在的益处和风险。孵化鱼苗生产费用很高，通常占管理部门预算相当大的比例（Johnson et al.，1995b）。在某些情况下，通过改善栖息地或采用适当的钓鱼规则来维护可持续自然种群的管理可能会更好。

19.3.6 疾病和不良物种的管理

虽然一些疾病和不良物种是冷水型河流本身就有的，但许多疾病与不良物种的建群与鱼类移植有关。例如，在欧洲的冷水型河流中，鳟眩晕病是地方流行病，该病通过从斯堪的纳维亚进口到杂货店的冷冻虹鳟被引入美国的冷水型溪流和河流中来（Graff，1996）。那些消费鱼类的居民区的水中含有寄生虫早期生命阶段的脑黏体虫（*Myxobolus cerebralis*），它是造成这种疾病的罪魁祸首，并流进了生产虹鳟的孵化场的水源河流中。在发现该疾病的临床症状之前，孵化场的鱼已被运到其他孵化场并在美国各冷水水系放流（Bergersen and Anderson，1997）。食肉动物也可能传播寄生虫，这些疾病涉及一些冷水型河流中特定年龄组鲑数量的下降或消失。有害转移的另一个例子是钓鱼者将各种活饵鱼释放到该物种土著分布之外的冷水型河流中（Litvak and Mandrak，1993）。钓饵鱼可以与受欢迎的冷水物种竞争资源或将疾病（如病毒性出血性败血症）引入冷水型河流系统。管理机构通常制定关于鱼类进口、鱼类健康评估、引进非土著鱼饵和引进运动休闲鱼类的规则，并努力向公众宣传引入鱼类和其他物种对生态系统可能产生的潜在影响。

由于人类活动，现在冷水型河流系统已经出现了许多外来鱼类。被引进的温水和凉水鱼（如鲇和梭鲈）进入哥伦比亚河上的水库，导致了向太平洋降河的鲑幼鱼被捕食量增加（Reeves et al.，1998）。外来物种的竞争可能导致本地鲑的损失。如在北美西部，引进溪鳟导致本地牛鳟的资源量下降（Reeves et al.，1998）；引入虹鳟、溪鳟、褐鳟并通过杂交和竞争已经将黄石截喉鳟排挤出土著栖息地（Behnke，2002）；在北美东部，虹鳟和褐鳟取代了本地溪鳟。由于冷水型河流的大小和性质，在外来种建群、其携带疾病出现后，要根除掉是不可能的。

为了控制不良鱼类在冷水型河流中的传播，人们已经采用了几种捕捞方法。因为管理目标、要控制的物种和河流大小差异，成功与否变数很大。大型河流具有多样性的栖息地条件，这可降低渔具的有效性。所以，需要大量的努力工作才可能奏效，而即使有效也往往只会带来短期收益。用于捕获大型河流中的大多数渔具，如挂网、长袋网、围网、拖网和电鱼等都不是物种特异性的，因此可能会导致有益鱼类受到无意的胁迫和死亡（Bonar et al.，2009）。然而，一些方法可能会有效地控制一些冷水型河流中的不良物种。例如，Shetter 和 Alexander（1970）使用电鱼器来降低密歇根州一条冷水型河流中捕食溪鳟的大褐鳟的丰度。尽管只减少了40%~66%，但已得出结论表示减少更多的食鱼性鱼类对于改善幼鱼的补充量是十分必要的。在哥伦比亚河和蛇河流域，钓鱼休闲者每次捕到白斑狗鱼，都会获得赏金，管理者在水坝附近用鱼钩和沿绳钓鱼，并在孵化场附近设置了挂网，以减少白斑狗鱼成鱼捕食增殖的鲑幼鱼的量（Beamesderfer et al.，1996）。使用这些方法的年捕获率已经达到了9%~16%，但是由于河流太大，成鱼的补丁状不均匀分布以及渔具效率的有限性，采用其他方法进一步减少成年白斑狗鱼种群数量确实无效。一些实验性的渔法捕获的濒危白鲟比白斑狗鱼还多，所以它们被禁止使用。尽管如此，在哥伦比亚河和蛇河除掉成年白斑狗鱼的有效方法足以减少对鲑幼鱼的捕食，而不影响非目标物种。

过去几十年来，使用毒药从一些冷水型河流中除去不需要的鱼类是普遍的做法，主要是为了遏制非垂钓鱼类和促进非土著鲑的成功引进。在20世纪50年代，加利福尼亚州的俄罗斯河流域的 400 多 km 使用了鱼藤酮（Pintler and Johnson，1958）。20 世纪 60 年代，在犹他州的弗莱明峡水坝（Holden，1991）和怀俄明州的丰特内尔水库（Zafft et al.，1995）停止运营之前，用鱼藤酮处理了超过 700km 的格林河。在这些例子中，应用鱼藤酮处理后进行了外来鳟增殖放流，产生了受欢迎的渔业。虽然在溪流中使用毒药仍然普遍，特别是在美国西部，但在北美地区管理大型冷水型河流中定居的不良物种中的使用已经有所下降，在几个州和省份已不再允许使用。用毒药处理费用很高，而且对于可能存在外来鲑渔业的冷水型河流和尾水，游钓者可能不喜欢使用毒药处理。冷水型河流上的许多水库用于城市供水，因此管理者往往不愿或不能在这些水系中使用毒药。

在产卵期间使用信息素吸引不良鱼类进入捕鱼器尚未广泛应用于冷水型河流系统，但可用于提高渔具的有效性并减少不良鱼类的丰度。信息素已被用于控制从大湖迁移到冷水型河流的海七鳃鳗，但它们通常选择雄性（Twohey et al.，2003）。因此，雄性可能绝育后被放回河中，前提是它们不能与妊娠雌性配对繁殖（Twohey et al.，2003）。通过用性成熟的雄性个体，冷水型溪流中性成熟的雌溪鳟也被饵诱进陷网（Young et al.，2003），因此使用信息素可有效控制冷水型河流中不良鲑或其他物种。

19.3.7　栖息地改善

由于冷水型河流的物理和生物条件取决于上游支流与泛滥平原的生态连通程度，管理者在实施冷水型河流改善工程之前，应先考虑造成栖息地退化的原因。流域内人为因素对冷水型河流的影响有累积效应。栖息地改良策略即重建河流中的自然水文、沉积体系和物理特征多样性，大尺度改善水中及河岸栖息地或许是可取的，但往往受到自然界、社会经济和政治上的制约。大多数大河上都有筑坝，因此恢复许多冷水型河流中的栖息地可能是不现实的。由于恢复大型河流工作相当复杂且花费巨大，冷水性鱼类栖息地的处理基本上是在小尺度空间上对特定栖息地进行修复或改善，而不是恢复那些形成和维持各种生命阶段栖息地的宏观过程。

在许多冷水流域，每年会投资数百万美元用来改善鲑的栖息地。这种兴趣和资金产生的原因，部分是由于美国《濒危物种法》已将各种鲑种群列为易危或濒危物种，并努力恢复土著鱼类组成。作为保护和改善冷水型河流鱼类栖息地的"国家鱼类生境行动计划"的一部分，美国鱼类和野生动物管理局、州、联邦和当地合作伙伴已经制定实施了"东部溪鳟合作计划"和"西部土著鳟保护倡议书"（见 www.fishhabitat.org/；Higgins，2009；表框 10.2）。该计划强调利用景观尺度和适当的管理来克服限制鱼类在其原始分布区中的丰度和分布的因素。然而，即使投入了很多精力和资金，栖息地改善技术几乎未得到评估，其有效性是有争议的（Kauffman et al.，1997）。监测鱼类、无脊椎动物以及其他生物对栖息地改善项目的反应是检测效果的最终方法，然而却被忽视；而大多数监测都集中在短期的物理反应上。因为水、有机物和沉积物的输送也是冷水型河流河道形态和栖息地形成的主要过程，许多创造栖息地的过程需要很长时间，因此通常需要数十年的监测来查明栖息地对修复行为的反应（Bisson et al.，1992；Reeves et al.，1997）。因为许多修复技术尚未得到彻底评估，所以有关各种栖息地改良技术对河流中的冷水性鱼类的有效性信息十分有限。

冷水型河流的栖息地改善技术包括：①恢复栖息地连通性；②建设和改善道路；③恢复河岸植被；④河道内栖息地修饰；⑤增加和改善营养状况。

19.3.7.1　栖息地连通性的恢复

重新连接被隔离的栖息地可能是恢复冷水型河流鱼类种群的重要的方面之一，但在建有蓄水坝的大型河流中则很难进行。

人为的障碍，如涵洞和水坝，会改变鱼类通道，会减少河流与支流栖息地之间的连通性，而这对鲑完成生活史却是至关重要的。对于太平洋鲑，障碍会限制洄游至上游产卵并随后死亡的成鱼数量，进而可能会减少上游营养输入量。据估计，在西北太平洋地区的冷水型河流中，不可逾越的障碍使银鲑幼鱼产量减少了高达 30%～58%（Beechie et al.，1994；Pess et al.，1998）。Scully 等（1990）检查了爱达荷州鲑河流域的清除障碍、发展河道外栖息地、布置河道内结构和清淤等项目的相对益处。在 4 种类型项目中，清除障碍这个项目在改善硬头鳟和大鳞大麻哈幼鱼量中最有效。然而，障碍上下游的鱼类和栖息地数量及质量是考虑是否优先建设过鱼道和决定其他改进技术的花费是否有效的主要因素。

河道外栖息地，如沼泽、连接河道的泡子、侧渠、湿地以及其他长期或季节性泛洪区，是鲑重要的育幼场。然而，通常与泛滥平原相连的河道外栖息地，常常被泛滥平原和（或）山坡人为活动隔离或改变，如农业、城市化、防洪、交通运输等。Beechie 等（1994）得出结论，华盛顿州的斯卡吉特河侧河道和沼泽的缺失是限制银鲑幼鱼产量的主要因素。鲑在河道外栖息地的越冬存活和生长经常要优于河道栖息地（Swales and Levings，1989）。因此，河道外栖息地修复工作主要集中在为鲑幼鱼提供越冬栖息地上。重新连接孤立的自然河道外栖息地和发掘新的栖息地是在冷水型河流中使用的管理技术（Richards et al.，1992）。

19.3.7.2　道路建设与修缮

建设和修缮道路，包括林业用道和铺设型高速公路，会通过增加细小沉积物输送、增高山体滑坡频率、引起水文变化以及降低连通性，来破坏冷水型河流中的鱼类栖息地。由地表面侵蚀产生的细小沉积物，经道路输送到冷水型河流和溪流，可渗入产卵场的砾石中，降低鱼卵的存活率（Reid et al.，1981）和大型无脊椎动物丰度（Lenat et al.，1981）。与道路建设相关的山体滑坡产生的粗沉积物会增加河床载荷供应，填塞泡沼，并通过引起河床聚集或侧向迁移来填充池塘，降低河床与河岸稳定性（Tripp and Poulin，1986）。水文过程的变化，如可能会由于径流增加而引起洪水，并导致河道的扩大和河岸侵蚀（Wheeler et al.，2005）。连通性和有机物质的顺流运输可以被桥梁铺设以及更频繁的涵洞建设所阻断。考虑到道路建设和修缮的影响、道路存在及其相关的城市发展对流域的次级影响，管理者应对计划的道路项目进行认真评估（Wheeler et al.，2005）。

避免或尽量减少新道路的建设和封闭现有道路，可能会减少涉及沉积、水文和连通性相关的影响。当需要修缮道路时，可以通过适当的道路设计和维护来减少地表侵蚀和细小沉积物输送到河流中。例如，通过铺设或使用粉碎的岩石（直径 7.6～15.2 cm）硬化路面可以减少地表侵蚀（Burroughs and King，1989）以及细小沉积物的产生。为了避免沉积物输入，沟渠和排水道应从河流附近引开。减少滑坡危害可能需要道路移除或重建（Waters，1995）。新道路项目相关的风险可以在设计阶段降至最低；或者对于现有道路整改，也可以减轻对水生群落的损害。

19.3.7.3　河岸修复

人类对土地的利用可能会破坏形成和维持水生栖息地的过程。例如，来自高处栖息地沉积物的输送和供应、木屑的补充、沿岸植被的遮阳以及水的运送。木材采伐，城市化和农业（如放牧）改变了沿岸地区，造成了冷水溪流和河流的变化。例如，木材资源的大量采伐导致河岸植被的丧失，包括对建立和维持栖息地重要的大型木质碎片的减少。修复受伐木影响的沿岸地区的技术包括间树苗或采伐，这些技术可用于增加现有树木和植物的增长速率，以达到理想的植被覆盖率。允许牲畜沿河岸放牧会减少河岸植被的多样性和丰度，从而使支流中的河岸侵蚀加剧、沉积物输入增多和水温升高。这些变化可能会使冷水型河流中鱼类栖息地的质量和数量下降，可以通过改善放牧策略和限制牲畜进入河岸来管理。尽管小型河流河岸修复之后，河堤的稳定性、河槽形态、栖息地复杂性和其他河道特征可以快速恢复，但大型河流尤其是那些被深度切割河道的恢复可能需要更长时间（D'Aoust and Millar，2000）。此外，由于冷水型河流中鱼类种群的年际变化原本就很大，鱼类种群不会在河岸植被覆盖短期变化下做出反应。

19.3.7.4　河道内栖息地的修饰

提高鱼类产量的栖息地修饰技术，如在河道内放置木桩或岩石等费用很高却又无法创造预期的栖息地条件，已很少在大型河流中应用（Beechie et al.，1996；Kauffman et al.，1997）。尽管如此，河道栖息地修饰已出现，以稳定河岸侵蚀，增加栖息地多样性，进而满足冷水性鱼类的生活史需求。例如，稳定河岸结构被用来维持现存或创造的河道外栖息地的物理特征，这对鲑幼鱼往往是很重要的。河堤应该是稳定的，以保护财产免受具有高度运输沉积物能力的河流在洪峰期间对自然蜿蜒前行状态的破坏。Rip-rap 技术已经被有效地用于稳定河岸侵蚀，但是当考虑到鱼类栖息地的需要时，树木护岸和原木结构与植被种植相结合已被采用（Quinn and Kwak，2000）。石头和原木在河道中的布置已付诸实施，在栖息地多样化较低的河流中为鲑提供急流避难所（Saha et al.，2006）。这种栖息地修整使鲑的生物量增加，这不是由于鱼类生长加快或存活率升高，而是因为大鱼从未修整的区域游来然后停留而导致的（Gowan and Fausch，1996）。如果设计得正确，并放置在鱼类会自然出现的位置，河道内的结构布设可能会成功。

修复尾水中冷水性鱼类的河道栖息地，管理者采用最多的方法可能是调节流量。水流调节的应用取决于具体的管理目标，但一般应用于改善鲑的产卵繁殖、种群补充、生长和存活。旨在改善产卵和育幼栖息地的排水是从水坝放水以排除或冲走在低流量期间积聚的沉积物，从砾石中冲走细小沉积物以用于产卵，并促进小型鲑的存活和种群补充（表框19.3；Young et al.，1991）。虽然冲刷水流可以在短期内增强产卵和育幼栖息地，但高流量排放可能会加速河床退化、渠道化和侧渠栖息地的丧失，特别是在紧邻水坝下的河区，而这些区域是小型鲑产卵和育幼栖息地（Simpkins et al.，2000a，2000b）。因此，砾石增加已被用作修复水库下游退化栖息地中产卵基质的一种工具（Merz and Setka，2004）。

水流释放还用于为筑坝调节的水系提供鱼类栖息地，以促进冷水性鱼类生长和存活。使用增加河道水流等方法，可以确定不同季节的流量需要，以提供对不同鱼类和各生命阶段以及作为食物的水生无脊椎动物至关重要的季节性栖息地（Annear et al.，2004）。通过水流释放量改变或者对水坝出口进行结构性调整以便于从水库各种深度取水，来为偏冷尾水中的无脊椎动物生产和鱼类的生长存活提供更适合的水温（Krause et al.，2005）。同时，在冬季可以释放温水，以尽量降低潜在的结冰对鱼类的影响（Annear et al.，2002）。使鲑产卵群体从静水环境上溯至筑坝河流，增加流量也是必需的，增加流量也会增加筑坝改变的水系中溯河鲑类幼鱼的降河洄游存活率（Cada et al.，1997）。

19.3.7.5　增加营养

在过去 10 年中，渔业管理者已意识到，太平洋鲑是其产卵栖息地营养的一个重要贡献者。由于太平洋鲑产卵后死亡，它们的身体为河道边缘的植物和各种水生和陆生生物提供营养和有机物（Larkin and Slaney，1997）。障碍物，如水坝和涵洞，限制了太平洋鲑进入产卵栖息地，导致一些冷水水系的营养（无机氮和磷）减少和生产力下降。在西北太平洋大部分地区，实行了通过添加孵化场产卵后死亡的鲑尸体来人工增加营养物质，并且已经发现提高初级生产力和无脊椎动物密度，促进了幼鲑的生长（Bilby et al.，1998；Wipfli et al.，1999）。然而，增加营养工作应该考虑整个系统的营养状况，不能只考虑投放地点，还应考虑下游状况（Stockner et al.，2000）。在流经发达地区的一些流域中，可能存在营养过剩问题，额外的营养物质可能产生冷水性鱼类不适应的条件。应该在河流水质下降风险与添加鱼尸体可能的受益之间权衡。

表框 19.3　利用冲水来修复冷水型河流的产卵栖息地

水坝的建设和运行对河流自然过程有着重大影响。由于一年中的湿润期将水存于库中，供干旱时利用；所以大坝在干旱期排放水流比无坝河多而在雨期偏少。与无坝的河流相比，筑坝河流洪峰流量适中并出现得较晚。这种水文变化改变了沉积物的运输和底质特征。低流量时，沉积物在河床上积聚，高流量移除或冲刷下游的沉积物。筑坝河流中缺乏自然洪峰可能导致细沉积物（即淤泥和沙子）在有更大基质（即砾石、卵石和巨砾）的栖息地中积累。

鲑需要砾石底质产卵。冬季和早春幼鱼在冷水型河流中栖息于由卵石、巨砾复合形成的小涡旋和间隙中。细小沉积物沉积并嵌入较大基质可降低筑坝河流中鲑产卵的成功率、存活率以及种群补充率。因此，渔业管理者经常采用下泻水流方法，来从筑坝河流中清除细小的沉积物。控制下泻水流，用高流量调动河流的砾石和小卵石，以使细小沉积物悬浮在水中并冲向下游。

20 世纪 90 年代，怀俄明州休闲与鱼类局、美国开垦局和怀俄明州立大学的生物学家撰写了排水冲洗建议书，并评估了他们的工作对博伊森水库下游大角河（Wiley，1995）和灰礁水库下游北普拉特河的沉积物运输、底质特征及虹鳟和褐鳟产卵栖息地的影响（Wenzel，1993；Leonard，1995）。他们认为，洪峰缺乏是产卵栖息地有限和种群补充的原因。在实施放水冲洗之前，在产卵位置采集的底质样品含有 22%～28%的细小沉积物，证实产卵栖息地很可能受损。在一系列冲水试验中评估了沉积物运输和底质特征，并在冲洗完成后重新评估了产卵栖息地条件。虽然放水冲洗的建议具有尾水的特异性和某种鳟栖息地需求的特异性，但这些研究的综合见解提供一些关于使用放水冲洗来修复和维持筑坝河流中鳟产卵栖息地的普适性建议。他们发现冲洗水流应该接近河岸高度，以调动砾石和小卵石，转运最大量的河床负载和悬浮沉积物，冲刷时间应等于正常水流过所需时间的约 1.5 倍，且应每隔 3.5～4.0 年重新冲刷一次方能有效。在冲刷之后，研究的产卵位置细小颗粒占底质样品的 7%～16%。在冲刷中，大角河干净的鹅卵石基质为虹鳟幼鱼提供了避难所（Simpkins et al.，2000b）。这些结果表明，冲刷水流是修复和维持产卵栖息地、管理筑坝河流鲑渔业的有效工具，同时不会引起鲑在下游被更大鱼类所取代。

19.4 总结

冷水型河流渔业管理旧的挑战依然存在，如确定合适的捕鱼规则和增殖策略，而管理者还面临着日益增加的新挑战。新挑战从有限的管理者和经费到控制有害物种和鱼病。将来的管理者需要具备与公众交流的技能并起到联合跨学科团队的作用。

今天的渔业管理者在管理冷水型河流时，深知需要与不同学科和不同管辖区域的个人合作以及公众的作用。人口增长对水和自然资源需求的增长，以及气候变化使渔业管理面临更严峻的挑战。管理者不得不与众多伙伴合作以影响政策，建立有效的规章制度和改善冷水型河流的结构及功能。改善冷水型河流栖息地的工作，需要与诸领域专家合作开展，如工程、水质、湿地生态、水文、河流地形学等领域。未来的行动方式已经呈现，如国家鱼类栖息地行动计划（NFHAP）。这样的倡议，是一个由钓鱼爱好者、保护组织、科学家、州与联邦部门以及工业领导者组成联盟，一起保护和改善鱼类栖息地。渔业管理者也预料到管理疾病和有害物种，以及保护和修复土著鱼类区系组成等方面的重要性在逐渐增加。有害物种的威胁被预料将随气候变化而增加，像引进疾病一样，一旦传播将很难控制。这项挑战需要付出更多的努力来教育游钓者，让他们知道在不同水体之间转运活鱼、无脊椎动物和致病生物而导致的风险。管理者会使用障碍、化学控制、用来减少疾病传播的孵化过程，以及限制活饵鱼的出售来控制引进物种和疾病的风险。

管理大型河流系统的困难，如准确评估、修复和恢复以及管理栖息地将继续存在。针对这样的挑战，管理者需要共享其成功和失败的经验，不断改进方法和技术。冷水型河流的管理者还需要有超越前人的创新性思维和更广泛的交流。

19.5 参考文献

Alexander，G. R. 1979. Predators of fish in coldwater streams. Pages 153 – 170 *in* H. Clepper, editor. Predator – prey systems in fisheries management. Sport Fishing Institute，Washington，D. C.

Allan，J. D. 1995. Stream ecology. Chapman and Hall，London.

Anderson，R. M. ，and R. B. Nehring. 1984. Effects of catch – and – release regulation on a wild trout population inColorado and its acceptance by anglers. North American Journal of Fisheries Management 4：257 – 265.

Annear，T. ，I. Chisholm，H. Beecher，A. Locke，P. Aarrestad，C. Coomer，C. Estes，J. Hunt，R. Jacobson，G. Jobsis，J. Kauffman，J. Marshall，K. Mayes，G. Smith，R. Wentworth，and C. Stalnaker. 2004. Instream flows for riverine resource stewardship, revised edition. Instream Flow Council，Cheyenne，Wyoming.

Annear，T. A. ，W. Hubert，D. Simpkins，and L. Hebdon. 2002. Behavioral and physiological response of trout to winter habitat in tailwaters in Wyoming，USA. Hydrological Processes 16：915 – 925.

Aprahamian，M. W. ，K. Martin Smith，P. McGinnity，S. McKelvey，and J. Taylor. 2003. Restocking of salmonids：opportunities and limitations. Fisheries Research 62：211 – 227.

Barker，R. J. ，P. H. Taylor，and S. Smith. 2002. Effect of a change in fishing regulations on the survival and capture probabilities of rainbow trout in the upper Rangitikei River, New Zealand. North American Journal of Fisheries Management 22: 465 – 473.

Barnhart, G. A. , and R. Engstrom – Heg. 1984. A synopsis of someNew York experiences with catch and release management of wild salmonids. Pages 91 – 101 *in* F. Richardson and R. H. Hamre, editors. Wild trout III. Trout Unlimited, Vienna, Virginia.

Baxter, C. V. , K. D. Fausch, M. Murakami, and P. L. Chapman. 2004. Fish invasion restructures stream and forest food webs by interrupting reciprocal prey subsidies. Ecology 85: 2656 – 2663.

Bayley, P. B. 1995. Understanding large river – floodplain ecosystems. BioScience 45: 153 – 158.

Beamesderfer, R. C. P. , D. L. Ward, and A. A. Nigro. 1996. Evaluation of the biological basis for a predator control program on northern squawfish (*Ptychocheilus oregonensis*) in the Columbia and Snake rivers. Canadian Journal of Fisheries and Aquatic Sciences 53: 2898 – 2908.

Beechie, T. , E. Beamer, B. Collins, and L. Benda. 1996. Restoration of habitat – forming processes in Pacific Northwest watersheds: a locally adaptable approach to salmonid habitat restoration. Pages 48 – 67 *in* D. L. Peterson and C. V. Klimas, editors. The role of restoration in ecosystem management. Society for Ecological Restoration, Madison, Wisconsin.

Beechie, T. , E. Beamer, and L. Wasserman. 1994. Estimating coho salmon rearing habitat and smolt production losses in a large river basin, and implications for restoration. North American Journal of Fisheries Management 14: 797 – 811.

Behnke, R. J. 2002. Trout and salmon of North America. The Free Press, New York.

Benda, L. , N. L. Poff, D. Miller, T. Dunne, G. Reeves, G. Pess, and M. Pollock. 2004. The network dynamics hypothesis: how channel networks structure riverine habitats. BioScience 54: 413 – 427.

Bergersen, E. P. , and D. E. Anderson. 1997. The distribution and spread of *Myxobolus cerebralis* in the United States. Fisheries 22 (8): 6 – 7.

Bielak, A. T. , R. W. Gray, T. G. Lutzak, M. G. Hambrook, and P. Cameron. 1991. Atlantic salmon restoration in the Morell River, P. E. I and the Nepisigutt, N. B. , Canada. Pages 122 – 139 *in* D. Mills, editor. Strategies for the rehabilitation of salmon rivers. The Atlantic Salmon Trust, The Institute of Fisheries Management, and the Linnean Society of London, Pitlochry, Nottingham, and London, UK.

Bilby, R. E. , B. R. Fransen, P. A. Bisson, and J. K. Walter. 1998. Response of juvenile coho (*Oncorhynchus kisutch*) and steelhead (*O. mykiss*) to the addition of salmon carcasses to two streams in southwestern Washington, USA. Canadian Journal of Fisheries and Aquatic Sciences 55: 1909 – 1918.

Bisson, P. A. , T. P. Quinn, G. H. Reeves, and S. V. Gregory. 1992. Best management practices, cumulative effects, and long – term trends in fish abundance inPacific Northwest river systems. Pages 189 – 232 *in* R. J. Naiman, editor. Watershed management. Springer – Verlag, New York.

Blinn, D. W. , and G. A. Cole. 1991. Algal and invertebrate biota in the Colorado River: comparison of pre – and post – dam conditions. Pages 85 – 123 *in* Committee on Glen Canyon Environmental Studies, editors. Colorado River ecology and dam management. National Academy Press, Washington, D. C.

Blinn, D. W. , J. P. Shannon, L. E. Stevens, and J. P. Carder. 1995. Consequences of fluctuating discharge for lotic communities. Journal of the North American Benthological Society 14: 233 – 248.

Bonar, S. A. , W. A. Hubert, and D. W. Willis, editors. 2009. Standard methods for sampling North American freshwater fishes. American Fisheries Society, Bethesda, Maryland.

Brannon, E. L. , D. F. Amend, M. A. Cronin, J. E. Lannan, S. LaPatra, W. J. McNeil, R. E. Nole, C. E. Smith, A. J. Talbot, G. A. Wedemeyer, and H. Westers. 2004. The controversy about salmon hatcheries. Fisheries 29 (9): 12 - 31.

Brown, R. S. 1999. Fall and early winter movements of cutthroat trout, *Oncorhynchus clarki*, in relation to water temperature and ice conditions in Dutch Creek, Alberta. Environmental Biology of Fishes 55: 359 - 368.

Bunt, C. M. , S. J. Cooke, C. Katopodis, and R. S. McKinley. 1999. Movement and summer habitat of brown trout (*Salmo trutta*) below a pulsed discharge hydroelectric generating station. Regulated Rivers: Research and Management 15: 395 - 403.

Burroughs, E. R. , Jr. , and J. G. King. 1989. Reduction of soil erosion on forest roads. U. S. Forest Service General Technical Report INT - 264, Ogden, Utah.

Cada, G. F. , M. D. Deacon, S. V. Mitz, and M. S. Bevelhimer. 1997. Effects of water velocity on the survival of downstream - migrating juvenile salmon and steelhead: a review with emphasis on the Columbia River basin. Reviews in Fisheries Science 5: 131 - 183

Carlson, A. J. , and F. J. Rahel. 2007. A basinwide perspective on entrainment of fish in irrigation canals. Transactions of the American Fisheries Society 136: 1335 - 1343.

Clark, R. D. , Jr. , and G. R. Alexander. 1985. Effects of a slotted size limit on a brown trout fishery, Au Sable River, Michigan. Pages 74 - 84 *in* F. Richardson and R. H. Hamre, editors. Wild trout III. Trout Unlimited, Vienna, Virgina.

Clark, R. D. , Jr. , G. R. Alexander, and H. Gowing. 1980. Mathematical description of trout stream fisheries. Transactions of the American Fisheries Society 109: 587 - 602.

Clark, R. D. , Jr. , G. R. Alexander, and H. Gowing. 1981. A history and evaluation of regulations for brook trout and brown trout in Michigan streams. North American Journal of Fisheries Management 1: 1 -14.

Collis, K. , D. D. Roby, D. P. Craig, S. Adamany, J. Y. Adkins, and D. E. Lyons. 2002. Colony size and diet composition of piscivorous waterbirds on the lower Columbia River: implications for losses of juvenile salmonids to avian predation. Transactions of the American Fisheries Society 131: 537 - 550.

Congleton, J. L. , W. J. LaVoie, C. B. Schreck, and L. E. Davis. 2000. Stress indices in migrating juvenile Chinook salmon and steelhead of wild and hatchery origin before and after barge transportation. Transactions of the American Fisheries Society 129: 946 - 961.

Coutant, C. C. 2004. A riparian habitat hypothesis for successful reproduction of white sturgeon. Reviews in Fisheries Science 12: 23 - 73.

Cunjak, R. A. 1988. Physiological consequences of overwintering in streams: the cost of acclimatization? Canadian Journal of Fisheries and Aquatic Sciences 45: 443 - 452.

Cushing, C. E. , K. W. Cummins, and G. W. Minshall. 2006. River and stream ecosystems of the world. University of California Press, Berkley.

D' Aoust, S. G. D. , and R. G. Millar. 2000. Stability of ballasted woody debris habitat structures. Journal of Hydraulic Engineering 126: 810 - 817.

Dare, M. R. , W. A. Hubert, and K. G. Gerow. 2002. Changes in habitat availability and habitat use and movements by two trout species in response to declining discharge in a regulated river during winter. North American Journal of Fisheries Management 22: 917 - 928.

Derby, C. E. , and J. R. Lovvorn. 1997. Predation on fish by cormorants and pelicans in a cold - water river: a field and modeling study. Canadian Journal of Fisheries and Aquatic Sciences 54: 1480 - 1493.

DeWald, L. , and M. A. Wilzbach. 1992. Interactions between native brook trout and hatchery brown trout: effects on habitat use, feeding, and growth. Transactions of the American Fisheries Society 121:

287 -296.

DFO (Department of Fisheries and Oceans Canada) . 2007. Survey of recreational fishing in Canada 2005. Fisheries and Oceans Canada, Report 2007 - 1303, Ottawa, Ontario.

Dunham, J. B. , S. B. Adams, R. E. Schroeter, and D. C. Novinger. 2002. Alien invasions in aquatic ecosystems: toward an understanding of brook trout invasions and potential impacts on inland cutthroat trout in western North America. Reviews in Fish Biology and Fisheries 12: 373 - 391.

Einum, S. , and I. A. Fleming. 2001. Implications of stocking: ecological interactions between wild and released salmonids. Nordic Journal of Freshwater Research 75: 56 - 70.

Epifanio, J. 2000. The status of coldwater fishery management in the United States: an overview of state programs. Fisheries 25 (7): 13 - 27.

Favro, L. D. , P. K. Kuo, and J. F. McDonald. 1980. Effects of unconventional size limits on the growth rate of trout. Canadian Journal of Fisheries and Aquatic Sciences 37: 873 - 876.

Faler, M. P. , L. M. Miller, and K. I. Welke. 1988. Effects of variation in flow on distributions of northern squawfish in the Columbia River below McNary Dam. North American Journal of Fisheries Management 8: 30 - 35.

Flebbe, P. A. 1994. A regional view of the margin: salmonid abundance and distribution in the southern Appalachian Mountains of North Carolina and Virginia. Transactions of the American Fisheries Society 123: 657 - 667.

Fresh, K. L. 1997. The role of competition and predation in the decline of Pacific salmon and steel - head. Pages 245 - 275 in D. J. Stouder, P. A. Bisson, R. J. Naiman, and M. G. Duke, editors. Pacific salmon and their ecosystems: status and future options. Chapman and Hall, New York.

Gende, S. M. , R. T. Edwards, M. F. Willson, and M. S. Wipfli. 2002. Pacific salmon in aquatic and terrestrial ecosystems. BioScience 52: 917 - 928.

Gowan, C. , and K. D. Fausch. 1996. Long - term demographic responses of trout populations to habitat manipulation in six Colorado streams. Ecological Applications 6: 931 - 946.

Graff, D. R. 1996. Whirling disease: the Midwest/Eastern experience. Pages 43 - 53 in E. P. Bergerson and B. A. Knoph, editors. Proceedings whirling disease workshop—where do we go from here? Colorado Cooperative Fish and Wildlife Research Unit, Colorado State University, Fort Collins.

Hedrick, P. W. , V. K. Rashbrook, and D. Hedgecock. 2000. Effective population size of winter - run Chinook salmon based on microsatellite analysis of returning spawners. Canadian Journal of Fisheries and Aquatic Sciences 57: 2368 - 2373.

Higgins, J. 2009. The national fish habitat action plan: a partnership approach to protect and restore fish populations. Journal of the American Water Works Association 101: 20 - 22.

Holden, P. B. 1991. Ghosts of the Green River: impacts of Green River poisoning on management of native fishes. Pages 43 - 54 in W. L. Minckley and J. E. Deacon, editors. Battle against extinction: native fish management in the American West. University of Arizona Press, Tucson.

Johnson, B. L. , W. B. Richardson, and T. J. Naimo. 1995a. Past, present, and future concepts in large river ecology. BioScience 45: 134 - 141.

Johnson, D. M. , R. J. Behnke, D. A. Haprman, and R. G. Walsh. 1995b. Economic benefits and cost of stocking catchable rainbow trout: a synthesis of economic analysis in Colorado. North American Journal of Fisheries Management 15: 26 - 32.

Kauffman, J. B. , R. L. Beschta, N. Otting, and D. Lytijen. 1997. An ecological perspective of riparian and stream restoration in the western United States. Fisheries 22 (5): 12 - 25.

Kondolf, G. M., and P. R. Wilcock. 1996. The flushing flow problem: defining and evaluating objectives. Water Resource Research 32: 2589 - 2600.

Krause, C. W., T. J. Newcomb, and D. J. Orth. 2005. Thermal habitat assessment of alternative flow scenarios in a tailwater fishery. River Research and Applications 21: 581 - 593.

Lagarrigue T., R. Cereghino, P. Lim, P. Reyes - Marchant, R. Chappaz, P. Lavandier, and A. Belaud. 2002. Diel and seasonal variations in brown trout (*Salmo trutta*) feeding patterns and relationship with invertebrate drift under natural and hydropeaking conditions in a mountain stream. Aquatic Living Resources 15: 129 - 137.

Larkin, G., and P. A. Slaney. 1997. Implications of trends in marine - derived nutrient influx to south coastal British Columbia salmonids production. Fisheries 22 (11): 16 - 24.

Lenat, D. R., D. L. Penrose, and K. W. Eagleson. 1981. Variable effects of sediment addition on stream benthos. Hydrobiologia 79: 187 - 194.

Leonard, D. S. 1995. An evaluation of the North Platte River flushing flow releases. Master's thesis University of Wyoming, Laramie.

Lichatowich, J. 1999. Salmon without rivers: a history of the Pacific salmon crisis. Island Press, Washington, D. C.

Litvak, M. K., and N. E. Mandrak. 1993. Ecology of freshwater baitfish use in Canada and the United States. Fisheries 18 (12): 6 - 13.

Lyons, J., L. Wang, and T. D. Simonson. 1996. Development and validation of an index of biotic integrity for coldwater streams in Wisconsin. North American Journal of Fisheries Management 16: 241 - 256.

Mackay, R. J. 2006. River and stream ecosystems of Canada. Pages 33 - 60 *in* C. E. Cushing, K. W. Cummins, and G. W. Minshall, editors. River and stream ecosystems of the world. University of California Press, Berkley.

Mahnken, C., G. Ruggerone, W. Waknitz, and T. Flagg. 1998. A historical perspective on salmonid production from Pacific rim hatcheries. North Pacific Anadromous Fish Commission Bulletin 1: 38 - 53.

Marshall, T. L. 1973. Trout populations, angler harvest and value of stocked and unstocked fisheries in the Cache la Poudre River, Colorado. Doctoral dissertation. Colorado State University, Fort Collins.

McHugh, P., P. Budy, G. Thiede, and Erin VanDyke. 2006. Trophic relationships of nonnative brown trout, Salmo trutta, and native Bonneville cutthroat trout, *Oncorhynchus clarkii utah*, in a northern Utah, USA river. Environmental Biology of Fishes 81: 63 - 75.

McMichael, G. A., T. N. Pearsons, and S. A. Leider. 1999. Minimizing ecological impacts of hatchery - reared juvenile steelhead on wild salmonids in a Yakima basin tributary. Pages 365 - 380 *in* E. Knudson, C. R. Steward, D. D. MacDonald, J. E. Williams, and D. W. Reiser, editors. Sustainable fisheries management: Pacific salmon. CRC Press, Boca Raton, Florida.

Merz, J. E., and J. D. Setka. 2004. Evaluation of spawning habitat enhancement site for Chinook salmon in a regulated California River. North American Journal of Fisheries Management 24: 397 - 407.

Mitro, M. G., A. V. Zale, and B. A. Rich. 2003. The relation between age - 0 rainbow trout (*Onco - rhynchus mykiss*) abundance and winter discharge in a regulated river. Canadian Journal of Fisheries and Aquatic Sciences 60: 135 - 139.

Montgomery, D. R., and J. M. Buffington. 1998. Channel processes, classification, and response. Pages 13 - 42 *in* R. J. Naiman and R. E. Bilby, editors. River ecology and management: lessons from the Pacific

Coastal ecoregion. Springer, New York.

Munn, M. D. , and M. A. Brusven. 1991. Benthic macroinvertebrate communities in nonregulated and regulated waters of the Clearwater River, Idaho, USA. Regulated Rivers: Research and Management 6: 1–11.

Myers, R. A. , S. A. Levin, R. Lande, F. C. James, W. W. Murdoch, and R. T. Paine. 2004. Hatcheries and endangered salmon. Policy Forum Ecology, Science 303: 1980.

Northcote, T. G. 1998. Migratory behaviour of fish and its significance to movement through riverine fish passage facilities. Pages 3 – 18 in M. Jungwirth, S. Schmutz, and S. Weiss, editors. Fish migration and fish bypasses. Blackwell Scientific Publications, Malden, Massachusetts.

Nordwall, F. , and P. Lundberg. 2000. Simulated harvesting of stream salmonids with a seasonal life history. North American Journal of Fisheries Management 20: 481 – 492.

Paul, A. J. , and J. R. Post. 2001. Spatial distribution of native and nonnative salmonids in streams of the eastern slopes of the Canadian Rocky Mountains. Transactions of the American Fisheries Society 130: 417 – 430.

Pender, D. R. , and T. J. Kwak. 2002. Factors influencing brown trout reproductive success in Ozark tailwater rivers. Transactions of the American Fisheries Society 131: 698 – 717.

Pess, G. R. , M. E. McHugh, D. Fagen, P. Stevenson, and J. Drotts. 1998. Stillaguamish salmonids barrier evaluation and elimination project (Phase Ⅲ) . National Marine Fisheries Service, Final Report to the Tulalip Tribes, Marysville, Washington.

Petrosky, C. E. , and T. C. Bjornn. 1988. Response of wild rainbow (*Salmo gairdweri*) and cutthroat trout (*S. clarki*) to stocked rainbow trout in fertile and infertile streams. Canadian Journal of Fisheries and Aquatic Sciences 45: 2087 – 2105.

Pintler, H. E. , and W. C. Johnson. 1958. Chemical control of rough fish in theRussian River drainage, California. California Fish and Game 44: 91 – 124.

Platts, W. S. 1979. Relationships among stream order, fish populations, and aquatic geomorphology in an Idaho River drainage. Fisheries 4 (2): 5 – 9.

Poff, N. L. , J. D. Allan, M. B. Bain, J. R. Karr, K. L. Prestegaard, B. D. Richter, R. E. Sparks, and J. C. Stromberg. 1997. The natural flow regime: a paradigm for river conservation and restoration. BioScience 47: 769 – 784.

Post, J. R. , C. Mushiens, A. Paul, and M. Sullivan. 2003. Assessment of alternative harvest regulations for sustaining fisheries: model development and application to bull trout. North American Journal of Fisheries Management 23: 22 – 34.

Quinn, J. W. , and T. J. Kwak. 2000. Use of rehabilitated habitat by brown trout and rainbow trout in an Ozark tailwater river. Fisheries 20 (3): 737 – 751.

Quist, M. C. , and W. A. Hubert. 2005. Relative effects of biotic and abiotic processes: a test of the biotic – abiotic constraining hypothesis as applied to cutthroat trout. Transactions of the American Fisheries Society 134: 676 – 686.

Reeves, G. H. , P. A. Bisson, and J. M. Dambacher. 1998. Fish communities. Pages 200 – 234 in R. J. Naiman and R. E. Bilby, editors. River ecology and management: lessons from the Pacific coastal ecoregion. Springer, New York.

Reeves, G. H. , D. B. Hohler, B. E. Hansen, F. H. Everest, J. R. Sedall, T. L. Hickman, and D. Shively. 1997. Fish habitat restoration in the Pacific Northwest: Fish Creek of Oregon. Pages 335 – 359 in J. E. Williams, C. A. Wood, and M. P. Dombeck, editors. Watershed restoration: principals and practices. American Fisheries Society, Bethesda, Maryland.

Reid, L. M., T. Dunne, and C. J. Cederholm. 1981. Application of sediment budget studies to the evalu-ation of logging road impact. Journal of Hydrology (New Zealand) 20: 49 - 62.

Reisenbichler, R. R., and J. D. McIntyre. 1986. Requirements for integrating natural and artificial produc-tion of anadromous salmonids in the Pacific Northwest. Pages 365 - 374 in R. H. Stroud, editor. Fish cul-ture in fisheries management. American Fisheries Society, Fish Culture Section and Fisheries Management Section, Bethesda, Maryland.

Richards, C. P., J. Cernera, M. P. Ramey, and D. W. Reiser. 1992. Development of off - channel habitats for use by juvenile Chinook salmon. North American Journal of Fisheries Management 12: 721 - 727.

Ricker, W. E. 1989. History and present state of the odd - year pink salmon runs of the Fraser River re-gion. Canadian Technical Report of Fisheries and Aquatic Sciences 1702.

Rieman, B. E., and J. D. McIntyre. 1993. Demographic and habitat requirements for conservation of bull trout. U. S. Forest Service Intermountain Research Station, General Technical Report INT - 302, Ogden, Utah.

Roussel, J. M., R. A. Cunjak, R. Newbury, D. Caissie, and A. Haro. 2004. Movements and habitat use by PIT-tagged Atlantic salmon parr in early winter: influence of anchor ice. Freshwater Biology 49: 1026 - 1035.

Saha, B., V. S. Neary, and P. W. Bettoli. 2006. Feasibility study of trout habitat enhancement in the Caney Fork River using boulder clusters. Tennessee Wildlife Resources Agency, Fisheries Report 06 - 10, Nashville.

Saltveit, S. J., J. H. Halleraker, J. V. Arnekleiv, and A. Harby. 2001. Field experiments on stranding in ju-venile Atlantic salmon (*Salmo salar*) and brown trout (*Salmo trutta*) during rapid flow decreases caused by hydropeaking. Regulated Rivers: Research and Management 17: 609 - 622.

Schrank, A. J., and F. J. Rahel. 2004. Movement patterns in inland cutthroat trout (*Oncorhynchus clarki utah*): management and conservation implications. Canadian Journal of Fisheries and Aquatic Sciences 61: 1528 - 1537.

Schrank, A. J., F. J. Rahel, and H. C. Johnstone. 2003. Evaluating laboratory - derived thermal criteria in the field: an example involving Bonneville cutthroat trout. Transactions of the American Fisheries Society 132: 100 - 109.

Scott, M. T., and L. A. Nielsen. 1989. Young fish distribution in backwaters and main - channel borders of the Kanawha River, West Virginia. Journal of Fish Biology 35: 21 - 27.

Scully, R. J., E. J. Leitzinger, and C. E. Petrosky. 1990. Idaho habitat evaluation for off - site mitigation re-cord. Idaho Department of Fish and Game, 1988 Annual Report to Bonneville Power Administra-tion. Contract Report DE - 179 - 84BP13381, Portland, Oregon.

Selong, J. H., T. E. McMahon, A. V. Zale, and F. T. Barrows. 2001. Effect of temperature on growth and survival of bull trout, with application of an improved method for determining thermal tolerance in fi-shes. Transactions of the American Fisheries Society 130: 1026 - 1037.

Shannon, J. P., D. W. Blinn, T. McKinney, E. P. Benenati, K. P. Wilson, and C. O' Brien. 2001. Aquatic food base response to the 1996 test flood below Glen Canyon Dam, Colorado River, Arizona. Ecological Applications 11: 672 - 685.

Sheaffer, W. A., and J. G. Nickum. 1986. Backwater areas as nursery habitats for fishes in Pool 13 of the upper Mississippi River. Hydrobiologia 136: 131 - 139.

Shetter, D. S., and G. R. Alexander. 1966. Angling and trout populations on the North Branch of the Au Sa-ble River, Crawford and Otsego counties, Michigan, under special and normal regulations, 1958 - 63. Transactions of the American Fisheries Society 95: 85 - 91.

Shetter, D. S. , and G. R. Alexander. 1970. Results of predator reduction on brook trout and brown trout in 4. 2 mi (6. 76 km) of the North Branch of the Au Sable River. Transactions of the American Fisheries Society 99: 312 - 319.

Simpkins, D. G. , and W. A. Hubert. 2000. Drifting invertebrates, stomach contents, and body condition of juvenile rainbow trout from fall through winter in a Wyoming tailwater. Transactions of the American Fisheries Society 129: 1187 - 1195.

Simpkins, D. G. , W. A. Hubert, and C. Martinez del Rio. 2004. Factors affecting the swimming perfor - mance of fasted rainbow trout with implications of exhaustive exercise on overwinter mortality. Journal of Freshwater Ecology 19: 557 - 566.

Simpkins, D. G. , W. A. Hubert, C. Martinez del Rio, and D. C. Rule. 2003. Interacting effects of water temperature and swimming activity on body composition and mortality of fasted juvenile rainbow trout. Journal of Fish Biology 81: 1641 - 1649.

Simpkins, D. G. , W. A. Hubert, and T. A Wesche. 2000a. Effects of fall - to - winter changes in habitat and frazil ice on the movements and habitat use of juvenile rainbow trout in a Wyoming tailwater. Transactions of the American Fisheries Society 129: 101 - 118.

Simpkins, D. G. , W. A. Hubert, and T. A. Wesche. 2000b. Effects of a spring flushing flow on the distribu- tion of radio - tagged juvenile rainbow trout in aWyoming tailwater. North American Journal of Fisheries Management 20: 546 - 551.

Stalnaker, C. B. , R. T. Milhous, and K. D. Bovee. 1989. Hydrology and hydraulics applied to fishery man- agement in large rivers. Canadian Special Publication of Fisheries and Aquatic Sciences 106: 13 - 40.

Stanford, J. A. , and J. V. Ward. 2001. Revisiting the serial discontinuity concept. Regulated Rivers: Re- search and Management 17: 303 - 310.

Stockner, J. G. , F. Ryden, and P. Hyenstrand. 2000. Cultural oligotrophication: causes and consequences for fisheries resources. Fisheries 25 (5): 7 - 14.

Swales, S. , and C. D. Levings. 1989. Role of off - channel ponds in the life cycle of coho salmon (*On - co- rhynchus kisutch*) and other juvenile salmonids in the Coldwater River, British Columbia. Canadian Jour- nal of Fisheries and Aquatic Sciences 46: 232 - 242.

Tripp, D. B. , and V. A. Poulin. 1986. The effects of logging and mass wasting on juvenile fish habitats in streams on the Queen Charlotte Islands. British Columbia Ministry of Forests and Lands, Land Manage- ment Report 45, Victoria.

Trush, W. J. , S. M. McBain, and L. B. Leopold. 2000. Attributes of an alluvial river and their relation to water policy and management. Proceedings of the National Academy of Science 97: 11858 - 11863.

Twohey, M. B. , J. W. Heinrich, J. G. Seelye, K. T. Fredricks, R. A. Bergstedt, C. A. Kaye, R. J. Schole - field, R. B. McDonald, and G. C. Christie. 2003. The sterile - male - release technique in Great Lakes sea lamprey management. Journal of Great Lakes Research 29 (Supplement 1): 410 - 423.

USDI (U. S. Department of the Interior) . 2007. 2006 National survey of fishing, hunting, and wildlife - as- sociated recreation. U. S. Department of the Interior, Fish and Wildlife Service and U. S. Department of Commerce, Census Bureau, Washington, D. C.

Utter, F. M. , J. E. Seeb, and L. W. Seeb. 1993. Complementary uses of ecological and biochemical genetic data in identifying and conserving salmon populations. Fisheries Research 18: 59 - 76.

Vannote, R. L. , G. W. Minshall, K. W. Cummins, J. R. Sedell, and C. E. Cushing. 1980. The river con - tinuum concept. Canadian Journal of Fisheries and Aquatic Sciences 37: 130 - 137.

Vincent, E. R. 1987. Effects of stocking catchable - size rainbow trout on two wild trout species in the Madison River and O'Dell Creek, Montana. North American Journal of Fisheries Management 7: 91 - 105.

Vinson, M. 2001. Long - term dynamics of an invertebrate assemblage downstream from a large dam. Ecological Applications 11: 711 - 730.

von Hagen, B., S. Beebe, P. Schoonmaker, and R. Kellogg. 1998. Nonprofit organizations and water - shed management. Pages 625 - 641 in R. J. Naiman and R. E. Bilby, editors. River ecology and management: lessons from the Pacific coastal ecoregion. Springer, New York.

Walters, J. P., T. D. Fresques, and S. D. Bryan. 1997. Comparison of creel returns from rainbow trout stocked at two sizes. North American Journal of Fisheries Management 17: 474 - 476.

Waters, T. F. 1995. Sediment in streams: sources, biological effects, and control. American Fisheries Society, Monograph 7, Bethesda, Maryland.

Wenzel, C. R. 1993. Flushing flow requirements for a large, regulated, Wyoming river to maintain trout spawning habitat quality. Master's thesis. University of Wyoming, Laramie.

Wheeler, A. P., P. L. Angermeier, and A. E. Rosenberger. 2005. Impacts of new highways and subsequent landscape urbanization on stream habitat and biota. Reviews in Fisheries Science 13: 141 - 164.

Wiley, D. 1995. Development and evaluation of flushing flow recommendations for the Big Horn River. Master's thesis. University of Wyoming, Laramie.

Wilhelm, J. G. O., J. D. Allan, K. J. Wessell, R. W. Merritt, and K. W. Cummins. 2005. Habitat assessment of nonwadeable rivers in Michigan. Environmental Management 36: 592 - 609.

Williams, J. E., C. A. Wood, and M. P. Dombeck. 1997. Watershed restoration: principals and practices. American Fisheries Society, Bethesda, Maryland.

Wipfli, M. S., J. P. Hudson, D. T. Chaloner, and J. P. Couette. 1999. Influence of salmon spawner densities on stream productivity in southeast Alaska. Canadian Journal of Fisheries and Aquatic Sciences 56: 1600 -1611.

Wright, S. A. 1995. Ozark trout tales: a fishing guide for the White River system. White River Chronicle, Fayetteville, Arkansas.

Young, M. K., W. A. Hubert, and T. A. Wesche. 1991. Selection of measures of substrate composition to estimate survival to emergence of salmonids and to detect changes in stream substrates. North American Journal of Fisheries Management 11: 339 - 346.

Young, M. K., B. K. Micek, and M. Rathbun. 2003. Probable pheromonal attraction of sexually mature brook trout to mature male conspecifics. North American Journal of Fisheries Management 23: 276 - 282.

Zafft, D. J., P. J. Braaten, K. M. Johnson, and T. C. Annear. 1995. Comprehensive study of the Green River fishery between the New Fork River confluence and Flaming Gorge Reservoir: 1991 - 1994. Wyoming Game and Fish Department, Cheyenne, Wyoming.

Ziemer, R. R., and T. E. Lisle. 1998. Hydrology. Pages 43 - 68 in R. J. Naiman and R. E. Bilby, editors. River ecology and management: lessons from the Pacific coastal ecoregion. Springer, New York.

Zoellick, B. W. 1999. Stream temperatures and the elevational distribution of redband trout in southwestern Idaho. Great Basin Naturalist 59: 136 - 143.

Zorn, T. G., P. W. Seelbach, and M. J. Wiley. 2002. Distributions of stream fishes and their relationship to stream size and hydrology in Michigan's Lower Peninsula. Transactions of the American Fisheries Society 131: 70 - 85.

第 20 章　温水型溪流

Daniel C. Dauwalter　　William L. Fisher　　Frank J. Rahel

20.1　引言

温水型溪流是指水体温度相对较为温暖的溪流与河流，其通常具有较高的鱼类生物多样性，如鲈、太阳鱼和鲇等。温水型溪流与冷水型溪流最为明显的差异在于鲑科鱼类的缺失，温水型溪流通常分布于低海拔地区，夏季的水温从稍凉到温暖，流速从中等到激流，水质从清澈到混浊，基质类型多样，坡降相对较小（Winger，1981）。温水型溪流多分布于北美大陆的墨西哥、美国和除西部及北部部分山区外的加拿大中部。除阿拉斯加以渔业为主外，温水型溪流的主要渔业活动以垂钓为主，并且在美国大部分地区十分流行（Funk，1970）。温水型溪流的分类在研究人员和管理机构之间还存在一定的争议。一种分类方法是基于鲑科鱼类出现与否，如果鲑科鱼类出现，则认为该河流属于冷水型溪流，如果鲑科鱼类不出现，则归入温水型溪流。其他的分类方法如基于水温监测数据（如瞬时最高水温、日均水温、月均水温等），如果夏季日平均水温为 20 ℃或更高，则通常认为其属于温水型溪流，这也是最常用的一种温水型溪流分类方法（Winger，1981）。实际上由于受到人为活动的干扰，某些冷水型溪流也会变成温水型溪流，因此分类时既可以基于当前的水温条件，也可以基于没有受到干扰前的历史水温监测数据。总体上主要根据管理目标来制定冷水型溪流与温水型溪流的分类标准。

由于温水型溪流遍布整个北美大陆，溪流的物理和化学特性变化与其所处的自然环境相关性极强。美国大部分地区属于温带气候，气候温和，降雨充足，部分温水型溪流也分布于气候炎热干燥的墨西哥、美国西南部、凉爽潮湿的美国北部和加拿大大陆气候区，以及美国佛罗里达州温暖、潮湿的亚热带气候区。

气候、地质、土地利用和地理状况对温水型溪流的水文过程和沉积物状况具有决定性影响，并最终影响河流鱼类栖息地状况（Knighton，1998）。温水型溪流流经森林、草原和沙漠地区，不同地区的土地覆盖直接影响温水型溪流的水温。发源于高海拔地区的温水型溪流上游山脉区气候寒冷，溪水向下游流动的过程中，水温逐步升高；发源于低海拔大草原和沿海温暖地区的温水型溪流，其溪流源头的水温就较为温暖。美国西南部的温水型溪流水温变化幅度很大，从冬季的 0 ℃，到夏季的 40 ℃（Matthews and Zimmerman，1990）。

温水型溪流孕育着种类丰富的鱼类群落，许多重要的体育垂钓和商业垂钓地都分布于温水型溪流。北美大陆鱼类多样性最高的地区就位于北美东部的温水型溪流，特别是密西西比河-密苏里河和俄亥俄河流域，已知的鱼类物种就有 31 科 375 种（Burr and Mayden，

1992)，野外调查时往往一个样点就可以采集到近 50 个鱼类物种（Matthews，1998），多数物种为鲃科、亚口鱼科、鲤科、太阳鱼科和鲈科。目前，州与省的相关机构已经至少确定了温水型溪流中可用于垂钓的至少 23 种鱼类物种，其地理分布范围从俄克拉荷马州的"鲃河"到维吉尼亚州的"小嘴鲈河"（Rabeni and Jacobson，1999）。

温水型溪流的无脊椎动物生物多样性也十分丰富，尤其是螯虾类和贝类。北美温水型溪流中螯虾类和贝类的生物多样性最高，目前北美地区已知的螯虾物种有 500 余种，占全球总的螯虾物种数的 77%（Taylor et al.，2007）。然而由于自然分布区的减少、外来螯虾物种入侵和栖息地扰动等因素，近半数（48%）的物种已受到威胁。北美的淡水贻贝生物多样性在温水型溪流中也为最高，已经记录了 297 种及亚种的贻贝物种（Williams et al.，1993）。淡水贻贝是目前受威胁最严重的物种，北美约有 60% 的淡水贻贝物种受到威胁，12% 的物种认定为灭绝，威胁淡水贻贝的因素包括环境污染、过度捕捞、蓄水工程修建和河道修整，以及近年来外来物种的入侵（如欧亚斑马贻贝）等（Ricciardi et al.，1998）。

由于温水型溪流具有丰富的生物多样性和水产品，以及壮美的河流自然景观，温水型溪流备受垂钓者和公众关注。1991 年，美国全国调查显示，美国东南部的河流有 500 万～1300 万垂钓者（Fisher et al.，1998），密西西比河的调查结果显示垂钓者都偏爱溪流垂钓（Jackson and Jackson，1989），溪流垂钓也为地区发展提供了稳定的经济来源（Fisher et al.，2002）。早在 20 世纪 50 年代，渔业管理部门就已经意识到温水型溪流的景观娱乐和审美价值，呼吁美国东南部在开展水资源配置项目（如水库）建设时，要关注对温水型溪流的影响和保护（Alexander，1959）。美国的渔业资源管理相对落后于渔业垂钓活动的强度，尤其是美国东南部地区该问题较突出（Fisher et al.，1998），但美国各州政府都投入了大量的努力开展温水型溪流渔业管理工作（Fisher and Burroughs，2003）。通过对州渔业管理部门的调查，温水型溪流管理的最高目标之一是在面临水质状况恶化的情况下，提高温水型溪流生态系统的完整性（Fisher and Burroughs，2003）。为完成维持生态系统完整性的目标，必须对鱼类群落现状和鱼类栖息地状况进行评估（Quist et al.，2006）。

20.2　影响温水型溪流鱼类的因素

影响温水型溪流鱼类种群和群落组成的因素可归纳为两类：栖息地因素（非生物因素）和生物因素（生物因子，图 20.1）。物种形成和灭绝的生物地理过程直接影响现代鱼类的空间分布模式。理论上任何一条温水型溪流鱼类群落的形成都受到一系列相互嵌套和联系、在空间尺度上逐渐变小的栖息地要素对鱼类性状筛选的结果（Poff，1997）。在某一特定微生境中发现的物种，如栖息于河流浅流区底部的镖鲈，其体型和生理特征（较小体型、无鱼鳔和较大的胸鳍）是逐步适应河道类型（激流）、溪流河段（河流源头）和流域栖息地（森林区）的结果。生物地理演化历史决定了物种在流域内出现与否（Dauwalter et al.，2008），而生物间的相互作用等因素（如种间竞争）可以防止栖息地内新物种的入侵（Quist et al.，2005）。

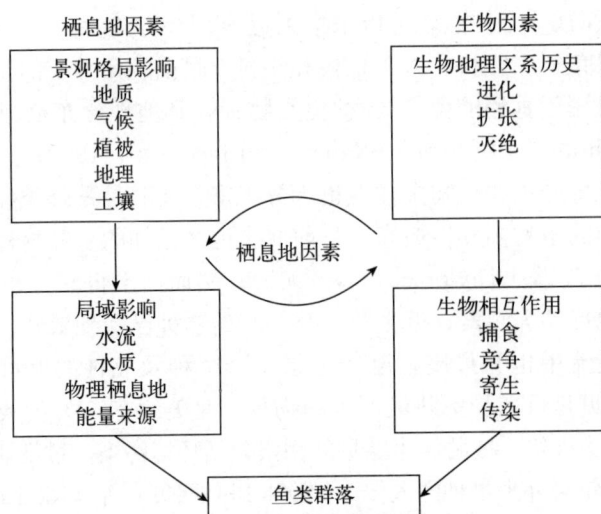

图 20.1　从大空间尺度到小空间尺度上影响温水型溪流中鱼类分布的栖息地因素和生物因素

20.2.1　栖息地因素

影响温水型溪流鱼类群落的栖息地因素包括从小尺度的微生境要素到大尺度的景观要素（图 20.1）。这些栖息地要素具有从微生境-河道-河段-河流-流域-地理区系的嵌套特性（图 20.2），景观要素主要是气候因素和地质要素影响下的土壤和植被变化。

温水型溪流的生态系统过程主要受到流域尺度土地覆被类型和土地利用开发的影响（图 20.1）。北美大陆流域土地覆被变化极大，从西南地区的灌木植被，到中西部和大平原地区的草地或农田，到东部地区阔叶落叶林，到西北、东北和东南部的针叶林。河流生态系统的能量来自流域内通过各种途径进入河流的非生物和生物有机质。非生物有机质包括各种枯枝落叶、枯草或者倒木等，以及地下水中溶出的溶解性有机质（Cummins，1974；Brunke and Gonser，1997）。生物有机质则主要是河流中的初级生产者，如藻类和大型水生植物（Cummins，1974；Baxter et al.，2005）。非生物和生物有机质为河流中的微生物和无脊椎动物提供重要的食物来源，水生无脊椎动物或落入河流中的陆生无脊椎动物又为鱼类和其他水生脊椎动物提供食物来源。在纵向格局上看，河流源源不断地将溪流源头的森林生态系统产生的有机质输入下游地区（Vannote et al.，1980）；而美国东南部地

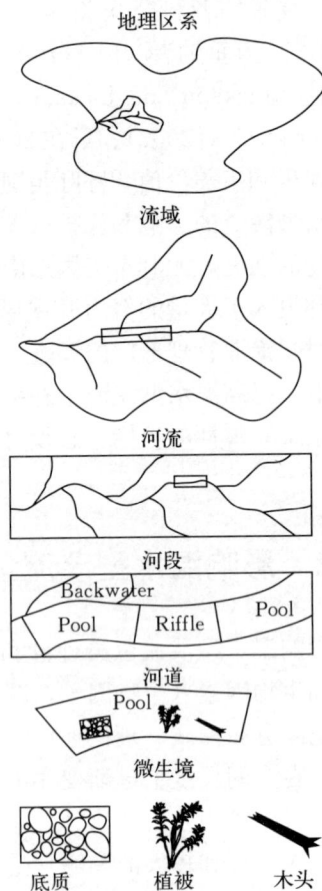

图 20.2　溪流栖息地从大尺度到小尺度
温水型溪流层级系统
（改自 Frissell et al.，1986；
Montgomery and Bolton，2003）

区的低地森林溪流，有机质主要来源于洪泛平原湿地生态系统（Meyer and Edwards，1990）。相对而言，美国中部、西南部草原和干旱区温水型溪流的主要有机质则来源于河流源头地区的初级生产者，这些有机质随着河水的流动逐步从上游向下游输移（Fisher et al.，1982；Wiley et al.，1990；Gray，1997）。

水流是影响温水型溪流鱼类群落的重要局域尺度栖息地因素（图 20.1）。河流中的水流影响着许多河流特征，如河道结构和形态、底质组成和生物能够栖息的河道内生境（如倒木和水生植物等）（Poff and Ward，1989）。自然水文过程具有 5 个重要特征：强度、频率、持续时间、时期和变化率（Poff et al.，1997），北美不同河流的这 5 个特征相差很大（Benke and Cushing，2005）。自然水文过程的这 5 个重要特征对鱼类的栖息地和鱼类群落具有非常重要的影响（Poff and Allan，1995；Remshardt and Fisher，2009）。

温水型溪流的水质也是强烈影响鱼类群落结构和种群个体的重要因素（图 20.1）。水质包括水体内生物、化学和物理的特征（Armantrout，1998）。北美的温水型溪流温度变幅很大，在某些河流源头区其日温差可达到 20 ℃（Matthews，1998）。河流的温度对温水型溪流中鱼类的分布和健康有强烈影响，如小嘴鲈和大嘴鲈可同时出现在密苏里河的支流奥索卡河（Ozark River）中，但是小嘴鲈在水温低的栖息地中更占优势，适宜小嘴鲈生长的温度为 22 ℃，而大嘴鲈更适宜在水温较高的溪流生长。除了河流水温，温水型溪流中鱼类大多对低溶解氧十分敏感，尽管不同物种之间的差别较大，但当溶解氧浓度小于 3 mg/L 时就会引起鱼类急性死亡，低浓度的溶解氧与水体中磷和氮浓度上升导致的水体富营养化密切相关（Mallin et al.，2006）。Smale 和 Rabeni（1995a，1995b）研究发现，密苏里河中 35 种鱼类对溶解氧的耐受强度介于最小值 0.8～6.0 mg/L，温度耐受值从最低 19.6 ℃到最高 36.7 ℃。一般而言，草原河流中的鱼类比密苏里奥索卡河中的鱼类更能耐受低溶解氧和高水温，反映了草原河流有更高的断流概率。总体而言，低溶解氧浓度对鱼类种群组成具有强烈影响，高水温仅影响溶解氧浓度充足的点位。

河流中物理栖息地是生态因素相互作用的"平台"（Southwood，1977），物理栖息地是河流水文、地形和植被（特别是倒木）输移过程相互作用的结果，形成蜿蜒河流中的各种水潭（pool）、浅滩（riffles）和堰（bar）等各种栖息地（Montgomery and Bolton，2003），这些特征最终影响对鱼类群落非常重要的水深、流速、底质、倒木和水生植被等（Fore et al.，2007）。栖息地的特征也始终随时间发生变化，但变化的速率则取决于研究的空间尺度，如流域尺度上的栖息地变化需要成千上万年，微生境尺度上的栖息地变化则通常仅需数天或者数月（Frissell et al.，1986）。水文地貌过程，包括洪水、干旱和山体滑坡，不停创建、改变和破坏栖息地特征，这些特征不仅得到水生生物的充分利用，也在重新塑造着河流生态系统动态特征（Montgomery，1999；Montgomery and Bolton，2003）。

对河流及其流域的科学研究有助于温水型溪流管理（表 20.1）。Hynes（1970）首次完成了对河流物理和生物要素的全面综述。自此，河流科学一直在发展。Gorman 和 Karr（1978）在印第安纳州中部的温水型溪流中发现局域尺度生境多样性和鱼类物种多样性的正相关关系，因此认为河流管理需要关注如何保护河流栖息地多样性。到 19 世纪 80 年代，河流生态学家开始在流域层面关注不同空间尺度的栖息地研究（Frissell et al.，1986），逐渐认识到河流地理形态学特征的重要性。例如，Dauwalter 等（2007）研究发现分别代表两个不同空间尺度的地貌因子，河道大小和河流大小，对俄克拉荷马州东部河流小嘴鲈的密度具有重要影响。近年来的研究主要专注于河流栖息地的纵向和横向连通性，研究鱼类如何在不同的栖息地之间迁移，从而完成繁育和觅食过程，或者在环境条件恶劣时，选择适宜的避难所（Schlosser and Angermeier，1995；Belica and Rahel，2008；Dauwalter and Fisher，2008）。河流某一区域如果包括所有鱼类需要的栖息地，则该区域被定义为栖息地功能单元（图 20.3），栖息地在河流中的位置已被证明会影响鱼类种群的动态（Kocik and Ferreri，1998；Le Pichon et al.，2006）。一个典型流域中河流的源头溪流长度超过河流总长度的 2/3（Freeman et al.，2007），源头溪流为无脊椎动物和下游食物链提供重要的营养物质（Cummins and Wilzbach，2005），表明河流纵向连通性在河流网络中的重要性。在河流管理中融合河流空间特性已经得到快速发展，如地理信息系统（GIS）和全球定位系统（GPS），有助于生物学家从多个空间尺度观察河流，并且能够有效评估流域、陆地景观特征和河道之间的关系（Fausch et al.，2002；Fisher and Rahel，2004a）。

表 20.1 影响温水型溪流管理的溪流和河流重要概念

概念	概述	文献
河流连续统理论	从河流源头到河口，河流物理、能量和生物群落特征随河流纵向梯度发生连续的变化	Vannote 等，1980
营养螺旋理论	河流营养物质在河流底部以一种螺旋的方式在非生物和生物之间移动	Newbod 等，1981
河流不连续理论	河流连续统和营养螺旋由于受到水库和大坝等的影响而形成不连续体	Ward 和 Stanford，1983
捕食	在环境条件稳定时捕食作用能够强烈影响河流水生生物群落	Power 等，1985
河流栖息地等级结构	河流栖息地具有显著的时空尺度嵌套结构，对流域尺度影响通常发生在较长时间尺度，对微生境尺度影响则通常发生在相对较短的时间尺度	Frissell 等，1986
干扰	拥有不同发生频率、强度和程度的不可预测的干扰对河流生态系统的结构和功能有强烈的影响	Resh 等，1988
洪水脉冲的概念	洪水脉冲过程对河流-洪泛平原联合生态系统中生物群落的存在、繁殖和生物互作关系具有重要影响	Junk 等，1989
四维空间	河流生态系统有纵向、横向、垂直向和时间向 4 个维度	Ward，1989
河岸生产力模型	具有限制性河道和与洪泛平原偶发性连通的河流，其河岸带生产力和有机物质的输入对河流生态系统有重要影响	Thorp 和 DeLong，1994

（续）

概念	概述	文献
自然流态范式理论	河流自然流量的大小、频率、持续时间、发生时间、流量变化率，对于维持河流生态系统的生态完整性具有重要意义	Poff 等，1997
网络动态假说	近期受到干扰或者处于特定环境条件的支流，河流栖息地、生物群落和生态系统功能可以在短期内发生急速变化	Benda 等，2004
河流生态系统综合理论	整合河流生态系统已有理论，将河流生态系统看作在时间和空间尺度上具有高度生物复杂性的流水生态系统	Thorp 等，2006
土地覆盖串联理论	对流域内自然土地覆盖的扰动通过生态系统中各种相互串联的要素最终影响河流生态系统	Burcher 等，2007

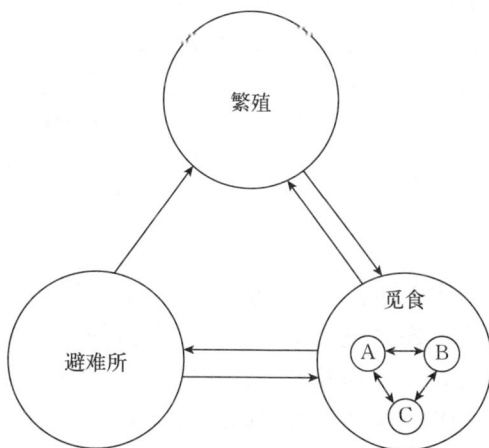

图 20.3　鱼类栖息地的功能单元。鱼类在不同栖息地之间移动，进行繁殖、躲避捕食者和觅食，甚至可以利用某一个生境中不同区域微生境（A、B和 C）。所有的栖息地对于完成其生命周期至关重要
（改自 Schlosser and Angermeier，1995）

20.2.2　生物因素

鱼类群落中通常包含多种存在种间影响的鱼类物种，这些相互影响既包含有益的影响，也包含有害的影响（Hildrew，1996）。捕食作用是塑造鱼类群落的重要驱动力，不仅可以降低被捕食者的种群数量，甚至造成被捕食者灭绝，而且是直接影响本地鱼类群落结构的主要生物因素（图 20.1）。黑鲈、鲇还有部分太阳鱼是温水型溪流典型的顶级捕食者，大嘴鲈和黑斑鲈严重影响被捕食鱼类的分布和数量（Power et al.，1985），外来物种扁头鲇通过捕食作用会抑制本地鱼类物种的生物量（Pine et al.，2007）。多个物种竞争利用有限的资源，最终某一个或多个物种的适应性将减弱。对温水型溪流中某些共生鱼类

（如镖鲈）的竞争关系已有研究（Greenberg，1988），但不同物种间的食物来源和栖息地不尽相同，因此种间竞争通常被认为是相对较小的（Fisher and Pearson，1987；Gray et al.，1997）。其他生物因素，如病毒和寄生虫，对温水型溪流鱼类健康有负面影响，尤其是受到污水或杀虫剂影响，或者是由于温排水造成的水温升高的河流（Snieszko，1974）。鱼类杂交对本地鱼类物种也有负面影响，如科罗拉多河流域的白亚口鱼入侵，与本地亚口鱼大量杂交造成了区域特有种受到灭绝的威胁（McDonald et al.，2008）。种间竞争也可能完全有益，如小型鲤科鱼类通过群聚共同觅食，可以有效躲避捕食者。尽管生物相互作用通常在低流量条件下对鱼类群落有一定的影响（Power et al.，1985），非生物因素，如流速及流量的变化，则被认为是控制鱼类群落结构最重要的因素（Horwitz，1978；Schlosser，1982）。

20.3 温水型溪流：问题和管理

人类在流域和河流廊道内的活动已经极大地改变了温水型溪流的物理性质和生物特征。农业活动、水坝建设、耗氧有机物和有毒化学物质排放、水资源过度消耗和外来物种的入侵等，都已经在很长的历史时期内对鱼类群落造成了影响（Karr et al.，1985）。因为河流干扰已经有较长的历史，同时温水型溪流拥有极高的物种丰富度和丰富的渔业资源，使得渔业生物学家在管理温水型溪流时，通常要面临极大的挑战。

20.3.1 管理目标

温水型河流管理可以专注于栖息地、水生生物、人员或与渔业资源密切相关的综合因素的管理。与其他类型的水生态系统类似，温水型溪流的管理也通常采用适应性管理策略，即由基础构成、目标设定、规划开发、管理实施、监测和后评估等一系列措施构成（图 20.4）。温水型河流的管理目标通常可以归纳为以下 4 个类型。

恢复型：依据参照河流的情况及其自然过程进行重建。对流域内农业用地的恢复来说，可以通过重建其原生植被类群，进而促进自然状况下形成河流栖息地的沉积物、水文和凋落物（如林木）的输送过程得以维持。移除外来物种也有助于河流自然鱼类群落恢复。

栖息地重建型：将河流恢复到近自然河流的状态，但并未恢复和营造形成这些栖息地类型的自然过程。通过河岸稳定工程的建设，减少侵蚀和细颗粒沉积物的产生，但不能完全解决造成河岸侵蚀的起因。鱼类种群数量通过增殖放流可能会得到一定程度的保持，但这种方式失败的可能性仍然存在。

保护型：保持河流现有健康状态和鱼类种群。受到人为活动影响较小的流域可以设定特定的保护措施，不仅可以保护河流生态系统的现有状况，而且可以避免未来对其生态系统的影响。可以建立相关法律法规禁止鱼类运输，有效防止非土著鱼类种群进入流域内。

改善型：改善对河流栖息地或鱼类种群有益的河流环境状况。小型堰可以为鱼类种群结构的维持提供临时栖息地，促进该区域垂钓的发展。大型的垂钓鱼类可以在临时栖息地中发育，垂钓时捕获大型鱼类的概率也大大增加。

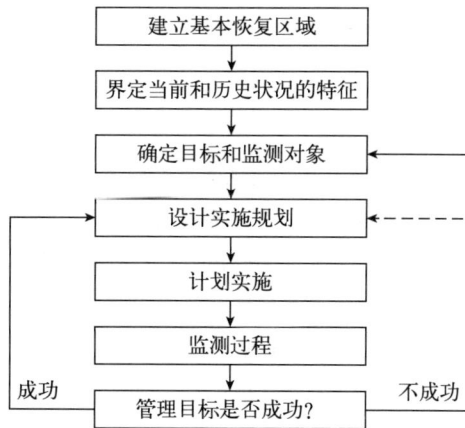

图 20.4　河流栖息地管理概念框架。首先建立一个基本恢复区域，然后设定目标，发展和实施管理计划，并监控进展。监测可以揭示需要改变的目标和修改计划或继续执行计划

20.3.2　栖息地问题及其管理

温水型溪流栖息地退化的问题由来已久，这也是渔业管理者面临的重要问题。点源污染排放、大坝建设、农业耕种、道路和桥梁修建是影响温水型溪流中鱼类栖息地的主要因素（表 20.2）。

表 20.2　北美温水型河流中人类活动及其影响

（改自 Bryan and，Rutherford，1993）

影响活动和因素	影响
点源污染排放	
水质	热污染、化学污染和生物污染；过度的营养盐输入；溶低氧量消耗和不足
能量来源	细有机颗粒物输入
大坝	
物理栖息地	大坝以上的静水栖息地；渠道冲刷；河道形态改变；中断沉积物运输；栖息地连通性降低
流速及流量	断流；季节性流量变异减小，洪峰值流量减小，水流日峰值变异增大
水质	温度波动，浊度降低，低溶解氧与低氧量
能量	流量高峰导致的初级生产力下降；来自水库的有机物输入
渠道化	
物理栖息地	河道坡降增加；沉积物运输的改变和河岸侵蚀程度的增加；河道扩大或加深；河道形态单一化；沉积作用；林木移除
流速及流量	流速改变且单一化；增加地表径流，洪峰峰值流量增加；基流降低；下游洪水峰值增加

（续）

影响活动和因素	影响
水质	如果移除河岸带植被，则导致温度升高，悬浮态颗粒物增加
河道疏浚	
物理栖息地	植被覆盖减少，河道形态的改变，河道内栖息地多样性的下降
流速及流量	减小洪峰期峰流量和洪水持续时间
能量与来源	粗、细有机质运输量的增加；大型底栖无脊椎动物栖息地减少和生产力降低
河道内采砂	
物理栖息地	河道形态改变；河道加宽，沉积物动态改变，沉降作用；河道内植被覆被降低和河岸带植被损失
水质	悬浮物增加
矿山开采	
物理栖息地	沉降作用
水质	酸化；重金属污染
公路与桥梁建设	
物理栖息地	泥沙沉积率上升，河岸衬砌渠化；沉积物运输中断；栖息地连通性降低
水质	道路污染物输入增加
木材砍伐	
物理栖息地	改变河道内粗木质有机质输入；增加沉积作用；改变河道形态
流速及流量	洪峰峰值流量增加，河流基流降低
水质	增加悬浮颗粒物；除草剂和农药污染，温度升高；营养盐输入增加
能量来源	增加有机物输入
陆地排水系统	
物理栖息地	改变河道形态；沉积作用
流量	洪峰峰值流量增加；降低洪水持续时间；降低基础流量
水质	增加悬浮颗粒物，河岸带植被覆盖度降低导致的温度升高
能量来源	增加细有机质
农业	
物理栖息地	泥沙沉积率上升；河岸稳定性下降
流速及流量	增加洪峰峰值流量；减少基流
水质	增加营养盐；消耗溶解氧；杀虫剂和除草剂
能量来源	增加细有机质
河道取用水	
物理栖息地	改变河道形态；减少河道湿地
流量	降低流量
水质	增加浊度、水温、营养物、盐度

　　人类活动主要改变颗粒态有机质的大小和来源进而改变河流能量输入来源。农业用水

和污水排放增加了排放到河流中的细有机颗粒物和溶解有机碳；河岸带郁闭度的降低，引起进入溪流太阳辐射的增加，进而导致藻类生产力增加。相比之下，中等尺度的河流（或河流中部）的自然郁闭度本就较小，因此具有较高的光照度和藻类生产力。农业和林业活动（砍伐）增加了悬浮颗粒物和沉积物输入，溪流底部固着藻类生产力减少，也会使粗糙的砾石表面更加光滑而造成固着性藻类难以附着。凋落物输入的时间与微生物和水生无脊椎动物的生活史也密切相关；改变能量输入的来源和时间，会干扰无脊椎动物群落结构，从而影响鱼类的食物资源。

已经适应了温水型溪流自然环境流量的鱼类通常会受到大坝、河流渠道化、取用水等因素的直接影响，也会受到如土地利用等的间接影响（图 20.5）。在美国 48 个州的 530万 km 的河流上，长度超过 200 km 且尚未受到水坝影响的河段只有 42 条（Benke，1990）。北美大坝建设的主要目的为水力发电、防洪、航运、供水、灌溉和娱乐。大坝阻隔了鱼类上、下游间的活动，水库导致外来垂钓型鱼类的出现，改变下游栖息地，使其更适合外来冷水型鳟（Quinn and Kwak，2003），这些人类活动显著改变了河流的自然水文节律。这些影响过程取决于大坝建设规模和目的（Hart et al.，2002），大坝通常显著改变河流天然流量大小、频率、持续时间、发生时机、流速及流量的变化率，尤其是以水力发电为主要功能的大型水坝（图 20.6）。大坝运行期间减少下泄流量来维持水库的水位，

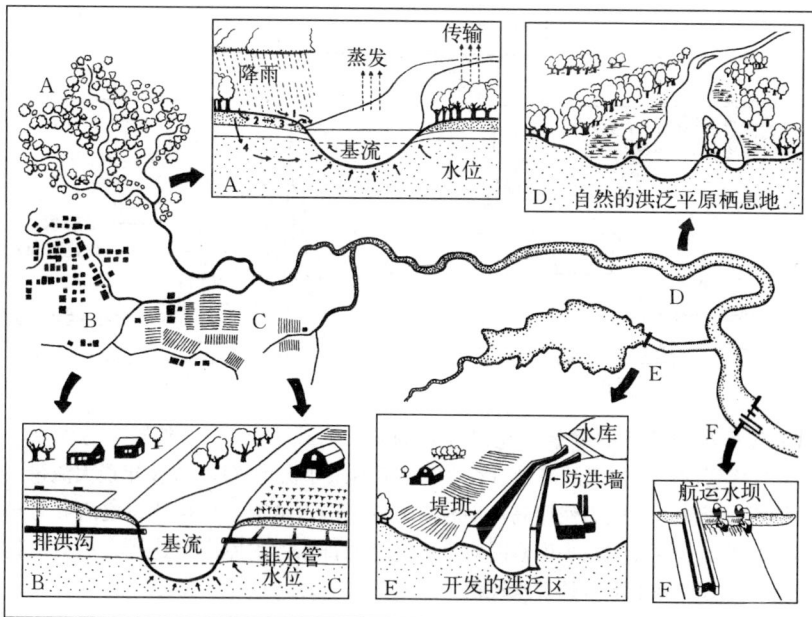

图 20.5　水文循环过程。地表水通过地面汇流、浅层地下水和地下水补充，形成河流起源的源头溪流（A），城市（B）和农业（C）土地利用通过建立供排水系统，会造成地表不透水面积比例增加、地表渗透性降低、地表径流增加、地表植被覆盖被减少。自然的洪泛平原栖息地（D）由于堤坝（E）、大型水电站或者通航坝建设（F），与周边的河流或溪流隔绝

（摘自美国生物科学研究所，Poff et al.，1997）

这会导致大坝下游的流速和流量较低，甚至出现断流。用于灌溉或者城市供水的水坝也常使河道断流，鱼类常常进入供水管道，死亡率增高（Jaeger et al.，2005；Roberts and Rahel，2008）。地下水抽取致使地下水位降低，导致对鱼类很重要的基础流量减少（Hargrave and Johnson，2003）。大坝和河流分洪渠能够减少洪水的规模，一些小的洪水过程不会进入洪泛平原，但这些小的洪水过程是下游河流洪泛区营养物质的重要来源和一些重要鱼类的产卵场。与之相反，河流渠道化加快了流域水流运输能力，因此容易提高洪水发生概率，增加洪峰强度。非自然情况发生的大型洪水通过侵蚀河岸、改变河道、降低河流与河岸带的联系、减少下游河道中静水栖息地和河道内覆盖度等方式改变河流物理栖息地。这些会提高溪流径流量并加快水体输送，也会降低洪水的持续时间。而洪水持续时间的减少会导致鱼类到达泛滥平原产卵场的时间及繁育的时间不足，也会减少微生物和大型无脊椎动物处理有机质进入食物网的时间，影响有机质循环。

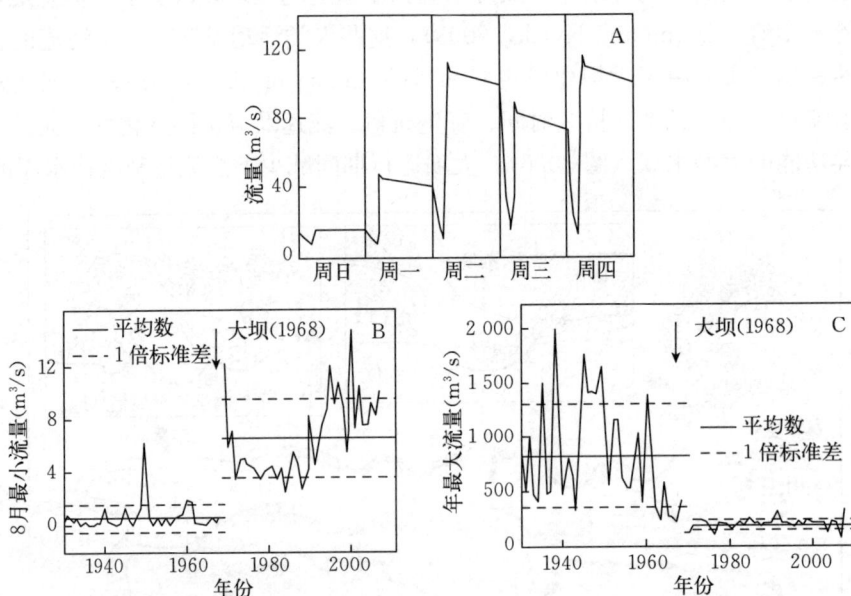

图 20.6　俄克拉荷马州东部的蒙泰福克河（Mountain Fork River）上破碎之弓大坝（Broken Bow Dam）修建前后，每天的流量过程（A），8 月最小流量（B）以及年最大流量（C）的变化。日均流量反映了在电力使用高峰期时水力发电排水情况，大坝建设之后 8 月最小流量的增加是为了调节洪峰水量去库容时对水库进行的排水，水库大坝建成之后最大流量减少是因为水库蓄水抑制了下游的洪水峰值

水质恶化问题一直困扰着温水型溪流的保护。工业与城市污染物常常被直接排放进河流。1936—1969 年，工业排放污染物曾经造成俄亥俄州克利夫兰附近的凯霍加河（Cuyahoga River）多次发生火灾，凯霍加河的退化并不是单一事件，美国许多河流的水质问题已经对公众健康造成威胁，普遍引起渔业资源衰退和死鱼等现象。这些事件促使美国国会通过一系列法律法规，如 1972 年的《清洁水法》以管理国家水域（Alder et al.，1993）。幸运的是，因为《清洁水法》的实施，许多点源有毒污染物得到有效消

除，与其相关的水质问题得到有效解决，像凯霍加河这样的河流水质得到显著恢复（表框 20.1）。然而，许多温水型河流仍存在许多非点源污染问题，《清洁水法》无法解决这样的问题。在自然状态下的低流量期间，富含营养盐的污水处理厂的排水可能会成为许多河流的主要水源。在这种情况下，藻类过度繁殖和低溶解氧条件会对鱼类群落造成不利影响，鱼类群落向以耐污种为优势的群落（如某些鲤科鱼类和鲇）转化。近年来的研究还发现水体中存在雌激素化合物（雌激素化合物主要来源于人类药品，如避孕药），常引起鱼类"雌化现象"，即雄性鱼类发育出许多雌性鱼类的特征（Jobling and Tyler，2003）。

　　北美地区温水型溪流中物理栖息地的退化现象十分普遍，沉积物污染是引起栖息地退化最常见的原因（Waters，1995）。所有河流都包含来自自然侵蚀过程产生的沉积物，道路、农业用地和砍伐森林引起河流中细颗粒沉积物过度增加。人类活动增加的河流流速和流量加速了这些因素的影响。细颗粒沉积物嵌入河流粗基质中，显著降低了河流中底质栖息地复杂性，这些栖息地是许多鱼类繁殖和无脊椎动物生存的最基本的需求。细颗粒沉积物具有极高的悬浮特性，增加水体混浊度，降低初级生产力和鱼类的觅食效率。土地利用增加了河岸侵蚀作用，促进了沉积物的产生，这一过程又会造成河流地貌的改变，导致河流中激流和缓流栖息地的减少，形成更多的浅-直的栖息地类型。河流地貌的改变通常意味着对鱼类非常重要的水深和流速多样性的降低。渠道化和河道挖砂可以最直接地改变河道形态。印第安纳州一项关于温水型溪流的研究显示，渠道化的河流中小颗粒底质类型高于激流和缓流栖息地数量，河道郁闭度远小于非渠道化河流（Lau et al.，2006）。因此，渠道化河流中需要激流栖息地进行产卵的鲈分布较少，栖息地中较大体型的鱼类也非常少。土地利用还影响河岸带木质有机质的输移，清除河岸带植被用以放牧或开发农田，牲畜啃食或践踏造成河岸植被输入河流的总量大大减少。此外，河道疏浚工程也经常清除河道中的倒木，以减小洪水期洪峰的停滞时间，保证行船安全。

表框 20.1　美国凯霍加河——一条燃烧河流的恢复
Steve Tuckermani

凯霍加河简史

　　纵观 20 世纪的俄亥俄州凯霍加河，一直接收各种废弃污染物的排放，污水和工业污泥覆盖河底，排放各种污水且臭气熏天的排污管道密布，浮油随处可见，垂钓者根本不会在河边钓鱼。而在克利夫兰，凯霍加河的河口出现火情也不鲜见，这佐证了河流的污染状况是多么严重（见图 A）。1969 年 6 月 22 日，最臭名昭著的火灾造成了 20 世纪 70 年代轰轰烈烈的环保运动，直接导致 1972 年美国联邦《清洁水法》的通过和美国环境保护局的建立。此次火灾也对 Gaylord Nelson 1970 年提出第一个地球日起到了促进作用。

　　在清理工作开展之前，凯霍加河的氨的浓度、重金属、粪大肠菌群均超过今天的水质标准。由于污水处理厂对富含营养物的污水处理能力不足，溶解氧经常接近零值。如果存在大型底栖动物类群，则主要由一些耐污类群组成，如颤蚓科（Tubificidae）物种和可直接呼吸空气的螺类。很多河流中鱼类消失殆尽，不少鱼类出现肿瘤或畸形。直到 1984 年，1 h 的电捕法也仅仅在阿克伦和克利夫兰之间的河流中捕获了 27 条鱼（3 条白吸盘鱼、1 条蓝鳃太阳鱼、2 条鲨条和 21 条鳈）。河流生态保护和修复刻不容缓。

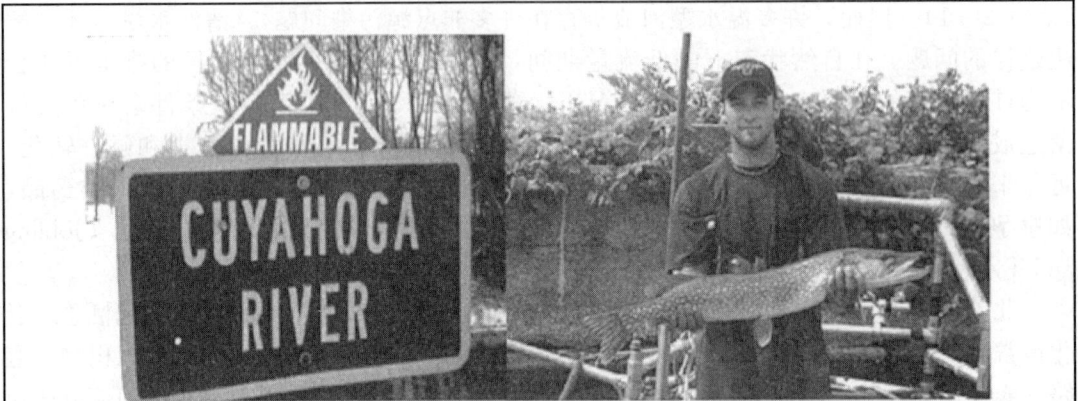

图 A 凯霍加河作为美国最典型的污染河流的象征已经成为历史（左：由俄亥俄州环保局所提供的照片）。大规模的清理工作使得水质和鱼类种群得以恢复。休闲渔业在俄亥俄州的克里夫兰和亚克朗市之间得到大力发展（右：由俄亥俄州环保局提供照片）

提高水资源质量的方法

凯霍加河的污染问题，成为美国建立相关法律程序以保护和恢复凯霍加河及其他河流的契机。俄亥俄州当地工业和市政领导人承认河流的污染现状，并且组建凯霍加河流域水质委员会。几年后随着《清洁水法》通过，国家加强了所有排入水域污染物的监管。凯霍加河恢复最明显的难题是处理工厂和城市产生的点源污染的能力不足，点源污染物排放控制可以有效提高水质，但其他问题仍然存在。1999 年两座大坝被确定影响河流水质。这两座大坝及其上游蓄水工程被拆除，该工程不但增加了河流中水生生物栖息地，提高了水体溶解氧浓度，而且移除了河道内阻碍鱼类迁移的障碍物。

但并不是所有的行动都有助于河流的监管。由于橡胶、钢铁、汽车等制造工业产量的下降，凯霍加河周边的经济由制造业转向服务业，河流沿岸分布的工厂数量下降，相应的工业废水排放量也下降。市政、商业、市民和监管机构领导人可以共同合作进一步改善凯霍加河的河水质量。1988 年，俄亥俄州环境保护署指定凯霍加河周边区域的土地所有者成立一个委员会，启动一项"补救行动计划（RAP）"以恢复河流健康。RAP 认为当前导致凯霍加河退化的主要原因是非点源污染。多个管理团队，如弯河（Crooked River）朋友小组和凯霍加河补救行动小组将一系列的栖息地质量变差问题和非点源污染问题综合起来，提出了相关的保护措施，包括河流湿地的重建、河岸带修复、蓄滞洪区建设和反退化法规的实施，防止河岸带地区的进一步开发。

凯霍加河的修复效果

2000 年，凯霍加河在阿克伦和克利夫兰之间的河段第一次完全达到了俄亥俄州环境保护署的水生生物水质标准要求。到 2008 年，河里发现近 70 种鱼类，包括玻璃梭鲈、小嘴鲈、白斑狗鱼和虹鳟。绝迹物种如彩虹鲈，美洲鳗和金黄吸口鱼又重新出现在克利夫兰附近的凯霍加河里，表明了一个健康的鱼类群落（见图 B）。利用生物完整性评估显示，河流下游大部分河段的大型底栖动物群落达到"良好"或"优秀"等级，敏感底栖动物物种，如蜻蜓、蜉蝣和石蛾重新出现在河流中。现在，凯霍加河的水质非常稳定，很少超过水质标准。然而，每次降水时细菌水平仍然较高，主要是因为下水道中的水溢出造成雨水径流受到污染。休闲渔业已经恢复（见图 A），但由于持久性污染物的存在，政府警告民众，部分河流中鱼类可能不适合食用。凯霍加河进入伊利湖的河口地带依然有不少环境问题，自然河流已被修成航道，深 U 形河道中河水溶解氧浓度较低，鱼类的栖息地极少（见图 B）。从伊利湖溯游回到河流上游适宜栖息地产卵的鱼类，幼鱼死亡率相比较高，主要是由于幼鱼常常进入航道中。

（续）

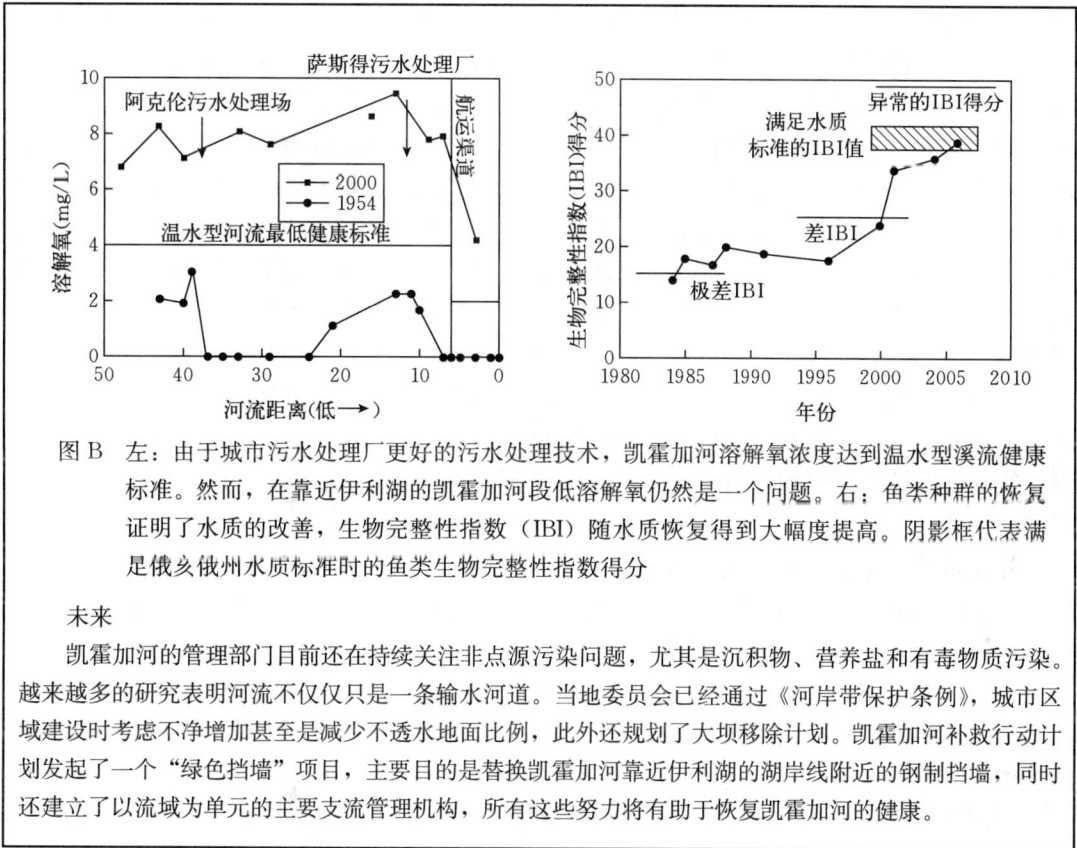

图 B　左：由于城市污水处理厂更好的污水处理技术，凯霍加河溶解氧浓度达到温水型溪流健康标准。然而，在靠近伊利湖的凯霍加河段低溶解氧仍然是一个问题。右：鱼类种群的恢复证明了水质的改善，生物完整性指数（IBI）随水质恢复得到大幅度提高。阴影框代表满足俄亥俄州水质标准时的鱼类生物完整性指数得分

未来

凯霍加河的管理部门目前还在持续关注非点源污染问题，尤其是沉积物、营养盐和有毒物质污染。越来越多的研究表明河流不仅仅只是一条输水河道。当地委员会已经通过《河岸带保护条例》，城市区域建设时考虑不净增加甚至是减少不透水地面比例，此外还规划了大坝移除计划。凯霍加河补救行动计划发起了一个"绿色挡墙"项目，主要目的是替换凯霍加河靠近伊利湖的湖岸线附近的钢制挡墙，同时还建立了以流域为单元的主要支流管理机构，所有这些努力将有助于恢复凯霍加河的健康。

北美不同地区的土地利用类型差异很大，城镇用地分散点缀，农业和牧业用地则主要集中在北美的中部和西部，人工林分布主要集中在森林地区。土地覆盖引起的扰动通过自上而下的一系列传递作用，最终影响河流生态系统和生物相（Burcher et al.，2007）。城市化可以改变当地的自然栖息地、流量和流速、水质和能量输入（Bernhardt and Palmer，2007）等。正如前文所述，城市区域的历史排放污染物直接污染河流的水质，某些污染物，如机动车的泄漏液体等可以随着降雨产生的地表径流对公路和高速公路的冲刷进入河道。填埋的垃圾渗漏液会污染地下水，通过地下水再进入河流中。城市不透水面积的增加，降低降雨高峰时的渗透作用，经由地表径流直接汇入河道（图 20.5）。频繁的高强度水力冲刷和洪水过程，增加河岸的侵蚀、下切河道，破坏水生生物栖息地，减少有机物的停留时间。加快的水流运输造成渗透作用下降，降低河流基流，影响夏季炎热时河水温度。威斯康星州所有河流中，流域城镇土地利用占比在 10%～20% 时提高了鱼类生物完整性指数最低（见第 12 章；Wang et al.，1997），鱼类物种丰富度、多样性和密度，随着城镇面积占比增加而减少（Wang et al.，2001）。

农业土地开发会对河流栖息地健康产生持续影响。农业耕种是河流中细颗粒物的主要来源（Waters，1995）。随着农业开发，降低地表径流强度的自然植被清除，地表细颗粒物更易随雨水径流进入河道。农业灌溉还极大地改变了流域水文特征，为排出多余水量而

修建排水沟和排水系统（图 20.5），这些措施增加了降雨时的地表径流强度，以及洪水发生频率和强度，这些过程最终导致河流沉积物增加。例如，明尼苏达河流域面积为 400 万 hm²，主要土地利用类型为耕作农业，每年产生约 635 000 t 的沉积物进入密西西比河，这相当于每天 86 辆大型自卸卡车的泥土进入河流。悬浮态颗粒物进入河流会提高河水浊度，这对依靠视觉躲避捕食、定位猎物和寻找配偶的鱼类行为造成直接影响。河岸带地区转变为农业用地会降低河道的郁闭度，引起河水温度显著上升。在密苏里州的研究表明，土地利用变化导致河流水温上升，导致小嘴鲈种群明显减少，而大嘴鲈种群却逐步增加（Sowa and Rabeni, 1995；Whitledge et al., 2006）。最后，农田施肥和禽畜粪便会造成过度的营养盐输入，这类非点源污染物能够增加藻类生产力，引起河流缺氧（低溶解氧状况），改变大型无脊椎动物群落；最终，这些变化将导致藻食性鱼类、杂食性鱼类、耐污类群成为河流的优势类群（Dauwalter et al., 2003；Weigel and Robertson, 2007）。过度的营养盐输入可以改变河流生态系统的过程（如初级生产力），及改变向下游的大河生态系统的物质输移。例如，由于密西西比河支流农业开发，自 1950 年以来密西西比河的硝酸盐浓度已经增加了 1 倍多（Alexander et al., 2000）。

林业是另一种干扰河流流量和流速、增加颗粒物、改变河流水温的土地利用方式。道路、着陆区和林木滑道等建设都会影响河流流速和流量，并减少水分下渗。森林公路上的径流会直接进入河流，造林过程会增加土壤暴露、土壤侵蚀和河流泥沙含量（Miller et al., 1988；Eaglin and Hubert, 1993）。造林活动也导致洪水期更高峰值流量和更低的河流基流。这些河流栖息地的变化会影响鱼类群落的改变，有利于生态幅较广的物种，对敏感物种十分不利（Rutherford et al., 1992；Hlass et al., 1998）。

美国有长 530 万 km 的河流，仅仅有 2% 的河流尚未受到如城市化、农业、道路建设、蓄水等人类活动的影响（Palmer et al., 2007）。因此，这也就很容易理解为什么公众对于河流恢复、重建和保护等活动如此关注。北美地区河流栖息地管理最早开始于 20 世纪 20 年代，主要集中于有鳟分布的冷水型河流（White, 1996）。温水型溪流栖息地管理始于 1940 年代印第安纳州的舒佳溪（Sugar Stream）（Lyons and Courtney, 1990）。共执行 22 项改进措施（如岩石舱壁、水流导向板和低水头大坝）用于控制舒佳溪的河岸侵蚀并加深河道池塘以利于鲈的垂钓。现在的多数机构或多或少都在某种程度上进行栖息地管理（Fisher and Burroughs, 2003）。从历史上看，栖息地管理过去主要集中于改善物理栖息地和水质问题，现在则主要关注流量和能量物质来源。早期栖息地管理多集中在较小尺度的环境问题，但小尺度环境问题的根源通常是大尺度因素产生的结果。例如，通过硬化河岸来控制河岸侵蚀，但河岸侵蚀度的增加，是由于土地利用改变造成地表径流变化造成的。河流管理者越发认识到流域尺度变化对河流栖息地的影响，主要精力关注于恢复包括沉积物、径流过程、林木运输等流域过程以形成自然的栖息地条件（Fisher and Burroughs, 2003）。但在流域尺度内进行河流的保护和修复十分困难，时间和成本往往难以控制，但从流域尺度开展工作来改善鱼类栖息地的工作越来越受到重视，已经从过去仅关注短期效益，向长期解决根本问题转变（Williams et al., 1997；Roni et al., 2002；Wissmar and Bisson, 2003）。

温水型溪流的能量输入问题也可以进行管理。对排放废水的监管和处理不仅可以改善水质，而且有效降低了废水中含有的细颗粒有机质含量（如提高污水处理厂的废水处理效率）。保护河岸带维持河流郁闭度可以有效防止藻类过度繁殖。能源物质的蓄滞同样重要。河流中倒木不仅为鱼类提供栖息地，而且阻挡枯枝落叶和其他有机质向下游输移的速率，这些有机质可以被河流生物直接利用并进入食物网循环。当倒木等影响行洪而威胁到基础设施安全的时候，管理者也可以将其移除。例如，当大量倒木聚集在桥梁桩基附近时，船舶的航行安全受到极大威胁。

河流的流量管理通常关注维持或者恢复河流的自然流量过程，这是对鱼类种群维持最重要的流量模式——即环境流量（Environmental flow）。渔业管理者与大坝运营商联合制订水库的下泄流量，尤其是维持最低流量，以提高水库下游的鱼类栖息地质量。最小流量方案在亚拉巴马州塔拉波萨河的水力发电站运行时发现，鱼类物种丰富度增加了 1 倍多，鱼类类群从广适种转变为适应流水栖息地的特有物种（Travnichek et al.，1995）。渔业管理机构有时通过购买水权来保护鱼类栖息地（见第 4 章）。大坝下泄流量还可以通过模仿自然洪水过程，为特定鱼类创造适宜栖息地。拆除大坝也是一个极好的流量管理方案，大坝移除不仅可以恢复自然河流的流量变化过程，而且可以移除阻碍鱼类迁移的障碍（Stanley and Doyle，2003）。

水质管理的历史关注主要是点源污染的管理。例如，《清洁水法》及其修正案要求所有排放入河中的污水水质必须达到一定的排放许可。最大日负荷总量是由环境保护总署制定的，通常鱼类生物学家比较重视，一条河流每天允许排放的所有污染物的最大负荷总量。当前水质污染的主要问题是面源污染问题，较高的营养盐浓度，过量的沉积物输入和水体化学性质的变化等都与流域尺度土地利用密切相关。面源污染物管理通常需要渔业资源管理者通过与其他流域管理者共同合作，确定面源污染的来源区（如饲养场和集约农业），进而可以通过更好的管理模式，不断保护和改善水质。例如，制订河流的最大日负荷总量时通常需要配合开展河流鱼类调查（Yoder，1995）。事实上，鱼类群落常常用于评估和监测河流健康状况，因为鱼类物种丰富度、多样性和群落组成及结构可以有效指示水质健康或退化。鱼类群落对河流健康状况的有效指示，已经被广泛用于生物评估工具的发展，如生物完整性指数目前已经被美国环境保护局和州环境保护局应用于水质监测和报告（见第 12 章；Kwak and Peterson，2007）。

河流物理栖息地保护通常是管理工作关注的重点。正如前文所述，河岸侵蚀导致沉积物堆积是栖息地受损的主要原因，当前已经发展出许多方法对其进行管理（表 20.3）。采用河岸带抛石可以有效阻挡高流量对岸坡的冲刷，石质或木质边坡砌岸可以将水流与河岸带隔离从而防止河岸遭侵蚀。保护或重建河岸带植被以稳定河岸边坡，减少水土流失，重塑河道形态，改善鱼类的栖息地（图 20.7）。相比之前以小型鲤科鱼类为主的群落，这些工程措施的实施增加了密西西比河大型鱼类和肉食性鱼类的比例，如鲈和太阳鱼的种群数量显著增加（Shields et al.，2007）。在印第安纳州的沃巴什河（Wabash River）流域，对比采用倒木等方法，河岸植被恢复是增加温水型溪流栖息地的成本效益比更高的修复模式，能更显著地增加鱼类群落的多样性（Frimpong et al.，2006）。

表 20.3 减少河岸侵蚀的方法

(Waters, 1995)

修复区域和修复方法	注释
受到流量冲刷的低矮河岸	
通过河道内工程降低水能	该工程可能与景观娱乐、河流美学或者渔业目标不相容
降低河岸倾角	降低河岸倾角以适应更大的洪峰、坡度和洪水频率
利用石头或者树木保护河岸	最常使用的手段，通常是选择自然材料来建设
重塑植被	应该采用具有发达根系系统的草本、灌木和乔木
高出最高水位的河岸建设	
降低河岸角倾角	河岸上部的角度要比下部的角度大
梯形斜坡的坡脚	梯形可减小流速
重塑植被	应该采用具有发达根系系统的草本、灌木和乔木
河岸地带	
植物维护	根系可以稳定河岸和土壤
安装围墙	围墙可以消除牲口践踏和啃食河岸带植被
流域	
促进渗透	高渗透性可以有效防止洪峰通过时引起的河岸侵蚀

图 20.7 俄克拉荷马州的春溪（Spring Creek）利用雪松树护岸（左）以控制河岸侵蚀和保护鱼类栖息地。俄克拉荷马州的哈尼溪（Honey Creek）利用 J-型岩石叶片（右）稳定河岸侵蚀和创建鱼类栖息地。在河岸带铺设毯子以控制侵蚀，直到自然植被恢复

（照片由俄克拉荷马州野生动物保护部门提供）

温水型溪流诸多环境问题与土地利用紧密相关。因此，渔业管理者应该与土地管理者和土地管理机构合作，促进"友好型河流"的流域管理。许多州和省都有导则或者法律法规限制对河岸带区域的干扰。例如，明尼苏达森林资源委员会的导则中规定了最小河岸带宽度和河岸树木砍伐原则，确保河岸带稳定性和河岸带林木砍伐后依然有足够枯枝落叶进入河流。保护型农业，如使用保护性耕作模式、梯田、水渠植草和过滤带，都可以提高或恢复河流水质。美国《农业法》主要促进私人土地的水土保持和农业技术改善，最近的重

新授权对水生态保护有额外意义（Garvey，2007）。该法案鼓励土地所有者在他们的土地上采用最佳管理方法（best management practices，BMPs）以减少水土流失。该法案还批准采用成本分担条款和支付土地租金的方式租用私人土地，并将其纳入国家的保护区规划或湿地保护区规划（Gray and Teels，2006）。保护区规划是为了保护边界土地和受侵蚀的土地。湿地保护区规划是为了将灌溉区的农田恢复为湿地。美国有超过 50% 的土地用于农业生产，而温水型溪流主要流经这些区域。农田和湿地多分布于河流的冲积平原上，对易受侵蚀的和泛滥平原区的农业土地进行保护，将有效减少细颗粒沉积物和营养盐进入河流。河岸缓冲带可以有效蓄滞农田冲刷的沉积物和营养盐。然而，即使将农业用地重新修复回自然状态，过往的土地利用对水生生物的影响可能会持续很长时间（Harding et al.，1998）。因此，渔业管理者必须意识到通过改变流域土地利用方式来保护渔业资源，可能需要几十年之久。

20.3.3　鱼类问题和管理

除了河流栖息地管理，温水型溪流中鱼类种群管理也备受关注。通过鱼类放流的鱼类种群管理方法相对较为成功。然而，近年来主要关注本地土著物种保护，包括用于非娱乐性和涉及垂钓的鱼类类群。本地鱼类保护可以通过鱼卵孵化的方法增加补充受威胁鱼类数量，但温水型溪流中鱼类物种管理是需要在群落层面的管理，而非单一种群。通常温水型溪流鱼类群落物种丰富，有时高达 70 多个物种，需要采用不同的方法来管理具有生物多样性的系统。例如，管理目标通常需要首先识别河流和水域中物种多样性较高的区域，从而确定优先保护区。

温水型溪流中由于某些鱼类的自然分布区具有局限性，目前已经成为主要的受威胁物种和濒危物种。栖息地退化、物种入侵、鱼类杂交和过度捕捞是引起鱼类物种受威胁和濒危的主要人为因素。例如，美国鱼类和野生动物保护局（USFWS）将佩科斯食蚊鱼列为濒危物种，其自然分布区的减少就是由于栖息地质量下降和外来物种入侵，目前该物种的自然种群仅分布于新墨西哥州和得克萨斯州佩科斯河流域的一些泉水及水坑中（USFWS，1982）。在美国南部，所有 662 种鱼类中 28% 被归类为脆弱、受威胁、濒危或灭绝等级（Warren et al.，2000），北美 39% 以上的物种在一定程度上受到胁迫（Warren et al.，2000）。许多物种需要在温水型溪流中完成全部或部分生活史。在墨西哥，已知的 506 种鱼类中有 169 种处于一定程度的风险，25 种现在已经灭绝（Contreras‐Balderas et al.，2003）。许多这样的物种生活在墨西哥北部河流流经的干旱地区，主要受到栖息地退化、水资源开发和外来物种的影响。

外来物种管理是温水型溪流中鱼类管理的一个主要目标。以往外来物种的引进通常是为了增大垂钓的概率，黑鲈、太阳鱼、小翻车鱼和鲇是最常见的外来物种。许多地区引进食肉性大嘴鲈，对本地土著鱼类的数量产生重要影响（Jackson，2002）。广泛引进卢伦真小鲤、黑头软口鲦和白亚口鱼是为了作为垂钓鱼类的食物和诱饵，这些物种进入河流中不仅可以和本地鱼类竞争食物，而且通过杂交改变了原有土著物种。这些鱼类的引进有时是不符合法规的，如释放诱饵桶中鱼类通常是违法的。由于河流改道或水坝移除，通常会无意造成部分鱼类从其他水生系统中进入，或者引进养殖鱼类（Rahel，2004b）。渔业管理部门进行的外来物种养殖已经被认为是北美 61 种鱼类灭绝的重要原因（Jelks et al.，2008）。在加拿大，68%的受威胁物种是由于外来物种入侵造成的（Dextrase and Mandrak，2006）。外来物种对鱼类和河流生态系统功能的影响因地域不同而异，通常在本地鱼类物种相对较少的区域影响更显著，如美国西部和大西洋海岸。过去一个世纪以来由渔业管理机构授权引入物种的事件显著下降，可能是由于公众已经很满意早期对特殊鱼类物种的引入，鱼类管理机构也更加在意引进外来物种造成的负面影响（Rahel，2004b）。

外来物种的引进会导致诸多问题（见第 8 章）。物种引入同质化鱼类类群，降低生物多样性，减少了大众喜爱的垂钓鱼类种群和本地土著物种种群，对本地经济产生负面影响（Rahel，2002）。北美的温水型溪流比冷水型河流具有更加广泛的地理分布和更加丰富的鱼类多样性。因此，温水型溪流更有可能受到外来物种的影响，因为可入侵温水型溪流的鱼类物种更丰富，也拥有更丰富的栖息地类型。人为活动对温水型溪流的改变也促进了外来物种的入侵，人为活动影响造成本地土著物种的退化后，外来物种更容易侵占本地物种留下的生态空隙。

尽管温水型溪流的管理通常专注于河流栖息地管理，但还是有不少的鱼类管理方法。温水型溪流中单一物种的管理可关注垂钓型鱼类或非垂钓型鱼类。垂钓型鱼类的改善和恢复可以通过养殖的方式进行，虽然养殖不是广泛使用的管理方法，但对于保护因栖息地质量降低造成的鱼类种群退化问题，在不同的地区还是取得了一定的成功，同时还可以重建受威胁物种的种群，或者重建具垂钓型鱼类的种群（见第 9 章）。例如，艾奥瓦州在某些河流中养殖白斑鱼增加了垂钓的机会（Paragamian and Kingery，1992）。在威斯康星州，北美狗鱼引入部分溪流和河流中，使得鱼类垂钓河流的管理长度大幅度增加，从 1970 年的 1 145 km 增加到 1996 年的 2 708 km（Simonson and Hewett，1999）。美国鱼类和野生动物管理局在《濒危物种法》的指导下（见第 4 章）制定《受威胁鱼类和濒危鱼类的恢复计划》，经常呼吁从孵化场引进新种群或补充现有的鱼类种群数量（Williams et al.，1988）。然而，养殖通常不是最经济的方法，鱼类的繁育养殖计划还应该考虑对现存鱼类种群和群落的影响，以及河流的承载力。

河流鱼类的保护要关注有害非本地物种的控制。为了提高休闲渔业的价值，鲇被大量引入大西洋海岸的许多溪流和河流，但是鲇对本地鱼类的广泛捕食产生了巨大的不利影响（Pine et al.，2005，2007）。增加鲇的捕捞强度，如对商业渔民进行奖励和补贴，或允许垂钓者对该物种进行无限制的捕捞，都可以在一定程度上保持本地土著鱼类种群（Pine et al.，2007）。

保护本地土著河流鱼类的遗传完整性也是管理的重要方面。俄克拉荷马州野生动物保护部门停止在水库中养殖外来的小嘴鲈，保护俄克拉荷马州东部河流中本地小嘴鲈的遗传完整性（Stark and Echelle，1998）。在得克萨斯州，新修建的大坝用于阻止本地克利尔溪食蚊鱼和西部食蚊鱼之间的交流，土著食蚊鱼是一种仅生活在某一条河流源头的鱼类，小型闸坝的修建将两种鱼类隔绝开，防止两种鱼类之间的基因杂交和基因渐渗（Davis et al.，2006）。

因为温水型溪流是北美地区最特殊的一类水生态系统，多物种管理方法已经越来越受到重视。一种方法是将具有相似的形态、相似的繁殖或捕食机制，或具有相似的栖息地使用方式鱼类进行归类，这些鱼类类群被称为"同资源种团"，理论上认为"同资源种团"的物种对环境变化和管理的响应也是类似的（Austen et al.，1994）。例如，利用粗糙的卵砾石底质产卵的鱼类常被归入"亲石性产卵同资源种团"。总的来说，当河流中底质沉积物增加时，这个种团的丰度可能表现出更明显的负面反应，其反应比种团外其他任何物种个体的反应更强烈。另一种多物种管理方法是识别种群组合。通常不同的地理区或生态区中有不同类型的鱼类群落，因为不同流域有不同的进化历史（Dauwalter et al.，2008）。Angermeier 和 Winston（1999）的研究发现，弗吉尼亚州不同地理区域和不同流域中特定的鱼类典型群落，因此他们建议从每个典型地理区和小流域中选择典型的鱼类物种作为保护目标。这种方法推动了从单一河流保护向流域和区域保护的转变，尤其考虑了具有较强运动能力的物种（Wishart and Davies，2003）。在识别某些特殊群落或高生物多样性区域后，就可以将其作为淡水保护区的管理目标。淡水保护区是淡水环境的特定地区，需要最大限度地保护这一特定区域的生态系统、群落和种群的自然过程免受人为活动影响（Suski and Cooke，2007）。河流与其所处的流域紧密联系，河流保护区必须包括足够大的区域，以保障保护的有效性。地理信息系统（GIS）是一个强大的管理工具，可以用来确定物种保护的热点或者高物种多样性区域（Sowa et al.，2007；Dauwalter and Rahel，2008）。将物种的空间信息与人为活动影响的空间信息进行耦合，用于识别优先保护区（表框 20.2）（Wall et al.，2004）。

表框 20.2　地理信息系统对渔业管理的用途

Scott P. Sowa

密苏里州资源评估伙伴关系，密苏里州哥伦比亚大学自然资源学院
当前联系信息：美国大自然保护协会，密歇根州，兰辛

河流资源管理者面临的许多问题，都是基于空间的。事实上，很难界定某种形式的空间分析对渔业管理措施改善的作用。地理信息系统技术发展之前，空间分析还是一个巨大的或者不可能完成的任务，基于地图与鱼类管理相关的空间信息，如部分或者全部的生态、政治、经济和社会文化因素还比较缺乏，或者难以与渔业管理相耦合和集成。

幸运的是，近几十年来渔业管理者已经广泛使用地理信息系统解决空间问题。GIS 是一个集计算机硬件、软件、数据和个人收集、存储、更新、操作、分析和显示地理信息的系统（即，来自地球任何特定地方的信息；Rahel，2004 a）。GIS 可用于生成空间数据清单，设计抽样和监测或研究，识别和确定优先保护区，或开展复杂的空间分析以处理栖息地并列、栖息地连通、斑块大小或栖息地破碎化的问题。Fisher 和 Rahel（2004b）详细讨论了 GIS 在渔业管理的使用。

资源管理机构面临的一个共同的问题是"为解决管理的关键问题，如何确定关注的重点区域"。空间分析复杂性需要回答的关键问题，是如何"识别管理的关键问题"，以及可用的地理信息系统数据总量。例如，对于内布拉斯加州，为保护珍稀物种、受威胁物种和濒危物种，管理工作的重要区域如何确定。

内布拉斯加州近 130 000 km 的河流，有 22 种鱼类被列为珍稀物种、受威胁物种和濒危物种。为使保护效率最大化，保护重点关注珍稀物种、受威胁物种和濒危物种分布的集中区域。基于 GIS 技术，可以预测每个物种的空间分布，识别空间分布的重叠区域（见图 A；Sowa et al.，2006；Sowa et al.，2007）。管理机构可以使用这种简单但实用的地图展示方法，安排所需资源用于特定区域的栖息地保护。本例子中包含清单上所罗列的大量物种的区域分别位于：①内布拉斯加州东部边界，密苏里河干流；②内布拉斯加州中-东部的普拉特河（Platte River）干流下段；③内布拉斯加州的西北沙丘的北坡的河流源头区。

识别国家级保护物种的空间分布是非常有效的管理信息。同时，了解重点管理区域中的渔业资源管理意向和识别管理问题，对于渔业资源保护同样十分重要。GIS 也可以用来完成这些任务。例如，图 B

（续）

中的图 A 显示了内布拉斯加州的土地覆盖图与州公共土地的叠加图。

从图 B 比对图 A 和图 B 可以发现，内布拉斯加州沙丘溪流的上游源头受人类干扰强度相对较少，因此早期保护措施可以有效保护该地区河流栖息地的质量。然而，密苏里河干流和普拉特河下游均属于大型河流，流域内受到内布拉斯加州和其他州人为活动的广泛影响，因此这些河流需要更高强度的保护和修复。无论如何，这些 GIS 地图可以帮助资源管理者识别和优先确定干扰来源及特定区域的管理问题。每个空间数据图层都可以提供作为决策依据的关键信息。

古语有云："一图胜千言"，这句话在使用 GIS 作为渔业管理工具上得到充分体现。上面提到的只是应用 GIS 的一个简单的例子，只是需要继续挖掘 GIS 数据的可用性和空间建模技术。希望在不久的将来所有渔业管理者会掌握更强大的 GIS 工具，可以解决许多渔业资源管理问题。

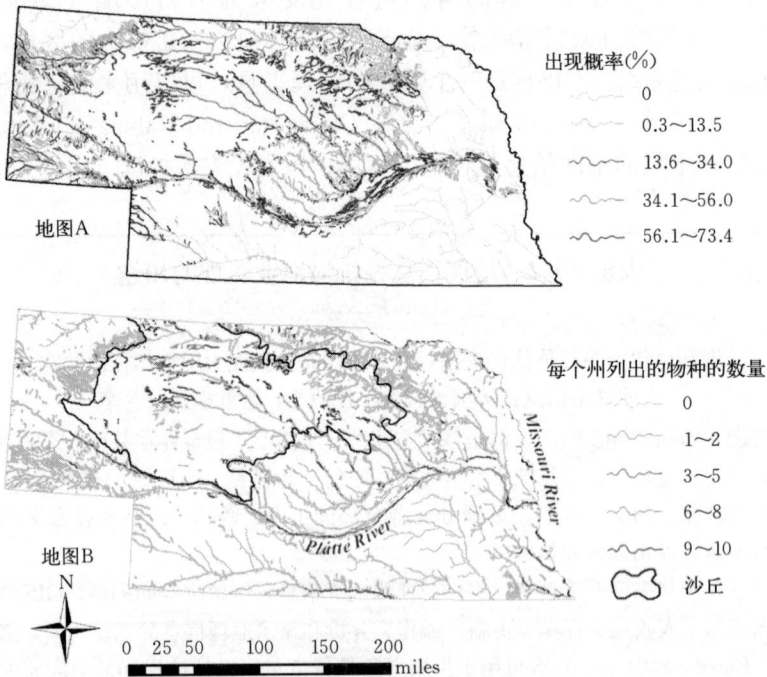

图 A 图 A 为内布拉斯加州平原食蚊鱼的出现概率；图 B 为内布拉斯加州
22 种珍稀、受威胁和濒危物种的物种丰富度空间分布图

（续）

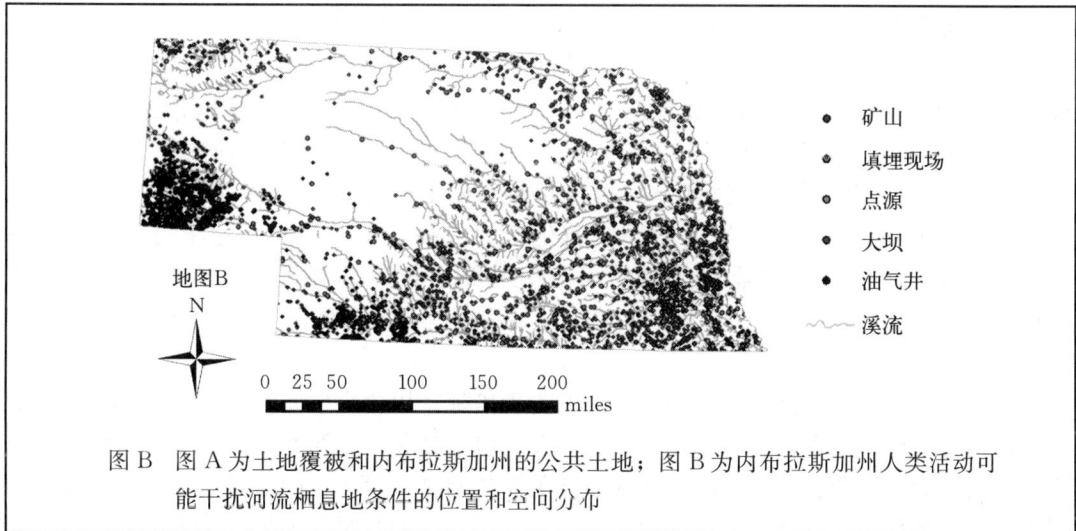

图 B　图 A 为土地覆被和内布拉斯加州的公共土地；图 B 为内布拉斯加州人类活动可能干扰河流栖息地条件的位置和空间分布

图例：
- 矿山
- 填埋现场
- 点源
- 大坝
- 油气井
- 溪流

地图 B
N

0　25　50　100　150　200 miles

20.3.4　人的相关问题和管理

渔业管理者必须平衡温水型溪流的不同使用功能。尽管商业捕鱼在大型河流中很重要，但北美的温水型溪流休闲渔业和鱼饵捕捞是主要的渔业活动（见第 21 章）。除了垂钓，温水型溪流还用于其他休闲娱乐活动，如河流观光、划独木舟、打猎、游泳、露营和野餐等（Hess and Ober，1981）。温水型溪流也为农业灌溉和牲畜养殖提供水源，同时也是工业和城市废水的排放通道。渔业管理机构通常需要与其他政府机构相互协作，管理不同类型的人类活动以控制其对生态系统的影响。

温水型溪流中重要的垂钓鱼类包括鲫、黑鲈和鲇。由于这些物种深受垂钓者喜爱而遭到过度捕捞，因此渔业法规通常更需要保护这些物种。历史上，季节性保护主要保护鲫和黑鲈，春季这些物种在产卵季节聚集在浅水区域，更容易被捕获。当然，目前黑鲈的季节性保护已经不太常见了，特别是美国南部（Paukert et al.，2007），某种程度上这表明黑鲈数量的增长，这主要取决于环境条件改善而不是产卵鱼类数量的增长（Kubacki et al.，2002）。同时，季节性保护也是很难实施的，因为垂钓者通常在黑鲈的产卵区垂钓其他的鱼类物种，这些区域内的非法捕捞量往往颇丰（Kubacki et al.，2002）。采用限制鱼篓数量的方法一直以来是来保护黑鲈渔业的主要方法，但目前限制措施总的趋势是逐步减少。

由于垂钓运动比赛中大鱼能够获得更多的奖金，体长限制已经成为调节鱼类种群体长结构的普遍方法（见第 7 章）。有趣的是，提倡限制的成功与否取决于钓鱼的区域。在肯塔基州的鹿角溪，用来装小嘴鲈的瓶口尺寸限制为 305～405 mm，但 50% 的垂钓者说他们不会留存体长小于 305 mm 的小鱼，即便这会增加他们的渔获物。因此，瓶口尺寸限制并不会达到减少过多的小嘴鲈的效果。相反地，得克萨斯州的鲇的垂钓者似乎更关注渔获物，这就使得提倡限制成为调节鲇种群的有效管理工具（Wilde and Ditton，1999）。最近的一项调查显示，在中西部和大平原地区鲇的垂钓者支持更多的限制性规定（Arterburn et al. ，2002)

从历史上看，温水型溪流的大多数垂钓法规是在省或州层面上颁布的。这在很大程度上反映了不同区域的鱼类生产力资料的缺乏，而且颁布者认为这些规定应该很容易被公众垂钓者理解。近年来，随着对气候和栖息地因素影响鱼类种群相关研究不断深入（Beamesderfer and North，1995；Paukert et al.，2007），相关垂钓法规越来越符合当地渔业管理的实际情况。例如，阿肯色州小嘴鲈的最小捕捞长度限制值高于欧扎克河的小嘴鲈最小长度，表明阿肯色州溪流生产力更高，小嘴鲈生长速率更快。在密西西比州南部流经肥沃的农业耕作区的河流中的鮎生长速率高于北部森林区域的河流（Shepard and Jackson，2006），这表明基于流域尺度的法规有助于提高垂钓者对鮎渔业的满意度。

饵鱼收集是温水型溪流的另一项重要的管理措施。饵鱼主要是河流的一些小杂鱼和亚口鱼，但在捕捞时通常各类型的鱼类都会存在，包括杜父鱼、鲦和小龙虾等。饵鱼和小龙虾的捕捞给渔业管理者带来了两个新的需要关注的问题。第 1 个问题是需要避免过度捕捞野生种群，多数州和省规定了垂钓者每天捕获的渔获物的数量很有限（通常每天 50～100 尾小鱼），且需要单独的商业许可证将鱼贩卖给公众。第 2 个问题是要避免鱼类被运输和释放到其原始生活区之外，造成外来物种入侵和疾病扩散（如五大湖区鱼类的病毒性出血性败血症）。有相当一部分的钓鱼者在垂钓结束时，会将未使用的鱼饵扔入水体中，尽管这么做通常是非法的（Litvak and Mandrak，1999）。其次，捕捞野生鱼饵时通常会导致许多非目标物种被捕捞。在缅因州对鱼饵店进行检查发现，法律规定的 10 种不能作为鱼饵的鱼类混在 23 种法律允许的鱼类中一起售卖（Kircheis，1998）。垂钓后对未使用鱼饵的放流，导致北美地区有超过 100 种鱼类被误引入其非土著分布区；当前这种现象还是构成北美地区鱼类入侵的主要原因之一，并且还在持续（Litvak and Mandrak，1999；Rahel，2004b）。尽管未来这种现象还会持续，管理者可以通过宣传和教育，禁止不同水体间的鱼类转运和尝试控制外来物种等方法，降低外来物种入侵的速度（图20.8）(Rahel，2004b)。

除了垂钓，温水型溪流还有许多其他用途，垂钓者和河流中其他河流使用者之间的冲突也时有发生，如与独木舟驾乘人员或野生动物观测者。事实上，绝大多数的温水型溪流使用者与渔业管理者有许多相同关注点，如水质恶化、水土流失、泥沙淤积和垃圾影响等，因

注意！！！

保护你自己的渔业资源

不要将饵鱼放生！

非法的外来物种放生已经大量破坏了怀俄明州的渔业资源！未经许可将新的鱼类物种放生进入水体会影响本地渔业资源，并可以造成永久的破坏！

怀俄明州娱乐和鱼类部

图 20.8　公众教育是渔业管理者有效控制外来鱼类引入和本地鱼类保护的一种方法

为影响渔业的因素也会直接影响河流的美学和娱乐功能（Pardee et al.，1981）。但当河流用于牲畜用水和灌溉用水时，冲突发生的比例明显增加。牲畜放牧不仅影响鱼类使用河流栖息地，而且也降低了河流的审美价值，对游泳者健康产生直接威胁（Rinne，1999）。渔业管理人员经常与土地管理机构还有沿岸地区的土地所有者合作，通过在河岸带两侧设置栅栏的方式，降低牲畜养殖对河流的影响。政府机构也经常与河流管理者合作，决定可以维持鱼类栖息地和保护鱼类种群所必需的环境流量。河流管理者也通常向环境保护署咨询，设定河流生物健康标准，确定污染物的最大日排放量（total maximum daily Load，TMDL），设定工业和市政排放量。因此，渔业管理者扮演着平衡公众对水资源的利用和渔业资源保护的重要角色。河流栖息地重建和修复的决策制定包括普通公众、公共团体、官员和经济利益方，主要就是确保所有团体的利益都得到考虑，并且方案的实施不会由于某一部分利益方的反对而失败（图 20.4）。在河流管理过程中，多部门协调和公众参与已成为 21 世纪渔业管理的流行主题（Fisher and Burroughs，2003）。

20.4　总结

　　历史上，渔业管理目标主要是努力维持或增加垂钓鱼类种群的机会。但近年来管理目标已经转向更全面的河流管理。2000 年，美国州立机构的调查显示，35％的州的温水型溪流管理目标主要是维护和改善生态系统完整性，而以增加垂钓鱼类为管理目标的州只有27％（Fisher and Burroughs，2003）。这已经表明了管理目标上的重大转变，从直接恢复鱼类栖息地转向恢复流域生态系统过程（White，1996；Williams et al.，1997）。这也表明由过去对小尺度栖息地的管理转向对整个流域尺度的管理（Quist et al.，2006）。管理者现在不仅需要考虑鱼类养殖如何对垂钓型鱼类的捕获产生影响，而且需要考虑养殖地点对本地鱼类群落的影响，及其在流域尺度的生态影响。

　　未来管理温水型溪流将会遇到新问题或旧问题进一步加剧。城市化、农业生产，以及对诸如石油和天然气等自然资源的开采，都将加剧人口对建筑和能源的需求的增加。水的消费量也将继续增加，水资源的消耗将进一步减少鱼类栖息地，修建的大坝和水库也会进一步增加生态系统的压力。外来物种的持续引进和气候变化的加剧，也是渔业管理者未来需要面临的重要问题。气候变暖使得热带入侵物种，如丽鱼科物种获得更多的扩散机会，而目前该物种主要受到冬天低温的限制（Rahel and Olden，2008）。分布于温度带上限边缘的本地物种将需要适应更高的温度、盐度或更剧烈的温度间断性，否则将局域性灭绝（表框 20.3）。未来温水型溪流的管理者，不但需要解决过去留存的问题，而且需要面对人口持续增长和气候变化带来的新问题。

　　幸运的是，有许多组织致力于维护和恢复河流健康及河流渔业。宣传组织，如美国河流协会，倡导促进和维护河流健康，宣传其对人类健康、安全和生活质量的重要性。《艾萨克·沃尔顿联盟拯救河流计划》（*Izaak Walton League's Save Our Streams program*）和艾奥瓦州的 IOWATER 计划，都致力于促进河流健康和流域教育，并组织公民团体监控河流的水质。美国环境保护局通过流域科学计划，为流域规划和修复计划提供必需的信息和教育，并且有多个机构从事国家自然河流与风景优美河流的资源保护。美国农业部执行的自然保护区保护计划和湿地保护区计划，也有利于河流健康。所有这些组织都有助于保护和恢复河流渔业，并且在河流管理计划中经常扮演跨学科合作伙伴的角色，具有很好的群众基础。温水型溪流保护和恢复关注点与北美某些特殊水生态系统的结合，使得温水型溪流的管理成为渔业生物学家最激动人心的工作之一！

表框 20.3　气候变暖对温水型溪流的影响

大气中二氧化碳浓度随着工业化开始而逐步增加，目前已经导致全球大气温度上升。二氧化碳浓度每增加 1 倍，大气温度将上升 $3\sim4\,℃$。大气温度上升必然会导致河流水温上升，对河流鱼类产生明显影响。Mohseni 等（2003）的研究预测美国的冷水性鱼类包括小嘴鲈、大眼梭鲈和白斑狗鱼的栖息地减少了大约 15%。温水型溪流的鱼类栖息地增加了大约 31%，但有时即使对温水型溪流鱼类来讲，河流温度也过高。虽然河流水温增加对温度敏感的鱼类有直接影响，但温水型溪流的其他一些变化也与气候变暖密切相关，这些变化主要包括：

- 冷水型河流变为温水型溪流，温水型溪流鱼类栖息地增加。
- 具有较窄温度耐受性的鱼类栖息地发生变化。
- 生产力增加，有机质消耗增加，营养盐循环加快，以及更长的生长季。
- 降水变化导致的水文循环过程改变。
- 水质变差，夏季基流减少造成栖息地减少，溶解氧浓度降低，盐度增加。
- 由于某些关键物种的消失，无脊椎动物群落发生变化，这些消失物种的生活史过程往往依赖温度和流量。
- 由于发育、摄食行为和繁殖时间的变化，造成捕食-被捕食关系的平衡状态被打破。
- 外来鱼类、底栖动物和病毒的入侵。

渔业管理者也必须适应由于气候变暖导致的河流健康的改变（Ficke et al.，2007）。因为河流栖息地变得不再适宜，具有特定分布区的特有土著鱼类更易灭绝，从而导致生物多样性下降。曾具有高质量渔业资源的河流可能也会由于水温上升和水质下降发生退化，而其他的河流中则更有可能孕育出数量更加丰富的较大体型的鱼类。河流栖息地的改变也会影响物种群落结构发生相应改变，如水温升高会导致小嘴鲈减少而大嘴黑鲈增加，因为后者更适宜栖息于温度更高的河流中。管理者必须要在温度上升带来的栖息地变化的情况下努力维持渔业资源，渔业资源的减少会对依赖渔业资源的地区经济产生巨大影响。因为气候变化引起的温水型溪流中渔业资源的变化，管理者、垂钓者、公众之间的沟通势在必行。

20.5　参考文献

Adler，R. W.，J. C. Landman，and D. M. Cameron. 1993. The Clean Water Act 20 years later. Island Press，Washington，D. C.

Alexander，H. E. 1959. Stream values，recreational use，and preservation in the Southeast. Proceedings of the Annual Conference of Southeastern Association of Game and Fish Commissioners 13 （1959）：338 -343.

Alexander，R. B.，R. A. Smith，and G. E. Schwarz. 2000. Effect of stream channel size on the delivery of nitrogen to the Gulf of Mexico. Nature （London） 403：758 - 761.

Angermeier, P. L., and M. R. Winston. 1999. Characterizing fish community diversity acrossVirginia land-scapes: prerequisite for conservation. Ecological Applications 9: 335 – 349.

Armantrout, N. B. 1998. Glossary of aquatic habitat inventory terminology. American Fisheries Society, Bethesda, Maryland.

Arterburn, J. E., D. J. Kirby, and C. R. Berry Jr. 2002. A survey of angler attitudes and biologist opinions regarding trophy catfish and their management. Fisheries 27 (5): 10 – 21.

Austen, D. J., P. B. Bayley, and B. W. Menzel. 1994. Importance of the guild concept to fisheries research and management. Fisheries 19 (6): 12 – 19.

Baxter, C. V., K. D. Fausch, and W. C. Saunders. 2005. Tangled webs: reciprocal flows of invertebrate prey link streams and riparian zones. Freshwater Biology 50: 201 – 220.

Beamesderfer, R. C. P., and J. A. North. 1995. Growth, natural mortality, and predicted response to fishing for largemouth bass and smallmouth bass populations in North America. North American Journal of Fisheries Management 15: 688 – 704.

Belica, L. A. T., and F. J. Rahel. 2008. Movements of creek chubs, *Semotilus atromaculatus*, among habitat patches in a plains stream. Ecology of Freshwater Fish 17: 258 – 272.

Benda, L., N. L. Poff, D. Miller, T. Dunne, G. Reeves, G. Pess, and M. Pollock. 2004. The network dynamics hypothesis: how channel networks structure riverine habitat. BioScience 54: 413 – 427.

Benke, A. C. 1990. A perspective on America's vanishing streams. Journal of the North American Benthological Society 9: 77 – 88.

Benke, A. C., and C. E. Cushing. 2005. Rivers of North America. Elsevier Academic Press, Burlington, Massachusetts.

Bernhardt, E. S., and M. A. Palmer. 2007. Restoring streams in an urbanizing world. Freshwater Biology 52: 738 – 751.

Brunke, M., and T. Gonser. 1997. The ecological significance of exchange processes between rivers and groundwater. Freshwater Biology 37: 1 – 33.

Bryan, C. F., and D. A. Rutherford. 1993. Impacts on warmwater streams: guidelines for evaluation. American Fisheries Society, Southern Division, Little Rock, Arkansas.

Burcher, C. L., H. M. Valett, and E. F. Benfield. 2007. The land – cover cascade: relationships coupling land and water. Ecology 88: 228 – 242.

Burr, B. M., and R. L. Mayden. 1992. Phylogenetics and North American freshwater fishes. Pages 18 – 75 *in* R. L. Mayden, editor. Systematics, historical ecology, and North American freshwater fishes. Stanford University Press, Stanford, California.

Buynak, G. L., and B. Mitchell. 2002. Response of smallmouth bass to regulatory and environmental changes inElkhorn Creek, Kentucky. North American Journal of Fisheries Management 22: 500 – 508.

Contreras – Balderas, S., P. Almada – Villela, M. d. L. Lozano – Vilano, and M. E. García – Ramírez. 2003. Freshwater fish at risk or extinct in México. Reviews in Fish Biology and Fisheries 12: 241 – 251.

Cummins, K. W. 1974. Structure and function of stream ecosystems. BioScience 24: 631 – 641.

Cummins, K. W., and M. A. Wilzbach. 2005. The inadequacy of the fish – bearing criterion for stream management. Aquatic Sciences 67: 486 – 491.

Dauwalter, D. C., and W. L. Fisher. 2008. Spatial and temporal patterns in stream habitat and small – mouth bass populations in eastern Oklahoma. Transactions of the American Fisheries Society 137: 1072 – 1088.

Dauwalter, D. C., E. J. Pert, and W. E. Keith. 2003. An index of biotic integrity for fish assemblages in

Ozark Highland streams of Arkansas. Southeastern Naturalist 2: 447 - 468.

Dauwalter, D. C. , and F. J. Rahel. 2008. Distribution modeling to guide stream fish conservation: an example using the mountain sucker in the Black Hills National Forest, USA. Aquatic Conservation: Marine and Freshwater Ecosystems 18: 1263 - 1276.

Dauwalter, D. C. , D. K. Splinter, W. L. Fisher, and R. A. Marston. 2007. Geomorphology and stream habitat relationships with smallmouth bass abundance at multiple spatial scales in eastern Oklahoma. Canadian Journal of Fisheries and Aquatic Sciences 64: 1116 - 1129.

Dauwalter, D. C. , D. K. Splinter, W. L. Fisher, and R. A. Marston. 2008. Biogeography, ecoregions, and geomorphology affect fish species composition in streams of eastern Oklahoma, USA. Environmental Biology of Fishes 82: 237 - 249.

Davis, S. K. , A. A. Echelle, and R. A. Van Den Bussche. 2006. Lack of cytonuclear genetic introgression despite long - term hybridization and backcrossing between two poeciliid fishes (*Gambusia heterochir and G. affinis*) . Copeia 2006: 351 - 359.

Dextrase, A. J. , and N. E. Mandrak. 2006. Impacts of alien invasive species on freshwater fauna at risk in Canada. Biological Invasions 8: 13 - 24.

Eaglin, G. S. , and W. A. Hubert. 1993. Effects of logging and roads on substrate and trout in streams of the Medicine Bow National Forest, Wyoming. North American Journal of Fisheries Management 13: 844 -846.

Fausch, K. D. , C. E. Torgersen, C. V. Baxter, and H. W. Li. 2002. Landscapes to riverscapes: bridging the gap between research and conservation of stream fishes. BioScience 52: 483 - 498.

Ficke, A. D. , C. A. Myrick, and L. J. Hansen. 2007. Potential impacts of global climate change on freshwater fisheries. Reviews in Fish Biology and Fisheries 17: 581 - 613.

Fisher, S. G. , L. J. Gray, N. B. Grimm, and D. E. Busch. 1982. Temporal succession in a desert stream ecosystem following flash flooding. Ecological Monographs 52: 93 - 110.

Fisher, W. L. , and J. P. Burroughs. 2003. Stream fisheries management in the United States: a survey of state agency programs. Fisheries 28 (2): 10 - 18.

Fisher, W. L. , and W. D. Pearson. 1987. Patterns of resource utilization among four species of darters in three central Kentucky streams. Pages 69 - 76 *in* W. J. Matthews and D. C. Heins, editors. Community and evolutionary ecology of North American stream fishes. University of Oklahoma Press, Norman.

Fisher, W. L. , and F. J. Rahel. 2004a. Geographic information systems applications in stream and river fisheries. Pages 49 - 84 *in* W. L. Fisher and F. J. Rahel, editors. Geographic information systems in fisheries. American Fisheries Society, Bethesda, Maryland.

Fisher, W. L. , and F. J. Rahel, editors. 2004b. Geographic information systems in fisheries. American Fisheries Society, Bethesda, Maryland.

Fisher, W. L. , D. F. Schreiner, C. D. Martin, Y. A. Negash, and E. Kessler. 2002. Recreational fishing and socioeconomic characteristics of eastern Oklahoma stream anglers. Proceedings of the Oklahoma Academy of Science 82: 79 - 87.

Fisher, W. L. , A. F. Surmont, and C. D. Martin. 1998. Warmwater stream and river fisheries in the southeastern United States: are we managing them in proportion to their values? Fisheries 23 (12): 16 - 24.

Fore, J. D. , D. C. Dauwalter, and W. L. Fisher. 2007. Microhabitat use by smallmouth bass in an Ozark stream. Journal of Freshwater Ecology 22: 189 - 199.

Freeman, M. C. , C. M. Pringle, and C. R. Jackson. 2007. Hydrologic connectivity and the contribution of stream headwaters to ecological integrity at regional scales. Journal of the American Water Resources Association 43: 5 - 14.

Frimpong, E. A. , J. G. Lee, and T. M. Sutton. 2006. Cost effectiveness of vegetative filter strips and instream half - logs for ecological restoration. Journal of the American Water Resources Association 42: 1349 - 1361.

Frissell, C. A. , W. J. Liss, C. E. Warren, and M. D. Hurley. 1986. A hierarchical framework for stream habitat classification: viewing streams in a watershed context. Environmental Management 10: 199 - 214.

Funk, J. L. 1970. Warm - water streams. Pages 141 - 152 in N. G. Benson, editor. A century of fisheries in North America. American Fisheries Society, Special Publication 7, Bethesda, Maryland.

Garvey, J. E. 2007. Farm bill 2007: placing fisheries upstream of conservation provisions. Fisheries 32 (8): 399 - 404.

Gorman, O. T. , and J. R. Karr. 1978. Habitat structure and stream fish communities. Ecology 59: 507 -515.

Gray, E. V. , J. M. Boltz, K. A. Kellogg, and J. R. Stauffer. 1997. Food resource partitioning by nine sympatric darter species. Transactions of the American Fisheries Society 126: 822 - 840.

Gray, L. J. 1997. Organic matter dynamics in Kings Creek, Konza Prairie, Kansas, USA. Journal of the North American Benthological Society 16: 50 - 54.

Gray, R. L. , and B. M. Teels. 2006. Wildlife and fish conservation through the Farm Bill. Wildlife Society Bulletin 34: 906 - 913.

Greenberg, L. A. 1988. Interactive segregation between the stream fishes *Etheostoma simoterum* and *E. rufilineatum*. Oikos 51: 193 - 202.

Harding, J. S. , E. F. Benfield, P. V. Bolstad, G. S. Helfman, and E. B. D. Jones III. 1998. Stream biodiversity: the ghost of land use past. Proceedings of the National Academy of Sciences of the USA 95: 14843 - 14847.

Hargrave, C. W. , and J. E. Johnson. 2003. Status of Arkansas darter, *Etheostoma cragini*, and least darter, *E. microperca*, in Arkansas. Southwestern Naturalist 48: 89 - 92.

Hart, D. D. , T. E. Johnson, K. L. Bushaw - Newton, R. J. Horwitz, A. T. Bednarek, D. F. Charles, D. A. Kreeger, and D. J. Velinsky. 2002. Dam removal: challenges and opportunities for ecological research and river restoration. BioScience 52: 669 - 681.

Hess, T. B. , and R. D. Ober. 1981. Recreational use surveys on two Georgia rivers. Pages 14 - 20 in L. A. Krumholz, editor. Warmwater streams symposium. American Fisheries Society, Southern Division, Bethesda, Maryland.

Hildrew, A. G. 1996. Food webs and species interactions. Pages 123 - 144 in G. Petts and P. Calow, editors. River biota: diversity and dynamics. Blackwell Scientific Publications, Oxford, UK.

Hlass, L. J. , W. L. Fisher, and D. J. Turton. 1998. Use of the index of biotic integrity to assess water quality in forested streams in the Ouachita Mountains ecoregion, Arkansas. Journal of Freshwater Ecology 13: 181 - 192.

Horwitz, R. J. 1978. Temporal variability patterns and the distributional patterns of stream fishes. Ecological Monographs 48: 307 - 321.

Hynes, H. B. N. 1970. The ecology of running waters. University of Toronto Press, Toronto.

Jackson, D. A. 2002. Ecological effects of *Micropterus* introductions: the dark side of black bass. Pages 221 - 232 in D. P. Philipp and M. S. Ridgway, editors. Black bass: ecology, conservation, and management. American Fisheries Society, Symposium 31, Bethesda, Maryland.

Jackson, D. C. , and J. R. Jackson. 1989. A glimmer of hope for stream fisheries in Mississippi. Fisheries 14 (3): 4 - 9.

Jaeger, M. E. , A. V. Zale, T. E. McMahon, and B. J. Schmitz. 2005. Seasonal movements, habitat use, aggregation, exploitation, and entrainment of saugers in the lower Yellowstone River: an empirical assessment of factors affecting population recovery. North American Journal of Fisheries Management 25: 1550 - 1568.

Jelks, H. L. , S. J. Walsh, S. Contreras - Balderas, E. Díaz - Pardo, N. M. Burkhead, D. A. Hendrickson, J.

Lyons, N. E. Mandrak, F. McCormick, J. S. Nelson, S. P. Platania, B. A. Porter, C. B. Renaud, J. J. Schmitter - Soto, E. B. Taylor, and M. L. Warren. 2008. Conservation status of imperiled North American freshwater and diadromous fishes. Fisheries 33 (8): 372 - 407.

Jobling, S. , and C. R. Tyler. 2003. Topic 4. 3 Endocrine disruption in wild freshwater fish. Pure and Applied Chemistry 75: 2219 - 2234.

Junk, W. J. , P. B. Bayley, and R. E. Sparks. 1989. The flood pulse concept in river - floodplain systems. Pages 110 - 127 in D. P. Dodge, editor. Proceedings of the international large river symposium. Canadian Special Publication in Fisheries and Aquatic Sciences 106.

Karr, J. R. , L. A. Toth, and D. R. Dudley. 1985. Fish communities of midwestern rivers: a history of degradation. BioScience 35: 90 - 95.

Kircheis, F. W. 1998. Species composition and economic value of Maine's winter baitfish industry. North American Journal of Fisheries Management 18: 175 - 180.

Knighton, D. 1998. Fluvial forms and processes: a new perspective. Arnold, London.

Kocik, J. F. , and C. P. Ferreri. 1998. Juvenile production variation in salmonids: population dynamics, habitat, and the role of spatial relationships. Canadian Journal of Fisheries and Aquatic Sciences 55: 191 -200.

Kubacki, M. F. , F. J. S. Phelan, J. E. Claussen, and D. B. Philipp. 2002. How well does a closed season protect spawning bass in Ontario? Pages 379 - 386 in D. P. Philipp and M. S. Ridgway, editors. Black bass: ecology, conservation, and management. American Fisheries Society, Symposium 31, Bethesda, Maryland.

Kwak, T. J. , and J. T. Peterson. 2007. Community indices, parameters, and comparisons. Pages 677 - 763 in C. S. Guy and M. L. Brown, editors. Analysis and interpretation of freshwater fisheries data. American Fisheries Society, Bethesda, Maryland.

Lau, J. K. , T. E. Lauer, and M. L. Weinman. 2006. Impacts of channelization on stream habitats and associated fish assemblages in east central Indiana. American Midland Naturalist 156: 319 - 330.

Le Pichon, C. , G. Gorges, P. Boët, J. Baudry, F. Goreaud, and T. Faure. 2006. A spatially explicit resource - based approach for managing stream fishes in riverscapes. Environmental Management 37: 322 - 335.

Litvak, M. K. , and N. E. Mandrak. 1999. Baitfish trade as a vector of aquatic introductions. Pages 163 - 180 in R. Claudi and J. H. Leach, editors. Nonindigenous freshwater organisms: vectors, biology, and impacts. Lewis Publishers, Boca Raton, Florida.

Lyons, J. , and C. C. Courtney. 1990. A review of fisheries habitat improvement projects in warmwater streams, with recommendations for Wisconsin. Wisconsin Department of Natural Resources, Technical Bulletin 169, Madison.

Mallin, M. A. , V. L. Johnson, S. H. Ensign, and T. A. MacPherson. 2006. Factors contributing to hy -

poxia in rivers, lakes, and streams. Limnology and Oceanography 51: 690 - 701.

Matthews, W. J. 1998. Patterns in freshwater fish ecology. Chapman and Hall, New York.

Matthews, W. J., and E. G. Zimmerman. 1990. Potential effects of global warming on native fishes of the southern Great Plains and the Southwest. Fisheries 15 (6): 26 - 32.

McDonald, D. B., T. L. Parchman, M. R. Bower, W. A. Hubert, and F. J. Rahel. 2008. An introduced and a native vertebrate hybridize to form a genetic bridge to a second native species. Proceedings of the National Academy of Sciences of the USA 105: 10842 - 10847.

Meyer, J. L., and R. T. Edwards. 1990. Ecosystem metabolism and turnover of organic carbon along a blackwater river continuum. Ecology 71: 668 - 677.

Miller, E. L., R. S. Beasley, and E. R. Lawson. 1988. Forest harvest and site preparation effects on erosion and sedimentation in the Ouachita Mountains. Journal of Environmental Quality 17: 219 - 225.

Mohseni, O., H. G. Stefan, and J. G. Eaton. 2003. Global warming and potential changes in fish habitat inU. S. streams. Climate Change 59: 389 - 409.

Montgomery, D. R. 1999. Process domains and the river continuum. Journal of the American Water Resources Association 36: 397 - 410.

Montgomery, D. R., and S. M. Bolton. 2003. Hydrogeomorphic variability and river restoration. Pages 39 - 80 in R. C. Wissmar and P. A. Bisson, editors. Strategies for restoring river ecosystems: sources of variability and uncertainty in natural and managed systems. American Fisheries Society, Bethesda, Maryland.

Newbold, J. D., J. W. Elwood, R. V. O' Neill, and W. Van Winkle. 1981. Nutrient spiraling in streams: the concept and its field measurement. Canadian Journal of Fisheries and Aquatic Sciences 38: 860 - 863.

Palmer, M., J. D. Allan, J. Meyer, and E. Bernhardt. 2007. River restoration in the twenty - first century: data and experiential knowledge to inform future efforts. Restoration Ecology 15: 472 - 481.

Paragamian, V. L., and R. Kingery. 1992. A comparison of walleye fry and fingerling stockings in three rivers in Iowa. North American Journal of Fisheries Management 12: 313 - 320.

Pardee, L., D. D. Tarbet, and J. D. Gregory. 1981. Management practices related to recreational use and the responses of recreationists to those practices along the French Broad River in North Carolina. Pages 21 - 30 in L. A. Krumholz, editor. Warmwater streams symposium. American Fisheries Society, Southern Division, Bethesda, Maryland.

Paukert, C. P., M. C. McInerny, and R. D. Schultz. 2007. Historical trends in creel limits, length - based limits, and season restrictions for black basses in the United States and Canada. Fisheries 32 (2): 62 -72.

Pine, W. E., T. J. Kwak, and J. A. Rice. 2007. Modeling management scenarios and the effects of an introduced apex predator on a coastal riverine fish community. Transactions of the American Fisheries Society 136: 105 - 120.

Pine, W. E., T. J. Kwak, D. S. Waters, and J. A. Rice. 2005. Diet selectivity of introduced flathead catfish in coastal rivers. Transactions of the American Fisheries Society 134: 901 - 909.

Poff, N. L. 1997. Landscape filters and species traits: towards mechanistic understanding and prediction in stream ecology. Journal of the North American Benthological Society 16: 391 - 409.

Poff, N. L., and J. D. Allan. 1995. Functional organization of stream fish assemblages in relation to hydrological variability. Ecology 76: 606 - 627.

Poff, N. L., J. D. Allan, M. B. Bain, J. R. Karr, K. L. Prestegaard, B. D. Richter, R. E. Sparks, and J. C. Stromberg. 1997. The natural flow regime. BioScience 47: 769 - 784.

Poff，N. L. , and J. V. Ward. 1989. Implications of streamflow variability and predictability for lotic community structure: a regional analysis of streamflow patterns. Canadian Journal of Fisheries and Aquatic Sciences 46: 1805 - 1818.

Power，M. E. , W. J. Matthews, and A. J. Stewart. 1985. Grazing minnows, piscivorous bass, and stream algae: dynamics of a strong interaction. Ecology 66: 1448 - 1456.

Quinn, J. W. , and T. J. Kwak. 2003. Fish assemblage changes in an Ozark river after impoundment: a long - term perspective. Transactions of the American Fisheries Society 132: 110 - 119.

Quist, M. C. , W. A. Hubert, M. Fowden, S. W. Wolff, and M. R. Bower. 2006. The Wyoming habitat assessment methodology (WHAM): a systematic approach to evaluating watershed conditions and stream habitat. Fisheries 31 (2): 75 - 81.

Quist, M. C. , F. J. Rahel, and W. A. Hubert. 2005. Hierarchical faunal filters: an approach to assessing effects of habitat and nonnative species on native fishes. Ecology of Freshwater Fish 14: 24 - 39.

Rabeni，C. F. , and R. B. Jacobson. 1999. Warmwater streams. Pages 505 - 528 *in* C. C. Kohler and W. A. Hubert, editors. Inland fisheries management in North America, 2nd edition. American Fisheries Society, Bethesda, Maryland.

Rahel, F. J. 2002. Homogenization of freshwater faunas. Annual Review of Ecology and Systematics 33: 291 -315.

Rahel, F. J. 2004a. Introduction to geographic information systems in fisheries. Pages 1 - 12 *in* W. L.

Fisher and F. J. Rahel, editors. Geographic information systems in fisheries. American Fisheries Society, Bethesda, Maryland.

Rahel, F. J. 2004b. Unauthorized fish introductions: fisheries management of the people, for the people, or by the people. Pages 431 - 443 *in* M. J. Nickum, P. M. Mazik, J. G. Nickum, and D. D. MacKinlay, editors. Propagated fish in resource management. American Fisheries Society, Symposium 44, Bethesda, Maryland.

Rahel, F. J. , and J. D. Olden. 2008. Effects of climate change on aquatic invasive species. Conservation Biology 22: 521 - 533.

Remshardt, W. J. , and W. L. Fisher. 2009. Effects of variation in streamflow and channel structure on smallmouth bass habitat in an alluvial stream. River Research and Applications 25: 661 - 674.

Resh, V. H. , A. V. Brown, A. P. Covich, M. E. Gurtz, H. W. Li, G. W. Minshall, S. R. Reice, A. L. Sheldon, J. B. Wallace, and R. C. Wissmar. 1988. The role of disturbance in stream ecology. Journal of the North American Benthological Society 7: 433 - 455.

Ricciardi, A. , R. J. Neves, and J. B. Rasmussen. 1998. Impending extinctions of North American freshwater mussels (Unionoida) following the zebra mussel (*Dressena polymorpha*) invasion. Journal of Animal Ecology 67: 613 - 619.

Rinne, J. N. 1999. Fish and grazing relationships: the facts and some pleas. Fisheries 24 (8): 12 - 21.

Roberts, J. J. , and F. J. Rahel. 2008. Irrigation canals as sink habitat for trout and other fishes in a Wyoming drainage. Transactions of the American Fisheries Society 137: 951 - 961.

Roni, P. , T. J. Beechie, R. E. Bilby, F. E. Leonetti, M. M. Pollock, and G. R. Pess. 2002. A review of stream restoration techniques and a hierarchical strategy for prioritizing restoration in Pacific Northwest watersheds. North American Journal of Fisheries Management 22: 1 - 20.

Rutherford, D. A. , A. A. Echelle, and O. E. Maughan. 1992. Drainage - wide effects of timber harvesting on the structure of stream fish assemblages in southeastern Oklahoma. Transactions of the American Fisheries Society 121：716 – 728.

Schlosser, I. J. 1982. Fish community structure and function along two habitat gradients in a headwater stream. Ecological Monographs 52：395 – 414.

Schlosser, I. J. , and P. L. Angermeier. 1995. Spatial variation in demographic processes of lotic fishes：conceptual models, empirical evidence, and implications for conservation. Pages 392 – 401 *in* J. L. Nielsen, editor. Evolution and the aquatic ecosystem：defining unique units in population conservation. American Fisheries Society, Symposium 17, Bethesda, Maryland.

Shepard, S. , and D. C. Jackson. 2006. Difference in channel catfish growth among Mississippi stream basins. Transactions of the American Fisheries Society 135：1224 – 1229.

Shields, F. D. , S. S. Knight, and C. M. Cooper. 2007. Can warmwater streams be rehabilitated using watershed standard erosion control measures alone? Environmental Management 40：62 – 79.

Simonson, T. D. , and S. W. Hewett. 1999. Trends in Wisconsin's muskellunge fishery. North American Journal of Fisheries Management 19：291 – 299.

Smale, M. A. , and C. F. Rabeni. 1995a. Hypoxia and hyperthermia tolerances of headwater stream fishes. Transactions of the American Fisheries Society 124：698 – 710.

Smale, M. A. , and C. F. Rabeni. 1995b. Influences of hypoxia and hyperthermia on fish species composition in headwater streams. Transactions of the American Fisheries Society 124：711 – 725.

Snieszko, S. F. 1974. The effects of environmental stress on outbreaks of infectious diseases of fishes. Journal of Fish Biology 6：197 – 208.

Southwood, T. R. E. 1977. Habitat, the template for ecological strategies? Journal of Animal Ecology 46：336 – 365.

Sowa, S. P. , G. Annis, M. E. Morey, andD. D. Diamond. 2007. A GAP analysis and comprehensive conservation strategy for riverine ecosystems of Missouri. Ecological Monographs 77：301 – 334.

Sowa, S. P. , G. Annis, M. E. Morey, and A. Garringer. 2006. Developing predicted distribution models for fish species in Nebraska. Final Report submitted to the USGS (U. S. Geological Survey) National Gap Analysis Program, Moscow, Idaho.

Sowa, S. P. , and C. F. Rabeni. 1995. Regional evaluation of the relation of habitat to distribution and abundance of smallmouth bass and largemouth bass inMissouri streams. Transactions of the American Fisheries Society 124：240 – 251.

Stanley, E. H. , and M. W. Doyle. 2003. Trading off：the ecological effects of dam removal. Frontiers in Ecology and the Environment 1：15 – 22.

Stark, W. J. , and A. A. Echelle. 1998. Genetic structure and systematics of smallmouth bass, with emphasis on Interior Highlands populations. Transactions of the American Fisheries Society 127：393 – 416.

Suski, C. D. , and S. J. Cooke. 2007. Conservation of aquatic resources through the use of freshwater protected areas：opportunities and challenges. Biodiversity and Conservation 16：2015 – 2029.

Taylor, C. A. , G. A. Schuster, J. E. Cooper, R. J. DiStefano, A. G. Eversole, P. Hamr, H. H. I. Hobbs, H. W. Robison, C. E. Skelton, and R. F. Thoma. 2007. A reassessment of the conservation status of crayfishes of the United States and Canada after 10 ＋ years of increased awareness. Fisheries 32 （8）：372 –389.

Thorp, J. H. , and M. D. DeLong. 1994. The riverine productivity model：an heuristic view of carbon sources and organic processing in large river ecosystems. Oikos 70：305 – 308.

Thorp, J. H. , M. C. Thoms, and M. D. DeLong. 2006. The riverine ecosystem synthesis：biocomplexity in river networks across space and time. River Research and Applications 22: 123 - 147.

Travnichek, V. H. , M. B. Bain, and M. J. Maceina. 1995. Recovery of a warmwater fish assemblage after the initiation of a minimum - flow release downstream from a hydroelectric dam. Transactions of the A- merican Fisheries Society 124: 836 - 844.

USFWS (U. S. Fish and Wildlife Service). 1982. Pecos gambusia (*Gambusia nobilis*) recovery plan. U. S. Fish and Wildlife Service, Albuquerque, New Mexico.

Vannote, R. L. , G. W. Minshall, K. W. Cummins, and C. E. Cushing. 1980. The river continuum con - cept. Canadian Journal of Fisheries and Aquatic Sciences 37: 130 - 137.

Wall, S. S. , C. R. Berry Jr. , C. M. Blausey, J. A. Jenks, and C. J. Kopplin. 2004. Fish - habitat modeling for gap analysis to conserve the endangered Topeka shiner (*Notropis topeka*). Canadian Journal of Fish- eries and Aquatic Sciences 61: 954 - 973.

Wang, L. , J. Lyons, and R. Gatti. 1997. Influences of watershed land use on habitat quality and biotic in- tegrity in Wisconsin streams. Fisheries 22 (6): 6 - 12.

Wang, L. , J. Lyons, P. Kanehl, and R. Bannerman. 2001. Impacts of urbanization on stream habitat and fish across multiple spatial scales. Environmental Management 28: 255 - 266.

Ward, J. V. 1989. The four - dimensional nature of lotic ecosystems. Journal of the North American Bentho- logical Society 8: 2 - 8.

Ward, J. V. , and J. A. Stanford. 1983. The serial discontinuity concept of lotic ecosystems. Pages 29 - 42 *in* T. D. I. Fontaine and S. M. Bartell, editors. Dynamics of lotic ecosystems. Ann Arbor Science Publishers, Ann Arbor, Michigan.

Warren, M. L. , Jr. , B. M. Burr, S. J. Walsh, H. L. Bart Jr. , R. C. Cashner, D. A. Etnier, B. J. Freeman, B. R. Kuhajda, R. L. Mayden, H. W. Robison, S. T. Ross, and W. C. Starnes. 2000. Diversity, distribu- tion, and conservation status of the native freshwater fishes of the southern United States. Fisheries 25 (10): 7 - 31.

Waters, T. F. 1995. Sediment in streams: sources, biological effects, and control. American Fisheries Socie- ty, Monograph 7, Bethesda, Maryland.

Weigel, B. M. , and D. M. Robertson. 2007. Identifying biotic integrity and water chemistry relations in non- wadeable rivers of Wisconsin: toward the development of nutrient criteria. Environmental Management 40: 691 - 708.

White, R. J. 1996. Growth and development of North American stream habitat management for fish. Canadian Journal of Fisheries and Aquatic Sciences 53 (Supplement 1): 342 - 363.

Whitledge, G. W. , C. F. Rabeni, G. Annis, and S. P. Sowa. 2006. Riparian shading and groundwater en- hance growth potential for smallmouth bass in Ozark streams. Ecological Applications 16: 1461 - 1473.

Wilde, G. R. , and R. B. Ditton. 1999. Differences in attitudes and fishing motives among Texas catfish an- glers. Pages 395 - 405 *in* E. R. Irwin, W. A. Hubert, C. F. Rabeni, H. L. Schramm Jr. , and T. Coon, edi- tors. Catfish 2000: proceedings of the international ictalurid symposium. American Fisheries Society, Symposium 24, Bethesda, Maryland.

Wiley, M. J. , L. L. Osborne, and R. W. Larimore. 1990. Longitudinal structure of an agricultural prairie river system and its relationship to current stream ecosystem theory. Canadian Journal of Fisheries and A- quatic Sciences 47: 373 - 384.

Williams, J. D. , M. L. Warren, K. S. Cummings, J. L. Harris, and R. J. Neves. 1993. Conservation status of fresh water mussels of the United States and Canada. Fisheries 18 (9): 6 - 22.

Williams, J. E. , D. W. Sada, C. D. Williams, J. R. Bennett, J. E. Johnson, P. C. Marsh, D. E. McAllister, E. P. Pister, R. D. Radant, J. N. Rinne, M. D. Stone, L. Ulmer, and D. L. Withers. 1988. American Fisheries Society guidelines for introductions of threatened and endangered fishes. Fisheries 13 (5): 5-11.

Williams, J. E. , C. A. Wood, and M. P. Dombeck. 1997. Watershed restoration: principles and practices. American Fisheries Society, Bethesda, Maryland.

Winger, P. V. 1981. Physical and chemical characteristics of warmwater streams: a review. Pages 32 - 44 *in* L. A. Krumholz, editor. The warmwater streams symposium. Southern Division, American Fisheries Society, Southern Division, Bethesda, Maryland.

Wishart, M. J. , and B. R. Davies. 2003. Beyond catchment considerations in the conservation of lotic diversity. Aquatic Conservation: Marine and Freshwater Ecosystems 13: 429 - 437.

Wissmar, R. C. , and P. A. Bisson. 2003. Strategies for restoring river ecosystems: sources of variability and uncertainty in natural and managed systems. American Fisheries Society, Bethesda, Maryland.

Yoder, C. O. 1995. Policy issues and management applications for biological criteria. Pages 327   344 *in* J. R. Davis and T. P. Simon, editors. Biological assessment and criteria: tools for water resource planning and decision making. CRC Press, Boca Raton, Florida.

第 21 章 温水型河流

Craig P. Paukert   David L. Galat

21.1 引言

温水型河流是复杂多样的生态系统，有着高度的空间异质性，它的管理具有相当的挑战性，需要创新和多样的解决方法。除了河流本身复杂的生物和物理特性外，人为的因素也很复杂。很多时候这些河流跨越不同行政区域（州、省，甚至国家），因此诸多利益攸关方的利益纠葛也会影响河流的管理。河流不但是交通运输的通道，也往往是人类居住活动的中心。对于渔业管理者来讲，可能考虑更多的是河流改造给鱼类丰度、生长和活动带来的影响；而其他利益相关方也许更加看重河岸区的商业发展、水电建设、洪水治理等。因此，温水型河流的管理涉及很多方面；实际上，渔业在温水型河流的管理和经济效益方面只是很小的一部分。

遍布北美以及全世界的温水型河流都已经发生了很大变化，全世界只有23%的大型河流依然保持着往昔的水量（Dynesius and Nilsson，1994）。在北美，基本未被改造的河流通常在北部地区，如育空河（Yukon River）（Benke and Cushing，2005）。而大多数温水型河流都分布在南方，那里的河岸带、植被分布、水文情势以及河漫滩等都已经被人类改变。

温水型河流的渔业管理在很多方面远落后于湖泊、池塘和水库。由于很多温水型河流流域广阔、栖息地多样，对于温水型河流的生态管理首先就要求更加全面详细地调查取样。因为绝大多数温水型河流已被改变，却又基本没有改造之前的信息作为参考，而这些本底数据恰恰是进行管理时确定"自然"状态的重要依据。同样，温水型河流在很多地区通常都是独特的，缺乏改造前的空间信息势必影响河流的管理与栖息地恢复。

管理温水型河流的机构构成通常比较复杂，需要涵盖不同的职能，兼顾多种不同的需求，这些都增加了渔业管理的复杂性。不同的利益攸关方在河流所能提供的服务上会相互竞争，如需要一定的水量进行农业灌溉、水力发电或航运，而这些服务功能的充分发挥则可能无法顾及渔业生产或鱼类栖息地的最佳利益。通常这些相互竞争的利益攸关方均有其不同的政治驱动，因此会影响河流管理的决策。尽管鱼类可能需要一定水量、温度和栖息地，但这些需求也许不能与市政供水、城市防洪或者疏浚淤沙和提供建筑材料相抗衡。

21.2 大型温水型河流的特点

尽管本章主要讨论大型温水型河流，但是关于大型河流并没有一个普遍公认的定义。怎么区分大型河流与小河小溪呢？大型河流就是"大得足以吓到科研工作者"（Hynes，

1989)。在学术上区别河流的流量和大小经常要基于流域大小（这个称作"Strahler 规则"；Strahler，1957)、流量及长度 (Benke and Cushing，2005)。Benke (1990) 认为长度上超过 1 000 km 的算作是大型河流。大型河流又被分别定义为流域面积超过 1 600 km² (Ohio EPA，1989)、2 590~5 180 km² (Simon and Lyons，1995) 或超过 20 000 km² (Reash，1999)。Simonson 在 1994 年将河流宽度超过 50 m 的定义为大型河流，而 Stalnakeret 将平均水深超过 1 m 的定义为大型河流。在 Strahler 河流等级中超过 6 以上的也被定义为大型河流 (Sheehan and Rasmussen，1999)。Dynesius 和 Nilsson (1994) 又基于北半球 1/3 的河流定义了排除人为影响的河流初始年均流量 (virgin mean annual discharge，VMAD)；VMAD 大于或等于 350 m³/s 的河流被认为是大型河流。在本章中对于大型河流的定义与 Benke 和 Cushing (2005) 近似：年均流量超过 100 m³/s，流域面积超过 217 km²，在 Strahler 河流等级中至少是 3，通常超过 5 或更多 (表框 21.1)。本章不对大型河流与"超"大型河流（例如，Simon and Emery，1995）进行具体区分。表框 21.1 将对温水型河流的诸多特点以及管理上的挑战进行归纳总结。

表框 21.1　北卡罗来纳州纽斯河大坝移除后本地土著溯河洄游鱼类的响应

Joseph E. Hightower

位于北卡罗来纳州纽斯河上的桂格内克大坝被移除后，为科研人员观察研究土著溯河洄游鱼类面对产卵场增加时表现出的行为提供了一个很好的机会。这个大坝是一个低水头的大坝，距离河口 225 km，修建于 1952 年，当时修建这个大坝是为了给附近的一个蒸汽发电厂提供冷却水。大坝装置中包含一个鱼道（鱼梯），但是鱼道无效。很多研究已经表明大坝的存在限制了条纹鲈和美国西鲱的迁移，这是纽斯河流域两种主要的溯河产卵鱼类。针对生物学方面影响的研究引发人们重新设计电厂冷却水的进水方式，发现并不需要大坝，于是大坝在 1998 年被拆除。

在大坝被拆除之前，Beasley 和 Hightower 在 2000 年利用声波遥感技术监测了条纹鲈和美国西鲱向上游的洄游，发现即便是在大洪水来临将大坝完全淹没的时候，这些鱼类的通过量也是很低的。在大坝下游佩戴有信号传送器的 13 尾纹鲈和 8 尾美国西鲱当中，只有 3 尾条纹鲈通过了鱼道，证明大坝是鱼类洄游的阻碍。遥感观察研究发现条纹鲈的产卵场集中在大坝下游 1.5 km 处。有些美国西鲱在洪峰的时候能够游到大坝的上游，观察发现这些美国西鲱的产卵场分布在大坝下游 1.5 km 至上游 3 km 的范围内。

关于产卵场和栖息地的研究表明，大坝的移除对这两个物种都是有利的。条纹鲈喜欢在流速较高的地方产卵，而美国西鲱喜欢在浅水地带产卵。这样类型的产卵场很少分布在大坝下游，而更有可能在大坝上游地带。

大坝移除后，条纹鲈和美国西鲱已经从中受益。无线电遥测显示，佩戴有信号器的 23 尾条纹鲈中有 15 尾通过了大坝旧址，在 22 尾美国西鲱中有 12 尾通过 (Bowman，2001)。美国西鲱的产卵集中在大坝旧址上游大约 14 km 处并靠近相当粗糙的基底（砾石、鹅卵石和圆石），适应中度流速（每秒 0.2~0.6 m）和水深 (50~125 cm)。这些研究表明，鱼类会选择和大坝下游一致的产卵栖息地，而这些栖息地在大坝下游已经很少了。另一项由 Burdick 和 Hightower 在 2006 年进行的研究，采用鱼类浮游生物抽样的方法来确认产卵的位置，发现在大坝移除后上游地区鱼类增殖量大大增加。在大坝旧址上游 120 km 处都能够采集到美国西鲱、条纹鲈和胡桃鲱的卵或幼体。然而，不同物种对于新产生的栖息地的使用情况是不同的。美国西鲱和条纹鲈产卵集中在干流，而胡桃鲱更喜欢在支流。每一

（续）

年使用新的产卵场的情况也是不同的，春季洪流较大的年份新产卵场的使用更多。

大坝移除对溯河产卵鱼类的好处表现在几个方面。很明显的一个例子是上游距离下一个屏障的距离。很容易从生物学方面证明移除纽斯河大坝的好处：这一措施提供了主干道长达 120 km 和支流 1 488 km 的产卵栖息地。溯河产卵鱼类对大坝移除的响应也取决于产卵场和育幼地是否是关键因素。其他方面，如过度捕捞和死亡可以调节种群规模，因此鱼类对产卵场增加的响应也许无法被察觉到。这些方面也许不能否定大坝移除的长期价值，但是这会影响鱼类种群的期望值。尽管如此，纽斯河大坝的移除对于本地溯河产卵鱼类（溯河性鱼类）是一项重要的保护措施和管理行为。

温度几乎可以影响到鱼类生物学过程的各个方面，尤其是个体的生长和繁殖，因此水温是河流鱼类群落结构特征的重要影响因子（Wolter，2007）。是什么使得温水型河流成为鱼类区系的最好代表？Magnuson 等（1979）基于实验室参数和夏季河流水温定义了温带淡水鱼类的温度生态位。使用这种方法他们将美国和加拿大的鱼类分组为寒水性鱼类、凉水性鱼类和温水性鱼类。渔业管理者采用这种方法将温水型小溪及河流定义为水温过高而无法维持鲑科鱼类种群持续生存的水域。更具体地说，鲑科和杜父鱼科鱼类属于冷水性鱼类，鲈科和狗鱼科属于凉水性鱼类，棘臀鱼科、鲇科和鲈科通常被认为是温水性鱼类。然而，仅仅根据夏季水温的偏好性范围对河流各科鱼类进行划分并不完全可靠，如鲤科和胭脂鱼科鱼类在以上 3 种温度的水域中均有分布。

本章中将没有鲑科鱼类分布且年平均水温高于 11 ℃的河流定义为温水型河流（Magnuson et al.，1979）。然而，这也许会误导大家将全部河流归类为温水型河流，因为上游河段也许适合冷水性鱼类。本章重点讨论大型河流的温水性鱼类管理，不包括下游以大麻哈鱼为主的渔业（见第 19 章）。温水型河流占据着北美地区大量温暖的低地和泛滥平原。根据这个标准，Benke 和 Cushing（2005）提供了北美 218 条河流中 108 条的代表性样本（表框 21.1）。

21.3　河流生态学的相关概念

河流鱼类的有效管理主要基于河流-河漫滩生态系统的管理，对于河流生态学的认识和理解也是河流鱼类管理的基本前提。以下是河流渔业管理中常用的生态学概念。

21.3.1　纵向地带性概念

河流常被看作纵向系统来管理。早先河流管理的理念中根据鱼类物种的组成将河流分为不同的区域（例如，Sheldon，1968）。比如，美国西部山区河流上游通常是小溪流、小河，其中所分布的主要是冷水性鱼类，而当河流流淌出山林进入低地后即转变为温水性鱼类（Rahel and Hubert，1991）。基于鱼类种群带状分布所建立的河流管理概念具有其缺陷，因为此概念以河流不受人为干扰而发生改变为前提的，但这种前提是极罕见的。同时，这种方法也忽略了河流垂直方向与横向维度上鱼类物种的差异（Ward，1989），其差异与不同区域的水文和地貌特征状况密切相关（如 Poff and Ward，1989）。鱼类带状分布的概念并不适用于大型河流，因为冲积河段显示出复杂的生物物理变化与环境异质性（Stanford et al.，

1996）。实际上，河流是一个纵向的连续体，这就与其他河流生态的概念有关了。

21.3.2　河流连续体概念

关于纵向变化一个更加综合的观点是河流连续体概念（RCC，Vannote et al.，1980）。河流连续体概念是在对北美洲温带河流进行研究的基础上发展出来的，前提是从源头到河口水生生物对于非生物环境结构和功能变化是梯次适应的。RCC概念强调渐变。河道网被看作是纵向连接的系统，生物群落的组成具有渐变性（图21.1A）。

河岸植被对于河流的物理影响（如水温）和生物影响（如分解无脊椎动物）过程随着河流逐渐向下进入温水区而降低。RCC预测河岸植被对于大河的影响较小，因为大河的河道很宽阔。在大的河流里，鱼类的食物由细小的悬浮颗粒物组成，这些悬浮物通常来自上游汇集来的物质（如落叶）和悬浮植物，直到河道变得很宽且深度和浊度增加，导致光线减弱，最终减少了浮游植物的初级生产力；于是系统变为异养。

RCC假定河流总的生物多样性会随着河道向下逐渐增加，到达某一个点后会随河流进一步的向下延伸而减少。RCC的这个观点已经在欧洲的多条河流被证实（Aarts and Nienhuis，2003），并且会与下游更加严重的人为干扰的累积影响直接相关。

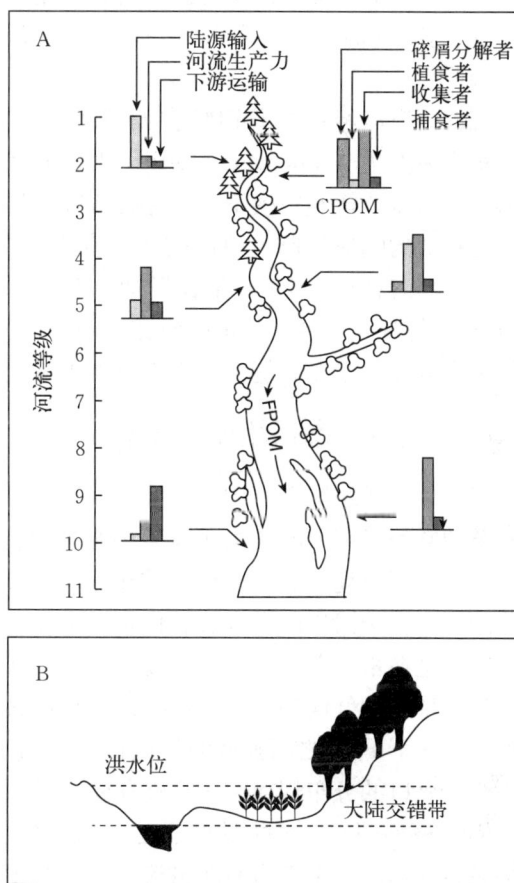

图 21.1　A 为河流连续体的示意图，B 为洪水脉冲示意图。图 A 中的 CPOM 是粗颗粒有机质，FPOM 是细颗粒有机质。图 B 中虚线代表最低水位和洪水最高水位，及其对水陆植被过渡带的影响

（改编自 Johnson et al.，1995）

21.3.3　洪水脉冲概念

当 RCC 应用于大型冷水型河流和温水型河流的时候其普适性遇到了挑战（Sedell et al.，1989）。考虑到低地洪泛区的重要性，温水型河流与洪水脉冲形成了一个互补的概念，即洪水脉冲概念（FPC）。FPC 描述了一个河流系统中生物与河流及洪泛区环境间的相互作用，同时强调周期性洪水或是未受人类影响的河流-洪泛区系统的作用（Junk et al.，1989；图 21.1B）。FPC 认为，洪水脉冲与洪泛区之间周期性的相互作用对于补充鱼类资源非常关键（Welcomme，1985）。与 FPC 相关联的生命循环，特别是对于鱼类的食

物供给、产卵、栖居等，周期性的洪水都有重要作用（Lorenz et al.，1997）。河流水位增长和长时间的高振幅洪水泛滥使得鱼类呈现大丰收年，这在温和低地和热带河流被认为是"洪水脉冲福利"（Bayley，1991）。FPC认为洪泛区和定期的洪水对于鱼类产量有重要意义。

相关研究已经评估了FPC在大型河流与鱼类生长的相关性，表明鱼类生长的增加紧随洪水之后发生（Jones and Noltie，2007）。Gutreuter等（1999）认为鱼类在河漫滩的生长情况因水流节律和规模不同而存在年际差异，而仅生活在密西西比河上游主河道的鱼类却缺乏相似的响应机制。他们的研究发现，在洪水淹没河漫滩的年份，河道沿岸带鱼类（如大口鲈和蓝鳃太阳鱼）生长增加，但主河道鱼类（如白鲈）的生长不存在年际差异，这与FPC的观点一致。后来的研究表明，在密西西比河下游，FPC观点或许适用，但前提是洪水流经河漫滩时能为沿岸带鱼类提供充足的食物（Schramm and Eggleton，2006）。

21.3.4 河流生态系统综合模型

河流生态系统综合（RES）模型（Thorp et al.，2008）提供了一个体系框架来解释在复杂的空间尺度上不连续或显著的纵向侧向模式。RES是基于生态学和地貌学这两个对于河流管理研究关键的学科领域建立的。RES模型与早先的理论（即RCC）之间一个显著的不同在于河流网没有被看作是一个连续的纵向梯度，而是仿佛像碎块一样拼接镶嵌在一起，这在术语上被称作"功能过程区"（FPZ）。功能过程区建立在水文和地貌特征上，具有特定的气候和植被。这些过程也许具有不同的营养输入、径流、含沙量以及流域植被。每一个FPZ之间独特的生境特征有助于保存潜在的鱼类基因库资源。鱼类从河流源头至入海口的分布规律和多样性反映了FPZ矩阵，而非沿河流连续地渐变。

RES模型中的一个关键概念是地貌斑块构成了生物群与周围环境相互作用的基础。其生态系统功能（生产力和能量流转）明显不同于FPZs。RES模型认为FPZ也许适用于河流改造和管理。因此，评估河流状态应该在大空间范围内进行基于地貌和水文的研究（Thorp et al.，2008）。FPZ具有不同的河流结构功能及鱼类群体，这很可能反映出不同的管理模式。此外，在大的空间尺度上，FPZ的数量和多样性（物种的丰度和多样性）也许可以作为鉴定河段的一个标准，有效减少人为的干扰，保持更多的自然流量和地貌特征（Thoms et al.，2008；Thorp et al.，2008）。

21.3.5 系列非连续体概念

前面所述的概念（如RCC和FPC）很大程度上适用于那些未受干扰的、具有良好纵向连通性的河流系统，且在主河道和河漫滩之间也有很好的连通。然而，由于水坝、横向沟渠等的修建，许多河流已经被改变和隔断。系列非连续体概念（SDC，Ward and Stanford，1983）阐释了水坝对河流的影响。水坝破坏了河流的自然进程，严重程度则决定于水坝的位置和水坝泄水类型（例如，是否从下层低温滞水带泄水）。SDC将河流系统看作是一个被水坝影响的纵向梯度系统。Ward和Stanford（1995）建立的这个框架包含不同类型河流片段的泛滥平原栖息地。按照系列非连续体概念，在人工非连续体（例如，水坝）占主导的河流，上游一般有稳定的河道，而下游则通常蜿蜒曲折，有着更高的不稳定性以及水温上的变化，这些恰恰会对鱼类群落产生影响。然而受到水坝调节的影响，水库下游将会逐渐稳定，下泄水则会保持较高的水温。洪泛平原和水库回水的结合部通常是很多鱼类栖居的地方，这些地方将会受到水库更深刻的影响，因为水库形成前这里的栖息地多样性很高。

21.3.6　自然流态

流态是维持河流生态系统完整性的重要机制（即维持生物群落中的物种组成、功能多样性和栖息环境之间平衡的能力；Karr，1981），之后演变为"自然流态"的概念（Poff et al.，1997）。高低流量脉冲的大小、频率、时间、周期，以及上升下降的频率对于泛滥平原河流系统调节流态和生态结构都是重要的因素（Richter et al.，1997；Bunn and Arthington，2002）。这些流动力学与生态完整性（Poff et al.，1997；图 21.2；另见第 12 章关于河流生态完整性的讨论）和河流的人为改造（如大坝修建和渠道化）密切相关。相对自由流动状态的河流通常具有较高的本地鱼类种群（补充）数量，因为这些鱼类已经适应了这样的流动水态。自然流态相对容易预测，它可驱动鱼类洄游、产卵，并进入河漫滩栖息（Welcomme，1992；Junk et al.，1989；Paukert and Fisher，2001）。此外，自然流为本地鱼类和其他水生生物提供了更适合的栖息地，包括淡水河蚌（Di Maio and Corkum，1995）。高流动性水流的传输使得沉积物被运往下游，使得流域中的许多孔隙空间清澈，适宜许多鱼类产卵。这样的水流也运输了大量木屑，这些成为河流鱼类栖息地的重要组分（Angermeier and Karr，1984；Benke et al.，1985；Lehtinen et al.，1997）。

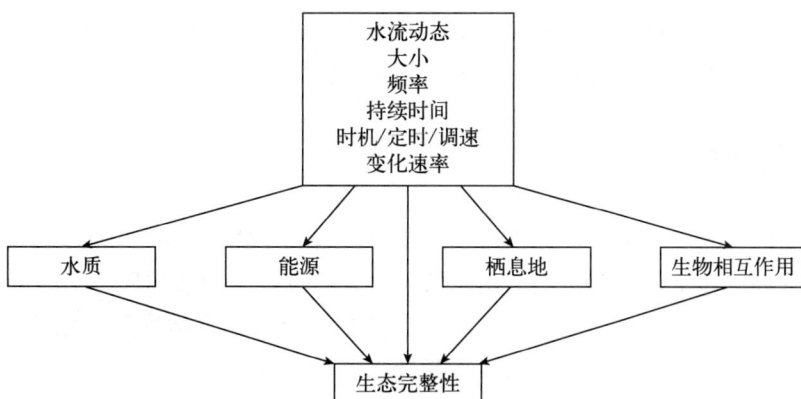

图 21.2　水流通过 5 个组分影响生态完整性的示意图
（总结归纳自 Poff et al.，1997；Karr，1991）

高速流动的水流有助于补充河流中鱼类数量，但是这在物种之间有很大区别。Harris 和 Gehrke（1994）提议用洪水补充模型来描述一些物种如何恰当地应对水流的周期性变化。这个模型意味着水流影响着产卵，并强调洪水将覆盖河漫滩（其为鱼类提供产卵和栖息地）（Welcomme，1985；Humphries et al.，1999；Winemiller，2005）。然而，其他物种也许会在低速流动的水流中显示成功的繁殖补充（Humphries et al.，1999），包括北美洲一些温水型河流中的物种，如在得克萨斯州的布拉索斯河（Brazos River）中生活的种类（Zeug and Winemiller，2008）。Humphries 等（1999）提出"低速流动假说"来解释为什么有些鱼类能够在流量减少时产卵，暗示可能低速流动的水流中，食物相对集中而容易获取，从而有助于繁殖。但是也有些鱼类较少受到水流的影响，而光周期和水温是驱动它们繁殖的主要因素（Winemiller，2005）。例如，北美大平原上许多河流中的鲤科鱼类具有延迟产卵期的行为，水流排放量和繁殖成功率之间并没有关系。在干旱地区，稳定的河流流量在繁殖季节对于许多鲤科鱼类的繁殖成功至关重要。

21.3.7 统一主题

河流生态学概念的底层数组理论认为栖息地和时空异质性很大程度上影响着水生生物的数量、分布和丰度，包括鱼类（Vannote et al.，1980；Ward，1989；Thorp et al.，2008）。

所谓的"栖息地模板"塑造了河流鱼类群落和栖息地的空间异质性，从而产生了更多的微栖息地，而这些微栖息地又进一步孕育了更高的生物多样性（Poff and Ward，1990）。主要通过水流形成，又在空间层级上进一步发育出来的河流栖息地，是理解鱼类群落结构及其影响因子，以及河流管理选项的关键。

RCC 和 FPC 假说可以帮助管理者了解河流鱼类的生活史，识别功能团以及在多时空尺度上的运行机制（Bayley and Li，1992）。已经有很多的综述、评估等研究工作作为管理者提供了一个统一的基础，从而帮助他们认识到人类影响和管理上的改变可以保护和恢复温水型河流及生活在其中的鱼类。尽管没有一个单独的概念是被单方面接受的，但是河流渔业的管理是这些概念/模型的整合，这其中也包括河流地形学和自然流态方面的概念（Poff et al.，1997；Dettmers et al.，2001；Thorp et al.，2006）。这些概念的共同之处在于：河流是在纵向、横向和时间尺度上不断变化的，它一方面受到水文和地貌过程的影响；另一方面也受到大坝或是其他一些人造水工设施的影响。

21.4 主要问题

温水型河流鱼类的管理受河流系统的非生物因素和生物因素的共同影响。非生物因素是河流鱼类管理的基础，而生物因素对河流鱼类具有重要的塑造作用。影响温水型河流鱼类管理的主要非生物因素包括栖息地破碎化、流量调节、栖息地变化、水质和气候变化。影响河流鱼类管理的生物因素是过度捕捞和外来物种入侵。

21.4.1 非生物因素

北美许多温水型河流是高度破碎化且受到严格的人为调控。例如，1994 年，由 Dynesius 和 Nilsson 研究的 15 条温水型河流中，8 例（53%）被认为受到了严重的干扰和影响，只有一条河没有受到生境破碎化和流量调节的影响。

21.4.1.1 生境破碎化

造成生境破碎化的原因有很多，但大坝和引水工程的建设影响最显著（图 21.3）。这些工程阻断了鱼类的洄游通道，隔离了鱼类群体间的相互交流，减少了适宜的繁殖栖息地，降低了沉积物的运移并改变了水温和基质组成。另外，水库变成了非本地鱼类入侵、杂交及与本地鱼类竞争的场所。北美洲河流的纵向分裂影响了本土河流鱼类和淡水蚌类的群落。锐向亚口鱼、尖头叶唇鱼和隆背骨尾鱼鲦在科罗拉多河数量下降，这在一定程度上反映了在大坝建设后温度变化和河流水文情况的变化对鱼类的影响（Minckley et al.，2003）。由于大坝的建设，密西西比河和密苏里河的匙吻鲟产卵地被淹没堵塞（Jennings and Zigler，2009）。由于产卵通道堵塞，萨斯奎哈纳河（Susquehanna River）的美国西鲱数量已经下降（St. Pierre，2003）。由于大坝建设导致产卵通道被阻塞和栖息地被破坏，阿巴拉契科拉（佛罗里达州）查特胡奇河（Apala chicola Chattahoochee - Flint River）的浅滩鲈数量锐减（Williams and Burgess，1999）。

在改变了的河流系统中，大坝或引水设施可能会使鱼类发生卷吸，这也是鱼类管理的重要关注角度。河水在通过灌溉运河、市政供水或发电时，可能导致鱼类通过这些设施装置时死亡。在蒙大拿州的黄石河，加拿大梭鲟鲈非捕捞死亡率中，有 78% 是由于引水设施产生的卷吸导致的（Jaeger et al.，2005），这表明这种现象是普遍存在的。一些管理措施，如增殖放流装置中的观察屏幕，通常要安放到合适的位置，以对鱼造成的伤害最小化（Moyle and Israel，2005）。水库安装的闪光灯、声音或者气泡产生装置也被用来减少水通过大坝的鱼的夹带（Patrick et al.，1985；Popper and Carlson，1998；Hamel et al.，2008）。电格栅也被用于减少非目标鱼类通过大坝的导流管道（Clarkson，2004）。

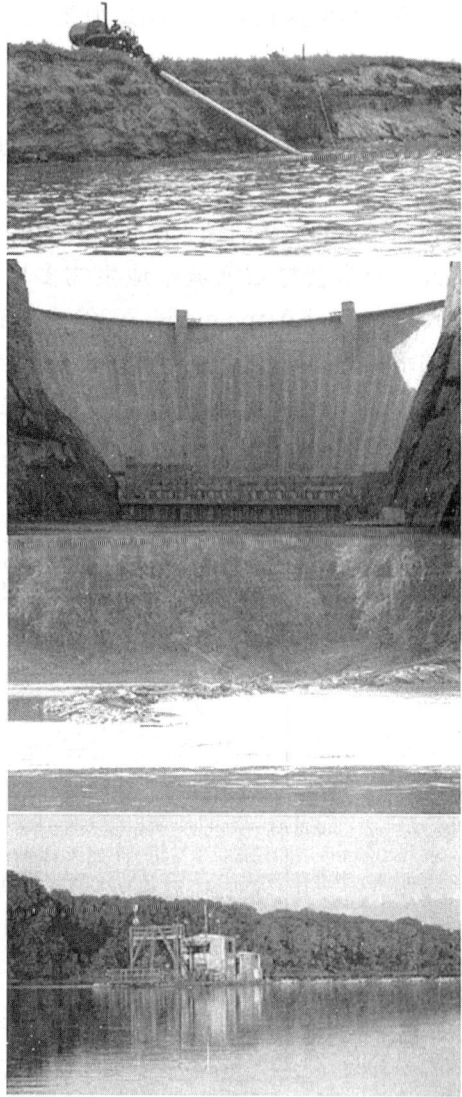

图 21.3　大型温水型河流面临的主要人为影响。由上至下：灌溉取水、大坝（格伦峡谷大坝）、丁坝、挖沙

由河漫滩和主河道相隔离引起的温水型河流的横向破碎化也改变了栖息地的环境，影响鱼类繁殖。横向破碎化主要是由于修筑防洪堤坝和其他建筑物以减少洪水对堤岸的侵蚀从而保持河流主干道内水流通畅。这些水工建筑物有时候也是为了保持深水航道。目前，恢复大型河流主干道与河漫滩之间的连通工作正在尝试进行。例如，佛罗里达州的基西米河（Kissimmee River）曾经是一条蜿蜒 167 km 的河流，但在 1960 年变成了 90 km 的运河。目前正在努力使之恢复往日的样貌（Whalen et al.，2002）。在伊利诺伊河（Illinois

River），回水区和主河道之间的重新连通工作已经完成，成鱼和幼鱼都已经在恢复后的回水区出现（当然这也取决于栖息地质量和水文因素；Schultz et al.，2007；Csoboth and Garvey，2008）。

21.4.1.2　流量调节

　　大型温水型河流的流量调节也是影响鱼类种群数量和结构的重要因素（图 21.4）。流量调节通过大坝和河水分流来实现水力发电、农业灌溉、航运、旅游业，以及其他与鱼类资源管理无关的经济活动。这些水利的多方面用途通常对河流生态系统不利，而且水文情势的改变通常会导致河流本地生物多样性减少并引起外来物种入侵（Stanfor et al.，1996；Bunn and Arthington，2002）。许多鱼类的生活史特征，尤其是繁殖习性，与河流特定的水文情势同步，水文情势改变将会对鱼类种群造成危害（Bunn and Arthington，2002）。此外，能够很好适应新水文情势的外来鱼类常常会茁壮成长，且较本地原生鱼类具有更强的生存能力。因此，河流的自然流态可以增加土著鱼类的丰度和多样性，而水文情势的改变则有利于增加入侵鱼类的丰度（Marchetti and Moyle，2001）。

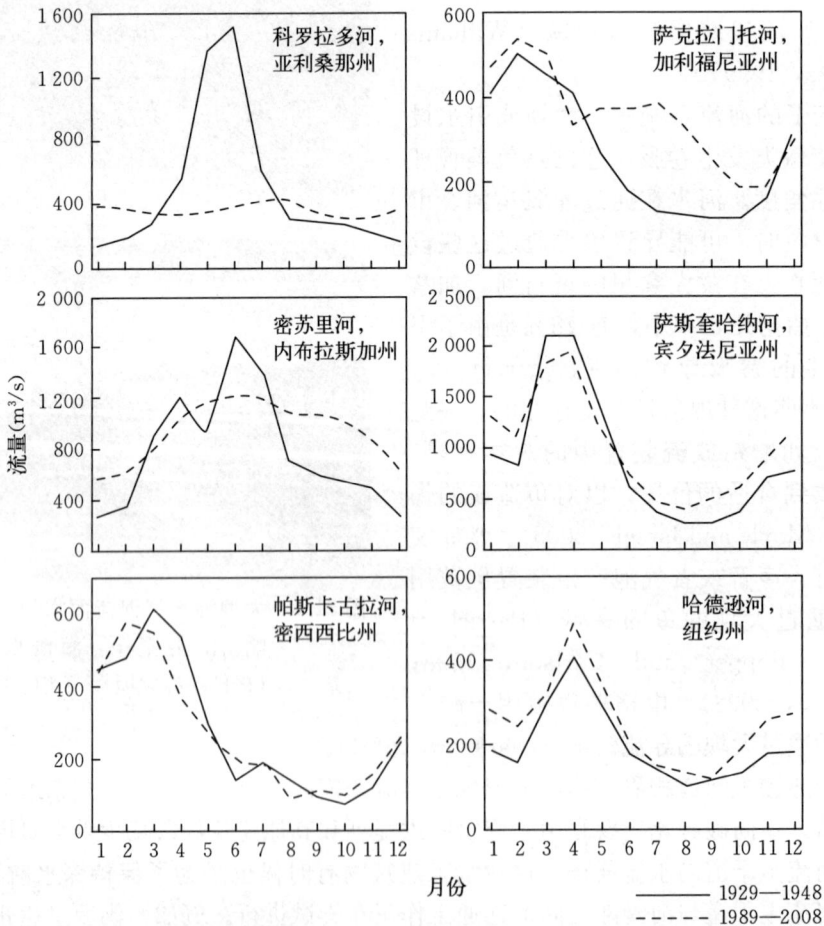

图 21.4　显示 6 条大型暖水河流月均流量图，示流量的历史变化。图中曲线代表
20 年（1989—2008）和历史时期（1929—1948）平均流量

　　流量调节具有多重含义。流量大小、持续时间、维持周期和流量变化率等都是影响鱼类繁殖和种群补充的重要因素（Poff et al.，1997）。温水型河流的流量管理一直聚焦于重建河流的自然流态。然而，由于多个利益攸关方之间对水资源的竞争，完全重建自然流态往往是不可能的。例如，水电站为满足发电需要，下泄的尖峰流量通常会改变河流的自然水文形态，随之改变了温水性鱼类的栖息地，并严重影响到鱼类的繁殖和种群扩增（Freeman，2001）。努力设计更接近自然状态的流量往往是河流管理的目标（Richter et al.，2003；Jacobson and Galat，2008）。在肯塔基州格林河（Green River），人们正在努力尝试从初秋（9 月、10 月）到深秋改变高坝流量释放模式，并配合秋季降雨，来尽量贴合河流的自然流量（Richter et al.，2003）。在密苏里河，为了保护濒危的密苏里铲鲟，正在进行更多的努力，但是与河流流量相关的密苏里铲鲟生活史情况还是未知的。因此，人们猜测最适合的流量控制是模仿自然状态的流量（Jacobson and Galat，2008）。科罗拉多河穿越大峡谷的过程中有许多大规模改变流量的试验，用以帮助濒危鱼类种群的恢复，其中包括控制春季洪水和稳定的夏季的低流量（如 Valdez et al.，2001）。

　　由于流量状态包含多方面因素，因此描述河流的流量状态是一件非常复杂的事情，而这也会影响许多物种的生活史周期。由于大小、持续时间、频率、周期以及河流动态模型的变化频率，综合性能指标与这些属性已经成为一个评估水文改变的实用手段（Olde and PofT，2003）。水文变化指数（index of hydrologic alteration，IHA）计算 32 个与上述 5 项水流模式特征相关的变量（Richter et al.，1996）并已在评估温水型河流水文改变方面得到了广泛应用。变动范围法（range of variability approach，RVA）扩大了 IHA 从而能够帮助管理者设计一系列生态相关流程目标（Richter et al.，1997，1998）。IHA - RVA 方法已经共同应用于众多温水型河流，包括科罗拉多（Richter et al.，1998）、密苏里河（Galat and Lipkin，2000）、塔拉普萨河（Irwin and Freeman，2002）和伊利诺伊河（Koel and Sparks，2002）。基于 IHA - RVA，建议伊利诺伊河能够为大坝下的河流中的 0 龄鱼苗保留更多自然状态的河流（Koel and Sparks，2002），并有利于恢复全国性濒危的柔石鲴（Wildhaber et al.，2000）。然而，在我们没有意识到的情况下，根据 IHA - RVA 建议，更贴近自然状态的流量改善了本地温水性鱼类的生存。对更接近自然流量状态的河流，这更像是由于一个基于 IHA - RVA 方法失败导致的结果，而不是由于缺乏鱼类记录数据而导致的。

　　最近，Poff 等（2010）提出将水文变化的生态极限（ecological limits of hydrological alteration，ELOHA）作为一个框架，用于恢复河流的自然流动。ELOHA 的优点是将流量和区域生态过程联系起来（Poffet，2010）。同样的，河流在不同地区或不同的水文情况下，其管理机制也是不同的。"ELOHA 五步骤"过程包括：①定义历史上和当前的径流条件；②从生态学角度定义径流类型及特点；③根据历史情况评估河流流量变化；④建立流量变化-生态反映关系（如物种丰富度或流域中的仔鱼丰度对流量变化的反映）；⑤与利益相关者合作实施环境流量评估。ELOHA 过程已经应用于美国国内和境外几个项目。

21.4.1.3　栖息地的改变

　　温水型河流河岸带及河道内的栖息地变化关系到鱼类和淡水贝类的丰度及种群结构。

为了航运或采挖建筑材料（砂卵石层）而进行的河道改造已经改变了大型河流的栖息地环境和物质运输，河底基质及流速，这些改变都与鱼类相关。自然栖息地（如岛屿、沙洲、回水和湿地）也由于河道改造而被严重的改变或消失了（Pflieger and Grace，1987；Whalen et al.，2002；Galat et al.，2005；Paukert et al.，2008）。

用于创建和维护航道及减少洪水的结构包括丁坝、护坡和防洪坝。垂直（或近乎垂直）于主流的岩石基质的建筑物、丁坝，或是向下游方向伸出一个长臂的 L - 型堤会使得水流直接流向深泓线的中心，大量冲刷河流底质，造成大块木屑等的移动。那些大型河流鱼类所喜爱的低流速栖息地会在丁坝的下游迅速形成，但是底质的沉积会抵消这些栖息地的价值（Sheehan and Rasmussen，1999）。人们常常沿着河岸用岩石护坡以减少侧向侵蚀。防洪堤沿着河岸建设，减少了洪峰期洪水漫出，同时也减少了主河道和河漫滩之间的联系。这些结构的影响是多种多样的，并与其规模相关。在更大的空间尺度上，因为自然河流栖息地的损失，可能会减少生物完整性；在地区范围内可能会增加鱼类生物量或丰度，因为岩石基质可以提供类似于在非渠化的河流中大型木屑所形成的栖息地（White，2009）。Hartman 和 Titus（2009）发现，人工堤对于西弗吉尼亚卡纳瓦河（Kanawha River）中生活的棘臀鱼科鱼类来说，是非常重要的栖息地。另外，在密苏里河下游和密西西比河中游，对这类挡水建筑物进行改造，通过移除一些石质部分而形成缺口，使得河水可以流到这些建筑物的后面，同时也减少了泥沙沉积，在回水处创造了更多栖息地，从而更有利于土著鱼类的生存。

清除河流中的大型木质残骸主要是为了航运（Angradi et al.，2004），或为了岸边的人工植被，但这种做法却对河中的鱼类有不利影响。在北达科他州的密苏里河上游，有59%的原始漫滩森林已于1979年消失，主要就是因为森林砍伐和农业生产（Johnson，1992）。总的来说，这些人类活动减少了温水型河流中的大型木质碎片，导致栖息地异质性降低，低等无脊椎动物多样性及其栖息地减少，使得鱼类的食物减少（Gurnell et al.，2002）。大型木质碎片仅占水体表面积的4%，但在佐治亚州萨提拉河中维持着无脊椎动物生物量的60%（Benke et al.，1985）。此外，鱼类会利用木质成分作为栖息隐蔽物，它们所捕食的无脊椎动物很多也生长自木质残体。类似的木质残骸与鱼类的关系也在其他温水型河流中有所展现（Lehtinen et al.，1997）。

21.4.1.4 水质

由于河流规模庞大、大坝与河道修改、流域周围的城市与农业用水以及河流生态环境的变化，温水型河流的水质有高度可变性。这些人为原因可以大幅度影响河流水温，而水温是影响鱼类产卵、补充与生长的重要因素。比如，犹他州格林河上弗拉曼·乔治大坝的修建使得滞温层夏季水温在15～21℃基础上上升了7℃，而使得冬季水温从接近0℃上升到了3～8℃（Vanicek et al.，1970）。相似的变化也发生在科罗拉多河，格伦峡谷大坝的建设使得夏季水温的峰值由大于25℃降到了10～12℃（Petersen and Paukert，2005）。在格林河与科罗拉多河下游，外来入侵的虹鳟已经大规模繁殖，而本地原生的温水性鱼类却减少了。其他温水型河流也由于大坝的建设导致了水温发生变化（Quinn and Kwak，2000）。通常尾水区常被用来进行外来游钓鱼类的养殖，因此水温的变化被某些利益相关方认为是好事。河岸的土地利用，如农作物种植产生了过多的细泥沙，堵塞了粗糙河床上的空间间隙，而这样的地方原本可被鱼类用来产卵。

过多的细颗粒泥沙也会降低能见度，从而限制鱼类的觅食能力，同时水体初级生产力也由于阳光的射入量减少而降低。增加的沉积物使得专食性鱼类比例减少而广食性鱼类比例增加（Berkman and Rabeni，1987）。浊度增加会导致鱼类觅食效率降低（Sweka and Hartman，2003），导致生长率和存活率降低。增加的沉积物也使得淡水贝类的种群数量降低（Hopkins，2009）。

然而，沉积物增加并不是一定对鱼类有害。大坝的存在减少了泥沙流动，以前混浊的温水型河流现在变得河道清澈，然而这使得下游河床退化。亚利桑那州科罗拉多河下游格林峡谷大坝（Stevens et al.，1997）和南达科他州密苏里河下游加文斯波因特大坝（Galat et al.，1996）的泥沙流动还不足标准水平的 1%。泥沙流动减少可以提高水体透明度，从而改变底栖生态系统和鱼类食物网（Stevens et al.，1997），也将使得靠视觉捕食的天敌更容易捕获鱼类。

温水型河流中各种污染物相对比较普遍，并能够对鱼类造成危害。硒和 DDT 使得许多种鱼类和它们的卵无法存活（Jarvinen and Ankley，1999），汞抑制激素水平、繁殖和雌性性腺发育（Jarvinen and Ankley，1999；Hink et al.，2006）。泛滥平原及集水区内的农业及城市化进程导致化学品的使用增加，并通过点源和面源方式排入河流。鱼类体内较常见的化学污染物，包括农药中的有机氯杀虫剂（如 DDT、氯丹、阿特拉津等）。采矿和城市化建设产生的重金属（如汞和硒）也是鱼体重金属污染的主要来源。环境污染物监管力度的增强已经使得许多水域中上述化学物质的浓度降低。但是在许多河流中，这些物质依然存在，并且在生物体内富集，尤其在鱼类及其天敌的体内富集。俄亥俄河上游和密西西比河盆地的其他城市化地区增加的多氯联苯与城市发展相关。然而，这似乎是一个普遍下降的河流中污染物（Schmitt，2002）。尽管自然侵蚀可以使硒和其他重金属释放到水中，大部分污染与农业、采矿活动、市政和工业用水排放相关（Hink et al.，2006）。科罗拉多河流域几乎所有的鱼类采样站点硒水平升高，许多采样点汞浓度升高（Hink et al.，2006）。

内分泌干扰物是温水性鱼类的一个新威胁。这些人工合成的化学品可以干扰鱼类的正常内分泌功能，并降低其生育能力、孵化率和存活率，并导致同时具有精巢和卵巢的双性鱼的产生（Schmitt，2002；Hink et al.，2006）。有机氯化合物（如氯丹和多氯联苯）对城市地区主要河流造成严重污染，这些化合物通常来自污水排放。最严重的多氯联苯和氯丹污染在密苏里州的圣路易斯密西西比河附近被发现，使得那里的密西西比铲鲟雌雄同体比例增加（Harshbarger et al.，2000）。然而，环境内分泌干扰物对鱼类种群水平的影响依然是未知的。尽管如此，持续努力去减少河流中的污染物将有助于提高鱼类种群的健康水平，并增强其自然繁殖力。

环保立法越来越关注水体当中的污染物问题（如《清洁水法》），抑制污染物排入河流。在集水区进行的一些以最小化地表径流为目的的实践，如河岸缓冲区和湿地的恢复，有助于控制进入河流的地表径流，以及其中的污染物。然而，点源污染物，如采矿业和工业操作仍在进行，需要对这些活动进行仔细监管，以尽量减少污染物向环境的排放。

21.4.1.5 气候变化

气候变化可能将会对温水型河流鱼类产生深远影响。最近的预测显示，环境空气温度在 22 世纪内可能上升 1.5～6.0 ℃（Houghton，2001），这可能会改变河流水温，从而导致鱼类的物种组成发生变化。在高纬度地区的河流将会比低纬度地区河流受到更多影响（Ficke et al.，2007）。然而，降水模式可能会更加极端，最终导致更严重的洪水和干旱（Dai et al.，2009）。在北方纬度高的地区，温度的上升可能产生更多的温水型河流，使得温水性鱼类的生存空间向更北部区域扩展。在北美地区，气候变化可能导致高达 50% 的冷水型和凉水型溪流转变为温水型河流（Eaton and Scheller，1996）。此外，鱼类适应特定的水文情势需求可能会减少，而产生更多适应复杂多变水文情势特征的广布性鱼类（Ficke et al.，2007）。存在极端环境条件的温水型河流目前所分布的鱼类主要都是一些广布性鱼类（Bramblett and Fausch，1991；Eitzmann and Paukert，2010），这些地区可能比目前具有较稳定水文情势的区域受气候变化的影响较小。

气候变化对温水型河流的影响也许是间接的，因为这些河流系统已经被农业、水力发电和其他的一些经济需求高度控制了。未来气候变化将会强烈地影响渔业管理，与其他变量一同成为影响河流水文条件的重要因素。

21.4.2 生物因素

21.4.2.1 过度捕捞

过度捕捞是温水型河流面临的一个严重问题，但是商业捕捞和游钓产量正在逐渐被严格监管和控制。商业性捕捞是许多温水型河流的重要经济来源。1945—1999 年，在密西西比河商业性捕捞大口牛胭脂鱼、鲶类和淡水石首鱼已经翻了 1 倍，但几乎没有证据可以表明这些鱼类种群处于过度捕捞状态（Schramm，2003）。2001—2006 年，俄亥俄河、田纳西河以及密西西比河平均每年商业性捕获匙吻鲟的量是 420 t，且俄亥俄河自 1965—1975 年至 2001—2006 年匙吻鲟的捕捞量增加了 32 倍（Quinn，2009）。渔业捕捞对种群的影响也许具有物种特异性。过度捕捞的有害影响已经在斑点叉尾鮰（Pitlo，1997）、密西西比铲鲟（Koch et al.，2009）和匙吻鲟（Scholten and Bettoli，2005）种群中显现。温水型河流的商业性捕捞是持续进行的，特别是在美国的中西部和南部地区。现在捕捞管理要比过去规范多了，也有更好的方法用于评估捕捞结果。

遍布于北美洲温水型河流中的鲟科鱼类早已被过度捕捞（如 Boreman，1997；Quist et al.，2002；Peterson et al.，2008）。关于过度捕捞对温水型河流鱼类的潜在影响，密西西比河流域的密西西比铲鲟是一个很好的例子。为鱼子酱而对这一物种的商业性捕捞，并没有因为人口的减少而减少（Colombo et al.，2007）。为了维持可持续的捕捞活动，需要采取限制最小捕捞规格来保护成熟个体数量，但即使是很低的开发（捕捞）水平（如 20%），也会对这个种群的长期生存产生影响（Koch et al.，2009）。密西西比河流域正在努力降低或取缔密西西比铲鲟的商业捕捞，某种程度上是因为它的外观与联邦级濒危物种密苏里铲鲟很相似。虽然历史上曾忽视对于大型温水型河流渔业捕捞的管理，但现在人们越来越重视，并且这种正在增加的对于过度捕捞的担心也引起更多对鱼类种群进行的监测。

　　由于捕捞管理的实施，许多重要经济鱼类有所增加。对密西西比河斑点叉尾鮰捕捞的最小捕捞长度限制从 330mm 增加到了 381mm，使得渔获量有所增加，并且提高了稚鱼（0 龄）的丰度（Pitlo，1997）。因此，对于一些大型河流的商业渔场来说，管理条例上的微小变化，也许会带来可持续的渔获产量。历史上过度捕捞曾对淡水鱼类造成很严重的影响，但是更加集约的管理措施已经使渔获量到达更好的水平，并且促进渔场中更多物种的可持续开发（如 Pitlo，1997；Scholten and Bettoli，2005；Koch et al.，2009）。此外，效益很好的水产养殖业也减少了消费者对于野生鱼类的需求。

　　人们认为在许多温水型河流中，游钓鱼类通常并未涉及过度捕捞的问题，但实际上是缺乏关于捕捞和开发方面的可靠数据（Schramm，2003）。游钓鱼类在大型河流中非常普遍，并且洄游物种具有季节性变化（如匙吻鲟）。对一些定居性鱼类的休闲垂钓也非常普遍，但是这些鱼类也会在河流的上下游河道及回水处分布，因此人们也会去这些地方垂钓。比如，在密西西比河上游回水河段由于水闸和大坝的建设形成了很多池塘，垂钓业就很流行（如 Gent 等 1995 年的研究）；又如，休闲娱乐性的鲇垂钓业在整个密西西比河流域都很普遍（Makinster and Paukert，2008）。

21.4.2.2　入侵物种

　　引入的非本地物种（或外来种，超越物种的自然分布，由于人类活动而引入的物种；Kolar and Lodge，2001）是温水型河流保护和管理极为关注的问题之一。关于入侵性物种的情况详见第 8 章（非本地物种引入后的传播和扩散；Kolar and Lodge，2001），但是在这里我们再讨论一下有关温水型河流外来物种入侵问题的概况还是十分必要的。全美国的温水型河流都存在外来鱼类。比如，鳙和鲢在 1970 年被引入美国，随后就在整个密西西比河流域建群（Kolar et al.，2007）。在北美的温水型河流中由于鳙和鲢的入侵而产生的主要问题是：它们与本地鱼类竞争食物，且通过滤食浮游植物和经由粪便排泄营养物质的方式改变生态系统的营养结构。自从鳙和鲢被引入，食浮游生物的鱼类（如美洲真鰶、大口牛胭脂鱼和匙吻鲟）就面临着直接的食物资源竞争（Sampson et al.，2009）；这些外来物种被引入后，美洲真鰶和大口牛胭脂鱼的减少已经被人们注意到（Irons et al.，2007）。另一个外来入侵物种是铲鲟。这一物种原产于美国中西部，但是被人为引入美国东南部的河流中并成为当地土著鱼类的威胁。Pine 等（2007）的建模研究表明，铲鲟可以使当地土著鱼类的生物量减少达 50%。在美国西南部，卢伦真小鲤，一种原产于密西西比河流域的生存力极强的鲤科小鱼，其在竞争优质栖息地方面较土著鱼类具有优势，故可以引起许多土著鱼类的种群衰减（Douglas et al.，1994）。

　　斑马贻贝是另一个需要在大型温水型河流进行严格管理的重要的外来入侵种。斑马贻贝是一种原产于欧亚大陆的里海、黑海和亚速海（里海北部海湾）的双壳纲软体动物，喜欢附着在船底，1980 年后期随着远洋轮船来到北美（Lockwood et al.，2007）。如今斑马贻贝已经在五大湖以及北美中西部大平原和东部的河流中广泛分布了。斑马贻贝的存在有可能会导致小型浮游动物的丰度降低，并使得以此浮游动物为食的鱼类面临危机（Caraco et al.，1997），从而导致这些鱼类的生长率和丰度降低（Strayer et al.，1999）。虽然斑马贻贝对温水型河流鱼类的潜在影响还没有完全体现，但这些入侵性的软体动物在水系中的迅速扩散很可能会影响河流、水库中鱼类的生长和种群丰度。要想控制斑马贻贝非常困难，但是已经开展了大量工作，告知并教育公众注意避免将斑马贻贝引入新的水体中。科学家曾研究利用土著鱼类作为捕食者来消除斑马贻贝的生物防治法（Eggleton et al.，2004）。然而，斑马贻贝的繁殖能力太强，利用鱼类来降低其种群密度难以实现（Magoulick and Lewis，2002）。

人为引入的鱼类已经造成美国 13 条河流中鱼类群落的改变（Rinned et al.，2005）。在美国西部由于外来入侵鱼类而引起的（生态）变化已经受到特别关注（Schade and Bonar，2005）。比如，目前在科罗拉多河下游，超过 60％的鱼类物种已经不是本地土著种（Minckley et al.，2003）。在萨克拉门托河，43 种入侵物种数量越来越多甚至形成稳定种群，然而当地历史上的土著物种仅有 28 种，其中的 14 种已经消失，或濒临灭绝（Rinne et al.，2005）。科罗拉多河上游流域只有 14 种本地土著鱼类，却有超过 50 个外来种被引入（Valdez and Muth，2005）。有 15 种最常见的鱼类被引入美国西部，其中 13 种被引进作为游钓鱼类或作为它们的饵料（Schade and Bonar，2005）。人为引入的鱼类当中包括冷水型鲑科鱼类，分布在下游水系；大多数外来种是温水性鱼类，广泛分布在河道或回水处［比如，卢伦真小鲤、胖头鳞棘臀鱼科鱼类（gentrarchids）和鲤］。但是，外来物种的问题并不仅仅发生在美国西部。铲鲴是密西西比河流域的原生种，已经被引入至少 13 个位于大西洋沿岸和美国东南部的州，它们对原生鱼类产生了非常不利的影响（Pine et al.，2007）。应对现今的挑战，无论是对于温水型河流中本地和外来物种的管理，还是整个北美洲不同区域的管理策略的差异，铲鲴引入事件都是一个很典型的例子。在密西西比河流域已经加强了对铲鲴的管理，以保护和提高本地物种的渔业生产（如 Makinster and Paukert，2008），由于这一物种对土著种的不利影响，当地鼓励加强对其进行捕捞和消除以减少其在当地的分布（Pine et al.，2007）。

21.5　生态完整性

温水型河流生态评估的理想指标：①查明当前的河流健康状态；②从不同时间尺度和空间角度监控河流健康状况变化进行监测；③鉴别主要的环境压力和恢复计划；④综合考虑生态学、经济学、社会学因素（见第 12 章）。鱼类特别适合作为大型河流的生态指标，因为它们的多样性会反映河流各方面的情况，从微观上河床沉积物对鱼卵发育的影响，到宏观上鱼类纵向的生殖洄游（Scheimer，2000）。作为具有迁移能力的生物，鱼类是可以反映河流景观纵向和侧面连通情况的指示性物种（Fausch et al.，2002），因为许多种鱼类在特殊的生活史阶段具有清晰的栖息地。此外，寿命较长的鱼类可以反映较长时间周期的环境变化。

管理者经常通过评估特定鱼类的丰度、分布、产卵环境和（或）生长发育情况来评估河流的健康状况。如果评估的鱼类是该河流的关键物种，那么这种评估会显得特别重要（确切地说是对保持生态系统的结构完整和多样性很关键；Mills et al.，1993；Richter et al.，2006）。有些河段的本地土著鱼类有着比较好的身体状况［如偏翼亚口鱼（flannelmouth sucker）；Paukert and Rogers，2004］、丰度［长背亚口鱼（blue sucker），Eitzmann et al.，2007]、生长情况（如铲鲟，Paukert and Makinster，2009），故较其他河段更加适合进行捕捞。此外，恢复物种的丰度常被用作鱼类种群恢复措施（如大坝拆除）效果的评估指标（表框 21.1）。

21.6　总结

温水型河流的渔业管理与本书中所讨论的其他水生态系统的管理相似，包括用于管理游钓业和商业捕捞渔业的传统管理条例（如捕捞鱼类规格标准和季节限制区域等）。然而，大型河流的管理也要考虑到开放系统中高度洄游性鱼类频繁地迁入迁出。许多温水型河流与州界或国界相交，所以地方政府之间的合作是非常必要的。密苏里河匙吻鲟的洄游和捕捞管理是一个地方政府渔业管理的好例子。匙吻鲟是一种高度洄游性的鱼类，其迁徙距离可长达数百至数千千米（Stancill et al.，2002）。密苏里河横跨南达科他州和内布拉斯加州，并且在南达科他州加文斯波因特大坝下面有一个著名的匙吻鲟渔场，渔获量由两个州共同分配管理（Mestl and Sorensen，2009；另见表框 7.1）。匙吻鲟的管理进一步受到季节性休渔期和一些州际约定的特殊条例制约（Hansen and Paukert，2009）。

温水型河流管理的另一个基本事实是必须要顾虑到众多利益相关方的权益。自然资源的保护不仅仅涉及相关的管理部门，同时也涉及市政部门、休闲娱乐、农业生产、航运、电力、原住民部落以及其他利益相关方。一种备受欢迎的方式是对涉及河流的诸多方面利益进行适应性管理以满足多样需求。

适应性管理是一个系统的过程，借用管理部门的成功经验来进行资源管理（Walters，2001）。适应性管理的核心是管理问题要由特定的目标或假设决定，利用现有的知识来得出这一管理措施可能产生的结果，认识到对于管理措施的一些不确定的反映，再根据这些反映去调整管理措施（walters，2001；见第 5 章）。表框 21.2 举例说明了适应性管理在处理亚利桑那州大峡谷科罗拉多河的复杂情况、多方利益相关者资源问题上的应用，管理部门的兴趣包括保护联邦级濒危物种隆背骨尾鱼、保护游钓渔业、娱乐活动、沉积物运输、发电、文化保护，以及其他方面。适应性管理也被用于大规模生态系统恢复项目，如在萨克拉门托-圣华金三角洲、普拉特河和密西西比河上游（Doyle and Drew，2008）。温水性鱼类的保护和管理是所有这些项目的一部分：联邦级受威胁物种越洋公鱼（萨克拉门托-圣华金三角洲），联邦级濒危物种密苏里铲鲟（普拉特河），以及多样的休闲渔业物种（密西西比河上游）。

表框 21.2　科罗拉多河大峡谷的适应性管理：顾及多方利益相关者的需求

Lew Coggins，JR.
作者供职于美国鱼类和野生动物管理局国家保护培训中心，谢波兹敦，西弗吉尼亚

1963 年，靠近大峡谷国家公园上游的格伦峡谷大坝建成后，科罗拉多河大峡谷段的结构特征被改变，严重影响了河流的物理过程和生物分布。河流的排放模式被改变（图 21.4），大约 90% 的沉积物被困在大坝的后面。大坝下层滞水带的释放改变了河流的夏季水温，水温从最高可达 29 ℃ 变为最

（续）

低不到 12 ℃，并使河流从原来的混浊状态变得太为清澈。大坝下游河段被大量的外来引进鱼类占据，分布在科罗拉多大峡谷的 8 种原生鱼类中已有 4 种灭绝。非本地鱼类中数量最多的是虹鳟，已经在大坝下游形成稳定种群，提供休闲渔业。河流也从原来富有沙滩和少量岸边植被的沉积物丰富的系统变成了缺乏沉积物、沙滩和原生植被大量减少，河边被大量非本地河岸植物侵占的景观。这些变化，再加上大峡谷公园的旅游开发，游客、背包客、娱乐设施等，使得科罗拉多河在大峡谷区域内的管理要考虑多重利益相关方的多样需求。

1996 年启动的格伦峡谷大坝适应性管理项目正是为了解决河流退化的问题，以及多重利益相关方的需求。尽管格伦峡谷大坝适应性管理项目的首要目的是帮助联邦内政部长更好地管理科罗拉多河水资源，但大峡谷国家公园和格伦峡谷国家康乐用地项目在 1992 年科罗拉多大峡谷保护行动的基础上更加具有重要的河流修复意义。格伦峡谷大坝适应性管理项目负责向内政部提供关于格伦峡谷大坝和其他操作管理行为实现多样化项目的建议，包括保护本地濒危物种，提供适宜娱乐的机会，保护文化和考古资源，并提供水力发电功能。这一项目由代表科罗拉多河流域 7 个州、6 个土著部落、7 个联邦地和州立机构、2 个环境组织、2 个休闲娱乐组织和 2 个格伦峡谷大坝电力市场组织构成。

格伦峡谷大坝适应性管理项目和内政部有一项艰巨的任务就是同时实现多个项目目标。虽然这一项目尝试与多方利益相关者一同发展特定可测量的目标，但是并没有给项目中各个目标划定优先次序。然而，鱼类是焦点资源。初级目标是保护国家及濒危的隆背骨尾鱼和其他本土鱼类，以及保持下游渔场水质，为格伦峡谷大坝下游利斯渡口的虹鳟养殖提供合适的环境。保护本地鱼类和为外来鳟提供渔场也许看起来是相互排斥的。但是这些目标或许可以共同实现，因为利斯渡口的范围大约有 100 km：从隆背骨尾鱼的初级产卵场的上游及大后方区域，从小科罗拉多河和靠近河口的科罗拉多河主干道。

现有的了解表明在科罗拉多大峡谷地区影响原生鱼类种群增长的关键因素包括非本地鱼类的影响、水温最适度下降以及不稳定的流量，这些都阻碍了本地鱼类的繁殖和生存。同样，改善科罗拉多河本地鱼类的生存条件或许也可以为其他鱼类的生存提供便利。因此，格伦峡谷大坝适应性管理项目提出野外实验控制法以控制水温、水流量和非本地鱼类，来帮助保护本地鱼类。

经过利益相关者们几个月讨论之后，一项在科罗拉多河展开的控制大坝运行和抑制非本地鱼类数量的实验在 2003 年启动，而这里正是隆背骨尾鱼和其他一些土著鱼类的故乡。然而，在 2003 年，一个额外的挑战显示，因为当年的干旱，格伦峡谷大坝降低水位释放了计划外的部分回暖水。尽管如此，在这一计划实施之后，隆背骨尾鱼和其他土著物种在科罗拉多河的丰度依然呈现上升趋势。当考虑到抑制非土著鱼类和升高水温的措施都可预测对土著鱼类有积极影响时，并不清楚哪一项措施（可能也包括其他的）才是形成这一趋势的根本因素。

一个判断这些因素的相对影响的策略是控制变量法（既不是温度也不是非土著鱼类的丰度）。要实现这一情境，最有效的手段或许是执行格伦峡谷大坝适应性管理项目，继续控制非土著鱼类，如果在这样的条件下本地鱼类的丰度和繁殖率依然很高的话，结论就说明非土著鱼类的影响是关键因素。相反，如果本地鱼类的数量下降，数据将指示水温是关键因素，则需要选择性地减少格伦峡谷大坝的一些结构设施以控制水温。

实验性的系统操作从科学角度阐明各种因素间的相互作用，尤其是在这样一个巨大的动力系统中。然而，适应性管理主要在于如何成功地找到和执行合适的管理措施，更大更系统的科学理解是一个次要方面。这一观察显然是由参与格伦峡谷大坝适应性管理项目的科研人员分享的，为将来设计关于保护本地鱼类的相关研究提供借鉴。当参与们讨论备选方案的优点时，他们赞成继续控制非土著鱼类的数量，并建议建造一个检测装置来使大坝能够选择性地释放温水或冷水。过去的政策好像是支持本地鱼类管理目标的，于是他们调整了建议，这一巨大的改变被认为只有在本地鱼类种群数量开始

（续）

有所逆转时才会发生。委员会成员担心缺乏控制性的释放出的水的温度将会产生严重后果：大坝持久的释放暖水或将导致干旱，或使得高度捕食性鱼类在生态系统中扩张，对本地土著鱼类产生更多影响。

　　在科罗拉多河大峡谷地区应用的适应性管理措施成功地实现了资源保护目的，但依然存在许多明显的障碍。为了给项目提供指导和判断可能存在冲突的资源保护目标，特别要留意是否缺乏明确定义和优先管理目标。此外，这一项目得益于更加严格确立的决策（规则）以整合正式的研究和常规监测观察，并为将来的政策决策提供参考。尽管如此，这一项目确实为科学研究提供了一个好的方法来考虑必要的决策过程，并允许所有的利益相关者都能够参与这一过程。

　　温水型河流的渔业管理需要宽阔的流域尺度，包括多重利益相关方的输入，识别动态、复杂多样系统中的挑战和不确定关系。有效地管理需要考虑许多物种和类群（包括竞争和非竞争的、本地种和外来种），并且急需意识到单一物种的管理很少有十分恰当的案例。当考虑到产量的时候，平衡商业与经济的双重效益是必要的。栖息地管理是温水型河流管理中的首要关注点。恢复适于鱼类的生态流量，保护和恢复主要河道、河漫滩（泛滥平原）以及河口栖息地，改善水质不仅仅有助于鱼类，并且有益于温水型河流更广泛的生态系统运行。在未来的温水型河流的管理中，非本地物种也许会起到至关重要的作用。不幸的是，非本地物种已经出现在整个北美的水系中，河流成为这些入侵者的通道。将来的河流管理需要解决这些物种对生物学和社会学的影响。

　　当提到温水型河流管理的时候，渔业管理也是诸多组成中的一部分。这些系统通常跨越多个执政边界，涉及许多监管机构和利益相关者组织，这也将是河流管理的常态。渔业管理者要理解与河流管理有关的多方面知识（如生态学、水文地理学、地貌学、政治学和资源经济），并且要认识到这样一个复杂庞大的系统要与一大批利益相关者组织进行合作才能够良好高效地运转。在初始框架计划中所涉及的利益相关者，通过设定目标来评估管理行为，通过运用结果来改善行为，学习也是必要的。

21.7　参考文献

Aarts，B. G. W. , and P. H. Nienhuis. 2003. Fish zonations and guilds as the basis for assessment of ecological integrity of large rivers. Hydrobiologia 500：157 - 178.

Angermeier, P. L. , and J R. Karr. 1984. Relationships between woody debris and fish habitat in a small warmwater stream. Transactions of the American Fisheries Society 113：716 - 726.

Angradi, T. R. , E. W. Schweiger, D. W. Bolgrien, P. Ismert, and T. Selle. 2004. Banks stabilization, riparian land use, and the distribution of large woody debris in a regulated reach of the Upper Missouri River, North Dakota，USA. River Research and Applications 20：829 - 846.

Bayley, P. 1991. The flood pulse advantage and the restoration of river - floodplain systems. Regulated Rivers：Research and Management 6：75 - 86.

Bayley, P. , and H. Li. 1992. Riverine fishes. Pages 251 - 281 in P. Calow, and G. Petts, editors. The riv - ers handbook：hydrological and ecological principles, volume 1. Blackwell Scientific Publications, Oxford, UK.

Beasley, C. A. , and J. E. Hightower. 2000. Effects of a low - head dam on the distribution and character -

istics of spawning habitat used by striped bass and American shad. Transactions of the American Fisheries Society 129: 1372 – 1386.

Benke, A. 1990. A perspective onAmerica's vanishing streams. Journal of the North American Bentho - logical Society 9: 77 – 88.

Benke, A., and C. Cushing. 2005. Rivers of North America. Elsevier Academic Press, Burlington, Mas - sachusetts.

Benke, A. C., R. L. Henry III, D. M. Gillespie, and R. J. Hunter. 1985. Importance of snag habitat for ani- mal production in southeastern streams. Fisheries 10 (5): 8 – 13.

Berkman, H. E., and C. F. Rabeni. 1987. Effects of siltation on stream fish communities. Environmental Bi- ology of Fishes 18: 285 – 294.

Boreman, J. 1997. Sensitivity of North American sturgeons and paddlefish to fishing mortali- ty. Environmental Biology of Fishes 48: 399 – 405.

Bowman, S. W. 2001. American shad and striped bass spawning migration and habitat selection in the Neuse River, North Carolina. Master's thesis. North Carolina State University, Raleigh.

Bramblett, R. G., and K. D. Fausch. 1991. Variable fish communities and the index of biotic integrity in a western Great Plains river. Transactions of the American Fisheries Society 120: 752 – 769.

Bunn, S., and A. Arthington. 2002. Basic principles and ecological consequences of altered flow regimes for aquatic biodiversity. Environmental Management 4: 492 – 507.

Burdick, S. M., and J. E. Hightower. 2006. Distribution of spawning activity by anadromous fishes in an Atlantic slope drainage after removal of a low - head dam. Transactions of the American Fisheries Society 135: 1290 – 1300.

Caraco, N. F., J. J. Cole, P. A. Raymond, D. L. Strayer, M. L. Pace, S. E. Findlay, and D. T. Fischer. 1997. Zebra mussel invasion in a large turbid river: phytoplankton response to increased grazing. Ecology 78: 588 – 602.

Clarkson, R. W. 2004. Effectiveness of electrical fish barriers associated with the centralArizona proj - ect. North American Journal of Fisheries Management 24: 94 – 105.

Colombo, R. E., J. E. Garvey, N. D. Jackson. R. Brooks, D. P. Herzog, R. A. Hrabik, and T. W. Spier. 2007. Harvest of Mississippi River sturgeon drives abundance and reproductive success: a harbinger of collapse? Journal of Applied Ichthyology 23: 444 – 451.

Csoboth, L. A., and J. E. Garvey. 2008. Lateral exchange of larval fish between a restored backwater and a large river in the east - centralUSA. Transactions of the American Fisheries Society 137: 33 – 44.

Dai, A., T. Qian, K. E. Trenberth, and J. D. Milliman. 2009. Changes in continental freshwater discharge from 1948 to 2004. Journal of Climate 22: 2773 – 2792.

Dettmers, J. M., S. Gutreuter, D. H. Wahl, and D. A. Soluk. 2001. Patterns in abundance of fishes in main channels of the upperMississippi River system. Canadian Journal of Fisheries and Aquatic Sciences 58: 933 – 942.

Di Maio, J., and L. D. Corkum. 1995. Relationship between the spatial distribution of freshwater mussels and the hydraulic variability of rivers. Canadian Journal of Zoology 73: 663 – 671.

Douglas, M. E., P. C. Marsh, and W. L. Minckley. 1994. Indigenous fishes of westernNorth America and the hypothesis of competitive displacement: *Meda fulgida* (Cyprinidae) as a case study. Copeia 1994: 9 –19.

Doyle, M., and C. A. Drew, editors. 2008. Large - scale ecosystem restoration: five case studies from the

United States. Island Press, Washington, D. C.

Durham, B. W. , and G. R. Wilde. 2006. Influence of stream discharge on reproduction of a prairie stream fish assemblage. Transactions of the American Fisheries Society 135: 1644 - 1653.

Dynesius, M. , and C. Nilsson. 1994. Fragmentation and flow regulation of river systems in the northern third of the world. Science 266: 753 - 762.

Eaton, J. G. , and R. M. Scheller. 1996. Effects of climate warming on fish thermal habitat in streams of theUnited States. Limnology and Oceanography 41: 1109 - 1115.

Eggleton, M. A. , L. E. Miranda, and J. P. Kirk. 2004. Assessing the potential for fish predation to impact zebra mussels: insight from bioenergetics models. Ecology of Freshwater Fish 13: 85 - 95.

Eitzmann, J. L. , A. S. Makinster, and C. P. Paukert. 2007. Distribution and growth of blue suckers in a Great Plains river, USA. Fisheries Management and Ecology 14: 255 - 262.

Eitzmann, J. L. , and C. P. Paukert. 2010. Longitudinal differences in habitat complexity and fish assemblage structure of a Great Plains River. American Midland Naturalist 163: 14 - 32.

Emery, E. B. , T. P. Simon, F. H. McCormick, P. L. Angermeier, J. E. Deshon, C. O. Yoder, R. E. Sand - ers, W. D. Pearson, G. D. Hickman, R. J. Reash, and J. A. Thomas. 2003. Development of a multimetric index for assessing the biological condition of the Ohio River. Transactions of the American Fisheries Society 132: 791 - 808.

Fausch, K. D. , C. E. Torgerson, C. E. Baxter, and H. W. Li. 2002. Landscapes to riverscapes: bridging the gap between research and conservation of stream fishes. BioScience 52: 483 - 498.

Ficke, A. D. , C. A. Myrick, and L. J. Hansen. 2007. Potential impacts of global climate change on freshwa - ter fisheries. Reviews in Fish Biology and Fisheries 17: 581 - 613.

Freeman, M. C. , Z. H. Bowen, K. D. Bovee, and E. R. Irwin. 2001. Flow and habitat effects on juvenile fish abundance in natural and altered flow regimes. Ecological Applications 11: 179 - 190.

Galat, D. L. , C. R. Berry, W. M. Gardner, J. C. Hendrickson, G. E. Mestl, G. J. Power, C. Stone, and M. R. Winston. 2005. Spatiotemporal patterns and changes inMissouri River fishes. Pages 249 - 291 in J. Rinne, R. M. Hughes, and R. Calamusso, editors. Historical changes in large river fish assemblages of the Americas. American Fisheries Society, Symposium 45, Bethesda, Maryland.

Galat, D. L. and R. Lipkin. 2000. Restoring ecological integrity of great rivers: historic hydrographs aid in defining reference conditions for theMissouri River. Hydrobiologia 422/423: 29 - 48.

Galat, D. L. , J. W. Robinson, and L. W. Hesse. 1996. Restoring aquatic resources to the lower Missouri River: issues and initiatives. Pages 49 - 72 in D. L. Galat and A. G. Frazier, editors. Overview of river - floodplain ecology in the upper Mississippi River basin. U. S. Government Printing Office, Washington, DC.

Gent, R. , J. Pitlo, and T. Boland. 1995. Largemouth bass response to habitat and water quality rehabili - tation in a backwater of the upper Mississippi River. North American Journal of Fisheries Management 15: 784 - 793.

Gurnell, A. M. , H. S. Piegay, and S. V. Gregory. 2002. Large wood and fluvial processes. Freshwater Biolo - gy 47: 601 - 619.

Gutreuter, S. , A. D. Bartells, K. Irons, and M. B. Sandheinrich. 1999. Evaluation of the flood pulse con - cept based on statistical models of growth of selected fishes of the upperMississippi River sys - tem. Canadian Journal of Fisheries and Aquatic Sciences 56: 2282 - 2291.

Hamel, M. J. , M. L. Brown, and S. R. Chipps. 2008. Behavioral responses of rainbow smelt to in situ strobe lights. North American Journal of Fisheries Management 28: 394 – 401.

Hansen, K. , and C. P. Paukert. 2009. Current management of paddlefish sport fisheries. Pages 277 – 290 *in* C. P. Paukert, C. P. and G. D. Scholten, editors. Paddlefish management, propagation, and conservation in the 21st century: building from 20 years of research and management. American Fisheries Society, Symposium 66, Bethesda, Maryland.

Harris, J. H. , and P. C. Gehrke. 1994. Modeling the relationship between streamflow and population recruitment to manage freshwater fisheries. Australian Fisheries 6: 28 – 30.

Harshbarger, J. C. , M. J. Coffey, and M. Y. Young. 2000. Intersexes in Mississippi River shovelnose sturgeon sampled below Saint Louis, Missouri, USA. Marine Environmental. Research 50: 247 – 250.

Hartman, K. J. , and J. L. Titus. 2009. Fish use of artificial dike structures in a navigable river. River Research and Applications. Wiley InterScience Online DOI 10. 1002/rra. 1329.

Hink, J. E. , V. S. Blazer, N. D. Denslow, T. S. Gross, K. R. Echols, A. P. Davis. T. W. May, C. E. Orazio, J. J. Coyle, and D. E. Tillitt. 2006. Biomonitoring of environmental status and trends (BEST) program: environmental contaminants, health indicators, and reproductive biomarkers in fish from the Colorado River basin. U. S. Geological Survey, Scientific Investigations Report 2006 – 5163, Washington, D. C.

Hopkins, R. L. 2009. Use of landscape pattern metrics and multiscale data in aquatic species distribution models: a case study of a freshwater mussel. Landscape Ecology 24: 943 – 955.

Houghton, J. T. , Y. Ding, D. J. Griggs, M. Noguer, P. J. van der Linden, X. Dai, K. Maskell, and C. A. Johnson, editors. 2001. Climate change 2001: the scientific basis. Contribution of working group I to the third assessment report of the Intergovernmental Panel on Climate Change. Cambridge University Press, Cambridge, UK, and New York. Available: http://www. grida. no/climate/ipcc _ tar. (February 2010) .

Humphries, P. , A. King, and J. Koehn. 1999. Fish, flows and floodplains: links between freshwater fish and their environment in the Murray – Darling River system, Australia. Environmental Biology of Fishes 59: 129 – 151.

Hynes, H. 1989. Keynote address. Pages 5 – 10 *in* D. Dodge, editor. Proceedings of the international large river symposium. Canadian Special Publications of Fisheries and Aquatic Sciences 106.

Irons, K. S. , G. G. Sass, M. A. McClalland, and J. D. Stafford. 2007. Reduced condition factor of two native fish species with invasion of nonnative Asian carps in the Illinois River USA: is this evidence of competition and reduced fitness? Journal of Fish Biology 71: 258 – 273.

Irwin, E. R. and M. C. Freeman. 2002. Proposal for adaptive management to conserve biotic integrity in a regulated segment of the Tallapoosa River, Alabama, USA. Conservation Biology 16: 1212 – 1222.

Jacobson, R. B. and D. L. Galat. 2008. Design of a naturalized flow regime—an example from the lower Missouri River, USA. Ecohydrology 1: 81 – 104.

Jaeger, M. E. , A. V. Zale, T. E. McMahon, and B. J. Schmitz. 2005. Seasonal movements, habitat use, aggregation, exploitation, and entrainment of saugers in the lower Yellowstone River: an empirical assessment of factors affecting population recovery. North American Journal of Fisheries Management 25: 1550 – 1568.

Jarvinen, A. W. , and G. T. Ankley. 1999. Linkages to effects of tissue residues: development of a comprehensive database for aquatic organisms exposed to inorganic and organic chemicals. SETAC Press, Pensacola, Florida.

Jennings, C. A. , and S. J. Zigler. 2009. Biology and life history of the paddlefish: an update. Pages 1 - 22 *in* C. P. Paukert and G. D. Scholten, editors. Paddlefish management, propagation, and conservation in the 21st century: building from 20 years of research and management. American Fisheries Society, Symposium 66, Bethesda, Maryland.

Johnson, B. L. , W. B. Richardson, and T. J. Naimo. 1995. Past, present, and future concepts in large river ecology. BioScience 45: 134 - 141.

Johnson, W. C. 1992. Dams and riparian forests: a case study from the upper Missouri River. Rivers 3: 229 -242.

Jones, B. D. , and D. B. Noltie 2007. Flooded flatheads: evidence of increased growth in Mississippi River *Pylodictis olivaris* (Pisces: Ictaluridae) following the great Midwest flood of 1993. Hydrobiologia 592: 183 - 209.

Junk, W. , P. Bayley, and R. Sparks. 1989. The flood pulse concept in river - floodplain systems. Pages 110 -127 *in* D. Dodge, editor. Proceedings of the international large river symposium. Canadian Special Publication of Fisheries and Aquatic Sciences 106.

Karr, J. R. 1981. Assessment of biotic integrity using fish communities. Fisheries 6 (6): 21 - 27.

Karr, J. R. 1991. Biotic integrity: a long neglected aspect of water resource management. Ecological Applications 1: 66 - 84.

Koch, J. D. , M. C. Quist, C. L. Pierce, K. A. Hanson, and M. J. Steuck. 2009. Effects of commercial harvest on shovelnose sturgeon populations in the upper Mississippi River. North American Journal of Fisheries Management 29: 84 - 100.

Koel, T. M. and R. E. Sparks. 2002. Historical patterns of river stage and fish communities as criteria for operations of dams on the Illinois River. River Research and Applications 18: 3 - 19.

Kolar, C. S. , D. C. Chapman, W. R. Courtenay Jr. , C. M. Housel, J. D. Williams, and D. P. Jennings. 2007. Bigheaded carps: a biological synopsis and environmental risk assessment. American Fisheries Society, Special Publication 33, Bethesda, Maryland.

Kolar, C. S. , and D. M. Lodge. 2001. Progress in invasion biology: predicting invaders. Trends in Ecology and Evolution 16: 199 - 204.

Lehtinen, R. M. , N. D. Mundahl, and J. C. Madejczyk. 1997. Autumn use of woody snags by fishes in backwater and channel border habitats of a large river. Environmental Biology of Fishes 49: 7 - 19.

Lockwood, J. L. , M. F. Hoopes, and M. P. Marchetti. 2007. Invasion ecology. Blackwell Publishing, Malden, Massachusetts.

Lorenz, C. M. , G. M. Van Dijk, A. G. M. Van Hattum, and W. P. Cofino. 1997. Concepts in river ecology: implications for indicator development. Regulated Rivers: Research and Management 13: 501 - 516.

Magnuson, J. J. , L. B. Crowder, and P. A. Medvick. 1979. Temperature as an ecological resource. American Zoologist 19: 331 - 343.

Magoulick, D. D. , and L. C. Lewis. 2002. Predation on exotic zebra mussels by native fish: effects on predator and prey. Freshwater Biology 47: 1908 - 1918.

Makinster, A. S. , and C. P. Paukert. 2008. Effects and utility of minimum length limits and mortality caps for flathead catfish in discrete reaches of a large prairie river. North American Journal of Fisheries Management 28: 97 - 108.

Marchetti, M. P. , and P. B. Moyle. 2001. Effects of flow regime on fish assemblages in a regulated California stream. Ecological Applications 11: 530 - 539.

Mestl, G. , and J. Sorensen. 2009. Joint management of an interjurisdictional paddlefish snag fishery in the Missouri River below Gavins Point Dam, South Dakota and Nebraska. Pages 235 – 260 *in* C. P. Paukert and G. D. Scholten, editors. Paddlefish management, propagation, and conservation in the 21st century: building from 20 years of research and management. American Fisheries Society, Symposium 66, Bethesda, Maryland.

Mills, L. S. , M. E. Soule, and D. F. Doak. 1993. The keystone species concept in ecology and conservation. BioScience 43: 219 – 224.

Minckley, W. L. , P. C. Marsh, J. E. Deacon, T. E. Dowling, P. W. Hedrick, W. J. Matthews, and G. Mueller. 2003. A conservation plan for native fishes of the lower Colorado River. BioScience 53: 219 –234.

Moyle, P. B. , and J. A. Israel. 2005. Untested assumptions: effectiveness of screening diversions for conservation of fish populations. Fisheries 30 (5): 20 – 28.

Ohio EPA (Environmental Protection Agency) . 1989. Biological criteria for the protection of aquatic life. Volume Ⅲ: Standardized field sampling and laboratory methods for assessing fish sampling and macroinvertebrate communities. Ohio Environmental Protection Agency, Division of Water Quality Monitoring and Assessment, Columbus, Ohio.

Olden, J. D. , and N. L. Poff. 2003. Redundancy and the choice of hydrologic indices for characterizing streamflow regimes. River Research and Applications 19: 101 – 121.

Patrick, P. H. , A. E. Christie, D. Sager, C. Hocutt, and J. Stauffer Jr. 1985. Responses of fish to a strobe light/air – bubble barrier. Fisheries Research 3: 157 – 172.

Paukert, C. P. , and W. L. Fisher. 2001. Spring movements of paddlefish in a prairie reservoir system. Journal of Freshwater Ecology 16: 113 – 124.

Paukert, C. P. , and A. S. Makinster. 2009. Longitudinal patterns in flathead catfish abundance and growth within a large river: effects of an urban gradient. River Research and Applications 25: 861 – 873.

Paukert, C. P. , and R. S. Rogers. 2004. Factors affecting condition of flannelmouth suckers in the Colorado River, Grand Canyon, Arizona. North American Journal of Fisheries Management 24: 648 – 653.

Paukert, C. P. , J. Schloesser, J. Eitzmann, J. Fischer, K. Pitts, and D. Thornbrugh. 2008. Effect of instream sand dredging on fish communities in the Kansas River USA: current and historical perspectives. Journal of Freshwater Ecology 23: 623 – 633.

Petersen, J. H. , and C. P. Paukert. 2005. Development of a bioenergetics model for humpback chub and evaluation of water temperature changes in the Grand Canyon, Colorado River. Transactions of the American Fisheries Society 134: 960 – 974.

Peterson, D. L. , P. Schueller, R. DeVries, J. Fleming, C. Grunwald, and I. Wirgin. 2008. Annual run size and genetic characteristics of Atlantic sturgeon in the Altamaha River, Georgia. Transactions of the American Fisheries Society 137: 393 – 401.

Pflieger, W. L. , and T. B. Grace. 1987. Changes in the fish fauna of the lower Missouri River, 1940 – 1983. Pages 166 – 177 *in* W. J. Matthews and D. C. Heins, editors. Community and evolutionary ecology of North American stream fishes. University of Oklahoma Press, Norman.

Pine, W. E. , III, T. J. Kwak, and J. A. Rice. 2007. Modeling management scenarios and the effects of an introduced apex predator on a coastal riverine fish community. Transactions of the American Fisheries Society 135: 105 – 120.

Pitlo, J. , Jr. 1997. Response of upper Mississippi River channel catfish populations to changes in com –

mercial harvest regulations. North American Journal of Fisheries Management 17: 848 - 859.

Poff, N. L., J. D. Allan, M. D. Bain, J. L. Karr, K. L. Prestegaard, B. D. Richter, R. E. Sparks, and J. C. Stromberg. 1997. The natural flow regime. BioScience 47: 769 - 784.

Poff, N. L., B. Richter, A. H. Arthington, S. E. Bunn, R. Naiman, E. Kendy, M. Acreman, C. Apse, B. P. Bledsoe, M. Freeman, J. Henriksen, R. B. Jacobson, J. Kennen, D. R. Merritt, J. O'Keeffe, J. D. Olden, K. Rogers, R. E. Tharme, and A. Warner. 2010. The ecological limits of hydrologic altera - tion (ELOHA): a new framework for developing regional environmental flow standards. Freshwater Biol - ogy 55: 147 - 170.

Poff, N. L., and J. V. Ward. 1989. Implications of streamflow variability and predictability for lotic commu - nity structure: a regional analysis of streamflow patterns. Canadian Journal of Fisheries and Aquatic Sci - ences 45: 1805 - 1818.

Poff, N. L, and J. V. Ward. 1990. Physical habitat template of lotic systems: recovery in the context of his - torical pattern of spatiotemporal heterogeneity. Environmental Management 14: 629 - 645.

Popper, A. N., and T. J. Carlson. 1998. Application of sound and other stimuli to control fish behav - ior. Transactions of the American Fisheries Society 127: 673 - 707.

Quinn, J. R. 2009. Harvest of paddlefish in North America. Pages 203 - 222 in C. P. Paukert and G. D. Scholten, editors. Paddlefish management, propagation, and conservation in the 21st century: building from 20 years of research and management. American Fisheries Society, Symposium 66, Bethes - da, Maryland.

Quinn, J. W. and T. J. Kwak. 2000. Use of rehabilitated habitat by brown trout and rainbow trout in an Ozark tailwater river. North American Journal of Fisheries Management 20: 737 - 751.

Quist, M. C., C. S. Guy, M. A. Pegg, C. L. Pierce, and V. H. Travnichek. 2002. Potential influence of har - vest of shovelnose sturgeon populations in the Missouri River system. North American Journal of Fisher - ies Management 22: 537 - 549.

Rahel, F. J., and W. A. Hubert. 1991. Fish assemblage and habitat gradients in a Rocky Mountain - Great Plains stream: biotic zonation and additive patterns of community change. Transactions of the American Fisheries Society 120: 319 - 332.

Reash, R. 1999. Considerations for characterizing midwestern large river habitats. Pages 463 - 474 in T. Simon, editor. Assessing the sustainability and biological integrity of water resources using fish com - munities. CRC Press, Boca Raton, Florida.

Richter, B., J. Baumgartner, J. Powell, and D. Braun. 1997. How much water does a river need? Fresh - water Biology 37: 231 - 249.

Richter, B. D., J. V. Baumgartner, D. P. Braun, and J. Powell. 1998. A spatial assessment of hydrologic al - teration within a river network. Regulated Rivers: Research and Management 14: 329 - 340.

Richter, B. D., J. V. Baumgartner, J. Powell, and D. P. Braun. 1996. A method of assessing hydrologic al - teration within ecosystems. Conservation Biology 10: 1163 - 1174.

Richter, B. D., R. Matthews, D. L. Harrison, and R. Wigington. 2003. Ecologically sustainable water man - agement: managing river flows for ecological integrity. Ecological Applications 13: 206 - 224.

Richter, B. D., A. T. Warner, J. L. Meyer, and K. Lutz. 2006. A collaborative and adaptive process for de - veloping environmental flow recommendations. River Research and Applications 22: 297 - 318.

Rinne, J. N., R. M. Hughes, and B. Calamusso. 2005. Historical changes in large river fish assemblages of the Americas. American Fisheries Society, Symposium 45, Bethesda, Maryland.

Sampson, S. J. , J. H. Chick, and M. A. Pegg. 2009. Diet overlap among two Asian carp and three native fishes in backwater lakes on the Illinois and Mississippi rivers. Biological Invasions 11: 783 – 496.

Schade, C. B. , and S. A. Bonar. 2005. Distribution and abundance of nonnative fishes in streams of the western Unites States. North American Journal of Fisheries Management 25: 1386 – 1394.

Scheimer, F. 2000. Fish as indicators for the assessment of ecological integrity of large rivers. Hydrobiologia 422/423: 271 – 278.

Schloesser, J. T. 2008. Large river fish community sampling strategies and fish associations to engineered and natural river channel structures. Master's thesis. Kansas State University, Manhattan.

Schmitt, C. J. 2002. Biomonitoring of environmental status and trends (BEST) program: environmental contaminants and their effects on fish in the Mississippi River basin. U. S. Geological Survey, Biological Science Report USGS/BRD/BSR 2002 – 0004, Washington, D. C.

Scholten, G. D. , and P. B. Bettoli. 2005. Population characteristics and assessment of overfishing for an exploited paddlefish population in the lower Tennessee River. Transactions of the American Fisheries Society 134: 1285 – 1298.

Schramm, H. L. , Jr. 2003. Stats and management of Mississippi River fisheries. Pages 301 – 333 *in* R. L. Welcomme and T. Petr, editors. Proceedings of the second international symposium on management of large river fish fisheries, volume 1. FAO (Food and Agriculture Operations of the United Nations) Regional Office for Asia and the Pacific, Publication 2004/16, Bangkok, Thailand.

Schramm, H. L. , Jr. , and M. Eggleton. 2006. Applicability of the flood – pulse concept in a temperate floodplain river ecosystem: thermal and temporal components. River Research and Applications 22: 543 – 553.

Schultz, D. W. , J. E. Garvey, and R. C. Brooks. 2007. Backwater immigration by fishes through a water control structure: implications for connectivity and restoration. North American Journal of Fisheries Management 27: 172 – 180.

Sedell, J. R. , J. E. Richey, and F. J. Swanson. 1989. The river continuum concept: a basis for the expected ecosystem behavior of very large rivers? Pages 49 – 55 *in* D. Dodge, editor. Proceedings of the international large river symposium. Canadian Journal of Fisheries and Aquatic Sciences Special Publication 106.

Sheehan, R. J. , and J. L. Rasmussen. 1999. Large rivers. Pages 529 – 559 *in* C. C. Kohler and W. A. Hubert, editors. Inland fisheries management in North America, 2nd edition. American Fisheries Society, Bethesda, Maryland.

Sheldon, A. L. 1968. Species diversity and longitudinal succession in stream fishes. Ecology 49: 194 – 198.

Simon, T. P. , and E. B. Emery. 1995. Modification and assessment of an index of biotic integrity to quantify water resource quality in great rivers. Regulated Rivers: Research and Management 11: 283 – 298.

Simon, T. P. , and J. Lyons. 1995. Application of the index of biotic integrity to evaluate water resource integrity in freshwater ecosystems. Pages 245 – 262 *in* T. Simon, editor. Assessing the sustainability and biological integrity of water resources using fish communities. CRC Press, Boca Raton, Florida.

Simonson, T. , J. Lyons, and P. Kanehl. 1994. Guidelines for evaluation of fish habitat in Wisconsin streams. U. S. Department of Agriculture, Forest Service, North Central Forest Experiment Station, General Technical Report NC – 164, St. Paul, Minnesota.

Southwood, T. 1977. Habitat, the template for ecological strategies. Journal of Animal Ecology 46: 337 –365.

Stalnaker, C. , R. Milhous, and K. Bovee. 1989. Hydrology and hydraulics applied to fisheries manage –

ment in large rivers. Pages 13 – 30 *in* D. Dodge, editor. Proceedings of the international large river symposium. Canadian Special Publication of Fisheries and Aquatic Sciences 106.

Stancill, W. , G. R. Jordan, and C. P. Paukert. 2002. Seasonal migration patterns and site fidelity of adult paddlefish in Lake Francis Case, Missouri River. North American Journal of Fisheries Management 22: 815 – 824.

Stanford, J. A. , J. V. Ward, W. J. Liss, C. A. Frissell, R. N. Williams, J. A. Lichatowich, and C. C. Coutant. 1996. A general protocol for restoration of regulated rivers. Regulated Rivers: Research and Management 12: 391 – 414.

Stevens, L. E. , J. P. Shannon, and D. W. Blinn. 1997. Colorado River benthic ecology in Grand Canyon, Arizona USA: dam, tributary, and geomorphological influences. Regulated Rivers: Research and Management 13: 129 – 149.

St. Pierre, R. A. 2003. A case history: American shad restoration on the Susquehanna River. Pages 315 – 321 *in* K. E. Limburg and J. R. Waldman, editors. Biodiversity, status, and conservation of the world's shads. American Fisheries Society, Symposium 35, Bethesda, Maryland.

Strahler, A. N. 1957. Quantitative analysis of watershed geomorphology. American Geophysical Union Transactions 38: 913 – 920.

Strayer, D. L. , N. F. Caraco, J. J. Cole, S. Findlay, and M. L. Pace. 1999. Transformation of freshwater ecosystems by bivalves: a case study of zebra mussels in the Hudson River. Bioscience 49: 19 – 27.

Sweka, J. A. , and K. J. Hartman. 2003. Reduction of reactive distance and relative foraging success in smallmouth bass exposed to elevated turbidity levels. Environmental Biology of Fishes 67: 341 – 347.

Thoms, M. C. , S. Rayberg, and B. Neave. 2008. The physical diversity and assessment of a large river system: the Murray – Darling Basin, Australia. Pages 587 – 608 *in* A. Gupta, editor. Large rivers. John Wiley and Sons, West Sussex, UK.

Thorp, J. H. , M. C. Thomas, and M. D. Delong. 2006. The riverine ecosystem synthesis: biocomplexity in river networks across space and time. River Research and Applications 22: 123 – 147.

Thorp, J. H. , M. C. Thomas, and M. D. Delong. 2008. The riverine ecosystem synthesis: towards conceptual cohesiveness in river science. Academic Press, Amsterdam.

Valdez, R. A. , T. L. Hoffnagle, C. C. McIvor, T. McKinney, and W. C. Leibfried. 2001. Effects of a test flood on fishes of the Colorado River, Grand Canyon, Arizona. Ecological Applications 11: 686 – 700.

Valdez, R. A. , and R. M. Muth. 2005. Ecology and conservation of native fishes in the upper Colorado River basin. Pages 157 – 205 *in* J. Rinne, R. M. Hughes, and B. Calamusso (editors) . Historical changes on large river fish assemblages of the Americas. American Fisheries Society, Symposium 45, Bethesda, Maryland.

Vanicek, C. D. , R. H. Kramer, and D. R. Fraklin. 1970. Distribution of Green River fishes in Utah and Colorado following closure of Flaming Gorge Dam. Southwestern Naturalist 14: 297 – 315.

Vannote, R. L. , G. W. Minshall, K. W. Cummins, J. R. Sedell, and C. E. Cushing. 1980. The river continuum concept. Canadian Journal of Fisheries and Aquatic Sciences 37: 130 – 137.

Walters, C. 2001. Adaptive management of renewable resources. Blackburn Press, Caldwell, New Jersey.

Ward, J. V. 1989. The four – dimensional nature of lotic ecosystems. Journal of the North American Benthological Society 8: 2 – 8.

Ward, J. V. , and J. A. Stanford. 1983. The serial discontinuity concept of lotic ecosystems. Pages 29 – 42 *in* D. Fontaine and S. M. Bartell, editors. Dynamics of lotic ecosystems. Ann Arbor Science, Ann Arbor,

Michigan.

Ward, J. V. , and J. A. Stanford. 1995. The serial discontinuity concept: extending the model to floodplain rivers. Regulated Rivers: Research and Management 10: 159 – 168.

Welcomme, R. 1985. River fisheries. FAO (Food and Agricultural Organization of the United Nations) Fisheries Technical Paper 262, Rome.

Welcomme, R. 1992. River conservation—future prospects. Pages 454 – 462 *in* P. J. Boone, P. Calow, and G. E. Petts, editors. River conservation and management. John Wiley and Sons, New York.

Whalen, P. J. , L. A. Toth, J. W. Koebel, and P. K. Strayer. 2002. Kissimmee River restoration: a case study. Water Science and Technology 45: 55 – 62.

White, K. , J. Gerken, C. P. Paukert, and A. S. Makinster. 2009. Fish community structure in natural and engineered habitats in the Kansas River. River Research and Applications. Wiley InterScience Online DOI 10. 1002/rra. 1287.

Wildhaber, M. L. , V. M. Tabor, J. E. Whitaker, A. L. Albert, D. W. Mulhern, P. J. Lamberson, and K. L. Powell. 2000. Ictalurid populations in relation to the presence of a mainstem reservoir in a mid – western warmwater stream with emphasis on the threatened Neosho madtom. Transactions of the American Fisheries Society 129: 1320 – 1336.

Williams, J. D. , and G. H. Burgess. 1999. A new species of bass, *Micropterus cataractae* (Teleostei: Centrarchidae), from the Apalachicola River basin in Alabama, Florida, and Georgia. Bulletin of the Florida Museum of Natural History 42: 80 – 114.

Winemiller, K. 2005. Floodplain river food webs: generalizations and implications for fisheries management. Pages 285 – 312 *in* R. Welcomme and T. Petr, editors. Proceedings of the second international symposium on the management of large rivers for fisheries, volume 2. FAO (Food and Agriculture Operations of the United Nations) Regional Office for Asia and the Pacific, Publication 2004/17, Bangkok, Thailand.

Wolter, C. 2007. Temperature influence on the fish assemblage structure in a large lowland river, the lower Oder River, Germany. Ecology of Freshwater Fish 16: 493 – 503.

Zeug, S. C. , and K. O. Winemiller. 2008. Relationships between hydrology, spatial heterogeneity, and river fish recruitment dynamics in a temperature floodplain river. River Research and Applications 24: 90 –102.

杨干栋　金涛　羊长青　编著

家庭中医育儿手册

杨干栋　金涛　羊长青　编著

销售分类／中医育儿

ISBN 978-7-117-22349-2

定价：32.00 元

人卫官网
www.ipmph.com
医学教育、学术、考试、健康

购书智慧融销综合服务平台

人卫官网
www.pmph.com
人卫官方资讯出版发布平台

关注 人卫 健康
提升健康素养

杨干栋，是我的学生。多年来，又无反顾地致力于中医育儿的教育和传播，纠正了许多家庭对小儿养护的错误和偏见。《家庭中医育儿手册》写得通俗易懂，很有实用性，是一本家庭育儿保健的好书。做一件有益于社会的事情容易，难的是一辈子都去做有益于社会大众的事。希望干栋能再接再厉，坚持永心，写出更多、更好的相关书籍，使孩子一祖国的未来和花朵，能够更加健康茁壮地成长起来，这是一件功德无量的好事。

——汉传中医研习院院长　刘志杰

妈妈是宝宝最好的家庭医生，中医育儿是每一位妈妈育儿必修课。杨干栋老师的新书《家庭中医育儿手册》涵盖了妈妈在育儿方面的大部分健康问题，不仅教给妈妈中医育儿理念，还教了很多易学好用的方法。

——习坎中医学堂创始人　李永明

中医，是实践的医学，生活的医学，智慧的医学。翻开这本书，生动、有趣、实用。年轻父母可作为育儿健康的指导，让自己的宝贝远离疾病的困扰。

——君和堂中医连锁管理集团品牌创始人　潘学才

学习中医育儿，理论重要，实践更重要。《家庭中医育儿手册》通过大量问答、述评与案例，详细介绍了孩子日常生病和调理过程中中医育儿理念与实践方法，是一本可不多得的"中医育儿宝典"，推荐大家阅读。

——《孩子发烧怎么办》作者　高亮

中医理论讲究与自然和谐，与身体和谐，处处务实在生活方式和行为中。杨干栋兄就是一个践行者。孩子是民族的未来，也是家庭的希望。对于孩子的健康和教育问题，我主张家长应该是参与者而不是旁观者。纵览本书，它像一本操作指南，通俗易懂，简单有效。

——经络养生学名　路新宇
——中医执业医师，中医博士　李志杰

金涛

主治医师，2002年毕业于甘肃中医学院针灸推拿专业。毕业后留校任教，从事临床和教学工作12年，先后师从甘肃省中医院原院长、甘肃中医学院原副院长贾斌教授，"北京四大名医"萧龙友、汪逢春弟子张绍重教授各科的经验，随张老学习5年，协助张老完成了萧龙友先生的医案整理工作。并从"西北针王"郑魁山教授处学习传统针法，具有扎实的理论基础和丰富的临床经验，擅长中医骨伤科、中医内、妇、儿科疾病的诊治。2013—2014年在川渝两地举办小儿推拿及中医育儿讲座十余场，直接受益人群上千人。

羊长青

汉传经方、扶阳学派执业中医师。幼承家学，随父学习传统文化，后师从其叔扶阳学派进入华西血液科教授羊肇明学习中医，后又师学习伤寒经方六纲辨证，刘氏经方创始人刘志杰老师学习袤经方去邪，临床融经方与扶阳于一炉，重视扶正去邪、辨证论治，用药精简，善用经方、桂枝法、四逆法等治疗内科各类病症。2014年创立尚善仁（sunshine）中医生活，开始传播中医健康生活理念。